佟柱臣先生工作照

二十一世纪的中国考古学

——庆祝佟柱臣先生八十五华诞学术文集

中国社会科学院考古研究所 编

文物出版社
北 京

特约编辑　李学来
责任编辑　窦旭耀
责任印制　陆　联

图书在版编目（CIP）数据

二十一世纪的中国考古学：庆祝佟柱臣先生八十五华
诞学术文集/中国社会科学院考古研究所编. —北京：
文物出版社，2006.2
ISBN 7-5010-1828-6

Ⅰ. 二…　Ⅱ. 中…　Ⅲ. ①佟柱臣－纪念文集②考古
学－文集　Ⅳ. ①K825.81－53②K85.53

中国版本图书馆 CIP 数据核字（2005）第 134042 号

二十一世纪的中国考古学
——庆祝佟柱臣先生八十五华诞学术文集
中国社会科学院考古研究所　编

*

文 物 出 版 社 出 版 发 行
（北京五四大街 29 号）

http://www.wenwu.com
E-mail：web@wenwu.com

北京盛兰兄弟印刷公司印刷
新 华 书 店 经 销
889×1194　1/16　印张：58.75　插页：3
2006 年 2 月第一版　2006 年 2 月第一次印刷
ISBN 7-5010-1828-6/K·969　定价：280 元

CHINESE ARCHAEOLOGY IN THE 21ST CENTURY

——FESTSCHRIFT IN HONOR OF TONG ZHUCHEN'S 85TH BIRTHDAY

Edited by

The Institute of Archaeology,
Chinese Academy of Social Sciences

Cultural Relics Publishing House
Beijing

序

佟柱臣先生是中国社会科学院考古研究所研究员，是我国著名的考古学家。今年是佟柱臣先生85岁华诞，为了表示对先生的美好祝福，我们组织编辑出版了这部文集。

佟柱臣先生早在20世纪30~40年代之交的学生时代就开始了田野考古调查。20世纪40年代初走入社会至今，六十多年来他一直矢志不移地从事着考古研究。可以说他是我国目前健在的从事考古研究时间最早、最长的老一辈考古学家。

20世纪30~40年代，近代考古学刚刚在中国起步，青年时代的佟柱臣先生就立志献身考古学研究，在辽西和内蒙古东部赤峰地区这片中国考古学的沃土上留下了他的足迹，取得了诸多学术成果，其中尤以在赤峰英金河流域发现的战国时代燕长城和秦汉长城学术意义重大。20世纪40年代中期以后，他任职于沈阳博物院。这里几年的考古研究工作，奠定了佟柱臣先生此后在中国东北地区考古学研究方面的重要学术地位，同时也为他在学术上从东北走向内地、走向全国创造了重要条件。

新中国的成立，使中国考古学和博物馆事业的发展进入了全新的时代，佟柱臣先生一开始就站在了这个新时代的中国考古学和博物馆事业的主要学术舞台上和学术前沿领域中。1949年中华人民共和国建立伊始，他进入中央管辖的国家博物馆（即北京历史博物馆），直至1960年。虽然仅仅十余年，但是这是非同寻常的十余年，是中国博物馆事业奠定学科发展基础的十余年。这一期间，佟柱臣先生在博物馆陈列展览、博物馆教育、博物馆事业的中外文化交流等方面，做了大量的、卓有成效的工作。

1961年，佟柱臣先生来到中国科学院考古研究所（中国社会科学院考古研究所前身）。作为唯一的国家级考古科研机构，考古研究所为他完成学术上从东北走向全国创造了很好的条件。佟柱臣先生充分利用这座科研平台，提出中国边疆民族考古研究和中国新石器研究这两个重大学术课题。为此他遵照"见之不若知之，知之不若行之"（荀子语）的古代哲人的教诲，走遍东西南北、大河上下，祖国处处留下了他的科学考察足迹。经过几十年的努力，通过"知"与"行"的有机结合，他对这些重大学术课题有了更新、更深、更高的认识。在此基础之上，他出版了《中国新石器研究》和《中国边疆民族物质文化史》两部学术巨著。

佟柱臣先生不只是在诸多考古学领域的具体研究方面多有创新，而且从这些具体的"个案"的学术研究，上升到理论的层面，又对考古学理论的发展做出了多方面贡献，其中有的考古学理论贡献具有深邃的思想和普适的哲理。如他在《中国新石器时代文化中心发展论和发展不平衡论——论中国新石器时代文化发展的规律和中国文明的起源》一文中指出："中国新石器时代阶段，并不存在从一个地点起源的问题，而是从旧石器晚期向新石器时代延续下来的，延续下来的新石器时代文化，又形成若干个中心，因此作多中心论。……中国的这些多中心文化，不是按同样速度发展的，也不是按同样水平发展的，而是发展的有快有慢，有高有低，其中不平衡规律的支配，起着关键作用，因此作不平衡论。当黄河中下游出现高度发展的青铜时代二里头文化以后，证实了黄河中下游在中国是最早出现国家的地区。在黄河中下游出现国家、进入文明社会的时候，周围的马厂类型、石棚山类型、良渚文化、石峡文化仍处于原始社会解体阶段，发展不平衡现象是非常明显的。因此我认为多中心发展论和发展不平衡论，是中国新石器时代文化发展的实际。"佟柱臣先生用通俗易懂的文字、简明扼要的语言，揭示了中国新石器时代考古学文化的多元性、动态性、不平衡性。尤其是关于考古学文化发展的不平衡理论的提出，更具有学术研究的现实意义。我认为在人类的历史中，多元文化的存在是客观的，但是相对人类历史发展而言，各个文化的"权重"是不同的，多元文化的发展不是"齐头并进"的、也不是简单的"1＋1"数学模式，更不是算术级数的运算程序结果；多元文化的发展"平衡"是相对的，"不平衡"是绝对的，无疑中国新石器时代的历史发展也应该是这样的。佟柱臣先生在学术领域的理论贡献还有许多，诸如博物馆学学科地位及其与考古学的关系、关于细石器的广泛分布、地理环境因素对考古学文化的重要作用、从先秦时代的华夏族到秦汉时代的以汉族为主体的中华民族形成等问题。

佟柱臣先生在学术上取得如此丰硕而重要的科研成果，我认为最重要的就是他能够在治学中做到像古人子夏所说的"博学而笃志，切问而近思"。他崇高的敬业精神和严谨的治学态度，正是我们时代所需要的，是考古学学科建设所需要的，是我们中国社会科学院考古研究所进一步发展所需要的，是我们年轻一代考古工作者的业务成长所需要的。

"莫道桑榆晚，为霞尚满天。"（刘禹锡《酬乐天咏老见示》）佟柱臣先生虽然已经退休多年，但是他对事业理想和学术发展的追求不但没有停顿，反而愈益光辉四射！

作为老一代考古学家，佟柱臣先生在学术界、在单位与世无争，对同事谦逊宽厚，对晚辈平等相待、诲人不倦，他的为人是有口皆碑的。因此，当我们考古研究所编辑这本学术文集时，得到所内外同仁的积极响应和支持。论文集中的作者有德高望重的老先生，更多的是考古学界各个学术领域的科研骨干、学科中坚，还有为数不少的青年考古工作者。他们在百忙之中，拿出自己的重要文章，祝贺佟柱臣先生的 85 岁华诞，使我深受感动，我向论文集的全体作者表示衷心感谢！

最后，我祝福佟柱臣先生健康长寿！祝愿佟柱臣先生学术之树常青！

刘庆柱

2005 年 10 月 15 日

目　　录

Contents

佟柱臣先生传略

靳枫毅

（北京市文物研究所）

佟柱臣先生是我国老一代著名的考古学家，中国社会科学院考古研究所研究员。2005年是他的85岁华诞，谨向他致以衷心的祝福，祝愿他健康长寿。现将先生的传略整理如下。

一

佟先生系辽宁省黑山县人，满族，于1920年3月20日（农历二月初一）生于郝屯，继迁至台子后屯，后又迁回祖籍白土厂门。该村为柳条边墙重要边门之一，清设章京，佟姓祖辈世为守门之官，为当地大族。其父佟保昌，字玉昆，曾至沈阳北陵路过东北大学之门，慨然以教子读书为念。虽业商贩，难于餬口，但仍愿供子上学。1931年，佟先生11岁时始入白土厂门小学，除了学习算术、国语、历史、地理之外，还读了《论语》、《孟子》，旁及《诗经》与《幼学琼林》诸书。1934年越级毕业。1935年考入黑山县中学，渐喜文科，读《左传·襄公二十四年》“太上有立德，其次有立功，其次有立言”之语，因欲立言以明志，开始在报纸上发表杂文。1938年于沈阳第四国民高等学校毕业后，1939年考入吉林高等师范学校第三班（历史地理系），利用学校藏书之富，博览地理学概论、地形学、地质学、天文学和历史学概论、中国史、世界史、方志学等书，并翻检了廿四史。尤其在历史学和地理学的关系上，下了工夫。从阅读历史学和地理学的兴趣出发，进而确立了专攻考古学的志愿。但是当时学校没有考古课，所以他只能利用国内外的考古学书籍进行自学。为了弄清采集到的器物标本名称，不知查对过多少考古图版、插图，相互比较。没有先生指导，学习自然要艰苦得多，进展也慢，可是却促使他发奋阅读了更多的考古书籍。由于从考古实践和认识实物开始，理解不断加深，日积月累，掌握的知识也逐渐丰富和扎实起来。他常常利用星期天和假日，在吉林市和永吉县进行田野调查，如欢喜岭、平顶山、骚达沟西砬子、西团山等史前遗址，龙潭山高句丽山城、乌拉街明清乌拉部城址等许多地方都留下了他的足迹。这样他逐渐走进了考古学的大门，可是他的家庭仍处于贫困之中。

1942年是佟先生走向社会的一年，到内蒙古凌源中学教书。由于当时正处在沦陷时期，他的精神非常苦闷，所以经常在教课之余做一些野外调查，以排解胸中的郁闷之情。他在《凌源附近新石器时代遗址之调查》一文中写道：“寸衷郁郁，何可自慰，是以采集乡土资料，自作研究。"大凌河流域两岸阶地上遗址分布很密集，他曾先后发现石匠沟、建昌沟、南城子、北城子、广山顶上、樱桃沟东山、小珠禄科西山、大河南山、大河西山等多处新石器时代或青铜时代遗址。在凌源西十八里堡还发现了安杖子城址，采集到各式饕餮纹半瓦当，证实那里是一座燕国的城址。同时在牛河梁发现不少筒形彩陶、红地黑彩，颇近红山后出土的同类彩陶，并从附近农民手中看到了卷云纹大型玉佩饰等，这些都为认识红山文化的内涵提供了珍贵的线索，也积累了不少基础知识。

1943～1945 年，他转到内蒙古赤峰师范教书。这个时期，他仍然是不断地跑野外作调查，考察了不少遗址，特别是发现了夏家店等重要遗址。解放以后，以这一遗址为代表的遗存被命名为夏家店上层文化和夏家店下层文化。当时，对于遗址中包含有夏家店上层文化的红山后石棺的内容，他已有所了解，而对于遗址中还包含有夏家店下层文化的内涵，却还没有认识，这是由于当时尚未发掘的缘故。同时，佟先生在赤峰东八家还发现了完整的石城址，根据以后的判断，属于夏家店下层文化。1944 年，佟先生跟随李文信先生参加了赤峰猴头沟辽代缸瓦窑窑址的发掘。这里是一个有几十座窑址的辽代窑村，出土有辽三彩、白釉印花瓷、荞麦釉契丹文鸡腿坛及带"官"字款白瓷片等。由于这次发掘，他对辽瓷发生了浓厚兴趣。

佟先生在赤峰考古的几年里取得了很大收获，而其中最为重要的是在赤峰英金河北岸发现的一段长百余里的燕秦汉长城。这段长城西接围场，东连敖汉，在我国，是继斯坦因在敦煌发现的汉长城以后的一次重要发现，而年代又早到燕秦。因多年调查，佟先生采集并收藏了许多各个时代的文物标本。

1945 年，日本帝国主义投降，佟先生进入沈阳博物院任副研究员，得到了从事专业研究的机会。在这里与金毓黻（静庵）、罗福颐（子期）、李文信（公符）、阎文儒（述祖）等著名的史学家、金文甲骨学家、考古学家朝夕相处，每日从事各代文物的整理、编目、上架与陈列，向诸师友请教与研讨的机会极多，颇获教益。为了明确在此以前的东北考古学方面总的成就，他整理了东北考古文献目录、东北史前遗迹地名表以及东北旧石器时代、新石器时代、汉代、高句丽、渤海、辽、金各段的考古资料。这些工作使他对东北考古学概况有了一个全面的认识，这以后他更深深地向往有一个研究整个中国新石器时代考古学的机会。

1949 年由裴文中教授、韩寿萱教授介绍，佟先生进入北京中国历史博物馆（今中国国家博物馆）工作，先后任副设计员、陈列部副主任、考古部副主任、学术委员会委员，同年被东北文物管理处聘为东北博物馆名誉研究员。在历史博物馆里，他不仅进行文物编目，也从事陈列工作。在裴老的指导下，曾布置过从猿到人的展览、中国原始社会陈列、中国近代史陈列。1950 年他参加裴文中教授领导的东北考古发掘团，前往吉林西团山从事发掘工作。1953 年应北京大学校长马寅初先生之聘，参加裴文中教授负责的史前考古课教学小组组织编写教材等工作，1959 年还被马寅初校长聘为北京大学论文导师。1957 年又应文物出版社之聘，任文物参考资料编辑委员会委员。为了提高博物馆界的科学研究水平，根据中苏文化交流项目，1957 年佟先生访问了苏联，考察了莫斯科苏联国家博物馆、苏联博物馆学研究所、苏联东方艺术馆、苏联科学院物质文化研究所、莫斯科大学考古讲座、列宁格勒爱米塔什博物馆、诺夫哥罗德博物馆等单位的组织设施和科学研究概况。1959 年，在天安门筹建中国历史博物馆新馆的过程中，佟先生负责中国原始社会部分的陈列工作。在此期间，他曾为北京大学考古专业和考古训练班讲授考古陈列课。1960 年他参加了筹建文化部文化学院文物博物馆系的工作，培训文物博物馆工作干部和招收大学生。

1961 年以后至今，佟先生先后任中国社会科学院考古研究所副研究员、研究员、学术委员会委员、第一研究室（新石器时代）副主任。1978 年被中国社会科学院研究生院聘为教授。1979 年当选为中国考古学会理事。1981 年应中国大百科全书出版社之聘，为考古学卷中国中石器时代、新石器时代编写组副主任。1985 年应中国民族史学会聘，任中国民族史学会顾问。

佟先生到考古研究所后，先后进行了两大课题的研究，一个研究项目是中国边疆民族考古，另一个研究项目是中国新石器。为了这些课题的完成，他频年到全国各地收集材料。1966 年以前，曾先后考察了陕西、山西、河南、河北、山东、黑龙江、吉林、辽宁、内蒙古等省和自治区；1980 年以后，除了西藏和台湾以外的大部分省区都留下了他的足迹，其目的是对中国边疆民族的考古文化和中国新石器时代文化有一个全面的了解和认识。在收集资料的基础上，佟先生对中国边疆民族物质文化和中国新石器时代的石器进行了多年的深入研究，先后完成了《中国边疆民族物质文化史》和《中国新石器研究》两部著作和多篇学术论文。1984 年出版了他与贾兰坡、安志敏两教授合作的《中国历史的童年》一书，由中国史学会、中国出版工作者协会授予爱国主义通俗读物优秀奖。

佟先生从 20 世纪 60 年代起倾心研究新石器，为了完成这一课题，他在全国各省区目睹、摩挲了近十万件石器标本，经 30 余年的资料积累以及全面系统的研究，写作完成了 220 万字的巨著《中国新石器研究》，被列入国家古籍整理出版规划小组编纂的中国传统文化研究丛书，于 1995 年出版。此前，1991 年出版的《中国边疆民族物质文化史》获得全国古籍优秀图书一等奖。

晚年以后佟先生仍勤奋写作，笔耕不辍。他早年曾参加赤峰辽代缸瓦窑遗址的发掘和沈阳博物院收藏的大量鸡冠壶的整理，从那以后他就着手对辽瓷进行研究，曾编译了辽瓷有关文献，组织辽瓷图版，绘制辽瓷分布图。在早年研究的基础上，近年来他完成了《中国辽瓷研究》一部书稿。以后他又应"名师讲义"丛书编辑之约，出版了专著《中国考古学要论》。这部著作以 1957 年在北京大学考古专业讲授的《考古材料的陈列》、1960 年在南开大学历史系讲授的《中国石器时代考古学的新成就》以及 1978 至 1981 年在中国社会科学院研究生院考古系讲授的《东北考古学》讲稿为主要内容，同时还包括他多年来发表的部分重要论著。这部书的出版引起了学术界的极大关注。

二

佟先生多年的研究领域主要涉及五个方面：

1. 关于东北考古学的研究。由于在东北多年工作的关系和有沈阳博物馆藏品方便的条件，佟先生长期致力于我国东北地区的考古学研究。最早是 1943 年发表的《凌源的新石器时代遗址之调查》一文。这是他从事考古调查的第一篇简报，介绍了大凌河两岸及其支流的一些遗址以及发现的石器和陶片，其中有一部分属于新石器时代，但是较多属于夏家店下层文化和夏家店上层文化即青铜时代的遗物，弥补了凌源地区考古的空白。而在赤峰英金河北岸发现的燕秦汉长城，最早推断建于燕昭王初年（公元前 311年～公元前 297 年），比筑于河套北岸的秦长城要早一百来年，比筑于汉元封三年（公元前 108 年）的敦煌北长城要早二百多年。这条长城东从撒水坡起，以一条黝黑色土岭蜿蜒西北行，至北台子东坡上山，是一段以石块砌成阶梯式长约 200 米的石墙，底宽6 米，上宽 2 米，墙高 2 米。长城爬上北台子老年期山地后，又用黄土筑墙，经过夏家店、杨家营子西部与五里岔望楼址相连。在这条长城线南侧，还有赤峰北土城址、北上泉城址、蜘蛛山城址、山湾城址、山头城址、撒水坡城址与之相配合，当是屯戍之所。在老爷庙西山顶上望楼遗址附近发现有战国绳纹板瓦，证实其年代之早。鉴于发现之重要，佟先生在 1946 年沈阳博物馆专刊《历史与考古》上发表了《赤峰附近新发现之汉前土城址与古长城》一文，向学术界作了介绍。他根据对这个问题的多年研究，又在1956 年第 1 期《考古学报》上发表了《考古学上汉代及汉以前的东北疆域》一文，把杨守敬《前汉地理图》所定的辽东郡界约当北纬 42.8 度，向北延伸至 43.8 度，即北移二百余里，为燕秦汉的东北疆域提供了确切证据。

为了明确东北旧石器问题，佟先生在 1947 年第 1 期《沈阳博物院筹备委员会会刊》上发表了《东北旧石器时代问题》一文，并编制了东北哺乳动物化石地名表，指出"温泉河层属第三次堆积，顾乡屯层属第二次堆积"，"今后发掘当找较高的含有层"，提出了探索这个问题的线索。对于扎赉诺尔人问题则指出："应仔细分析层位，观察古生物、人骨、遗物出土状态及共存关系"。这些虽然已经是 30 多年以前的认识，但就今后解决这两个地点的问题来说，仍是可供参考的意见。为了研究东北新石器时代问题，佟先生在 1947 年纪念金静庵先生六十寿辰论文集《辽海引年集》上发表了《东北自然环境与史前文化区——论东北新石器时代》一文，论证了东北自然环境与辽东半岛、热河、兴安岭、松花江、图们江等五个史前文化区的关系，指出："四平山、老铁山石冢漆黑的鬲，却与城子崖器形相同，总之，辽东半岛与山东半岛属同一文化圈，两地联系非常密切。"同时又指出："黄河流域的彩陶影响到赤峰，以后更远及林西。"这就基本上说明了在新石器时代阶段东北与华北的关系，批驳了日本帝国主义割裂东北的史观。基于多年的考察和研究，佟先生在 1982 年第 1 期《东北考古与历史》上发表了《东北历史和考古中的几个问题》一文，指出："东北南部在公元前 5 世纪至公元前3 世纪的战国时期，燕国已经筑长城、建城郭、置郡县，这些城址是东北南部地区迄今发现的最早的城址。至秦，从赤峰蜘蛛山和奈曼旗沙巴营子出土陶量上的秦诏版，完全证实了东北南部进入了秦代大帝国的版图，此后一直属于中原王朝的直接辖区。东北东部的渤海，在公元 7 世纪建立了国家，出现了城郭，这些城址是东北东部地区迄今发现的最早的城址，它比东北南部的燕城，要晚 1000 年。东北西部的辽，在公元 10 世纪建立了国家，也出现了城郭。这些城址是东北西部地区迄今发现的最早的城址。它比东北东部的渤海城要晚300多年，它比东北南部的燕城要晚1300多年。"通过城郭出现早晚的考察，论证东北三个地区发展先后的不平衡性，以及东北历史本身发展的规律性。20世纪80年代以后，佟先生还就东北汉唐考古中不断涌现出的新资料进行了多方面的考证和研究，先后撰写了《〈渤海记〉著者张建章〈墓志〉考》、《嘎仙洞拓跋焘祝文石刻考》、《新发现的两份石刻在东北民族史研究上的学术价值》、《成吉思汗皇帝赐丘处机圣旨石刻考》、《唐慕容威墓志考》、《东北民族史与东北考古学中的几个问题》、《渤海国海路考》，同时还就东北地区的新石器和青铜遗存问题撰写了《大嘴子青铜时代遗址的学术价值》、《新乐遗址新石器的考察》等文章。在这些研究的基础上，佟先生将多年收集的东北历史、民族与考古学中文献和考古学资料以及自己的研究成果作了系统的归纳和总结，于1978~1981年为中国社会科学院研究生院考古系讲授了东北考古学，分为十一章讲授，这就是《中国东北及周缘地区考古概论》讲稿的形成，以后经整理结集发表，被编入《名师讲义》丛书。

2.关于博物馆学的研究。佟先生在凌源教书时，便翻译了滨田耕作的《博物馆入门》一书，以后在沈阳博物院工作期间，为了搞陈列，更涉猎了不少博物馆学方面的书籍。当他调到中国历史博物馆工作以后，在裴文中教授的指导下，在北京师范大学附中布置了"从猿到人展览"。这个展览很有影响，裴老很注意劳动创造人理论的宣传，曾多次写过这方面的文章和作学术报告。而佟先生从裴老那里学到了灵长类发展和演变的知识，以后又在裴老和贾兰坡教授的指导下，在北京历史博物馆布置了"中国原始社会陈列"。这个陈列拟定要把中国石器时代的专门知识，以通俗的形式介绍给广大观众，所以首先制定了中国原始社会陈列提纲，设计了陈列图稿，制作了布景箱。这些在我国博物馆学史上，均系开拓性的创举。展出以后，影响很大。在长时期的工作中，佟先生师从裴老、贾老，学习了中国猿人（北京人）等旧石器时代方面的知识并研究了中国新石器时代的标本，使他从限于东北一隅的考古知识面，扩展到全国新石器时代考古学的宽阔领域。同时他还参加了"中国近代史陈列"，从鸦片战争到辛亥革命，通过文物、文献、照片、图表、模型，展示了中国半封建半殖民地社会的面貌。这个陈列以后也就构成了中国历史博物馆这一阶段陈列的基本内容，还出版了陈列图录。因为佟先生这段时间从事博物馆工作，所以在北京大学考古训练班、南开大学曾先后讲授考古陈列课，并写了《考古材料的陈列》一文，收在1958年出版的《考古学基础》一书中。后来他在考察了苏联博物馆科学研究现状后，写出了《记苏联历史博物馆》的考察报告，发表在1960年第4期《文物》上。此外还写了《记苏联科学院物质文化研究所与莫斯科大学历史系考古讲座》一文，发表在1959年第4期《文物》上，向国内考古界介绍了这两个科学研究单位的组织与研究概况，以便有所借鉴。佟先生在文化部文化学院工作期间参加筹备了文物博物馆系，讲授了博物馆学，组建了考古文物陈列室。为协助编写《文物工作概论》和《博物馆学概论》两书，整理了《文物工作文献目录》和《博物馆文献目录》，供两书编写参考。佟先生通过多年的博物馆工作实践，深深地思考了博物馆学的学科地位以及与考古学的关系等问题。他认为博物馆学是辅助性学科，而不是一门独立的学科。博物馆学中的陈列、采光、编目、保养、修复，都是讲形式、方法和技术的，它仅能为某一具体学科服务，而不能替代具体学科。

3. 关于中国原始社会的研究。佟先生认为原始社会史与石器时代考古学是两个相互联系而又有所区别的学科。石器时代考古学，可以一个一个遗址、一件一件器物去发掘和研究，而原始社会史需要从历史唯物主义的角度，对石器时代整体做进一步的综合研究，以阐明原始社会的社会性质问题。为了做好中国原始社会的陈列，他辑录了《经典作家论原始社会》的书稿，以提高自己的理论认识。1953 年他在整理西团山发掘材料和研究红山后石棺墓材料的时候，发现了男女分工现象。他在 1955 年第 2 期《考古通讯》上发表的《吉林的新石器时代文化》（后来证实为青铜时代）这篇论文中首先指出："在有纺轮的石棺中完全没有石镞，与它共生的器物大体为石刀和陶壶、陶罐；而有石镞的石棺中同样没有纺轮，而与它共存的器物大体为石斧、石凿、陶壶、陶罐……我以为这说明了男女两性的分工问题，意即女人从事家事饮食与纺织，男人从事农业与狩猎，男女各有分业，各有不同的劳动对象。"这个结论不是任意解释或猜测的，而是为考古材料所证实的。以后他在 1964 年第 1 期《考古学报》上发表的《吉林西团山石棺墓发掘报告》中，在提出西团山文化的同时，也提出这一文化存在着男女分工现象。民族学资料如海南岛黎族的葬俗也证实了这个问题。从 1955 年提出男女分工问题以后，山东省济宁大汶口、江苏省新沂花厅村、邳县大墩子、南京北阴阳营等地的墓葬资料，相继证实了男女分工问题。性别分工是经典作家论述过的，而民族学资料亦屡见不鲜，但是这些观点和材料的使用，只有经过证实，才是科学的。首先要有体质人类学性别鉴定的根据，其次要有不同性别出土不同器物的根据，这样才能谈到男女分工的准确性。佟先生还依据我国新石器时代的考古材料研究了我国原始社会晚期历史的一些现象，在 1960 年第 5 期《考古》上发表《中国原始社会晚期历史的几个特征》一文，提出：（1）生产地域性的特征；（2）文化连续性的特征；（3）历史发展不平衡性的特征；（4）文化影响与融合的特征。这虽然是 40 年前的意见，但是以之衡量今天考古材料的实际，仍然有概括性的理论意义。其次，私有制、阶级和国家的起源，是中国原始社会中很重要的理论课题，也是从原始公社制向奴隶制生产方式转变中很重要的课题，佟先生运用大量的考古材料对此课题进行了深入研究，分别写出了论文。关于夏、商、周三代早期的考古材料，以及如何与夏、商、周文献相结合，他在 1978 年登封王城岗讨论夏文化的学术会议上提出："可否把河南龙山文化系统作为探讨夏人祖源的材料呢？可否把山东龙山文化系统作为探讨东夷（包括商）的族源材料呢？可否把客省庄二期文化作为探讨周人族源的材料呢？"接着他又在 1979 年第 1 期《社会科学战线》上发表了《新的发现、新的年代测定对中国新石器时代考古学提出的新问题》一文，又提出了这一见解。他以为夏、商、周三代是中国古代史的重要组成部分，夏虽有《夏本纪》，但还缺乏考古材料的证实，在考古学上仍是一段空白，所以把我国新石器时代晚期考古发掘与夏、商、周三代史的研究相结合，是个值得注意的大课题。以后由于考古材料的逐步积累，各地区先后开展了追溯本区文化渊源的课题，河南有探讨夏文化的课题，陕西有探讨先周文化的课题，两湖有探讨先楚文化的课题，江苏有探讨先吴文化的课题，浙江有探讨先越文化的课题。总之，根据考古文化的连续性特征来考察一些早期文化的来龙去脉，在学术界已经形成了一种趋势。

4. 关于新石器工艺、类型和文化的研究。佟先生花费了多年时间进行中国新石器时代石器的工艺、类型和文化的研究。要研究中国新石器时代的生产关系，首先要研究新石器时代的生产力，而新石器时代的生产工具中主要的是石器，所以佟先生对各区文化中的石器类型、数量统计、型式、编年、制造工艺及使用痕迹，都进行了系统研究。为此，他考察、观察了十多万件标本，绘制了七八千张石器图，以深入研究中国新石器的特征，进而明确中国新石器在世界新石器发展阶段中所占的地位。关于北方的细石器，他在 1979 年第 4 期《考古学报》上发表的《试论中国北方和东北地区含有细石器的诸文化问题》中指出："在我国这样实际情况下，细石器到底代表一个什么概念呢？我以为它是在我国的草原沙漠地区以及与其相邻的地带，在有石英、玛瑙、石髓、燧石等石材的条件下，一定技法、一定形式而反映在工具上的一种含义。它既与打制石器相共存，也与磨制石器相共存，使用它的既包含许多族，也包含自旧石器时代晚期以迄铁器时代的漫长年代，更包含渔猎、畜牧、农业各种不同经济形态。也就是在上述广大地区的诸部族，当他们取得了玛瑙等石材，掌握了间接打法，并且有石叶、刮削器等需要时，他们都是能够制作出细石器来的。"佟先生不同意完全用传播理论来解释细石器的广泛分布。关于黄河流域，他研究了仰韶、龙山和大汶口的石器。在 1978 年第 1 期《文物》上发表的《仰韶、龙山工具的工艺研究》一文，探讨了石器选料、选形、截断、打击、琢、磨、做孔等几种工艺。这些研究在我国是首次开展的工作，并无文献可以引证，而且不得不新定一些名词，以适应研究上的需要。该文指出："在我国旧石器晚期便开始了磨制技术，不是到新石器时代才开始的。"因而，"一般考古通论中所谓新石器时代即磨制石器时代的概念"是不确切的。他在 1982 年第 6 期《考古》上又发表了《仰韶、龙山文化的工具使用痕迹和力学上的研究》。在这篇论文中，所述工具的使用痕迹，是佟先生在立体显微镜下亲自观察的，在我国也是首次尝试；而从力学上对各种器形和对各种使用痕迹的论证，则承清华大学副校长、著名机械工程史学家刘仙洲教授和钟寿民、池去病两位教授进行了分析，对石器的造型和使用痕迹给予了力学上的证明，开拓出细石器研究方法上的一个新领域。他在《中原文物》1983 年第 2 期上发表的《二里头文化和商周时代金属器代替石骨蚌器的过程》一文中指出："我看到旧的石骨蚌器有从多到少的过程，新的金属器有从少到多的过程，新的铜器的出现，仅表示旧的石骨蚌器消亡的开始，只有新的优越的铁器达到足以代替旧的石骨蚌器数量以后，旧石骨蚌器才最后退出历史舞台。"文章考察了新的生产力出现的过程，这些都是与夏、商、周的生产方式密切联系着的。关于长江流域的石器，他在 1983 年总第 3 期《安徽文博》上发表的《薛家岗文化生产工具的研究》一文中指出："薛家岗文化，是以石斧、石锛、石凿、石铲、石刀、石镞等所构成的石器群为代表，这个石器群中石斧、石锛、石铲、石刀的数量较多，是当时的主要工具。……而奇数的多孔长大刀，都标志着薛家岗文化的明显特点，同时石斧、石刀上绘花果形纹图案，更丰富和增强了这个特点。……而长大石铲和长大石刀都是农业生产上达到了极高水平的象征。"因而薛家岗的石器群在长江流域诸文化中是占有重要地位的。

除上述论文之外，佟先生还撰写了《仰韶、龙山文化的石器类型和编年》、《长江中游的新石器》、《长江下游的新石器》、《宜都红花套新石器的研究》、《东南沿海地区的新石器》、《西南地区的新石器》、《西北地区的新石器》等文，研究范围涉及全国各区，这也就是后来出版的《中国新石器研究》巨著的集成。

关于新石器时代的考古文化，佟先生有两篇代表性论文。一篇是《中国新石器时代文化三个接触地带论——中国新石器时代文化综合研究之一》。该文指出：阴山山脉是河套以北狩猎经济形态含细石器诸文化与黄河流域粟作经济形态诸文化的接触地带，秦岭山脉到淮河一线，是黄河流域粟作经济形态诸文化与长江流域稻作经济形态诸文化的接触地带，南岭山脉是长江流域稻作经济形态诸文化与珠江流域稻作经济形态诸文化的接触地带。由于中国自然条件极为复杂，像新疆东部的戈壁地带、云南西部的横断山脉，均有属于不同文化面貌接触地带的可能，只是有待今后证实而已，所以绝不是只有这三个接触地带，应该有几个接触地带。而这三个接触地带的理论，与李四光先生从地质力学上所确定的东亚大陆东西褶皱带密切相关，即与阴山东西褶皱带、秦岭东西褶皱带、南岭东西褶皱带的理论是相一致的。这绝不是偶然的巧合，而是由内在的地理因素起着重要的作用。另一篇论文是《中国新石器时代文化中心发展论和发展不平衡论——论中国新石器时代文化发展的规律和中国文明的起源》（中国新石器时代文化综合研究之二）。文章指出："中国新石器时代文化到底是如何开始的呢？中国新石器时代阶段，并不存在从一个地点起源的问题，而是从旧石器晚期向新石器时代延续下来的，延续下来的新石器时代文化，又形成若干个中心，因此作多中心发展论，如马家窑文化系统中心、半坡文化系统中心、庙底沟文化系统中心、大汶口文化系统中心、河姆渡文化系统中心、屈家岭文化系统中心等都是，当然，就全国来说文化中心决不只此几个，今后随着各地发掘和研究的进展，各省、自治区将会有更多的中心出现。中国的这些多中心的文化，不是按同样速度发展的，也不是按同样水平发展的，而是发展的有快有慢，有高有低，其中不平衡规律的支配，起着关键性的作用，因此作不平衡论。当黄河中下游出现高度发展的青铜时代二里头文化以后，证实了黄河中下游在中国是最早出现国家的地区。在黄河中下游出现国家、进入文明社会的时候，周围的马厂类型、石棚山类型、良渚文化、石峡文化仍处于原始社会解体阶段，发展不平衡现象是非常明显的。因此，我认为多中心发展论和发展不平衡论，是中国新石器时代文化发展的实际。"

5. 关于中国边疆民族历史考古的研究。早在青年时代，佟先生便读了一些民族史，因此在日寇入侵、中华民族遭受灾难的时候，他看到祖国汉代匈奴人在欧洲激起的历史波澜后，便写了《匈奴西迁与欧洲民族的移动》一文，发表在1942年第2辑《学艺》上。这是他的第一篇学术论文，证明北匈奴被窦宪于燕然山击败以后，西越乌孙抵康居，更由康居迁至阿兰、哥德之地，引起哥德人在欧洲广泛的迁徙。以后，因为他在东北工作较久的关系，更加热爱民族地区的考古材料，写了《我国历史上对黑龙江流域的管辖和其他》一文，发表在1976年第7期《文物》上。他从鄂嫩河流域阿琴村发现的条带纹锥足鬲，西伯利亚博物馆收藏的战国平周布，海兰泡柯奎镇靺鞨人使用的隋唐空手铁斧，大杜拉尔谷出土的金代鹿纹带季字青瓷，以及庙街明奴儿干《永宁寺记》碑等，证实黑龙江流域自古以来就是中国的领土，而把黑龙江以北外兴安岭以南60多万平方公里的中国领土划归沙俄所有，这是1858年沙俄强迫清廷签订《瑷珲条约》的结果。其次，他写了《对乌苏里江以东地区作考古学与历史学的考察》，发表在1984年第1期《社会科学战线》上。该文指出，捷秋贺新石器时代横剖面三角形石斧与我国新开流的形式一致，至唐代，乌苏里江以东为渤海国辖区，故克拉斯基诺古城发现与渤海上京龙泉府一样的莲花纹瓦当，金代双城子则有完颜忠公神道碑，从而证实乌苏里江以东地区自古以来就是中国的领土，而这40万平方公里土地被沙俄夺去，仅仅是100多年前的事。关于西北地区，佟先生写了《从考古材料看汉、唐对西域的管辖》，发表在1981年第4期《社会科学战线》上。此文指出吉尔吉思大宛的锡拉巴夏特城、伊塞克湖南岸普尔热瓦尔斯克城附近的乌孙墓地、楚河南岸应是唐代碎叶镇的阿克别伸城，论证巴尔喀什湖以东、以南的帕米尔地区，悉隶中国版图，只是通过《中俄北京条约》、《中俄勘分西北界约记》、《中俄伊犁条约》，沙皇俄国又把50多万平方公里的中国土地并入沙皇俄国。基于我国现有56个民族推断，我国历史上的民族当然会更多。在历史的长河中，中华民族历史发展的特点和规律到底如何，是十分值得探讨的问题。为了研究这一课题，佟先生以长期积累的考古材料，花费了6年的时间，写出了60万字的《中国边疆民族物质文化史》书稿。该著作将我国边疆划分为东北、北方、西北、西藏、西南、台湾和南海诸岛等区域，从古代记述到明清。该书结语中指出：汉族在汉代以前称为华夏族，在汉代以后称为汉族，无论华夏族或汉族，与其并世的都有所谓蛮、夷、戎、狄，所以中国自古以来就是个多民族国家。夏、商、周的中原地区许多民族到战国时期融合成了华夏族，她既包含多民族的血统，也包含多民族的文化，是个多民族的共同体。秦统一了全国，为多民族的融合准备了政治条件。汉代开始出现了汉族移居到全国各地与少数民族杂处的局面，把中原的丝织物、漆器、铜器、铁器等当时的先进物质文化带进了少数民族地区。少数民族则以其自己的生产方式开发了边疆，并将畜类、物产输进了中原，所以汉族也不是一个单一民族，而是比华夏族包含更多民族的共同体，既包含更多民族的血统，也包含更多民族的文化，因此汉朝是我国多民族融合非常显著的时期。魏晋以来，进入中原汉族农业地区的游牧民族匈奴、鲜卑、乌桓完全融合。唐代西域、南诏、渤海出现封建制，所以中原地区早在春秋战国之际出现的封建制，到唐代才在全国边疆较发展的地区基本上完成了。这些地区还普遍使用汉字，反映了唐文化的一致性，是民族深入融合的标志。宋代以后，北方的大族契丹、女真和西夏又融合于汉族这个多民族的共同体中，为汉族增添了新鲜的血液和文化。一个民族，当她们融合于多民族的共同体以后，文化更提高了，这是历史发展的必然现象。所以融合成为一个更大的民族共同体和形成更灿烂的多民族文化，将是民族发展的强大趋势。因此从几个民族融合成的共同体到更多民族融合成的共同体，从人数较少到人数更多，从散居地区较小到聚居地区更大，应是我国多民族共同发展的规律。

三

　　作为一位杰出的考古学家，佟先生在六十余载的考古生涯中，把全部心血倾注于祖国的文物考古事业。早年，他曾不畏艰苦在辽宁、吉林、内蒙古赤峰、凌源等地从事田野调查和考古发掘工作，以后长期从事文物博物馆事业以及考古学研究工作。他不仅为中国考古学初创时期的奠基工作做出了杰出的贡献，而且对于我国的文物博物馆体系建设提出了许多有益的意见，并在建馆的实践中加以应用。他在长期的考古学研究中，以广阔的视野、严密的逻辑思维和忠实于考古材料的科学态度，对各种考古学问题进行了严谨的分析和研究。他站在世界及中国考古学的高度，概括和归纳了中国考古学大量分散的材料，在与世界考古学材料的对比中分析和寻找中国古代文化和社会发展的规律。他的研究涉及中国东北地区考古、中国新石器时代考古、中国原始社会史、中国边疆民族地区考古等领域中的许多重大学术课题，特别是在考古学理论与方法、中国文明起源及早期国家形成等前沿课题的研究中，佟先生都提出了许多富有开创性的精辟见解，多有建树，他的这些研究成果，大大地推进了中国考古学的学科建设和发展，已经成为构建中国考古学殿堂的珍贵财富。

　　佟先生对考古事业的热爱和执著几近痴迷。他毅力超常，勤奋过人，锲而不舍地研究与写作，使他的学术成果铢积寸累。这种矢志不渝的精神，少有人能与之相比。他倾数十年心力写作并发表了400多万字的著述，是一位极其勤勉的学者。《中国新石器研究》一书220万字的手稿，摞起来高近1米，重数十公斤，就是他付出心血的见证。他安于俭朴的生活，耐得"寂寞"，潜心治学，与世无争，在我国学术界享有崇高的威望。他虚怀若谷，追求高洁、清雅的精神世界，每天沉浸在学术研究的无穷乐趣中，从不言治学之枯燥与艰辛。他以读书为立身之本，学术研究是他生命的全部，他是老一代知识分子的典型代表。佟先生为人善良、正直、坦诚。他谦逊严谨，宽厚待人。他的人格魅力感染了许多中青年学者，对于每一个向他求教的中青年学者，都热心地倾全力帮助，平等相待，诲人不倦的品德受到学术界的尊敬。他始终不懈地追求完美、追求学术真理，为了理想而奋斗不息，堪称后学之楷模。

佟柱臣先生著作目录

专著

1. 《龙山文化》，（中国历史小丛书），中华书局，1965年、1982年。

2. 《中国历史的童年》（与贾兰坡、安志敏合著），中华书局，1982年。

3. 《西团山考古报告集》（主编），江城文博丛刊第1辑，1987年。

4. 《中国东北地区和新石器时代考古论集》，文物出版社，1989年。

5. 《中国边疆民族物质文化史》，巴蜀书社，1991年，获得1992年全国古籍优秀图书一等奖。

6. 《中国新石器研究》，220万字，巴蜀书社，1995年。国家古籍整理出版规划小组学术委员会推选为优秀学术专著，资助部分出版经费，编入中国传统文化研究丛书。

7. 《医巫闾山诗集》，长白丛书研究系列，吉林文史出版社，1997年。

8 《中国考古学要论》（名师讲义丛书），鹭江出版社，2004年。

论文

1. 《匈奴西迁与欧洲民族之移动》，《学艺》第2辑，1942年。

2. 《凌源新石器时代遗址之调查》，《热河》第4辑考古资料编，1943年。

3. 《凌源新石器时代遗址考察》，《盛京时报》1943年6月13、15日，第5版。

4. 《凌源牛河梁彩陶遗址》，《建国教育》，1943年。

5. 《热河の土俗》，《满洲民族学会会报》，第2卷3号，1943年。

6. 《吉林乌拉街史迹》，《盛京时报》1943年7月9～14日连载，第4版。

7. 《热河先史文化与赤峰红山》，《盛京时报》1943年8月25～31日连载，第4版。

8. 《罗李两先生访问记》《盛京时报》1943年。

9. 《先史学宜如何研究》，《盛京时报》1943年11月5、9日，第4版。

10. 《赤峰缸瓦窑辽代窑址发掘通信》，《盛京时报》1944年8月18～20日连载，第4版。

11. 《赤峰缸瓦窑辽代窑址讲话》，小山富士夫讲，佟柱臣译，《盛京时报》1944年8月22日，第4版。

12. 《热河の先史遗迹》，《北方圈》第3卷第4、5号，1944年。

13. 《赤峰附近新发现之汉前土城址与古长城》，沈阳博物院专刊《历史与考古》第1号，1946年。

14. 《东北旧石器时代问题》，《沈阳博物院筹备委员会汇刊》第1期，1947年。

15. 《东北自然环境与史前文化区——论东北新石器时代》，《辽海引年集》，1947年。

16. 《北京特种手工艺品展览介绍》，《凯旋》，1948 年。

17. 《吉林的新石器时代文化》，《考古通讯》1955 年第 2 期。

18. 《反对考古工作中的唯心主义思想》，《文物参考资料》1955 年第 6 期。

19. 《考古学上汉代及汉代以前的东北疆域》，《考古学报》1956 年第 1 期。又收入《北京大学百年国学文粹·考古卷》，北京大学出版社，1998 年。

20. 《黄河中下游新石器时代文化的分布与分期》，《考古学报》1957 年 2 期；又收入夏鼐编：《中国原始社会史文集》，历史教学社，1964 年。

21. 《吉林新石器时代文化的三种类型》，《考古学报》1957 年第 3 期。

22. 《赤峰东八家石城址勘查记》，《考古通讯》1957 年第 6 期。

23. 《向博物馆界进一言》，《文物参考资料》1957 年第 8 期。

24. 《苏联出土的有关中国考古材料》，《文物参考资料》1957 年第 11 期。

25. 《考古材料的陈列》，《考古学基础》，科学出版社，1958 年。

26. 《新石器时代考古学常识》，《文物知识讲座》，《文物》1959 年第 1～2 期，1960 年第 5、7～10 期。

27. 《记苏联科学院物质文化研究所与莫斯科大学历史系考古学讲座》，《文物》1959 年第 2 期。

28. 《记苏联历史性博物馆》，《文物》1960 年第 4 期。

29. 《中国原始社会晚期历史的几个特征》，《考古》1960 年第 5 期；又收入夏鼐编：《中国原始社会史文集》，历史教学社，1964 年。

30. 《东北原始文化的分布与分期》，《考古》1960 年第 10 期；又收入夏鼐编：《中国原始社会史文集》，历史教学社，1964 年。

31. 《吉林西团山石棺墓发掘报告》（以东北考古发掘团名义发表），《考古学报》1964 年第 1 期。

32. 《从考古材料试探我国的私有制和阶级的起源》，《考古》1975 年第 4 期。

33. 《从二里头类型试谈中国国家起源问题》，《文物》1975 年第 6 期；又收入北京师范大学历史系中国古代教研组编：《考古资料选辑》，1978 年。

34. 《学习恩格斯"劳动创造了人类本身"的伟大学说》，《考古》1976 年第 3 期。

35. 《我国历史上对黑龙江流域管辖和其他》，《文物》1976 年第 7 期。

36. 《夏王朝－その伝承と文化財》，与王泽庆合写，《人民中国》（日文版），1978 年第 11 期。

37. 《仰韶、龙山工具的工艺研究》，《文物》1978 年第 11 期。

38. 《新的发现、新的年代测定对于中国石器时代考古学提出的新问题》，《社会科学战线》1979 年第 1 期。

39. 《夏代和夏文化的问题》，《河南文博通讯》1979 年第 2 期；又收入《夏文化论文选集》，中州古籍出版社，1985 年。

40. 《试论中国北方和东北地区含有细石器的诸文化问题》，《考古学报》1979 年第 4 期。

41.《〈渤海记〉著者张建章〈墓志〉考》，《黑龙江省文物丛刊》1981 年创刊号；又收入《渤海的历史与文化》，延边人民出版社，1991 年。

42.《从考古材料看汉、唐对西域的管辖》，《社会科学战线》1981 年第 4 期。

43.《嘎仙洞拓跋焘祝文石刻考》，《历史研究》1981 年第 6 期。

44.《长江中下游的新石器及今后的展望》，《安徽省考古学会会刊》第 5 辑，1982 年。

45.《新发现的两份石刻在东北民族史研究上的学术价值》，《辽宁省考古、博物馆学会成立大会会刊》，1982 年。

46.《东北历史和考古中的几个问题》，《东北考古与历史》丛刊第 1 辑，1982 年。

47.《仰韶、龙山文化的工具使用痕迹和力学上的研究》，《考古》1982 年第 6 期。

48.《龙山文化》，收入《中国历史小丛书·中国历史的童年》，1982 年 11 月。

49.《中国边疆民族的历史贡献》，《黑龙江省文物丛刊》1983 年第 1 期。

50.《二里头文化和商周时代金属器代替石骨蚌器的过程》，《中原文物》1983 年第 2 期。

51.《薛家岗文化生产工具的研究》，《安徽文博》总第 3 期，1983 年。

52.《悼念公符先生》，《辽宁文物》总第 5 期，1983 年。

53.《对乌苏里江以东地区作考古与历史的考察》，《社会科学战线》1984 年第 1 期。

54.《〈渤海简史〉评介》，《光明日报》1984 年 8 月 15 日，第 3 版。

55.《学习恩格斯〈家庭、私有制和国家的起源〉，促进史前考古的科学研究》，《史前研究》1984 年第 4 期。

56.《为什么要研究几千年前的盆盆罐罐》，《文物天地》1985 年第 1 期。

57.《从中国民族考古和历史中看到的几个问题》，《民族文物工作通讯》，1985 年。

58.《从考古学物质文化上观察中华民族融合的痕迹》，《社会科学战线》1985 年第 2 期。

59.《中国新石器时代文化三个接触地带论——中国新石器时代文化综合研究之一》，《史前研究》1985 年第 2 期。

60.《中国新石器时代文化的多中心发展论和发展不平衡论——论中国新石器时代文化发展的规律和中国文明的起源》，《文物》1986 年第 2 期。

61.［日］木夏保明译：《中国新石器时代文化发展的法则与中国文明的起源を论じる》，《考古学论集》第 3 集，考古学を学ぶ会，1990，大阪市歴文堂书房。

62.《中国中石器时代考古·中国新石器时代考古》，《中国大百科全书·考古学》，中国大百科全书出版社，1986 年。

63.《龙山文化·中国新石器时代的石器》，《中国大百科全书·考古学》，中国大百科全书出版社，1986 年。

64.《中国北方八省市考古论著汇编序》，《中国北方八省市考古论著汇编》，1986 年。

65.《成吉思汗皇帝赐丘处机圣旨石刻考》，《文物》1986 年第 5 期。

66.《唐慕容威墓志考》，《辽海文物学刊》1986 年创刊号。

67.《佟柱臣自传》，载《中国当代社会科学家》，《传记丛刊》第 9 辑，书目文献出版社，1986 年。

68.《东北民族史与东北考古学中的几个问题》，《东北地方史研究》1986 年第 2 期。

69.《渤海国海路考》，《太平洋》1987 年第 1 期。

70.《西团山考古报告集序》，《西团山考古报告集》，吉林市博物馆，1987 年。

71.《一九五〇年西团山发掘报告资料摘录》，《西团山报告集》，吉林市博物馆，1987 年。

72.《大嘴子青铜时代遗址的学术价值》，《大连文物》，1987 年第 2 期。

73.《新乐遗址新石器的考察》，《辽海文物学刊》（辽宁省博物馆建馆 40 周年纪念特刊）1989 年第 1 期。

74.《广西大石铲的考察》，《中国历史博物馆馆刊》（建馆 30 周年纪念专刊）1989 年第 13、14 期。

75.《磁山文化工具的个性》，《磁山文化论集》，河北人民出版社，1989 年；又收入《磁山文化综览》，《武安文史资料》第五集，1997 年 9 月。

76.《中国新石器时代复合工具的研究——为纪念尹达先生诞辰 80 周年而作》，《中国原始文化论集——纪念尹达八十诞辰》，文物出版社，1989 年。

77.《当前中国新石器时代文化出现的一些新迹象》，《海岱考古》第 1 辑，山东大学出版社，1989 年；并编入《中国东北地区和新石器时代考古论集》，文物出版社，1989 年。

78.《论辽瓷的几个问题》，《中国东北地区和新石器时代考古论集》，文物出版社，1989 年。

79.《黄河中下游新石器时代工具的研究》，《中国东北地区和新石器时代考古论集》，文物出版社，1989 年。

80.《巴与蜀考古文化对象的考察》，《南方民族考古》第 2 辑，四川科学技术出版社，1989 年。

81.《〈中国新石器时代文化〉评介》，《考古与文物》1990 年第 4 期。

82.《夫租秽君银印考》，《中国考古学会第六次年会论文集（1987 年）》，文物出版社，1990 年。

83.《从考古学上看中华民族的融合与统一》，费孝通主编《中华民族研究新探索》，中国社会科学出版社，1991 年。

84.《中国夏商王国文明与方国文明试论》，《考古》1991 年第 11 期；又收入郑杰祥编《夏文化论集》下，北京大学古代文明研究中心学术丛书之二，文物出版社，2002 年。

85.《金代官印集序》，景爱编《金代官印集》，文物出版社，1991 年。

86.《辽墓壁画反映的契丹人生活》，《辽金史论集》第 5 辑，文津出版社，1991 年。

87.《郭家村下层新石器的考察》，《辽海文物学刊》，1992 年。

88.《佟柱臣在北京东周山戎文化考古成果研讨会上的发言》，北京市文物研究所编《北京文物与考古》第3辑，1992年。

89.《唐书吐谷浑传补证》，《中华民族史研究》（四），改革出版社，1992年。

90.《李文信考古文集序》，《李文信考古文集》辽宁人民出版社，1992年。

91.《中国古代北方民族游牧经济起源及其物质文化比较》，《社会科学战线》1993年第3期。

92.《新石器时代玉器　大汶口文化玉器　红山文化玉器　龙山文化玉器　良渚文化玉器》，《中国大百科全书·文物博物馆》，中国大百科全书出版社，1993年。

93.《良渚文化玉器的考察》，《中国考古学论丛——中国社会科学院考古研究所建所40周年纪念》，科学出版社，1993年。

94.《中国文明起源的诸问题》，《纪念城子崖遗发掘60周年国际学术讨论会文集》，齐鲁书社，1993年。

95.《革命本色　儒家风度　渊博学识——纪念武伯纶教授诞辰92周年》，《纪念武伯纶先生文集》，陕西人民出版社，1994年。

96《鲜卑史研究序》，米文平著《鲜卑史研究》，中州古籍出版社，1994年。

97.《读〈西团山文化研究〉》，《中国文物报》1995年1月8日第3版。又收入《博物馆研究》1995年第2期。

98.《怀念陈述先生》，《陈述先生纪念集》，内蒙古教育出版社，1995年。

99.《喜见中国出土的第一块乌丸石刻——为纪念〈辽海文物学刊〉创刊10周年而作》，《辽海文物学刊》1996年第2期。

100.《金毓黻著〈静晤室日记〉书后》，《历史研究》1998年第6期。

101.《我与中国新石器研究》，张世林编《学林春秋》二编上册，朝华出版社，1999年。

102.《辽阳金毓黻先生》，张世林编《学林春秋》上册，朝华出版社，2000年。

103.《探索中国新石器时代文化的几个学术问题》，《神农文化　稻作农业起源与炎帝文化暨第三届农业考古国际学术讨论会论文集》，湖南人民出版社，2000年。

104.《庆祝中国社会科学院考古研究所建所50周年笔谈》，《考古》2000年第7期。

105.《中国文明起源问题的探索》，《中国社会科学院古代文明研究中心通讯》第1期，2001年1月。

106.《中国东北地区、内蒙古地区和朝鲜北部青铜短剑的研究》，《文物》2001年第8期。

107.《喝粥足矣　奋进为乐》，《中国文物报》2003年6月18日。

108.《大唐王玄策天竺使出铭考》，霍巍、李永宪主编《西藏考古与艺术》国际学术讨论会文集，四川人民出版集团、四川人民出版社，2004年5月。

109.《裴文中先生二三事》，高星、裴申主编《不朽的人格与业绩　纪念裴文中先生诞辰100周年》，科学出版社，2004年9月。

110.《从考古学与历史学上看鲜卑人西徙的足迹》，《考古与文物》2004年增刊。

中华文化起源与形成时期的基本格局

陈连开

（中央民族大学历史系）

一

2005 年年初，收到编委会寄来的庆祝佟柱臣先生八十五华诞学术文集征稿函，我颇有些犹豫。最近三年我因患上帕金森症，手、脑不能很好配合，写作成了一件非常苦恼的事情。本想去信表达歉意，可随后又接到佟伟华教授的叮嘱电话，实在盛情难却，而我确实感到也有些话要在这个场合说出来。

佟柱臣先生出身满族世家，是从事中国新石器时代研究的最重要的考古学家之一，在考古学和历史学的许多领域都有创造性贡献，是我向所景仰和佩服的学者。早在 20 世纪 40 年代，他就因为发现吉林的骚达沟墓群以及最先调查赤峰的长城遗迹并确定其为燕秦长城（1946 年发表《赤峰附近新发现汉前土城址与古长城》）而知名。佟先生所著《中国东北地区和新石器时代论集》（1989 年），集中了他在这些领域的研究成果，具有至今仍难以超越的学术水平。其专著《中国边疆民族物质文化史》（1991 年）可谓开创了一个崭新的学术园地。近些年来，他又陆续出版了《中国新石器研究（上、下）》（1998 年）、《东北亚考古研究》（2000 年）、《中国考古学要论》（2004 年）等大作，愈发老当益壮，更令我佩服之至。

我与佟先生一直过从甚密，这与我的研究工作一直侧重北方地区有一定的关系。我虽然出生在湖南的攸县，但自从来中央民族大学以后我所从事的研究一直偏重于北方地区。20 世纪五六十年代，我跟随傅乐焕、陈述两位先生学习辽金史和东北历史地理，那时就拜读过佟先生的许多大作。七八十年代，因为参与主持《中国历史地图集》"东北地区"的图文及其汇释，我与佟先生有了进一步的接触。1983 年，我受邀参加北京大学中文系古典文献专业和北京语言学院合作主持编撰，由阴法鲁、许树安教授主编的《中国古代文化史》项目，担任"中华文化的起源和中华民族的形成"的撰写工作。这一章之所以要我来写，是因为我此前曾经出版了一本小册子《我国少数民族对祖国历史的贡献》，也发表了《中华民族含义初探》、《中华新石器文化的区域性发展及其汇聚与辐射》等论文，对中华民族形成问题作了一些初步的研究，一些观点和看法受到同行的重视。我结合古人类学以及旧、新石器时代考古学和文献资料等，尝试综合性分析，有一些自己的心得体会。也正是在这个过程中，我注意到中国历史博物馆由佟先生主持设计的"原始社会"陈列展览的内容，其核心是"中华民族的多元融合"，我随后陆续研究了佟先生的一些相关论作，都很受启发。虽然我们两人在一些具体观点和看法上不完全相同，但考虑问题的思路有很多一致的地方。正因为如此，我有不少地方要向佟老请教，从而不断加深了彼此的交往。

1988 年，费孝通先生在香港中文大学发表了《中华民族多元一体格局》的讲演，反响很大。后来，我协助费先生以该文为核心编辑为一本独立的著作《中华民族多元一体格局》（1998 年又修订再版）。1990 年，国家民委民族问题研究中心围绕费先生的论作主办了民族研究学术讨论会，邀请了中国海峡两岸三地及日本知名专家学者共 40 多位，会上大家畅所欲言，各抒高见。佟柱臣先生也作了题为《从考古学上看中华民族的融合与统一》的发言，利用考古学材料论述了中华民族形成过程中的多元融合、融合与统一关系等等，是从考古学角度研究中华民族起源、形成的最重要的一篇大作，后收入我协助费孝通先生主编的《中华民族研究新探索》一书。

80 年代中后期以来，我暂时放弃了已经开始的辽金史和东北历史地理研究，专心从事民族关系史的研究，而重点放在对中华民族进行整体研究。我先是梳理了"中华民族的含义"、中华民族形成发展不同阶段的历史特点以及民族关系的层次和发展大势等等，随后大约用了十多年的时间研究中华民族的起源、形成与早期发展，这自然需要吸收以佟先生及考古学界的相关研究成果。一些主要见解，如中华文化本土起源、多元起源的观点以及形成过程中的反复融合与汇聚的观点等等，都是在此基础上得出的。我个人非常珍视这些点滴成果，更感念与享受同行间相互激励、启发而得到的乐趣。我所花时间较多的还是关于中华民族起源以及早期形成发展的基本格局及特点的探讨。我主持的教育部博士点基金项目"中华民族形成史"至今才刚完成一半，在《中华民族多元一体格局》（修订本）中有所反映，看我目前的状况，也许终难全部完成。现在，我就利用这个机会将自己的主要观点和思路，做一个简要的归纳和说明。

二

讨论中华文化（或者中华民族）起源以及早期形成发展时期的基本格局，必须首先从何谓"中华文化"，何谓"中华民族"的讨论开始。

我认为，费孝通先生的观点是准确而又高度概括的。他说：中华民族这个词用来指现在中国疆域里具有民族认同的十一亿人民。它所包括的五十多个民族单位是多元，中华民族是一体，它们虽则都称"民族"，但层次不同。中华民族有多个层次，是一个从自在实体到自觉实体的历史发展过程[1]。

这段概括包括了历史与现实双重维度。中国自古以来就是一个多民族的国家，一方面中国的民族以及民族关系格局有一个历史的发展过程；另一方面历史上的民族以及民族关系格局与今天的民族以及民族关系并不完全一致。20 世纪 50 年代以来，党和国家采取中国各兄弟民族一律平等、团结合作、共同进步与发展的政策，承认 55 个少数民族和汉族共同构成为"中华民族"，而汉族是中华民族的凝聚核心和主体。从这些讨论出发，我把"中华民族"定义为中国境内古今各民族的总称，然后从历史学的角度对不同历史时期中华民族的含义进行了细致的梳理。我还从历史语言学的角度详细讨论了"华夏"、"中华"以及"中华民族"等词汇的含义及其变迁过程。当我把两部分的分析，即名与实的分析——历史具体发展进程与"中华民族"以及相关语汇的含义变迁，放在一起的时候，我对中国历史进程大势的理解又提高了一大步。

此前，我曾经尝试使用"多元集合体"来概括中华民族的"多"与"一"的这个基本格局。还是费先生的"多元一体"格局更加高屋建瓴地把握了中华民族的"多"与"一"的辩证关系的本质，语言上也更为简洁明了。

我理解，中华民族经久不息、延绵不绝这是一个历史传统。其核心原因是什么呢？这当然要从历史和文化的内部找原因，但同时也不可忽视外部的原因。

我发现，中国的地理结构非常具有特殊性，这个特殊性就是：东西两大部，南北三个（气候）带。东西两大部，即面向内陆的西部干旱地区与面向海洋的东部湿润地区（或者将前者称为西北部，将后者称为东南部），这两大部自古就是农业和牧业的两大地区。考古学家童恩正也曾注意到东西两部的差异，他把面向东南的地区概括为"半月形地带"。实际上，东西两部的农业和牧业之间是既相互区别又相互依存的不可分离的辩证关系，这也就是为什么历代中央王朝均以北方为政治中心的缘故。认识到这一点，也就能够理解长城的含义：它不仅仅是用来对北方少数民族的阻隔和防御，同时农牧民族又在沿长城一线开辟了一系列相互交换、互通有无的"互市"点，所以长城一线也是联系农牧及北方少数民族的纽带。我因为长期研究北方民族关系史，对这个发现非常敏感，但对南北关系还不是能完全解释通。后来，我发现，中国实际上存在着南北三个地带，即秦岭—淮河一线以南的水田农业带、此线以北至秦长城以南的旱地农业带和秦长城以北的游牧带（包括渔猎和畜牧）。这三个经济地带，也是中华文化与民族起源与发展的地域空间。古气候学的研究结果证明，华夏大地气候变迁的历史规律：大约每千年气温平均低一个纬度。也就是说，气候变化使得北方地区的农业有一个向南退却的过程。这和以往研究北方民族关系中强调农业民族是沿着河谷地带向北、西进入游牧地区的看法，就不完全一致。

我在《中华民族起源的基本特点》一文中曾就此总结道：一、农业的起源与进步，是新石器时代最重要的成就，是一场"革命"。二、中华新石器时代农业所呈现的南北异色基本奠定了以后我国农业的格局。因气候和自然环境的变化，北纬41°~44°间进入青铜时代后由农业区变成了游牧文化区。三、河谷地带，农业与游牧文化呈交错式分布，更凸显出两种经济形态的互补与平衡发展的关系，形成所谓华夏的"边缘"[2]。更为重要的是，游牧文化与旱地农业文化、水田农业文化的平行发展、相互依存、相互补充，共同缔造了中华文化。四、这种区域间文化发展的不平衡性在中华文化的起源阶段就已经明显表现出来，在后世得到充分发展。这既是历史传统所致，也与中华民族所处的地理环境特点分不开。

总之，自1979年以来，我反复撰文阐述中华各民族的发展，呈现出东西两大部（自唐宋以来，尤其是近现代海上交通与工商业发展，在中国东部又分出更为发达的东南沿海地区，从而形成东、中、西三大部）和南北三带相互依存、相互补充的这一总特点。这东西两大部和南北三带民族统一的过程，也就是统一多民族中国形成的过程。

三

关于中华民族起源和早期发展的本土特点、多元起源特点以及反复汇聚与辐射的特点等等认识，目前已经大致为学术界所认可。对中华大地上万年以来的考古学文化，许多学者都有极其精彩的归纳和总结[3]。从这些归纳和总结中，可明显看出中华文明起源与发展经历了一个由多元起源而向一体汇聚的漫长过程。

传统史观认为，中华民族是从黄河中下游最先发端，而后扩散到边疆各地，于是有了边疆民族。司马迁综合春秋、战国诸说，在《史记·五帝本纪》中这样表述：由于共工、欢兜、三苗、鲧有罪，"于是舜归而言于帝，请流共工于幽陵，以变北狄；放欢兜于崇山，以变南蛮；迁三苗于三危，以变西戎；殛鲧于羽山，以变东夷"。这种史观影响甚大，直至近现代也还有一些学者相信中华民族与中华文明起源于黄河中下游。过去史家总是用"礼失求诸野"的观点来推测区域间文化发展变化的关系，把当时的政治、经济中心当作中华文明起源的中心。这就是本土起源说中的一元说。

一元说的论点早已被半个多世纪以来的考古发现所证伪，中华文明不是从黄河中下游单源扩散至四方，而是呈现多元区域性不平衡发展，又互相渗透，反复汇聚与辐射，最终形成为中华文明。我在许多场合都讲到过这样的认识。在《中华民族起源学说的由来与发展》一文中，曾对此加以总结，提到中华文明起源研究与近代以来史观变化之间的密切关系[4]。

1927年，蒙文通先生首先将古代民族分为江汉、河洛和海岱三大系统，其部落、姓氏、地域各不一样，其经济文化也各具特征[5]。傅斯年继之于1930年和1934年提出"东夷西夏"说，认定中华文明为两大系统[6]。1941年，徐旭生先生将中国古代民族概括为华夏集团、东夷集团和苗蛮集团三大"古代部族集团"[7]。徐说晚出，最详。

众多的考古发现，以及考古学文化区系类型的研究成果已经昭示：中华文明是多个中心。对于中华文明的多元性特征我有如下的概括："中华大地上的远古居民，分散活动于四面八方，适应各区域不同的自然环境，创造着历史与文化。旧石器时代已显出来的区域特点的萌芽，到新石器时代更发展为不同的区系，各区系中又有不同类型与发展中心。而神话传说中，远古各部落所奉祀的天帝与祖神及崇拜的图腾也有明显的区域天帝。考古文化与神话传说相互印证，揭示了远古各部落集团的存在，从而成为认识中华民族起源多源特点的科学基础。"[8]

我所以强调考古与神话传说的"相互印证"，就是为了改变"考古自考古，神话自神话"的两分局面。中国没有发达的神话，或者说，中国的神话体系与西方是不同的，它是古史的传说，即古史的一部分。诚如徐旭生先生所指出的那样：掺杂神话的传说（legend）与纯粹神话（myth）是不一样的，中国的古史传说并不是纯粹的神话[9]。但中国的古史传说至迟到战国时期就有了总结和归纳，表明不同来源和世系的各区域文明渐渐向一体发展。

　　在全面研究了我国新石器时代的文化区系特征后，我进一步深信上述东西两大部和南北三带的发展格局，其起点和萌芽，实可追溯到新石器时代。虽然，就畜牧文化而言，考古学研究有许多难以克服的困难，但结合民族学和民族史的研究仍可将这总特点确定下来。因此，在中华文化起源与形成的阶段，就已经萌生和孕育了这个特点和格局。换句话说，中华文化与民族的起源与形成实是伴随着中华经济文化类型"底层"的酝酿和形成[10]。这是中华民族起源具有多元特点的一个非常重要的方面。

　　当然，目前的考古学研究主要关注的是与农业相关的考古学问题，对牧业文明的研究还基本上是一个空白，还无法能够从考古学的视野对中国境内农、牧业关系发展的总趋势予以实证性的说明。实质上，中华民族起源和早期发展这个题目本身也是一个多学科的大课题，必须借助更多学科的群体优势。

　　在我看来，"前王朝古国"（pre - state）时期，是两个大融合的最关键时期。一是牧业文明的出现以及农业和牧业文化开始有了融合；二是农业文化内部的大融合。这个阶段，也就是我所一再阐述的"华夷五方格局"的形成。关于这一格局的具体情况，我已在多篇文章里详细讨论过，这里就无需重复了。需要强调的是，"华夷五方格局"的形成是中华民族形成过程中非常关键的一个历史时期，也正是有了这个基础上，华夏汉民族最终得以形成和确立。换句话说，中华民族结构中，汉族作为主体民族和少数民族共存而形成为"多元一体"格局的特点，早在这个阶段就已奠定了基础。

　　附记：由于身体的原因，本文由我口述，由雷虹霁博士起草，后经由我们两人共同修改完成。在此，对她所付出的劳动表示感谢。

注　释

〔1〕费孝通：《中华民族多元一体格局》，中央民族学院出版社，1989年。

〔2〕关于"华夏边缘"的观点，可参看王明珂《华夏边缘：历史记忆与族群认同》，台北允晨文化实业公司，1994年。我们不完全同意王明珂的观点，因为"华夏"不仅仅是"地域"概念，还同时是"文化"概念。"华夏"并不排斥游牧文化，相反，游牧文化也是华夏文化的一个重要组成部分。关于游牧民族对缔造中华文化的作用，可见费孝通主编《中华民族多元一体格局》（修订本）第四章"中国历史上游牧民族的地位"，中央民族大学出版社，1999年。

〔3〕a. 佟柱臣：《中国新石器时代文化的多中心发展和发展不平衡论——论中国新石器时代文化发展的规律和中国文明的起源》，《文物》1986年第2期。

b. 陈连开：《关于中华民族起源的几点思考》、《中华新石器文化的多元区域性发展及其汇聚与辐射》、《中华文明初曙从多元向一体的发展》，均收入《中华民族研究初探》，知识出版社，1994年。

c. 严文明：《中国史前文化的统一性与多样性》，《文物》1987年第3期。

d. 佟柱臣：《中国新石器时代文化三个接触地带论》，《史前研究》1985年第2期。

e. 石兴邦：《中国新石器时代考古文化体系及其有关问题》，《亚洲文明论丛》1986年8月。

〔4〕参见陈连开：《中华民族研究初探》第93～96页，知识出版社，1994年。

〔5〕蒙文通：《古史甄微》，商务印书馆，1933年。

〔6〕a. 傅斯年：《小东大东说》，《历史语言研究所集刊》第 2 本 1 分册第 101 ~ 109 页。

　　b. 傅斯年：《夷夏东西说》，《庆祝蔡元培先生六十五岁论文集》第 1093 ~ 1134 页。

〔7〕徐旭生：《中国古史的传说时代》（增订本），文物出版社，1985 年。

〔8〕陈连开：《关于中华民族起源的几点思考》，《中华民族研究初探》第 118 页，知识出版社，1994 年。

〔9〕徐旭生：《我们怎样来治传说时代的历史》，《中国古史的传说时代》（增订本）第 20 ~ 23 页，文物出版社，1985 年。

〔10〕陈连开：《关于中华民族起源的几点思考》，《中华民族研究初探》，知识出版社，1994 年。关于经济文化类型的含义可参见林耀华主编《民族学通论》（新版）相关章节，中央民族大学出版社，1997 年。关于"文化底层"的理解，与张光直关于"亚美巫教底层"的认识有相合处，所不同者，我们强调中华文化自身起源和发展的线索，强调追寻这个线索的内在规律性。另外，可以清楚看到，我们没有过多强调宗教的作用，这也恰恰是中华文化迥异于西方文化之处，信仰可以不同，对中华文化的认同却是一致的。

中国古代都城宫庙遗址的
考古发现与研究

刘庆柱

（中国社会科学院考古研究所）

中国古代都城的功能主要是政治性的，从考古学研究的物化载体来看，古代都城政治性的物化载体又主要表现为宫殿与宗庙建筑。宫殿是统治者行使对国家管理的建筑，是地缘政治的体现；宗庙是祭祀祖先的地方，是国家管理者、统治者依据血缘关系，在此取得对国家统治、管理合法性的"圣地"。宗庙有着比宫殿更为"悠久"的历史，在文明形成、国家出现之前，宗庙已在前国家形态中发挥着作用。而且随着文明化进程的推进，"家天下"到来，宗庙的作用越来越突出。早期国家区别都城与其他城邑的标示建筑，就是以有无宗庙为准的。《史记·五帝本纪》载："舜一年而所居成聚，二年成邑，三年成都。"关于"都"，文献记载："凡邑有宗庙先君之主曰都，无曰邑。邑曰筑，都曰城。"[1]可见都城与其他一般城邑的区别就在于有无宗庙，正因为如此，所以文献记载在早期都城建设中"宗庙为先"。早期王国的国王通过都城宗庙，体现着自己（国家统治者、管理者）控制国家权力的合理性、合法性。宗庙作为物化的"血缘关系"之体现，对于国家统治者的权力继承、分配起着决定性的作用，宗庙的主要政治功能是面向以血缘关系为基础的统治集团"内部的"。宫殿是国家权力运行的平台，是统治者面向国家、面向百姓的，相对宗庙对统治者而言，它是面向"外部的"，宫殿是国家地缘政治的物化体现。出于上述原因，早期国家的统治者、管理者对都城的宗庙与宫殿都是十分重视的，宫殿和宗庙成为都城之中的核心建筑，反映在历史文献中的"宫"和"庙"是很多的，由于宫殿与宗庙的作用都十分重要，它们的重要性的不同，主要是表现在不同时间、不同场合、不同方面。人类社会形态从"野蛮"跨入"文明"、从"史前"进入"国家"。随着早期国家的发展，"宫殿"作为国家的载体，影响越来越大。在先秦历史文献中出现的"宫"即"庙"、"庙"亦"宫"，如《不寿鼎》有"隹九月初吉戊辰王才大宫。"《左传·昭公十八年》载："使子宽、子上巡群屏摄，至于大宫。"杜预《春秋左传注》释："大宫，郑祖庙。"训诂学有释"宫"为"庙"之说。这种"宫"与"庙"称谓的通用，可能反映了当时二者"地位"的相近。尽管随着历史的发展，宗庙与宫殿的功能、地位发生了重大变化，但是把"庙"称为"宫"的情况，仍然还存在着。西汉时代的汉景帝陵庙称"德阳庙"，亦称"德阳宫"。《汉书》卷五《景帝纪》载：景帝中元"四年春三月，起德阳宫。"王先谦引沈钦韩曰：

"谓庙为宫，此古义也。《春秋》经传、《毛诗》皆然。以周有文、武世室，鲁有鲁公、武公世室。故《尔雅》又云：'宫谓之室，皆谓庙也。'"但是，在汉代把庙称为宫是可以的，将宫称为庙则很少见。既是把庙称为宫，也是有特定条件的。因此臣瓒注《汉书》曰："是景帝庙也。帝自作之，讳不言庙，故言宫。"

考古发现的早期王国的都城遗址，有夏代都城的河南偃师二里头遗址、商代早期都城的郑州商城遗址和偃师商城遗址、商代中晚期的安阳洹北商城遗址和殷墟遗址等。

夏王朝是目前所知中国古代的第一个王国，年代约为公元前 2070 年至公元前 1600 年[2]。20 世纪 60 年代发现的河南偃师二里头遗址是夏王朝中晚期的都城遗址，始建于公元前 19 世纪中叶，分布范围东西 2.4 公里、南北 1.9 公里，面积约 4.56 平方公里（图一）。已发现了宫城城墙，宫墙宽约 2 米，宫城东西 292～295 米、南北 359～378 米，面积 10.8 万平方米。宫城外侧四周有 10～20 米宽的道路[3]。宫城之内的宫殿建筑遗址进行了勘探和发掘，已发掘的二里头文化三期的第一号和第二号建筑遗址最为重要，它们分别位于宫城西部和东部（图二）。第一号建筑遗址为一平面近方形院落，边长约 90～107 米，面积 9585 平方米。主体殿堂基址位于院落北部中央，东西 36 米、南北 25 米，面积 900 平方米。院落南部中央置门，门道基座东西 28 米、南北 13 米，面积 364 平方米。门址东西并列 3 个门道（图三）。第二号建筑遗址为一平面长方形院落，东西 57.5～58 米、南北 72.8 米。主体殿堂基址位于院落北部中央，东西 32.6～32.75 米、南北 12.4～12.75 米。其南与大门相对，门址东西 14.4 米、南北 4.35 米。门道居中，两侧为二塾[4]（图四）。有的学者提出二里头遗址的一、二号建筑基址可能为宫庙一类建筑遗址[5]。我注意到：第一号建筑基址正门为 3 个门道，主体建筑设置有殿堂，第一号建筑遗址位居第二号建筑遗址之西。第二号建筑遗址正门为一个门道，门道两侧各置一塾，主体建筑 3 室并列，第二号大型建筑基址位居第一号大型建筑基址东部。根据《周礼·考工记》的"左祖右社"记载，宗庙与社稷，分列於大朝正殿的东西两侧，宗庙在社稷以东，也在大朝正殿以东，也就是说大朝正殿与宗庙的方位关系，是前者居西，后者位东。汉长安城南郊礼制建筑中的宗庙与社稷、宗庙、社稷与未央宫前殿的方位分布关系，如上所述[6]。东周秦雍城的凤翔马家庄一号建筑遗址与三号建筑遗址东西并列，不少学者认为这是属于宗庙与大朝正殿东西并列的两座建筑遗址[7]。在汉长安城南郊的宗庙建筑和秦雍城的马家庄一号建筑遗址中，其主体建筑的院落正门，均为一个门道，并且门道两边分别构筑了"塾"。对照以上考古发现资料，我认为二里头遗址中的第二号建筑遗址可能为宗庙建筑遗址。近年在第二号建筑遗址以南约 14 米发现了第四号建筑遗址，其夯土基址东西 36.4 米、南北 12.6～13.1 米，根据现存遗迹，推测第四号建筑遗址原来的夯土基址之上东、西、南三面无墙体，北面置墙。主体建筑东部有东庑。该建筑与第二号建筑遗址属于同一组建筑，其年代相同，使用时间应为二里头文化三、四期[8]。杜金鹏先生最近撰文指出："如果 2 号宫殿确系宗庙建筑，那么它应是夏人祖先神祇委身之所，即时王供奉其先王神主的地方，也是举行日常祭祖活动的地方。而 4 号宫殿则专为举行某些特殊祭祖典礼的场所。"[9]

偃师商城位于河南省偃师市城关镇一带，早期的小城东西 740 米、南北 1100 米，

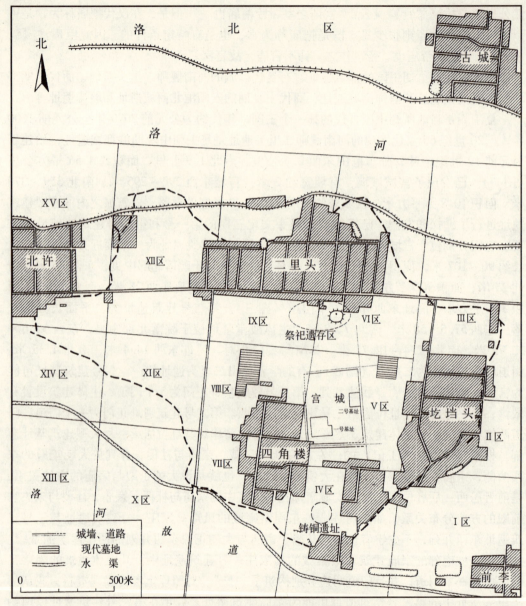

图一 二里头遗址平面图

面积 81 万平方米。大城是在小城基础之上向北、向东扩建而成，大城平面为"厨刀形"，东西 240 米、南北 1710 米，面积 200 万平方米。宫城位于偃师商城小城中央，平面近方形，边长约 180~200 米（图五）。大型夯土建筑基址位于宫城中南部，分成东西两组。西组南北排列有第二、第三、第七、第八和第九号大型夯土建筑基址，南部二者为西组建筑群的主要建筑遗址，后者附属于前二者。东组先后建有第四号、第五号、第六号大型夯土建筑基址，它们属于单体大型夯土建筑基址，各自形成独立的院落[10]。

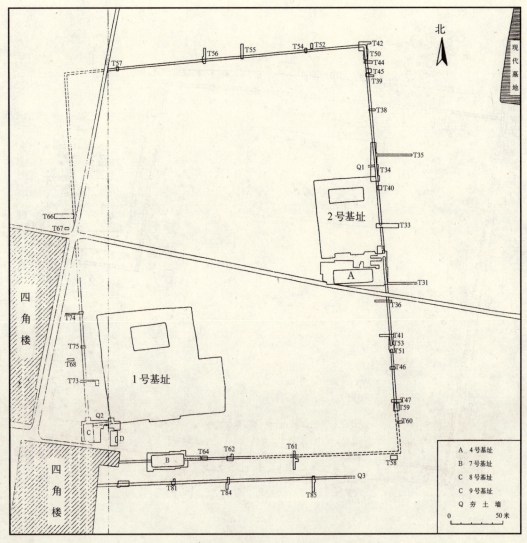

图二　宫城城墙及相关遗迹平面图

在宫城之内的北部，亦即大型夯土建筑基址北部，发现有大规模的祭祀遗迹，其范围东西200米，面积约3100平方米（图六）。特别需要注意的是，在东组第四号建筑基址北部发现的以动物、人、麦稻等农作物为主要内容的祭祀坑遗迹。猪是使用最多的祭祀用牲，此外还有牛、羊等，以上这些是宫城之中长期以来进行祭祀活动的历史佐证[11]。偃师商城的宫城遗址进行了大规模的考古发掘，已究明宫城东西两组建筑群的平面布局形制不同，其中西组第二、三、七、九号大型夯土建筑基址，为主要宫殿建筑；第八号大型建筑基址为统治者生活起居的"寝殿"；东组的大型夯土建筑基址各自为一院落，其中以第四号建筑基址为主，应为宗庙建筑[12]。宫城北部的大规模祭祀遗迹可能即宫城宗庙祭祀的遗存。

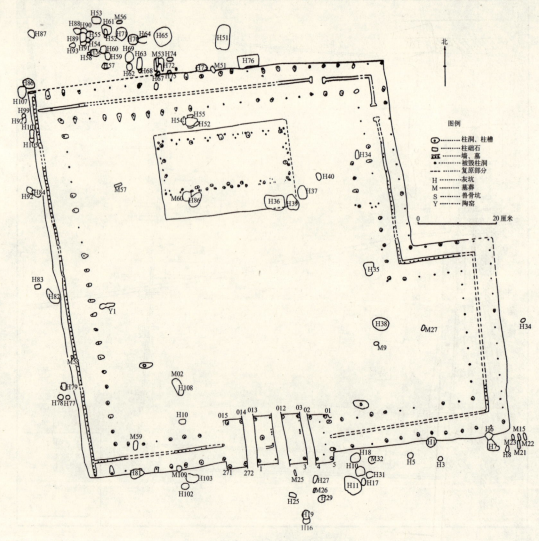

图例

- 柱洞、柱槽
- 柱础石
- 墙、墓
- 被毁柱洞
- 复原部分
- H　灰坑
- M　墓葬
- S　兽骨坑
- Y　陶窑

0　　　　20厘米

图三　第一号宫殿基址平面图

　　20世纪末发现的洹北商城，平面近方形，边长约2000米。2001~2002年发掘了洹北商城第一号宫殿建筑基址，该宫殿遗址东西173米、南北90米，面积达16000平方米。主殿夯土基址南北宽14.4米，东西长约90米。东西两侧置厢（配殿），南面置庑，南庑中部辟门，南门进深11米、面阔38.5米，由两个门道组成[13]。有的学者通过洹北商城一号建筑遗址与二里头遗址、偃师商城遗址和殷墟遗址宫庙区建筑基址的对比研究，提出洹北商城一号建筑基址为宗庙建筑遗址的说法[14]，我认为洹北商城的考古工作刚刚开始，作为都城遗址的洹北商城遗址总体布局现在还不清楚，对于一号建筑遗址的性质，还需要洹北商城更多一些大型建筑遗址的考古资料积累，类似宫殿、宗庙一类重要建筑的界定，还要有待进一步的开展考古工作。

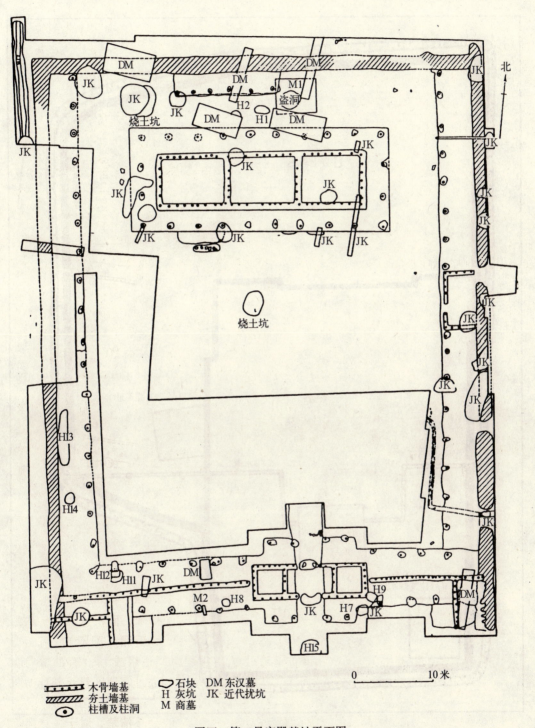

图四　第二号宫殿基址平面图

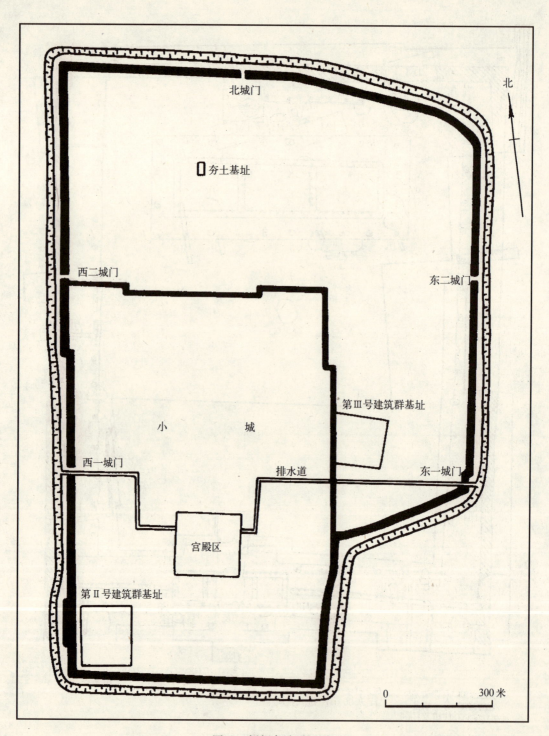

北

北城门

夯土基址

西二城门

东二城门

小   城

第Ⅲ号建筑群基址

西一城门

排水道

东一城门

宫殿区

第Ⅱ号建筑群基址

0   300 米

图五 偃师商城平面图

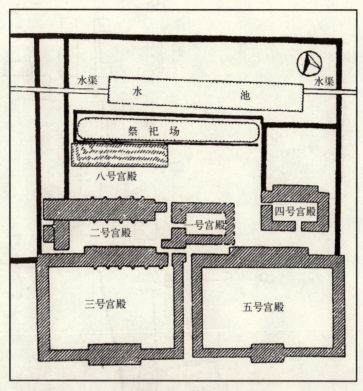

图六 偃师商城宫城遗址平面图

20 世纪 30 年代考古发掘的殷墟宫殿区建筑群遗址，发掘者认为自北向南分为甲、乙、丙三区，三区建筑群性质分别为宫殿、宗庙和社稷遗址，即通常所说的殷墟宫庙区，范围约 35 万平方米[15]（图七）。从现在看来，上述的研究结论是存在不少问题的。究其原因是当时的田野考古的基础工作，还存在一些问题。作为宫庙一类重要建筑的形制，与目前我们所积累的田野考古知识有一定出入。这主要是学科发展的原因，经验要积累、知识也要积累、学术更要积累，积累是学术、学科走向成熟的必经之路。当然我们现在根据学科的积累与发展，提出重新认识殷墟宫庙区建筑群遗址的功能分区，也是学科发展的要求。有的学者根据近年殷墟考古发掘新资料，提出原来的"甲区"不属于宫庙建筑，应为与洹北商城同一时期的"民居"。宫庙建筑群遗址应以 1930 年代发掘的"乙组"夯土建筑基址为中心[16]。尽管学术界关于殷墟宫庙区甲乙丙三组有多种解释，但是大家均认为殷墟的宫庙在小屯的"宫殿区"中，根据这些建筑基址附近的大量祭祀遗迹，推断这里应有宗庙建筑。具体那一座建筑基址属于宫殿或宗庙，我认为还要两方面努力，一是加大田野考古力度，对于都城宫庙一类大型建筑遗址，田野考古必须首先搞清楚，然后才能进一步开展深入、全面的研究；二是要加强古代都城宫庙建筑遗址的综合与专题考古研究，要寻找出规律性的东西，要把殷墟的宫庙遗址考古研究放到古代都城发展史、古代都城宫庙考古发展史中去研究。

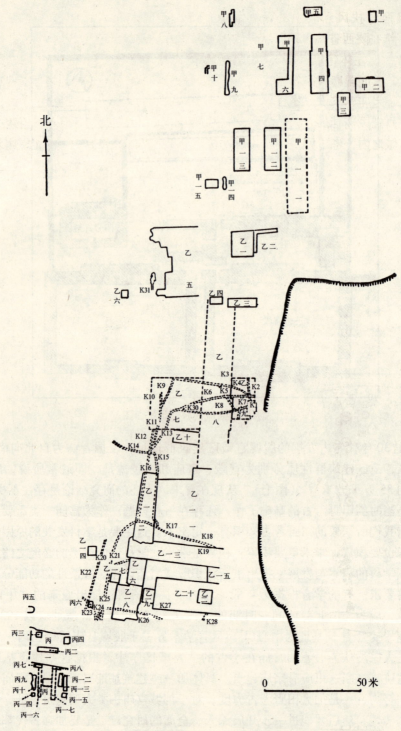

图七　小屯殷代甲、乙、丙三组基址分布图
（略去原图中之等高线）

　　位于陕西省扶风和岐山的西周周原遗址，是周人在丰镐立都之前的"故都"。1999～2000年在陕西省扶风县云塘村发掘的西周晚期建筑群遗址，"凸"字形院落之内有三座建筑[17]，主体建筑居北，其东南部与西南部各有一座建筑，院落南门与主体建筑南北相对，其间置卵石路相连，通至南门。南门中为门道，两侧置塾。发掘者推断上述建筑群属于宗庙建筑[18]（图八）。

　　位于陕西省凤翔县的春秋时代秦国都城雍城遗址，考古工作者在雍城遗址中南部的宫殿区或宫城之内，考古调查、勘探、发掘了马家庄第一号建筑遗址，这组建筑包括三

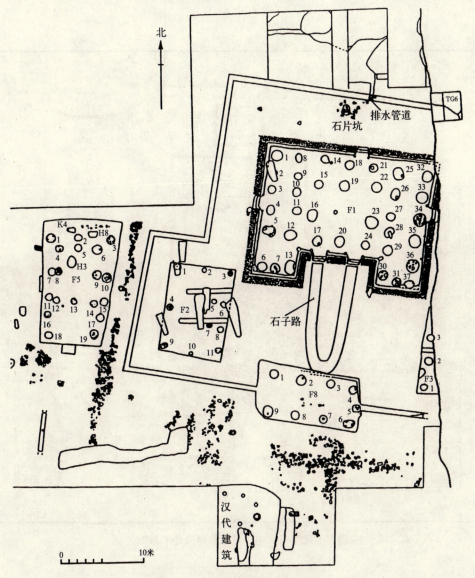

图八　云塘西周建筑基址群平面图

F1：1～37. 柱础坑　　F2：1～11. 柱础坑　　F3：1～3. 柱础坑　　F5：1～19. 柱础坑　　F8：1～9. 柱础坑

座单体建筑，平面为"品"字形，外围一周墙垣，形成规正的长方形院落。东墙长
55.9 米、西墙长 71.1 米、北墙长 87.6 米，南墙长度应同北墙。院落正门辟于南墙中
央，门道居中，两侧置塾。主体建筑居北，东西 30 米、南北 34.5 米。主体建筑东南部
与西南部各一建筑，形制、大小相同，对称分布，每个建筑东西 13.9 米、南北 21 米。
院落之内发现大量祭祀坑，主要分布在主体建筑与南门、东西附属建筑之间，发现 181
座祭祀坑，主要牺牲为牛羊，其中有牛坑 86 个、羊坑 55 个、人坑 8 个，推断它们应为
祭祀活动的遗存[19]，发掘者认为马家庄一号建筑基址应为雍城宗庙建筑遗址[20]（图
九）。

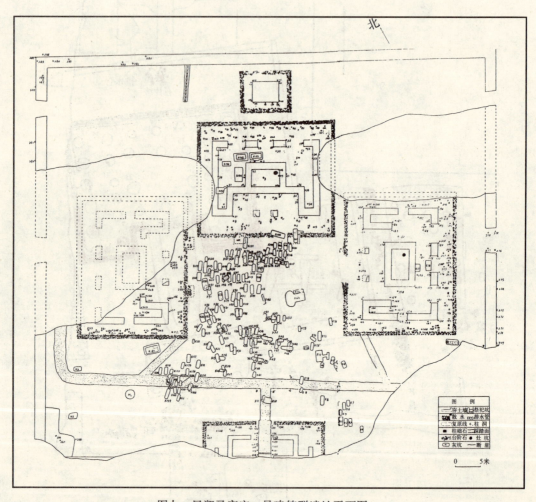

图九　凤翔马家庄一号建筑群遗址平面图

　　战国时代的秦国都城咸阳城，王室和皇室宫殿群在咸阳城的宫城之中，已经考古发掘了多座宫殿建筑遗址[21]。王室、皇室的宗庙，分别安排在故都雍城与咸阳附近[22]。置于咸阳城附近的宗庙在咸阳城渭河对岸的"渭南"地区，《史记》卷六《秦始皇本纪》载："诸庙、章台、上林皆在渭南。"

　　据《史记·樗里子列传》记载："樗里子卒，葬于渭南章台之东。曰：'后百岁，是当有天子之宫夹我墓。'樗里子疾室在于昭王庙西渭南阴乡樗里，故俗谓之樗里子。至汉兴，长乐宫在其东，未央宫在其西，武库正值其墓。"汉代都城武库建于樗里子墓之上，西汉武库遗址已经发掘[23]，武库位于未央宫与长乐宫之间，樗里子墓应在其附近。按照古代埋葬习俗，樗里子墓一般在其住地附近，也就是说阴乡樗里就在汉代都城长安城武库附近，秦昭王庙应在其东邻。

　　《史记·高祖本纪》记载：高祖二年，"令除秦社稷，更立汉社稷。"西汉社稷遗址在汉长安城西南部，其中的西汉时代"官社"遗址，"从建筑遗迹的叠压关系和出土物的年代特征看，这座建筑遗址大约是利用秦旧址修建的西汉早期建筑。"王莽的社稷遗址在西汉社稷的南部[24]。根据"左祖右社"规制，秦王国或秦王朝的宗庙应在秦社稷的东部，即位于汉长安城东南部。虽然目前还难以究明秦诸庙的具体位置，但是秦宗庙不在渭北咸阳城中，应在"渭南"的汉长安城遗址附近是可以肯定的。综上所述，战国时代中晚期和秦代的宗庙建筑既不在宫城之中，也不在都城之内。

　　西汉初年，太上皇庙和汉高祖的高庙、汉惠帝的宗庙都置于长安城内[25]。太上皇庙在长乐宫北部，清明门大街南部[26]。高庙在安门大街东部，长乐宫西南部。汉惠帝的宗庙在高庙西侧，所以又称其宗庙为"西庙"。上述三座宗庙虽然均在都城之中，但它们都不在宫城之内。汉惠帝时，为了方便宗庙祭祀活动，又在都城之外的汉高祖长陵修建了"原庙"[27]，作为祭祀汉高祖的宗庙，因为是在高祖陵墓附近修建的宗庙，所以又称"陵庙"。汉惠帝在长陵修建"原庙"，实际上又恢复了秦代于都城之外安排宗庙的办法。西汉时代真正实施都城之外营建宗庙，应始于汉文帝。汉文帝的宗庙顾成庙，置于都城南郊[28]。汉景帝在其陵墓附近修建了德阳庙[29]，考古工作者在汉景帝阳陵陵区考古发掘的礼制建筑遗址可能即德阳庙基址。遗址位于帝陵东南部，遗址平面方形，边长约 260 米。遗址中部为主体建筑，系一平面方形夯土台，边长 54 米，四面共有 12 座门，每面各 3 座门[30]。这是西汉时代皇帝首开在本人陵墓生前营筑陵庙的制度，这个制度终西汉未变。

　　已经考古发掘的西汉末年的汉长安城南郊的宗庙遗址、社稷遗址和明堂辟雍遗址等礼制建筑遗址，是中国古代都城考古中发掘规模最大、内容最丰富、遗址性质最明确、时代最清晰的礼制建筑遗址。汉长安城宗庙建筑遗址群位于汉长安城南城墙以南，西安门在其西北部。宗庙建筑遗址群包括 12 座单体建筑，其中 11 座单体建筑分布在同一大院落之中，另一座单体建筑在大院落南部[31]（图一〇）。

　　东汉时代都城洛阳城的宗庙位置，文献记载语焉不详。秦汉时代宗庙与社稷是密切相关的两组礼制建筑，它们一般是东西对称分布在大朝正殿附近的东南部与西南部。关于东汉都城的社稷，《后汉书·祭祀志（下）》李贤注引《古今注》云："建武二十一

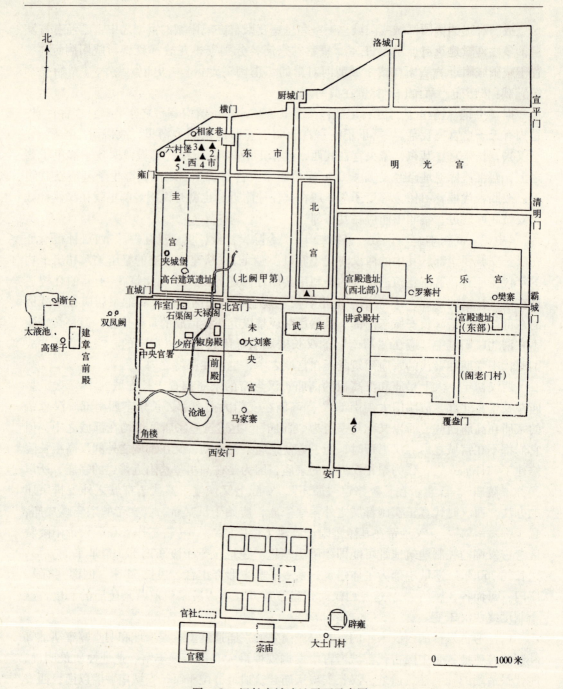

图一〇　汉长安城遗址平面示意图

1. 北宫南部烧制砖瓦的官窑群址　2. 铸币遗址　3. 烧制陶俑的官窑群址　4. 冶铸遗址

5. 民营制陶作坊遗址　6. 高庙遗址

年二月乙酉，徙立社稷上东门内。"由此推断，东汉都城的宗庙亦当位于郭城之内。

　　文献记载西晋初期的宗庙，建于铜驼街中部东侧的曹魏宗庙旧址之上，它们位于宫城之外、郭城之内[32]。晋武帝太康十年又建新的宗庙于宣阳门内[33]。东晋、南朝建康城的宗庙在宫城之外，都城宣阳门与朱雀门之内[34]。北魏平城建都之初，在平城西部修建皇宫——"西宫"，在西宫南部筑宗庙和社稷[35]。北魏平城的太庙、太社置于宫城之外与郭城之内，但同时道武帝还在宫城之中立神元、思帝、平文、昭成、献明五帝庙[36]，这可能是鲜卑拓跋部统治者复古之反映。北魏洛阳城的宗庙在宫城阊阖门外、内城之中青阳门与西明门大街北侧，铜驼街东西两侧[37]。宗庙的这种布局一直为以后历代所延续。隋大兴城·唐长安城的宗庙在都城宫城之外，皇城的含光门之内[38]。隋唐洛阳城的宗庙在宫城之外、皇城之内的东南角[39]。北宋都城的宗庙在内城之中，宣德门与州桥之间的御街东部。元世祖在元大都皇城东部、齐化门之内建宗庙[40]。明清都城之宗庙位于皇城之内、宫城前东侧。

　　总的来看，中国古代都城的宗庙位置变化是：古代都城的宗庙由夏、商、西周和战国时代早期以前，位于宫城或宫殿（含宗庙）建筑区之中，变为战国时代中晚期和秦代宗庙位于宫城和都城之外。西汉时代初年宗庙位于宫城之外、郭城之内，汉惠帝、汉文帝开始恢复了秦代将宗庙置于郭城之外的做法。魏晋时代都城宗庙又调整为西汉时代初期的置于宫城之外、郭城之内的情况。自北魏洛阳城出现了宫城、内城和郭城三重城，宗庙大多置于宫城之外、内城或皇城之中。一般而言，这种宫庙布局一直与中国古代封建社会相始终。宗庙在都城之中分布位置的变化，反映了宗庙建筑在都城之中的地位。

　　宗庙作为"血缘政治"的物化载体的象征，在人类"古代文明形成"之前的史前时代已经出现。人类进入国家社会、"文明时代"，是对史前时代的发展与否定，是地缘政治对血缘政治的挑战，是地缘政治的历史性胜利。但是，人类古代历史的发展是渐进的、连续的、过度的，人类历史从史前时代的血缘政治，进入"文明时代"、早期国家社会（夏商周时代）的血缘政治与地缘政治相结合时代，最后进入古代中央集权的封建帝国的地缘政治时代。在中国古代都城的宗庙位置变化，充分说明王权的一步一步加强的过程。

　　附记：本文是作者于2004年10月25日在韩国召开的"古代都市和王权"国际学术会议的讲演稿。此次发表时做了部分修改，增加了一些新的内容。

注　释

〔1〕《左传·庄公二十八年》。

〔2〕夏商周断代工程专家组：《夏商周断代工程·1996～2000年阶段成果报告》第86页，世界图书出版公司，2000年。

〔3〕中国社会科学院考古研究所二里头工作队：《二里头遗址2003～2004年田野考古新收获》，《中国社会科学院古代文明研究中心通讯》第8期，2004年8月。

〔4〕中国社会科学院考古研究所：《偃师二里头——1959年～1978年考古发掘报告》，中国大百科全书出版社，1999年。

〔5〕杨鸿勋:《宫殿考古通论》第26～41页,紫禁城出版社,2001年。

〔6〕中国社会科学院考古研究所:《西汉礼制建筑遗址》,文物出版社,2003年。

〔7〕韩伟:《马家庄秦宗庙建筑制度研究》,《文物》1985年第2期。

〔8〕中国社会科学院考古研究所二里头工作队:《河南偃师市二里头遗址4号夯土基址发掘简报》,《考古》2004年第11期。

〔9〕杜金鹏:《偃师二里头遗址4号宫殿基址研究》,《文物》2005年第6期。

〔10〕中国社会科学院考古研究所:《中国考古学·夏商卷》第203～213页,中国社会科学出版社,2003年。

〔11〕王学荣、杜金鹏等:《偃师商城发掘商代早期祭祀遗址》,《中国文物报》2001年8月5日1版。

〔12〕杜金鹏、王学荣:《偃师商城近年考古工作要览——纪念偃师商城发现20周年》,《偃师商城研究》,科学出版社,2004年。

〔13〕中国社会科学院考古研究所安阳工作队:《洹北商城宫殿区一号基址发掘简报》,《考古》2003年第5期。

〔14〕杜金鹏:《洹北商城一号宫殿基址初步研究》,《文物》2004年第5期。

〔15〕石璋如:《小屯·殷墟建筑遗存》,台湾中央研究院历史语言研究所,1959年。

〔16〕唐际根:《安阳殷墟宫庙区简论》,《三代考古》(一),科学出版社,2004年。

〔17〕周原考古队:《陕西省扶风县云塘、齐镇西周建筑基址1999～2000年度发掘简报》,《考古》2002年第9期。

〔18〕徐良高、王巍:《陕西扶风云塘西周建筑基址的初步认识》,《考古》2002年第9期。

〔19〕陕西省雍城考古队:《凤翔马家庄一号建筑群遗址发掘简报》,《文物》1985年第2期。

〔20〕韩伟:《马家庄秦宗庙建筑制度研究》,《文物》1985年第2期。

〔21〕陕西省考古研究所:《秦都咸阳考古报告》,科学出版社,2003年。

〔22〕《史记·秦始皇本纪》:"先王庙或在西雍,或在咸阳。"

〔23〕中国社会科学院考古研究所汉城工作队:《汉长安城武库遗址考古工作新收获》,《考古》1978年。

〔24〕中国社会科学院考古研究所:《西汉礼制建筑遗址》,文物出版社,2003年。

〔25〕刘庆柱、李毓芳:《汉长安城》,文物出版社,2003年。

〔26〕《三辅黄图》:太上皇庙"在长安故城中香室街南。"

〔27〕《汉书·叔孙通传》。

〔28〕《汉书·孝文本纪》。

〔29〕《三辅黄图》。

〔30〕陕西省考古研究所:《汉阳陵》,重庆出版社,2001年。

〔31〕中国社会科学院考古研究所:《西汉礼制建筑遗址》,文物出版社,2003年。

〔32〕《太平御览》卷五百三十一引《晋起居注》云:"往者仍魏氏旧庙处立庙。"

〔33〕《水经注·谷水》云:"谷水又东迳太庙南,又东于青阳门右下注阳渠。"《宋书》卷十六:"至(太康)十年,乃更改筑(太庙)于宣阳门内。"

〔34〕《建康实录》卷五云:"改元建武元年,初备百官,立宗庙社稷。"注云:"案《图经》,晋初置宗庙,在古都城宣阳门外,郭璞卜迁之,左宗庙,右社稷。"

〔35〕《南齐书·魏虏传》。

〔36〕《魏书·道武帝纪》。

〔37〕《水经注·谷水》卷16。

〔38〕《隋书·礼仪志》，卷7；《旧唐书·礼仪志》卷25。

〔39〕［清］徐松：《唐两京城坊考·东京·皇城》卷五："东朝堂之南，第四横街之北。从西第一，曰鸿胪寺。次东，卫尉寺。次东，大府寺。次东，太庙。"

〔40〕《元史·祭祀志》。

略说东夷史的几个问题

张学海

（山东省文物考古研究所）

中华民族是多元的统一体。但在 20 世纪初叶以前，人们都相信夏商周三代同出于黄帝，万世均黄帝一系的旧史观。20 世纪三四十年代，有识之士提出新主张，打破了三代同源说。蒙文通《古史甄微》首先提出中国古代存在江汉、河洛与海岱民族。傅斯年接着发表《夷夏东西说》，详考了夷族居东（黄河下游）、夏族居西（黄河中游）。而后徐旭生《中国古史的传说时代》把中国古代部族分为华夏、东夷和苗蛮三大集团。华夏集团的炎帝、黄帝氏族起于陕西，一部分逐渐东迁，到达河南、山西乃至河北北部地区。东夷集团的地域，北自山东南部，最盛时可能达到山东北部，西至河南东部，西南至河南最南端，南达安徽中部，东至海；而在今江苏运河以东地区，因地势低洼潮湿，少有居民，所以未见国家存在。苗蛮集团则以湖北、湖南为中心，其西南界未详，东包江西的大部分，北东部以鄂豫接境的大别山脉为界，东邻东夷集团；北西部则越南阳，进入伏牛、外方各山脉间，北邻华夏集团。徐先生认为，如果仔细分析，这三集团未尝不可以分为六部分。华夏集团本就分为黄帝、炎帝两大支，黄帝居北，炎帝居南；近东方的又有混合夷夏文化、自成单元的高阳氏（帝颛顼）、有虞氏（帝舜）、商人；接近南方的还有一部分出自华夏集团而深入南方，同苗蛮集团发生极深关系的祝融等氏族。但这是从三大集团中细分，属于三个亚集团，不能和三大集团平列。上述部族分野说，证明三代不同源，中国历史的构成极其复杂，远非万世黄帝一系那么简单，这已成为现今古史界的主流观点。但是，传说时代历史是口耳相传下来的历史，有关文献记载均为后人根据传闻追记，夹杂了大量神话、揣测与综合，时间、地点、人物常常矛盾，而学者的理解、诠释、取舍往往不同，结论自然相异。所以仅凭这些后人追记的记载来研究传说时代的历史，存在无法克服的局限性，难以形成一致的认识。事实上迄今不赞同夷夏东西说、中国古代部族三集团说者不乏其人。要想有成效地推进古史研究，逐步建立科学史前史，还是那句老生常谈：必须依赖考古学。以考古学成果为基础，参证古史传说，将逐渐实现重建史前史的目标。

所幸中国考古学自 20 世纪 20 年代诞生以来，已取得令人瞩目的成绩。其中于 80 年代开始形成的考古学文化区系框架，对推进史前史研究尤其具有深远影响。考古学文化区系是考古学的基础理论之一，又是考古学的基础研究课题即考古学文化研究。其具体研究对象包括文化面貌、文化特征、文化基因与演变规律、年代分期、分布范围、文化类型、文化源流与文化谱系以及同相邻文化的关系等。率先提出文化区系类型概念的著名考古学家苏秉琦先生表述说："区"是块块，"系"是条条，"类型"是分支。块块就是文化区，文化分布的地理空间。条条是文化谱系，由互相传承的文化构成的文化链。一个考古文化区都包含地理空间和文化谱系两个基本要素，即时空要素。地理空间一般都经历了由小到大的发展过程，但表现出曲折性，有时扩展，有时收缩，在其发展过程中文化中心区也不免发生位移，这主要取决于区内与区外（相邻文化区）文化发展的水平与速度。尽管如此，文化地理空间尤其是中心文化区，都相对稳定在一大地域内。区内的文化长期连绵发展，发展速度时快时慢，文化特征表现出阶段性差异，形成多支互相传承的考古文化，构成自身的文化谱系。地理区间与文化谱系这两大要素的有机结合，形成了经久不息、后来都占有广阔地域的考古文化区。显然这些文化区内的居民各自都拥有自身的文化，各自构成一个人群共同体，也就是古族集团，或者称为部族或族团。所以考古学文化区系框架，实质上就是古代中国古族结构框架。目前的全国考古学文化区系框架，已揭示了中原、海岱、燕辽、下江、两湖、四川等六七个文化区及其文化谱系。随着考古学的继续深入发展，可能还会发现新的文化区，但已表明我国古史传说时代至少存在六七个族团。其中的中原、海岱、两湖文化区，分别和徐旭生划分的华夏、东夷、苗蛮集团的势力范围基本吻合。同时，中原、海岱文化区和中原、两湖文化区交汇地带表现出的双方文化因素的共存或双方文化的混杂，表明徐旭生先生在华夏与东夷、华夏与苗蛮之间两个亚集团的划分，是多么有见地。事实上考古学文化区系框架和徐旭生的古代部族分野说，已构成了互证。前者证明后者基本符合实际，后者证明文化区系框架确实体现了中国古族的结构，一大文化区就是一个族团的势力范围，而中原、海岱、两湖文化区的主人，各自是华夏、东夷、苗蛮集团。尽管考古学揭示的古代族团成倍地多于三集团，但考古学与古史传说共同表明这是中国古代最重要的三大族团。在考古学的草创时期，当时还只发现仰韶文化与龙山文化，而且对她们的认识还极肤浅的情况下，仅凭梳理错综杂乱、真伪难辨的古史传说，徐先生的古代部族分野说，代表了20世纪前半期中国史前史研究的高水平，难能可贵。但是，有关古史传说时代的文献记载，毕竟存在太多的局限性，例如古史传说中的人物与氏族寥寥无几，挂一漏万，而且族姓、世系、时代、地域大都不详，而考古学文化区系框架表明，各族团都经历了漫长的形成、发展过程，特别是华夏、东夷、苗蛮等族团都具有三四千年的悠久历史，其间的变化极其错综复杂，不可能依据既有文献记载建立较为可信的传说时代历史，这一目标的实现只能依赖考古学。在目前的全国文化区系框架中，海岱文化区的区系虽尚存有未知数，但总体来说已比较清晰，为东夷史研究提供了初步基础。笔者曾以海岱文化区系为纲，以山东史前聚落时空关系的演变为基础，结合文化，考察了本区史前社会组织的演进和文明的形成过程，发现海岱地区的古代社会是沿着氏族、部落、国家的道路发展的，在距今5000年左右诞生了国家（古国），进入文明时代。同时也考察了东夷族团的诞生、发展及其与中原人群逐步融合为最初的汉民族的过程。本文拟继续对东夷史的三个问题进行考察，以求得相关研究的进一步深入。

一　东夷族团登上历史舞台

考古文化区是考古学概念，与通常说的地域文化不同，尽管两者存在密切联系。既然一个考古文化区就是一个古族集团的区域，那么当该文化区形成之际，就意味该族团登上了历史舞台。现有考古文化区都有其形成发展过程，一般本区新石器文化的出现并不表示考古文化区的产生。各文化区早期的新石器文化，可能是后来文化区文化的直接渊源，也可能是文化源头之一，还可能没有直接的渊源。换言之，考古文化区是区内古文化发展到一定阶段的产物，需要具备一定的地理空间与文化谱系。现有全国的考古文化区，可能都具有"多元一体"模式。海岱地区早在距今 1 万年左右，就存在沂河、沭河流域的"沂沭细石器文化"和汶河、泗河流域的"汶泗细石器文化"，目前两者的文化特征差别明显，不能视为同一文化，也许渊源有自，似乎说明海岱地区的新石器文化具有不同的源头。此后海岱地区的古文化有近千年的空白，当然并不意味海岱古文化的中断。目前海岱地区最早的有陶新石器文化是西河—后李文化，分布于山东泰沂山脉北侧一带，碳十四测年的最早年代约距今 8500 年，而据陶器的整体发展水平与聚落规模分析，其产生时间可能早到距今 9000 年前，其下限年代约为距今 7000 年，属于新石器时代中期阶段的文化，一般称为后李文化[1]。其实，以临淄后李遗址为代表的泰沂山北侧东段的这类遗存，和以章丘西河遗址为代表的西段遗存，两者存在明显差别，目前虽不能肯定是两支亲缘文化，但至少是一支文化的两个类型，所以笔者暂称为西河—后李文化，以示两者既有共性又有区别，同时也使用西河类型与后李类型的名称，以便表述[2]。西河—后李文化的年代已比较古老，而且在鲁东南与鲁中南地区又分别存在沂沭细石器文化和汶泗细石器文化，这就不能排除西河、后李类型各有渊源。目前发现的西河—后李文化的遗址还不到 10 处，将会继续有所发现，但不会很多，分布范围也不会很大，大概中心分布区就在泰沂山北侧的山前平地一带。她很可能是海岱文化区文化的主要渊源之一，但还不是全区的统一文化，所以也不表示海岱文化区已经产生。

西河—后李文化的去向未详。在其后的文化目前有北辛文化、月庄类型和白石文化。月庄类型 20 世纪末发现于济南市西部长清区月庄遗址，现只发现月庄、张官两处遗址，两者毗邻，可能是一处遗址。其文化遗存有区别，月庄未见鼎类三足器，流行堆纹[3]；张官已有鼎，鼎足粗壮，堆纹少见[4]，所以月庄遗址年代明显早于张官遗址，更接近西河—后李文化。堆纹的流行把它和西河—后李文化的后李类型联系起来，似乎显示后李类型晚期，其影响可能已由泰沂山北侧东段扩展到西段。但目前月庄遗存和西河—后李文化的关系尚不清楚，月庄遗址的年代也未明，估计上限接近距今 7000 年。张官下层的文化遗存是否已属北辛文化范畴，目前也不能定，但有可能发展为汶上东贾柏一类的中期北辛文化，或者就是其早期遗存。以上是山东史前文化区系问题一方面的未知数。

白石文化分布于胶东半岛地区。白石村期和邱家庄期代表了该文化的早晚阶段，中间尚有缺环。年代约当第七千年的中、晚期，延续时间不到千年，在大汶口文化早期融于大汶口文化。目前，考古界对该文化的文化性质、延续时间、绝对年代以及定名等都还有不同意见，本文不准备讨论这些问题，仅就其文化来源作点推测。20 世纪晚期，在发现、研究、认识白石文化的过程中，学者主要从两方面思索其来源，一方面是从半岛当地思索，一种占主导的意见认为：山东半岛地区存在自成体系的原始文化，半岛早期的居民原本沿海岸居住，随着海平面逐渐增高，聚落被海水淹没，和海岸一起变成了大陆架。按照这种意见，山东半岛地区是山东新石器文化的源头之一，但早期的遗址都已在大陆架上。这一推测有其合理性，目前却很难证实。另一方面，是从山东内陆寻找来源，主要和山东内陆的北辛文化相联系，认为白石文化实际上是北辛文化的东扩，是北辛文化的山东半岛地方类型。如此，山东半岛原始文化的出现就比山东内陆晚得多，不是山东（海岱）地区新石器文化的源头之一。不过一个明显的事实是，白石文化早期阶段的白石村期与内陆文化关系疏远，晚期的邱家庄期则相当密切，如果半岛的原始文化是北辛文化的东扩，两者理应一开始就比较一致或者具有更多的共性。仅此一点已说明白石文化不源于北辛文化而另有渊源。20 世纪八九十年代交替之际发现的西河—后李文化，为半岛原始文化的来源提供了新线索。该文化偏晚的前埠下遗址位于潍坊市寒亭区朱里镇的潍河西岸，已邻近半岛地区[5]。两者的陶器都流行堆纹，采用云母或滑石的白色掺和料，两者的筒形圜底釜都盛行双把手与四把手，尽管把手形态有别；这已显示山东半岛与内陆的这两支文化有着内在联系。前埠下遗址的年代估计处于第八千年期中晚叶，比白石文化的开始年代早得多，这就把后者的来源指向了内陆的西河—后李文化，确切说是该文化的后李类型。也就是说后李类型可能较早地抵达半岛地区，由于生态环境的不同，原来的农耕经济类型转型成渔猎经济类型，文化差别逐渐增大，至白石村期已显示与内陆文化缺少联系，但后来又逐渐加强联系，最终和内陆文化融为一体。半岛原始文化究竟是海岱文化区的多支源流之一，还是山东内陆东部一支源流的一个弯道，一时尚难证实，这是山东地区史前文化区系问题又一方面的未知数。不过，现有资料清楚说明了距今约 6500 年以前山东半岛的文化不同于山东内陆文化，两地还不是统一的文化区。

海岱文化区系方面再一个关键性未知数，是西河—后李文化和北辛文化的关系问题。北辛文化距今 7300～6300 年，分为早中晚三期。早期距今 7300～6800 年，中期距今 6800～6500 年，晚期距今 6500～6300 年，这样的年代分期为多数人所遵循。虽然测定上限年代的碳十四测年数值，按树轮高精度校正表的校正值应定为距今 7500 年，学者对早中晚三期也有不同的划分，但都没有动摇海岱文化区系的总体架构，随着西河—后李文化的发现，就出现了问题。该文化的下限年代已处于第八千年的晚期，和北辛文化早期（约距今 7500～7000 年）的年代重叠，说明西河—后李文化晚期和北辛文化早期，曾各自在泰沂山北南两侧并列发展，两者不是直接传承关系。但有些学者认为两者是传承关系，原定的北辛文化早期并不是北辛文化，而是包括西河类型在内的后李文化，后李文化的下限年代为距今 7000 年左右，并直接发展成北辛文化[6]。此说具有合理性，因为原来依据北辛遗址确定的早期北辛文化遗存的陶器、石磨盘等器物和西河—后李文化存在联系，陶器总体面貌更靠近西河—后李文化，而且北辛文化的早期遗址始终只有一处北辛遗址，原定早期北辛文化遗存是否单纯，未经更多地层的检验。不过，此说能否确立，还有待今后的工作。如能确立，就将对海岱史前文化的发展脉络和区系架构作出重要改变，把北辛文化和西河—后李文化或后李类型直接联系在一起，把海岱地区的这一文化源流上溯至距今 9000 年前后。所以西河—后李文化同北辛文化的关系问题也就成为海岱文化区系最关键的一个未知数。

总之，目前既不知西河—后李文化是两支文化，还是一支文化的两个类型，它的年代分期也未深入研究，也不知它和其后的文化是什么关系。西河—后李文化和泰沂山北侧西翼的"月庄类型"的关系未详。"月庄类型"张官遗址下层遗存是否就是北辛文化，或者是泰山西侧北辛文化的直接前身？往东，西河—后李文化同邹平苑城文化遗存的关系也有待解决，按对北辛文化的原先认识，苑城遗存可能是泰沂山北侧北辛文化中期偏早的遗存。在泰沂山北侧的东翼，西河—后李文化的去向不明，整个胶莱平原迄今只见北辛文化晚期遗址，均在距今 6500 年以后，未发现 6500 年前的中期北辛文化，和后李类型偏晚的前埠下遗存至少可能存在七八百年以上的空缺。而半岛白石文化的上限年代充其量超不过距今 6800 年，同后李类型前埠下遗存之间也有相当长的间隔，白石文化究竟源于半岛当地还是后李类型的东扩？在泰沂山南侧地区，北辛遗址的早期北辛文化究竟是不是西河—后李文化的晚期阶段？如果是，那么北辛聚落就是个经历了西河—后李文化、北辛文化和大汶口文化的聚落址，以北辛遗址为基础而确定的北辛文化的年代架构就须作重大修正，其延续时间将大大缩短，同时证明至少在西河—后李文化晚期，该文化已抵达鲁中南南部地区。所有这些问题，说明山东地区从新石器时代中期（约距今 9000～7000 年）至新石器时代晚期（约距今 7000～5000 年）前阶段的文化，是相当复杂的，并未形成单一的文化，这时山东地区的先民并不属同一人群共同体，还没有产生统一的海岱文化区。

北辛文化中期阶段（约距今 7000～6500 年），已发现的北辛文化遗址仅 10 处左右，例如滕州北辛、济宁张家庄、汶上东贾柏、章丘埠村、王官（土地实属章丘张官村）、邹平苑城等，但文化面貌并不是很一致的。至于年代相当北辛文化中期而文化性质未明的遗址例如长清张官遗址，以及半岛地区白石文化白石村期遗址的文化面貌，和中期北辛文化的差异更为明显，说明北辛文化中期阶段，山东仍未形成统一的文化区，但已在向这一目标迈进。

约距今 6500 年，北辛文化进入晚期阶段。这阶段已知的聚落址激增至 50 余处，分布范围扩展到整个环泰沂山脉（鲁中南山地）的近山地带，离山一般不超过 20 公里，文化面貌也趋向一致，而且除了北辛文化，这时期的山东内陆地区已无其他文化，说明北辛文化已成为山东内陆的统一文化。这时半岛地区白石文化晚期的邱家庄类型也大大加强了与山东内陆文化的联系，吸收了不少北辛文化的因素，以至有学者主张白石文化是北辛文化的半岛地方类型。因此，北辛文化晚期已初步形成以北辛文化为标志的海岱文化区。它可能形成于北辛文化中期阶段之末，也可能稍晚，目前不妨以北辛文化晚期开始的年代界标为准定为距今 6500 年左右。北辛文化先后发展为大汶口文化，白石文化的邱家庄类型也逐渐与大汶口文化相融合，大汶口文化成为海岱全区的文化共同体，海岱文化区得到了最初的重要的发展，并开始了长期持续发展的进程。在此后的发展过程中，形成了大汶口文化、龙山文化、岳石文化的文化谱系，这一谱系在海岱文化区的中心区山东地区，已十分系统缜密。

海岱文化区的形成过程，明显具有多元一体的模式。海岱新石器文化可能至少有两个乃至超过两个源头。现有资料已证明山东新石器中期的文化颇为复杂而多彩，不是单一文化单线发展的。这些文化约在新石器时代中晚期之交开始了融合的进程，大约在新石器晚期的北辛文化中晚期之交，山东内陆的文化首先融合成晚期北辛文化，其间可能吸收了西邻裴里岗文化的某些因素，但北辛文化的主要源头和主要文化因素都来自山东内陆地区，而不是来自区外。它和西河—后李文化很可能存在传承关系，但是西河—后李文化也不是北辛文化的唯一源头。这由下述事实可以得到证明：中期北辛文化不同地点的遗存有较大差别，而且在此阶段山东地区还存在不同于北辛文化的文化遗存，到了北辛文化晚期北辛文化才成为山东内陆地区文化面貌比较一致的统一文化共同体。综观海岱文化区的发展全过程，山东内陆地区始终是该文化区的中心区和大本营。因此，晚期北辛文化之成为山东内陆的统一文化，并给半岛文化以较强影响，就标志着海岱文化区的诞生，东夷族团登上了历史舞台，最初的东夷族团主要是由环泰沂山脉地带的若干人群融合成的。举一反三，其他考古文化区大概同样具有多元一体的模式。其实中华民族的主体汉族的形成也是如此，只不过主要体现为各文化区之间文化的融合。

二　东夷族团势力范围的扩展

海岱文化区总体上已相当清晰的区系框架表明，东夷族团诞生后，经历了三千余年的发展，于商代早期开始了与中原族团融合重组的进程，其文化标志自西而东逐渐消失，渐渐形成更大人群共同体的地域文化。大约至商代晚期，海岱地区西、中部的夷族已同华夏族团基本融合，东部沿海特别是半岛地区的夷族则延续到了西周、春秋时期，但已是强弩之末，无足轻重。东夷族团在漫长的历史发展过程中，始终以山东境内包括鲁苏交境地带的环泰沂山脉地区为中心，逐步扩展到山东全境，进而进入邻省地区。虽然龙山文化时期的西界尚有争议，岳石文化的分布范围还有不详之处，但总体而言，东夷族团势力范围的步步扩展以及各阶段拥有的基本地域已比较清晰。

在东夷族团诞生之初的北辛文化晚期，所发现的50余处聚落址全部分布于环泰沂山的山前地带，离山基本未超过20公里，远山平原迄今未见北辛文化晚期遗址。事实上这阶段的聚落不会很多，低下的生产力水平决定了这时的聚落只能建立在近山地区，傍山依水，不会远离山地。证明东夷族团最初的活动范围只有环泰沂山脉的近山地区，基本上全在山东境内。这些北辛文化晚期遗址，大部分布于泰沂山北侧到西南侧地带，东侧到东南侧较稀少，似乎说明初期的东夷族团是以泰沂山北侧到西南侧的近山地区为活动重心的。因西河—后李文化目前的分布范围就在泰沂山北侧的山前地带，所以东夷族团初期的活动重心既延续了西河—后李文化的活动区，又沿山脉西侧向南有所发展，主要活动区域有所扩大。这和徐旭生先生依据文献推断东夷部族在最盛时可能达到山东北部不符。

距今 6200 年前后，北辛文化发展成大汶口文化。考古界分大汶口文化为早中晚三大期，早期距今 6200～5500 年，中期距今 5500～5000 年，晚期距今 5000～4600 年。综观大汶口文化的阶段性变化及社会的演变，距今 5500 年的早中期年代界限明显偏晚，所以笔者主要依据大汶口遗址 M2005 这组墓的年代（约距今 5800～5700 年），把中期的开始年代提前到距今 5700 年。大汶口文化早中晚三大期的演变，体现了东夷族团发展、壮大和扩张的三个重要阶段。

大汶口文化早期，已知遗址数量未详。估计大部分北辛文化晚期的聚落都将延续到大汶口文化早期，同时也将不断产生新聚落。但大汶口文化早期的总体发展水平不高，文化与人口在缓慢地发展，聚落并没有快速增长，所以大汶口文化早期的聚落不会很多。但这阶段长达 500 年左右，其末期时的聚落无疑要比北辛文化晚期的聚落多得多。其分布范围尚在山东境内，山东内陆的聚落基本上仍集中于环泰沂山山前地带，但西面已越过今黄河（此段黄河为济水故道），在今鲁西平原的阳谷县已发现这时期的王家庄等遗址，北面则跨黄河、徒骇河抵达鲁北平原的阳信县，县内小韩遗址已南距泰沂山北侧山根达七八十公里。鲁西北的地形由西南向东北微倾，黄河、徒骇河、马颊河等河流，均由西南而东北流入渤海，这里当属古"九河"区域的组成部分，虽还不知阳信的早期大汶口文化遗址是由鲁西沿古河而下抵达河口地区，还是直接由泰沂山北侧北迁的，但这是目前山东内陆地区最靠北的大汶口文化遗址。这和鲁西平原的王家庄遗址等一起表明，尽管大汶口文化早期聚落还不很多，而且山东内陆的这些聚落大都集中于环泰沂山的近山地带，但有的聚落（应为氏族的载体）已远离山地。另一方面，随着山东内陆的北辛文化发展为大汶口文化，大汶口文化即加速融合半岛地区的晚期白石文化，使之成为大汶口文化早期的半岛地方类型。同时，大汶口文化还融合了江苏连云港地区的大伊山类型。于是大汶口文化成了海岱地区唯一的文化共同体。海岱文化区完全形成，其地理空间比晚期北辛文化时期显著扩大，表明东夷族团得到初步的发展壮大，为下一步的持续快速发展奠定了基础。

距今 5700 年前后，大汶口文化进入中期发展阶段。系统而丰富的资料表明，大汶口文化于此时开始了长期持续快速发展的进程，生产力不断进步，农业、手工业迅速发展，手工业总体发展水平很快超过了其他同期文化，取得领先地位。与此相适应的是人口与聚落的快速增长。虽然尚无大汶口文化中期聚落的准确数字，但已知的 500 余处遗址中，纯属大汶口文化早期和晚期的遗址是少部分，大部分是由早期延续到中期和在中期阶段先后建立的聚落址。中期的聚落主要分布于泰沂山脉和胶东山地的周围地区。而在环泰沂山地区，聚落分布密度显著增大，聚落群的数量与规模快速发展，在由泰沂山向周围辐射的小清河、淄河、弥河、潍河、沭河、沂河、泗河、大汶河诸流域的特定区间，正在或者已经形成大汶口文化的分布中心，聚落集中。尤其是鲁东南沭河上游的莒县、沂河中游的临沂市和苍山县，鲁中南沂河支流祊河上游的平邑县，泰沂山东北侧弥河中游、白浪河上游的青州、寿光、昌乐市，泰沂山西侧大汶河中游、泗河上游的宁阳、曲阜、兖州市与泗水县，鲁中南泗河支流薛河中下游的滕州市诸地，聚落更为集中，构成了大汶口文化中期的若干主要分布中心。与此同时，黄河以西鲁西平原的往平、东阿、阳谷县地区，也成为大汶口文化新的分布区。估计中期阶段的大汶口文化可能已扩展到鲁西南平原地区，该地区与鲁西平原连成一片，与鲁中南山地虽有鲁西湖群阻隔，但并非天堑，大汶口文化自北而南，自东而西均可进入，只是鲁西南地区属黄泛沉积平原，自古水患严重，迄今只见个别大汶口文化晚期遗址。不过大汶口文化中期阶段虽可能已有东夷氏族进入该区，但不会是大汶口文化的重要分布区。至于徒骇河以北的鲁西北地区，虽在大汶口文化早期就存在阳信小韩氏族，但可能基本上不是大汶口文化分布区。综观大汶口文化中期，东夷族团的发展是以生产力的提高、经济的持续发展、人口与聚落的快速增长以及社会的急剧变化为基本特征的，主要不是势力范围的扩大。东夷势力范围的显著拓展，是大汶口文化晚期阶段的突出特征。

约距今5000～4600年的晚期大汶口文化，超越山东与江苏北境的根据地，大举西进，占有了安徽淮北和河南东部的商丘、周口市地区，甚至还零星地进入河南北部地区，颇有逐鹿中原之势。此时东夷集团的势力范围已远远超出了海岱地区，面积达到20多万平方公里，东夷集团进入鼎盛时期，这时期一直延续至龙山文化之末的夏代初年。

关于龙山文化的区界仍有不同意见，主要是对介于龙山文化与中原龙山文化之间的王油坊类型的文化归属尚未达成一致认识。王油坊类型先曾被归入中原文化区系，是中原龙山文化的一种类型。后来颇有学者主张归为海岱文化区系，是龙山文化的一个类型。鉴于王油坊类型主要分布于淮河以北的苏鲁皖豫交汇地区，该地区距今5000年以后存在着晚期大汶口文化——王油坊类型——岳石文化的文化序列，王油坊类型前后的文化都属海岱文化，况且商周时期的淮夷主要在安徽淮河流域一带，徐戎的中心区则偏东北，在洪泽湖西北的苏皖交汇地区，曾北延至山东境内。如此看来，虽然王油坊类型含有黄河中下游地区文化的因素，有时中原龙山文化因素还较强些，但并非整个龙山文化时期都如此，因此按照系统分析法，王油坊类型应属龙山文化的一个类型，不应归入中原文化区系。也就是说，王油坊类型的主人主要是东夷集团，龙山文化时期东夷集团的势力范围，其西南面同大汶口文化晚期基本一致，大概因夏王朝的崛起才逐渐退缩。

目前所知龙山文化的西界，约在徒骇河源头地区的范县西部。范县原属山东，后来划给河南省，成为河南插入山东的狭长地段。龙山文化西界正当山东与河南两省的交界地带，西邻后冈二期类型。该类型一向被定为中原龙山文化的类型，也有学者认为是中原地区一支独立的考古文化，曾有人认为其东面直抵泰山或黄河，涵盖了泰山或黄河以西的山东西部地区。随着对龙山文化认识的不断深入，至上世纪90年代已基本明确鲁西、鲁北地区是龙山文化的分布区，而且存在一个有别于城子崖类型的景阳岗类型[7]。同时得知龙山文化与后冈二期类型有着密切联系，双方都含有较多对方的文化因素，而且后冈二期类型所含龙山文化的因素更浓郁[8]。据《左传·襄公四年》，后羿自鉏迁于穷石，因夏民而代夏政。《史记·夏本纪》正义引《括地志》："故鉏城在滑州韦城县东十里。"其地在今豫北滑县一带。滑县在濮阳西南，卫河的东岸，已在后冈二期类型分布区内。如果上述文献记载可靠，那么龙山文化的西界可能已到豫北卫河一带。提出这个问题，以供今后验证。

徐旭生的中国古代部族分野说，在华夏与东夷集团之间分出的亚集团即颛顼、有虞与商人，大致包括后冈二期类型与王油坊类型的主要范围。他说颛顼的活动中心在河南极北部的濮阳一带，有虞在河南极东部的虞城、商丘一带，汤也起于商丘，基本上依据旧说。但商人起于山东西南部的观点，迄今在考古上不见踪迹，恐怕不是事实。目前的主导意见是商人起于太行山东南侧的冀西南、豫北地区，汤都亳是郑州商城。至于虞舜的地望，笔者曾对有关传说作过梳理，勾勒出一个地理区间，结合考古资料，觉得虞舜的地望最可能在山东西部的阳谷、梁山、郓城、鄄城包括穿插其间的河南台前、范县等地[9]。这地区有个龙山文化大聚落群，其中心聚落是宏大的阳谷景阳岗龙山文化城，面积近 40 万平方米，在黄河流域仅次于山西襄汾的尧都陶寺城。景阳岗东南距少昊之墟曲阜约 100 公里，西距颛顼之墟濮阳百公里许，东北临近夏代早期的有鬲氏（后羿代夏，寒浞杀羿，羿的大臣靡逃奔到鬲国，不久少康由有仍逃至有虞，合力灭寒浞，恢复夏统），东距虞舜子孙的遂国也不远（《左传》："舜置德于遂"）。这比舜居豫东、晋西南等各种说法理由充分得多。山东西部的上述区间只是虞舜的中心区，实际活动范围应该更大。《尚书大传》说舜"贩于顿丘"，其地已西处今豫北清丰县西南，说明虞舜活动区的西面已进入豫北地区。实际上，颛顼、有虞、商人（先祖）的活动区是紧密连接且互有重叠的。颛顼在河南极北部偏东，当三者之中，但从有关文献分析，颛顼很可能是由鲁西一带西迁豫北的。有虞在山东西部，西面进入河南东北境，地跨两省，而主要在山东境内，西与早先西迁的颛顼紧邻。商人先祖主要活动于太行山东南侧的豫北、冀西南一带，在三者中偏西，其活动区的东部也可能与原颛顼的活动范围重叠。总之，颛顼、虞舜、商人先祖先后活动于泰沂山脉西麓到太行山脉东南麓之间以鲁西、豫北为中心的不大的地域内，分别以其中、东、西部为重心，三者活动区的连接和互有重叠，虽未必肯定就有共同的族源，但处在那个时代的同地域的氏族更可能具有共同的族源，而且《国语·鲁语》还有有虞祖祭颛顼而商人禘祭舜的记载，《左传·昭公八年》也说"陈颛顼之族"，陈为舜的后人。可见徐旭生上述亚集团的划分基本符合史实，但该集团是以鲁西、豫北为活动中心的。他说该亚集团的血统与文化是交互错杂的，"文化全是一种混合而较高的文化"，也已得到考古学的初步证明，但是否是个宗教集团还很难说，也不可以笼统地归属于华夏集团。因鲁西的龙山文化是属于海岱文化区系的，如果虞舜的地望确在鲁西，那就证实了孟子的说法：舜是东夷人。司马迁说是冀州人，错了。后冈类型所含龙山文化的因素，多于后者含有前者的文化因素，说明这里双方的居民相混杂，文化在交融，同时也反映了东夷势力在这方面的挺进，东夷文化在文化融合中发挥着更强的作用。在东夷族团及其文化发展的历史长河中，当她的活动范围基本上还只限于环泰沂山脉的近山地区，尚未和其他族团紧密接触时，血缘、文化都是比较单纯的（但炎帝族的一支很早就进入泰沂山北侧的淄、淅河流域，而融于夷族），随着活动范围的逐步扩展，西、西南、南和东北面都和相邻族团有了密切接触，出现了鲁西豫北、皖北豫东、鲁南苏北、胶东半岛北面沿海与辽东半岛地区双方文化的交融地带，人民杂居。由于东夷族团主要是向西推进的，所以在西与西南面和华夏族团的文化交融、人民杂居现象就特别突出。又因自大汶口文化晚期至龙山文化之末，东夷文化的发展水平总体上要高于华夏族团，所以在两者文化这两方面的交融地带，东夷文化可能占有主导地位，至少影响力不低于华夏文化，所以龙山文化晚期的豫北东部地区，很可能属东夷集团的势力范围，尽管一般居民中有许多华族人。因此古人说有穷后羿所居的钼在滑县一带很可能是事实，实际上后羿是就近伺机而取夏，很难想像他是由东夷腹地孤军深入而夺取夏人的发祥地河洛地区的。龙山文化晚期的东夷势力正处于最强盛时期。

少康中兴后，东夷势力稍稍退缩，但海岱地区仍是东夷最后阶段的文化——岳石文化的一统天下，夏族的二里头文化在海岱地区几乎没有什么影响，仅在山东西部偶见其文化因素，夏人的直接统治区始终未能深入山东地区。自商代早期后段开始，商人势力及其文化大举东扩，山东西部包括中部偏西地区的岳石文化被商文化所取代，中部偏东的周代齐国中心区和鲁中南的薛地以及鲁东南地区，也形成了商代晚期的当地新文化，内含浓郁的商文化因素（有学者认为是商文化）。但商人始终没有越过潍河，几乎不见商文化对山东半岛地区的影响，半岛的岳石文化延续了较长时间，而在商代末年发展成夷人的珍珠门文化。上述事实表明，自商代早期后段开始，夷族及其文化进入了同中原族群与文化的重组、融合时期，至商代晚期，夷族在主体上已失去其文化特征，正处于与中原族群形成更大人群共同体的进程中，仅有少部分龟缩于半岛海隅，已是强弩之末。

周取代商以后，周王朝在山东分封了齐、鲁等国，东土与中原的融合进程在新的历史条件下得到继续。约自西周中期开始，半岛的夷文化不断受到山东内陆文化的影响，文化差异逐渐缩小。约在春秋末年，半岛地区纳入了齐国版图，东夷作为古代中国东部重要的族团与政治势力最终完全退出历史舞台。

概括以上所述，东夷族团发祥于山东环泰沂山山前地区，并始终以环泰沂山地区为大本营，逐渐向远山平原发展，并扩展至山东周边省份。因东北面临海，南北两面有淮河与古黄河，地洼多水患，不宜生息，故主要是向西发展，在最强盛的龙山文化晚期，西面到达豫北，西南进抵豫东，南面可能越过淮河。随着夏王朝的崛起，逐渐退回海岱地区。自商代早期开始了与中原融合的进程，约在春秋末年，最终和中原相互融合成一体，首先构成了中华民族的主体汉族的核心部分。海岱文化区系框架所揭示的这一东部历史进程，虽然详情还有不少未明之处，但其发展脉络已比较清楚，加上对山东地区古代社会组织演进和文明诞生与发展的了解，中国东部地区古史发展的轮廓已相对明朗化。

三　对太昊、少昊的推测

太昊、少昊均为古帝之属，被视为东夷族团的人文始祖。自汉以后，太昊与伏牺合二为一，成了太昊伏牺氏，较早的文献并非如此。徐旭生以为太昊与伏牺原不是一人，合二为一是后人综合的结果，其说比较可信。传说大迹出于雷泽，华胥履之而生伏牺，雷泽在鲁西南鄄城县南部。而太昊为东方之帝，故而好事者合二为一，以与黄帝轩辕氏、颛顼高阳氏之类相协调也不无可能。《盐铁论·结和》说："轩辕战涿鹿，杀两曎、蚩尤而为帝。"皞即昊，两皞即太昊、少昊，两个部落或古国，杀两昊指杀其首领，是知太昊、少昊、蚩尤与黄帝都曾同时，但并非只存在于黄帝时。因古人对地名、氏族名、人名（氏族首领）常常不分，同一名称可以指居地、氏族（部落）及其首领。氏族部落名是比较稳定的，其中心居地就未必始终如一，而其首领则代代更替，较古老的氏族部落都有数不清的首领。因此当以族名代表地名（中心居地）时，未必是同一地点（即同名异地，名随族迁），代表其首领时更不是同一人。这一点对理解太昊、少昊的传说，关系颇大。从《盐铁论·结和》篇中，我们只知道太昊、少昊部落（或古国）的首领与蚩尤和黄帝曾经同时，三人站在和黄帝敌对的一方，战败后一起被黄帝所杀，并不知太昊、少昊部落的源流，被杀的两昊首领是否就是具有古帝人格的太昊与少昊。太昊、少昊在记载中有时同时存在，有时是先后之人，也未知究竟。《礼记·月令》疏曰："东方生养，元气盛大，西方收敛，元气便小，故东方之帝，谓之大皞，西方之帝，谓之少皞。"依此太昊少昊是并存的，与《盐铁论·结和》篇相应，只是一为东方之帝，一为西方之帝。不过这是天帝，不足为据。《左传·文公十八年》疏引谯周说："金天氏，能修大皞之法，故曰少昊也。"这里的太昊、少昊则为先后之人。总之，如果太昊少昊是东夷族团的两位始祖，两名英雄人物，两人是同时还是先后之人，文献记载存在矛盾，难以适从。现据海岱文化区的考古资料，提出一些推测，以助思考。

太昊、少昊可能是环泰沂山地区两个很早的母系氏族。太昊实即大昊，少昊实即小昊，两者可能存在派生关系，小昊氏族出自大昊氏族。这是由西河—后李文化的发现得到的启迪。前面已经说过，这一新石器时代中期的文化，是目前海岱地区最早的有陶新石器文化，基本上分布于泰沂山北侧地区，可分为西河、后李两个类型，分处泰沂山北侧的西段与东段，也许是两支亲缘文化。无论是同一文化的两个类型，还是两支文化，可能各自都由一个始祖氏族逐渐发展而来。但这两个始祖氏族有派生关系，产生时间有先后。早产生的是大昊氏族，从大昊氏族衍生出小昊氏族。它们出现的时间都很早，因为西河类型早期遗存的碳十四测年数值已达距今 8500 年，就是说较晚一支的始祖氏族产生的年代也应在此以前。目前尚不知西河与后李类型何时产生，谁先谁后，间隔有多长，因此无法确知大昊、小昊分属哪个类型，但随着考古工作的不断深入，这是可望得到解决的。西河、后李类型的年代古老，当时人口不多，已发现的聚落很少，社会处于母系氏族社会阶段，世系以母系计算，而太昊、少昊作为东夷族团的始祖更可能是男性，不可能在母系氏族社会阶段产生，所以两昊起初只能是两个古老氏族。这时东夷族团尚未登上历史舞台。

北辛文化中期（约距今 7000～6500 年），山东地区的若干文化正处于相互融合时期，一个包括整个环泰沂山地区的新的文化共同体即将诞生，私有观念已经产生，母系氏族社会开始向父系氏族社会过渡，随着距今 6500 年前后北辛文化进入晚期阶段，形成了环泰沂山地区的北辛文化共同体，东夷族团登上历史舞台，私有制初步建立，父权制已在取代母权制，世系开始由父系计算，这以后才有可能出现男性领袖人物。太昊、少昊这两位古帝，很可能是古老的太昊、少昊氏族进入父系氏族社会以后各自的著名首领，在整个东夷族团中拥有重大影响，也许具有东夷集团盟主的地位。据笔者研究，海岱地区私有制、父权制的确立，部落的产生以及东夷族团的出现，都在北辛文化晚期，因此作为古帝的太昊、少昊的出现不能早于距今 6500 年。此前的太昊、少昊是两个古老的母系氏族，不是两位英雄人物。这两个古老氏族在其漫长的历史发展中所繁衍的后裔，以及他们的文化西河—后李文化，可能构成东夷族及其文化的中坚分子与重要因素。初登舞台的东夷族团，其成员即使不是全部也可能相当多数属于两昊氏族的直系与旁系后裔，两昊氏族是他们的共祖。两昊氏族也可能是率先发展成部落的东夷部落，而且可能是两个重要的东夷部落。此后的太昊、少昊有时指部落，例如"太昊之墟"、"少昊之墟"的太昊、少昊；有时指这两个部落的首领，《盐铁论》所记被黄帝杀掉的两昊，就指太昊、少昊部落或者古国的首领；有时还指居地，例如《逸周书·尝麦解》"命蚩尤于宇少昊"，是说命蚩尤居于少昊部落之地，此少昊代表地名，"于宇"是"宇于"之倒误，即居于之意。但太昊、少昊可能主要是氏族、部落的名称，原本可能是两个有亲缘关系的古老的母系氏族，太昊氏族早于少昊氏族，但都具有悠久历史，长期并列存在，由母权制共同发展为父权制，由氏族发展为部落，乃至共同进入文明时代，因而是海岱地区与东夷集团的两大族系。少昊氏族虽出于太昊氏族，但两者血缘渐行渐远，后来可能构成两个互通婚姻的氏族。因此，早期的东夷族团，其主体在血缘上可能同两昊氏族存在着渊源关系。这种祖先的传承关系，通过口传耳闻，代代延续，久而久之，太昊、少昊氏族自然而然地演化成太昊、少昊两个人，成为东夷集团的两位始祖。何时从两个氏族演化成两位始祖已不可考，但不大可能早到母权时代，而应在父权时代的某个时期。可能确实存在过两昊部落的著名领袖，但时人不称其名，而以部落名代之，部落名与其首领混同，这在当时并不会发生混乱，但却因此没有留下真名，而混同于部落名。所以太昊、少昊是东夷的人文始祖，不是两位叫太昊、少昊的英雄。

太昊，风姓，《左传·昭公十七年》说，太昊遗墟在陈，即今河南淮阳县。比较于少昊之墟曲阜，淮阳在西。但《礼记·月令》以太昊为东帝，少昊为西帝。由下文可知少昊在东夷族团出现之初就在曲阜一带，此时的曲阜一带就东夷集团的势力范围而言，虽不在西部边缘地带，但已很偏西，再往西部分已容不下太昊族，所以此时的太昊族应该在曲阜地区以东，可能在山东东部地区。论者有认为莒县陵阳河遗址所出"日月山"陶尊文字是太昊的族徽，因此认为陵阳河遗址属太昊族，虽不足为据，但鲁东南一带曾为太昊族所居合于情理。鲁东南地区不仅是"沂沭细石器文化"的分布区，也可能是西河—后李文化的后李类型之发祥地。曲阜则属鲁中南地区，太昊、少昊两族正东西为邻，也许东帝太昊、西帝少昊的传说反映了两昊曾分处东夷地盘东西部的史影。后来太昊一支逐渐西迁，到达皖北，皖北蒙城尉迟寺所出"日月山"图像陶文几乎和陵阳河如出一辙，但年代稍晚，就是大汶口文化由鲁东南西迁至皖北的有力证明，而且可能已建立国家。太昊族继续向前推进至豫东周口地区，建都于淮阳。淮阳可能是太昊族的最后居地，因而成为太昊之墟，其地望也变成曲阜地区的大西面。大汶口文化晚期由东向西推进的事实已毋庸置疑，皖北豫东的龙山文化总体上承袭大汶口文化，属于海岱文化区系也可能不成大问题，因此太昊是东夷的人文始祖，由东而西，并非由西而东。

少昊的情形比太昊要明朗些。少昊嬴姓，遗墟在曲阜。但今曲阜市境内包括西邻的兖州市、东邻的泗水县在内，虽然存在许多大汶口文化遗址，却未发现有足够规模的中心聚落址。曲阜市南面隔尼山的残丘钢山、铁山和邹城市为邻，市城以南有野店遗址，面积达50万平方米，是处重要的大汶口文化中心聚落址，但周围大汶口文化遗址稀少。以曲阜的北邻宁阳市为主，包括曲阜极北部、兖州北境地区，有个很重要的大汶口文化聚落群，已发现遗址26处以上，其中心聚落址即大汶口文化的命名遗址——大汶口遗址。遗址坐落在汶河平原地带，总面积达80余万平方米，原本在大汶河北岸，后来河道北移，流经遗址中部，遗址南部除1959年清理了130余座墓葬外，已无存。泰山在遗址北面40公里开外，晴朗天气在遗址上可遥望泰山极顶，遗址西面不远便是著名的鲁国汶阳田，地理位置优越。大汶口遗址自1959年发现以来，经过三次发掘，所获资料相当丰富、系统而珍贵，提供了诸多重要信息。已知遗址年代从北辛文化晚期不间断地延续至龙山文化时期，自大汶口文化早期即已脱颖而出，中期开始更在持续快速发展，经济繁荣，手工业发达，陶器、石玉器、骨牙雕刻镶嵌器的精美，显示生产力的高度发展，加上一批大汶口文化特大墓的存在，被考古界公认为现知大汶口文化最突出的一个政治、经济、文化中心。这说明大汶口文化晚期的大汶口聚落，已经是座早期城市。早期城市都是早期国家（古国）的都城，那么大汶口部落在大汶口文化晚期已发展成国家，进入文明时代[10]。她从部落到国家的发展历程正当东夷族团的早期阶段，是最早的东夷古国之一，也是东夷早期历史最突出的代表。她位于大汶河中游，与南面泗河上游的泗水、曲阜、兖州的大汶口文化聚落群（部落）紧邻。大汶口文化时期，泰沂山脉西侧的大汶河流域和泗河上游地区，是大汶口文化的几个重要分布区之一，区内存在宁阳、曲阜北境、兖州北境群，曲阜南部、兖州东部群，曲阜东部群，泗水群，兖州西部、济宁东北部群诸聚落群，而以北面的宁阳、曲阜北境、兖州北境群的聚落最多，中心聚落最为突出。《左传·定公四年》记载："因商奄之民，命以伯禽，而封于少昊之墟。"可知鲁国的初封地属少昊之墟。此少昊之墟实指曲阜地区，不能理解为鲁都曲阜故城，当时的曲阜地区当然也不等同于今日的曲阜市境。但周初分封诸侯，封地很小，大侯封地不过"方百里"，鲁国最初的封地大约就在今曲阜、泗水、兖州、宁阳、汶上诸县市地，正当泗河上游与大汶河流域地区，所以这地区的上述大汶口文化聚落群，应该属少昊族，包括汶河地区以北的济南市地区、以西的山东西部地区的大汶口文化在内，大概都属少昊这一支，少昊支在大汶口文化中晚期似已发展成众多氏族、部落及国家。换言之，这些大汶口文化的古国、部落与氏族都直接间接地出自古老的少昊氏族，形成东夷族团的一大分支。《左传·昭公十七年》记载郯子朝鲁时所说，少昊氏俨然是个组织十分完备的国家，政府内包含了许多以鸟为名的官职的情形，虽然未必真实，但那些以鸟为名的官职或许折射了少昊一支氏族、部落的众多。少昊氏以鸟为图腾，那些"为鸟师而鸟名"的官职，实际上只是些以各种鸟为图腾的氏族、部落，表明它们出自少昊氏族，均以少昊为人文始祖。但这众多氏族、部落并未曾联合成一大政治实体，其中许多都各自经历了氏族、部落与古国的发展历程，包括古老的少昊氏族在内。它们各有自己的名号，并没有包括在少昊氏族或部落或古国内，但少昊氏族、部落或古国可能一直是它们之中比较强盛著名的一个。此推测如果基本属实，证以考古资料，那么大汶河中游地区的宁阳、兖州北部与曲阜北部的大汶口文化聚落群，就应该是少昊部落与少昊古国，宏大的大汶口遗址先后是其部落中心与国都。假如《帝王世纪》说少昊曾以穷桑为都的说法可靠，那么大汶口文化时期的大汶口遗址就是穷桑。春秋时地属鲁，在鲁都曲阜故城北面不很远，与古人说穷桑在鲁北相符。

龙山文化时期，宁阳这个聚落群已经衰落，群内聚落稀少，国都大汶口已沦为龙山文化小村落，失去中心聚落的地位，作为大汶口文化晚期的一个主要东夷古国，这时已严重衰退。如果仍是少昊国，那么此时的少昊已经式微，无足轻重，可能正在退出历史舞台。

在宁阳古国走向式微的同时，黄河、东平湖以西的鲁西地区，兴起了景阳岗、教场铺等龙山文化古国。教场铺古国以茌平县为中心，已发现龙山文化遗址 30 余处，教场铺龙山文化城应是其国都[11]。教场铺古国的北邻有禹城、齐河、济阳古国，其地属黄泛平原，遗址大多深埋地下，目前仅发现 17 处遗址，查证文献，该古国是有鬲氏无疑[12]。教场铺古国南邻景阳岗古国。景阳岗古国领域包括阳谷、梁山、郓城、鄄城和河南省台前、范县地，在龙山文化古国中面积最大，国都景阳岗龙山文化城面积接近40 万平方米，在黄河流域的龙山城中规模仅次于山西襄汾陶寺城，位居第二，笔者认为是虞舜之国有虞氏[13]。鲁西这些龙山文化古国的地理位置表明，其族系均属少昊族。尤其是虞舜的后裔、夏商时期的遂国，都城在宁阳的西北境一带，在少昊国（大汶口古国）的西北境，表明有虞可能出自少昊，是少昊的主要承袭者。《淮南子·本经》说："舜之时，共工振滔洪水，以薄空桑。"空桑即穷桑，穷桑名似乎也随有虞的兴起移至鲁西，可能成了虞国都城或重镇。这似乎为有虞出自少昊增添了证据。同时，龙山文化后期的曲阜，据文献记载也已先后为皋陶、伯益所居。皋陶与舜、禹同时，禹荐皋陶代己为盟主，未即盟主位而死。伯益与禹、启同时，启建立夏王朝，杀益，黄河流域的华夏、东夷联盟宣告破裂。舜、皋陶与伯益都是少昊以后东夷势力的主要代表，而且都居于少昊族系的中心区，说明这时少昊已退出历史舞台。

太昊、少昊传说，是东夷史与中国史前史研究无法回避的问题，必须作出比较合理的解释，有个接近史实的认识。但因资料欠缺，获得比较真实的认识实非易事。上面的意见，基本上是些推测，缺乏证据。不避臆测之嫌，意在抛砖引玉，引起讨论，以求逐渐获得接近史实的认识。

注　释

〔1〕a. 济南市文化局文物处等：《山东章丘小荆山遗址第一次发掘》，《东方考古》第 1 集，科学出版社，2004 年。

　　b. 山东省文物考古研究所等：《山东章丘小荆山遗址调查、发掘报告》，《华夏考古》1996 年第2 期。

　　c. 山东省文物考古研究所等：《山东章丘市西河新石器时代遗址 1997 年的发掘》，《考古》2000

年第 10 期。

　　d. 济青公路文物考古队:《山东临淄后李遗址第三、四次发掘简报》,《考古》1994 年第 2 期。

　　e. 山东省文物考古研究所等:《山东潍坊前埠下遗址发掘报告》,《山东高速公路考古报告集》,科学出版社,2000 年。

〔2〕张学海:《西河文化初论》,《刘敦愿先生纪念文集》,山东大学出版社,1988 年。

〔3〕月庄遗址经两次发掘,资料未发表,现存济南市考古所和山东大学考古系。

〔4〕张官遗址原由北京大学考古系发掘,发掘报告正在编撰中,报告编撰者燕生东现任职山东省文物考古研究所。

〔5〕同注〔1〕e。

〔6〕栾丰实教授把北辛文化的年代定为距今 7000 年左右至 6100 年,认为后李文化是北辛文化的主要来源之一,参阅《海岱考古研究》之《北辛文化研究》章,山东大学出版社,1997 年。王永波具有相同观点。

〔7〕张学海:《论龙山文化景阳岗类型》,《考古学研究（五）》,科学出版社,2003 年。

〔8〕栾丰实:《城子崖类型与后冈类型的关系》,《海岱考古研究》,山东大学出版社,1997 年。

〔9〕a. 张学海:《东土古国探索》,《华夏考古》1997 年第 1 期。

　　b. 同注〔7〕。

〔10〕张学海:《城子崖与中国文明》,《纪念城子崖遗址发掘 60 周年国际学术讨论会文集》,齐鲁书社,1992 年。

〔11〕同注〔7〕。

〔12〕同注〔7〕。

〔13〕同注〔9〕。

关于长城的若干问题

景　爱

（中国文物研究所）

中国长城的修筑，始于战国初年，以齐长城最早。自战国以后，秦、汉、北朝、隋、唐、辽、金、明各代亦有所修筑。中国是名副其实的长城之国。

本文对中国长城修筑的一些重要问题，做一综合性的论述，以加深对长城的认识，消除疑惑，走出长城研究的误区。

一　长城有多长

中国历代长城的长度，由于计算方法的不同，出现了许多不同的数字，因而中国长城的总长度亦很不一致。现在一些报刊和书籍多称中国长城有 10 万里，即 50000 公里。这是一个估计数字，很不准确，它夸大了长城的长度。长城的长度是一个很重要、很严肃的数据，是国家实施长城保护的基础。因此，务必使长城的长度准确可靠。由于历代长城墙体均遭到不同程度的破坏，有些甚至荡然无存，对长城的长度很难做出绝对准确的统计。不过我们应当使长城的数据尽量接近于事实，减少不应有的误差。

此处将中国历代长城长度的数据汇为一表（表一），便于检索和统计。

（一）中国历代长城统计表

表一

序号	长城名称	长度（公里）	合计
1	战国齐长城	618.90	618.90
2	战国楚长城 东长城 西长城	 100.00 100.00	200.00
3	战国魏长城 河西长城 河南长城 河北长城	 200.00 100.00 100.00	400.00

序号	长城名称	长度（公里）	合计
4	战国赵长城 赵肃侯长城 赵武灵王长城	 700.00 900.00	1600.00
5	战国中山长城	68.00	68.00
6	战国燕长城 燕南长城 燕北长城	 150.00 5000.00	5150.00
7	战国秦昭王长城	750.00	750.00
8	秦始皇长城 黄河沿岸秦长城 阴山北麓秦长城 沿用秦昭王长城 延长秦昭王长城 沿用赵长城 沿用燕长城	 60.00 410.00 750.00 740.00 900.00 5000.00	7860.00
9	汉代长城 沿用赵长城 沿用燕长城 新修外长城 疏勒河长城 令居塞长城	 900.00 5000.00 1385.00 556.00 216.00	8057.00
10	北魏长城 泰常长城 畿上塞围	 1068.00 534.00	1602.00
11	东魏北齐长城 武定长城 天保长城	 100.00 810.00	910.00
12	隋代长城 隋文帝长城 隋炀帝长城	 902.25 120.00	1022.25
13	唐代长城 高句丽长城 青海长城	 459.00 5.00	464.00
14	辽代长城 镇东海口长城	 5.00	5.00

续表一

序号	长城名称	长度（公里）	合计
15	金代长城		213.00
	延边长城	103.00	
	牡丹江北长城	50.00	
	牡丹江南长城	60.00	
16	明代长城		5787.78
	辽东镇长城	624.00	
	蓟镇长城	716.40	
	宣府镇长城	680.26	
	大同镇长城	310.56	
	太原镇长城	505.92	
	榆林镇长城	849.60	
	宁夏镇长城	690.44	
	固原镇长城	453.60	
	甘肃镇长城	957.00	
	合　　计	34707.93	34707.93

历代长城的长度，已详列上表之中。关于数字的来源和计算方法，需要做出说明。

（二）来源与依据

有关长城数字的来源，主要见于文献记载。这些文献包括正史、典籍和地方志，都属于官书，应当说都是比较可信的。明代的《四镇三关志》、《全辽志》在记载长城时，有些段落以"丈"作为计算单位，可以说是比较精确的。不过有些史书常常称某代长城长数千余里、数百余里，只举其大数，而略其小数，这些数字显然不够精确。遇到这种情况，只能按整数计算，千余里即千里，百余里即百里。

我国古代长度计量，与现在有些不同。根据各代出土的实物尺，发现古代的尺度比现在小一些，只有个别的朝代例外。过去人们大多忽略了这一点，将古代的里视为今日的里（民国里），从而产生了很大的误差，是造成长城长度不准确，数值偏大的一个重要原因。为了科学地统计长城的长度，必须将古代不同的里，都换算为今日通行的公制（米、公里）标准。

根据考古发现的古代实物尺，可以准确地测定出古尺的长度，换算为今日的公制标准。换算的结果如下表（表二）[1]。

表二

古尺时代	合今公制（厘米）
东周	23.1
秦	23.1
西汉、新莽、东汉	23.1

续表二

古尺时代	合今公制（厘米）
三国	24.2
晋	24.2
北朝前期	25.6
北朝后期	30.0
隋	29.5
唐	30.6
宋	31.4
元	35.0
明	32.0
清	32.0
民国	33.3

本书中关于历代长城长度的换算，即以上表内的数值为准。

有些长城虽然见于史书，然而其长度却失于记载。遇到此种情况，我们只好考证其起止地点和走向，依今日地图的方位，来测定其长度。这是唯一可行的办法。然而长城的起止地点，往往只能考证其大体方位，难以明确具体精确的位置；其走向受地形的影响，往往不是一条直线，而是蜿蜒曲折，如有遗址参照，是不难确定的，然而有些长城已夷为平地，不见痕迹，也难以确切描述。因此，尽管长城长度的测定都是有根据的，然而其误差是难免的，只能是近似值或约数。受条件的限制，目前只能做到这种程度。

明代辽东镇长城防线上，有许多木墙，属于《汉书》所称的"木柴僵落"，累计长度达177里（明代的里），公制为84.96公里。木墙虽然有防敌的作用，属于军防设施，然而却不是永久性建筑，在使用若干年以后就会腐朽烂掉，现在已经看不到木墙的遗迹了。这种临时性的边防设施，与长城的属性不同，不能算作长城。因此，在长城统计表中，辽东镇木墙不能统计在内。

明代甘肃镇长城的长度，在计算时所遇难度最大。在河西走廊地区，长城、边壕、山险往往是交替使用。有些市县的旧志、新志对此有些记载，可是有些市县（如天祝县、古浪县、武威市）的新、旧地方志都缺此内容，又不见实地考察报告，其长城、边壕、山险具体长度不详。出于慎重起见，天祝、古浪、武威三市县只好空缺，留待将来补充。

（三）不能作重复计算

自战国修筑长城以来，后代往往沿用前代的长城。秦代、汉代都沿用了赵国、燕国、秦国长城，北朝又沿用了战国、秦、汉长城，甚至晚到明代仍在沿用前代的长城，可见这种现象具有一定的普遍性。在统计每一时代的长城时，不管是本朝新修的，或沿用前代的，都应当统计在内，以见一代长城之长度。然而在统计全国历代长城的总长度时，必须将重复的长城删掉，不能作重复的计算。这一点过去也常常被人忽略，出现了多次重复计算，造成了长城统计数字的不准确，往往比实际长度大了许多。

彻底清理后代沿用前代长城，是一件非常困难的工作。考古学家在野外调查中，虽然在不同的地方多次发现后代长城沿用前代的例证，然而受时间和经费的限制，却难以把沿用的段落全部调查出来，公之于众。这项研究工作，只好留待将来的长城考察，只要工作细致深入，是可以把后代沿用前代长城的情况搞清楚的。

被后代沿用的长城，主要是战国赵武灵王长城、战国燕北长城、战国秦昭王长城、秦始皇阴山北麓长城，其中赵武灵王长城、燕北长城在秦代、汉代被沿用 2 次，秦昭王长城在秦代被沿用 1 次，秦始皇阴山北麓长城在汉代被沿用 1 次。上述长城都比较长，它们被沿用的总长度，是可以计算出来的。

（赵武灵王长城 900 公里 + 燕北长城 5000 公里）×2 + 秦昭王

长城 750 公里 + 秦始皇阴山北麓长城 410 公里 = 12960 公里

在长城统计表总数中，应当减去重复数字 12960 公里，才是比较真实的长城总长度21747.93 公里。如果把北朝和明代沿用前代长城也考虑在内，长城的总长度还要短一些。

二　长城与边壕

（一）边壕的历史

中国古代曾以江河作为军事防御的天然屏障，深阔湍急的河水，在一定程度上可以阻止敌人的前进，取得防御敌人进攻的目的。因此，古代重要城邑四周多挖掘护城河以自卫，于是，城邑又有了城池的别称。

以壕沟为防，早在原始社会就出现了。在中国北方许多早期聚落遗址中，都发现了环壕即证明了这一点，其中以陕西西安半坡聚落遗址最有代表性（详本书《长城的起源》一节）。不过早期的环壕是用来防御野兽的侵袭，而不是用于战争。

到了战国初年，由于战争频繁，人们开始大量挖掘壕堑，来防御敌人的进攻。《左传》记载，鲁襄公十八年（公元前 556 年），晋平公率领十二国联军伐齐，"齐侯（指齐灵公）御诸平阴，堑防门而守之广里"[2]。所谓"堑防门"，就是在防门之地挖掘壕堑以御敌。《左传》又记载，鲁哀公十一年（公元前 485 年），齐国伐鲁国，鲁"师及齐战于郊，齐师自稷曲，师不逾沟"[3]。这里所说的"沟"，是在城郊挖掘的壕堑，从"师不逾沟"可以看出，壕堑阻止了敌人的进攻，其防敌的作用是很明显的。

自战国以后，边壕作为军防工程一直受到重视。汉武帝在边境地区修筑长城的同时，又挖掘了许多边壕，当时被称作边塞。从永登县至酒泉市的令居塞，据当地人士的观察记录，是以壕堑为主，长城所占的比例很小。这些壕堑受风沙侵蚀大部分为沙土所掩埋，然而在永登县、山丹县等地，至今仍可以清楚地看到边壕遗址，累计长达 120 余公里。因此，有的学者提出酒泉以东的汉塞，"实地是以堑壕构成的，局部地区则以山崖、河流等作自然屏障"[4]。这种说法是甘肃省的考古学家在实地考察以后所做出结论，是很有根据、很有道理的。

在北朝时期，边壕仍是重要的边防军事工程。孝文帝太和八年（484 年），由高闾建议修建的六镇边防体系，在《水经注》、《北齐书》中均被称作"长堑"[5]，长堑就是长长的壕堑，其长近千里（古里），故有长堑之称。由此可知北魏太和年间在北方草原上挖掘了规模巨大的边壕。

到了宋、辽、金时期，边壕被广泛地用于边防上来。北宋为了防御契丹骑兵南下，除利用白沟（今仍其名）天险以外，又在河北中部地区挖沟筑堤，西起保州（今清苑县），东到泥姑海口（今塘沽附近），全长约 900 里（古里）。

辽代为了防止乌古、敌烈南下，在漠北地区修建了东起根河之滨、西到乌勒吉河河源的边壕，长达 700 余公里。金代为了防止蒙古南下，在漠南地区修建了多条边壕，全长达 3459.5 公里，成为空前宏伟的军防工程。到了清代，为了防止关内流民进入东北地区，又修建了著名的柳条边，长达 1267.2 公里。中国历史上的主要边壕长度，今列表如下（表三）。

表三　　　　　　　　　　中国古代主要边壕统计表

序号	时代	长度（公里）	说明
1	汉代令居塞	120.00	这是可见遗址长度，全长不止如此。
2	北魏六镇边壕	534.00	北魏前期 1 里为 534 米，按近千里换算。
3	北宋防辽沟堑	471.00	宋代 1 里为 471 米，按 900 里换算。
4	辽代 　漠北边壕 　第二松花江边壕	700.00 不详	未经实地考察
5	金代 　漠南边壕 　延边边壕	3356.50 103.00	
6	清代柳条边 　老边 　新边	936.00 331.20	老边 1950 里，新边 690 里，清代 1 里为今 480 米，按此换算。
	合　计	6551.70	

中国古代的边壕，如果从战国初年算起，到清朝初年修建柳条边止，前后持续了 2300 余年。古代的边壕为什么经久不衰，与长城长期共存，这是有原因的。同修筑长城相比，挖掘边壕更为省工省力，在短时期内即可以完成，以满足边防的紧急需要。金代完颜襄主持挖掘的临潢路边壕长达 300 余公里，竟然在"五旬"（即 50 天）完成，其速度之快可以看得很清楚。如果在 50 天修筑一道长 300 公里的长城，那肯定是做不

到的，因为夯土版筑的墙体不能一蹴而就。

其次，历史上的边壕主要出现于北方沙漠草原地区，河西走廊、漠南、漠北都属于沙漠草原地区。在这里地表多沙，地下也多沙，多沙的土质很松散，缺乏团聚性（俗称黏性），难以夯筑成墙；即使勉强筑成，也缺乏坚固性，无法抵御敌人的破坏，匈奴人对汉长城、蒙古人对明长城，都不断加以破坏。沙漠草原的地理环境，对边防军事工程的修建，不能不产生深远的影响。

（二）边壕与长城结构形态不同

边壕的结构形态，与长城有根本的区别。长城属于地面建筑，是在地上垒筑的绵长高大的墙体，用以阻止敌人的前进。长城之名即由此而来。长城墙体的高度，随时代不同而变化。汉代疏勒河沿岸长城残存高度多在 2 米以上，阴山以北汉长城残存高度多在 2.5 米以上，明长城高度多在 8 米以上。如此高大的长城，完全可以阻止骑兵的逾越。

古代的长城除山区采用石砌以外，在其他地区多采用土筑、土石混筑、沙土夹红柳或芦苇混筑，加以夯实，俗称夯土墙。夯土版筑是修建泥土、土石、沙土夹植物所必需的手段，只有经过夯实才能保证长城有高大的墙体，并使墙体坚实，达到"版筑甚坚，锄耰不能入"的程度。如此高大、坚实的墙体，不仅敌人难以逾越，在战争之际想毁坏它也难以得逞。正是因为长城墙体属于夯土版筑，故而虽经千百年的风吹雨淋，至今仍能保持高大的墙体，成为世界奇观。

边壕的结构形态，与长城迥然有别。边壕是在地下挖掘的沟堑，是以深阔的沟堑来阻止敌人骑兵逾越。由于沟堑多被风沙、淤土所湮没，故其当初确切的深度和宽度，已难以知其详。据实地考察所见，黑龙江西部的金边壕深 4～5 米，宽约 2.5 米，内蒙古赤峰市北部的金边壕深 3～6 米，其宽度内外壕合计达 20 多米。如此深阔的沟堑，骑兵是很难跨越的，人马误坠沟堑之中，往往难以自拔，很容易被戍守边壕的士兵击毙。即使有人救助，也会失去战机，从而达到防御敌人侵入的目的。

挖掘沟堑所取出的泥土、沙土，直接扬弃在沟堑的两侧，以内侧居多，从而形成矮墙，有如长堤。这种矮墙可以加大沟堑的深度，故而被称作壕壁。据实地考察所见，沟堑之旁的矮墙不是夯土版筑，其低矮的原因即在于此。由于边壕是以深阔的沟堑作为防敌的主体设施，故而对壕侧的土墙并未进行仔细加工，没有采取夯实。这与长城墙体大不相同，具有根本的区别。

有人称，边壕之侧的矮墙属于夯土版筑，这是缺乏认真观察研究所造成的误解。金代漠南边壕在修建过程中利用了前代的长城的墙体，这种现象相当普遍，以河北北部和内蒙古中部居多，李逸友对此做过仔细地观察和记述。既然利用了前代长城的墙体，自然可以看到夯土层，这是很正常的。有些人对此缺乏深入研究，竟把前代长城的夯土墙误作金代所筑，完全混淆了时代的界限，从而得出了错误的结论。

夯土版筑的长城墙体，在修筑时十分费时费力，需要很长的时间。蒙恬修筑秦始皇长城以三十万之众修筑了十余年才得以完成。唐代高句丽长城的修筑，用了十六年的时间。从这些事实不难发现，古代夯筑长城相当困难。然而金代完颜襄主持边壕修建，只用了五十天的时间，这是由于修建边壕主要是挖掘壕堑，所取出之土堆积在壕侧即可，不必夯筑，故而能大大地节省时间。

夯土版筑的墙体十分坚固，抵御自然力破坏的能力比较强。阴山南麓的赵武灵王长城，距今已有2300余年，其残存高度可达2米左右。宁夏固原地区的秦昭王长城，距今亦2000多年，其残存高度达2～15米。然而金代边壕之侧的土墙，大部分已夷为平地，或略见起伏，只有极个别的地方受地形的影响，稍为明显一些，其高度只有0.5～1米左右。利用前代长城修建者略高一些，属于例外。金代边壕距今只有800年，却受自然力的破坏如此严重，其原因是土墙未经夯筑，难以抗拒风雨剥蚀。

高墙和深沟，在结构上、形态上完全不同，这是非常清楚的事实。科学研究最基本的原则是实事求是，要从以客观实际出发，才能得出正确、科学的结论。

（三）将边壕误称长城的由来

将沟堑用于军事防御，始于战国时代。公元前556年，由晋平公率领的多国联军讨伐齐国，齐侯（齐灵公）"御诸平阴，堑防门而守之广里"，即挖掘壕沟御敌（详《战国齐长城》）。到了汉代，在边防线上挖掘边壕御敌之例渐多，例如在令居塞防线上，大量挖掘边壕作为防御工事，其遗迹在今永登县（即古令居）、天祝县、永昌县、临泽县、高台县均有发现（详《汉代长城与边塞》）。辽代曾在漠北草原和第二松花江沿岸挖掘边壕，后者被称作溃堰断堑。到了金代，在漠南大规模地挖掘边壕，于《金史》中多有记载，或称作深堑，或称作壕堑，或称作壕，或称界壕，兹举例如次。

1. 《李石传》："北边岁警，朝廷欲发民穿深堑以御之。石与丞相纥石烈良弼皆曰：'不可。古筑长城备北，徒耗民力，无益于事。北俗无定居，出没不常，惟当以德柔之。若徒深堑，必当戍守，而塞北多风沙，曾未期年，堑已平矣。不可疲中国有用之力，为此无益。'议遂寝。"[6]

2. 《纥石烈良弼传》："参知政事宗叙请置沿边壕堑，良弼曰：'敌国果来伐，此其可御哉？'上曰：'卿言是也。'"[7]

3. 《内族襄传》："迹襄之开筑壕堑以自固，其犹于魏、北齐之长城欤？金之势可知矣。势屈而兵盛，亡国之道也。金以兵始，亦以兵终。"[8]

4. 《张万公传》："初，明昌间，有司建议，自西南、西北路，沿临潢达泰州，开筑壕堑以备大兵，役者三万人，连年未就。"[9]

5. 《地理志序》："金之壤地封疆，东极吉里迷兀的改诸野人之境，北自蒲与路之北三千余里，火鲁火疃谋克地为边，右旋入泰州婆卢火所浚界壕而西……"[10]

引文中的深堑、堑、壕堑，是金代对边壕常用的称谓，界壕则是元朝人编撰《金史》时所用的称谓，二者略有不同。元朝人认为边壕是金朝的北部疆界，故而称之为界壕。在金朝统治的范围内，前代修筑的长城很多，如战国长城、秦长城、汉长城、北魏长城、北齐长城等等，金朝人知道长城是何种建筑，李石和纥石烈良弼称"古长城备北，徒耗民力"，说明他们对长城相当了解。然而金朝人称其边防工事为深堑、壕堑，而从不称其为长城，说明金朝人认定自己所修建的边防工事是边壕而不是长城。由于金朝修建的边壕与长城有根本的区别，金朝人自然不能把它称作长城。

将金朝以及辽朝的边壕称作长城，是在金朝灭亡以后。北方草原地区风沙比较大，对边壕有重大的破坏作用。李石、纥石烈良弼反对"穿深堑"的理由，便是"塞北多风沙，曾未期年，堑已平矣"。《金史·地理志》载："遣吏部郎中奚胡失海经划壕堑，旋为风沙掩塞，不足为御"[11]，即证明了这一点。

在金朝灭亡以后，边壕已失去作用，无人管理，在荒野之中任凭风沙侵袭，自然有的地方边壕很快就被流沙掩埋，夷为平地。只有那边壕之壕壁尚存，看上去有如低矮的城墙，故而民间将其称之为长城或乌尔科（蒙语乌尔科即长城）。这种说法后来被文人们所转用。最早将边壕称作长城的著作，是南宋人所撰的《蒙鞑备录》，称金章宗明昌年间，"乃筑新长城在静州之北"[12]。据王国维考证，《蒙鞑备录》的作者是赵珙，他于宋宁宗嘉定十四年（公元1221年）出使元朝，"珙仅至燕京见木华黎也"[13]，并没有深入到静州（即净州，今内蒙古四子王旗，在阴山北）之地，亲眼看到金边壕，其所记新长城云云，显然是来自传闻。到了明代撰修《元史》，则又根据《蒙鞑备录》的记载，将北方漠北的辽边壕也称作长城了[14]。《元史》属于官书，后人多援引其说，于是，将边壕误称长城的说法广为流行，一直延及今日。

对于将边壕误称长城的说法，国学大师王国维早就指明了其来源。他在《金界壕考》一文中明确地指出："《金史·内族襄传》赞，论北边筑壕事，以元魏、北齐之筑长城拟之。后世论金界壕者，如赵珙《蒙鞑备录》、《元史·速不台传》，并谓之长城。然金世初无长城之称也，其见于史者，曰边堡、曰界壕。界壕者，掘地为沟堑，以限戎马之足。"[15]

王国维把边壕与长城的名称演变，说得非常明白，被学术界视为定论。一些重要的学术著作，如中国社会科学院考古研究所主编的《新中国的考古发现和研究》[16]、《中国大百科全书》考古学卷[17]，都依王国维之例称之为金界壕，而没有把边壕称之为长城，它表明了考古学界一致的看法。

边壕就是边壕，称之为界壕亦可，因为边壕多在边境地区。但是，却不能将边壕称之为长城，不能将结构、形态完全不同的军防工程等同起来。如果把边壕看成是长城，那么，清代东北的柳条边，岂不也变成了长城？柳条边也是以沟堑为主体，沟侧堆土为矮墙，植柳以护墙，设边门以通行人。其结构、形态与辽金边壕是基本相同的。有人提出，清代还在修建长城[18]，不知所指的清代长城为何物，是否是指柳条边而言？如果把柳条边视为长城，正好是落入了前苏联齐赫文斯基的窠臼，其危害性十分明显，无需细说。

三　长城与山险

上述历代长城统计表中，不包括山险在内，因为山险不是长城。今略做说明。

古往今来，在战争中都十分重视地理条件的利用，达到以奇制胜。古代著名的军事家孙子说："地者，远近、险易、广狭，死生也。"又提出："凡地有绝涧、天井、天牢、天罗、天陷、天隙，必亟去之，勿近也"。[19]利用天险御敌，将敌人引至绝境，备受军事家的关注。自战国以来，由于战争频繁，山险最受重视。《淮南子》记载天下有九塞，这九塞是太汾、渑阨、荆阮、方城、殽阪、井陉、令疵、句注、居庸[20]，均属于山险。太行山有八径，即轵关径、太行径、白径、滏口径、井径、飞狐径、蒲阴径、军都径，也是古代的重要山险。战国军事家吴起指出："名山大塞，十夫所守，千夫不过"[21]，更明确地阐明了山险的重要性。据山险御敌，能够以少胜多，达到却敌的目的。李白《蜀道难》诗中的"一夫当关，万夫莫开"，就是由此演变而来。

由于山险制敌有以少胜多的奇功，因此，古代选择长城路线的时候，尽量让长城通过山区，充分利用山险，以减少长城的修筑，可以节省大量的人力、物力。历代长城多建于山区，其原因即在于此。以明代长城为例，辽东镇长城分布在辽西丘陵和辽东丘陵，蓟镇长城分布在燕山，宣府镇长城分布在阴山和太行山，大同镇长城、太原镇长城分布在太行山、恒山、五台山、芦芽山，榆林镇长城穿过了白于山，固原镇长城穿过了六盘山，宁夏镇长城旁贺兰山，甘肃镇长城旁龙首山、合黎山。在山势特别险峻的地方，不需要修筑长城，或对山体略作加工整修，即可以达到防御敌人进攻的目的。后世有人将这种山险一律称作长城，这种认识有失偏颇，应当进行仔细地研究探讨。

长城的墙体虽有土筑、石垒、土石混筑、泥土夹植物枝条等多种不同的形式，然而都属于人工建筑，故而被列入世界人类文化遗产名录。山险属于自然实体，不属于人工建筑，这是山险与长城最根本的区别。正是由于这种原因，长城线上的山险不能称作长城。

有些山险不用人为加工，即可以成为天然的军防工事，将这类山险称之为长城，显然是毫无道理的。例如河西走廊北部，有相互连接的两道大山，一是龙首山（主峰海拔3440米），一是合黎山（主峰海拔2054米），均是祁连山的余脉。由于其北坡比较陡峭，坡度比较大，山上还密布森林，成为行人和兵马难以逾越的天然屏障。因此，汉代的令居塞在今张掖市和临泽县的北部，没有构筑城墙之类的军防工程，直接以合黎山险为屏障。明代在修筑甘肃边墙的时候，考虑到合黎山险可以利用，仍然沿袭了汉代的老办法，不再修建城墙，只是在临泽县的西部，即邻近高台县的地方，挖掘有壕沟而已。从张掖市到临泽县这一段山险，其长度约在100公里左右，至今尚未见到有人为加工的痕迹。像这样的山险，纯属自然实体，显然不能称作长城。《中国历史地图集》在从山丹县经张掖县到临泽县这一段，没有标注长城符号，而在此以东、以西都标志了长城符号[22]，即是出于此种原因。

在山西北部、河北北部、辽宁东部和西部长城线上，有在修筑长城时对山体进行加工的记载。不过至今对这些记载的确切地点、加工的痕迹尚未见有实地考察报告。据文献记载，对山体的加工有三种形式：一是有些山体外坡平缓，敌人可以攀援而上。为了防止敌人攀援，采用凿山削岩的办法，使缓坡变陡，被称作"劈山墙"。二是有些山体内坡、外坡都很陡峭，绝难攀登。为了便于驻守的士兵上山执行巡逻任务，也采用凿山削岩的办法，修理出可以攀登的羊肠小道或台阶，被称作"马道"。三是在山顶之上，容易遭受敌人攻击的部位，砌筑短墙加以掩护，这是军事临战所用的"掩体"。

　　上述三种加工山体的方式，常常并不在同一地点。山区的范围很大，在选择长城路线的时候，尽量挑选外坡陡峭的山体与长城相连，这样便可以减少长城的修筑，以山险御敌。只有在无可选择的条件下，才能采取凿山削岩的办法。因为古人在凿山削岩工具落后的条件下，自然明白凿山削岩费时费力，不在万不得已的情况下，是不会采取这种方式的。因此，凿山削岩虽然见于有关记载，其实数量相当有限，至今尚未见到有大范围凿山削岩的科学考察报告。

　　人为加工山体只限于个别地方，不具有连续性和普遍性，在绵长的数百或数千公里的长城线上，只不过是星星点点而已。在分析这种现象时，必须注意要有数量的界限。任何事物的性质，都是由有关因素量的积累来决定的，只有量达到一定程度，才能引起质变。个别的、零星的凿山削岩，只是人们在利用山险时所采取的一点措施，它不能改变山体的自然属性，大山仍然是大山，它不会因为有了一点人为的加工而变成了长城。

　　加工山体，使山体成为军防工事，从古至今都可以见到，在近现代仍然相当盛行，但是，都不可能改变山体的属性。日本占领东北时期，为了防御苏联从外贝加尔进攻，曾于大兴安岭山中修建了许多军防工事，在山体中开凿了数以百计的洞穴，大小房间星罗棋布，且有巷道相通，可以居住士兵和储藏军用物资。用当地居民的话来说，"大兴安岭几乎被挖空了，山中全是军堡"。然而大兴安岭仍是一个自然的实体，我们不会因此而改变大兴安岭的性质，称它是人造的碉堡吧。

四　长城与"当路塞"

　　高大陡峭的山险可以有效防御敌人的侵犯，然而山间的沟谷，却给敌人留下了可通之路，成为山险防御中的薄弱环节。于是，古代在可以通行兵马的山谷中设防，修筑短墙将山谷隔断，并驻有士兵看守。有人将这种沟谷中的短墙也称之为长城，也是很不妥当的。

　　这种修筑在山谷中的短墙，早在汉代就出现了，司马迁称之为"当路塞"。汉武帝元光二年（公元前133年），令聂翁壹引诱匈奴大军至马邑，计划以伏兵将匈奴消灭。然而此计被匈奴所识破，自汉初以来的和亲关系由此中断。司马迁称："自是之后，匈奴绝和亲，攻当路塞，往往入盗于汉边，不可胜数。"[23]《索隐》引苏林语，称"当路塞"是"直当道之塞"[24]。依苏林的注释，"当路塞"就是直接遮挡道路的城塞，即筑城墙将通行车马的道路堵塞。当时的匈奴人是在阴山以北草原驻牧，其犯边南下必须经过阴山，阴山的沟谷成为匈奴南下的必经之路。因此，"当路塞"应是修建在阴山沟谷之中。在平川地上，匈奴的骑兵可以横行无阻，不必选择什么固定的道路。在沟谷中修筑一道短墙，左右连山，即可以把整个山谷隔断，使敌人难以通过。在阴山西段的大青山中，曾发现有古代的短墙，也证明了司马迁所说的"当路塞"设置于山谷之中。

　　阴山山体高大，山谷很多，因此，汉代在这些山谷中修筑了许多"当路塞"。

　　在呼和浩特市以北蜈蚣坝至边墙梁的山谷中，有三段短墙将三条沟谷隔断，虽然在方向上大体一致，然而三段短墙并不连接，彼此相隔甚远，因此，不能算作是长城，只能是司马迁所称的"当路塞"。

在卓资县与察哈尔右翼中旗交界的山谷中，有土筑的短墙200米，高2~4米，宽3~4米，在短墙以东以西，是以山险为防，不见有长城，这段短墙也是"当路塞"。

在阴山西段狼山上，山谷尤多。在磴口县北部有哈隆格乃山谷，作南北走向。在山谷的南口，发现有石墙遗迹，在石墙附近有石城。这段石墙只限于山口附近，距山口较远的地方没有见到墙体，因此，哈隆格乃山口的石墙也是"当路塞"，而不是长城。

在狼山西段山上，还有布都毛德山谷，也是作南北走向，此山谷位于磴口县与阿拉善左旗的交界处，在山谷南口有石砌的墙体，然而只是一小段而已，没有向东向西延长的痕迹，因此，只能是"当路塞"，而不是长城。

在山谷中设置短墙"当路塞"的做法，自汉代以后为历代中原王朝所继承。明代在北方边防线上多设"当路塞"，其中以宁夏的贺兰山最有代表性。

贺兰山位于宁夏平原与阿拉善荒漠的交界处，主峰海拔3600米，南北全长200余公里。贺兰山西坡平缓，东坡陡峻，山中多沟谷，敌人很容易从阿拉善荒漠进入银川平原。在西夏时期，为了防止蒙古人的侵入，曾在贺兰山沟谷中建城设防，驻扎有军队。到了明朝，为了防御蒙古侵扰，在三关口以南至中卫县沙坡头一段，修筑了边墙（史称西边墙）。在北部石嘴山，修筑了一段西起贺兰山，东抵黄河的边墙（史称北关墙）。从石嘴山到三关口，贺兰山体最为高大险峻，以山险为防，没有修筑边墙，只是在山谷中修筑了许多短墙作为防御工事。

贺兰山东麓沟谷比较多，在北起石嘴山市红果子口、南到银川市三关口之间的山谷中，明代修筑了许多短墙，今列表如下（表四）。

表四

地点	长度（米）	说明
石嘴山市		
大武沟		大武沟数字据杨守礼奏疏。原为丈，今换算为米。
头道关	95	
二道关	90	
里 关	84	
外 关	6.3	
桃坡口关	21	
枣儿沟关	22	
韭菜沟	140	以下六段墙体长度，均据《宁夏文物普查资料汇编》（1986年）
红石梁上段	30	
红石梁下段	105	
郑官沟	15	
北岔沟	100	
石大公路段	5000	

地点	长度（米）	说明
贺兰县 　白虎沟 　镇木关沟	100 1000	据《宁夏文物普查资料汇编》（1986年）
平罗县（西峰沟龟头沟）		不详
合　　计	6808.30米	

据上表可知，贺兰山山谷中的短墙累计总长只有 6808.3 米，平罗县境内西峰沟、龟头沟中均有短墙，但其长度不详。即使把平罗县沟谷中的短墙计算在内，也不会多出很多。从石嘴山市红果子沟到银川市三关沟，贺兰山长约 150 余公里[25]，山谷中的短墙累计不到 7 公里，只有这段山长的 5%，可以说是星星点点而已。这些山谷被大山阻隔，彼此相距很远，少者在 3～4 公里左右，多者在 20～35 公里左右。短墙是一小段一小段的分散在不同的山谷之中，它们并无关联，而是孤立、分散的存在，缺乏连续性和系统性。因此，它不具备长城的特点，只能称之为"当路塞"。

五　长城与烽燧

在长城附近，常常见有烽燧。于是，有些人认为烽燧是长城的附属物，甚至将烽燧与长城视为不可分离的一体，提出有烽燧的地方必定有长城，烽燧是长城的一个组成部分，并以此为线索去寻找长城。这种认识有失偏颇。因此，必须对长城与烽燧的种种关系进行深入研究，以求得正确的认识。

（一）烽燧是早于长城的报警系统

烽燧俗称烽火台、烽台，有些地方又称之为墩台，是以土筑或石砌的高台得名。烽燧是以烽烟、火光作为报警的信号和最早的军事通讯系统，烽燧的出现要比长城早得多。从文献记载来看，在西周时即以烽燧报警和通讯。《史记》记载，周幽王宠爱褒姒，为了挑逗褒姒发笑，"幽王为烽燧大鼓，有寇至则举烽火。诸侯悉至，至而无寇，褒姒乃大笑"。其后，"西夷犬戎攻幽王，幽王举烽火征兵，兵莫至，遂杀幽王骊山下"[26]。这一年为公元前 771 年，可知早在距今 2776 年以前，烽燧即用于报警通讯。这时的烽燧显然不是最早的烽燧，其最初产生的时间还要早得多，很可能是在西周初年或殷商末年。

到了战国时期，由于战争频繁，烽燧报警备受重视。《史记·魏公子列传》载："公与魏王博，而北境传举烽，言'赵寇至，且入界'。魏王释博，欲召大臣谋"[27]。到了汉代，匈奴频频南下侵掠，在边境地区广设烽燧，一遇到烽燧警报，人们便奔走相告，做杀敌的准备。"夫边郡之士，闻烽举燧燔，皆摄弓而弛，荷兵而走，流汗相属，唯恐居后。触白刃，冒流矢，义不反顾"[28]。"西边、北边之郡，虽有长爵不轻得复，五尺以下不轻得息，斥候望烽燧不得卧，将吏被介胄而睡"[29]。

按照《墨子》的解释是："昼则举燧，夜则举火"[30]。燧即烽烟，在白日烽烟扶摇直上天空，从很远的地方即可以看得见。在黑夜则以火光代替烽烟，便于观测。在大风、降雨之际，无法举烽火，则以红色、白色的布帛旗帜传递军情，称作"表"，也称作烽，今日海上船只航行所用的旗语，即是由此演变而来。

以烽烟、火光传递信息，要比邮亭送信快捷得多。据汉简记载，烽燧报警的速度是每时百里，每昼夜可达 1800 里。汉代的时与今日的时不同，汉代一昼夜为 18 时，每时为今日 1.3 时[31]。汉代的里为今日 346.5 米，百里为今 34.65 公里。烽燧一时传递速度为 31.65 公里，在当时来说已经相当快了，要比驰马送信快得多。驰马送信要受道路状况影响，遇到崎岖不平的山路或沼泽地，良马亦无法疾驰。烟、火信息是在空中传播，所受外界的影响比较小。从汉简记事得知，从居延鸣沙里至张掖郡为 1630 里（汉代的里，为今 546.795 公里），邮亭传送书信需要 6 昼夜，而烽燧仅需要 10 时[32]，其速度只为前者的 9%，其快捷是十分明显的。正因为如此，从西周到清代初年，烽燧系统一直被利用。这是电话、电报未发明以前，古代比较科学的通讯系统。到清末电话、电报传入以后，古老的烽燧才被停止使用，走下了历史舞台。

（二）长城线上的烽燧

烽燧的出现，至少比长城的出现早 360 余年。长城是重要的边防工程，军机大事需要速迅传递，于是，长城的出现极大地推动了烽燧的发展。现存的烽燧遗址，为研究长城与烽燧提供了重要资料。

从实地考察结果来看，战国赵武灵王长城、燕北长城、阴山北麓秦始皇长城线上，分布有许多烽燧遗址。然而这些烽燧遗址常见的遗物，皆为汉代的绳纹陶片，不见战国、秦代遗物。因此，有人提出北方赵、燕、秦长城，不曾修筑烽燧，现在所见到的烽燧，是汉代利用这些前代长城时所补筑的[33]。这个说法是很有根据，很有道理的。它表明，初期的长城设施不是很完备的。

到了汉代，烽燧有了极大地发展。不仅在新修筑的长城附近修建了烽燧，对可以利用的前代长城，也补建了烽燧，在内蒙古中部、河北北部、辽宁西部战国和秦代长城线上，所见到的烽燧都是汉代修筑的。

汉代新修筑的长城，普遍设立了烽燧。其中阴山以北的外长城，烽燧与城郭并存，皆位于长城的内侧（南侧）。其中以潮格旗（今乌拉特后旗）境内保存较好，有石筑和土筑两种，土筑直径约 8 米、残高约 3 米，石筑呈正方形，每边宽 5 米、残高 4~5 米。据说在烽燧上堆放着干柴，即烽燧用以发烟发火的燃料。烽燧修建于高阜之上，距长城约 200 米，烽燧之间距离为 2.5 公里[34]。

疏勒河流域汉长城附近的烽燧，保留下来的数量比较多，据实地考察所见，至少有 184 座。烽燧大多建在长城以内，也有的建在长城上，如敦煌 61 号烽燧、69 号烽燧、71 号烽燧、安西 124 号烽燧、165 号烽燧，极个别的烽燧建在长城之外，如安西望杆子城烽燧、184 号烽燧（详见本书《汉代疏勒河流域长城》）。疏勒河流域汉长城全长 556 公里左右，有烽燧 184 座，其平均间距约 3 公里左右[35]。

长城附近烽燧之间距，阴山以北外长城多在 2.5 公里左右，疏勒河长城平均为 3 公里左右。烽燧之疏密，与敌情有关，凡匈奴骑兵经常出没的地方，烽燧即密集一些，反之则稀疏。阴山以北外长城是防御匈奴的第一道防线，疏勒河流域长城是第二道防线，故而前者烽燧比后者密集一些。

（三）不在长城线上的烽燧

烽燧不只是部署在长城线上，在其他边防线上也修筑有烽燧，居延塞、令居塞便是如此，其中以居延塞最有代表性。

居延塞是由城鄣、烽燧、塞沟、塞墙组成的边防体系，城鄣是长官驻守的地方，烽燧是士兵居住的地方，因此，烽燧的数量远比城鄣为多。在居延塞上，烽燧除了施放烟火以外，还是防御敌人的重要堡垒和阵地。从烽燧考察的结果来看，烽燧多建有坞和房屋，是屯兵的主要场所，下级军官和士兵都居住在这里。据汉简记载得知，卅井塞的塞候（秩比六百石），即驻守在古居延泽最南端的博罗松治烽燧（P9）。

索马斯特勒姆（B. sommarstrøm）根据贝格曼（Folks Bergman）原始记录整理的《内蒙古额济河流域考古报告》[36]，对居延塞、广地塞、橐他塞烽燧所保存下来的坞，有详细记载。原始编号为 K778、A6、T14、P9、T138、T139、A20、T141、A22、P8、T111、T148、T162、T164、T166 等 15 处烽燧，均有坞的线迹。其中 T14 烽遂南、北有坞墙，相距 60 米，北墙长 45 米，南墙长 100 米，墙厚 3 米，其面积为 6000 平方米。P9（博罗松治）烽燧，有 30 米×30 米的坞。P8 有 13 米×18 米的坞，T111 有 10 米×10 米的坞，T166 有 15 米×28 米的坞。

坞即小城，《后汉书·马援传》载：建武中，光武帝刘秀诏武威太守放还西羌金城客民，使各返旧邑。马援"奏为置长吏，缮城郭，起坞候"。李贤注引《字林》曰："坞，小鄣也，一曰小城"[37]。可知坞与鄣同义，均为小城，从上述烽燧坞堡来看，大坞为 60 米×100 米，小坞仅为 10 米×10 米，确为小城。坞为屯兵之所，坞中之兵，既负责施放烟火，又担负着抗击匈奴来犯的任务。居延塞虽无长城，然而烽燧间距甚近，只有 1～1.5 公里，远者只有 2 公里，由城鄣、烽燧、坞堡、塞墙组成的防线，可以有效地阻止匈奴的侵犯。

从烽燧分布来看，居延的烽燧明显地分为三条线。一是沿额济纳河、黑河通往张掖郡，有烽燧百余座。二是经巴丹吉林沙漠之南、阿拉善右旗之南部，通往武威郡，有烽燧 30 余座。此外，在古居延海的北部和东部，发现有若干烽燧向东走向，可能是通往狼山一带。前两条都远离长城，是为了向张掖郡、武威郡以及国都长安（今西安）传递军情；后一条线可能是向朔方郡、五原郡、云中郡传递军情，以便于协调军事行动，共同抗击匈奴。

由此可知，汉代的烽燧属于独立的报警通讯系统，它既可以与长城结合在一起，与长城平行走向；也可以离开长城，独辟新的线路，以军情传递便捷为准则。有长城的地方，一般都有烽燧；反过来说有烽燧的地方，不一定必须有长城，二者不是完全一致的。研究长城时，必须注意到这一点，且不可轻易地将烽燧线视作长城线，更不能在没有长城的地区，将烽燧称作长城的一部分，要避免以偏概全的错误。

　　附记：本文是拙著《中国长城史》中的一章。

注　释

〔1〕丘光明等：《中国科学技术史》度量衡卷第 447 页，科学出版社，2001 年。

〔2〕《春秋左传正义》卷 33，景印阮刻《十三经注疏》下册第 1965 页，上海世界书局，1935 年。

〔3〕《春秋左传正义》卷 58，景印阮刻《十三经注疏》下册第 2168 页，上海世界书局，1935 年。

〔4〕吴礽骧：《河西汉塞》，《文物》1990 年第 12 期。

〔5〕a. 《王氏合校水经注》卷 14《鲍邱水》第 6 页，中华书局聚珍仿宋本。
　　b. 《北齐书》卷 4《文宣纪》，中华书局点校本，第 57 页。

〔6〕《金史》卷 86《李石传》，中华书局点校本，第 1915 页。

〔7〕《金史》卷 88《纥石烈良弼传》，中华书局点校本，第 1952 页。

〔8〕《金史》卷 94《内族襄传》，中华书局点校本，第 2096 页。

〔9〕《金史》卷 95《张万公传》，中华书局点校本，第 2103～2104 页。

〔10〕《金史》卷 24《地理上》，中华书局点校本，第 563～564 页。

〔11〕同注〔10〕。

〔12〕赵琪：《蒙鞑备录》征伐，见《说郛》卷 54，第 20 页。

〔13〕王国维：《〈蒙鞑备录〉跋》，见《观堂集林》卷 16《史林八》第 802～804 页，中华书局影印本，1959 年。

〔14〕《元史》卷 121《速不台传》，中华书局点校本，第 2975 页。

〔15〕王国维：《金界壕考》，见《观堂集林》卷 15《史林七》第 712～713 页，中华书局影印本，1959 年。

〔16〕中国社会科学院考古研究所：《新中国的考古发现和研究》第 602 页，文物出版社，1984 年。

〔17〕夏鼐：《中国大百科全书·考古学》第 233～234 页，中国大百科全书出版社，1986 年。

〔18〕李让：《为了实施"长城保护工程"》（成大林先生谈长城现状调研的紧迫性和必要性），《中国文物报》2003 年 8 月 29 日 3 版。

〔19〕《孙子十家注》卷 1《计篇》，《诸子集成》缩印本第 1219 页，浙江古籍出版社，1999 年。

〔20〕《孙子十家注》卷 9《行军篇》，《诸子集成》编印本第 1265 页，浙江古籍出版社，1999 年。

〔21〕《吴子》论将第四，《诸子集成》缩印本第 1265 页，浙江古籍出版社，1999 年。

〔22〕谭其骧主编：《中国历史地图集》第 7 册第 61 页，地图出版社，1982 年。

〔23〕《史记》卷 110《匈奴列传》，中华书局点校本，第 2905～2906 页。

〔24〕同注〔23〕。

〔25〕牛达生、许成：《贺兰山文物古迹考察与研究》第 71 页，宁夏人民出版社，1988 年。

〔26〕《史记》卷 4《周本纪》，中华书局点校本，第 148～149 页。

〔27〕《史记》卷 77《魏公子列传》，中华书局点校本，第 2377 页。

〔28〕《史记》卷 117《司马相如列传》，中华书局点校本，第 3045 页。

〔29〕《汉书》卷 48《贾谊传》，中华书局点校本，第 2240 页。

〔30〕《墨子》卷 70《号令》，《诸子集成》上册第 694 页，浙江古籍出版社，1999 年。

〔31〕陈梦家：《汉简年历考叙》，《考古学报》1965 年第 2 期。

〔32〕初师宾：《居延烽火考述》，《汉简研究文集》第 388～389 页，甘肃人民出版社，1984 年。

〔33〕李逸友：《中国北方长城考述》，《内蒙古文物考古》2001 年第 1 期。

〔34〕盖山林、陆思贤：《潮格旗朝鲁库伦汉代石城及其附近的长城》，《中国长城遗迹调查报告集》，文物出版社，1981 年。

〔35〕岳邦湖、钟圣祖：《疏勒河流域汉代长城考察报告》，文物出版社，2001 年。

〔36〕该报告的摘要，收入《居延汉简甲乙编》下册附录第 291～318 页。

〔37〕《后汉书》卷 24《马援传》，中华书局点校本第 836 页。

黑龙江省考古述略

干志耿

（黑龙江省文物管理委员会）

黑龙江省至今已发现旧石器时代遗址约 28 处。最早的一处为阿城市交界镇石灰场洞穴遗址，出土石制品有刮削器、石片、石核等。动物化石有梅氏犀、鹿、狍、獾、兔、鼬、鼠等，有的骨片上有明显的人工砍砸痕迹。经对梅氏犀牙齿化石进行铀系法年代测定，距今约 17.5 万年[1]。五常学田遗址，出土动物化石有松花江猛犸象、披毛犀等，多件骨骼上有人工打击痕迹。出土石制品有小型石片、石核等。骨制品有投掷器等，其残留尖端长 2 厘米，距今约 4.6 万年，是目前世界上已发现的三枚最早的骨投掷器之一[2]。旧石器地点还有哈尔滨顾乡屯、黄山、阎家岗，齐齐哈尔大兴屯，讷河清河屯、神泉屯[3]，龙江缸窑，碾子山蛇洞山，塔河十八站，漠河老沟，呼玛老卡、湖通镇、河口，饶河小南山，木兰石头河等。顾乡屯、黄山、阎家岗、大兴屯、小南山等地点均伴出有属披毛犀—猛犸象动物群的动物骨骼化石。在阎家岗还发现有两个用动物骨骼叠成的古营地遗迹。各地出土石制品有砍砸器、刮削器、尖状器及楔形石核等，制作技术以锤击、打制为主，类型以石片石器为主，器类以刮削器为主。清河屯、老卡等属于大石器为主体的类型，阎家岗、小南山属于小石器为主体的类型，顾乡屯、大兴屯、十八站、缸窑属细石器为主体的类型[4]。木兰石头河旧石器地点，出土了大量石制品，其中有一套制作过程中形成的以 1 件矩形石核为主，4 件石片为副的组合石核[5]。讷河神泉屯遗址是一处旧石器时代石器加工场，为研究旧石器时代如何向新石器时代过渡提出了重要依据。

黑龙江已发现新石器时代文化遗址多处，其年代均属新石器时代中、晚期，其经济形态多属渔猎经济，也存在原始农业。在西部地区有齐齐哈尔昂昂溪滕家岗遗址，距今 7570±85～7300±85 年，陶器以直口筒形罐和瓮为基本器形，素面或饰刻划纹，有一件陶罐上饰有陶塑鱼鹰。石器多压制，磨制石器少见，并出土有小件玉璧和网纹骨管等。该地点出土人骨经测定属蒙古人种[6]。东部地区七千多年前的饶河小南山墓葬，出土有褐陶片及卷沿罐、钵等，器表多素面，纹饰有菱格纹、篦点纹、波浪纹、弦纹、附加堆纹和刻齿纹等。随葬玉器 67 件、石器 56 件、牙饰 3 件。其玉器数量相当于建国以来全省出土史前玉器的总和，有环、璧、玦、珠、斧、矛、匕、簪和斜刃器、弯条形器等。石器有斧、凿、镞、锥形器、纺瓜和三件套斧的半成品等。纺瓜是目前发现的国内最早的纺瓜。三件套斧的半成品可以组合成一块完整石料，对研究当时人们如何切割石料有重要意义[7]。有学者认为"玉玦、匕形器、弯条形器与内蒙古兴隆洼文化同类器造型相近，钻孔式样和位置相同，"其年代"大体与兴隆洼文化中晚期相近，距今约7500 年左右。"[8]这一地点还出土有一件黑龙江最大的用蛋白石压制的属于礼器的桂叶形石器等[9]。尚志亚布力遗址出土陶器有褐陶盘口罐、钵等，器表大多饰绳纹或篦点条带纹、席纹、刻划纹等，复合纹饰少见，并出土有目前所知最早的一件三联玉璧等。其年代与兴隆洼文化晚期、赵宝沟文化早期及沈阳新乐下层相当，距今约7400～7000 年左右。

　　距今6000 年前的新石器时代遗址，西部有肇源小拉哈一期甲组遗存，出土陶器以直口筒形罐为基本器形，以弦纹、席纹和戳印纹为主要纹饰。东部有密山新开流遗址，出土陶器以直口、侈口或敛口筒形罐、钵等为基本器形，常饰篦点条带纹、方格纹、菱格纹、鱼鳞纹、三角纹、圆窝纹、席纹等，其中有几种纹饰饰于一器者。磨制和压制的石器有柳叶形石镞、桂叶形石镞、带铤石镞，还有玉璧等；骨角器发达，有骨鱼镖、鱼卡子、骨雕的鱼和鹰头等。M5 人骨经树轮校正的碳十四测定为距今6000±130 年[10]。鸡西刀背山、抚远亮子油库、依兰无风浪等地出土陶片纹饰有与新开流文化陶器纹饰相同或相似之处。桦川瓦里霍吞遗址出土有各类筒形罐，器表饰篦点条带纹、短条菱形纹、圆窝纹、鱼鳞纹、菱格纹、席纹和方格纹等，这些纹饰常复合于一器。李文信先生早年主持发掘的依兰倭肯哈达洞穴遗址，出土陶器以褐陶重唇盘口罐、钵为主，纹饰有篦点条带纹、圆涡纹、附加堆纹、锯齿纹等，并出土有石钻帽、石璜、玉璧等[11]。

　　距今5000～4000 年前的新石器时代文化遗存，西部有齐齐哈尔昂昂溪文化，系以当年梁思永先生主持发掘的五福遗址为代表，出土陶器多灰褐陶，器形有罐、盆、钵等，后者个别带流，纹饰有附加堆纹、三角刻划纹、锥刺纹、方格篦点纹等。压制石器有镞、刮削器、石片、尖状器等，磨制石器有宽刃小锛等，还有单排倒钩曲柄骨枪头、骨刀梗等。肇源小拉哈一期乙组遗存，依安乌裕尔河大桥遗址，杜尔伯特李家岗墓地、毛吐西那遗物点，泰来东翁根山遗址等均属昂昂溪文化[12]。

　　东部地区有海林振兴遗存，称"振兴文化"。出土陶器有罐、钵两种；纹饰较为繁缛、复杂，普遍施压印、戳压、拍印、刻划等纹，其中压印篦点占全部纹饰的五分之三。石器主要有投枪头、石叶、刮削器以及各种类型的石镞等。牡丹江地区莲花水库河口与振兴两处遗址发现了六种遗存，即"振兴文化"、"振兴乙类遗存"、"东兴文化"、"河口遗存"、"靺鞨文化"、"渤海文化"等[13]。

　　距今4000 年前的新石器时代遗址，有宁安市莺歌岭下层遗存，出土陶器有筒形罐和钵等，纹饰有篦点纹、划纹、压印纹、梳齿纹、圆涡纹等。还出土有陶猪、陶狗等。石器有有肩石铲、板状石器等，这是一处具有原始农业和畜牧业的文化遗存[14]。"振兴一期乙类遗存"，陶罐为侈口筒形，口沿下有一周齿状附加堆纹，器身多见平行划纹组成的图案，如菱形网格纹、曲线卷云纹、之字纹等。牡丹江市穆棱县伊林镇出土一件压制的黑曜石石矛，长约10 余厘米，呈柳叶形，系象征权威的礼器。

　　黑龙江地区的青铜文化很不发达，无大型青铜礼器，只有少量削、笄、环、扣、泡、饰牌等小型器物，常伴有大量石器。青铜文化主要分布在松嫩平原，可分为早晚两期。早期为肇源小拉哈遗址二期和白金宝遗址一期遗存等，以小拉哈文化命名。该文化陶器绝大多数为素面，只有少数施附加堆纹或刻划几何纹、乳丁纹；器物造型以直口假圈足为主，类型有罐、壶、碗、杯、盂、钵、鬲和带流器八种，以前三种数量为多。器形有直颈鼓腹双耳壶、敛口鼓腹罐、敞口弧腹罐、单耳杯、折腹碗、斜腹碗等，台底和矮圈足富有特征。出土铜器有削、笄和双联泡饰，还采集有小铜人等。多石器、骨器和蚌器，还有玉璧、玉坠等。其年代据小拉哈遗址出土陶片经热释光检测，为距今 3830 ±340 年，大致处在夏纪年范围[15]。

松嫩平原晚期青铜文化，由小拉哈文化发展而来的白金宝二期遗存为代表。其基本陶器有高领筒腹袋足鬲、筒腹罐、侈口筒腹罐、折腹小平底盆、单耳杯、斜腹碗等，纹饰有篦点纹、绳纹、附加堆纹、戳印纹等，以几何篦点纹构成的鹿、羊、蛙、驼等图案最富特色。据碳十四年代测定，早的为距今 3260 ±70 年，晚的为距今 2790 ±65 年，相当于商代晚期到西周时期。出土的高领鬲与商代高领鬲有密切关系。有学者认为，白金宝遗址的面积达 18 万平方米，文化层堆积丰厚，是当时嫩江流域的经济、文化中心[16]。

三江平原地区的晚期青铜文化遗址仅发掘了依兰桥南一期遗存，出土陶器以黄褐陶为多，灰褐陶、黑褐陶次之，红衣陶很少，有少量泥质陶，基本器形有小口鼓腹瓮、大口鼓腹瓮、双耳壶、敞口罐、盆、钵等，多素面，纹饰以凸弦纹最为常见，少量饰凹弦纹、绳纹、齿状附加堆纹和彩绘，也有指压纹，多饰于瓮形器，附加堆纹、划纹见于瓮、罐、盆等。发掘者将其分为两期，其年代约为公元前 5 世纪至公元 1 世纪。骨器较为发达，有锥、针、镞、锄形器及饰品等，骨镞式样多种，形态各异。石器有斧、锛、刀、镞、磨盘、磨棒、网坠等。青铜器仅见两枚铜泡。

从春秋战国到魏晋南北朝时期，其考古文化在松嫩平原、牡丹江及绥芬河流域和三江平原有广泛分布。

松嫩平原战国、秦、汉时代的考古文化分为两类。汉书二期文化，包括肇源小拉哈三期遗存、白金宝三期遗存、卧龙三期遗存、肇东哈土岗和七棵树等遗址。陶器主要有大口矮裆鬲、侈口束颈鼓腹壶、矮颈鼓腹罐、单耳杯、舟形器、斜腹罐、支座等，纹饰有绳纹、戳印纹、粗篦点纹、红彩绘等。其年代相当于战国时期。平洋文化，包括泰来平洋砖厂和战斗、肇东东八里、齐齐哈尔大道三家子及富裕小登科等地的墓群，基本陶器有束颈壶、直颈壶、平底碗、圈足碗、鸭形器、鬲、小三足器等，器表饰红彩绘、篦点纹、戳印纹等。平洋墓群有甲、乙两类，甲类以壶、碗为随葬品，乙类以小三足器、鬲和陶支座为随葬品。平洋四号墓棺木经树轮校正的碳十四年代测定为距今 2410 ±80 年，属战国晚期。有人认为这类遗存是鲜卑文化。宾县庆华遗址，基本陶器有敛口瓮、堆纹口罐、双耳壶、双耳罐、矮足鬲、甑、斜腹碗、鬲等，多素面，有些陶器器表涂红衣或饰红彩。有人认为该遗存属橐离文化。望奎戚家围子遗址，其年代相当于汉至魏晋，基本陶器有直颈鼓腹罐、侈口罐、盘口罐、双耳罐、双耳壶、水波纹罐等，纹饰有弦纹、附加堆纹、戳印纹、水波纹等，还出土有铁刀等，有人认为该遗存属乌桓文化遗存[17]。

牡丹江及绥芬河流域地区战国、秦汉时代考古文化，分为早晚两期。早期遗存有：

1. 团结文化，以东宁县团结遗址命名，其基本陶器有下腹急收为小平底的瓮和大罐、浅盘高圈足豆、柱把豆、敞口斜壁甑、盆、碗等，多素面，瓮、罐、甑、盆上常安有圆柱状双钮，还出土有铁镰和五铢钱等。F5 门道踏板和 F1 木炭经树轮校正的碳十四测定为公元前 420 年至公元前 65 年，相当战国到西汉后期，该遗存为沃沮文化。2. 东康类型，陶器有侈口筒腹罐、敛口筒腹罐、侈口壶、敞口碗、杯等，多素面，瓮、罐、盆上多饰乳丁双钮。还出土有以石为镞、以胡枝子为杆的"楛矢石砮"等。F2 炭化粟经树轮校正碳十四测定为公元 315±95 年，分提效应校正年代为公元前 70±105 年，相当于西汉初年到东汉初年。宁安牛场、大牡丹、东升等遗址均属此文化范畴。3. 东兴文化，以海林县东兴遗址命名，有河口、振兴二期、东兴、望天岭等遗址。房址均为方形或长方形半地穴式，面积在 30～40 平方米之间。灶位于室内偏北处，平面呈椭圆形，剖面呈锅底状。房址均有数量不等的柱洞，有些柱洞有柱础石，还有门道。振兴二期房址内未发现柱洞和确切无疑的柱础石，无门道。F9 的碳十四数据约为距今 2135±60 年、距今 1881±5 年、距今 2048±87 年。出土陶器有浅腹柱钮罐、浅腹单把罐、侈口深腹罐、侈口浅腹罐、壶、甑、敞口碗等，多素面，少量饰附加堆纹、划纹、压印纹等。还有团结文化小平底大型存储器、附圆柱状耳的侈口鼓腹罐与滚兔岭文化陶器上的角状把手罐，说明其与团结文化的关系较为密切，而滚兔岭文化对其影响也很明显。在河口与振兴二期遗存中，还发现了表面有红衣的敞口束颈鼓腹壶。4. 河口遗址与振兴遗址第三期遗存，陶器较多。河口遗址的典型器物基本为素面无纹，质地粗糙，器类以大型侈口筒形罐为主，流行 2 或 4 个对称乳丁状钮，与莺歌岭上层、牛场、大牡丹、东康、东升等相比，陶器组合接近，二者都以筒形罐、侈口鼓腹罐、矮领鼓腹罐、椭圆形钵为主，流行乳丁钮装饰，骨角器较发达。在具体陶器形式上，二者又有很大差异。其年代与东康大体相当，是有各自分布区域的两种不同的文化[18]。

河口与振兴第四期遗址属于粟末靺鞨遗存。河口出土的重唇花边口罐、花边假圈足碗为代表的遗存，表明其与三江平原同仁文化的关系。河口与振兴遗址五期已是唐渤海时代的遗存了[19]。

三江平原地区汉魏时期聚落址，至 2004 年已发现约 1900 处（未算鸡西、鹤岗、哈尔滨、黑河、伊春等地），仅双鸭山市境内已发现约 738 处，在七星河流域发现 426 处。随着文物调查的进展，这类遗址还在不断成批地被发现。友谊县凤林城址和宝清县炮台山城址是这一聚落群的中心[20]。

三江平原东部的汉魏时期考古文化有早晚、类型之分。早期遗存有滚兔岭文化，陶器有侈口鼓腹大罐、重唇花边口罐、单把罐、直口鼓腹壶、敛口碗、敞口碗等，多素面，以斜柱状单把最富特征。出土铁器有镞、刀、甲片、环和带等。F7 和 F2 木炭经树轮校正碳十四测定为距今 2140±70～1955±70 年，相当于西汉初年到东汉初年。晚期遗存有凤林文化，凤林城址呈不规则形，周长 6.13 公里，可分为 9 个城区，面积约 120 多万平方米，其中七城区为中间方城，周长 490 米，城有门、角楼、马面和护城壕。该城中部考古发掘，发现滚兔岭文化一座长方形房址，面积达 759 平方米。该房址南北长，东西短，东向开门，真子午线正南正北。房址北边 22.8 米，南边 23.3 米，东边 28 米，西边 29.8 米，四周有排列密集的柱洞，北边柱洞分两排，共 82 个，南边柱洞也分两排，共 83 个，西边一排 25 个，东边一排 48 个。地面平坦、坚硬，排列有整齐的大型柱洞，横 5 纵 40，在西北角紧靠南墙西端有散在柱洞 23 个。其上层则为凤林文化时期，出土有陶器、骨器、玉器（蝉）、铁器（刀、镞）、铜器（双耳铜腹、铜铃）等。陶器以黑褐、灰褐陶为主，纹饰有弦纹、戳印、乳钉、乳突及条带彩绘等。器类有瓮罐、钵、豆、碗、甑、盆、杯、盅等。器形特征明显，有侈口鼓腹瓮、重唇花边罐、侈口鼓腹罐、单把罐、甑、盆、敞口碗、敛口碗等，器表大多素面，纹饰有凸弦纹、凹弦纹、附加堆纹、乳丁纹、指甲纹、方格压印纹和彩绘等。彩绘有红彩陶衣和黑色条带、垂镞组成图案。一些罐形器安有角状把手。据方城东垣出土木炭的碳十四年代测定，经树轮校正为距今约 1735 ± 89 年，相当于三国中期。与凤林城址隔七星河相望的炮台山城址，呈椭圆形，周长 4500 米，面积 48 万平方米。城垣土筑，分上、中、下三层，山顶城内有圆坑 8 处，按北斗七星和北极星位置排列，还有台址 1 处。这两处遗址，是汉—南北朝时期三江平原进入文明时代的主要标志[21]。

　　三江平原西北部的汉魏时期考古文化也有早晚之分。早期遗存中有蜿蜒河类型，分上下两层，蜿蜒河类型为下层遗存，以绥滨县蜿蜒河遗址命名。该类型文化陶器有喇叭口细颈鼓腹弦纹罐、敞口短颈方格纹罐、喇叭口碗、红衣彩绘壶等，纹饰有方格纹、附加堆纹、指捺纹、凹弦纹、波浪纹、人字形划纹等。F2 木炭经树轮校正的碳十四年代测定为公元前 30 ± 100 年，相当于西汉晚期到东汉早期。晚期的遗存有同仁文化，陶器有盘口束颈大罐、重唇花边口小罐、扁身斜口器、敞口碗等，纹饰有条状篦纹、条状划纹、连续折线纹、附加堆纹、平行锥刺纹、指甲纹等。划为同仁文化的遗存有同仁一期、四十连、团结墓地等。四十连 F3 和 F1 木炭经树轮校正的碳十四年代测定为距今 2090 ± 95 ~ 1660 ± 90 年，相当于东汉前期到东晋早期。同仁 F3 木炭经树轮校正的碳十四年代测定为距今 1420 ± 80 年，相当于南北朝晚期。同仁文化是勿吉—黑水靺鞨的物质文化遗存[22]。

　　唐代，在牡丹江中上游出现了一个以粟末靺鞨人为主体的渤海国（公元 689 ~ 926 年），史称“海东盛国”。黑龙江省东部地区是渤海国政治、经济、文化的中心地带，为唐忽汗州都督府，即渤海都督府的所在地，保存有较多渤海城址和其他遗迹。渤海国第三代王大钦茂于公元 755 年（渤海大兴十九年）迁都至牡丹江畔忽汗城，仿照唐长安城的形制，建立了渤海时期的最大都城上京龙泉府（今宁安渤海镇）。该城由外城、内城和宫城组成，均呈长方形。外城周长约 16 公里，内城周长约 4.5 公里，宫城周长约 2.5 公里。宫城内有五重殿址，南北排列在一条中轴线上。宫城东侧有御花园。渤海上京是国内保存最完整规模最大的古城之一。

　　黑龙江地区的唐代渤海考古取得了很大进展，特别是上世纪 90 年代以来取得了重大的突破。首先是渤海城址的发掘和研究。1979 年和 1981 ~ 1985 年，发掘了渤海上京宫城遗址的 1、2 号房址和 3、4 号门址，对“午门”、一殿台基和部分宫墙进行了清理，并找到了宫城的护城河。对一殿前广场和宫城西墙进行了钻探，对宫城、御苑及内城作了实测，发掘了一殿西廊南北段基础、东西向段和 2 号门南端入口处门道等。继之，又发掘了宫城外的官衙址。新发现了外城墙 11 号门址、内城夹墙以及御花园址东城墙外的古道，在城内白庙子村塔基发现了七层套的舍利函。在离上京城不远的牡丹江畔杏山一带，发现并发掘了当年为建造上京烧造砖瓦等建筑物构件的窑址。1999～2001年，清理发掘上京宫城内的二、三、四、五殿址和北门址，是渤海考古的崭新阶段。在对渤海上京遗址的调查发掘的基础上，取得了新的研究成果，即该城主体格局演变大体分为三个时期，第一期，为文王时期，其宫城、皇城连成一体，作为内城。内城之外设有廓城；第二期，增设了现存遗址的皇城城垣，作为廓城，把文王时期的廓城扩充为皇城，把原来南、北分设的皇城、宫城整个内城扩充为宫城；第三期，增设了现存遗址的廓城城垣，即今存第 1、2 号大型宫殿建筑和宫城正门（俗称"五凤楼"）的门殿结合式的宏伟建筑。在上京城址范围内，曾发现过许多珍贵文物，如铁盔、"天门军之印"等印鉴、"开元通宝"、云形大盘、白瓷碗、紫瓷罐、三彩薰炉、金佛、金饰带、鎏金铜佛和铜人、舍利函、鎏金铜鱼、铜镜等。出土的大批铁器有盔、犁、铲、锸、镰、锤、钳、剪、钉、镞、权、门楣、门框、带、鼎、铃等，反映着渤海上京地区的冶铁技术水平和手工业、农业的发展状况。

在东宁县团结村，海林县渡口、振兴、鹰嘴峰、细鳞河等地的渤海村落遗址，清理出了一批小型半地穴式房址，对渤海平民住宅形式和生活面貌增进了了解。有人提出东宁县大城子城址是渤海率滨府故城，得到了学术界的认同。海林三道河子的兴农城址，周长 600 米，城内有居住址，设曲尺形火炕，并出土有"开元通宝"等。这座中小型古城建筑特点极近唐风。在牡丹江市北部地区，还发现了渤海边墙，俗称"小长城"，系土石修筑，起自江西村西沟北山主峰，经新峰南岭、蛤蟆塘砬子、三道关、岱王砬子、二人石南岭，终于西大砬子北坡，墙垣全长约 58 公里。

渤海墓葬的清理和发掘。多年来，清理了海林山嘴子、三道中学、柴河北站、二道中学、东沙府、哈达湾、洋草沟，牡丹江桦林石场沟，宁安东莲花村，东宁大城子等地的部分渤海时期的墓葬。1991 年在宁安市三陵地区开展了地球物理勘探工作，发现了地下墓群，其中有 3 座较大的坟墓，其余为小墓，以 3 号墓为最大。首先对一座较小的2 号墓进行了发掘，发现这是一座石室壁画墓。该墓由墓道，甬道、墓室三部分组成，墓室结构为抹角叠涩藻井。填土中出土有陶兽头、铁镞、蚌壳、兽足、陶盆等。在墓室顶部、四壁及甬道两侧有精美壁画，其内容分花卉、人物两类，花卉图案美观，色泽艳丽，人物皆女性，姿态生动传神。墓室内有 10 余具人体骨骼。这一发现为渤海史研究提供了葬俗、人种学、建筑艺术、服饰、礼制等方面的实物资料。这次发掘被评为1991 年全国十大考古发现之一。1996 年，在 2 号墓西北 150 米处，清理了 4 号墓，出土三彩薰炉和银制棺环，以及人体碎骨等。三陵墓群的勘探与发掘或许意味着多年来一直在寻找的渤海王陵区终于被找到了。1992～1995 年，在宁安渤海虹鳟鱼场发掘了 320余座靺鞨—渤海时期墓葬，出土文物 2000 余件，为靺鞨—渤海文化的分期提供了可靠的标尺。这次发掘也被评为 1995 年全国十大考古发现之一[23]。

唐代渤海上京龙泉府地区的石雕工艺均十分精湛。最典型的是宁安市渤海镇兴隆寺大雄宝殿前的石灯幢，系玄武岩雕成，高 6 米，共用大小石材 40 余块，由十二节组成，重 12 吨，有很高的建筑技术和雕刻艺术水平，是渤海大型石雕艺术的代表作。宫殿址出土石螭首等，均为上乘之作。

渤海摩崖岩画，位于海林县柴河乡群力屯附近牡丹江右岸，俗称"字砬子"，高出江面约 23 米，岩画绘在浅褐色的石面上，呈朱红色。画面 5 人，有男有女；有鹿形动物 4，熊形动物 1，还有扁舟、渔网等，是这一地区古代居民渔猎生活的真实写照。

辽（公元 907～1185）为五代时契丹族所建。公元 960 年（辽应历十年）后与北宋共存 160 余年，曾统治北中国大部分地区，使黑龙江流域从西部草原到东部山区都直接与中原的政治、经济、文化联成一体，并将大批以汉族为主的俘户迁入东北，对加速祖国东北边疆的开发和建设起过巨大的作用。辽代在黑龙江西部地区设泰州。泰来塔子城，平面呈菱形，周长 4562.8 米，有东西南北四座瓮门，城垣之外环有两重护城壕。有人考证该城址是辽泰州故址，为辽代主要控扼室韦诸部的北方军事重镇，又是汉族早期聚居的地方。历年出土有鸡冠壶、鸡腿罈、三彩器及瓷瓶、三足铁锅、灰陶罐等，有契丹文化的鲜明特征。1956 年，该城出土的辽大安七年（公元 1091 年）刻石，记有"泰州河堤"、"同建塔寺"等文字和四十七个汉族人的姓氏，证明公元 11 世纪末，已有大量汉人聚居于黑龙江地方。

在黑龙江、松花江、牡丹江、乌苏里江之间，辽代设五国部节度使，依兰五国头城为越里吉故城，汤原双河古城为盆奴里故城、桦川瓦里霍吞古城为越里笃故城、绥滨奥里米古城即奥里米故城，还有剖阿里故城（在今俄罗斯伯力境）等，属黄龙府都部署司。其中瓦里霍吞是保护得最好的一座古城。在辽代鹰路上今伊春大丰金山屯还曾出土过契丹大字双勾阴文"敕走马"，"宜速"金牌。

三江平原地区的辽代考古主要是考定奥里米故城，提出和研究五国部女真人奥里米部遗存的物质文化类型。奥里米故城位于绥滨县北岗乡永兴村，呈长方形，周长约 3200 余米，城墙夯土版筑，残高 3 米，南墙已被敖来河冲塌，存马面 43 个，东墙有瓮城 2 处。绥滨县境是辽代五国部之一奥里米部之所在。根据新城三号墓群的发掘和考古调查，提出三号文化类型是五国部物质文化遗存。出土陶器有两种典型器形，一种是粗陶侈口复唇深腹平底罐，间或饰以弦纹和拍印小方格纹，均手制，用作炊煮器。另一种是细泥质灰陶罐，有素面灰陶罐、瓜棱罐、喇叭口长颈壶和瓜棱壶等，皆轮制，用作饮具或食具。铁器有小铁削、铁刀、铁镞和铁腰带等。铜器有锻制长方形和半月形刻花鎏金带铐和铸造镂孔花纹带铐，后者上饰铜铃，还有成套镂孔铜胸饰等。石器有用矽化木制作的砺石等。系受契丹文化影响的辽代北方女真人的物质文化遗存，即五国部文化[24]。

哈尔滨新香坊墓群、阿城双城墓群是辽代生女真完颜部的遗留。出土有灰陶瓜棱罐、铁吊锅、银盏、银杖、铜带铐、银马鞍桥等。尤其是阿城双城海东青捕捉天鹅图案的铜带铐的发现，具有很重要文物价值。

金（公元 1115～1234 年）为女真族完颜部首领阿骨打所建，共历 9 帝 119 年，统治过淮河以北的近半个中国。使黑龙江地区与中原地区更紧密地联系起来。黑龙江地区是女真人的故乡。生女真完颜部始祖函普至公元 10 世纪，其时女真完颜部首领绥可率部定居安出虎水（今阿什河）沿岸。公元1114年（辽天庆四年）阿骨打起兵反辽，公元1115年（辽天庆五年）建立金朝，年号收国，定都会宁，后称上京会宁府（今阿城白城遗址）。金灭辽和北宋后，长期与南宋对峙。金上京路及所辖蒲与、胡里改、速频、曷赖诸路管辖着黑龙江流域广大地区。上京路素有"金源"、"内地"之称。金前期都城上京会宁府故城即今阿城白城。黑龙江省境内已发现金代城址近200余处，都是金代路府州县建置和猛安谋克城砦所在。古城址大多均设瓮城，马面和角楼，还有一定数量的"对面城"、"子母城"。金上京故城，受辽上京建制影响，周长11公里，气势宏伟。南北二城均呈长方形，横竖对卧，呈曲尺状，今存马面89个，瓮门7座。皇城内有5座宫殿和左右廊基址。阿城市亚沟刘秀屯宫殿遗址，已揭露主殿与后殿等相关面积10000平方米，为金熙宗天眷二年（公元1139年）建于上京东郊的"朝日殿"遗址。克东蒲峪路城址[25]、肇东八里城址、兰西郝家城址、青冈通泉城址、依兰土城子等都是金代军事重镇。蒲峪路城址和依兰土城子，是确定金代北部壃地封疆的地理坐标。从蒲峪路城址向北三千里到外兴安岭火鲁火疃谋克为金代北部边界。依兰土城子为胡里改路路治所在地，从此向东北，管辖着兀的改、吉里米之境。

金代东北路壕边堡[26]，达斡尔语称"乌尔科"，是金朝为抵御西北蒙古（包括阻卜、鞑靼、盲骨子）的窜扰，修筑了漫长的界壕边堡线，分东北、临潢、西北、西南四路。东北路界壕边堡北段二百余公里的段落在内蒙古呼伦贝尔盟东部与黑龙江省西境交界处，起自内蒙古莫力达瓦旗尼尔基镇北之后宜卧奇附近（"后宜卧奇边堡"即《金史》记载的"达里带石堡子"）循大兴安岭东南麓，越诺敏、阿伦、音河、耶鲁、雅尔根楚、库提、麒麟、济沁诸河向西南延伸。在内蒙古与黑龙江段界壕内侧有十九座边堡和三座大型屯军城遗址。界壕在金初由泰州都统婆卢火开始浚筑，代有增修，至金章宗承安二年（公元1197年）全部告竣。

1973年，在黑龙江畔发掘绥滨金代中兴墓群，出土了较多的金银器、玉器、瓷器、丝织品、铜钱、铁器等。其中精美丝织品和名窑（定州、耀州、磁州窑）瓷器是中原产品，"石雕飞天"是受中原地区佛教艺术影响的佳作。墓中出土了一颗带有汉字的"郎"字的私人石印，"郎"是女真人女奚烈氏改的汉姓。

金代在黑龙江地区中部的北方大量开采铁矿，阿城小岭五道岭一带发现采铁、冶铁遗址，有古矿洞10余处，炼铁炉址50余处，以及冶铁工具等，说明金代初期采矿，冶铁、锻造已成系统。在肇东、五常、宾县、伊春、依兰、逊克、虎林、饶河等地，都有批量不等的金代铁器出土，表明当时铁器已普遍应用于社会的各个方面，且种类完备，制作水平较高，器类有斧、锤、凿、钳、锯、刨、刀、剪、犁、镰、锹、镐、矛、镢、冰穿、铡刀及各种兵器、车具、刑具和生活用具等。其中鲫鱼形铡刀、箍缝向上的铁锹、葫芦形剪刀等都是金代有特色的铁器。尤其是七台河出土的一柄錾有金世宗"大定二十九年制"款的腰刀，具有很高的文物价值。对于黑龙江流域出土的金代铁器，俄罗斯学者曾做过金相分析，指出公元12～13世纪的女真人在发展生铁铸造方面比欧洲领先了二百年。金代时期，汉人工匠的大量迁入，促进了金源内地经济文化的迅速发展。这里出土了诸多石刻、铜镜、铜坐龙、金帽顶、金腰带、金列牒、有"上京香家"

款的金器、银制龙纹马鞍桥、银骨朵、银炉、银盘、银盏和玉人、玉马、玉鱼、玉羊、玉鹿，以及精美的陶瓷器等。

黑龙江各地出土过许多金代官印，是金代军政机构和疆理区划的实物证据，如"胡里改路之印"、"蒲峪路印"、"恤品河窝姆艾谋克印"等。金代窖藏铜钱时有出土，多者达一千公斤。收集到的一枚宋"靖康通宝"折三钱是古钱币中的珍品。出土14枚银锭"承安宝货"，填补了中国货币史中实物的空白，为白银货币从银锭发展到银元的过渡形态。

1988年，阿城巨源乡城子村金齐国王完颜晏夫妻合葬墓被发现，出土有"太尉开府仪同三省事齐国王"银牌、"玉逍遥"、玉天鹅、金项链、金锭、金耳环、金鞘玉具剑、竹杖和男女墓主人的多层套多式服饰，男着8层17件，女着9层16件丝织服饰。丝织品有绢、绸、罗、锦、绫、纱等。服饰有袍、裙、裙、带、冠、巾、鞋、袜等。其针法灵巧多变，颜色富丽多采。这些金代丝织品和服饰堪称孤品，填补了中国金代服饰实物的空白。完颜晏，女真名"斡伦"，是金太祖完颜（阿骨打）的堂弟，生前拜太尉、齐国王[27]。城子村小城当是他的故乡和封地。像这种地位很高的皇室贵胄，陪葬品如此精美、重要而又未遭任何破坏的墓葬，在黑龙江考古工作中是不易遇到的。

金末，蒲鲜万奴在今黑龙江和吉林两省东部地区建立东夏国。经考证，宁安城子后山城址即为东夏国城址。出土的天泰七年十二月少府监造"夺与古邻谋克印"，天泰二年元月北京行六部造"万户天字号印"、天泰二年造"古州之印"、"北京劝农司印"、"勾当公事之印"、"祥州节度使印"等印章，均刻有"天泰"年号，是为东夏国遗物。"古州之印"，出土在牡丹江市附近，有人考证古州即在此一带。"北京劝农司印"发现于海林旧街，也有人考证旧街城址可能为东夏国的北京治所。

金上京会宁府遗址和其他一些地方发现的金代石狮、墓前的石翁仲、石兽、伊春大丰出土的八面舞乐石幢，都是金代石雕艺术的珍品。金代摩崖石刻图像，位于阿城市亚沟乡东石人山南麓崖壁上，系线刻法雕成，两幅图像为一男一女，左幅男像武士装束，右幅女像身穿皮裘，盘膝端坐，图像中的男女服饰合于《金史·舆服志》和《大金国志》的有关记载，是现存仅有的女真人石刻图像。阿城市松峰山乳源洞金承安四年曹道士清碑、白城西郊宝严大师塔铭志等都是金代上京地区的著名碑刻。

注　释

〔1〕于汇历：《阿城市交界镇旧石器时代洞穴遗址发现的意义》，《中国文物报》1997年6月1日。
〔2〕笔者此处系根据加拿大阿尔拍达省考古研究所所长、考古学家杰克·艾维斯博士在参加中国黑龙江省五常市学田旧石器时代遗址考古发掘出土该骨制投掷器时所说的意见。
〔3〕唐小清：《尼尔基考古大盘点》，《黑龙江日报》2002年10月20日。
〔4〕干志耿、魏正一：《黑龙江省旧石器时代考古发现与研究》，《北方文物》1989年第1期。
〔5〕刘岩、振瑜、振玮：《黑龙江省考古与历史杂谈》，《北方文物》2000年第4期。
〔6〕辛健：《昂昂溪原始文化》，黑龙江省人民出版社，2000年。

〔7〕殷志明、干志耿、孙长庆：《饶河小南山出土玉器研究》，《出土玉器鉴定研究》第 134～162 页。

〔8〕刘国祥：《中国玉文化起源探索》，《中国文物报》2003 年 7 月 25 日。

〔9〕张森水：《桂叶形尖状器在我国的首次发现》，《古脊椎与古人类》第 9 卷第 5 期，1965 年。

〔10〕黑龙江省文物考古工作队：《密山县新开流遗址》，《考古学报》1979 年第 4 期。

〔11〕孙长庆、殷德明、干志耿：《黑龙江新石器时代玉器研究——兼论黑龙江古代文明起源》，《考古学文化论集》第 104～134 页，文物出版社，1985 年。

〔12〕同注〔6〕。

〔13〕黑龙江省文物考古研究所、吉林大学考古学系编著：《河口与振兴——牡丹江莲花水库发掘报告（一）》，科学出版社，2001 年。

〔14〕谭英杰、孙秀仁、赵红光、干志耿：《黑龙江区域考古学》第 22～25 页。

〔15〕黑龙江省文物管理局：《黑龙江省考古五十年》，《新中国考古五十年》第 129 页，文物出版社，1999 年。

〔16〕同注〔15〕，第 130～131 页。

〔17〕同注〔15〕，第 131～132 页。

〔18〕同注〔17〕。

〔19〕同注〔17〕。

〔20〕同注〔17〕。

〔21〕同注〔17〕。

〔22〕同注〔17〕。

〔23〕《中国文物报》1996 年 2 月 4、6 日。

〔24〕a. 孙秀仁、干志耿：《论辽代五国部及其物质文化特征》，《东北考古与历史》1982 年第 1 期。

　　　b. 干志耿、魏国忠：《绥滨三号辽代墓群清理与五国部文化探索》，《考古与文物》1984 年第 2 期。

〔25〕赵评春、徐秀云、李陈奇：《金上京及其朝日殿》，《中国文物报》2003 年 1 月 24 日。

〔26〕孙秀仁：《金东北路界壕边堡调查》，《考古》1961 年第 5 期。

〔27〕干志耿：《东北考古述略》，《社会科学战线》1997 年第 1 期。

关于中国边疆民族考古的思考

——再读佟柱臣先生《中国边疆民族物质文化史》感怀

王仁湘

（中国社会科学院考古研究所）

佟柱臣先生《中国边疆民族物质文化史》1991 年在巴蜀书社出版[1]，先生赠我一册，还题有"仁湘同志惠正 柱臣"字样，让我有受宠若惊之感。我与长我足有 30 年的佟先生曾同在一个研究室工作，经常受到他的教诲。当时我已开始着手进行西藏地区的调查与发掘工作，这可能也是先生赠书与我的一个原因。十多年过去了，最近当我再次捧起这部书来，看到那橘黄色的书皮依然非常亮丽，感觉十分亲切。佟先生的这部书已随着我挪动过多次，城南城北七八次地搬来搬去，我还依然宝藏着，想来让人感慨不已。当时自然没有想到，佟先生的大作后来成了我经常翻查检索的一部重要的工具书，这是因为我后来的研究居然主要与边疆民族地区考古有了较广的联系。

光阴荏苒，如今佟先生已是八五高龄。我们知道洋洋 60 余万言的《中国边疆民族物质文化史》，其实是写成于 25 年前，先生从 1976 年起，用了整整 6 年的时间完成了这部巨著。那时先生已是花甲之年，他以并不算健实的身体，"与窗外绿柏作伴"（先生"后记"中语），不问寒暑，静心著书，居然在不知不觉中屡有巨著问世，令我们这些后生感佩无比。最近又一次重新读了《中国边疆民族物质文化史》，又有了一些感受，写成小文为先生祝寿，表示我的敬仰之情。

关于撰写《中国边疆民族物质文化史》的初衷，佟先生在书的后记中有过深情的表述。中国是个多民族国家，多民族的形成，经历了漫长的历史过程，而灿烂的中国古代文明，是多民族所共同创造。但是各民族取得的历史成就却很少见诸文字记载，又由于都散居在边疆地区，所以不大能引起足够的重视。随着考古工作的深入开展，边疆民族地区的发现越来越多，积累了丰富的实物资料。佟先生感到这些资料亟待进行综合研究，"以补史传文献对少数民族历史记载的不足"。他说，"本书意在说明祖国边疆历史上诸民族的生活、习俗，以及生产力和生产关系的发展在物质文化上的反映，探索各民族融合的过程，并企图揭示华夏族和汉族的形成特征"。

佟先生早年从事东北地区考古研究，著有《西团山考古报告集》，这可以看作是他关注边疆民族考古的一个开端。他虽然后来直接介入边疆民族考古实际田野工作并不多，却独具慧眼，写成《中国边疆民族物质文化史》，将边疆地区考古全部已有的资料进行了爬梳整理，由考古资料出发对诸多民族的历史与文化进行了探讨，从考古学上探索了中华民族的融合与统一过程。《中国边疆民族物质文化史》实际上是一部边疆民族地区考古发现史，是中国边疆民族考古的奠基之作。在此以往，我们还没有读到这样一部完整的著作，是佟先生的辛勤努力，才使得那些原本零散细琐的资料变得条理清晰起来，中国边疆考古的轮廓也随之清晰起来。

《中国边疆民族物质文化史》以边疆民族地区出土的大量考古资料，结合历史文献记载进行了全面综合研究，体例是以古代民族分布的地区为纲，以一地区先后不同时期活动的民族为目，巨细兼及，条分缕析。正如先生在提要中所说：本书就是依据不同地区、不同时期边疆民族的珍贵考古材料和准确的历史典籍，研究其发展过程和发展特点，以探讨中华民族形成的规律。

本书按东北地区历史上的诸族、北方草原地区历史上的诸族、西北地区历史上的诸族、西藏的历史与文物、南方西南东南地区历史上的诸族、台湾和南海诸岛历史上的诸族分作六个大的地理单元，再分别叙述各地区不同时期民族的历史与文化。翻开这些构架有序的篇章，可以感受到佟先生书写文稿时饱含的民族感情，我们能觉出他心中奔涌的激情穿行在字里行间。以他为本书撰写的"提要"中的文字为例，我们可以感受到一种强烈的冲击力，他这样深情地写道：

> 考古材料证实，我国边疆少数民族的祖先，均以其优良的生产技术和文化，开发了边疆和捍卫了边疆，为中原的经济繁荣和中华民族的发展，作出了伟大的历史贡献。

> 中原地区在夏商周三代有许多的民族，这许多民族到了战国时期，形成了华夏族。所以华夏族既包括多民族的血统，也包括多民族的文化，是个多民族的共同体。在战国时期和战国以前，她多半是一种自然状态，把中原的青铜器和丝织品等，传布到边疆的少数民族地区；而边疆少数民族，也以一种自然状态，把她的文化教育传入到中原地区。这是边疆民族同华夏民族接触的开始，也是融合的开始。

边疆民族与中原地区交流与融合的过程，是佟先生关注的重点。根据他的研究，战国时期华夏族形成后，边疆民族同华夏民族的接触与融合就开始了。秦统一六国，设立了郡县，为多民族的交往，准备了前所未有的政治条件。正是在这种背景下，在东北南部乌桓、鲜卑族居住的地方，才发现刻有始皇二十六年诏书的陶量；在广东越人居住的地方，才发现始皇十四年铭文秦戈，这些证明秦代民族间接触和交往的地域，已经超出中原以外很远的地域。汉承秦制，没都护置初郡，出现了中原汉族开始与边疆少数民族杂处的新景象，如内蒙和林格尔东汉壁画墓中不仅有护乌桓校尉出行图，而且还表现有乌桓人的容貌和服饰。在匈奴人居住的北方草原包头附近，则发现了"单于天降"和"单于和亲"铭文的瓦当。而西域精绝国尼雅墓葬中，更发现了汉代织锦，那是丝绸之路的见证。云南晋宁石寨山出土"滇王之印"金印，证实了滇国与汉王朝的密切联系。随着交往的深入，交流地域不断扩展，边疆民族以其畜类等物产，源源不断地输进到中原地区，汉族则将中原出产的丝织品、漆器、铜器、铁器等物质文化带入边疆民族地区。佟先生认为，汉代民族间的交往多了，文化交流和融合的机会也多了，其实汉族也不是一个单一民族，而是包括比华夏族更多的民族的共同体。她既包括更多民族的血统，也包括更多民族的文化，所以汉代是中国古代多民族融合的非常显著的时期。

魏晋以后，进入黄河中下游汉族农业地区的北方游牧民族匈奴、鲜卑、敕勒，果然完全融合了，其中有的更是建立了政权，证实有了管理汉族人民的能力。农业和定居，在历史上表现出强大的吸引力，这又为汉族吸纳包容更多民族的血统和更多民族的文化，提供了重要的前提条件。唐代时边远的渤海和南诏出现了封建制，渤海地有五京十五府六十二州，宁安等地均发现了很大的城址。南诏建立的政权设十六节度使，大理也发现有不小的城址。春秋战国之际在中原出现的封建制，在唐代边疆较为发展的地区也出现了。渤海和南诏都使用汉文字体系，也与唐代有相似的筑城理念和建筑艺术。而文成公主与松赞干布的联姻，又把唐文化带进了吐蕃。这些反映了唐文化的一致性，是民族间文化交流不断深入的标志。到了唐代以后，北方的大族契丹、女真、西夏，又融合于汉族这个多民族共同体之中了，进一步为汉族增添了新的血统和文化，扩大了汉族这个多民族的共同体。

这是佟先生根据考古发现为我们勾勒出的中国古代民族文化交流的一个大致轮廓。对于中国历史上民族交流与融合的意义，佟先生有自己独特的认识，他说：

> 一个民族在历史上的消失，不是她的后裔断绝了，而是当她融合进了多民族的共同体以后文化更提高了，社会更发展了，是个进步现象。所以今后融合成一个更大更多的多民族共同体和更高的多民族文化，将是民族发展的强大趋向。可见我国今天中华民族的团结和统一，是经历了以上历史过程和有坚实的历史基础的，那种单一民族血统的见解，那种单一民族文化的见解，都是不符合几千年来我国边疆民族与汉族不断接触、不断交流、不断融合的历史实际的。

佟先生的这部 60 万言的巨著，在最后以 200 多字作出了一个简短的结论，这是一个十分重要且十分精辟的结论。为着这个结论，花费了先生 6 年的宝贵时光，先生看来是非常满意这个结论的。正因为如此，他在"后记"中又一次强调了这个结论。他这样写道：

> 总之，从中华民族数千年历史整体上看，我国边疆民族的祖先均以其勤劳、勇敢、智慧的双手，开发了边疆，保卫了边疆，并以其固有的经济形态和生产方式，为中华民族文明的建树，作出了不可泯灭的贡献。其次不断融合是历史发展的趋势。从几个民族融合成的共同体到更多民族融合成的共同体，从人数较少到人数更多，从散居地域较小到聚居地域更大，是我国多民族发展的共同规律。因此我国今天以汉族为主体的五十六个民族形成的中华民族，其团结和统一，是有数千年历史的深厚根基的。

读了佟先生的著作，我们进一步领会到中国边疆民族地区考古意义之所在。中国幅员辽阔，是一个由多民族结合而成的拥有众多人口的国家，有五十六个民族。汉族人口最多，占全国人口的百分之九十四，五十五个少数民族的人口则占百分之六。少数民族虽然人口不多，但是分布的地域，却占全国面积的百分之五十到六十。这些少数民族，从古至今多居住在我国的边疆地区，他们与汉族互相学习，密切了政治、经济、文化上的联系，结成了不可分割的整体。但是过去的田野考古在中原地区开展得很深入，而边疆民族地区的工作显得较为薄弱，研究也欠系统。尤其是像佟先生这样的全景式综合研究，更是还不曾有人进行过，所以《中国边疆民族物质文化史》的出版更显得重要非常。

在此我还想到，佟先生的这部著作，似乎可以归入民族考古的范畴。从广义的层面上看，一切地域的考古，都可以称为民族考古。这是因为，任一考古遗存都应当是属于某一民族的历史遗存，而不能说仅是边疆少数民族地区的考古研究才是民族考古，而中原地区的考古就不能称作民族考古。从这一点上说，民族考古这一概念似乎还有重新界定的必要。特别是就中国的情形而言，这里所说的民族考古，显然是将主要居住在内地的汉族排除在外的，如果我们说的民族考古其实指的是少数民族地区考古，而少数民族又大体都是居住在边远地区，那么就可以更明确地称之为"边疆民族考古"。佟先生的《中国边疆民族物质文化史》，就是一部边疆民族考古著作。

说到民族考古，让人很自然地想到学术界已然成为燎原之势的"民族考古学"。从定义而言，这两者之间并不能简单地划一个等号，但有些认识也有混而为一的，需要进一步作些分析。

最近二十多年来，国内学术界热烈讨论过民族考古学[2]。一般认为所谓民族考古学，是考古学与民族学、文化人类学相结合的一个交叉性学科，也有人将民族考古学看作是一个分支学科，或者看作是考古学的一种特别的研究方法。这后一种说法好像更客观一些，我们与其说它是别的什么，倒不如先把它看作是考古学研究途径的一个扩展。这种研究方法的出现，是考古学深入发展的必然结果。考古学研究的是古代人类的文化，传统民族学的一个研究重点是保留到近代的土著民族的文化，有些土著部落在一定程度上反映了早期人类文化的特点，因此民族学和考古学研究的结论常常表现有共通之处。由于考古学家面对的大量古代实物资料和考古学现象无法明白解释，一些考古学家往往能够从民族学资料中获取可资对比的材料，来解决考古学中遇到的疑难问题。这种古今类比，确实为考古学的研究开辟了又一个重要的途径，受到许多考古学家的重视。

通过民族学的途径，来研究考古学资料，这被认为是民族考古学的实质。民族学资料对于考古学研究所具有的意义，蔡元培先生早就有明说，他说有些考古材料要"用民族学来证明，才能知道详细的作用"[3]。在研究实践方面，林惠祥、冯汉骥先生参考国内外民族志材料研究华南地区的有段石锛、云南石寨山铜器等[4]，都取得了成功。一些考古学家不满足于现有的民族学材料，亲身深入少数民族地区进行民族学调查，李仰松先生对史前制陶工艺的研究[5]、汪宁生先生对制陶技术和远古占卜术的研究等[6]，都是这方面成功的例子。国内最早明确倡导开展民族考古学研究的是梁钊韬和张寿祺先生，他们认为研究和重建远古时代人类社会组织及其行为的持续与变异，单纯依靠考古资料很难得出可靠的结论，需要参考一些被人类学家称为"活化石"的尚存的原始民族的社会组织、群体行为和生存方式等，进行两个方面的类比研究，才可能解决考古学上的一些棘手的难题。他们还认为民族考古学不仅可以解决考古研究中的问题，通过对少数民族地区的民族考古学研究，还可以反过来为民族学研究服务[7]。汪宁生先生很早就开始从事民族考古学研究，他经常深入边陲地区进行民族调查，因此取得了一般考古学家所不能得到的第一手研究资料。他认为民族考古学可以分为狭义和广义两个流派，狭义派的民族考古学家亲自到现代民族中从事调查，获取第一手用来同考古材料作类比研究的资料；广义派的民族考古学家可以利用亲自调查得来的资料，也可以利用他人的调查及前人的记载进行研究[8]。

民族考古学研究在中国已逐渐被学界所接受，而且一些民族学家也开始主动转入这一新的研究领域。但是由于各方面因素的制约，目前民族考古学研究也还存在有不足之处。首先，大多数考古学家没有受过民族学研究的规范训练，不具备系统的相关知识，对民族学材料的把握表现有明显的缺陷，在进行类比研究时对民族学材料的选取不很恰当，得出的结论难免出现偏差。其次，国内现有的民族学资料大多是上世纪 50 年代民族普查所获得，由于当时调查的目的主要在民族的识别和生活现状的了解，而不属于严格科学意义的民族学（或文化人类学）田野调查，所以许多本来可以用于民族考古学研究的常规材料并未收集，这明显制约了民族考古学研究的发展。

对于民族考古学的名称与内涵，学术界本来就存在一些不大一致的认识。如宋兆麟先生认为，民族考古学应当专指在少数民族地区进行的考古发掘和研究，以为夏代考古、东夷考古、匈奴考古、鲜卑考古、百越考古、高句丽考古、吐鲁番考古、巴蜀考古、南诏考古和西夏考古等，才可以称为民族考古学。他说目前常说的"民族考古学"，其实只是考古学的一种新的研究方法，可称为"民族考古比较学"。它"实际上是以考古学为主，两个学科的对比、类比研究"。宋兆麟先生还深入探讨了比较研究的方法，强调比较研究中要注意可比性，避免片面性[9]。

按照许多学者的理解，民族考古学就是采用民族学资料，来为特定的考古资料作类比研究，这是一种行之有效的研究方法。但是宋兆麟先生认为这并不能称为民族考古学，民族考古学是直接在少数民族地区开展考古工作，研究各民族的来源和它们的发展，研究历史上的少数民族与汉民族的关系，这个说法也有一定道理。不过宋先生所说的民族考古学，似乎就是前面提到的边疆民族考古，是指在现居少数民族地区从事的古代民族考古。过去田野考古工作相当一部分属于边疆民族地区的考古，各区域的研究也取得了明显进展。如童恩正先生长于利用考古资料研究西南地区古代少数民族，他多次亲自参与田野考古调查和发掘，对古代"西南夷"的巴蜀文化、滇文化、夜郎文化都有深入研究，初步构建起西南民族考古学体系，撰成《中国西南民族考古论文集》等[10]。

但是也有研究者不同意将民族考古与民族考古学相提并论，一些研究者指出民族考古不等同于民族考古学，认为两者最根本的区别是，民族考古仅是民族学与考古学的交叉，而民族考古学则是两门学科的整合，后者是从考古学中分裂出来的一门分支学科。正如一位美国人类学家所说："民族志资料与考古学实物结合起来，就会创造一个结合的整体，从而形成了称之为民族考古学的研究领域。"[11]不过，将民族考古与民族考古学之间作出一个确切的界定，也并不容易。以我们前面的归纳，似乎不能有"民族考古"的定义，在中国而言，要么称作少数民族考古，要么直接称为边疆民族考古。但是，这样的边疆民族考古，学者们并不乐于将它包容在"民族考古学"的范畴之内，我们如果要单立一个"边疆民族考古学"，眼下似乎显得有些多余。那边疆民族考古又该如何处置呢?

现时所说的民族考古学,如果只是考古学研究方法的扩展,它确实无法将边疆民族考古涵盖在内。我们甚至可以说,这两者根本就不是一回事,无法相提并论。可以直白一点说,现在的民族考古学,研究的并不是民族考古;而边疆民族考古,却与民族考古学相距甚远。现在看来,还是不要将二者相提并论为好。边疆民族考古就是边疆少数民族地区考古,它与现代少数民族有关,同时也与古代少数民族有关。

相对于内地来说,边疆民族考古尽管还有不少空白与缺环,但取得的成果也是相当丰硕。边疆考古越来越受到关注,人们对边疆民族地区古代文化的发展有了更深入的认识。边疆地区古代文化发展虽然不平衡,但远比过去人们估计的水平要高得多,边疆古代民族对中原文明的发展作出了很大贡献,对中外文化交流作出了很大贡献。边疆民族考古以其目标与方法而言,与内地考古并无本质区别,却也并非是一点区别也没有。主要的区别是有边疆的特点,有民族的特点,各地各族的考古学文化体现有独特的面貌。另外边疆民族考古涉及的范围更广,它要面向内地,还要关乎境外,边疆是历史上中外文化交流的中转站。从事边疆民族考古的学者,有素质上更高的要求,要了解边疆,要了解民族,也要了解周边国家的考古学文化。从这一点说,佟先生作出了一个榜样,他为我们确立了一个比较高的起点。

近些年来,我作为中国社会科学院"边疆民族考古"重点学科建设的负责人,多次去边疆民族地区直接考察,滇、藏、新、蒙诸地也都曾陆续走过,对相关课题有过一些思考,自然少不了要常常参阅佟先生的《中国边疆民族物质文化史》。佟先生的这部著作,是从事边疆民族考古的必读书。仅就资料而言,本书是一个相当全面的索引,有了这部著作,我们不必去东寻西找。书中不仅涉猎许多重要的考古资料,附有48版260幅珍贵图片,而且在书后分别章节附有详尽的目录索引,这索引有87页2117条之多,篇幅占到正文的约四分之一,为后学者的研究提供了十分便利的条件。仅就这一点而言,我们也能看到佟先生为撰写本书所付出的巨大精力,那样全面系统的阐述,那样细致而不厌其烦的设计,那样精心为后来的学人着想,实在是非常难得。

我们要感谢佟先生,感谢他为我们写出了一部边疆民族考古的奠基之作,也感谢他为我们创建了一个学问之道的适用模板。祝愿佟先生长寿康健!

注　释

〔1〕佟柱臣:《中国边疆民族物质文化史》,巴蜀书社,1991年。

〔2〕a. 蔡葵:《论中国民族考古学的形成和初步发展》,《思想战线》1992年第4期。

　　b. 容观琼、乔晓勤:《民族考古学初论》,广西民族出版社,1992年。

〔3〕蔡元培:《说民族学》,《一般》杂志1928年2月。

〔4〕a. 林惠祥:《中国东南区新石器时代特征器之一:有段石锛》,《考古学报》1988年第1期。

　　b. 冯汉骥:《云南晋宁石寨山出土文物的族属试探》,《考古》1961年第9期。

〔5〕李仰松:《从佤族制陶探讨古代陶器制作上的几个问题》,《考古》1959年第5期。

〔6〕汪宁生：《民族考古学论集》，文物出版社，1989年。

〔7〕梁钊韬、张寿祺：《论"民族考古学"》，《社会科学战线》1983年第4期。

〔8〕汪宁生：《略谈民族考古学》，《社会科学战线》1987年第7期。

〔9〕宋兆麟：《加强民族、考古比较学研究》，《史前研究》1986年第3~4期。

〔10〕童恩正：《中国西南民族考古文集》，文物出版社，1991年。

〔11〕周大鸣：《中国民族考古学的形成与考古学的本土化》，《东南亚文化》2001年第3期。

郧县人文化与中国砾石文化遗存

李天元

（湖北省文物考古研究所）

1989 和 1990 年，在湖北省郧县青曲镇曲远河口的一条土岗——学堂梁子上相继发现 2 件古人类头骨化石。经研究，均属于直立人（*Homo erectus*）类型，定名为"直立人郧县亚种"（*Homo erectus yunxianensis*），俗称为"郧县人"[1]。通过多次正式考古发掘，发现丰富的伴生哺乳动物化石和石制品，证实学堂梁子是一处古人类遗址。这就是著名的郧县人遗址。

一 郧县人遗址的性质和时代

学堂梁子为汉江左岸的四级阶地。现存阶地顶面最高点的海拔高程为 217 米，汉江江滩的海拔高程为 159 米，垂直高差约为 58 米。阶地为基座阶地。基岩为震旦纪郧西群（Zayx）变质岩系，主要为石灰质片岩。基岩上覆盖有 12～18 米厚的土状堆积物。考古学者将堆积物分为六层：

第一层：表土层，现代耕土，厚约 0.3～0.5 米。

第二层：红褐色黏土层，色较浅，有学者称为"红土层"，含铁锰质结核，没有网纹结构，垂直节理发育。层中发现丰富的石制品，没有发现动物化石。层厚 6 米左右。

第二层和第三层之间不整合接触。

第三层：黄褐色黏土层，含钙质结核薄层。层中出土丰富的哺乳动物化石和石制品。2 件郧县人头骨化石均出于此层中。人化石和动物化石均被较厚的钙质结核所包裹。层厚 2～4 米。

第四层：灰黄色沙质黏土层，从上至下沙质成分逐渐增加。结构较松散。层中出土丰富的动物化石和石制品。动物化石被薄的钙质结核所包裹。层厚约 5 米。

第五层：灰褐色沙质土层，中夹有薄层透镜状淤积黏土。遗址的南部濒临汉江，较低，此层较厚，动物化石成片分布。层厚 5～6 米。

第六层：砾石层。层中夹有粗沙和透镜状细沙沉积物。砾石的磨圆度较好，分选性差，大小不一。砾径大者超过 20 厘米，小者仅 2 厘米，多在 10～20 厘米之间。层厚 3～5 米。

从第三、四、五层中出土的哺乳动物化石种类基本一致，看不出时代差异。我们将其视为郧县人的伴生动物群。整个动物群有 25 种动物，包含 3 种成分：第一类为第三纪的残存种，如似剑齿虎（*Homotherium* sp.）；第二类为更新世早期的典型种类，如桑氏鬣狗（*Hyaena licenti*）、裴氏猫（*Felis peii*）、武陵山大熊猫（*Ailuropoda melanoleuca wulingshanensis*）、云南水鹿（*Rusa yunnanensis*）、秀丽黑鹿（*Cervus elegans*）、短角丽牛（*Leptobos brovicornis*）等；第三类为现生种的早期代表。

从已经发表的材料看，云南水鹿见于云南元谋动物群[2]和广西柳城巨猿洞动物群[3]。秀丽黑鹿是泥河湾动物群的典型代表。裴氏猫曾发现于周口店18地点。这些地点的时代均为更新世早期。桑氏鬣狗也是早更新世的典型种类。武陵山大熊猫是大熊猫小种向大熊猫巴氏亚种过渡的类型，其定种材料发现于湖南保靖洞泡山。该动物群"代表了我国南方早更新世柳城巨猿洞动物群向中、晚期'大熊猫—剑齿象动物群'过渡的类型，其时代是早更新世晚期"[4]。从这个简单的分析可以认为，郧县人动物群的时代属于早更新世晚期。

从动物群的地域成分分析，郧县人动物群包括"北方种"和"南方种"两大类。桑氏鬣狗、裴氏猫、李氏野猪、秀丽黑鹿、大角鹿、短角丽牛等都是华北动物群的代表。大熊猫、东方剑齿象、中国犀、中国貘、云南马、小猪、麂、水牛等都是华南"大熊猫—剑齿象动物群"的主要成员。郧县人动物群具有南北种类混合的这一特点，反映了当时的秦岭山脉尚未剧烈抬升，还没有成为动物南北自由迁徙的障碍。在中更新世早期，秦岭山脉已经开始剧烈抬升，阻隔了动物的南北自由迁徙。这也从另一个角度证实了郧县人动物群所处的地质时代为早更新世晚期。

将郧县人动物群和郧县梅铺龙骨洞动物群[5]、陕西蓝田公王岭动物群[6]相比较，性质很接近，相同或相似的种类比例占一半以上。它们应属于同一地质时代。参考郧县人遗址的古地磁测年[7]和ESR测年研究[8]的结果，我们认为郧县人遗址的时代为早更新世晚期，距今大约100万年。

二　郧县人文化的属性

郧县人遗址经过多次调查和4次考古发掘，共获得石制品417件。从地层中获得打制石制品的原料76件，全部为砾石，成分与汉江古河滩（第四级阶地的底部砾石层）砾石的成分完全一致，说明它们就是从当时的汉江河滩取来的。

石制品包括石核、石片、砍砸器、刮削器、薄刃斧、石锤、单面器、双面器和雕刻器等类型，以前4类为主，后5类共9件。在石锤上留有砸击的痕迹和砸击产生的坑疤。郧县人可能有时使用砸击技术来打制石片，但没有发现砸击石片。特点鲜明的石制品有向心石核和郧县砍砸器。向心石核是一种多台面石核。打制者通常选取一件多面体砾石为原料，以砾石的周边为台面，在同一个剥片面剥取石片。剥片面上的石片疤尾部都朝向剥片面的中心（图一，2）。郧县砍砸器是以长条形的扁平砾石为原料，在一个长的边缘从较凸的一面向平的一面打击，单面加工，打制出一条刃缘。其他部位则保留砾石面，以便于手把握（图二，3）。

石核83件，石片92件，砍砸器57件，刮削器26件，少数类型石器9件，有打击疤痕的砾石10件；另外有碎块45件，碎片66件。

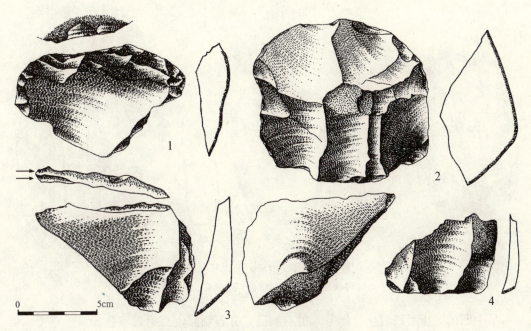

图一　郧县人遗址出土的石制品
1. 刮削器　2. 向心石核　3. 雕刻器　4. 石片

石核 83 件，原料全部是砾石。以砾石面为台面的标本 79 件，占 95.18%；非砾石面台面的标本仅 4 件（素台面石核 2 件，有疤台面和多疤台面石核各 1 件）。

石片 118 件，天然台面（砾石面）标本 92 件（图一，4），占 77.97%。非砾石面为台面的标本共 26 件，占 22.03%；在这类标本中，背面保留了砾石面的石片有 5 件。那么，至少有 97 件石片属于砾石制品，至少占 82.20%。其余标本，只是没有保留砾石面而已，并不能肯定属于非砾石制品。

砍砸器是郧县人最主要的器类，共 57 件，以砾石为原料的标本 48 件（图二，2），以砾石石核为原料的标本 7 件，以砾石石片为原料的标本 2 件，砾石制品占 100%。

刮削器位居其次，有 26 件，1 件以小件砾石制成；17 件的原料为砾石石片（图一，1）。砾石制品有 18 件，至少占 69.23%。

少数类型石器 9 件（薄刃斧 3 件，石锤 3 件，单面器 1 件，两面器 1 件，雕刻器 1 件）。以砾石为原料加工成石器的标本 4 件，以砾石石片为原料加工成石器的标本 4 件。砾石制品占 88.89%。仅有 1 件薄刃斧的胚料为石片，没有砾石面。

拼合标本 55 件，共 24 组，可分为 4 类：第一类，石片与石片（断片或碎片）的拼合；第二类，石核（或碎块）与石片（断片或碎片）的拼合；第三类，碎块与碎块的拼合；第四类，石器与石片的拼合。就单件标本而言，砾石制品有 48 件，占 87.27%；拼合后的 24 组中，有 23 组为砾石制品，占 95.83%；仅有第三组（2 件）没有砾石面。砾石标本 53 件，占拼合标本的 96.36%。

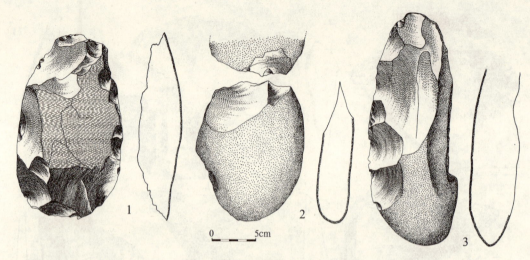

图二　郧县人遗址出土的石制品

1. 单面器　2. 端刃砍砸器　3. 郧县砍砸器

从上面的分析可以看出，郧县人的石制品，砾石制品占有绝大多数。

从石制品的尺寸而言，郧县人的石制品以大件制品为主。

石核 83 件，长度在 30～200 毫米之间的标本有 80 件，占 96.39%。最小的标本长 37.4 毫米，最小的标本宽 26.2 毫米。

石片 110 件（另外有 5 件标本已经拼合，3 件台面缺失）长度在 30～200 毫米之间的标本有 92 件，占 83.64%；长度在 30 毫米以下的标本 18 件，占 16.36%；最小标本长 16.8 毫米。宽度在 30～200 毫米之间的标本有 90 件，占 81.82%；宽度在 30 毫米以下的标本有 20 件，最小标本宽 8.4 毫米。

砍砸器 57 件，长度全部超过 50 毫米，有 52 件标本的长度在 50～200 毫米之间，超过 200 毫米的标本有 5 件。最大长度的标本达 284.4 毫米（EP418，郧县砍砸器）。宽度全部在 50～200 毫米之间。最小的标本尺寸（长、宽、厚）为 52.5×50.5－39.5（EP324，单刃砍砸器）。最大的标本尺寸为 216.4×184.4－112.8 毫米（双刃砍砸器）。

刮削器 26 件，长度全部在 20～170 毫米之间，最小的标本长 22.7 毫米。宽度在 19～100 毫米之间，最小的标本宽 19.1 毫米。

少数类型石器 9 件，都很大，长度在 60～225 毫米之间，宽度在 90～135 毫米之间。最小的一件标本是雕刻器，尺寸为 68.5×101.1－24.3 毫米（图一，3）。最大的一件标本是单面器，尺寸为 223.0×130.8－52.1 毫米（图二，1）。

简单归纳一下郧县人文化的特征：石制品的原料全是从古河滩采集的砾石，经过锤击法加工制作石器（可能偶尔也用砸击法剥片或加工）。石制品粗大。石器类型简单，以砾石石器为主，石片石器所占比例很小；石器类型以砍砸器为主，刮削器次之。没有发现手斧和石球。石器加工粗糙，多为单面加工，两面加工的标本很少。典型的石制品有向心石核和郧县砍砸器。郧县人文化属于中国砾石文化遗存。

三　郧县人文化与中国砾石文化遗存的关系

砾石文化遗存分布的地域很广，在东亚和东南亚很多地区都有发现。本文仅讨论与中国砾石文化的关系。

（一）中国砾石文化遗存的分布

中国砾石文化遗存的分布与地理因素密切相关。喜马拉雅山和青藏高原的隆起直接影响到中国地理环境，也直接影响到中国旧石器文化的发展与交流。在地理因素的影响之下，中国的旧石器工业形成了两大系统（传统）：石片工业系统和砾石工业系统（传统）。石片工业遗存主要分布在华北地区，砾石工业遗存主要分布在长江中下游和华南地区（图三）。在边远地区发现的旧石器文化遗存，受这两大传统的影响，没有形成独立的区域文化系统。

这种不同的文化传统与当地的地理环境直接相关，也与一定的经济类型直接相关。长江流域和华南地区属于热带和亚热带，森林茂密，植物繁盛，植物类型的食物来源充足。与之相适应的是大型石制工具，如砍砸器、尖状器、手镐等类型。小型工具很少，甚至没有小型工具。

从现在发现的地点来看，砾石文化遗存主要分布在长江中下游和华南地区，向南达到百色盆地，向北延伸到黄河流域的小部分地区，如陕西乾县、黄河三门峡、洛河流域等。"这一地区的砾石石器工业，其内容不及南方的砾石石器工业典型，可以把这一地区认为是我国北方旧石器文化的南方小区"[9]。

中国砾石文化遗存大致可以分为这样几个区：汉水流域、洞庭湖区、巢湖地区和水阳江流域、百色盆地。这些地区发现的以露天的河流阶地为主，也有一些重要的洞穴地点（或遗址），如大冶石龙头、枝城九道河、石门燕耳洞等。文化遗存有差异，共性仍是主要的。如果将两个地点的旧石器文化遗存进行比较，石制品原料的成分是次要的，它取决于当地砾石成分的相同或不同；石器的加工方法和石器的类型才是主要的，它反映了时代特征和文化内涵。

（二）汉中盆地的砾石文化遗存

在汉水上游，盆地呈串珠状自西北向东南分布。最大的盆地就是靠近西部的汉中盆地。在汉水或其支流的三级阶地堆积中发现许多旧石器地点。南郑龙岗寺[10]至梁山一带的发现最为丰富。这一带发现的石制品，都是以三级阶地砾石层的砾石为原料。石器的加工技术以锤击法为基本的剥片和修理方法，或许偶有使用砸击法和碰砧法。石器的类型比较复杂。砍砸器是其主要类型，约占半数以上。均以扁圆的砾石为原料，采用单面或两面打击，将其一端或一侧加工成粗糙的刃缘。石球是另一类重要类型，包括圆度较高的正石球和带有棱角的准石球。后者数量为多。其他还有大尖状器、"手斧"和大、小型刮削器等（图四）。

图三　中国南方更新世砾石文化遗存的分布（王幼平，1997）

　　这些遗物都出自河流的三级阶地。汤英俊等描述过勉县赤土岭和洋县大坝沟村的地层剖面[11]。石器出自淡褐色的沙质亚黏土层。层厚4~5米。层中含有零星大块钙质结核。在这些露天地点，很少发现与石器共生的动物化石。在大坝沟村发现有熊、大熊猫、东方剑齿象、中国犀、猪、赤鹿、羚羊、水牛等种类的化石。在其下部地层中发现

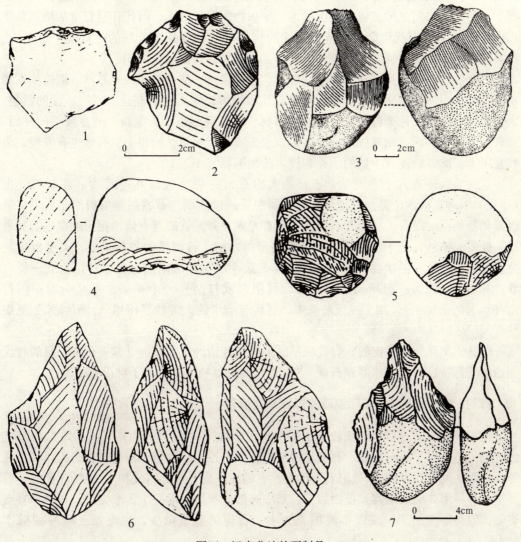

图四　汉中盆地的石制品
1. 石片　2. 刮削器　3、4. 砍砸器　5. 石球　6、7. "手斧"

有大熊猫小种、爪兽等早更新世的种类，因此有学者认为"产旧石器的地层时代似应为中更新世更合适"。

郧县人文化与之相比较，赤土岭和大坝沟村的第2层相当于学堂梁子的第2层。石器类型而言，学堂梁子没有发现石球和手斧类石器。汉中盆地没有发现相当于学堂梁子下层（第三、四、五层）的堆积物。

（三）洞庭湖区的砾石文化遗存

洞庭湖区的旧石器地点主要发现于湘、资、沅、澧四大水系的河流阶地上。袁家荣将其划分为两大文化类群：澧水文化类群和澧水文化类群[12]。二者共性明显，小有差异。石制品出自河流的二级和三级阶地。堆积物为网纹红土。时代相对较早的地点是津市虎爪山[13]。其时代可能为更新世中期的较早阶段。澧县鸡公垱的时代晚于虎爪山，地质时代为中更新世晚期至晚更新世早期，文化属旧石器时代中期。

石制品的原料都是取自古河滩的砾石。主要以锤击法剥片和加工石器。砸击法在澧水文化类群中使用频率较高。锐棱砸击石片和端刃、侧刃砍砸器是较有特征性的器物。大尖状器是澧水文化类群中很有特色的器物，以长条形砾石为原料，选择较平的一面，或者打制一个平面，在其一端正向打击，加工成一个三棱状的锐尖。石球也有发现，但数量很少。此外，还有少量的手斧和较大的刮削器（图五）。

这一地区还有几个重要的地点，如大冶石龙头[14]、枝城九道河[15]、江陵鸡公山（下层）[16]等。前两个是洞穴遗址，时代属中更新世晚期。石器的类型很简单，只有砍砸器和刮削器，没有尖状器和石球，也没有发现手斧。砍砸器有修理把手的痕迹。后者是一处露天遗址，处于中更新世末或晚更新世之初。石制品的数量很多，类型也很复杂。其中有一种大尖状器数量很多，形态一致，加工方法固定，是很具特色的一类石器。其加工步骤为：选择长条形砾石，利用（或打制）一个平面，将其一端正向打击（也有两面加工），加工成短的锐尖。形状与澧水的大尖状器很相似，刃缘加工更规整。

郧县人文化与之相比较，时代较早。洞庭湖区诸地点大致与学堂梁子第二层的时代相当。其有特色的大尖状器和石球、"手斧"等类器物在学堂梁子都没有发现。

（四）巢湖地区和水阳江流域的砾石文化遗存

巢湖地区的旧石器地点比较集中的发现于望城岗一带[17]，为裕溪河的第二或第三级阶地。遗物属于砾石制品。石制品包括石核、石片、砍砸器、刮削器、薄刃斧和石球等。水阳江流域共发现25处旧石器地点，有的地点进行过考古发掘[18]。最常见的石器类型是各种形式的砍砸器，单面加工。其中有的标本加工出一个舌形尖刃，与手斧有点类似，但是单面加工，或以单面加工为主。石球的数量虽少，也有加工得好的标本（图六）。

这些地点都没有发现共生哺乳动物化石。研究者一般根据阶地堆积物的性质和文化面貌作一些推断，认为时代为更新世晚期。在宁国毛竹山遗址的网纹红土层底部发现"砾石环带"遗迹。从地层中取样进行 ESR 测年研究，大约为距今60万年前，相当于更新世中期。

郧县人文化与之相比较，这些地点出石器的层位大约与学堂梁子的第2层相当。学堂梁子的第三、四、五层的时代要早。郧县人文化的石器，以单面加工者为主，没有发现两面加工的"手斧"，也没有发现石球。

（五）百色地区的砾石文化遗存

白色盆地自1973年首次发现旧石器文化遗物以后，陆续在右江沿岸发现数十个旧

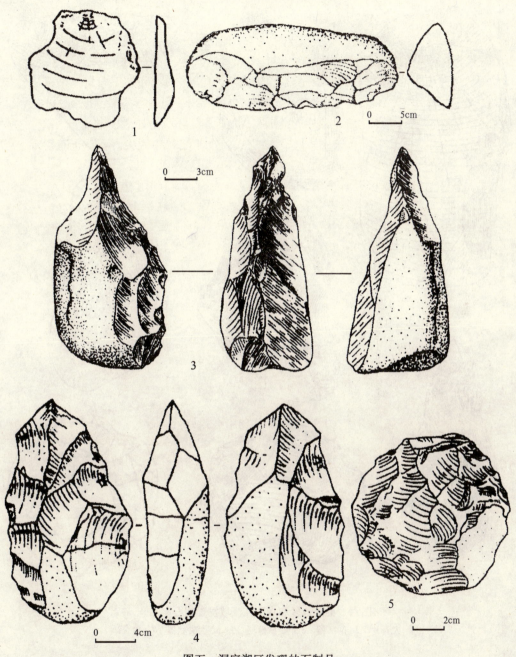

图五　洞庭湖区发现的石制品
1. 石片　2. 砍砸器　3. 大尖状器　4. "手斧"　5. 石球

石器地点[19]。石制品数以千计。这些都是露天地点，没有发现伴生的动物化石。近年来，在白色盆地进行了一系列的考古发掘，对出土石器的地层认识逐渐趋于统一，认为百色盆地旧石器产自相同的地层——砖红壤层。1993 年，考古发掘中发现玻璃陨石，

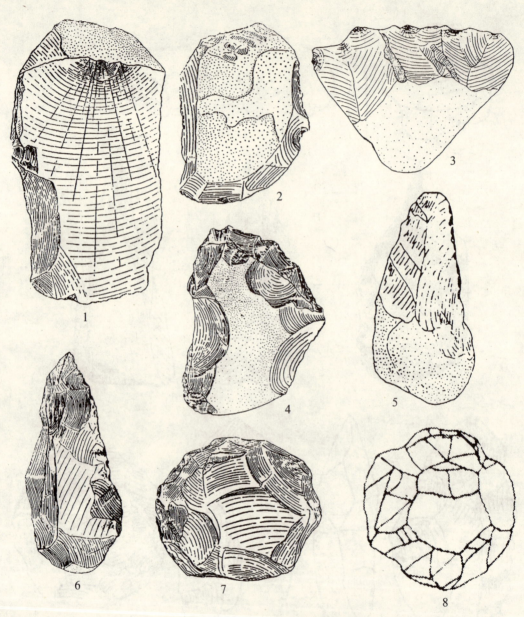

图六　巢湖地区和水阳江流域发现的石制品

1. 大石片　2. 刮削器　3、4. 砍砸器　5、6. 大尖状器　7、8. 石球

做了年代测定，取得了一批测年数据，为其年代推断提供了一定的依据。砖红壤层的年代在距今 70 万年左右，属中更新世早期或稍早。

　　石制品的原料都是取自河滩的砾石。加工方法基本上只有锤击法，以单面加工为主，有一定数量的两面加工的标本。砍砸器多以砾石直接加工。部分刮削器使用石片加工而成。石器类型较多样。砍砸器数量最多，占半数以上。大尖状器的尖呈三棱状或扁平的舌形。手斧是百色盆地旧石器工业中一个较重要的石器类型。其加工方式是选择长条形的砾石，将其较小的一端两面打击，加工成一个舌形刃缘。与之相对的一端则保留大片的砾石面。从器物形制和加工技术来看，这类器物还只能属于原手斧类。有学者称之为"石核斧"[20]，与真正的手斧还有明显的区别。此外，还有刮削器和小型钻具（图七）。

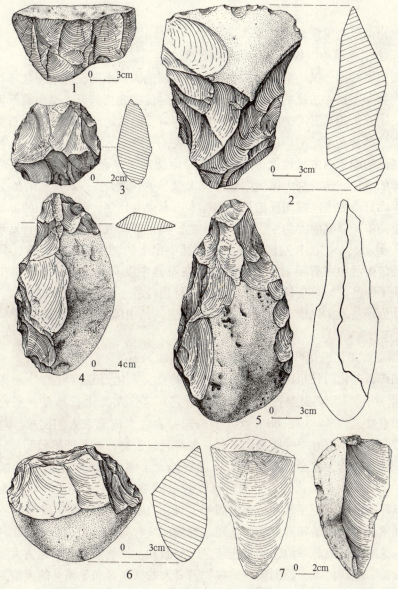

图七　百色盆地发现的石制品

1. 石核　2. 刮削器　3. 薄刃斧　4. 手镐　5. "手斧"　6. 砍砸器　7. 大石片

如果百色盆地的测年数据可以反映石制品的年代，那么，其早期遗存与郧县人遗址的年代相接近。两相比较，共性明显。区别有两点：其一，百色盆地出产的"手斧"为郧县人遗址所不见；其二，石器的加工，郧县的标本显得粗糙简单，百色的标本显得规整精细。百色的器物类型也比郧县要复杂得多。这也许反映了技术的原始与进步的不同。

四　讨论

本文提出两点意见就教于方家。

1. 郧县人文化是中国砾石文化的早期代表之一。

从地层关系对比，汉中盆地、洞庭湖区、巢湖地区和水阳江流域埋藏砾石文化遗存的阶地堆积物和郧县人遗址的第二层大致相当。时代彼此相接近，属中更新世早期。郧县人遗址的第三、四、五层的时代更早。就目前对百色盆地的认识，其砾石文化遗存最早的年代也较郧县人遗址的第三、四、五层为晚。

从石制品的加工技术来讨论，郧县人主要用锤击法来剥取石片（如果砸击法能够得到进一步的认证，这将是中国境内砸击技术最早的代表之一）。石器的加工也是使用锤击法。单面打击为主。单面反向加工的标本占有很大比例。两面加工的标本很少。石器的类型很简单，以砍砸器为主，刮削器次之，其他器类数量很少。没有发现两面加工的"手斧"类工具，也没有发现石球。从遗址中出土的动物化石来分析，狩猎活动在郧县人的经济生活中占有很重要的地位，但在石器中没有发现重要的狩猎工具——石球。这反映了郧县人的狩猎技术还比较原始，狩猎经济还处于初级阶段。

我们认为郧县人文化属于中国砾石文化传统，是中国砾石文化遗存的早期代表之一。

2. 中国砾石文化遗存可能与人类组群有一定的关系。

在中国砾石文化的分布区域内，发现重要的直立人化石有蓝田人[21]、郧县人、和县人[22]和南京人[23]等。根据古人类学家的研究，这些人类化石具有一系列的共同特征，同属于直立人（Homo erectus）类型。与同是直立人的北京人相比较，总的形态特征是相同或相近的，仍有一些明显的差异。如鼻骨较发育，鼻骨凹陷较明显；眶上圆枕不发育；矢状脊较弱，甚至没有矢状脊；顶骨长大于额骨长；枕骨圆枕和圆枕上沟较弱；等等。这些"人类演化体质上的特殊性状是偶然现象……还是个体的变异？是和地理、气候环境有关？还是其他什么原因？"[24]我们认为，这些人类演化体质上的特殊性状不是偶然现象，而是和其生活的地理、气候环境有关。他们长期生活在河谷盆地或河流平原。这些地区地势平坦，水量充沛，气候温和，植物繁茂，给远古人类提供了丰富的食物资源。砍伐树木、挖掘植物的根块需要大的砍砸器和手镐类的大型工具。在这一地区，很难找到适合做石器的岩层石料。河滩砾石则是取之不尽用之不竭的制作石器的原料。在需要与可能的情况下，蓝田人、郧县人、和县人和南京人创造和发展了中国的砾石文化[25]。

注　释

〔1〕李天元等：《郧县人》，湖北科学技术出版社，2001 年。

〔2〕a. 裴文中：《云南元谋更新世初期的哺乳动物化石》，《古脊椎动物与古人类》1961 第 1 期。

　　b. 林一璞等：《云南元谋早更新世动物群》，《古人类论文集》，科学出版社，1978 年。

〔3〕裴文中：《广西柳城巨猿洞及其他山洞之食肉目、长鼻目和啮齿目化石》，《中国科学院古脊椎动物与古人类研究所集刊》（18），科学出版社，1987 年。

〔4〕王令红等：《湖南省西北部新发现的哺乳动物化石及其意义》，《古脊椎动物与古人类》第 20 卷第 4 期，1982 年。

〔5〕许春华：《湖北郧县猿人化石地点的发掘》，《古人类论文集》，科学出版社，1978 年。

〔6〕胡长康等：《陕西蓝田公王岭更新世哺乳动物群》，《中国古生物志新丙种》（21），1987 年。

〔7〕阎桂林：《湖北郧县人化石地点的磁性地层学初步研究》，《地球科学》1993 年第 2 期。

〔8〕陈铁梅等：《湖北郧县人化石地层的 ESR 测年研究》，《人类学学报》第 15 卷第 2 期，1996 年。

〔9〕吕遵谔：《从巩义和洛南之行浅谈砾石石器工业》，《考古与文物》1999 年第 1 期。

〔10〕陕西省考古研究所汉水考古队：《山西省南郑龙岗寺发现的旧石器》，《考古与文物》1985 第 6 期。

〔11〕汤英俊等：《汉水上游旧石器的新发现》，《人类学学报》第 6 卷第 1 期，1987 年。

〔12〕袁家荣：《略谈湖南旧石器的几个问题》，《中国考古学会第七次年会论文集》，文物出版社，1992 年。

〔13〕谭远辉：《虎爪山北坡旧石器地点调查报告》，《湖南考古集刊》第 7 集，1999 年。

〔14〕李炎贤等：《湖北大冶石龙头旧石器遗址发掘报告》，《古脊椎动物与古人类》第 12 卷第 4 期，1974 年。

〔15〕李天元：《湖北枝城九道河旧石器遗址发掘报告》，《考古与文物》1990 年第 1 期。

〔16〕刘德银等：《鸡公山遗址发掘初步报告》，《人类学学报》第 20 卷第 1 期，2001 年。

〔17〕a. 方笃生：《巢湖市望城岗旧石器的发现与研究》，《文物研究》第 6 辑，黄山书社，1990 年。

　　b. 方笃生等：《巢湖市望城岗旧石器地点发掘报告》，《文物研究》第 8 辑，黄山书社，1993 年。

〔18〕a. 房迎三：《皖南水阳江旧石器地点群调查简报》，《文物研究》第 3 辑，黄山书社，1988 年。

　　b. 房迎三：《安徽省宣州市陈山旧石器地点 1998 年发掘报告》，《人类学学报》第 16 卷第 2 期，1997 年。

　　c. 房迎三：《安徽宁国毛竹山发现的旧石器早期遗存》，《人类学学报》第 20 卷第 2 期，2001 年。

〔19〕黄启善：《百色旧石器》，文物出版社，2003 年。

〔20〕林圣龙等：《关于百色的手斧》，《人类学学报》第 14 卷第 2 期，1995 年。

〔21〕吴汝康：《陕西蓝田发现的猿人头骨化石》，《古脊椎动物与古人类》第 10 卷第 1 期，1966 年。

〔22〕吴汝康等：《安徽和县猿人化石的初步研究》，《人类学学报》第 1 卷第 1 期，1982 年。

〔23〕南京市博物馆、北京大学考古学系：《南京人化石地点》，文物出版社，1996 年。

〔24〕同注〔9〕。

〔25〕王幼平：《更新世环境与中国南方旧石器文化发展》，北京大学出版社，1997 年。

中国新石器时代早期诸文化类型及其文化特征

张之恒

（南京大学历史学系）

如何划分旧石器时代与新石器时代？中国新石器时代早期文化可以划分为哪几种类型？这些类型的新石器时代早期文化有哪些文化特征？本文将对这些问题进行探讨。

一　旧石器时代与新石器时代的基本涵义

经济生活和生产工具的性质是划分史前考古时代的基本要素，而经济生活和生产工具性质的变革也意味着考古时代的变更。

旧石器时代是人类历史的开端，在旧石器时代人们以采集、狩猎为生，只能以天然产品作为食物，还不懂得食物的生产。这种经济生活称为"攫取性经济"或"掠夺性经济"。人们所使用的生产工具和生活用具主要是打制石器，兼用骨、木器。旧石器时代是地史上第四纪的更新世，与人类伴生的动物，有许多在现今的地球上已无生存，被称为绝灭动物。旧石器时代的时限，其上限中国考古界一般放在距今1.2万年前后。

新石器时代产生了农业和家畜饲养业，人们能从事食物的生产，亦即产生了"生产性经济"。人们为了炊煮谷物性食物和其他农业产品，发明了陶器。陶器的产生和发展与农业经济有着密切的关系，凡是农业经济发达的新石器时代文化，制陶业都比较发达；反之，凡是农业经济不发达，而采集和渔猎经济发达的新石器文化，制陶业都不发达。陶器是新石器时代文化的一个基本要素。

磨制石器也是新石器时代文化的一个基本要素。磨制石器是适应农业生产的需要而逐渐产生和发展起来的。磨制石器发达与否，和农业经济有着密切的关系，中国凡是农业经济发达的新石器时代文化，磨制石器都比较发达；反之，凡是农业经济不发达，而采集狩猎经济比较发达的新石器时代文化，磨制石器就不发达，打制石器则比较发达。在此有一个问题需要说明，磨制石器虽然是新石器时代文化中的一个重要因素，但在新石器时代早期的"火耕农业"阶段，通体磨光的石器还未出现，即使有少量磨制石器，也只是在刃部磨光，而大量的只是用于"火耕农业"中将野外树木砍倒的打制的砍砸器（砍伐器）。例如湖南道县玉蟾岩洞穴遗址文化遗物中只有砍砸器而无磨制石器，原始农业和陶器已产生，表明已进入新石器时代。

新石器时代是地史上的全新世，除新石器时代前半期尚残存少量绝灭动物外，其他动物都是现生种。新石器时代的上限年代，中国考古界一般认为是距今1.2万～1万年。

旧石器时代和新石器时代之间有无作为过渡阶段的"中石器时代"，中国有无"中石器时代"，这是一个非常复杂的问题，中国考古界迄今尚无一致的看法。

二　中国新石器时代早期文化的四种类型

根据中国现已发表的考古资料，可将中国新石器时代早期文化（距今1.2万～0.9万年）粗分为四种类型：（一）有少量陶器而无磨制石器的类型；（二）有少量陶器和磨制石器（一般为刃部磨光）的类型；（三）有陶器和大量打制细石器而无磨制石器的类型；（四）有少量刃部磨制石器而无陶器的类型。

（一）有少量原始陶器而无磨制石器的类型

中国现已发现的属于有少量原始陶器而无磨制石器的遗址有湖南省道县玉蟾岩、广西桂林庙岩、河北省徐水县南庄头等。

玉蟾岩遗址位于湖南省道县寿雁镇白石寨村，遗址所在地为南岭的北麓。1993年和1995年，湖南省文物考古研究所对这一洞穴遗址进行过三次考古发掘。洞穴内文化层的厚度为1.2～1.8米，地层保存基本完好，文化性质比较单纯。出土的文化遗物有石器、陶器、骨器、角器、牙器、蚌器等，还有水稻遗存。石器全部打制，器形有砍砸器、刮削器、切割器、锄形器、石刀等，以砍砸器最多。石器制作粗糙，以中小型石器为主，缺乏细石器。石器的风格与广东阳春独石仔、封开黄岩洞等全新世早期洞穴遗址的石器相类似。骨器有骨铲和骨锥。堆积中发现的陶片数量很少，陶片为黑褐色，火候很低，质地疏松，胎厚近2厘米，夹炭和粗砂。陶片贴塑，可见交错层理。陶片内外表均饰绳纹。两次发掘，在文化堆积的层面中都发现水稻谷壳。1993年出土的稻谷为普通野生稻，但具有人类初期干预的痕迹。1993年发掘的三个层位，还发现稻属的硅质体。1995年出土的稻谷为栽培稻，但兼具野稻、籼稻和粳稻的特征，是一种由野稻向栽培稻演化的古栽培稻类型。出土的哺乳动物骨骼达20余种，数量最多的是鹿类，小型的食肉动物也很丰富，并有一定数量的禽类（占猎获动物的30%）。猎获动物的种类和数量，禽类的大量猎获，说明当时的狩猎技术和狩猎经济有了进一步的发展[1]。玉蟾岩T9第3B2层、3E层的兽骨经碳十四测定，其年代分别为公元前8327年、公元前7911年（树轮校正值）。玉蟾岩遗址出土的石器全部为打制，没有磨制石器，但有原始陶器的出土，说明其文化时代应属新石器时代早期。

庙岩遗址位于距广西桂林市东南约30公里的雁山区李家塘村东北的孤山南麓，是一处洞穴遗址。其洞穴堆积共分六层，第二层至第五层均有各种文化遗存，第五层发现5块制作原始的灰褐色陶片。

庙岩遗址发现的文化遗物有打制的石器、骨器、蚌器、陶器及泥制品。石制品有石核、石片、砍砸器、刮削器、推刮器、穿孔器、盘状器、铲形器、球形器、石锤、石砧、砺石等。石器以砍砸器的数量最多，约占石器的 23%。骨器有锥形器、铲形器、尖形器、扁形器等。蚌器有穿孔的蚌刀。陶片只有 5 块，灰褐色，素面，部分表面有烟炱，陶质粗疏、吸水性强，胎内夹有细石英粒和炭粒，部分呈饼状。庙岩遗址第五层的陶片，经北京大学考古学系实验室测定，年代分别为距今 15560 ± 500 年（BA94137a）、15660 ± 260 年（BA94137b）[2]。

庙岩遗址出土的石器中，只有打制石器，无磨光石器，但已出现陶器，其文化时代应归属新石器时代早期。

南庄头遗址位于河北省徐水县高林村乡南庄头村北，地处河北平原西部边缘的瀑河冲积扇上。遗址西距太行山 10 余公里，为太行山东麓前沿。一部分文化层之上，覆盖着较厚的黑色和灰色的湖沼相沉积层，文化层距地表 180 厘米。几次发掘，共发现 4 条自然沟、2 座灰坑和 2 处用火遗迹。3 号沟的上部文化层及沟的本身都因取土遭到破坏，但在沟的下部及沟底发现丰富的动物骨骼、陶片、石器、骨器等文化遗物。三次发掘共发现近 60 片陶片，发现的陶片都很破碎。陶器烧成温度低，胎质极为疏松；陶片夹砂或石英，掺和蚌壳末或云母；陶色不纯，同一陶片上，既有黄褐色，又有灰色；断片上，中心为灰褐色或黑色，内外表面为黄色或褐色；多数有纹饰，以浅细绳纹为主。陶器类型单一，主要是罐，圆方唇，微折沿，颈部一般都有附加堆纹，平底，底部有烟熏痕迹，可能用作炊器。有的陶片有钻孔[3]。出土的文化遗物还有石器、骨器和角器。石器有 1 件石锤、5 件残石磨盘和 4 件磨棒。第一次发掘的一件磨棒和磨盘，经鉴定，磨棒的四个切削面系冰川动力切削而成；磨盘上、下两面的擦痕和曲面也都是冰川运动所致，其侧面的弯月形是流水滚动造成的[4]。骨器发现 10 余件，器形有骨镞、骨锥等，多用动物肢骨制成，有的骨锥制作精美，最长的一件骨锥长达 24 厘米。从出土的动物骨骼观察，猪和狗可能为家畜。南庄头遗址测定了许多碳十四年代数据，其中 5 个数据是用木头和木炭测定的，T1 第五、六层的木头测定的数据为距今 9875 ± 160 年（BK86120），T1 第六层底部灰坑中的木炭测定的数据为距今 10510 ± 110 年（BK87075）。其余几个年代都为距今 1 万年左右[5]。

南庄头遗址出土的文化遗物中有少量原始陶器和骨器、石器等。但石器中的磨棒、磨盘经鉴定并非磨制而是冰川运动所致，这说明南庄头出土的石器没有真正的磨制石器。猪和狗可能作为家畜饲养。南庄头遗址的碳十四测定的年代为距今 1 万年左右。这表明南庄头遗址是一处较为典型的无磨制石器的新石器时代早期遗址。

（二）有少量陶器和磨制石器的类型

迄今发现的有陶器和少量磨制石器的遗址有江西省万年县仙人洞和吊桶环、广西柳州鲤鱼嘴（第一期文化）、广东省英德市牛栏洞等遗址。这些遗址都在华南地区。

仙人洞位于江西省万年县县城东北 15 公里的大源小河山，是怀玉山东麓的一处石灰岩洞穴遗址。1962 和 1964 年，经过两次发掘。这两次发掘均未在地层关系上将旧石器时代晚期和新石器时代早期遗存区分开[6]。1993 年和 1995 年的两次发掘，在地层上将旧石器时代晚期和新石器时代早期的地层区分了开来。这两次发掘将遗址的堆积分为四层，第二层（西区为第二层和第三层）为上文化层，第三层和第四层为下文化层。上文化层和下文化层出土的文化遗物有明显的差别：上文化层有较多的人们食剩抛弃的螺蚌壳，而下文化层则少见或不见这类遗存。属于新石器时代早期的上文化层出土的文化遗物有陶器、打制石器、磨制石器、骨器、角器、蚌器等。陶器均为碎片。全部为夹砂红陶，质地粗疏，掺和大小不一的石英粒。火候很低，易碎。厚胎，器壁凹凸不平，厚薄不均。陶器纹饰以绳纹为主，有少量的刻划纹和圆窝纹。有些陶片的内外表均有绳纹，内外表绳纹不一致。有的陶片涂朱。口沿有直口，也有口沿外侈或内敛的。器底有平底和圜底。打制石器有砍砸器、刮削器和石核石器。磨制石器磨制得比较粗糙，器形有梭形器，穿孔石器和砺石。骨器均经不同程度的磨制，器形有针、锥、有倒刺的鱼镖。蚌器有人工穿孔，分单孔、双孔和多孔[7]。

吊桶环系高出盆地约 30 米的岩棚遗址，距仙人洞遗址仅 800 米。文化堆积可分为上、下两大层，上层出土夹粗砂陶片，局部磨制的石器、骨器、穿孔蚌器和大量兽骨。下文化层出土的文化遗物与仙人洞下层一致。从吊桶环遗址所处的地理位置、地形及文化遗物和大量兽骨来观察，其文化内涵与仙人洞有着内在联系，它应是栖息于仙人洞的原始居民在这一带狩猎的临时性营地和屠宰场。

仙人洞和吊桶环两遗址的孢粉分析结果，上层禾本科植物陡然增加，花粉粒度较大，接近于水稻花粉的粒度。植硅石分析，上层有类似水稻的扇形体，从而为探索稻作农业的起源提供了重要资料。仙人洞和吊桶环两遗址的年代，碳十四测定的数据为：上层大约距今 0.9 万~1.4 万年，出土陶器的地层为距今 1 万~1.2 万年；下文化层为距今 1.5 万~2 万年。上文化层出土磨制石器和夹砂粗陶，文化时代属新石器时代早期，下文化层只出打制石器，无磨制石器和陶器，其文化时代应归属旧石器时代末期。

广西柳州大龙潭鲤鱼嘴贝丘遗址的文化堆积共有三层：第一层为扰乱层；第二层为上文化层，出土打制石器、石核、石片、磨制石器、骨器、蚌器、陶片等，属第二期文化；第三层为下文化层，出土较多的打制石器，大量的石核、石片，一件刃部磨光的石斧和少量的夹砂陶片、骨器以及大量的动物骨骼，属第一期文化。第三层上部发现人骨架[8]。下文化层（第一期文化）上部的人骨碳十四测定的年代分别为距今 10505 ± 150 年（PV—0401）、11785 ± 150 年（PV—0402）。下文化层出土的动物骨骼除犀牛外，大都是广西境内现存的种类。从鲤鱼嘴遗址下文化层的文化遗存和年代来看，其文化时代应为新石器时代早期。

广东省英德市牛栏洞遗址，洞内堆积最厚达 3.4 米，文化遗存可分为三期：第一期均为打制石器，加工简单，器类少；第二期已出现一些较成形的石器，少量加工较好，器类增加；第三期石器的数量大为增加，加工修理较好的石器增多，并且出现刃部磨制的石器和少量陶器。磨制石器仅 5 件，其中 1 件为石斧，余为磨制刃部的切割器。陶片数量很少，为夹砂黑陶和褐陶。黑陶厚胎，可能为釜一类器物。褐陶薄胎，火候极低。骨器有铲、针、锥[9]。牛栏洞第三期文化遗存中有少量磨制石器和陶器，应归属新石器时代早期。

（三）有少量陶器和"细石器"的类型

有少量陶器和发达"细石器"的类型，目前仅在河北泥河湾盆地的于家沟发现一处。于家沟遗址位于河北省阳原县泥河湾盆地，系虎头梁遗址群中的一个重要遗址，文化遗物埋藏在桑干河支流的第二阶地堆积中，文化层厚达7米，包含更新统末至全新统中期的地层。其上部地层为1.4米厚的新石器时代中期地层。下部地层含大量细石器，距今8000～14000年。该层又可分为三层：第一层有磨光石器与零星的夹砂红褐陶，饰指甲纹；第二层出土少量陶片（最大一片为平底器底部）和各种装饰品。陶器为夹砂黄褐陶，质地粗疏。热释光测定的年代超过1万年。第三层也有各种装饰品，无陶器。下部堆积的三个地层均含细石器，楔形石核和细石叶含量大，常见的器形有端刮器、尖状器、雕刻器和锛状器等[10]。于家沟遗址含陶器的下文化层的第一、二层为新石器时代早期，第三层未发现陶器，可归属前陶新石器时代或旧石器时代末期。

类似于家沟下文化层含少量原始陶器及大量典型细石器新石器时代早期遗址，在中国北方草原地区今后还会有所发现。中国北方草原地区在全新世早期，含少量原始陶器和典型细石器的新石器时代早期遗址应是很多的，目前发现很少的原因是缺乏可靠的地层关系和年代的测定。

（四）有少量刃部磨制石器而无陶器的类型

中国现已发现的只有少量局部磨制石器而无陶器的遗址主要有广东阳春县独石仔、封开县黄岩洞，广西柳州白莲洞（第二期文化）等。

独石仔遗址的文化层厚达2.8米，可分为上、中、下三个文化层。上文化层出土打制石器、磨制石器、穿孔石器、骨器、石化程度较浅的动物化石，大量的人们食剩的螺蚌壳。打制石器规整，加工精细。磨制石器只是刃部磨光，穿孔石器是凿打加磨穿孔，两面孔径大小相等。骨器为一件双翼的有铤骨镞。中文化层的文化堆积与上文化层基本一致，文化时代接近。下文化层未发现刃部磨光的石器，穿孔砾石有的只经凿打未经磨制。中、上文化层出土的动物骨骼皆为现生种[11]。上文化层的烧骨测定的两个碳十四年代分别为距今14260±130年（BK83016）、15350±250年（BK83017）[12]。独石仔遗址的中、上文化层出土少量刃部磨制石器、打制石器而无陶器，其文化时代应归属"前陶新石器时代"（或"无陶新石器时代"）。

黄岩洞遗址位于广东省封开县东北60公里的狮子岩孤峰山麓。洞穴内的堆积共有4处，其中3处堆积有文化遗物共存。一处无文化遗物共存的堆积，出土大量属于"大熊猫—剑齿象"动物群的动物化石，地质时代属晚更新世。黄岩洞遗址几处堆积除一座新石器时代晚期墓葬外，均属同一文化时代的堆积[13]。遗址中出土的石器可分为三类：打制石器、刃部磨制石器、穿孔石器。打制石器有砍砸器、刮削器、石砧、石锤等，以砍砸器的数量最多。刃部磨光的石器较少，共发现4件，均为小型的切割器和一件刃部磨制的石斧[14]。穿孔石器两面凿穿，有的穿孔部位磨光。出土的动物骨骼皆为现生种。遗址内的螺壳经碳十四测定，其年代分别为距今11930±200年（ZK—0676），

10950±300 年（ZK—0677）。石灰岩地区螺蚌壳碳十四年代一般偏老 1000～2000 年，黄岩洞遗址的年代如扣除偏老部分，应为距今 1 万年左右。黄岩洞出土的文化遗物的性质与独石仔相似，只有刃部磨制石器及打制石器而无陶器，其文化时代亦应归属"前陶新石器时代"。

白莲洞的文化遗存可分为三期。第一期文化包括遗址西部堆积的第五层和东部堆积第六层，为含螺壳的棕色亚黏土堆积，其文化遗存有穿孔砾石和砾石工具，有用火遗迹。出土的动物化石属"大熊猫—剑齿象"动物群，文化时代为旧石器时代晚期。第二期文化包括东部堆积第三、四层和西部堆积的第二、三层，其文化遗存中有刃部磨光的石斧、穿孔砾石、磨制的小砾石切割器、燧石小石器（包括石镞）。未发现陶器。与第二期文化遗存共存的哺乳动物骨骼皆为现生种[15]。属于第二期文化的东部上层螺壳的碳十四年代距今 12980±150 年（BK81025），如扣除石灰岩地区水生动物外壳^{14}C 年代偏老的部分，实际年代应为距今 11500 年。第二期文化有刃部磨光石器而无陶器，其文化时代应属"无陶新石器时代"。

三　新石器时代诸文化因素的地域区别

从以上所分析的中国新石器时代早期文化的四个类型的文化特征可知，在新石器时代诸文化要素中，农牧业、磨制石器、陶器不一定同时出现才进入新石器时代。因地域和生态环境不同，这些文化因素的出现有前有后。四种不同类型的新石器时代早期文化，则与不同地域和生态环境有关。

地域和生态环境的不同导致新石器时代起始标志的不同。华南地区新石器时代伴随农业发生而到来，北方草原地区发达的渔猎经济也会迎来新石器时代。

华南地区距今 1.5 万～1 万年，在生产工具中仍沿袭旧石器时代的打制砾石石片石器，其中以砍砸器占多数，只见多种直接打击法，不见间接打击法。经济生活仍以采集、狩猎和捕捞为主。但出现了一些新的文化因素：刃部磨光石器的产生；穿孔砾石的使用（一部分穿孔砾石作为重石，属农业工具）；有些地区出现一定数量的具有细石器风貌的燧石、石英小石器；原始夹砂粗陶的出现，主要为圜底或尖底的罐类；文化层堆积中一般富含螺蚌壳（当时人们食剩的软体动物外壳）；一些地区出现了农业和家畜饲养业。

华南地区在石器工具方面仍有地域区别。在南岭附近地区，石器则是以洞穴遗址的大中型砾石石器为主要特征。例如湖南道县玉蟾岩，广西桂林庙岩，广东阳春独石仔、封开黄岩洞、英德牛栏洞等。这些洞穴遗址基本保持了砾石石器工业传统，石器小型化程度很不明显。

华北地区，尤其是北方草原地区，在新石器时代早期，石器以大量的典型细石器（包括石镞、矛头、锛形器等复合工具）为主要特征，有些遗址有局部磨光石器，并出现夹砂粗陶器。

综上所述，旧石器时代和新石器时代的主要区别是经济生活和生产工具的不同。旧

石器时代是掠夺性经济（或称攫取性经济），生产工具则使用打制石器。新石器时代是
生产性经济（农业和家畜饲养业产生），石器则为磨制石器（有的新石器时代早期遗址
只有打制石器而无磨制石器）。以狩猎经济为主的北方草原地区，生产工具主要使用打
制的细石器。陶器也是新石器时代文化中的一个重要因素，但有的新石器时代早期遗址
则没有陶器，属"前陶新石器时代文化"或称"无陶新石器时代文化"。因地域和生态
环境的不同，农业、家畜饲养业、制陶业和磨制石器工业，这些新石器时代文化的重要
因素的出现则有先有后，这四种新石器时代文化要素，不一定同时出现才进入新石器时
代。

注　释

〔1〕袁家荣：《玉蟾岩获水稻起源重要新物证》，《中国文物报》1996 年 3 月 3 日 1 版。

〔2〕谌世龙：《桂林庙岩洞穴遗址的发掘和研究》，《中石器文化及有关问题研讨会论文集》第 150 ~
166 页，广东人民出版社，1999 年。

〔3〕a. 保定地区文物管理所等：《河北徐水县南庄头遗址试掘简报》，《考古》1992 年第 11 期。

　　b. 李珺：《徐水南庄头遗址又有重要发现》，《中国文物报》1998 年 2 月 11 日 1 版。

〔4〕周延兴等：《河北徐水南庄头遗址出土石器（石块）鉴定报告》，《考古》1992 年第 11 期。

〔5〕原思训等：《南庄头遗址^{14}C 年代测定与文化层孢粉分析》，《环境考古研究》第 1 辑第 136 ~ 139
页，科学出版社，1991 年。

〔6〕a. 江西省文物管理委员会：《江西万年大源仙人洞洞穴遗址试掘》，《考古学报》1963 年第 1 期。

　　b. 江西省博物馆：《江西万年大源仙人洞遗址第二次发掘报告》，《文物》1976 年第 12 期。

〔7〕刘诗中：《江西仙人洞和吊桶环发掘获重要进展》，《中国文物报》1996 年 1 月 28 日 1 版。

〔8〕柳州市博物馆等：《柳州大龙潭鲤鱼嘴新石器时代贝丘遗址》，《考古》1983 年第 9 期。

〔9〕张镇洪等：《英德牛栏洞史佬墩遗址发掘有重要收获》，《中国文物报》1998 年 9 月 20 日 1 版。

〔10〕泥河湾联合考古队：《泥河湾盆地考古发掘获重大成果》，《中国文物报》1998 年 11 月 15 日 1
版。

〔11〕邱立诚等：《广东阳春独石仔新石器时代洞穴遗址发掘》，《考古》1982 年第 5 期。

〔12〕中国社会科学院考古研究所编：《中国考古学中碳十四年代数据集（1965 ~ 1991）》第 204 ~ 205
页，文物出版社，1992 年。

〔13〕宋方义等：《广东封开黄岩洞洞穴遗址》，《考古》1983 年第 1 期。

〔14〕宋方义等：《广东封开黄岩洞遗址综述》，《纪念黄岩洞遗址发现三十周年论文集》第 1 ~ 12 页，
广东旅游出版社，1991 年。

〔15〕周国兴：《白莲洞遗址的发现及其意义》，《史前研究》1984 年第 2 期。

中国史前聚落的考古研究

严文明

（北京大学考古学系）

中国史前聚落的考古研究肇始于20世纪50年代，在此以前的史前考古，大多着重于文化特征的描述和文化关系与年代的推断，基本上不涉及聚落形态的研究。到50年代，随着国民经济建设的大规模开展，田野考古工作得到迅速的发展，调查发现和发掘了一大批新石器时代的文化遗址，从而为聚落考古研究提供了客观的基础。当时在全国范围开展的关于马克思主义社会发展史的宣传和学习，也激励考古学者通过聚落形态的揭示来研究原始社会的组织结构和不同的发展阶段。其中最有影响的一件工作就是西安半坡遗址的发掘。

一 中国史前聚落考古的肇始

半坡遗址是1953年春发现的，1954年秋至1957年春在石兴邦先生主持下进行了大规模的发掘，发掘面积约1万平方米，发现房屋遗迹40多座，土坑墓和瓮棺葬等共200多座，还有大围沟和烧陶窑址等遗迹，第一次获知仰韶文化村落的大致轮廓，揭开了通过考古发掘来探讨氏族社会制度的序幕。这个遗址位于浐河东岸，居住区、墓葬区和陶窑区划分清楚。发掘报告书认为："从物质文化遗存的特点来观察，半坡原始氏族部落是处在发达的新石器时代阶段，即恩格斯所论述的野蛮时代的中级阶段。从社会发展的阶段来说，相当于母系氏族公社的繁荣时期"[1]。书中有不少关于半坡氏族或半坡氏族部落的提法，并且就这个氏族部落的发展阶段、人口数目、生产水平、经济特点、生活状况乃至精神文化等诸多方面都进行了推测，反映了企图全面复原社会历史的急切愿望。在组织发掘半坡遗址时，由于缺乏经验，特地介绍了苏联考古学家30年代全面发掘乌克兰特里波列文化居址的方法与经验[2]。可是特里波列基本上是一个时期的居址，几乎没有遗迹相互叠压打破的情况，发掘时主要考虑平面布局的问题。而半坡遗址有好几个时期的堆积，叠压打破关系非常复杂，发掘时虽然作了一些努力，最终还是主要从平面考虑问题而忽视了不同时期聚落的变化[3]。如果最初就严格掌握地层，从地层关系出发，注意不同时期聚落布局的变化，情况可能会好一些。不过这是中国考古学家第一次做这样的工作，参加的人又特别多，出现一些不足也是可以理解的。

在50年代发掘的另一处重要的仰韶文化聚落遗址位于陕西省宝鸡北首岭。这个遗址虽然也有不同时期的堆积，但主要是属于仰韶文化半坡类型的，所以聚落布局比半坡遗址看得清楚一些[4]，只是发掘报告没有正确地处理分期问题，以致在聚落布局的研究方面也发生差错[5]。遗址在金陵河西岸，居住区和墓葬区同样划分清楚。居住区的房屋明显分成三组，北组的房屋朝南，南组的房屋朝北偏西，西组的房屋朝东。据说东边也有房屋，后来被河水冲刷塌毁了。而中间是一个广场。由此可见这个村落既是凝聚和内向式的，内部又是有区划的，当初应该存在着至少两级社会组织。

半坡和北首岭都有很大的墓地。50年代发掘的同属于半坡类型的墓地还有华阴横阵村和华县元君庙。这些墓地都是聚落的重要组成部分，通过这些墓地的研究来探讨仰韶文化的社会制度，成为当时新石器时代考古最受关注的研究课题。当时关于墓地的研究，有不少是引用民族志资料来加以说明的，其中大多数学者主张仰韶文化母系说，只有个别人主张父系说。主张母系说的有人主张处在群婚阶段，有人主张处在对偶婚阶段，有人认为既有群婚也有对偶婚。这些研究往往是从概念到概念，显得空泛而没有说服力。也有不少文章是对考古资料进行分析的，这些文章既注意到墓葬的分片分排，更注意了单个墓葬的差别，特别是不同性别、年龄死者随葬品的差别，以及合葬墓中不同性别年龄的配伍关系，借以研究当时的社会组织和社会性质，这个思路是很好的。但是在对发掘资料按照同一思路来进行研究时往往得出不同的结论，从而引起了非常热烈的争论。例如有的学者主张所有仰韶文化的墓地都是氏族墓地，有的则认为是部落墓地；有的认为像元君庙那样成排的墓葬或像横阵村那样的复式合葬大墓是以氏族为单位的，有的则主张属于母系大家族。有的认为单个的合葬墓代表母系家族，有的则认为属于对偶家庭[6]。其所以有如此不同的看法，主要是发掘资料还没有经过详细整理，更没有发表正式发掘报告，仅仅根据考古简报或参观得来的初步印象来写文章。掌握的资料不全面又不准确，得出的结论就难免不发生差错，张忠培就曾经尖锐地指出这一缺点[7]。事实上任何墓地都不是一次形成的，往往经过了较长的一段时期，因此首先要了解墓葬的早晚关系，看看是不是可以进行分期。假如有明确的早晚关系而错误地当作同一时期来研究社会组织结构，自然会得出不正确的结论。例如横阵的三座复式合葬墓明显是有先后关系的，假如一座复式合葬墓代表一个氏族，三座复式合葬墓就应该是同一氏族在不同时期的埋葬，而不是代表三个氏族[8]。这个道理是容易明白的。

在上述四个墓地中，只有元君庙是经过仔细研究的[9]。张忠培在1964年写成而在1979年中国考古学会第一次年会上宣读的论文中，将整个墓地分成三期，结合墓葬排列位置观察，发现整个墓地分成两个墓区，墓穴安葬的顺序都是从北向南，再从东往西。由此他得出结论："元君庙墓地是两个氏族墓区组成的部落墓地。"[10]接着他着重分析了在墓地中大量存在的合葬墓，鉴于绝大多数合葬墓中的死者是属于不同性别和年龄等级的，他们应该是按照血缘关系组成的亲族集团在一定时期内死亡的，这个亲族集团应该是小于氏族的家族。元君庙的家族—氏族—部落究竟处在哪一个历史发展阶段？作者通过详细的分析后，认为"元君庙的母系氏族制，早已脱离了它的前期形态，而迈入发达的母系氏族制了，即母权制时代"[11]。后来关于渭南史家墓地的分析，也是按照这种思路进行的[12]。

二　聚落考古的进展

70 年代在聚落考古方面有几项重要的发现。首先是半坡博物馆等单位于 1972 ~ 1979 年对临潼姜寨的大规模发掘，揭露面积达 17084 平方米，发现了一个仰韶文化半坡类型的村落遗址[13]。发掘规模之大和村落布局保存之完好，在中国史前聚落遗址中是首屈一指的。姜寨的新石器时代文化遗存可分五期，其中保存最好的是属于半坡类型前段的第一期遗存，其次是属于半坡类型后段或被称为史家类型的第二期遗存。姜寨一期有一个比较完整的居住区，其中发现的房屋有 120 座，零星的灶坑有 181 个，如果一个灶坑代表一所房子，就应该有 301 座房子。发掘报告认为这些房子是分成三批建造的，属于同一时期的大约只有有 100 多座。这些房屋分成五组，大致上围成一个圆圈，组与组间有一定的间隔。每组各有一所大房子、一两所中等大小的房子和一二十座小房子，门道都无例外地朝向中央，而中央是一片墓地。应当说明的是，我在没有看到正式发掘报告的时候，根据不充分的资料以为中间的墓葬全部属于姜寨二期，在姜寨一期中间没有什么遗迹，推测可能是广场[14]，这一点应予纠正。根据《姜寨》报告，我们看到被划归姜寨二期的第 74、84、195、197、236、241、243、244、250、253、257 等墓葬实际上都是属于姜寨一期的，而这些墓葬全部在一期居住区的中央，因此中央应该是墓地而不是广场[15]。同半坡一样，姜寨一期村落周围也设有围壕，并且在寨门和沿壕的地方设了几处哨所，可见对村落的安全防御是十分关注的。在围壕之外的东部、东北和东南各有一片墓地，据说北部在现代村落所在的位置也有一片墓地，加上聚落中心的墓地共有 5 片，正好与 5 组房屋相对应。这似乎不是偶然的现象，半坡和北首岭的墓地也是分片的，也可能与房屋的分组相关。姜寨一期既有集中的烧陶窑场，也有与某一组房屋相联系的陶窑，说明陶器的生产是分别在两级社会组织中进行的，由此也可以推知当时至少存在着两级所有制，即以整个聚落为代表的社群所有制和以某一组房屋为代表的较小社群的所有制，甚至还有更小一级的所有制，这是一个重要的发现。

姜寨遗址发掘之后不久，在甘肃秦安大地湾甲址又发现了一个从半坡期后段到庙底沟期的聚落遗址，其布局同姜寨十分相似，只是保存得没有姜寨那么完整。由于有姜寨的发掘，使我们有可能对那些保存状况稍差的半坡、北首岭和大地湾甲址等有了进一步的了解。这几个分布于渭河流域的大体上属于仰韶文化早期的村落有许多共同的特征：

1. 居住区、生产区（主要指窑场）和墓葬区有明显的划分，同时又紧密地联系在一起。

2. 居住区依据地形的特点一般规划为圆形或椭圆形，房屋也往往围成圆圈，门朝中央，外有围壕，是一种凝聚式和内向式的聚落，反映整个社群具有强烈的集体意识和组织观念。各聚落的经济大致是以旱地粟作农业为主，结合养猪、渔猎、采集和各种手工业在一起的，是一种综合性的自给自足性经济，聚落之间在经济上的交换并不显著，从而也加强了聚落的凝聚性。另一方面，聚落之间在文化上的交往还是比较密切的，因而在相当大的范围内的文化面貌十分相似或相同。

3. 各聚落的规模差别不大，还没有形成高于一般聚落的中心聚落。一个聚落的房屋有数十座到百座左右，其中少数大房子可能是公共活动的场所，绝大多数小房子则是日常的住所。以此匡算，居民当有数百人之多。每个聚落内部的房屋又明确地分成若干组，而墓地也往往分成若干片，说明存在着比聚落要小的社会单位。换句话说，一个聚落内的居民至少存在着两级社会组织。

4. 当时的家庭形态，可以从日常居住的小房子中看出端倪。有些房子中有土床，有些房子虽然没有土床而曾经被火烧毁，其中相当于土床的位置没有摆放任何器物，可以判断是睡卧的地方，其面积一般只有2米多长1米半宽，只可能睡两三个人。这种房子内都有灶，有储藏罐而没有粮食窖穴，只能是一个半消费单位。两三个人的半消费单位不可能是一个完整的家庭而应该是对偶家庭，几个对偶家庭才组成一个比较完整的家庭。这是一项重大的发现。

5. 聚落有统一的规划和拥有不属于某一组房屋的公共烧陶窑场的事实，说明当时存在着以聚落为单位的所有制；同时存在着有些陶窑和牲畜圈栏明确与某一组房屋相联系的事实则说明还有小于聚落的所有制，即是以一组房屋的居民为单位的所有制。至少存在着两级所有制的情况为原始氏族公社埋藏了走向分化的种子。不过从总体情况来看，聚落的房屋虽然有大小之分而没有质量上的差别。墓葬的随葬品虽然有多少的差别，但是并不显著，质量上也没有什么明显的不同。说明这时的公社制还很巩固，社会基本上是平等的，没有明显的贫富分化和社会地位的分化。

以上便是仰韶文化前期聚落的基本情况。仰韶文化后期的聚落形态发生了明显的变化，这主要是通过大河村和大地湾乙址等处的发掘而得知的。

大河村遗址位于郑州市郊区，面积约30万平方米，文化堆积从仰韶文化早期到中原龙山文化可以分成许多期，就中以三、四期遗存最为丰富，可以大致看出聚落的形态[16]。这个遗址的中间有一条东北—西南走向的古河道，把遗址分成东西两个部分。河东的聚落居住区在南边，墓葬区在北边。在居住区发现有三排房子，北边一排与中间一排相距20米，中间一排与南边一排相距只有5米。其中有单间的也有套间的。房子之间虽然有叠压打破关系，但是后来的房子总是建在原先的排列中，可见这种排列是预先规划好的。由于发掘规模有限，原先究竟有几排房子，每排究竟有多长，有几座房子，都还无法确定。河西的聚落居住区在北边，墓葬区在南边，与河东区正好相反。更加有意思的是河东的墓葬头朝西南，而河西的墓葬头朝东方，两两相向，说明二者有特殊亲密的关系而丧葬习俗有所不同。因此大河村三、四期应该是两个聚落而不是一个。这两个聚落有相同的房子，有类似的聚落布局；在埋葬习俗方面，成年人用土坑墓和婴儿用瓮棺葬都是相同的，葬式也差不多，只是与居住区的相对位置相反，头向也不相同。从这些情况来看，它们应该是两个相邻而居并且有亲密关系的聚落。与仰韶文化前期的不同主要表现在凝聚内向式聚落格局的打破、分间房屋的出现与集体合葬墓的消失，说明这时的家庭形态发生了变化。至于社会的变化，从大地湾可以看得更清楚一些。

大地湾位于甘肃省秦安县五营乡，正当渭河上游的支流葫芦河的分支五营河的南岸。遗址的总面积有110万平方米，文化堆积可分为五大期，即老官台文化、仰韶文化早中晚三期和常山下层文化，其中以仰韶文化早期和晚期的遗存最为丰富。仰韶文化早期的聚落在河岸阶地上，我们称之为大地湾甲址，其大致情况已于前述。仰韶文化晚期的聚落在基本上在山坡上，最高处超过河面 200 米以上，范围与甲址明显不同，我们称之为大地湾乙址。乙址本身大致呈扇形分布，扇柄部分最低，地势也比较平，就在那里建造了一所大型的中心殿堂，编号为 F901[17]。它是一所多间式房屋建筑，有前堂、后室和东西两间厢房。前堂的建筑标准最高，它的中间有两根直径约 90 厘米的大圆柱，柱间有直径达 250 厘米的大灶台，地面经过多层处理，上面用石灰、细沙掺人工烧制的陶质轻骨料混合铺垫，表面用类似水泥的物质抹平并加以打磨光滑，看起来很像现代的水泥。柱子表面、墙壁和房顶也都用类似水泥的泥浆抹平。整个房屋占地约 290 平方米，房前还有广场，有两排柱子洞，洞前还有一排青石板。这些设施的具体用意虽然难以揣摩，但是把它们同房子联系起来，就显得非常特别。房子里面的出土遗物个体大，形态特别，也不像是日常生活用品。因此 F901 绝不是一般的住房，而是一所全聚落的中心建筑，发掘者称之为原始殿堂，是有道理的。

大地湾乙址并没有经过全面发掘，详细情况不得而知，但大致可以看出有几个小区。每个小区也有一所标准比较高的大型建筑，例如 F405 和 F901 前堂的样式几乎是一样的，只是规模较小而已[18]。小型房屋也不完全是居室，有的房屋地面抹白灰，并且用黑颜色作画。画面上有一个长方形物体上放着两个动物，似乎是牺牲；后面有两个人，姿势完全一样，都是左手抚头，右手持棒，双腿交叉，似舞蹈状，或是像巫师作法的样子。这显然是一幅宗教画，如果是单纯的艺术作品，画在墙上的效果会更好些，其所以特别画在地上一定有某种特别的需要，很可能这是一所为巫师专用的宗教性建筑。把这些情况联系起来，可以看出大地湾乙址明显不同于仰韶文化晚期的一般聚落，而是一个规模很大又非常特殊的中心聚落。

在仰韶文化晚期，类似大地湾乙址的中心聚落还有甘肃庆阳南佐疙瘩等处。总括这个时期聚落形态的变化，至少可以看出以下几点：

1. 聚落的大小差别显著，功能也有所不同，少数聚落得到特别的发展而成为中心聚落，意味着在聚落之间已经发生明显的分化。

2. 在中心聚落内部不但有明显的分区，而且有统一的中心建筑，说明各区之间不是完全平等的关系而可能是统属关系，而一般聚落则没有这种情况。

3. 住所除单间以外还出现有套间房，说明家庭形态和生活内容都发生了变化。结合墓葬中集体合葬习俗的消失，也许暗示着基于血缘关系的集体观念与平等意识有所改变。

仰韶文化聚落形态演变的研究，到 80 年代已有相当的进展，聚落演变的轨迹已经比较清楚，为此我曾试图梳理出某些带规律性的认识[19]。现在看来这些认识还是基本上符合实际情况的。

三　聚落演变与社会发展轨迹的研究

从 70 年代到 80 年代，中国新石器时代考古有了重要的发展。首先是由于一系列较早新石器时代文化的发现，以及由于龙山文化及同时代诸文化中铜器的发现而划分出一个铜石并用时代，中国新石器时代的总分期得以初步确立；其次是黄河流域以外一些重要文化区的初步识别，从而为建立中国新石器时代文化发展谱系打下了初步的基础。在这个基础上广泛开展的聚落考古，则把史前社会历史的研究推进到了一个新的高度[20]。

新石器时代早期大约相当于公元前 10000 年至公元前 7000 年，北方的年代可能比较晚些。这是发明农业的时期，也是定居聚落初步建立的时期。但是由于考古工作比较薄弱，对于这个时期的聚落形态了解甚少。

北方属于这个时期的遗址有河北徐水南庄头、北京门头沟东胡林和怀柔转年等处。南庄头遗址位于沼泽边，有许多泥炭堆积。出土遗物中有不少磨谷用的石磨盘和石磨棒，动物骨骼以猪骨和鹿骨为最多，还有少量陶片，推测已经有农业的萌芽[21]。而东胡林和转年则还看不出农业的痕迹。

南方新石器时代早期多属洞穴和贝丘遗址，其中比较重要的有湖南道县玉蟾岩和江西万年仙人洞，二者都是洞穴遗址，并且都有烧火堆等遗迹。玉蟾岩的出土物中最引人注目的是原始古稻和尖圆底陶釜[22]，说明当时已经有农业的萌芽，但狩猎—采集经济仍然占主导地位。仙人洞虽然没有发现稻谷，但是发现了水稻的植物硅酸体，其他情况都和玉蟾岩相似。由于农业还没有充分发展起来，难于形成较大的定居聚落，所以这个时期的聚落都很小。

新石器时代中期大约为公元前 7000 年至公元前 5000 年，有些地方可能稍晚。这时农业已经有较大的发展。在华北和东北南部主要是种植粟和黍的旱地农业，有成套的农具，饲养猪、狗和鸡。住房为地穴式或半地穴式，面积较大。例如内蒙古敖汉旗兴隆洼遗址的住房一般为 40～60 平方米，山东章丘西河遗址的住房多为 30～40 平方米。聚落的面积也比较大，例如经过全面揭露的兴隆洼早期聚落平面呈不甚规则的椭圆形，长短径分别为 183 和 166 米，面积约 23000 平方米，周围有壕沟环绕。壕沟内房屋整齐地成排排列，中间有两座各约 140 平方米的大房子，显然是一种凝聚式的向心结构[23]。同属于兴隆洼文化的敖汉旗兴隆沟、内蒙古林西县的白音长汗和辽宁阜新查海等遗址的聚落结构都和兴隆洼相似，也是凝聚式的向心结构；文化面貌十分相似的沈阳新乐下层也是如此。兴隆沟虽然还没有全面发掘，但从地表也大致可以看出聚落的全貌，规模甚至比兴隆洼还大。这大概是本期北方聚落的一个特点。

这时期黄河流域的聚落至今还没有一个是经过全面揭露的，具体形态不甚清楚，但是多少还可以看出一些迹象。例如河北武安磁山遗址有 8 万平方米，发现有大量的农具，包括石铲、石镰、石磨盘和石磨棒等；还有数百个储藏粮食的长方形窖穴，其中不少遗留有粮食朽壳[24]。这既说明当时的农业生产已经有一定的规模，同时也说明磁山是一个很大聚落的遗址。河南新郑裴李岗[25]、密县莪沟北岗、郏县水泉和舞阳贾湖等这些裴李岗文化的遗址都有比较大的墓地，并且与居住区紧密相连。墓地内往往可以比较清楚地区分为若干片。例如裴李岗、莪沟北岗和水泉的墓地都有相邻的三片，贾湖早期墓地有两片，中晚期墓地有六片[26]。说明每个聚落都有相当的规模，其中的居民至少有两级社会组织。

在南方的长江流域，由于稻作农业的初步发展，同样也出现了许多定居的聚落，主要集中在长江中游的湖南北部和湖北西南部。现在在湖南北部的一般被称为彭头山文化和皂市下层文化[27]，在湖北西南部的被称为城背溪文化，也有统称为彭头山文化或城背溪文化的[28]。这些聚落都已经从事稻作农业的生产，许多陶器的泥胎中用稻壳和稻草末做掺和料，一些墙壁的表面也用掺稻壳的泥土抹平。在湖南澧县八十垱更发现了上万粒的稻谷和稻米[29]。这个遗址有3万平方米，是南方同时期遗址中最大的一个。一般的遗址多在1万平方米以下，有的甚至只有几百平方米。这可能与稻作农业的特点有关。因为稻田需要水平，完全水平的地方毕竟很少，当时又不可能进行大规模的造田活动。既然在一定范围内的稻田数量有限，人们的聚落自然就不可能很大。直到今天，南方的农村仍然比北方农村小得多，这是由于水田农业生产和旱地农业生产的特点所造成的。

浙江东北部的河姆渡文化，年代虽已进入新石器时代晚期之初，但是基本的文化特征实应划归新石器时代中期之末[30]。这个文化的典型遗址为余姚河姆渡，它依山面水，在滨海的沼泽边缘，经过发掘知道有四期文化遗存，其中第一期和第二期属于河姆渡文化，尤以第一期文化最为丰富，是一个以干栏式长屋组成的聚落遗址。这种房屋的营建方式是先在地上打桩，承重的地方用方桩或圆桩，作为维护或区隔者用板桩。桩上用大圆木架地龙骨，上面铺地板，使地板离地面约1米高，然后在地板上面立柱、架梁、盖屋顶。所有这些木构件在遗址中发现有数千根，有的桩木至今还成排地立在地中。在一些木构件上发现有榫头和卯眼，地板用企口板，还有直棂栏杆和刻花的构件，可见这些房屋还是很讲究的。根据桩木的走向和间距，可知有的房屋进深约7米，还有1.3米宽的走廊。房屋的长度因受发掘范围的限制难以确定，据第一次发掘的情况看至少超过23米。第二次发掘的房屋有与第一次发掘的房屋连成一线的，其总长度将近100米，只是中间没有挖开，不知道是不是真正连在一起。不论怎样，这种房屋是很长的。在比较炎热和潮湿的南方采用干栏式建筑，可以较好地解决通风和防潮的问题，也比地面建筑容易保持卫生，所以直到近代还广泛流行于华南和东南亚地区。想不到这种干栏式长屋的源头可以上溯到7000年的河姆渡，实在令人惊叹不已。

河姆渡遗址有4万平方米，现在仅仅发掘了很小的一部分。在这一部分地方大约有六七栋干栏式长屋，如果全部发掘自然会发现更多的长屋，可见这是一个不小的聚落。其所以能够维持如此大的聚落，应当与它所在的特殊地理环境和比较发达的多种经济成分有很大的关系。遗址近旁有丘陵、平原、沼泽与河流，距离海岸也不远，自然资源十分丰富。遗址中发现了大面积的稻谷和稻草堆积，其数当以万斤计算。种稻需要整治田块，挖泥整田用的骨锹就发现有170多件，说明稻作农业已经有相当的规模。家畜主要有猪、牛和狗。有的陶器上刻画有黄熟的稻子低垂着稻穗，旁边有猪在觅食的画面，生动地表现出农家乐的图景。遗址中还有许多兽类、鸟类和水生动物的骨骼，还有成坑的橡子、菱角和芡实等，说明渔猎和采集经济也很发达。这一切使得河姆渡文化有条件得到充分的发展。

在这个时期，华南的经济仍然以渔猎和采集为主，广西南宁地区的顶蛳山文化是研究较好的，有一定的代表性。这个文化的聚落多数是分布在西江及其支流沿岸的贝丘遗址，其典型遗址为邕宁县的顶蛳山第二、三期。遗址位于八尺河和清水泉的交汇处，东部临水为住地，中西部为墓地，共发现有149座墓葬，以各种形式的屈肢葬和肢解葬为主，还有华南特有的蹲踞葬，是同类聚落遗址中较大的一处[31]。遗址上堆满各种螺蛳等水生贝类的介壳，还有许多陆生动物的骨骼，可见其经济是以渔猎和采集为主，没有发现农业的痕迹。华南其他地区的情况也大致如此，只是还有不少洞穴遗址。

总之，在新石器时代中期由于农业的初步发展，出现了有一定规模的定居聚落，其结构多是凝聚式和向心式的，有些聚落内部也是有分区的。由于自然环境的不同，在黄河流域和东北南部多以旱地农业为主的聚落，规模一般较大，房屋多采用地穴式或半地穴式；长江流域多以水田农业为主的聚落，规模较小，房屋多采用地面式或干栏式建筑。而华南多以渔猎、采集为主要经济的聚落，规模更小。其他地区的情况现时还不大清楚。

新石器时代晚期大约为公元前5000年至公元前3500年。这时在黄河流域除仰韶文化前期遗存外，还有黄河下游的大汶口文化前期，东北南部的红山文化前期，长江流域的大溪文化、薛家岗文化、马家浜文化和崧泽文化等。仰韶文化前期的情况已于前述。大汶口文化前期的聚落以山东长岛县的北庄遗址保存较好，并且进行过比较全面的发掘[32]。这个遗址位于大黑山岛的东部海岸边，发现的房屋约有100座，分为南北两群，西边是墓地，其中有两座较大的合葬墓，均被较晚的灰坑打破，残剩人骨分别有39具和54具，如果不被破坏，原先的人数还要多些。除了房屋没有围成圆圈，其他方面包括房屋建筑的样式和埋葬习俗等都和仰韶文化半坡类型的聚落形态相似，反映的社会形态也应当相似。大汶口文化前期的其他聚落遗址虽然没有进行大面积发掘，但从其规模和出土遗物来看并没有太大的差别，只有个别遗址出现了初步的分化现象。例如泰安大汶口遗址便是如此。在这个遗址的第二、三次发掘时发现有大汶口文化前期的墓葬46座，分为4组，其中有的墓规模较大[33]。例如2005号墓葬一成年男性，随葬器物104件，还有猪颚骨和牛头骨等；2009号墓为成年男性，随葬器物80件；2019号墓为成年男性，随葬器物96件；2007号墓为一6岁左右的小孩，随葬器物也有39件，另外还有猪骨和猪蹄等。另外一些墓则只有很少的器物，表明聚落内部已经发生贫富分化。而且在整个大汶口文化前期的遗址中，像大汶口遗址的只有一处，其他都是比较小的墓葬，说明这时聚落之间也已经发生初步的分化，中心聚落已经初步形成。但是大汶口同时存在着几座同性合葬墓，这又和仰韶文化前期的情况基本相同，而有别于大汶口文化中晚期的情况。

关于大溪文化的聚落目前还研究得很不够。湖北境内的枝城红花套、枝江关庙山、京山屈家岭和江陵朱家台等遗址都发现了大面积的被火烧毁的房屋遗迹。其中关庙山曾经发掘出十多座房子，一般为地面建筑，平面为方形或长方形，面积30~60平方米不等。湖南澧县城头山更发现了这个时期的城址[34]。该城基本上呈圆形，内部直径300多米，面积约8万平方米。始建于大溪文化早期，中晚期又加高加厚一次。环城有壕沟，直通外河。壕沟内曾经发现船桨、船艄和大量有机物遗存，其中包括竹席、苇席、稻谷、豆荚、瓜类、菱角和许多种类的植物种子。城内有房屋、墓葬、椭圆形祭坛和制陶作坊等。这个制陶作坊有 8 座陶窑、多条取土坑道，还有许多储水坑和泥坑等，是这个时期所见最大的制陶作坊。墓葬中有个别较大的，随葬玉器和 30 多件陶器，明显不同于一般墓葬。可见这个聚落内部已有分化，而它本身又是地方性的中心聚落。

这个时期其他地方的居住址发掘较少，墓葬发现较多，其所反映的情况大致与仰韶文化前期、大汶口文化前期和大溪文化相似，这里就不多说了。

四　聚落演变与文明起源

铜石并用时代早期大约相当于公元前 3500 年至公元前 2600 年。这时在一些遗址中发现有极少量的小铜器或冶炼铜器的迹象，与典型的新石器时代已经有所不同，所以划入铜石并用时代早期。属于这个时期的考古学文化，在中原为仰韶文化后期已于前述，在黄河上游为马家窑文化，下游为大汶口文化后期，东北南部为红山文化后期和小河沿文化，长江中游为屈家岭文化和石家河文化早期，下游为良渚文化前期，广东有石峡文化等。前一时期表现于个别聚落的微弱的分化现象，这时已经成为相当普遍的事了，其突出表现是中心聚落和古城的出现。

大汶口文化后期的居住遗址至今知道得很少，安徽蒙城县尉迟寺是唯一经过较大面积发掘的遗址[35]。这个聚落平面呈椭圆形，南北约 240 米，东西约 220 米，周围有壕沟环绕。房屋大多集中在北部，全部是分间式的，每座有两间、四间、五间或六间不等，大致构成两大排或两个大的单元。西边只有几座两间一套的房子，南边也有五间的长房。整体布局是有主体、有区划而又基本保持凝聚式的结构，与仰韶文化前期的聚落有所不同。类似的多间式房屋多见于中国南方和北方之间的过度地带，位于汉水流域的河南淅川黄楝树和下王岗、邓州八里岗、湖北襄樊雕龙碑等都有相似的建筑，其所以如此，可能是受到南方干栏式长屋的影响。

墓地发现较多，整体情况还比较清楚。大体上可以分成三个等级，最高等级就是第一次发掘的大汶口墓地[36]。已经发掘的 133 座墓葬可以明显地分为大中小三类，少数大墓有较大墓坑，有木椁和较多的随葬品。例如 10 号墓的墓坑有 13.5 平方米，有棺有椁，随葬器物 180 多件，其中有玉钺、玉镯、玉指环、象牙梳、象牙雕筒、松绿石项饰、鳄鱼鳞板、猪头和大量精致的白陶、黑陶和彩陶器皿，单是陶瓶就有 38 件之多。鳄鱼鳞板一堆有 84 片，可能是蒙鼓的鳄鱼皮的残余物。这种鼓古时称为鼍鼓，《诗经·大雅·灵台》："鼍鼓逢逢，矇瞍奏公。"这鼍鼓是周文王所造灵台上使用的乐器，是高级贵族享用的物品。中等墓占绝大多数，随葬 20~40 件器物不等；小墓也很少，有的随葬一两件质量很差的器物，有的一件器物也没有。可见大汶口聚落内部的分化是很明显的，而作为整体，它在大汶口文化中是最突出的，是整个文化的中心聚落的墓地。第二等级的墓地有曲阜西夏侯、莒县陵阳河与大朱村、诸城前寨等处，其中每个墓地内部都有明显的分化，少数为较大的墓葬，而多数为小型墓。大墓中随葬物品相当丰富，但是缺乏像大汶口大墓中那些高档的物品，在级别上只相当于大汶口的中等墓，应该是次中心聚落的墓地。其余大多数墓地中基本上都是小型墓，内部分化不明显，应该是一般聚落的墓地。由此可见，大汶口文化后期的聚落形态已经形成为金字塔形，表明这时的社会已经发生了深刻的变化。

目前关于红山文化的居住遗址也不甚清楚，但是从墓葬等资料可以更加清楚地看出金字塔式的结构。那里最高等级的中心遗址是位于凌源县的牛河梁，它是由祭坛、庙宇和积石冢等将近20个地点组成的宗教圣地和贵族坟山[37]。其中第二地点中间为直径22米的圆形祭坛，东西两边各有两个长方形积石冢，坛和冢都砌成三级台阶，周围都竖立成百件彩陶筒形器。每个积石冢中间有一座大墓，有的在大墓埋好后又埋若干石砌的小墓，工程浩大，蔚为壮观。牛河梁最引人注意的是在接近梁顶的"女神庙"，包括庙北的巨大平台和周围的窖穴。庙址尚未发掘完毕，仅表面清理就发现有大约属于6个个体的女神塑像。其中小的有真人大小，大的还要大两三倍。这样以坛庙冢相结合的巨大遗迹群，在中国史前文化中是独一无二的。如果当时的社会没有产生掌握大量人力物力资源和宗教大权的贵族阶层，营建这样巨大的工程是无法想象的。在红山文化中，类似牛河梁的积石冢在辽宁阜新、朝阳、北票、喀左、河北平泉和内蒙古敖汉旗等多处也有发现，但多只一个石冢而没有坛庙，应该是一些次中心的地方贵族的坟墓。在它们的下面是大量的普通聚落，仅敖汉旗就有500多处。

这个时期社会的变化在长江流域的文化中也表现得非常明显。长江中游的屈家岭—石家河文化已经普遍地出现了土城遗址，其中湖北有天门石家河、荆门马家垸、江陵阴湘城、石首走马岭等，湖南有澧县鸡叫城和城头山，后者是在大溪文化古城的基础上扩建而成的。各个土城的规模差别较大，小的7万～8万平方米，中等的约20万平方米，最大的石家河有120万平方米[38]。后者不但规模巨大，而且发现有多处宗教性遗迹，出土数百件大陶缸或臼、成万件可能是做法事用的红陶杯、上万件陶塑动物和陶偶。陶缸上刻画着像是图画文字的各种符号。这些在别的遗址都是从来没有见到的，足以证明它在屈家岭—石家河文化中是地位最高的中心聚落，而其他城址和某些规模较大的遗址如京山屈家岭等当为次中心聚落。

长江下游的良渚文化因为出土数量极多的精美玉器而闻名于世，但是它的发达程度绝不仅仅表现于玉器一个方面。这个文化的中心聚落在浙江余杭的良渚遗址群[39]，它是以莫角山城址和礼制性建筑基址为中心，兼有反山、瑶山和汇观山等祭坛和贵族墓地连同100多处遗址在内的巨大遗址群。其规模之大和等级之高，在同时期诸遗址群中无出其右。至于上海福泉山、江苏吴县草鞋山、昆山赵陵山、江阴高城墩和武进寺墩等处也都有人工筑成的大型土台和贵族大墓，并且出土不少玉器等高档物品，应该是属于次中心聚落的。普通聚落的墓地，如最近在浙江桐乡新地里所见者，当是良渚社会最基层的遗留。

这个时期社会分层的情况甚至在岭南也能够看得出来。例如广东曲江县的石峡遗址就应该是一个中心聚落遗址，内部也有明显的分层现象[40]。在发掘区的北部、西部和南部都有房子，基本上围成一个方框，中间是一个大型墓地。北面的房子有9米进深，长45米还不到头，不像是一般的居室而可能是某种礼制性建筑。墓地里面明显有大墓和小墓，有的大墓出土玉钺、石钺和 100 多个石箭头，还有许多陶器，可能是军事领袖。目前在华南这种规格的遗址还只有石峡一处。

总之铜石并用时代早期是聚落形态普遍发生重大变化的时期，也是普遍走向文明化进程的时期，只是各地表现的形式不同，文明化的具体内容也有差别。同时各地文化发展的水平也不尽一致。甘肃、青海的马家窑文化就还看不出明显分化的迹象，至于西南、新疆和东北北部基本上还是狩猎—采集经济，更谈不上聚落的分化与社会变化了。

如果说在铜石并用时代早期聚落的变化和文明化的进程是比较普遍的大范围的，那么到铜石并用时代晚期似乎发生了一种战略性的转变。前一时期比较发达的长江流域和东北南部此时似乎走入低谷，而黄河流域则比较迅速地发展起来。这个时期的城址和特大型遗址多发现在黄河流域，例如山西襄汾的陶寺遗址有 300 多万平方米，有大小两城，大城的面积估计有 280 万平方米，其墓地估计有 1 万座墓葬，是全国史前墓地中规模最大的一处[41]。在已经发掘的 1000 多座墓葬中，将近 90% 的小墓几乎没有任何随葬品，不到 1% 的大墓不但有木椁，还有鼍鼓、特磬和龙纹盘等高级贵族才能拥有的物品随葬，连同其他物品在内一座墓可以随葬一二百件。处在二者之间的中等墓大约占 10%。这是一种非常典型的金字塔结构，表明陶寺聚落的阶级对立已经达到十分尖锐的程度。这是在山西南部的情况，在河南似乎没有那么突出。赵春青曾经专门研究作为中原核心的伊洛—郑州地区史前聚落演变的情况[42]，在铜石并用时代的主要变化是：1. 城址数量显著增加，有的城址的建设比较讲究。例如淮阳平粮台有门卫房和用陶水管铺设的地下水道。新密古城寨的城垣夯筑技术是同时期最高的，至今耸立于地上的墙体还有 15 米高。但这些城址的规模都远不如陶寺那么大，看不出有哪一个是超出其他城址的唯一中心。2. 由于发明了水井，在离开天然水源较远的地方也可以建立聚落，于是人们大举向平原迁移，聚落数目也大为增加。聚落的分布形成大小不同的、似乎有主从之分的群体。3. 墓葬至今发现很少，而乱葬坑随处可见，还有用人同牲畜一起奠基或用做祭祀的情况。这些同样反映了阶级的对立和社会的重大变化，只是表现形式和山西南部有所不同罢了。这时在山东也发现了许多城址，规模同河南差不多，只是建筑技术略逊一筹。山东发现了不少墓地，其中临朐朱封的 3 座大墓墓坑各有 27 平方米左右，有棺有椁，有的是两椁一棺，还有置放器物的边箱和脚箱，其规格又远远超出陶寺大墓，也许可以算是王者之墓了。

这时在长江流域文化的发展是不平衡的。中游的石家河文化晚期虽然没有从前那种恢宏的气势，但也不是没有进步。例如肖家屋脊一座瓮棺中就随葬了 56 件玉器，其中有雕刻十分精致的人头像和虎头、飞鹰与知了等[43]，这种情况在黄河流域也是少见的，只有山东龙山文化的大墓差可比拟。下游的良渚文化到晚期似乎衰落了，但是最近在浙江西南部遂昌县的好川发现了一个很大的墓地，其中的大墓规格仍不很低。至于长江上游的四川，最近也发现了以新津宝墩为代表的一系列古城址，说明这时四川盆地文化的发展基本上赶上了长江中游前一时期的水平。

以上就是中国史前聚落发展演变轨迹的基本轮廓，同 14 年前勾画的轮廓相比已经清晰得多了。它说明农业和某些特殊手工业的发展如何促进经济文化的发展和聚落的演进。从新石器时代早期数量稀少的很小而又不甚稳定的聚落，演进到中期较多较大而又相对稳定的聚落；从中期凝聚式和向心式聚落演进到晚期的凝聚式和内部有区划的内向式聚落；从新石器时代晚期个别中心聚落的出现到铜石并用时代早期一大批中心聚落和城址的涌现，再进一步，某些级别较高的城址就向都城转变；它是夏商周大型都城级聚落的前奏，从而为中国早期文明的产生奠定了基础。由于中国幅员广大，各地情况千差万别，聚落的具体形态也不相同。首先是南北的差别，其次是各大文化区的差别，加上不同时期不同地区之间的不同程度的文化交流与碰撞，造成了非常复杂的情况，但是基本的演变轨迹还是相似的。

中国史前聚落考古虽然有不小的进展，但是要做的事情还有很多。近年来一些地方注意了小区的聚落考古研究，例如内蒙古中南部的岱海周边的聚落考古，揭示了从仰韶到龙山各个时期的聚落形态及其演变的轨迹，并且与小区的环境考古研究结合起来，收到了很好的效果[44]。事实上现在有不少遗址的发掘都是在聚落考古的思想指导下进行的，有些还是以小区为单位的聚落考古研究，例如石家河遗址群和良渚遗址群的考古规划与研究，湖南澧阳平原史前遗址的考古研究和安徽尉迟寺及其周边遗址的考古研究等都是如此。要深入开展聚落考古研究，还需要多种学科的有效合作，在这方面现在也有不少进展，但今后还需要作更大的努力。一些聚落考古的著作已经陆续出版，除了前举赵春青的著作外，还有钱耀鹏关于史前城址的研究[45]，张弛关于长江中下游史前聚落的研究[46]，韩建业关于北方地区史前聚落的研究[47]，许宏关于先秦城址的研究[48]等多种。关于聚落考古方法论的研究也有一些[49]，毕竟还是凤毛麟角，今后应该大力加强。相信随着整个考古学科的发展，中国史前聚落考古的研究会有新的更大的发展。

注　释

〔1〕西安半坡博物馆等：《西安半坡》第 226 页，文物出版社，1963 年。

〔2〕［苏］T. C. 帕谢克：《特黎波里居址的田野考查方法》，《考古通讯》1956 年第 3 期。

〔3〕严文明：《半坡仰韶文化的分期与类型问题》，《仰韶文化研究》第 67～86 页，文物出版社，1989 年。

〔4〕中国社会科学院考古研究所：《宝鸡北首岭》，文物出版社，1983 年。

〔5〕严文明：《北首岭史前遗存剖析》，《仰韶文化研究》第 87～109 页，文物出版社，1989 年。

〔6〕这一类讨论文章甚多，主要有以下几种：

 a. 吴汝祚：《从墓葬发掘来看仰韶文化的社会性质》，《考古》1961 年第 12 期。

 b. 方扬：《仰韶文化合葬习俗的几点补充解释》，《考古》1962 年第 3 期。

 c. 张忠培：《关于根据半坡类型的埋葬制度探讨仰韶文化社会制度的商榷》，《考古》1962 年第 7 期。

 d. 邵望平：《横阵仰韶文化墓地的性质与葬俗》，《考古》1976 年第 3 期。

 e. 李文杰：《华阴横阵母系氏族墓地剖析》，《考古》1976 年第 3 期。

〔7〕同注〔6〕c。

〔8〕严文明：《横阵墓地试析》，《文物与考古论集》，文物出版社，1986 年。

〔9〕北京大学历史系考古教研室等：《元君庙仰韶墓地》，文物出版社，1983 年。

〔10〕张忠培：《元君庙墓地反映的社会组织初探》，《中国考古学会第一次年会论文集》第 23～31 页，文物出版社，1980 年。

〔11〕同注〔10〕，第 31 页。

〔12〕张忠培：《史家村墓地的研究》，《考古学报》1981 年第 2 期。

〔13〕同注〔12〕。

〔14〕巩启明、严文明：《从姜寨早期村落布局探讨其居民的社会组织结构》，《考古与文物》1981 年第 1 期。

〔15〕严文明：《史前聚落考古的重要成果》，《文物》1990 年第 12 期。

〔16〕郑州市博物馆：《郑州大河村遗址发掘报告》，《考古学报》1979 年第 3 期。

〔17〕甘肃省文物工作队：《甘肃秦安大地湾 901 号房址发掘简报》，《文物》1986 年第 2 期。

〔18〕甘肃省博物馆文物工作队：《秦安大地湾 405 号新石器时代房屋遗址》，《文物》1983 年第 11 期。

〔19〕严文明：《仰韶房屋和聚落形态研究》，《仰韶文化研究》第 180～242 页，文物出版社，1989 年。

〔20〕严文明：《中国新石器时代聚落形态的考察》，《庆祝苏秉琦考古五十五年论文集》，文物出版社，1989 年。

〔21〕郭瑞海、李珺：《从南庄头遗址看华北地区农业和陶器的起源》，《稻作、陶器和都市的起源》第 51～63 页，文物出版社，2000 年。

〔22〕袁家荣：《湖南道县玉蟾岩一万年以前的稻谷和陶器》，《稻作、陶器和都市的起源》第 31～41 页，文物出版社，2000 年。

〔23〕中国社会科学院考古研究所内蒙古工作队：《内蒙古敖汉旗兴隆洼遗址发掘简报》，《考古》1985 年第 10 期。

〔24〕河北省文物管理处等：《河北武安磁山遗址》，《考古学报》1981 年第 3 期。

〔25〕中国社会科学院考古所河南一队：《1979 年裴李岗遗址发掘报告》，《考古学报》1984 年第 1 期。

〔26〕河南省文物考古研究所：《舞阳贾湖》，科学出版社，1999 年。

〔27〕何介钧：《长江中游原始文化再论》，《长江中游史前文化暨第二届亚洲文明学术讨论会论文集》第 183～209 页，岳麓书社，1996 年。

〔28〕张绪球：《长江中游新石器时代文化概论》第 14～53 页，湖北科学技术出版社，1992 年。

〔29〕裴安平：《八十垱遗址》，《中华人民共和国重大考古发现》（1949～1999）第 60～62 页，文物出版社，1999 年。

〔30〕刘军、姚仲源：《中国河姆渡文化》，浙江人民出版社，1993 年。

〔31〕中国社会科学院考古研究所广西工作队等：《广西邕宁县顶蛳山遗址的发掘》，《考古》1998 年第 11 期。

〔32〕北京大学考古实习队等：《山东长岛北庄遗址发掘简报》，《考古》1987 年第 5 期。

〔33〕山东省文物考古研究所：《大汶口续集——汶口遗址第二、三次发掘报告》，科学出版社，1997 年。

〔34〕湖南省文物考古研究所：《澧县城头山古城址 1997～1998 年度发掘简报》，《文物》1999 年第 6 期。

〔35〕王吉怀：《尉迟寺聚落遗址的初步探讨》，《考古与文物》2001 年第 4 期。

〔36〕山东省文物管理处等：《大汶口——石器时代墓葬发掘报告》，文物出版社，1974 年。

〔37〕辽宁省文物考古研究所：《牛河梁红山文化遗址与玉器精粹》，文物出版社，1997 年。

〔38〕石家河考古队：《石家河遗址群调查报告》，《南方民族考古》第 5 辑，四川科学技术出版社，1994 年。

〔39〕a. 林华东：《良渚文化研究》，浙江教育出版社，1998 年。

b. 徐湖平主编：《东方文明之光——渚文化发现 60 周年纪念文集》，海南国际新闻出版中心，1996 年。

〔40〕广东省博物馆等：《广东曲江石峡墓葬发掘简报》，《文物》1978 年第 7 期。

〔41〕中国社会科学院考古研究所山西工作队等：《1978～1980 年山西襄汾陶寺墓地发掘简报》，《考古》1983 年第 1 期。

〔42〕赵春青：《郑洛地区新石器时代聚落的演变》，北京大学出版社，2001 年。

〔43〕石家河考古队：《天门石家河考古发掘报告之一——肖家屋脊》第 296～298 页，文物出版社，1999 年。

〔44〕内蒙古文物考古研究所：《岱海考古（一）——老虎山文化遗址发掘报告集》，科学出版社，2000 年。

〔45〕钱耀鹏：《中国史前城址与文明起源研究》，西北大学出版社，2001 年。

〔46〕张弛：《长江中下游地区史前聚落研究》，文物出版社，2003 年。

〔47〕韩建业：《中国北方地区新石器时代文化研究》第四章，文物出版社，2003 年。

〔48〕许宏：《先秦城市考古学研究》，北京燕山出版社，2000 年。

〔49〕a. 严文明：《聚落考古与史前社会研究》，《走向 21 世纪的考古学》第 104～121 页，三秦出版社，1997 年。

b. 张忠培：《聚落考古初论》，《中国考古学——走近历史真实之道》第 199～204 页，科学出版社，1999 年。

从玉玦看东北亚地区史前文化的交流

王　巍

（中国社会科学院考古研究所）

位于东北亚地区的中国东北部、俄罗斯沿海州和日本列岛由于彼此地域相近，自古以来生活在这一区域的人们便存在着文化交流。迄今为止，对于我国战国时代以后该地区文化交流的状况，由于有古代文献的记载，又有一些考古资料作为证据，可知其概貌，而在此之前该地区史前时期文化交流的情况，却由于既缺乏文献记载，又缺乏考古资料，故所知甚少。近年来，该地区各国的考古学取得了不同程度的发展，获得了一批史前时期的重要考古发现，为我们研究该地区史前时期的文化交流创造了条件。本文拟根据新的考古资料所提供的线索，特别是以玉石玦为中心，考察东北亚大陆和日本列岛史前文化的交流。

一　东北亚大陆和日本列岛史前时期玉石玦关系的争论

上个世纪 70 年代末之前，中国和日本学术界都认为，中国东北地区与日本列岛的史前文化（"绳纹文化"）之间基本上没有交流，两地区的文化交流大约从中国的战国时期开始，而且是日本的九州地区通过朝鲜半岛接受了中国燕文化的影响。但是，值得注意的是，在日本列岛各地绳纹时代早期和前期（距今约 7000 年至 5000 年前）的遗址中，不时有玉石玦出土。这种形制独特的装饰品是东亚地区古代文化中代表性的装饰品。在中国，上个世纪 80 年代前半之前，年代最早的玉石玦是浙江余姚河姆渡遗址出土的玉玦[1]（图一，2），其年代约在距今 7000 年左右。当时，这种玉石玦被认为是起源于长江下游地区。1984 年，中国学者安志敏撰文指出，日本绳纹时代的玉石玦很有可能是接受中国史前文化影响的结果，并推论其传播路线可能是从长江下游地区传到日本的[2]。对此，部分日本学者持怀疑乃至否定的态度。其理由是，日本绳纹文化的玉石玦中，有一类缺口附近向下垂，使整个玉玦体不呈圆形（图一，12），这类玉石玦迄今仅见于日本列岛，因此，日本的玉石玦应当是独立起源的。其实，这种观点是值得商榷的。首先，这类玉石玦并非日本所独有，在中国西南的大溪文化（图一，6）和台湾的卑南遗址等地都有发现（当然，它们之间是否有联系另当别论）。其次，这种玉石玦在日本出土的玦中是年代比较晚近的，它是从典型的玉石玦中衍生出来的。这类玉石玦的存在，只是说明玉石玦在日本经历了一个发展变化的过程，却并不能成为否认日本的玉石玦源自中国的理由。

二 日本史前时期玉石玦的渊源及传来路线

那么，日本史前时期的玉石玦究竟是不是从中国传来的呢？我认为，如果是玉管玉环之类形制较为简单的玉饰，不同地区各自单独起源，偶然相似的情况是很有可能的。这种情况在世界各地的考古资料中也是不乏例证的。但是，像玉玦这样形制独特的玉饰，迄今仅见于地理位置相毗邻的东北亚地区，出现年代大体相当，如果说彼此之间只是偶然的相同，而没有内在的联系，恐怕难以令人信服。因此，二十年前，安志敏先生提出的日本史前时期的玉石玦可能是接受了中国史前文化影响的观点是很有见地的，日本绳纹时代的玉石玦应当是接受了中国史前时期玉石玦的影响而出现的。目前，日本学者中有相当一部分同意这一观点[3]。

上个世纪80年代末至90年代初，在内蒙古敖汉旗兴隆洼遗址[4]和辽宁阜新查海遗址[5]等兴隆洼文化的遗址中，都出土了玉石玦，其年代可以早到距今8000年（图一，1；图二，2、3）。根据这些发现，可知这种玉石玦在中国东北地区出现的年代不晚于距今8000年。关于中国史前时期的玉石玦是一源还是多源，目前尚难断定。

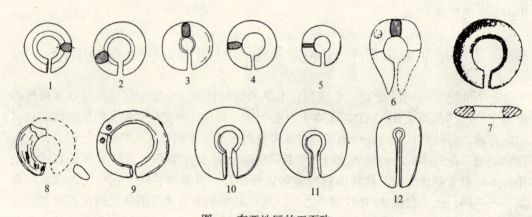

图一 东亚地区的玉石玦

1. 内蒙古敖汉旗兴隆洼 2. 浙江余姚河姆渡 3. 上海青浦崧泽 4、6. 四川巫山大溪 5. 台湾台北圆山
7. 俄罗斯切尔特维·沃洛塔 8. 日本北海道共荣B 9. 日本福井桑野 10. 日本福岛北烧野 11. 日本福岛三本松中之内 12. 日本秋田北浦

上述一系列新的考古发现提出了这样一个问题：如果日本史前时期的玉石玦是接受了中国大陆史前文化影响而出现的话，那么，这一影响究竟是来自中国的长江下游地区，还是中国的东北地区呢？

关于长江下游地区的史前文化对日本列岛的影响，已有安志敏等先生进行过讨论。从地理位置以及魏晋南北朝时期日本与中国南朝的交流和隋唐时期遣唐使的来华路线，尤其是有关的考古资料来看，史前时期的东亚大陆和日本列岛的居民曾通过这条路线进行过交流是完全有可能的。但是，谈到东亚大陆史前时期玉玦的东传路线，则可能另当别论。

　　首先，从年代上看，迄今为止，东亚大陆最早的史前时期玉玦是兴隆洼文化的玉玦，其年代不晚于距今 8000 年。根据笔者了解的情况，目前发现的日本史前时期的玉石玦中，年代最早的出土于北海道南部的共荣 B 遗址，该玦与绳纹文化早期分布于北海道南部的平底筒形罐——浦幌式陶器共出，该型式陶器的年代约在距今 7000 年左右[6]。共荣 B 遗址出土的玉石玦的横剖面为椭圆形，制作不甚精致，显示出较为原始的特征（图一，8）。这件玉石玦即便不是日本列岛年代最早的，也应当是较早的制品。换言之，我们认为，玉石玦传入日本列岛的年代可能就在距今 7000 年前后。这一年代与河姆渡文化的年代相近，而晚于兴隆洼文化。

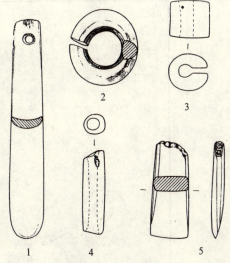

图二　查海遗址出土的兴隆洼文化玉器

　　其次，从地域上看，我国史前时期玉玦的分布地域相当广泛，从华南到东北都有。如果日本绳纹时代的玉石玦是从长江下游传来的话，那么，在玉石玦的分布地域上，应当是越往西、往南越早。然而，纵观迄今日本绳纹时代玉石玦出土的情况，却恰恰相反，出土的地域越往东、往北，玉石玦的年代越早（图三）。

　　应当如何解释这种现象呢？一个可能的推论是，日本绳纹时代的玉石玦可能不是从长江下游传来的，而是来源于中国东北地区的史前文化系统。

　　可是，兴隆洼文化分布于辽宁西部和内蒙古东南部，距离日本列岛东北部数千公里。这么远的距离，在 7000 年前难道真的可能存在着交流吗？

　　引人注目的是，在俄罗斯沿海州的切尔特维·沃洛塔洞穴遗址，也出土了玉玦（图一，7）。共出的遗物以打制石器为主，仅有少量磨制石器，显示出较早的文化特征[7]（图四），估计其年代约在距今六七千年。俄罗斯沿海州与我国东北地区相接壤，在新石器时代，该地区与我国黑龙江—乌苏里江流域属于同一个文化区。根据考古发现，黑龙江省的考古学文化又与吉林省乃至辽宁省的新石器时代考古学文化存在着程度不同的交流。在吉林省和黑龙江省，都出土了一定数量的史前时期的玉器[8]。可以看出，它们与辽宁地区的史前玉器基本上属于同一系统。其中，黑龙江省小南山遗址史前时期墓葬出土的包括玉玦在内的数十件玉器便是该地区玉器的典型[9]。关于小南山遗址的年代，曾有学者根据出土的玉器制作较为精致，认为可能是接受了红山文化的影响，故推断其与红山文化的年代大体相当。但是，正如有的学者所指出的那样，这是由于原来东北地区红山文化之前的玉器发现较少，对红山文化之前玉器的制作技术估计较低所致。兴隆洼文化玉器出土之后，使我们看到了该文化的玉器制作技术已经达到较高的水平。因此，小南山遗存玉器的年代可能并不像原来所估计的那样晚，从该遗址另一

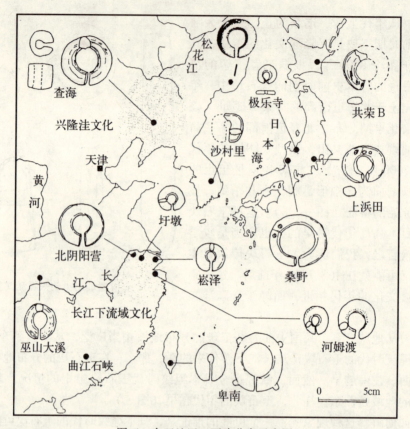

图三　东亚地区玉石玦分布示意图

座墓葬出土的陶器来看，应与新开流下层文化关系密切[10]。该遗址出土的玉器表明黑龙江地区的史前文化可能通过吉林地区与辽宁地区的史前文化发生过交流。如果这个推论不误的话，那么，与我国黑龙江省相毗邻的俄罗斯沿海州发现的距今约6000年的玉玦很有可能是接受了中国东北地区新石器时代文化的影响。玉石玦在俄罗斯沿海州的出土，成为了连接中国东北地区和日本列岛之间的中间环节，使我们有理由认真地考虑我国东北地区的玉石玦经过俄罗斯沿海州传往日本的可能性。

那么，日本列岛绳纹时代的玉石玦是否真的与我国东北地区文化及俄罗斯沿海州的玉玦存在某种联系呢？我们注意到，日本年代较早的玉石玦大都发现于同中国和俄罗斯沿海州隔海相望的日本海沿岸地区。这使人联想起，在俄罗斯沿海州旧石器时代晚期遗址中，曾出土日本北海道产的黑曜石。由此可见，日本海两岸的人们之间发生往来可以上溯至旧石器时代晚期。

也许有人会提出疑问，日本东北部地区和东北亚大陆之间隔着日本海，难道可能在远古时期就有人来往于两地之间吗？关于这个问题，我们注意到如下事实：在日本海沿岸，曾多次发现绳纹时代（距今五六千年前）的独木舟，其中最大的长达6～7米。俄罗斯沿海州与日本列岛的东北部及北海道之间虽隔着日本海，但若在合适的季节顺风顺

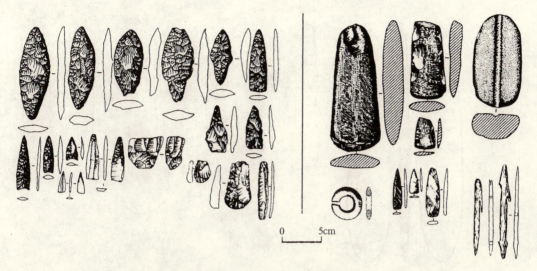

0   5cm

图四　俄罗斯沿海州切尔特维・沃洛塔洞窟遗址出土遗物
左：打制石器　右：磨制的石器和骨器

海流航行，即便是在数千年前，以捕鱼为生的人们是有可能到达彼岸的。

　　也许会有人说，仅仅凭借上述推论来论证日本列岛绳纹时代的玉玦源自中国东北地区的兴隆洼文化系统，还难以令人信服。那么，让我们再来看看其他的根据吧！

三　相关的旁证

1. 长条形玉坠

　　在日本绳纹文化中，有一种长条形玉石器。它长 10 厘米左右，体扁薄，一端有穿孔（图五，3～6）。这种玉饰应当是穿绳挂于胸前的装饰。这类玉饰往往与玉石玦共出，如在以出土玉石玦较多而著称的日本福井县桑野遗址的绳纹时代墓葬中，便是既出玉玦，又出这种玉坠[11]。

　　值得注意的是，这种玉坠也见于我国东北地区年代较早的史前文化中。在我国，它一般被称为"玉匕"或"玉匕形器"（图二，1、2）。它多出土于死者的胸部，其用途可能是穿绳挂于颈部的玉坠装饰。比较我国东北地区和日本列岛出土这种玉器，不难发现，它们的形制特点非常相似。在兴隆洼文化的墓葬中，这类玉饰也常与玉石玦共存。日本绳纹文化的这两类玉饰都与中国东北地区的史前文化的同类玉饰形制相同，且也都是两者共出。两地玉饰之间存在如此程度的共性，如果仅仅用偶然来解释实难令人信服。这类玉饰迄今不见于长江下游的河姆渡文化等新石器时代文化之中。因此，我们认为，它可能是兴隆洼文化系统的典型玉器。这两类在兴隆洼文化和日本的绳纹文化中都共出，且两地的同类玉石器的形制相当一致。有鉴于此，我们倾向于认为，日本北部地区的绳纹文化中的玉石玦和玉石坠饰很有可能是接受了中国东北地区史前文化玉石器的

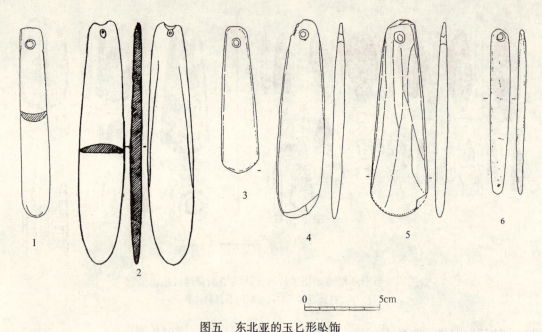

0   5cm

图五　东北亚的玉匕形坠饰

1. 辽宁查海遗址　2. 黑龙江小南山遗址　3. 日本富山早月上野遗址　4. 日本富山吉峰遗址　5. 日本神奈川东
方第7遗址　6. 日本东京仓驻遗址

影响。

2. 筒形罐

在考虑中国东北地区史前文化对日本东北部地区史前文化的影响时，还有一个线

0   10cm

图六　日本青森县
三内丸山遗
址八号房址
出土筒形罐

索，就是筒形罐。众所周知，在我国东北地区的新石器时代早中期文化遗存的陶器中，筒形罐是最有代表性的器类，不仅数量最多，而且造型较为稳定，变化较少。这种陶器的表面常常装饰有较为繁缛的纹饰，尤其以横向或纵向连续施纹而形成的"之字纹"最具特色。之字纹和筒形罐成为东北地区新石器时代考古学文化中最具有代表性的因素。

在日本东北地区和北海道南部地区，在绳纹时代草创期和早期前半（距今13000～7000多年），一直流行尖底陶器。而在绳纹时代早期后半（约距今7000年）开始，出现了平底陶器。在该地区此后的绳纹时代前期文化中，筒形罐成为这一时期该地区陶器的典型形制。将日本绳纹时代前期的圆筒形罐与我国东北地区新石器时代前中期的陶器相比，可以看出，两者有不少相似之处。不仅都呈圆筒形，而且纹饰的风格也不乏相似之处。如都流行"三段式"，即口沿部、颈部和腹部饰三种不同的纹饰（图六）。陶器的种类除筒形罐之外，还有陶钵。陶器都不用陶窑烧制，火候都不高等。当然，这类器型简单的陶器在形体方面的相似性完全有可能是出于偶然，彼此不一定有直接的联系。仅仅凭借陶器的上述相似性的存在，就论证两地区的陶器存在着内在的联系恐怕还缺乏说服力。但是，如果将两地区陶器的上述相似性和日本出现平底陶器的时间以及玉石玦和玉石坠的出现及其时间相联系，就会发现，他们在时间上和地域上都相当地吻合：平底陶器出现在日本列岛东北部和北海道南部的时间是在距今约 7000 年前，玉石玦和玉石坠出现的年代也在此时，且地域也都在日本北海道南部和东北地区北部。换言之，平底陶器和玉石玦、玉石坠这几种与中国东北地区新石器时代文化相似的文化因素出现的地域和时间都是一致的。笔者认为，这似乎就不能以偶然来解释了。两地区之间存在的上述相似的文化因素表明，在距今 7000 年前，两地区的人们之间，可能曾经发生过某种程度的联系和交往。在内蒙古敖汉旗兴隆沟遗址发现的兴隆洼文化中期（距今约 7500 年左右）的居住址中，曾出土了文蛤等海产贝壳类，表明该地的人们与海边生活的人们之间存在着某种形式的（直接的或间接的）交往。这也许可以作为本文推论的一个小小的辅证吧？

四　结论

综上所述，我认为，在距今 7000 年前，在我国东北地区西部的史前文化曾向东扩展，对东部的文化给予了影响。这种影响最具体的表现就是玉石玦和条形玉石坠的使用和随葬。同时，筒形罐的制作和使用也有可能对东部的一些文化产生较为强烈的影响。这种影响可能通过俄罗斯的沿海州传到了日本北海道和东北部。换言之，在距今 7000 年前，可能曾存在着一条从中国东北到俄罗斯沿海州，再越海到达日本列岛北半部的文化交流路线。这条路线的作用虽然不能与后来从中国东北或东部沿海地区经朝鲜半岛到达日本九州地区的文化交流通道相提并论，但是这条路线的存在是应当承认的。而且，由于其年代较早，因此，在研究东北亚地区史前文化的交流时，应当对这条路线及其发挥的作用给予承认和足够的重视。

注　释

〔1〕浙江省文物管理委员会、浙江省博物馆：《河姆渡遗址第一期发掘报告》，《考古学报》1978 年第 1 期。

〔2〕安志敏：《长江下游史前文化对海东的影响》，《考古》1984 年第 5 期。

〔3〕［日］藤田富士夫：《绳纹再发现——日本海文化的原像》（日文）第 242 页，日本大巧社，1998 年。

〔4〕中国社会科学院考古研究所内蒙古工作队：《内蒙古敖汉旗兴隆洼聚落遗址 1992 年发掘简报》，《考古》1997 年第 1 期；《内蒙古敖汉旗兴隆洼遗址发掘简报》，《考古》1985 年第 10 期。

〔5〕辽宁省文物考古研究所：《辽宁阜新县查海遗址 1987～1990 年三次发掘》，《文物》1994 年第 11 期。

〔6〕同注〔3〕，第234页。

〔7〕〔日〕大贯静夫：《东北亚的考古学》（日文）第75页，同成社，1998年。

〔8〕a. 刘国祥：《黑龙江史前玉器研究》，《东北文物考古论集》，科学出版社，2004年。

  b. 刘国祥：《吉林史前玉器试探》，《东北文物考古论集》，科学出版社，2004年。

〔9〕a. 黑龙江省博物馆：《黑龙江饶河小南山遗址试掘简报》，《考古》1972年第2期。

  b. 佳木斯市文物管理站、饶河县文物管理所：《黑龙江饶河县小南山新石器时代墓葬》，《考古》1996年第2期。

〔10〕注〔8〕a。

〔11〕同注〔3〕，第226页。

宁夏史前考古概论

谢端琚

（中国社会科学院考古研究所）

宁夏回族自治区位于黄河的河套西部，与甘肃、陕西、内蒙古等省区为邻。宁夏与甘肃、青海等省一样，自古以来，就是华夏诸民族生息繁衍和集聚交融之地。它历史悠久，不论地上或地下都蕴藏有丰富多彩的古文化遗存，并具有突出的地区特点。

1920 年法国地质古生物学家桑志华（E. Licent）在甘肃庆阳县（今属华池县）城北的赵家岔和辛家沟的黄土层和黄土底部砾石层中发现了 3 件旧石器。同年，比利时传教士肖特（P. Schotte）在宁夏灵武县水洞沟东 5 里横山堡一处冲沟的断崖中发现一具披毛犀头骨化石和一件人工打击的石英岩石器。1923 年法国古生物学家德日进（P. Teilhard de chardin）和桑志华在水洞沟遗址发现 5 处旧石器地点，并进行了发掘，发现大量的打制石器和哺乳动物化石犀牛、羚羊、鬣狗、黄羊、野牛、马和鸵鸟等[1]。这些发现揭开了宁夏旧石器时代考古的序幕。

宁夏从 1920 年发现水洞沟旧石器时代遗址算起，至今已有 85 年了。这几十年来，特别是 1958 年宁夏回族自治区成立以来，随着经济、科学、文化等各项事业的蓬勃发展，宁夏的文物考古事业也得到了飞速的发展。在文物考古工作者的辛勤劳动与专业人员的刻苦钻研下，本区在田野考古调查发掘工作和资料整理研究等方面，都获得了丰硕的成果。1984 年 3 月至 1985 年 6 月，宁夏文物考古工作者对本区进行了全面的文物普查工作，共发现古文化遗址（包括古遗址、城址、墓葬）700 多处，征集收购各种文物7000 余件[2]。自 1986 年以来，对海原县菜园村、曹洼和隆德县页河子等遗址进行了较大规模的发掘，发现了房址、墓葬等遗迹和大量的陶、石器等文化遗物，并及时出版了《宁夏菜园——新石器时代遗址、墓葬发掘报告》和《水洞沟——1980 年发掘报告》等考古学专刊。这些使我们有条件对宁夏考古的有关课题进行研究。本文拟就宁夏 80多年来史前考古的发现和研究成果作一回顾，对已发表的资料进行梳理、归纳，从而对宁夏地区古文化名称、文化属性和史前文化发展序列等方面的问题作些粗浅的分析，提出不成熟的见解，抛砖引玉，与文物考古界的同仁相互交流，共同探讨。

——

宁夏回族自治区文物考古工作起步较早，在自治区成立前一年即已开始。1957 年甘肃省文物管理委员会派出文物工作小组党国栋、倪思贤、宁笃学等，配合包兰铁路工程建设，在中卫县进行文物普查工作，发现沙坡头、一碗泉和长流水等多处新石器时代遗址，采集一批陶、石器等文物[3]。

1959 年，为配合青铜峡水库的建设，中国科学院考古研究所叶小燕、赵春生、邓德宝和宁夏地志博物馆董居安、张心智等组成青铜峡水库考古工作组，在青铜峡市、吴忠、广武、中宁、中卫等地进行文物普查，发现广武县新田北和中宁县风塘子沟等新石器时代遗址，采集大量细石器和陶器等文物[4]。

1960 年，中苏古生物工作者对水洞沟遗址进行发掘，获得各种石器材料约 2000 件[5]。同年，钟侃、张心智在西吉县调查，在兴隆镇西北部发现一处齐家文化遗址，清理墓葬 2 座[6]。1962 年董居安和隆德县文化馆解忠信等，在李世选村征集几件新石器时代陶器等文物[7]。1963 年中国科学院古脊椎动物与古人类研究所同宁夏博物馆合作，对水洞沟遗址进行再次发掘，除发现旧石器时代的石制品外，还有用火遗迹和用鸵鸟蛋壳进行穿孔而制成的装饰品等遗物[8]。同年李俊德、钟侃等在陶乐县调查，发现高仁镇、程家湾和察罕埠等 3 处新石器时代遗址，采集细石器和陶器等文物[9]。同时期在隆德县上齐家征集一批齐家文化陶器[10]。1964 年李俊德在海原县发现龚湾新石器时代遗址，征集有完整的彩陶罐等文物。同年宁夏博物馆在固原县海家湾清理齐家文化墓葬 3 座，出土 3 组随葬陶器[11]。1965 年该馆在固原县河川乡店河村，清理了齐家文化墓葬 6 座，出土一批较完整的随葬品[12]。

进入 20 世纪 70～80 年代，宁夏考古工作有了很大的发展。1973 年宁夏博物馆成立，同时组建了一支考古专业队伍，开展较大范围的考古调查和发掘工作，发现古文化遗址、墓葬 100 多处[13]。1980 年宁夏博物馆和宁夏地质局区域地质调查队再一次对水洞沟遗址进行发掘，揭露面积 52 平方米，获得动物化石 15 种 63 件，石制品 6700 余件[14]。1982 年宁夏回族自治区文物管理委员会成立。1984 年同心县文物普查队在罗山东麓发现上、下塬村新石器时代遗址，采集有马家窑文化陶、石器等文物 90 余件[15]。

1985～1988 年，宁夏文物考古研究所和中国历史博物馆考古部对海原县西安乡菜园村遗址进行发掘，发现新石器时代的房址、墓葬等遗迹和大量的陶、石器等文化遗物[16]。1986 年北京大学考古实习队和固原博物馆发掘海原县曹洼遗址，发现马家窑文化的窖穴等遗迹和陶、石器等遗物[17]。同年两单位合作又发掘了隆德县页河子遗址，发现仰韶文化和齐家文化遗存（原发掘报告称后者为龙山时代遗存），出土房址等遗迹和丰富的陶、石器等遗物[18]。1989 年固原博物馆韩兆民、固原县文管所马东海和中国历史博物馆考古部李文杰等，在固原县七营乡柴梁村红圈子沟墓地调查，征集了 100 余件陶、石器等文物[19]，其中，彩陶多为完整器，弥足珍贵。2002～2003 年，中国科学院古脊椎动物与古人类研究所和宁夏文物考古研究所组成联合考古队，先后两次在边沟河流域开展区域考古调查，新发现了近 20 处旧石器时代地点，并在水洞沟遗址第 2 地点进行了发掘[20]。

上述诸多的新发现为文物考古界所注目，它为开展宁夏地区史前时期考古学研究奠定了坚实的基础。

二

宁夏地区是我国最早发现和发掘旧石器时代遗址的地区之一，在旧石器时代考古中占有重要的地位。据报道，在宁夏境内的旧石器时代遗址或地点有灵武县水洞沟、清水营和中卫县长流水等处，石嘴山市也有分布。其中，最重要的是水洞沟遗址。它是迄今宁夏乃至西北地区发掘次数最多，收获最为丰富的旧石器时代遗址，考古界命名其为水洞沟文化。

水洞沟遗址位于灵武县城北的边沟河畔。自 20 世纪 20 年代发现以来，1960、1963、1980、2002～2003 年都进行了不同规模的调查和发掘，共发现 20 余个地点，每次的发掘工作也都有不少的收获，发现有用火遗迹和数目不等的动物化石和丰富的石制品及石器材料，尤其是 1980 年和 2002～2003 年，发掘规模较大，出土遗物多而完整。

1980 年，揭露面积 52 平方米，出土动物化石 15 种 63 件，石制品 6700 余件。石制品的种类可分为刮削器、尖状器、雕刻器、钻具和石核、石叶等。刮削器的形制较多样，大致有新月形、矩形、凹缺形、单直刃和双直刃等型式。石核以长身石核为主，龟背状石核占少数，小型石核则以圆锥体状居多。出土最多的是石叶或石片，其形式可分长石片和宽短石片等多种。石器的加工修理是以直接锤击法为主，锤击石片中修理台面者较普遍。石制品的原料是以白云岩为主，石英岩和燧石次之[21]。

2002～2003 年，在第 2、7、8 地点进行发掘，获得石制品 5463 件和用骨片或用鸵鸟蛋壳制成的环状装饰品 14 件以及哺乳动物化石，清理出一具近于完整的人类头骨，有的地点发现用火烧烤面遗迹和灰烬。石制品中工具类各种不同型式的刮削器最为多见，石叶或石片也较多，但石斧和典型的砍斫器却较少。石叶或石片是水洞沟文化的主要内涵。这种石叶或石片可能多作为复合工具的刃片，这在内蒙古和甘肃、青海等地区都可以找到很多例证。哺乳动物化石种类有普氏野马、普氏羚羊、野驴、披毛犀和鸵鸟等。发现的石器明显具有旧石器时代晚期的特征，石器组合在中国旧石器文化体系中独具特色。遗址经碳十四测定，年代距今约 40000～15000 年。值得提到的是，在田野发掘的同时，还采取多学科同步协作的方式，在发掘现场采集地质、地层、年代和环境等样品以供多方面的分析和测试[22]，大大提高了学术研究水平。这次发掘极大地丰富了水洞沟文化的内涵，使我们了解到水洞沟文化与欧洲和蒙古、西伯利亚地区的旧石器时代中晚期石器文化有着较强的联系。所以，它在东、西方旧石器时代文化对比研究中具有重要的学术意义。水洞沟遗址 1988 年国务院公布为全国重点文物保护单位。

三

宁夏地区新石器时代文化遗址亦有不少的发现，据统计共有 30 余处，主要分布在宁夏境内的黄河两岸台地上。经调查并采集有陶、石器等文物的遗址有：陶乐县高仁镇、察罕埂，贺兰县暖泉村，广武县新田北，中宁县凤塘子沟，中卫县长流水和孟家湾等多处。其中比较重要的是新田北和风塘子沟遗址。

　　新田北遗址位于广武县新田村北 1 公里，东滨黄河，西北倚沙丘，遗址面积约70000 平方米。1959 年调查时采集有打制、磨制石器和陶器等文物，其中，完整的石器约有 30 余件。石器的种类可分为石核、刮削器、石叶、砍砸器和石斧、石锛等多种。石器的原料主要是石髓、石英和玛瑙等。现把采集的实物标本并附部分插图介绍如下。

　　石核按其形制可分为拇指盖形、尖锥形、圆锥形和三角形等 4 种。这些石核器体大小不同，厚薄不一。标本 59N11：9（图一，1），呈拇指盖形，比较规整，长 3 厘米，径 2 厘米。标本 59N11：8（图一，4），呈尖锥形，打制精细，器体较小，长 2.7 厘米，径 1.4 厘米。标本 59N11：6（图一，6），呈圆锥形，器体留有宽窄不等的长条石片剥离的痕迹，长 3.2 厘米，径 0.7 厘米。标本 59N11：7（图一，8），三角形，器体较大，长 4.3 厘米，宽 4 厘米。

　　刮削器发现的较多，在其周边多留有加工或使用的痕迹。按其形制可分为椭圆形、圆角方形和树叶形等 3 种。标本 59N11：11（图一，2），呈椭圆形，长径 4.4 厘米，短径 3.5 厘米。标本 59N11：10（图一，3），圆角长方形，长 2.6 厘米，宽 2.4 厘米。标本 59N11：12（图一，5），树叶形，刃锋锐利，一侧边留有细密的压剥痕迹，长 3.5 厘米，宽 1.6 厘米。

　　石叶多呈长条形，石料颜色有红、黄、黑、白诸色，一般在器体中间有棱脊。标本 59N11：14（图一，7），横断面呈等边三角形，周边规整，长 2.5 厘米，宽 1 厘米。砍砸器呈圆形或椭圆形。标本 59N11：3，椭圆形，径 3.2～4.7 厘米。标本 59N11：4，略呈圆形，径 3.7～6.7 厘米。石斧可分为长方形、梯形、椭圆形等不同形式，标本 59N11：1 为椭圆形，磨制，长 9 厘米，刃宽 6.1 厘米。石锛呈长方形，标本 59N11：2，器形较规整，磨制精致，长 12.9 厘米，刃宽 4.4 厘米。陶器均为残片，多属夹砂红陶罐一类的器物。

　　风塘子沟遗址位于中宁县新堡乡中宁中学之南部，遗址范围约 160000 平方米。1959 年调查发现，采集打制、磨制石器和陶器等文物共 29 件。石器种类有石核、刮削器、石叶和石斧、锛、刀等。现把采集的实物标本并附部分插图介绍如下。

　　石核呈圆锥形或圆柱形。标本 59N8：12（图二，14），圆锥形，器形规整，长 3 厘米。标本 59N8：15（图二，15），圆柱形，长 2.6 厘米，径 1.1 厘米。刮削器较多，可分为拇指盖形、长方形、桃叶形等多种形式。标本 59N8：24（图二，7），拇指盖形，边缘留有细密的打击痕迹，长 1.6 厘米，厚 0.6 厘米。标本 59N8：25（图二，8），拇指盖形，器体较小，长 1.2 厘米，厚仅 0.4 厘米。标本 59N8：22（图二，12），拇指盖形，器体较大，长 2.8 厘米，厚 0.6 厘米。标本 59N8：39（图二，6），长方形，横断面作三角形，长 2.5 厘米。标本 59N8：23（图二，9），长方形，器形规整，长 2.8 厘米。标本 59N8：26（图二，11），长方形，器体较宽，长. 2.7 厘米，宽 1.3 厘米。标本 59N8：29（图二，10），尖锥形，长 2.8 厘米。标本 59N8：10（图二，13），桃叶形，横断面略呈三角形，长 4.5 厘米，宽 2.8 厘米。

　　石叶多作片状，器体均较小。标本 59N8：34（图二，1），横断面呈三角形，长 2.3

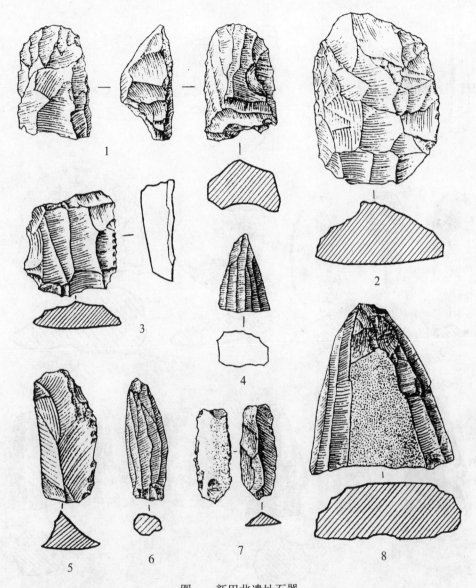

图一　新田北遗址石器

1、4、6、8. 石核（59N11：9、8、6、7）　2、3、5. 刮削器（59N11：11、10、12）　7. 石叶
（59N11：14）

厘米。标本 59N8：31（图二，2），为石叶中最小的一件，长仅 1.4 厘米。标本 59N8：
33（图二，3），柳叶形，长 1.7 厘米。标本 59N8：32（图二，4）横断面呈三角形，规
整精致，长 1.8 厘米。标本 59N8：37（图二，5），横断面呈三角形，长 1.5 厘米，宽 1
厘米。石斧可分为长方形和梯形两种。标本 59N8：3，梯形，窄顶宽刃，器体扁平，通
体磨光，长 7.7 厘米，厚 1.1 厘米。标本 59N8：2，两侧留有击痕迹，长 6.6 厘米，刃
宽 3.5 厘米，厚 1 厘米。石锛为梯形，标本 59N8：6，周边留有明显的击痕迹，青灰色，

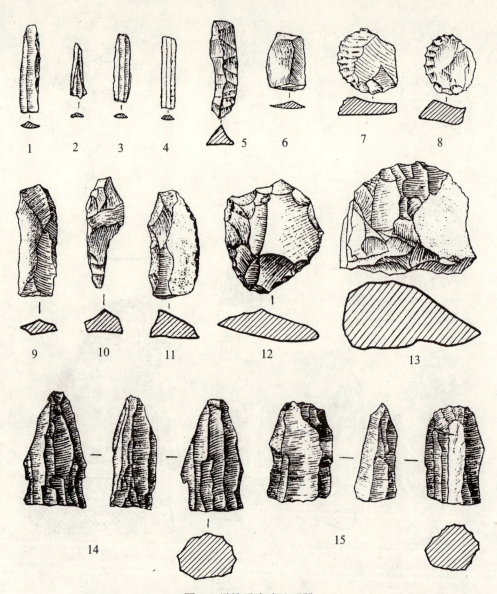

图二　风塘子沟遗址石器

1～5. 石叶（59N8：34、31、33、32、37）　　6～13. 刮削器（59N8：39、24、25、23、29、26、22、10）　　14～15. 石核（59N8：12、15）

长 8.5 厘米，刃宽 5 厘米[23]。

　　以新田北遗址为代表的文化遗存，是以细小打制石器为主要特征的文化遗存，并与陶器共存。这类文化遗存过去泛称为"细石器文化"或"细石器传统"。细石器遗存从东北、内蒙古往西至甘肃、青海和新疆等省区都有发现，它是北方草原地区以渔猎、畜牧经济为主的一种古文化遗存。这种遗存分布范围广泛，在不同地区的文化面貌各不相同，年代也存有较大差距，有的年代可延续到青铜器时代。但是，宁夏广武县新田北和中宁县风塘子沟遗址发现的与细石器伴出的陶器比较原始，应同属于新石器时代遗存。

四

宁夏地区境内的史前文化遗存丰富多彩，除上述水洞沟文化和以新田北遗址为代表的新石器时代文化遗存外，还有仰韶文化、马家窑文化、莱园文化和齐家文化等不同时期的文化遗存。其中，马家窑文化又可分为石岭下、马家窑、半山等不同类型。现依次加以论述。

仰韶文化是我国黄河流域新石器时代的主要文化遗存，其分布范围极为广泛，以黄河中游的中原地区为中心，北到长城沿线及河套地区，南达鄂西北。宁夏即位于河套地区，这里发现的仰韶文化遗存和中原地区的仰韶文化同属于一个文化系统。经调查发现，在隆德县页河子和北塬等遗址，均有仰韶文化遗存，其中页河子遗址比较重要。

页河子遗址位于隆德县城西南约 20 公里的渝河北岸，1984 年宁夏回族自治区进行文物普查时发现，1986 年北京大学考古实习队和宁夏固原博物馆对该遗址进行发掘。揭露面积 400 平方米，发现仰韶文化和齐家文化遗存。

仰韶文化陶器有泥质红陶和橙黄陶，以泥质红陶为主，彩陶较多，彩料多为黑彩，也有少量白彩。彩绘花纹常见的有弧边三角纹、圆点纹、网格纹、波折纹、弧线纹和平行条纹等（图三）。夹砂陶的纹饰有弦纹、附加堆纹、线纹或绳纹等。器形有卷沿彩陶盆、敛口彩陶钵、侈口彩陶罐和夹砂深腹罐、瓮或缸等。其中有一件彩陶器，出土于窖穴中，保存完好。标本 H212：16（图三，8），泥质橙黄陶，侈口，深腹平底，器表饰有黑彩多道平行条纹、网格纹，在条纹下还加饰三个勾状纹，口沿面亦饰有网格纹，高 12 厘米，口径 14 厘米，底径 6 厘米[24]。

北塬遗址位于隆德县西部沙塘乡北源村，1984～1985 年调查，征集到一件彩陶钵（图三，10），钵敛口弧壁，深腹圜底，通体饰黑彩波折纹，高 13 厘米，口径 15.5 厘米[25]。

这里发现的陶器与中原地区仰韶文化庙底沟类型形制基本相同，如卷沿彩陶盆完全一致。但饰有波折纹的彩陶圜底钵却在中原少见，也许是本地区独具特色的器物。

马家窑文化是甘青地区新石器时代主要的古文化遗存，在宁夏境内也有广泛的分布，青铜峡市、中宁、中卫、同心、海原、固原、西吉和隆德等县市，都发现有马家窑文化的遗址。现依石岭下、马家窑、半山类型的顺序分别给予论述。

石岭下类型的遗物在隆德县凤岭乡胜利村、沙塘乡页河子和西吉县城郊乡等地均有发现。陶器呈红褐色，部分施有白陶衣，彩陶花纹多为圆点、弧边三角、弧线组成的几何形纹样和鸟形纹等动物纹。鸟形纹以变形鸟纹或抽象形鸟纹最具代表性，主要表现鸟首、鸟颈及其羽毛等形态，它与全形鸟图像有别。器类有陶碗、盆、壶、瓶、罐等。例如：彩陶瓶（图四，1），由凤岭乡胜利村征集而来，器形完整，喇叭口，细颈，深腹平底，腹侧附一对半环形耳，器表施一层白陶衣，黑色彩绘，饰有多道平行条纹、弧线纹和变形鸟纹等多种纹样，器体较高大，高 34.8 厘米，口径 8 厘米，底径 10 厘米。细

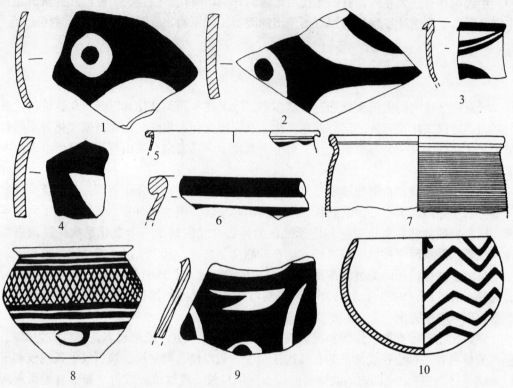

图三　仰韶文化陶器

1、2、4、9. 彩陶片（T203④：3、T203⑤：37、T301⑤：17、T203⑥：38）　　3、5、6. 彩陶盆（T203⑦：48、
H212：22、H128：17）　　8. 彩陶罐（H212：16）　　10. 彩陶钵（隆德北源村）（除 10 外，均采自《隆德页河
子新石器时代遗址发掘报告》图一三、三五）

颈彩陶瓶（图四，2），征集于城郊乡，器形与前者相似，但颈部较长，通体彩绘，从
口部到底部，依次饰有多道平行条纹、螺旋纹、宽带纹、弧线纹、弧边三角纹等，出现
宽幅面的精美画面，高 36.3 厘米，口径 8.5 厘米，底径 9.5 厘米。鼓腹彩陶瓶（图四，
3），征集于凤岭乡，喇叭口，长颈，鼓腹平底，彩绘多道平行条纹、圆点纹与变形鸟
纹等，高 20 厘米，造型雅致，是彩陶中的精品。小口尖底瓶（图四，4），征集于凤岭
乡胜利村，小口圆肩，深腹尖底，腹部通饰斜绳纹，器体高大，高达 54.4 厘米，口径
11 厘米[26]。

　　马家窑类型在宁夏境内主要分布在中、南部地区，在海原县菜园村马缨子梁、曹
洼、隆德县页河子、中卫县沙坡头等遗址都发现有该类型的文化遗物。其中，经过发掘
的有马缨子梁、曹洼、页河子等遗址。曹洼遗址的文化性质比较单纯，可作为该地区马
家窑类型的代表。

　　曹洼遗址位于海原县城东南曹洼乡，1984 年文物普查时发现。1986 年北京大学考
古实习队和固原县博物馆对该遗址进行发掘，揭露面积 270 平方米，发现有窖穴和陶、
石器等文化遗物。

曹洼遗址出土的陶器均残不能复原。陶器有泥质陶和夹砂陶两类，陶色以橙黄色为主，彩陶较多，约占陶片总数的23%左右，彩绘有黑彩，亦有红彩，彩陶花纹繁缛，内彩发达，线条粗细均匀。彩纹以旋涡纹为主要母题，给人以旋转奔腾的感觉，流畅优美。夹砂陶器往往饰有绳纹和附加堆纹。陶器器类主要有盆、壶、瓶、罐等。彩陶盆均残，不能复原，标本 0：6（图五，4），侈口卷沿，黑彩绘弧线纹，沿面饰垂弧纹，口径 32 厘米。标本 T103①：6（图五，5），彩绘波浪纹，沿面饰弧边三角纹，口径24 厘米。彩陶瓶多已残损，只有一件是完整的，标本 0：1（图五，1），侈口细颈，深腹平底，腹侧附一对半环形耳。饰黑彩多道平行条纹或宽带纹、羽状纹，高 29 厘米，口径与底径均为 9 厘米。标本 H101：3（图五，3），已残，口侧有一流，饰黑彩宽带纹、窄带纹、弧线纹，口径 8 厘米。标本 0：3（图五，8），已残，存口颈部分，饰黑彩宽带纹等，口径 14 厘米。彩陶壶完整的一件，标本 0：2（图五，2），侈口短颈，鼓腹平底，腹侧附一对半环形耳，饰黑彩窄

图四　石岭下类型陶器

1、3. 彩陶瓶（隆德凤岭）　2. 彩陶瓶（西吉城郊乡）　3. 小口尖底瓶（凤岭胜利村）

带纹或宽带纹、连涡纹和相错波浪纹，高 33.6 厘米，口径 10 厘米，底径 12 厘米。罐又可分为彩陶罐和夹砂粗陶罐等。彩陶罐已残，标本 0：4（图五，6），侈口鼓腹，饰黑彩弧线纹，沿面饰弧边三角纹，口径 17 厘米。标本 T102①：17（图五，7），存罐的腹底部，饰黑彩竖条纹和窄带纹。腹耳罐已残，标本 H105：5（图五，9），饰柳叶纹、宽带纹和弧线纹。遗址的年代，据碳十四测定数据为公元前 3616～前 2788 年[27]。

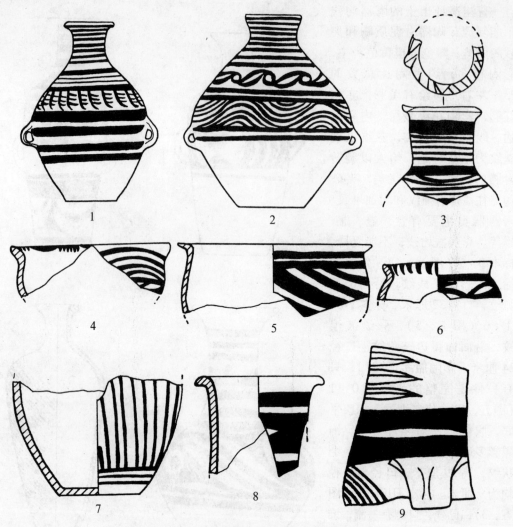

图五 曹洼遗址马家窑类型陶器

1、3、8. 彩陶瓶（0：1、H101：3、0：3） 2. 彩陶壶（0：2） 4、5. 彩陶盆（0：6、T103①：6） 6、7. 彩陶罐（0：4、T102①：17） 9. 腹耳罐（H105：5）

　　总观曹洼遗址的文化内涵应属于马家窑类型，出土陶器的主要器形和彩陶花纹母题，绝大多数和甘青地区典型的马家窑类型的同类器是相同或相似的，如彩陶盆、彩陶瓶、彩陶壶及其彩绘的多道平行条纹、波浪纹、涡纹、垂帐纹等，两者都是常见的。但也要看到这里还存在明显的地区特点，如彩陶纹样中的柳叶纹、羽状纹、叶脉纹、串葫芦状纹、细线波浪纹或弧线纹等，都是别具风格，不见或少见于甘青地区同类型的遗存中，可以作为一个地方类型来考虑，这对马家窑文化的区系类型的研究具有重要的学术价值。

　　半山类型在宁夏境内主要分布在海原、固原等县。在固原河川乡上台村、店河村、二十里铺、开城郭庙村、七营海堵村、中河、红圈子沟和海原龚湾等地均发现有半山类型的陶器。

彩陶壶在固原发现的较多，并且都保存完好。如河川乡发现的彩陶壶（图六，1），很完整，侈口短颈，鼓腹平底，腹侧附一对半环形耳，颈部饰黑彩齿带纹，肩腹部饰葫芦形纹等，高38厘米。还有一件彩陶壶（图六，3），征集于开城郭庙村，颈部饰三道宽带纹，肩腹部饰满竖条纹，高14.5厘米，口径6.5厘米，底径6厘米。单耳罐（图

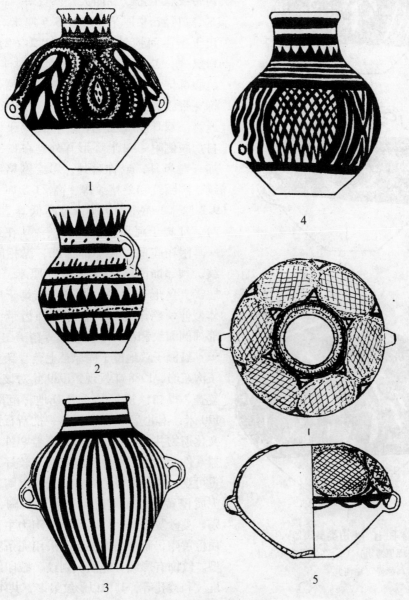

1
2
3
4
ǀ
5

图六　固原半山类型陶器

1. 彩陶壶（河川）　2. 单耳罐（二十里铺）　3. 彩陶壶（郭庙村）　4. 双耳壶（海塬村）　5. 彩陶瓮（店河）

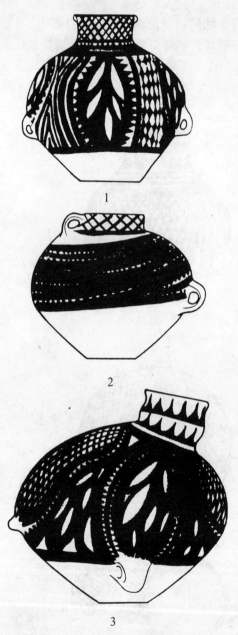

图七 半山类型陶器

1. 双耳壶（固原河川） 2. 高低耳壶（河川上台村） 3. 鸟形壶（中河）

六，2）征集于南郊乡二十里铺，泥质红陶，腹侧附一对半环形耳。通体饰黑、红彩相间的齿带纹，高11.6厘米，口径6.9厘米，底径4.3厘米。双耳壶（图六，4），征集于七营乡海堌村。泥质红陶，通体饰黑彩宽带纹、齿带纹、窄带纹和四大圆圈纹等。高16.4厘米，口径6.9厘米，底径6.5厘米。彩陶瓮，出土于店河遗址。标本M2：2（图六，5），口已残，鼓腹凹底，腹侧附一对半环形耳。肩腹部饰六个圆圈纹，圈内填网格纹，圈下饰宽带纹和波浪纹，残高19.6厘米，底径8厘米。双耳壶（图七，1），征集于河川上台村。腹侧附一对半环形耳外，在口沿两边还加一对鼻耳，或称盲耳，彩绘网格纹、齿带纹、圆圈纹和菱格纹等，高23.5厘米，口径9.2厘米，底径10厘米。高低耳壶（图七，2），征集于河川乡上台村，一耳在颈部，另一耳附在腹侧，腹上部饰红、黑相间的齿带纹，颈部饰网格纹，高20.7厘米，口径9.5厘米。鸟形壶（图七，3），征集于中河，形体似伸颈翘尾的水鸭，颈部饰齿带纹，腹上部饰圆圈纹和葫芦形网格纹等精美图案[28]。

红圈子墓地位于固原县七营乡柴梁村红圈子沟东崀，1988年发现，1989年对该遗址进行复查，得知该遗址是一处墓地，范围东西长170米，南北宽45米。征集一批新石器时代的文化遗物共133件，其中，石器9件，骨、牙器6件，陶器118件。陶器保存较好，并且数量可观，是一批极为难得的资料。陶器可分为泥质橙黄陶、泥质红陶、泥质灰陶、夹砂红陶、夹砂灰陶五种，以泥质红陶为主，次为泥质橙黄陶，制法均为手制，采用泥条圈筑法成型。纹饰有彩纹、绳纹、划纹、戳印纹、附加堆纹和镂孔等，其中以彩纹最多，共44件，占

征集陶器总数37.29%，均为单色彩，除3件绘黑彩外，其余41件均为红彩，纹样有平行条纹、菱格纹、波折纹、叶脉纹、弧线纹和竖条纹等。同时还有较多的"十"、"井"、"火"字形等彩绘符号。这些纹饰有的作为内彩绘在陶器的内壁或内底面上。

陶器皆为平底器，器形有碗、钵、杯、盆、尊、壶、罐等。彩陶碗有侈口、敛口之分，侈口碗89:10（图八，3），口内壁饰红彩竖条纹，内底有"井"字形符号花纹，高7厘米，口径13.8厘米。敛口碗89:122（图八，9），腹上部附有突钮10个，器表遍饰红彩竖条纹7道，内壁饰斜线纹等，内底施"十"字符号，高8.8厘米，口径14.2厘米。彩陶钵均完整，标本88:123（图八，6），敞口，近口部附有4个对称的鸡冠耳，内壁饰有叶脉纹和菱格纹，内底施错位的"井"字形花纹，高10.2厘米，口径20.2厘米。标本88:133（图八，8），近口部附4个对称的环形小耳，绘红彩，口沿面饰波折纹，内壁饰竖条纹，底下施"火"字形符号，器体较高大，高15厘米，口径23厘米。罐类较多，又可分为小口罐、单耳罐和双耳罐等多种型式，以单耳罐的数量最多，如：标本88:134（图八，1），颈部饰戳印纹，肩腹部绘红彩菱格纹和竖条纹等，口内饰宽带纹，高16.8厘米，口径9厘米，底径6.6厘米。标本88:192（图八，2），肩腹部绘红彩波折纹和竖条纹等，耳上划"1"字纹，高15.4厘米，口径9厘米，底径7厘米。标本88:129（图八，4），器表绘红彩竖条纹6组，每组3道，口内也饰有竖条纹4组，高18.5厘米。标本88:111（图八，5），腹部和口内壁均饰红彩竖条纹，口内饰竖条纹6组，每组3道，高14.8厘米。标本88:138（图八，7），腹部饰红彩竖条纹和网格纹，耳上有"川"字形花纹，高16.4厘米[29]。

半山类型在甘青地区常见，陶器的突出特点是彩陶的比例骤然增加，有的遗址出土的彩陶量占全部陶器总数60%，彩陶图案绚丽多彩，花纹主要是以单线红彩和双侧带齿边黑彩组成的几何形纹饰，主要纹样有左右连续的旋涡纹、葫芦形纹、齿带纹和圆圈纹等，黑、红彩对比鲜明，画面富丽夺目，图案设计严谨巧妙，不论正视或俯视，都让人感到是一幅完整而美妙的画面。器形有盆、钵、壶、单耳罐和双耳罐等。固原地区征集的半山类型陶器，其器形或纹饰的特点与甘青地区别无两样，而红圈子墓地的陶器虽然亦属于半山类型的范畴，但却表现出明显的特点。如彩绘器都施单色彩，即黑彩和红彩不同饰在一个器物上，并以红彩为主。据统计，红彩占彩陶总数的93.18%，黑彩仅占6.82%，相差悬殊。这与甘肃、青海半山类型彩陶常见的黑、红彩相间组成的花纹风格显然有别。同时彩纹中最普遍的竖条纹，虽然在甘肃永靖县金泉七十亩地和兰州小坪子等遗址的彩陶中，也有这种花纹，但不是主流纹饰。甘青地区陶器上虽有彩绘符号，但数量不是很大，而这里出现了一批"十"、"井""火"等字形的符号，是较为引人注目的。另在夹砂陶器方面，也有与其他同期遗址不同之处，即附加堆纹较多，且纹样复杂多变，堆纹宽窄不同，排列有序，成为陶器的另一特点。红圈子遗址的文化内涵较丰富，但从目前所获得的资料分析其主体文化仍然属于马家窑文化半山类型，由于它在一些文化遗物上表现出的特色，能否成为一个新的地区性的文化类型，则有待于来日更多的田野考古工作的开展和研究的深入。

五

菜园文化是20世纪80年代新发现的史前文化遗存。菜园遗址位于海原县西安乡菜

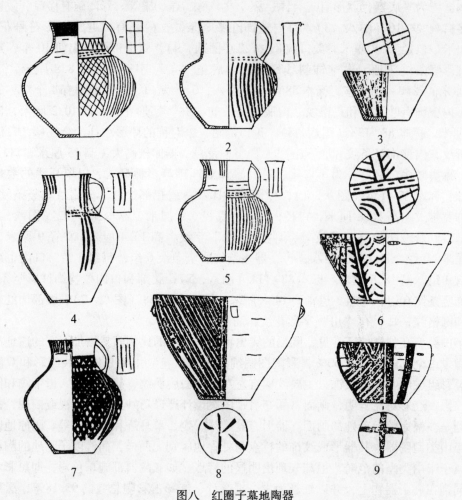

图八　红圈子墓地陶器

1、2、4、5、7. 单耳罐（88：134、192、129、111、138）　3、9. 碗（89：10、122）　6、8. 钵（88：123、133）

园村南，坐落在南华山北麓，1985～1988 年发掘，遗址范围南北长 260 米，东西宽 60～100 米，发掘地点包括马缨子梁、林子梁、石沟 3 处遗址和切刀把、瓦罐嘴、寨子梁、二岭子湾、林子梁西坡 5 处墓地。发现新石器时代晚期房址 15 座、灰坑 65 个、灰沟 1 条、窑址 1 座、墓葬 138 座，出土文化遗物 5000 余件。其中切刀把、瓦罐嘴两处墓地文化内涵较丰富，可作为菜园文化的代表，这里略加介绍。

切刀把墓地位于菜园村南 1.5 公里的坡地上，1984 年文物普查时发现，1985～1986 年发掘，发现墓葬 59 座，房址 2 座，出土陶、石器等文化遗物 1637 件，其中陶器 789 件。墓葬形制分为竖穴土坑墓和竖穴侧龛墓两类，葬式以侧身屈肢葬为主，随葬品各墓数量不等，多者达 50 件，少者仅 1 件。随葬品多为陶器。陶器皆手制，陶质有夹砂陶和泥质陶两类，前者占全部陶器 67%，后者占 33%，以灰褐陶和黄褐陶为主，纹饰有篮纹、刻划纹、附加堆纹和彩绘纹饰等。彩陶皆黄褐陶，饰红彩或黑、红相间的几何形花纹，常见的有网格纹、齿带纹、圆圈纹、波浪纹和鳞形纹等，器类有罐、壶、瓮等，其中罐又分为小口罐、单耳、双耳罐等。如彩陶壶 QM30∶7（图九，1），侈口细颈，深腹平底，腹侧附一对半环形耳，腹上部饰黑彩网格纹等，高 19 厘米，口径 7 厘米。彩陶壶 QM37∶23（图九，6），腹上部饰红彩网格纹，腹下部饰横篮纹，高 20.4 厘米，口径 10 厘米。彩陶瓮 QM19∶22（图九，2），侈口短颈，深腹平底，腹侧附一对半环形耳，器表饰红、黑彩相间的齿带纹和波浪纹，器体高大，高达 43.5 厘米，口径 1.6 厘米。鸭形壶 QM26∶6（图九，3），整体造型似鸭，故名鸭形壶。腹上部饰 5 个圆圈纹，圈内填网格纹，高 17.8 厘米，口径 7.8 厘米。双耳彩陶罐 QM40∶4（图九，4），侈口矮颈，深腹平底，颈侧附一对半环形耳，腹上部饰上下相错的三角网格纹，高 16 厘米，口径 11 厘米。双耳彩陶罐 QM26∶5（图九，5），底微凹，腹上部饰红彩网格纹等，腹下部遍饰横篮纹，高 18 厘米，口径 14.8 厘米。

瓦罐嘴墓地位于切刀把墓地之西，1987 年发掘，发现墓葬 44 座。墓葬形制和葬式与切刀把墓地相同，出土的随葬品共 1434 件，其中陶器 360 件。每墓均有随葬品，多者 30 件，少者 2 件。陶器的陶质分夹砂陶和泥质陶两类，前者为主，占陶器总数 61.7%，后者占 38.3%，纹饰以篮纹最多，有部分彩纹。器类有盆、钵、碗、杯、壶、罐、瓮和器盖等。其中罐类又可为小口、大口、单耳、双耳罐和彩陶罐等多种型式。彩陶罐 WM35∶18（图一〇，1），侈口矮颈，鼓腹平底，口侧附一半环形耳，腹上部饰黑彩菱形网格纹，内彩垂弧纹，高 12.4 厘米，口径 10 厘米。双耳彩陶罐 WM20∶23（图一〇，2），大口高颈，鼓腹平底，颈肩间附一对半环形耳，器表饰黑红彩相间的菱形网格纹和宽带纹等，高 17.2 厘米。双耳彩陶罐 WM34∶15（图一〇，3），颈部饰斜十字纹，腹上部饰稀疏的网格纹，腹下部饰斜篮纹，高 20 厘米，口径 10.8 厘米。双耳彩陶壶 WM5∶6（图一〇，4），侈口矮颈，深腹平底，腹侧附一对半环形耳，腹上部饰菱形网格纹，高 20.4 厘米，口径 10 厘米。长颈彩陶壶 WM20∶8（图一〇，5），腹上部饰红彩网格纹等，腹下部施斜篮纹，高 26 厘米，口径 10.4 厘米。双耳彩陶罐 WM18∶12（图一〇，6），侈口矮颈，扁圆腹，小平底，口肩间附一对半环形耳，颈部饰齿带纹，腹部饰菱形网格纹，口内饰垂弧纹，高 15.8 厘米，口径 12 厘米[30]。

切刀把和瓦罐嘴墓地若与甘肃马家窑文化半山类型的兰州土谷台墓地比较，可发现有不少相同之处。首先在墓葬形制和葬式上是相似的，两者皆有竖穴土坑墓和土洞墓或竖穴侧龛墓，葬式均以侧身屈肢葬为主要葬式。其次在随葬陶器方面，在陶器的器形和纹饰上也存在很多共同的风格，如切刀把墓地出土的彩陶瓮（M19∶22）和土谷台同类瓮（M7∶6）不论器形还是器表彩纹都是一样的，皆侈口矮颈，深腹小平底，腹侧附一对半环形耳，饰红黑彩相间的齿带纹和波浪纹。又如切刀把鸭形壶（M26∶6）和土谷台同类壶（M47∶1），两者如出一辙，皆在颈部饰网格纹，在腹上部饰菱形网格纹。还有瓦罐嘴墓地出土的双耳彩陶罐（M18∶12）和土谷台同类罐（M57∶2）[31]，其器形和彩纹是完全一致的。上述器物都是马家窑文化半山类型具有代表性的陶器。但要看到切刀把和瓦罐嘴墓地更多的器物具有浓厚的地方色彩。切刀把墓地出土的陶器以夹砂灰褐

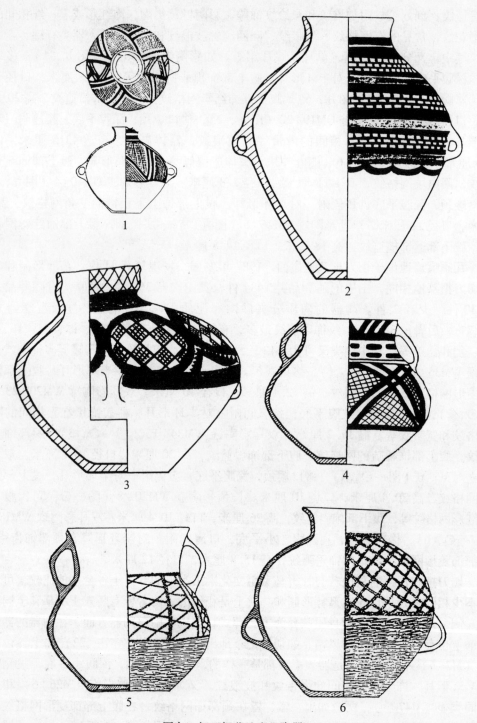

图九 切刀把墓地出土陶器

1、6. 彩陶壶（QM30：7、QM37：23） 2. 彩陶瓮（QM19：22） 3. 鸭形壶（QM26：6） 4、5. 双耳彩陶罐（QM40：4、QM26：5）

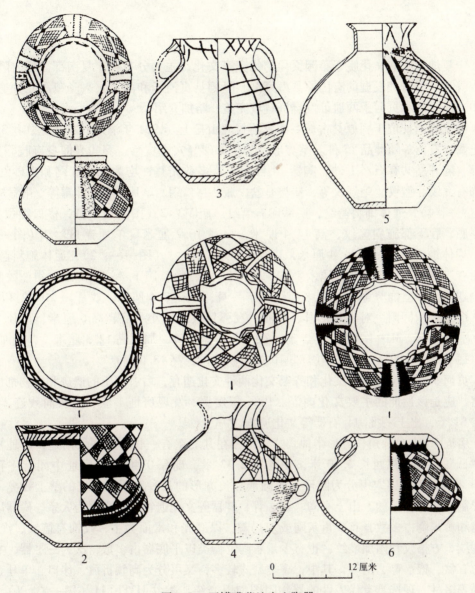

图一〇　瓦罐嘴墓地出土陶器

1. 彩陶罐（WM35：18）　　2、3、6. 双耳彩陶罐（WM20：23、WM34：15、WM18：12）　4. 双耳
彩陶壶（WM5：6）　5. 长颈彩陶壶（WM20：8）（图均采自《宁夏菜园》图一四三）

或黄褐陶为主，纹饰以篮纹最多，彩陶却较少，器类中不同形式的陶匜和异形器独具特
色。而土谷台墓地的陶器，其陶质为泥质红陶和夹砂红褐陶两类，不见灰陶，彩陶却较
多，占陶器总数的56%，而且彩陶图案繁多，鲜艳华丽。两者差异是明显的。为了便
于把宁夏地区这类文化遗存与同时期甘青地区不同文化进行比较研究，把菜园遗址作为
典型单位，可命名为菜园文化。

六

宁夏地区史前文化晚于菜园文化的是齐家文化，主要分布在宁夏南部固原、隆德、西吉等县。经清理发掘的有固原县海家湾、隆德县页河子和西吉县兴隆镇等几处遗址。其中，海家湾和页河子两遗址发掘资料较完整，略加介绍。

海家湾遗址位于固原县古城乡海家湾村北山丘上。1964 年清理齐家文化墓葬 3 座，出土陶、石器等随葬品 15 件。墓葬形制为长方形竖穴土坑墓，葬式为仰身直肢葬和二次葬，随葬品共有石器 1 件、陶器 14 件。陶器多数完整，均为泥质红陶和夹砂红陶，纹饰有绳纹、篮纹、刻划纹等，器类有盆、瓶、侈口罐、单耳罐和双耳罐等。陶盆M2：3（图一一，4），通体饰斜篮纹，底部印有席纹。瓶 M2：2（图一一，3），侈口细颈，深腹平底，腹下部施斜篮纹，高 14.4 厘米，口径 10.2 厘米。单耳罐 M3：2（图一一，5），通体饰斜篮纹，高 11.4 厘米，口径 8 厘米。M3：1（图一一，2），通体施斜篮纹，耳面有三道划纹，口径 6.6 厘米。M1：3（图一一，6），腹下部饰横绳纹、斜篮纹和竖行刻划纹，耳上饰竖绳纹，集多种纹饰于一身，口径 8.4 厘米。双耳罐 M1：2（图一一，1），颈肩间附一对半环形耳，鼓腹，反弧壁收缩成小平底，高 6 厘米，口径 7 厘米，造型小巧。M1：1（图一一，7），颈肩间有戳印纹一周，高 12.3 厘米，口径厘米。侈口罐 M2：1（图一一，8），腹部遍饰蜂窝状绳纹，高 18.5 厘米[32]。

页河子遗址包含仰韶文化和齐家文化两种文化遗存，后者出土的遗迹和遗物都比较丰富，应是该遗址的主要文化内涵。1986 年发掘，发现房址 1 座、白灰面残迹 2 处、窖穴 81 个，出土一批陶、石器等文化遗物。

房址 F301 为圆角长方形半地穴式建筑，在其北壁有一长方形斜坡门道，房址平面呈"凸"字形，东西长 2.40 米，南北宽 2.33 米，现深 0.40 米，房址中间有一直径 0.60 米的灶面。窖穴可分为圆形、椭圆形和长方形的几种，圆形窖穴的壁上设龛，这种形制是较为罕见的。出土有陶、石、骨、蚌器等文化遗物，以陶器为大宗。陶器以红褐陶和黄褐陶占多数，有少量灰陶或灰褐陶，以磨光和素面为主，纹饰有篮纹、绳纹、刻划纹、方格纹和附加堆纹，也有少量彩陶。器类以平底器占多数，次为三足器，主要器形有盆、罐、尊、鬲等，其中，罐类型式较多，又可分为高领折肩、侈口、单耳、双耳罐等多种。现选具有代表性的器物附图加以介绍。陶盆 H311：11（图一二，1），大口宽沿，浅腹平底，素面。侈口罐 H311：25（图一二，2），花边口，腹部施竖行绳纹。高领折肩罐 T303⑤：34（图一二，3），口残，高领折肩，深腹平底，腹下部饰篮纹。残高 45.2 厘米，底径 12 厘米。H311：32（图一二，5），系高领折肩罐的残腹部，腹下部饰竖篮纹，腹上部饰红彩网格纹。单耳罐 T303⑤：23（图一二，4），侈口尖唇，鼓腹平底，口肩间附一半环形耳，腹饰绳纹，高 12.2 厘米，口径 9.8 厘米。高领双耳罐 T301②：8（图一二，6），在腹侧附一对称半环形耳，腹下部饰竖篮纹。双大耳罐 H311：26（图一二，7），器体瘦长，口腹间附一对称大耳，颈部饰红彩三角形网格纹，高 12.2 厘米，口径 8 厘米，底径 5 厘米，造型小巧别致，实为难得精品。尊 H308：10（图一

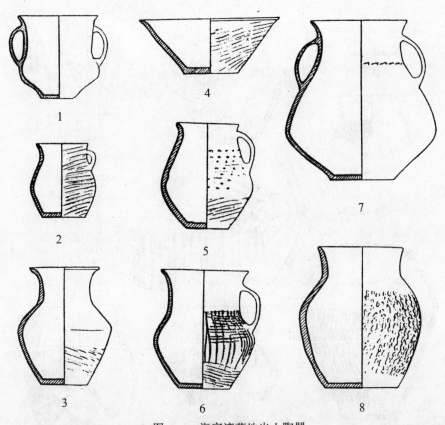

图一一　海家湾墓地出土陶器

1、7. 双耳罐（M1：2、1）　2、5、6. 单耳罐（M3：1、2，M1：3）　3. 瓶（M2：2）　4. 盆（M2：3）　8. 侈口罐（M2：1）

二，8），喇叭口，深腹平底，腹下部有一周凹弦纹。鬲 T103⑥：27（图一二，9），为单耳袋足鬲，肩以下饰横篮纹和竖绳纹，通高 13.2 厘米，口径 9 厘米[33]。

页河子遗址出土的这批陶器，从宏观观察，它应同属于甘青地区的齐家文化系统，有一部分陶器和甘肃秦魏家遗址齐家文化相同，也有一部分和天水西山坪遗址出土的相同，如页河子遗址出土的陶盆 H311：11、双大耳罐 H311：26、侈口罐 H311：25 和单耳罐 T303⑤：23 等，分别和秦魏家遗址的同类器形如盆 H38：7、双大耳罐 M89：1、侈口罐 M86：1 和单耳罐 M89：2 等[34]，在造型上没有什么大的差别。页河子遗址的高领折肩罐 T303⑤：34、高领双耳罐 T301②：8、单耳鬲 T103⑥：27 等，分别和西山坪遗址齐家文化高领折肩罐 T48H18：13、高领双耳罐 T2③：7 和单耳鬲 T49③：13 等[35]也是相同的。这些共同点，不是偶然的巧合，而是它们有着共同文化特征的反映。但值得注意的是，页河子遗址也出土一些器物，与同期遗址不同，而独具特色，如双大耳罐 H311：26 上饰的红彩三角形网格纹和高领折肩罐 H311：32 上饰的红彩长方形网格纹等，这种花纹图案，不见于同期的其他遗址，虽然曾在青海柳湾齐家文化的彩陶器中发现有红色彩

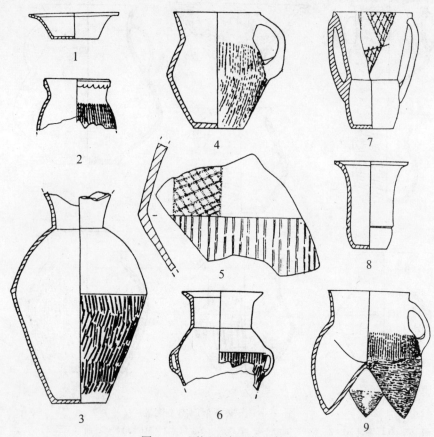

图一二　页河子遗址出土陶器

1. 盆（H311：11）　　2. 侈口罐（H311：25）　　3、5. 高领折肩罐（T303⑤：34、H311：32）
4. 单耳罐（T303⑤：23）　　6. 高领双耳罐（T301②：8）7. 双大耳罐（H311：26）
8. 尊（H308：10）　　9. 鬲（T103⑥：27）

纹，但纹样显然不同。同时这里出土的筒形双耳杯（H106：22、H303⑥：12）和长方形
小盒（T108⑦：13）等，皆别具风格。综上所述，页河子遗址的齐家文化有其自身突出
的文化特点，为便于比较研究，可作为一个地区性类型来考虑，或即命名为齐家文化页
河子类型。

七

　　以上对宁夏回族自治区境内的史前诸文化的发现和研究成果，作了较肤浅的系统论
述，现就诸文化的学术价值等方面作些探讨。

　　（一）水洞沟遗址和水洞沟文化的发现和研究成果，在我国旧石器时代考古史上占
有重要地位。水洞沟遗址发现于 1920 年，1923 年即进行了发掘，是我国早期考古的重

要成就之一。该遗址文化内涵丰富，出土了大量的石制品和动物化石以及精美的环状装饰品，其石器组合在中国旧石器文化体系中独具特色。在田野发掘中，采取多学科同步协作的方式，在发掘现场采集地质、地层和环境等样品以供多方面的分析和测试，提高了学术质量。它对探讨我国西北地区旧石器时代考古具有重要的学术意义。

（二）初步建立起宁夏地区史前时期考古学的发展序列。据20世纪80年代以来田野考古新发现的资料和研究成果表明，在旧石器时代水洞沟文化之后，除广武新田北遗址以细石器为特征的文化遗存因文化属性难于确定外，该地区史前文化的发展序列是：仰韶文化→马家窑文化石岭下类型→马家窑类型→半山类型→菜园文化→齐家文化。它们基本上属于甘肃东部地区史前时期的考古学文化谱系。

（三）在固原红圈子墓地发现的一批陶器，多是完整器，从整体陶器观察，可归属马家窑文化范畴内，但明显具有自身的特点，尤其表现在彩陶器方面。这里彩陶是以红彩花纹为主，占彩陶总数的93.18%，并且花纹母题流行竖行条纹、网格纹和各种不同形式的彩绘符号。在器形方面以单耳罐和单耳壶为主，这两类陶器约占陶器总数的66%。这些特点罕见于同期的其他遗址，它可能是马家窑文化的一个地区性文化类型。我们期望能对该墓地进行正式发掘，相信会有更重要的发现。

（四）菜园文化是宁夏史前考古发掘工作的新发现，其文化内涵丰富多彩。切刀把和瓦罐嘴墓地发现的文化遗物，既含有马家窑文化半山类型的文化因素，又有一些类似齐家文化的器物。在马缨子梁遗址还出土有马家窑类型的彩陶器。当然，更多的器物具有浓厚的地区特色。所以，菜园文化的发现，对研究它自身的文化内涵以及它与甘肃马家窑文化和齐家文化的关系等问题，提供了重要的实物资料。它的丰富文化内涵，在宁夏史前文化考古研究中具有重要的学术价值。

（五）宁夏境内的齐家文化遗存，也称为龙山时代遗存，在宁夏南部地区有广泛的分布。页河子遗址出土的遗物比较丰富，其器物若与甘肃地区比较，不难看出，部分器物与永靖县秦魏家遗址齐家文化相似，更多的陶器与天水市西山坪遗址齐家文化相同，但显然也有不少器物独具特征。为了与同期遗址进行比较研究，可把页河子遗址作为典型单位，作为一个地区性的文化类型，可把它命名为齐家文化页河子类型。

注　释

〔1〕裴文中：《中国史前时期之研究》，商务印书馆发行，1948年。

〔2〕马鸣信：《文物普查硕果累累》，《宁夏文物》试刊号，1986年。

〔3〕宁笃学：《宁夏回族自治区中卫县古遗址及墓葬调查》，《考古》1959年第7期。

〔4〕宁夏地志博物馆：《宁夏青铜峡市广武新田北的细石器文化遗址》，《考古》1962年第4期。本文所用为中国社会科学院考古研究所调查资料。

〔5〕贾兰坡、盖培、李炎贤：《水洞沟旧石器时代遗址的新材料》，《古脊椎动物与古人类》第8卷第1期，1964年。

〔6〕钟侃、张心智：《宁夏西吉县兴隆镇的齐家文化遗址》，《考古》1964年第5期。

〔7〕董居安：《宁夏隆德李世选村发现新石器文化遗物》，《考古》1964年第9期。

〔8〕邱中郎、李炎贤：《二十六年来的旧石器时代考古》，《古人类论文集》，科学出版社，1978 年。

〔9〕钟侃：《宁夏陶乐县细石器遗址调查》，《考古》1964 年第 5 期。

〔10〕同注〔6〕。

〔11〕宁夏回族自治区展览馆：《宁夏固原海家湾齐家文化墓葬》，《考古》1973 年第 5 期。

〔12〕宁夏文物考古研究所：《宁夏固原店河齐家文化墓葬清理简报》，《考古》1987 年第 8 期。

〔13〕许成：《宁夏考古史地研究论集》，宁夏人民出版社，1989 年。

〔14〕宁夏文物考古研究所编著：《水洞沟——1980 年发掘报告》，科学出版社，2003 年。

〔15〕马振福：《同心红城水发现新石器时代遗址》，《宁夏文物》试刊号，1986 年。

〔16〕宁夏文物考古研究所、中国历史博物馆考古部：《宁夏菜园——新石器时代遗址、墓葬发掘报告》，科学出版社，2003 年。

〔17〕北京大学考古实习队、固原县博物馆：《宁夏海原曹洼遗址发掘简报》，《考古》1990 年第 3 期。

〔18〕北京大学考古实习队、固原县博物馆：《宁夏隆德页河子新石器时代遗址发掘报告》，北京大学考古学丛书《考古学研究（三）》，科学出版社，1997 年。

〔19〕固原县文管所、中国历史博物馆考古部：《宁夏固原县红圈子新石器时代墓地调查简报》，《考古》1993 年第 2 期。

〔20〕高星、王惠民、裴树文、冯兴无、陈福友：《中国学者重新发掘宁夏水洞沟遗址》，《中国文物报》2003 年 12 月 19 日。

〔21〕同注〔14〕。

〔22〕同注〔20〕。

〔23〕同注〔4〕。

〔24〕同注〔18〕。

〔25〕宁夏回族自治区文化厅文管会编印：《文物普查资料汇编》，1986 年。

〔26〕同注〔25〕，钟侃编著：《宁夏古代文物》。

〔27〕同注〔17〕。

〔28〕同注〔25〕，钟侃编著：《宁夏古代文物》。

〔29〕同注〔19〕。

〔30〕同注〔16〕。

〔31〕甘肃省博物馆、兰州市文化馆：《兰州土谷台半山—马厂文化墓地》，《考古学报》1983 年第 2 期。

〔32〕同注〔11〕。

〔33〕同注〔18〕。

〔34〕中国科学院考古研究所甘肃工作队：《甘肃永靖秦魏家齐家文化墓地》，《考古学报》1975 年第 2 期。

〔35〕中国社会科学院考古研究所编著：《师赵村与西山坪》，中国大百科全书出版社，1999 年。

再论河姆渡文化

牟永抗

（浙江省考古研究所）

1979 年中国考古学会成立大会上，我递交了以《试论河姆渡文化》为题的论文。1994 年 4 月纪念河姆渡发掘二十周年国际学术讨论会上，我交了以干栏式聚落形态为主题的《二论河姆渡文化》提纲。2003 年 11 月，收到《河姆渡》发掘报告上、下两大册（以下简称《报告》），正式公布了以河姆渡第二次发掘为主体的考古资料，意味着河姆渡文化前期研究行将结束。在初读《报告》之后，结合 1994 年那份未曾发表的提纲，就河姆渡发掘资料写下一些个人的想法。在 2005 年 5 月 5 日写完一份初稿后，又看了一遍《报告》，并在 8 月 23 日前对初稿作了较大的改动。为了避免年久记忆的失误，尽量给后续研究者提供准确的资料，在 8 月底将修改稿打印寄请三位《报告》执笔人、当年河姆渡发掘参加者和相关同志审阅、提意见，许多审阅者均以不同方式反馈了看法，其中大多数同志认为全文太长，也有不少同志对拙稿进行了具体的修改或订正。故将拙作按重点肢解为三：其一以《秕和穗——野生稻和栽培稻的考古学读识》为题，用作第四届农业考古国际学术讨论会；其二以《河姆渡干栏式建筑的思考与探索》为题，拟用于纪念半坡遗址发掘五十周年；最后就集中讨论河姆渡文化的认识过程这一主题，庆祝佟柱臣老师 85 岁寿辰。

一 河姆渡文化的认识历程

1973 年 7 月 2 日在杭州看到由王士伦同志带回河姆渡发现的陶片时，就觉得它们是一种以往未曾见过的新型古文化。这就促成了第二天由汪济英率领付传仁、魏丰和我赶往发现地点的突击行动。7 月 7 日梅福根同志赶到工地，并在由他主持的 T3 发现这种新型文化叠压在当时我省最早的马家浜文化因素的地层之下，大家都非常兴奋。在当时，以行政区域的省区建立起自成体系的年代框架是我等史前考古研究中最大的学术命题，可以在河姆渡遗址将浙江境内的史前文化又上推一个阶段，自然使我们这些发掘人感到非常兴奋。这也是集中力量在当年冬季进行正式考古发掘的决定性因素。在上世纪 50 年代初我们在浙江境内探索史前文化时，在学术视野上完全锁定在以前以黄河为中心的传播论的框架之内。1956 年第一次发掘钱山漾遗址时，在地层上将黑陶和印纹陶区分开来，仅仅是将"黑陶印纹陶混合文化"的概念加以厘清，丝毫都没有观察到这里的黑陶和龙山文化有什么区别。即使 1957 年在邱城发现了红陶、黑陶、印纹陶三叠层，对陶器特征的认识水平仍然局限在仰韶的红陶、龙山的黑陶、商代的印纹陶这一演变序列的框架之内。虽然 1954 年冬郑州二里岗发掘时，曾对完全相同的印纹陶片在郑州可以早到商代，而浙江却要晚到春秋战国感到迷茫和疑惑。但在史前文化发展不平衡的理论框架之下，这些疑惑似乎都可以得到合理的解释。尽管时至今日，以前曾在史前考古领域有所作为的人士，以当代考古学权威的身份宣称，史前考古学不能进行绝对年代研究。但是历史的事实证明，碳十四年代测定技术的应用，确确实实地引发了中国史前考古研究新视野的到来。不难设想，如若没有碳十四测年技术的引进，不但无法摆脱"发展不平衡"理论的巢穴，以黄河为中心的传播学说可能至今还在主宰着我们的头脑。

应该说任何一项科学研究，都会不同程度地受到赖以研究的学科资料的制约。以省、市、自治区为单位开展考古和文物保护工作，是当代行政及学科管理制度的产物。在这种管理体制下的长期工作，往往会使像我这样学科基础欠扎实的人，不知不觉地将自己的工作地区当作一个古文化分布区域来对待。在日常工作中，只是将工作对象纳入自己已知的年代框架。所以遇到陌生面孔时，往往先考虑它们的年代早晚而很少考虑它们是否还有谱系上的区别。当年在华东文物工作队主持华东各省考古工作时，华东各省当然都纳入一个共同的年代框架。到了各省（市）独立从事考古工作以后，华东大区和各省（市）的年代框架之间，就会出现差距和矛盾。所以在 1963 年为准备拟议中的中国考古学会召开撰写的《浙江北部新石器时代遗址》一文，就是反对将同属太湖水系的江苏南部和浙江北部相互邻近没有任何天然阻隔的地区，划分成年代有先后的两支考古学文化。其中最显著的理由，就是为什么浙江北部的年代要比文化面貌完全相同的江苏南部晚？不难发现在狭隘地方观念的背后，仍然可以看到黄河中心论的阴影；但朦胧地感觉到现代行政区域的划分似乎与古代考古学文化体系没有必然联系；这一学术意向在当时我等的头脑里仅仅还是萌芽状态。它和按工作地区建立考古学文化的习惯思维不自觉地和平共处在自己的潜意识之中。此后十年的漫长岁月中，虽然因政治氛围而导致考古工作的夭折，但在另一层面上却让我们从繁忙的野外作业中摆脱出来，有比较空闲的时间冷静地消化思考以往的学术成果。1972 年第 5 期《考古》上公布的全国第二批碳十四数据中，钱山漾下层稻谷的年代为距今 4700 年，它比已公布的龙山文化测定要早得多，这一信息极大促进了学术界对长江南岸史前考古学的重视，也使得以工作地区建立考古学文化年代框架的思维模式上升到主导地位。在我国出现如此众多以省区冠名的龙山文化，有力地证明了这一思维模式的存在。既然邱城下层比钱山漾早，这次新发现的河姆渡下层又比邱城下层早，那么它的距今年代应该早到什么时候?! 它在浙江或全国已建立起的年代序列框架中又将占据怎样的位置?! 这就是杨晨钟同志带我去绍兴向沈竹、谢辰生同志当面汇报河姆渡试掘情况时隐藏在内心深处的畅想曲。

1973 年 11 月 4 日正式开工的第一次河姆渡发掘，无论发掘人员的数量和学术素质以及发掘的组织和规模，都超过浙江境内以往的任何一次考古发掘。虽然一开始就在T4～T11 诸坑位扑了空，还不时听到"最早也只能到庙底沟二期"等等传闻，但也得到许多师友的鼓励和支持。苍天不负有心人，经过大家一致的努力，我们不但在试掘

T3 时的上下两层中又分别划分出内涵不同的四个文化层，还发现了大面积的干栏式建筑和秕谷堆积层中剥剔出的稻穗和稻米谷粒，另外还根据保存下来的丰富的骨、木器等有机质提出众多的研究课题。当春节前发掘队撤离现场时，大家都以为这次发掘能在浙江境内确立由四个内涵有区别的文化层组成的史前文化年代序列，确实是当时在我们心目中诸多收获中最亮的闪光点。仅凭野外时期有限的观察，第三、四层的绳纹圜底釜固然是一项早期文化因素，在第一、二层与陶鼎共存的陶釜也拍印绳纹，同样也是以往发掘所未见的新因素。这些现象则造成了隐藏在闪光点背后的一丝疑惑。

第二年春天我与胡继根同志配合杨伯祥做完第二文化层水井模型并最后完成上年留下的发掘任务，回到杭州已是清明以后。新一轮政治风云使河姆渡的整理工作奄奄一息。这也带来了又一次相对的空闲，让我思考刚刚结束的野外工作。例如有一次陪同住在我家附近的老朋友邓白教授去看河姆渡陶片，当这位浙江美院工艺系主任摆弄已经洗净的陶片后，发现手上留下了黑色，便随手将这块陶片的断口往水泥地上一画，也出现了一道黑色痕迹。就顺口问我："为什么这些陶片和我们用作素描的柳炭条那样，可以画出黑色呢？"正因为他这一提问的启发，我就试将一块第四层黑色陶片放到煤球炉上烘烤。当这块陶片冷却后不但陶色由黑变红，原先夹杂在陶胎中的那些黑色小颗粒，也变成白色的粉末，这就是夹炭黑陶这一命名的由来。当照相室工作不多时，虽然暗室的空间相对清静安宁，但是那间狭小杂乱的陶器修复室却对我更有吸引力。随着修复标本的增多，河姆渡陶釜系列就逐渐和前些时候积存在脑海里的那一丝疑惑一起扩张起来。保存在四个文化层背后的疑问逐渐冲淡了原先畅想曲带来的兴奋。是否需要在单纯建立一支史前文化序列之外，从另一个层面冷静、深入地思考这些新出现的文化因素在学术上的含义，也就逐渐上升为探索的重点。

1975 年 5 月工宣队率领部分第一次发掘参与者带着标本到北京及北方各省汇报请教，标志着沉寂了一年多时间的河姆渡发掘资料整理工作的开始。刘军同志认为："北京之行并未有个明确的结论"，不知是否可能和此行的主要目的是要"在全国其他同时期的古文化遗址中寻找有没有与河姆渡一样的以夹炭黑陶制作的肩脊敛口釜和敞口釜……一批前所未有的新'东西'"[1]有关。确立这一目标的决策人应该不会来自工宣队。最近看到高星同志在纪念裴文中先生诞辰 100 周年论文集中这样写道："70 年代初，当浙江河姆渡遗址出土的遗物送达北京请专家鉴定的时候，裴老与另一位考古大家夏鼐先生最先到达并最后离开，两位最高权威在数小时内悉心观察但未做一句评价。事后惴惴不安的浙江文博方面派人私下通过张森水先生向裴老探底，他老人家却说：'这是新东西，我能说什么呢。'"[2]我觉得裴老这十一个字除了学术上的谦虚之外，实际上已经回答得很清楚了。如若裴老得知此行的真实意向，这十一个字也可以理解为一种批评意见：明明是当地发掘出来的新东西，为什么自己不研究，而要到处乱跑，还跑到北京来问。或许这就是在同年冬天谢辰生同志在大华饭店问我为什么不去北京，而和周中夏同志一起决定邀请全国的专家到杭州开会的原因所在。请专家来杭州开会与派人去北京所不同的是，我们要事先准备好有关这次发掘收获的学术见解，在会上向专家汇报。与会学者不但可以在会上看到所有发掘标本，还要到发掘现场考察地形、地貌和地层的剖面。由于当时姚仲源同志没有参与整理工作，也没有出席那次讨论会，于是召开"河姆渡遗址第一期发掘工作座谈会"所需的资料就落在魏正瑾、吴玉贤、梅福根和我四人的肩上。《河姆渡遗址第一期发掘的主要收获》是供刘军同志在会上宣读的主题报告，并在会前全文印发给每一位出席会议的专家。在这份先由我们四人共同讨论，再由我口述、吴玉贤记录成文，最后由魏、梅两位修改订正的文字材料中，我们摆脱了建立单一年代序列的束缚，提出：第3、4层是一个完全新颖的文化类型，可以命名为河姆渡文化。在对待第2、1层与马家浜文化、崧泽文化的关系时，则含蓄地使用概念比较模糊的"相当于"三字来代替。从字面上看，似乎仅将包含着绳纹圜底釜的第1层和第2层的发展阶段，认定在马家浜文化和崧泽文化阶段，实质是自己没有足够的胆识来承认它们就是河姆渡文化的晚期。出席这次会议的赵芝荃、谢端琚两位都是资深考古学家，对这次会议也很热情认真，但他俩各自研究的时空内涵都不在南方，所以与会专家都没有对这一观点提出异议，还希望早日发表发掘报告，因而这次会议的成果得到国内考古界比较广泛的认可。在会后仍然由我们四人分别执笔的报告中，仍然沿用座谈会上的看法。在我所担负的结语部分，将这一观点作了更详尽的发挥。反思这一时段探索的历程，可知两种学术视野不自觉地和平共处在自己的潜意识中。在第3、4层和1、2层文字表述中的不同意向，清楚地记录了这一矛盾的过程。在另一方面，我们四人的每项工作都是由浙江省博物馆历史部统一安排布置。但是第一期发掘还有另外三位参加者，刘军同志是馆一级的领导，他不愿过问、参与，我们也就更难越级邀约了。在《收获》和《第一期发掘报告》起草之前或完稿以后都没有向他们征求意见或请他们审阅、修改，不能不说是一个不小的疏忽和失误。其实这一报告的最后定稿本，连魏、吴和我在内的三个执笔者也都没有看见过。

1977年为了参加在南京召开的长江下游新石器时代学术讨论会，我约请魏正瑾同志和我一起改写《浙江北部新石器时代遗址》这份1963年的旧稿。该文突破现代省区的界限，按各地的生态环境和已发现遗址不同的文化特征，提出长江下游南岸的新石器时代文化分为宁镇、太湖和宁绍三大区块。我将此文改名为《马家浜文化和良渚文化——太湖流域原始文化的分期问题》[3]。文中提到的宁绍地区就是指河姆渡文化，正式将它和太湖地区的马家浜→崧泽→良渚并列为两个谱系。也就是在1963年的旧稿中加进了河姆渡发现的新内容。我又草拟了一篇以讨论河姆渡文化为主题的初稿，作为前文的附稿递交大会参考。苏秉琦先生在《中国河姆渡文化》[4]一书序言中提到我"向与会同志介绍了遗址发掘情况"，就是指这篇备用的附稿。递交给中国考古学会成立大会的论文就是在此初稿基础上，增加第二期发掘有关讯息的定稿本。姚仲源同志在1982年中国考古学会第二次年会提交的学术论文《二论马家浜文化》[5]就曾引述了拙作的相关内容。将许多有意义的观点都归功于我是不合适的，工作是大家一起做的，我讲过一些见解是供大家讨论或参考的，大家都同意就应该是大家的观点。其实当初没有发表不同意见不等于没有意见，当初赞成以后又觉得不妥，更是学术进步的常见现象。随着新资料的出现，修改、变更甚至推翻原有观点，更是科学前进的必由之路。例如在1994年召开的河姆渡文化国际研讨会上，刘军等同志提交的《宁绍地区新石器时代文化若干问题探索》中，明确提出河姆渡的"第三、四期文化含有明显的马家浜文化和崧泽文化的因素，这是较大规模区域性文化融合的开始"，而且还特别指出："第三、二期的文化差异……更可称作受外力作用的文化错位。"[6]这些见解确实比拙作《试论河姆渡文化》要准确得多，这就是一个很好的例证。

二　关于陶釜的讨论

《报告》在结论部分指出："陶器是一种变化快、特征明显的器物，富有较强的时代特征，对于识别不同阶段的文化遗存的比较研究具有不可替代的作用。"这无疑是正确的。我们还应该看到，当人类发明了陶器之后，这种物质资料的外部形态在确立和识别考古文化时具有重要的意义。按照夏鼐先生关于考古学文化的定义，在一群有特征的遗物中，往往是由陶器来担任重要的角色。也就是说以"考古学文化"为单元来进行考古学研究时，在发掘所得的许多陶器中，筛选确认一批有自身文化特性的陶器，这对于考古学文化的确认，往往具有决定性的意义。在确立考古学文化的同时还要对陶器进行种类、功能及年代早晚（即类、型和式）的考察。在陶器的诸多特征中，筛选区分、辨认各种不同的属性，是一项十分精细的工作。

河姆渡陶器在它刚被发现时就引起了我们的注意，《报告》对陶器全面详细的报道远远胜于我们执笔的第一期发掘报告。例如不但发表了第二期发掘中4B层和4A层的陶器上纹样的拓片87张，还在附表三中将第二期发掘的五个探坑第3、4两个文化层出土525片陶片的纹样和器形关系进行了仔细的统计，单单刻划、戳印、压印三类几何纹样就划分成104种不同的图案组合。特别引人注目的是这份长达11页的统计表中有28种图案组合仅仅发现了一例标本，要对占图案组合总数四分之一以上的孤例标本，进行28遍独立的检验对比，没有顽强的毅力和超人的耐心是做不到的事。这样详尽全面地公布资料在笔者所见的考古报告中，尚属首例。将1534件复原陶器按36种器类、80个型和121个式进行四个文化层的独立统计，它是整个《报告》中陶器研究的缩影或者是量化后的大纲，任何一位研究者只要看了这份统计表，大概都能感受到在河姆渡四期文化之间陶器的差别和有节奏的演变过程。首先可以看到在敞口釜、豆、盉、盘、双耳罐、器盖、盉釜支架等七种器类中的九种器形，同时贯穿着四个文化层的始终。而且在敞口釜的C、E、H三型，B型双耳罐，A、B两型的陶豆、盉与B型釜支架诸器种中还分别排列出各自长短不等的式一级演变序列。这些式别的先后序列基本能得到地层叠压的验证。这就为认识河姆渡四期文化之间的传承关系起到了相当重要的导向作用。可以看到除了上述七种九型的陶器贯穿着四个文化层始终之外，其他各型陶器的出现和消失，也和四个地层的上下叠压存在着对应的节奏。同一器类中的各型器物，各自存在于不同的地层之中，每个地层都拥有自己特定的型别。在型一级的演变过程中，第2、3层之间型的变异最大，在第1、2层之间或第3、4层之间也存在着型一级的区别，但要比2、3层之间的变异要小得多。在这里，型和式的二级分类似乎都是年代先后的标志。如果稍加留意就会发现，在可以分型的器类中，各型编号的先后序列，也和地层的早晚有关。出现在第4层、并仅存于该层的型，往往被列为A型，若出现的层位稍晚或消失的层位稍晚，则接在后面按英文字母的排列后续。正因为这个缘故，就使得在第3、4两层中体形特征基本相同、数量上占绝对优势的粗颈斜肩突脊釜，只因口部形态不同在敞口釜中被编为E型，在敛口釜中，它则编列到G的位置。在十一型敞口釜和八型敛口釜中，被不同字母编列的型别中，竟会出现基本相同的器形，对于不熟识河姆渡陶釜的一般读者是不敢设想的。这就给人们带来一种错觉，似乎在编制者的心目中，型一级所反映的时间讯息要比式一级强烈得多。

"把河姆渡文化各种陶器比作一个人身体的五官四肢，其中陶釜就像人的一张脸，其余各种陶器犹如身体四肢等部位。"笔者十分赞成这一形象化的比喻。对于一个以采集、农耕为主业的部族来说，用陶器进行炊煮熟食，是人们物质生活的第一需要。他们对陶器的关注，正如任何一位意识正常的人那样，大体都按容貌辨认自己周围的人。虽然我们可以从容貌上觉察到彼此间某种血缘关系，若要分清他们是兄弟姐妹还是父母子女就不那样容易了。笔者虽然无缘参与第二期发掘资料的后期整理工作，由于职业的习惯在阅读史前时期考古资料时常常比较关注陶器，一时看不懂就多读几遍，尽管一时不能全懂，总是力求获得一二收获。阅读河姆渡报告陶器部分，进度自然要比其他报告快一些。详尽全面地公布资料是这本《报告》的突出优点，使我增长不少知识。但在几次翻阅之后，仍然感觉到不少疑问和困惑，也引起了我更多的反省和思考。

《报告》第369页图二四三这幅陶釜分期图和图二四四是《报告》结语中仅有的两幅线图。结语中说："其中敞口釜中的E型釜、A型釜、G型V式釜以及盘口釜，在河姆渡各期演变关系最为突出。"第364页结语第二节论述各期的文化特征时又说："敞口鼓腹釜（C型）、敞口垂腹釜（E型）、敞口筒腹釜（H型）、盘口釜，……都有其演变轨迹。据此，我们有理由认为，河姆渡遗址四个文化期是一脉相承的同属于一个独立的考古学文化，即'河姆渡文化'。"线图是这一结论性文字的图解。如将此图和二十五年前《试论》的附图加以比较，两者的差异是十分明显的。一般读者很难相信它们出自同一个遗址。只要对这幅三行四格十二区块的分期演变图所收录的十五例陶釜稍加核对，就会发现其中仅有一例的复原标本就达5项之多（即第2、3、4层的盘口釜和第1、4层H型釜的I、V式）；仅有两例的标本也有4项（即第2层的H型式釜和第3、4层的E型Ⅲ、Ⅱ、Ⅰ式釜）。只有一两件标本的孤例就有9项，占据了这张分期图三分之二的位置。其实这张分期图中敞口釜的E型、H型和盘口釜这三类陶釜的标本总数也只有44件，在317件陶釜中只占14%的份额。当然，在统计学上微弱的概率比例，不一定不能反映演变轨迹的可靠性。如若进一步解读这十五例标本，我们就会有以下发现：

其一是盘口釜。例如河姆渡第4层发现的盘口釜在两次发掘中仅有一例，其碎片散布紧邻几个探方，但因其质料、纹样有别，所以很容易在各探方中识别出来并且得到复原。这种腹部外壁有突脊的带脊釜，在1979年底发掘罗家角遗址陶釜中的比例高达32.9%，并可细分为Ⅰ~Ⅶ式，其中第Ⅱ式的体型、纹饰和质料更与河姆渡第4层这例标本如出一辙[7]。罗家角遗址属马家浜文化早期，如果河姆渡这件腹脊盘口釜不是直接

来自罗家角，应该也是受到了马家浜
文化的强烈影响（图一）。又例如第
1 层发现的盘口釜，据《报告》第
337 页应有三件，但只公布 M14：2 的
线图和 M6：4 一张彩照。看到 M6：4
这件标本的照片，是很难将此器的口
部认作盘口。在无法查考第三例标本
的情况下，好像也只能认作孤例了。

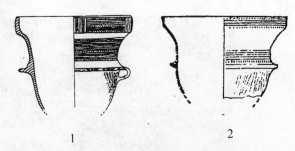

图一　河姆渡文化和马家浜文化的盘口釜
1. 河姆渡 T31④：70　2. 罗家角 T117④：15

其二是 H 型敞口釜。首先是第 4
层的 H 型Ⅱ式釜，它的外形与同层所
出的 17 件器座完全相同（见《报告》
第 62、63 页）。日常的生活知识告诉我们，在燃烧的火焰中，最外缘那一周暗红色的氧
化焰是温度最高的部位。H 型Ⅱ式釜器底外缘那一圈粗壮厚实的凸脊，恰好抵消了釜底
火焰的最佳热能效应。恕笔者无知，似乎在史前陶质炊器或先秦金属炊具中，还没有见
到在近平的器底外缘出现类似装置的实例。无论使用炭火烧烤或热灰焖煨都不会获得应
有的热能效应。从其实用功能考察，可能还是与贮存"火种"有关，目前似应该将它
从陶釜中分离出来归入器座一类为妥。接着就是第 2 层的 H 型Ⅳ式釜，凭借直觉印象
就觉得这张线图是第 3 层的遗物，不应列入第 2 层。在《报告》301 页，H 型Ⅳ式有标
本两件，但只公布 T225②B：10 的文字描述及线图和图版。按照《报告》第七章结语
第二节各期文化特征的文字，"第二期文化（即第 3 层，笔者注，后同），……新出现
一批口缘饰花边（即毛口）的器型"（见《报告》第 362 页）和"第三期文化（即第 2
层）……不见戳印贝齿纹"（见《报告》363 页）。对照 T225②B：10 这件标本的文字
描述及线图确实找不到毛口和戳印贝齿纹的任何踪迹。而保存在浙江省考古研究所标本
室的这件标本，不但口缘上保留着毛口的特征，而且在上腹部也明显地戳印着贝齿纹。
在资料室诸同仁的热情帮助下拍摄了局部的照片（图二）。其实在《报告》下册的黑白
照片上，只要稍加辨认，毛口和贝齿纹隐约可见。那么这件陶釜究竟应属哪一层位呢？
经查对日报表等野外资料得知：该器为 11 月 5 日出土，坐标为 4.40×7.30－1.80 米，
同时附近还出一件编号 11 的陶釜（不知是否就是《报告》未列的另一件 H 型Ⅳ式釜），
其坐标为 3.50×7.30－1.80 米。查对 T225 地层剖面图，基点部位 2B 层和第 3 层的分
界点深度为 1.82 米，在 4.40 部位深度为 1.76 米，7.3 部位的深度为 1.70 米。如若刻
板地判读上述数据，这两件陶釜都位于地层分界线以上，似可认作 2B 层之遗物。在
T225 的《发掘小结》中有这样的文字记录："在其东边（靠 T226 一边）墙根下发现一
定数量的陶器和木器（这些陶木器复原率均较高）……推测墙的西边部分可能为当时
的室内居住部位。"按照干栏式建筑的地层堆积机理，文化堆积层的高程应低于同层居
住面，也就是说居住面应位于文化堆积层之上。只要 2B 层的居住建筑仍然是干栏式建
筑，在第 3 文化堆积层高程以上保留着第 3 文化层的遗迹（居住面）或遗物，都是完
全正常的现象，所以 T225②B：10 这件陶釜，无论从类型学识别的器物特征及地层学堆

图二 河姆渡遗址 H 型 Ⅳ 式釜（T225②B∶10）
上：陶釜口沿上的"毛口" 下：腹部戳印的贝齿纹

积机理上都应判读为第 3 层的包含物。那么在第 2 文化层中，已经见不到 H 型陶釜的影子了。这里就牵涉到第 1 层的 H 型 V 式釜，在公布的图版上就可以清楚地看到，这是仅凭一片残陶片复原而成，口沿宽度不足 0.5 厘米。在《报告》第 336 页见到的全部说明文字是："夹砂灰陶，数量少，无完整器。从标本 T211①:2019 腹片看，外形与第二期文化（即第 3 层，笔者注）H 型Ⅲ式敞口釜相似。"按照前面的讨论，既然 H 型釜在第 2 层就已消失，忽然又在第 1 层冒出和第 3 层 H 型Ⅲ式釜外型相似的器物，能合逻辑或情理吗？其实，任何一位认真整理过史前陶器的同仁都知道，在晚期地层出现若干早期遗物是很正常的现象。正确的方法是加以文字记录后将它们从晚期遗物中剔除出来，不能认作晚期的遗物。那么在第 4 层出土的 H 型陶釜中还剩下一件 H 型Ⅰ式釜。如果我们打开《报告》插图二四、二五和插图一六四比较一下第 3、4 两层的敞口釜，就会发现出土于 4A 层的 H 型Ⅰ式釜和 G 型Ⅳ式釜的肩脊部位明显减弱。G 型Ⅳ式釜的口沿已经出现第 3 层毛口特征，似可认作在第 4 层的晚期开始出现第 3 层因素的一种萌芽状态。《报告》结论中说："H 型敞口釜在整个河姆渡遗址陶釜的发展进程中，……在各个阶段的发展型式脉络清楚，特点鲜明。"这句话好像还缺乏起码的依据，这样一来《报告》插图二四三这幅弱势器物分期图仍然不能显示各层陶器的演变轨迹。

当我第一次阅读河姆渡报告陶器部分时，总感到有些文字过于简练，特别是类、型、式之间特征、区别与演变缺乏必要的表述，致使读者难于把握理解。而且型的划分过多、过细、过于繁杂，某些型或式的线图常常使我不得不停下来进行思考，并感到困惑和疑难。例如在陶质容器中，非但 17 件陶釜仅凭口沿的敞或敛划分为截然有别的两大类，而且全部的双耳罐和盆也照此办理，三种器类的总和约占陶质容器总数的一半。颇有意思的是 199 件敞口釜分为十一型，其中 G 型釜 83 件，约占敞口釜总数的一半；103 件敛口釜分为七型，其中 C 型釜高达 86 件，占敛口釜总数的 80% 以上。两者显然是敞、敛两类釜中的占有突出位置的主流釜。如若抛开口部的敞或敛，那么这两类釜的全部体型特征完全相同没有丝毫的区别。但是在敞、敛两类中，同样具有"斜肩凸脊"特征的釜却被分别命名为 G 型和 C 型。这样一来，一般读者就很难想到 G、C 型釜会有那么多的共同特征。这里需要指出，这两类合计占四个文化层陶釜总数 60% 以上的主流釜，却在第 3 层之后全部消失了，这是任何一位研究者都不能忽视的重要现象。将第 4 层陶釜分为敞口、敛口、盘口三类，肇始于第一期报告，第二期发掘及其报告可能受此影响。但第一期报告将第 3 层陶釜分为敛口、敞口、直口三类，第 2 层分为敞口釜、钵形釜和腰沿釜三类，第 1 层分为敞口、高颈两类。除第 3 层的敛口釜和敞口釜按第 4 层标准统一分式，暗示这两层出土的两类陶釜关系密切外，对于第 1、2 层敞口釜则各自独立分式。我们还将第 4 层的敞口、敛口两类釜按照统一的标准进行分式，暗示口沿的差异在形态演变过程中没有实质性的区别。是否将四个地层的陶釜统一按口部的敞、敛进行分类，并且严格地在类的框架中再进行统一定型定式是两次报告的重要区别。如若因为我们在第一期报告中，没有表述清楚，因而误导了第二期发掘及报告的编写，我们应当反省并自责。既然《报告》插图二四三这幅弱势陶釜的分期无法显示陶釜的演化轨迹，那么只好在强势陶釜中重新进行探索了。

当我们跨出敞口、敛口框架的束缚之后，首先就会发现原先被束缚在敞口之内的 A 型Ⅰ、Ⅱ式，C 型Ⅱ式，D 型，E 型Ⅰ、Ⅱ、Ⅳ式，H 型和敛口类的 C 型ⅡB、ⅢB 式、D 型，E 型的口沿处于似敞似敛的两可之间，很难截然将它们归属在那一类之中。接着又会发现：在河姆渡出土陶釜上的肩、脊特征，并非仅存于第 3、4 层的敞口 G 型和敛口 C 型，不但在第 4 层的敞口 A 型Ⅲ式，H 型Ⅰ式，第 3 层的敞口 E 型Ⅲ式、Ⅳ式，H 型Ⅲ式，敛口的 D 型和 E 型都出现了不同程度的脊棱。即使在第 3 层那件唯一的盘口釜上，也还保留一道明显的突脊。而且一直到第 2 层的敞口 E 型Ⅱ式和第 1 层的敞口 C 型Ⅲ式、E 型Ⅵ式上都还用刻划纹样或附加堆纹来表现这道脊线的存在。这就使得原先已占陶釜总数 60% 以上的敞口 G 型釜和敛口 C 型釜的强势阵营进一步得到扩大，并且还将它们的使用年代延续到第 1、2 两层。这就为我们从强势陶釜的群体中寻找它们在四个文化层的演变轨迹奠定了基础。

河姆渡第 3、4 层有脊釜的基本形态是体形高大、器高绝对大于腹径的深腹釜。但是同层还有一定数量器高或腹径只有 10 厘米左右的小釜，如《报告》所列敞口釜 A Ⅰ、Ⅱ式，C 型Ⅰ、Ⅱ式，E 型Ⅰ、Ⅱ式等。这类体形矮小的小釜受容积的制约，显然无法承担人们膳食的主要职能，应是功能有别的另一类炊器。因而这类有脊深腹釜是当时承担人们膳食需要的主流炊器。它的器形受到当时人们的炊煮、膳食习惯，获取食物的品种规格和制陶工艺三方面的制约。获取陶釜上保留的有关制陶工艺的信息，自然要比其他两项方便得多。例如：尽可能获取有效的热能效应是炊器的最终目标，那么尽可能增大釜底面积，从而正面增加与火焰的范围是一种有效的选择。但是在当时成型工艺所能获得陶坯的致密度和烧成后器底的抗折强度却无情地制约着陶釜器底面积的极限。所以在一定时间内增加炊具容积的方向只能采用增加器身高度的办法来获取。当人们掌握了泥条盘筑法制造陶器时，坯泥的湿度与成型的可塑性成正比，但却制约着坯体高度的直立性。要使各泥条之间致密粘结，就不能一次将泥条盘筑得太高，而且器壁不能出现超越应力有效幅度的弯曲起伏。因而接着就出现了泥条分段成形，待各段器坯相对干燥以后，再用泥条贴塑、拼接成器。这就在有效增加器高的同时，使器壁也能按实际需要出现应有的转折起伏。为了增强这些用作拼接的泥条的粘结效能，也就在拼接成器之后，在这圈相对湿润的泥条上进行反复的刻划、戳印，这些原本用作加固的措施，也就成为陶釜的装饰花纹。这大概就是第 3、4 层陶釜制作工艺的基本状况。

河姆渡第二期发掘将第 4 层进一步划分为 4B 和 4A 两层，这就给我们读识第 4 层有脊深腹釜的出现与演变提供了重要的地层学证据，根据《报告》公布的线图和图版（下同），4B 层中存在一批有肩无脊的深腹釜，如敞口的 B 型Ⅴ式，敛口的 A 型和 B 型的Ⅰ、Ⅱ式。从制陶工艺上考虑，它们应该位于泥条盘筑分段成型拼接成器之前。我们在第一期报告中将它们列为Ⅳ式或Ⅴ式，位于诸式之末，是由于缺乏地层证据造成的读识错误。《报告》公布的敞口 B 型Ⅰ式釜（T226④A∶130）虽然出土于 4A 层，但是不能认作 4A 层的遗物，因为该釜在拍印绳纹之后还贴塑了一层陶土，然后才入窑烧造，内壁也保留着交叉密集的篾状物按压痕迹，而且在陶片的断口上也能观察到分层贴塑的片状结构（图三、图四）[8]，它们无论从制陶工艺还是从形态发展演变观察，似乎都应

图三　河姆渡遗址 T226④A：130 陶釜内的篦状物捺印、划压痕迹和陶胎
断面上呈现的片状分层结构（见箭头所指）

该排列在深腹有脊釜的前面。据此就会发现 4B 层深腹有脊釜的颈肩之间没有明显界限
的圆弧形，完全继承了深腹无脊釜的特征，而且用泥片贴塑加固的肩腹交接部位，也只
是缓慢地隆起，似可称为圆肩缓脊深腹釜，属有脊釜的最早形态，亦可称之为Ⅰ式有脊
釜。到了 4A 层，有脊釜的数量明显增加，并成为几乎独占的主流釜形，它和 4B 层有
脊釜的主要区别表现为颈肩交接部位成折角，由泥片贴塑加固的肩部粗壮平直十分突
出，可称为折肩突脊釜，属于肩脊釜的鼎盛时期，亦可称为Ⅱ式有脊釜。综观第 4 层的
三种深腹釜，它们的胎料都以夹炭陶为主，胎质相对疏松，器壁的致密度及釜底的抗折
强度均欠理想。因而它们的器腹最大径相对较高，腹部下段的形状近似立卵。这是三种
釜体形的基调和最重要的共同特征。

　　大家都知道这三种陶釜有两种明显有别的口沿，这是研究者在类型识别上产生分歧
的焦点所在。如果我们撇开口部的差异，那么《报告》所列的敞口 G 型釜和敛口 C 型
釜两者之间就不存在任何有意义的区别，完全可以将两者合并在一起。这就需要对这种
口沿特征的形成及其功能或意义作一些探讨。首先需要指出：这里的敛口和一般陶器口
部或敞或敛不同，它所表现的性状是一种折敛口，它和釜口部位作折角状的附着，是一

图四　河姆渡遗址 T226④A：130 贴塑痕迹线图（左为《报告》发表的线图）

道在全器成形以后的后续性装置。如果一旦拆除这一折敛部位，那么它和敞口釜就完全一样了。接着可看到，在第 4 层的三种深腹釜都存在着折敛口，但每种所占比例明显不同。据不完全统计：在 4B 层深腹无脊釜时段，折敛口仅占五分之一；到了 4B 层的圆肩缓脊釜时段，敛口釜比例迅速上升到三分之一左右，到了 4A 层，原先在数量上占优势的敞口釜反成为弱势炊器，数量约为敛口釜的一半。这一组数据有力地说明了折敛口这一装置，是随着用作强化加固分段拼接形成的肩脊而逐渐盛行起来的。因而在折敛口的部位也与肩脊部分一样，往往布满了刻划或戳印而成的繁密花纹。这种装饰在敞口釜的口沿上是绝对看不到的。我们当然不能将折敛口的出现简单地认作是一种装饰性附加物。加盖是一般炊煮行为中一个重要的配件。但是第 4 层共出土能复原的陶釜 308 件，而能复原的陶质器盖却只有 45 件，说明当时不少器盖可能仍然是不易长期保存的各种有机质制品。在用作敞口釜时，器盖外缘只能支撑在陶釜口沿之内。对于某些有机质器盖来说，就很难保护其应有的稳定性。如若用于折敛口釜时，器盖完全可以覆扣在敛口之上，即使质重或规格稍次的器盖也能达到较好的密封效果。那么敞口和敛口两种陶釜并存的局面，在反映当时炊煮所用器盖质量欠稳定的同时，也反映敛口釜的密封效应优于敞口釜。从较深层次上说，应该属于炊煮行为中加盖习俗的范畴。这里顺便提起，在不止一件第 4 层陶釜的折敛口部位，出现了由三瓣芽叶组成并有序连续分布的禾苗图案带（图五）。同时还出现在同层的敛口盆、平底盘的口沿部位和刻纹陶块的侧面，应是第 4 层一种重要的装饰，它和那些包含着某种抽象概念、令人难解的一般几何纹样不同，是芽叶或禾苗这类植物图像的具体反映。将植物的具象加以有序的排列并使之图案化，不正是人工种植栽培植物——这一农业行为的直接反映吗？这种以植物为母题的图案装饰，出现在史前陶器上是十分难得的，应是人们用来炊煮的对象——食物来源的一项重要物证。可能是一时的疏忽，却在《报告》附表三所列的 104 项陶片纹样统计中被漏列了。

第 3 层的主流陶釜，仍然保留着第 4A 层颈肩分明的有脊深腹釜的基本体形，而且贯穿于 A、B、C 三个亚层的始终。根据各亚层陶釜碎片的统计，3C 层夹炭陶约占

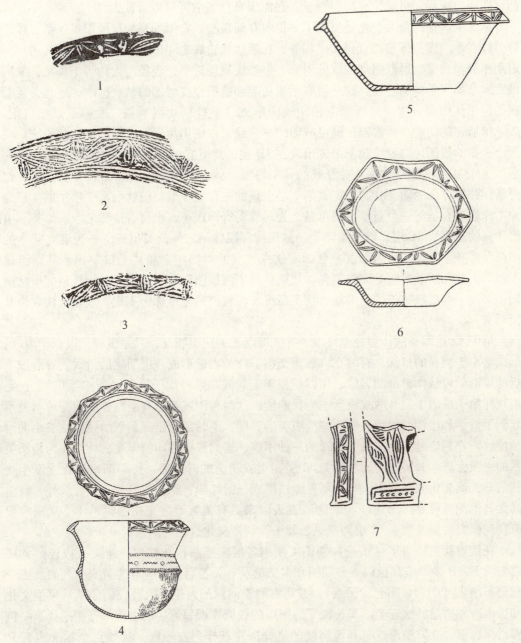

图五　河姆渡第四文化层的禾苗（芽叶）纹图案

1. T23 陶片拓片　2. T222 陶片拓片　3. T215 陶片拓片　4. T26④:34 陶釜　5. T211④B:132 陶釜　6. T34④:29 陶盘　7. T33④:90 陶块

40%，3B层就减低到27%，到了3A层只剩下8%。而在公布陶釜线图的文字说明中，仅有一例为夹炭陶。随着胎料质量的改善，陶胎的致密程度和烧成后的抗折强度亦明显提高。胎壁相对减薄；腹部最大径逐渐下降，釜底弧曲度趋缓；用作分段加固的肩腹部凸脊亦明显减弱，可称作有肩弱脊釜，在深腹有脊釜中可列为第Ⅲ式。

第3层陶釜的重大变化是出现了一种弱脊筒腹釜。它那近直的口沿很难作敞、敛之分，口、颈、腹三部位的直径大体相等，在颈腹或腹底之间仍然保留着一道或两道不一定用作分段拼接、形似附加堆纹的弱脊。但釜底坦缓近平，底径增大约等于腹径，从而极大地增加了釜体的容量。这是器底承重功能和抗折强度增加的重要标志，应与夹炭胎料不再用作陶釜有关。口缘部位拍印浅凹形成"毛口"用以承盖，改善了以釜口敞、敛承担器盖的功能。颈腹部位偶见戳印的贝齿纹，器底仍然保留着拍印绳纹的传统。按照已公布的线图，这种筒腹釜最先出现在3B层，此时它的器高明显大于腹径。如果注意到T243④A：293这件深腹有脊釜的体型特征，就会发现不少弱肩筒腹釜的因素，似可认作筒形体征的萌芽状态。那么第3层出现的这种新釜型，仍然根植于第4层，只是原本深腹肩脊釜的一个新型，既可名之为无肩弱脊筒腹釜，也可直接称之为筒形釜。值得注意的是到了3C层，筒形釜除了仍然保持深腹体型之外，又出现了一种器高减半的浅腹筒形釜。降低釜身的高度，意味着炊煮速度的增快。它和"毛口"承盖共同组成了制陶工艺和炊煮效应的完美组合，从而打破了河姆渡陶釜身高绝对大于腹径的传统格局，开创了今后浅腹釜的新天地，功不可没。深腹筒形釜可称为Ⅰ式，浅腹者就成为Ⅱ式筒形釜。

第1、2层陶釜的体型完全继承了Ⅱ式筒形釜的浅腹特征，只是腹壁上段稍稍内收，形成略小于腹径的口部，有时在口、腹交接部位的内壁形成一道明确的折线。外敞或上折的口沿似可认作口部的唇缘，用以承载釜盖，其功效将优于第3层的"毛口"。正是出现在第3层的Ⅰ、Ⅱ两式筒形釜为我们读识这两种深浅截然有别陶釜的演变传承关系起到了桥梁和纽带的作用，在这些浅腹釜的腹壁，不时还会出现刻划的弦纹或细小的附加堆纹，它们应是前期深腹上肩脊的一种孑遗。连同腹壁拍印的绳纹，均可作为传承关系的一项旁证。其实在河姆渡第1、2层相当或稍前的时段里，曾与河姆渡文化发生交往的马家浜文化的炊器中，早已不见绳纹圜底釜的踪影，除却自身原先的传统外，目前尚无其他渊源可寻。况且自《试论》发表以来，有关河姆渡文化的讨论中，从来也没有任何研究者提及第1、2层陶釜是否属于河姆渡文化这样的问题。

在这里我们将当年《试论》插图4所列各层陶釜图稍加整理，连同《报告》插图二四三E、H敞口釜和盘口釜分期图和本文论及有关各期主流陶釜的演变序列的线图一起公布出来（图六、图七、图八），或将有助于问题的讨论。顺便我们还从马家浜文化和萧山跨湖桥遗址这三个同属长江下游南岸的钱塘江近邻地区的主流陶釜中选择了一例腰沿深腹釜、立卵型深腹釜和河姆渡的肩脊深腹釜排列在一起，犹如三个堂（表）兄弟的面孔，让我们在认定它们共同特征的同时，还能清楚地辨认它们各自特有的面貌，或许也有助大家对河姆渡深腹釜所独具的自身特征的辨认和识读（图九）。

三　关于第3、4层石器的质料

当我最初两次阅读《报告》时，并未留心石器质料的鉴定，根本没有想到石质的

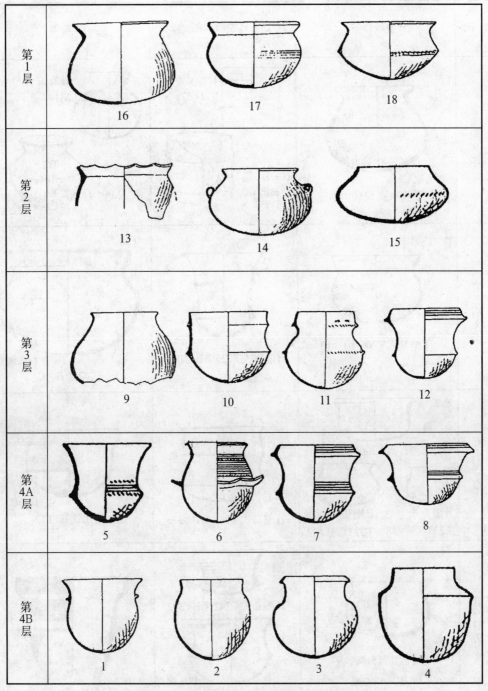

图六　《试论河姆渡文化》图4刊发的各期典型陶釜线图

1. T216④B：154　2. T242④：384　3. T216④B：154　4. T223④B：133　5. T23④：65　6. T30④：75

7. T33④：103　8. T223④A：121　9. T28③：13　10. T18③：86　11. T226③：71　12. T18③：86

13. 井1：204　14. T234②：15　15. T222②：34　16. T29①：2　17. T24①：4　18. T225①：5

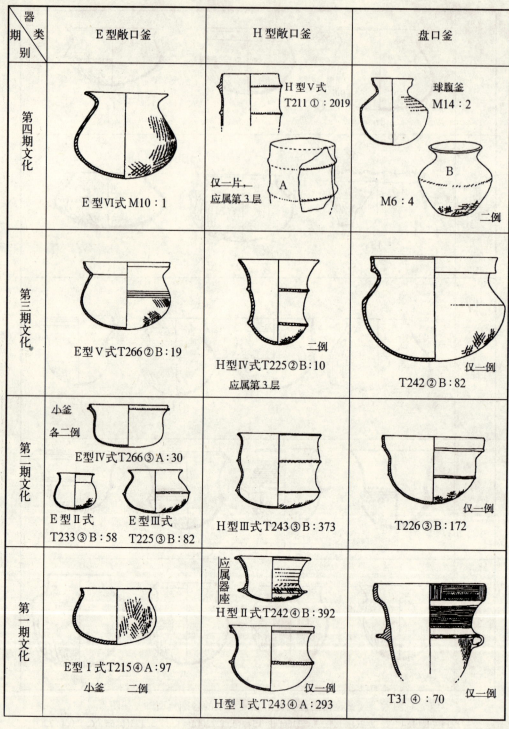

图七　《河姆渡》报告插图二四之 E、H 型敞口釜和盘口釜分期图
（说明：凡是下划线之文字为笔者之意见；A、B 两个线图据同一器物图版描绘）

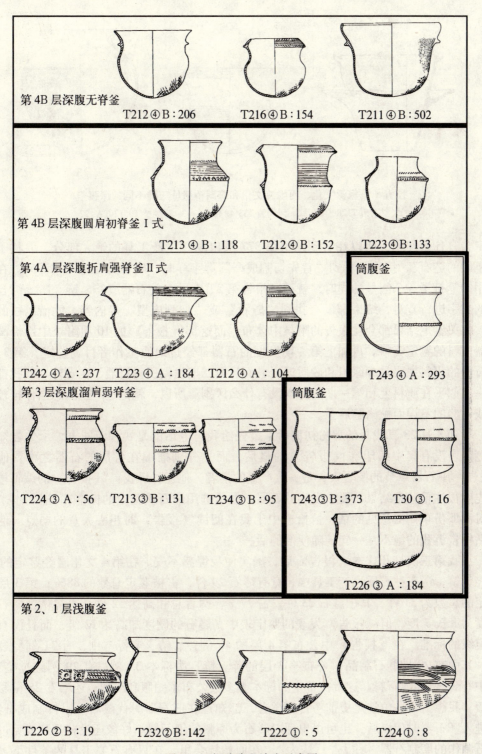

第4B层深腹无脊釜　　　　T212④B：206　　T216④B：154　　T211④B：502

第4B层深腹圆肩初脊釜Ⅰ式　　　　T213④B：118　　T212④B：152　　T223④B：133

第4A层深腹折肩强脊釜Ⅱ式　　　　筒腹釜

T242④A：237　　T223④A：184　　T212④A：104　　　　T243④A：293

第3层深腹溜肩弱脊釜　　　　筒腹釜

T224③A：56　　T213③B：131　　T234③B：95　　　T243③B：373　　T30③：16

T226③A：184

第2、1层浅腹釜

T226②B：19　　T232②B：142　　T222①：5　　T224①：8

图八　河姆渡陶釜演变示意图

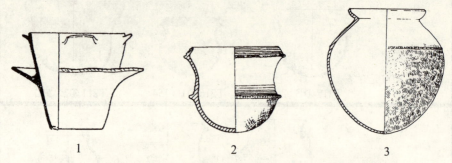

图九　马家浜文化、河姆渡文化和跨湖桥遗址三种不同的深腹釜

1. 罗家角 T128③:20　2. 河姆渡 T33④:103、　3. 跨湖桥 T0512⑧A:27

鉴定会有什么问题，所以在看到结语第 377 页出现"生产工具的绝大部分，取材于质地坚硬的燧石"，接着又看到"首先切割成型"等字样时，确曾闪现过一丝疑问。在信手用铅笔打了一个问号的同时，就翻回报告第 3、4 层有关石器或斧、锛、凿等综合描述的文字进行查对，结果都没有找到"燧石"或"切割成型"等内容。凭借以往的经验，有关鉴定结果都会在报告的附录中公布，而这部《报告》的 10 项附录中恰恰没有石器质料的鉴定资料。再加上第一期发掘的石器都经过地质工作者目测鉴定，第 3、4 层石器的用料主要是辉绿岩和矽质泥岩，而且第二期发掘所得石器，在野外期间我都经过手，似乎在质料上和第一期的标本没有什么区别。所以，就把这一丝闪念当作排校欠细或偶然的笔误而抛诸脑后了。

看到 8 月 23 日我写的那份初稿后，最先给我打电话的是姚仲源同志，承他告知石器鉴定表没有集中编印在《报告》的最后，而是分别插编在各层的石器之中，他是《报告》中石器章节的撰写人，是一位严谨的学者。他还告诉我："《报告》的编辑楼宇栋先生很注重鉴定结果，要求发表的石器，尽量选用经石质鉴定的标本。"这句本来不是对我那份草稿提意见的话，恰恰击中了我在阅读《报告》时粗心大意的弱点。他在电话中告诉我的绝不是一句随随便便的话。

当我第三次打开这本《报告》后，确实使我惶惑不安。在第 4 文化层经鉴定的 33 件斧、锛、凿三种石质生产工具中，竟有燧石 29 件，占被鉴定总数的 88%；第 3 层经鉴定的总数为 31 件，其中燧石 23 件，占 77%，两者总和高达 52 件。通常认为燧石的硬度为摩氏 7 度，但《报告》发表的鉴定表中，燧石的硬度却高达 12 级，而且没有注明定级的标准。在《报告》中公布第 4 层的 46 例斧、锛、凿标本中，有 31 例经过鉴定，其中有 28 件燧石制品；公布第 3 层的斧、锛、凿标本 35 例，有 29 例经过鉴定，其中有 22 例为燧石料。这批被鉴定的标本大多数公布了图版和线图；还增发 25 幅彩色图版。我想，每一位涉足史前考古的学者，都知道在旧石器时代燧石可以打制成石器，当进入新石器时代以后，也可以出现以燧石为原料的细石器。好像还没有听到或见过用燧石制作的磨制石器。《报告》认为："在原始社会里，在只有石制工具的条件下，要对如此坚硬的石料进行加工制作，是件很不容易的事。"我想即使到了青铜时代、铁器时代或更后的人类好像也不可能对燧石进行"切割成型"吧！假如河姆渡第 3、4 层真的存在这样高比例以燧石制作的磨制石器，它的学术价值也就不是能以"是件很不容易的事"那样的话轻描淡写了。燧石的硬度有"Ⅻ级"，但是当同层砺石的硬度只有"Ⅷ级"，真的要能在比燧石软四个级别的砺石上"精磨出尖锐的利刃"来，还能说"磨制技术还不很发达"吗？

我虽然退休赋闲多年，也不参与第二期《报告》的任何工作，但是作为一个发掘参加者，仍觉得有责任向现任所长曹锦炎同志反映此事。在他的安排下，从目前仍保存在我所标本室的第 3、4 层发掘品中找到曾被鉴定为燧石的标本四十件，并让我转请浙江大学地质系教授董传万博士，由所长约请正在我所访问的日本东北大学教授佐川正敏先生在 2004 年 9 月 17 日各自分别对这四十件标本进行岩石质料的目测鉴定，并由二位在原鉴定为燧石的基础上各自对每件标本写出鉴定意见（见附表两份）。其结果恰好与原鉴定相反，没有一件标本被他们两人认定是燧石。为此，我只好请资料室的同志从档案中调出当年鉴定资料，结果发现这些鉴定记录全部手写在印有"浙江地质矿产局"字样的信笺上，行距、段落及规格都比较松散，字迹也很随意，既没有鉴定时间及鉴定人姓名，也没有看到鉴定单位为"浙江省地质矿产研究所"的字样或印章。按编号判断，所鉴定标本均为第二期发掘品。

此后不久，在一次会议上见到老熟人吴汝祚先生，他是河姆渡报告定稿本的审阅者之一。会后陪他去乌镇途中说起此事，他已经记不起在看到的稿件中有石料鉴定表，并接着说："我又不是岩石专家，怎么会去考虑石料的鉴定结果对不对呢"。看来像他那样知名的资深考古学家，也会和我辈一样地产生那种视而不见的误区。很有可能，在从事史前考古各位同行的脑海里，从来不曾想到会用燧石来制造磨制石器的概念，久而久之就在思维领域里产生某种类似"灯下瞎"那样的认识盲区。为了不使河姆渡报告的读者群体中出现类似的"后继者"，在此将董教授及佐川先生的两份鉴定结果公布如下（表一）。

表一　　　　　　　浙江余姚河姆渡遗址出土部分石器鉴定表

序号	器名	器号 (77YMT…)	原鉴定	董传万教授的鉴定		佐川正敏先生的鉴定	
				鉴定	备注	鉴定	备注
1	斧	T223③A：12	燧石	硅质岩	隐晶、致密	非燧石，绿泥岩系统	黑绿色、有层理
2	斧	T235③A：38	燧石	泥质硅质岩		非燧石，绿泥岩系统	黑色
3	斧	T221③B：54	燧石	含粉沙硅质岩		非燧石，绿泥岩系统	暗绿色
4	斧	T225③B：37	燧石	硅质岩		非燧石，绿泥岩系统	黑色、有层理

序号	器名	器号 （77YMT…）	原鉴定	董传万教授的鉴定		佐川正敏先生的鉴定	
				鉴定	备注	鉴定	备注
5	斧	T225③B：136	燧石	硅质岩	隐晶、致密、层理	非燧石，绿泥岩系统	黑色、层理发育
6	斧	T233③B：67	燧石	硅质岩		非燧石，绿泥岩系统	黑绿色
7	斧	T213③C：62	燧石	含泥质硅质岩	微层理	非燧石，绿泥岩系统	黑绿色、有层理
8	锛	T211③B：35	燧石	粉沙质硅质岩	层理	非燧石，绿泥岩系统	有层理、暗绿色
9	锛	T221③B：39	燧石	硅质岩	微层理	非燧石，绿泥岩系统	黑绿色、有层理
10	锛	T244③B：53	燧石	含碳泥质硅质岩	微层理	非燧石，绿泥岩系统	黑色、有层理
11	凿	T233③C：72	燧石	硅质岩		非燧石，绿泥岩系统	黑色
12	凿	T233③A：20	燧石	硅质岩		非燧石，绿泥岩系统	有层理、绿色
13	凿	T244③A：10	燧石	硅质岩		非燧石，绿泥岩系统	有层理、黑色
14	凿	T234③B：96	燧石	含泥质硅质岩	微层理	非燧石，绿泥岩系统	黑色、层理发育
15	凿	T234③B：110	燧石	硅质岩		非燧石，绿泥岩系统	黑色
16	凿	T242③B：62	燧石	含泥质硅质岩		非燧石，绿泥岩系统	黑色
17	凿	T243③B：141	燧石	含泥质观世音	微层理	非燧石，绿泥岩系统	有层理、黑色
18	斧	T212④A：114	燧石	硅质岩		非燧石，绿泥岩系统	暗绿色、有层理
19	斧	T215④A：78	燧石	硅质岩	层理	非燧石，绿泥岩系统	暗绿色、有层理
20	斧	T224④A：168	燧石	硅质岩		非燧石，绿泥岩系统	暗绿色、层理发育
21	斧	T224④A：88	燧石	硅质岩	微层理	非燧石，绿泥岩系统	绿色、有层理暗
22	斧	T226④A：118	燧石	硅质岩		非燧石，绿泥岩系统	绿色、有层理
23	斧	T234④A：320	燧石	硅质岩		非燧石，绿泥岩系统	黑色、有层理

续表一

序号	器名	器号 (77YMT…)	原鉴定	董传万教授的鉴定		佐川正敏先生的鉴定	
				鉴定	备注	鉴定	备注
24	斧	T235④A∶107	燧石	硅质粉沙岩		非燧石，绿泥岩系统	灰绿色、有层理
25	斧	T235④A∶121	燧石	硅质岩		非燧石，绿泥岩系统	绿色、有层理
26	斧	T211④B∶451	燧石	泥质硅质岩		非燧石，绿泥岩系统	黑色
27	斧	T211④B∶482	燧石	含粉沙质硅质岩	层理，有的层多粉沙	非燧石，绿泥岩系统	绿色、有层理
28	斧	T216④B∶149	燧石	硅质岩		非燧石，绿泥岩系统	暗绿色、有层理
29	斧	T235④B∶142	燧石	粉沙硅质岩	层理	非燧石，绿泥岩系统	黑色、层理发育
30	斧	T212④B∶182	燧石	硅质岩		非燧石，绿泥岩系统	暗绿色、有层理
31	斧	T212④B∶220	燧石	含泥质硅质岩	微层理	非燧石，绿泥岩系统	暗绿色、有层理
32	斧	T213④B∶103	燧石	硅质岩	隐晶致密、贝壳状断口	非燧石，绿泥岩系统	暗绿色、有层理
33	斧	T216④B∶201	燧石	硅质岩	微层理	非燧石，绿泥岩系统	保留天然面、有层理和节理、黑色
34	锛	T222④B∶233	燧石	粉沙质硅质岩	具层理构造	非燧石，绿泥岩系统	黑色、有层理
35	凿	T211④B∶383	燧石	硅质岩	隐晶、致密	非燧石，绿泥岩系统	黑色、层理发育
36	凿	T212④B∶195	燧石	硅质岩	具微层理	非燧石，绿泥岩系统	黑色、有层理
37	凿	T212④B∶225	燧石	硅质岩	具微层理	非燧石，绿泥岩系统	黑绿色、层理发育
38	凿	T213④B∶117	燧石	含泥质硅质岩	含白色硅质细脉	非燧石，绿泥岩系统	黑色、有层理
39	凿	T232④B∶127	燧石	硅质岩	黑色致密、贝壳状断口	非燧石，绿泥岩系统	黑绿色、有层理
40	凿	T235④B∶137	燧石	硅质岩	灰绿色、H＞5	非燧石，绿泥岩系统	绿色、有层理

　　鉴定人董传万教授在表末写着"按相对硬度比较法（摩氏硬度），所有硅质岩的硬度在7度左右，含泥质者的硬度略低，但普遍大于5。原《报告》中第三章有关石器石

质鉴定，对硅质岩的硬度定为Ⅻ级，不知据何种硬度标准"的意见。

鉴定人佐川正敏先生在表末也写下鉴定意见："在东亚最早的古人类遗址河北泥河湾盆地就开始用燧石制作石器，北京猿人也用过。燧石是致密的石料，打片和打制石器是合适的。但是新石器时代的人类开始作斧、锛、凿类石器时，没选择过燧石，因为在石器的功能和打、琢和磨的工序上燧石完全不合适。我在中国、韩国和日本都没有看到过用燧石制作的斧类。"

当然这次董教授和佐川先生的石料鉴定，仍然以目测的方式进行。我们也同样不敢保证这次鉴定的结果百无一失、正确无误。公布这份鉴定结果是为了尽可能准确地为当代及今后的研究者保留下正确的资料和讯息。

河姆渡遗址的发现和发掘，当年曾是浙江省史前考古的一件大事，时至今日，已是四分之一世纪以前的往事，当年的工作和学习曾得到众多师友的教导和帮助。河姆渡地下保存着如此丰富的遗存，都是出于祖先所创造业绩之辉煌及地下优良的保存环境的结果，实为我等发掘人事先所未能料及。取得的相关成果，曾受到国内外学界的关注，深表感谢。但是被我等发掘到的遗物或遗迹，均属不可再生性的文化遗产。如何尽可能准确、完善地保存这份祖先遗留下的资料和信息，应是每一位发掘人不可推卸的责任。为了庆祝佟柱臣老师八十五寿辰，在《试论河姆渡文化》之后再写《再论河姆渡文化》，聊表对佟老师多少年来对我这个学生所寄予的关心和爱护的感激。文中不当之处，更盼诸师友批评指正。

注　释

〔1〕刘军：《河姆渡文化研究的回顾与前瞻》，《河姆渡文化新论》第2页，海洋出版社，2002年。

〔2〕见《不朽的人格与业绩——纪念裴文中先生诞辰100周年》第13页，科学出版社，2004年。

〔3〕起初我们原拟将太湖地区新石器时代文化统一定名为良渚文化并分为一、二、三期，以便与河姆渡有关各层相对应。期间恰逢夏鼐先生发表了命名马家浜文化的大作，因而改成发表时的模式。

〔4〕刘军、姚仲源：《中国河姆渡文化》序一，浙江人民出版社，1993年。

〔5〕姚仲源：《二论马家浜文化》，《中国考古学会第二次年会论文集》第137页，文物出版社，1982年。

〔6〕见《河姆渡文化研究》第84～99页，杭州大学出版社，1998年。

〔7〕罗家角考古队：《桐乡罗家角遗址发掘报告》，《浙江省文物考古研究所学刊》1981年。

〔8〕此釜外壁的贴塑状况《报告》在陶器制法中曾有所提及，并在图版十三中公布了两张贴塑工艺的照片。遗憾的是有关表述及图版均未注明器物编号，但在公布附有器物号的线图及图版上却没有描绘或显示表层陶胎剥落及内层的绳纹图像，而且在该器的文字表述时，却又省去已经在制法中提及的相关内容。这就使任何一位读者都无法知道这些图版、线图及相关文字表述竟是同一件标本。这里公布的这张线图及陶釜内壁照片都是笔者在二十年前受苏秉琦老师之嘱撰写《贴塑法制陶——试论陶器的起源》一文所用之资料。拙作发于《考古学文化论集》(2)，文物出版社1989年第1页，发表时编者改名为《关于我国新石器时代制陶术的若干问题》，有关线图及照片因得不到当时省考古所某一位领导的同意而未能寄出，因而保存在笔者手头。

山东后李文化聚落形态初探

佟佩华

（山东省文物考古研究所）

20 世纪 80 年代末至 90 年代初，考古工作者在鲁北 10 余处聚落遗址上，发现一种早于山东地区已知考古学文化、并与之有着明显区别的文化遗存。随着临淄后李、章丘西河和小荆山遗址的发掘，清理了大批的房址、墓葬、灰沟和陶窑等重要遗迹，出土了大量的陶器、石器、骨器和蚌器等重要遗物，将山东地区史前考古学年代的上限提前至 8000 年以前，是山东考古工作的一个具有突破性的成果。

一 聚落的发现和认识

山东的近代考古工作，始于 1928 年在章丘龙山镇发现举世闻名的城子崖龙山文化遗址。到 20 世纪 80 年代，山东地区已建立起距今 7300～3600 年左右，由北辛文化经大汶口文化、龙山文化发展到岳石文化的考古学文化谱系。然而，这一谱系之前山东古代先民生产和生活情况如何，一直是考古工作者孜孜不倦追求的一个目标。

1988～1990 年，山东省文物考古研究所在淄博市临淄区齐陵镇后李遗址的发掘给我们提供了重要线索。当时在属于北辛文化之下的第 10、11、12 层，发现一种与山东地区已知考古学文化有着明显区别的文化遗存[1]。这一早于北辛文化的古代遗存的发现，引起了考古学界的极大关注。

临淄后李遗址的科学发掘，为辨识早期遗存提供了参照系。1989 年冬，考古工作者在翻检和分析历年调查积累的资料时，又识别出邹平孙家、章丘绿竹园和摩天岭、长清万德西南和张官（月庄）等遗址有同类遗存[2]。

1991 年 3 月，山东省文物考古研究所在章丘发现与后李早期遗存相同的西河遗址，并第一次清理出两座完整的早期房址，出土了一组特征十分鲜明的陶器和石器[3]。这些新的发现使我们对山东早期新石器时代考古学文化面貌和特征有了较为全面、深刻的认识。同年 8 月，临淄后李遗址的发掘者提出了以"后李文化"命名临淄后李早期遗存的建议[4]。

1991 年 10 月，章丘市博物馆在刁镇小荆山遗址调查中，采集到大量的后李文化陶器、石器、骨器和蚌器[5]。同年 11 月，济南市文物处和章丘市博物馆对小荆山遗址进行了第一次发掘，清理了 2 座房址和 21 墓葬[6]。1993 年 10 月，为进一步搞清小荆山遗址范围、面积等问题，山东省文物考古研究所组织了第二次发掘，清理了 8 座房址和

22 个灰坑，为进行陶器分期提供了地层学的依据[7]。

1997 年 5 月，山东省文物考古研究所在发掘潍坊市寒亭区前埠下遗址时，发现后李文化的灰坑和柱洞，使这一文化的分布范围向东扩展到潍河流域[8]。

1997 年 8 月，山东省文物考古研究所对西河遗址进行了第二次发掘，发现 19 座间隔有序的后李文化房址，为聚落房址的布局、类型和分期研究提供了极为珍贵的实物资料[9]。

1999 年 3 月，山东省文物考古研究所根据前两次调查和勘探的线索，对章丘小荆山遗址进行全面勘探，确认小荆山遗址存有后李文化的环壕[10]。

1999 年 10 月，北京大学考古文博学院对长清张官遗址进行了发掘，确认主要遗存当属北辛文化早期，部分陶器与后李文化晚期陶器十分接近，为解决后李文化与北辛文化的关系提供了新的资料。这次发掘的另一重要成果是，在张庄西北 1 公里的月庄发现后李文化遗物。1999 年冬，济南市考古所对月庄窑厂进行了小规模试掘[11]。

2000 年 6 月，山东省文物考古研究所对淄博市张店区房镇镇彭家庄进行发掘，发现后李文化房址 5 座，出土陶器与后李遗址比较接近[12]。

2001 年 11 月，山东省文物考古研究所和诸城市博物馆对诸城市六吉庄遗址进行调查和勘探，采集有石磨盘、石磨棒和后李文化较晚阶段陶片[13]。

2003 年 3 月，山东大学东方考古研究中心、山东省文物考古研究所和济南市考古研究所等对长清张官（月庄）遗址进行第三次发掘，"从陶器演化来看月庄遗址早期文化遗存的年代应介于后李文化早期和北辛文化早期之间，有望弥补文化谱系上的一段空白"。此次发掘对硅酸体、测年、动物、植物等标本进行了全面系统的采样，将为后李文化的深层次研究提供更多的信息[14]。

近年来，考古工作者还在章丘茄庄西遗址和历城盛福庄遗址发现后李文化遗存。

目前发现的 13 处后李文化遗址（图一），主要分布在济南、滨州、淄博、潍坊等市，现胶济铁路两侧。从最西的长清到最东的寒亭、诸城，跨距 300 公里左右。章丘发现的 5 处遗址，间距 10 公里左右，可能是一个联系紧密的聚落群。

二 聚落的文化面貌和特征

考古学文化研究的对象主要是古代先民留下的各种各样的遗迹和遗物，对这些遗迹和遗物进行详尽的梳理和分析，进而归纳出反映物质文化本质的特征，是我们进行研究工作的基础。

后李文化的遗迹主要有环壕、房址、墓葬、灰坑、灰沟和陶窑等。在下面的章节中我们专门作分析，这里不再赘述。

后李文化的遗物主要有陶器、石器、骨器、角器和蚌器等。在后李、西河、小荆山等遗址的发掘中，发现了山东目前时代最早的、独具特征的陶器群（图二）。陶器造型古朴，制作基本规整。陶色以红褐色和青灰色为主，火候不均，器表色彩斑斓，陶胎内外往往呈现两三种颜色。陶质较细，多是用未经淘洗的原生黏土烧制而成。陶器为手

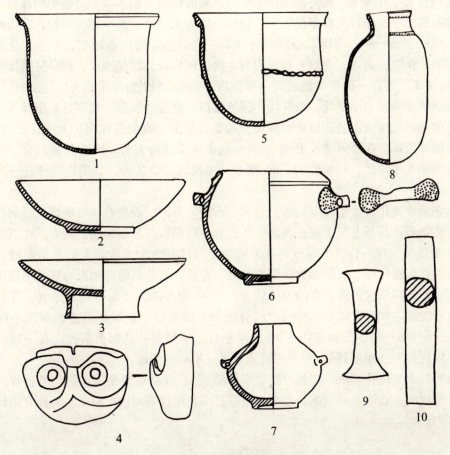

图二　章丘西河遗址出土陶器

1. 陶釜（F66：6）　2. 圈足盘（F53：4）　3. 圈足盘（F58：17）　4. 陶面塑像（F56：11）
5. 陶釜（F62：30）　6. 双耳罐（F61：9）　7. 直口鼓腹壶（F61：2）　8. 高领蛋形壶
（F66：25）　9. 陶拍（F61：28）　10. 陶拍（F62：39）

制。陶器烧成温度较低，大多数器物破损严重。发掘时，陶器极难清理，往往碎成拇指甲大小，很少可以完全复原。纹饰以素面为主，有的釜沿下饰一圈锥刺纹或指甲纹，有的釜颈部饰一圈菱形纹或半圆纹或鱼刺状的刻划纹。有的器表留有加工时的竖向刮抹痕。

　　器型以圜底器和圈足器居多，平底器较少。有的器底饰4～6个乳头状小足。器类有釜、罐、壶、钵、盂、匝、碗、盘和支脚等。陶釜是后李文化最主要的陶器，约占陶器总量的三分之二以上。釜大致分为大、小两种。大型釜一般作为盛器，大者器高超过50厘米。发掘时在许多房址中发现此类陶釜完好地半埋在墙内壁下。1997年发掘的西河遗址F58，出土陶器大多是釜，且保存完好，据现场辨认陶釜个体有17个之多。在房址西北角和东南角都发现有完好的陶釜半埋在墙内壁下。小型陶釜一般作为炊器，高约20～30厘米，外表多见烟熏火燎的痕迹。在西河遗址1991年发掘的F1，西北组烧灶上还残置着一件陶釜，就是此类陶釜作为炊器的证明。匜形器也是整个陶器群中最具特征的器物之一，器口大体呈椭圆形，长径一侧为宽口流，另一侧为提梁，短径两侧为叠唇，腹底连成一体，整器重心略向有提梁一侧偏移。高领蛋形壶，方唇，叠沿，高领，圆肩，弧腹，圆底，叠沿下饰一周戳印纹，颈肩处饰附加堆纹，器身呈鸭蛋形，高约 40 余厘米。还有一种直口鼓腹壶，形体较小，高约 10 余厘米，直口，圆唇，鼓腹，矮圈足，腹部饰一对小横耳。双耳罐，圆唇敛口，叠沿，鼓腹，短圈足，腹部饰一对横耳，有的耳两端压成泥饼，以增大同器身的黏合范围，有的还在泥饼上用管状物戳压，以防止罐耳脱落。在西河遗址 1997 年的发掘中还发现陶支脚，大致分为三类，有圆柱状、蘑菇状和牛角状，长度约 15～20 厘米，多发现在烧灶旁，其用途有待进一步研究确定。

山东后李文化石器主要有石斧、石锛、石铲、石刀、石磨盘、石磨棒、研磨器、石支脚、支垫石。石斧上窄下宽，横剖面椭圆形，双面刃，磨制精细。石刀，在西河遗址 1997 年发掘中发现一件，尾端残，直刃侧锋，刃部有八个大致等距的三角形缺口，似乎也可以作为锯使用。石磨盘为圆角长条形，无足，有的石磨盘两面均有使用痕迹，中部内凹。石支脚形式较多，有的形体较大，长 40 余厘米，多为打制和琢制，有的局部粗磨。石支脚内侧有火烤痕，有的可以看到崩裂的断痕。在小荆山遗址发现一种"犁形器"，形状不规则，长和宽均在 40 厘米左右，中间有一两面钻圆孔，有一面或两面弧刃。虽现称为"犁形器"，但其用途需要进一步研究考证。

山东后李文化骨、角、蚌器种类繁多（图三）。骨器主要是用动物的肩胛骨、肢骨和肋骨制成的，有锥、镖、镞、匕等。角器有用鹿角杈部制成的角凿。蚌器有用蚌壳制成的蚌刀。

三　聚落的规模和布局

后李文化 13 处聚落遗址均坐落在鲁中南山地北麓低山丘陵与鲁西北冲积平原交接地带上，海拔 50 米左右。地面坡度以五百分之一的比降由南向北倾斜。该区域地理位置处于中纬度偏南的亚欧大陆东部地带，属暖温带季风气候。日照充足，四季分明，无霜期长，年平均降水量 500～800 毫米左右。该区域土壤结构主要为褐土和潮褐土，肥力较高，地下水层发育良好。遗址大多位于河旁台地上，易于解决供水和排水问题，减轻旱涝灾害的威胁。临淄后李遗址坐落在淄河东岸上，面积约 15 万平方米。章丘西河遗址坐落在巨野河支流西河东岸上，面积约 10 万平方米。章丘绿竹园遗址坐落在西巴漏河西岸上，面积约 3 万平方米。长清万德西南遗址坐落在北大沙河西岸上，面积约 2 万平方米。长清张官遗址坐落在南大沙河东岸上，面积约 10 万平方米。章丘小荆山遗址坐落在漯河南岸，面积约 14 万平方米。章丘茄庄西遗址坐落在漯河东岸上，面积约 6 万平方米。张店彭家遗址坐落在孝妇河北岸上，面积约 12 万平方米。寒亭前埠下遗址坐落在潍河西岸上，面积 10 万平方米。诸城六吉庄遗址坐落在潍河的支流芦河西岸上，面积 12 万平方米。这些地方地势平坦，气候温和，降水适中，林草茂盛，土地肥

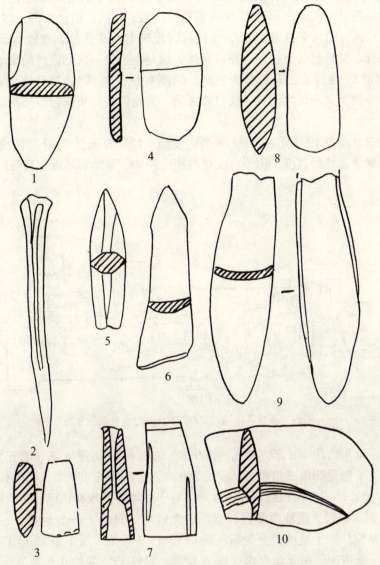

图三　章丘小荆山遗址石、骨、角、蚌器

1. 石磨盘（003）　2. 骨锥（H133：3）　3. 石斧（F13：3）　4. 石磨盘
（005）　5. 骨锥（H111：5）　6. 骨镖（T3250⑥：1）　7. 角柄首器（H120：1）
8. 石斧（F13：4）　9. 骨匕（H126：5）　10. 蚌刀（H109：11）

沃，水系发达，是古代人们农耕、渔猎和栖息的理想场所。通过以上资料的分析，我们看到后李文化聚落规模较大，先民已经走出山林和洞穴，进入了农耕和定居的草创时期。

　　讨论后李文化聚落的布局问题，章丘西河遗址和小荆山遗址的发现给我们提供了十分重要的资料。

西河遗址通过两次勘探和两次发掘，使我们有了初步的了解。该遗址大致分为三个区域。A区：遗址东北部，即1991年发掘区域附近；B区：遗址中部，即1997年发掘区域附近；C区：遗址东南部，1993年勘探时发现七八座房址。遗址西部及其他地区尚未进行勘探，估计仍会有房址存在。显然，这是一处统一规划设计的聚落。西河遗址1997年发现的19座房址，大致分为三排，间隔有序（图四）。按其室内设施和面积，可分为大、小两类。房址之间有三组打破关系，为我们进一步探讨布局问题提供了重要资料[15]。

小荆山遗址经过1991年和1993年两次发掘，特别是通过1999年的全面勘探，基本上搞清了聚落遗址的范围、面积、文化堆积、房址、墓地和环壕布局等问题，具有典型意义。

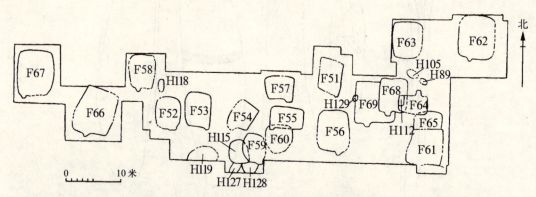

图四　章丘西河遗址1997年发掘遗迹分布示意图

小荆山遗址东西约350米，南北约500米，总面积14万平方米（图五）。环壕位于遗址东南部，平面呈圆角三角形。北段长280米，东南段长430米，西段长420米，环壕总长1130米，环壕内面积约5万平方米。对于环壕的发现和认识有一个较长的过程。1991年第一次发掘时，遗址南部已被窑厂取土破坏，只留下一个十字形的生产路。考古工作者"从窑厂取土坑坑壁上观察，自13排6～9行第3层下至28排12～15处第4层下，原有一条西南—东北向大沟（编号G5），宽约13、深约0.6米"[16]。1993年第二次发掘时，考古工作者"对C号取土坑内深沟的断面进行了清理，从而确定该沟属后李文化时期"[17]。1999年对该遗址进行了详细的调查，"勘探工作主要采取追踪钻探的方法寻找沟的走向及宽度。……终于弄清了原在遗址东南部发现的深沟为后李文化环壕的东南段"[18]。至此环壕的走向、范围、结构和时代才基本上搞清楚。

小荆山聚落遗址发现房址50余座，清理了其中的10座。因窑厂取土，该遗址大部分被破坏，遗址中部尚存的十字形道路两侧断崖上发现近40座房址，排列密集。遗址中部东西道路东段南侧断崖上，在80米长度之内发现房址8座，有的间隔仅1～2米，推测这里是一个排列有序的房址密集分布区域。目前发现的房址大多在环壕东部，年代应与环壕接近或稍晚，但也不能排除有些房址在环壕修筑之前兴建的可能。环壕之外北

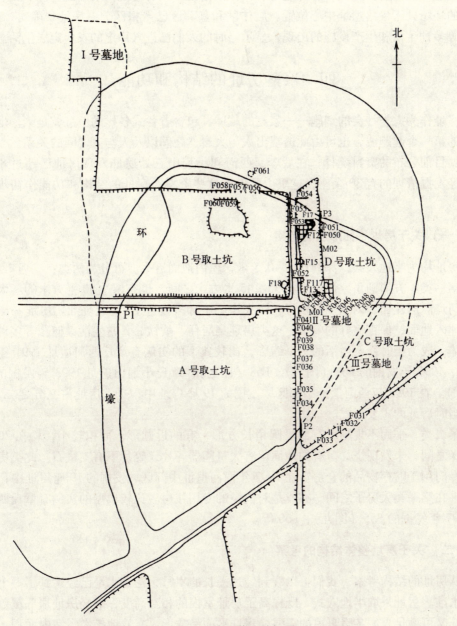

图五　章丘小荆山环壕聚落查钻探图（1∶4000）

部、东南部也发现少量房址，估计年代晚于环壕年代，是随着人口增加，环壕内不能满足当时人民居住需要，因扩建而越出环壕范围的。

在小荆山遗址发现三处墓地，一处在环壕外，两处在环壕内。1991 年第一次发掘时，在遗址东南部发现一处墓地（即Ⅲ号墓地）。1999 年对遗址进行勘探时，在遗址西北部和中部发现两处墓地。

通过以上分析，我们可以清楚地看到：聚落是一个有着统一规划的整体，具有防御功能的环壕处于聚落遗址中心位置。居住区和墓葬区已严格区分。房址、陶窑、灰坑、灰沟等多种生活和生产设施的出现，显示当时的人们已进入稳定的农业定居生活。

四　聚落房址的结构和功能

房址作为人类社会的细胞——家庭的载体，包含着各式各样的信息，是聚落形态考古学的第一个起跑线，也可由此透视出人与大自然之间以及人与人之间的关系。

据目前公布的资料统计，在后李、西河和小荆山三处遗址发现房址已超过80座。其中经发掘清理的有30余座，这里主要借助这些资料对房址的结构和功能作初步的考察。

（一）关于房址平面形状的考察

房址均为半地穴式，深约0.3~0.5米，屋内地面近平。可分为两类：

第一类　方形圆角，面积多在35~45平方米之间，也有超过50平方米的。大多有向南门道。居住面、内壁加工较好，经火烤。中部多设置1~3组烧灶。房址一侧多留有半埋入地面、保存完好的陶釜。这类房址集居住、炊饮、日常生活、储藏等多种功能于一体，成为当时社会生活的一个缩影。比较典型的实例有章丘西河遗址1991年发掘的F1，1997年发掘的F62（图六）、F58（图七），章丘小荆山遗址1993年发掘的F11（图八）。在1997年西河遗址中部区域发掘的19座房址中，这类房址占三分之二左右，应是当时房址的主要形式。

第二类　平面不规则，有的呈圆角长方形，有的近圆形，面积较小，均在20~25平方米之间。未发现烧灶。有的地面留有大量陶器碎片，碎片下有支垫石。此类房址可能是专门用于贮存物品的仓房。在1997年西河遗址中部区域发掘的19座房址中，这类房址夹在第一类大房子之间，亦或是对偶婚的专用住房。比较典型的实例有章丘西河遗址1997年发掘的F55（图九）、F60等。

（二）关于房址整体结构的考察

从房址的结构考察，我们可以看到经过漫长的岁月，建筑水平已经达到了一个相当高的水准。房址采取半地穴式，既提高了房址室内的相对高度，减轻房址顶部覆盖物的重量，又可满足人们冬暖夏凉的需要。房址平面呈方形，有效地扩大了室内面积，也便于划分不同的区域，增强房屋的使用功能。西河遗址1991年发掘的F1，就是将室内大致分为居住、炊饮和活动三区。居住区位于西半部，面积约20余平方米；炊饮区位于中部，设置了三组烧灶；活动区位于东部，北侧放置了10余件陶器。圆角增强了四角和四壁的支撑力，四角内缩也有利于解决房址顶面覆盖物横竖交叉结合的问题。门道南向。西河遗址1997年发掘的19座房址中，清理出有门道的14座，其中门道向南的13座。房址方位与当今农村房舍大体一致，反映了古代人们修建坐北朝南的房屋，以最大

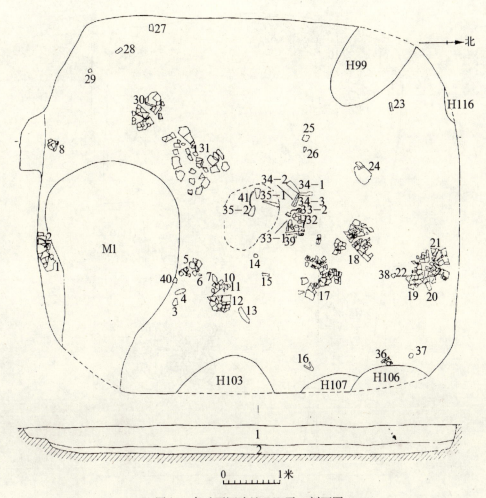

图六　章丘西河遗址 F62 平、剖面图

1、5、12、17、18、21、30～32、36. 陶釜　2. 陶钵　3、6、9、15、40. 石器　4、13、20、28. 石磨
棒　7、10. 砺石　8、41. 釜片　11. 石斧　14. 石锤　16. 鹿角　19、25～27、29、37、38. 石块　22.
陶壶　23、39. 制陶工具　24. 石磨盘　33～35. 石支脚

限度地获取太阳赐予的热能和光能。房架结构和房顶覆盖形式，目前还没有获得可以让
我们作复原的资料。比较有借鉴意义的是 1993 年小荆山遗址发掘的 F11，在房址四壁
下发现有 10 个柱洞，排列间隔大致有序，门道位于南部拐角处。目前，据此复原房架
结构和房顶覆盖形式还有很多困难。

（三）关于房址综合设施的考察

在这里我们把烧烤面作为一种设施来考察。西河遗址 1997 年发掘的 19 座房址中，
其中有 12 座发现四壁和地面经烧烤。小荆山遗址 1993 年发掘的 F11、F17 也在四壁和

图七　章丘西河遗址 F58 平、剖面图

1～15. 陶釜　16、18、25. 陶釜片　17. 陶盘　19、22、26. 石支脚　20. 石斧
21、28. 石磨棒　23. 砺石　24. 石块　27. 陶片

地面发现烧烤情况。最具说服力的是 1991 年发掘的西河遗址 F1。在清理过程中，我们观察到在 F1 的西半部，大约在 20 余平方米范围之内，以及同居住面连接的西墙、北墙和南墙的西半部都先涂抹了一层厚 0.4～1 厘米的黄泥膏，后经火烧烤，表面呈青灰色，龟裂严重。这种烧烤的结果是形成了"地床"和"装饰墙"，在一定程度上解决了半地穴式房址的防潮问题，也极具美化效果。

灶作为一种设施在房址中具有其他设施无法替代的中心位置。据统计，在第一类方形圆角大房子中烧灶是一种必备的生活设施，小荆山遗址 F11、F14 和 F18，西河遗址

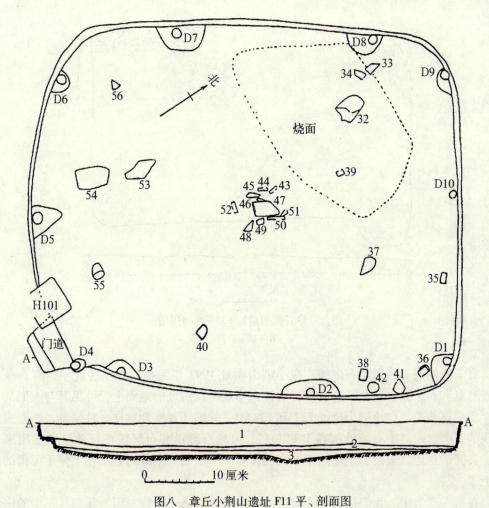

图八　章丘小荆山遗址 F11 平、剖面图

D1~D10. 柱洞　32、47、55. 陶釜　33、34、43~46、48~52. 石支脚　35~42. 石块　53、54. 石磨盘

F1、F62、F63、F66 和 F67 都具有三组烧灶。西河遗址 F1 的三组烧灶制作加工水平最高。南组为主灶，西北组和东北组为副灶，给我们再现了一幅栩栩如生的烟雾弥漫的炊饮生活的画面。主灶，火膛内凹呈圆形，南面有一灶门石，表明当时人们对于火的利用和控制已达到了相当高的程度。在西北组副灶上，三支脚上还残置着一件叠唇圜底釜。在这里，火的照明、取暖和熟食的三大基本功能都得到了很好的体现。火的使用，使人们从茹毛饮血的生食进步到烧烤熟食；烧灶和陶釜的结合，又使人们从烧烤方式进入到蒸煮方式。食物熟化程度的提高，有助于人们更好地利用和吸收食物的营养，也大大促进了人体的发育和智力的提高。民族学资料表明，火被引进人类居住的空间以后，在火与人之间形成更密切的关系，燃烧的火焰与烧灶蕴含了丰富的文化内涵，人类社会组织结构、婚姻家庭、祭祀生产、巫术宗教、繁衍生息等等都在这里得到反映。

　　石磨盘和石磨棒是房址中常见的生活用具，在西河遗址 1997 年发掘的 19 座房址

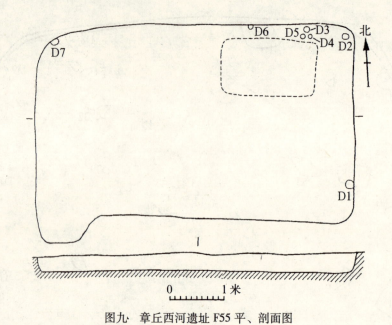

图九　章丘西河遗址 F55 平、剖面图

D1 ~ D7. 柱洞

中，有 7 座发现石磨盘和石磨棒。在小荆山遗址 1993 年发掘的 8 座房址中，有 6 座发现石磨盘和石磨棒。这些石磨盘和石磨棒大多放置在房址的地面上，可见其与人们的日常生活息息相关。在小荆山遗址 F11 和 F14 中，我们还观察到这样一种情景，两座房址发现的石磨盘距离中心烧灶都在 1 米左右，可见石磨盘和石磨棒在日常生活中用来去皮、去壳、压碎、取浆，是使用率极高的食物加工工具，因此也就放在了伸手可得的位置上了。

在这一章节中，我们把大型陶釜作为一种房址设施来对待。因为我们从不少的房址中观察到，许多陶釜是半埋在房址内壁之下，历经 8000 余年仍然挺立在那里，加深了我们对陶釜在日常生活中充当多种角色的认识。西河遗址 1997 年发掘的 F62 和 F58 都提供了这种例证，特别是 F58，现场辨认陶釜个体有 17 个之多。这种具有储存功能的陶釜，较多地出现在房址内，说明当时人们摆脱了日采日餐、日猎日食的窘困境地，有了一定的粮食储备，可供冬季和春季食用。正是这种食物的存储使人们在某一个地点定居成为可能。

（四）关于房址遗物种类的考察

房址中的遗物主要是陶器和石器，我们按其用途划分为四大种类。

陶器：作为炊具的有小型陶釜和陶支脚等；作为水具的有双耳圈足罐、高领蛋形直口壶和陶杯等；作为盛具的有大型陶釜、匜形器、高圈足盘和平底盆等；作为饮食具的有圈足碗、平底钵和小口壶等。从以上四大种类陶器分析，陶器已被人们广泛使用，并已深入到人们日常生活的每个环节。同时也说明当时的制陶业已经达到了相当成熟的阶段，这种进步是在生产力水平不断提高、定居生活经过长时间积累的基础上才得以实现的。

石器：石斧是开垦土地用的；石铲是种植农作物用的；石刀是收获粮食用的；石磨棒和石磨盘是加工粮食用的。这些石质工具基本上贯穿了农业生产和农业加工的整个过程。这些成组配套的陶器和石器昭示了当时人们的经济生活方式正在从采集和渔猎向种植和驯养转变。

通过以上分析，我们可以清楚地看到房址的建筑已达到了相当高的水平，是当时社会生产力最高水平的集中体现。房址具有居住、炊饮、日常生活、储藏等多种功能。陶器、烧灶与火的结合，改善了人们的进食方式。人们的社会发展阶段处于母系氏族阶段，大房子是核心家庭的居住地，小房子则可能是过对偶婚生活的临时场所。

五　聚落墓葬的排列和类型

后李文化墓葬目前发现 40 余座，临淄后李遗址发现 10 余座，章丘小荆山遗址发现 30 余座。

后李遗址文化堆积厚，延续时间长，遗址打破严重，发现的墓葬零星散漫，很难进行墓地布局的研究。章丘小荆山遗址 1991 年第一次发掘清理的 III 号墓地，给我们提供了墓地布局研究的难得资料。

章丘小荆山遗址 III 号墓地实际上发现 22 座墓葬（图一〇）[19]，在 1991 年第一次发掘之前，章丘市博物馆业务人员在该墓地调查时曾清理过一座。该墓地幸运地被考古工作者发现，是因为墓地位于窑厂取土而暂时留下的一条土梁上，该土梁高约 3 米，东西长 50 余米、南北宽 2～3 米。可见，幸存留下的 22 座墓，只是整个墓地的一部分，至于原墓地究竟有多大已不能找到答案了。这一土梁虽然残留面积有限，还是给考古工作者留下了难得的地层资料。《山东章丘小荆山遗址第一次发掘》报告介绍，"墓地均开口于 5 层下"，"位于西部的 M13、M21 被 G5 叠压"，"G5 应为遗址东侧围壕的一段"。可惜报告未提供剖面图。

小荆山遗址 III 号墓地 22 座墓葬中，保存完好的有 M10、M15、M16、M17、M18 和 M22 等六座。墓葬均为竖穴土坑墓，无葬具，葬式皆为单人仰身直肢。头向多数为北（偏东）向，只有 M2、M20 两座为南（偏西）向。22 座墓葬中，女性 10 座，男性 9 座，性别不详者 3 座。22 座墓葬中，20 岁以下者 5 座，30 至 40 岁者 8 座，40 岁以上者 8 座，年龄不详者 1 座。22 座墓葬中，发现有随葬品的 12 座，其中 M8 随葬品 3 件，其余为 1 件；14 件随葬品中骨针 1 件、蚌簪 2 件、蚌纽形饰 1 件，余均为蚌壳。在 5 副完整骨架中，女性 3 副，骨架分别长 151、154、170 厘米；男性 2 副，骨架分别长 152、179 厘米。

《山东章丘小荆山遗址第一次发掘》报告将墓地分为三排，第一排 12 座，第二排 6 座，第三排 4 座。报告介绍 M3 打破 M6，所以第二排中或排除 M6，或排除 M3，只剩

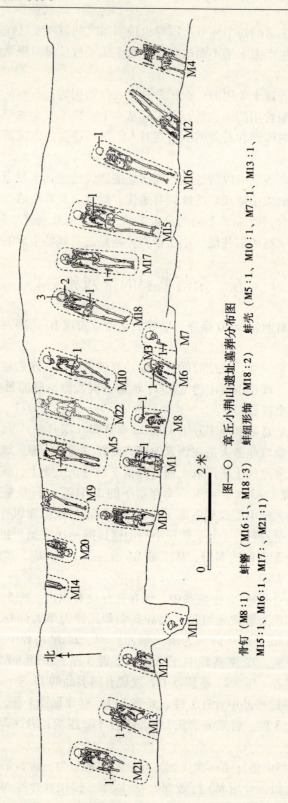

图一〇　章丘小荆山遗址墓葬分布图

骨钉（M8:1）　蚌簪（M16:1、M18:3）　蚌纽形饰（M18:2）　蚌壳（M5:1、M10:1、M7:1、M13:1、M15:1、M16:1、M17:1、M21:1）

下 5 座。从布局看，墓地排列整齐，墓与墓间隔有序，似是一个有组织、有规划的氏族公共墓地。在这样一个极不完整的墓地中，我们可以看到这样几种现象，一是两座头向南（偏西）的墓葬都是女性。二是男性墓大多并行排列，如第一排的 M17 和 M15，第二排的 M1 和 M19，第三排的 M12、M13 和 M21。三是 9 座男性墓中，50 岁以上者 6 座，占 66.6%；10 座女性墓葬中，除两座墓主为 45 岁，其余全在 40 岁以下。四是 M18 墓主是女性，随葬品有三件之多，是其他墓葬无法相比的。以上现象有什么特殊意义，我们现在还不可得知。

后李文化墓葬类型可分为土坑竖穴墓和土坑竖穴侧室墓两类。小荆山遗址墓葬均为土坑竖穴墓。后李遗址两种墓葬类型全有。后李遗址 M96，长方形土坑竖穴墓，南部被打破。尚存下肢骨和大半个上身，仰身直肢，头向西南。墓口宽 85、残长 125、深 48 厘米。没有发现随葬品。后李遗址 M111 为土坑竖穴侧室墓，墓口长 214、宽 60、深 60 厘米。侧室是在竖穴北壁和东壁上掏挖而成的，最大进深 55、高 10～30 厘米。墓主葬式为仰身直肢，头向东。随葬品位于墓主头部左侧竖穴范围内，有三个陶支脚和一件大蚌壳（图一一）。

后李文化墓葬随葬品较少。目前发现的有骨钉、蚌纽形饰、蚌簪、蚌壳和陶支座五种。只有小荆山 M18 随葬 3 件，后李 M111 随葬 4 件，其余墓只随葬 1 件。随葬的蚌壳大多放在腰部和上肢左右，只有骨钉、蚌纽形饰、蚌簪等具有装饰作用的物品放在头部左右。后李 M111 的陶支座也在头部左侧，也许是墓主生前的心爱之物。

六　有关问题的讨论

近年来，随着《山东章丘市小荆山后李文化环壕聚落勘探报告》和《山东章丘小荆山遗址第一次发掘》报告的发表，给我们探索后李文化聚落形态问题提供了新的资料。

（一）关于小荆山环壕聚落两个问题的认识

关于小荆山聚落环壕结构和年代问题的认识。《山东章丘市小荆山后李文化环壕聚落勘探报告》介绍："从环壕结构及填土情况分析，环壕明显分为两部分：A 部，北段及东南段的东部，环壕较窄，宽 4 米～6 米，深 2.3 米～3.60 米。B 部，西段及东南段的西部，环壕较宽，宽 19 米～40 米，深 3.20 米～6 米。"从章丘小荆山聚落调查钻探图上也清楚看出，小荆山环壕结构据其宽度和深度明显分为两部分。对于形成的原因，发掘者作了一些分析，认为"A 部环壕宽度、深度较一致，显然系人工开挖而成的。B 部环壕宽度、深度相差较大，其宽度、深度远远超过 A 部，人工开挖的可能性较小"。并进而推测，"B 部壕沟更大的可能性为环壕修建之前形成的"。在小荆山遗址两次发掘和环壕勘探时，我都到工地进行学习和考察。我认为小荆山环壕 A 部和 B 部是一个平面合理的封闭的环壕，只是在结构上有宽窄和深浅的差别，这可能是形成原因上的问题。我分析，B 部原为自然冲沟，修建时合理地利用原地貌地况，加以修整，因此其宽

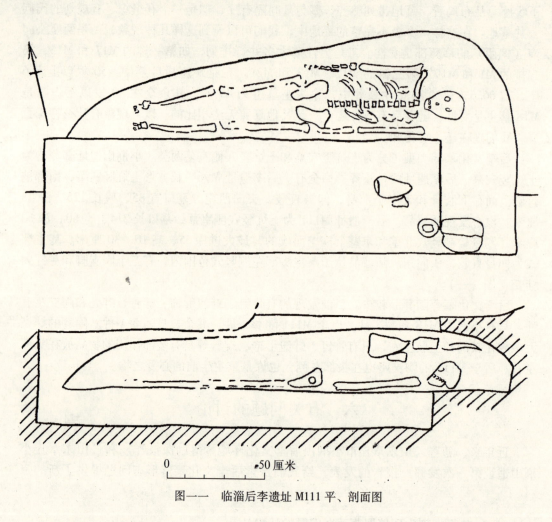

0   50厘米

图一一　临淄后李遗址 M111 平、剖面图

度和深度与 A 部不同也是正常的。鉴于此，B 部环壕与 A 部环壕应是同时修建的，这个推测可能更接近实际。

　　关于小荆山环壕聚落布局和年代问题的认识。《山东章丘市小荆山后李文化环壕聚落勘探报告》在第四节对环壕、三个墓地、30 余座房址情况作了介绍，其中提到"从P2、P3 剖面分析，壕沟上均有后李文化时期的地层堆积，且有灰坑 Hd 打破壕沟的现象，……在 P2 剖面上有 Hb、HC 被壕沟打破的关系，表明该环壕的修建是在人们居住一段时间之后进行的"。根据以上情况介绍，我们可以排列以下叠压和打破关系：P1③和 P2③→Hd→壕沟→Hb 和 Hc。

　　《山东章丘小荆山遗址第一次发掘》报告结语中介绍："发掘前我们在对遗址调查时，已注意到遗址内有一条西南—东北向的大沟，发掘过程中我们将之编号为 G5。……G5 应为遗址东侧围壕的一段，从第 13 排的情况看，氏族墓地中的 M13、M21 都直接被 G5 叠压。表明此次发掘的主要遗迹，如氏族墓地，F1、F2 等都早于围壕。此次发掘，于围壕之内第四层下，未见房址，灰坑等居住遗迹，或许是这一时期居址迁移的缘故。"由此，我们可以排列以下叠压和打破关系：④层→④层下 G5→⑤层→⑤层下 F2、M13、M21 等→⑥层→⑥层下 F1 等。

我们以环壕为对照点将上述两个报告排列的叠压、打破关系列表如下（表一）。

表一　　　　　　　　　　　　　　叠压、打破关系表

	《山东章丘市小荆山后李文化环壕聚落勘探报告》	《山东章丘小荆山遗址第一次发掘》
1	P1③层、P2③层	④层
2	（叠压） Hd→壕沟	（叠压） ④层下 G5
3	（打破） Hb 和 Hc	（叠压） ⑤层下 F2、M13、M21、
4		（打破） ⑥层 （叠压） ⑥层下 F1

这里还有一个问题，《山东章丘小荆山后李文化环壕聚落勘探报告》所谓的第三层和《山东章丘小荆山遗址第一次发掘报告》所谓的第四层是否是同一层位，对我们来说也是一个未知数。

从以上分析我们可以看出小荆山聚落环壕是在后李文化时期居民生活相当长一段时间后修建的。目前发现的与环壕有地层关系的房址和墓葬都早于环壕。那么我们又面临着两个问题，一是已发现的 40 余座房址哪些是与环壕同时的。二是Ⅰ号墓地和Ⅱ号墓地与环壕的关系如何。只有在搞清这些遗迹的层位和时代基础上，才可以进行共时性的布局研究。

（二）关于后李文化聚落经济生活的考察

在远古时代，经济生活主要是指人们的劳动生产方式和居住生活方式。后李文化的生产工具有石斧、石铲、石镰、石球、骨耜、骨镖、骨镞、骨柄形器、蚌刀、蚌镰和角柄形器等。石斧多为花岗岩，石质坚硬，体形较小，器身厚重，横剖面呈椭圆形，重心偏下，正锋弧刃，是砍伐林木、清理藤草的万能工具。随着人口数量的不断增加，因而要不断地扩大耕种面积。在大量的生产实践中，人们不断摸索和改进生产工具，达到省力省时又要耐用，后李文化的石斧正是适应了这种需要。在发掘时，我们还发现一种骨质或角质的柄形器，可能就是与石斧复合使用的柄首，它有效地延伸了人们的手臂，提高了工作效率。石铲体形较宽，器身较薄，极为便于翻土和种植使用，有的石铲顶部有弧形凹槽，这是设计安装木柄的。石镰、蚌镰和蚌刀呈长条形，长度在 10 厘米左右，

宽度在 3.4 厘米左右，适于握在手中。石镰和蚌镰刃部呈锯齿状，是切割谷穗类的理想工具。骨镖身与铤分界处有倒刺，通常被视为捕鱼的工具。骨镞前锋锐利，与弓复合使用，作为狩猎野生动物的飞行工具。石球也可能是依靠人的臂力狩猎野生动物的工具。小荆山遗址和西河遗址各发现一件陶猪。小荆山遗址陶猪体态浑圆，短足短嘴，似为家猪。西河遗址陶猪长嘴尖头，似为野猪。家猪和野猪共存，说明野猪经过驯化正在向家猪转变。

关于后李文化时期的居住生活方式，我们从以陶器为主的生活用具和大型房址可以看出，当时人们生活相对稳定，正在从季节性迁徙向聚落定居演化。生活用具有种类齐全的陶器、石器、骨器和蚌器。陶器中以陶釜居多，小型陶釜和石支脚配套构成烧灶，是人们加工食物的主要用具。大型陶釜口径约 30 厘米，可能专门用来储存食物。匜形器是整个后李文化陶器群中最具特色的器物，是具有装载、计量和盛放颗粒状物品的多功能用具。高领蛋形壶专用于盛水，双耳圈足罐通常用于提水。在陶器中还有作为盛具的高圈足盘、平底盆和圈足盆，作为食（饮）具的圈足碗、平底盂、圈底钵、小口壶和杯等。石磨盘、石磨棒、石研磨器和石锤是食物蒸煮前的最后一道加工工具。石磨盘是与石磨棒和石研磨器配套使用的，石磨棒是作前推后拉的滚压运动，石研磨器是作旋转运动，同石磨盘配合，将果类去壳去皮，将果类压碎提汁。石锤是万能工具，即可砸开坚硬的果壳，又可砸碎动物的骨骼。骨锥和石尖状器是日常生活中钻孔、缀合物品的用具，骨锥还可以解开绳结。石刮削器主要用于切割植物茎叶和剥除动物毛皮。石凿是木业加工工具。骨匕和蚌匕是分配食物和进食的用具。骨簪、蚌饰和牙饰是作为装饰品，反映当时人们对美的一种追求。

有关房址的情况我们在前面已多有介绍，在此不再重复。

后李文化时期人们获取食物的生产方式有农耕、采集、捕捞、狩猎和家畜饲养等。成套农业生产工具的出现，说明农业已进入了相对成熟的锄耕阶段。锄耕农业在经济生活中占有主要地位，采集、捕捞、狩猎和家畜饲养仍占有相当重要地位。

陶器的广泛使用，使人们在食物的搬运、储藏、蒸煮、饮食等一系列环节上都有专门的器物，提高了人们的生活质量。人们的进食方式也从茹毛饮血（生食）过渡到火烤烟熏（半熟食），再进化到水煮气蒸（熟食）的阶段。房址具有居住、炊饮、日常生活、储蓄等多种功能，是当时人们经济生活的集中体现。

锄耕农业的发展，解决了人们食物的主要来源；居址聚落的形成，提高了人们生活的文明程度。社会经济生活正在从简单向复杂、从单一向综合、从临时向长期、从不稳定向稳定发展，这就是我们对后李文化聚落经济生活考察后的初步认识。

（三）关于后李文化聚落社会生活的考察

考察远古时代的社会生活，主要考察当时人们的社会结构、家庭形态、婚姻方式和宗教习俗等。后李文化居址和墓葬资料给我们提供了宝贵的信息。有许多学者开始了这方面的探讨[20]，给我们提供了许多有益的启示。从后李遗址和小荆山遗址发现的 40 余座墓葬看，墓圹窄小，仅能容人仰卧，无葬具。随葬品极少，小荆山墓地 22 座墓葬中有随葬品的只有 12 座，除 M18 随葬 3 件外，其余全为 1 件，大多为蚌壳。从中我们可以看到，当时人与人之间处于平等地位。M18 为女性，反映女性具有较高的社会地位。

通过前面我们对房址结构和功能的考察，也可看到当时社会组织形态的影子。四五十平方米的大房子可居住十几个人。根据人类生育繁衍的一般规则，居住在同一单位内人口多达十几人的群众至少是由具有血缘关系的三四代人组成，这个群体也可能是一个以母系为纽带的核心家庭。西河遗址 1997 年发掘的 19 座房址就可能包含着若干个核心家庭，再由这些核心家庭组成一个氏族，也可能是由几个氏族再组合成一个胞族的居住地。

后李文化聚落的发掘资料表明，简单的差别较小的墓地，表明人与人之间的平等，所有制形态上属于原始公有制阶段。大型房址是核心家庭的居住地，小型房址可能是过对偶婚生活的临时场所，人类社会发展阶段正处于繁荣的母系氏族阶段。

关于后李文化聚落形态的研究，目前存在很大的局限性。首先后李文化的发现和确定只有二十多年的时间，许多问题还来不及进行充分的讨论。其次，发现的 13 处遗址全部位于泰山北麓，我们在鲁南地区几经寻找仍有未明确的线索，这对于考古界还是一个谜。再者，临淄后李遗址和章丘西河遗址的资料尚未正式发表，还很难进行深入研究。本文定名为初探也正是因为此。

注　释

〔1〕a. 山东省文物考古研究所：《山东临淄后李遗址第一、二次发掘简报》，《考古》1992 年第 11 期。

b. 山东省文物考古研究所：《山东临淄后李遗址第三、四次发掘简报》，《考古》1994 年第 2 期。

〔2〕a. 山东大学历史系考古专业：《山东邹平县古文化遗址调查》，《考古》1989 年第 6 期。

b. 刘伯勤等：《山东济南市发现一批新石器时代早期遗址》，《考古》1994 年第 11 期。

〔3〕a. 山东省文物考古研究所：《山东章丘龙山三村窑厂遗址调查简报》，《华夏考古》1993 年第 1 期。

b. 佟佩华、魏成敏：《章丘西河新石器时代遗址》，《中国文物报》1994 年 2 月 20 日。

〔4〕a. 王永波、王守功、李振光：《我省考古有重大发现》，《大众日报》1991 年 8 月 15 日。

b. 《海岱地区史前考古的新课题—试论后李文化》，《城子崖遗址发掘 60 周年国际学术讨论会文集》，齐鲁书社，1993 年。

〔5〕章丘县博物馆：《山东章丘小荆山遗址调查简报》，《考古》1994 年第 6 期。

〔6〕a. 刘伯勤：《章丘小荆山新石器时代遗址》，《中国考古学年鉴（1992）》，文物出版社，1994 年。

b. 济南市文化局文物处、章丘市博物馆：《山东章丘小荆山遗址第一次发掘》，《东方考古》（第 1 集），科学出版社，2004 年。

〔7〕山东省文物考古研究所：《山东章丘市小荆山遗址调查发掘报告》，《华夏考古》，1996 年第 2 期。

〔8〕山东省文物考古研究所：《山东潍坊前埠下遗址发掘报告》，《山东省高速公路考古报告集》（1997 年），科学出版社，2000 年。

〔9〕 山东文物考古研究所:《山东章丘西河遗址 1997 年发掘简报》,《考古》2000 年第 10 期。

〔10〕 山东省文物考古研究所:《山东章丘市小荆山后李文化环壕聚落勘探报告》,《华夏考古》2003
年第 3 期。

〔11〕 燕生东等:《海岱地区新石器文化又出新资料》,《中国文物报》2000 年 4 月 26 日。

〔12〕 魏成敏:《淄博彭家遗址》,《中国考古学年鉴(2000)》,文物出版社,2001 年。

〔13〕 山东省文物考古研究所、诸城市博物馆:《山东诸城六吉庄子新石器时代遗址调查》,待刊。

〔14〕 山东大学东方研究中心、山东省文物考古研究所、济南市考古研究所:《2003 年长清月庄遗址
发掘的主要所获》,载山东大学东方考古研究中心编:《东方考古研究通讯》(第 1 期),2003
年 12 月。笔者按:本次调查和勘探确认原张官遗址和月庄遗址实际上是一个遗址。鉴于张官遗
址于 1992 年 6 月 20 日被山东省人民政府公布为山东省第二批省级重点文物保护单位,笔者意
见,以后统称张官遗址为好。

〔15〕 佟佩华、刘延长、兰玉富:《山东章丘西河新石器时代早期遗址试析》,《辑芬集——张政烺先
生九十华诞纪念文集》,社会科学文献出版社,2002 年 5 月。

〔16〕 济南市文化局文物处、章丘市博物馆:《山东章丘小荆山遗址第一次发掘》,《东方考古》(第 1
集),科学出版社,2004 年。

〔17〕 同注〔10〕。

〔18〕 同注〔10〕。

〔19〕 同注〔16〕。

〔20〕 a. 栾丰实:《后李文化的社会组织及其相关问题》,《庆祝张忠培先生七十岁论文集》,科学出
版社,2004 年。

b. 马良民:《后李文化西河聚落的婚姻、家庭形态初探》,《东方考古》(第 1 集),科学出版
社,2004 年。

海岱地区史前农业的产生、发展
及相关问题

栾丰实

（山东大学东方考古研究中心）

一　前　言

　　海岱地区的空间范围以黄河和淮河下游地区为主，西抵鲁西、豫东，东至大海，北到渤海之滨，南达淮河沿岸，分布面积达 20 余万平方公里。海岱系文化产生于新石器时代早期，经过长时期的发展，到商周两代逐渐融入中华古代文化的洪流之中，前后经历了五千多年的时间。海岱地区是中国新石器时代至青铜时代早期的几个主要文化区系之一，对中华文明的形成和发展作出了突出的贡献。

　　海岱地区的纬度大致在北纬 33～39 度之间，属温带季风性气候。按中国传统的自然地理区分，其在淮河—秦岭一线的北侧，属于广义上的北方地区。从温度和降水等主要环境指标分析，海岱地区的南北、东西之间都存在着较大差别，并且这种差别往往是交织在一起的，一定程度上影响了海岱地区不同时期人们的生业类型和经济形态。

　　海岱地区东邻大海，中部及胶东半岛为低山丘陵，北、西、南三面为湖沼、低地和平原，与其他地区之间形成地理上的间隔。海岱地区的地貌大势是中间高四周低，呈三个环状分布：中部是以泰山、鲁山、沂山、蒙山等为中心的沂蒙山区，平均海拔在 500 米以上；周围为海拔 200 米以下的环山丘陵；再向外围为海拔 50 米以下的平原。基于上述地貌特点，海岱地区的河流多源于中部山区，向周围方向分流，最终形成南北两大水系：泰沂山南侧是以淮河为主的入黄海水系；北侧的黄河及独流入海的诸河为入渤海水系，而胶东半岛则为一个相对独立的地理单元。

　　海岱地区目前所知最早的史前文化属旧石器时代，如 20 世纪发现的沂源直立人及一系列的旧石器时代晚期文化、细石器文化遗存[1]。新石器时代早期遗存尚未发现，目前所知最早的新石器时代遗存为距今 8000 年前后的后李文化，然后依次为北辛文化（距今 7000～6100 年）、大汶口文化（距今 6100～4600 年）、龙山文化（距今 4600～4000 年）和岳石文化（距今 4000～3400 年）。这一系列文化构成了海岱地区自成序列的文化体系，也是我们探讨包括社会经济在内的海岱史前社会方方面面问题的基础。

二　海岱地区史前农业的考古发现

农业是海岱地区史前时期社会经济的基础，它经历了一个产生和发展的过程，它在社会经济中的地位在不同时期有所差别。一般说来，早期阶段，农业产生时间不久，其在人们经济生活中的作用和地位不高，随着人口的增加和社会的发展，农业的作用日益凸现，特别是到了距今 5000 年前后，农业生产已达到相当高的水平，为文明社会的产生奠定了坚实的基础。以下从农作物和生产工具两个方面来分析当时的农业发展状况。

（一）关于农作物

海岱地区史前时期发现的农作物种类不多，究其原因当与重视不够和发掘手段较为落后密切相关。随着浮选技术的利用和普及，相信这一现象将会在较短时间内迅速改变。史前时期农作物的种类主要有两大类别，即北方地区旱作农业主要作物粟和黍与南方地区稻作农业的水稻（附表一）。

1. 粟、黍类作物

旱作农业种植的农作物以耐旱的粟和黍为主，这两类作物在海岱地区史前文化中均有发现。具体情况如下：

目前发现的时代最早的粟类作物遗存见于北辛文化。

北辛遗址，在一个陶钵的底部发现有粟糠印痕[2]，或认为北辛遗址一个窖穴内还发现过炭化粟，但查无出处。

大墩子遗址，属于北辛文化的苏北邳州大墩子遗址下层曾发现过炭化粟米[3]。

大汶口文化发现粟、黍类农作物的主要遗址有（图一）：

北庄遗址，位于渤海之中的庙岛群岛，在大汶口文化早期的红烧土墙皮中发现有粟壳和黍壳[4]。

傅家遗址，位于鲁北的广饶县，在属于大汶口文化中期偏晚的彩陶鼎内发现有炭化粟粒[5]。

建新遗址，枣庄建新大汶口文化中期偏晚到晚期的灰坑和房址内，浮选出炭化的卵圆形籽实，经鉴定是粟[6]。

于家店和三里河遗址，莱阳于家店和胶州三里河分别发现了大汶口文化晚期的粟壳[7]和炭化粟粒。后者在一个大汶口文化房址（F201）内的窖穴中（H203），发现 1.2 立方米已经灰化炭化的粟粒，这是一座专门用于储存粮食的窖穴[8]。此外，同一遗址出土的红烧土上也发现粟叶的印痕[9]。

尉迟寺遗址，皖北蒙城尉迟寺大汶口文化晚期，发现数量较多的粟壳硅酸体，其所占比例明显大于同期的水稻[10]。

此外，通过对莒县陵阳河 M12 出土人骨的碳十三检测发现，其食谱中有约四分之一为 C4 成分，一般认为，这一时期的 C4 成分应该是来自粟类植物[11]。

龙山文化时期的发现较之大汶口文化有所增加，主要有（图二）：

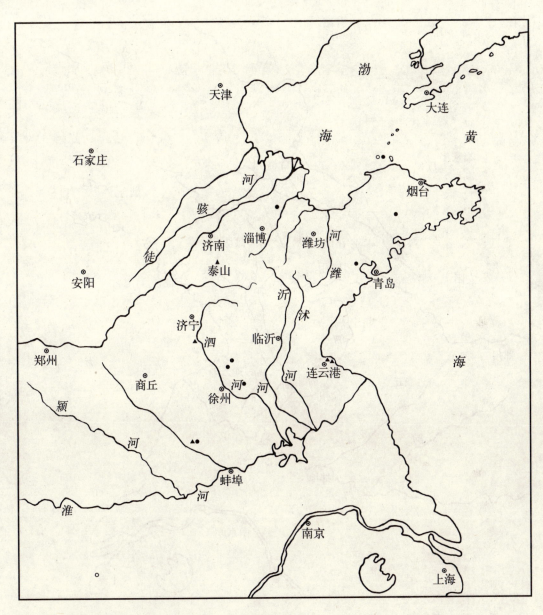

●粟　○黍　▲稻　◎小麦　■野大豆

图一　北辛、大汶口文化的农作物分布图

　　两城镇遗址，位于鲁东南沿海日照市，经过系统采样浮选，发现一定数量的炭化粟粒和炭化黍粒[12]。

　　杨家圈和于家店遗址，位于胶东半岛腹地的栖霞杨家圈发现了龙山文化的粟壳、粟叶和黍壳、黍叶[13]；莱阳于家店也发现粟壳遗存。

　　教场铺遗址，位于鲁西地区的茌平教场铺，2000 年以来经过数次发掘，浮选出大

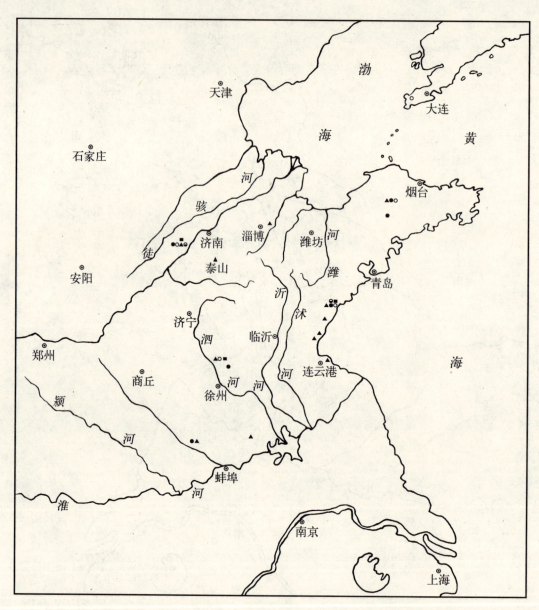

●粟　○黍　▲稻　◐小麦　■野大豆

图二　龙山文化的农作物分布图

量植物遗存，其中有炭化粟和炭化黍等[14]。

庄里西遗址，滕州庄里西遗址的发掘中对 13 个灰坑进行了浮选，发现大量植物遗存，在 H41 中发现 2 粒炭化黍[15]。

二疏城遗址，枣庄二疏城的发掘中，在一龙山文化陶罐内发现炭化粟粒[16]。

尉迟寺遗址，蒙城尉迟寺龙山文化堆积中发现了一定数量的粟类皮壳硅酸体。

郭家村遗址，辽东半岛旅顺郭家村上层（属龙山文化）一座房址内出土了一篓炭化谷物，或认为是炭化黍粒[17]，或认为是粟[18]。

2. 稻类作物

海岱地区最早的稻作遗存发现于连云港市郊区的二涧村遗址，在红烧土中发现有稻壳印痕[19]，按该遗址的墓葬推断，时代应属于北辛文化中期。

大汶口文化时期稻作遗存有所增加，但仍然不多，有以下几处（见图一）：

王因遗址，兖州王因只对T4016探方采集的6个样本进行了孢粉分析，发现"有可能属于稻"的禾本科植物花粉[20]。

大仲家遗址，位于胶东半岛北部沿海，在该遗址属于大汶口文化的第2层中，确认了1个水稻的硅酸体[21]。

朝阳遗址，这一遗址位于新浦和连云港之间，通过对该遗址出土的距今6000～5000年的陶片进行的植物硅酸体分析，检测出水稻植物硅酸体[22]。

尉迟寺遗址，在红烧土墙体中发现稻壳印痕，同时在两个探方系列样本的植物硅酸体分析中，检测出水稻的植物硅酸体[23]。

到龙山文化时期，海岱地区发现的稻作遗存无论是地点还是稻谷数量均明显增多，分布也遍及各个地区（见图二）。

尉迟寺遗址，发现的水稻硅酸体的数量明显增多。

濠城镇遗址，位于安徽北部的五河县，在灰土层中发现炭化稻粒[24]。

藤花落遗址，位于连云港开发区之内，经过数年来的发掘，发现了内外两圈龙山文化早中期的城址，同时，不仅浮选出稻米遗存，还发现有水田的迹象[25]。

后大堂遗址，位于赣榆县北部沿海，在发掘中浮选出龙山文化的炭化稻[26]。

盐仓城遗址，位于赣榆县北部沿海，在属于龙山文化的下文化层中采集到炭化稻粒[27]。

尧王城遗址，位于日照市南部沿海，1992～1993年的发掘中，浮选出龙山文化时期的炭化稻米，经鉴定为粳米[28]。

两城镇遗址，1998～2001年的中美联合发掘中，发现了数量较多的炭化稻粒，并检测出大量水稻的硅酸体[29]。

丹土遗址，东南距两城镇遗址仅4公里，2000～2001年发掘采集的样品中，检测出大量水稻的硅酸体[30]。

庄里西遗址，在5个灰坑内浮选出炭化稻280余粒，多保存较好，经鉴定为粳米。

桐林遗址，位于泰沂山系北侧的淄河流域，1997年从路沟断崖上发现的10个灰坑中采样，并对其中8个灰坑的土样进行植物硅酸体分析，其中有7个灰坑检测出水稻硅酸体。几个水稻硅酸体特别多的灰坑，研究者认为可能是贮存或加工稻谷的场所[31]。

教场铺遗址，在浮选出来的植物遗存中有少量的炭化稻粒。

杨家圈遗址，1981年的发掘在草拌泥红烧土中发现许多谷物草叶和少量谷壳，经鉴定有稻壳、稻茎、稻叶的印痕，并可能是粳型稻种。

3. 其他农作物

除了粟、黍和稻类作物以外，还发现了少量其他种类的农作物。

20 世纪 80 年代，在兖州西吴寺遗址龙山文化层中曾发现有许多与小麦花粉很相似的禾本科花粉，被研究者定为"小麦相似种"[32]。由于其不确定性，很长时间并未引起人们的重视。最近几年，在两城镇和教场铺的龙山文化堆积中都发现了少量炭化小麦，证明海岱地区至迟在龙山文化时期已经开始种植小麦。以往的小麦以中国西部发现的略多，而中原地区及其以东的发现，数量少而且年代较晚。两城镇和教场铺以及西吴寺小麦遗存的发现，应是海岱地区乃至中国史前农业考古的一个重要突破。

在部分遗址中发现有龙山文化的豆类植物，如庄里西遗址发现数十粒炭化野大豆，教场铺和两城镇遗址都发现有相当数量的炭化野大豆。

此外庄里西还发现疑似高粱穗的颖片。

（二）与农业相关的因素

农作物的发现可以证明农业的存在，但它们是在当地种植所获得还是由其他途径（如交换等）而来，则应该结合其他因素来分析，而与农业生产直接相关联的因素还有许多，如农田、农业工具等。农田的发现难度较大，虽然在中国南方地区已有水田遗存的报道，而江苏连云港藤花落遗址也发现了水田遗存，但毕竟十分有限。所以，农具的分析应该是研究史前农业的一条重要途径。

新石器时代制作工具选取的材料主要有石、骨、蚌三类，其中石器是最多的。按照常规，我们把石骨蚌器分为几个用途不同的组合，如木加工类工具（斧、锛、凿、锤等）、农业工具（铲、镰、刀、犁、耒耜、磨盘、磨棒等）、渔猎工具（镞、矛、镖、钩、石球等）、家内制作和加工工具（锥、针、纺轮、梭等）以及武器（钺、矛、镞等）和装饰等。新石器时代延续的时间很长，而且不少工具或多或少存在着一器数用的问题，如弓箭用于狩猎就是渔猎工具，而用于战争就是武器；再如，不少人把石斧看作是农业生产工具，从伐树垦荒这个意义上说，可以认为石斧为农具，但其主要功能是砍伐树木和整治木材的，所以从主要功能上说石斧应该是加工工具。

后李文化时期的农具主要是石铲，也有少量的齿刃石镰，此外，还发现不少的石磨盘和石磨棒。如果后两者用于加工粮食，也可以认为其与农业经济活动有关（图三）。

北辛文化发现的与农业有关的工具，无论是种类还是数量均显著增多。农具的类别有石铲、石镰、石刀、磨盘、磨棒、骨铲、蚌镰、蚌刀等。如北辛遗址，仅发现的石铲及其残片就多达 1000 余件（图四）。

大汶口文化时期农业工具的种类较之北辛文化又有所变化，如新出现了鹿角锄、牙刀和牙镰等，磨盘和磨棒则迅速减少，以至退出了历史舞台，铲的形制发生明显变化，北辛文化那种大型石铲逐渐消失，代之而起的是一种小石铲，并且这种小型石铲持续到青铜时代。同时，主要用于收获的工具如镰、刀等，随着时间的推移而不断增多，当与农业发展导致收获量增加有密切关系（图五、图六）。

龙山文化的农业工具与大汶口文化在总体上变化不大，新出现了长条形石镬，但数量不多，也仅见于个别遗址。小型铲和长方形（多呈一端略宽另一端略窄的形态）双孔刀是最基本的农业工具。这一时期的变化还表现在农具的数量上，即农具在全部工

图三　后李文化的农业生产工具

1. 石铲　2. 石镰（西河 F63：22）　3. 蚌刀（小荆山 H109：11）　4～6. 犁形石器　7、8. 石磨盘　9. 石磨棒
（未标地点者均为小荆山采集）

具中的比例不断提高，表明农业生产较之大汶口文化又有了一定发展（图七、图八）。

　　岳石文化农业工具较之龙山文化时期的发展，主要表现在两个方面：一是出现了一些新的工具类型，最典型的是作为岳石文化指征类器物的镢类（或锄类）器物，其特点是平面为方形或长方形，两侧或三侧有双面刃，中部有长方形大孔。这类器物的形体较大，或认为是翻土的工具。而作为主要收获工具的刀，也由龙山文化时期的长方形演变为半月形。二是农业工具在全部工具中所占比例大大增加，如各种铲、刀、镰的数量大增（图九、图一〇）。这些现象表明岳石文化时期的农业生产较龙山文化时期有了相当发展。

三　海岱地区史前农业的产生、发展及其特点

　　海岱地区从旧石器时代晚期到新石器时代早期的文化序列尚不完备，目前已知的情况是：年代较早的是以沂源千人洞和上崖洞为代表的旧石器时代晚期遗存，年代在距今2万年前后；接下来是以临沂凤凰岭和马陵山细石器遗存为代表的文化，我们曾称之为

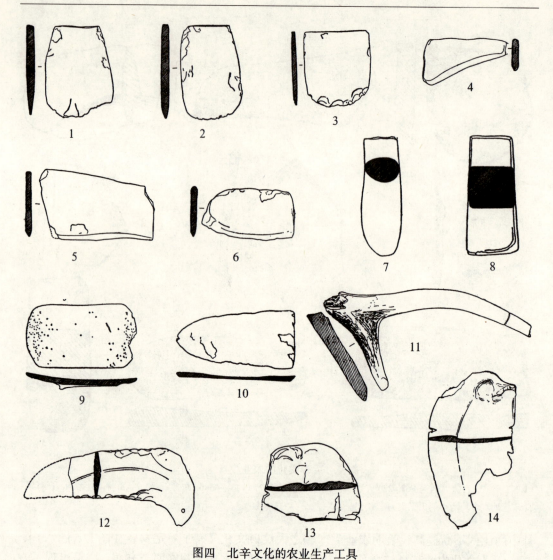

图四　北辛文化的农业生产工具

1～3. 石铲（H304：14、H401：4、H507：1）　　4、5. 石镰（H710：10、H21：1）　　6. 石刀（H1001：15）　　7、
8. 石磨棒（T605：20、T705：8）　　9、10. 石磨盘（采集）　　11. 角锄（H304：29）　　12. 蚌镰（H305：5）
13、14. 蚌铲（H505：17、H202：9）（均为北辛遗址出土）

凤凰岭文化，年代在距今 16000～11000 年前后；之后就是海岱地区目前所知最早的新
石器遗存——后李文化，年代大约在距今 8500～7000 年之间。在后李文化和凤凰岭文
化之间大约存在 2000 多年的文化空白，从各种迹象分析，新石器、农业、家畜饲养、
定居聚落和陶器都应该是在这 2000 多年的时间内诞生的。所以，追寻早于后李文化和
晚于凤凰岭文化的考古遗存就成为今后海岱地区考古学的一项重要任务和突破口。

　　后李文化目前尚未发现农作物遗存，但其他因素如聚落的建筑和布局、各种质料工具
的制作等，均已达到相当的水准，所以，后李文化绝不是刚刚产生的新石器文化。同时，
后李文化也发现了用于农业生产的工具，联系到与其邻近的豫北冀南地区的磁山文化已经

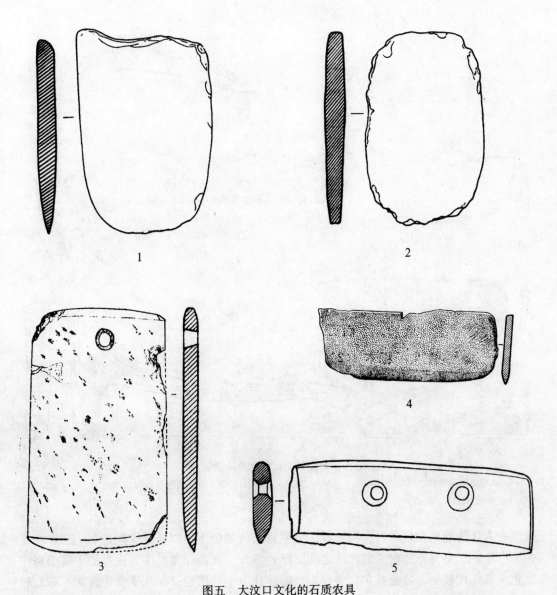

图五 大汶口文化的石质农具

1、2. 铲（王因 H12∶1、T109∶3） 3. 有孔铲（建新 M17∶1） 4、5. 刀（大汶口 M1∶46、三里河 H203∶4）

发现了较高水平的旱作农业，我们推定后李文化也应该存在一定水平的旱作农业。

北辛文化时期的农业有了相当发展，但各个地区之间并不平衡。泰沂山南北两侧及苏北地区，农业肯定已经产生，这里不仅有种类丰富的农业生产工具，而且还发现了粟类和稻类遗存。所以我们分析，泰沂南北两侧地区当是以种植粟类作物为主，而纬度偏南的苏北地区（特别是东部沿海一带）开始出现稻作农业，但也有粟，可能两类作物混作。至于这一地区的稻作是本地起源还是由外地传入，尽管目前尚难定论，但以下情况是明确的：一是本地的稻作遗存的年代相对较晚，并且相关的考古工作开展得较少，

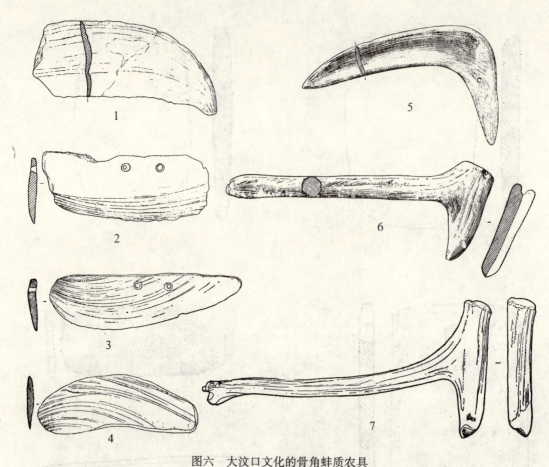

图六　大汶口文化的骨角蚌质农具

1~4. 蚌刀（尉迟寺 H42：36、T3209：3、三里河 M275：7、M2110：2）　5. 骨镰（大汶口 M87：8）　6、7. 角锄（三里河 M2110：34、5）

虽然有人认为此地发现了野生稻遗存，但就目前所知仍不足以断定这里是一个稻作农业的原产地；二是与苏北毗邻的江淮之间，已经发现了以高邮龙虬庄为代表的丰富的稻作文化，其年代较早，数量甚多，并且稻作的演化也十分清楚；在北辛文化时期，苏北和苏中甚至长江以南地区已经有了文化上的接触和往来，南方的一些文化因素开始在苏北地区出现。基于以上几点，我们倾向于苏北地区的稻作遗存是从南方即淮河下游地区直接传播过来的。胶东半岛地区的情况比较特殊，这一时期的遗址多数分布在沿海地带，并且主要表现为贝丘遗址的形式，贝丘遗址的专题研究显示，这一时期尚未发现农业遗存[33]。所以，我们倾向于认为北辛文化时期的胶东半岛地区尚未产生具有一定规模的农业，仍停留在以渔猎采集经济为主的阶段。

大汶口文化是海岱地区农业的一个发展时期，因为大汶口文化延续的时间很长，所以这一时期农业的发展表现为渐进的过程。

从农作物方面看，大汶口文化的农业与北辛文化没有本质区别。除了南部地区可能

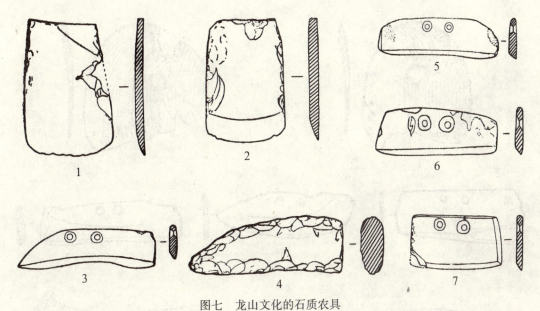

图七　龙山文化的石质农具

1、2. 铲（T265：8、T219：10）　3、4. 镰（H73：6、T289：20）　5～7. 刀（H532：2、H28：1、T277：37）
（均为尹家城遗址出土）

有水稻遗存外，其他地区仍然是以旱作的粟类为主，但新发现了黍（但不能说北辛文化时期肯定没有黍类作物，只是目前尚未发现）。其变化主要表现在：包括胶东半岛在内的整个海岱地区都发现了农业遗存，如在长岛北庄遗址就发现了较多的粟壳和黍壳；农业的生产技术有了一定发展，这在已发现的农业工具的种类和数量上都有所体现，如锄类工具的出现，农具在各类工具中所占比例不断提高，制作农具所使用的原材料的范围也不断拓宽，不仅是石骨蚌类，也扩展到了角牙类等，当然，可能还存在着大量的木质工具；农业的收获量也大大提高了，如在三里河遗址一个大汶口文化晚期的房址内，发现一个贮存粟的窖穴，形状近似圆形，直径1.7～1.85米，深1.4米，体积约3.5立方米，发现时贮存在里面的粟均已炭化或灰化，其体积已大大减少，但其数量仍有1.2立方米之多（图一一）。

龙山文化的延续时间虽然只有大汶口文化的三分之一强，但我们获知的相关农业信息量却增加了很多。首先，龙山文化时期明确发现有农作物的地点增加到了16处，超过此前几个文化期的总数；其次，除了继续发现有粟、黍、稻等主要农作物之外，还第一次明确发现有小麦；第三，在数个地点发现有数量可观的野大豆（如教场铺遗址发现近万粒之多），据研究，这些野大豆的粒长和粒宽的平均值略小于现生的野大豆尺寸，从而为了解大豆的驯化和产生增添了新的资料。此外还有高粱的线索。

小麦在商周时期已经成为最主要的农作物"五谷"之一，甲骨文中就有麦字。前些年我们曾根据生产工具的变化推测龙山文化时期已经出现了小麦，但一直没有找到确实的证据[34]。如果说前些年西吴寺发现的与小麦相似的花粉，尚不足以证明海岱地区已经开始种植小麦的话，那么，近几年两城镇和教场铺的发现应该能够说明问题，并且

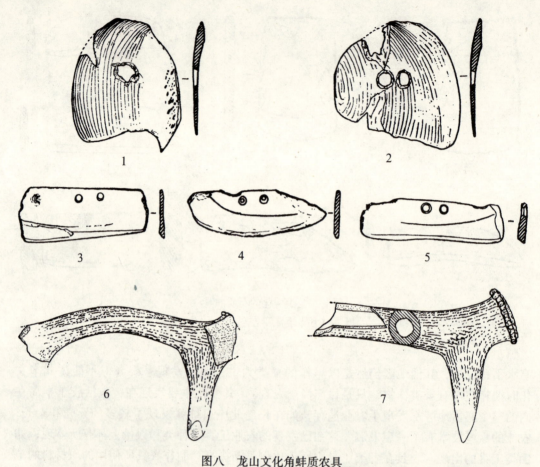

图八　龙山文化角蚌质农具

1、2. 蚌铲（H45：7、T267：22）　　3～5. 蚌刀（H807：1、H28：4、H234：1）　　6、7. 角锄（H563：3、T257：15）（均为尹家城遗址出土）

可以说这只是一个开始。目前中国发现的早期小麦并不多，见诸报道的有甘肃民乐东灰山，东灰山遗址的主要遗存属于四坝文化，其年代大约与二里头文化同时，使用东灰山炭化小麦标本做的加速器碳十四测定，校正年代为公元前 2280 ± 225 年[35]。其次是洛阳皂角树，在属于二里头文化二、三、四期遗存中均发现炭化小麦[36]。众所周知，二里头文化的年代为公元前 1900～前 1600 年之间，时代晚于龙山文化。两城镇和教场铺发现的小麦属于龙山文化中期或略晚，绝对年代约在公元前 2300～前 2400 年前后，明显早于皂角树，也早于东灰山。当然，我们并没有据此证明小麦是在当地驯化繁殖的意思，但今后给予适当的关注则应该没有什么疑问。

稻作遗存的大量发现是龙山文化时期农业经济的一个显著特点。其数量较之此前的大汶口文化有较大增长，如大汶口文化时期只有 4 处遗址发现有水稻遗存（包括王因遗址只发现可能是水稻的花粉），而龙山文化时期增加到了 12 处。龙山文化稻作遗存的分布地域，也由苏北、皖北和鲁南拓展到了鲁北和胶东半岛地区[37]，而且沿海地区

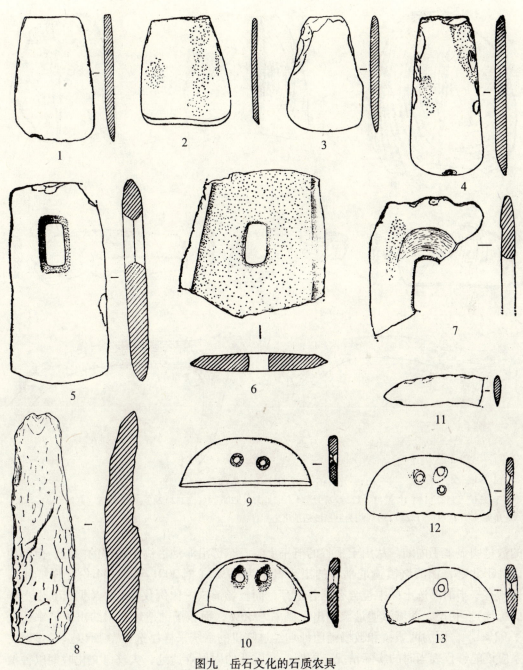

图九　岳石文化的石质农具

1～4. 铲（F14：2、T228：81、T218：17、T249：34）　5～7. 长方形孔石器（T302：10、T196：12、T226：20）
8. 镢（T277：31）　9、10、12、13. 刀（T288：7、T209：14、T277：8、T332：7）　11. 镰（T267：16）（均为
尹家城遗址出土）

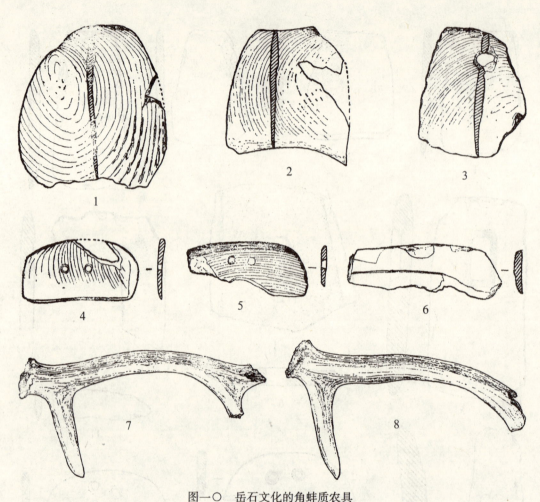

图一〇　岳石文化的角蚌质农具

1~3. 蚌铲（T222∶14、H230∶1、T224∶27）　　4、5. 蚌刀（T205∶44、T232∶24）　　6. 蚌镰（T222∶39）　　7、8. 角锄（H714∶17、T222∶13）（均为尹家城遗址出土）

的数量明显多于内陆。从出土稻谷的概率上看，东部沿海地区高于西部的内陆，南部地区高于北部，如两城镇遗址稻谷的出土概率为49%（据2001年的144份土样统计），即约有一半的浮选土样中包含有稻谷遗存，而教场铺这一比例仅为3%（据276份土样的统计）。相反，两城镇遗址粟的出土概率为36%，而教场铺遗址的粟的出土概率达到了92%[38]。因为两城镇和教场铺遗址均经过随机的系统采样浮选[39]，所以这一比例关系应该能够代表当时的实际情况。同时，在皖北的尉迟寺遗址，大汶口文化晚期以种植粟类作物为主，而到龙山文化时期，稻类作物的种植规模和面积明显大于大汶口文化晚期，水稻的比重明显大于谷子[40]。基于上述，可以认为龙山文化时期海岱地区农业经济的形态有了较大变化。除了新出现小麦等农作物外，水稻遗存大量增加，在东部沿海地区还发展出以种植水稻为主的新的稻作农业类型，而西部内陆地区则仍然属于以种植

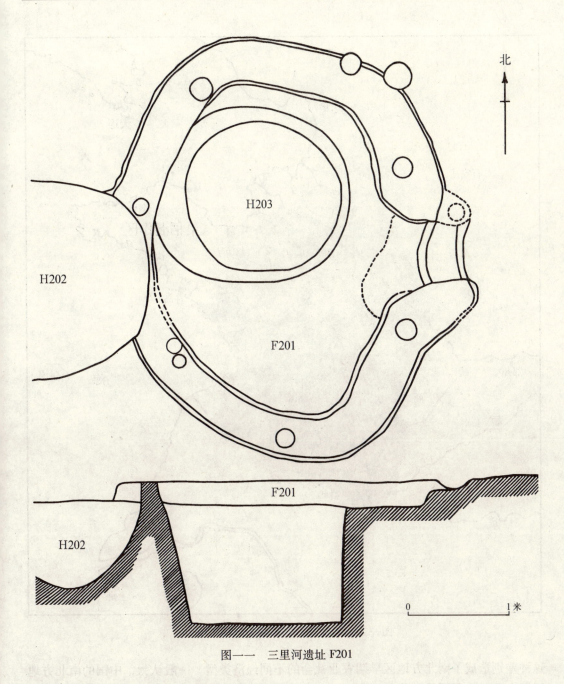

图一一　三里河遗址 F201

粟、黍类等为主的旱作农业类型（图一二）。

四　关于中国北方旱作农业的起源

中国地域辽阔，不同纬度地区的气候、环境、植被等方面存在着巨大的差别，正是

图一二　龙山文化时期稻作和粟作的分布

这种差别造成了南北方地区早期农业社会的不同经济类型。一般认为，中国的南北方地区存在着三个不同的经济类型地带，即长城以北的北方草原地区、黄河流域地区、长江流域及华南地区。由于北方的草原地区一直是以游牧为主，长时期没有或较少农业活动，所以这一地区不是农业的原发地，而余下的黄河流域和长江流域则是探索早期农业的起源和发展的主要地区。近年来的考古发现和研究已经初步证实，长江流域（主要是其中下游及周围地区）是世界上最早产生稻作农业的区域，而旱作农业的起源则由于种种原因进展不大，这一现象已逐渐引起人们的重视。

由于黄河流域地处半干旱地带，无霜期相对较短，气候和环境都比较适宜于耐旱的谷类作物生长。所以，一般认为以华北地区为中心的黄河流域应该是旱作农业的起源地和主要分布区，主张应从这一地区中追寻旱作农业的起源。例如：严文明认为，"至少从 6500B.C. 以降的新石器时代中期起，华北地区便已逐步形成为以种粟和黍为主体的旱作农业体系，其中粟的种植很明显是以中原地区为中心的"，因此，其"源头首先应该从当地即中原地区去寻找，而不大可能在别的地方"[41]。石兴邦认为，粟作农业的起源和传播是以黄河中上游地区为中心的，而其起源地最有希望在"中条山、太行山麓和北山山系的南沿、山麓与台原之间的地带"获得解决[42]。张之恒则认为探索粟作农业的起源应该明确两个问题，一是应从已知粟作农业最发达且年代最早的地区中去找，二是应是新石器时代早期文化的产生地。根据以上条件，他提出"太行山东麓的磁山文化分布区及其邻近地区，有可能是粟作农业的发源地"[43]。

综观黄河流域的史前文化，距今 8000 年前后主要有四支，即黄河下游的后李文化、黄河中游的磁山文化和裴李岗文化、黄河中上游的大地湾文化。这四支文化中除了后李文化发现的时日尚短，其他三支都发现了粟和黍类遗存。特别是河北武安磁山遗址，在发现的 300 多个窖穴中有 88 个储存有粮食，经鉴定为已经炭化和灰化了的粟，如果折合成鲜粟，其数量在 6 万公斤以上[44]。由此可见当时的农业生产规模是相当宏大的，这种规模的农业决不会处于初始阶段，当是经过了一个比较长时期的发展后才可以达到的水平。所以，北方地区旱作农业的产生在这之前是毋庸置疑的。

早于这一阶段的新石器时代遗存，目前发现不多，主要集中在华北地区北半部的河北北部和北京一带，如河北徐水南庄头[45]、阳原于家沟[46]和北京东胡林[47]、转年[48]等遗址。这一类遗存的年代在距今 1 万年前后，发现的文化遗存都不甚丰富，有简单的陶器、石器和骨器等，东胡林还发现了墓葬。遗憾的是，这些遗址都没有发现明确的农业迹象。而在黄河流域的主要地区迄今尚未发现 1 万年前后的新石器文化遗存。

由上述考古现状分析，可以认为，黄河流域距今 8000 年前后普遍发现了原始农业遗存，而早于这一时期的遗存，除了个别地区和地点，基本上都没有发现。所以我们推测，以粟、黍类为主的旱作农业可能产生于距今 1 万年前后的黄河流域，但目前尚无法确指是在那一个具体的地区。因此，我认为包括黄河上、中、下游和华北一带在内的广大地区都有可能找到更早的旱作农业遗存，从而为解决中国北方旱作农业的起源问题贡献力量。

五　关于稻作农业的东传

由以上分析可知，海岱地区的稻作农业除了苏北、皖北地区出现于北辛文化或大汶口文化时期外，多数地区产生于距今 4600～4000 年之间的龙山文化时期。当然，随着在田野考古中重视发现农业遗存和浮选方法的推广，稻作遗存的发现将会进一步增多，在时间上也有进一步提前的可能，但不会有大幅度的变化。可以肯定，至少在龙山文化时期，海岱地区东部沿海一带的稻作农业已经形成一定的生产规模，甚至已经取代了粟作的地位，成为最主要的农业耕作方式。这一现象的认定具有极为重要的价值，它不仅对于认识和了解当时的经济形态具有重要意义，而且也为研究中国东北、朝鲜半岛和日本列岛稻作农业的产生提供了一个重要的支点。

朝鲜半岛和日本列岛的稻作农业系由中国大陆传播而来，学术界向无争议，问题是传播的路线与方式。

关于稻作的东传路线，学术界一直存在着不同的意见，粗分有三条，即南路说（或称为华南说，经台湾、琉球群岛、冲绳群岛至日本九州）、中路说（或称为华中说，由长江下游地区直接东渡至日本九州和朝鲜半岛南部）和北路说（或称为华北说，经由辽东半岛至朝鲜半岛和日本九州）。

南路说的基础是以云贵高原一带为水稻的起源地，随着水稻最初产生于长江中下游地区的日益确定，并且此路中途的琉球群岛、冲绳群岛很晚时期还处在渔捞经济阶段，没有产生稻作农业，所以华南说的立论根据越来越不充分。

余下的两说各有学者坚持。安志敏力主中路说，并认为其他两说的理由均不充分[49]。严文明等则支持北路说，并根据近年来胶东半岛和辽东半岛的新发现，主张由山东半岛经辽东半岛传至朝鲜半岛，再到日本列岛[50]。在赞成北路说的学者中，还有一种直接由山东半岛东传朝鲜半岛中部的观点[51]。日本九州大学宫本一夫鉴于朝鲜半岛北部极少发现稻作遗存，而南部较多的实际情况，进一步论证了稻作由山东半岛直接东传至朝鲜半岛中南部的可能性[52]。

根据海岱地区近年来的一系列新发现，我们认为至迟到龙山文化时期，海岱地区东部沿海一带，如苏北连云港地区、山东日照地区和青岛地区以及胶东半岛的部分地区，已经形成了相对稳定的稻作农业经济。这些掌握着稻作技术的居民因各种原因向外地迁徙的时候，把稻作技术一起带到新的居住地，在当地发展起新的稻作农业。

在辽东半岛南部的大连地区，目前发现的早期稻作遗存共有两处：一处是文家屯遗址第三层出土的红烧土中，检测出水稻的硅酸体[53]；二是大连大嘴子遗址第三期遗存中发现的炭化稻，经鉴定为粳稻[54]。大嘴子三期属于双砣子三期文化，其时代晚于岳石文化，大体相当于商代晚期。该遗址出土的炭化粮食的碳十四测定年代，高精度校正值为公元前 1157～前 923 年，F14 和 92F1、92F4 出土木炭测定的碳十四数据，高精度校正值分别为公元前 1431～前 1264 年、公元前 1691～前 1459 年、公元前 1373～前 1051 年[55]。而文家屯遗址的情况比较复杂，发现水稻遗存的第三层在文化性质上属于小朱山二期文化，年代与大汶口文化中晚期的时代相当，明显地早于龙山文化。考虑到该遗址的发掘是在 60 年以前进行的，并且在经过检测的 24 个样本中只有一例发现了水稻的硅酸体，所以，就目前材料而言，我们还不能贸然地把辽东半岛南部地区稻作遗存出现的时间提前到大汶口文化中晚期，即距今 5000 年前后。但这一发现提供了辽东半岛南部地区早期稻作遗存的一个重要线索，值得学术界今后加以关注。

至于朝鲜半岛稻作农业的直接来源，在北路说中又有经辽东半岛中转和由山东半岛直接东传朝鲜半岛两种说法。鉴于朝鲜半岛的稻作遗存主要发现于中南部地区，所以，其由胶东半岛直接渡海传播过去的可能性是存在的，需要新的发现和研究来加以确定。

附表一　　　　　　　　海岱地区发现的史前农作物遗存一览表

文化	遗址	农作物种类				大体年代 B.C.	资料来源
		粟	黍	稻	其他		
北辛文化	北辛	钵底粟痕				5000～4300	学报 84－2
	二涧村			稻壳印痕		4600～4300	农考 85－2
	大墩子	炭化粟				4600～4100	文物考古工作三十年
大汶口文化	王因			水稻花粉		4200～3500	山东王因
	北庄	粟壳	黍壳			4200～3500	考古 87－4
	大仲家			稻硅酸体		2955±76	胶东环境考古
	朝阳			稻硅酸体		4000～3000	农考 99－1
	傅家	炭化粟				3200～2800	考古 85－9
	建新	炭化粟				3200～2600	枣庄建新
	三里河	炭化粟				3200～2600	胶县三里河
	于家店	粟壳				3000～2600	胶东考古
	尉迟寺	粟硅酸体		稻硅酸体、稻壳		3000～2600	尉迟寺
龙山文化	两城镇	炭化粟	炭化黍	炭化稻	小麦、野大豆	2600～2000	考古 05－9
	丹土			稻硅酸体		2700～2200	东方考古，2
	尧王城			炭化稻		2600～2000	文报 94－1－23－1
	桐林			炭化稻及硅酸体		2600～2000	考古 99－2
	杨家圈	粟壳、茎叶	黍壳、茎叶	稻壳、茎叶		2600～2300	胶东考古
	于家店	粟壳				2600～2300	胶东考古
	教场铺	炭化粟	炭化黍	炭化稻	小麦、野豆类	2300～2000	东方考古，1 集
	庄里西		炭化黍	炭化稻	野大豆粒	2300～2000	考古 99－7
	二疏城	炭化粟				2600～2000	农考 00～3
	西吴寺				小麦花粉		西吴寺
	藤花落			炭化稻及水田		2600～2000	2000 中国考古重要发现
	后大堂			炭化稻			南博发掘资料
	盐仓城			炭化稻		2600～2000	农考 85－2
	郭家村		炭化黍			2600～2300	大嘴子附二
	尉迟寺	粟硅酸体		稻硅酸体		2600～2000	尉迟寺
	濠城镇			炭化稻谷			考古 59－7

注　释

〔1〕参见栾丰实：《东夷考古》第二、三章，山东大学出版社，1996 年。

〔2〕中国社会科学院考古研究所山东队等：《山东滕县北辛遗存发掘报告》，《考古学报》1984 年第 2 期。

〔3〕南京博物院：《江苏文物考古工作三十年》，《文物考古工作三十年（1949～1979）》，文物出版社，1979 年。

〔4〕a. 北京大学考古实习队等：《山东长岛北庄遗址发掘简报》，《考古》1987 年第 5 期。

　　b. 严文明：《杨家圈农作物遗存发现的意义》，《农业发生与文明起源》第 32～34 页，科学出版社，2000 年。

〔5〕山东省文物考古研究所等：《山东广饶新石器时代遗址调查》，《考古》1985 年第 9 期。

〔6〕孔昭宸、杜乃秋：《建新遗址生物遗存鉴定和孢粉分析》，《枣庄建新》第 231～234 页，科学出版社，1996 年。

〔7〕北京大学考古实习队等：《莱阳于家店的小发掘》，《胶东考古》第 207～219 页，文物出版社，2000 年。

〔8〕中国社会科学院考古研究所：《胶县三里河》，文物出版社，1988 年。

〔9〕中国科学院植物研究所：《三里河遗址植物种子鉴定报告》，《胶县三里河》第 185 页，文物出版社，1988 年。

〔10〕王增林：《尉迟寺遗址植物硅酸体分析报告》，《蒙城尉迟寺》第 442～449 页，科学出版社，2001 年。

〔11〕蔡莲珍、仇士华：《碳十三测定和古代食谱研究》，《考古》1984 年第 10 期。

〔12〕[加拿大] 凯利·克劳福德等：《两城镇遗址出土龙山文化植物遗存的初步分析》，《考古》2004 年第 9 期。

〔13〕北京大学考古实习队等：《栖霞杨家圈遗址发掘报告》，《胶东考古》第 151～206 页，文物出版社，2000 年。

〔14〕a. 赵志军：《两城镇与教场铺龙山时代农业生产特点的对比分析》，《东方考古》第 1 集第 210～215 页，科学出版社，2004 年。

　　b. 中国社会科学院考古研究所等：《山东荏平教场铺遗址龙山文化城墙的发现与发掘》，《考古》2005 年第 1 期。

〔15〕孔昭宸、刘长江、何德亮：《山东滕州市庄里西遗址植物遗存及其在环境考古学上的意义》，《考古》1999 年第 7 期。

〔16〕石敬东：《从出土文物看枣庄地区的史前农业》，《农业考古》2002 年第 3 期。

〔17〕沈阳农业大学：《大嘴子等遗址出土炭化谷物籽粒初步鉴定结果》，《大嘴子》第 277 页，大连出版社，2000 年。

〔18〕a. 辽宁省博物馆等：《大连市郭家村新石器时代遗址》，《考古学报》1984 年第 3 期。

　　b. 许明纲：《大连地区古代农业考古概述》，《农业考古》1992 年第 3 期。

〔19〕李洪甫：《连云港地区农业考古概述》，《农业考古》1985 年第 2 期。

〔20〕孔昭宸、杜乃秋：《山东兖州王因遗址 77sywT4016 探方孢粉分析报告》，《山东王因》第 452～453 页，科学出版社，2000 年。

〔21〕中国社会科学院考古研究所：《胶东半岛贝丘遗址环境考古》第 152 页，社会科学文献出版社，1999 年。

〔22〕［日］宇田津彻朗等：《江苏省新石器时代遗址出土陶器的植物蛋白石分析》，《农业考古》1999年第1期。

〔23〕王增林、吴加安：《尉迟寺遗址硅酸体分析——兼论尉迟寺遗址史前农业经济特点》，《考古》1998年第4期。

〔24〕修燕山、白侠：《安徽寿县牛尾岗的古墓和五河濠城镇新石器时代遗址》，《文物》1959年第7期。

〔25〕林留根：《江苏连云港藤花落遗址》，《2000中国重要考古发现》第1～7页，文物出版社，2001年。

〔26〕南京博物院发掘资料。

〔27〕同注〔19〕。

〔28〕中国社会科学院考古研究所：《尧王城遗址第二次发掘有重要发现》，《中国文物报》1994年1月23日1版。

〔29〕靳桂云等：《日照两城镇遗址土壤样品（1999）植物硅酸体研究》，《考古》2004年第9期。

〔30〕靳桂云等：《山东丹土和两城镇龙山文化遗址水稻植硅体定量研究》，载《东方考古》第2集，待刊。

〔31〕靳桂云、吕厚远、魏成敏：《山东临淄田旺龙山文化遗址植物硅酸体研究》，《考古》1999年第2期。

〔32〕周昆叔、赵芸芸：《西吴寺遗址孢粉分析报告》，《西吴寺》第250页，文物出版社，1990年。

〔33〕中国社会科学院考古研究所：《胶东半岛贝丘遗址环境考古》，社会科学文献出版社，1999年。

〔34〕栾丰实：《试论新石器时代石器的定名及其用途》，《纪念山东大学考古专业创建20周年文集》第83～93页，山东大学出版社，1992年。

〔35〕甘肃省文物考古研究所等：《民乐东灰山考古——四坝文化墓地的揭示与研究》，科学出版社，1998年。

〔36〕洛阳市文物工作队：《洛阳皂角树——1992～1992年洛阳皂角树二里头文化聚落遗址发掘报告》，科学出版社，2002年。

〔37〕发现者认为，由于只是在大仲家遗址发现了1个水稻的硅酸体，所以不能据此肯定当时这里已有稻作农耕。

〔38〕同注〔14〕a。

〔39〕所谓系统采样，是指在发掘区内所有的编号遗迹中随机采集一定量的土样，土样的数量有5升、10升、20升不等。

〔40〕中国社会科学院考古研究所：《蒙城尉迟寺——皖北新石器时代聚落遗存的发掘与研究》第311页，科学出版社，2001年。

〔41〕严文明：《中国农业和养畜业的起源》，《辽海文物学刊》1989年第2期。

〔42〕石兴邦：《下川文化的生态特点与粟作农业的起源》，《考古与文物》2000年第4期。

〔43〕张之恒：《黄河流域的史前粟作农业》，《中原文物》1998年第3期。

〔44〕佟伟华：《磁山遗址的原始农业遗存及其相关问题》，《农业考古》1984年第1期。

〔45〕a.保定地区文物管理所等：《河北徐水县南庄头遗址试掘简报》，《考古》1992年第11期。
b.郭瑞海、李珺：《从南庄头遗址看华北地区农业和陶器的起源》，《稻作、陶器和都市的起源》第51～63页，文物出版社，2000年。

〔46〕河北省文物考古研究所：《河北省考古五十年》，《新中国考古五十年》第40～62页，文物出版社，1999年。

〔47〕周国兴、尤玉柱：《北京市东胡林人的新石器时代墓葬》，《考古》1972 年第 6 期。

〔48〕北京市文物研究所：《北京市考古五十年》，《新中国考古五十年》第 1～27 页，文物出版社，1999 年。

〔49〕安志敏：《中国稻作文化的起源与东传》，《文物》1999 年第 2 期。

〔50〕严文明：《杨家圈农作物遗存发现的意义》、《东北亚农业的发生与传播》、《中国古代农业文化的东传对日本早期社会发展的影响》，载《农业发生与文明起源》第 32～46 页，科学出版社，2000 年。

〔51〕林华东：《中国稻作农业的起源与东传日本》，《农业考古》1992 年第 1 期。

〔52〕[日]宫本一夫：《朝鲜半岛新石器时代の农耕と绳文农耕》，《古代文化》第 55 卷第 7 号。

〔53〕[日]澄田正一、冈村秀典等：《文家屯——1942 年辽东先史遗迹发掘调查报告书》第 94～106 页，2002 年。

〔54〕大连市文物考古研究所：《大嘴子——青铜时代遗址 1987 所发掘报告》附录二、附录三、附录四、附录五，大连出版社，2000 年。

〔55〕a．中国社会科学院考古研究所：《中国考古学中碳十四年代数据集（1965～1991）》第 70 页，文物出版社，1991 年。

b．大连市文物考古研究所：《大嘴子——青铜时代遗址 1987 所发掘报告》第 269 页，大连出版社，2000 年。

论考古学中的边际文化

吴耀利

（中国社会科学院考古研究所）

一　什么是边际文化？

边际文化是文化人类学中的重要概念之一。过去一般认为，考古学中的"文化"一词是从民族学引进的。实际上，民族学中并没有"文化"一词，只有"民族文化"的概念。考古学中的"文化"一词，应该是从"文化人类学"引进的。对此，只要翻翻《中国大百科全书·社会学》卷和《中国大百科全书·民族学》卷就可以看到。

文化人类学是人类学的一个分支，它主要是研究人类文化的起源、成长、发展、变化过程，以及各民族、区域、国家的文化差异和不同类型、模式。也就是说，文化人类学是研究人类的文化史，而区别于研究人类自然史的体质人类学。在西方，也有称其为社会人类学的，或者把社会学与文化人类学合并称为社会文化人类学。在文化人类学中不仅有"文化"的概念，还有"文化圈"、"文化区域"、"文化模式"、"文化采借"、"文化价值"、"文化传播"、"文化功能"、"文化堕距"、"文化积累"、"文化集丛"、"文化融合"、"文化适应"、"文化特质"、"文化整合"、"文化要素"、"文化体系"、"边际文化"和"亚文化"等概念[1]。

文化有广义和狭义之分。广义的文化是指人类创造的一切物质产品和精神产品的总合。狭义的文化专指语言、文学、艺术及一切意识形态在内的精神产品。

文化人类学中的文化是广义的文化。它规定文化有五大特征：第一，文化是人类进化过程中创造出来的，自然存在物不是文化。第二，文化是后天学习得来的。第三，文化是共有的。第四，文化的发展是连续不断的动态过程。第五，文化具有民族性和特定的阶段性。文化的这五个特征表明了文化的本质。因为文化是人类进化过程中创造出来的，所以自然存在物不是文化。只有经过人类有意无意加工制作出来的东西才是文化，例如，吐痰不是文化，吐痰入盂才是文化；水不是文化，水库才是文化；石头不是文化，石器才是文化；男男女女不是文化，男女恋爱才是文化等[2]。文化的这一特征，对考古学最有意义。

那么，什么是边际文化呢？文化人类学认为边际文化就是"两个或两个以上文化区域的交汇处出现的一种混合文化。一个文化区域有中心区和边缘区。中心区是该文化的发源地，保存着本民族最纯粹的文化。在边缘处，由于传播递减的规律和接触外来文化的频繁，本民族文化特征减弱，外来文化的影响较中心区增强，两种文化逐渐混合形成一种既非完全的本民族文化，又非完全的外来文化的边际文化，……边际文化是由文化传播、文化采借和文化融合而逐渐形成的，从中可以看到多种文化的相似处"[3]。

文化传播有两种方式，即直接采借和间接传播。而不论哪种方式，都可分为三个阶段：1. 接触与显现阶段，2. 选择阶段，3. 采纳融合阶段。从地理空间看，文化传播是由文化中心区向四周扩散，根据传播途中信息递减的一般规律，离文化中心区越远的地方，越不能保持文化元素的原形。当一种文化元素传播到另一个地区以后，它已不是原来的形态和含义，而在传播过程中被修改过。因此，两地文化只有相似性，完全相同的文化十分少见。

两种文化接触后发生传播，在传播过程中相互采借对方的文化是文化发展的普遍现象。但采借并不是完全对等的，也不是对所有外来文化的全部采借。文化采借大多是相对落后的社会采借发达社会中的先进文化元素，相反的情形十分少见。但文化采借是有所选择的，选择的标准主要有：1. 要有使用价值，即使用价值越大的文化因素越容易采借；反之，则不易被采借。2. 要合乎本民族的文化模式，凡是与本民族文化模式相协调或差异不大的文化元素，就容易被采借；反之则不易接纳。3. 要符合本民族心理特征。在文化采借中，一般的情形是物质文化的采借先于和多于精神文化的采借。

文化融合的结果是从原来的两个或多个文化体系中选取的文化元素，经过调整和整合融为一体，形成一种新的文化体系[4]。

所以，边际文化是一种新的混合性文化。这种文化并不是到处都有，它只出现在文化的交汇地带，在文化的中心区不可能出现。它是由两种或两种以上文化的交流、传播和融合而形成的。这种新的混合性文化在时间上要晚于原来的文化。因此，深入研究边际文化，对于深入了解文化的交流、传播和融合，进而深入了解文明的起源和形成，都具有重要意义。

二　考古学中的边际文化

考古学是研究人类古代文化遗存的一门科学。在考古学中，考古学文化是最基本的概念之一。这个概念是考古学，特别是史前考古学中一个十分重要的理论和实践问题。史前考古学研究的主要对象和基础就是考古学文化。考古学文化虽是一种狭义的文化概念，但它也要遵循一般文化发展的规律和原则。那么，考古学中是否也存在边际文化呢？答案应该是肯定的。因为在新石器时代考古发现中就有许多文化遗存无法归属于其周边的一种或另一种文化中，它们常常引起考古学家的许多争议，这些文化遗存应该就是考古学中的边际文化。考古学中的边际文化比较明确的可以举出下列一些文化遗存。

（一）下王岗仰韶文化遗存

河南淅川下王岗遗址是河南省文物考古研究所和长江流域规划办公室考古队河南分队于 1971~1974 年发掘[5]。该遗址位于南阳盆地的西南边缘，面积不大，堆积却很丰富。最下层的下王岗仰韶文化遗存分为三期，其上还有屈家岭文化、龙山文化等不同时期的遗存。下王岗仰韶文化遗存发现有房屋建筑遗迹、灰坑、陶窑和墓葬等。出土的文化遗物有石器、骨器和陶器，包括生产工具、生活用具、装饰品及其他三类。内涵较为丰富。资料一经发表就引起了考古界的关注，因为它与中原腹地典型仰韶文化并不相同。

发掘者认为下王岗仰韶一期出土的锯齿石镰和石铲等是裴里岗文化的常见工具，大多数陶器又与半坡仰韶文化相似，因此，"下王岗仰韶文化一期遗存与黄河流域的裴里岗文化、仰韶文化关系密切，但又不完全雷同，而有自己的特征，似可认为它是仰韶文化的一个新的类型，其时代晚于裴里岗文化，早于西安半坡下层仰韶文化，是丹江流域仰韶文化的早期遗存"。下王岗仰韶二期遗存又接受或融合了大溪文化与仰韶文化的特点。出土的圈足碗、圈足盘、彩陶器座等是大溪文化的特征，而钵、罐、盆及圆点纹、叶纹彩陶花纹与庙底沟遗址仰韶文化同类器相似，二次葬习俗也与西安半坡、渭南史家、华县元君庙、华阴横阵村的二次葬相似。从总的方面看，下王岗仰韶二期遗存受仰韶文化的影响较多。它的年代与半坡仰韶文化下层相近。下王岗仰韶三期遗存的连间长屋，有 29 间房屋相连成一排，其中大多每两间共有一个门厅，少数是一间有一个门厅。这种建筑形式与仰韶文化、大溪文化或屈家岭文化的房屋建筑均不相同。下王岗仰韶文化遗存之所以具有上述特征，是因为它地理位置特殊，是在一定的时空关系中产生的一种边际文化。

（二）雕龙碑第三期遗存

湖北枣阳雕龙碑遗址是中国社会科学院考古研究所长江队于 1989～1993 年发掘的一个聚落遗址[6]。该遗址位于鄂北地区随枣走廊的西部，与豫西南的南阳盆地接壤。这一地区自古以来都是江汉平原地区通向中原地区的交通要道。雕龙碑遗址的发掘发现了三期文化遗存。其中，第一期文化遗存数量较少，但年代最早，据碳十四测定年代数据估计约距今 6300～5800 年。第二期和第三期文化遗存较为丰富，前者年代距今约 5800～5300 年，后者距今约 5300～4800 年。在文化面貌上这三期文化遗存既有相同或相似的一面，又各有不同的文化特征。尤其是第三期文化遗存，既不能归于仰韶文化，也不能归于屈家岭文化，文化性质较为复杂。

第三期文化遗存发掘发现有房屋建筑遗迹、灰坑、土坑墓和瓮棺葬、埋葬猪或陶器的祭祀坑等。其中大型多间建筑（F15）特别引人关注[7]。出土的陶、石、骨、角、蚌器等文化遗物中，既有与下王岗仰韶文化三期基本相同的，如有些盆形鼎、壶形鼎，又有与屈家岭文化相同或相近的，如鸭嘴形足的罐形鼎、盆形小碗、曲腹杯、黑陶壶、三足碟、陶纺轮、空心陶球等，还有许多遗物自身特征突出，如带矮圈足的盆形鼎和矮圈足壶形鼎，以及其他许多带小矮圈足器的典型器物，特别是数量较多的矮圈足小瓮和矮圈足大瓮等。而少数几件完整的彩陶和大量的白衣彩陶片又具有仰韶文化晚期的特征和因素。因此，第三期文化遗存既有一些屈家岭文化的因素，又有仰韶文化晚期的因素，还有许多自身新的文化特征，很难把它归入已知的某一文化之中。从总的文化面貌来看，第三期文化遗存表现了一种混合性的文化性质。这是它位于文化交流的中介地带，南北地区不同文化系统相互交流、相互影响和融合的结果。

这种情况在河南邓州八里岗屈家岭文化遗存中也有反映。八里岗的屈家岭文化遗存"主要包含两种文化因素。其一来自江汉平原，为屈家岭类型的典型文化因素；其二为承袭豫西南鄂西北仰韶文化三期遗存发展变化而来，同时又有受到来自江汉平原等地的外来因素影响的本地因素。地方特色较为明显"[8]。可见，八里岗和雕龙碑一样都是在南北文化的中介地带出现的一种既有黄河流域文化因素又有长江流域文化因素的边际文化。

（三）下王岗龙山时代文化遗存

下王岗龙山时代文化遗存发现有灰坑、陶窑、土坑墓和瓮棺葬，以及大量陶、石、骨器。陶器的文化面貌也较为复杂。陶质以泥质黑陶居多，夹砂灰陶次之，还有少量的泥质和夹砂棕陶。纹饰以绳纹和篮纹居多，方格纹较少。器类有罐、鼎、钵、碗、豆、杯、盘、甑、盆、簋、壶、瓮、缸、鬶、盉、器盖等。发掘者认为，出土的"罐、鼎及其纹饰与黄河流域'河南龙山文化'的煤山类型比较接近；而Ⅰ式单耳罐，Ⅱ式双耳罐，Ⅳ式罐，Ⅰ、Ⅳ式鼎，Ⅱ式豆，甑、杯等，与'陕西龙山文化'（即客省庄文化——笔者注）的同类器比较接近"[9]。下王岗龙山时代文化遗存吸收了"河南龙山文化"和客省庄文化的某些因素，被认为是"丹江流域龙山文化时期的遗存"。但是，也有研究者认为下王岗龙山文化是"河南龙山文化"的一个地方性类型——下王岗类型[10]，还有些研究者把它划归于江汉平原的石家河文化[11]。可见，下王岗龙山时代文化遗存是"河南龙山文化"、客省庄文化和石家河文化三个文化交流融合而成的一个边际文化，其相对年代也与"河南龙山文化"和客省庄文化相当。

（四）三里桥龙山时代文化遗存

河南陕县三里桥遗址由中国科学院考古研究所于1957～1958年发掘，发现有仰韶文化和龙山时代的文化遗存。这里的龙山时代文化遗存发现有灰坑、陶窑、墓葬和陶、石、骨、蚌器。龙山时代的陶器，陶质以夹砂和泥质灰陶为主，夹砂红陶和泥质黑陶次之，泥质红陶少见。纹饰以绳纹最多，篮纹次之，方格纹较少。器形有罐、鬲、斝、碗、盆、杯、豆、甑、鬶、器座等。最初认为其基本性质是"河南龙山文化"遗存，"是属于河南境内所常见的'河南龙山文化'的范畴"[12]。后来，又作为河南龙山文化在豫晋陕交界地区的一个地方类型——三里桥类型。并认为它不同于河南龙山文化中心区的王湾类型之处，在于它有许多客省庄文化的陶器。"其中双腹盆、平沿鬶、深腹盆式甑和单耳、双耳杯等为王湾类型常见的器形，而单耳或双耳鬲，单、双耳束颈深腹罐，长颈深腹罐和罐形斝等则是陕西龙山文化中常见的陶器"[13]。可见，三里桥龙山时代文化遗存是客省庄文化与河南龙山文化之间的一个边际文化。该类遗存的绝对年代应与王湾三期文化、客省庄文化同时。

（五）王油坊龙山时代文化遗存

位于豫东边缘的河南永城王油坊遗址发现较早，1977年中国社会科学院考古研究所洛阳工作队对该遗址的正式发掘发现了大量龙山时代文化遗存，包括房址、灰坑和石灰窑，以及大量陶、石、骨、蚌等文化遗物[14]。陶器的陶质以泥质和夹砂灰陶为主，褐陶次之，同时还有少量蛋壳黑陶和白陶。纹饰以方格纹为主，次为篮纹和绳纹。器类有罐形鼎、甗、深腹罐、子母口罐、瓮、镂孔高圈足盘、大口平底盆、豆、鬶、钵、碗、杯器、盖等。它的陶器既有大量河南龙山文化的特征，如纹饰以方格纹为主，常见有罐形鼎、甗、大口圆腹罐、平底盆等，也有许多山东龙山文化的因素，如长流鬶、鬼脸式或 V 字形足的盆形鼎、镂孔高圈足盘等。因此一部分考古学家认为它是属于河南龙山文化的一个地方类型王油坊类型[15]，而另一部分考古学家则认为是属于山东龙山文化的王油坊类型遗存[16]。王油坊遗址地处黄淮平原之上，这里是中原地区和华北平原与鲁西平原的交流通道。王油坊龙山时代文化遗存，由于它特殊的地理位置而成为河南龙山文化和山东龙山文化之间的一个边际文化。它的年代大约为距今 4550～2000年。

（六）花厅墓地

江苏省新沂市花厅遗址是一处大汶口文化与良渚文化的混合墓地。1952～1953 年南京博物院先后两次发掘该遗址，清理墓葬 19 座。1987 年和 1989 年又两次发掘该遗址，清理墓葬 66 座[17]。这批墓葬，以随葬猪、狗、陶器和玉器等为特点。随葬的猪下颌骨或猪头骨少则 2 个，多则 10 余个。随葬的陶器和玉器也都有多少的差别，最多的一座墓随葬品达上百件，仅玉器就有二三十件之多，而最少的只有 1 件随葬品。特别引人注意的是，其中有 8 座大墓有殉人，最多的一座墓甚至有 5 个殉人，8 座墓共有殉人18 个。这种殉人的现象，在新石器时代墓葬中十分罕见。从随葬品看，丁字足鼎、宽把杯、贯耳壶、圈足罐、瓦楞纹圈足豆等，都是良渚文化的典型陶器。特别是与陶器一起随葬的大量玉器，如玉琮、玉瑗、玉璜、玉镯、琮形锥状器、冠状饰等，及其上的神人兽面纹"神徽"，都是良渚文化的代表性玉器和纹饰。而三角凿形足鼎、背壶、鬶、带流盉、深腹罐、大镂孔豆等陶器，又是典型大汶口文化遗物。花厅墓地分南北两区，墓葬也有早晚的差别。早的年代相当于大汶口文化早期，晚的年代相当于大汶口文化中晚期，而有殉人或随葬玉器的大墓属于大汶口文化中晚期或良渚文化早期的墓葬。

对花厅墓地的这批墓葬，有的认为属大汶口文化系统[18]，有的认为应归入良渚文化[19]，有的认为是这两种文化的交流、碰撞和融合[20]，是一种"文化两合现象"[21]。在大汶口文化的墓葬中出土大量良渚文化的器物，这完全是一种混合了两种文化因素的边际文化的事实。这一事实说明五千年前海岱地区的大汶口文化和长江下游地区的良渚文化在苏北黄淮地区的密切交往和融合。特别是出土的大量有神人兽面纹的玉器，表明当时在苏北地区的"夷人和越人间已出现共同的原始宗教信仰。这两大民族的融合出现甚早，是一值得探讨的历史事实，对研究中华民族的形成过程有重要意义"[22]。

考古学中的边际文化不止上述六个，其他还有许多，在此不一一指明。上述六个事例已确切地说明了考古学中的边际文化。

三 考古边际文化的性质

从以上可以看出，考古学中确实存在着边际文化，确实存在着混合了两个或两个以上文化因素的文化遗存。这是考古学文化发展的必然结果。那么，考古边际文化有什么特征？它的性质是什么？

对于考古学中的边际文化，实际上早就有一些学者给予了关注。1985年佟柱臣先生首先注意到中国新石器时代文化的"接触地带"的文化遗存，他在《中国新石器时代文化三个接触地带论》一文中论述了阴山山脉、秦岭山脉和南岭山脉三个接触地带。认为阴山山脉是草原畜牧文化和黄河流域粟作农业文化的接触地带，秦岭山脉是黄河流域粟作农业文化和长江流域稻作农业文化的接触地带，南岭山脉是长江流域稻作农业文化和岭南地区亚热带稻作农业文化的接触地带[23]。1995年石兴邦先生又专门研究和论述了"淮汉中介文化带"的问题。他认为淮汉中介文化带是我国南北文化交流的中介文化带，并详细论述了在这个中介文化带上存在的一些具有混合特征的文化遗存及其性质[24]。只不过他们没有明确提出边际文化的概念而已。

边际文化是一种混合文化。这是边际文化最大的特点。因为边际文化是融合了两个或两个以上文化的因素，所以边际文化的文化因素并不单纯，而是复杂的。上述六个边际文化，每一个都是由两个或两个以上文化的因素所组成，而形成了一种新的混合文化。下王岗仰韶文化是混合了裴里岗文化、半坡仰韶文化、庙底沟仰韶文化和大溪文化的因素而组成。雕龙碑第三期遗存是混合了仰韶文化和屈家岭文化的因素而组成。下王岗龙山时代文化是混合了"河南龙山文化"、客省庄文化和石家河文化三个文化的因素而组成。三里桥龙山时代文化遗存是混合了客省庄文化与河南龙山文化的因素而组成。王油坊龙山时代文化遗存是混合了河南龙山文化和山东龙山文化的因素而组成。花厅墓地是混合了大汶口文化和良渚文化的因素而组成。这些文化遗存都不能归属于其中的一种或另一种文化中，而是一种新的混合性文化。

边际文化是在两个或两个以上文化区域的交汇处出现的。这是边际文化的另一个特点。因为边际文化是在文化的交汇处出现的，所以在文化的中心区不可能有边际文化。上述六个边际文化都是在文化交汇处出现的。除三里桥龙山时代文化遗存外，其他五个都是出现在佟柱臣先生指出的秦岭山脉一线"文化接触地带"和石兴邦先生的"淮汉中介文化带"上。下王岗仰韶文化、雕龙碑第三期遗存和下王岗龙山时代文化遗存处在这个文化带的西部，王油坊龙山时代文化遗存处在这个文化带的中部，花厅墓地处在这个文化带的东部。在佟柱臣先生指出的阴山山脉和南岭山脉的两个"文化接触地带"上，也还应该有边际文化产生。在阴山山脉"文化接触地带"上，如内蒙古中南部的海生不浪文化遗存就是一个混合了多种文化因素的边际文化[25]。南岭山脉"文化接触地带"上的边际文化，目前工作做得不多，还不清楚。

边际文化的存在，表明文化区或文化圈的界限开始模糊起来，更大范围里的文化融合和文化统一开始出现。从我国目前的考古发现来看，黄河中游前仰韶文化时期似乎并没有出现边际文化的现象。边际文化现象是在仰韶文化中晚期才开始出现的，而且首先出现在中原的边缘地区，如豫西南和豫东地区等。豫西南地区是中原地区通向江汉平原地区的交通要道，在这里仰韶文化与大溪文化、屈家岭文化进行交流与融合。豫东地区与鲁西南接壤，是中原地区通向东方海岱地区的交通要道，在这里仰韶文化与大汶口文化进行了交流与融合。同时，在鲁南和苏北接壤地区，大汶口文化与良渚文化也进行了交流、碰撞与融合。到龙山文化时期边际文化的出现就更多了，豫东、豫西和豫西南地区都有边际文化产生。不仅中原各地的文化开始融合在一起，中原地区与周边地区的融合也更进一步加强。这对促进中原地区首先进入文明时代产生了极其重要的作用。

过去，我们研究不同地区文化之间的关系，研究不同文化之间的交流、影响和融合，往往只是注意个别文化因素的交流和影响，而没有在更高层次作深入的分析。对文化关系缺乏高层次的理性思维，就不可能认识到文化关系的本质。石兴邦先生很重视文化中介地带文化的研究，是他首先指出了中介地带的文化交融性特征，并对中介地带文化的地位作了正确的评价。他指出，中介地带的文化有几个特点，第一是文化的独特性和复杂性。中介地带的文化都有与之相邻地区文化的一些因素，不能归属于这些因素所源自形成的文化，而这些因素则构成了中介地区文化共同体独特和复杂的中介特征。第二是文化的交融性。中介地带的文化与相邻地区的文化有着千丝万缕的联系，它们相互之间彼此渗透、融合，既有借用也有创新，在文化的交流接触中形成融会性特征。第三是文化渊源的双重形。中介地带的文化是由相邻地区的主流文化孕育形成的，它有几个不同的来源。南北中介地带的文化有着双重渊源。中介地带的文化有着不同于文化中心地带的特征和作用。从我国史前文化发展体系上说，中介地区的文化是不同文化之间的融合剂，起着接触、融合和统一的中介作用。中介地区的文化正是我国史前文化由多元走向一体的历史发展过程的体现，因此，在我国史前文化的发展中有着不可忽视的重要地位。从我国统一的多民族的形成过程来说，不同民族首先在中介地区接触和混合，然后交融在一起。因此，中介地区又是中华民族最早融合的舞台，在中华文明的起源和形成中起着不可替代的重要作用[26]。我们只有重视和加强对中介地带文化的研究，才能真正搞清楚不同地区之间的文化关系，进而真正理解中原地区为什么首先进入文明时代。

注　释

〔1〕《中国大百科全书·社会学》，中国大百科全书出版社，1986 年。

〔2〕同注〔1〕。

〔3〕同注〔1〕。

〔4〕同注〔1〕。

〔5〕河南省文物研究所、长江流域规划办公室考古队河南分队：《淅川下王岗》，文物出版社，1989年。

〔6〕中国社会科学院考古研究所湖北队：《湖北枣阳市雕龙碑新石器时代遗址试掘简报》，《考古》

1992 年第 7 期。

〔7〕 中国社会科学院考古研究所湖北队：《湖北枣阳市雕龙碑遗址 F15 号房址》，《考古》2000 年第 7 期。

〔8〕 北京大学考古学系、南阳地区文物研究所：《河南邓州市八里岗遗址 1992 年的发掘与收获》，《考古》1997 年第 12 期。

〔9〕 河南省文物研究所、长江流域规划办公室考古队河南分队：《淅川下王岗》第 336～337 页，文物出版社，1989 年，下引文同。

〔10〕 a. 中国社会科学院考古研究所：《新中国的考古发现和研究》，文物出版社，1984 年。

　　　 b. 河南省文物研究所：《河南考古四十年（1952～1992）》，河南人民出版社，1994 年。

〔11〕 杨育彬、袁广阔主编：《20 世纪河南考古发现与研究》，中州古籍出版社，1998 年。

〔12〕 中国科学院考古研究所：《庙底沟与三里桥》第 115 页，科学出版社，1959 年。

〔13〕 同注〔10〕a。

〔14〕 a. 商丘地区文物管理委员会、中国社会科学院考古研究所洛阳工作队：《1977 年河南永城王油坊遗址发掘概况》，《考古》1978 年第 1 期。

　　　 b. 中国社会科学院考古研究所河南二队、河南商丘地区文物管理委员会：《河南永城王油坊遗址发掘报告》，《考古学集刊》第 5 集，1987 年。

〔15〕 中国社会科学院考古研究所：《新中国的考古发现和研究》，文物出版社，1984 年。

〔16〕 a. 栾丰实：《龙山文化王油坊类型初论》，《考古》1992 年第 10 期。

　　　 b. 栾丰实：《海岱龙山文化的分期和类型》，《海岱地区考古学研究》，山东大学出版社，1997 年。

〔17〕 a. 南京博物院：《新沂花厅新石器时代遗址概况》，《文物参考资料》1956 年第 7 期。

　　　 b. 南京博物院：《1987 年江苏新沂花厅遗址的发掘》，《文物》1990 年第 2 期。

　　　 c. 南京博物院：《江苏新沂花厅遗址 1989 年发掘纪要》，《东南文化》1990 年第 1、2 期合刊。

〔18〕 王根富：《花厅墓地初探》，《东南文化》1992 年第 2 期。

〔19〕 徐坚：《花厅墓地浅析》，《东南文化》1997 年第 3 期。

〔20〕 a. 严文明：《碰撞与征服——花厅墓地埋葬制度的思考》，《文物天地》1990 年第 6 期。

　　　 b. 栾丰实：《花厅墓地初论》，《东南文化》1992 年第 1 期。

〔21〕 高广仁：《花厅墓地"文化两合现象"的分析》，《东南文化》2000 年第 9 期。

〔22〕 南京博物院：《江苏新沂花厅遗址 1989 年发掘纪要》，《东南文化》1990 年第 1、2 期合刊。

〔23〕 佟柱臣：《中国新石器时代文化三个接触地带论》，《史前研究》1985 年第 2 期。

〔24〕 石兴邦：《横亘东西的淮汉中介文化带——青莲岗—下王岗文化传统》，《长江中游史前文化暨第二届亚洲文明学术讨论会论文集》，岳麓书社，1996 年。

〔25〕 a. 内蒙古历史研究所：《内蒙古中南部黄河沿岸新石器时代遗址调查》，《考古》1965 年第 10 期。

　　　 b. 吉发习：《内蒙古托克托县新石器时代遗址调查》，《考古》1978 年第 6 期。

　　　 c. 崔璇：《"海生不浪文化"述论》，《内蒙古社会科学》1990 年第 5 期。

　　　 D. 北京大学考古系、内蒙古自治区文物考古研究所、呼和浩特市文物事业管理处：《内蒙古托克托县海生不浪遗址发掘报告》，《考古学研究（三）》，科学出版社，1997 年。

〔26〕 同注〔24〕。

史前陶铃及其相关问题

高　炜

（中国社会科学院考古研究所）

　　陶铃，是一种仰韶时代已经出现的古老乐器。由于器形小，往往出土时已残破，且铃舌大都散佚，以至 20 世纪 50 年代以来相当长一段时间发表的资料中，常被误称为"小碗"、"澄滤器"、"漏器"、"筒形器"等。1978～1985 年间陶寺遗址第一阶段发掘中，在陶寺文化早、中、晚期的文化层或遗迹中，陆续出土了一批陶铃，又在一座晚期墓中发现一件随葬铜铃（初称"铃形铜器"）[1]。从形制看，后者明显是同一遗址中合瓦形平顶陶铃的金属仿制品。由陶质铃与铜质铃互证，得到考古与音乐史学界的认同和重视。史前"陶铃"的命名随之得以确定。上世纪 90 年代中期以来陆续出版的《中国音乐文物大系》河南、湖北、北京、山东、山西卷收录有陶铃资料，一些音乐史方面的学术著作也涉及对史前陶铃的研究[2]。

　　本文依手头收集到的资料，对史前陶铃及其在中国古代乐器发展史上的地位和影响，做初步的考古学分析，就正于诸师友。

一　史前陶铃的考古发现

（一）仰韶文化陶铃

　　在南郑龙岗寺、淅川下王岗、陕县庙底沟、郑州大河村遗址曾发现分属于仰韶文化不同类型、不同发展阶段的陶铃。

　　1. 南郑龙岗寺遗址仰韶文化半坡类型随葬陶铃 3 件，细泥红陶，手制（原称"澄滤器"，内残器 1 件未发表）[3]。

　　标本 M430∶2　平顶，平口，横截面圆形，铃壁呈弧形外扩，似扣置之碗、钵状，顶部有竖向透孔 2 个。顶径 2.5、口径 5.7、高 3.3 厘米（图一，3）。

　　标本 M431∶4　平顶，平口，横截面椭圆形，铃壁稍斜张，顶部有竖向透孔 2 个，近顶部铃壁有横向对称透孔 3 组（6 孔）。顶部长径 4.3、短径 1.7、口部长径 6.7、短径 2.5、高 5.3 厘米（图一，6）。

　　因报告未发表 M430 和 M431 的平面图，墓葬登记表也缺此二墓，故出土部位不详。

　　2. 淅川下王岗遗址出土陶铃 2 件[4]。

　　标本 T16⑥∶193　平顶，下口欠平整，横截面近合瓦形，顶部穿 2 孔，长侧铃壁上部亦有对称穿孔 2 组。下口长径 7.4、短径 3.2、高 5 厘米（图一，9）。

图一　仰韶时代陶铃与石铃

1. 下王岗 H169：19　2. 大河村 T13②：29　3. 龙岗寺 M430：2　4. 大河村 T11④B：17
5. 大河村 T43⑪：4　6. 龙岗寺 M431：4　7. 大汶口 H10：1　8. 大墩子 M253：4
9. 下王岗 T16⑥：193　10. 刘林 M118：7　11. 大墩子 M325：1（石铃）

标本 H169：19　弧顶，口不平，横截面近椭圆形，已残，近顶残存 2 孔。高 5.4、口部复原长径 9、短径 3 厘米（图一，1）。

上述 2 件陶铃分别出在下王岗"仰韶文化二期"的文化层和灰坑中。因地域关系，淅川的仰韶文化吸收有大溪文化因素，属仰韶文化中另具特点的一支。下王岗仰韶二期遗存的年代，当与西安半坡遗址早期接近或稍晚。

3. 陕县庙底沟遗址出土陶铃 1 件[5]。

标本 H387：09　细泥红陶制成，其最显著特点是器身上部出甬柄，故原称"陶钟"。肩部以下斜张，肩下两侧各有一斜向透孔通入铃腔，当为悬系铃舌所设。铃壁较厚，腔较小。下口直径 5、高 9.2 厘米（图三，1）。

4. 郑州大河村遗址出土陶铃 3 件，其中弧顶 1 件、平顶 2 件，均灰陶，都只在铃顶竖穿 2 孔，铃壁未见横向穿孔[6]。

标本 T13②：29　弧顶，平口，铃壁弧形外张，横截面呈椭圆形。铃口长径 6.5、高 4.5 厘米（图一，2）。

标本 T11④B：17　小平顶，铃壁呈弧形外张，下口残，横截面呈扁椭圆形。顶长径 2.5、短径 1、残高 4 厘米（图一，4）。

标本 T43⑪：4　平顶，横截面近圆形，下口残。顶径 2.5～2.9、残高 2.2 厘米（图一，5）。

据《郑州大河村》报告，上述 3 件陶铃均属该遗址"仰韶文化三期"遗物，即相当于仰韶晚期遗存。

（二）北辛—大汶口—龙山文化系统陶铃

在泰安大汶口、邳县刘林、大墩子、蒙城尉迟寺、兖州西吴寺遗址，曾先后发现分别属于北辛文化晚期、大汶口文化早期和晚期以及龙山文化的陶铃。

1. 大汶口遗址出土北辛文化晚期陶铃 1 件[7]。

标本 H10：1　泥质红陶。平顶，横截面椭圆形，纵截面近梯形，顶穿 2 竖孔，正、背两面近顶部有对应的横孔 3 组。口部长径 4.1、短径 2.3、高 4 厘米（图一，7）。

依《大汶口续集》报告，该铃为"北辛文化晚期"遗存，或曰相当北辛文化向大汶口文化过渡阶段的遗存，年代约距今 6200 年前。

2. 邳县刘林遗址出土大汶口文化早期陶铃 1 件[8]。

标本 M118：7　泥质黑陶。平顶，平口，顶及下口平面均近合瓦形，顶竖穿 2 孔，左右两角铃壁各贯穿 1 孔。原称"穿孔陶器"。据插图比例知，下口长径 9、短径 5、高 7 厘米（图一，10）。

该器为随葬品，唯据 1965 年发表的报告，无法得知具体出土部位。

3. 邳县大墩子遗址出土大汶口文化早期陶铃、石铃各 1 件[9]。

标本 M253：4　陶铃，原称"筒形器"。平顶，平口，铃壁弧张，横截面椭圆形，顶中部竖穿 2 孔，铃壁一面近顶部横穿 2 孔，但另一面未见对应穿孔。高约 6 厘米（图一，8）。

标本 M325：1　石铃，原称"筒形石器"，墓葬登记表又称"石盖"。平顶，平口，铃壁略显弧张，横截面呈合瓦形，顶部有竖孔 2 组，每组 2 孔；铃壁一面有呈斜线排列的横向 4 孔，另一面未见对应孔。顶部略厚而铃壁略薄。高约 4.4 厘米（图一，11）。

大墩子的 2 件铃制作十分精巧，均为随葬品，唯原报道未指明出土部位。

4. 蒙城尉迟寺遗址出土大汶口文化晚期陶铃 3 件[10]。

标本 F23：6　泥质灰陶。平顶，铃壁微张，横截面呈圆角长方形，只存残半，铃壁近顶部有前、后对应穿孔。下口长径 5、高 5.6 厘米（图二，3）。

标本 F37：19　夹砂红陶。平顶，平口，正视呈等腰梯形，横截面椭圆形，顶穿竖向 2 孔，器壁近顶有对称横向透孔 2 组。顶长径 4.1、口部长径 6.1、高 3.5 厘米（图二，1）。

标本 T3527⑤：5　泥质红褐陶。平顶，横截面呈菱形，顶穿 2 孔，铃壁近顶部有对称的横向透孔。顶长对角线 3.8、短对角线 2.6、下口长对角线 5.2、短对角线 3.1、高 4.5 厘米（图二，4）。

5. 兖州西吴寺遗址出土龙山文化陶铃 1 件[11]。

标本 H4213：37　泥质褐陶。原称"漏器"。凹顶，铃壁中部微鼓，上、下两端内敛，横截面呈不规则椭圆形，顶穿竖向 4 孔，顶以上周壁对称部位有横向 4 孔。通高 6.6 厘米（图二，11）。

（三）屈家岭—石家河文化的陶铃

1. 天门石家河邓家湾遗址出土屈家岭文化陶铃 1 件[12]。

标本 H109：44　泥质黄陶，红衣。弧顶，横截面呈椭圆形，顶部有 2 个圆孔。下口长径 4.4、高 4.5 厘米（图二，2）。

2. 天门石家河三房湾遗址出土石家河文化陶铃 1 件[13]。

泥质红陶。平顶，铃壁微内曲而外张，下口不平，横截面呈椭圆形，顶穿 2 孔，器表两面有类似兽面纹的刻划纹样。顶部长径 5.3、短径 4.5、下口长径 9.8、短径 7、高 5.5 厘米（图二，7）。

这可能是考古发掘中最早出土的一件陶铃，发现于石龙过江水库工程中，《文物参考资料》1955 年第 8 期作过报道，称"刻花陶器"；《考古通讯》1956 年第 3 期的发掘简报称"刻饕餮纹小碗"。据《中国音乐文物大系·湖北卷》记述，该铃的具体出土地点是石家河遗址群中的三房湾遗址。

（四）陶寺文化陶铃

1. 襄汾陶寺遗址 1978～1985 年的发掘中出土陶铃 7 件，是目前已知史前陶铃发现最多的一处，分别出在陶寺文化早、中、晚期的文化层、水井、灰坑堆积中。铃的形制多样，有平顶和凹顶两种，后者是将铃的顶壁下移至铃体上部，似乎形成上、下两个铃腔，除顶壁的竖向穿孔外，凹顶铃"上腔"的周壁还常见横向穿孔。前述兖州西吴寺铃即为凹顶，凹顶铃还见于渑池仰韶村等处。至于陶寺铃的横截面则有长方、椭圆、合

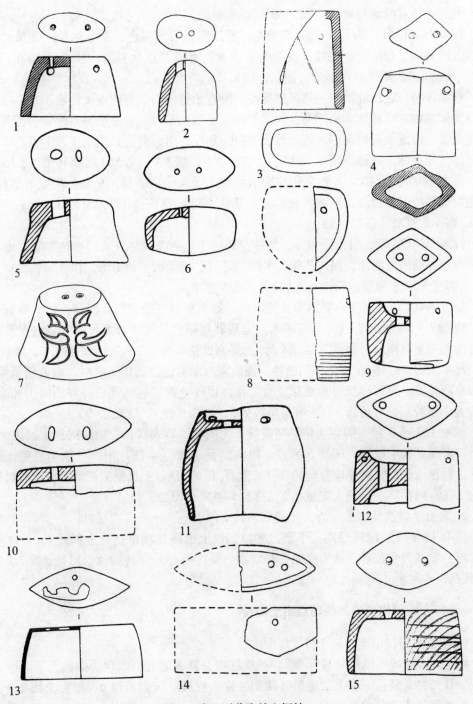

图二　龙山时代陶铃和铜铃

1. 尉迟寺 F37：19　2. 邓家湾 H109：44　3. 尉迟寺 F23：6　4. 尉迟寺 T3527⑤：5　5. 陶寺 T403④C：48　6. 白营 T4②：10　7. 三房湾刻纹铃　8. 陶寺 T393④B：3　9. 陶寺 J301：4　10. 陶寺 H340：51　11. 西吴寺 H4213：37 12. 仰韶村 T1②：19　13. 陶寺 M3296：1（铜铃）　14. 陶寺 H419：5　15. 陶寺Ⅳ06

瓦、菱形，还有的呈马蹄（半圆）形[14]。

标本 H340：51　陶寺文化早期遗物。泥质陶，器表黑色，胎红褐色。平顶，铃壁较直，横截面呈合瓦形，已残。顶部顺长轴方向有椭圆形孔一对。顶长径 10.1、短径 4.2、残高 2.2、复原高 6 厘米（图二，10）。

标本 Ⅳ06　居住址第四发掘区采集品。附近小范围内仅有陶寺文化堆积，可肯定为陶寺文化遗物，唯具体期属难断。泥质灰陶。平顶，平口，铃壁中部微外弧、近下口局部稍内敛，横截面近似菱形。周壁器表饰横向划纹 6 道、斜向弧线划纹若干道。残存大半铃体，经复原，顶部长 8.6、阔 5、下口长 9.9、阔 3.8、高 5.4 厘米（图二，15）。

标本 T403④C：48　陶寺文化晚期遗物。泥质灰陶。平顶，平口，周壁下部外撇，横截面呈不规则椭圆形，顶部顺长轴方向穿孔一对。顶长径 4.9、短径 3.4、下口长径 6.7、高 3.5 厘米（图二，5）。

标本 H3017：01　出土于陶寺墓地的晚期坑中，从器表沾有朱砂痕迹来看，也不排除原为随葬品的可能性。泥质灰陶。平顶，平口，横截面呈长方形。顶部顺长边穿竖向 2 孔。顶壁略厚于周壁。长 4.6、宽 2.8、高 3 厘米。

标本 H419：5　陶寺中期遗物。泥质陶，器表灰色，胎褐色。凹顶，横截面近合瓦形。短轴 2.7、残长 4、残高 2.5 厘米。据残器复原后，知顶部原可能有竖向 5 孔，顶上方两侧弧壁有横向对称孔 2 组（4 孔）。复原长径 8.6、高 3.7 厘米（图二，14）。

标本 J301：4　陶寺文化早期遗物。泥质陶，深褐色。凹顶，平口，横截面呈菱形，器形小巧精致。顶部顺长对角线穿竖向 2 孔，顶以上四壁对称部位各穿横向 1 孔。上、下口大小相若。长对角线 3.3、短对角线 2.3、高 2.6 厘米（图二，9）。

标本 T393④B：3　陶寺文化早期遗物。泥质陶，器表黑色，胎红褐色。器表磨光，近下口有细弦纹十数周。凹顶，平口，横截面呈马蹄（半圆）形，一侧为直壁，余为弧壁。铃顶近直壁一侧原应有竖向 2 孔，残存其一；顶以上弧壁的两端原也应有对称的横向 2 孔，残存其一。最大宽度 5.5、高 5.5 厘米（图二，8）。

2. 襄汾丁村遗址出土陶寺文化晚期陶铃 1 件[15]。

标本 T3⑥：7　泥质褐陶。平顶，平口，顶上出圆柱状甬柄（上部残）。铃体正视呈梯形，横截面合瓦形。器表磨光，有划纹。顶长径 4.5、短径 2.8、口长径 5.2、短径 3、残高 3.4 厘米（图三，2）。

（五）龙山时代中原其他地点出土陶铃

1. 渑池仰韶村出土陶铃 1 件[16]。

标本 T1②：19　原称“棱形器”。泥质红陶，器表磨光。凹顶，横截面呈菱形，下口残。顶部穿 2 竖孔，顶上长对角线两侧各穿一横孔。长对角线 6、短对角线 3.4、残高 3.6 厘米（图二，12）。

同层出土陶器有单把鬲、折沿方格纹夹砂罐等，发掘者划分为“仰韶村遗址第四期”，依陶器群整体面貌判断，与三里桥龙山遗存类似，年代亦应相当。

2. 汤阴白营遗址出土陶铃 1 件[17]。

标本 T4②：10：泥质灰陶，素面磨光。弧顶，横截面椭圆形，下口不平，顶上穿 2 孔。下口长径 7、短径 3.7、高 3.2 厘米（图二，6）。

该铃应属后冈二期文化晚期遗存。

3. 长安斗门镇出土客省庄二期文化陶铃[18]。

1955 年长安斗门镇出土[19]，国家博物馆藏品。灰陶，素面。平顶，平口，铃壁微斜侈，横截面近圆角长方形，顶上出圆柱状实心甬（柄），甬根两侧铃顶各有一圆孔。下口长 9.4、宽 5.3、甬高 5.6、通高 12.5 厘米（图三，3）。

该器是已知陶铃中最大的一件，原称"陶钟"。鉴于顶部有悬系铃舌的透孔，同庙底沟及丁村出土的甬铃类同，仍应属依赖摆动、使舌击铃腔而产生节奏性音响的陶铃。

（六）史前陶铃的时空分布

据笔者手头不完全的资料，上文涉及陶铃 28 件、石铃 1 件，实际发现当不止此。石质铃凿腔、钻孔均非易事，故只邳县大墩子发现 1 例；在制陶工艺相当成熟的仰韶时代和龙山时代，捏制陶铃十分容易，故陶铃成为主流。

仅据上述资料而言，可知陶铃是一种起源很早、延续时间很长、分布地域也很广的

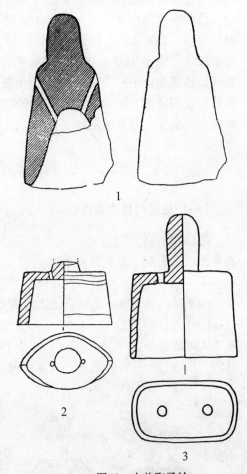

图三　史前陶甬铃
1. 庙底沟 H387：09　2. 丁村 T3⑥：7
3. 斗门镇出土

古老乐器。从考古学上的仰韶时代（公元前 5000～前 3000 年）到龙山时代（公元前 3000～前 2000 年）末期，两三千年间，广泛流行于黄河中下游、黄淮地区和长江中游之江汉流域。在长江以南尚未发现。

在黄河中游和汉江上游（汉中盆地与南阳盆地），它们曾出于半坡、庙底沟和属仰韶晚期的"大河村三期"堆积中。其后，缺乏庙底沟二期文化阶段（公元前 3000～前 2600 年）的材料，但龙山时代后期（公元前 2600～前 2000 年）如陶寺、客省庄二期、三里桥、后冈二期诸支遗存中却有较多发现。在黄河下游海岱文化区（包括黄淮），目前尚未见大汶口文化中期（公元前 3500～前 3000 年）的材料，但从已知北辛文化晚期铃、大汶口文化早期与晚期铃、龙山文化铃的遗存来看，可以相信，陶铃贯穿于北辛文化、大汶口文化直到龙山文化。在江汉平原，目前仅知石家河城址、遗址群中，发现龙

山时代屈家岭文化和石家河文化（曾称青龙泉三期文化）的陶铃。

作为史前陶铃之孑遗，进入历史时期之初仍有少量陶铃。在二里头遗址早年发掘中，曾出土陶铃2件，据云与铜铃形体大致相同，无扉。从图版看，平顶，铃体稍高，似有铃舌[20]。驻马店杨庄的二里头文化遗址也曾出陶铃2件，制作粗糙，平顶、弧顶各一，顶部均穿一孔[21]。与二里头屡屡发现铜铃（详后）的情形对照，可推知：随青铜铸造业的发展，在青铜时代到来不久，铜铃已占主导地位，陶铃逐渐被取代，至少在中原二里头文化分布区是如此。

二 史前陶铃的类型、源流与用途

（一）史前陶铃的类型

按已知资料，史前陶铃包括悬系铃（即无甬铃）与甬铃两大类。前者数量较多，而甬铃仅见3例（参见《史前陶（石、铜）铃器形登记表》）。

甲 悬系铃。

悬系铃的显著特征是铃顶上方没有甬柄，顶壁一般顺长轴方向穿2个透孔，也有穿一孔的（如陶寺铜铃，详后），借顶孔穿系麻绳或皮条一类，下系腔内铃舌，往上可悬系于人体或握手中（图四，2、3）。凡铃壁上部另穿有横向透孔者，则顶孔只用来悬系铃舌，另通过旁孔将铃悬系于人体或握手中（图四，1）。

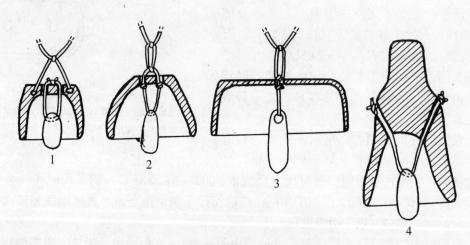

图四 史前铃的悬系方法推测示意图

（据李纯一《先秦音乐史》图八，略有改动）

依顶部形制，可分为三型[22]。

Ⅰ型：弧顶铃。4件。分别见于淅川下王岗、郑州大河村仰韶文化遗址、天门石家河邓家湾屈家岭文化遗址、汤阴白营后冈二期文化遗址。横截面均呈椭圆形；从纵剖面看，下王岗二期 H169∶19 近似半球形，下口不平，制作较为随意，或可视为陶铃的一种肇始形态。而大河村三期 T13②：29 与邓家湾屈家岭文化 H109：14，铃腔较深，平口，更接近陶铃的基本形态。白营 T4②：10 顶部稍有弧度，唯腔较浅。

Ⅱ型：平顶铃。在史前陶铃中占大宗，已知有 17 件，含横截面形制不同的 5 个亚型。

ⅡA 型：圆形。铃体近似倒扣的碗、钵或筒形罐，顶部穿孔。已知标本有 2 件。

南郑龙岗寺半坡类型铃 M340：2，其形制很像是一件倒扣的敛口平底碗（钵），从而为陶铃是从日用陶质器皿演变而来提供了线索。

郑州大河村仰韶晚期 T43⑪：4，铃体似筒状，腔似较深，已残。

ⅡB 型：椭圆形。横截面呈椭圆形的平顶铃较为多见，已知有以下 7 件。

其中，属仰韶时代早中期的有南郑龙岗寺 M431：4（半坡类型）、泰安大汶口 H10：1（北辛文化晚期）、邳县大墩子 M253：4（大汶口文化早期）；属仰韶时代末叶的有郑州大河村 T11④B：17（大河村三期）；属龙山时代前期的有蒙城尉迟寺 F37：19（大汶口文化晚期）；属龙山时代后期的有陶寺 T403④C：48（陶寺文化晚期）、天门三房湾刻纹铃（石家河文化）等标本。

ⅡC 型：合瓦形。横截面作上弦与下弦两弧线相扣，左、右侧以锐角相交，如同两块板瓦扣合形。已知标本有 4 件。

其中，属仰韶时代者如淅川下王岗 T16⑥：193，为距今 6000 多年前的遗物；邳县刘林 M118：7、大墩子 M325：1（石铃），为大汶口文化早期遗物，年代距今 6200~5500 年间。其后有一段缺环，未见仰韶晚期至龙山时代前期约 1000 年间合瓦形铃的实物。属龙山时代后期（即距今 4600~4000 年间）的合瓦形铃，有陶寺遗址 H430：51，器形稍大，也较规整。

ⅡD 型：菱形。横截面呈菱形（四棱形）的陶铃出现较晚，首见于大汶口文化晚期蒙城尉迟寺遗址，标本 T3527⑤：5，为距今 5000~4600 年间的产物。陶寺采集品Ⅳ06 近似菱形，惟短轴两端棱角较圆缓。

ⅡE 型：圆角长方形。横截面呈长方形的平顶铃，亦见于尉迟寺遗址，标本 F23：6 铃腔较深，铃壁较直，四角呈圆弧状，年代与前述菱形平顶铃相当。龙山时代后期，长方形平顶铃见于陶寺遗址 H3017，铃腔较浅，四角弧度不明显。

Ⅲ型：凹顶铃。铃的顶壁并不在顶端，而在铃体偏上部位，似乎形成上、下两个铃腔。下腔占三分之二以上高度，用以悬系铃舌、撞击发音；上腔周壁往往有横向穿孔，用以悬系铃体。本文所收凹顶铃 5 件，都是龙山时代后期的遗物。按横截面形制可分 4 个亚型。

ⅢA 型：椭圆形。兖州西吴寺 H4213：37，顶壁有竖向 4 孔，顶以上周壁有 4 个两两对称的横孔。属海岱龙山文化遗物。

ⅢB 型：合瓦形。陶寺 H419：5，属陶寺文化中期遗物，已残。据复原研究，原器顶有竖向 5 孔，顶以上前、后弧壁上有 4 个两两对应的横孔。

ⅢC 型：菱形。2 件。陶寺 J301：4，陶寺文化早期遗物。顶壁穿竖向 2 孔，顶以上四面铃壁对称部位各穿一横孔，造型小巧、精致。另一件，渑池仰韶村 T1②：19，同陶寺文化晚期年代相若，器形亦规整，与上件不同的是，只在长对角线两端各穿一横向透孔。

ⅢD型：马蹄形。只见于陶寺遗址，T393④B：3，属陶寺文化早期遗物。从器表磨光，近下部饰密集的纤细弦纹看，原也是一件巧具匠心的物件。

从凹顶铃出现的时间看，A、B、C三型是分别从早于它们而横截面相同的平顶铃衍变而来。

乙　甬铃。

甬铃，是指在铃的上方有甬柄的铃。甬呈柱状，实心。甬与铃顶（舞）交接处两侧，有竖向或斜向透孔，用来系吊铃舌（图四，4）。已知3件，含斜肩与平顶两型。

Ⅰ型：斜肩、无顶。

陕县庙底沟遗址H387：09，为距今6000～5500年间仰韶文化庙底沟类型遗物，是目前所见最早的甬铃。甬柄下为斜肩，未形成明确的舞（铃顶），壁厚而腔窄，不利振动发音，均显示出甬铃肇始形态特点（见图三，1）。

Ⅱ型：平顶。

平顶甬铃，仅见于龙山时代后期。依横截面形制，分属并存的2个亚型。

ⅡA型：合瓦形。平顶，折肩，铃壁斜张，横截面呈合瓦形。丁村遗址T3⑥：7，为4000年前陶寺文化晚期遗物，是一件成熟形态的甬铃，惜甬柄上部残缺（见图三，2）。

ⅡB型：圆角长方形。平顶，折肩，铃壁微张，横截面呈圆角长方形。长安斗门镇出土客省庄二期文化甬铃，高12.5厘米，是目前所知最大、除铃舌已佚、铃体完整的一件甬铃（见图三，3），同丁村的标本年代接近。前文介绍平顶悬系铃，曾述及蒙城尉迟寺有一件横截面呈圆角长方形的标本，与此件甬铃铃体相似，只是尉迟寺铃顶部已残，无法知道有无甬柄。

（二）史前陶铃的源流与用途

1. 关于悬系铃的源流

本文所引资料，包括偶见的史前石铃和铜铃，已列为"史前陶（石、铜）铃器形登记表"（表一）。从这张表不难看出各型及各亚型铃大致的年代位置。

已知最早的陶铃见于汉水上游，包括南郑龙岗寺仰韶文化半坡类型（或称半坡文化）遗存和淅川下王岗"仰韶二期"遗存。西安半坡等遗址的碳十四测定数据显示，半坡类型的年代相当公元前5000～前4000年间[23]。距南郑不远的西乡何家湾的半坡遗存，测定年代为公元前第五千纪中后叶[24]，龙岗寺遗存或与之相若。淅川下王岗"仰韶二期"出陶铃的T16第6层，恰有木炭测定为公元前4780～前4360年，也在公元前第五千纪中叶范围内[25]。龙岗寺标本M430：2，整体近倒扣的平底碗、钵形，显示陶铃从日常实用器皿衍生出的迹象。下王岗标本H169：19，弧顶、弧壁、无肩，似随手捏成。以上两件，都具陶铃滥觞形态。但同时，我们注意到龙岗寺标本M431：4和下王岗标本T16⑥：193，都在铃壁近顶部位穿有横孔，且后者横截面已作合瓦形。合瓦形当

表一　史前陶（石、铜）铃器形登记表

时代	年代（BC）	I型（弧顶）	II型（悬顶）（平顶） IIA（圆形）	IIB（椭圆形）	IIC（合瓦形）	IID（菱形）	IIE（长方形）	III型（凹顶） IIIA（椭圆形）	IIIB（合瓦形）	IIIC（菱形）	IIID（马蹄形）	甬铃 I型（斜肩）	II型（平顶） IIA（合瓦形）	IIB（圆角长方形）
仰韶时代	5000	下王岗 H169：19	龙岗寺 M430：2	龙岗寺 M431：4	下王岗 T16⑥：193									
仰韶时代	4000			大汶口 H10：1 大墩子 M253：10	大墩子 M325：1 刘林 M118：7 （石铃）									
仰韶时代	3000	大河村 T13②：29 邓家湾 H109：44	大河村 T43①：4	大河村 T11④B：17 尉迟寺 F37：19										
龙山时代	2600				陶寺 H340：51	尉迟寺 T3527⑤：5 陶寺 IVO6	尉迟寺 F23：6	西吴寺 H4213：37	陶寺 H419：5	陶寺 J301：4	陶寺 T393④B：3	庙底沟 H387：09		
龙山时代	2000	白营 T4②：10	三房湾 陶寺 T403④C：48 （刻纹铃）		陶寺（铜铃） M3296：1		陶寺 H3017：01			仰韶村 T1②：19			丁村 T3⑥：7	斗门镇

是从椭圆形演变而来，又是后来商周钟、镈、铙、铎等青铜乐器广泛采用的形制。因此，合瓦体陶铃的出现，标志着乐器形制上一大进步。由此可判断：龙岗寺和下王岗的仰韶陶铃，原始与进步形态并存，已非陶铃最初阶段；陶铃的源头，应到距今七八千年前新石器时代中期文化中去探寻，也不排除更早些的可能。

海岱文化系统中，已在大汶口遗址发现属北辛文化晚期的陶铃。北辛文化晚期的年代在公元前4300～前4100年间，即公元前第五千纪后叶。标本H10：1近顶穿有3个横孔，同样并非铃的初始形态。邳县刘林陶铃和大墩子石铃，属承续北辛文化而来的大汶口文化早期（公元前4200～前3500年）遗物，不仅有横向穿孔，而且铃腔呈典型合瓦体。

仰韶与北辛—大汶口这两支不同文化系统中，都在公元前第五千纪中后叶存在形制相仿的陶铃，时间虽稍有前后，但目前还难以知道：这种先民小型乐器究竟是何时何地起源，抑或原本是多源的？

凹顶铃是龙山时代后期新创器形，铃体横截面有椭圆、合瓦、菱形、马蹄形，分见于陶寺、仰韶村和西吴寺。前文曾推测，前3个亚型应是同样形制平顶铃的衍生物。蒙城尉迟寺大汶口文化晚期遗址曾出现平顶铃的两种新式样，一种截面呈菱形，一种圆角长方形。陶寺和仰韶村出土的菱形凹顶铃，或许就是大汶口文化晚期菱形平顶铃变化而来。我们知道，考古学家普遍承认大汶口文化曾受到仰韶文化庙底沟类型的影响，而大汶口文化晚期又曾大幅度地向西扩展，曾到达河南中部一些地点，而其文化因素传播面更广[26]。笔者也曾指出，陶寺随葬礼器群中，有一部分陶礼器以及陶礼器与漆木器上的彩绘图案，是大汶口文化强烈影响下的产物[27]。这里说陶寺文化菱形凹顶铃是由大汶口晚期菱形平顶铃发展而来，不无可能。

至于长安斗门镇客省庄二期文化甬铃，铃体横截面呈圆角长方形、铃壁较直、铃腔较深诸特点，与尉迟寺标本F23：6相类，究属现象巧合，抑或有其内在联系，值得研究。

无论从形制或工艺上说，史前陶铃在龙山时代达到高峰，并开始向金属铃转变。

这里需要对合瓦形铃多说几句：6000多年前出现在汉水上游淅川下王岗、五六千年间出现在黄淮平原邳县刘林、大墩子的合瓦体，在距今4000多年前的龙山时代后期得到继承、发展。虽然目前还缺少属于仰韶晚期至龙山时代前期的例证，连续的链条应是存在的。龙山时代后期的合瓦体铃又集中见于陶寺文化，不仅有合瓦体平顶铃、合瓦体凹顶铃、合瓦体甬铃（丁村），还创造出近合瓦体的铜铃。而"铜铃的出现，无疑是一个飞跃。以铜代陶，不但大大提高了耐用性，而且大大改善了音质，并为后世青铜钟镈的出现开辟了道路"[28]。

2. 关于甬铃的源流

从目前仅知的3例标本来看，都出在中原核心（晋陕豫交界）地区。庙底沟遗址出的仰韶文化无顶、斜肩铃，壁厚而腔窄，虽不敢断言是中国音乐史上第一件甬铃，但确实表现为甬铃的滥觞形态。龙山时代后期分别出于晋南和关中的标本，代表了陶甬铃的成熟形态。丁村铃作合瓦体，形制最为进步；而斗门镇铃高12.5厘米，在史前陶铃中形体最大，叮当之声或更响亮。上述曾被称作"陶钟"的陶质甬铃，音乐史家一般认为是后世青铜钟的祖型[29]。

3. 关于史前铃的用途

本文涉及到的史前陶铃 20 余件、石铃 1 件，大多出于文化层、房址或灰坑中，只有龙岗寺的 2 件、大墩子的 2 件、刘林的 1 件出于墓葬，但从原发表报告中无法知晓具体出土部位。唯陶寺晚期铜铃可确知是出于死者裆下墓底。发掘者推测原来可能悬系于腰际，因入葬后软组织腐败而跌落至墓底[30]。二里头遗址的铜铃也都位于死者腰部附近（详后），同陶寺铜铃的位置一致，可证陶铃（悬系铃）原来也是悬挂在史前先民腰际。

至于甬铃，因已知甬柄高 3～5.6 厘米，捉手甚短，不便把握；有一种说法称庙底沟铃甬上有孔可系绳[31]，经细察原报告的插图和照片，并未见甬孔。斗门镇铃甬上亦无孔。故甬铃的用法待酌。

那么，这种靠铃舌撞击铃壁而发出节奏性音响的铃，用途是什么呢？

根据古文献一系列记载和民族学材料，音乐史家认为：远古先民在诸如狩猎、播种、收获等生产时节，或为祭祀祖先与神灵，或为抒发喜悦的心情，逐渐"创造出由音乐、诗歌和舞蹈综合为一体的原始舞乐"[32]；或认为"独立意义的作为艺术的音乐和舞蹈在整个上古时代是不存在的，那时所谓的音乐和舞蹈不过是整个巫术礼仪的一个组成部分"，原始乐器即巫者的法器[33]。石家河遗址群曾发现许多同祭祀、巫术有关的遗存，三房湾陶铃上刻画着兽面类神秘纹样，或为此说添一佐证。

青海大通上孙家寨出土的马家窑文化彩陶盆上，清晰地描绘出人们手拉手舞蹈的写实图案（图五，2、3）[34]。青海同德宗日遗址（图五，1）[35]、甘肃武威磨嘴子遗址发现过同类纹样的彩陶盆[36]。在西南边陲，云南沧源的崖画上，也见到多人围成圆圈跳舞的形象[37]。礼失而求诸野，至今西南一些少数民族仍盛行在村寨广场上围成圆圈手牵手踏歌起舞，其动人情景同数千年前留下的舞蹈图像又何其相似！十多年前，笔者曾听山西队队友说，当一位舞蹈家看到陶寺出土的铜铃、陶铃时，边起步作舞，边解释说：若把铃挂在腰间，就会随舞步和身体摆动而发出节奏性音响，与舞者踏步之声、击掌之声、歌声相互配合，融为一体。这可能是关于史前铃用途最形象、贴切的解释。

三　陶寺铜铃的发现

1983 年春季陶寺遗址发掘中，在一座陶寺文化晚期墓 M3296 中发现铜铃 1 件。墓主男性，50 岁上下。出土时，铃位于骨架左侧股骨与耻骨联合之间的墓底，器表粘有麻布纹，铃舌已佚。经鉴定，这是一件含铜量 97.86% 的红陶铸造品。铃为平顶，铃壁自上而下稍侈张，故下口略大于顶部，横截面在合瓦形与菱形之间，器壁一面呈弧形，另一面略出棱。铃顶近中部钻出一小孔，为铸后所钻，当供悬系之用（见图四，3）。器壁厚薄不匀，顶壁厚 0.17、近口部厚 0.28 厘米。顶及一侧器壁各有一处呈不规则形状的透孔或残痕，系铸造过程中出现的缺陷（气孔）。器形很小，口部长轴 6.3、短轴 2.7、高 2.65 厘米（图二，13）[38]。

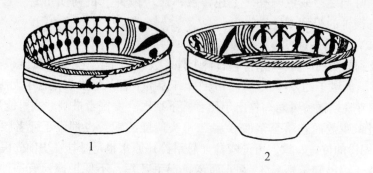

图五　马家窑文化彩陶盆上的舞蹈图像

1. 宗日遗址 M157 出土彩陶盆 2. 上孙家寨 M384 出土彩陶盆 3. 上孙家寨舞蹈纹展开图

　　这件铜铃的形制，同陶寺遗址出土的合瓦体平顶陶铃 H340：51 及近菱形的 Ⅳ06 相似，可以肯定：它是同类陶铃的金属仿制品。

　　尽管这件铜铃很小，其价值却非同寻常。

　　第一，它是中国早期铜器中罕见的复合范铸造品。各地（尤其是黄河流域）龙山时代遗址中，小件铜器已屡有发现，故考古学家将其推定为中国历史上的铜石并用时代[39]。在已知一系列发现中，除广河齐家坪的一件齐家文化（公元前 2200～前 1600 年）空首斧为复合范铸造外，多数是锻造或单面范铸造，工艺相对简单。而铃为空腔，铸造时需要内范（范芯）同一块或数块外范相套合，并预留出铜液流动的空间。学界公认泥范铸造法是三代青铜工业特色之一。掌握了复合范技术，就为铸造器形复杂的青铜容器奠定了技术条件。龙山时代末，这种技术在中原得到应用，从而昭示二里头文化时期爵、斝、盉、鼎等青铜礼器的出现，已势在必然。显然，这件小铜铃在中国青铜文化起源史上占有重要地位。

　　第二，史前乐器多是就地取材，采用自然界原生物质如石、土（陶）、骨、木加工而成。如古文献所云“击石拊石”（《尚书·益稷》）、“土鼓、蒉桴”（《礼记·礼运》）者。陶寺铜铃开创了一个纪录，是目前已知中国历史上第一件金属乐器，开三代青铜乐器之先河，在音乐发展史上具有划时代的意义。

　　第三，拿陶寺铜铃同二里头文化成熟形态的铜铃比较，二者都是平顶、空腔、下口齐平、在顶壁穿孔以系铃舌，且在墓中出土部位一致，器表都遗有织物痕迹，证明它们确属同一器类（图六，1～3）。而二者间在形体大小、铸造工艺粗与精以及形制上的差异（二里头铃有钮、出扉），则标志着铜铃先后两个发展阶段。前文已说过，陶寺晚期铜铃是当地合瓦体陶铃的金属仿制品。于是我们看到：陶寺铜铃把史前陶铃同历史时期的铜铃乃至钟镈之间的链条连接了起来。

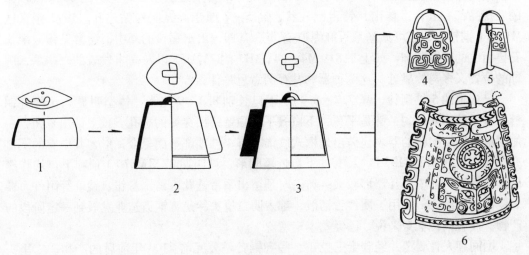

图六　铜铃的演进轨迹

1. 陶寺 M3296：1　2. 二里头 82ⅨM4：1（二期）　3. 二里头 87ⅦM57：3（四期）　4. 殷墟西区 M265：1　5. 殷墟西区 M263：15　6. 大洋洲 XDM：63

四　二里头铜铃及其演化

自上世纪 50 年代末以来，在偃师二里头遗址中已出土铜铃多枚，都是随葬品，迄今正式报道的有 5 枚，分别是ⅤM22：11、81ⅤM4：8、82ⅨM4：1、84ⅥM11：2、87ⅦM57：3，前 3 件属二里头文化二期，后 2 件属四期[40]。我们认为：二里头遗址一至四期是连续发展的，以第二、三期最为繁盛，应是夏王朝后期都邑遗址；其第四期晚段已进入商代初年，或应是留在当地的夏遗民的遗存[41]。

二里头遗址以至二里头文化分布区内，迄未发现证据明确的王陵或高等级贵族墓葬。出铜铃的墓都属中型，其中又可分两种情形：一种级别较高，墓穴面积 2 平方米上下，有木质葬具，铺撒较厚的朱砂，随葬青铜器、漆器和精致陶器相配伍的礼器组合（如铜爵、漆觚和陶盉），还常共存青铜牌饰、玉柄形饰、玉戈、玉刀、玉戚等，如81ⅤM4（二期）、84ⅥM11（四期）、87ⅦM57（四期）。另外，82ⅨM4（二期）已被破坏，残存铜铃、玉铃舌、玉戚，散落绿松石，大约原来规格同上述几墓相类；另一种如《偃师二里头》报告所载ⅤM22（二期），墓穴 1 平方米余，未见葬具和朱砂，有觚、爵、鬶、鼎、豆等陶礼器，绿松石串珠 2 枚、贝 1 枚，铜铃在左侧盆骨上[42]。因缺铜、漆、玉礼器，墓主生前地位显然比前一种略低。随葬铜铃的墓与其他中小型墓往往两三座或三五座成排，埋在宗庙宫殿区附近或祭祀场地内，又都是正常埋葬，墓葬性质及死者身份很值得研究[43]，至今尚缺少有足够说服力的论证。

与确定铜铃性质、推断其用途有关，二里头铜铃出土情形中还有几点值得注意：第一，铃的位置大都在腰部或滚落到附近，如ⅤM22 人骨尚存，可看清铃出在左侧盆骨上，同陶寺铃的位置相似。第二，铃的器表残存织物痕迹。第三，上世纪 80 年代以来的发掘品都有玉铃舌伴出，铃舌圆柱状，高 5～7 厘米，纵向对钻一孔。1995 年 IX 区 M1 出土铜铃上，还可见到系舌麻绳痕迹[44]。其四，出土铜铃的墓中，还常见镶嵌绿松石兽面纹的青铜牌饰，如上举 81VM4、84VIM11、87VIM57 以及尚未发表的一些墓，牌饰的位置又多与铃靠近。这两种器物共存的意思是什么？

已报道的 5 件铜铃，高 7.7～8.45、下口长轴 8.3～9 厘米，体型明显大于陶寺铜铃，且器壁厚薄均匀，都是平顶，下口齐平，顶壁铸出穿绳的透孔，顶上铸出悬钮，一侧出扉，四期铜铃的器表还铸出边框式纹饰。有 4 件顶部平面呈合瓦形，其中有的下口亦作合瓦形（如 VM22：11），有的下口近椭圆形，只四期 87XIM57：3 顶和下口均作椭圆形。上述特征中，凡器形较大，铸造时预留出系舌透孔，铸出悬钮、铃扉等附件，器表铸出简单纹饰，使用玉质铃舌诸般，都表明二里头铃是青铜铸造业发展到一定阶段的产物；而就铜铃本身来说，已经基本定型。

据同墓人骨测定并经碳十三校正，陶寺铜铃是公元前 2100 年前后的产物；二里头铜铃的入葬年代则应在公元前 1800 年以后[45]，前后间隔二三百年。上举二里头铜铃同陶寺铜铃在大小、形制、工艺方面存在的种种差异表明，其间还应存在中介阶段，有待今后去发现。

铜铃作为二里头文化的先进因素之一，曾向四周传布，向东南传到江淮地区，安徽肥西大墩孜发现的铜铃可作证明[46]。

关于这种铜铃在二里头文化之后的演变脉络，尚缺乏商代早中期的实证，但商代晚期和西周出现的、在铃腔内顶壁下方设置悬舌环钮的双扉或无扉铜铃，应是承继二里头铜铃而来（图六，4、5）。因铙、镈、钟等大型青铜乐器相继问世，铜铃的用途有了明显变化，或吊在狗、马、象颈下，或作车铃、棺铃使用。

由于二里头铜铃形制结构上的重大进步（包括使用玉质铃舌），它已具备后世镈钟类乐器雏形的性质。除铜铃本身的演化系列外，或许还存在着由二里头铜铃演变出青铜镈钟的可能性。

江西新干大洋洲出土的具有强烈地方特色的商代青铜器群中，包括一镈三铙，被认为是这两类青铜乐器正式发掘品中年代最早的标本。其中的青铜镈（标本 XDM：63），平顶（舞），顶上立环钮，钮下有长方形透孔，下口齐平，纵剖面呈梯形，横截面合瓦形，壁较厚。器表铸三层花纹，以阴线云雷纹为衬地，中间部位以浮雕牛角兽面（或曰虎面）纹为主题，上部及两侧饰简体夔纹，浮雕之上又有阴线雷纹。周边饰连续状燕尾纹。两侧扉棱呈连续勾戟状，十分突出。顶长轴两端各伏一鸟，故习称"鸟形镈。"顶部长轴 17.5、短轴 11.4、下口长轴 26.6、短轴 18.5、高 31.6 厘米（图六，6）。燕尾纹是吴城文化青铜器特征之一，可据此该器为当地铸造[47]。大洋洲墓应属吴城文化二期遗存，时当商代中期，其下限或到晚商之初[48]。

学者多认为，在同类青铜镈中，大洋洲镈器形与纹饰均表现出较早的特点。如李学勤曾指出：它"比较接近铃的轮廓，并没有发展出明显的鼓部"[49]。就器形来看，大洋洲镈同二里头铜铃之间，确有相似之处。如：器身纵剖面近梯形，横剖面近似合瓦形；

平顶，平口；顶上设钮，钮下方的顶壁有用于悬舌的透孔；器侧出扉棱（镈为双扉），从而显示两者之间似乎存在传承关系。音乐史家吴钊判断说："如与二里头铜制大铃相比，除器体较高大厚重，改单扉为双扉，表面饰满纹饰外，余均大体相同。因此这种鸟饰镈应是二里头铜制大铃的继承与发展"[50]。

从使用角度看，铃原是挂在人体腰部，镈则悬置于庙堂之上，后者显然具有更强烈的礼器意义。音乐考古研究者多认为：以鸟饰镈为代表的早期形态的商代青铜镈，先流行于长江中游湘、赣等江南一带，至西周中晚期传入中原，其间器形逐渐有变化，顶部的孔和器侧扉棱消失，由舌击改为用槌敲击，并由单件变为多件成组，最终演变成同甬钟和钮钟并列的在周代编钟组合中占有重要地位的成熟型镈钟[51]。

乍看起来，堂皇的周代青铜镈钟同简陋的仰韶时代小陶铃，几乎风马牛不相及，很难理解其间有什么因缘关系。若如本文所述，将史前至夏、商、西周时期有关乐器的出土资料串联起来，则可大致看出，在长达三四千年的漫长历程中，从仰韶时代陶铃到龙山时代陶铃，到龙山末叶的铜铃，再到二里头文化铜铃，进而演化为商代鸟饰镈，最后形成周代成熟形态青铜镈钟的发展轨迹。尽管目前还只是一个粗线条的脉络。关于上述演进轨迹假说存在的主要困难是：史前陶铃直到二里头铜铃分布于长江以北的中、东部地区；而早期商镈却都出现在江南，从时间和空间上尚缺乏将二里头铜铃同商镈联系起来的直接证据。正如陶寺铜铃与二里头铜铃间尚缺中间环节一样，需要在今后的田野考古中去追寻。

附记：文中部分线图由冯九生描绘，还得到李森先生热情帮助。谨表谢意。

注　释

[1] a. 中国社会科学院考古研究所山西工作队等：《山西襄汾陶寺遗址首次发现铜器》，《考古》1984年第12期。

b. 李敏生、黄素英、季连琪：《山西襄汾陶寺遗址出土铜器成分报告》，《考古》1984年第12期。

[2] a. 李纯一：《先秦音乐史》，人民音乐出版社，1994年。

b. 吴钊：《追寻逝去的音乐踪迹——图说中国音乐史》，东方出版社，1999年。

[3] 陕西省考古研究所：《龙岗寺——新石器时代遗址发掘报告》第118～119页，图八三，8、9，图版七九，3、1、2，文物出版社，1990年。

[4] 河南省文物研究所：《淅川下王岗》第164页，图一七六，4、5，图版四七，6，文物出版社，1989年。

[5] 中国科学院考古研究所：《庙底沟与三里桥》第54页，图三六，1，图版肆柒，8，科学出版社，1959年。

[6] 郑州市文物考古研究所：《郑州大河村》第236～237页，图一三一，1、7、15，图版五一，2，科学出版社，2001年。

[7] 山东省文物考古研究所：《大汶口续集》第56页，图二八，5，图版一九，2，科学出版社，1997年。

〔8〕 南京博物院：《江苏邳县刘林新石器时代遗址第二次发掘》，《考古学报》1965 年第 2 期第 41 页图三三。

〔9〕 南京博物院：《江苏邳县大墩子遗址第二次发掘》，《考古学集刊》第 1 集第 41 页，图一六，4、14，中国社会科学出版社，1981 年。

〔10〕 中国社会科学院考古研究所：《蒙城尉迟寺》第 169 页，图 126，3、2、8，图版 64，3，科学出版社，2001 年。

〔11〕 国家文物局考古领队培训班：《兖州西吴寺》第 94 页，图八四，3，文物出版社，1989 年。

〔12〕 湖北省文物考古研究所等：《邓家湾》第 78 页，图五四，7，图版一五，4，文物出版社，2003 年。

〔13〕 a. 石龙过江水库工程指挥部文物工作队：《湖北京山、天门考古发掘简报》，《考古通讯》1956 年第 3 期。

　　　 b. 照片见《文物参考资料》1955 年第 8 期第 83 页图六，称"刻花陶器"并标明尺寸。

　　　 c. 中国音乐文物大系总编辑部：《中国音乐文物大系·湖北卷》第 10 页，大象出版社，1996 年。

〔14〕 高炜、吴钊：《陶寺遗址出土乐器》，《中国音乐文物大系·山西卷》第 297－299 页，大象出版社，2001 年。笔者按：该文报道有陶寺出土陶铃 6 件。至于 H3017 所出长方形平顶铃，乃近年对陶寺资料再整理时登录，该文未载入。

〔15〕 山西省考古研究所：《山西襄汾丁村新石器时代遗址发掘简报》，《考古》1991 年第 10 期。

〔16〕 河南省文物研究所等：《渑池仰韶村 1980～1981 年发掘报告》，《史前研究》1985 年第 3 期。

〔17〕 a. 河南省安阳地区文物管理委员会：《河南汤阴白营龙山文化遗址》，《考古》1980 年第 3 期。

　　　 b. 《汤阴白营河南龙山文化村落遗址发掘报告》，《考古学集刊》第 3 集，中国社会科学出版社，1983 年。

〔18〕 中国音乐文物大系总编辑部：《中国音乐文物大系》《北京卷》第 12 页，大象出版社，1996 年。

〔19〕 李纯一著《先秦音乐史》第 23 页、伍国栋著《中国古代音乐》第 20 页均记述该器为客省庄出土，而斗门镇在沣水东，客省庄在沣西，并非同一地点。

〔20〕 中国科学院考古研究所洛阳发掘队：《河南偃师二里头遗址发掘简报》，图版伍，4，《考古》1965 年第 5 期。

〔21〕 北京大学考古学系等：《驻马店杨庄》第 170 页，图一一二，15、16，科学出版社，1998 年。

〔22〕 将无甬铃分为弧顶铃、平顶铃和凹顶铃，并根据铃体横截面形制区分亚型的意见，是在对陶寺遗址出土乐器及相关资料共同研究过程中，由中国艺术研究院音乐研究所吴钊教授首先提出的。后来，随资料渐多，笔者对铃的类型划分有所调整。

〔23〕 中国社会科学院考古研究所：《中国考古学中碳十四年代数据集》第 261 页，文物出版社，1991 年。

〔24〕 同注〔23〕，第 253 页。

〔25〕 同注〔23〕，第 149 页。

〔26〕 高广仁、栾丰实：《大汶口文化》第 142～150 页，文物出版社，2004 年。

〔27〕 a. 高炜：《中原龙山文化葬制研究》，《中国考古学论丛》，科学出版社，1993 年。

　　　 b. 《晋西南与中国文明的形成》，《汾河湾——丁村文化与晋文化考古学术研讨会文集》，山西高校联合出版社，1996 年。

〔28〕 同注〔2〕a，第 23 页。

〔29〕 伍国栋：《中国古代音乐》第 19 页，商务印书馆，1997 年。

〔30〕同注〔1〕a。

〔31〕同注〔28〕，第 20～22 页。

〔32〕同注〔28〕，第 2 页。

〔33〕同注〔2〕b，第 3 页。

〔34〕青海省文物管理处考古队：《青海大通县上孙家寨出土的舞蹈纹彩陶盆》，《文物》1978 年第 3 期。

〔35〕青海省文物管理处等：《青海同德县宗日遗址发掘简报》，《考古》1998 年第 5 期。

〔36〕据孙寿岭：《舞蹈纹彩陶盆》，《中国文物报》1993 年 5 月 30 日。

〔37〕汪宁生：《云南沧源崖画的发现与研究》，文物出版社，1985 年。

〔38〕同注〔1〕。

〔39〕严文明：《论中国的铜石并用时代》，《史前研究》1984 年第 1 期，又收入《史前考古论集》，科学出版社，1998 年。

〔40〕a. 中国社会科学院考古研究所：《偃师二里头》第 137 页，图 83，图版 62∶11，中国大百科全书出版社，1999 年。按：该件铜铃曾披露于《考古》1965 年第 5 期所刊《简报》。

　　b. 中国社会科学院考古研究所二里头工作队发表的 4 篇《简报》，分别刊载于《考古》1984 年第 1 期、1985 年第 12 期、1986 年第 4 期、1992 年第 4 期。

〔41〕高炜、杨锡璋、王巍、杜金鹏：《偃师商城与夏商文化分界》，《考古》1998 年第 10 期。

〔42〕同注〔40〕a，第 124～125 页。

〔43〕中国社会科学院考古研究所：《中国考古学》《夏商卷》第 101～107 页，中国社会科学出版社，2003 年。

〔44〕同注〔43〕，第 132 页。

〔45〕夏商周断代工程专家组：《夏商周断代工程 1996～2000 年阶段成果报告（简本）》，世界图书出版公司，2000 年。

〔46〕见《文物》1978 年第 8 期，安徽省博物馆文，图 2。

〔47〕江西省文物考古研究所：《新干商代大墓》第 73、80 页，图四三 A，图版二一，彩版二 0，文物出版社，1997 年。

〔48〕同注〔43〕，第 484～487 页。

〔49〕李学勤：《新干大洋洲商墓的若干问题》，《文物》1991 年第 10 期。

〔50〕同注〔33〕，第 45 页。

〔51〕a. 高至喜：《论商周铜铙》，《湖南考古辑刊》第 3 辑，岳麓书社，1986 年。

　　b. 同注〔2〕a，第 55 页。

　　c. 同注〔2〕b，第 51 页。

所谓"玉猪龙"并不是龙

林 沄

（吉林大学考古学系）

上世纪 80 年代初，正当侯德健的校园歌曲《龙的传人》唱遍了港台，也唱遍了大陆之时，孙守道和郭大顺两位先生在《文物》上发表了《论辽河流域的原始文明与龙的起源》一文（下文简称《论起源》），文中介绍了当时已经发现的属于红山文化的似龙形玉器，并提出"龙首形象最初来源之一当与猪有关系"的论点[1]。同期《文物》首次发表了 1971 年在内蒙古翁牛特旗三星他拉红山文化遗址由村民偶然掘得的"玉龙"（图一，3）[2]，并由孙守道专门撰文论证了以前发现的应属红山文化的"兽形玉雕"（图一，1、2）和这种"玉龙"构成一种形态上的"演进的序列"[3]。前此所知的这种"兽形玉"已达十多件，但均非发掘品，后来在辽宁建平牛河梁第二地点一号石冢的 M4 中发掘出 2 件同类玉器，足证确属红山文化[4]。此外，在辽宁喀左东山嘴红山文化遗址中，方形基址的南墙内曾发现过"双龙首璜形玉饰"（图二，1）[5]。辽宁凌源三官甸子（此遗址后来改称"牛河梁第十六地点"）石棺曾出土一件"三连孔玉饰"（图二，2）[6]。这些玉器，就成为孙、郭二位先生论证"龙首形象最初来源之一当与猪有关系"的依据。

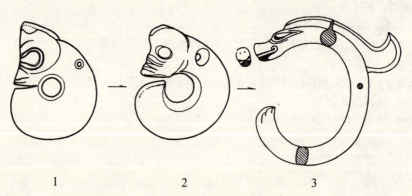

图一　孙守道对"玉龙"演变的设想

1. 巴林右旗羊场　2. 辽宁省博物馆　3. 翁牛特旗三星他拉

此说一出，影响甚巨。苏秉琦先生肯定了这种意见，1985 年在晋文化研究会的发言要点中就提到了牛河梁和东山嘴"出的猪头蛇身玉雕龙，和简化玫瑰花朵彩陶盆共生"[7]，从而提出"华山玫瑰燕山龙"的著名设想。于是，不但原来被较客观地称为"兽形玉"的勾形玉器被定名为"玉猪龙"，而且在考古界引起了在各地新石器时代文化寻找龙的起源的热潮。

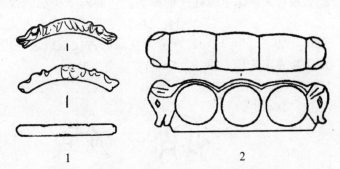

图二　所谓"双龙首玉璜"和"双猪首玉饰"
1. 喀左东山嘴　2. 凌源三官甸子（牛河梁16地点）

其实，我们可以首先从所谓"玉猪龙"和三星他拉"玉龙"的造型看看，究竟有多少猪的特征。第一，"玉龙"以长鬣为特征，《论起源》说是"表现猪体形象所必有的特征"，而"玉猪龙"却恰恰连短鬣都没有。第二，"玉猪龙"有"宽厚的双耳"，似乎可以算猪的特征，但"玉龙"却是无耳的。第三，"玉龙"的吻特长，鼻孔在截平的端面上，《论起源》说是"猪首特征"。可是"玉猪龙"的吻极短，很大的横向拉长的鼻孔和眼睛挤在一起，和"玉龙"的差别十分显著。第四，"玉猪龙"的双目大而圆，"玉龙"的双目细而长。所以，两者虽在总体造型上勉强可以说有相近之处，实在难以说成是源于同一种实有的动物形象。要说都是像猪，是无法令人信服的。所谓的"猪的特征"实际是从两件文物分别抽取而凑成的。

《论起源》中作为"玉猪龙"头部像猪的旁证的，是辽宁凌源三官甸子石棺出土的所谓"双猪首三连孔玉饰"，在试掘简报中它干脆被命名为"猪头形玉饰"了。按简报中所发表的线图来看，此器两端的动物头，似垂上阔下尖之大耳，活像驯化的家猪。可是从后来发表的彩色照片看，其耳的轮廓或有近似猪耳之处，但耳的周廓明显鼓起，而中间凹下[8]，所以，以孙守道先生为顾问、郭大顺先生为主编的《牛河梁遗址》一书中，已把该器改名为"双熊首三孔玉饰"了。像这样一件基本上是写实手法的玉雕，尚且或可说是猪，或可说是熊（大概这和有的研究者认为红山文化与黄帝有熊氏的遗存有关吧），可见要确定"玉猪龙"和"玉龙"这样显然不是自然界实有的造型究竟为何物，是很困难的。从女神庙与山台的连线向南遥望，可见一形似有耸起双耳的兽头的山峰。当"猪龙"说盛行时，孙守道先生曾指给我看说："这像不像猪啊？太像了！我给它起名叫猪山了。"而现在在《牛河梁遗址》一书中，这个山峰也改称为"猪（熊）山"了。

至于东山嘴出的玉璜，也被当作"猪首蛇身玉雕龙"，现在可以肯定是一种误解。这件玉器雕得比较模糊，两端的所谓"龙首"，有耳，目细长，吻较长，鼻孔作较大的水滴形，可以说是处于"玉猪龙"与"玉龙"之间。但是，由于它是在璜形器的两头，所以不论它像不像猪，反正不能是"龙首"。

过去，考古出土的和传世的玉璜之有纹饰者，有不少两端均有动物形头部，一般常误以为是龙首。其实，璜这种玉器是反映古代人心目中的虹的[9]。甲骨文中的虹字就是表现古人想像中的虹这种神物。它的两个头都能饮水。于省吾先生已引不少古籍证之，不烦一一举证[10]。甲骨文中虹字头部的表现方式，和龙完全不同，没有龙头上那种角（图三，1~3）。综观考古发现的古代玉璜之有表现头部纹饰者，也都不表现角，而明显表现其耳（图三，4~7）[11]。

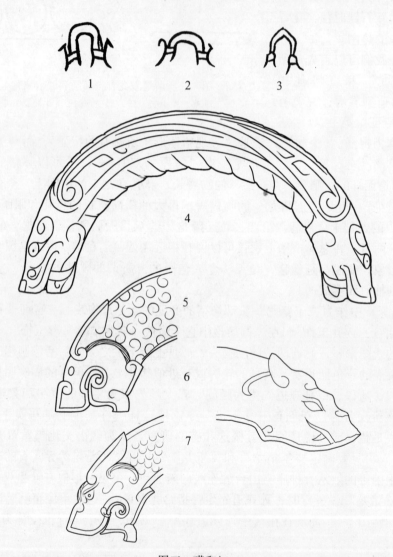

图三　璜和虹

1~3. 甲骨文中的"虹"字　4. 陕县上村岭 M2006 出土西周晚期玉璜　5. 辉县固围村 M1 出土战国玉璜（局部）　6. 西安联志村出土秦代玉璜（局部）

7. 广州南越王墓出土西汉前期玉璜（局部）

过去考古报告描述玉璜纹饰时，也往往不加细察而误称为"龙首"。只有太不像龙的才称为"兽首"[12]，其实周、秦、汉各式虹首的形式，是一脉相承的。二里岗过去出土的大批铜璜也印证了这一点（图四）。这反映了对虹这种能饮水的两头神物的见解在我们先民中是长期不变的。所以宋代颇有科学头脑而注重实际观察的沈括，在《梦溪笔谈·异事》中仍记载："世传虹能入溪涧饮水，信然。……虹两头皆垂涧中。"现在在红山文化中发现的玉璜，也作无角而双耳的双首形，可见这种对虹的见解在遥远的新石器时代就已经在相当大的地理范围内形成一致性，其意义实在非同小可。但这毕竟跟龙是两回事，更与猪首无关。

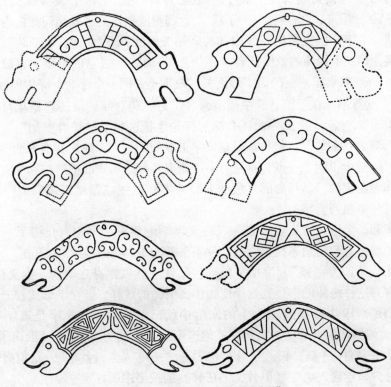

图四　郑州二里岗出土的铜璜

　　孙机先生对于"玉猪龙"像猪头之说也是不赞成，但认为还是原始的龙，而称之为"蜷体玉龙"[13]。他主张：是不是龙"本有现成的客观标准，最直截了当的鉴别方法就是以我国最早的文字甲骨文中象形的龙字（🐉）为据，这个字的特点是，前有大头，后部为几乎蜷曲成环形的短躯；可以说，凡与之相同或相近的形象即龙。"他这种以甲骨文龙字字形来辨别是龙非龙的标准的见解，我是完全同意的，但是被他当作比🐉更原始，更接近龙之原形的🐉字，其实却不是龙字。

　　孙机先生所举出的🐉字，在《甲骨文编》中是被视为龙字的，而且列在头几栏，后几栏才是作🐉形的。后来金祥恒《续甲骨文编》、徐中舒主编的《甲骨文字典》、常正光主编的《甲骨金文字典》，高明《古文字类编》也都视为龙字的一种写法。这种见解是罗振玉最早提出来的。但早在1939年，唐兰在《天壤阁甲骨文存》的释文中就已经提出了不同的看法：他认为，龙字的字形是"虬曲而尾向外"，而✿、✿、✿、✿等形是"蟠结而尾向内"，"其形迥异"，所以不是同一个字。今天看来，唐兰先生把这些"蟠结而尾向内"的字形，从龙字中区分出来是完全正确的。可惜的是他又把这些字形和✿字混为一谈了。他从✿、✿等字形推测，"像龙蛇之形，而非龙非蛇。"因为《史记·封禅书》有"黄帝得土德，黄龙地螾见"，《说文》有"螭，若龙而黄，北方谓之地蝼"。认为《说文》的"地蝼"就是"地螾"之误，推论螾就是螭。而且主张卜辞"允有✿"的✿字，应读为《诗经·正月》"忧心惸惸"的"惸"，或《说文》"愳，忧也"的"愳"[14]。后来，严一萍[15]、丁骕[16]也都赞成把这类"蟠结而尾向内"的字形和✿看成是同一个字，但主张把卜辞中和疾病相关的✿字读为"眴"、"眩"。实际上，甲骨文的✿字，是一个用纯抽象线条表"围绕"、"周旋"之意的指事字，故天干遍历一周为一旬，和"似龙非龙"的诸字形无关，根本不是同一个字。卜辞中实际有"眴"字，作✿、✿、✿等形。在子组卜辞中假借✿字作为"旬"字。可证它是从目旬声的形声字，我已有专文论证[17]。此外，还有陈邦怀先生把这些字形释为"蜎"[18]，夏渌先生把这些字形释为"虬"[19]，似乎都只是从字形联想的结果，缺乏其他方面的证据，也难取信于人。但至少说明了一点，就是有不少研究者都是不赞成把这些和龙有明显区别的字形都看作是龙字的。岛邦男的《殷墟卜辞综类》就把"蟠结而尾向内"诸字形和龙字分开而另外单独列为字头[20]。

在陈世辉和汤余惠两位先生合著的《古文字学纲要》一书中，介绍了一种值得重视的新见解：曹锦炎和汤余惠提出，这个字有一部分异体是多足的（图五），"与金文嬴（按：原书误排印为"赢"）字所从略同。字像一巨口蜷身之动物，本义待考"[21]。他们虽然没有对这种蜷体的字形究竟像何物作出明确的解释，但在字形比较上无疑是正确的。据他们说，1981年裘锡圭先生的来信中就已经提出了这个字是嬴字所从的想法[22]。从而，他们认为卜辞中与疾病有关的这个字，应读为"嬴"。《淮南子·时则》"孟春始嬴"，高诱注："嬴，长也"，《广雅·释诂一》："嬴，益也"，是指病情加重而言。这个意见为姚孝遂先生在《甲骨文字诂林》的按语中所肯定[23]。

孙机先生不赞成把"蟠结而尾向内"的字形从龙字中区分开来，他认为：从甲骨文庞字的字形看，"其所之龙字的尾部既可以外卷亦可以内卷，此二形可以通用"[24]。孙先生所举的庞字所从龙傍尾部内卷者，是《甲骨文编》所收庞字诸体中最后的一例（乙7143），这是仅见的一个特例，应是刻手误刻所致。例如，在甲骨文中，口和口是有严格区别的，但在有些字的偏旁中，口和口偶尔会有互讹的例子，并不足以证明口和口为同一个字。更何况，在大量的辞例中，尾部外卷的龙字和尾部内卷的嬴字从来用法有别，决不相混。例如与疾病相关的"嬴"、"不其嬴"，无一例有用"龙"代"嬴"的现象。可见不能因为有一个庞字所从的龙旁误刻为尾内卷，就把所有"蟠结而尾向内"的字形都和龙字混为一谈。

孙机先生既已有了"玉猪龙"是"龙"的想法，所以他在古文献中找到的有关材料，和唐兰惊人地相似，不过他并不认为《说文》"螭，若龙而黄，北方谓之地蝼"中的"蝼"是"螾"，由"地蝼"又联想到"天蝼"，又因为《方言》记载蛴螬或称"天

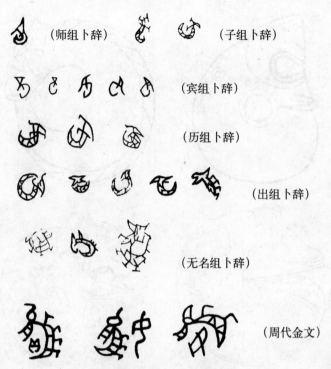

图五　甲骨文和金文中的"嬴（贏）"字

第1行（从左至右，下同）：合 21167、合 21096、合 21805　第2行：合 795、合 14118、合 795、合 3007、合 6482　第3行：戬 5·15、粹 482、屯 2677　第4行：后下 6·14、合 4660、合 23963、合 25891、合 31064　第5行：屯 2733、合 27063、合 35255　第6行：庚嬴卣、伯卫父盉、嬴霝德壶

蝼"，从而推定"玉猪龙"的原型是多种类似甲虫的昆虫的幼虫，即蛴螬。这个结论又正好跟既没读过中国古书，又不认为"玉猪龙"是龙的俄国学者阿尔金的结论不谋而合[25]。不过，如果比较蛴螬和"玉猪龙"的形状，可以看出，唯一相似之处只是外部轮廓都作勾曲状，而头部特征完全是不一样的。所以，如果不像孙机先生那样把蛴螬会蜕变的特点和龙的变幻能力互相比附，这种意见是几乎不会有人认真看待的。

我们现在既已论定图五所示诸甲骨文字形绝非龙字，则所谓"玉猪龙"是"龙"的想法就失去了最后的依据。当初，《论起源》在证明"玉猪龙"是"龙"时，曾把它（图六，1）和殷墟出土的一些所谓的龙形玉器比较，例如妇好墓出土的一件（图六，2），孝民屯南 M701 出土的一件（图六，3）[26]。其实，商代的这类玉器，和真正的龙形玉器的头部有很大差别。甲骨文和各种艺术品中的龙，头上都有孙机先生所说的"瓶形角"，这两件玉器却没有角，而有耸起的双耳。而且，它们的眼和嘴也和龙很不一样。确实，从新石器时代起，有角的龙也有蜷体的，例如安徽含山凌家滩出土的玉龙（图六，4），妇好墓出土的玉龙（图六，5），周代青铜器上也有蜷体的龙纹（图六，6）。艺术品中龙的造型比文字中龙字的字形更富于变化，这是无足为怪的。值得重视的倒是，红山文化的所谓"玉猪龙"和凌家滩的玉龙，历经几千年后，在商代玉器中

图六　与蜷体玉龙有别的"兽形玉"

1. 巴林右旗羊场　2. 殷墟妇好墓　3. 孝民屯南 M701　4. 含山凌家滩
M16　5. 殷墟妇好墓　6. 长安张家坡

仍然鲜明地表现为两种不同承传的造型，而并不混同。可见，所谓的"玉猪龙"根本不是龙。不如恢复原先的名称，仍叫"兽形玉"为好。而三星他拉那样的玉器，也是没有角的，不妨命之为"玉螭"。因为，《说文》对螭的另一种说解是："或云无角曰螭。"

最后，想说一点感想。"龙的传人"作为一种艺术性的比喻，可能很浪漫，很多人都喜欢。但要当作真实的历史从考古上求证，就不能不先想一想，近在 1958 年，充满了浪漫色彩的民谣中也还并没把中国人自称为“龙的传人”，又何必要到远古时代去找寻我们的老祖宗真有这种观念的证据呢？

注　释

〔1〕孙守道、郭大顺：《论辽河流域的原始文明与龙的起源》，《文物》1984 年第 6 期。

〔2〕翁牛特旗文化馆：《内蒙古翁牛特旗三星他拉村发现玉龙》，《文物》1984 年第 6 期。

〔3〕孙守道：《三星他拉红山文化玉龙考》，《文物》1984 年第 6 期。

〔4〕同注〔3〕。

〔5〕郭大顺、张克举：《辽宁省喀左县东山嘴红山文化建筑群址发掘简报》，《文物》1984 年第 11 期。

〔6〕李恭笃：《辽宁凌源县三官甸子城子山遗址试掘报告》，《考古》1986 年第 6 期。

〔7〕苏秉琦：《晋文化问题——在晋文化研究会上的发言（要点）》，《华人·龙的传人·中国人——考古寻根记》，辽宁大学出版社，1994 年。

〔8〕朝阳市文化局、辽宁省文物考古研究所：《牛河梁遗址》第 75 页，学苑出版社，1994 年。

〔9〕翟杨：《虹与龙》，《华夏考古》1998 年第 2 期。但此文言虹的头上有角，不确。

〔10〕于省吾：《甲骨文字释林》第 2～5 页，中华书局，1979 年。

〔11〕a. 图三，1，见河南省文物考古研究所等：《上村岭虢国墓地 M2006 的清理》，《文物》1995 年第 1 期，彩版二，3，上村岭 M2006 出土，西周晚期；

　　 b. 图三，2，见《中国玉器全集》3，第 128 页，图一九六；辉县固围村一号墓祭祀坑出土，战国中期；

　　 c. 图三，4，见《中国玉器全集》4，第 9 页，图一一，西安联志村出土，秦；

　　 d. 图三，4，见《中国玉器全集》4，第 35 页，图四五，广州南越王墓出土，西汉前期。

〔12〕见《中国玉器全集》4，河北美术出版社，1993 年，把图一一那件联志村出土的称为“玉兽纹璜”。

〔13〕孙机：《蜷体玉龙》，《文物》2001 年第 3 期。

〔14〕唐兰：《天壤阁甲骨文存》，第 41 页下～42 页，1939 年。

〔15〕严一萍：《殷契徵医》，自刊，1951 年。

〔16〕丁骕：《释胊与龙》，《中国文字》32，1969 年。

〔17〕林沄：《释胊》，《古文字研究》第 23 辑，中华书局，2002 年。

〔18〕陈邦怀：《殷代社会史料徵存》第 19～20 页，天津人民出版社，1959 年。

〔19〕夏渌：《学习古文字散记》，《古文字研究》第 4 辑，中华书局，1980 年。

〔20〕岛邦男：《殷墟卜辞综类》第 242 页，汲古书院，1967 年。

〔21〕陈世辉、汤余惠：《古文字学纲要》第 168～169 页，吉林大学出版社，1988 年。

〔22〕于省吾主编：《甲骨文字诂林》第 1774 页，中华书局，1996 年。

〔23〕同注〔21〕。

〔24〕同注〔12〕之注释〔3〕。

〔25〕〔俄〕C·B·阿尔金：《红山文化软玉的昆虫学鉴证》，《北方文物》1997 年第 3 期。

〔26〕同注〔1〕。

红山文化勾云形玉器再研究

郭大顺

（辽宁省文物考古研究所）

佟柱臣先生在 1986 年撰写的《中国新石器时代文化的一些新迹象》一文中，回忆他 20 世纪 40 年代在辽宁省凌源县牛河梁一带作考古调查，并于 1942 年"在梁下农家已经见到了缺去一角的勾云形玉佩饰"。这应该是在红山文化分布区内最早见到的红山文化勾云形玉器[1]。这件勾云形玉器 70 年代由凌源县文化馆征集，现藏于辽宁省博物馆（图一，1）。

在此前后红山文化勾云形玉器的收藏，据邓淑苹先生大作《谈谈红山式玉器》引注，有 1938 年萨尔莫尼（Alfred Salmony）公布的一件小而简化的勾云形玉器，还有 1945～1946 年哈力（Mr. Erwin Harris）收藏品照片中的一件完整的勾云形玉器[2]。哈力收藏的勾云形玉器于 1991 年捐入美国华盛顿弗利尔博物馆，并由苏芳淑教授撰文论述（图二，2）[3]。80 年代初红山文化玉器确认后，辽宁省文物商店、天津市艺术博物馆又公布了这两个单位早年各收藏的勾云形玉器（图二，1）[4]。

红山文化勾云形玉器的正式发掘品，首见于 1979 年在辽宁省牛河梁遗址第十六地点（原凌源三官甸子城子山遗址）试掘的第 2 号墓中（图一，4）[5]，此后在牛河梁遗址第 2、5、16 地点又陆续有所发现（图一，2、5；图二，4）[6]，辽宁省阜新县胡头沟（图一，3）、内蒙古赤峰市巴林右旗（图一，6、7）、阿鲁科尔沁旗（图一，8）、敖汉旗、通辽市科尔沁左翼中旗（图二，3）等地也都采集到有出土地点甚至出土单位的标本[7]。台北故宫博物院也公布了新征集的勾云形玉器（图二，5）[8]。此外，还有从后世遗存中识别出的红山文化勾云形玉器，如敖汉大甸子夏家店下层文化墓地第 821 号（图一，10）和第 373 号墓、安阳殷墟妇好墓和北京琉璃河西周燕国墓地第 1029 号墓（图二，6、7）[9]。到目前为止，海内外出土和收藏的红山文化勾云形玉器数量在 20 件左右。

勾云形玉器作为红山文化玉器的主要器类之一，既是文化特征较显著从而也较易辨认的一种器类，也是最令人不解的一种器类。因为在红山文化诸多玉器中，这种勾云形玉器既不同于动物形玉那么虽高度抽象仍仿真可辨，也不同于斜口筒形玉器那么简朴直观。它盘卷勾连的体形，因纹饰的跟随而使特征更为显露，既追求对称，又多变化，初视似鸟非鸟，似兽非兽，神秘性极强，以至更吸引着学者们的目光和研究兴趣。关于其原型，多与兽或鸟相联系。天津历史艺术馆和美国赛克勒博物馆各收藏的一件勾云形玉器先后发表后，有学者认为它们的卷勾部分与鸟喙有关，或鸟与兽的合体，又有人以为

图一　单勾型勾云形玉器

1. 凌源牛河梁遗址采集　2. 牛河梁遗址第二地点一号冢第 14 号墓出土　3. 胡头沟第 1 号墓出土　4. 牛河梁遗址第十六地点（原三官甸子城子山遗址）第 2 号墓出土　5. 牛河梁遗址第五地点一号冢第 1 号墓出土　6. 巴林右旗采集　7. 巴林右旗那斯台遗址采集　8. 阿鲁科尔沁旗采集　9. 巴林右旗巴彦他拉苏木苏达来嘎查村采集　10. 敖汉旗大甸子夏家店下层文化墓地第 821 号墓出土

图二 双勾型勾云形玉器

1. 天津历史艺术博物馆收藏 2. 美国华盛顿弗利尔博物馆收藏 3. 科尔沁左翼中旗采集 4. 牛河梁遗址第二地点一号冢第 27 号墓 5. 台北故宫博物院收藏 6. 安阳殷墟妇好墓 7. 北京琉璃河西周燕国墓地第 1029 号墓出土

是兽的角和牙。也有从抽象角度推测，以为是云气或其他想象中的灵物[10]。最为普遍的观点，是以为这类勾云形玉器中的一种，器体中心两个孔为双目而形成兽面，长侧一边的齿状突为兽的牙齿，从而称之为"带齿动物面纹玉饰"，更有提出是饕餮面的[11]。邓淑苹先生曾对诸学者的各种观点列表予以归纳[12]。

我曾于1996年发表《红山文化勾云形玉器研究》一文（以下简称《研究》）[13]，对勾云形玉器的原型和功能，提出不同于以上学者的看法。现结合牛河梁及其他红山文化遗址新出土的资料和其他有关的红山文化遗存，以及此后学界的研究，对此作进一步阐述。

一

目前所见出土和收藏的红山文化勾云形玉器，既有共性，又有差别，故分析其造型时，学者们大都从分类入手，是较为妥当的方法。

我在《研究》一文中将勾云形玉器分为四种类型：单勾型、双勾型、简化型和异化型，将单勾型与双勾型作为勾云形玉器的主要类型。在此基础上提出研究勾云形玉器造型的一个基本观点，那就是：双勾型勾云形玉器应是单勾型勾云形玉器的结合体，而非兽面。提出这一观点是基于对勾云形玉器造型的基本结构和特点的认识。

勾云形玉器造型方面的共同特点是：在板状体上成形，以中心卷勾为主体，与四角的卷勾相互联结为基本组合，长侧有一边多齿突，以在器面磨出顺卷勾走向的瓦沟式隐槽为饰纹，中心卷勾的间隔则形成镂孔，使器体平面富于变化又增强了部位间的整体感，边薄似刃，有正背面的区分，有的背面钻出成组鼻穿式孔，有的边缘钻单孔或双孔。

从以上可见，这种勾云形玉器的基本要素是"卷勾"，由中心部位盘卷的勾云与四角卷勾结合形成单勾型勾云形玉器，那种很像兽面的双勾型勾云形玉器，则是这种单勾形勾云形玉器的再结合。

然而，目前学界较多将双勾型勾云形玉器视为兽面或"带齿动物面纹玉饰"，将双勾型勾云形玉器中心部位的双孔视为双目，或又称"旋目"，把这类玉器长侧一边的齿状突视为兽的牙齿，或又称为"双并齿"。我在《研究》一文中曾先将红山文化玉器中对鸟兽眼睛的表现手法与勾云形玉器的成孔作一比较，认为，红山文化鸟形玉和兽形玉的形象虽都有不同程度的抽象化，但其基本特征仍以写实手法表现，并已显示出一定规律性，其中眼睛的表现手法已较为固定，所见标本如玉雕龙、鸟兽纹牌饰、鸟首饰件等，它们的眼睛部分都以浅雕的圆形或稍突起的棱加以重点表现，眼睛中心部分大都做出鼓起的效果。以穿孔表现眼睛的目前所知仅一例，即牛河梁遗址第二地点一号冢第27号墓的"兽面牌饰"（编号牛2Z1M27：1）（图三，1），这件牌饰的双眼孔虽为透孔，但经特意修正，大而规整，且双耳、嘴部明确，与双勾型勾云形玉器体面中心的双小孔是完全不同的作风。

其实，如从勾云形玉器的整体结构及其变化和花纹的走向综合进行观察，这种双勾

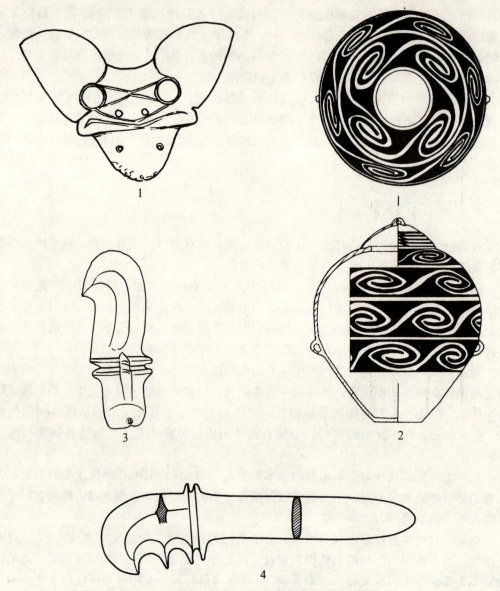

图三　与勾云形玉器有关的红山文化玉器和陶器

1. 牛河梁遗址第二地点一号冢第27号墓出土兽面玉牌饰　2. 牛河梁遗址第二地点四号冢第5号墓出土彩陶罍　3. 巴林右旗那斯台遗址采集玉勾形器　4. 林西县城郊采集戈形玉器

型勾云形玉器器体中心部位所谓的兽面双目，原本是勾云形玉器中心卷勾间隙形成的镂孔的一部分，因卷勾端部与佩体连接而将镂孔隔开，从而形成双孔。这尤以天津市艺术博物馆所藏的一件为明显。作为这种双勾型玉基本单元的单勾型玉的中心镂孔部分看不出与兽面有任何关系，这也说明了这一点。

至于双勾型勾云形玉器长边一侧的"齿"，其实也都与卷勾有关。以卷勾的一端（与角端相对的内端）为齿状突的组成部分，这在单勾型勾云形玉器中已有表现。已见单勾型勾云形玉器的长边两侧都有齿状突。但具体情况并不完全相同。长边两侧都具备的，是由四角卷勾内端而形成的各两个齿状突，不同的是，其中的一侧中部要多一个齿状突。从勾云形玉器体面上的瓦沟纹走向可以看出，这个位置在一侧边中部的齿突状，正是中心卷勾的另一端或尾端，这以阜新胡头沟积石冢第 1 号墓和牛河梁遗址第二地点一号冢第 14 号墓所出勾云形玉器为明确。由此可知，勾云形玉器上的齿状突，其实都是卷勾的一部分，是由四角卷勾的内端和中心卷勾的尾端形成的。而且有的体面上的瓦勾纹较深且一直延续到卷勾的内端和尾端，从而形成"双并齿"的形状，如牛河梁遗址第二地点一号冢第 14 号墓的一件。至于双勾型勾云形玉器在长边一侧形成的多个齿状突中，位于侧边上的两齿，其作为四角卷勾内端的轨迹也是明确的，而位于中部的多个"双并齿"，则可视为是从中心卷勾尾端演化出来的。

同时，将这种双勾型勾云形玉器判断为兽面，又是以器物横置时左右对称为依据的，而这类勾云形玉器的出土位置，已知数例一律都为竖置，而非用作胸上佩饰的横置，所以这类双勾型勾云形玉器也并不以横置和对称为基本要素。与此相应的是，这类双勾型勾云形玉器的大部分，在横置时其实并不是完全对称的，而是两个短边有宽窄之分。这也以天津历史艺术馆的一件双勾型勾云形玉器最为明显，赛克勒馆的一件也稍有宽窄的区分。这一宽一窄与该器的用途有关，是有意而为的，但这都与要求横置和对称才能体现兽面效果的佩饰，是完全相悖的。

能够进一步确定勾云形玉器原型的，是近年新公布的两件勾云形玉器标本，一是巴林右旗新发表的勾云形玉器，一是大甸子夏家店下层文化墓地出土的红山文化式勾云形玉器。由于这两件标本对确定双勾型勾云形玉器是单勾型勾云形玉器的结合和证明双勾型勾云形玉器非兽面很为关键，特予详述。

巴林右旗新发表的勾云形玉器为单勾型[14]，出土于巴彦他拉苏木苏达来嘎查村，是村民在村南冲沟断崖上发现的（图一，9）。村北山前台地为一红山文化遗址。该器形体近方形，高 11.8 厘米，宽 12.5 厘米，厚 0.8 厘米。据有关《简讯》描述："玉色以墨色为基调，掺杂有白色和褐色云片状和块状斑点。表面磨制得十分光滑，磨刻的纹饰线条整齐而流畅，四周圆润且向外翻卷，周边外缘圆钝抹斜，中心镂作盘卷勾云形，上侧边沿有一钻孔，正、反两面均按器物的造型和纹饰琢磨出了凹凸分明的装饰线。"从照片观察，还可对器物的特征作些补充。即此单勾型勾云形玉器较一般所见红山文化勾云形玉器稍显复杂，主要表现为：除四角各起一卷勾外，两侧边各有一下垂的长条状勾状物，卷勾和下垂物之间或下垂物边侧又另有短突起物。尤其值得注意的是，这件单勾型勾云形玉器长边一侧的中部不是单勾型勾云形玉器常见的一个齿状突，而是有两个齿状突，且都为明确的"双并齿"，这与双勾型勾云形玉器的齿状突在位置和形象上，都完全相同。由于这种单勾型勾云形玉器的中心部位为卷勾，其间的镂孔部分未形成圆孔，更不是双孔，当与兽的眼睛完全无关，从而长侧边形似"双并齿"的双齿突，也就无法再与兽面上的牙齿相联系了。这两个双齿突，仍然是由两角卷勾的内端和中心卷勾的尾端组成的，只是略有变化而已。

大甸子墓地的单勾型勾云形玉器（发掘报告称为"镂花坠"），出土于第 821 号墓中[15]。出土位置在人体胸部（见图一，10）。也为单勾式。形较小，宽仅6.9厘米，高3.3厘米，厚0.4厘米。此件勾云形玉器的体面雕纹较深而显著，从而可以比较明显地观察到中心卷勾与镂孔部分以及各齿状突的走向变化。中心卷勾间形成较小的单孔，如双勾型勾云形玉器所形成的双孔的一半。可以明确看出，此孔是因中心卷勾的勾端与器体相连而形成的。由于是单孔，当与兽目没有任何关系。长边两侧的各两个齿状突，当然也都不是兽的牙齿，而且可以看出，这两个齿状突都是以四角卷勾的内端作为组成部分的。由于体面上所饰的瓦沟纹较深并一直延伸到卷勾尾端，这四个齿状突都形成"双并齿"状。其中的一侧中部多一齿状突，则也是与中心卷勾的尾端有关的部分。这就进一步说明，这些形似牙齿的齿状突，确是卷勾走向的一部分，而非兽的牙齿的表现。

由于这两件单勾型勾云形玉器，一件的长边一侧已成如"双并齿"的齿状突，一件的中心镂孔已成似"目"的单孔，都已与双勾型勾云形玉器具有完全相同的特点，从而为单勾型与双勾型勾云形玉器之间的关系，即双勾型勾云形玉器为单勾型勾云形玉器的结合体，提供了进一步的证据。而双勾型勾云形玉器所谓的眼睛或"旋目"，以及长边一侧所谓的牙齿或"双并齿"，都是勾云形玉器基本要素的"卷勾"及其变化的结果，而与兽眼和兽牙无关，也由于在这两件单勾型勾云形玉器标本上已全部具备而得到进一步的说明。

既然勾云形玉器与鸟和兽无关，那么它的原型又是什么呢？苏秉琦先生曾称之为"玉雕玫瑰"，是将红山文化勾云形玉器与仰韶文化庙底沟类型的玫瑰花卉彩陶图案联系起来思考问题的[16]。这是一个理解勾云形玉器造型的新思路。按照这一思路，这种勾云形玉器基本要素的"卷勾"，来自于红山文化的彩陶图案，仿自于红山文化彩陶图案中一种勾连纹，这种勾连纹常常或上下或左右相扣而形成卷勾纹。苏先生以为，红山文化彩陶上的这种卷勾纹，是一种复瓦状的花瓣形象，而这种复瓦状的花瓣纹，来自于仰韶文化庙底沟类型的玫瑰花图案，是这种玫瑰花图案的一种简化形式。而且，这种简化式玫瑰花图案，是红山文化彩陶中最为常见的一种花纹图案，在牛河梁、胡头沟等地的红山文化积石冢筒形陶器和随葬陶器上尤为多见，如牛河梁遗址第二地点四号冢下层冢第5号墓随葬的一件完整的带盖彩陶罍（编号牛2Z4M5）就通体满饰这种花纹（图三，2）。作为勾云形玉器基本要素的"卷勾"，就是取这类彩陶上简化玫瑰花瓣"卷勾"的基本特点，从而形成中心部位盘卷勾云与四角卷勾的结合体。那种很像兽面的双勾型勾云形玉器，则是这种结合的再结合，而它们都是以简化玫瑰花的复瓦状花瓣图案为其原型的，从而反映出在红山文化中，彩陶花纹对玉器造型是有所影响的。苏秉琦先生提出此说是以红山文化与仰韶文化的关系为背景的。他于1987年在《华人·龙的传人·中国人——考古寻根记》一文中说："华山脚下的玫瑰与燕山以北的龙的中间对接点在桑干河上游一带，两者真正结合到一起的证据发现在大凌河上游的凌源、建平、喀左一带，时间不晚于距今五千年间。那里近年发现的红山文化后期的祭坛、女神庙和积石冢群，含有玉雕猪龙、玉雕玫瑰、玫瑰图案彩陶器座与彩陶盆的巧妙结合，……可以看作是以龙和华（花）为象征的两个不同文化传统的共同体结合到一起，从而迸发出文明'火花'。"[17]

如果红山文化勾云形玉器的原型源自仰韶文化庙底沟类型的玫瑰花图案，是红山文化与仰韶文化结合的产物，那么，这种勾云形玉器就包含有与红山文化不同的文化传统在内。由于在各类红山文化玉器中，勾云形玉器无论造型还是纹饰，都完全不同于以环、璧类和动物形类为原型的玉器，也就是该类器的某些元素在当地找不到渊源，所以它们来自其他文化的传统是完全有可能的。从而也可知，勾云形玉器原是一种比红山文化其他玉器更富文化含义的器类。

至于诸勾云形玉器的类型和式样之间的变化，有的学者从时代早晚演变入手进行分析，得出从繁到简，或从简到繁的线索，也有的学者从地域性差别分析。虽然观点不尽相同甚至差别较大，但都是有益的探索[18]。相信随着今后更多发现的验证与补充，勾云形玉器的造型及其早晚变化，必将得到进一步的确认。

二

与勾云形玉器原型有关的，是勾云形玉器的功能。

我们于1984年第一次公布红山文化玉器鉴定结果时，称这种勾云形玉器为"勾云形玉佩"，也就是以为其功能为"佩饰"，以后此说一直被沿用，似已顺理成章[19]。以为双勾形勾云形玉器为兽面者，也正是从作为佩饰的角度进行观察，即横置于胸部才有的效果。

但以后的发现却出人意料。在牛河梁遗址正式发掘出土的勾云形玉器，其出土位置都与横置于胸部作为佩饰的推测完全不同。已发表有明确出土位置的实例，单勾型勾云形玉器有第二地点一号冢第14号墓、第20号墓，第五地点一号冢第1号墓、第十六地点第2号墓；双勾型勾云形玉器有第二地点一号冢第27号墓；简化型勾云形玉器有第二地点一号冢第9号墓。

最初怀疑勾云形玉器的功能并非佩饰，是根据牛河梁遗址第五地点一号冢第1号墓出土的一件单勾型勾云形玉器。这件勾云形玉器的出土位置非常明确，在左胸侧的右上臂处，摆放状态不是横置，而是竖置，而且由于这件勾云形玉器只有正面有纹饰，而反面为成组的缀鼻，正反面的区别也是泾渭分明的，该器出土时有纹饰的正面是被压在下面的，而有缀鼻的一面朝上。所以从出土状况可以明确认定，这件勾云形玉器在随葬时，不是正面朝上，而是反面朝上（图四，1）。还可以看出的是，反面的缀鼻依短边为两横两竖，也就是说，这件勾云形玉器只有竖置时背面的缀鼻才可显示出为两两相对的规律，所以，竖置是这件勾云形玉器的正常置法（图四，2）[20]。

以第五地点一号冢第1号墓勾云形玉器的出土状况为标准，对照其他墓葬勾云形玉器的出土情况，发现勾云形玉器的出土位置有着相同的规律。

如最早经正式发掘的牛河梁遗址第十六地点第2号墓出土的一件单勾型勾云形玉器（图五，1）。有关《简报》称："头部位置陈放有沟玉饰（即勾云形玉器——笔者注）。"未再交代其详细出土情况。从发表的墓葬平面图看，该器出在人体的头部以下，

1　　　　　　　　　　　　2

图四　牛河梁遗址第五地点一号冢第 1 号墓出土单勾型勾云形玉器

为南北向的斜置。由于该墓人骨腐蚀较甚，有一颗前臼齿发现于石棺前端的淤土中，又据到过发掘现场的人士介绍，此墓填土中多有鼠洞，故可推测，这座墓的随葬玉器可能稍有移动。可以补充说明的是，这件勾云形玉器也如第五地点一号冢第 1 号墓勾云形玉器那样，有正反面的明确区分，即只有正面纹饰，反面无纹而有缀鼻。缀鼻也为 4 个，与第五地点一号冢第 1 号墓那件缀鼻两两相对的组合布置有所不同的是，这件勾云形玉器背面四个缀鼻的鼻孔方向是一致的，都是顺短边一侧方向横钻的，而不是顺长边一侧方向横钻的。磨钻"牛鼻孔式"的缀鼻，是红山文化玉器钻孔的普遍形式，缀鼻都是顺着器物的正立面横钻而成的，以此规律分析这件勾云形玉器，当四组缀鼻处于横钻状态时，这件勾云形玉器应是竖置的，而且从使用方式看，只有勾云形玉器竖置时，这些缀鼻的使用才是最合理的，也就是说，牛河梁遗址第十六地点第 2 号墓出土的这件红山文化单勾型勾云形玉器的正常状态不是横置而应该是竖置的（图五，2）。这与前述牛河梁遗址第五地点 1 号冢第一号墓勾云形玉器竖置的出土状态完全吻合。至于这件勾云形玉器是否也是反面朝上，因发掘简报未有明确交代，已不得而知了[21]。

　　再如牛河梁遗址第二地点一号冢第 14 号墓出土的一件单勾型勾云形玉器（图六）。

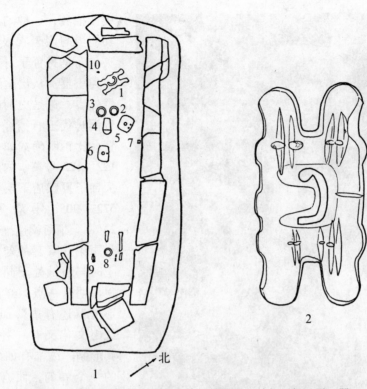

图五　牛河梁遗址第十六地点第 2 号墓出土单勾型勾云形玉器

有关《简报》称："勾云形玉饰置于胸前。"从以后发表的这座墓葬和勾云形玉器出土状况的照片看，这件勾云形玉器在随葬前就已断裂为两截，靠近断裂处的长边两侧各钻双孔以系绳固定。出土时的状况是，位于下部一截的位置稍有移动，变为向左方向的立置，但总体位置未变，是竖置的；位于上部的一截，出土时为原位置，也是竖置的，而且这件勾云形玉器，正反面之分也是明确的，如有关《简报》所述："正面磨出与纹饰走向相应的凹槽。"反面则甚平整且无纹，而且出土情况也是无纹的反面朝上。这与第五地点一号冢第 1 号墓勾云形玉器的出土状况也是完全相同的[22]。

此外，牛河梁遗址第二地点一号冢第 9 号墓还出有一件简化型勾云形玉器[23]。这件勾云形玉器位于腹部，在一件石钺之上，为斜置，也接近于竖置，而不是横置。只是此件正反面区别不够明确。

由此可以确定，勾云形玉器在牛河梁遗址积石冢墓葬中随葬时的位置是有规律可寻的，即大都在胸部一侧，为竖置，大多有正反面之分，且反面朝上。使用方式比较明确的有缝缀式，即背面有成组牛鼻穿式孔者，无牛鼻穿式孔而有钻孔者，有的也属缝缀式。由于钻有缀鼻的反面是朝上的，当不是缝缀在穿于人体上的衣服上的，而是有与之相配的另一物件，推测是缝缀在另一或有把柄的附件上的复合器。随葬时将勾云形玉器的正面向下，也就是在墓主人下葬后向着人体放置的。

图六　牛河梁遗址第二地点一号冢第14
号墓出土单勾型勾云形玉器

为此，我在《研究》一文中曾推测，这种勾云形玉器的功能当与缀于衣服上的佩饰无关，而是另置于身体之外的又一类玉器。从出土位置在右上臂处看，这是史前时期到早期青铜时代玉石钺经常放置的位置，比较明确的如大汶口墓地122、123号墓，内蒙古敖汉旗大甸子夏家店下层文化墓地第672、905号墓等（图七，2）[24]。牛河梁遗址第二地点一号冢第9号墓的勾云形玉器出土时与石钺处于同一位置，也很说明这一点。红山文化勾云形玉器还有边薄似刃的特点。红山文化又有一种玉勾形器，其形制、纹饰有如勾云形玉器的一个卷勾，而有"栏"、有柄、还有榫，有的甚至做成近似于戈的形状，已与戈一类武器式礼仪器有所联系（图三，3、4）[25]。由此推想，红山文化勾云形玉器的功能可能与执于手上的斧钺一类武器有关，很可能是作为通神权杖一类的器物被使用和随葬的。

三

　　以上对红山文化勾云形玉器造型和功能的考证，又因1994年在牛河梁遗址第二地点一号冢第27号墓发现的一件大型双勾型勾云形玉器而有所深化[26]。

　　这件大型勾云形玉器，长28.6、宽9.5、厚0.4厘米，深绿色玉。这是迄今所知红山文化勾云形玉器中最大的一件，也是所见红山文化玉器中最长的一件（见图二，4）。这件大型勾云形玉器虽两面都饰有相同的纹饰，但仍能辨别出是有正反面之分的，反面的纹饰较正面稍浅而简。同时，这件勾云形玉器虽个体甚长，却薄仅4毫米左右，为此，在切割时未能保持体面的完全平直，而是显出略有弧度，外凸的一面，纹饰比凹下

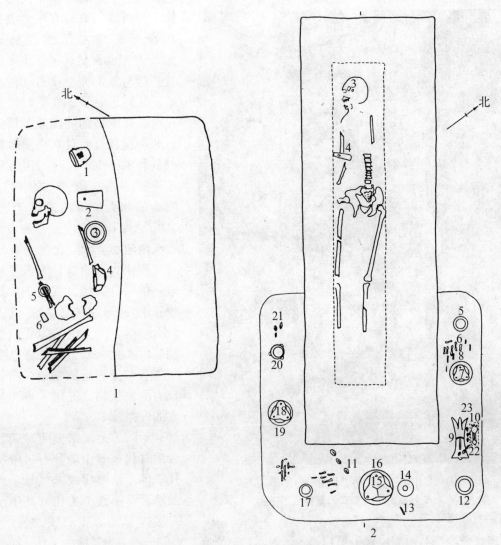

图七　辽西地区小河沿文化和夏家店下层文化墓葬中玉石钺出土位置

1. 大南沟小河沿文化墓地第 52 号墓　2. 大甸子夏家店下层文化墓地第 905 号墓

的一面为清晰，出土时凹下而纹饰较不显的一面朝上，应为反面。即这件大型勾云形玉器也遵循着正面朝下反面朝上的放置规律[27]。这件大型勾云形玉器另一个与造型有关的现象，是器体中部的两个钻孔甚小，其外轮廓为规整的一道圆圈，较其他双勾形勾云形玉器的双孔更近似于兽目，但圆圈上下仍都有卷勾纹环绕，其上并有弯月形镂孔，表明这双孔显然还是中心卷勾与器体相连接将中心镂孔隔开而形成的，只是演变得更为规整而已。

　　这件大型勾云形玉器更能说明问题的是其特殊的出土位置（图八）。与其他同类器不同的是，这件玉器不仅也为明确的竖置，反面朝上，而且出土位置意外地不在胸侧和

图八　牛河梁遗址第二地点一号冢第27
号墓出土大型双勾型勾云形玉器

上臂处，而是离开墓主人的身体，将器物郑重而有序地放置在靠近头部左侧的左肩以上[28]。显而易见，这一出土位置当然与佩饰完全没有任何联系，从而进一步证实了红山文化勾云形玉器的功能非佩饰观点的可信性。而且在史前时期的墓葬中，也不乏将石玉钺置于头部左侧左肩以上的例子，明确的如大汶口墓地第 25 号墓[29]，尤其是在内蒙古翁牛特旗大南沟小河沿文化墓地第 52 号墓所出大型石钺，为该墓地唯一的一件石钺，其出土位置也正在头部左侧的左肩以上（图七，1）[30]。这又为我们推测红山文化的勾云形玉器具有与玉石钺类相近的功能，即是权力的象征物，提供了更为坚实的证据。

不同的是，在史前时期和青铜时代墓葬中随葬石玉钺所代表的，是军权或军权与王权的结合，而红山文化墓葬中至今极少有随葬玉石钺的情况，却多在随葬玉石钺的位置上见到勾云形玉器。据研究，史前玉器多为通神的工具，而非一般装饰品，这以红山文化的动物形玉为代表的玉器群和良渚文化以琮为代表的玉器群最具典型性。红山文化勾云形玉器经常在大墓中出土，从选料、大小、造型的复杂和加工的精细程度等方面比较，都不在动物形玉器以下，当然也应与通神有关。由于勾云形玉器在红山文化墓葬中有替代玉石钺而象征权力的性质，其所象征的权力应即神权。良渚文化墓葬常有玉石钺与玉琮共出，是军权与神权并重的反映[31]。与良渚文化相比，红山文化只随葬包括动物形玉和勾云形玉器等通神工具，而缺少象征军权的玉石钺类，可以认为是神权至上的体现。

此外，以下资料也可作为进一步研究勾云形玉器通神功能的参考。

一是新近在牛河梁遗址第十六号地点第 4 号墓出土的一件玉凤（图九）[32]。这件玉凤体型甚大，又置于最靠近人体的头部以上，是一件重器。玉凤置于人体之下，有缀鼻

的反面压在下面，而人的头
部枕在玉凤的正面之上，说
明这件玉凤是在墓主人下葬
之前先放入的。但它也不是
佩饰，而是另葬于人体之外
的，这与勾云形玉器的非佩
饰的性质相同。这说明在红
山文化墓葬中，确随葬有一
种另置于人体之外的大型玉
器，它们无论是在墓主人下
葬之前放入，还是在墓主人
下葬之后放入，显然都是有
另外附着物或手执的神器之
类。在牛河梁遗址第十六地
点，出玉凤的第 4 号墓规模
最大，又位于整个积石冢最
中心的部位，其地位在该冢
中应最为高贵，而紧靠在第
4 号墓的南侧，就是出大型
勾云形玉器的第 2 号墓，其
规模较第 4 号墓为小，地位
也应低于第 4 号墓。如果玉
凤与勾云形玉器是通神功能
和含义相近的同一类神器，
那么，玉凤所代表的神权，
还要高于勾云形玉器。

图九　牛河梁遗址第十六地点第 4 号墓出土玉凤

　　二是在后世遗存中不断发现的红山文化勾云形玉器。这方面的资料已如前述，如已
发表的安阳殷墟妇好墓 1 例、北京琉璃河燕国墓 1 例、内蒙古敖汉旗大甸子夏家店下层
文化墓地 2 例。佳士得公司 1994 年拍卖的一件残器因沾有朱砂，也被认为是后世墓葬
的随葬品[33]。以上共 5 例使得勾云形玉器已成为红山文化玉器在后世流传最多见的一
种。对红山文化玉器在后世遗存中的不断出现，有理解为爱好者的收藏，其实际情况可
能与今人的收藏背景有很大不同，主要应是历史文化传统延续的一种反映。能够说明问
题的是，所见红山文化勾云形玉器，经常出现一些不完整器，如内蒙古科左中旗采集的
一件，残缺一角，台北故宫博物院收藏的一件，残两个角，还有朝阳市博物馆采集的一
件，为半个个体。这种似乎有规律残缺的现象，在后世流传的红山文化勾云形玉器中尤
为多见，如北京琉璃河燕国墓地第 1029 号墓、敖汉旗大甸子夏家店下层文化第 373 号
墓和佳士得公司 1994 年拍卖品，都为半个或近于半个个体。这种现象或许有助于我们

对勾云形玉器在后世流传历史背景的认识。

　　三是勾云形玉器与彩陶的关系，即红山文化勾云形玉器造型可能来自于简化玫瑰花图案彩陶。能够补充说明这一观点的是：据研究，仰韶文化的彩陶也并非都是实用器，而具神器性质，仰韶文化庙底沟类型的玫瑰花图案彩陶，对周围诸史前文化影响最大，就在于其作为反映思维观念具有神器性质的非实用文化因素，在文化交流中的活跃程度和作用要远大于与生活、生产有密切关系的实用器物。苏秉琦先生和张光直先生对此都有所论述。苏秉琦先生就以为："半坡那种绘有人面鱼纹之类的彩陶，反映的已不再是图腾崇拜，已超越了图腾崇拜阶段，有些彩陶应属'神职'人员专用器皿。"[34]张光直先生则从仰韶文化彩陶等因素中归纳出巫觋人物特质与作业的阴阳两性、特殊宇宙观、迷幻境界、动物为助手、再生等七项特征，认为与近代萨满教相符合，从而以为仰韶时代萨满教证据是"全世界萨满教的最早形式"[35]。红山文化作为与仰韶文化在文化传统和经济类型上都不相同的史前文化，能大量吸收仰韶文化以彩陶为主的文化因素，也很能说明彩陶的这种非实用性质。其具体情况大概可推测为：红山文化接受仰韶文化的彩陶技法，创造出彩陶龙鳞纹，同时又将玫瑰花图案简化，红山文化这两种代表性彩陶花纹，由于都是与神器有关的文化因素，它们同时影响到玉器，也有其必然性。这可能是勾云形玉器出现的背景，也是勾云形玉器具有通神功能的又一佐证。

　　1998年在香港中文大学举办的玉器国际学术讨论会上，饶宗颐先生称勾云形玉器为红山文化玉器中的"第一重玉"[36]。从以上对该类器在造型和功能上的比较分析看，饶先生对红山文化勾云形玉器的评价是十分中肯的。

注　释

〔1〕佟柱臣：《中国新石器时代文化的一些新迹象》，《东北古代文化研究论文集》第100页，文物出版社，1991年。

〔2〕邓淑苹：《谈谈红山系玉器》，（台）《故宫文物月刊》第189期，1998年。

〔3〕F. So, *A Hongshan Jade Pendant in the Freer Gallery of Art*, Orientations, May 1993, p. 87, Jenny。

〔4〕天津艺术博物馆收藏勾云形玉器见《中国美术分类全集·中国玉器全集·1·原始社会》第11、12页，河北美术出版社，1992年；辽宁省文物店收集勾云形玉器见《辽海文物学刊》1994年第2期第132页图二。

〔5〕辽宁省博物馆文物工作队：《辽宁凌源县三官甸子城子山遗址试掘报告》，《考古》1986年第6期。

〔6〕a. 辽宁省文物考古研究所：《牛河梁红山文化遗址"女神庙"与积石冢发掘简报》，《文物》1986年第8期。

　　b. 辽宁省文物考古研究所：《牛河梁遗址第五地点一号冢中心大墓（M1）发掘简报》，《文物》1998年第8期。

　　c. 《中国文物报》2003年9月5日1版。

〔7〕a. 方殿春、刘葆华：《阜新县胡头沟红山文化玉器墓》，《文物》1984年第6期。

　　b. 巴林右旗博物馆：《巴林右旗那斯台新石器时代遗址简报》，《考古》1987年第2期。

c. 阿鲁科尔沁旗勾云形玉器见张乃仁、田广林、王惠德：《辽海奇观——辽河流域的古代文明》第 35 页，天津人民出版社，1989 年。

d. 科左中旗勾云形玉器见《中国文物报》1998 年 8 月 23 日。

e. 牛河梁收集勾云形玉器见《文物》1984 年第 6 期第 14 页图四。

f. 巴林右旗勾云形玉器见《文物》1984 年第 6 期第 14 页图五。

〔8〕台湾故宫博物院收藏勾云形玉器见邓淑苹：《谈谈红山系玉器》第三六图，（台）《故宫文物月刊》第 189 期，1998 年。

〔9〕a. 中国社会科学院考古研究所编著：《大甸子——夏家店下层文化遗址与墓地发掘报告》图版五二之 2、3。

b. 中国科学院考古研究所编著：《安阳妇好墓》图版一六二（CLXII，编号 948），文物出版社，1980 年。

c. 中国社会科学院考古研究所、北京市文物工作队琉璃河考古工作队：《1981～1983 年琉璃河西周燕国墓地发掘简报》，《考古》1984 年第 5 期图版肆（一），8。

〔10〕a. 尤仁德：《两件史前玉器研究》，（台）《故宫文物月刊》第 114 期，1992 年。

b. 陆思贤：《勾云形玉佩的形状结构及寓意的思想内容》，《内蒙古东部区考古学文化研究文集》第 24～32 页，海洋出版社，1991 年。

c. 杨美莉：《卷云山巂巂翠石水粼粼——新石器时代北方系环形玉器系列之一——勾云形器》，（台）《故宫文物月刊》第 126 期，1993 年。

d. 尤仁德：《勾云形佩及相关器物探研》，（台）《故宫文物月刊》第 143 期，1995 年。

e. 杜金鹏：《红山文化"勾云形"类玉器探讨》，《考古》1998 年第 5 期。

f. 刘国祥：《红山文化勾云形玉器研究》，《考古》1998 年第 5 期。

〔11〕a. 邓淑苹：《龙兮？凤兮——由两件新公布的红山玉器谈起》，（台）《故宫文物月刊》第 114 期，1992 年。

b. Elizabeth Chlds – johnson, *Jades of the Hongshan Culture*: *the drsagon and fertility Cult Worship*, Arts Asiatiques, 1991, p. 85（译文引邓淑苹：《龙兮？凤兮——由两件新公布的红山玉器谈起》，（台）《故宫文物月刊》第 114 期，1992 年）。

c. 李缙云：《谈红山文化饕餮纹玉佩饰》，《中国文物报》1993 年 4 月 25 日 3 版。

〔12〕邓淑苹：《红山文化勾云与带齿类玉饰的研究》表二，费孝通主编《玉魂国魄——中国古代玉器与传统文化学术讨论会文集》第 110～112 页，北京燕山出版社，2002 年。

〔13〕郭大顺：《红山文化勾云形玉佩研究——辽河文明巡礼之四》，（台）《故宫文物月刊》第 164 期，1996 年。

〔14〕朝格巴图：《巴林右旗出土勾云形玉佩》，《北方文物》1999 年第 4 期。彩图见《内蒙古文物考古》2000 年第 2 期封里右上图。

〔15〕中国社会科学院考古研究所编著：《大甸子——夏家店下层文化遗址与墓地发掘报告》第 174 页图八三之 2、图版五二之 3。

〔16〕苏秉琦：《华人·龙的传人·中国人——考古寻根记》第 88 页，辽宁大学出版社，1989 年。

〔17〕同注〔16〕。

〔18〕邓淑苹：《红山文化勾云与带齿类玉饰的研究》，费孝通主编《玉魂国魄——中国古代玉器与传统文化学术讨论会文集》第 110～112 页，北京燕山出版社，2002 年。

〔19〕孙守道、郭大顺：《论辽河流域的原始文明与龙的起源》，《文物》1984 年第 6 期。

〔20〕辽宁省文物考古研究所：《辽宁牛河梁第五地点一号冢中心大墓（M1）发掘简报》，《文物》

1997 年第 8 期。

〔21〕李恭笃:《辽宁凌源三官甸子城子山遗址试掘报告》,《考古》1986 年第 6 期。

〔22〕辽宁省文物考古研究所:《辽宁牛河梁红山文化"女神庙"与积石冢群发掘简报》,《文物》1986 年第 8 期。

〔23〕辽宁省文物考古研究所、朝阳市文化局编:《牛河梁遗址》第 52 页图 66、67,学苑出版社,2004 年。

〔24〕a. 山东省文物管理处、济南市博物馆编著:《大汶口——新石器时代墓葬发掘报告》第 28 页图二〇、第 29 页图二二,文物出版社,1974 年。

　　b. 中国社会科学院考古研究所编著:《大甸子——夏家店下层文化遗址与墓地发掘报告》第 50 页图二五、第 53 页图二七。

〔25〕那斯台玉勾形器见《考古》1987 年第 6 期第 516 页图一三,7;辽宁省文物店玉勾形器见《辽海文物学刊》1994 年第 2 期图版捌 1、2;妇好墓玉勾形器见《妇好墓发掘报告》第 191 页图九五,6,图版一六四(CLXIV,编号 946),文物出版社,1980 年;内蒙古林西县锅撑子山采集玉戈形器见李恭笃、高美璇:《红山文化玉雕艺术初析》,《史前研究》1987 年第 3 期第 84 页图二,3。

〔26〕辽宁省文物考古研究所编:《牛河梁红山文化遗址与玉器精粹》第 71 页图版 46,文物出版社,1997 年。

〔27〕辽宁省文物考古研究所、朝阳市文化局编:《牛河梁遗址》第 42 页图 52,学苑出版社,2004 年。

〔28〕同注〔27〕。

〔29〕山东省文物管理处、济南市博物馆:《大汶口——新石器时代墓葬发掘报告》第 26 页图一八,文物出版社,1974 年。

〔30〕辽宁省文物考古研究所、赤峰市博物馆:《大南沟——后红山文化墓地发掘报告》第 108 页图一〇〇,科学出版社,1998 年。

〔31〕张忠培:《良渚文化的年代和其所处社会阶段》,《文物》1995 年第 5 期。

〔32〕辽宁省文物考古研究所、朝阳市文化局:《牛河梁遗址》第 70 页图 89、第 71 页图 90,学苑出版社,2004 年。

〔33〕邓淑苹:《谈谈红山系玉器》,(台)《故宫文物月刊》第 189 期第 73 页图 5,1998 年。

〔34〕苏秉琦:《关于重建中国史前史的思考》,《考古》1991 年第 12 期。

〔35〕[美]张光直:《仰韶文化的巫觋资料》,《中国考古学论文集》第 136~150 页,生活·读书·新知三联书店,1999 年。

〔36〕饶宗颐:《中国"玉"文化研究的二三问题》,香港中文大学中国考古艺术中心邓聪主编:《东亚玉器》1 第 15 页。

东北地区史前玉器原料产地的
初步考察与思考

赵朝洪

（北京大学考古文博学院）

本文所指的东北地区包括了目前的辽宁、吉林、黑龙江三省及内蒙古自治区的东部区。本区早在旧石器时代就有古人类在此繁衍生息，辽宁营口金牛山、喀左鸽子洞、锦州沈家台、凌源八间房、建平人化石；吉林榆树周家油坊、安图明月镇石门山；黑龙江呼玛十八站等古人类及其文化遗存的发现，为人类起源与发展研究提供了十分珍贵的实物资料。至新石器时代，随着人类社会的发展与进步，古代先民在更大的范围内开拓、发展，创造了兴隆洼文化、赵宝沟文化、富河文化、新乐文化、小珠山文化、红山文化、小河沿文化、新开流文化、昂昂溪文化、左家山文化等等一系列灿烂的古代文化，为中华民族史前史谱写了辉煌的篇章，也奠定了本区在东北亚上古史的重要地位。在东北地区史前文化的发展中，玉器与玉文化的形成与发展不仅开始时间早，别具一格，而且在中华玉器与玉文化发展史上产生过十分重要的影响。因此，对东北地区史前玉器及玉文化的研究是中国史前考古研究的一项重要课题。而玉器原料产地的研究则是玉器、玉文化研究的重要内容之一，它不仅关系到对史前各文化共同体之间的物质贸易、文化交流等情况的了解，也有助于加深对古代先民的生活状况、生产力发展水平等方面的认识。所以，对兴隆洼文化、红山文化等原始文化中出土玉器原料产地的研究，也一直受到学术界的关注。近年来，随着对古代玉器、玉文化研究的不断深入，东北地区史前玉器原料产地问题，也成为考古、历史、地质及科技考古等诸多学科的学者共同关心，着力解决的重要课题之一。本文拟在前人工作的基础上，结合近年来的实地考察，对东北地区史前玉器原料产地研究谈几点粗浅的认识。

一

对玉器产源研究的方法，是学术界十分关注的焦点问题之一。目前所采用的方法一般可分为两类：一类是对古玉器标本本身包括玉的质地、成分、结构、次生变化、特征等的分析鉴定，在此基础上同已知玉矿的玉石标本作出对比分析；二是对古玉产地的实地考察与研究。只有把这两种方法密切结合起来，通过考古、历史、地质、物理、化学等多学科的密切合作和综合研究才能达到目的。

对古玉标本本身的分析鉴定，可分为无损分析和有损分析。鉴于文物的唯一性与不可复制性的特点，一般情况下，对古玉标本的鉴定应是在不破坏玉器整体面貌的情况下进行无损分析。目前所采用的无损鉴定方法包括肉眼鉴定（目验）和部分物理鉴定方法。肉眼鉴定包括肉眼观察及借助放大镜、聚光电筒进行的鉴定。这种鉴定可对玉器标本的颜色、光泽、透明度及其结构、矿物成分与相对密度作出初步判断。这种鉴定具有一定的局限性，一般来说，对于特征比较典型而此前同类玉石研究又比较多的标本可以作出比较准确的鉴定；但对于那些特征不够典型，而此前同类玉石研究较少的标本，则难以作出比较准确的判断；特别是对于颜色、光泽乃至硬度已发生次生变化的古玉标本要用肉眼作出准确鉴定，难度更大。这就需要采用一些物理学方法，借助仪器设备作测试鉴定。如：可通过硬度计、比重液、密度测定仪测定古玉标本的硬度、比重和密度；通过电子探针分析仪、偏光显微镜、X射线荧光能谱分析仪、室温红外光谱分析仪等测定标本的矿物成分。对于形体较小的标本也可用激光拉曼光谱法测定，获得相应的谱线，再与标准谱线进行对比，以确定其矿物成分。通过上述方法的鉴定，我们只能根据对古玉标本的质地、矿物成分、结构特征的分析对玉料的性质及产状作出判断。而要想对古玉料产源作出比较准确的判断，就需要作进一步的科学测试分析。这些分析有的要作取样分析，即有损分析。为了不破坏文物，这些取样一般是通过对出土古玉料及玉器残件的取样进行测试分析来完成的。这些分析包括对标本显微结构的观察、化学成分全分析，微量元素分析、同位素分析、稀土元素和放射法同位素年代测定等方面。使用的仪器包括扫描电子显微镜、高分辨率透射电子显微镜、X射线粉晶衍射分析仪、电感耦合等离子质谱仪（ICP－MS，测微量元素）、MAT－251或MAT－256型质谱仪（测同位素）激光烧蚀系统和VG3600质谱仪或MM5400静态真空质谱仪（测定年代）。近年来，已有学者通过对不同产地、产状的玉石标本的测试与分析研究，认为来自不同产地（或产状）的软玉，除在颜色及包含物等方面会表现出一些差别外，在同位素、微量元素及年龄方面也有差别，它们各自具有的特征，可以作为它们的"指纹特征"[1]。

对古玉产地的实地考察，也是确定古玉玉料产源的重要步骤。在考察前首先要对古文献记载中的玉石产地进行梳理并同现知玉石产地相对照。除《山海经》外，各种正史、野史笔记中亦能见到关于玉石产地的记载。各级地矿部门近几十年对国内的玉石资源也有调查。这些都为我们进行古玉产源研究提供了方便。需要注意的是古代先民开采的玉矿点可能有因采掘殆尽而消失的，也有因沧桑巨变而被遗忘的，加上近现代地质部门普查的遗漏，这就会为我们进行古玉产源研究增加一定的困难。但无论如何，对古玉产地的实地调查是进行古玉料产地研究不可缺少的一项重要内容。

二

2001～2004年为了了解东北地区史前玉器的产源同时弄清楚著名的辽宁岫岩玉的开发历史，北京大学组成了由考古、历史、地质、地理等多学科的专家参加的综合考察组，对辽宁、黑龙江、山东、山西、河北、北京等省市出土史前玉器的情况及已知玉矿点进行了初步考察，取得了一些收获。

在东北地区先后考察过的文物单位有辽宁省博物馆、辽宁省文物考古研究所、沈阳新乐文化遗址博物馆、岫岩县博物馆、大连旅顺博物馆；内蒙古自治区赤峰市博物馆、敖汉旗博物馆、巴林右旗博物馆；黑龙江省博物馆、杜尔伯特蒙古族自治县博物馆以及兴隆洼、兴隆沟、红山、大甸子等遗址。考察的地矿单位有辽宁省国土资源厅、东北地质研究所、辽宁地质大队七队、赤峰地质矿产勘查开发院等。玉矿点有辽宁岫岩北沟、细玉沟玉矿，内蒙古敖汉旗"玉矿"点、巴林右旗"玉矿"点。考察的史前玉器包括了兴隆洼文化、查海文化、红山文化、小河沿文化、夏家店下层文化，新乐文化、小珠山文化出土的玉器及伊兰倭肯哈达、饶河小南山、尚志县亚布力、依安县乌裕尔河大桥、杜尔伯特县李家岗等遗址出土玉器。

此次考察除携带比重液以便测试比重外，又专门制作了辽宁岫岩软玉和蛇纹石玉各种不同颜色的玉石标本 40 余块，新疆和田玉标本十余块，以便比对。在相关文物单位的支持下还对个别古玉玉料取样进行了分析测试，分析测试的项目包括化学成分分析、X 射线粉晶衍射分析、微量元素分析、稀土元素分析、室温红外光谱分析及年龄测定。

经过观察，测试与对比的兴隆洼文化、查海文化玉器共 27 件，分别出土于辽宁阜新查海遗址，内蒙古敖汉旗兴隆洼遗址、兴隆沟遗址，林西县白音长汗遗址及巴林右旗洪格力图遗址。种类包括了匕形器、管、玦、锛形器、凿形器等多种兴隆洼文化的典型玉器。红山文化玉器 60 余件，分别自出辽宁朝阳牛河梁、东山嘴，阜新胡头沟；内蒙古巴林右旗那斯台等许多重要遗址，其种类包括了猪龙、勾云形佩、马蹄形器、丫形器、璧、勾形器、多孔器、人、鸟、蝉、龟等红山文化典型玉器。小河沿文化，夏家店下层文化出土玉器 10 余件，分别出自内蒙古翁牛特旗大南沟、敖汉旗大甸子等遗址。种类包括管、斧、锛形器等。此外，辽宁新乐文化出土玉器 4 件、小珠山文化及丹东后洼遗址出土玉器 10 余件，黑龙江省饶河小南山、尚志亚布力、依安乌裕尔河大桥、杜尔伯特县李家岗等地出土玉器 51 件，另有伊兰县倭肯哈达洞穴出土玉器 11 件（现藏辽宁省博物馆）。黑龙江省出土玉器类型有玦、管、璜形器、璧形器、环、珠、双联璧，勾云形器、弯条形器、锥形器、斧、铲、凿、锛、纺轮等。上述经过考察的百余件史前玉器，除极少数为绿松石、蛇纹石及叶蜡石、巴林石围岩制品外，绝大部分为软玉制品。根据统计，经初步测试对比、分析的兴隆洼文化 27 件玉器中，除 2 件蛇纹石玉、1件叶蜡石外，其余 24 件全为透闪石质软玉，约占 89%。经观察对比的黑龙江省小南山、亚布力、乌裕尔河大桥、李家岗等地出土的 51 件玉器中，有 42 件可初步判定为透闪石玉，有 5 件因受沁严重不宜确定，透闪石质软玉所占比例在 80% 以上。此前，地质学家闻广先生也曾对东北地区的古玉标本进行过观察或测试。其中，对送测的阜新查海遗址出土的第一批 8 件玉器取样鉴定，证明全部是透闪石质软玉。根据他对东北地区阜新查海、胡头沟、翁牛特旗新井、大南沟、建平牛河梁，喀左东山嘴，凌源三官甸子，沈阳新乐，岫岩北沟，庄河北吴屯，长海吴家村、郭家村，旅顺老铁山，丹东后洼，吉林新开头道屯和伊兰倭肯哈达等十六处史前遗址出土的 102 件玉器标本的观察、测试。其中透闪石玉有 78 件，约占 76.5%，而辽河以东七处史前遗址出土的 35 件玉器中，透闪石玉质的有 32 件，约占鉴测标本的 91.4%[2]。这个统计结果同我们对辽宁、内蒙及黑龙江有关出土玉器的鉴测结果大体是一致的。说明东北地区的史前先民在对玉器原料的选择上已有了很好的认识，制作玉器的材料绝大部分选用了色美质坚的透闪石质软玉。

在明确了上述史前遗址出土玉器大多为透闪石玉之后，我们把相关标本同岫岩透闪石玉标本作了对比。通过对比发现上述史前遗址出土的古玉标本的颜色主要为黄绿色、绿色和黄白色，个别为深绿色或墨绿色。这些色调的古玉标本和岫岩透闪石玉相同色调的标本在材质上几乎完全一样。如赤峰市博物馆藏白音长汗遗址出土兴隆洼文化玉管（M4∶5）（图一），那斯台遗址出土玉蝉（总号 00186、C0013）（图二），玉猪龙（总号 00391、C0044）（图三），三联璧（总号 242、B68）（图四），大南沟遗址出土小河沿文化玉斧（图五），杜尔伯特县李家岗墓葬出土双联璧（图六），分别同岫岩透闪石玉 10、17、5、5 号标本在质地、光泽、色调上十分相近。这就为我们寻找上述古玉标本的原料产地提供了重要线索。

图一　白音长汗遗址出土玉管（M4∶5）同岫岩透闪石玉 10 号标本比较

究竟东北地区上述史前古玉器的原料产地，是否确实来自辽宁岫岩一带的透闪石玉矿？在东北及邻近地区是否还有同岫岩透闪石玉矿相同的玉矿？为弄清东北地区透闪石玉矿的分布情况，我们请教了东北地质研究所的几位专家及辽宁地质七队的工程师，并

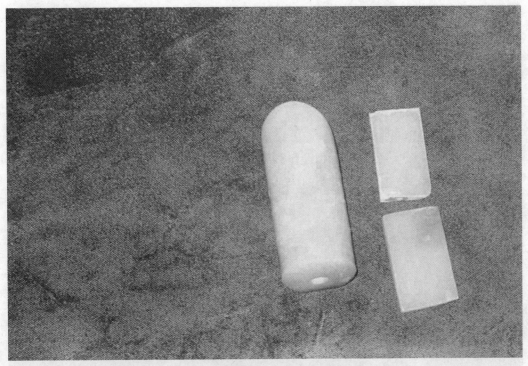

图二　那斯台遗址出土玉蝉（总号00186、C0013）同岫岩透闪石玉10号标本比较

观看了他们采集的玉石标本。他们的意见比较一致，认为目前在东北地区已勘探清楚的透闪石玉矿只是在辽宁岫岩一带有，其他地方尚未发现。有的专家还认为，从地质构造情况看，赤峰一带没有形成透闪石玉矿的地质条件。

在考察之前，我们曾听有的文物工作者谈到，在赤峰一带曾发现2座玉矿，并有人开采。究竟是什么玉矿？会不会是透闪石玉矿？为弄清玉矿的详细情况，我们分别在敖汉旗博物馆田副馆长和巴林右旗博物馆乌兰副馆长及巴林石集团杨春广董事长的陪同下，对两处"玉矿"点进行了考察。经实地考察知敖汉旗一处所谓"玉"矿的"玉石"颜色呈白色或绿色，致密、坚硬，经鉴定既不是透闪石类软玉，也不是蛇纹石玉，而是石英岩类"玉石"，该矿属于石英类"玉石"矿。位于巴林右旗巴音尔登苏木（乡）的"玉石"矿，"玉石"呈翠绿色，致密、坚硬。经鉴定为蚀变玄武岩。该矿为蚀变玄武岩矿。为进一步了解赤峰地区的矿藏分布，我们仔细观摩了赤峰地质矿产勘查开发院的标本室，并请教了该院王子祥高工。王子祥高工明确表示，在赤峰一带找矿几十年，至今尚未发现有透闪石玉矿。

通过对上述地区出土史前玉器的鉴定、测试与对比，以及对相关"玉矿"的实地考察，可以初步认为，东北地区史前玉器的玉料多为透闪石软玉，其玉料同辽宁岫岩透闪石玉十分相近，不排除上述古玉玉料来自辽宁岫岩一带古玉矿的可能。

图三　玉猪龙（总号00391、C0044）同岫岩透闪石玉10号标本比较（正面）

三

运用现代科学技术探讨史前玉器原料产地，早在上世纪七十年代已引起考古（包括科技考古）及地质工作者的关注。但通过科学鉴定与分析，探讨史前古玉原料产地的工作是上世纪八十年代才开始的。1986年闻广在《苏南新石器时代玉器的考古地质学研究》一文中通过对苏南地区草鞋山、张陵山及寺墩遗址出土的14件古玉样品的鉴定分析，确定其中9件为软玉，5件为石英（3件）、迪开石（1件）和叶蛇纹石（1件）制品。根据对9件（崧泽文化1件，良渚文化8件）软玉制品应用扫描电镜进行的观察照相，他指出："这些软玉样品大都是接近平行的显微纤维结构与我国已知各地软玉的典型显微结构均不相似。因而这些石器的原料看来不是来自我国目前已知的软玉产地，而很可能是就近取材。"[3] 1991年闻广在测定了西汉南越王墓的软玉稳定同位素后认为测定结果"不反映区域变质成因，可能是交代成因，说明玉料主体产自接触交代带内的镁质大理岩。这种局部地质条件，在岭南并非没有。于是，为查明玉料来源提供了地质方向。"[4]

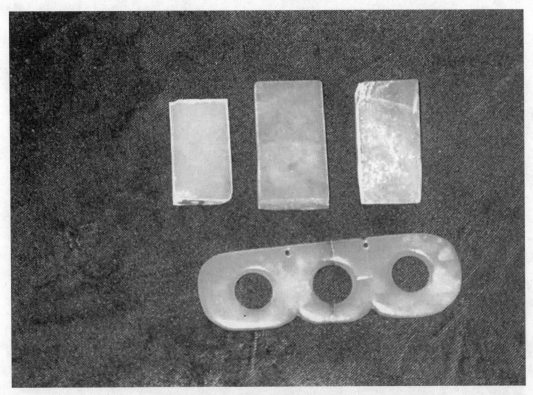

图四　三联璧（总号242、B68）同岫岩透闪石玉10号标本比较

　　1994年闻广、荆志淳通过对中国新疆昆仑、天山，江苏溧阳，河南淅川，四川汶川，辽宁宽甸，台湾花莲丰田，韩国春川等地出产软玉的稳定同位素特征的分析，明确提出"以上软玉的稳定同位素特征，可以用作判别古玉原料产地来源的重要参考。"并指出"沣西玉器软玉原料是多源的，即来自中国大陆多个软玉产地，而不含韩国春川软玉的信息。"[5] 1999年徐安武、王昌燧等在《河南南阳独山玉的PIX研究》一文中提出："地球化学理论表明，同一区域内的玉材，总是带有其出处的特征信息，如微量和痕量元素，同位素比值和微结构等，如同人的指纹一样，这是探索玉器产地的依据。"[6]谭立平、钱宪和等在对20件新料及古玉材料标本进行测试后也认为"化学成分揭示宽甸玉、梅岭玉、临洮玉及台湾玉各有不同的主要及微量元素，这些玉可能是中国新石器时代玉材的最主要来源。"[7] 2001年吴小红、赵朝洪、常向阳等通过对肖家屋脊出土的石家河文化晚期玉器的微量元素及铅同位素的分析后指出："微量元素作为指纹元素被人们研究和利用，在利用其判别玉器产源的研究方面也被给予了很大希望。但恰恰是因为它的指纹性，或者说是微量的特点，导致了它对各类变化的敏感性，可以说很多种因素都会导致微量元素组成和含量的变化，不仅仅是产地因素。可以说利用微量元素来判别产源是一种不现实的方法。"他们认为："由于铅同位素属于重元素，同位素之间的质量差异不足以导致在后来的一些化学的或物理的过程中形成同位素分馏效

图五　大南沟遗址出土小玉斧（小河沿文化）同岫岩透闪石玉 10 号标本比较

应，所以铅同位素比值原则上只受地质成因的影响，可以说它的抗干扰性是很强的。用铅同位素的方法来研究玉器的产源较之主微量元素方法应该是比较有效的。"[8]2004 年王时麒、于洸、员雪梅等人在对辽宁岫岩透闪石玉与新疆和田透闪石玉全方位对比分析的基础上，提出："岫岩透闪石玉与和田透闪石玉的颜色、微量元素 ZH、同位素年代值和氧同位素值有明显差别，可以用这四方面的个性特征为依据，对古玉的产地来源进行判断。"[9]周述蓉、罗清华、张敬国等人通过用氩氩法测定安徽凌家滩出土玉料与辽宁地区现代矿脉玉料的生成年代，并以新疆和田、江苏小梅岭玉料生成年代加以对比，也认为"氩氩定年法提供精确之玉料生成年代数字，用作研判玉料来源的重要利器，可作为研究文化传播交流的有利工具。其方法，不论史前或有史时代，古玉或现代玉料均可适用。"[10]

通过以上的研究可知，目前应用现代科学技术进行史前古玉料产地研究的工作已有以下几项。（一）以室温红外吸收光谱确定矿物成分，包括求得铁镁占位比率区分透闪石与阳起石，判断软玉属于何种地质产状。（二）应用扫描电镜等仪器技术观察软玉标本的显微纤维结构，以便同已知的软玉显微纤维结构作出对比。（三）测定软玉标本的稳定同位素值进行比较分析。（四）测定软玉标本的微量元素值进行对比分析。（五）测定软玉制品的稀土元素值进行对比分析。（六）用钾氩法或氩氩法测定玉石标本的年龄。

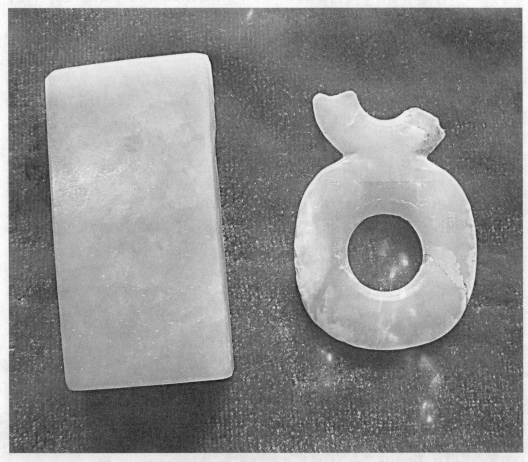

图六　黑龙江李家岗遗址出土双联璧（TM:4）同岫岩透闪石玉5号标本比较

　　在上述测试分析研究中，对东北地区史前古玉料及现知软玉玉矿玉料测试的结果已有以下几项：（一）对史前古玉玉料标本的测试分析，包括（1）闻广对查海文化及红山文化玉器标本（如查海出土玉玦 FCT47：51 及牛河梁 JN5ZIM1 所出 7 件玉器等）取样做了红外光谱 IR 分析，认为全为透闪石软玉，其 Fe/（Fe＋Mg）p·f·u%＝0－7，在总体中所占比率为阜新查海88%，辽西红山文化100%，均系取自产于镁质大理岩中软玉[11]。（2）闻广对查海文化及红山文化玉器标本（如牛河梁 JN5ZIM1 所出 7 件玉器等）取样进行了扫描电子显微镜 SEM 观察照相，确定全为透闪石软玉。据闻广介绍，他"取样研究红山文化玉器49件，其中透闪石软玉31件，占 2/3，而叶蛇纹石仅 8 件，只占 1/6；大连地区同时期古玉经取样研究 8 件，全是真玉，其中长海广鹿岛吴家村 6 件及旅顺老铁山 1 件都是透内石软玉，而旅顺郭家村下层 1 件是阳起石软玉。此外，早于红山文化的沈阳新乐下层 4 件玉器工具经取样研究全是透闪石软玉。"[12]（二）对现知软玉矿玉料标本的测试分析，包括（1）闻广等对辽宁宽甸软玉的稳定同位素 $\delta^{18}O$ 及 δD 的测定[13]；（2）谭立平、钱宪和等对辽宁宽甸软玉微量元素与稀土元素的测试分析；王时麒、于洸、赵朝洪等对辽宁岫岩软玉稳定同位素 $\delta^{18}O$ 及 δD、微量元素、稀土元素及生成年代的测定[14]；（3）吴小红、赵朝洪、常向阳等对辽宁岫岩软玉铅同位素比值及微量元素的测定分析[15]；（4）周述蓉、罗清华、张敬国对辽宁宽甸软玉生成年代的测定分析[16]。

根据已测试分析的结果可知，（1）阜新查海文化及辽西红山文化的古玉玉料多为透闪石软玉，这些软玉均系取自产于镁质大理岩中软玉（闻广）。（2）辽宁宽甸软玉的稳定同位素 $\delta^{18}O$（‰）的平均值为 +5.5，（金生今、闻广，n = 4）与新疆昆仑、江苏溧阳、四川汶川、甘肃临洮、越南长晴、韩国春川的 $\delta^{18}O$ 值均不同；（3）辽宁岫岩软玉的稳定同位素 $\delta^{18}O$（‰）平均值为 9.97（北京大学岫岩玉研究组，n = 10），同国内现知软玉的 $\delta^{18}O$ 值亦有差别。（4）辽宁宽甸软玉所含 Cu、Pu、Zh、Cd、Sb 和 Ag 都明显比其他软玉高（谭立平等）。（5）岫岩软玉的 Zn 为 0.826 ~ 3.215，和田软玉的 Zh 为 4.165 ~ 55.091，差别很大，无重叠（王时麒等）。（6）辽宁岫岩软玉的铅同位素比值 207 Pb /204 Pb 在 15.731 ± 0.01 ~ 17.493 ± 0.01 之间，206Pb/204 Pb 在 19.358 ± 0.01 ~ 36.759 ±0.01 之间（吴小红、赵朝洪等）。（7）辽宁岫岩软玉的生成年代 Ar—Ar 法测定年代值为 8 ~ 18 亿年，说明其成矿年代在元古代（王时麒等）。（8）辽宁宽甸软玉生成年代（Ar—Ar 法测定年代值为 4.932 ~ 5.551 亿年间）平均值为 5.23 ± 0.212 亿年，同位素对比年代在 5.075 ±0.357 亿年（40Ar/36Ar）可知其生成年代在古生代的加里东期。与生成年代为 1.17 ~ 1.197 亿年之间（燕山期）的梅岭玉及生成年代为 1.135 ±0.263 亿年的和田玉（燕山期）截然不同（周述蓉等）。

上述科学测试及研究结果，为我们探讨东北地区史前玉器原料产地提供了重要的科学依据。尽管有些测试方法尚待完善，有些方法与测试结果尚存争议，但通过测定软玉玉料的稳定同位素值，微量元素值或铅同位素值以及生成年代的方法来明确其指纹特征，毫无疑问，为探索古玉玉料产地提供了新的科学途径。

四

根据目前对东北地区史前玉器的初步考察及对部分古玉标本的鉴定分析，可以初步形成这样的认识：即东北地区史前玉器的软玉玉料不是来自遥远的新疆和田，而应是"就近取材。"而目前经地质部门勘察确定的软玉玉矿在东北境内仅在辽宁岫岩一带有所发现。辽宁西部及内蒙古东南部至今尚未发现有软玉玉矿。这样，可以初步认为，兴隆洼文化、查海文化、红山文化、小河沿文化、新乐文化、小珠山文化等史前文化中的软玉玉器原料应来自辽东地区的岫岩一带软玉玉矿。这一点也可以从古代文献中得到证实。成书于汉初的《尔雅·释地》中记载："东方之美者，有医无闾之珣玗琪焉。"晋郭璞注："医无闾，山名。今在辽东。珣玗琪，玉属。"[17]《尚书·顾命》记载："越玉五重，陈宝，刀、大训、弘璧、琬琰，在西序。大玉、夷玉、天球、河图，在东序。"[18]《说文解字》云："珣，《周书》所谓'夷玉'也。""玗，石之似玉者。""琪，玉也。"医巫闾之珣玗琪之所以又被称为夷玉，这与东北地区的古代民族在历史上又被称为"东北夷","东夷"有关。如《周礼·秋官·司寇》:"夷隶百有二十人。"汉郑玄注:"征东夷所获""貉隶百有二十人。"汉郑玄注:"征东北夷所获。"[19]《史记·五帝本纪》南北朝刘宋裴骃《集解》载:"郑玄曰:息慎,或谓之肃慎,东北夷。"[20]

明代晚期宋应星撰著的《天工开物》,是世界上第一部有关农业和手工业生产的百科全书。书中详细记载了琢玉的流程、琢玉中心、著名琢玉工匠、解玉砂产地等内容,并绘有琢玉图。书中也明确指出:"朝鲜西北太尉山有千年璞,中藏羊脂玉,与葱岭美者无殊异。"[21]著名考古学家夏鼐认为:"岫岩的位置在朝鲜西北的我国境内,今日出岫岩玉的地点,如果不是太尉山,也应是太尉山的余脉,地质构成在同一挤压带上。"[22]这个分析是很有道理的。2001年7月,我们在辽宁省调查时又在岫岩发现了透闪石白玉[23]。不仅为岫岩玉增加了一个重要的新品种,也证实了在古代岫岩玉不仅已被先民们所开发,而且其上乘玉料的质量还得到玉石行业鉴赏家的好评。

但是,限于各种原因,目前对东北地区史前古玉标本的科学鉴定工作尚少,对古玉矿坑点的调查还不普遍,对现知玉矿点玉料的科学鉴定分析工作也非常欠缺,有些测定数据尚有矛盾或不够精确。为此,要想把东北地区史前古玉玉料产地搞清楚,还需要在以下几方面作更多的调查与研究工作。

(一)加调对区内软玉资源的调查及邻境地区软玉资料的了解。寻找岫岩软玉矿之外的软玉矿点。如根据辽宁省国土资源厅及丹东第七地质大队有关专家的介绍,辽东地区只在岫岩一带发现透闪石玉,在宽甸县境内未见有透闪石软玉。但是闻广先生及台湾大学地质科学研究所学者的有关论文中均提到所测透闪石玉料来自辽宁宽甸,有的还明确指出"宽甸玉为林本安在宽甸附近河床挖出。"或曰宽甸软玉来自辽宁省宽甸官道沟。究竟宽甸一带有无透闪石软玉?所谓宽甸玉是否就是岫岩一带所产软玉?这需要进一步调查核实。

(二)加强对古玉矿坑点的调查。由于历史的原因,可能会有因沧桑巨变或采掘殆尽而发生的被遗忘的古代软玉矿脉或采掘坑点,这需要结合考古发现与古文献记载认真寻找。

(三)加强对已知国内及邻境地区软玉玉料的科学测试与分析,建立比较全面、完整的软玉资料数据库,并在分析研究的基础上确定各个矿点出产玉料的"指纹特征"。以便同古玉玉料的测试结果作对比分析。目前学术界对有关测试结果及"指纹特征"的确定尚有不同看法,如关于微量元素与铅同位素比值的地域特征性的认识,需要在理论上与方法上作进一步探讨。

(四)努力开展科学研究,争取在无损鉴定古玉方法上有新的突破,特别是希望在无损鉴定古玉的"指纹特征"方面有新的成果。

(五)在不损坏文物的前提下,尽可能对古玉玉料及古玉残片取样作科学鉴定分析,取得可靠的"指纹"数据,以同已知各软玉矿点玉料的"指纹"数据作出对比,明确其玉料产地。

上述几点认识是我们在对东北地区史前玉料产地的初步考察中感悟到的,同时也是国内古代玉器玉文化研究中需要着力解决的问题。相信在考古、历史、地质及科技工作者的共同努力下，玉器产源研究将会在此基础不断取得新的进展。

注　释

〔1〕 王时麒、于洸、员雪梅：《论古玉器原料产地探源的方法》，《中国玉文化、玉学第四届学术研讨会论文集》，紫禁城出版社，2005 年。

〔2〕 闻广：《中国古玉地质考古学研究的续进展》，《故宫学术季刊》11 卷第 1 期，1993 年。

〔3〕 闻广：《苏南新石器时代玉器的考古地质学研究》，《文物》1986 年第 10 期。

〔4〕 闻广：《中国古玉地质考古学研究——西汉南越王墓玉器》，《考古》1991 年第 11 期。

〔5〕 闻广、荆志淳：《沣西西周玉器地质考古学研究——中国地质考古学研究之三》，《考古学报》1993 年第 2 期。

〔6〕 徐安武、王昌燧等：《河南南阳独山玉的 PIX 研究》，《核技术》1999 第 9 期。

〔7〕 谭立平、钱宪和、黄怡祯、方建能：《中国新石器时代玉器的某些物理与化学特性初步研究》，《海峡两岸古玉学会议论文集》第 501～510 页，台湾大学理学院地质科学系印行，2001 年 9 月，台北。

〔8〕 吴小红、赵朝洪、常向阳、朱炳泉、杨斌、邵宏祥：《肖家屋脊遗址石家河文化晚期玉器玉料产地初步分析》，《海峡两岸古玉学会议论文集》第 557～562 页，台湾大学理学院地质科学系印行，2001 年 9 月，台北。

〔9〕 同注〔1〕。

〔10〕 周述蓉、罗清华、张敬国：《氩氩定年法在玉器文化考古研究之应用》，《中国玉文化、玉学第四届学术研讨会论文集》紫禁城出版，2005 年。

〔11〕 闻广：《中国古玉的研究》，《建材地质》1990 年第 2 期。

〔12〕 闻广：《辨玉》，《文物》1992 年第 7 期。

〔13〕 a. 同注〔5〕。

　　　 b. 金生今、闻广：《软玉稳定同位素某些特征》，《海峡两岸古玉学会议论文集》第 555～556 页，台湾大学理学院地质科学系印行，2001 年 9 月，台北。

〔14〕 a. 同〔7〕。

　　　 b. 王时麒：《岫岩软玉与红山文化》、《海峡两岸古玉学会议论文集》第 525～530 页，台湾大学理学院地质科学系印行，2001 年 9 月。

　　　 c. 北京大学岫岩玉研究组：《岫岩玉的开发历史与可持续发展研究》，待刊。

〔15〕 同注〔8〕。

〔16〕 同注〔10〕。

〔17〕 十三经注疏编委会：《十三经注疏整理本》，《尔雅注疏》卷第七释地第九第 209～223 页，北京大学出版社，2000 年。

〔18〕 十三经注疏编委会：《十三经注疏整理本》（3），《尚书正义》卷第十八顾命第二十四第 582～607 页，北京大学出版社，2000 年。

〔19〕 ［汉］司马迁：《史记·五帝本纪》第 1～48 页，中华书局，1959 年。

〔20〕 十三经注疏编委会：《十三经注疏整理本》（9），《周礼注疏》卷第三十四秋官司寇第五第 1042～1059 页，北京大学出版社，2000 年。

〔21〕 ［明］宋应星：《天工开物》（管巧灵、谭属春点校注释）下卷珠玉第十八玉第 397～401 页，岳

麓书社，2002年。

〔22〕中国社会科学院考古研究所编：《夏鼐文集·有关安阳殷墟玉器的几个问题》第34～40页，社会科学文献出版社，2000年。

〔23〕《岫岩发现透闪石白玉》，《沈阳日报》2001年8月7日1版。

庙子沟文化聚落形态及诸相关问题研究

魏 坚

（中国人民大学历史学院）

　　广泛分布于内蒙古中南部地区的庙子沟文化，是一支属于仰韶晚期阶段的具有地域文化特征的考古学文化类型。其中，位于黄旗海南岸的庙子沟和大坝沟两地三处遗址，经过自 20 世纪 80 年代中期至 90 年代初期的大面积发掘和其后的整理研究，全部发掘资料于 2003 年 10 月发表[1]。这两地三处遗址是目前该文化诸遗存中揭露面积最大，遗址保存相对完好，出土遗物又较丰富的遗址之一。本文拟就这两处聚落表现出的社会组织状况、社会经济形态、部落毁灭原因和文化源流等诸方面的问题，进行更为深入的探讨，以就教于方家。

一　聚落组织结构及社会发展阶段

　　庙子沟和大坝沟两地三处遗址，均分布于黄旗海南岸丘陵地带南北向深沟的西侧台地上，这类台地一般黄土堆积较厚，坡度较为平缓，因此聚落保存相对完整。聚落内房屋都顺坡势依次排列，分组分布，门道基本向东，背风向阳，每座房屋内都或多或少地出有各类生产和生活用具，在一定程度上反映了聚落内部的组织结构、生产关系和社会发展的基本状况。

　　庙子沟遗址所处的山坡相对较低，略有坡度，共发现 52 座房址及大量窖穴。房址从坡底的沟沿部逐步向坡顶分布，但并没有到达坡顶。除有 3 座房址位于遗址的最北端外，其余遗迹皆分布于遗址的中南部。不包括遗址东侧沟沿已被破坏掉的房屋，遗址内近 50 座房址，南北依等高线成排分布，由东向西至坡上，大约可以分为 10 排，未见有打破关系。除极个别几座房址门向正东外，绝大部分房址均依地势门向略偏东北。庙子沟房址一般开间较小，除去 4 座残破无法计算的房址，两座最大的房址 F10 和 F45 也不过 20 余平方米，不足 10 平方米的房址有 7 座，其中，最小的 F2 仅 6.8 平方米，其余 10～16 平方米的 20 余座，16～20 平方米的近 10 座。房址由坡下向坡上分布渐趋稠密，坡下近沟沿一带，每排房址之间相距约 6～10 米，而坡上部排与排之间相距约 4～6 米。在每排房址中，往往每 2～3 座年代相近的房址分布相对要近一些，距离一般 2～3 米。大型窖穴分布于房址周围，房址内亦建有较多的小型窖穴，共发现各类窖穴和灰坑 139 座。

　　大坝沟遗址 I 区东侧是一条宽深通畅的大沟，与遗址高差近 60 米，遗址地表较为平坦，发现房址 36 座。房址亦是坐西朝东，面向沟沿分布，由东向西，在防护沟北大约可以分为 4 排，沟南则可分为 6 排，房址之间见有打破关系。门道基本东向，极个别略偏北或偏南。大坝沟 I 区房址普遍较庙子沟者偏大，除残破的 9 座而外，超过 20 平方米的有 5 座，其中 IF20 和 IF17 均超过 28 平方米，不足 10 平方米的仅 2 座，其余 10～16 和 16～20 平方米的房址，各占一半。房址排与排的间距在 2～12 米之间，成组的房屋间距为 2～10 米不等。窖穴在房址周围集中分布，室内窖穴较少，计有窖穴和灰坑 110 座。

大坝沟遗址 II 区位于 I 区之南，与 I 区隔东西向的宽约 300 余米的大西沟相望，遗址同样位于高台地之上，地势也较平坦，因发掘面积较小，发现房址 9 座。房址因地势走向，门道均东南向，由东南向西北房址分为 4 排。该区房址一般较小，最大的 IIF7 不到 17 平方米，最小的 IIF6 亦不足 8 平方米，其余的房址面积均在 9～14 平方米之间。房址分布比较紧密，排距约在 6～10 米左右，房屋间距为 1～4 米不等。窖穴亦集中分布于房址周围，室内窖穴少见，清理窖穴和灰坑 19 座。

在上述遗址中，那些均匀分布于房址周围的灰坑，大部分是制作规整的各类窖穴，真正意义上的灰坑只是极少数。而且这些窖穴和灰坑应当就是从属于相应的房址的。连同房址内及用做墓坑的窖穴，庙子沟每座房址占有的窖穴和灰坑平均约为 3.4 座；大坝沟两区房址平均占有的窖穴和灰坑约为 2.9 座。若除去庙子沟部分埋有人骨的窖穴，两者基本相当。

庙子沟与大坝沟三处遗址，不仅聚落布局有规律可循，而且出土遗物也提供了许多有价值的信息。

三处遗址都出土了大量的陶、石、骨、角、蚌器，可以反映当时社会生活的各个方面。在大多数的房址和窖穴内，都出土了一定数量的生产和生活用具以及装饰品。特别是庙子沟遗址，由于其特殊的废弃原因，从而基本保留了当时生活的原貌，在几乎每座房址内，都发现了成套的生产工具和生活用具及其装饰品。如 F15 内，共出土了 113 件器物。其中，除在居住面上出有磨盘、磨棒、石斧、石刀、石纺轮和各种陶器外，在房址内窖穴 H21 中还出有 7 件石器，在 H22 中出土了 6 件陶器。再如 F19 和 F22 等单位，F19 居住面出陶器 13 件、石器 14 件、骨角器 2 件，另在窖穴 H30 中出陶器 5 件、石器 11 件和骨、蚌器 2 件；F22 居住面出陶器 13 件、石器 5 件，在窖穴 H32 中出有纺轮和鹿角各 1 件。在 F25 内的窖穴 H36 中，沿圆形坑底四周，共摆放了 19 件陶器和 3 件磨石。此外，在出有人骨的单位内，常发现有成年男女与小孩合葬或同处一室的现象，如 M25 就葬有三个成年女性、一个少年和两具幼童的尸骨；M29 则葬有两男一女三个成年人和一个少年；F8 在室内后角的窖穴内葬有一位青年女性，同时在灶坑里还蜷曲放置两具 6～8 岁的幼童尸骨。这些同居一室或同葬一穴的人，极有可能是同属一个家族或一个家庭的成员。

从上述对庙子沟与大坝沟两地三处遗址的聚落布局、出土遗物和埋葬习俗的分析，可以得出如下认识：

1. 三处遗址中，无论略有坡度的庙子沟遗址，还是地形平坦的大坝沟两处遗址，房址均明显成排分布，门道基本东向。不见处于母系氏族制度发展阶段的如半坡、姜寨那样向心式的，以氏族部落为主体的聚落布局形式。

2. 房子开间普遍较小，并且表现出从大坝沟遗址Ⅰ区到庙子沟由早到晚逐渐变小的趋势。没有发现公共活动场所式的中心建筑。

3. 同排年代相近的两座或三座房址间的相对距离，往往小于排与排之间的距离。表明相近的两三座房子的主人可能具有更为密切的亲缘关系。

4. 庙子沟和大坝沟遗址，每座房址拥有的窖穴和灰坑约在2.9～3.4座之间。若从每座房子的主人单独存放粮食、用具和杂物的要求来讲，应当说是比较适合的。

5. 每座房子都拥有整套的生产工具和生活用具，说明这些房子的主人可以单独进行生产和生活，亦或是以相近的两座或三座房子及其周围的窖穴，组成一个生产和生活的单元，从事日常的生产劳动和家居生活。

6. 不同年龄和性别的人同处一室或同葬一处的现象，说明了这些成员之间可能有着更为密切的血缘关系。以家族和家庭为主体的氏族社会可能已经出现。

综上所言，庙子沟与大坝沟三处原始聚落遗址所反映的情况表明，地处黄河流域以北的黄旗海地区，在仰韶晚期阶段进入了文化发展的繁荣时期。私有观念和私有财产的存在，以家族和家庭为生产和生活单元的事实，说明处于这一阶段的原始聚落已经脱离了母系氏族社会的束缚，其社会组织可能已经跨入了父权制下的，以家族和家庭为主体的对偶婚制氏族家庭阶段。

二　聚落经济形态

庙子沟与大坝沟三处遗址内，房屋布局井然有序，窖穴、灰坑散布其间，聚落延续发展有一定的时间性，表明其属于定居的原始部落遗存。三处遗址均位于黄旗海南岸丘陵的二、三级台地之上，背山面水，视野开阔，是理想的人类栖息地。

这类遗址中，发现了大量的用于农业生产的石斧、石刀、石铲，以及加工粮食用的大型的石磨盘、石磨棒等，陶器中最具代表性的小口双耳罐以及与其配套使用的漏斗的大量出土，并在窖穴中成批储存陶器的现象，似乎反映了农业生产的重要和发达程度。另外，在三处遗址近半数的房址居住面上，均发现了用于捣砸坚果类食物的地臼，表明果类采集也是农业经济的补充手段。

遗址出土的动物骨骼占有一定的比重。首先，在窖穴和灰坑中，经常可以看到大型的马鹿角和原始野牛的头骨，庙子沟遗址的窖穴里还发现了完整的狍子骨架，可见野生动物的狩猎是普遍存在的。陶器中大型的平口夹砂罐可能就是用作烹煮动物的炊器。其次，数量较多的用动物骨和角制作的工具，也反映了动物狩猎经济的普遍存在。再次，是遗存中出有一定数量的石镞和细小石器，许多小石叶是制作骨柄石刃刀和骨柄石刃剑的原料。从动物骨骼鉴定的结果来看，计有黄羊、马鹿、野牛、马、羚羊、熊、野猪、狍子、狐狸、貉、鼢鼠和猪、狗等，还有少量的鸟类骨骼。当然，这当中猪、狗占有一定数量，也不排除家庭饲养业的存在。从这类遗址位于黄旗海南岸这样有利的地理条件来说，渔猎经济也是存在的。遗址中出土了一定数量的以完整的蚌、螺壳制作的项饰和以蚌片磨制的坠饰，在庙子沟房址的窖穴内，还发现了可能是给小孩玩耍的大型蚌壳。

此外，这类遗存的手工业生产制作普遍存在。首先，石器制作工艺具有较高水平。大量的窄首宽刃石斧、直背直刃长方形双孔石刀、梯形宽刃偏锋小石锛、条形直刃偏锋小石凿、圆饼状石纺轮以及各种形制的石环等，都磨制十分精美。其次，陶器的大量使用，以及夹砂、泥质、砂质陶系的分类，特别是花纹精美的彩陶器的制作，反映出了较高的陶器制作水平。在庙子沟和大坝沟遗址，虽因沟沿塌陷和破坏没有发现陶窑，但在遗址的灰坑当中，均出土了经过烧烤的陶窑的窑算残块。这些发现表明制陶业在人们的日常生活中是不可或缺的生产活动。庙子沟发现的女性人骨的右手腕部常常带有石环和陶环，蚌螺壳类和石管状项饰及穿孔骨片饰也常见于女性，幼童则多在胸前佩带环形玉石佩饰，反映了当时人们的审美情趣。

上述分析仿佛使我们看到：聚落的先民们，在原始村落的坡前台地上开荒耕种，妇女们从沟里取来清澈的泉水制陶、烧饭，孩子们戏耍于聚落的房子之间，男子们则出没于坡上茂密的丛林捕杀野兽，荡舟于黄旗海水面捕捞鱼虾。出土的大量遗物表明，这类遗存的生产活动，应以农业经济为主，狩猎、家畜饲养和捕捞、采集业仍然占有重要的比重，工具和陶器制作具有较高的水平。

三 庙子沟遗址废弃原因的探讨

庙子沟遗址是目前内蒙古中南部地区发掘面积最大，出土遗物最为丰富，考古学研究亦较深入的遗址之一。遗址内遗迹分布有序，没有叠压打破关系，清除表土后即露出房址和窖穴。在大部分房址居住面上和房址内外的窖穴中，往往出有成套的生产工具和生活器皿以及各类装饰品。有的窖穴内集中放置排列整齐的陶器，如在F25的室内窖穴H36中，就在坑底环壁一周，放置有十几件完整的各类陶器。位于遗址中心的F15房址内，共出土了113件器物，这在目前发现的新石器时代遗址中是极为罕见的。如若不是遇到不可抵御的突然变故，迫使当时的居民迅速逃离，并且来不及带走全部或大部分生产和生活用具，就不可能留下现在发掘现场的情景。那么，这可能是一种什么样的突然变故呢？对于当时的居民们来说，能够使一个聚落毁灭的因素，大约不外乎水灾、火灾、地震、火山爆发、部落战争和饥荒瘟疫等等。

黄旗海南岸的地貌类型是基岩低山丘陵，海拔约1500米左右。据环境学的研究，从晚更新世末期开始，这一地区在海拔1360米以下地区开始形成湖泊，一直到全新世中期，该地区一直是湖泊的控制范围。其后，黄旗海逐步发生湖退，到距今约5000年左右退至海拔1300米以下后，就再也没有达到这个高度。庙子沟遗址的海拔高度约在1370～1350米之间，是黄旗海发生湖退以后形成的黄土堆积。在遗址发掘过程中，没有发现水浸后的淤积泥土，也没有任何水灾的痕迹，因此毁于水灾的可能性是不存在的。此外，在所发掘清理的遗迹单位中，除发现个别烧骨外，几乎未见任何木炭，而庙子沟聚落的房址都是半地穴式，上部以木柱搭建屋顶，若遭火灾是不可能没有木炭存留的，故而火灾的原因也可排除。至于地震或火山爆发的可能性，目前看来也难以找到确实的证据。那么，是部落战争造成的废弃吗？我们在对遗址中发现的 78 例人骨材料的鉴定当中，也未见有明显的砍杀和人为致死的证据。虽然有的尸骨有挪位和缺损的现象，但在相应的遗迹单位内，我们也发现了大量的鼠洞，有的尸骨甚至被拖入鼠洞之中，并且经常可以见到鼠类的骨骼。因此，个别骨骼的缺损、挪位应是鼠类常年扰动所致。

故此，庙子沟聚落的废弃很可能是由于饥荒和瘟疫造成的。据环境学的研究，在黄旗海地区，距今 6000 年前的降雨量大约是 700 毫米以上，属温湿气候。现在的黄旗海地区，属于温凉半干旱气候区，年平均降水量为 376 毫米。也就是说，从距今 6000 年以后，这里逐步趋向干旱寒冷。一般来说，温暖湿润的环境更适合于农业的发展和人类的生活。许多情况表明，人类文明的毁灭或终止，除了人类自身战争等方面的原因外，主要是自然界的外力影响造成的，在原始社会阶段更是如此。但由于气候环境的变化造成的文明毁灭，应当是一个较长时间的持续过程。所以，文明发展的鼎盛阶段也许会在气候环境开始变坏以后产生。诚如所言，则黄旗海地区的庙子沟文化，恰恰是在环境逐步恶化的起始阶段发展到其鼎盛的。庙子沟聚落逐步发展的时期，应当是环境和气候逐渐变坏和变冷的阶段，随后，很可能是由于干旱或别的什么原因，造成了饥荒和瘟疫的流行，最终导致了聚落的毁灭。

庙子沟遗址没有发现公共墓地。但是，却存在一个十分令人费解的现象，即在遗址部分房址和近四分之一的窖穴、灰坑中，出有 78 具人骨个体。这些发现人骨的房址居住面和房址内外窖穴，很明显并非是专门用来埋葬死者的墓地，而是在不得已的情况下，利用了房址内外的窖穴。房址内部分窖穴和居住面上的人骨，则很可能未曾进行埋葬，这从遗址的发掘现场一望而知。但是，从大坝沟遗址Ⅱ区发现的两座幼童墓葬来分析，当时的人们也可能有把未成年的小孩埋在房址附近的习俗。庙子沟遗址内，就有把未成年的小孩单独埋在室外看似窖穴的墓葬中的情形。而且，有的往往在坑底再挖一个小坑作葬坑。可是，庙子沟遗址中绝大多数的死者，却可能是由于突然到来的变故而致死。也正因为可能是瘟疫的原因，聚落的毁灭才会有一个较为简短的过程。在有些埋葬坑中，人骨的排列较为有序，经常把不同年龄、性别的人一次性地葬在房址外的长方形窖穴中，如 M19、M25 等；有的埋葬则显得草率而杂乱，常见把尸体方向不一、上下叠压地胡乱弃置在长方形大型窖穴内，如 M4、M10 和 M29 等；有的则是母子或成年人和小孩的合葬，如 M4、M18、M19 和 M40 等；在许多房址的居住面和室内窖穴中，常见成年人的尸骨随意弃置，儿童的尸骨则经常葬在灶坑内或灶旁的居住面上，如遗址中面积最大的 F10，在房子前角的两个袋形穴中，分别葬有一具成年人的尸骨。在 F8 后角的圆形窖穴中，葬有一具青年女性的尸骨，而在房址中央直径仅 60 厘米的灶坑内，竟蜷曲放置了两具幼童的尸骨。这种现象在 F35 和 F43 等房址中也有发现。此外，在大部分房址中均留有成套的生产和生活用具。可是，在众多的遗迹单位中，竟没有发现任何粮食的炭化物，这除了保存情况不好外，也许表明了当时的饥荒和由此造成的瘟疫的严重程度。

庙子沟遗址大部分尸骨的埋葬位置和埋葬方式，显然不属于正常埋葬。而这种不把死者埋入墓地，并在遗址中留有大量遗物的现象，似乎可以告诉我们庙子沟原始聚落在灾难突然袭来时的毁灭过程。我们可以想像，当瘟疫袭来时，这个曾经充满了生机的原始部落，无暇将死者运往墓地，开始先利用房址周围的大型窖穴，草草地埋葬第一批死者；瘟疫继续肆虐时，有次序的埋葬已经无法进行，许多死者被随意弃置在房屋内外的窖穴当中；而当瘟疫更为猖獗时，埋葬已成为不可能，人们自顾不暇，许多人在房址和房址内的窖穴中就地倒毙，而生者也只能带上部分器具，匆匆逃离家园。这对于远古的先民们来说是悲惨的，而它却给我们留下了许多弥足珍贵的资料，对于我们复原当时的社会生活是十分有益的。

四　庙子沟文化源流探索

在内蒙古中南部仰韶晚期阶段形成的庙子沟文化，可以划分为三个小的区域类型。从这一文化三个类型所处的地理位置上看，恰恰是在陕、晋、冀北部的仰韶文化区和辽西地区的红山文化区以及陇东地区的马家窑文化区这三个大文化圈相交汇的三岔路口。因此，在文化面貌上会各自表现出一些邻境地区考古学文化的因素，但这并不影响其作为一个独立的考古学文化而存在。

内蒙古中南部地区，目前发现的年代最早的遗存，当属包头阿善一期遗存[2]，这类遗存的生产活动，应以农业经济为主，狩猎、家畜饲养和捕捞、采集业，仍然占有重要的地位。工具和陶器制作具有较高的水平。属这一阶段的遗存在商都[3]、和林格尔[4]、凉城岱海周围[5]均有发现。从出土的小口瓶及红彩或黑彩宽带纹直口钵来看，其主流应属后冈一期文化。但宽侈沿彩带盆和斜方唇弦纹夹砂罐等，表明半坡文化因素也明显存在。就遗存分布情况分析，这时的后冈一期文化，是由冀、晋北部的张家口、丰镇、杀虎口等北上通道，入凉城、和林格尔地区。其后，一支往北沿浅丘陵地带进入商都、察右后旗一带；一支折向西，沿阴山南麓进入河套地区，与溯黄河而上的晋、陕地区的半坡文化碰撞，产生了与后冈一期文化和半坡文化略有差别的，以阿善一期为代表的遗存。

以清水河白泥窑子遗址 C 点 FI 为代表的遗存[6]，在清水河的二道河[7]、岔河口[8]、凉城的石虎山[9]和黄河对岸准格尔的官地[10]、鲁家坡[11]等地也有发现。这一类型中的黑宽彩带红陶钵、绳纹或线纹的夹砂红陶罐、线纹敛口红陶瓮等器物，均属半坡文化因素。小口尖底瓶的形态，特别是夹砂罐口沿已显示出庙底沟文化的特征。在偏东的岱海地区还出有一定量的鼎和红顶钵，其余地区则仅红顶钵和尖底瓶口部保留有后冈一期文化因素。这类遗存同山西芮城东庄村遗存[12]相似，属于半坡文化向庙底沟文化过渡性质，年代上可能已进入了庙底沟文化早期阶段。这一阶段，半坡—庙底沟文化因素明显加强，由东而来的后冈一期文化因素影响已近尾声，逐步为庙底沟文化所取代。后冈一期和半坡文化的传播与影响，为庙底沟文化在这一地区的全面发展奠定了基础。

中原地区考古学文化对内蒙古中南部的影响，到庙底沟文化（也有学者因第一次在西阴村发现此类遗存，而将其命名为西阴文化）阶段达到了全盛。目前已知的属庙子沟文化分布的区域内，均有庙底沟文化因素占主导地位的遗存发现。从准格尔旗的房塔沟、棋盘堰、官地[13]和清水河县白泥窑子[14]等遗址，到凉城县狐子山、王墓山[15]，商都县章勿乌素[16]一带，这一阶段遗存的面貌都不尽一致。在黄河两岸海生不浪和阿善二期类型分布区域内，庙底沟文化遗存表现出较浓厚的原生因素，如重唇口尖底瓶、弧线三角和勾连圆点图案的彩陶盆，铁轨式口沿弦纹夹砂罐等，只是缺乏釜、灶、鼎等器型。在庙子沟类型分布区域较北的商都县章毛乌素，出土的一组庙底沟文化陶器中，彩陶盆为平卷沿圆唇，曲腹不显，两组平行的弧线三角和椭圆点组成的花纹图案，线条略直，不甚流畅；直口红陶钵为深腹凹底，口外侧呈不规则的“红顶”；夹砂弦纹罐口沿为凹槽状，上腹弦纹较浅，且不甚规整。不见尖底瓶和釜、灶、鼎。同典型庙底沟文化相比，表现出明显的地方变异。

庙子沟文化的喇叭口尖底瓶，显然是由溯黄河北上的庙底沟文化重唇尖底瓶，经单唇，到敞口发展而来的。敛口曲腹钵、侈沿曲腹盆、侈沿夹砂罐、平口夹砂罐等主要器型及主要彩陶花纹图案，同庙底沟文化的直口钵、曲腹彩陶盆、铁轨口夹砂罐、大口瓮等器型和宽带、花草纹彩绘图案的演变发展关系，也是有明显脉络可寻的。因此，庙子沟文化应是在庙底沟文化的主导因素基础上发展起来的区域性考古学文化。但是，在其发展过程中，也吸收了较多的邻境地区文化因素的影响。首先，庙子沟文化中普遍存在的薄胎砂质筒形罐、小口直领双耳壶、敞口折腹钵，从黄河西岸到黄旗海以东地区，显示渐趋增多的趋势。在庙子沟类型第一期遗存中，筒形罐则为主要的代表性器类。上述三种器型不见于庙底沟文化，而在内蒙古东部西水泉红山文化遗存[17]中却可见到其祖型。同时，庙子沟文化中施交错绳纹的筒形罐和素面侈沿双耳陶盆，在小河沿文化大南沟墓地[18]中均有发现。就筒形罐而言，1.从相对年代关系来说，庙子沟文化早期筒形罐出现的时间要晚于红山文化中期，前者应是由后者发展而来；2.庙子沟文化筒形罐中腹贴附鸡冠耳和纽耳的作风不见于红山文化和小河沿文化，而红山文化无耳和小河沿文化饰桥状耳的作风又与庙子沟文化所不同，这反映了同一种器物在不同时空范围内产生的特征性差异；3.庙子沟文化中期筒形罐与红山文化晚期者形态较为接近，但前者饰交错绳纹，后者饰之字纹，由此可见，庙子沟文化在接受红山文化筒形罐的同时，摒弃了之字纹而装饰了具有自身特点的交错绳纹；4.小河沿文化早期筒形罐与庙子沟文化晚期同类器，在纹饰及器型上都非常接近。小河沿文化筒形罐是红山文化筒形罐的直接继承者，但其所饰的交错绳纹表明，在其产生发展的过程中，曾受到庙子沟文化强有力的影响。此外，在红山文化、庙子沟文化、小河沿文化中常见的敞口折腹钵，以西水泉遗址发现的 H4：2 年代较早，约属红山文化的中期以前。因此，红山文化的折腹钵不仅在其晚期被小河沿文化所继承，而且在庙子沟文化早期阶段就已传播至内蒙古中南部。而小河沿文化中的敛口曲腹钵、侈沿曲腹盆等器型，在庙子沟文化中均属较晚形态，可见小河沿文化这两类器型是在庙子沟文化的影响下产生的。

小河沿文化是在继承红山文化主导因素的基础之上，接受了来自庙子沟文化和更东端的大汶口晚期文化的影响而形成的。正因为其文化构成的多元性，所以它与红山文化晚期遗存表现出诸多的差异。学术界对小河沿文化与红山文化晚期遗存的关系问题，有两种不同的看法。一种认为，小河沿文化是红山文化晚期遗存的直接继承者，并提出了"后红山文化"的命名建议[19]；另一种认为，小河沿文化可能出现于辽西地区新石器时代第三阶段，与红山文化晚期并行，二者还可能形成相互争夺的局面[20]。根据上述对红山、庙子沟、小河沿三种文化的分析，红山文化晚期与庙子沟文化早中期联系较多，二者曾有过相互交流、并行发展的阶段，而小河沿文化早期与庙子沟文化晚期关系密切，曾接受了诸多庙子沟文化的影响。这一比较结果似乎支持了前一种意见。但是，参考牛河梁 Z1 的碳十四数据，经树轮较正为距今 5000 ± 130 年，说明红山文化晚期的年代下限可晚至距今 5000 年左右[21]，与庙子沟文化晚期年代相当。而小河沿文化的年代上限，从与庙子沟文化晚期遗存的比较来看，也有可能突破距今 5000 年。因此，小河沿文化可能在红山文化晚期即已出现，与红山文化晚期有着并行发展的阶段。从这种年代意义上讲，后一种意见就显得很有见地。总之，内蒙古中南部是连接黄河流域和辽河流域的中间地带，是"两河流域"原始文化交流的必然途径。红山、庙子沟、小河沿三种文化之间文化因素的相互存在，表明沿燕山北麓及沟谷地带进行的两地之间在文化上的交流和传播关系，是不容忽视的。

其次，海生不浪类型中常见的带有门斗并有前后坑灶的房子，在马家窑文化中多有发现。在准格尔旗白草塔遗址发现的方形、加宽门道形成长方形门斗的房址，就同甘肃东乡林家遗址[22]的马家窑文化房址别无二致。特别是海生不浪类型陶器发达的内彩，小口双耳罐和侈沿曲腹盆器表繁缛的复彩花纹图案，很显然是在庙底沟文化彩陶的基础上，接受了陇东同时期马家窑文化因素的影响和渗透。

再有，在庙子沟文化中发现了一定量的石叶、石镞、石片和刮削器等细小石器以及用石叶镶嵌的骨柄石刃刀、骨柄石刃剑等复合工具。这种发达的细石器工艺加工技术，反映了北方传统的细石器文化因素对庙子沟文化的影响，同时表明了这一区域性文化中狩猎经济文化因素的普遍存在。庙子沟文化的发展去向，目前看来大致有两条轨迹。一条是在黄河两岸地区，阿善二期和海生不浪类型直接发展为以阿善三期[23]和小沙湾类型[24]为代表的阿善文化。阿善二期类型中折腹钵演变为敛口深折腹钵，小口双耳罐为高领罐取代，侈沿夹砂罐变得小口圆鼓腹，平口夹砂罐演变为篮纹敛口瓮。海生不浪类型的喇叭口尖底瓶，经小沙湾类型的喇叭口鼓肩篮纹圆纽状尖底瓶，发展为篮纹高领广肩平底罐。至阿善文化偏晚阶段，这两种类型合而为一，发展为龙山阶段以宽裆尖底胖袋足扳手鬲和绳纹花边口夹砂罐为代表的永兴店文化[25]。一条是在黄旗海、岱海周围地区，庙子沟文化之后有一段缺环，但与相对年代略晚的辽西地区大南沟小河沿文化遗存，在许多陶器形态上表现出的共同特征，则应引起我们的注意。岱海地区以老虎山、园子沟[26]等遗址为代表的老虎山文化，其炊器为圜底单把釜形斝和双耳红陶夹砂罐，与黄河两岸同时代遗存有较大的差别。这里的釜形斝与晋中汾阳杏花村的同类遗存[27]有较多的一致性，但作为主要炊器的双耳红陶夹砂罐却在周围地区找不到源头，这类因素很可能源于庙子沟遗址中 F18：1 和 M2：8 的双耳红陶罐。同时老虎山文化中的篮纹夹砂敛口瓮和卷沿夹砂罐，也应当是由庙子沟类型的平口夹砂罐和侈沿夹砂罐发展来的。因此，岱海地区的老虎山文化遗存，与庙子沟类型当存在着一定的渊源关系。

结　语

通过对庙子沟与大坝沟两地三处遗址的发掘和初步研究，结合对内蒙古中南部诸考古学文化类型，以及周边邻境地区考古学文化与该类遗存相互关系的比较分析，可以取得如下认识。

1. 在黄旗海南岸地区所进行的，对庙子沟与大坝沟两地三处较为完整的聚落遗址的大面积揭露，是内蒙古中南部仰韶晚期阶段考古学文化研究的重要成果之一。

2. 庙子沟文化是一种产生和分布于内蒙古中南部地区，与周边邻近地区诸考古学文化有显著差别，具有独特文化面貌的地域性考古学文化。

3. 庙子沟文化由于分布地域，接受外来影响的不同，表现出一定的区域差异，可划分为庙子沟、海生不浪和阿善二期三个相关的区域类型。

4. 庙子沟文化以庙子沟类型分期为标尺，依据三个区域类型分期的对应关系，可分为衔接紧密、顺序发展的早、中、晚三期。

5. 庙子沟文化的房屋布局及共存遗物表明，其社会形态已跨入偶婚制氏族家庭阶段。生产经济以农业为主，狩猎和饲养业仍占有相当比重。

6. 庙子沟文化是在继承了庙底沟文化的主要因素的基础上，接受周围诸考古学文化因素的影响和渗透而发展起来的。其去向有二：在黄河两岸直接发展为阿善文化，及其后以宽裆鬲为代表的永兴店文化；在黄旗海、岱海周围地区，则与其后以釜形斝和红陶双耳罐为代表的老虎山文化有一定的发展关系。

注　释

〔1〕魏坚编著：《庙子沟与大坝沟——新石器时代遗址发掘报告》，中国大百科全书出版社，2003 年。

〔2〕内蒙古社会科学院蒙古史研究所、包头市文物管理所：《内蒙古包头市阿善遗址发掘简报》，《考古》1984 年第 2 期。

〔3〕内蒙古文物考古研究所、乌兰察布博物馆、商都县文物管理所：《商都县章毛勿素遗址》，《内蒙古文物考古文集》第 2 辑，中国大百科全书出版社，1997 年。

〔4〕乌盟博物馆和林格尔县文物普查资料。

〔5〕内蒙古文物考古研究所、日本京都中国考古学研究会岱海地区联合考察队：《凉城县王墓山坡上遗址发掘报告》，《内蒙古文物考古文集》第 2 辑，中国大百科全书出版社，1997 年。

〔6〕崔璇、斯琴：《内蒙古清水河白泥窑子 C、J 点发掘简报》，《考古》1988 年第 2 期。

〔7〕内蒙古文物考古研究所 1990 年丰准线调查资料。

〔8〕内蒙古历史研究所：《内蒙古中南部黄河沿岸新石器时代遗址调查》，《考古》1965 年第 10 期。

〔9〕内蒙古文物考古研究所、日本京都中国考古学研究会岱海地区考察队：《石虎山遗址发掘报告》，《岱海考古（二）——中日岱海地区考察研究报告集》，科学出版社，2001 年。

〔10〕内蒙古文物考古研究所：《准格尔旗官地遗址》，《内蒙古文物考古文集》第 2 辑，中国大百科

全书出版社，1997 年。

〔11〕同注〔10〕。

〔12〕张忠培：《试论东庄村和西王村遗存的文化性质》，《考古》1979 年第 1 期。

〔13〕内蒙古文物考古研究所、伊克昭盟文物工作站：《内蒙古准格尔煤田黑岱沟矿区文物普查述
要》，《考古》1990 年第 1 期。

〔14〕a. 同注〔6〕。
　　　b. 崔璇：《内蒙古清水河白泥窑子 L 点发掘简报》，《考古》1988 年第 2 期。
　　　c. 内蒙古社会科学院历史研究所考古研究室：《清水河县白泥窑子遗址 K 点发掘报告》、《清水
河县白泥窑子遗址 D 点发掘报告》，《内蒙古文物考古文集》第 2 辑，中国大百科全书出版
社，1997 年。

〔15〕a. 乌盟文物站凉城文物普查队：《内蒙古凉城县岱海周围古遗址调查》，《考古》1989 年第 2
期。
　　　b. 同注〔5〕。

〔16〕同注〔3〕。

〔17〕中国社会科学院考古研究所内蒙古工作队：《赤峰西水泉红山文化遗址》，《考古学报》1982 年
第 1 期。

〔18〕郭大顺：《大南沟的一种后红山文化类型》，《考古学文化论集》（2），文物出版社，1989 年。

〔19〕同注〔18〕。

〔20〕朱延平：《辽西区新石器时代考古学文化纵横》，《内蒙古东部区考古学文化研究文集》，海洋出
版社，1991 年。

〔21〕辽宁省文物考古研究所：《辽宁牛河梁红山文化“女神庙”与积石冢群发掘简报》，《文物》
1986 年第 8 期。

〔22〕甘肃省文物工作队、临夏回族自治州文化局、东乡族自治县文化馆：《甘肃东乡林家遗址发掘
报告》，《考古学集刊》第 4 集，中国社会科学出版社，1984 年。

〔23〕a. 魏坚：《试论阿善文化》，《青果集——吉林大学考古系十周年纪念文集》，知识出版社，
1998 年。
　　　b. 内蒙古社会科学院蒙古史研究所、包头市文物管理所：《内蒙古包头市阿善遗址发掘简报》，
《考古》1984 年第 2 期。

〔24〕a. 内蒙古文物考古研究所：《准格尔旗小沙湾遗址及石棺墓地》，《内蒙古文物考古文集》，中
国大百科全书出版社，1994 年。
　　　b. 内蒙古社会科学院蒙古史研究所、包头市文物管理所：《内蒙古包头市阿善遗址发掘简报》，
《考古》1984 年第 2 期。

〔25〕a. 魏坚：《试论永兴店文化》，《文物》2000 年第 9 期。
　　　b. 内蒙古文物考古研究所：《准格尔旗永兴店遗址》，《内蒙古文物考古文集》第 1 辑，中国大
百科全书出版社，1994 年。

〔26〕内蒙古文物考古研究所：《岱海考古（一）——老虎山文化遗址发掘报告集》，科学出版社，
2000 年。

〔27〕晋中考古队：《山西汾阳孝义两县考古调查和杏花村遗址的发掘》，《文物》1989 年第 4 期。

长江中游地区史前冥器

黄卫东

（中国社会科学院考古研究所）

　　长江中游地区原始文化的丧葬习俗大概到新石器时代晚期才形成一定制度，如实行氏族公共墓地，死者身体的摆放有一定的讲究，流行用生产工具和陶器随葬的方式，并对死者进行某些祭祀活动。其中，使用冥器随葬是一种十分普遍的现象，尽管这种现象可能是受外界的影响而产生，但它已形成了自己的独特传统。本文试图利用已发掘出土的考古资料，对长江中游地区史前冥器传统的形成及特点作一初步分析，不当之处敬请指正。

一　长江中游地区史前时期冥器的发现情况

　　冥器乃专门为死者制作的用品，在它刚出现于某一地区的时候，往往显得制作粗糙，器形小而简陋，很容易与实用器区分开来。但发展到一定的时期，人们的思想观念有所改变，对死者更加重视，制作冥器的意识也相应有所变化，生产出来的冥器可能会精致些，与实用器就不太好区分了。可能正是出于这种原因，我们纵观长江中游地区史前时期的考古发掘资料，有的报告明确指出了一批冥器，而相同的器物在别的报告中却没有被当作冥器处理，这样会减少冥器分布的遗址数量，影响它的普遍性。本文将以前者为准来计量长江中游地区出土冥器的史前遗址的数量。

　　我们来看一下那些被明确指出为使用冥器随葬的遗址。

　　四川巫山大溪遗址有使用冥器的较为明确的证据。发掘者在综述其墓中出土的陶器时认为"除几件手捏制的小陶器外，其余均为生活实用器皿"[1]，这几件手捏制的小陶器指的是小豆和小杯，前者出土2件，后者3件，皆素面，豆敞口斜腹，高约6.4厘米，杯平底或圜底，高约3.4～6.3厘米。在文化层出土遗物中也见这两种器型，但器形有别，豆1件，敛口弧腹，外壁施红衣，内壁呈黑色，外壁还装饰弦纹和成组的戳印纹，十分精美，体形也大得多，口径16、高11.5厘米。杯4件，与墓中出土的大小差不多，但有的带耳，有的带高圈足，造型更为复杂。因此，将墓中出土的那几件手捏制的小陶豆和小陶杯看作冥器是有道理的。简报中没有明确列为冥器的15件"小罐"也应为冥器，这些小罐皆侈口，矮领，带矮圈足，口径和高度只有几厘米，与另一些较大的陶罐及彩陶罐判然有别。以下将要提到的湖北公安王家岗遗址的发掘者就将这种小罐明确列为了冥器，但这种小罐的制作工艺比前述的小豆、小杯要高得多。发掘者还特意提到"有一件石铲，石质较软，通体磨光，上部穿孔，未经使用，可能是专为随葬而制作的"。另外还有一部分陶器在底部打洞，发掘者认为这些底部打洞的陶器"证明了当时已将生人与死人的用品区分开来，他们已经有了对另一世界的概念"[2]，似乎已将它看成了冥器。把这些底部打洞的陶器当作冥器也可佐证于河南淅川下王岗遗址，其第二期遗存墓葬的随葬品中就有大量底部打洞的陶冥罐[3]。果真如此，属大溪文化晚期的大溪遗址至少使用了三种冥器：特意制作的简陋小陶器（豆、杯）和较精致的小陶器（罐）、利用实用器在底部打洞而改造的陶器（器类难知）和特意制作的未经使用的石器（铲），但冥器所占的比例较低。

湖北公安王家岗遗址的第二期遗存（皆为墓葬）发现了一些冥器。墓葬共有74座，出土随葬陶器616件，发掘者将其中的"小罐"明确列为冥器，"小罐四十二件。明器"[4]，未说明还有其余的陶器为冥器。这42件小罐确是冥器，它们多为素面，有的被磨光，个别见施朱绘，口径和高度大多在10厘米以下，与其余的140件多施红衣和纹饰的大陶罐明显有别。但这批小罐包含了两个时代，有点混乱，发掘者只将所有墓葬中的34座分为两组，认为第一组（10座）属大溪文化晚期，第二组（24座）属屈家岭文化早期。据此，我们才能大概看出有些小罐的时代。大溪文化的小罐仅举了一例，"Ⅳ式：四件。M55:1，高颈，圆唇，折肩，直腹，平底，矮圈足。泥质黑陶，素面。口径3.5、高6.8厘米"。屈家岭早期的小罐仅举了两例，一例为"Ⅱ式：五件。其中一件有朱绘痕迹。M7:23，圆唇，颈较直，折肩，腹较直，矮圈足。泥质灰陶，素面。口径3.8、高6厘米"，另一例为"Ⅲ式：二件。M73:3，尖唇，颈较直，折肩，折腹，最大腹径偏下，小平底。泥质灰陶，素面。口径4.2、高5厘米"。总体看来，这批小罐制作工艺并不粗糙，器形也较规整，个别还施朱绘，只是小而不实用。本遗址发现的冥器只有小陶罐一种，使用的频率不低。

位于湖北东部一带的黄冈螺蛳山遗址发现新石器时代墓葬10座（属大溪文化晚期和屈家岭文化早期），发掘者认为"墓葬随葬品中最多的是陶器，共出土五十七件。这些陶器绝大多数是日常生活用具，如有的鼎类等的器底留有烟炱，也有少数是明器，多数器形小巧别致，造型精美"[5]。其中属大溪文化晚期的陶冥器有5件小罐（M3:9；M7:8、11；M8:8、11）、1件小鼎（M2:5）和1件小簋形甗（M8:10）。其中小鼎和小簋形甗大概因其小而不适用，被发掘者明确交代为冥器，但5件小罐也极小，口径3.8~6.1、高5.2~7.1厘米，也应当作冥器处理。小罐多为泥质磨光黑陶，折沿，弧腹或鼓腹，平底。小鼎则为夹砂黑陶，折沿，垂折腹。小簋形甗为泥质磨光黑陶，折沿，折腹，矮圈足外撇。属屈家岭文化早期的冥器有2件小罐（M1:3；M5:1）和2件簋形甗（M1:7；M5:3），形制与大溪文化晚期的相似。本遗址发现的冥器制作较精致，但使用的概率较低。

湖南澧县东田丁家岗遗址"第三期遗存"（属大溪文化晚期）发现墓葬12座，出土随葬陶器有碗、釜、罐、杯、器盖等61件。其中罐2件，"均出于M24。大小相同。泥质酱褐厚胎陶，火候低，似明器。卷沿，束颈，球腹，口径6.5、高4.5厘米"[6]，此墓还出土碗、杯等实用器。这两件罐器形小，胎又厚，火候还低，显然属于那种制作粗糙的冥器，在所有随葬陶器中占的比例十分低下。

湖北京山屈家岭遗址的"第三期遗存"（属屈家岭文化早期）发现墓葬13座，出土随葬陶器207件，发掘者认为其"随葬品以小型冥器为大宗，也有少数实用大陶器。器类基本组合为鼎、簋或鼎、簋、曲腹杯、器盖和壶等"[7]。陶鼎共出土103件，"绝大多数为小型冥器"，这些小鼎皆为泥质黑陶，通体磨光，罐形，折沿，鼓腹或垂腹，三凿形足，腹饰凹弦纹，口径和高度多在10厘米左右。另有少量大鼎，如M12：37（CⅡ鼎），盆形，宽平沿，弧腹，三瓦状足，下腹饰二周凸弦纹，口径达25.2厘米，为实用陶器，与冥器小鼎明显不同。陶簋共出土32件，口径小于15厘米，高度多在10厘米以下，似皆为与小鼎配套使用的冥器，但在同一墓葬中通常是鼎多簋少。发掘者认为这些小型陶器"制作精致，多以快轮制作并普遍都有简单的纹饰，没有纹饰的陶器甚少"。因此，我们可以看出屈家岭遗址是十分流行用冥器随葬的，其冥器以鼎、簋为基本组合，冥器的制作工艺一点不比实用器差。

湖北武昌洪山放鹰台遗址1997年度发掘中共出土墓葬33座（属屈家岭文化早期至晚期，出土冥器的墓葬只见于屈家岭文化早、中期），发掘者认为，"随葬品一般是几件至十几件的小型陶质冥器，有的也随葬一些实用陶器或纺轮、石锛、石钺等生产工具"[8]。简报中没有指出冥器的器类，但可能是小鼎，这些小鼎的口径和高度多在10厘米以下。

湖北武汉市新洲县香炉山遗址出土屈家岭文化早期墓葬11座，发掘者认为"墓中随葬器物多为陶质明器。随葬器物的数量每墓十多件至数十件不等，……陶器种类有鼎、罐、甑、壶、豆、曲腹杯、圈足盘、碗和器盖等"，"器形多数较小，胎壁较薄，显然主要是用于随葬的明器"[9]。其所指的冥器较易判断的有鼎、甑、壶，小鼎如M8：7，"泥质灰陶，素面。敛口，小仰折沿，尖唇，垂腹，圜底。三凿形矮足。通高8、口径9.5、腹径10厘米"。小甑如M8：2，"泥质灰陶，素面。敛口，小折沿，尖唇，鼓腹较深，小平底。底部正中戳有一个小箅孔。高6、口径6、底径2.2厘米"。小壶如M8：1，"泥质灰陶，素面。高领，侈口，圆肩，鼓腹，小平底。高6.2、口径5、腹径7.2、底径2.7厘米"。因此，本遗址发现的冥器有鼎、甑、壶，且成组地葬于同一墓中，其器形规整，制作精细，数量在随葬品中所占的比例较大。

位于长江中游地区偏北部的湖北钟祥六合遗址出土了较多的冥器，其"屈家岭文化早期遗存"共发现墓葬14座，随葬陶器126件，"陶器以泥质黑陶为主，墓葬中的主要器形有鼎、曲腹杯、豆、盆、罐、小罐、壶、盖等，多小型明器。文化层中的主要器形有盆、罐、釜、鼎、曲腹杯、壶形器、碗、盖等"[10]。其"小型明器"指的是墓葬中出土的鼎、盆、罐、小罐、壶、盖，墓葬中的随葬品仅曲腹杯和豆为实用器。陶冥鼎共27件，皆折沿，垂腹，三凿形足，有的带盖，器形很小，口径和高度多在10厘米以下，而地层中出的鼎则大得多，有的口径达20厘米以上。陶冥盆共3件，皆卷沿，弧腹，平底，口径约10、高约3~4厘米，而地层中的盆多折沿，口径达30~56厘米。小陶冥罐和陶冥罐共25件，皆直领或折沿，鼓腹，矮圈足，口径和高度多为几厘米，其形制与大溪和王家岗遗址的矮圈足罐相似，而地层中的罐口径多在10厘米以上，有的达 27.6 厘米。陶冥壶共 19 件，皆直领或束颈，鼓腹，带圈足，口径和高度只有几厘米，而地层中发现的一件壶为泥质黄陶，饰红衣黑彩。这批冥器制作得都较精致，不少器表被磨光，其数量在随葬品中占很大的比例。

鄂北的枣阳雕龙碑遗址也见冥器出土，其冥器皆发现于瓮棺葬中，成人土坑墓不见。其第三期遗存（约当屈家岭文化早中期）出土瓮棺葬 7 座，其中 W1 共出土 4 件器物，"葬具使用三件残陶罐组合。……1 号为黑陶壶形冥器，竖立在葬具旁"[11]，这件黑陶壶形冥器为泥质磨光黑陶，高直领，鼓腹，圈足较高，圈足上有 6 个圆形镂孔。口径 2.8、高 6.3 厘米[12]，器形小巧而精致，与钟祥六合遗址的 A 型壶极为相似。另外，雕龙碑遗址第三期遗存还发现大量在用作瓮棺葬具的实用陶罐或瓮腹部抹泥的现象，其瓮棺葬"大多使用实用或残破的罐、鼎、瓮、盆等陶器作葬具。其中有的罐、瓮葬具底部外表附粘一层细砂或草拌泥"，这种细砂和草拌泥是陶器烧成以后抹上去的，有的容易脱落，它应是用于识别葬具的特殊标志，这种葬具也应属于一种冥器。

位于湖北东部一带的武穴鼓山遗址共发现 233 座新石器时代墓葬，出土随葬器物共计 1685 件，其中陶器 1377 件。发掘者认为"生活器皿均为陶质器，出于 233 座墓葬，共计 1270 件。占随葬品总数的 75%。这批陶器多是明器，因烧成温度低，陶质松软"[13]。其器类主要有鼎、釜、罐、壶、豆、碗、簋、钵、盘、鬶等。这批墓葬所跨时代较长，从大溪文化阶段一直延伸到石家河文化阶段，器物特征包含较多的薛家岗文化因素，但仍然可看出一批属于屈家岭文化早中期阶段的鼎、簋，"卷沿束颈扁圆腹三角形尖足鼎……外折沿扁圆腹矮圈足簋等都可以分别在邓家湾、高坎垅、车轱山、六合、油子岭等遗址屈家岭文化早中期遗存中找到相似的器形"[14]。由于材料比较杂乱，我们只能说至少在屈家岭文化早中期阶段，这个遗址可能流行过用陶冥鼎和陶冥簋随葬的习俗。

湖南安乡划城岗"中一期文化遗存"（属屈家岭早期文化）发掘土坑竖穴墓 75 座，发掘者认为这批墓葬"流行随葬泥质黑陶或灰陶的小型明器，如小鼎、小簋、盂、甑、器盖、瓶等"[15]。所有墓葬均流行陶器随葬，小型明器和大型实用器常共出，但小型明器占很大的比例，如出土随葬品最多的 M63，其 77 件随葬品中有属冥器的小鼎、小簋、甑各 8 件，瓶 12 件、器盖 15 件，出土随葬品最少的 M102 和 M58 各随葬 3 件器物，M102 的 3 件器物全为属冥器的小鼎、小簋和器盖，M58 的 3 件器物也有小鼎、小簋各 1 件，可见此遗址冥器使用的频率之高。发掘者断定这些小器物为冥器是有道理的，如小鼎，口径和高度都在 7～15 厘米左右，"几乎都是泥质黑陶和灰陶"，而另外一种大鼎见于瓮棺葬具，"均为夹砂红陶"，口径和高度都达 15～30 厘米。簋也有大、小之分，小簋的口径和高度只有几厘米，而大簋则可达 10 厘米以上，其余冥器如盂、甑、瓶等口径和高度都在 10 厘米以下，很难作为生活用具去使用。这些冥器中最流行的是小鼎和小簋，且二者经常配套使用，似已形成一定规范，前者皆折沿、垂腹、三锥足，后者皆折沿、扁鼓腹、矮圈足外撇，形制的大致相同有可能是批量生产的反映。虽然可能是批量生产，但这批冥器的制作工艺并不简陋，除造型较规整外，有些小鼎、小簋的腹部还装饰有朱绘的绚索纹等纹饰。除陶质冥器外，有的墓中还发现"可能不是实用工具"的石铲 2 件，这种石铲上部饰有朱绘的卷云纹，十分精美，出土于随葬品最丰富的墓中，可能是一种高规格的冥器。因此，本遗址发现的冥器有大量的陶质小鼎、小簋、盂、甑、器盖、瓶和少量的朱绘石铲，前者在随葬品中占有相当大的比例。

湖南华容车轱山遗址第二期墓葬（属屈家岭文化早期）也出土了一批冥器，随葬陶器"以泥质陶为主，黑陶与灰陶多，红陶极少，小型明器增多"[16]。其中被明确列为"小型明器"的器物为黑陶小鼎，"M79∶3，黑陶，小明器。卷沿，小口，垂腹，圜底近平，鸭嘴形矮足"。与之配套的黑陶簋多为折沿，鼓腹，矮圈足，也应是冥器，因为其小鼎、小簋的形制与屈家岭遗址"第三期遗存"墓葬出土的陶冥鼎和陶冥簋十分相似。本遗址第三期墓葬（属屈家岭文化中期）仍随葬有黑陶小鼎和小簋，器形稍异，"黑陶小鼎 M25∶6，器形小巧，磨光精细，小口大平底，足扁平"，"簋 M8∶2，灰陶，敛口，宽平沿，鼓腹，矮圈足"。本遗址出土的冥器主要为小鼎和小簋，其制作工艺较高，器形较精致，数量在随葬品中占一定的比例。

湖北省郧县青龙泉遗址出土屈家岭文化晚期墓葬 13 座，发掘者认为"M45、M46 的三件随葬陶器，除红顶碗为日常用具外，其他两件形制较特殊，可能是专供死者随葬的冥器"[17]。这两件可能是冥器的器物指的是"细泥灰陶高领罐"和"细泥橙黄陶小罐"，后者即 M46∶1，形制较简陋，"小口，矮领，扁鼓腹，大平底。口径 3.6、高 3.8 厘米"，据其大小可知是冥器，但"细泥灰陶高领罐"（M45∶1）口径 15、腹径 39、高 47.5 厘米，大小不似冥器，发掘者可能根据"在地层中未见此种尖圜底器形"而将其推测为冥器。该遗址还出土石家河文化墓葬 33 座，发掘者认为"墓葬出土陶器，多为遗址中常见的日常生活用器，只有极少数陶质很疏松的器物，如用作葬具的夹砂红陶篮纹花瓣形圈足罐，这种器形在遗址中罕见，可能是明器"，又说"以上五座瓮棺葬具，其中 W3、W4 的两件夹砂红陶花瓣形圈足罐，质地疏松，在地层中未见此种器形，可能是专为婴孩制作的葬具"。这两件被称作冥器的葬具形制相同，大小和实用器相似，可能是一种为死者专门制作的特殊形状的陶器。因此，青龙泉遗址发现的冥器有屈家岭文化晚期的一件"细泥灰陶高领罐"和一件"细泥橙黄陶小罐"及石家河文化时期的用作瓮棺葬具的两件"夹砂红陶篮纹花瓣形圈足罐"，冥器所占的比例很小。

宜城曹家楼遗址"第二期遗存"（属屈家岭文化晚期）在 W11 葬具内发现一件随葬的小壶形器（W11∶2），"泥质橙黄陶，大口，高领，扁折腹，高圈足。……口径 7.4、高 11.3 厘米"[18]，其形制与地层中出土的同类器有差别，如地层中的一件残壶形器（T8③∶11）为扁鼓腹，可能为冥器。本遗址用特制的小壶形器为幼儿随葬的习俗与雕龙碑遗址惊人的相似，其壶形器形制的区别只是两者时代略有差异的结果。

位于湖南省中部的湘乡岱子坪遗址"第二期遗存"（属石家河文化早期）发现墓葬 95 座，出土随葬陶器有豆、鬶、壶、釜、杯、钵、碗、器盖等 404 件。其随葬陶器"多为陶质实用器，间有小型明器"[19]。简报没有说明"小型明器"是何种器类，但纵观其随葬陶器，唯有釜最可能。"釜八十件。多为夹砂红陶和褐陶，少数为泥质灰陶和黑陶"。这些釜器形十分小，口径和高度几乎都在 10 厘米以下，比饮食器中的豆、钵、碗小得多，大概与杯的大小相当，应是冥器无疑。这些釜形制较多，但大部分为仰折沿、鼓腹、圜底者，出土数量在所有随葬陶器中占有一定的比例。

以上诸遗址冥器的出土情况详见表一。

表一　　　　　　　　　　长江中游地区史前冥器出土一览表

冥器 / 遗址		模仿实用器特意制作的陶器													利用实用器改造的陶器（器底打洞）	利用实用器改造的陶器（腹部抹泥）	特殊形状的陶器（花瓣形圈足）	特殊形状的陶器（尖圜底）	石器（一般的）	石器（精致的）
		简陋的			非简陋的															
		小豆	小杯	小罐	小鼎	小簋	小罐	小壶	小釜	小盂	小甑	小瓶	小盆	器盖	多种器型	罐	罐	罐	铲	
大溪文化晚期	大溪	2	3												多件				1	
	王家岗				多件															
	螺蛳山				1		5			1										
	丁家岗			2																
屈家岭文化早中期	屈家岭				多件	多件														
	王家岗					多件														
	螺蛳山						2			2										
	放鹰台				多件															
	香炉山				多件		多件		多件											
	六合				27	25	19					3								
	雕龙碑						1											多件		
	鼓山				多件	多件														
	划城岗				多件	多件				多件	多件	多件								2
	车辖山				多件	多件														

续表一

冥器 / 遗址		模仿实用器特意制作的陶器													利用实用器改造的陶器		特殊形状的陶器		石器	
		简陋的			非简陋的										器底打洞	腹部抹泥	花瓣形圈足	尖圈底	一般的	精致的
		小豆	小杯	小罐	小鼎	小簋	小罐	小壶	小釜	小盂	小甑	小瓶	小盆	器盖	多种器型	罐	罐	罐	铲	铲
屈家岭文化晚期	青龙泉			1															1	
	曹家楼							1												
石家河文化	青龙泉																	2		
	岱子坪					多件														

二　长江中游地区冥器制度的特点

长江中游地区新石器时代的较早阶段，如彭头山文化、城背溪文化和大溪文化的早中期，其墓葬的随葬品一直以实用陶器为传统，经常用于随葬的炊器如釜、罐的外壁有的能够见到使用时留下的烟炱痕迹。到大溪文化晚期，随葬品中才开始出现冥器，如上述的四川巫山大溪、湖北公安王家岗、湖南澧县东田丁家岗等遗址皆有冥器出土。屈家岭文化早中期是长江中游地区冥器最为盛行的时期，此时出土冥器的遗址远较大溪文化晚期普遍，冥器的使用率也更高。而到屈家岭文化晚期和石家河文化时期，冥器开始衰落，这是长江中游地区冥器发展的三个较为明显的阶段。现将三个阶段的特点分述如下。

第一阶段（即大溪文化晚期）长江中游地区冥器制度的特点是：1. 冥器的使用率

较低，即冥器在随葬品中占的比例较低。如大溪遗址，其墓葬随葬品中仅能复原的陶器就有137件，而特意制作的陶质冥器只有20件，约占15%，随葬的大量石器中仅见到一件石铲可能是冥器。螺蛳山遗址墓葬出土随葬陶器57件，只有7件陶冥器，约占12%。丁家岗遗址墓葬出土随葬陶器61件，陶冥罐仅见2件，约占3%。2. 冥器的种类较多，大概有三种，即模仿实用器特意制作的陶器、利用实用器改造的陶器和模仿实用器特意制作的石器。以第一种为主，其中又可分出简陋的和非简陋的两类，前者为豆、杯、罐，后者有罐、鼎、甑。第二种仅见于大溪遗址，根据简报难以了解其器类，但有的学者在论文中提到此遗址"随葬实用陶器都在底部打孔"[20]，而其随葬的实用陶器种类为釜、罐、盆、盘、碗、瓶、曲腹杯等。第三种也仅见于大溪遗址，为一件未经使用的磨光穿孔石铲。3. 冥器的制作工艺和器物造型呈现出初始阶段的特征，如占主要地位的第一种冥器中制作简陋、器形粗糙的冥器占较大的比重，大溪遗址的小豆、小杯和丁家岗遗址的小罐皆属此类。但也有一些制作工艺较高、器形较规整的冥器，如大溪、王家岗遗址的矮圈足小罐和螺蛳山遗址的平底小罐、小簋形甑等。4. 此时冥器的使用似已形成一定的制度。陶罐是被制作成冥器的首选器类，如大溪、螺蛳山、王家岗、丁家岗等遗址皆有陶冥罐出土，后两个遗址皆仅见陶冥罐，这与后来的屈家岭文化早期盛行陶冥鼎和陶冥簋判然有别。造成这种时代差异的原因可能与文化背景紧密相关，因为在此前，长江中游地区陶器是以釜、罐为传统的，此后才开始盛行鼎。

第二阶段（即屈家岭文化早中期）长江中游地区冥器制度的特点是：1. 冥器的使用率较高，即冥器在随葬品中占的比例较大，一些遗址十分盛行。屈家岭、划城岗、放鹰台、香炉山、鼓山等遗址的墓葬皆以随葬陶质冥器为主，实用陶器只占少数。屈家岭遗址第三次发掘发现的13座墓中，随葬陶器共207件，其中陶冥鼎和陶冥簋上百件，约占半数以上。划城岗遗址出土随葬品最多的M63，其77件随葬品中属冥器的有51件，约占66%，一些随葬品少的墓还全部随葬冥器。2. 冥器的种类趋于一致化，以模仿实用器特意制作的较精致的陶器为大宗，个别地区偶见利用实用器改造的陶器和特意制作的精美石器。模仿实用器特意制作的较精致的陶器中又以鼎为最常见，其次为簋，且二者经常配套使用，其余还有罐、壶、盂、甑、瓶、盆、器盖等。利用实用器改造的陶器仅见于雕龙碑遗址，多为用作瓮棺葬具在腹部抹泥的陶罐。特意制作的精美石器见于划城岗遗址，为两件朱绘卷云纹穿孔石铲。3. 冥器的制作工艺和器物造型呈现出成熟阶段的特征，不见工艺粗糙、器形简陋的器物，屈家岭、王家岗、划城岗等遗址有的陶冥器的外壁还装饰有朱绘纹饰，划城岗更出有精美的朱绘卷云纹石铲。4. 冥器的制作可能形成批量生产，同一种冥器往往质地和形制相同。如划城岗遗址，"土坑墓绝大部分均出明器小鼎，几乎都是泥质黑陶和灰陶，均为敛口折沿圜底釜形，圆锥足或椭圆锥足，上部有捺窝"[21]。屈家岭遗址的陶冥鼎皆为泥质黑陶，通体磨光，罐形，折沿，鼓腹或垂腹，三凿形足，腹饰凹弦纹。可以说，敛口、折沿、垂腹、凿形或锥形足的小鼎和敛口、折沿、鼓腹、矮圈足的小簋是具有这个时代鲜明特色的两种陶冥器。5. 此时冥器的使用已形成了较为规范的制度。炊煮用的陶鼎是最经常使用的冥器，不少遗址还将饮食用的陶簋与之相配套用于随葬，似已形成了一种原始的鼎、簋制度，这在屈家岭和划城岗二遗址中表现得最为突出。屈家岭遗址第三次发掘发现一些墓葬随葬品的器物组合和摆放位置很有规律，"其中 M3 的随葬品放置尤为规整，九鼎二簋先依墓坑顶端将鼎、簋、鼎、簋、鼎仰放一排，然后紧贴其下在两端各对称放置三件陶鼎组成两个对称的倒三角形，第二、三排的鼎皆口朝下足朝上覆置，布局严谨对称。M2 的所有随葬品呈长方形依坑纵置，在墓圹中轴线的两端和中部等距放置三件大陶器，其间再掺置各类鼎、簋和曲腹杯等小型器物，器物层层相因，疏密有度"[22]。划城岗遗址几乎每座墓都出有陶冥鼎和陶冥簋，随葬品丰富的墓如 M63，出有八鼎八簋，出土随葬品最少的M102 和 M58 各出三件器物，都是一鼎一簋另加一件器物，鼎和簋似乎成了每墓必不可少的随葬品。当然，此时的随葬习俗除流行用陶冥鼎和陶冥簋外，壶、甑、盂、瓶、盆等器类也被制作成冥器。同时，我们应该注意到一些边远地区可能存在其他随葬习俗，如地处鄂北一带的枣阳雕龙碑遗址，成人墓中极少随葬陶器，却在瓮棺中随葬一件小壶形冥器，稍晚的宜城曹家楼遗址也发现同一现象，接近鄂北的六合遗址其用于随葬的陶冥器种类有鼎、壶、罐、盆，却令人费解地缺乏当时流行的陶冥簋，而壶的数量相当多，这些现象也许是鄂北一带比较流行陶冥壶的反映吧。雕龙碑遗址还流行在瓮棺葬具的腹部抹一层黄泥或细砂的习惯，大概是以此来作为葬具的特殊标志。

第三阶段（即屈家岭文化晚期和石家河文化时期）长江中游地区冥器制度的特点是：1 冥器的使用率很低，即冥器在随葬品中占的比例很低，出土冥器的遗址也很少，报道有冥器出土的地点仅见于青龙泉、岱子坪等遗址。2. 冥器的种类少，主要为模仿实用器特意制作的陶器，器类有罐和釜，罐见于青龙泉遗址，釜见于岱子坪遗址。青龙泉遗址还发现将葬具制作成特殊形状以区别于实用陶器的现象，如夹砂红陶篮纹花瓣形圈足罐和尖圜底的细泥灰陶高领罐，也应视作冥器的一种。3. 冥器中又出现制作简陋的陶器，如青龙泉遗址的细泥橙黄陶小罐。4. 冥器的使用毫无制度可言，鄂西北的青龙泉遗址多见陶冥罐，而湘中的岱子坪遗址则多见陶冥釜，屈家岭早期在广大地区流行的鼎、簋制度似已消失，冥器渐趋绝迹。这种现象在一些遗址表现得尤为明显，如屈家岭遗址，如前所述，其第三次发掘已揭示了本遗址的早期遗存曾盛行使用小鼎、小簋等为基本组合的冥器随葬制度，但此次发掘惜无晚期资料，然本遗址第一、二次发掘的资料可资对比[23]。第一、二次发掘发现早期、晚一和晚二、三个时期的墓葬各一座，早期的那座墓（ⅡM1）出土随葬品五件，四件为黑陶带盖小鼎，一件为残圈足器，黑陶带盖小鼎与第三次发掘发现的陶冥鼎相似，应为冥器，残圈足器也有可能是簋类器，而晚一和晚二的两座墓却皆不见随葬品，这从一个侧面反映了本遗址晚期的冥器随葬制度已经衰落。放鹰台遗址相当于屈家岭文化中期的"第二阶段"皆有陶冥鼎与陶冥簋随葬，但到相当于屈家岭文化晚期的"第三阶段"时，"已不见随葬小凿形足鼎、簋形高圈足豆。出现了口微敛窄沿下腹鼓出的高圈足杯，底内凹的曲腹杯，腹壁略鼓、转折圆曲的双腹盆"[24]，也反映了本遗址到屈家岭文化晚期实用陶器又取代了前一阶段流行的冥器。南部的划城岗和车轱山遗址情况也类似，其相当于屈家岭文化早期阶段，墓葬皆流行用陶冥鼎和陶冥簋随葬的习俗，到相当于屈家岭文化晚期阶段，墓葬的随葬品全部变为实用陶器，根本不见了冥器。因此，长江中游地区到屈家岭文化晚期和石家河文化阶段，原来流行冥器随葬的地方，冥器制度普遍瓦解，只是在少数地区偶有冥器发现，但这些冥器和以前的也大不一样了。

综上所述，长江中游地区冥器制度的三个发展阶段是比较清楚的，冥器的使用率从低到高再到低，冥器的种类由杂乱到一致再到杂乱，冥器的制作工艺和器物造型从简陋到精致再到简陋，冥器制度从尚罐到尚鼎、簋再到无章可循，反映了其冥器从发生、发展到繁荣再到衰落一脉相承的事实，形成了其自身的一套冥器传统。我们能否从冥器传统这个角度去间接印证其文化传统的一脉相承呢？

三 余 论

长江中游地区冥器传统的源头是很晚的，从目前发现的考古资料看，直到大溪文化晚期这儿才出现了冥器，比黄河流域可能晚了一两千年。黄河中下游地区或许是我国古代最早出现冥器的地方，在距今约 6000～8000 年前的甘肃秦安大地湾、陕西西安半坡、宝鸡北首岭及河南舞阳贾湖等遗址的墓葬中已经出现了冥器。大地湾遗址的发掘者认为大地湾第一期文化遗存 M225 随葬的钵、壶、杯等 4 件陶器可能是冥器[25]，其时代当在距今 7000 年以上。半坡遗址的发掘者认为该遗址墓葬的随葬品"大部分是生活实用器物，但专作随葬用的明器已经萌芽，如尖底瓶普遍比遗址中实用的为小，墓 79 还用一个陶钵的泥坯随葬"[26]，其时代距今近 7000 年。北首岭遗址的发掘者也认为该遗址墓葬随葬品的"一小部分陶器的器形不见于居址，即或见于居址，器形也很小，陶质粗糙，当是明器"[27]，其冥器最早见于中层，如"体形太小，显然是明器"的 I 式钵（M7：5），时代在距今 6000 多年前。贾湖遗址的发掘者则认为该遗址的"个别墓随葬的陶器为明器，也有的墓中随葬刚制成尚未使用的石器、初级产品和原料，可能具有象征意义"[28]，其时代在距今 8000 年以上。

与周边地区相比，长江中游地区的冥器更可能是受黄河流域的影响而产生的，位于这两个地区之间的河南淅川下王岗遗址为探讨这个问题提供了一些线索。下王岗遗址仰韶文化二期遗存的墓葬十分流行用陶冥器随葬的习俗，其 162 座一次葬墓葬中，实用器与冥器共存，而在 289 座二次葬墓葬中，"与一次葬不同，基本上是冥器"。冥器的种类有罐、钵、碗、器座，其组合"总的看来是以罐为主，再加上其他器皿"，罐"占随葬陶器的半数以上。……罐的底部，多数捣穿一个小洞"[29]。如前所述，下王岗遗址仰韶文化二期遗存这种以陶冥罐为主的随葬习俗正好和长江中游地区冥器发展的第一阶段（大溪文化晚期）尚罐的冥器制度相吻合。另外，其罐的底部多数捣穿一个小洞又与大溪遗址在随葬陶器的底部打洞惊人地相似。下王岗遗址仰韶文化二期遗存毕竟属于北边的仰韶文化系统，其冥器使用钵、碗类器与大地湾、半坡、北首岭等遗址有相似的一面，而长江中游地区大溪文化晚期阶段诸遗址皆属于其南边的大溪文化系统，将下王岗遗址与长江中游地区混为一谈显然是不合适的。下王岗遗址仰韶文化二期应该略早于大溪文化晚期，因此，可以说长江中游地区的冥器传统受下王岗遗址仰韶文化二期遗存的影响颇深，进而可以说受到了黄河流域文化因素的影响。虽然中间相隔了一两千年，但像大溪遗址随葬未经使用的石铲与贾湖遗址随葬刚制成尚未使用的石器，初级产品和原料也有某种可能的联系。这些事实皆表明长江中游地区冥器传统的形成与黄河流域是密不可分的。

尽管如此，长江中游地区的冥器传统经过诞生、发展阶段已形成了自身的特色，那就是在屈家岭文化早中期阶段普遍盛行用冥器随葬的习俗，其广泛而又规范的鼎、簋式的冥器随葬制度是其他地区所不能见到的，不能排除这种随葬习俗对后世产生过深远的影响。

附记：本文的写作得到陈星灿先生的指点，深表感谢！

注　释

〔1〕四川省博物馆：《巫山大溪遗址第三次发掘》，《考古学报》1981 年第 4 期。

〔2〕四川长江流域文物保护委员会文物考古队：《四川巫山大溪新石器时代遗址发掘记略》，《文物》1961 年第 11 期。

〔3〕河南省文物研究所、长江流域规划办公室考古队河南分队：《淅川下王岗》，文物出版社，1989 年。

〔4〕湖北省荆州地区博物馆：《湖北王家岗新石器时代遗址》，《考古学报》1984 年第 2 期。

〔5〕湖北省黄冈地区博物馆：《湖北黄冈螺蛳山遗址墓葬》，《考古学报》1987 年第 3 期。

〔6〕湖南省博物馆：《澧县东田丁家岗新石器时代遗址》，《湖南考古辑刊》第 1 辑，岳麓书社，1982 年。

〔7〕屈家岭考古发掘队：《屈家岭遗址第三次发掘》，《考古学报》1992 年第 1 期。

〔8〕武汉市博物馆：《洪山放鹰台遗址 97 年度发掘报告》，《江汉考古》1998 年第 3 期。

〔9〕武汉大学历史系考古教研室、武汉市博物馆、新洲县文化馆：《湖北新洲县香炉山遗址（南区）发掘简报》，《江汉考古》1993 年第 1 期。

〔10〕荆州地区博物馆、钟祥县博物馆：《钟祥六合遗址》，《江汉考古》1987 年第 2 期。

〔11〕中国社会科学院考古研究所湖北队：《湖北枣阳市雕龙碑新石器时代遗址试掘简报》，《考古》1992 年第 7 期。

〔12〕中国社会科学院考古研究所：《枣阳雕龙碑》，科学出版社，待刊。

〔13〕湖北省京九铁路考古队、湖北省文物考古研究所：《武穴鼓山——新石器时代墓地发掘报告》，科学出版社，2001 年。

〔14〕何介钧：《长江中游新石器时代文化》，湖北教育出版社，2004 年。

〔15〕湖南省博物馆：《安乡划城岗新石器时代遗址》，《考古学报》1983 年第 4 期。

〔16〕湖南省岳阳地区文物工作队：《华容车轱山新石器时代遗址第一次发掘简报》，《湖南考古辑刊》第 3 辑，岳麓书社，1986 年。

〔17〕中国社会科学院考古研究所：《青龙泉与大寺》，科学出版社，1991 年。

〔18〕武汉大学历史系考古教研室、襄樊市博物馆、宜城县博物馆：《湖北宜城曹家楼新石器时代遗址》，《考古学报》1988 年第 1 期。

〔19〕湖南省博物馆：《湘乡岱子坪新石器时代遗址》，《湖南考古辑刊》第 2 辑，岳麓书社，1984 年。

〔20〕林向：《大溪文化与巫山大溪遗址》，《中国考古学会第二次年会论文集》，文物出版社，1982

年。

〔21〕何介钧：《长江中游新石器时代文化》，湖北教育出版社，2004 年。

〔22〕屈家岭考古发掘队：《屈家岭遗址第三次发掘》，《考古学报》1992 年第 1 期。

〔23〕中国社会科学院考古研究所：《京山屈家岭》，科学出版社，1965 年。

〔24〕同注〔21〕。

〔25〕甘肃省博物馆、秦安县博物馆、大地湾发掘组：《一九八零年大地湾一期文化遗存发掘简报》，《考古与文物》1982 年第 2 期。

〔26〕陕西省西安半坡博物馆：《西安半坡》，文物出版社，1963 年。

〔27〕中国社会科学院考古研究所：《宝鸡北首岭》，文物出版社，1983 年。

〔28〕河南省文物考古研究所：《舞阳贾湖》，科学出版社，1999 年。

〔29〕河南省文物研究所、长江流域规划办公室考古队河南分队：《淅川下王岗》，文物出版社，1989 年。

胶东半岛贝丘遗址的初步研究

梁中合

（中国社会科学院考古研究所）

胶东半岛居胶莱河之东，以胶莱河为其地理分界线。这里是一处相对独立的地理单位，半岛三面环海，一面与内陆相连。半岛中部为低山和丘陵，河流多由此发源并向四周作散射状分布，形成众多的小河。胶东半岛以其独特的地理位置和自然环境特征，形成了新石器时代早期以贝丘遗址为主要特征的一类遗存。这类遗存一般分布在海岸与河流交汇处的台地上，遗址距当时的海岸线仅有几十米。目前这类遗存一般距海较远，这应与海退有关[1]。当时的人们主要以捕鱼和采集为生，间或有狩猎活动。至于农耕业是否存在，目前尚没有确切的证据。

一 研究概况

胶东半岛贝丘遗址发现的历史可以追溯到20世纪30年代，当时日本人驹井和爱在黄县发现贝丘遗址[2]，之后又有神尾正明在青岛兴亚路发现有贝丘遗址[3]。不过当时的发现都是零星的，更没有系统的研究。五六十年代在胶东地区开展的田野考古调查工作中，陆续发现了一批贝丘遗址[4]。1963年山东省博物馆试掘了蓬莱紫荆山遗址，发现了一种早于龙山文化又有别于它的遗存，被称为"紫荆山一期"[5]。1975年山东省博物馆和烟台地区文管会共同发掘了烟台白石村和荣成河口遗址，此时才揭开了贝丘遗址研究的序幕，发现了一种比"紫荆山一期"更早的遗存，被称为"白石村一期"[6]。之后在1979年由烟台地区文管会、北京大学历史系考古专业、中国社会科学院考古研究所山东队联合发掘了福山邱家庄遗址，将其较早的遗存定名为"邱家庄一期"，该遗存的相对年代被界定在"白石村一期"和"紫荆山一期"之间[7]，从而进一步扩大了对贝丘遗址的认识。1980~1981年烟台地区文管会及烟台博物馆再次发掘了烟台白石村遗址。上述遗址均发现一类较早的新石器时代遗存，这类遗存以其独特的文化面貌、鲜明的时代特征及明确的分布范围而有别于其他文化，引起了学术界的广泛关注。

该类遗存根据以往普查和专项调查的情况看，遗址均分布于胶东半岛沿海的市、县，以地表散布大量贝壳为其主要堆积特征，文化层一般不厚，文化性质比较单纯，在其上面基本没有其他文化的堆积。胶东半岛贝丘遗址环境考古课题组重点调查了北岸蓬莱的南王绪、大仲家，福山的邱家庄，烟台的白石村，牟平的蛤堆顶、蜊碴構，荣城的东初、北兰格，威海的义和等9处遗址，南岸的即墨市南仟、北仟、东演堤、丁格庄，莱阳的泉水头、桃林，海阳的蜊碴埠，乳山的翁家埠、桃村王家，荣成的河口、河西乔家等11处遗址，除一些遗址的原生地层被破坏以外，其他遗址一般都利用断面或挖2×0.5米的探沟来了解遗址堆积情况并获取各类标本及土样。整个胶东半岛地区共发现贝丘遗址40多处，其中经过发掘的遗址有烟台白石村、福山邱家庄和荣城河口遗址，试掘的遗址有蓬莱的大仲家、牟平的蛤堆顶和乳山的翁家埠。目前邱家庄遗址和河口遗址的资料尚没有系统地报道出来。

二　分期与命名

胶东半岛新石器时代较早时期的遗存，基本以贝丘遗址为其主要堆积形式，大多数学者都认为其自身特征明显，应独立加以命名，而不宜将其归入大汶口—龙山文化系列。但在对该类遗存的定名和分期方面还存在一些分歧。目前对胶东半岛新石器时代文化的认识，大致可分为三种意见：第一种认为胶东半岛新石器文化，其早期自身特征明显，到晚期特征逐渐消失，融入大汶口—龙山文化系统，而将胶东半岛新石器时代较早时期遗存分为"白石村一期""邱家庄一期"和"紫荆山一期"[8]。第二种认为胶东半岛新石器时代文化其自身特征明显，它从始至终一直是一个独立发展并自成体系的古文化区，而将其分为"白石村时期""邱家庄时期""北庄时期"和"龙山文化时期"[9]。第三种认为胶东半岛的新石器文化始终属于北辛—大汶口—龙山系统而将其纳入该系统的范畴[10]。

在胶东半岛新石器时代文化性质的认识和定名方面，以对较早的新石器遗存的定名意见分歧最大，这给我们认识其文化性质和面貌带来一定的困难。取得对这类遗存认识上的基本一致，将有助于我们对半岛地区新石器时代文化的更深入研究。

这一时期的遗址一般以贝丘遗址为堆积特征，多距海岸线较近，表现出对海洋的高度依赖，从而形成了胶东半岛新石器时代早期文化的主要特征，以白石村一、二期和邱家庄一、二期的遗存表现得最为明显。我们以发现时间较早、报道材料比较丰富的白石村遗址为主来对这类遗存加以分析[11]。

白石村遗址位于烟台市芝罘区西南金黄顶北麓的山坡上，该遗址共有6层堆积，发掘者将第4~6层认定为"白石村一期文化"，将第2、3层认定为"白石村二期文化"。陶器多夹砂、夹云母片和蚌壳粉，也有少量泥质陶。陶器均为手制，器表粗糙，火候不匀，形成斑驳状陶色。器表多为素面，纹饰主要有附加堆纹、锥刺纹、乳丁纹、刻划纹和指印纹等，其中以附加堆纹的种类最多，一般饰于鼎和釜的口沿部分。

主要器形有钵形鼎、筒形罐、小口壶、釜、深腹罐、钵、陶支座等。石器发现的数量较多，以打制和琢制为主，计有斧、锛、铲、磨棒、石球、网坠、砺石等。骨器有针、锥、镰、匕、笄、镞和矛等。

遗址中发现大量的动物骨骼，其中以鱼的骨骼为最多，并发现有河豚这种有剧毒的鱼类的骨骼，表明当时人类已对这种味道鲜美的河豚鱼有比较深的了解。

邱家庄遗址位于烟台市福山区兜余镇邱家庄北，1956年发现，1979年发掘。遗址共分 4 层，第 1 层为耕土层，第 2～4 层为文化层。发掘者将第 3、4 层定为邱家庄一期，将第 2 层定为邱家庄二期。陶器以夹砂为主，另有少量掺蚌壳粉和云母片的，余为泥质陶。由于火候不高，所以陶器表面往往呈斑驳状。陶器多为素面，仅有少量的刻划纹、锥刺纹、附加堆纹。此外，发现少量陶器器表饰有红色陶衣。陶器主要有鼎、釜、钵、壶、器盖和陶支座等。

石器以琢制的为主，有少量磨制。主要有斧、锛、凿、铲、磨盘、磨棒、网坠和砺石等。

经过发掘的贝丘遗址还有荣成河口遗址，但由于资料没有报道，目前我们只能根据一些零星的材料来了解该遗址的文化面貌。此外还有蛤堆顶、大仲家和翁家埠三处遗址进行了小面积的试掘，补充了一批新的资料，丰富了该文化的内涵。

根据目前已公布烟台白石村遗址和其他一些遗址的资料及我们试掘的材料，将胶东半岛贝丘遗址分为早、中、晚三期。

早期：属于此期的典型单位有白石村遗址 TG2 的第 4～6 层、TGI 的第 6 层及 HI 等。同期的遗址还有荣成河口遗址。

主要文化特征：陶器以夹砂陶为主，约占 94%；次为泥质陶，约占 5%；夹云母、滑石、蚌壳陶最少，约占 1%。全系手制，陶色不纯，一件陶器上往往有两种以上颜色，多为红褐、灰褐和红色。器表多为素面，纹饰以附加堆纹和乳丁纹为主，另有少量刻划纹。附加堆纹是以绳索状泥条堆塑而成，有的如连续的"W"形、有的如连续的菱形，有的呈八字形、有的则平行排列。一般饰于鼎、筒形罐或盆的口沿部分。器身上流行柱状或角状把手，一般饰于罐的上部，或置两个，或置四个。壶的肩部饰有鸟喙状或半圆状耳。陶器器类较少，器形简单，多直口圜底器，器形主要有钵形鼎、筒形罐、小口双耳壶、釜、敛口钵、双耳罐、陶支座等（图一）。

石器以琢制的为主，间有打制和局部磨制的。所用石材有角闪岩、板岩、砂岩、大理石、片岩、石英岩等，而以前两种居多。石器种类有斧、锛、铲、磨棒、砺石、网坠等。以搓板形砺石最具特色，多系用黑色滑石制成，平面有数道很深的凹槽，应为骨器的加工工具。

骨器发现的数量较多，种类丰富，制作工艺精湛，主要有锥、针、镞、笄、匕等。以锥和镞的数量最多，几乎占全部骨器的 80%。

遗迹方面没有发现灰坑、房址等遗迹，仅在自然灰沟中发现两座墓葬，没有墓坑和随葬品，均为侧身屈肢，双手置于胸前。其中一墓为一老年女性和一儿童，儿童呈非正常死亡状。

该期的基本特征为陶器器形简单，种类较少，火候较低，呈现出相对较原始的状态。石器制作工艺较落后而骨器制作技术相当发达，这与当时的经济活动有着非常密切的关系。

中期：属于中期典型的单位有白石村遗址 TGI 的第 2～5 层、TG3 的第 2～4 层，邱家庄遗址的下层、大仲家遗址 T2 第 4 层、牟平蛤堆顶 T1 第 4 层和乳山翁家埠遗址下层等，经过发掘的还有荣成河口遗址。同时期的遗址发现较多，主要有即墨的南阡、北

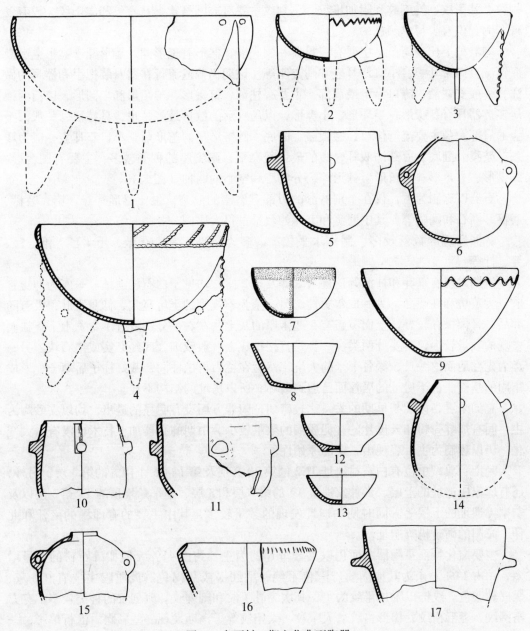

图一　白石村一期文化典型陶器

1～4. 钵形鼎　5、10、11. 筒形罐　6、15. 小口双耳罐　7. 钵　9. 盆　8、12、13. 碗　14. 敛口双耳罐　16. 折沿罐　17. 侈口盆（均为白石村遗址出土）

阡，威海的义和等。

主要文化特征：陶器以夹云母陶为主，约占48.7%，以下依次为夹砂陶约占27%，泥质陶约占12.5%，夹蚌壳陶约占7.2%，夹滑石陶约占4.6%。陶色多为红色和红褐色，由于火候不匀，一件陶器上往往呈多种颜色。陶器绝大部分为素面，仅有少量的刻划纹、乳丁纹、锥刺纹和附加堆纹。刻划纹主要有方网格状、八字纹和太阳纹，没有发现彩陶，仅有少量单颜色的彩陶片。

陶器种类比较简单，主要有三足器和圜底器，器形有釜形鼎、罐形鼎、盆形鼎、圜底钵、直口带耳釜、小口双耳壶和陶支座等。该期仍普遍流行在器身装把手和器耳的做法，一般安在鼎、罐口沿下或肩部，主要有柱形、钉头形、羊角形和半圆形，以前两种居多。器耳有鸟喙形、半环形、小鼻形，以鸟喙形的数量最多，也最具特征，一般饰于壶的肩部。鼎主要流行侈口、腹微鼓、圜底、圆锥形足的釜形鼎，小口双耳壶一般为矮颈、鼓腹、圜底、肩部饰双耳、腹的最大径靠下，陶支座的种类较多，主要有圆台形、圆锥形、方台形、弯角形、梯形等，分实心和空心的两种（图二）。

石器以琢制为主，仅在个别器形的刃部有磨制的痕迹，主要器形有斧、锛、磨盘、磨棒、砺石和网坠等。其中磨盘和磨棒的数量占很大比例。

骨器发现的数量较多，制作水平较高，多为渔猎工具，有镖、矛、匕、锥、镰、笄、针等。

该期发现有墓葬和柱洞等遗迹。墓葬发现2座，均见于白石村遗址。一座为仰身直肢，无墓坑和随葬品，为一成年男性。另一墓为不规则的土坑竖穴，仰身直肢，没有随葬品，骨架保存较好，上面覆盖有5厘米厚的灰土，左右手分别放置于骨盆上下。柱洞发现的数量较多，主要分两类。一类是直接挖成，一般较细，底经夯实或垫石块。另一类为先在地面挖一长、深各1米的大坑，然后在坑内再挖柱洞，栽好柱子后填土，形成牢固的基柱。由于房址的居住面已遭到破坏，所以房址的结构不详。

总的来看，该期与早期的关系比较密切，陶器方面没有明显的进步，均以夹砂陶为主，间有加蚌壳粉和云母片的，泥质陶的数量较少。中期的石器加工技术也没有太大变化，仍以琢制为主，表现出一定的原始性。

晚期：典型单位有白石村遗址 TG2 的第 2、3 层及第 I 区 5 个探方的第 3 层，另外，还有邱家庄遗址的上层、大仲家遗址 T2 的第 2 层和 3 层、牟平蛤堆顶的 T1 第 3 层以及翁家埠遗址的上层等。同时期的遗址发现的数量较多，其中主要的有即墨的南仟和北仟、海阳的砺碴嘴等遗址。

主要文化特征：陶器方面仍以夹云母片的为主，约占 41%，但加滑石粉的明显增多，约占 14%。余为其他陶质。陶色不纯，呈红褐或灰褐色。泥质陶主要有红、灰、黑三种颜色。纹饰以附加堆纹为主，其次为乳丁纹和刻划纹。刻划纹的种类较多，有方格网纹、菱形格纹、梯形格纹、人字纹、太阳纹等。该期发现一些彩陶，流行单彩，一般为红地黑彩，图案有三角斜线纹和勾连弧线三角纹。

典型器物基本与中期相同，以釜形鼎、盆形鼎、罐形鼎、圜底钵、三足钵、小口双耳壶、筒形罐、瓢形器和陶支座等为主，器物种类比中期略有增加（图三）。

石器虽然仍以琢制为主，但出现了通体磨制石器，主要器形有斧、锛、铲、凿、磨盘、磨棒、砺石和网坠等。骨器的种类和加工技术没有多大的变化。

通过对各时期文化特征的比较，我们发现它们之间既存在联系，同时在文化面貌上我们还要看到它们存在的更大差异性。从陶器的方面可以看出在器形上经历了由种类单

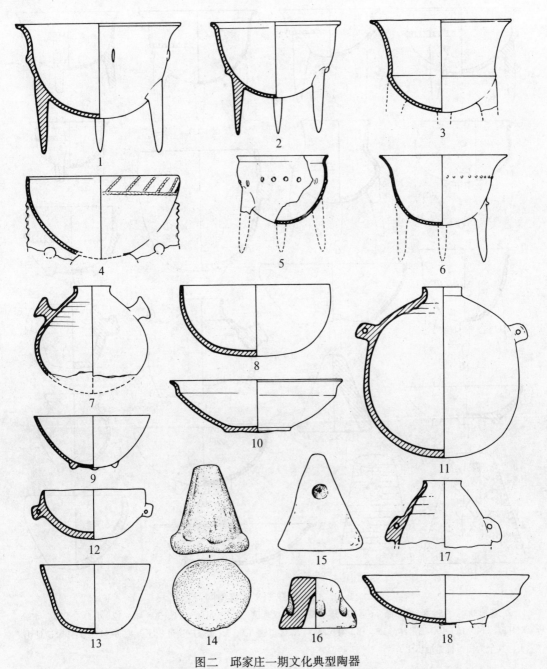

图二　邱家庄一期文化典型陶器

1、2、6. 盆形鼎　3. 釜形鼎　5. 罐形鼎　4、9. 钵形鼎　7、11、17. 小口双耳罐　8. 钵　10、18. 三足钵　12. 双耳钵　13、15、16. 陶支座　14. 深腹盆（1、2、4、7、9、14. 为邱家庄遗址出土，其余为白石村遗址出土）

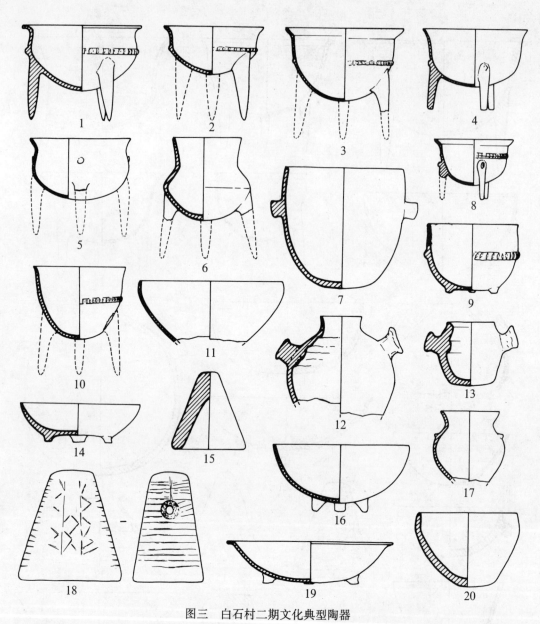

图三　白石村二期文化典型陶器

1、2. 釜形鼎　3~5、8. 盆形鼎　6、10. 罐形鼎　7. 双耳罐　9. 三足钵　11、20. 钵　12. 小口双耳罐　13. 双耳罐　14、16、19. 三足钵　15、18. 陶支座　17. 侈口罐（1、2. 邱家庄遗址出土，4、8、11. 大仲家遗址出土，其余为白石村遗址出土）

一到复杂多样的变化：陶胎由厚变薄；器耳的种类由单一到多样；制陶技术由手制到慢轮修整；陶质从掺和细砂到掺和滑石粉、云母片等；纹饰上是经历了由简单到复杂的发展过程。生产工具方面以渔猎用骨器为主，兼有石质加工工具，石器工具经历了由打制、琢制到磨制的过程。根据它们在不同时期所具有的不同特征，应区别对待。我们分别将其命名为白石村一期文化、邱家庄一期文化和白石村二期文化。

三　年　代

目前有关胶东半岛贝丘遗址的碳十四测年数据共有 16 个，其中烟台白石村遗址 5 个，福山邱家庄遗址 7 个，乳山翁家埠遗址 1 个，牟平蛤堆顶遗址 2 个，蓬莱大仲家遗址 1 个。这批碳十四数据大体可以反映胶东半岛贝丘遗址的编年（表一）。

表一　　　　　　　　　胶东半岛贝丘遗址碳十四数据一览表

实验室编号	遗　址	单　位	样品	测定年代（B·P）半衰期 5730	树轮校正年代（BC）
ZK - 0952	烟台白石村	ⅡT1③H1	骨头	距今 5210 ±80（BC3260）	3982 ~ 3780
ZK - 0953	烟台白石村	ⅠG2③	骨头	距今 4610 ±85（BC2660）	3347 ~ 2943
ZK - 0954	烟台白石村	ⅠT22④	木炭	距今 4835 ±80（BC2885）	3623 ~ 3367
ZK - 1114	烟台白石村	TG2③	蛤皮	距今 4415 ±80（BC2465）	3032 ~ 2784
ZK - 1115	烟台白石村	TG2④	蛤皮	距今 4855 ±80（BC2905）	3630 ~ 3372
ZK - 0873	福山邱家庄	T8③	木炭	距今 5090 ±90（BC3140）	3930 ~ 3646
ZK - 0874	福山邱家庄	T9②:10 号柱洞	木炭	距今 4940 ±120（BC2990）	3772 ~ 3380
ZK - 1117	福山邱家庄	T8H57	蛤皮	距今 5150 ±75（BC3200）	3946 ~ 3702
ZK - 1118	福山邱家庄	T9H91	蛤皮	距今 5415 ±80（BC3465）	4321 ~ 3993
ZK - 2945	福山邱家庄	95SHFQ②	木炭	距今 4642 ±92（BC2692）	3358 ~ 3035
ZK - 2948	福山邱家庄	95SHFQ④	木炭	距今 4582 ±105（BC2632）	3342 ~ 2919
ZK - 2949	福山邱家庄	95SHFQ③	木炭	距今 4716 ±80（BC2766）	3494 ~ 3108
ZK - 2944	牟平蛤堆顶	95SHMG④	木炭	距今 4884 ±90（BC2934）	3641 ~ 3373
ZK - 2950	牟平蛤堆顶	95SHMG③	木炭	距今 4892 ±82（BC2942）	3641 ~ 3377
ZK - 2947	乳山翁家埠	95SHRG③	木炭	距今 4998 ±90（BC3048）	3708 ~ 3534
ZK - 2946	蓬莱大仲家	95SHPD④	木炭	距今 4445 ±89（BC2495）	3032 ~ 2879

胶东半岛贝丘遗址的相对年代已比较清楚。其中白石村一期文化的年代应不晚于北辛文化，邱家庄一期至白石村二期的年代大致与北辛文化晚期至大汶口文化早期相当，文化发展的步调大体一致。但贝丘遗址测定的碳十四绝对年代却与北辛、大汶口文化测定年代相差较大。北辛遗址测定的年代数据有 7 个，在距今 7345 ~ 6300 年间。白石村遗址一期文化测定了两个数据，一个为 ZK - 0952，距今 5210 ±80 年；另一个为 ZK - 1115，距今 4855 ±80 年。所测标本分别为人骨和蛤皮，可能与此有关，这些数据与北辛文化的年代相差约 1000 年。邱家庄一期和白石村二期文化与北辛晚期和大汶口文化

早期的年代相比也显得偏晚。大汶口文化测定的数据较早的有：大汶口遗址的 BK – 79012，距今 6370 ± 215 年；BK – 79014，距今 6100 ± 140 年；BK – 79013，距今 5805 ± 115 年。王因遗址的 ZK – 461，距今 5950 ± 125 年；ZK – 0463，距今 5225 ± 130 年[12]。邱家庄一期文化测定的标本主要有：ZK – 0873，距今 5090 ± 90 年；ZK – 1117，距今 5150 ± 75 年；ZK – 1118，距今 5415 ± 80 年。白石村二期文化经过测定的标本主要有：ZK – 0954，距今 4835 ± 80 年；ZK – 0953，距今 4610 ± 85 年；ZK – 1114，距今 4415 ± 80 年。根据以上数据，邱家庄一期文化年代大致在距今 5400～5000 年。白石村二期文化距今 5000～4600 年左右，这与大汶口早期文化相比上限约晚 900 年，下限约晚 800 年。造成上述现象的原因应是多方面的，有可能是因为所测定物质的不同，但最大的可能是地域的关系导致边缘地区发展的相对滞后的结果。

根据碳十四数据及遗址中的相对年代分析，邱家庄一期文化的年代在距今 6300～5800 年之间，白石村二期文化的年代在距今 5800～5400 年之间，而白石村一期文化的年代估计应在距今 6800～6300 年之间，整个贝丘遗址的年代大致跨越了 1400 年左右。

胶东半岛各时期的贝丘遗址表现出新石器时代较早时期的普遍特征，如陶器均为手制，火候较低，陶色不匀，器形简单，种类较少。流行浅腹盆形或钵形圆锥足鼎、小口双耳壶、陶支脚等。石器加工粗糙，打制和琢制技术并存。上述现象表明胶东半岛贝丘遗址处于一种相对原始和封闭的状态，与外界交流相对较少。根据碳十四数据我们将白石村一期文化、邱家庄一期文化和白石村二期文化的年代框架基本界定在山东半岛内陆地区的北辛文化和大汶口文化的早期阶段。

四　文化性质

胶东半岛具有独特的地理位置和优越的自然条件，同时又是一个比较独立的地理单元，这就具备了作为一个独立文化区的基本条件。正如严文明先生所说的那样，"这样的地理条件使得胶东原始文化容易形成一个内部大致统一而外部仅仅保持有限联系的文化实体"[13]。虽然目前对胶东半岛贝丘遗址文化性质的认识分歧意见很大，但大多数学者普遍认为应将其独立划分，并应从北辛—大汶口文化系统中分离出来而另外加以命名。

白石村一期文化虽然早期与北辛文化时代大体相当，具有某些共同的特征，如普遍流行圜底器、敞口器，纹饰均以附加堆纹为主，小口双耳壶、陶支座也有许多相似之处。但两者的差异是明显的。首先在占主导地位的陶器种类方面，白石村早期文化以釜、罐为主，而北辛文化则以鼎、圜底钵为大宗。虽然都流行小口双耳壶、陶支座，但细审之，它们之间也存在明显的区别：前者壶的装耳方式和种类多样，后者相对比较单一。陶支座的种类和形式也有明显的差异。

邱家庄一期文化和白石村二期文化的时代大体相当于鲁中南地区大汶口文化的早、中期阶段，但与大汶口文化的联系并没有因为时间的推移而加强。邱家庄一期文化和白石村二期文化与白石村一期文化相比，陶器方面只是在数量上和加工技术有变化，而在器物种类和形态方面没有太大变化，仅仅是到了白石村二期文化才出现了一些新的器形，如瓠形器、折腹鼎等，这些新的器类在整个文化中也并不占主导地位。虽然文化内涵在不断丰富，但文化的共同特征却没有减少。这时流行的圆锥足釜形鼎、盆形鼎、双耳壶、筒形罐、陶支座等，它们基本延续了白石村一期文化的形态，表现出很强的承袭性。虽然大汶口文化是继承北辛文化发展来的，但许多器类已在大汶口文化中消失，如釜、小口双耳壶、筒形罐、陶支座等。在细部方面这一时期仍流行白石村一期文化的蘑菇状、鸟首状、柱状等非常有特色的扳手及细长圆锥状鼎足。而这些已不见于大汶口文化，相反大汶口文化中比较典型的高柄杯、高圈足豆、大平底盘等也在邱家庄一期文化和白石村二期文化难寻踪迹。就是相同器类，彼此间的差距也相当大，反映了两种文化的不同和差异。

在陶器的制法和纹饰方面也存在不同。邱家庄一期文化和白石村二期文化中鼎足和器柄的安装非常有特色，一般先在选好的部位钻孔，然后在足或柄与腹要连接的地方加一榫起连接和加固作用，此种方法在大汶口文化中极少见到。纹饰方面邱家庄一期文化和白石村二期文化中以附加堆纹为主，有少量划纹。而大汶口文化中则流行锥刺纹和划纹，附加堆纹比较少见。

五　胶东半岛贝丘遗址与邻近地区原始文化的关系

依目前已知的材料，胶东半岛与白石村一期文化相同的遗存，仅荣成县河口遗址有发现，其他地方尚很难见到。相当于邱家庄一期文化和白石村二期文化的遗存在胶东半岛发现最多，较重要的有荣成的北兰格、威海的义和、乳山的翁家埠、莱阳的泉水头、即墨的南仟和北仟、牟平的蛤堆顶等。从遗址地形的选择到文化内涵都保持着相当的一致性。如遗址多处在离海不远的岗丘上，周围有低矮的群山与河流。陶器的器形、质地、色泽、纹饰都相差无几。这些说明胶东半岛贝丘遗址是在一定范围内和时空框架内存在的原始文化的共同体。

（一）与山东内陆地区原始文化的关系

与白石村一期文化时代相当的有鲁中南地区的北辛文化和鲁北地区的苑城遗址[14]。从文化特征来分析，白石村一期文化与苑城遗存的关系要比与北辛文化的关系密切，这可能与它们之间所处的地理位置远近有密切关系。白石村一期文化与苑城遗存比较，两者在陶器的纹饰和器形上都有一些相近之处，如以细泥条为主的附加堆纹、乳丁纹均多饰于器物的口沿部位，有些器物如钵形鼎、小口罐及钵的形制也较接近。但两者的区别还是主要的。在纹饰方面，白石村一期文化是以附加堆纹、乳丁纹为主，刻划纹较少；而苑城遗址却有大量的刻划纹，附加堆纹和乳丁纹的纹样也有较大的区别。在器类上，白石村一期文化比苑城遗址的种类要少些，但富有特色的柱状把手筒形罐、大口盆不见于苑城遗址；苑城遗址的釜、瓮、罐、碗、圈足器、器座也不见于白石村一期文化，共存的钵形鼎从器形到纹饰也有差别。在生产工具方面，苑城有较多的大型石铲和石磨盘、石磨棒，而白石村一期文化不见大型石铲，石磨盘、石磨棒的数量也很少，却有较多的石球、网坠和骨镞，这应是不同经济类型的反映。苑城类型应是以农业为主，而白石村一期文化在原始农业以外，海洋捕捞、采集和狩猎也占有较大的比重。

邱家庄一期文化年代相当于鲁北地区的后李二期文化[15]，两者在文化面貌上也存在一些共同因素，如釜形鼎、小口罐、钵的形制比较相似，鼎的足根部多饰乳丁的风格也相同。不同的是，白石村遗址是以刻划纹、乳丁纹为主，次为附加堆纹；而后李二期文化仅有少量的乳丁纹，不见刻划纹和附加堆纹；邱家庄一期文化流行的盆形鼎、筒形罐、支座及富有特征的柱状把手、鸟首形耳不见于后李二期文化，后李二期文化的尖顶器、三足盆等也不见于白石村遗址；后李二期文化流行的釜形鼎，在白石村遗址数量较少，其形制也有差别。

白石村二期文化在时间上虽然相当于大汶口文化的早期，但由于鲁北地区仅有零星发现，缺少可供对比的材料，所以很难进行分析比较。

（二）与辽东半岛原始文化的关系

胶东半岛与辽东半岛地缘关系非常紧密，半岛与半岛之间的最近距离仅一百多公里，为其间的原始文化的交流创造了有利条件。胶东半岛的白石村一期文化、邱家庄一期文化和白石村二期文化与辽东半岛同时期的小珠山遗址下层和中层遗存的年代大体相当[16]，或可更早。在小珠山下层遗存中基本看不到两地间文化的交流，它们各自沿着自己的轨迹发展，到了中层以后开始与邱家庄一期文化存在某些交流，如在辽东半岛出现的圆锥足盆形鼎、瓠形器、筒形器等，显然是受到了胶东半岛的影响，同时邱家庄一期文化中出现的一些压印纹饰与小珠山中层同类纹饰基本相同。小珠山中层的盆形鼎、三足瓠形杯、彩陶片等都与白石村二期文化的器物相同，这些现象说明在邱家庄一期文化时与辽东半岛的小珠山中层文化发生了联系，到了白石村二期文化阶段文化交流更加频繁起来。但两者的区别还是主要的。虽然两地的文化存在一些交流，但均按照各自的轨迹发展，交流只是局部和小范围的。它们有其自身的文化因素和特点，分属不同的文化系统。

总之，白石村一期文化从时间上讲，与北辛文化和苑城遗址同为山东地区目前较早的新石器文化。它对胶东半岛后来文化的发展产生了深远的影响。虽然它与山东内陆鲁北地区的考古学文化有着密切的关系，但考虑到两者文化面貌的差异、居住地理环境的不同及经济类型的区别，应单独予以命名。继起的邱家庄一期文化和白石村二期文化同样具有鲜明的地方特征。为了恰当地反映它们的内涵、特征、性质等，我们将其分别独立加以命名。虽然邱家庄一期文化和白石村二期文化与山东半岛内陆地区文化的交流和融合的步伐加快，但在文化面貌上表现出的个性差异仍然大于共性，大汶口文化的因素依然没有取得主导的地位，所以应独立加以命名。

白石村一期文化、邱家庄一期文化和白石村二期文化在文化面貌方面表现出强烈的承袭性和内涵的统一性，是一脉相承的文化共同体，它们有其自身发展的时间和空间，与北辛文化和大汶口文化的比较，其差异性明显，不宜将其归入北辛—大汶口文化范畴。当然随着时间的推移,胶东半岛原始文化与大汶口—龙山文化的关系越来越密切,半岛的原始文化与内陆文化趋同,从而演变为内陆文化的地方类型。

注　释

〔1〕赵济著:《胶东半岛沿海全新世环境演变》,海洋出版社,1992 年。

〔2〕[日]驹井和爱:《山东省黄县龙口附近贝塚ニ就イテ》,《东方学报》1931 年第 1 期。

〔3〕[日]神尾正明:《青岛市兴亚路贝の四先史地理》,《史前学杂志》第 14 卷二、三号,1949 年。

〔4〕a.　杨子范《胶东半岛一带发现新石器时代遗址》,《文物参考资料》1958 年第 2 期。

　　　b.　山东省文物管理处:《山东胶东地区新石器时代遗址的调查》,《考古》1963 年第 7 期。

　　　c.　烟台市博物馆:《山东烟台市郊邱家庄发现新石器时代遗址》,《考古》1963 年第 7 期。

　　　d.　烟台市博物馆:《山东烟台市郊区发现新石器时代遗址》,《考古》1965 年第 10 期。

〔5〕山东省博物馆:《山东蓬莱紫荆山遗址试掘报告》,《考古》1973 年第 1 期。

〔6〕a.　烟台市博物馆:《山东烟台市白石村遗址调查简报》,《考古》1982 年第 2 期。

　　　b.　烟台市文物管理委员会:《山东烟台白石村新石器时代遗址发掘简报》,《考古》1992 年第 7 期。

〔7〕a.　严文明:《胶东原始文化初论》,《山东史前文化论文集》,齐鲁书社,1986 年。

　　　b.　韩榕:《胶东史前文化初探》,《山东史前文化论文集》,齐鲁书社,1986 年。

〔8〕同注〔7〕a。

〔9〕李步青、王锡平:《胶东半岛新石器文化初论》,《考古》1988 年第 1 期。

〔10〕高广仁、邵望平:《中华文明发祥地之一——海岱历史文化区》,《史前研究》1984 年第 1 期。

〔11〕同注〔6〕。

〔12〕中国社会科学院考古研究所:《中国考古学中碳十四年代数据集(1965～1991)》,文物出版社,1992 年。

〔13〕同注〔7〕a。

〔14〕山东大学历史系考古专业:《山东邹平县苑城早期新石器遗址调查》,《考古》1989 年第 6 期。

〔15〕济青公路文物考古队:《山东临淄后李遗址第一、二次发掘简报》,《考古》1992 年第 11 期。

〔16〕辽宁省博物馆、旅顺博物馆、长海县文化馆:《长海县广鹿岛大长山岛贝丘遗址》,《考古学报》1981 年第 1 期。

海岱龙山文化的古国与
都城、礼制与礼器

邵望平　高广仁

（中国社会科学院考古研究所）

　　大汶口文化社会后期经历了大动荡、大分裂、大变革[1]。社会成员间贫富悬殊，私有制确立；氏族部落间强胜弱败，中心邑落崛起；特种工艺成为独立的经济门类，尖端产品流向社会上层；出现了诸如男尊女卑、祖先崇拜、英雄崇拜、追逐私有财产、夸富等新的社会意识与风气；已使用了具有地区性共识的陶尊刻文。所有这些变革，其动力主要源于人的贪欲，特别是社会上层的贪欲。正如恩格斯所说："邻人的财富刺激了各民族的贪欲，在这些民族那里，获取财富已成了最重要的生活目的之一。他们是野蛮人：进行掠夺在他们看来是比进行创造的劳动更容易甚至更荣誉的事情。……现在进行战争，则纯粹是为了掠夺，战争成为经常性的职业了。在新的设防城市的周围屹立着高峻的城墙并非无故：它们的壕沟深陷为氏族制度的墓穴，而它们的城楼已经耸入文明时代了。"[2]无度的掠夺、无序的厮杀使利害尖锐对立、争斗炽热激烈的不同集团或族群都面临着同归于尽的危险，于是社会呼唤一种貌似公允、凌驾于不同利益集团之上的权威力量出现，王权、国家应运而生。王权以暴力遏止无序的混战，王权既保护富有者的利益，使之成为贵族，又以"礼"制约贵族的无度贪欲，规范其行为，确立并巩固多层金字塔式的社会结构，社会得以以王权为轴心，有序地运转，从而进入了文明时代[3]。

　　海岱龙山文化社会已经迈进了文明时代，是初级的文明社会。在考古学上主要体现为：作为王都的城堡崛起、特大遗址群出现；礼制初成及其载体礼器的出现。其他还有诸如社会价值观念的变革、文字的形成等等。

一　古国"都""邑""聚"的三级结构

　　海岱龙山文化的城址迄今已发现二十余处[4]。如寿光边线王[5]、邹平丁公[6]、章丘城子崖[7]、淄博田旺[8]、五莲丹土[9]、滕州薛城内小城[10]、鲁西北以景阳岗为首的8座城址[11]、连云港藤花落[12]等；在桓台史家[13]、费县防城[14]等遗址也发现了龙山文化城的线索。这些城址有大有小，规模、城内布局、设施、建筑质量都相差很远。大者如阳谷景阳岗，总面积38万平方米[15]；小者如乐平铺城，仅3500平方米左右。

10000 平方米以下的小"城",也许只是具有防卫功能的普通寨墙。这种寨墙可能在文明时代之前就已出现。中型城址应是次于王都的、设防的"邑"。作为王都的城堡一般是规模浩大的永久性工程,只有在王权的统一组织、指挥、监管下,驱使四野之民提供劳役,经过了隆重的仪式才得以建成。筑城的人并不是住在城里的人,正是在这一点上,才最能体现王权的权威性。

可能作为都城的有城子崖、田旺、丁公、景阳岗、教场铺、丹土、藤花落等城址。这类城址城内堆积较厚,遗存丰富;有的墙基内有奠基坑,城内往往有大型夯土基址(宫室或宗庙遗迹)。城内设施及物质文化遗存的品位要比四野中、小型遗址为高。这类城堡无疑是政治的中心、军事的中心、文化的中心,当然也还是消费的中心。

这类城址有的是台城,即以高高隆起的台地为基础,再挖壕、筑城,形成防御体系,如城子崖者。该城址面积 20 来万平方米,平面近方形,北部顺台地地形向北凸出。城垣由堆筑、版筑结合筑成。已发现了南北两个城门。两城门之间有道路相连。城门外侧的台基部分夯筑出斜坡,通往城外。北部外凸部分可能有大型建筑基址。城内有成群的水井,有高品位的文物。另一种城址则是挖槽筑基,再夯筑城垣,如边线王者。边线王面积不大,仅 57000 平方米,大城圈内中部偏南处有小城圈,面积约 1 万平方米(据报道,两者不同时)。城墙基槽里发现有"奠基坑",其中埋有很可能是作为牺牲的全尸人、狗、猪和可以复原的陶器。可以想见,在筑城过程中,必定在大巫的主持下,举行过隆重的、残酷的宗教仪式,或许就是筑城的奠基礼。因此边线王城址可能是个特例,城圈虽小,仍有可能是一处都城废墟。丁公龙山城址内的夯土基址上也有用小孩或成人奠基的现象。虽然有人认为使用人牲并非是阶级社会特有的现象,但笔者认为,原始宗教向鬼神祈求的只与个人和极狭窄的社会范围内的祸福安危有关,氏族制度下几乎没有对本血缘组织内部成员处死的极刑,也不太可能以本组织成员作为对神的牺牲奉献[16]。海岱龙山文化城址中用于奠基的人绝不是城中的王室成员,可能是四野之民,更可能是俘获的敌对族人。这不是原始宗教的产物,而是社会发展到一定阶段上宗教与王权、礼制杂糅的产物。

"都城"不会孤立存在。周围必定有其统辖、吸纳的聚落群。城子崖城就是一个包括若干中型遗址和更多一般聚落的特大遗址群的中心。再如鲁西北的两大遗址群,就是分别以景阳岗、教场铺大城为中心的。两城—丹土也是一处特大遗址群的中心[17]。如果我们将这类特大遗址群复原成为一个社会有机体,就是以都城为重心,包括有都城所统辖的几个中心邑落和由这些邑落统辖的大量普通聚落。这聚落的三等形态正是最初古国简单三级结构的反映。正如《史记·五帝本纪》所描述,舜"一年而所居成聚,二年成邑,三年成都。"这"都"、"邑"、"聚"的三级立体金字塔式的古国结构正与考古发现相符不悖。

除了上述以都城为中心的大型遗址群外,类似泗水尹家城[18]、临朐西朱封[19]那样拥有极高规格贵族墓地的遗址,也传递出附近应是某一古国国都的信息。

二 "万邦林立"与古国的分群

以都城为中心的古国，可以称之为城邦式古国，规模不大。这类古国在鲁西北、鲁北、鲁东南、鲁中南各地都已有所发现。尽管当前的发现带有一定的偶然性，不可能确知当时实际存在着多少个古国，但从仅有的发现中仍可以推知某些地区古国的密度。鲁北古国群，包括城子崖城、田旺城、丁公城、边线王城，以及调查所得桓台史家城，就是一幅古国林立的历史画卷[20]。它们之间的直线距离均为数十公里（35~50公里）。尽管这些城址有早有晚，但这类城址是永久性浩大工程，在海岱龙山文化五六百年间它们应是共存过的，其间不太可能另有古国（都城）存在。也就是说，每一个古国势力所及就只有纵横数十公里的范围。一叶知秋，除胶东一地和少数地利不好的山区、滩涂外，大部分地区都有相对集中的古国林立。

我们注意到这些古国有分群的现象。鲁西北一群曾被分为两组，一组包括景阳岗、王家庄城、皇姑冢三城址；另一组包括茌平教场铺、尚庄、大尉、乐平铺、王集等五城址。这两组城址应属于同一族群的两个古国[21]。鲁北一群已如前述，可能分属于五六个古国，它们之间应该有更为密切的族属上的关系。鲁东南的两城—丹土一处特大遗址群与尧王城大遗址群两者关系密切，与苏北连云港藤花落城距离较远，不排除其间会另有古国存在。从丹土到藤花落也可能属于同一个族群。鲁中南一带既有泗水尹家城那样具有"王气"的墓地，又有薛城（很小）、枣庄二疏城等城址线索，其间关系尚不清楚，但它们很可能属于同一族群。尚未有胶东半岛龙山文化城址的报道，但当时胶东半岛的社会并不落后，如栖霞杨家圈就是一处重要遗址[22]。这里有挖槽筑基的地面式建筑，有稻作遗迹，又发现了冶铜遗迹。胶东半岛的陶器，特别是磨光黑陶的质量并不比海岱区内地逊色，渤海海岛上出土的黑陶迄今仍漆黑光亮[23]。胶东沿海族群从事传统的海上营生和越海贸易。似不能因尚未发现城址就认为没有城址。值得注意的是，上述几个区域性城址群与考古学类型小区的划分大体一致。城址的分群启示我们，最初的古国很可能是从旧的氏族制度内部蜕变而来的。一个有共同地域、共同语言、共同经济类型、共同生活方式、共同文化习俗的族群，社会条件成熟了，"古国"就会像"雨后春笋"般地从族群中"冒"出来。也就是说，原始族群因王权、政治力量的介入而发生裂变，在该地区、该族群中就会出现若干个文明小实体——古国。苏秉琦先生就是用"满天星斗"来形容文明之初古国林立情景的。这些星罗棋布的古国在更高一层次上进行兼并与厮杀，历经数百年，在下一个历史阶段上，仍然是"夏有万邦"的天下大势。

顺便提到，随着古国群的形成，社会事务变得复杂，国族之间的利害一致或冲突、结盟或敌对，都需要通用的沟通工具。一种用于记史、记事、社会上层和国家沟通思想的原始文字便应运而生。邹平丁公龙山文化城根的一个灰坑中出土了一片龙山文化陶片，其上刻有5行11个字[24]。它也许不是商王朝甲骨文的祖源，仅仅是海岱区某一地区、某一族群各国族之间通行、后来死亡了的文字，但他确属中国传统的方块字系统。龙山时代，在海岱区或海岱区的某一地区出现文字不仅是可能的，甚至有其必然性。因为早在大汶口文化后期已经使用了具有地区性共识的陶尊刻文；丁公的发现也不是孤证，在良渚文化、客省庄二期文化中也已发现了原始文字。文字是文明时代的一大特产。

先秦古籍中保存着对五帝之世后期的追忆，其社会状况与龙山时代相仿。《左传·昭公十七年》郯子述祖时就提到少昊挚之世存在着"五鸟"、"五鸠"、"五雉"、"九扈"的社会组织体系或是国家管理体制。无论如何，我们可以看到在进入文明时代之初，先东夷集团传统的血缘结构、鸟图腾崇拜、祖先崇拜等因素与王权政治融成了一体。早期的国家结构并未脱离血缘组织的窠臼。不仅传说时代如此，就是在甲骨文、金文史料里，都可以看到"族"的外壳一直保存于政治生活之中。这也许就是远古时代族名、地名、首领名乃至国名常相混同的主要原因之一。史学家使用了"国族"这一个术语，实在很科学的。

《尚书·禹贡》追记夏王朝时期的青、徐二州（与我们所谓的海岱区相当）有三大主要族群：嵎夷、莱夷、淮夷；《竹书》记与夏王朝交往的有"九夷"。这九夷有可能就是分属于三大民族集团的一些古国，也就是所谓的若干国族。由此上溯，海岱龙山文化时期应比夏王朝时期有更多的国族。文明时代的到来，虽然在各个文明小实体内部，王权以暴力为后盾能够制止国族内部的野蛮掠夺和无序厮杀，建立起"文明"秩序，然而，各国族之间必然会在更高的层次上，以更大的规模进行掠夺与厮杀。

三 礼制初成与金字塔式社会结构的确立

中国古代文明的特征之一就是，社会秩序是靠礼制而不是靠宗教建立的。王权以各种法规、名分、礼仪、礼器等手段来规定各社会集团、阶级，主要是贵族内部各阶层的权利（如确定剥削度）、义务（如忠君、纳贡、劳役）等行为规范，把贵族"合礼"的贪欲引导到王权所保护的轨道上来；遏止贵族一己的无度贪欲；把贵族内部的利害冲突、争斗限定在王权所容许的"秩序"的范围内，使整个社会生活得以以王权为轴心有序地运行。从考古学上看，中国古代的礼制正是在龙山时代随文明的形成而开始的。龙山时代的"礼"显然是不完善的，制度化的程度也浅，但"礼"的本质则是与生俱来的。无论如何，"礼"的出现比之野蛮时代部落间无度掠夺、混战来说，是一个进步。临朐朱封和泗水尹家城等墓地的材料说明，当时不仅已经存在着阶级，而且在贵族内部也形成了等级分层，昭示了一个以礼制来确立维系金字塔式社会结构的古国的存在。

临朐朱封墓地发掘了 3 座前所未见的典型龙山文化贵族大墓。墓穴均在 25 平方米以上。两座为两椁一棺，一座为一椁一棺，都有边厢、脚厢或木质容器，棺、厢多有红黄彩绘。各墓随葬有二三十件精致陶器如罍、鬶、鼎、豆、蛋壳陶杯等。各墓均随葬有玉器，如 202 号墓随葬两件玉钺，一件玉刀，一件堪称绝代佳品的双色双件嵌合冠饰，一件有雕刻的玉簪，两组绿松石串饰，头侧有 980 多片绿松石小片，可能是粘贴在用麻布、皮革之类有机质物做成的华冠上的饰物。203 号墓死者头部也有 90 多片绿松石小片。此外各墓分别葬有獐牙、鳄皮制品、猪下颌骨等。由于朱封墓地遭到破坏，未发现次等贵族或平民之墓。但是，如此高规格的墓葬，无疑属于高级贵族，并非低级贵族所能享有，遑论一般族众了。朱封大墓在葬具（双重木椁、彩绘木棺彩、绘木质容器）、随葬品（玉礼器）、服饰（如华冠和那件极品冠饰）等方面，都表现出丧葬礼制化的明显迹象。鲁东南的日照两城镇早年的发掘也发现了类似情况[25]。

更能说明丧葬礼制的则是鲁中南泗水尹家城墓地的材料。该墓地共清理海岱龙山文化墓葬65座。根据墓穴大小、葬具的奢简有无、随葬品的优劣多寡等因素可分为三等七个级差。第一等为大型墓，又分两个级差。第一级仅一座大墓，第15号墓，墓穴25平方米以上，两椁一棺。棺内只有零星人骨，墓主可能为二次葬，另有人头骨两个，三者之间必定存在主从关系。随葬陶器中有大件鼓腹盆、白陶带盖鬶、蛋壳高柄杯等共23件。还随葬了20副猪下颌骨，特别重要的是随葬了鼍鼓[26]。鼍鼓见于山西襄汾陶寺墓地上的"王者之墓"，故这座大墓亦可能为王者之墓。第二级有四座大墓，随葬品也很丰富，唯不见鼍鼓，且为一椁一棺。第二等为中型墓29座，有木棺及十来件随葬品。依此类推，直至墓穴仅能容尸、无随葬品的贫者之墓。可以看到，王权以礼制（以葬制、礼器等为载体）确保了尊卑有序、贵贱有等的多层金字塔式社会结构。由于礼制的迹象已发现于鲁北、鲁东南、鲁中南，看来，丧葬礼制可能在海岱区已普遍存在。

需要指出另一个基本史实，即王者、王室成员、贵族之墓仍与一般族众之墓安葬于同一墓地。古国分层的新社会结构仍笼罩在旧的血缘组织的外壳之中。血缘组织外壳的长期存在，是海岱区也是古代中国"国族"产生并延续久远的一个主要条件，是中国古代文明的特征之一。

朱封、尹家城墓地上墓穴大小、随葬品多寡优劣悬殊的现象，早已是大汶口、西夏侯、野店、陵阳河、大朱村等大汶口文化晚期墓地上的普遍现象，非但如此，海岱龙山文化大墓就随葬品数量而言，远较大汶口文化晚期大墓"逊色"。那么，为什么说礼制出现于海岱龙山文化时期？这涉及礼制的本质与礼器的功能问题。

当原始社会发展到一定程度以后，社会经济出现的"相对剩余"就刺激起人们的贪欲，首先是氏族酋长、巫师、勇士们，以氏族制度所能容忍的手段来巧取一些相对剩余，后来逐渐变成为豪夺，族群间的掠夺成为经常的社会现象。私有财富成为社会成员追逐的主要目标。夸富成为炫耀财富的主要手段，社会达到野蛮时代的鼎盛期。大汶口文化晚期那些满坑满穴的随葬品，那些近百件、超百件的陶器，大大超出死者在另一世界"日常生活"所必需，其主要意图在于夸富，夸耀死者及其家族的富有。但在"文明社会"中，在"礼"的体制下，财富已不再是社会地位的首要标志；王权所赋予的贵族身份才是社会价值观念的新取向。海岱龙山文化大墓中的礼器是上百件陶器所不能换取的。在尹家城墓地上，有的贵族墓随葬的陶器、猪下颌骨等的数量并不比那座第15号大墓少，甚至更多，但却没有资格拥有鼍鼓重器。还要指出的是，一般说来，"富"与"贵"形影相随。礼器本身多属贵重物品，如玉器、蛋壳陶器。但由于礼器的功能主要是载礼，因此质材贵重与否并非本质问题。如制作鼍鼓的木材、鳄皮及颜料并非稀有贵重物品[27]，只是由于鼍鼓是礼器，才具有高贵的社会价值。可见礼器的特质与功能在于，它代表王权权威，用以分等、分层。礼器的这种特性决定了礼器的生产必定具有王室经济的性质。

四　礼器的生产与王室经济的出现

王权通过"合礼"的渠道聚敛社会财富，进行再分配。流向之一就是发展王室经济，以满足王室、贵族的奢侈需要，满足政治的需要。王室经济，或者说由王室控制的生产门类，主要是一些特种工艺。其物质文明精华集中体现在礼器上。海岱龙山文化的礼器主要包括以蛋壳陶为代表的陶礼器、以玉钺为代表的玉礼器、以鼍鼓和彩绘棺椁为代表的细木作产品等等。礼器这类特种工艺的生产，又是以社会总体生产水平的提高为基础的。

海岱龙山文化的陶业达到了陶业史上的巅峰。不仅种类繁多，更重要的是轮制技术的推广与完善。一般日用器皿陶胎都较薄，造型秀雅，泥质陶漆黑光亮。不过其产品是分流的，一般产品流向族众，高、大、精、尖产品流向社会上层或服务于政治需要。其中，蛋壳黑陶高柄杯确实薄如蛋壳，一件高达 25 厘米的陶杯，重量不及 50 克。其制作工艺令今日之陶工折服而无法仿造。蛋壳陶杯的杯身大，有的杯壁还是双层，杯柄细长，底座甚小，整体头重脚轻，不宜实用。它的前身是大汶口文化晚期的磨光薄胎黑陶杯，曾经是财富的象征。到海岱龙山文化时期可能已变为礼器。蛋壳高柄杯往往出自大中型墓葬，在朱封大墓中，还特意放置在木质容器中，很显尊贵。其他如一些精致的白陶器大约也具有礼器的性质。

海岱龙山文化的玉业在史前中国独树一帜。玉礼器集物质文明、精神文明于一体。海岱龙山文化的玉礼器包括日照两城镇出土的具有复杂纹样的玉圭[28]、五莲等地出土的玉璋[29]、大量方体或长体（有的还嵌有圆形美石）玉钺[30]、朱封出土的齿刃玉钺[31]、五莲丹土出土的带有扉牙的玉戚[32]、多处遗址出土的玉牙璧[33]、朱封出土的玉刀、五莲出土的不同于良渚文化玉琮造型的海岱系玉琮[34]等。这组玉礼器的突出特点是均无实用或装饰价值。我们将其与后世三代玉礼器进行了比较研究，可以明确地说，海岱系玉礼器是三代玉礼器重要的甚至是主要的祖型，是三代玉礼器的一个主要源头[35]。此外，朱封那件通高 23 厘米的冠饰，集镶嵌绿松石、阴刻地纹、镂孔、透雕、扉牙、花边、双件嵌合等高难技艺于一身，它虽不是礼器，但也绝非普通族众或下级贵族所能佩带，因此也可以视为准礼器。至于制作鼍鼓之类的细木作和营造宫室、宗庙的大木作，显然不是所有有木工技能的人都可以从事的，而必须得到王权的认可。这是我们的常识所能理解的。

顺便提到，海岱龙山文化时期已经出现了冶铜业[36]，目前所发现的还只是一些小件工具、饰物。直到下一个历史阶段上铜器才取代了陶礼器的地位堂皇地登上贵族礼仪的大雅之堂。

王权、国家的出现加速了社会财富的集中，这不止有利于物质文明的生产，甚至可以说是物质文明生产的前提。在社会生产力相当低下的条件下，如果没有王权的强制和聚敛，那么不多的社会剩余财富就会在无度的掠夺中消耗殆尽，而不可能供养专职的、世袭的工师匠人发展王室经济，从事物质文明的生产。试想，中国古代的文物精华、博物馆里的"国宝"有多少出自民间？可以说出自民间的寥若晨星，几乎都出自王室经济和官工业。这是文明时代较之野蛮时代进步的表现之一。毫无疑问，这种进步是以牺牲绝大多数社会成员的利益为基础、为前提的，但这是无可选择的历史之路，社会就是这样在矛盾中前进的。

海岱龙山文化时期是古国林立的时期，也可以说，是小型文明社会、秩序社会形成的时期，同时也是众多的古国在更高层次上进行更大规模厮杀、兼并的时期。海岱龙山文化时期是礼制初成的时期，这一时期已经萌发了中国古代文明的一些遗传基因，如王权至上、礼制统辖社会生活、王室经济是物质文明生产的主体、血缘组织质变而形不散等等，由此奠定了中国古代文明的基础。海岱龙山文化社会达到史前时代的光辉顶点，就其社会、经济发达程度而言，已具备了产生王朝的条件，但不争的史实是，第一个家天下的王朝是在中原崛起的。此后，海岱区的社会就开始了漫长、曲折而又不可逆转的历史进程，逐步地汇入以夏、商、周中原王朝为中心的中国古代文明巨流中去。

注　释

〔1〕参见高广仁：《大汶口文化社会发展的两段论》，《海岱区先秦考古论集》，科学出版社，2000 年。

〔2〕恩格斯：《家庭、私有制和国家的起源》，《马克思恩格斯选集》第四卷第 160 页，人民出版社，1972 年。

〔3〕邵望平：《礼制在黄、淮流域文明形成中的作用》，《燕京学报》新版第 18 期，2005 年。

〔4〕张学海：《试论山东地区的龙山文化城》，《文物》1996 年第 12 期。该文小注集中了大部分有关发现的出处。

〔5〕a. 张学海：《寿光边线王龙山文化城堡遗址》，《中国考古学年鉴（1985）》，文物出版社，1985 年。

b. 佟佩华：《寿光边线王城堡遗址》，《中国考古学年鉴（1987）》，文物出版社，1988 年。

〔6〕山东大学历史系考古专业等：《邹平丁公发现龙山文化城址》，《中国文物报》1992 年 1 月 12 日。

〔7〕张学海：《城子崖与中国文明》，《纪念城子崖发掘 60 周年国际学术讨论会文集》，齐鲁书社，1993 年。

〔8〕张学海：《泰沂山北侧的龙山文化城》，《中国文物报》1993 年 5 月 23 日。

〔9〕刘延长等：《五莲丹土龙山文化城址》，《中国考古学年鉴（2001）》，文物出版社，2003 年。

〔10〕山东省文物考古研究所：《薛故城勘探试掘获重大成果》，《中国文物报》1994 年 6 月 24 日。

〔11〕张学海：《试论山东地区的龙山文化城址》，《文物》1996 年第 12 期。

〔12〕南京博物院等：《连云港藤花落龙山文化城址》，《中国考古学年鉴（2001）》，文物出版社，2003 年。

〔13〕《桓台史家遗址发掘获重大成果》，《中国文物报》1997 年 5 月 18 日。

〔14〕李玉亭：《费县防城遗址》，《中国考古学年鉴（1996）》，文物出版社，1998 年。

〔15〕山东省文物考古研究所等：《山东阳谷县景阳岗龙山文化城址调查与试掘》，《考古》1997 年第 5 期。

〔16〕河南汤阴白营、永城王油坊等遗址中有用小儿为奠基牺牲的例子，或许只是一种原始习俗。

〔17〕中美两城地区联合考古队：《山东日照市两城地区的考古调查》，《考古》1997 年第 4 期。

〔18〕山东大学历史系考古专业：《泗水尹家城》，文物出版社，1990 年。

〔19〕a. 山东省文物考古研究所、临朐县文物保管所：《临朐县西朱封龙山文化重椁墓的清理》，《海岱考古》第 1 辑，山东大学出版社，1989 年。

　　　b. 中国社会科学院山东工作队：《山东临朐朱封龙山文化墓葬》，《考古》1990 年第 7 期。

〔20〕《考古》1992 年第 6 期《中国文明起源座谈会纪要》中邵望平发言。

〔21〕张学海：《鲁西两组龙山文化城址的发现及对几个古史问题的思考》，《华夏考古》1995 年第 4 期。

〔22〕山东省文物考古研究所、北京大学考古实习队：《山东栖霞杨家圈遗址发掘简报》，《史前研究》1984 年第 3 期。

〔23〕中国社会科学院考古研究所山东工作队：《山东省长岛县大口遗址》，《考古》1985 年第 7 期。

〔24〕a.《邹平丁公发现龙山文化文字》，《中国文物报》1993 年 1 月 3 日。

　　　b.《专家笔谈丁公遗址出土陶文》，《考古》1993 年第 4 期。

〔25〕尹达在《新石器时代》一书中回忆 1936 年两城镇发掘收获时写道："两城镇的墓葬中有一座墓随葬品特别丰富，……这一墓葬还有绿松石凑成的东西，大约是头部的一种装饰品。"

〔26〕尹家城第 15 墓棺椁之间有相距约 80 厘米的两堆扬子鳄皮下骨板，两者之间还有一堆共 50 枚小陶锥。这与从山西襄汾陶寺龙山文化大墓中剥离出来的鼍鼓遗迹近同，故可推定尹家城大墓中亦为鼍鼓遗迹。

〔27〕大汶口文化时期鲁中南一带处于亚热带气候，并有较大的水域，有扬子鳄生存。后来由于人类的乱捕滥杀和环境的变迁，扬子鳄才从海岱区绝迹。见周本雄：《山东王因遗址中的扬子鳄遗骸》，《考古学报》1982 年第 2 期。海岱龙山文化乃至夏商时期华北平原的水域很可能仍有扬子鳄生存。

〔28〕刘敦愿：《记两城镇发现的两件石器》，《考古》1972 年第 4 期。

〔29〕王永波：《关于刀形端刃器的几个问题》，《故宫文物月刊》第 135 期，1994 年，台北。

〔30〕杨波：《山东五莲丹土遗址出土玉器》，《故宫文物月刊》第 138 期，1996 年，台北。

〔31〕同注〔19〕a。

〔32〕《山东出土文物选集——普查部分》，文物出版社，1959 年。

〔33〕夏鼐：《商代玉器的分类、定名和用途》，《考古》1983 年第 5 期。

〔34〕同注〔29〕。

〔35〕邵望平、高广仁：《从海岱玉礼器的特征看三代礼制的多源一统性》，《第二届中国传统文化研讨会论文集》，浙江人民出版社，2004 年。

〔36〕严文明：《论中国的铜石并用时代》，《史前研究》1984 年第 1 期。

尉迟寺遗址第二阶段发掘的学术意义

张卫东（安徽省蒙城县文物局）

王吉怀（中国社会科学院考古研究所）

一 再发掘的学术目的

20 世纪 80 年代末，学术界围绕苏、鲁、豫、皖四省交界地区，提出了新石器时代考古发掘与研究的课题，随后，中国社会科学院考古研究所对淮河以北地区进行了广泛的考古调查[1]，尉迟寺史前聚落遗址的发掘与研究，就是随着这一课题的提出和在调查的基础上进行工作的。1989～1995 年间，作为第一阶段的发掘工作，获得了丰富的考古资料和重大的科研成果，从而拉开了对黄淮地区史前文化研究的序幕，同时，以尉迟寺遗址的发掘为契机，又把研究中国史前聚落的考古工作推向了一个新的阶段。尉迟寺遗址在皖北地区众多的史前遗址中，遗址的规模、文化内涵，尤其是以红烧土建筑为特点的聚落遗存，确立了它在大汶口文化中的重要性。因此，从聚落考古的角度来看，对黄淮地区大汶口文化的全面认识，也应得益于尉迟寺遗址的发掘资料。

但是，因遗址的面积大，堆积厚，第一阶段的九次发掘所揭露的面积仅占聚落中心（特指围壕之内）的四分之一[2]，因此，第一阶段的发掘没有获得聚落遗存的完整资料，同时，对聚落的整体布局还没有获得规律性的认识，这对全面、深入地研究一个聚落，不能不说是一种缺憾。因为史前聚落考古，尤其是对典型的遗址来说，更应该重视资料的完整性。

1994 年，尉迟寺遗址已经进行到第八次发掘，所揭示的迹象给研究者留下了众多的思索。它作为大汶口文化晚期的一处重要遗存，表现在自身特点和地方类型特点上有着独特的一面。为进行下一步的工作，在北京召开了尉迟寺遗址考古座谈会[3]，众多的专家都认为像尉迟寺这样的遗址很难得，主张应该像卷地毯式地全面揭露，以获得完整的资料。

尉迟寺遗址是以红烧土排房为特征的大汶口文化晚期遗存，呈现了一个新的地方类型[4]，代表了大汶口晚期阶段较高的发展水平，这在大汶口文化分布的其他区域内尚不多见。因此，从深度和广度去研究尉迟寺大汶口文化，建筑遗存是绝对不可忽视的重要内容，它与墓葬相比，起到了无法替代的作用。另外，尉迟寺遗址本身，除房屋建筑外，表现在其他方面的资料也相当丰富，其中，墓葬资料和原始农业资料就是最为典型的例证。尤其原始农业的出现和发展，在人类历史上起到了里程碑的作用，是人类历史的巨大进步。以农耕为基础的定居聚落的出现，是人类通向文明社会的一个起点。原始农业与聚落有着密切的关系，聚落与环境又密不可分，所以，通过尉迟寺遗址提供的原始农业文化信息[5]，对尉迟寺聚落再度发掘，以研究当时的社会形态、社会性质和进行环境考古学方面的研究也是完全有必要的。

二　第二阶段的工作步骤及发掘的主要收获

从 2001～2003 年，第二阶段共进行了四次发掘，揭露面积 3375 平方米，是第一阶段工作量的二分之一，对围壕内所分布的红烧土建筑基本已清理完毕，使我们较全面地了解了尉迟寺聚落的总体布局。每次发掘从选点布方到发掘面积的确定都是围绕着红烧土的建筑布局而进行的。

（一）第一次发掘

1. 选点：本次发掘的位置，选在遗址中心偏北处，即第一阶段划分的 II 区北部。根据第一阶段发掘时钻探情况得知，此处有一排呈东南—西北向的大型红烧土建筑，宽约 5 米，总长度约 100 米，被认为是一排具有特殊性质的建筑。本次发掘前又进行详细钻探，进一步确定红烧土倒塌的范围，以便准确布方。

2. 发掘面积：共布 5 米×5 米探方 36 个，共计 900 平方米，从西向东呈梯形分布，目的是套在房基之上。发掘证明，探方的位置与地下房基的布局完全吻合。本次发掘的文化层厚度东部为 5 米，西部为 3 米，平均厚度为 4 米，从上至下包含有耕土层、扰土层、龙山文化层、大汶口文化层（主要为大汶口墓葬层和大汶口建筑层）等主要堆积。

3. 发掘收获：（1）清理红烧土房址 18 间，其中属于龙山文化时期的残房址 4 间（F49～F52），大汶口文化时期的排房两排 14 间（F53～F66），其中，一排为 13 间相连（F37、F38、F53～F63，其中的 F37、F38 为第一阶段发掘），总长度为 70 米（图一），为历次发掘所罕见。在这排建筑的东端还分布一组呈南北向的建筑，共清理 3 间，往北与第一阶段发掘 F24～F27 和 F67 相连，从而又构成了一排具有一定规模的南北向建筑。（2）墓葬共清理 42 座，其中 6 座为龙山文化墓葬，36 座为大汶口文化墓葬，在 42座墓葬中，成人土坑墓 10 座，占墓葬总数的 24%，儿童瓮棺葬 32 座，占墓葬总数的76%。（3）灰坑清理 16 座，均为龙山文化时期遗存。（4）器物主要出土于文化层、墓葬、灰坑和房址内，主要有石、陶、骨、蚌、玉等，完整和可复原者约 400 余件，主要器形有生活用具鼎、豆、背壶、鬶、甗、器盖、碗、罐等；石质生产工具有斧、铲、凿、锛、楔形器、石镞等；蚌器有刀、铲、镰、镞等。

本次清理的 32 座儿童墓分布集中，似为集中埋葬儿童的场所，这种现象也是历次发掘所罕见的。同时，本次发掘未发现以大口尊为葬具的儿童瓮棺葬，也未发现陶刻符号，可能与墓葬的等级分布有一定的关系。

（二）第二次发掘

1. 选点：本次发掘的位置，选在 2001 年春季和 1993 年发掘的中间位置，即 II 区

图一　大汶口文化中13间相连的长排建筑（由西向东拍摄）

的东北部，目的是全面了解地下遗迹的分布情况。

2. 发掘面积：共布5米×5米探方9个，共计225平方米（同时在围壕之外钻探2万平方米）。

3. 发掘收获：（1）清理红烧土房址1间（F67），在编号为4号基址（F24～F27、F67）的前面，清理出较大面积的活动面一处。通过此次发掘，搞清了这一地点红烧土房屋的布局，证实在1993年发掘的长排建筑（F8～F18）的东端存在一排南北向的房屋5间（F24～F27、F67，其中F24～F27为第一阶段发掘，），当时仅清理4间（F24～F27）。（2）墓葬共清理21座，其中7座为龙山文化墓葬，14座为大汶口文化墓葬，在21座墓葬中，成人土坑墓12座，占墓葬总数的57%，儿童瓮棺葬5座，占墓葬总数的24%。1座青年瓮棺葬，占0.5%。儿童土坑墓3座，占1.4%。（3）清理灰坑6座，其中5座为龙山文化时期遗存，1座为大汶口文化遗存。（4）出土器物约100余件，主要器形有生活用具鼎、豆、鬶、甗、器盖、碗、罐等；生产工具有斧、钺、凿、锛、石镞等；蚌器有刀、铲、镰、镞等。

本次发掘仍未发现以大口尊为葬具的儿童瓮棺葬，同时也未发现陶刻符号，结合上次发掘的情况看，该地点分布的墓葬等级较低，主要表现为成人无随葬品的土坑墓较多，儿童土坑墓占有一定的比例。

（三）第三次发掘

1. 选点：本次发掘选在遗址中心的偏南位置，即Ⅱ区南部。钻探得知，这里埋藏有丰富的红烧土堆积，从红烧土分布的方向和面积看较为复杂，对了解尉迟寺聚落的整体布局以及内在的关系十分重要。

2. 发掘面积：共布 5 米 × 5 米探方 50 个，共计 1250 平方米。

3. 发掘收获：（1）清理大汶口文化红烧土房址三排（组）9 间（F68～F76），在编号为 18 号基址（F68～F71）的前面，清理出大型活动广场一处（图二）。通过此次发掘，搞清了这一地点红烧土房屋及相关设施的布局，证实了在尉迟寺遗址中心部位除存在着红烧土建筑外，同时还有大型的活动广场。（2）墓葬共清理 23 座，均为大汶口文化时期，其中儿童瓮棺葬 20 座，占墓葬总数的 87%，成人土坑墓 3 座，占墓葬总数的 13%。（3）灰坑清理 11 座，其中 9 座为龙山文化时期遗存，2 座为大汶口文化遗存。（4）器物主要出土于文化层、墓葬、灰坑和房基内，主要有石、陶、骨等，完整和可复原者 300 余件，主要器形有生活用具鼎、豆、鬶、甗、器盖、碗、罐等；生产工具有斧、钺、凿、锛、石镞等。

图二　大汶口文化排房及大型活动广场（由南向北拍摄）

本次发掘发现一座以大口尊为葬具的儿童瓮棺葬，并发现 2 件带有象形"日"、"月"、"山"的陶刻符号。迹象表明，在这次发掘的地点清理儿童瓮棺葬比较多，可能是当时的公共墓地中的儿童埋葬区。

本次清理出一处大型活动广场，面积约 1300 多平方米，是历年来清理面积最大的经过人工铺垫的一处活动广场。

更重要的是，在广场东边的地层中出土了一件十分罕见的陶制鸟形"神器"（图三），这件器物不仅在尉迟寺遗址首次发现，在全国其他遗址中也未见到，这对研究尉迟寺遗址在当时的地位和当时的（鸟）图腾崇拜具有非常重要的意义。

图三 大汶口文化鸟形"神器"

1. 选点：聚落遗址的中心部位，即Ⅱ区中部。这是遗址的核心地带，东接第一阶段即1995年发掘的 F44～F48；北接 F37、F38、F53～F64；南接 F72～F76；西接断崖至1994年发掘的 7 号、8 号、9 号基址。所以，揭露该地点对了解尉迟寺聚落的整体布局非常重要。

2. 发掘面积：共布 5 米×5 米探方 40 个，共计 1000 平方米。

3. 发掘收获：（1）清理一排东南—西北向的龙山文化红烧土房址两组 4 间（F77～F80）（图四），并出土数件奇特的七足镂孔器（图五），儿童土坑墓 1 座，灰坑 7 座。（2）大汶口文化红烧土房基两排三组 8 间（F81～F88），其中，一排为东南—西北向一组 4 间（F81～F84），房前有一处约 500 平方米的活动广场（图六）；一排东北—西南向两组（F85～F87、F88）4 间。（3）墓葬 18 座，其中，成人土坑墓 2 座，占墓葬总数的 11％；儿童土坑墓 1 座，占墓葬总数的 5％；儿童瓮棺葬 15 座，占墓葬总数的 83％。

本次发掘出一排龙山文化的红烧土房基实属罕见，这一资料将填补该遗址前十余次发掘的空白。另外，在龙山文化红烧土房基中出土的七足镂空器，在尉迟寺遗址乃至其他地区的龙山遗址中尚属第一次发现，为研究龙山文化时期的意识形态提供了新的资料。

本次清理的大汶口文化房址，其居住面、墙基、柱洞、室内灶台等设施都保存得较完好。房前 500 平方米的活动广场，应该属于小范围氏族成员活动的场所，与 2002 年春季清理的 1300 多平方米的大型广场相比，可能具有功能上的区分，应该属于居住在广场周围建筑内的氏族成员所共用。本次清理出的东北—西南向房基，一是与 2002 年春季发掘出的同方向房基实现了对接，二是同方向新出现的一组房基并出现套间门，又

图四　龙山文化红烧土排房（由东向西拍摄）

为该聚落中的建筑布局提供了新的资料。

该地点的大汶口文化墓葬主要分布在本次发掘探方的北部和南部，以儿童瓮棺葬为主，尤其是在本次发掘地点的东南部发现一组以 11 件大口尊相组合的埋葬现象，这在尉迟寺遗址还是第一次发现，可能与祭祀活动有一定的关系。

尉迟寺聚落遗址第二阶段的发掘，使我们对围壕之内的建筑格局有了一个完整的认识。这批资料真实地再现了大汶口文化晚期皖北地区一处以红烧土排房建筑为特点的聚落遗存的真实面貌。由于第二阶段发掘的是聚落遗存的重要部位，所以，获得了比第一阶段更加重要的实物资料，不但弥补了前期发掘的多项空白，同时，也解决了第一阶段没有解决的问题。可以说，第二阶段的发掘，不但在研究尉迟寺聚落问题上是一种突破，而且也为中国史前聚落文化的研究提供了难得的资料。就聚落的完整性来说，在研究领域具有非常重要的意义。主要成果表现在以下几个方面。

第一，对尉迟寺史前聚落的整体布局增添了新的认识。13 间相连的长排红烧土建筑（F37、F38，F53～F63），为重新认识聚落的布局提供了新的资料。尉迟寺遗址在第一阶段 9 次发掘中，最长发现了 6 间相连的房子。第二阶段发现的这排 13 间相连的建筑，是尉迟寺遗址中规模最大的一组建筑，也可称为遗址中最大的一排长屋。从房屋的建筑形式来看，这组房屋同其他建筑一样，是在短期内构筑而成，从房间的大小布局看，又和当时的家庭组织结构有着密切的关系。13 间房屋虽然属于同排同组，门道相同，但它属于若干个不同的家庭所拥有和使用，体现了整个聚落分中有合，合中有分的

图五 龙山文化七足镂空器

建筑格局。另外，从 F24～F27、F67 和 F64～F66 的建筑格局来看，它们虽在一条线上，却出现了完全相反的门道，即 F24～F27、F67 为一组门向西，F64～F66 为一组门向东，并且在门前都有用红烧土铺垫的属于自己的活动场所，说明每处建筑在整个聚落中的独立性。

第二，为一级聚落的定位提供了有力的证据。除大型红烧土建筑外，还得益于大型活动广场的出现，这对研究尉迟寺聚落的等级是非常重要的。在遗址中心的南部，在一排 4 间一组的房址前面，铺垫了 1300 多平方米的大型活动广场，是尉迟寺聚落中的首次发现，这在其他聚落遗存中也是非常罕见的。广场与以前发现的小型活动面一样，为人工用小红烧土粒铺垫而成，但厚度有所增加，活动面的面积一般限制在房前范围，面积多为十多平方米或几十平方米，最大的为二百多平方米，厚度为 2～3 厘米，而第二阶段发现的活动广场不仅面积大，而且厚度为 10 厘米。这处广场显然与其他排房前的广场（或叫活动面）在用途或功能上应该有一定的区别，这处广场应是氏族成员集体活动的公共场所。除了它的面积大以外，更重要的是在广场中心，还有一处直径为 4 米的火烧堆痕迹，由于经常烧火的缘故，已使原红烧土面变成了灰黑色。这应是氏族成员当时经常在此举行篝火晚会或进行祭祀活动而留下的迹象。广场作为聚落中的重要设施，有力地烘托出了该聚落的规模和等级。所以，这种高规格的广场，特别是广场中的火烧堆痕迹对研究聚落的性质，有着非常重要的意义。

第三，为意识形态方面的研究增添了新的资料。鸟形"神器"，对研究尉迟寺聚落的等级和研究当时的意识形态，是一件极其珍贵的器物。我们可以从两个方面去考察。

1. 一种鸟图腾崇拜的标志物

图六　聚落中心的大汶口文化排房及活动广场（由南向北拍摄）

尉迟寺遗址的大汶口人，与东夷族有着密切的关系[6]。在距今 5000 年前后，大汶口文化在山东地区迅速发展壮大，大汶口人也在急剧增长，随着人口的增多，当地的自然条件已经无法容纳大汶口人生存的需要，因此，他们便带着自己的文化传统向周边扩散。

目前所知，大汶口文化的分布相当广泛，在整个山东地区都有大汶口遗址的发现，往北已到辽东半岛，往南进入江苏北部，往西已达河南东部和中部，西南可遍及淮河以北的广大地区。调查资料显示，在淮河以北的安徽境内，发现含有大汶口文化的遗存有 50 余处[7]，现在的安徽蒙城尉迟寺遗址也是在大汶口文化分布区内所发掘的最为南端的一处遗址。

在距今 5000 年前后，当山东的一部分大汶口人来到皖北时，他们认为这里的自然条件和生态环境非常适合原始的农业生产和人类的生存，便带着自己的文化传统在这里继续发展本土文化，将近 1000 年的发展，其文化面貌基本还具有大汶口文化的一般特征，但也极富自身的特点，因此，尉迟寺遗址的文化内涵，便确立了大汶口文化一个新的地方类型——尉迟寺类型。因此，作为东夷人的一个分支，其文化特征和反映在意识形态领域的内容基本相同。

东夷人是以鸟为图腾的原始部落，大汶口文化中出土的陶鬶造型众多，有人对以大汶口文化为主要时段的陶鬶作过专门的研究[8]。的确，在大汶口文化分布区的区域内均有陶鬶发现，而且造型都是变形或抽象的鸟形体，应该与图腾有一定的关系。可以说，大汶口文化的鸟图腾崇拜不仅具有一定的广泛性，而且还具有一定的延续性。从尉迟寺遗址十三次发掘的资料来看，类似于鸟形体的陶鬶也有多种形式，可见大汶口人无论分布到那里，文化传统没有变，宗教信仰没有变。所以，尉迟寺遗址出土的这件器物应该是在变形体的基础上对表现手法的进一步深化，是一件实实在在的鸟图腾崇拜的标志物。这种鸟形实体与变形的陶鬶相比，在崇拜过程中也会更具有一定的规模和形式。

2. 一种具有权力的象征物

尉迟寺遗址是大汶口文化阶段规模大、保存完整、建筑风格独特的一处聚落遗址。这种聚落遗址不是孤立的，我们曾在前期研究中把尉迟寺遗址定位于一级聚落，并已证明在尉迟寺遗址周围还分布着若干处中、小型聚落，从而形成了一个规模宏大的聚落群，而尉迟寺遗址也就成了这些聚落中的核心聚落，因此，它应具有一定的号召力和凝聚力，周围的中、小型聚落都会无条件地服从尉迟寺聚落首领的领导。

现在，根据尉迟寺聚落的整体布局来看，我们可以完全断定尉迟寺遗址不是一处一般氏族成员的居住地。因为，这些建筑的规模大，规格高，排列整齐有序，并非一般氏族成员能落户此地，而更重要的还有两点。

其一，在聚落遗存的周围，有一大型围壕环绕，从而构成了聚落的完整性和严谨性。围壕的功能或作用，无非起到蓄水、排水和防御。在 5000 年前的生态环境中，人类虽然有能力改造自然，但还是把利用自然作为生存的首选条件。在前期的工作中，我们曾对围壕进行了解剖发掘，断定该围壕是当时人工挖治而成。围壕的南北跨度为 240 米，东西跨度为 220 米，宽 25～30 米，平均深度为 4.5 米。由此可知其土方量之浩大，如果利用如此浩大的人力挖治用作蓄水排水的围壕是无法理解的，所以，聚落周围的围壕就是用作防御的一项工程。这样，聚落与围壕就共同烘托出了这处遗存的等级。

围壕的出现，如同城墙的出现一样，是社会发展到一定阶段的必然产物，随着社会性质的变化，各部落之间的关系也发生了变化。实际上，围壕的出现，也是人类走向文明的一种标志。

其二，在中心聚落的前面有一处大型的活动广场。这处广场与以往清理的房屋前的活动广场不同。房前的广场虽然也是人为而成，但面积小，铺垫薄，其功能应为个体家庭成员日常生活中活动的空间。而聚落中心的大型广场，总面积为 1300 多平方米，呈圆形布局，鸟形"神器"即出土在广场东部的地层中。更重要的是，在广场中心靠近房屋附近，有一处直径约 4 米的圆形火烧痕迹。因此，大型活动广场又一次烘托出了这处聚落的等级。

所以说，遗址中出土的这件特殊器物，应是一件具有权力的象征物。它应被氏族酋长所拥有，它应放置在固定的位置，它应在一定的场合出现，它既是权力的象征物，又是氏族成员感到敬畏的神物。所以，这件鸟形"神器"的出现，对深入探讨大汶口文化的性质，全面研究尉迟寺史前聚落遗址在当时的地位，都具有非常重要的意义。

三　尉迟寺遗址的考古资料对学术研究的贡献

（一）对中国新石器时代晚期聚落考古研究是一种突破

到目前为止，在我国众多的新石器时代遗址中，像尉迟寺以大型红烧土排房为特点的史前建筑遗存非常罕见，尉迟寺遗址的聚落资料，对研究原始社会晚期的社会形态、生产力发展水平和科学技术成就等方面有着十分重要的意义。

从深度和广度去研究大汶口文化，需要从建筑遗存中获取墓葬所不能提供的资料，因此，尉迟寺遗址的考古资料把中国史前聚落的考古研究推向了一个新的阶段，同时对中国古代建筑史的研究也具有非常重要的学术价值。从建筑技术和建筑工艺而言，从挖槽、立柱、抹泥、烧烤，到整体排房的格局，最后形成一个人类居住的良好空间和场所，都体现了史前时期人类的聪明才智和高超技术。排房建筑的整体格局和施工方法，体现了古代建筑工艺方面的重要内容。另外，考古学、地层学、类型学、植物学、环境学、体质人类学、动物学、岩石学和各种成分分析等的研究结果表明，尉迟寺遗址在当时还具有非常优越的自然生态环境，文化的发展体现了人类与自然的关系。

尉迟寺遗址连续进行了 13 次发掘，再次体现了尉迟寺聚落遗址的重大学术价值，更加充实了史学界对黄淮地区史前文化发展程度的认识，已引起研究者的强烈反响。学术界广泛认为，尉迟寺遗址的资料对深入探讨皖北地区原始社会晚期的社会性质、生产力发展水平、科学技术成就以及意识形态等领域的学术问题有着非常重要的意义。

一个聚落是由许多物质要素构成的综合性实体，除各种类型的房屋外，防御设施、经济设施以及与宗教有关的公共设施等，都不能孤立存在，而是组成一个有机的整体。在我们研究聚落本质时，不能只注意它的面积和房间的数量，而是要根据特殊的结构看其所表现的居住内容。

从尉迟寺聚落可以明显地看出当时的自然环境与聚落构成的基本要素。一个聚落要得以长期维护和发展，需要有较为可靠的物质条件。这个物质条件首先依赖于自然，也就是说，周围必须有可耕的农田，并且便于进行饲养、狩猎和其他经济活动，为人们提供衣食的空间，这样才能使聚落的稳固成为可能。

考察一个时期的聚落形态，就不可忽视人与自然的关系，因为聚落的形成和长期被沿用，必须具有牢固的经济基础。如果没有牢固的经济基础，就不会出现大型的聚落和分布密集的聚落群。因此，这种聚落也叫做农耕聚落。

发展农业，是人类历史的巨大进步，以农耕为基础的定居聚落的出现，是人类通向文明社会的一个起点，人类早期文明的发展，也正是建立在以农业为主的综合型经济生活的基础之上的。与其说尉迟寺聚落是原始村，倒不如说是原始城，因为，我们从中已经看到了文明的曙光。从遗址所表现的文化内容来说，它已经具备了文明时代的众多因素。

尉迟寺遗址的红烧土排房，在中国古代建筑史上是一种较先进的建筑形式，它既与前期的半地穴建筑有源的继承，又与后期的"宫室"建筑有渊的发展。尉迟寺遗址的多组排房，既不同于雕龙碑遗址的多间套房[9]，也不同于姜寨的向心式布局[10]，同时，也与下王岗遗址的长屋具有区别[11]。它一方面保留了半地穴（浅穴式）那种古老的建筑传统，另一方面又创造了以烧烤为特点的先进的建筑形式。从这一点讲，它确确实实构成了一个文化类型的重要组成部分。可以说，尉迟寺遗址的排房，为后来广大农村中普遍流行的大北房提供了祖型。

（二）对大汶口文化区域类型的研究是一种突破

从第一次发现大汶口文化至今，在大汶口文化所分布的区域内，尉迟寺遗址是经过发掘的最为南部的一处遗存，同时，我们的调查工作证明，在淮河以北的广大地区普遍发现大汶口文化遗存，说明起源于黄河下游的大汶口文化在距今4500～5000年的时期，具有非常强大的发展势力，对研究各文化之间的互相交流和影响十分重要。

1. 聚落建筑

红烧土排房是尉迟寺遗址最大的一宗文物，也是尉迟寺类型的主要特点之一。以排房为特点的聚落遗存是社会发展到一定阶段的产物，具有深刻的文化背景和社会背景。其形态和整体布局又与地理环境、社会结构及生产力发展水平有着密切的联系。尉迟寺遗址大汶口聚落不仅保存相对完整，而且出土了一批基本保持原摆放位置的器物群体。通过观察和初步研究，这是一处具有中心聚落性质的建筑遗存。它的分布完整，平面布局清楚，在一定程度上反映了当时的社会组织结构和社会性质。

尉迟寺类型在尉迟寺遗址大约延续了300～500年的发展过程，这是一个比较长的时空跨度。由于当地具有丰富的土壤资源和水资源，为发展农业生产提供了条件，保障着人们的衣食供给，聚落才延续了数百年而不衰。

应该说，在一个地区能够出现比较密集的遗址群，足以说明这个地区是当时经济、文化最发达的地区。皖北以尉迟寺为中心，周围分布着若干个中、小型聚落，显然是经济和社会权力集中的表现。

由此推知，每排房基址中的大间房址是人们的居住场所，生活在每一间房内的人属于稳定的生活群体，而这一群体也是一个生产群体。换句话说，每一房址既是一个消费单位，也是一个生产单位。房址的使用面积一般在10平方米以上，如果扣除房址内设施及器物所占的空间按4平方米左右计算，房址中实际可利用使用面积一般在5～6平方米左右，最多可供3～4个人居住。对于一些面积较大的房址，例如F33，面积达30余平方米，其室内设施和出土器物组合与一般面积的大房址基本相同，它们的功能也是一致的。每一排由几间房址组成的基址中几乎都有用于储藏性质的小房址，其内出土的器物极少，也未发现有关的粮食遗存，可能是该排基址的公用储藏用房。大间房址作为一个独立的生活和生产单位，从发现的三处房址前较好地保存有活动广场来看，它们还有独立的活动空间，这种大间房址应属于一个家庭所有。那么它们是一夫一妻制家庭，还是对偶家庭？我们认为是前者。而由几间大间房址和小间房址组成的一排房基址，居住者应是具有血缘关系的几个家庭组成的大家族。

目前，尉迟寺遗址在围壕内共分布着东—西向红烧土房址 13 排 14 组 55 间（包括残房址），南—北向红烧土房址 2 排 5 组 18 间，共计 73 间，加上被破坏的在内可能不会少于 100 间。按现有的房址格局来看，至少可以划分出 21 ~ 22 个相对独立的生活单元，但每个生活单元的房子数量却不尽相同，如果按每一小间内可生活 3 人、大间内可生活 5 人计算，当时生活在这个聚落内的人数应在 300 ~ 500 人之间。

尉迟寺聚落的这批房子在建筑的时间上有没有间断，是学术界比较关注的问题。目前清理出的所有的房子均处在同一个文化层面上，这一现象说明，这批房子的建造本身没有太长的时间距离。另外，各房子之间没有发现打破和叠压的现象，只是地基槽有深浅的区别，说明它们之间不存在时代早晚的关系。这批房子当然不可能是一天建成，不过它们之间相差几年还是几十年也无法考究了。

任何一个聚落，都会占有一定的空间和延续一定的居住时间。尉迟寺聚落的面积大，文化堆积层厚，住宅建筑的群体以及与此密切相关的各种设施组成了聚落的物质性要素，使聚落形态构成了一个有机的整体。如果说聚落是人与自然关系的焦点，那么，有利的自然环境和地理条件才能使聚落的稳固成为现实，直至获得良性的循环和发展。

任何一处聚落所在地，都必须同周围的自然环境和条件相谐调，以使聚落得以维系和稳步发展。《释名·释宫室》曰："宅，择也，择吉处而营之也"，正是说明了聚落与周围地理环境的必然联系。

从地理环境上讲，皖北地区是我国温湿与半温湿气候的交界处，属于现代植被分区暖温带南部落叶栎叶林地带的黄、淮平原栽培植被区，表现出以温暖的特点为主，兼有亚热带植被特点的过渡性特点。尉迟寺遗址所处的区域，正位于现在国内植被区划的暖温带落叶、阔叶林区域。根据气候与环境学的研究，这个地区全新世高温期的年均气温比现在高近 2℃，冬季的平均气温可以高到 3℃。

从古生物学来看，大量野生动物的绝迹，不但是人类行为的干扰所致，更大的原因是气候的变迁。所以，生物与环境的关系，在很大程度上表现出生物对环境的依赖性和适应性等多种特性。

通过孢粉分析和有关植被及野生动物的分析，证实尉迟寺聚落在大汶口文化晚期的环境特征，是湖泊相连，水生植物茂盛，气候温湿，具有优越的生态环境，非常适合人类的劳动、生息和繁衍。

尉迟寺聚落中的农业文化，进入了迅速发展的时期。这一地区由于受到南北文化相互交融的影响，北方粟类作物向南方传播，南方的稻作文化向北方影响，因此，在皖北一带形成了交融。所以，尉迟寺遗址中同时出现大米和小米农作物是可以理解的。

尉迟寺类型遗存正是处在这样一个优越的环境里，在接受周边地区文化影响的同时，迅速地发展着本土文化。考古研究证明，一些经济、文化最发达的地区，往往会形成非常密集的聚落群，而人类早期文明的发展，也正是建立在以农业为主的综合型经济生活的基础之上的。

但是，私有制的出现必定会导致阶级的产生和矛盾的激化，小则在本部落内发生矛盾，大则在部落与部落之间发生掠夺或战争。这种现象的出现并不是偶然的，在山东地区的大汶口文化中期墓葬中，大型墓和小型墓已经表现出了社会性质变化的迹象。大型墓是富有者的象征，随葬品丰富，精品占据绝对优势，显示了墓主人非同小可的地位；而小型墓却成了贫穷者的缩影。明显的贫富分化在大汶口文化中期成了社会发展的必然。尉迟寺遗址处于大汶口文化晚期，在社会发展上又前进了一步，所以，这个时期出现较多的文明要素也是社会发展的必然。

2. 墓葬问题

尉迟寺遗址的大汶口墓葬有着显著的特点，即成人均采用竖穴土坑墓，儿童均实行瓮棺墓，这在其他地区的大汶口文化遗址中是比较罕见的。众所周知，在山东以及豫西、苏北的大汶口文化遗址中，无论成人或儿童墓，多以土坑墓为主，很少见儿童瓮棺葬现象，这说明，当山东地区的大汶口文化发展到皖北时，并没有延续原来的埋葬习俗，而更多地受到了西部仰韶文化的影响，在皖北大汶口文化中，在埋葬习俗方面自成体系。因此，尉迟寺遗址的儿童瓮棺葬也成了尉迟寺类型的显著特点之一。

（三）对中国古代文明起源的研究是一种突破

发展农业，是人类历史的巨大进步，以农耕为基础的定居聚落的出现，是人类通向文明社会的一个起点，人类早期文明的发展，也正是建立在以农业为主的综合型经济生活的基础之上的。我们从尉迟寺遗址的考古资料中已经看到了文明的曙光。规模宏大的围壕，无论是护城河还是护城墙，都是文明时代出现的基本要素。墓葬中表现出的明显的阶级分化现象及与战争有关的各种武器（箭头、石钺等）的存在，都具备了文明时代的基本因素，可以说此时已经迈入了文明的门槛。所以，通过研究尉迟寺遗址的资料，可以加快中国古代文明研究的进程。

近些年来，史学界在探讨中国早期文明起源的课题上下了很大的功夫，主要在田野工作上给予了一定的投入，力求在有关的迹象中捕捉与早期文明相关的资料。随着对这一课题研究的广泛深入，对新石器时代晚期聚落形态的研究也得到了关注，因为聚落能为研究社会性质提供有价值的资料，尤其是处在文化时代之交的聚落遗存，就显得更为重要。可喜的是，近几年来，由于加大了田野工作的力度，发现的属于新石器时代晚期的聚落遗存越来越多，因此，在探讨古代文明起源的问题上有了长足的进展，大大促进了这一研究工作的进程。

通过尉迟寺遗址的全面发掘，使黄淮地区考古文化区系类型的研究朝着更加深入的方向发展。尉迟寺遗址资料的发表和研究，又把聚落考古推向了深入，同时也使我们更清楚地看到黄淮文明的历史进程。

注 释

〔1〕中国社会科学院考古研究所安徽队：《安徽淮北地区新石器时代遗址调查》，《考古》1993 年第 11 期。

〔2〕中国社会科学院考古研究所：《蒙城尉迟寺》，科学出版社，2001 年。

〔3〕王吉怀:《专家座谈安徽蒙城尉迟寺遗址发掘的收获》,《考古》1995 年第 4 期。

〔4〕王吉怀:《试论大汶口文化尉迟寺类型》,《考古求知集》,中国社会科学出版社,1997 年。

〔5〕王吉怀:《五千年前淮北地区原始农业状况》,《农业考古》1998 年第 1 期。

〔6〕吴汝祚:《大汶口文化—东夷族的早期史略》,《东岳论丛》1983 年第 2 期。

〔7〕中国社会科学院考古研究所安徽队:《安徽淮北地区新石器时代遗址调查》,《考古》1993 年第
11 期。

〔8〕高广仁、邵望平:《史前陶鬶初论》,《考古学报》1981 年第 4 期。

〔9〕a. 中国社会科学院考古研究所湖北队:《湖北枣阳雕龙碑新石器时代遗址试掘简报》,《考古》
1992 年 7 期。

b. 王杰:《雕龙碑新石器时代遗址发掘收获》,《江汉考古》1995 年第 3 期。

c. 王杰、黄卫东:《枣阳雕龙碑遗址发掘又有新收获》,《中国文物报》1992 年第 31 期。

〔10〕西安半坡博物馆、陕西省考古研究所、临潼县博物馆:《姜寨——新石器时代遗址发掘报告》,
文物出版社,1988 年。

〔11〕河南省文物研究所、长江流域规划办公室考古队河南分队:《淅川下王岗》,文物出版社,1989
年。

佟柱臣先生对中国文明起源
研究的学术贡献

朱乃诚

（中国社会科学院考古研究所）

佟柱臣先生是我素来敬重的老一辈考古学家之一。50 多年来，他两袖清风，耕耘不止，在中国史前考古与史前社会形态研究、中国东北地区考古及民族考古研究等许多领域，多有建树与开创，尤其是在建立完善中国东北地区考古学体系方面，贡献最大。他还在中国文明起源研究历程中的几个重要发展时刻，立足前沿，以其渊博的知识，提出了一系列极具前瞻性的意见，有力地推进了中国文明起源的研究。

佟先生发表的有关中国文明起源专题研究的论著并不多，约有七八篇。但是，这些论文每每都是当时的前沿研究成果，也就是说，这些论文所涉及到的主体内容是当时学术研究的最新课题。这些新课题，经佟先生的提出和较为全面的论述，逐渐成为中国文明起源研究中受到广泛关注并进行深入探索的重大课题。

一 对私有制、阶级和国家起源的研究

在中国，从考古学角度全面探索私有制、阶级和国家的起源，大致是在 20 世纪 70 年代开始的，佟先生是最早全面论述这方面问题的探索者之一。

1975 年，佟先生发表《从考古材料试探我国的私有制和阶级的起源》[1] 和《从二里头类型文化试谈中国的国家起源问题》[2] 两文，探讨了中国的私有制、阶级和国家起源问题，标志着考古学研究中国的私有制、阶级和国家起源问题的全面展开。

他在《从考古材料试探我国的私有制和阶级的起源》一文中，首先分析仰韶文化、大汶口文化、各地龙山文化、齐家文化的生产工具及家畜遗骸以及早期铜器与制陶技术的发展等，探讨了当时的农业经济、家畜经济及手工业发展水平，并分析了仰韶文化和大汶口文化、各地龙山文化、齐家文化的墓葬等遗存，探讨父权制的形成以及男子在经济上社会上占有突出的地位问题，并从墓葬随葬品的角度分析了私有制是从什么东西开始的，还分析了埋葬制度中体现的当时存在着贫富差别，以及乱葬坑现象所反映的阶级对抗等现象，对私有制、阶级的起源，首次提出了一个系统的看法。

他认为：在我国原始社会解体这样历史条件下，大汶口文化的农业经济和家畜经济发展到了相当高的水平，龙山文化还出现了冶铜和轮制陶等手工业，这些劳动部门的生

产总和，出现了一定程度的剩余，为私有制的出现，建立了经济基础。大汶口文化、龙山文化父权制的建立，又与私有制的出现密切相关。私有制的出现，是以大汶口文化的猪最为明显，从墓葬中器物数量所显示的差别，生产工具、生活用具也已私有了，并且猪等家畜、生产工具，生活用具的私有，时间是较早的。在私有制出现的基础上更出现了阶级。大汶口文化已出现私有制，贫富分化也开始了。龙山文化时期的涧沟乱葬坑和客省庄二期文化的乱葬坑，是阶级出现的迹象。阶级出现的时间约当龙山文化时期。

他还指出：我国黄河中下游的辽阔地域之内出现了私有制和阶级以后，为中华民族的古代文明揭开了序幕，同时对于周围处于原始阶段的部族，给予了进步的影响，更进一步地共同创造了这种文明。

他在《从二里头类型文化试探中国的国家起源问题》一文中，在指认王湾三期和二里头一期均相当于夏代、二里头三期为商代早期的基础上，分析了王湾三期的农业经济、阶级对立现象和二里头三期的铜器、宫殿建筑址，以及文献记载等，推论夏代早期可能属于红铜时代、夏代晚期属于青铜时代，夏代诸王应是奴隶主阶级的代表；并依据文献，论证夏代已按地域来划分国民、设立了公共权力机构。他认为，在我国，仰韶文化时期还未形成国家，只有到了龙山文化晚期及其以后，才出现了夏代奴隶制国家。

佟先生的这两篇论文，是在中国考古学还未进入成熟发展时期、中国文明起源研究尚处于资料积累阶段而进行的对中国私有制、阶级和国家起源这些重大学术问题的先导性研究。对这些重大学术课题的研究及其研究视角，在当时都是属于前卫的。而分析论证过程中，对生产工具的分析，对墓葬中随葬猪骨的现象、男女随葬品的区别以及乱葬坑中人骨现象的深刻剖析，以探讨当时社会经济的发展、私有制的产生及其在考古学上的体现等，都具有开创性意义。这种研究方式与视角，在后来的研究中被广大学者所运用。而将王湾三期及二里头一期作为夏时期遗存，佟先生则是这类观点的最早提出者之一。

更为重要的是，佟先生在此时提出并进行深入探讨的这些重大学术课题及其研究方式和产生的一系列认识，后来在学术界作为重点探索的课题进行了深入的研究。

所以，佟先生在 20 世纪 70 年代中期从考古学角度开展的对我国私有制、阶级和国家起源问题的研究，现在看来是极具前瞻性的，具有引导学术发展的作用。

二　提出中国新石器时代文化多中心发展，开启了中国文明多中心起源的研究思路

中国文明起源的模式，在 1986 年以前没有引起学术界的普遍重视。只是夏鼐在 1983 年论述《中国文明的起源》时指出：中国文明是土生土长的，是在中原地区河南龙山文化的基础上，吸收山东地区的大汶口文化、山东龙山文化、江浙地区的良渚文化、西北地区的马家窑文化的因素而形成并连续发展的[3]。这是我国学术界对中国文明起源模式的最初的系统认识。

　　1986 年以后，伴随着中国文明起源研究的全面开展，对中国文明起源的模式及特征与特点的探索，逐渐引起重视，开始形成多种认识。其中，除继续强调黄河流域是中国文明的发祥地外，最重要的是提出了中国文明多中心起源和重新认识黄河流域及中原地区在中国文明起源中的作用。

　　中国文明多中心起源这一认识的提出，是建立在中国新石器时代考古学文化研究基上的，佟先生是最早提出中国新石器时代文化呈多中心发展的认识。

　　早在 1960 年，佟先生已注意到中国原始文化发展的地域特征及发展连续性与不平衡特征问题。他在《中国原始社会晚期历史的几个特征》[4]一文中，就提出中国原始社会晚期到了新石器时代生产呈现出的地域特征，并划分为黄河中下游、长城以北草原地区、长江流域等三个区域三种经济文化特征。他还注意到因为自然条件、经济形态的差异，我国原始社会晚期的历史发展，出现了不平衡的现象。由此还提出了对于各个地区遗址编年的研究就不能公式化，各民族都有自己的发展道路等看法。他还长期探索研究中国的新石器，从不同区域不同时代的工具特征中认识到中国新石器文化发展的不平衡规律和多中心发展等特征[5]。

　　在这种长期探索的基础上，佟先生于 1986 年发表《中国新石器时代文化的多中心发展论和发展不平衡论——试论中国新石器时代文化发展的规律和中国文明的起源》[6]一文，提出了新石器时代的七个文化系统中心，即洮河流域、渭河流域、豫西晋南、海岱地区、宁绍平原、太湖地区、江汉平原等七个文化系统中心，并认为今后全国其他广大地域随着考古材料的积累，将会有更多的文化系统中心出现。并指出：这些文化系统都各有自己的内涵和个性，不能互相拼合，相邻的两个文化系统，固然互见影响的痕迹，但是从整体上看，还是完全不同的各自独立发展的文化系统。各个文化系统都有明确的分布区域，在每个地域之内只有一个文化系统，而没有并存的另外文化系统，所以这些文化系统中心，是居住在这个中心的部族文化的反映，亦即居住于某一地域的某一部族所创造的物质文化。他还指出：这些文化系统，发展有快有慢、水平有高有低，呈现出不平衡的规律，也是若干部族文化形成的基础。其中庙底沟文化系统发展最快、水平最高，发展至二里头文化，成为探讨中国文明起源的对象。

　　他还强调多中心的发展是我国新石器时代文化发展的实际，也是我国新石器时代文化发展的规律。这种发展规律以及在发展不平衡支配下，夏人在中原建立夏王朝，最先进入文明社会。

　　该文的发表是在 1986 年 2 月，即处于中国文明起源研究全面开展之前。在这个时期，学术界对于如何通过对新石器时代文化的全面研究来探讨中国文明起源问题，还没有系统的开展。所以，佟先生在该文中提出的中国新石器文化多中心发展及发展不平衡规律的看法，以及与探索中国文明起源联系起来，是当时的一种前瞻性的认识，对后来学术界提出的中国文明多中心起源的观点，自然产生了重要的影响。在该文发表之后，1987 年学术界才正式提出了中国文明多中心起源的观点。所以，该文具有开启中国文明多中心起源研究思路的意义。

　　而佟先生在该文中认识到的中国新石器文化是多中心发展的而文明社会则最先形

成中原地区的看法，对后来学术界认识中国文明起源的多元一统的模式也有重要的启迪。

佟先生这些认识的形成，还为他后来提出方国文明问题奠定了学术基础。

三　"方国文明"内涵的揭示

"方国文明"是探索中国文明起源的一个极为重要学术语词，对于揭示中国文明起源的模式与特点具有重要的意义。

"方国"概念，在中国先秦史研究中，尤其是商周史研究中，早已应用，在中国文明起源研究中也早就提出。但在开展中国文明起源研究中应用"方国文明"概念表明中国文明起源与发展的特点，则是由佟先生提出的。即他在《考古》1991 年第 11 期上发表的《中国夏商王国文明与方国文明试论》一文，从考古学角度论述了"方国文明"。

在以往对中国文明起源研究和思考的基础上，佟先生在该文开篇就提出了八个问题：中国文明起源的实际情况如何？有没有自己的特点？是只在一个局部地区开始的呢？还是也有其他地区？是只在一个时代开始的呢？还是在不同年代开始的？不同地区文明起源前夕的文化基础和所达到的高度是否一样？农业经济所产生的文明与畜牧经济所产生的文明又有什么区别？这八个问题的提出，一方面表明佟先生对中国文明起源问题的探索具有广阔的研究视野和长期的思考，另一方面则表明他探讨的中国夏商王国文明和方国文明问题，是从整个中国的地域角度，全面探索中国文明起源的模式及其特点，以揭示中国文明起源与发展的实际情况。

关于"方国文明"，佟先生指出：夏、商、周三代的史实是天子之国，王畿千里，而王畿之外又有许多方国。所以既有王国文明起源问题，又有个方国文明起源问题。夏商是王国文明，二里头文化是国家和文明的初始阶段，商代则进入了国家文明的高度发展阶段。方国为王畿以外之余国，夏朝、商朝均有方国。如夏时期的于夷、方夷、九夷、诸夷，以及有易氏、有鬲氏、有扈氏等都是方国；夏家店下层文化应是方国。商代有许多方国，有的方国可能是大的部族，有的方国建立了国家组织，较大的方国有方伯。武丁时有方、土方、邛方、鬼方、亘方、羌方、龙方、御方、黎方、基方、祭方、周、缶、犬、郭、旨、沚、雀，乙辛时有人方、盂方。这些多方，有个方国文明问题，值得探讨。三星堆文化是蜀这个方国，江西清江吴城可能是越国，冬笋坝文化是春秋时期巴这个方国。

他还总结王国文明与方国文明的关系，指出：方国文明赖王国文明以促进，王国文明赖方国文明而璀璨。

佟先生在 1991 年形成的这一认识具有深刻的学术含义，以极为简练的语言揭示了中国古代文明的一个特点。自此以后，"方国文明"的概念，在中国文明起源研究中得到一些研究者的重视并进一步发挥，其发挥的含义成为指认中国文明起源过程中社会的一个发展阶段的特点，被广大学者所运用。

四 中国文明重复发生这一重要学术思想的萌芽

在《中国夏商王国文明与方国文明试论》一文中，佟先生还提出了畜牧经济产生文明的问题。这是他在长期宏观上探索中国新石器文化和深入开展北方地区少数民族考古研究的基础上形成的一个极具开拓性的认识。

佟先生在 1960 年探讨中国原始社会晚期历史的几个特征时就提出了各地区文化发展不平衡问题。他指出：我国各民族的祖先，都经历了原始公社制，这是各族历史发展的共同规律。至于原始公社制存在的长短，各族却都有自己的发展道路。当黄河中下游地区已经进入了夏商奴隶制社会时，而周围相邻诸部落仍处于原始社会公社末期。象东北地区原始文化在辽东半岛下限可能到周代，吉林下限可能到春秋战国，黑龙江东部下限可能到六朝，西部大兴安岭的鄂伦春人直到解放前仍处于原始公社制解体阶段。所以，在祖国辽阔的土地上，在商代时期便有原始公社制、奴隶制两种生产方式同时存在，在战国以后便有封建制、奴隶制、原始公社制三种生产方式同时存在。

他还指出：我国原始社会晚期的各地氏族的历史，是由本族内在条件和在中原先进的农业生产影响下而发展起来的。有的在奴隶社会时期，便进入了我国多民族的大家庭，有的到封建社会时期，才进入了我国多民族的大家庭，虽然时间有早有晚，以及他们进入后旧有的原始社会生产方式保存有长有短，但是各民族一旦融合后，都显示了迅速的发展[7]。

这些认识表明，佟先生在 1960 年通过分析文化发展不平衡的特征等，已注意到各个区域或各民族在结束原始公社社会以及融入华夏文明的过程及时间是有先后区别的。25 年后的 1985 年，在此认识的基础上，佟先生从考古学物质文化角度探讨了中华民族融合问题，尤其是注意到北方民族入主中原的作用。

他指出：夏商周三代都有许多民族，其中一部分到战国在中原融合成了华夏族。所以华夏族一开始既包含多民族的血统，也包含多民族的文化，是个多民族的共同体。在战国和战国以前，华夏族同边远少数民族接触，是融合的开始。秦统一全国，设立郡县，为多民族的融合，准备了政治条件，民族融合的地域，比中原大多了。汉承秦制，置都护，建初郡，出现汉族开始散居到全国各地与少数民族杂处的新局面。所以汉族也不是一个单一民族，而是包含比华夏族更多民族的共同体。魏晋以后，北方的乌桓、鲜卑、匈奴等族相继进入中原，从游牧转向农业，从迁徙转向定居，这在游牧民族的历史上，发生了极大的转变，进入了崭新的阶段。他们扩大了汉族这个多民族的共同体，为汉族这个多民族共同体增添了新血液。至唐，渤海和南诏封建制萌芽，所以在中原春秋战国之际开始的封建制，到唐代才在边远的较发展地区出现，民族融合不断深化。宋代以后，北方的大族契丹、女真、西夏，更迅速地融合于汉族这个多民族的共同体之中[8]。

佟先生对中华民族融合问题的探索，是在学术界对中国文明起源的模式进行正式探讨之前进行的。他提出的北方民族不断入主中原加速了华夏族、汉民族融合的作用等的看法，对于认识中国文明起源的模式以及中国文明重复发生的现象，具有重要的启迪。

1991 年，佟先生在全面研究中国文明起源时，正是在以往长期研究形成的这些认识的基础之上，提出了畜牧经济产生文明的问题，以及在不同时代不同区域产生文明的问题。

他指出：不要认为只有农业经济才能产生文明，畜牧经济也是可以产生文明的。我们的祖国，是个历史悠久的多民族国家，有其自身的特点，由于发展的不平衡，较大诸族进入文明阶段有早有晚，而产生文明的条件，较多依靠农业经济，但是也有依靠畜牧经济的。如匈奴就是从畜牧经济产生文明的，产生于铁器时代，其最主要的特征是有龙庭、单于为首的国家组织和骑兵，但没有本民族的文字而使用汉字。五代十国时期，契丹人建国曰辽，也是在铁器时代从氏族制进入奴隶制后转向封建制的，他们有自己的文字——契丹文。女真人在北宋时期进入文明阶段，从氏族制进入奴隶制，他们也有自己的文字——女真文。

他还进一步指出：文明的产生，多半是从农业经济基础上产生的，也有从畜牧经济基础上产生的，但是没有从狩猎经济基础上产生的实例。文明产生的地域是辽阔的，不能认为只有一个地域，这才符合我国历史的实际。文明产生的年代也是漫长的，不能认为只有一个时代，才符合我国历史的实际[9]。

佟先生在这里提出的在农业经济和畜牧经济基础上都可以产生文明，而狩猎经济不可能产生文明的认识，是十分深刻的。而他阐述的以畜牧经济为基础的匈奴、契丹、女真等在不同时期进入文明的现象，以及他在 1985 年就阐明的北方民族先后进入中原、扩大民族融合的认识和在 1991 年再次提出的文明产生的地域是辽阔的，文明产生的年代也是漫长的思想，对于后来认识中国文明起源的模式产生了重大的影响。这表明，学术界在 1992 年秋提出的中国文明重复发生的这一影响极为深远的重要学术思想，在佟先生的研究中早已萌芽。

佟柱臣先生的这些学术思想，是他长期探索研究中国东北地区古代文化和中国新石器时代及其社会形态的基础上形成的，是中国考古学研究的重要成果。这些重要的学术思想，分别形成于中国文明起源研究过程中几个重要发展阶段的转折之前，有力地推进了中国文明起源研究的深入开展，为中国文明起源研究做出了重要的贡献。

注　释

〔1〕佟柱臣：《从考古材料试探我国的私有制和阶级的起源》，《考古》1975 年第 4 期。

〔2〕佟柱臣：《从二里头类型文化试谈中国的国家起源问题》，《文物》1975 年第 6 期。

〔3〕a. 夏鼐：《中国文明的起源》，《文物》1985 年第 8 期。

　　b. 夏鼐：《中国文明的起源》，文物出版社，1985 年。

〔4〕佟柱臣：《中国原始社会晚期历史的几个特征》，《考古》1960 年第 5 期。

〔5〕佟柱臣先生曾以半个世纪的功力收集研究中国新石器，最终形成一部集中国新石器的巨著《中国新石器研究》，巴蜀书社，1998 年。

〔6〕佟柱臣：《中国新石器时代文化的多中心发展论和发展不平衡论——试论中国新石器时代文化发展的规律和中国文明的起源》，《文物》1986 年第 2 期。

〔7〕同注〔4〕。

〔8〕佟柱臣：《从考古学物质文化上观察中华民族融合的痕迹》，《社会科学战线》1985 年第 2 期。

〔9〕佟柱臣：《中国夏商王国文明与方国文明试论》，《考古》1991 年第 11 期。

辽西区新石器时代至铜石并用
时代考古学文化综论

刘国祥

（中国社会科学院考古研究所）

辽西考古学文化区包括现今内蒙古东南部和辽宁西部地区，是国内开展田野考古工作起步较早的区域之一。1930 年梁思永先生到赤峰英金河流域和林西一带调查史前遗址[1]，揭开了该地区田野考古工作的序幕。经过 70 余年的资料积累，已初步建立起该地区新石器时代至铜石并用时代考古学文化的年代序列和谱系关系。如此完整的考古学文化编年体系在东北地区独树一帜。苏秉琦先生在 20 世纪 80 年代初划分中国考古学文化区系类型中，将辽西区列为六大考古文化区之一[2]，并对该地区在中国文明起源进程中的特殊地位和作用予以高度评价，指出"我国统一多民族国家形成的一连串问题似乎最集中地反映在这里"[3]。经过几代考古工作者的不懈努力，已经正式命名的考古学文化有小河西文化、兴隆洼文化、富河文化、赵宝沟文化、红山文化、小河沿文化等。杨虎先生在《辽西地区新石器—铜石并用时代考古文化序列与分期》[4]一文中，将兴隆洼文化和赵宝沟文化分别划定为新石器时代中、晚期，红山文化早、中、晚期分别属于铜石并用时代早、中期和晚期前段，小河沿文化属于铜石并用时代晚期后段。以下对上述不同阶段的考古学文化内涵与特征予以总结分析，明确今后该地区田野考古工作和学术研究的目标。

一 新石器时代考古学文化

辽西区已确认的新石器时代考古学文化有小河西文化、兴隆洼文化、富河文化、赵宝沟文化，相互间具有明显的文化传承和发展关系。由于尚未发现距今万年左右的新石器时代遗存，本地区新石器时代早期文化面貌仍不清楚。这四个考古学文化代表了新石器时代中、晚期阶段的文化面貌，以下分别论述之。

（一）小河西文化

该文化是目前所知辽西区乃至整个东北地区年代最早的新石器时代考古学文化遗存，经过正式发掘的遗址有敖汉旗小河西[5]、西梁[6]、榆树山[7]等。根据敖汉旗的普查资料，全旗境内共发现小河西文化遗址 10 余处。聚落规模偏小，房址数量约为 10～

50 座，大体成排分布，均为长方形或方形半地穴式建筑，室内面积约为 15～50 平方米。出土遗物有陶器、石器、骨器、骨梗石刃器等。陶器均手制，采用泥圈套接法成器，胎体厚重，质地疏松，均夹砂，器表颜色不均，多呈灰褐、黄褐或红褐色。器类单一，以敞口、斜直、斜弧腹、平底筒形罐为主，还有少量的浅腹钵。素面陶居多，少数器口下侧施倒三角状刻划线纹。石器的加工方法分为打制、磨制、琢制和压削四类，主要器类有亚腰石铲、斧、斧形器、锛、凿、饼形器、石叶等。骨器有锥、匕、刀等。骨梗石刃器有一侧或两侧嵌粘石叶的刀。房址内还出有较多的动物骨骼。小河西文化的年代推断为距今 9000～8500 年。

小河西文化遗址的发现数量较少，规模偏小，尚未发现大型中心性聚落，但从房屋形制、聚落布局、经济形态和出土遗物等多方面特征看，小河西文化是兴隆洼文化的直接源头，为兴隆洼文化的兴起奠定了良好的基础。

（二）兴隆洼文化

该文化是继小河西文化之后辽西区出现的一支强劲的新石器时代考古学文化，奠定了西辽河流域在中国东北地区新石器时代文化发展中的核心地位，对东北亚其他地区的史前文化也产生了重要影响，同时也确立了西辽河流域与黄河流域新石器时代考古学文化并行发展、相互影响的历史根基。经过正式调查或发掘的遗址有敖汉兴隆洼[8]、兴隆沟[9]、北城子[10]、克什克腾南台子[11]、林西白音长汗[12]、阜新查海[13]等，其年代为距今约 8200～7200 年。从目前的研究结果看，兴隆洼文化分为三期：一期以兴隆洼一期聚落、北城子聚落遗存为代表；二期以兴隆洼二期聚落、兴隆沟聚落、查海聚落、南台子聚落遗存为代表；三期以白音长汗聚落遗存为代表。

兴隆洼一期聚落保存完整且经过全面发掘，是一处大型的兴隆洼文化聚落，共分布有房址 94 座，均沿西北—东南向排列，自东北至西南分成 11 排，其中有 8 排贯通整个聚落，3 排为夹排。房址均为长方形或方形半地穴式建筑，灶址位于居室的中部，呈圆形土坑式，室内面积多为 50～80 平方米，最大的 2 座房址并排位于聚落中心部位，室内面积约为 140 余平方米。房址的外侧环绕一道椭圆形的围沟，沟口现存宽约 2 米、深约 1 米，西北侧留有出入口。北城子聚落的面积约为 6 万平方米，是目前所知规模最大的一处兴隆洼文化聚落。该遗址尚未正式发掘，根据调查结果判断，共分布有房址灰圈 214 座，均沿南北向成排分布。北、东、南三侧环绕有弧形的围沟，西侧临河，地表高出河床约 30 米。兴隆洼文化一期的年代距今约为 8200～8000 年。兴隆洼二期聚落共发掘房址 90 座，分为南、北两区。北区共发掘房址 59 座，绝大多数房址分布在一期聚落围沟西北外侧，少数房址分布在一期聚落围沟内侧或叠压在围沟之上；南区共发掘房址 31 座，绝大多数房址是在一期房址废弃的基址上重建而成。两区房址均呈西北—东南向排列，北区房址疏密不均，排列不齐整，南区房址沿袭了一期房址的原有布局。房址室内面积多为 20～60 平方米。兴隆沟聚落共确认房址灰圈 145 座，分成东、中、西三区，东、中区保存完整，分别有房址 52、67 座，西区西侧的部分房址被破坏，现存房址 26 座。三区房址均沿东北—西南向成排分布，排列较规整，室内面积多为 30～70 平方米，少数大型房址的面积为80余平方米。查海聚落共发掘房址55座，排列密集，大体南北成行。房址室内面积多为20~60平方米，最大的一座房址位于聚落中部略偏北侧，约为120平方米。聚落中心部位有一个小型广场，发现有一条19.7米长的龙形堆石，其南侧有墓葬和祭祀坑。南台子聚落共发掘房址33座，大体呈东北—西南向排列，疏密不均。室内面积多为20~40平方米，最大的一座面积为81平方米。兴隆洼文化二期的年代约为距今8000~7600年。白音长汗聚落分为南、北两区，北区保存完整，共有房址29座。南区的东南侧被冲沟破坏，共发掘房址25座，均为长方形或方形半地穴式建筑，大体沿西北—东南向成排分布，排列不齐整。两区房址的外侧分别环绕一道近似椭圆形的围沟，沟口现存宽0.5~2.3米，深0.2~1.05米，两道围沟最近距离为7.75米。兴隆洼文化三期的年代约为距今7500~7200年。

兴隆洼文化的墓葬资料可以分为三类：一类是居室墓葬，将死者埋在室内特定位置。多数房址在埋葬死者以后仍继续住人，墓口上的踩踏面与周围的居住面通连。均为长方形竖穴土坑墓，多为单人葬，也有少量双人合葬墓。兴隆洼一、二期聚落和兴隆沟聚落、查海聚落的部分房址内均有发现。兴隆沟聚落还发现少数房址在居住面上埋葬死者的现象。第二类是将死者埋在聚落的中心位置，仅见于查海聚落。第三类是将死者埋在聚落附近的山丘顶部，墓口上有积石，仅见于白音长汗聚落。这三类墓葬均代表少数特殊死者，与居住区相对应的集中埋葬普通社会成员的墓地至今尚未发现。

从出土遗物看，主要有陶器、石器、玉器、骨器、骨梗石刃器、蚌器等。陶器均手制，采用泥圈套接法成器或直接捏制而成。主要器类有罐、钵、杯、盅等。器表多分段施纹，不同时期纹饰的种类和组合关系有明显的变化。以陶罐为例，一期陶罐颈部多施凹弦纹带，肩部附加细泥条堆纹，主体纹饰多为短斜线交叉纹，还有短斜线纹、横人字纹、窝点纹等。二期陶罐颈部施凹弦纹带，肩部多附加一周凸泥带，主体纹饰仍以短斜线交叉纹为主，新出现了之字纹、席纹、横带状网格纹等。三期陶罐颈部和肩部的纹饰无明显变化，主体纹饰中之字纹占据主流。石器的加工方法分为打制、磨制、琢制、压削四类，以打制石器为主。典型器类有亚腰形或长方形石铲、斧、斧形器、锛、凿、刀、球、饼形器、磨盘、磨棒、石叶等。作为主要的掘土工具，西拉木伦河以北多为长方形石铲，以南则流行亚腰形石铲。玉器数量较少，多出自墓葬内，环状玉玦和长条状玉匕形器是两种最典型的器类。此外还有短管状玉玦、管、弯条形器、小型斧、锛、凿等。动物造型的玉器仅知白音长汗遗址M7内出土1件玉蝉。骨器有锥、针、匕、刀、笛、鱼钩等。骨梗石刃器有一侧或两侧嵌石叶的镖、刀。蚌器有圆形或长条形的刻纹蚌饰，还有利用自然蚌壳作工具使用，一侧有磨痕。此外，较重要的出土遗物还有白音长汗聚落F19内出土1尊通高36.6厘米的石雕人像，兴隆沟聚落内出土5件带有镂空或刻划线纹、窝点纹的圆形或方圆形的人头盖骨牌饰。

兴隆洼文化时期，聚落规模有大小之别，等级有高低之分，出现了兴隆洼一期聚落、兴隆沟聚落等具有中心性地位的大型聚落。狩猎—采集经济占据主导地位，出现了原始的农业经济。尽管目前尚未发现与居住区对应的大规模的墓地，但在兴隆洼、兴隆沟和查海聚落内均发现室内埋葬少数死者的现象，绝大多数房址埋入死者后仍继续住人，一方面体现出生者对死者的亲情观念，另一方面也包含有特定的宗教祭祀含义。兴隆洼文化玉器的发现尤为值得关注，这是中国迄今所知年代最早的玉器，由此将我国琢磨和使用玉器的年代推进至距今 8000 年左右的新石器时代中期，在中国源远流长的玉文化发展史上具有开先河之地位。玉玦是世界范围内最古老的玉耳饰，自西辽河流域出现后，存在向东和向南渐次传播的路线，为东亚地区玦状耳饰的发展奠定了深厚的根基。

（三）富河文化

该文化因内蒙古巴林左旗富河沟门遗址的发掘而得名[14]，是西辽河流域具有显著地域特色的一支新石器时代考古学文化。由于发掘资料较少，对该文化整体内涵的认识尚不充分，关于富河文化的分布地域和年代、与兴隆洼文化、赵宝沟文化、红山文化的关系尚需深入探讨。

富河沟门遗址是一处有 150 余座房址灰圈的大型聚落，1962 年共发掘房址 37 座，平面近似方形或圆形，均为半地穴式建筑，沿东—西向排列有序。灶址位于居室的中部，一类是方形土坑灶，另一类是方形石板灶。已发掘房址的室内面积多为 20～30 平方米，最大的一座房址室内面积为 36 平方米。

从出土遗物看，主要有陶器、石器、骨器、骨梗石刃器等。陶器均手制，采用泥圈套接法成器，质地疏松，均夹砂，器表多呈黄褐、灰褐色。主要器类有筒形罐、钵、圈足器、杯等。器表施纹以之字纹为主，多为横压竖排篦点式之字纹，还有窄泥带附加堆纹等。石器较多，以打制石器和细石器为主，磨制和琢制石器较少。主要器类有亚腰形铲、斧、锛、球、磨盘、磨棒、石叶等，石叶的长度一般为 6～8 厘米，最长的可达 13 厘米。骨器较多，主要有锥、针、匕、镖、鱼钩等。还发现有卜骨，系羊或鹿的肩胛骨，未经修整，有灼而无钻。

从目前的调查和发掘资料看，富河文化集中分布在西拉木伦河以北地区，以南尚未发现此类遗存。从房址形制、聚落布局及出土遗物的特征看，富河文化与兴隆洼文化、赵宝沟文化和红山文化之间存在明显的内在联系。从房址形制看，富河文化与兴隆洼文化白音长汗类型相近，特别是位于室内中心部位的方形土坑或方形石板灶，如出一辙，与西拉木伦河以南的兴隆洼文化类型不同。从陶器群的组合关系看，富河文化以筒形罐和钵为主，还有少量的圈足器和杯，与兴隆洼文化的陶器组合相仿。但兴隆洼文化的筒形罐以敞口、斜直腹罐为主，富河文化多为敞口、斜弧腹筒形罐。从器表施纹看，兴隆洼文化晚期之字纹占据主导地位，与富河文化相近，不同之处在于兴隆洼文化晚期仍盛行分段施纹，以直线或弧线形之字纹为主，而富河文化则流行腹壁通施之字纹，篦点式之字纹开始流行。兴隆洼文化的石器和骨器组合与富河文化相近，兴隆洼文化类型中流行的亚腰石铲在富河文化中仍为典型的掘土工具。兴隆洼文化和富河文化均发现有骨梗石刃器。由此可见，富河文化和兴隆洼文化具有直接性文化承继关系。赵宝沟文化和富河文化在房址形制和聚落布局方面具有一定的共性，房址均成排分布，流行方形土坑式灶。富河文化的敞口、斜弧腹陶罐在赵宝沟文化中依旧是典型器类，线形和篦点式之字纹在两个文化中均存在。不同之处在于赵宝沟文化的陶器群种类明显多于富河文化，圈足鼓腹罐、椭圆底罐、尊形器等典型器类在富河文化中不见，圈足器在赵宝沟文化中常见，在富河文化中少见；在陶器施纹方面，赵宝沟文化的几何形纹饰和动物形纹饰在富河文化中未见，富河文化部分筒形罐颈部附加窄泥带堆纹，在赵宝沟文化中未见。作为主要的掘土工具，赵宝沟文化流行尖弧刃石耜，而富河文化则为亚腰石铲。上述特征表明，赵宝沟文化在形成和发展的过程中，吸收了富河文化的某些因素。富河文化和红山文化在房址形制和聚落布局方面有明显的区别，红山文化时期流行瓢形深坑式灶，与富河文化方形土坑或方形石板式灶明显不同，红山文化晚期坛、庙、冢等祭祀性建筑在富河文化中未见。红山文化陶器群质地、种类和数量较富河文化丰富，但富河文化筒形罐的造型和施纹风格对红山文化产生了一定的影响。如红山文化的筒形罐均流行敞口、斜弧腹的风格，同时线形和篦点式之字纹也是红山文化的典型纹样之一，陶罐颈部附加窄泥带堆纹的风格在红山文化中较为普遍。同时也应看到，红山文化陶器群的整体面貌与富河文化迥然有别，如斜口器、无底筒形器、敛口垂腹罐、双耳小口鼓腹瓮、筒形器座等在富河文化中均未见，红山文化彩陶的大量出现亦与富河文化有别。作为主要的掘土工具，红山文化的烟叶形石耜磨制精良，与富河文化的打制亚腰石铲有别；作为收割工具，红山文化出现长方形或桂叶形双孔石刀，在富河文化中未见。富河文化至今尚未发现玉器，而红山文化晚期出现了具有时代和地域特色的辉煌玉雕群。

综上所述，富河文化是在直接承继兴隆洼文化晚期因素的基础上发展起来的一支新石器时代考古学文化，并对赵宝沟文化产生了直接性影响，对红山文化产生了间接性影响，其年代应大体介于兴隆洼文化和赵宝沟文化之间，距今约为 7200 ~ 7000 年。

（四）赵宝沟文化

该文化是在直接承继兴隆洼文化、富河文化的基础上发展起来的一支重要的新石器时代考古学文化，文化面貌具有鲜明的个性。经过正式调查或发掘的遗址有敖汉旗赵宝沟[15]、小山[16]、南台地[17]、翁牛特旗小善德沟[18]、林西县白音长汗[19]、水泉[20]等。受发掘资料限制，赵宝沟文化目前尚未进行明确的分期，其年代约为距今 7000 ~ 6400 年。

赵宝沟遗址的总面积约为 9 万平方米，房址总数在 100 座以上，是目前所知规模最大的一处赵宝沟文化聚落。从平面布局看，分为西北和东南两区。西北区共有房址 82 座，均沿东北—西南向成排分布，自西北至东南共有 12 排，每排房址数量 1 ~ 17 座。房址均为长方形或方形半地穴式建筑，F19 是最大的一座房址，面积为 99.37 平方米，位于西北区的中心部位。其余房址的面积多为 20 ~ 60 平方米。东南区共有 6 座房址，沿西北—东南向成排分布，自东北至西南分成 2 排。该区东侧坡顶有一处面积为 323.75 平方米的大型祭祀平台，与居住区紧邻，但又明确分开，成为赵宝沟文化聚落布局中的显著特征。水泉聚落共发掘半地穴式房址 17 座，均沿东北—西南向成排分布，自西北至东南分成 4 排，房址面积为 12 ~ 28 平方米。白音长汗赵宝沟文化聚落共发掘房址 9 座，大体沿南北向成排分布，自西至东分成 3 排。室内面积约为 30 ~ 50 平方米。

小山聚落共分布有 8 座房址灰圈，仅发掘了其中的 2 座，室内面积分别为 23.52、32.78 平方米。小善德沟聚落的发掘资料尚未发表，南台地聚落未经发掘，房址总数和聚落布局尚不清楚。另外，关于赵宝沟文化的墓葬资料至今尚无线索。

从出土遗物看，主要有陶器、石器、骨器、蚌器等。陶器均手制，器表多呈黄褐、灰褐或黑色，均夹砂。赵宝沟文化的制陶工艺技术较兴隆洼文化有了明显的提高，突出表现在陶器群种类丰富，出现了一批新的器型，同时陶器施纹风格发生显著变化，纹样繁缛，技法娴熟。主要器类有筒形罐、圈足鼓腹罐、椭圆底罐、平底钵、圈足钵、尊形器、斜口器、平底碗、杯等。纹样种类主要分为之字纹、几何形纹、动物形纹三大类，其中动物形纹饰最具代表性，多装饰在尊形器的腹部，动物形象以鹿为主，也有的集鹿、猪、鸟于一体。赵宝沟遗址和小山遗址各出土 1 件，南台地遗址采集 5 件。赵宝沟文化石器的加工方法分为打制、磨制、琢制、压削四类，主要器类有耜、斧、锛、凿、饼形器、球、磨盘、磨棒、石叶等。作为主要掘土工具的石耜多系磨制而成，身部窄长，刃部略宽，多呈尖弧状，留有细密的纵向使用痕迹。西拉木伦河南北的赵宝沟文化遗址出土石耜的造型大体相仿，无明显的地域差异。骨器和蚌器的发现数量偏少，种类与兴隆洼文化相仿。关于赵宝沟文化的玉器资料目前尚未正式发表，仅知小善德沟遗址一座房址的居住面上出土几件玉玦。

在房址形制、聚落布局、经济形态及出土遗物特征方面，赵宝沟文化与兴隆洼文化和富河文化具有鲜明的共性，三者之间具有一脉相承的文化发展关系。作为西辽河流域新石器时代文化发展的第二个繁盛阶段，赵宝沟文化在诸多方面表现出独特的进步性。同为大型的中心性聚落，赵宝沟聚落的规模相当于兴隆洼一期聚落的三倍。在赵宝沟聚落布局中，居住区与祭祀区明确分开，对应共存，为红山文化远离居住区的大型祭祀中心的出现奠定了基础。如果说红山文化时期西辽河流域史前社会发生重大变革，赵宝沟文化则处于这一重大变革前的转型阶段，在本地区史前社会发展进程中的重要地位由此确立。

二　铜石并用时代考古学文化

中国在新石器时代至青铜时代之间，存在铜石并用时代，辽西区的考古发现，进一步印证了这一结论的正确性。本地区已确认的铜石并用时代的考古学文化有红山文化和小河沿文化，以下分别论述之。

（一）红山文化

该文化是西辽河流域文明化进程中的关键阶段，在其形成和发展的过程中，一方面出色地承继了本地区兴隆洼文化、富河文化和赵宝沟文化中的优势因素，另一方面大量吸收中原仰韶文化和东北地区诸多原始文化因素的影响，整体文化面貌发生显著变化，成为中国东北地区最具影响力的一支史前考古学文化。经过正式调查或发掘的主要遗址或墓地有赤峰红山后[21]、西水泉[22]、蜘蛛山[23]，敖汉四棱山[24]、兴隆洼、兴隆沟

（第二地点）、四家子[25]，林西白音长汗，巴林右旗那斯台[26]，阜新胡头沟[27]，喀左东山嘴[28]，建平和凌源两县交界处的牛河梁[29]等。红山文化分为四期[30]：一期以兴隆洼 F133 为代表，二期以兴隆洼 F106 为代表，三期以西水泉、蜘蛛山、红山后、二道梁等遗址为代表，四期以东山嘴、牛河梁、四家子等遗址为代表。其年代约为距今6500～5000 年。

红山文化建筑物的种类和数量增多，建筑技术显著提高，建筑理念日趋成熟。房址均为长方形或圆角方形半地穴式建筑，以瓢形深坑式灶为主，也有圆形浅坑式灶。居住面多经过抹泥处理，那斯台遗址还发现有抹白灰面的居住面。室内面积通常为 10～30平方米，西水泉遗址 F17 是目前所知面积最大的一座红山文化房址，室内面积为 105.3平方米。从聚落布局看，红山文化环壕聚落与非环壕聚落并存。西台遗址是一处红山文化中期环壕聚落[31]，两道围壕呈"凸"字形，将房址与窖穴环绕其内。围沟宽 2 米，深达 2.5 米。二道梁遗址共发掘出 15 座红山文化中期房址[32]，排列不规整，没有围沟。兴隆沟遗址第二地点是一处红山文化晚期小型环壕聚落，房址大体呈东北—西南向排列，窖穴集中分布在房址的周围，围沟平面近似长方形，南角口宽底窄，横剖面呈倒梯形，沟口、底宽度的最大值分别为 1.12、0.47 米，现存深度为 0.51～0.72 米。那斯台遗址分布有红山文化的房址和围沟，总面积约有 150 万平方米，应是一处大型中心性聚落。除居住性建筑外，红山文化晚期祭祀性建筑空前发展，主要有祭坛、女神庙、积石冢等。东山嘴遗址的发掘，第一次明确了红山文化祭坛的形制。该遗址总面积约为2400 平方米，中心建筑为一方形祭坛，四周用石块砌出石墙基，内部立置成组的石块；其南部为圆形祭坛，附近出有大型人物坐像和小型孕妇像。牛河梁遗址集坛、庙、冢于一体，主体分布范围广达 1.2 平方公里，是目前所知规模最大的一处红山文化晚期中心性祭祀遗址。女神庙址位于牛河梁主梁顶部的中心位置，周围山顶上的积石冢群将其环绕。在女神庙北端丘顶有一个巨大的祭祀平台，南北长 175 米，东西宽159 米。平台的边缘用石块垒砌，表面零星散布有红陶片和红烧土块。女神庙由南、北两组建筑组成，北组建筑规模较大，有主、侧室和前、后室之分。主室呈长方形，前、后室及侧室呈长方形或椭圆形。南组建筑规模较小，形制简单，中部近圆形，至两侧渐变为方形。庙体为半地穴式建筑，地面平整坚硬，经过火烧处理。墙体为木骨泥墙，表面绘以赭红、黄白相间的几何纹图案。其内出土有大型的人物塑像和动物塑像。积石冢多选择在山梁或土丘的顶部，有单冢与多冢之分，规模大小有别。积石冢的外观呈方形或圆形，通常情况下，积石的下面即为墓葬。大型石棺墓位于积石冢内中心部位，圹穴和石棺的规模较大，建造考究，仅随葬玉器，种类和数量较多。小型石棺墓多分布在积石冢内的边缘部位，圹穴和石棺的规模偏小，随葬玉器的种类和数量也较少，有的还随葬陶器和石器，还有一部分小型石棺墓内无任何随葬品。

红山文化时期人口数量有了显著增长，突出表现为遗址点的数量增多。以敖汉旗的文物普查资料为例[33]，兴隆洼文化和赵宝沟文化遗址均不足 100 处，而红山文化遗址有 500 余处，规模大小不一，小型遗址仅有 4000～5000 平方米，较大的遗址可达 3～10万平方米，最大的遗址竟有 2～3 平方公里。已有研究结果表明，红山文化积石冢代表一种特殊的埋葬制度，少数死者因生前具有特殊的等级、地位或身份，死后被埋葬在积石冢石棺墓内，成为生者崇拜祭祀的对象。牛河梁遗址第二地点四冢一坛呈东西向并排分布，其祭祀功能倍显突出。有关埋葬普通社会成员的红山文化大型墓地至今尚未发现。南台子遗址发掘的 13 座红山文化墓葬中，除 M7 为石棺墓外，其余 12 座墓葬均为长方形、圆形或椭圆形竖穴土坑墓，随葬品以陶、石、骨器为主，未见玉器，与积石冢内石棺墓的形制及以玉器为主要随葬品的现象形成了鲜明对比，是探寻埋葬红山文化普通社会成员墓地的唯一重要线索。

红山文化的出土遗物种类繁多、式样丰富，主要有陶器、石器、玉器、骨器、蚌器等。红山文化的陶器质地分为泥质与夹砂两大类，泥质陶的大量出现是红山文化陶器群的一个重要特征，与本地区以往文化陶器群形成明显差异。陶器的使用功能明确分为两大类，一类为生活用陶器，主要有筒形罐、小口短颈双耳罐、厚唇垂腹罐、敛口广肩双耳罐、钵、碗、圈足盘、壶、杯、盆、瓮、斜口器、拱形纽器盖、亚腰形器座等。另一类为祭祀用陶器，主要有无底筒形器、无底钵形器、无底瓶形器、双腹彩陶盆、镂空器盖等。其中，无底筒形器是最主要的祭祀用陶器，出土数量最多，所占比例最大。有的成片状叠压在坛、冢积石底下或夹杂在积石中间，亦有在特定位置成排放置完整器的现象。从出土位置、造型和施纹特征看，无底筒形器主要出在祭祀性遗址内，具有特定的摆放位置；多系泥质红陶，口沿外卷或外折，直腹、略垂腹或圆鼓腹，底缘呈内勾状或外折；施彩方法别致，多为半面有彩，另半面光素，中以竖行划线为界，成排放置时，施彩部分朝外。器表施纹主要有压印之字纹，以横压竖排之字纹为主，线形和篦点式之字纹并存；压划线纹多为成组的竖线、横线、斜线交叉及波浪式几何纹；戳压纹多呈窝点状，多为主体纹饰单独使用或叠施在窄条状附加堆纹之上；附加堆纹除窄泥条带外，还有波折状细泥条、小圆饼状、乳丁纹等；镂空较少，施于覆豆式器盖或无底瓶形器的底座上面，呈长方形、方形或三角形。彩陶多为红地黑彩，也有个别器皿施红彩，全部为抽象的几何形图案。单一母题的彩陶纹样主要有宽带纹、平行竖道纹、平行短线纹、多重半圆形鳞纹、细长三角齿状纹、菱形纹、同心圆窄带纹、网格纹等。复合式彩陶纹样主要有平行短斜线组成的正、倒相间的三角纹，有的填以涡纹；还有对角相连的三角纹、弧边三角勾连纹、对角相连方块、菱形纹、勾叶圆点纹等。陶器施彩部位比较固定，如钵、碗类常在口、肩部施彩；瓮、罐类常在上腹施彩，下腹素面；无底筒形器仅在一面施彩；双腹盆则内、外壁施彩。另外，四棱山遗址集中发现 6 座红山文化窑址，有单室窑和双火膛连室窑之分，是红山文化时期制陶业作为独立手工业部门出现的重要证据。

红山文化石器的加工方法分为打制、磨制、琢制、压削四类。主要器类有宽刃石耜、双孔石刀、斧、锛、凿、磨盘、磨棒、三角形平底或凹底石镞、石叶等。石耜是主要的掘土工具，选材比较坚硬，通体磨光，形制更加规范，身部窄长，刃端明显增宽，比赵宝沟文化的石耜更具实用性。石刀分为长方形和桂叶形两类，一侧有刃，靠近背部有两个并排的钻孔，是主要的收割工具，大量出现自红山文化第三期。磨盘和磨棒是加工农作物果实的主要工具。从掘土、收割到加工农具的系列出现，从一个侧面反映出红山文化时期农业经济彻底取代狩猎—采集经济成为主导性经济部门。

红山文化晚期的玉雕业得到空前发展，随着一批具有典型时代和地域风格玉雕群的出现及用玉制度发生的重大变化，迎来了中国史前玉文化发展史上的第一个高峰期。西辽河流域与长江下游地区环太湖流域（以良渚文化为代表）并列成为中国史前时期两大雕琢和使用玉器中心区之一。红山文化玉器的造型题材分为装饰类、工具类、动物类、人物类、特殊类。装饰类玉器主要有玦、环、珠、曲面牌饰、菱形饰等；工具类玉器主要有斧、钺、棒形器、纺瓜等；动物形玉器主要有猪龙形器、双猪首三环形器、双猪首璜、兽面形器、鸟、鸮、蝉、龟、鱼、蚕等；人物类玉器有玉人和人面形玉器；特殊类玉器主要有勾云形器、箍形器、璧、双联璧、三联璧等。在用玉制度方面，因墓主人生前等级、地位、身份不同，不仅墓葬的规模、形制及分布位置有明显的差异，而且在随葬玉器的数量、种类及组合关系方面均有相应的变化。玉器已非一般性随葬品，也非个别性礼器，而是已经形成了一套标志墓主人级别高低的用玉制度，玉礼制系统形成。

西台遗址出土2件红山文化陶质合范，均呈长方形，一件长3.6厘米，另一件长2.5厘米，当用于铸造钩形饰件，可视为探索红山文化铸铜技术的重要线索。

红山文化晚期，农业经济彻底取代狩猎—采集经济占据主导地位，在食物来源得到充分保障的前提下，人口迅猛增长，手工业分化加剧，出现了建筑、制陶、玉雕、陶塑和泥塑等独立的手工业部门。其中玉器的雕琢和使用取得了前所未有的成就，形成一套能够反映墓主人生前社会等级、地位、身份高低的用玉制度，出现了较完备的玉礼制系统，这是中国目前所能确认的年代最早的礼制形态[34]，对中国博大精深的礼乐制度的形成产生了深远影响。伴随专职祭祀人员作为特权阶层的出现，红山文化晚期的社会结构发生了重大变化，祭司阶层与普通社会成员之间形成了劳动侵占与被侵占的关系，而祭司阶层内部的再度分化是当时社会结构趋于复杂化的标志。红山文化时期的科学和艺术成就引人注目，前者是推动社会发展的强大动力，后者是展示社会繁荣和先民智慧的重要标志。根据冯时先生的研究成果[35]，牛河梁三环石坛作为早期的盖天图解，不仅描述了一整套宇宙理论，同时准确地表现了分至日的昼夜关系，完全具有实用性，为从科学的角度深刻揭示牛河梁遗址的功能提供了新的视点。根据上述特征，我们认为距今5500～5000年左右的红山文化晚期，西辽河流域的史前社会发生了明显的质变，已进入初级文明社会。

（二）小河沿文化

1960年，原昭乌达盟文物工作站在敖汉旗新惠镇北1公里的石羊石虎山上清理了一座墓葬[36]，出土陶器、石器、蚌器等31件，其中施绳纹筒形罐、双口双耳壶、彩陶盂等一组具有典型特征的陶器群与红山文化和夏家店下层文化有别，发掘者断定其年代应早于夏家店下层文化，而晚于红山文化。1973年在敖汉旗小河沿公社南台地遗址再次发现此类遗存，正式提出"小河沿文化"的命名[37]。1977～1979年在翁牛特旗大南沟发掘了两处小河沿文化墓地[38]，成为研究该文化最主要的一批资料。此外，在兴隆洼遗址和白音长汗遗址还发现少量小河沿文化遗存，以灰坑居多。小河沿文化代表了西辽河流域从红山文化到夏家店下层文化之间的过渡阶段，其年代距今约 5000 ~ 4000 年。

小河沿文化的居址资料发掘较少，目前仅知南台地[39]遗址清理出 4 座房址，平面呈圆形或椭圆形，均为半地穴式建筑。灶址位于房址中部，均为近似圆形的红褐色烧烤面，未下挖成坑，其中 F4 灶址上摆放有 5 块自然石块。室内面积约为 7 ~ 9 平方米。大南沟两处墓地均位于靠近山顶部的坡地上，相距约 2 公里，周围分布有红山文化、小河沿文化和夏家店下层文化的居住址，尚未发掘。第一墓地位于石棚山南坡，清理出 77座墓葬，分成三区。A 区位于墓地的南侧，清理出墓葬 17 座，墓穴沿东北—西南向成行排列；B 区位于墓地的东北侧，清理出墓葬 32 座，墓穴亦沿东北—西南向成行排列，分布密集；C 区位于墓地的北侧和西北侧，清理出墓葬 28 座。三区之间均有明显的空白地带相隔，同一区内墓葬的方向基本一致。墓穴行间距约为 1.5 ~ 3 米，同行内墓穴间距约为 0.5 ~ 2 米。第二墓地位于老鸹窝梁南山坡，共清理出墓葬 6 座，大体成行排列，墓穴间距约为 2 ~ 10 米。上述墓穴的形制分为两类，一类为长方形土坑竖穴墓，另一类为长方形土坑半洞室墓。其中可辨认的长方形土坑半洞室墓共有 19 座，上半部为竖穴，近底部在长边靠山坡上部一侧打洞室，洞室底部与墓底部在同一平面。墓壁普遍留有火烧痕迹，有些已形成较坚硬的红烧土壁面。墓主人均为仰身屈肢葬，下肢弯曲程度较大。以单人葬为主，双人合葬墓共有 3 座，均属于第一墓地，两具人骨大体处于一条直线上，头向相反，两腿相交，腿骨相互交错或叠压。在第一墓地，还发现 4 座无头骨的墓葬，其中包括 1 座双人合葬墓（M20），两具人骨皆无头骨。头部位置多扣置 1件陶器，分别为钵、豆和双耳罐。同在第一墓地还发现 4 座无骨架的墓葬，其中 M67是整个墓地中随葬器物最多的一座墓，但无人骨。在已发掘的 83 座墓葬中，74 座墓内有随葬品，可分为生产工具、陶质生活用具和装饰品三大类。随葬陶器的墓葬共有 63座，数量多为 1 ~ 4 件，随葬 5 件以上陶器的墓葬共有 8 座，其中 M67 是随葬陶器数量最多的一座墓葬，共有 14 件。陶器多放置在头骨周围、身体一侧或腿骨下侧。陶器组合形式为筒形罐类和钵、豆、盆类，有的加壶、盂类，其中筒形罐和豆、筒形罐和钵的组合关系最多，分别为 27 例和 25 例，发现有筒形罐和豆或壶相互扣合的现象。生产工具多放置在墓主人躯体一侧，以男性居多，如随葬石质工具的 34 座墓，除性别不清的以外，男性为 16 座，女性仅有 2 座；随葬细石器的 14 座墓，除性别不明的以外，都为男性；出骨柄刀的 10 座墓已知性别的 7 座皆为男性。随葬装饰品的多为女性墓，且一般不再随葬其他生产工具。装饰品多置于贴身处，如束发器紧贴在头顶上，石璧、环在项下，石镯套在手腕上，耳坠出自耳侧，蚌饰在头部和胸部，应是按墓主人生前佩戴情况随身下葬的。在整个墓地内，凡出斧、锛、凿、骨柄刀等生产工具的墓葬均不出纺轮；反之，出纺轮的墓葬皆不出生产工具，而已鉴定性别的出生产工具的墓葬皆为男性，出纺轮的墓葬皆为女性。M52 是墓地中唯一随葬大型石钺和刻划成组图像符号陶器的墓葬，墓主人是一位 20 ~ 22 岁的成年男性，应具有特殊的地位或身份。

小河沿文化的陶器质地分为加砂灰褐陶、泥质红陶、灰陶和泥质磨光黑陶四个陶系，均为手制，部分器类经慢轮修整。主要器类有筒形罐、钵、盆、盂、尊、豆、壶、器座、案、勺等。其中，陶壶分为短颈鼓腹双耳壶、鸮形壶、双口鼓腹双耳壶、单把壶、异形壶五类，是小河沿文化具有代表性的器类。纹饰种类有拍印绳纹、刻划平行线纹、网格纹、戳压窝点纹、窄泥条附加堆纹等。还发现有双线窄带内填充平行短斜线纹、双线宽带内填充几何形折线纹、回字纹和图像符号。彩陶多为红地施黑彩，施红彩的较少。彩陶图案主要有平行线间以相对半重环纹或相对的平行斜线间以三角纹，组成宽带纹饰，并在口沿内侧施以倒三角纹、平行短斜线纹、回字形几何纹、网格纹或间以动物形象、八角星、图像符号等。朱绘常施于器体外壁下部，少数通体涂朱。镂空多见于豆柄，皆为三角形孔，对称分布。石器的加工方法分为打制、磨制、压削三类，主要器类有斧、锛、凿、刀、钺、镞、石叶、璧、环、镯、璜、管、珠等。玉器较少，仅见小型锛、管等。骨器主要有匕、锥、镞、针、针筒、环、束发器等。骨梗石刃刀是小河沿文化具有代表性的器类，大南沟墓地共出土13件，分别出自10座墓葬内，皆选用动物肢骨劈裂成两半作柄体，一侧或两侧中部有凹槽，用来嵌粘石叶，石叶多呈长方形，两端的石叶近似三角形，外凸弧刃，石叶通体压削修整，外侧边缘均加工出刃部。蚌器多为装饰品，主要有环、珠、长方形牌饰等。

　　由于居址的发掘资料零散，对小河沿文化整体特征与内涵的认识有待加强。彩陶的大量存在表明，小河沿文化与红山文化具有直接性承继关系；彩绘陶作为一种新的文化因素出现，证明了小河沿文化是夏家店下层文化的重要源头之一。从大南沟墓地内出土的随葬品看，小河沿文化时期男女分工进一步确立，男性的社会地位明显高于女性，出现了少数权贵阶层，此种社会结构被夏家店下层文化直接承继和发展。

三　回顾与展望

　　回顾辽西区新石器时代至铜石并用时代的考古发掘和研究工作，在以下五个方面取得了显著的成果：第一，根据田野考古发掘资料，正式命名了小河西文化、兴隆洼文化、富河文化、赵宝沟文化、红山文化和小河沿文化，代表了辽西区史前文化发展的不同阶段，特别是小河西文化和兴隆洼文化的发现，不仅为赵宝沟文化、红山文化等找到了直接源头，而且确立了本地区与黄河中下游地区新石器时代文化并行发展、相互影响的历史地位，成为中国史前考古学框架体系中的重要组成部分。第二，大量的调查和发掘资料表明，辽西区新石器时代至铜石并用时代遗址的埋藏和保存状况比较独特，同一文化或不同文化的遗址间较少存在叠压或打破关系，比如居住性遗址内的各种遗迹现象多直接暴露在地表，去掉耕土层后，可以准确地划出房址、灰坑等遗迹的开口范围；建在山梁或土丘顶部的各种石砌祭祀遗迹通过地表观察也能大体搞清其分布范围，为开展聚落形态考古研究奠定了良好的基础，兴隆洼、兴隆沟、查海、白音长汗、赵宝沟、牛河梁等遗址的发掘均成为中国史前聚落考古研究中的成功范例。第三，自20世纪80年代初以来，随着牛河梁遗址坛、庙、冢的发现及红山文化玉器群的科学确认，引发了对辽西区文明化进程的深入思考，并由此影响到对中国文明起源总体特征的认识，尽管学术界对红山文化晚期是否进入文明社会尚存在不同的意见，但距今5500～5000年左右辽西区史前社会发生了重大变革却得到考古发掘资料的证实。第四，辽西区史前玉文化的发展自成体系，独具特色，是探索中国玉文化起源和发展的核心地区之一。兴隆洼文化玉器的发现，将我国雕琢和使用玉器的历史推进至距今8000年左右的新石器时代中期，成为中国迄今所知年代最早的玉器，开创了中国史前雕琢和使用玉器的先河；以红山文化玉器为代表，迎来了中国玉文化发展史上的第一个高峰期，并使辽西区与长江下游地区环太湖流域并列成为中国史前时期两大雕琢和使用玉器中心之一。第五，辽西区的田野考古成果为东北亚地区史前文化交流关系的研究提供了重要的考古学依据。已知最早的之字纹出现于兴隆洼文化中期，在中国东北其他地区和朝鲜半岛等地的新石器时代考古文化中广泛流行；已知最早的环状玦饰出现于兴隆洼文化早期，在辽西区延续至青铜时代早期，在日本列岛、朝鲜半岛和俄罗斯滨海地区得到传播和延续。

　　在已有考古发掘和研究成果的基础上，展望未来辽西区的史前考古工作，仍有很多的薄弱环节和亟待解决的学术课题，以下分六个方面予以简述：第一，以小河西文化为基点，探寻距今万年左右的新石器时代早期遗存，填补该阶段的考古空白，使辽西区新石器时代考古学年代序列和谱系关系进一步完善。第二，小河西文化遗址的发现数量较少，发掘规模偏小，对该文化总体内涵与特征的认识尚不充分，今后应注重寻找并揭露较完整的小河西文化聚落。第三，已发掘的兴隆洼文化遗址多为居住址，居室葬并不代表埋葬普通社会成员的主要方式，有待发现与居住址相对应的完整的墓地资料。第四，赵宝沟文化是继兴隆洼文化之后辽西区史前文化发展的第二个繁荣期，已有的研究资料并不丰富，赵宝沟遗址是该文化已知规模最大的一处中心性聚落，但仅发掘了少部分房址，对聚落整体布局的研究受到资料制约，至今尚未发现赵宝沟文化时期的居室葬或与居住区对应的独立墓地资料。第五，红山文化早期的发掘资料较少，目前仅知在兴隆洼遗址发掘到少量的房址和灰坑，对该阶段文化内涵与特征的认识有待加强；红山文化中期的发掘地点较多，但缺乏保存较完整的居址，发掘资料略显零散，对聚落布局缺乏总体认识；红山文化晚期的发掘资料多为积石冢或相关的祭祀遗迹，与牛河梁祭祀中心相对应的大型中心性居址尚未发现，这是当今红山文化研究中最薄弱的环节，也是研究辽西区文明化进程急需解决的学术课题。第六，小河沿文化处于红山文化和夏家店下层文化之间的过渡阶段，红山文化晚期社会表现为神权和王权合二为一，夏家店下层文化时期王权地位凸显，小河沿文化是深入揭示辽西区史前社会权力演变机制的重要阶段，但尚未发现具有典型意义的大型居址或高规格的墓地资料，仅从现有的资料出发将小河沿文化确定为本地区史前文化发展的衰落期并不客观。上述问题的解决，必须立足于田野考古工作，获取较丰富的第一手调查或发掘资料，同时要尽快制定本地区中长期田野考古规划和学术目标，使两者有机结合，既要有针对性地开展主动性发掘项目，也要在诸多配合基本建设的抢救性考古发掘项目中寻找解决重大学术问题的突破点。

注　释

〔1〕梁思永：《热河查矸庙等处所采集之新石器时代石器与陶片》，《梁思永考古论文集》，科学出版

社，1959 年。

〔2〕苏秉琦、殷玮璋：《关于考古学文化的区系类型问题》，《文物》1981 年第 5 期。

〔3〕苏秉琦：《燕山南北地区考古——1983 年 7 月在辽宁朝阳召开的燕山南北长城地带考古座谈会上的讲话》（摘要），《文物》1983 年第 12 期。

〔4〕杨虎：《辽西地区新石器——铜石并用时代考古文化序列与分期》，《文物》1994 年第 5 期。

〔5〕中国社会科学院考古研究所内蒙古工作队：《内蒙古敖汉旗小河西文化遗址发掘简报》，待刊。

〔6〕同注〔5〕。

〔7〕同注〔5〕。

〔8〕a. 中国社会科学院考古研究所内蒙古工作队：《内蒙古敖汉旗兴隆洼遗址发掘简报》，《考古》1985 年第 10 期。

　　b. 中国社会科学院考古研究所内蒙古工作队：《内蒙古敖汉旗兴隆洼聚落遗址 1992 年发掘简报》，《考古》1997 年第 1 期。

〔9〕a. 中国社会科学院考古研究所内蒙古工作队：《内蒙古敖汉旗兴隆沟新石器时代遗址调查》，《考古》2000 年 9 期。

　　b. 中国社会科学院考古研究所内蒙古第一工作队：《内蒙古赤峰市兴隆沟聚落遗址 2002～2003 年的发掘》，《考古》2004 年第 7 期。

〔10〕杨虎、刘国祥、邵国田：《敖汉旗发现一大型兴隆洼文化环壕聚落》，《中国文物报》1998 年 7 月 26 日。

〔11〕内蒙古自治区文物考古研究所：《克什克腾旗南台子遗址发掘简报》，《内蒙古文物考古文集》第 1 辑，中国大百科全书出版社，1994 年。

〔12〕内蒙古自治区文物考古研究所编著：《白音长汗——新石器时代遗址发掘报告》，科学出版社，2004 年。

〔13〕辽宁省文物考古研究所：《辽宁阜新查海遗址 1987～1990 年三次发掘》，《文物》1994 年第 11 期。

〔14〕中国社会科学院考古研究所内蒙古工作队：《内蒙古巴林左旗富河沟门遗址发掘简报》，《考古》1964 年第 1 期。

〔15〕中国社会科学院考古研究所编著：《敖汉赵宝沟——新石器时代聚落》，中国大百科全书出版社，1997 年。

〔16〕中国社会科学院考古研究所内蒙古工作队：《内蒙古敖汉旗小山遗址》，《考古》1987 年第 6 期。

〔17〕敖汉旗博物馆：《敖汉旗南台地赵宝沟文化遗址调查》，《内蒙古文物考古》1991 年第 1 期。

〔18〕刘晋祥：《翁牛特旗小善德沟新石器时代遗址》，《中国考古学年鉴（1988）》，文物出版社，1989 年。

〔19〕同注〔33〕。

〔20〕内蒙古自治区文物考古研究所：《林西县水泉遗址发掘述要》，《内蒙古文物考古文集》第 2 辑，中国大百科全书出版社，1997 年。

〔21〕[日] 滨田耕作、水野清一：《赤峰红山后》，《东方考古学丛刊》甲种第 6 册，1938 年。

〔22〕中国社会科学院考古研究所内蒙古工作队：《赤峰西水泉红山文化遗址》，《考古学报》1982 年第 2 期。

〔23〕中国社会科学院考古研究所内蒙古工作队：《赤峰蜘蛛山遗址的发掘》，《考古学报》1979 年第 2 期。

〔24〕辽宁省博物馆、昭乌达盟文物工作站、敖汉旗文化馆：《辽宁敖汉旗小河沿三种原始文化的发

现》，《文物》1977 年第 12 期。

〔25〕邵国田：《草帽山祭祀遗址群》，《敖汉文物精华》，内蒙古文化出版社，2004 年。

〔26〕巴林右旗博物馆：《内蒙古巴林右旗那斯台遗址调查》，《考古》1987 年第 6 期。

〔27〕方殿春、刘葆华：《辽宁阜新县胡头沟红山文化玉器墓的发现》，《文物》1984 年第 6 期。

〔28〕郭大顺、张克举：《辽宁省喀左县东山嘴红山文化建筑群址发掘简报》，《文物》1984 年第 11
期。

〔29〕辽宁省文物考古研究所：《辽宁牛河梁红山文化"女神庙"与积石冢群发掘简报》，《文物》
1986 年第 8 期。

〔30〕朱延平：《东北地区南部公元前三千纪初以远的新石器考古学文化编年、谱系及相关问题》，
《考古学文化论集（4）》，文物出版社，1997 年。

〔31〕杨虎：《敖汉西台新石器时代及青铜时代遗址》，《中国考古学年鉴（1988）》，文物出版社，
1989 年。

〔32〕内蒙古自治区文物考古研究所：《巴林左旗友好村二道梁红山文化遗址发掘简报》，《内蒙古文
物考古文集》第 1 辑，中国大百科全书出版社，1994 年。

〔33〕邵国田：《概述敖汉旗的红山文化遗址分布》，《中国北方古代文化国际学术研讨会论文集》，中
国文史出版社，1995 年。

〔34〕刘国祥：《牛河梁玉器初步研究》，《文物》2000 年第 6 期。

〔35〕冯时：《红山文化三环石坛的天文学研究——兼论中国最早的圜丘与方丘》，《北方文物》1993
年第 1 期。

〔36〕内蒙古自治区昭乌达盟文物工作站：《内蒙古昭乌达盟石羊石虎山新石器时代墓葬》，《考古》
1963 年第 10 期。

〔37〕同注〔24〕。

〔38〕辽宁省文物考古研究所、赤峰市博物馆编著：《大南沟——后红山文化墓地发掘报告》，科学出
版社，1998 年。

〔39〕同注〔24〕。

陶寺文化石制品研究

——以 HG8 为中心

严志斌

（中国社会科学院考古研究所）

陶寺文化的遗址已经发掘的有襄汾陶寺[1]、曲沃方城[2]、襄汾丁村[3]、临汾下靳[4]。陶寺文化属于使用磨制石器的新石器时代末期，虽然陶寺文化晚期甚至已出现铜制品，但发掘所见生产工具主要还是石器。综合各遗址的出土石制品来看，陶寺文化的石器（暂不包括玉器）主要有石斧、石锛、石铲、石刀、石凿、石镞、石锤、石纺轮、石环、石臼、磨石、磨盘等类。还有一部分特殊器形，如曲尺形石器、厨刀、石磬等。这些石器主要都是经过磨制的。制作石器在进行打磨工序之前必然有一个打制成坯的阶段和过程，在历年的发掘中，都有石坯以及打制石器过程中剥落的石片出土。而以往的工作及研究对上述石制品的制作过程关注很少，故而，对这个时期的石制品的考察对于了解陶寺文化的石器制作业应有所裨益，进而也有助于了解陶寺文化的生产技术系统。

一

以前陶寺遗址出土的石片与石屑较为零散，而 2002 年发掘揭露的陶寺遗址的 IHG8 出土了大量打制石片与石坯等石制品[5]，计有成型石器（包括残器）30 件，有石凿、石刀、石铲、石锤、凹槽磨石、曲尺形石器、石锛、石镞。还有石片、石坯、石核、石屑共计 1165 件。鉴于此，本文拟就 IHG8 出土的石片等石制品从石材、石片、石坯、石核以及打击工具石锤等方面对陶寺文化石器制作过程进行初步的分析。

（一）石材来源

IHG8 中所出石制品除 1 件石锤的材质为长石和 1 件磨石属砂岩外，其余都是颜色黑灰的角页岩，角页岩所占比例近 100%。以往发掘所见石制品的石材情况也基本如此，也是角页岩占绝对多数，有少量的砂岩（多数是磨石的石材）、页岩、燧石。可见角页岩在陶寺文化中作为石材原料的绝对垄断地位。这种石材原料的单一性，也有利于我们进一步探讨其石材原料的来源及产地。IHG8 所在的陶寺遗址位于霍山支脉塔儿山西麓，塔儿山及其周围山体基本是由质软色灰的奥陶纪灰岩构成的，这样的灰岩并不适于制作石器。而唯有位于襄汾县城关镇沙女沟村东部的大崮堆山，其岩体主要以角页岩构成。而 1984 年又在大崮堆山南坡发现了一处面积约 15 万平方米、堆积厚度达 4 米的史前大型石器制造场，其位置北距陶寺遗址仅 6 公里。有学者研究了采自该石器制造场的石制品后认为："从器坯的类型看，其制成品如石斧、石铲、特磬、厨刀等，都已见于陶寺新石器遗址，尽管尚不能说明它们属于陶寺遗址的某一期，但在陶寺遗址所代表的整个历史阶段中，陶寺先民们到这个离他们住地仅六七公里的采石场来采石制器，则是完全合理和可能的，也就是说，这里曾有一段时间属陶寺人的采石场。"[6] 鉴于大崮堆山石器制造场石材、器类与陶寺遗址所出石器对应；在陶寺遗址域范围内（相距 6千米）大崮堆山出产角页岩石材的唯一性，我们赞同陶寺遗址制作石器所用石材绝大多数采自大崮堆山采石场的说法。最近有学者对出于陶寺遗址和大崮堆山的石器做了岩石切片并进行岩性分析，也说明两者的岩性接近[7]。

（二）石片

IHG8 所出石片共计 353 片。根据其台面的性质可分为 2 大类，即自然台面石片和人工台面石片。根据石片长宽比（本文所谓的石片长指石片劈裂面纵轴的长度；石片宽指石片劈裂面横轴的长度）的不同，每大类下又可分出 2 小类，即长宽比大于 1 者（称长石片）与长宽比小于 1 者（称宽石片）。如此，就可分成 4 类。

1. 自然台面长石片（下文简称 ZC）

共计 43 片。形体间有较大差距，有的形体较大，如 2 号石片长 170、宽 112、厚 35毫米；有的形体较小，如 191 号石片长 46、宽 29、厚 10 毫米。总体上看，此类 ZC 石片显得比较粗大厚重，平均长度 93、宽度 68、厚度 18 毫米（表一）。ZC 石片之间石片角的差距也较大，最大的可达 118°，而最小的仅有 64°，平均为 92°。在这类石片中，有超过四分之一的石片其打击点与半锥体表现不明显，劈裂面有弧曲内弯现象的比重也超过四分之一。曾有学者认为产生半锥体散漫、少见锥疤、石片角多在 90°左右、有内弯现象的长条形石片很可能是使用骨、角质的软锤剥片的结果[8]。从石片的形态上看，陶寺遗址 ZC 石片出现这种情况有可能也是基于这样的剥片过程，但就目前为止，陶寺遗址尚未发现骨、角质软锤，所以，此类石片的剥片工具还是需要进一步的探讨。

标本 1：长 88、宽 86、厚 19 毫米，石片角 80°，劈裂面向背面弧曲，远端薄缘锐利，背面为自然面（图一，1）。

标本 7：长 116、宽 59、厚 16 毫米，石片角 106°，远端厚钝，背面有顺向打击的石片疤（图一，2）。

标本 13：长 108、宽 67、厚 21 毫米，石片角 100°，劈裂面向背面弧曲，远端边缘锐利，背面有转向打击的石片疤（图一，3）。

2. 自然台面宽石片（简称 ZK）

共计 59 片。虽然长宽比不同，但与 ZC 石片一样，此类石片形体间差距也较大，如大的长 111、宽 126、厚 22 毫米；小的长 44、宽 57、厚 9 毫米（表二）。ZK 石片的石片角比较特别。石片角最大的有 126°，最小的为 66°，平均为 88°。其中有 35 片石片

表一　　　　　　　　　自然台面长石片长宽分布

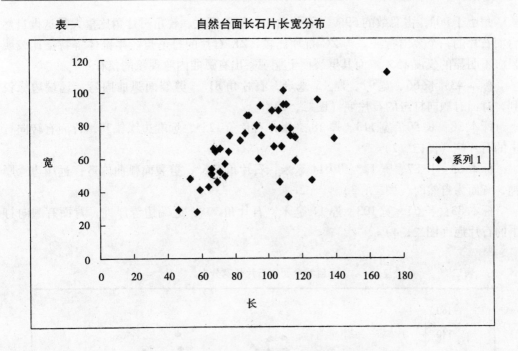

图例：◆ 系列 1

纵轴：宽（0、20、40、60、80、100、120）
横轴：长（0、20、40、60、80、100、120、140、160、180）

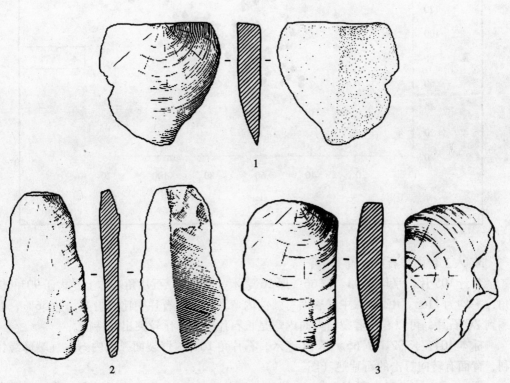

图一　自然台面长石片
1. 标本 1　2. 标本 7　3. 标本 13

角小于 90°，占总数的 59%。石片角相互间差距大、锐角石片角比重大是这批自然台面石片的一个突出特征。与 ZC 石片比较，ZK 石片的打击点、半锥体等特征比较明显，不明显的仅占 15%，而其劈裂面上能观察出有弧曲内弯现象的仅有 8%。

标本 43：长 66、宽 92、厚 15 毫米，石片角 81°，劈裂面弧曲内弯，远端边缘锐利，背面有顺向打击的石片疤（图二，1）。

标本 58：长 50、宽 113、厚 18 毫米，石片角 125°，远端边缘锐利，背面有转向打击的石片疤（图二，2）。

标本 63：长 87、宽 123、厚 14 毫米，石片角 106°，劈裂面弧曲内弯，远端边缘厚钝，背面为自然面（图二，3）。

标本 83：长 65、宽 103、厚 11 毫米，石片角 73°，远端边缘厚钝，背面有顺向打击的石片疤（图二，4）。

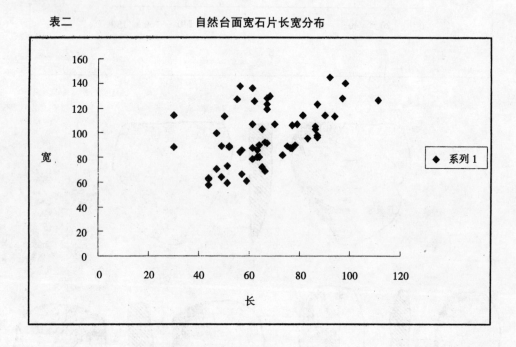

表二　　　　　　　　自然台面宽石片长宽分布

3. 人工台面长石片（简称 RC）

共计 105 片。平均长 93、宽 66、厚 16 毫米（表三）。石片角基本上是大于 90° 的钝角，平均为 110°。RC 石片中劈裂面有弧曲内弯者在几类石片中比例最高，达 36%，联系到 ZC 石片，可以看出劈裂面弧曲内弯是长石片的一个比较突出的特征。

标本 104：长 92、宽 66、厚 17 毫米，石片角 104°，劈裂面弧曲内弯，远端薄缘锐利，背面有转向打击的石片疤（图三，1）。

标本 108：长 122、宽 46、厚 21 毫米，石片角 116°，远端薄缘锐利，背面有顺向打击的石片疤，保留部分自然面（图三，2）。

标本 131：长 132、宽 73、厚 17 毫米，石片角 91°，远端薄缘锐利，背面有转向打

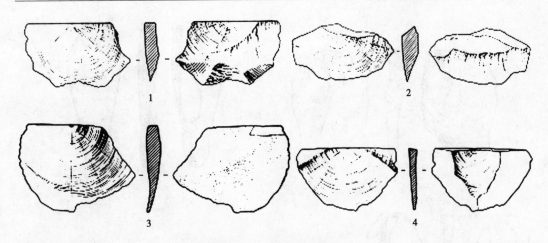

图二　自然台面宽石片
1. 标本 43　2. 标本 58　3. 标本 63　4. 标本 83

击的石片疤（图三，3）。

标本 159：长 107、宽 80、厚 24 毫米，石片角 121°，远端薄缘锐利，背面为自然面（图三，4）。

标本 164：长 91、宽 80、厚 13 毫米，石片角 113°，远端薄缘锐利，背面有顺向打击的石片疤，保留部分自然面（图三，5）。

4. 人工台面宽石片（简称 RK）

表三　　　　　　　　　　人工台面长石片长宽分布

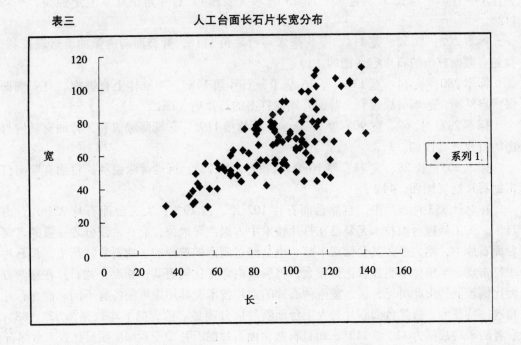

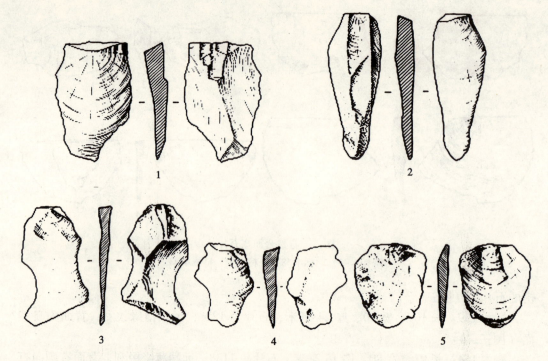

图三 人工台面长石片

1. 标本 104 2. 标本 108 3. 标本 131 4. 标本 159 5. 标本 164

共计 146 片。平均长 52、宽 80、厚 15 毫米（表四）。石片角也基本上是钝角，平均 112°。

标本 202：长 52、宽 114、厚 8 毫米，石片角 111°，劈裂面向内弧曲，远端锐利，背面有顺向打击的石片疤（图四，1）。

标本 280：长 74、宽 135、厚 16 毫米，石片角 118°，半锥体上有锥疤，有一侧面保留自然面，远端薄缘锐利，背面有顺向打击的石片疤（图四，2）。

标本 293：长 69、宽 90、厚 18 毫米，石片角 119°，远端薄缘锐利，背面有转向打击的石片疤（图四，3）。

标本 305：长 28、宽 73、厚 10 毫米，石片角 122°，远端薄缘锐利，背面有顺向打击的石片疤（图四，4）。

在总计 353 片石片中，自然台面石片 102 片，占 29%；人工台面石片 251 片，占 71%。人工修理台面技术无疑已在打片技术中占据主导地位，而在占四分之一强的自然台面石片中，绝大多数其台面很平整，也是经过刻意的选择的。在石片特征上，长石片中打击点、半锥体不明显者比例较大，劈裂面内弯者比例更高；相反，宽石片在这两方面比例较低。由此可见，长、宽两种石片的剥片技术及其用途可能各有不同。而在石片角这一特征上，自然台面石片与人工台面石片区分明显。前者的平均数据为 92°、88°；后者的平均数据为 110°、112°，而且自然台面石片的石片角变动幅度明显比人工台面石

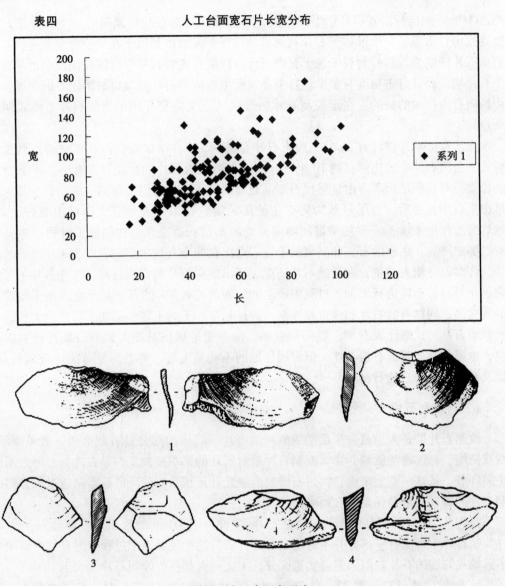

表四　　　　　　　　人工台面宽石片长宽分布

图四　人工台面宽石片
1. 标本 202　2. 标本 280　3. 标本 293　4. 标本 305

　　片显著，表现出较大的随意性和不确定性。因之，石片的形体差别也较大。人工台面石片占主体的原因之一就是这类石片的形态较为统一规范，更能符合制作者的要求。

　　石片背面的情况可以分成 2 类，即自然面与剥离面。

　　剥片背面按其石片疤与劈裂面方向的关系又可分成 2 种：顺向打击，即石片背面的石片疤与石片劈裂面纵轴基本平行，共用一个台面，石片最厚处一般在台面及附近，这种情况在石片中占 44% 以上；转向打击，即石片背面的石片疤与石片劈裂面纵轴基本垂直或逆向，石片疤多为横向，石片最厚处常常在石片的中心部位，这种情况在石片中约占34%。顺向打击者石片疤形体较大，多数顺向打击石片背面只有一个石片疤，多能观察出打击点、反半锥体等石片剥离后的特征，反映出其属于在同一台面上连续打击剥离石片的结果，其行为目的在于获得石片。转向打击者石片疤形体往往较小，常有多个石片疤，而且打击角度有多个。打击点、反半锥体等石片剥离后的特征不很明显。使用转向打击技术的目的应在于控制石片的形状（下文将要介绍的改制石片更能说明这一点）。

自然背面石片总计有 26 片，约占石片总量的 7%，在自然台面石片中的比例要比在人工台面石片中的比例高约 10 个百分点。自然背面石片的存在并占有一个不能忽略的比重，对我们认识陶寺遗址居民石制品石材的获得模式提供了新的信息。襄汾县大崮堆山采石场发现后，有学者认为陶寺遗址居民制造石器"先是在大崮堆山制好毛坯，然后带回住地细加工。"[9]如果带回陶寺遗址的都是石器毛坯，在细加工过程中主要会有二类副产品：细小的石屑和制废的毛坯。这次在一个灰沟中就发掘出 353 片废弃的石片，许多形体粗大厚重，大量的石片还能观察出顺向剥片的行为过程，这些石片不可能都是在对石器毛坯进行细加工过程中产生的。而且还有 7% 的石片其背面还是未经加工的自然面，同样有的石片形体也较厚重，经过初步加工的毛坯经细加工后产生大片的自然背面石片，这颇让人费解。我们倒觉得，陶寺遗址居民是在大崮堆山采石场采取石材，也可能就地制造石器毛坯，但带回住地的不光是毛坯一种，另外可能还带回石片，以及尚未加工的自然石材。

（三）改制石片[10]

改制石片即是人为截去了远端或侧端的石片。具体的细分则有截远端、截单侧端、截双侧端、截远端与侧端四类。改制石片是对石片的第一步加工，是石片与石坯之间的中间环节。从这一点上来说，探讨石器制造业尤其是新石器阶段的石器制造过程，对改制石片的研究其重要性是不言而喻的。

我们从 IHG8 石制品中拣选出改制石片 88 件，因 IHG8 的堆积是废弃堆积，这 88 件改制石片中可能有一部分并不是改制石片，而只是在废弃堆积过程中因自然力而缺失了远端或侧端的石片。但因两者实难区分，本文径直都视为改制石片（表五）。

标本 362：长 132、宽 72、厚 28 毫米，石片角 114°，人工台面，远端被截去，背面有转向打击的石片疤（图五，1）。

标本 381：长 79、宽 29、厚 12 毫米，石片角 86°，自然台面平整，劈裂面较平整，远端与侧端被截去（图五，2）。

标本 384：长 75、宽 99、厚 17 毫米，石片角 88°，自然台面，劈裂面稍有弧曲，远端一侧端被截去，背面有顺向打击的石片疤（图五，3）。

标本 400：长 28、宽 81、厚 10 毫米，石片角 100°，人工台面，远端被截去，背面有转向打击的石片疤（图五，4）。

标本 411：长 65、宽 96、厚 14 毫米，石片角 108°，人工台面平整，远端被截去，背面有转向打击的石片疤（图五，5）。

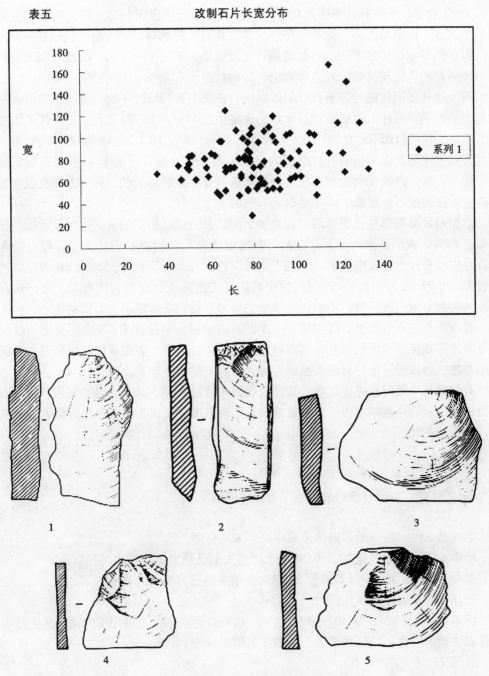

表五　　　　　　　改制石片长宽分布

图五　改制石片
1. 标本 362　2. 标本 381　3. 标本 384　4. 标本 400　5. 标本 411

改制长石片与改制宽石片在数量上两者各占 50％，都是 44 片。改制石片形体较为一致，都呈近似的矩形，除长宽尺寸不同外，其他各项数据和比例大体持平，如平均厚度均为 17 毫米；平均石片角为 100°上下；自然台面石片占四分之一强，但人工台面石片仍为主体，占绝对优势；截端部位绝大部分在石片的远端、同时截去远端和侧端的次之，但比例不超过四分之一、只截侧端者比重甚微，不足十分之一。石片背面顺向打击者与转向打击者比较接近，但总体而论，转向打击者占 48%，较顺向打击的 41% 为高。改制石片这种比例构成与普通石片的以顺向打击法多见的情况不同，反映了这两种石片性质上的差别。另外，改制石片石片角角度集中在 110° 和 85° 两个点左右，其平均度数100° 正处于自然台面石片的 90° 和人工台面石片的 111° 之间。这显然是选择的结果。转向打击技术主要是出于控制石片形态的目的，被选作改制石片的有 48% 都采用了转向打击技术，这一方面说明改制石片形制的选取是有一定的标准的，另一方面也说明转向打击技术在控制石片形态上确实是行之有效的。

改制石片截端部位多在远端，如果加上同时截去远端和侧端者，这种截远端的比例将高达 84%。我们推测改制石片在截端前选取的石片可能以长石片为主，理由是在普通石片中长石片的背面更多的能见到采用转向打击技术（ZC 中占 35%，RC 中占 37%，均较 ZK 和 RK 的 32% 高），改制石片中转向打击占高比例应当与此有关。又，长石片台面两侧的薄缘比较平整，将弧形远端截去后容易得到接近矩形的石器初坯。

改制石片与石器器型器类应该有一定的对应关系，但这次 IHG8 中所获得的改制石片更可能只是废弃不用的遗存，体形普遍偏小，显得单薄，多数只能制成石刀、石铲等薄小器物，所以探讨这种对应关系还有待于材料的进一步丰富。

有少量石片不但截去了远端，根据劈裂面的情况推测，其台面也被截去，这类石片也当属于改制石片范畴之内。其数量甚少，能观察出的仅仅 3 片，但在分类上也有其意义，故附记在此。

（四）石坯

共计 90 件。根据石坯的成型状况可以分成以下 9 类。

1. 石凿

半成品 5 件。棱柱形，遍体是修啄痕，未经打磨。

标本 442：长 80、宽 30、厚 30 毫米。凿头端已修出锋（图六，1）。

标本 443：长 107、宽 27、厚 22 毫米。凿头端已修出锋（图六，2）。

石坯 4 件。扁体楔形。

标本 444：长 127、宽 40、厚 15 毫米。将石片远端截去，并用单向锤击法由劈裂面向背面修理出斜边。两侧端截去，窄端修出斜刃（图六，3）。

2. 石刀

半成品 2 件。矩形，薄体。

标本 445：长 86、宽 65、厚 13 毫米。石片侧端与远端经锤击法垂直修理，边缘较圆钝。器身已经初步打磨（图七，1）。

标本 446：长 82、宽 59、厚 11 毫米。周边经直接锤击法修理，器身施圆钻（图七，2）。

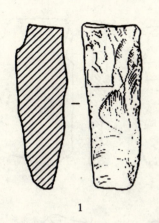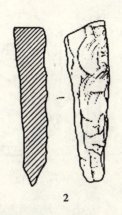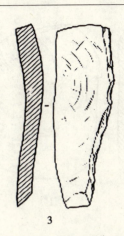

图六　石凿

1. 标本 442　2. 标本 443　3. 标本 444

3. 锛形坯

7件。长条形，一端有斜刃。

标本447：长100、宽59、厚12毫米。石片边缘皆经截断，刃端由锤击法修理出斜刃（图七，3）。

标本448：长91、宽63、厚24毫米。石片边缘皆经截断，并经锤击法修理。刃端经打磨（图七，4）。

4. 铲形坯　11件。

标本449：长89、宽97、厚18毫米。石片边缘皆经锤击法修理（图七，5）。

标本450：长132、宽99、厚26毫米。周缘皆经锤击法修理，刃部的修理痕细密（图七，6）。

5. 尖状器形坯　11件。石片边缘皆经锤击法修理，形成一尖端。

标本451：长91、宽70、厚16毫米（图八，1）。

标本452：长113、宽77、厚10毫米（图八，2）。

标本453：长114、宽93、厚16毫米（图八，3）。

6. 矩形坯　16件。

标本454：长69、宽50、厚12毫米。石片边缘皆经锤击法修理（图八，4）。

标本455：长85、宽58、厚21毫米。石片长边缘经截断，窄端由锤击法修理出刃（图八，5）。

7. 大盘形坯　15件。

标本456：长88、宽117、厚28毫米。器形厚重，边缘与器身皆经锤击法修理（图九，1）。

标本457：长88、宽111、厚22毫米。器形厚重，石片边缘由锤击法错向修理出斜刃（图九，2）。

8. 小盘形坯　18件。

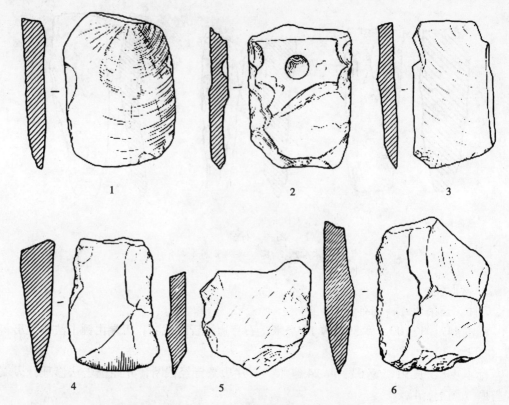

图七　石刀、锛形坯、铲形坯

1. 标本 445　2. 标本 446　3. 标本 447　4. 标本 448　5. 标本 449　6. 标本 450

标本 458：长 59、宽 70、厚 12 毫米。石片边缘与器身皆经锤击法修理（图九，3）。

9. 十字形坯　1 件。

标本 460：长 106、宽 137、厚 15 毫米。十字形，各转折处皆经锤击法修理（图九，4）。

这 9 类石坯中，器型明确的是石刀、石凿。与遗址中所见的成型石器能对应的石坯是锛形坯对应石锛、铲形坯对应石铲。矩形坯可能对应石刀。尖状器形坯（可能对应凿）、大小盘形坯（可能对应纺轮）、异型坯暂时还未能找到对应物。而这三类石坯（尤其是前两类）数量较大，占石坯总数的 50%。这提示我们陶寺遗址中可能还有更多的未被认识的石器器类；另一方面，还有一种可能，就是在新石器时代甚至其末期，在石器工业中还部分地保留和沿用着旧石器的特征和器类。如尖状器形坯也可能就是尖状器、盘形坯可能就是圆刃刮削器。如果这个推断不误，那么在新石器时代遗址的考古发掘中，这些相对于形制规整的磨制石器而言并不起眼的打制石器需要我们更多的关注。因为这种打击石器的存在（其制作工艺、使用方式与磨制石器存在差别）很可能会影响某一遗址乃至一文化的石器制作业格局（如器类组合及其比重），因之也改变我们对

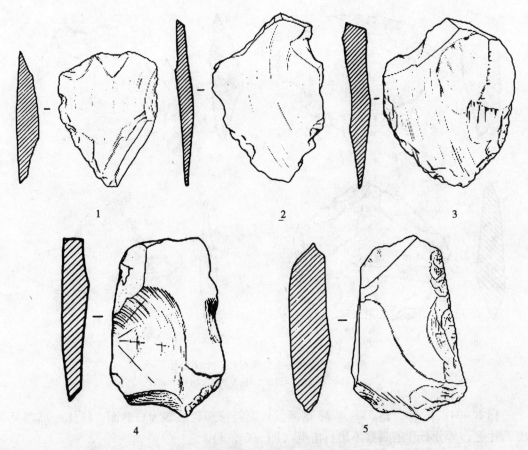

图八　尖状器形坯、矩形坯
1. 标本 451　2. 标本 452　3. 标本 453　4. 标本 454　5. 标本 455

其生业系统的认识。

　　这些石坯中形体厚重者往往观察不出石片特征，有些应该是利用剥了石片的石核制作的。

（五）石核

　　共计 18 件。根据形态可分成 3 类。

　　1. 船形石核　6 件。形体较长，台面较平，底面成斜刃，横断面略成长方形，纵切面呈锛形或楔形。

　　标本 461：长 66、宽 154、厚 28 毫米。一面可观察出两个石片剥离面，另一面保留一个（图一〇，1）。

　　2. 柱形石核　4 件。棱柱形，台面较平，底稍倾斜，柱周见有石片疤，疤痕垂直。

　　标本 463：长 65、宽 47、厚 25 毫米。台面经修理，保留有自然面。一周可见五个石片疤（图一〇，2）。

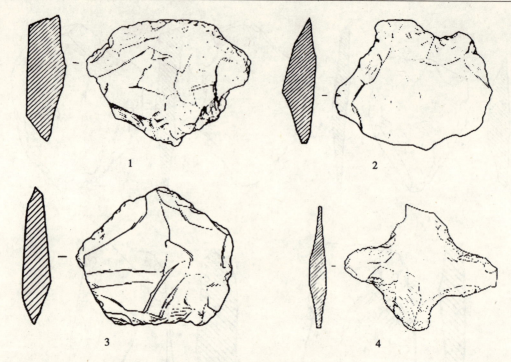

图九 大盘形坯、小盘形坯、十字形坯
1. 标本456 2. 标本457 3. 标本458 4. 标本460

标本464：长58、宽53、厚38毫米。台面经修理，底端为自然面。核体一周都见有石片疤，部分石片疤观察不出打击点（图一〇，3）。

3. 不规则形石核 8件。

标本465：长72、宽94、厚39毫米。台面较平整。见有多个石片疤（图一〇，4）。

石核的发现更加无可争议地说明陶寺遗址石器并不是完全都在采石场完成制坯工序的，在遗址内也还有剥片这样的制作工序。柱形石核如标本464这样的石核与细石器工业中剥离石叶者形态极为近似，可能也是用来产生石叶的。陶寺遗址中石镞在石制品中也占有相当的比重，部分扁体石镞即有可能是由石叶作坯的。只是在ⅠHG8中还不见有典型的石叶剥片。标本464的存在，表明陶寺遗址石叶技术存在的可能；同时也彰显着陶寺遗址石器制作业技术的多面性和丰富性。另一方面，柱形石核很少，不见典型石叶剥片等细石器制作业的产品，这种情况应该是受石材本身的性质的局限所致。角页岩颗粒较大，质硬脆而少韧性，这类石材难以加以精雕细琢。

（六）石锤

9件。作为石器加工的工具之一，石锤主要有圆形与斧形两种。

标本466：已残断。圆形。径74、残高31毫米。器表留有多处砸击形成的点状斑痕（图一一，1）。

标本467：斧形。长109、宽57、厚43毫米。器身上窄下宽，便于抓握。砸击面斑

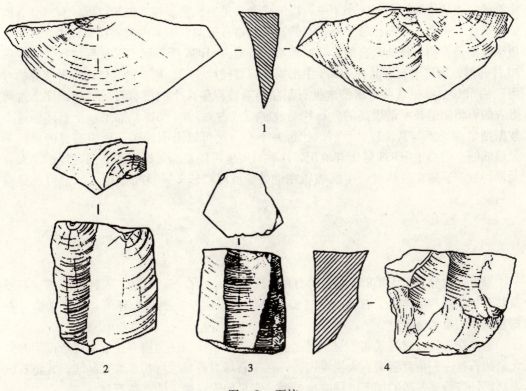

图一〇　石核

1. 标本 461　2. 标本 463　3. 标本 464　4. 标本 465

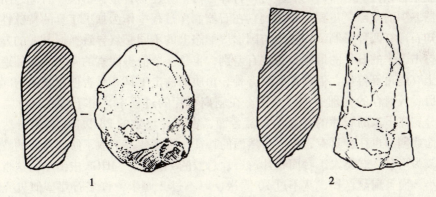

图一一　石锤

1. 标本 466　2. 标本 467

痕累累（图一一，2）。

（七）石屑

共有 607 件。形态差别较大。难以观察出石片所具有的特征，不见或缺失打击点、半锥体、波状线等。石屑大小不一，以细碎者多见，长宽多在 5 厘米以下。有部分石屑的一端比较平直，表面比较平整，有的甚至还略有弧曲，而另一端则保留锐缘。这类石屑很可能是改制石片被截去的远端或侧端。石屑占 IHG8 所有出土石制品总数（不包括30 件石器，因这类石制品在 IHG8 中出现与陶器碎片一样，更多的是体现一种废弃的行为）的 52%。如果这些石屑是这批石制品制造过程中产生的所有石屑的话，那么古陶寺人的石器制造技术是很高的。石片与改制石片占总数的 38%，如果加上石坯，这个数据则是 46%。与其比较，石屑的比重并不高。这可以说明加工过程中石材的损耗率是很低的。但由于 IHG8 是废弃堆积，这些石屑也可能是经过搬运的，因其体形小而有大量的细碎石屑在位移过程中被堆积在他处，所以"52%"这个数据实际上可能是偏小的。

二

以上逐项分析了 IHG8 所出土的石片、改制石片、石坯、石核、石锤、石器、石屑及其石材。这八项体现了石器制造过程（磨制过程除外）的各个环节，构成了陶寺石器制作业的系列链条。

首先是选择石材与采制石材。经过上文的分析，我们认为陶寺遗址先民所使用的最大宗的石材——角页岩采自大崮堆山，并在采石场对石材进行初步加工制坯，并将石坯带回居址进行进一步的加工。同时也带回一定量的未经加工的自然石材。

第二步为打制出石片。这是石器制作过程中的第一个环节，其技术与旧石器时代石器制作业基本相同。对石片的观察可知打片方法主要还是直接锤击法。石锤之所以没有归入石器一项而单出，主要是考虑到它在石器制作过程中作为加工工具的特殊性。从上文中可知石锤有两种形制，即长形与圆形。形态上的不同必然导致抓握方式的差异。至于因之打击下来的石片的形制是否也有差别，也是一个值得探索的问题。另外遗址范围内也出土有鹿角等兽角，但尚未发现有骨、角质的锤击工具。是否使用软锤的问题也值得在对兽骨等遗存的整理中加以注意。在剥离石片的过程中，由于部分石材是自然石材，部分剥离下来的石片的台面是自然台面，占石片总数的 28.9%。这类自然台面石片的背面或侧面也往往具有石皮等自然面的特征。但多数都采取了修理台面的技术，石片台面较为平整。这类人工台面石片占石片总数的 71.1%。IHG8 中出土的这批石片形体都较小，而且扁薄，长、宽不过 10 厘米、厚不过 2 厘米，许多石片型似贝壳。这类石片很可能是专为制造石刀（掐刀）而打制的。在 IHG8 所有石制品中，石刀坯与可能是石刀坯初坯的矩形坯也占有相当的比重，这种情形无疑是有相关性的。推测这批石制品主要是为获得石刀。

改制石片是在剥片后经过有意识有标准的选择后对石片的初步加工。这类改制石片的存在对认识陶寺文化古陶寺人的石器制作过程无疑有重要意义。应该说改制石片技术的存在并在陶寺遗址中占有重要比重，使得陶寺文化石器制作业在使用磨制技术与旧石器相区分外的又一项突出的具有分水岭性质的技术革新。

　　第四个环节是制坯，在石片、改制石片或石核上进一步打击修理，制成石器的雏形。修理技术主要是转向打击，继续处理掉锋利但松脆的边缘。在所有的石坯中有的坯形能与完成的石器相对应，也有部分类别还未能找到对应器类。这实际上就增加了陶寺文化石器类型的种类，丰富了我们对其石器制作业的复杂性的认识。当然，因对陶寺遗址的发掘面积和发掘点还很有限，随着考古工作的继续进行，发现新的可作对应的成品石器也是完全可能的。

　　制坯出雏形后就是修整打啄器身，尤其是着重打啄刃部及手持部位。从石刀坯可以看出，石器上的穿孔是在打磨前的制坯过程中完成的，多是对钻。

表六　　　　　　　　　各类石制品所占百分比对照表

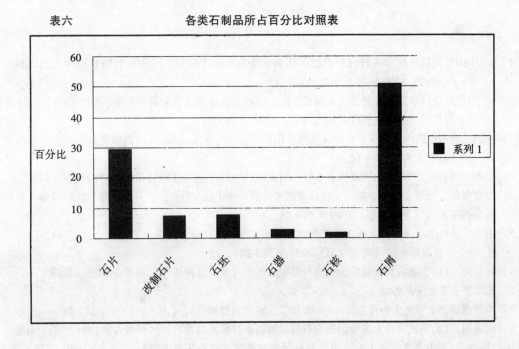

　　石核、石屑作为石器制作过程中的废弃物，本没多少意义，也是多年来在新石器时代考古发掘中几乎完全不被注意和收集的一类遗物。但其数量的多寡应该能说明制石者对石材的利用率、制造处所与堆积地点的关系，故也应给予必要的关注。

　　以上根据 IHG8 出土石制品简述了陶寺石器制作业的工艺流程（这个石器制作业工艺流程是根据各类石制品数量由石片到改制石片到石坯的递减趋势以及石器制作应当遵循的逻辑过程构拟出来的）。根据各个阶段的产物的比重，我们应该能够推知 IHG8 石制品主要是哪些工序的废品。石片 353 件，占 IHG8 石制品总数 1195 件的 29.5%；改制石片 88 件，占 7.4%；石坯 90 件，占 7.5%；石器 30 件，占 2.5%；石核 18 件，占 1.5%；石屑 607 件，占 50.8%（表六）。其中以石屑最多，占了二分之一强，但各个阶段都可能产生石屑。石屑之外，最大量的是石片，占到四分之一强，说明 IHG8 的石制品绝大多数都是打片工序的垃圾产品。在 IHG8 所有 1195 件石制品中，存在的 2.5% 的石器可能体现了人对石器的使用及使用后的废弃行为，但其余的 97.5% 可以毫无疑问地说明 IHG8 石制品所体现的主要是制作石器的行为。显然，陶寺先民的石器制作与使用是相分离的。制坯与成器的分离，成器提供给了并不制造石器的使用者，表明陶寺石器制作业已经实现了产业化与专业化。

陶寺文化的石器主要是磨制石器，限于本文的目的是就 IHG8 出土的石制品残、废件讨论陶寺石器制作业在磨制前的制作过程，未能多加笔墨探讨磨制工序，这自然是个欠缺。本文对陶寺石器制作业的分析只是一个初步的尝试，对这批 IHG8 石制品及其他磨制石器的更多信息的挖掘还得留待来日进一步的努力。

附记：本文承何努先生提出修改意见，特此申谢！

注　释

〔1〕a. 中国社会科学院考古研究所山西工作队、临汾地区文化局：《山西襄汾县陶寺遗址发掘简报》，《考古》1980 年第 1 期。

　　　b. 中国社会科学院考古研究所山西工作队、山西省临汾地区文化局：《陶寺遗址 1983～1984 年Ⅲ区居住址发掘的主要收获》，《考古》1986 年第 9 期。

〔2〕中国社会科学院考古研究所山西工作队、山西省临汾行署文化局：《山西曲沃县方城遗址发掘简报》，《考古》1988 年第 4 期。

〔3〕山西省考古研究所：《山西襄汾县丁村新石器时代遗址发掘简报》，《考古》1990 年第 10 期。

〔4〕山西省临汾行署文化局、中国社会科学院考古研究所山西工作队：《山西临汾下靳村陶寺文化墓地发掘报告》，《考古学报》1999 年第 4 期。

〔5〕中国社会科学院考古研究所山西工作队、山西省考古研究所、临汾市文物局：《山西襄汾陶寺城址 2002 年发掘报告》，《考古学报》2005 年第 3 期。

〔6〕陶富海：《山西襄汾县大崮堆山史前石器制造场新材料及其再研究》，《考古》1991 年第 1 期。

〔7〕此承翟少冬女士见告。

〔8〕西藏自治区文管会文物普查队：《西藏仲巴县城北石器地点》，《考古》1994 年第 7 期。

〔9〕陶富海：《山西襄汾县大崮堆山史前石器制造场新材料及其再研究》，《考古》1991 年第 1 期。

〔10〕陶富海：《山西襄汾县大崮堆山史前石器制造场新材料及其再研究》，《考古》1991 年第 1 期。
　　　该文中使用改制石片这一概念指截去了远端的石片，与本文所指稍有不同。

二里头遗址的改制石器初探

谢礼晔　　陈星灿

（中国社会科学院考古研究所）

　　李济先生的《殷墟有刃石器图说》[1]，是我国目前所见的最好的介绍和研究出土磨制石器的报告。文中对石器的描述和分类科学实用，对殷墟出土的有刃石器的制作、形制差异与演变等方方面面的研究都是后学者可以仿效的榜样。不过，由于磨制石器历来不是考古界关注的热点，所以，《殷墟有刃石器图说》一文中诸多富有价值和饶有趣味的研究，至今未能引起关注。废刀重制问题便是其中之一。

　　在新石器时代乃至金属时代早期的遗址中，磨制石器发现的数量一向很多，磨制石器作为生产工具，在每个遗址似乎都很充足，因而那些残断的石器，多被视为无用的废弃物。但是，就在安阳小屯这个晚商的都城遗址中，在大量的不乏精品的磨制石器中，李济竟然发现了多件将长条型板岩石刀断片改制成别的工具的标本，李济将这种情况称为"废刀重制"。他是这样总结这种改制现象的：后段的残片，就制成宽短的长方刀；残断的一边，磋成圆转形，其他部分大致不改，成为近长方形不等边的边刃器；长条型的前段破片，另有一种利用的方式，残断的边缘磨成新刃，与原来刃口成一正方角或锐角之双刃器；在改制的双刃器中，也有一部分是由长条型的中段残片所制成[2]。对于长条型石刀这种充分利用断片的情况，李济认为大概是因为"在原来制造的过程中，下了较大的工夫，所以破碎以后，仍尽量的利用"。

　　时隔半个世纪，本文作者在二里头这一公元前二千纪前期的重要遗址中，也发现了类似的石器改制现象。笔者对改制品的认定经过以下程序：首先把每一类器物中形态、刃部情况或岩性[3]有别于同类器的标本挑选出来，然后对它们逐一进行细致观察（对刃部的观察借助了体视显微镜），凡是有两个相邻的刃缘而且其中一个刃缘残断或损坏的标本、在同一刃缘上可看到改制迹象的标本或者器形与别的器类的残片相似而且器身有明显改制痕迹的标本都定为改制品。除此之外的标本如果形态和岩性都明显有别于同类器而能与别的器类对应，也将其定为改制品。上述改制品都是将一种器类改制为另一种器类，这是改制品的主流；此外，我们还发现一件特殊的单孔刀改制品（63ⅤH201：11），这件标本是将刀脊改为刀刃，确认这件器物为改制品的原因将在介绍这件标本时详细交代。

　　二里头遗址所见改制石器以镰形器[4]重制为主（18件改制品中镰形器占了16件，约为89%），其改制思路有规律可循，其他器类的改制品数量极少，而且都是孤品[5]。兹将详细情况介绍如下[6]。

一　镰形器的改制（16件）

镰形器的改制主要有两种情况，一种是改成有孔刀，另一种是改成端刃器[7]。前者似乎是二里头人的首选，因为在通常情况下，只要断片的尺寸允许，就会改制成有孔刀，不允许才改制成端刃器，不过，也有2件尺寸足够做成刀的镰形器断片例外地被改成了端刃器。下面分情况列出每件镰形器改制品的详细情况。

1. 把尺寸与刀接近者改制成有孔刀（6件）（图一，表一）

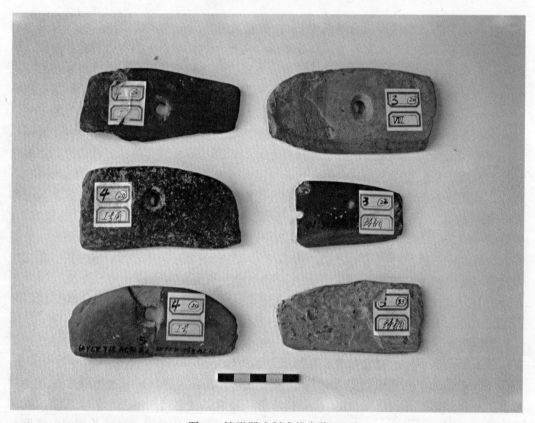

图一　镰形器改制成的有孔刀

自上而下，从左到右：63ⅤT27D④A：3、63ⅤT212H212：2、64ⅤT68AC④灰土：5、73ⅧH72：2、63ⅣH76：10、63ⅣH43：1

表一　　　　　　　　　　　镰形器改制成的有孔刀

器物号	石料	长(cm)	宽(cm)	期别	年代出处	地点	改制情况	判断依据	备注
63ⅤT27D④A：3	炭质板岩	9.93	4.33	4期	发表	Ⅰ号	镰中段改为刀（报告讲用镰的尾部磨成，不确）	部分刃缘保留镰柄形态；器形	报告第279页，图184-17

器物号	石料	长 (cm)	宽 (cm)	期别	年代出处	地点	改制情况	判断依据	备注
63ⅤT212H212∶2	辉长岩	10.18	4.92	4期	发表	Ⅰ号南	镰中段（?）改为刀（报告讲用镰的尖部磨成，不确）	器形；岩性	报告第279页，图184－18
64ⅤT68AC④灰土∶5	粉砂岩	10.24	4.23	4期	发表	Ⅰ号	镰中段改成刀	刃缘局部保留镰柄迹象；器形	报告第278页，图184－10，图版134－4
73ⅧH72∶2	细中粒长石砂岩	10.41	5.42	3期	发表	八区	镰中段改成刀	刃缘局部保留镰柄迹象；器形	报告第179页，图110－7
63ⅣH76∶10	细砂质粉砂岩	6.88＋	4.06	3期	鉴定表	铸铜遗址	刀镰前段（?）改成刀	器形似镰断片；器身有两处穿孔（一孔断一孔未钻透）	报告第401页
63ⅣH43∶1	绢云母片岩	8.79	4.28	3期	发表	铸铜遗址	刀镰前段欲改制成单孔刀，穿孔未透	器形似镰断片；器身钻孔未透	报告第179页，图110－8

注：1. 器物号都省略了"YL"字样。

2. 长通常是测刃长，宽则测穿孔中点所在处的宽度。数字后加"＋"者表示该数是残长或残宽。

3. 镰形器的前段、中段和后段：以镰形器常见的摆放形式放置标本，左、中、右三部分分别为前段、中段、后段。但是断片往往不止含全器的三分之一，因此本文规定：凡是含最前端的残片，即使同时含中段也叫前段；凡是含最后端的残片，即使含中段也叫后段；凡是既不含最前端又不含最后端的残片，一概称为中段。

4. 各地点的具体含义如下：

　　Ⅰ号（Ⅰ号宫殿）：在Ⅰ号宫殿基址上所布的所有探方；

　　Ⅰ号南（Ⅰ号宫殿南）：63ⅤT202～T207、T210～T216；

　　八区（化工厂院内）：60ⅧT11～T20和73ⅧT21～T22；

　　铸铜遗址：59Ⅰ·ⅣT1～T5、60ⅣT1～T3和63ⅣT4～T26、T28～T32。

5. 年代出处中，"发表"指该石器在《偃师二里头1959～1978年考古发掘报告》中发表的年代；"鉴定表"指该石器在报告附录3"二里头遗址出土石器鉴定表"中公布的年代；"单位"指报告发表的该石器所在地层及单位的年代；"陶器"指同单位陶器在报告中的年代；"遗物"指同单位出土的除陶器以外的遗物在报告中的年代；"记录"指原始记录对该石器所在地层和单位的年代判断。若石器年代同时见于上述各处，则依上文介绍的顺序取位列最前者。

6. 备注为报告中介绍该石器的页码和图号。

表一中改制品的完整长度为8.79～10.41厘米，宽度为4.06～5.42厘米。63ⅣH76：10改成有孔刀之后自穿孔处断，残长还有6.88厘米，可以想像其最初改制时长度应该在10厘米以上。根据笔者对二里头遗址出土的25件非改制的完整有孔刀的测量结果，其长度从8.3到10.56厘米不等，平均长度为9.54厘米；宽度从4.16到5.97厘米不等，平均宽度为4.74厘米。可见用镰形器断片改制成的刀，尺寸确实与一般的有孔刀无异。

镰形器断片改制成有孔刀只是将断端磨成有孔刀常见的圆转形、将刃部磨锋利（尤其是中段断片中含有柄部的部位，但是如果原来柄部很钝而又不位于改制后的有孔刀的中部，则柄部基本维持原状，不磨锋利）、在器身上钻孔，其他部位大致不变，所以整体器形上还保留着原来器形的风格。此外，我们注意到改成有孔刀的这几件标本中不见镰的后段断片（即纯柄部），只有前段和中段，这大概是因为在石镰后段断片开刃太费工夫，因此不予利用[8]。上述种种情况体现了简单、方便、实用、省工的特点，说明改制是非常务实的。

2. 把尺寸不宜做成刀者改成端刃器（8件）（图二，表二）

图二　镰形器改制成的端刃器

自上而下，从左到右：63ⅣT23④：24、63ⅣT6⑤：14、63ⅣT20⑥A：2、62ⅤT23A④A：6、64ⅤT68BD④灰土：7、63ⅣT12②：1、64ⅤT68AC：4（灰层）、Ⅱ采集：8

表二　　　　　　　　　　　　镰形器改制成的端刃器

器物号	石料	长 (cm)	宽 (cm)	期别	年代出处	地点	改制情况	判断依据	备注
63ⅣT23④:24	细砂岩	7.65+	5.55	4期	遗物	铸铜遗址	镰前段改成单面刃端刃器	断刃侧边开刃；器形	○
63ⅣT6⑤:14	○	5.78+	5.5	3期	遗物	铸铜遗址	镰后段（?）改成单面刃端刃器	断刃侧边开刃；器形；岩性	○
63ⅣT20⑥A:2	石灰岩	6.55+	4.58	3期	发表	铸铜遗址	镰中段改成双面刃端刃器	断刃侧边开刃；器形	报告第177页，图108-7，图版80-9。报告将该器称为锛
62ⅤT23A④A:6	○	6.6+	5.61	4期	陶器	Ⅰ号	刀镰前段改成单面刃端刃器	断刃侧边开刃；器形	○
64ⅤT68BD④灰土:7	○	6.01+	3.33	4期	发表	Ⅰ号	镰后段改成单面刃端刃器（报告认为是镰改成刀）	断刃侧边开刃；器形	报告第279页，图184-13。
63ⅣT12②:1	○	6.68+	3.1	4期	遗物	铸铜遗址	镰后段改成双面刃端刃器	断刃侧边开刃；器形	○
64ⅤT68AC:4（灰层）	蚀变安山岩	6.52+	1.95	4期	发表	Ⅰ号	刀镰前段改成双面刃端刃器（报告认为是残刀改为刀形锛）	断器侧边开刃；器形；岩性	报告第275页，图182-8。报告将该器称为锛
Ⅱ采集:8	○	6.3+	3.83	○	○	○	刀镰前段改成单面刃端刃器	断刃侧边开刃；器形	○

注："○"在石料列表示没有经过专家鉴定，在其他列表示不明或没有。

　　表二中的长、宽正好是相邻两个刃缘各自的长度："长"是残刃缘的长度，"宽"是新刃的长度。由于我们在二里头遗址出土的150多件镰形器中未发现同时拥有两个完整刃缘的标本，所以推测这些有两个刃缘的标本为改制品，其中完整的那个刃缘是在另一个刃缘折断之后才加工出来的。这样说并不排除加工出新刃之后残断的刃缘还有继续使用的可能。之所以叫"端刃器"，是为了突出新刃的存在以及可能随之引起的石器用途的变化。

　　表二中改制品的宽度为1.95~5.61厘米，变化幅度较大，偏离和落在完整石刀宽度变化范围内的标本各占一半；长度在5.78~7.65厘米之间，绝大多数标本的长度小于7厘米，所有标本的长度都达不到完整石刀的最小值——8.3厘米，可见这些改成端刃器的标本的尺寸都不具备改制成石刀的条件。这些标本的改制也都非常简单，仅仅是在侧边开新刃。新刃通常开在非折断端，对折断处则不加任何修整。这样的制作显然没考虑适手问题，因此我们认为对于端刃的利用可能是需要装柄的。与改制成石刀的标本相同，这些改成端刃器的标本也都体现了简单、方便、实用、省工的特点。

　　值得一提的是，小屯的丙式刀（即长条型板岩石刀，在本文的分类中则为镰形器）

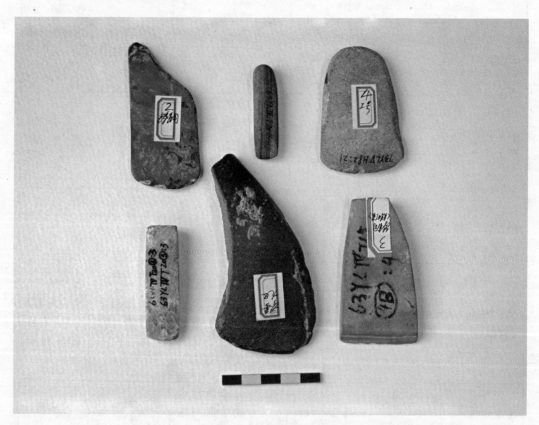

图三　非改制的端刃器

自上而下，从左到右：60ⅣT3H15：5、63ⅣT20③：3、63ⅣT20④：4、63Ⅸ采集：5、73YLⅤH82：21、ⅣT15④B：4

折断之后也改成端刃器。不过，其新刃所在的部位为"折断处"[9]，这正好与二里头改制端刃器新刃所在的部位相反。这一差别可能与这两个遗址用以改成端刃器的残器的部位和形制不同有直接关系。小屯用以改成端刃器的镰形器断片有前段和中段两种，中段两端都为断端故可按下不表，前段的非断端形状多或尖或弧（参见李济文图版十四），不适合开直刃，因此将新刃开在断端似乎是别无选择；而二里头遗址改成端刃器的镰形器断片前、中、后各段皆有，不管是前段还是后段，其新刃均开在较薄的一端，由于二里头遗址绝大多数的镰形器最厚处都在中段，因此不管是前段还是后段断片，其较薄端都在非断的一端。选择在较薄的一端开新刃，再一次体现了二里头石器改制过程中省工的原则。此外，新刃所在部位不同可能还与这两个遗址对改制端刃器的利用方式不同有关系。正如上文所讲，二里头遗址的改制端刃器没考虑适手问题，有可能是装柄使用的；而小屯的改制端刃器从形态上看完全可以手持使用。当然，这两个遗址改制端刃器是否确有上述使用方式的差别，还要靠以后的微痕分析来判断。

有意思的是，二里头遗址这些改制的端刃器从刃部形态、尺寸和质料上看都与绝大多数非改制的端刃器，包括斧、锛、凿、铲诸类，有很大的差别，改制的本意显然不是往这些器类努力，这与改成有孔刀的情况是不同的。在二里头遗址发现的600余件石器标本中，与改制端刃器形态、尺寸都相似的只有6件，分别是60ⅣT3H15：5、63Ⅸ采集：5、63ⅣT20③：3、63ⅣT20④：4、ⅣT15④B：4和73ⅤH82：21（详细情况见表三）。这6件端刃器与斧、铲、锛、凿相比，加工不精致、器形欠规范、石料无选择，放在一起感觉像"杂牌军"（图三）。由于在这些标本上看不到改制的痕迹，所以无从知道它们是否改制品，但是从这些标本制作的率性随意、不修边幅看来，它们与改制的端刃器是比较接近的。我们认为不管是改制的端刃器还是这6件非改制的端刃器，都像是临时应急性质的工具，制作者并没注入太多的心思，只是图方便、省事。

表三   非改制的端刃器

器物号	石料	长（cm）	宽（cm）	厚（cm）	期别	年代出处	地点	刃部特征	描述	重量（g）	备注
60ⅣT3 H15：5	泥岩	8	3.65	刃端不足0.2，尾端约0.45	2期	发表	铸铜遗址	小端刃器	一面平	21+	报告第85页，图46-5
63Ⅸ采集：5	○	○	○	○	○	○	九区	端刃器	○	90	○
63ⅣT20③：3	○	5.72	1.7	0.9	4期	遗物	铸铜遗址	双面刃端刃器	刃角约50度	18	○

续表三

器物号	石料	长(cm)	宽(cm)	厚(cm)	期别	年代出处	地点	刃部特征	描述	重量(g)	备注
63 Ⅳ T20 ④∶4	○	4.9	1.23	○	4期	发表	铸铜遗址	端刃器	未完工?	9	报告第277页,图182-18,图版133-8。报告称凿
Ⅳ T15④ B∶4	石灰岩	7.36	4.02	0.58	3期	发表	铸铜遗址	锛形器	○	42	报告第177页,图108-5。报告称锛
73 Ⅴ H82∶21	细粒长石石英砂岩	6.74	4.42	0.72	4期	发表	Ⅰ号	小铲形器	○	36	报告第274页,图182-5,图版132-8。报告称锛

3. 特殊:尺寸足够制成有孔刀却改成端刃器（2件）（图四,表四）

图四　特殊的改制端刃器
左:63ⅣT202②∶2　右:63ⅣT29H93∶15

器物号	石料	长 cm	宽 cm	期别	年代出处	地点	改制情况	判断依据	备注
63ⅣT202②：2	○	8.51	4.97	近代	记录	Ⅰ号南	镰后段改成双面刃端刃器	断刃侧边开刃；断刃保留镰柄痕迹	○
63ⅣT29H93：15	细－中粒长石砂岩	12.82	5.14	4期	发表	铸铜遗址	完整镰改成单面刃端刃器（报告认为残石镰改成锛）	侧边开刃；器形为完整石镰	报告第275页，图181－8，图版132－7。报告将该器称为锛

表四　　　　　　　　　　特殊的改制端刃器

63ⅣT202②：2 的长度和宽度都落在完整有孔刀尺寸的变化幅度内，却例外地被改成了端刃器，这可能主要是出于成本与收获比值的考虑（表四）。与前文介绍的 6 件被改成有孔石刀的断片不同，这件断片的刃部腹面连续分布着片疤，其中有两个片疤既大又深（尽管我们不知道 6 件改成有孔石刀的断片在改制之前刃部损伤的确切情况，但是由于改制后的石刀刃部没有明显的由磨掉大损伤痕迹所必然引起的斜面，因此可以推测这些标本在改制之前的刃部损伤都是比较微小的，至少比 63ⅣT202②：2 的这两个大片疤要小得多），要将这两个片疤磨去从而制出一个好用的新刃且在器身钻孔，比制作一件全新的有孔石刀省不了多少劳动，这跟二里头人不将镰柄改制成石刀也许是一样的道理。

63ⅣT29H93：15 则完全是超越规则的改制品。这件标本从器形上看是完整的石镰，但是刃缘彻底毁坏，在后端加工出单面的端刃。根据本文前一作者对石镰进行的收割实验和对若干磨制石器进行的使用实验得来的体会，一般的使用不会使磨制的砂岩石镰刃部产生毁灭性的损坏[10]；而且在二里头遗址出土的 150 多件镰形器（不管是完整的还是残断的）中，像 H93：15 这样刃部遍布连续的层叠大片疤的标本找不出第二例，因此，这件标本的刃部损伤不大可能是使用所致，而更可能是有意将刃缘打掉。若此推测成立，则这一标本是目前我们所发现的唯一一件主动改制品，即以获得和使用新刃为首要目标，主动放弃甚至毁坏旧刃[11]。有趣的是，即使是这件主动改制品，其制作也是不精致的，毁坏的原刃甚至依然保留着不整齐的外观。由于非改制品中不见尺寸和刃部形态都与之相似者，我们只能将这件标本当成特例，改制动机不得而知。

二　有孔刀的改制（2 件）

有孔刀的改制品只发现两例，一件是在半截有孔刀的侧边开刃，另一件是将有孔刀的刀脊改成刀刃。详情如下（图五，表五）。

图五　有孔刀改制品
左：63 Ⅳ T11②:22　右：63 Ⅴ H201:11

表五　　　　　　　　　　　　有孔刀改制品

器物号	石料	长 （cm）	宽 （cm）	期别	年代 出处	地点	改制情况	判断依据	备注
63 Ⅳ T11 ②:22	○	5.01 +	4.7	4 期	陶器	铸铜 遗址	半截刀侧边 开刃	侧边开刃； 原刃残断	○
63 Ⅴ H201:11	○	5 +	3.9	3 期晚	单位	Ⅰ 号南	在刀脊开新 刃	形制；刀脊 和刀刃都有 单面刃的痕 迹	○

上示两件改制品都是孤例（表五）。从形态上讲，这两件标本都是半截有孔刀。63 Ⅳ T11②:22 有两个相邻的刃缘，其中一个残长仅剩 1.65 厘米，侧边刃则为 4.7 厘米。63 Ⅴ H201:11 则有两个相对的刃缘，其中一个刃缘已经磨成圆转形，离孔很近，不见使用痕迹。之所以认为这一圆转且不见使用痕迹的边曾经作为刃部使用，是因为根据二

里头不规则四边形有孔刀的刀刃都开在最长的边而且刀脊到刀刃的厚度呈逐渐变薄的趋势的规律，这个边应该是刃缘所在处，而且从侧面看这个边还能见到单面刃所特有的单面斜坡。将旧刃磨成圆转形可能是为了使用新刃时比较适手。另外一个刃缘则较锐利，而且有使用所引起的小片疤，我们认为这是由原来的刀脊改制而成的。这件将刀脊改为刀刃的改制品在改制之前旧刃可能已经历过多次重新磨制，旧刃离孔近便是反复开刃的结果。二里头遗址标准的单孔刀的孔是在器身中部，而这一标本的孔紧挨旧刃；二里头一般有孔刀的宽度的最小值为 4.16 厘米，而这一标本仅 3.9 厘米，已经超过了可以继续使用的临界（当然，如果考虑旧刃磨圆所消耗掉的部分，这件标本改制之前的宽度还应该略大一些，也许能达到临界），如果想继续利用这件工具，只有调转器身，在刀脊上开刃。让

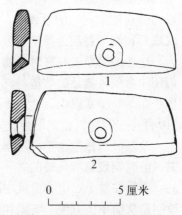

图六　宽度最小的有孔刀

1. 72ⅤT14A④:4　2. 73ⅤT11FH101:34

（引自报告第 279 页图 184-4、5）

我们来看看二里头完整的有孔刀中宽度接近临界的两件标本 72ⅤT14A④:4 和 73ⅤT11FH101:34 的情况（报告第 279 页图 184-4、5）。它们的宽度分别为 4.19 和 4.16 厘米，它们的穿孔已经接近甚至"侵犯"了刃面（图六），如果继续开刃，可能影响刃部的坚固程度和孔的使用，所以这两件有孔刀成为完整标本中宽度最小者，并非偶然。在刀脊开刃无疑等于制作一个全新的刃部，根据前文对镰形器改制成有孔刀或端刃器的动机的分析结果，似乎也不经济。不过，我们无法确知 63ⅤH201:11 在刀脊上开刃是断成半截刀之前还是之后的事，如果是断裂之前，则原孔可以继续利用，所以从总体上衡量，改制这件工具也许还是"值得"的。无论如何，这件标本是改制品是无可怀疑的了，即使作为半截刀，它和侧边开刃的半截刀 63ⅣT11②:22 一样，也都是继续被二里头人使用的[12]。

三　结　语

　　二里头遗址以镰形器改制为主的石器改制现象，充分体现了简单、方便、实用、省工的特点，我们认为其改制动机主要是出于方便省事的考虑。这跟本文前一作者通过使用痕迹分析所看到的二里头人对半截有孔石刀的充分利用以及对石斧利用流程的合理安排——即尽可能将好刃用在需要锋利刃缘的工作上，在用钝之后又直接转用于钝刃可以胜任的工作[13]，从日常上看这样做能省却一部分重新磨刃的时间和麻烦，从长期和全局上看则能降低石斧的消耗速度，获得石斧总体的最大工作容量——一道，充分体现了二里头人对工具的巧妙利用。

　　由于改制最多的镰形器本身并非制作最费工夫的器类，用其断片改成的器类——有孔刀和端刃器——也不是特别稀缺或难制的石器，尤其是端刃器，可能本来就是简单加

工而成的应急之物，所以，充分利用镰形器断片的原因，显非李济先生所说的是因为镰形器"在原来制造的过程中，下了较大的工夫"，而是因为根据镰形器断片的不同情况改成刀和端刃器最为简单、方便。两件石刀的改制也体现出简单、实用的特点。我们认为，这样的简单改制有时可能比通过一定方式获取新工具还要简便一些。与此同时，我们还注意到改制品的数量与具备改制潜力而未加以改制的标本数量——以镰形器为例，残长在5.8厘米以上（上文所示镰形器改制品中最短的为5.78厘米）的标本大约有110件——相比，比例很小，即使考虑到可能有一些改制得不着痕迹未被辨认出来的标本，改制品的数量也不可能剧增。所以，从理论上看改制固然可能跟石料的稀缺程度有关，但改制现象所反映的并不一定是石料资源的缺乏，相反，它可能说明石器是充足的，因为在整个二里头遗址中所见到的石器的"废物"利用率并不高。正如前文所讲，改制是从简单、方便、实用和省工的考虑出发，这样的"废物利用"现象，常见于物质资料并不充裕的农业社会[14]，即使在我们非常熟悉的现代社会也不鲜见，是普通劳动者日常生产和生活情景的生动表现。殷墟的改制石器也主要是由镰形器（即李济先生所说的长条型板岩石刀）改制而成，反映的也同样应该是方便、简单的意图，其改制品数量与一般的石器相比，也是少数。这些现象说明，在二里头和殷墟这两个规格、级别很高，具有政治、礼仪中心性质的遗址里，也是富有普通劳动者生产、生活气息的。

　　附记：本文草成，有赖二里头考古队惠允观察、使用1959～1978年发掘和采集的全部石器，特此向历年来二里头遗址的调查、发掘者和现任队长许宏先生致谢。

注　释

〔1〕李济：《殷墟有刃石器图说》，《历史语言研究所集刊》第23本下册，1951年。又载于张光直、李光谟编：《李济考古学论文选集》，文物出版社，1990年。

〔2〕见注〔1〕《史语所集刊》第593～594页或《选集》第431页。

〔3〕岩性即石料，它也是二里头石器器类之间差别较为明显的一个方面，这可能主要是因为不同的石料有不同的特性，加工难易程度、坚固程度各个不同，制作每种工具所挑选的石料应该是综合考虑制作成本和所获得的石器功效的比值的结果，因此石料和器类之间有一定的对应关系。二里头石器主要器类的主要岩性如下：斧、锛、凿主要是辉绿岩或蚀变安山岩；镰形器主要是砂岩，有一定数量的辉绿岩；有孔刀绝大多数是砂岩；铲主要是鲕状灰岩和白云岩。

〔4〕镰形器就是通常所说的石镰。由于二里头遗址出土的"石镰"中包括了有柄和无柄两种不同情况，本文作者认为有无柄部可能意味着功能不完全相同，所以在称呼上将两者区分开，有柄者称为"镰"，无柄者称为"刀镰"，两者统称镰形器。对于无法判断完整器是否具有柄部的镰形器断片，暂时归入"刀镰"。

〔5〕本文所讨论的标本，以二里头遗址1978年之前的发掘和采集品为限。

〔6〕二里头遗址发掘报告（中国社会科学院考古研究所：《偃师二里头1959年～1978年考古发掘报告》，中国大百科全书出版社，1999年）在石器的描述中已经注意到改制现象，如第41页"有的石器是二次改制，其数量极少"；第85页介绍一钻帽"由残石铲改制而成"；第274和275页

介绍"石锛有的是由石镰或其他残石器改制而成的……Ⅷ式2件，由残石镰改制……Ⅶ式2件，刀形锛，由残石刀改制"；第277页讲刀"由残石镰改制的为双面刃，其余为单面刃"，随后在第279页介绍了3件改制标本。但是由于报告没有专门关注和讨论改制石器问题，所以对改制品的认识和介绍比较粗疏，且没有统一的石器分类标准，因此，本文认为有必要系统梳理二里头遗址改制石器的情况。本文论及的改制品仅限于较可确定为改制品的石器，对于像报告第85页所介绍的"钻帽"那样的不可确认的"改制品"，本文暂不予讨论。

〔7〕端刃是和边刃相对应的概念，是指刃所在的部位。刃在长边者为边刃器，在窄边者为端刃器。这组概念一般只用于长宽差别比较明显的石器，比如，镰和有孔刀属于边刃器，斧、锛、凿和铲属于端刃器。关于这些概念的区别，可参阅李济在《殷墟有刃石器图说》中的讨论。

〔8〕不过，我们在二里头遗址所有的石镰断片中发现的纯柄部的断片也特别少，一共只有4件。但是缺柄部的石镰断片却有32件之多。如果考虑刀镰中段断片可能有一部分属于镰，那么缺柄的石镰断片数目还会增多。纯柄断片与缺柄断片数量相差如此悬殊，这是一种不正常的现象。相似的"缺部件"的现象也突出地表现在石斧这一器类上。二里头出土石斧中残断者一共有17件，全部都是拦腰断，有意思的是，这17件标本全都是刃端。有没有可能是因为镰柄断片和斧的尾端有特殊的用处，集中到考古发掘尚未触及的地方去了呢？或者都当成石料制作成别的器类（比如将石斧尾端加工成锛）让我们无迹可寻呢？从尺寸和石料上考虑，将石斧后端做成锛是个很好的选择，但是残斧数量与锛的数量（15件，其中多数是蚀变安山岩和辉绿岩）相比，显得很多（何况1件石斧后端断块可以至少做成2件锛）。其间的关系还需要我们今后继续观察研究。

〔9〕见注〔1〕第534页（或第432页）和图版十四（或图一五）。

〔10〕谢礼晔：《微痕分析在磨制石器功能研究中的初步尝试——二里头遗址石斧和石刀的微痕分析》，中国社会科学院研究生院考古系硕士学位论文，北京，2005年。

〔11〕我们还注意到一件刃头缺失大部的石斧（60YSⅧT16⑤∶2），但是由于石器本身没有体现改制意向，所以我们无从知道去掉大部刃头是否出于改制目的。

〔12〕二里头人对断裂的有孔刀是加以利用的，这一点本文前一作者已经从微痕分析的角度充分论证过。见注〔10〕第41~46页。

〔13〕见注〔10〕第29页。

〔14〕陈星灿：《史前人的节约意识》，原载《中国文物报》1998年5月27日，又载于《考古随笔》，文物出版社，2002年。

晋南垣曲盆地二里头时期
聚落形态的初步考察

佟伟华

（中国国家博物馆考古部）

豫西和晋南两地区分处黄河南北，不仅是中华远古文化传承的摇篮，更是中国古代文明起源和早期国家形成和发展的重要地区，夏商文明正是在这片土地上生长起来的。

处于早期国家形成和发展时期的二里头文化在占据了豫西地区这一主要分布区后又向晋南逐渐扩张，分别形成了二里头[1]和东下冯[2]两个文化类型。而在这两个区域之间，存在着一个山间小盆地——垣曲盆地[3]，它具有特殊的地理位置和优越的自然生态环境[4]，尽管隐蔽于中条山的深山峡谷之中，地域范围狭小，但极适宜人类生存。这里温暖湿润的气候[5]、丰沛的水资源、河流两岸阶地上低平宽阔的土地、丰富的林木矿产，滋养了源远流长、绵延不断的古代文化[6]。

这一盆地偏居晋南运城盆地东南隅，紧濒黄河北岸，与豫西地区隔黄河相望，翻越王屋山经过济源可达。凭借与中原腹地为邻的优势地位，这里古代文化的发展受到了中原的牵制和强烈影响，文化发展的进程大体与豫西同步，它们之间的相互依存关系，早已由山水相连的地理位置铸成了。盆地的西部隔中条山与晋南运城、临汾盆地相邻，发源于中条山的亳清河与沇河自西北通向东南的河流谷地，即成为东西交通的天然孔道。垣曲盆地的一端连接着豫西，一端连接着晋南，这两个地区古代文化的交流和传播便是通过这一交通要道实现的。垣曲盆地成为扼守两个地区交通往来的咽喉以及文化相互联系的纽带。因此，垣曲盆地特殊的地理位置使这一地区对于探索早期国家形成时期的二里头文化发展进程，具有非同寻常的重要意义。而对二里头文化聚落形态的考察正是为了探讨这一区域社会组织结构的复杂化过程以及这里与中原腹地的多种关系，从而进一步探索中原腹地夏商王朝建立的基础和中心地位确立的缘由等问题[7]。

聚落考古是采用区域调查的方法探讨古代社会中人类的行为方式与过程，这种方法通过对古代人类的生存方式、生产方式、行为方式、人们建立的社会组织结构、人与自然环境的关系等问题的探讨，开启了通往古代社会研究的一扇大门[8]。本文对垣曲盆地二里头时期聚落形态的考察，即从聚落考古的视角进行。

进行聚落考察的前提是对垣曲盆地的二里头文化进行较小尺度的分期，而豫西的二里头文化和晋南的东下冯类型都各自分为四期，可作为分期的标尺，因此，垣曲盆地的二里头文化也可大体分为对应的四期。然而，由于盆地中的二里头遗址只有口头[9]、小赵[10]、丰村[11]、南关[12]、宁家坡[13]、南关家[14]等少数经过正式发掘，成批的发掘资料发表较少。多数遗址只经过调查，采集遗物较少[15]，而仅凭少量陶片则难以确认遗迹遗物的具体期属。因此，根据现有的调查资料，对盆地内的二里头期遗存进行较小尺度的分期尚存在困难，我们只能将其大体分为两个阶段，即二里头文化早期和二里头文化晚期，盆地内所有的二里头期聚落分属早、晚两期。垣曲盆地二里头时期的聚落是盆地内自史前至夏商阶段聚落数量最多的一个时期，亦即盆地内古代文化最为繁盛的时期，共有 47 处，分布的密度较大，本文拟分为早、晚两期分别考察其聚落形态。

一　垣曲盆地内二里头期聚落的分布

垣曲小盆地坐落在中条山南麓，中条山呈东北西南走向绵延 140 余公里，矗立于运城盆地和黄河谷地之间，垣曲小盆地便坐落在中条山南麓，黄河沿盆地南缘由西向东流过，在此形成 W 形转折，继而折向东南进入黄河中游末端的高山峡谷区，晋、豫两省在此以黄河为界。盆地的东部为太行山和王屋山，西部隔中条山与运城盆地相邻，南为黄河及崤山，形成由中条山、王屋山与崤山围绕的山间小盆地[16]（图一）。

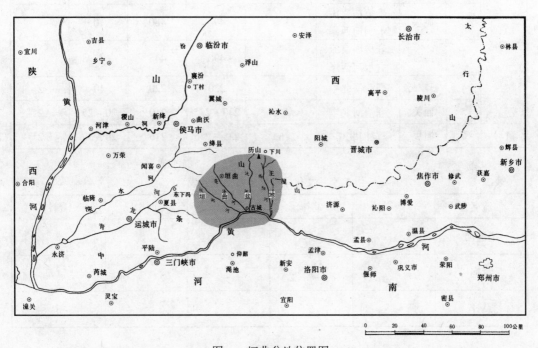

图一　垣曲盆地位置图

盆地范围的主体部分在垣曲县，跨过黄河，其南缘包括黄河南岸河南省渑池县的河边地区。盆地及其周边地区的水系极为发达，在黄河以南汇入黄河的支流有洞河及东洞，在黄河以北自西向东分布有五福涧河、板涧河、亳清河、沇河和韩家河，最东部为西阳河，这些水系均发源于西部或北部山区，自北向南或自西北向东南流，最后注入黄河。沇河与亳清河就在盆地底部的古城东南交汇后注入黄河，它们共同构成了盆地内干支流水系交相辉映的放射状布局，并于两河的入黄河口处形成了一个狭小的冲积扇。垣曲盆地即以这个冲积扇为中心，分别延展至黄河南岸及其北岸的亳清河和沇河等支流的较宽阔的河谷地带。河道两旁形成面积大小不等的冲积小平原和台地，地势较平坦[17]。而二里头时期的聚落就点缀在上述几条河流之间，并以亳清河和沇河等支流一带最为集中。盆地的海拔高度为 200 ~ 460 米。

（一）早期

这一时期的聚落数量极少，属于二里头文化早期的聚落有口头、涧溪、万家窑、石家岭、古城西关、河堤等 6 处（表一、表二，图二）。

表一 二里头文化早期聚落登记表

流域	序号	聚落名称	地理位置	聚落面积（万平方米）	海拔高度（米）	河床高度（米）	与河床高差（米）	河流阶地（级）
亳清河	1	口头	亳清河北岸口头河西岸	1.2	450	420	30	2
	2	涧溪	亳清河支流干涧河西岸	1.2	490	480	10	2
	3	万家窑	亳清河支流白水河西岸	3	490	445	45	3
	4	石家岭	亳清河北岸	1.5	230	220	10	2
	5	西关	亳清河北岸	4.6	230 ~ 235	210	20 ~ 25	2
黄河	6	河堤	黄河北岸	6	235 – 245	215	20 – 30	2

表二 二里头文化早期聚落数量统计表

河流名称	南岸	北岸	东岸	西岸	合计
亳清河		5			5
黄河		1			1
总计		6			6

早期的聚落分布范围很小，主要分布于亳清河沿岸，只有 1 个分布于黄河沿岸。分布于亳清河沿岸的 5 个聚落有 3 个分布于亳清河北岸，2 个分别分布于亳清河东北部的支流干涧河及白水河西岸，间距稀疏，多为 6 ~ 9 公里，只有西关和石家岭两聚落紧紧相邻。聚落的规模一般都较小，只有 2 万 ~ 4 万平方米，较大的有万家窑、河堤等，为 6 万 ~ 8 万平方米。它们的分布多位于紧临河岸边的台地上，距河心的距离约为 200 ~ 500

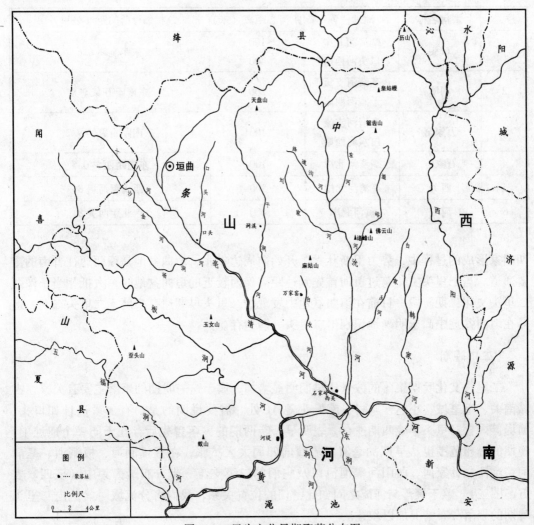

图二　二里头文化早期聚落分布图

米。由于黄河由西向东流经盆地的底部，因此黄河的河谷地带海拔最低，而盆地的北部有中条山横亘，地势高耸，亳清河等河流自北向南注入黄河，因而聚落的海拔高度因其所处的地貌环境不同而变化，一般而言，位于偏北部的河流上游或支流的聚落多位于地势较高的黄土台塬上，如口头、洞溪、万家窑等聚落的海拔高度多在400米以上，而到了下游近河口的区域或黄河沿岸，聚落的海拔高度就明显降低，如石家岭、西关、河堤等聚落的海拔高度都在230米左右，它们与河床的高差，一般为10~25米（表三）。

二里头早期聚落在盆地中数量不多的原因尽管有可能是由于调查和发掘工作不够造成的，但仍在一定程度上说明二里头早期的垣曲盆地尚未形成规模巨大的聚落中心以及一定数量的聚落点，这种局面很可能是由于以豫西为中心分布区的二里头文化在此时尚未较大规模地向西北方向的晋南地区扩张而形成的。植根于伊洛盆地的二里头文化在早

表三　　　　　　　　　　二里头文化早期聚落分布密度表

序号	聚落名称	地理位置	距河心距离（米）	相邻聚落间距（公里）
1	口头	亳清河北岸口头河西岸	100400	东距涧溪6.6
2	涧溪	亳清河支流干涧河西岸	200	东南距万家窑8
3	万家窑	亳清河支流白水河西岸	100	东南距石家岭9.2
4	石家岭	亳清河北岸	100	东南距西关0.5
5	西关	亳清河北岸	500	西南距河堤8
6	河堤	黄河北岸	400	东北距西关8

期国家形成的过程中，势力不断壮大，开始向周边扩张，垣曲盆地是豫西通往晋南的重要通道。当二里头文化跨过黄河首先到达距离豫西较近的垣曲盆地时，大抵相当于豫西二里头文化二期阶段。目前在垣曲盆地中发现的二里头早期遗存多属于二里头二期，迄今在垣曲盆地中尚未明确地识别出二里头一期遗存。

（二）晚期

二里头文化晚期聚落的数量比早期明显增加，属于这一时期的聚落主要有关家、古城南关、上亳城、小赵、丰村、南堡头等41处。需要说明的是，有少量遗址如口头、河堤等内含二里头早晚两期遗存，表明早、晚两期的聚落曾先后存在于同一个遗址中。晚期的分布范围也从早期的亳清河流域向四周大大扩张，在五福涧河、板涧河、亳清河、沇河、韩家河、西阳河等河流以及它们的二级支流一带分布最为集中（表四、表五，图三）。鉴于聚落与河流之间如此密切的位置关系，我们将分流域对盆地内二里头晚期的聚落分布情况加以叙述。

1. 黄河流域

黄河在垣曲盆地内的河段，受河流两岸山地与丘陵的局限，河道多折曲，由于南北两岸有众多的支流汇入黄河，常常在河的拐弯处堆积成宽阔平坦的河漫滩，有的长、宽均达数百米，形成黄河这一主干河流有别于其他几个一级支流的独特地貌，这个时期有不少遗址就分布在这些河湾位置。

黄河岸边的二里头晚期聚落共有10处，北岸9处，南岸1处。河北岸由西向东依次为河堤、白泉、板家河、北关家、西滩、寨里、古城南关、东寨和芮村，成线状分布，连续不断。相邻的聚落之间距离不远，近者1～2公里，稍远者2～4公里，只有东寨距离芮村歇不头较远，相距8公里。这些聚落分布密度的差异是由各聚落对地理位置的选择造成的，而对地理位置的选择，主要是由岸边的地貌环境所决定的，如自白泉向东至东寨河段，黄河北岸均为黄土台地，虽然有些地段的黄土台塬海拔较高，但都适宜

表四　　　　　　　　　　　　　二里头文化晚期聚落登记表

流域	序号	聚落名称	地理位置	聚落面积（万平方米）	海拔高度（米）	河床高度（米）	与河床高差（米）	河流阶地（级）
黄河	1	河堤	黄河北岸	6	235～245	215	20～30	2
	2	白泉	黄河北岸	0.5	225～230	215	10～15	2
	3	板家河	黄河北岸板涧河东岸	0.35	225	200～212	13～25	2
	4	北关家	黄河北岸	5	225～240	200	25～40	3
	5	西滩	黄河北岸	1	220	205	15	2
	6	寨里	黄河北岸	1.2	265	198	67	3
	7	南关	黄河北岸	10	248～250	205	43～45	3
	8	东寨	黄河北岸	1.2	220	200	20	2
	9	芮村	黄河北岸	6	220～230	190	30～40	3
	10	南关家	黄河南岸	不详	230	190	40	2～3
亳清河	11	清源	亳清河北岸	4	510	470	40	3
	12	后湾	亳清河南岸	2	445	420	25	2
	13	口头	亳清河北岸口头河西岸	1.2	450	420	30	2
	14	龙王崖	亳清河北岸	15	410～460	390	20～70	2～3
	15	硖里	亳清河支流干涧河西岸	0.48	460	450	10	2
	16	东交斜	亳清河东岸	0.32	390	360	30	2
	17	文家湾	亳清河南岸	1.5	380	360	20	2
	18	西王茅	亳清河北岸	1.5	330	325	5	2
	19	北河	亳清河北岸	2	300～315	280	20～35	2
	20	上亳城	亳清河北岸	不详	275～285	265	10～20	2
	21	丰村	亳清河支流白水河东岸	20	430～480	390	40～90	3
	22	小赵	亳清河北岸	7	245～255	230	15～25	2
	23	宁家坡	亳清河南岸	5	260	230	30	2

续表四

流域	序号	聚落名称	地理位置	聚落面积（万平方米）	海拔高度（米）	河床高度（米）	与河床高差（米）	河流阶地（级）
沇河	24	河西	沇河西岸	0.8	480	470	10	2
	25	刘村	沇河支流刘家河北岸	1.2	510	495	15	2
	26	河北	沇河支流刘家河北岸	2	475	460	15	2
	27	西沟	沇河西岸	1	380	360	20	2
	28	北羊堡	沇河支流北羊堡河南岸	2.5	470	410	60	3
	29	柏沟北	沇河西岸	2	310	295	15	2
	30	丁家庄	沇河支流白家河北岸	1.5	420	410	10	2
	31	东石	沇河东岸	7	320～335	300	20～35	2
	32	沇东	沇河东岸	不详	300～312	280	20～32	2
	33	柴家沟	沇河东岸	1	300～310	280	20－30	2
	34	峪子	沇河东岸	0.42	300～310	280	20－30	2
	35	南堡头（南）	沇河西岸	2.4	265～270	245	20～25	2
	36	北窑庄	沇河西岸	0.75	235	225	10	2
韩家河	37	南蒲	韩家河支流南岸	不详	540	500	40	2
西阳河	38	河东	西阳河东岸	1	330	315	15	2
	39	荀古垛	西阳河东岸	0.5	310	290	20	2
	40	堤沟	西阳河东岸	1.5	300	280	20	2
	41	硫磺沟	西阳河东岸	0.4	270	250	20	2

表五　　　　　　　　　　　二里头文化晚期聚落数量统计表

河流名称	南岸	北岸	东岸	西岸	合计
亳清河	4	9			13
沇河			5	8	13
黄河	1	9			10
韩家河			1		1
西阳河			4		4
总计	5	18	9	8	41

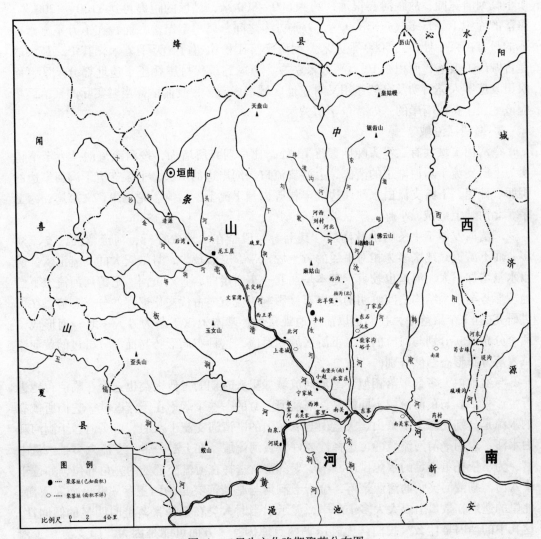

图三　二里头文化晚期聚落分布图

人类生存，因此这一河段的聚落分布相对较密，而自东寨至芮村河段的黄河北岸为陡峭的山地，不适宜人类生存，因此这一河段不可能有聚落分布。聚落所在的地表多以农业梯田的形式存在或被现代村庄所叠压，但基本为倾斜的坡地，地势西高东低或北高南低，总体上是由聚落中心向河岸一侧倾斜，保留了一定的原始地貌特征。多数聚落所处的阶地明显高于河床，一般海拔高度在220～250米之间，而黄河河床在这一区段的海拔高度约为200米左右，这些聚落均高出黄河河床20～40米，属黄河北岸二级阶地。位置最高的是古城南关与寨里两个聚落，它们所在的黄河岸边自寨里以西的鸡笼山至古城南关为一陡立的黄土台塬，西高东低，地表开阔平坦，海拔高度在240～260米以上，高出黄河河床40～60米，属黄河北岸三级阶地。聚落距河心的距离远近不一，有的聚落下临河滩很窄，离河很近，只有100～300米，如芮村、东寨、白泉等。有的聚落由于下临河滩宽阔，故距河心很远，约为 600~800 米，最远的距离可达 1100~1200 米。聚落的面积不等，多数介于 1 万~5 万平方米之间，属小型聚落，面积在 1 万平方米以下的只有白泉一处，约 5000 平方米。大型聚落面积均超过 5 万平方米，其中，最大的是古城南关聚落，面积在 10 万平方米左右。考虑到现代村庄叠压了遗址部分地区，而农田改造等人类活动及自然作用又对遗址区域造成破坏，我们估计当时实际的聚落面积应该更大。黄河南岸的一处，位于南关家。

2. 亳清河流域

亳清河流域共有二里头晚期聚落 13 处，比早期有所增加，按河流流向从上至下依次为上游支流十八河岸边的清源，上游支流口头河岸边的口头，上游支流干涧河岸边的涧西、碛里，下游支流白水河岸边的丰村等以及干流上的后湾、龙王崖、文家湾、西王茅、北河、上亳城、小赵、宁家坡等。

亳清河发源于中条山山脉南麓，其上游河段全在山地中穿行，河道弯曲，支流众多，而下游流经地区多为相对平缓的黄土塬地带，支流较少，且缺乏大的支流汇入，所以水量增加不大，河道也较直，基本呈西北—东南走向，直入黄河。亳清河河流上下游地理形势与水系结构之间鲜明的差异直接影响着流域内古代文化遗存的分布态势。在可供研究的 12 个聚落中，我们可以清晰地观察到，基本上以王茅为界，一北一南形成了两个分布区，分别与河流的上、下游区域相对应，这种布局形势与前面分析过的黄河流域聚落分布形态迥然有别。

与盆地内大多数聚落相似，亳清河流域二里头时期的古代人类也选择在临河台地进行生产生活。与黄河流域不同的是，亳清河上游的一些聚落不在干流区域，它们所依靠的水源是分别发源于中条山、天盘山与麻姑山的亳清河支流十八河、口头河、干涧河和白水河，表明亳清河流域的可选择性要好于黄河流域。在上游一带，支流众多，水量丰富，为了依托更充足的水源供应，不少聚落常常选择在河流交汇处的夹角部位，如位于十八河与亳清河夹角的清源聚落，位于干涧河与亳清河夹角的西王茅聚落。而在下游，北岸的遗址在数量上要大大多于南岸，显示出当时人类在选择聚落址时明显的倾向性。这其中的动因是什么？我们认为有以下两点原因：一方面可能是因为北岸支流多于南岸，水量充沛，更有利于居住。另一方面应与河流两岸自然地理条件的差别有关。从地形上看，亳清河两岸台地对应高差一般都在 20~50 米左右，有些地段相差甚至高达 80 米，这样的地形差异在接近上游河段最为突出，越向下游则越趋向减弱，但总是北岸明显低于南岸。这是由于受地球自转产生的偏向力作用，亳清河在奔流过程中对河流南岸的破坏力总是要大于北岸，造成了南岸高崖陡壁的地貌特征，这样的地貌环境不利于人类生存，另外台地狭窄、空间有限，也无法满足聚落规模发展扩大的需要。比较而言，北岸条件则相对适合，不但临近水源，便于取水，而且地形相对平缓，成为古代人类择居的首选。此外，聚居于北岸，实际上是依托自然条件较好的西塬，这对聚落规模的发展十分有利。

总起来看，文家湾以上为上游地区，聚落分布较稀疏，其间距约为 3~8 公里，西王茅以下为下游地区，聚落分布较为密集，间距约为 2~4 公里。由于流域内的聚落形成两个相对集中的小区块，所以，聚落之间的相对位置表现为小区块内的诸聚落距离较近，其中，南部的小赵与宁家坡聚落更是两两隔河相望，相距不过数百米；而两个区块以外聚落之间的距离就相对较远，最近的直线距离也要在5公里以上，尤其是长直乡至王茅镇南北一带，聚落分布最为稀疏。由于地势的升降而带来遗址的海拔高度的变化也随之产生，上游地区聚落的海拔高程通常在380~410米之间，最高的硖里和清源两个聚落达到460~510米，上游地区最高的清源与最低的文家湾最大落差在130米，但是由于亳清河河床高度也由480米降为360米，因此，聚落所处的地理位置与河床高度之间的差别却变化很小，一般为20~30米，均为河旁二级阶地。

亳清河流域的聚落面积比黄河流域有所增大，小型聚落数量减少，面积超过5万平方米有多处，大部分是集中在本文划分的下游区域里，距离河口只有几公里，其中的小赵聚落是干流区域内较大的二里头文化聚落，它的面积约7万平方米，宽达250余米，基本根据亳清河的走势，在其北部沿岸成条带状延伸了长约300多米。另外还有两处大型聚落面积超过15万平方米，位于河流上游的为龙王崖，面积15万平方米，位于下游支流的丰村，面积20万平方米，这样的规模在盆地内各期聚落中也是相当大的。与黄河流域相同，亳清河流域的聚落也均不同程度地遭到自然或人为原因的破坏，所以面积与规模均为现存状况，比实际要小。

3. 沇河流域

沇河流域共有二里头时期的聚落13处，按河流流向从上到下依次为沇河上游支流刘家河岸边的刘村、河北，沇河干流上的河西、柏沟、东石、沇东、柴家沟、峪子、南堡头、北窑庄，沇河下游支流白家河岸边的丁家庄以及西塬上的西沟、北羊堡等。

沇河发源于中条山东段的南麓，流经绛县、垣曲两县，在古城东南注入黄河。它的干流基本为正方向，依地势由北向南流动。与亳清河水系相似的是，沇河上游也是在群山中穿行，河道狭窄，支流众多，水量丰富。虽然多数地段水流湍急，但是在山间一些略微开阔的地带，总能发现人类居住的遗迹，这种情况在二里头以前的时代就已经开始出现了。沇河从诸峰山以下起开始流经黄土地带，进入一个相对平缓的区域。虽然下游的支流不多，落差也减少，但由于上游支流的大量涌入，尤其是洪水期水量倍增，因此，沇河对盆地内地貌的改变是相当显著的。它几乎是在冲出山口的同时便开始强烈地冲击流经区域的黄土塬，在河流长期下切与河道频繁摆动共同作用下，河道比上游拓宽达几十倍，造就了平坦开阔的天然河谷。现代的沇河下游地带依然堆积着宽阔的砾石河滩，与一般河流下游多泥沙堆积的面貌明显不同，从一个侧面反映了这个区域内水势的汹涌。

沇河周边包括河流两侧的东塬和西塬及上游河段的山间冲积平原都是古代聚落的分布地带。二里头晚期聚落的分布亦分为上游和下游两区，上游河段的数量很少，仅在同善镇附近发现3处，皆位于河流干流的西岸，有两处在刘家河支流上，它们之间的距离不到2公里。这几个聚落所处的河段四周都有高山环绕，相对封闭，是沇河山地流程的最后一站，河水在此处受到前方狭窄山口的阻碍，流速放缓，因此比较适合人类居住。聚落的地理位置都比较高，海拔高度均在480米以上，与河床的高度差也是比较大的，有的达到30~40米。由于破坏严重，面积较小，多为1万~2万平方米。沇河下游的聚落分布与上游有显著不同，此时它已经进入盆地腹地流动，自然条件大大好于上游，河谷内部与河旁台地都为人类的生产生活提供了丰富的资源，因此聚落分布是盆地内非常集中的一个地区。除了丁家庄位于东岸支流白家河岸边以外，其余聚落均在干流河岸的两侧，沇东与柴家沟两处还同时临近一条支流，聚落离河均非常近，距河心的距离一般为200~600米。间距也很近，基本上1公里左右就分布一个这个时期的聚落，自上而下沿河流的两岸如串珠般连缀。与上游相比，下游聚落的高度明显降低，愈近河岸或愈近下游越低，只有海拔230~330米左右，而北羊堡、西沟等聚落由于距河心较远而临近地势较高的西塬，海拔明显高于其他聚落，近400米，有的达到470米左右。聚落所在均为河旁的二级阶地，与河床高差约为10~35米。沇河流域现有的聚落均规模较小，面积超过5万平方米的只有东石一处，大多数聚落的面积只有1万~3万平方米，而峪子只有4000多平方米，是最小的一处。与亳清河相比，聚落总体上规模较小，这可能是本地聚落发展的实际情况，但也不排除沇河冲刷的因素，从聚落靠近河岸极近这种情况来看，沇河在长期的冲积过程中，应对河旁遗址产生过巨大的破坏作用而使它们面积锐减，远非当初繁荣时的规模。

4. 韩家河流域

只在河流东部的支流南岸分布着南蒲一个聚落，规模不大，仅有1万平方米，海拔高程540米，河床高度500米，与河床高差40米。

5. 西阳河流域

西阳河流域诸聚落位于盆地外缘，位置偏僻，本流域目前所知分布着二里头晚期的聚落4处，依河流流向从上至下分别为河东、荀古垛、堤沟与硫磺沟。皆位于干流河道的东侧，且集中于河流的下游，上游地带尚无聚落发现。几个聚落的间距不大，近者相距不足1公里，最远的也只有2.7公里。海拔高度自上而下为330~270米，落差50米，都属于河流的2级阶地，与河床高差10~20米。聚落的规模都不大，除了河东为4万平方米以外，其余均不足1万平方米。三个遗址均是单纯的二里头晚期聚落（表六）。

表六　　　　　　　　　　二里头文化晚期聚落分布密度表

序号	聚落名称	地理位置	距河心距离（米）	相邻聚落间距（公里）
1	河堤	黄河北岸	400	北距白泉1
2	白泉	黄河北岸	200	东北距板家河1.5
3	板家河	黄河北岸	500	东北距关家2.1
4	北关家	黄河北岸	800	东距西滩0.8
5	西滩	黄河北岸	1100	东南距寨里1.1
6	寨里	黄河北岸	600	东距南关3
7	南关	黄河北岸	1200	东距东寨3

续表六

序号	聚落名称	地理位置	距河心距离（米）	相邻聚落间距（公里）
8	东寨	黄河北岸	350	东距芮村 8
9	芮村	黄河北岸	150	东北距硫磺沟 4.2
10	南关家	黄河南岸	200	东距芮村 3.5
11	清源	亳清河北岸	200	东南距后湾 4.8
12	后湾	亳清河南岸	50	东距口头 1.3
13	口头	亳清河北岸 口头河西岸	100 400	东南距龙王崖 1.9
14	龙王崖	亳清河北岸	400	东北距碛里 5.3
15	碛里	亳清河支流 干涧河西岸	200	西南距东交斜 4
16	东交斜	亳清河东岸	300	西南距文家湾 2.5
17	文家湾	亳清河南岸	400	东南距西王茅 3.2
18	西王茅	亳清河北岸	500	东南距北河 2.8
19	北河	亳清河北岸	300	东南距上亳城 1.6
20	上亳城	亳清河北岸	400	东南距小赵 4
21	丰村	亳清河支流 白水河东岸	150	西南距上亳城 4
22	小赵	亳清河北岸	200	西南距宁家坡 0.8
23	宁家坡	亳清河南岸	50	东南距古城南关 3.8
24	河西	沇河西岸	300	西南距刘村 2.5
25	刘村	沇河支流 刘家河北岸	300	东南距 1.5
26	河北	沇河支流 刘家河北岸	150	南距西沟 5.3
27	西沟	沇河西岸	1000	西南距北羊堡 1.6
28	北羊堡	沇河支流 北羊堡河南岸	200	东南距柏沟北 1.3
29	柏沟北	沇河西岸	450	东距丁家庄 3.8
30	丁家庄	沇河支流 白家河北岸	200	西南距东石 2
31	东石	沇河东岸	600	南距沇东 0.7
32	沇东	沇河东岸	400	南距柴家沟 0.8
33	柴家沟	沇河东岸	650	南距峪子 0.1
34	峪子	沇河东岸	700	西南距南堡头南 2.7
35	南堡头（南）	沇河西岸	200	南距北窑庄 1.2
36	北窑庄	沇河西岸	600	南距古城南关 2

序号	聚落名称	地理位置	距河心距离（米）	相邻聚落间距（公里）
37	南蒲	韩家河支流南岸	500	东南距河东 3.6
38	河东	西阳河东岸	100	南距荀古垛 1.5
39	荀古垛	西阳河东岸	450	南距堤沟 0.8
40	堤沟	西阳河东岸	150	南距硫磺沟 2.7
41	硫磺沟	西阳河东岸	100	西南距芮村 4.2

以上几条河流二里头晚期聚落的分布情况，表明了二里头晚期的居民对生存环境的选择，由此我们可以初步观察到垣曲盆地这一时期的聚落分布规律。

（1）黄河岸边的聚落分布稀疏，不如亳清河、沇河等一级支流上的聚落多，究其原因是由这里独特的地貌环境决定的。黄河地处中游，在垣曲盆地流经的河段穿越深山峡谷，两岸或为陡峭的山地或为地势高亢的黄土台塬，缺少平缓的河岸阶地。而亳清河与沇河等支流由南向北直入黄河，由于河流长期下切，沿河两岸多形成宽窄不等的小台地，古代聚落多见于沿河地带的小台地上，因而形成大河的聚落分布密度少于小河的状况。

（2）二里头晚期的聚落多分布于盆地内部，尤以盆地的中心部分比较集中，山麓、黄土塬等边缘地区则比较稀疏，亳清河下游、沇河下游、尤其是黄河、亳清河与沇河三河交汇处附近，是聚落分布最密集的地带，即各河下游聚落明显多于上游，也有不少大型聚落址和一般聚落常常是同时临近两条河流，即两河交汇的三角形地带多有聚落分布。

（3）河流两岸的二级阶地是最适宜的人类定居之处，既能躲避水害的袭击，又便于生产和生活取水，因此聚落数量较多，目前所知，只有古城南关和寨里两个聚落位于三级阶地上，其余均属二级阶地。聚落与河床的高差，多为 20～30 米，仅有少数为 50～60 米，距河心的距离在支流上多为 100～200 米，较远的为 300～500 米，而在大河上一般为 200～300 米，最远的可达 1000 米以上。显然，距河 200～300 米为适宜的距离，过远就会造成不便。

（4）盆地内的地势西北高耸东南低下，那些位于西部或北部海拔较高看似远离河流的聚落，其实也以水源为依托，它们所依赖的是山间的泉水，少部分聚落附近至今仍有泉水涌出，尤其是东塬与西塬上及其周边的聚落，其附近一定有比较充足稳定的泉水供应。

（5）虽然人类与水源的关系如此密切，但是当时人类在选择聚落位置时还要考虑其他因素，那些容易受到洪水冲击、地势陡峭的地带，不适宜人类居住，因此聚落少见。比如前面提到的亳清河王茅南北的河段及沇河诸峰山山口左近，几乎没有什么遗址，主要是因为处在山地向黄土塬过渡的地带，地形地势变化比较剧烈，河流水势湍急，因而，出现一定范围内不见聚落址的空白地区。

（6）盆地内聚落的面积多较小，密度不大，分布也相对稀疏，超过 10 万平方米的大型遗址仅有 4 个，中小型聚落中，5 万～9 万平方米的聚落有 5 个，多数面积在 1 万～5 万平方米之间，还有个别小聚落面积只有 4000～5000 平方米。尽管人类活动及自然作用对遗址造成了破坏，使部分聚落的面积与实际情况有一定的出入，但是因为这些聚落所处的环境大体相同，受损程度接近，所以，目前的实际保存状况应基本反映了原始遗址之间的差别，因此聚落之间面积的悬殊差异对我们认识二里头聚落的分布态势是有益的。

（7）二里头期的遗址多属多重埋藏，遗址中常包含多时期的遗存，除了西阳河流域有单纯的二里头期的遗址外，其他遗址中都包含有两期以上的遗存，最多的达到六期，以宁家坡遗址为代表，时代包括仰韶早中期、庙底沟二期、龙山时期、二里头晚期、二里岗上下层，表明这一聚落在数千年间延续，这是因为垣曲盆地内地域狭小，不同时期聚落移动的可选择范围有限，因此出现了大量多重埋藏的遗址。

二　垣曲盆地内二里头期聚落的分群与相互联系

（一）早期

早期聚落数量过少，主要分布于亳清河流域及其附近，间距较大，可分为南北两个小聚落群（表七）。

表七　　　　　　　　　　　二里头文化早期聚落组织形式一览表

聚落群	聚落等级	序号	聚落名称	地理位置	聚落面积（万平方米）	海拔高度（米）	河床高度（米）	与河床高差（米）	河流阶地（级）	聚落群范围（平方公里）
口头聚落群	中心聚落	1	口头	亳清河北岸口头河西岸	1.2	450	420	30	2	48
	一般聚落	2	涧溪	亳清河支流干涧河西岸	1.2	490	480	10	2	
		3	万家窑	亳清河支流白水河西岸	3	490	445	45	3	
西关聚落群	中心聚落	1	西关	亳清河北岸	4.6	230～235	210	20～25	2	16
	一般聚落	2	石家岭	亳清河北岸	1.5	230	220	10	2	
		3	河堤	黄河北岸	6	235～245	215	20～30	2	

1. 口头聚落群

北群由口头、涧西、万家窑 3 个聚落组成，口头有可能是这一聚落群的中心，聚落群占据土地范围 48 平方公里。

2. 古城西关聚落群

南群有古城西关、石家岭、河堤 3 个聚落，有可能属于同一聚落群，他们均位于近黄河的盆地底端，在这几个聚落中以古城西关的规模较大，是这一聚落群的中心聚落。聚落群占据土地范围 16 平方公里。

在这南北两个聚落群之间，以亳清河河谷为通道的交通是极为便利的。

（二）晚期

虽然我们以河流为单位分述了二里头晚期聚落的分布，但盆地内聚落群的分布实际上是以跨流域的形式存在的。由于地理地貌环境的限制和人们的社会组织结构的关联，一些聚落可因所处的不同地域范围和相互联系而区分为不同的聚落群。从目前的资料看，可分为龙王崖、丰村、古城南关、芮村四个大的聚落群，分别以龙王崖、丰村、古城南关和芮村为中心聚落。这四处大型聚落不但面积大，规格也是最高的，显著区别于那些中小型聚落。并且盆地内的多数中小型聚落形成了四个相对集中的分布区域，它们分别位于亳清河上游、西塬和亳清河、沇河、亳清河及黄河三条河流的交汇处以及西阳河附近，各个聚落群均呈现以大型聚落为中心、中小型聚落散布在周围的基本布局，显示了各聚落群内部的大、中、小型聚落之间极其密切的联系（表八）。

表八　　　　　　　　　二里头文化晚期聚落组织形式一览表

聚落群	聚落等级	序号	聚落名称	地理位置	聚落面积（万平方米）	海拔高度（米）	河床高度（米）	与河床高差（米）	河流阶地（级）	聚落群范围（平方公里）
龙王崖聚落群	中心聚落	1	龙王崖	亳清河北岸	15	410～460	390	20～70	2～3	70
	一般聚落	2	后湾	亳清河南岸	2	445	420	25	2	
		3	口头	亳清河北岸口头河西岸	1.2	450	420	30	2	
		4	文家湾	亳清河南岸	1.5	380	360	20	3	
		5	清源	亳清河北岸	4	510	480	30～40	3	
		6	碌里	亳清河支流干涧河西岸	0.48	460	450	10	2	
		7	东交斜	亳清河东岸	0.32	390	360	30	2	

聚落群	聚落等级	序号	聚落名称	地理位置	聚落面积（万平方米）	海拔高度（米）	河床高度（米）	与河床高差（米）	河流阶地（级）	聚落群范围（平方公里）
丰村聚落群	中心聚落	1	丰村	亳清河支流白水河东岸	20	430～480	390	40～90	3	80
	一般聚落	2	西王茅	亳清河北岸	1.5	330	325	5	2	
		3	北河	亳清河北岸	2	300～315	280	20～35	2	
		4	上亳城	亳清河北岸	不详	275～285	265	10～20	2	
		5	柏沟(北)	沇河西岸	2	310	295	15	2	
		6	东石	沇河东岸	7	320～335	300	20～35	2	
		7	沇东	沇河东岸	不详	300～312	230	20～32	2	
		8	柴家沟	沇河东岸	1	300～310	280	30	2	
		9	峪子	沇河东岸	0.42	300～310	280	20～30	2	
		10	丁家庄	沇河支流白家河北岸	1.5	420	410	10	2	
		11	西沟	沇河西岸	1	380	360	20	2	
		12	北羊堡	沇河支流北羊堡河南岸	2.5	470	410	60	3	
南关聚落群	中心聚落	1	南关	黄河北岸	10	248～250	205	43～45	3	60
	一般聚落	2	小赵	亳清河北岸	7	245～255	230	15～25	2	
		3	宁家坡	亳清河南岸	5	250～260	230	20～30	2	
		4	南堡头（南）	沇河西岸	2.4	265～270	245	20～25	2	
		5	北窑庄	沇河西岸	0.75	235	225	10	2	
		6	河堤	黄河北岸	6	235～245	215	20～30	2	
		7	白泉	黄河北岸	0.5	225～230	215	10～15	2	
		8	板家河	黄河北岸板涧河东岸	0.35	225	200～212	13～25	2	
		9	北关家	黄河北岸	5	225～240	200	25～40	3	
		10	西滩	黄河北岸	1	220	205	15	2	
		11	寨里	黄河北岸	1.2	255～265	198	57～67	3	
		12	东寨	黄河北岸	1.2	220	200	20	2	

聚落群	聚落等级	序号	聚落名称	地理位置	聚落面积（万平方米）	海拔高度（米）	河床高度（米）	与河床高差（米）	河流阶地（级）	聚落群范围（平方公里）
芮村聚落群	中心聚落	1	芮村	黄河北岸	6	220~230	190	30~40	3	36
	一般聚落	2	南蒲	韩家河支流南岸	不详	540	500	40	2	
		3	河东	西阳河东岸	1	330	315	15	2	
		4	荀古垛	西阳河东岸	0.5	310	290	20	2	
		5	堤沟	西阳河东岸	1.5	300	280	20	2	
		6	硫磺沟	西阳河东岸	0.4	270	250	20	3	
分散聚落	一般聚落	1	河西	沇河西岸	0.8	480	470	10	2	
		2	刘村	沇河支流刘家河北岸	1.2	510	495	15	2	
		3	河北	沇河支流刘家河北岸	2	475	460	15	2	
		4	南关家	黄河南岸	不详	230	190	40	2~3	

1. 龙王崖聚落群

龙王崖聚落群分布的范围在垣曲盆地的北部，位于亳清河上游区域，属山前地带，地形比较独特。以位于亳清河北岸的龙王崖聚落为其中心，属于这一聚落群的其他聚落有亳清河干流上的后湾、口头、东交斜、文家湾以及支流十八河岸边的清源、干涧河岸边的硖里等，共7个聚落，聚落群占据土地范围70平方公里。

在这7个聚落中，龙王崖位居正中，其北部有清源、后湾、口头，南部有东交斜、文家湾，东部有硖里，散布于四周，距离上远近相宜，交通上有亳清河河谷相连，他们之间的相互往来具有优越的自然条件。只有位于干涧河岸边的硖里交通不便，与其他聚落的往米，或可沿干涧河谷南行到达亳清河干流上，或可向西翻越山地直达亳清河谷地。

2. 丰村聚落群

丰村聚落群分布的范围在垣曲盆地的中部，位于亳清河下游与沇河下游略偏北的地带以及这两条河流东西相挟的东塬上，这一带地域比较开阔。以位于支流白水河东岸上的丰村聚落为中心，与干流沿岸及塬上诸聚落关系都比较密切。属于这一聚落群的其他聚落有亳清河干流上的西王茅、北河、上亳城，沇河干流上的柏沟、东石、沇东、柴家沟、峪子，沇河支流白家河岸边的丁家庄以及西塬上的西沟、北羊堡等，共12个聚落。聚落群占据土地范围80平方公里。

在这12个聚落中，位于西塬上的丰村地处聚落群中部，其东北部有同位于西塬的西沟、北羊堡，西部有沇河干流上的柏沟、东石、沇东、柴家沟、峪子和沇河支流白家河岸边的丁家庄，东部有亳清河东岸的西王茅、北河、上亳城。这一聚落群分布于亳清河与沇河两河下游的上段，东西横跨两河流域，其间是地势高亢的西塬，一些聚落占据了面积宽阔的台塬，更多的聚落则分别聚居于两河的河谷地带，是统辖地域面积最大的聚落群。丰村所在的西塬与东西两面的河流谷地之间的交通，以众多的沟壑、小河河谷以及黄土丘陵的缓坡为通道，往来便利，他们之间的距离略远，而两河的河谷地带的聚落之间的联系则由河谷一线相牵，更为方便，这些聚落之间的距离比西塬上聚落的间距要密。

3. 古城南关聚落群

古城南关聚落群分布的范围地处垣曲盆地的最底部，位于亳清河下游，沇河下游与黄河交汇的冲积扇上，以位于黄河与亳清河之间的古城南关聚落为中心，是本地区二里头晚期规模最大的一个地点，有环壕防护设施及较清晰的聚落布局。聚落内部大型房址、灰坑和窖穴等生活设施集中分布于东南，周围则绕以大型围沟作为聚落区的边界。属于这一聚落群的聚落有亳清河干流上的小赵、宁家坡，沇河干流上的南堡头南、北窑庄，黄河干流上的河堤、白泉、板家河、北关家、西滩、寨里、东寨等，共 12 个聚落。聚落群占据土地范围 60 平方公里。

这一聚落群所辖的区域位于垣曲盆地的底部，海拔最低，面积不如丰村聚落群所辖的地域广大，由于靠近河口，这个三角形的冲积扇低平而开阔，三条河水奔涌交汇，流量充足，水源丰沛，交通极为通畅，亳清河与沇河下游聚落的分布十分密集，各聚落之间的往来必定十分密切。只有位于黄河岸边靠西部的几个聚落距离古城南关这一中心地区较远，如河堤、板家河等与古城南关的往来，需要经过黄河北岸关家以西的赵家岭等丘陵地带和关家至古城南关的黄土台塬，才能进入古城小盆地，往来多有不便。

4. 芮村聚落群

芮村聚落群分布的范围位于垣曲盆地东部边缘的西阳河流域下游、东塬以及黄河岸边，以位于黄河北岸的芮村聚落为中心，属于这一聚落群的其他聚落有位于东塬韩家河支流南岸的南蒲和位于西阳河下游干流上的河东、荀古堆、堤沟、硫磺沟等 6 个聚落。聚落群占据土地范围 36 平方公里。在这 6 个聚落中，中心聚落芮村位于聚落群西南部的黄河北岸，靠近西阳河汇入黄河的顶端，但与其他聚落的交通并不困难，沿西阳河谷南行即可到达黄河谷地。位于东塬上的南蒲偏居聚落群北部，其余几个聚落均分布于西阳河东岸，沿河上下，往来顺畅。

除了这 4 个较大的聚落群以外，还有几个零散分布的聚落。位于沇河上游西岸支流刘家河岸边的有河西、刘村、河北等 3 个聚落，游离于几个大群体之外，其周围又不见大型聚落，它们究竟属于哪个群体，其归属很难确定。不过，若从它们地处沇河上游与外界的交通路线看，应该沿沇河河谷下行更为便利，那么，它们很可能与占据沇河中下游的丰村聚落群的联系比较密切，也就很有可能属于这一聚落群。而它们与其西部位居亳清河上游的口头聚落群虽然距离也较近，但这两个区域之间的交通有山地的阻隔，不像河谷地带的往来那样方便，同时，口头聚落群的规模又比较小，是否有能力管辖距离较远的聚落，也是一个问题，因而沇河上游的这几个聚落属于口头聚落群的可能性比较小。另外，位于黄河南岸偏东的还有南关家一个聚落，从地理位置看，更接近黄河以北的芮村聚落群，但其归属也难以确定。

从以上几个聚落群分布的地理位置看，它们分别分布于垣曲盆地中心区域的北部、中部和南部，只有一个分布于盆地的西部边缘，龙王崖、丰村、古城南关和芮村聚落群分别代表着山前地带、黄土台塬、河流下游盆地及边缘地带四个完全不同的地理环境空间，他们采用既相同又有不同的生产与生活方式，创造着各自的文化（图四）。

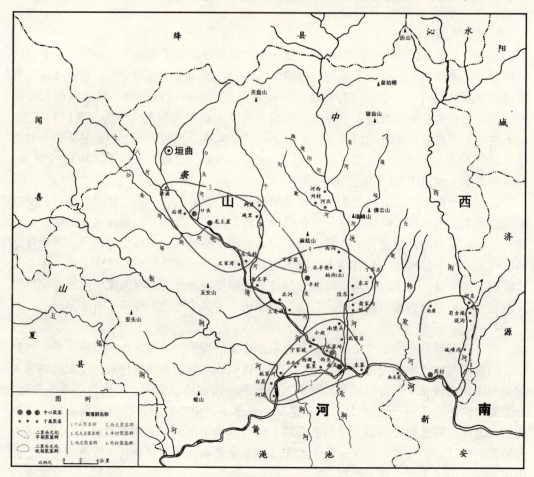

图四　二里头文化早、晚期聚落群演变示意图

三　垣曲盆地内二里头期聚落的分级及其所反映的社会组织结构

（一）早期

早期的6个聚落已分为2个聚落群，一南一北分布于亳清河沿岸。聚落群的规模很小，每个群体由3个聚落组成，可分为2级，除了一个为中心聚落之外，另两个从属聚

落分布在其周围。尽管每个聚落群所包含的聚落数量很少，中心聚落的规模也没有明显大于其他聚落，而中心聚落之下又仅有很少的从属聚落，但是他们之间的从属关系和差别还是十分明显的，如口头中心聚落中发现的大量铜炼渣表明，这里已设有铸铜作坊，其位置距离中条山铜矿仅有 12 公里，这是只有较高级别的聚落中才可能出现的遗迹，而在从属聚落中却很难见到。从早期聚落仅存在于亳清河流域的分布态势观察，早期夏人首先选择了盆地内自然条件最好、交通极为通畅的亳清河聚居是十分明智的。在豫西的二里头文化向黄河北岸扩展移动之初，夏王朝的势力尚较薄弱，二里头文化早期的垣曲盆地内只有很少的居民生活，人口数量少或许表明，他们只在较短的时间内对这一地区的占领，他们都是不具有高尚权利的平民，这里只可能设置一般的权力机构，组织结构简单，分级少，地位低下，夏王朝还没有能力在这里设置较高的统治机构（图五）。

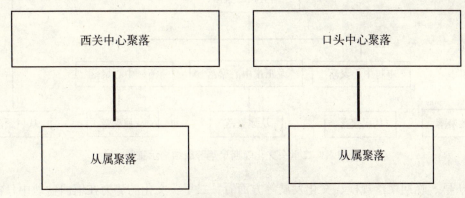

图五　二里头文化早期聚落等级结构图

（二）晚期

二里头晚期聚落的发展呈明显的繁盛和扩张趋势，聚落数量比早期明显增多，由 6 个增加到 41 个，有的已具备了相当大的规模。4 个聚落群的分布范围明显扩张，由早期的亳清河流域扩张到整个垣曲盆地，遍布亳清河、沇河、韩家河、西阳河、黄河流域以及河流左右岸的东、西两大黄土塬上。每个聚落群的规模也都比早期大，小的由 6 个聚落组成，大的由 10 多个组成，显然，晚期的社会组织结构比早期复杂。

依据聚落群的地理位置、布局特点、规模大小、功能特征等多方面因素考察，我们可以看到，垣曲盆地二里头晚期的聚落形态至少形成了四群三级的聚落格局。4 个聚落群分别以龙王崖、丰村、古城南关和芮村为中心，其间发生着密切的联系，它们覆盖了整个垣曲盆地，共同演绎着垣曲盆地二里头文化晚期阶段丰富多彩的古代文明。三级中的第一级即整个盆地 4 个聚落群的统治中心，这是一个位于中条山腹地的有别于周边地区的独立存在的组织机构，这个机构的核心区域位于盆地最下游的古城地区，古城南关就是整个盆地的中心聚落。第二级是龙王崖、丰村、古城南关、芮村等各个聚落群的中心聚落，每个中心聚落统辖周边几个到十几个中小型聚落，聚落群内部在生产和生活方面的相互往来极为频繁。第三级是从属于次级中心聚落的一般聚落，即中小型聚落，这些中型与小型聚落之间除了面积大小有些差距外，在聚落等级、规格、地位方面并无显著的区别，也没有功能上的差异，它们同样从属于某个中心聚落，因而，没有进一步分级的必要。在整个盆地的最高中心的统辖下，各聚落群分别管理自己的从属聚落，这三个等级的聚落构成了早期国家形成初期的聚落政体结构，与二里头文化早期存在的二级聚落组织结构相比，发生了重要变化，这也正是早期国家产生时期所经历的社会复杂化的过程。垣曲盆地的统治中心是古城南关聚落，而对于位居豫西的夏王朝核心统治区而言，这里只是从属于夏王朝统治中心的地域性中心，它很可能是夏王朝向黄河以北扩张后，在黄河北岸设立的控制垣曲盆地的统治机构（图六）。

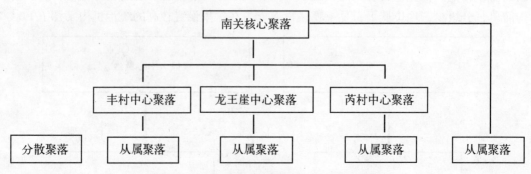

图六　二里头文化晚期聚落等级结构示意图

从早、晚期聚落规模、文化发展等方面看，二里头文化的势力在垣曲盆地中日益强大，也就是说，当二里头文化在早期越过黄河初到垣曲盆地时，尚较为弱小，经过二期到三期的发展，扩展到整个盆地及周边地区，与此同时，二里头文化又逐步发展到运城盆地和临汾盆地，在与当地文化传统结合的基础上，演变为二里头文化东下冯类型。

四　垣曲盆地内二里头期聚落对资源的利用及其生产方式

（一）对资源的控制与利用

二里头时期以古城南关为首的各聚落群对垣曲盆地资源的控制与利用比史前各时期资源利用的范围进一步扩大，史前各时期主要利用的是人类生存与生产所必需的水、动植物、石料、骨料等资源，而二里头时期除了水、动植物等生物资源外，为了满足早期国家青铜器冶铸的需要，对铜、锡、铅、高岭土等各种矿产资源的需要大大增加，同时，早期国家对大规模兴建城市、建设大型宫殿建筑需要的森林木材资源也与日俱增。然而，铜、锡、铅等矿产资源在中原地区是十分稀有的，储量有限，森林资源在中原地区也很少见，因此对这些资源的控制、开发和利用，在早期国家的形成和发展时期尤为重要。而垣曲盆地正是这些资源的富有区域[18]，因而二里头时期夏王朝在垣曲盆地建立区域性的统治中心，以扩张统治范围并攫取和占有中条山区的各种自然资源，就是十分必要的了。正是在这样的背景下，二里头早期在口头、河西等聚落都出现了青铜器冶铸等手工业生产部门，只是其规模较小，及至二里头晚期，青铜冶铸、建筑业等手工业部门快速发展起来，在这一过程中，古城南关这样的大型聚落也逐渐形成了，它的主要功能是控制和获取垣曲盆地的重要资源并向中原王朝的核心地区输送。因此，社会组织机构中的统治与被统治、资源上的攫取与纳贡以及精神与物质文化方面的相互交流与影响等方方面面均构成了夏王朝核心区与区域性中心聚落之间的复杂关系。

（二）交通

史前时期的垣曲盆地在与豫西伊洛盆地及晋南运城盆地等周边地区的相互交往中，早已形成了翻山越水的多条交通要道。到了二里头时期，伴随着二里头文化越过黄河向西北方向的扩展，垣曲盆地与周边地区的文化往来和物资交流更加频繁，水路与陆路交通有了进一步发展。亳清河自西北向东南流经垣曲盆地，是盆地中谷地宽阔、交通最为便利的通道，沿河上溯可出横岭关口到达运城盆地，顺流而下可达盆地底端的古城地区。至于豫西与垣曲盆地的交通路线，从垣曲盆地及其周边的地理位置和地貌环境看，应是经过济源向东南方向翻越王屋山到达豫西伊洛盆地，自古以来这里就是一条盆地通往黄河以南的道路。豫西地区靠近垣曲盆地的济源留庄[19]、交兑[20]等地都发现有二里头期聚落。留庄的二里头遗存相当于二里头文化二、三、四期，交兑的二里头遗存相当于二里头文化三期，这两个聚落都位于黄河北岸。另外垣曲盆地以南的渑池郑窑[21]也发现有二里头三期的遗存。它们很可能是豫西与垣曲盆地之间相互往来的驿站。这一时期交通的发展是为了向中原腹地纳贡而形成的，主要输送的是矿石和木材。中条山中的铜矿峪、篦子沟、胡家峪等铜矿，均位于亳清河上游，铜矿既可沿亳清河谷西北向输往晋南，也可沿亳清河谷东南下行，输送到中原腹地。这些资源不仅滋润着本地区古代文化的发展，而且用于支持中原夏王朝的建立与发展，成为早期国家建立的重要物质基础。

而垣曲盆地的木材资源蕴藏于盆地北部的中条山之巅历山的原始森林中，这片沟谷幽深、丛林密布的原始森林保存至今，盛产木材，是中原地区仅存的极为珍稀的生物资源宝库，其木材储量更是中原其他地区无法与之相比的。因而，3000 年前这里丰富的木材就成为中原王朝构建殿堂廊庑的原料来源。发源于垣曲北部的沇河经同善、谭家、古城注入黄河，沇河自北向南流，基本无曲折，河床宽 150～200 米，平水期面宽 10～15 米，水流湍急，沇河北部神后遗址河床的海拔高程为 510 米，最南端的古城东关遗址河床的海拔高程为 205 米，其落差为 105 米，因此，历山产出的木材可沿沇河顺流而下，到达盆地最底端的古城地区后再输往豫西，这里成为水路运输木材的通道。

（三）人口

对于人口的研究，是聚落考古中正在探索的新课题。在垣曲盆地的聚落考古中，我们获得的资料多为灰坑、沟壕等遗迹，而缺乏成片房屋以及大规模墓葬区等有助于推测聚落面积和人口密度的遗迹。如果依据人口数量等于聚落面积乘以人口密度这一公式来推算[22]，需要聚落面积和人口密度两个数据，各聚落的面积我们已能区分各时期分别判明，但要想推算在一定空间中人口的密度，即在这一区域内一个人在聚落中大体能占多大的居住空间，却是我们难以计算的。由于经过发掘的遗址很少，多数遗址只是经过调查，无法以多个聚落的资料验证和推算人口密度的大小，因此也就很难计算出人口的具体数字。然而，毋庸置疑的是，在二里头时期，无论是聚落的数量还是规模都明显增加，不管是早于它的史前各时期，还是晚于它的商代，聚落的数量和规模都不如这一时期。显然，这一时期的人口数量有了显著增加，特别是二里头晚期，人口的数量跃居各时期首位。这是早期国家形成后，社会经历了大变革后出现的必然现象，更是社会生产力发展的写照。

（四）生产方式

这一时期除了延续史前时期的农业、渔猎、家畜饲养等生产部门外，伴随着早期国家的产生，又出现了新兴的手工业生产部门，如青铜冶铸业以及营建大型城址和宫殿的建筑业等。还有一些生产部门的分工愈加精细，工艺水平也有了飞跃的提高。农业生产工具石铲、石镰等耕作和收获工具的数量在农业工具中所占的比重增加，农业的收获量也有所增加。陶器制作更加规范，种类多样，器体加大。骨器的数量特别是骨镞等大量增加。总之，手工业的制陶、制石、制骨、纺织等行业以及农业、渔猎等生产都提高到一个新的水平。

五　结　语

二里头时期的聚落数量明显增加，早晚两期聚落达到47处，分布密度也相应加大，多数集中在黄河以北，而黄河南岸只发现渑池南关家一处。还有部分遗址存在着龙山与二里头遗存重叠埋藏的情况，尤以黄河岸边的几个遗址较为多见，表明有不少二里头聚落是在原已存在的龙山聚落之上兴建的。

垣曲盆地此期的文化面貌与豫西的二里头文化具有很强的共性，应是直接受其影响而形成。我们有理由相信，盆地内的二里头文化很可能是夏王朝建立后向黄河以北扩张的结果。

当二里头文化进入垣曲盆地后，由于其以王朝文化的优势占领了此地，所以除了吸纳了原地的少量文化因素外，还以自己的强势取代和同化了盆地内原有的文化，故二里头文化能在此占据统治地位，又经过长期的沟通、融合和同化，最后形成了垣曲盆地内富于自身特征的二里头文化。总之，自公元前2800年以后，垣曲盆地经历了持续400余年的庙底沟二期文化的繁盛阶段，刚刚萌生的文明火花时时闪现。在这一基础上，龙山文化以承袭本区域的庙底沟二期文化传统为核心因素，同时与周邻的各方文化进行交流和融合，在社会内部不断生长的文明因素的推动下，形成了与豫西的王湾三期龙山文化、三里桥类型龙山文化、晋南陶寺类型龙山文化并存共荣的格局，其发展的水平达到了早期国家形成之前的峰值。到了公元前2000年前后，这几支龙山文化经历了社会的剧烈变革和动荡，相继衰落，源于豫西的二里头文化基于新生的早期国家的文化强势，以征服和占领的形式，扩张到晋南，逐步取代了晋南的龙山文化，自此垣曲盆地便被纳入夏王朝的统治范畴之中，龙山文化的不少因素也便随之融入二里头文化，逐渐形成具有垣曲盆地自身特征的二里头文化。

从早期到晚期，垣曲盆地里的社会结构发生了重大的变化。早期时，新生的早期国家夏尚处于王朝的初始阶段，对垣曲盆地的扩张能力有限，只有人口很少的一般村落进入垣曲盆地，势力微弱，当时仅有 2 个小聚落群存在，表现为不仅聚落数量少而且规模小，中心聚落口头和西关的规模也只有 2 万 ~ 4 万平方米。聚落级差分为二级，管理机构层次很低，社会组织结构相对简单。晚期发生了巨变，夏王朝日益强大，加大了向黄河以北扩张的势头，大批夏人进入垣曲盆地，占领黄河以北的土地，人口日益膨胀，聚落群从早期的 2 个扩大为晚期的 4 个，聚落数量猛增，聚落群遍及盆地及周围，规模也明显大于早期，聚落级数上升为三级，社会组织结构正经历着从简单逐渐走向复杂的过程。晚期中心聚落的面积以丰村和南关最大，均在 10 万平方米以上，丰村延续龙山时期仍旧保持了中心聚落的地位，而南关则是二里头晚期新出现的，其余聚落皆在 8 万平方米以下。

晚期出现了古城南关那样的大型环壕聚落，聚落的东、南两面为断崖，下临开阔的黄河滩地，而北、西两面有深而宽的壕沟环绕，具有很强的防御性。从其选址在三面环水的高台地上看，这一聚落兴建的初衷就是从军事和战争的目的出发的。如果是以经济和生产为目的的聚落，应选址于南关台地以北低平的小盆地内，如同内涵为仰韶文化、庙底沟二期文化、龙山文化遗存的古城东关聚落和内涵为二里头早期遗存的古城西关聚落一样，或大或小都是聚居地，其功能主要用于经济生活。而南关聚落的军事功能却极为显著，夏人首先看中了台地居高临下的险要，易守难攻，可作为军事要地。而扩大领土的频繁战争，抢夺资源的连年争斗，是早期国家产生初期社会政治生活的主要内容，南关的环壕聚落就是由于这样的需求而产生了。这一聚落在二里头晚期的三个层次聚落中占据首要地位，它不仅是本聚落群的中心，也是整个垣曲盆地四个聚落群的核心，形成了由南关统一管辖的集权统治。从聚落的大型环壕，不同于一般家庭居住的大房址，灰坑中埋人的现象，数处放置少年或儿童的尸骨，大量的骨镞、铜镞及石范的发现等方面看，足以说明它的地位的独特，很可能是夏王朝设立于垣曲盆地的区域性核心机构。

从上述情况可以看出，此时聚落和人口数量迅速膨胀，区域组织的规模也随之发展壮大，反映社会控制层级数的聚落等级数不断增加，出现了社会结构进一步复杂化的迹象。夏王朝对这里的占据与经营，肩负着占领黄河北土以及控制中条山铜矿资源的重任，南关环壕聚落超出其他中心聚落地位所产生的凝聚力和具有的权威性，是早期国家形成后只有以国家形式出现的这种组织机构才有可能具备的，显然，夏王朝的统辖范围早已经延伸到了垣曲盆地一带，这里的地域性统治中心无疑已被纳入二里头所代表的国家——夏王朝的国家社会组织系统内。

注　释

〔1〕中国社会科学院考古研究所：《偃师二里头》，科学出版社，2001年。

〔2〕中国社会科学院考古研究所等：《夏县东下冯》，文物出版社，1988年。

〔3〕［清］汤登泗修、张狱拱等：《垣曲县志十四卷》，乾隆三十一年（公元1766年）刊本。

〔4〕黄学诗、王景文、童永生：《垣曲盆地始新世哺乳动物研究的新进展》，《古脊椎动物学报》第39卷第2期，2001年。

〔5〕a. 杨怀仁等：《中国近20000年来的气候波动与海面升降运动》，《第四纪冰川与第四纪地质论文集》第2集，地质出版社，1985年。

　　b. 竺可桢：《竺可桢文集》，科学出版社，1972年。

〔6〕a. 古城村志编纂委员会：《山西垣曲古城村志》，中华书局，1999年。

　　b. 垣曲县志编纂委员会：《垣曲县志》，山西人民出版社，1993年。

〔7〕陈星灿、刘莉、李润权等：《中国文明腹地的社会复杂化进程——伊洛河地区的聚落形态研究》，《考古学报》2003年第2期。

〔8〕a. ［美］张光直：《谈聚落形态考古》，《考古学专题六讲》，文物出版社，1986年。

　　b. ［美］张光直著，胡鸿保、周燕译，陈星灿校：《考古学中的聚落形态》，《华夏考古》2002年第1期。

　　c. ［美］高登·威利著，［澳］贾伟明译：《维鲁河谷课题与聚落考古——回顾与当前的认识》，《华夏考古》2004年第1期。

　　d. 严文明：《聚落考古与史前社会研究》，《走向21世纪的考古学》，三秦出版社，1997年。

　　e. 张忠培：《聚落考古初论》，《中原文物》1999年第1期。

〔9〕傅淑敏：《我对二里头文化的看法》，《山西大学学报》1987年第2期。

〔10〕a. 中国社会科学院考古研究所山西工作队：《山西垣曲县小赵新石器时代遗址的试掘》，《考古》1998年第4期。

　　b.《山西垣曲小赵遗址1996年发掘报告》，《考古学报》2001年第2期。

〔11〕中国社会科学院考古研究所山西工作队：《山西垣曲丰村新石器时代遗址的发掘》，《考古学集刊》第5集。

〔12〕a. 中国历史博物馆考古部等：《垣曲商城》，科学出版社，1996年。

　　b. 中国历史博物馆考古部等：《1988～1989年山西垣曲古城南关商代城址发掘简报》，《文物》1997年第10期。

　　c. 中国历史博物馆考古部等：《1991～1992年山西垣曲古城南关商代城址发掘简报》，《文物》1997年第12期。

　　d. 佟伟华：《商代前期垣曲盆地的统治中心——垣曲商城》，《中国历史博物馆馆刊》1998年第1期。

〔13〕a. 山西省考古研究所：《垣曲宁家坡陶窑发掘简报》，《文物》1998年第10期。

　　b. 宋建忠、薛新民：《垣曲宁家坡遗址发掘获重大成果》，《中国文物报》1998年2月4日1版。

　　c. 薛新民、宋建忠：《山西垣曲县宁家坡遗址发掘纪要》，《华夏考古》2004年第2期。

〔14〕樊温泉：《关家遗址发掘获重要成果》，《中国文物报》2000年2月13日。

〔15〕中国社会科学院考古研究所山西工作队：《山西垣曲古文化遗址的调查》，《考古》1985年第10期。

〔16〕李容全：《班村遗址古代人类生存环境》，《第四纪环境与地貌学研究》，学苑出版社，2002 年。

〔17〕a. 古城村志编纂委员会：《山西垣曲古城村志》，中华书局，1999 年。

b. 垣曲县志编纂委员会：《垣曲县志》，山西人民出版社，1993 年。

〔18〕冯廷恺编著：《垣曲地矿指南》，内部发行，1993 年。

〔19〕河南省考古研究所：《济源留庄》，《黄河小浪底水库考古报告（一）》，河南省文物管理局、河南省考古研究所编，中州古籍出版社，1999 年。

〔20〕河南省考古研究所：《济源交兑》，《黄河小浪底水库考古报告（一）》，河南省文物管理局、河南省考古研究所编，中州古籍出版社，1999 年。

〔21〕河南省文物研究所、渑池县文化馆：《渑池县郑窑遗址发掘报告》，《华夏考古》1987 年第 2 期。

〔22〕a. 王建华、李春华：《聚落考古学管见》，《中国文物报》2003 年 12 月 12 日。

b. 王建华：《史前人口研究初论》，《文物》2003 年第 4 期。

西安老牛坡遗址发掘的意义

郑振香

（中国社会科学院考古研究所）

前言

西安老牛坡遗址位于市东郊 21 公里处的灞河北岸。西北大学考古专业经多次勘察，断定这是一处重要遗址。1988～1989 年，在老牛坡遗址进行了六次发掘，发掘面积约有 5000 平方米[1]。遗址旁的水卧原，地势北高南低，经长期的自然剥蚀和农田改造，已成为多块面积不等的水平台地。上层堆积已被破坏，一般在耕土层下有一层扰土层，其下即出现商代文化层，商文化层下压有客省庄第二期文化或仰韶文化遗存。遗址先后存在的文化遗存，延续的时间相当长。遗址内涵丰富，仰韶文化有半坡类型和庙底沟类型。虽然这一发展阶段的文化层比较薄，资料较少，但基本上反映出两种类型文化的面貌。客省庄第二期文化（以下简称客省庄类型），也被称为陕西龙山文化，是渭水流域常见的一种文化。介于客省庄类型与商文化之间的居住遗存和墓葬的文化性质，报告作者作了研究和推敲，最后把88LⅠ2H24 所代表的远古文化，暂以"老牛坡类型远古文化"命名。关于这一时期的遗址和墓葬的性质还可以作进一步的探讨。

遗址中的商代文化遗存延续时间最长，从二里岗下层也即商代早期，发展到商代晚期。商代早期和晚期的文化面貌都比较清楚，既反映了时代特征，也体现了地区特点，便于研究商文化中心区和关中地区在发展上的共性和差异，领先和相对滞后。关中地区是商文化向西发展的重要基地。20 世纪 70 年代以来，数处遗址出土商代青铜器，而在老牛坡遗址又发现了商文化早期到晚期的聚落遗址。这些新的发现扩大了人们的视野，不仅使我们对商王朝在关中地区的活动及其影响有了新的认识，而且有助于认识商代农业的发展水平。商代农业持续发展，为老牛坡聚落能够延续数百年提供了重要条件，这也是老牛坡商代遗址的特殊重要性。

老牛坡遗址从仰韶文化之后，出现客省庄类型文化，其后商文化在此延续发展了数百年。根据对不同时期的文化面貌的观察，渭水流域一带似处于东西部地区诸考古文化碰撞融合的重要地带。本文拟就该遗址所反映的东西部地区文化碰撞融合的现象谈一点浅见。错误之处，敬希专家学者不吝赐教。

一　老牛坡仰韶文化浅析

仰韶文化是以河南渑池仰韶村遗址命名的，是在黄河中游地区最早发现的新石器时代考古文化，以出土彩陶著称。20 世纪 50 年代，随着发掘地域的不断扩大和研究工作的深入，考古学家区分出了不同类型，其中最重要的是半坡类型和庙底沟类型。这两种类型都可以分为早期和晚期。开始大家关注的是两种类型之间的早晚关系。经过多年的发掘，在多处遗址中发现半坡类型早于庙底沟类型，但有的遗址是庙底沟晚期的文化遗存打破半坡类型遗址。临潼姜寨遗址的层位关系和文化面貌比较清楚，该遗址的庙底沟类型文化所出陶器是早期的，但却破坏半坡类型的第一、二期文化遗存[2]，足以证明所见的庙底沟类型早期晚于半坡类型早期。这两种文化在分布地区上有所不同。半坡类型在关中地区比较多见，已揭出了半坡和临潼姜寨两处大型聚落遗址。从遗址规模和遗物的丰富多样性观察，半坡类型文化相当繁荣，其陶器以细泥红陶和夹砂红陶为主，器类有钵、盆、瓮、细颈壶、葫芦口或杯口尖底瓶等。彩陶纹饰绚丽多彩，有为数较多的宽带纹、各种几何纹图案以及精美的人面纹和鱼、蛙、鹿等动物纹样，以人面纹和鱼纹较多见。彩绘纹饰往往用直线构成，鱼纹比较明显。半坡与姜寨两处聚落遗址有很多共同点。

庙底沟类型遗址在豫西、晋南分布比较广，其晚期遗址在豫北也较多见。陶器也以红陶为主，器类有钵、碗、深腹平底盆、双唇式尖底瓶、釜形鼎和灶等。彩陶纹饰主要用弧线和圆点构成花卉纹饰。关于这两种类型考古文化的关系，苏秉琦先生依据宝鸡北首岭遗址的文化层堆积，提出半坡类型与庙底沟类型"是平行发展起来的"[3]。这一见解很值得重视，是对两种文化的深层探索。两种文化虽有早晚的层位关系，但少见继承的迹象。两者都以红陶为主，是时代特点，两者陶器形制、纹饰多有所不同。值得注意的是半坡类型最富创意、最精彩的人面纹和各种动物纹样在庙底沟类型文化的彩绘纹饰中均不见，也无蜕变的迹象。两者均有的小口尖底瓶也无演变关系。两种类型作为两支文化解释比较合理，两者平行发展，也会在某些地区互相碰撞或各有进退。

老牛坡遗址的仰韶文化遗存没有发现比较厚的文化层和完整的灰坑，有些陶片是混杂在商文化层中的。报告作者依据对两种类型文化的认识，对两种类型文化的陶器进行了区分，分别选出有代表性的标本，从而对两种类型的文化在关中地区的共存关系补充了新资料。半坡文化衰落以后，经过了一段时间，庙底沟类型文化的族群向西扩展，在半坡类型遗址的边缘地带定居下来，两者也可能有共存阶段。在河北省蔚县三官遗址，发现红山文化的龙鳞纹彩陶罐与庙底沟类型的彩绘陶盆共存的现象[4]。在老牛坡遗址，两种类型也可能是共存的。关中地区也是庙底沟类型向西发展的必经之地。在甘肃武威石岭下遗址有庙底沟类型与马家窑文化共存的现象。这种不同文化之间的碰撞、共存关系对认识各不同文化的发展演变和文化交流具有重要意义。

二　老牛坡客省庄第二期文化遗存

老牛坡的龙山文化遗存也即客省庄类型。这一时期的墓葬多被扰乱，但在三座被破坏的墓中有两座出有鬲和罐。居住遗址的灰坑内出土陶器较多。发掘报告对遗址中的资料作了系统的整理，并与客省庄二期文化[5]的陶器进行了比较研究，分析了两者之间的共性与差异。如老牛坡的陶鬲有无耳的，也有带耳的，而客省庄的各式鬲都有一耳，罕见无耳鬲。客省庄遗址所出罐加三袋足的鬲，为老牛坡遗址所未见。客省庄二期文化常见的斝，老牛坡也未发现。再如单耳敛口罐，也为老牛坡遗址所无。陶豆、陶鬶老牛坡遗址仅见残片。但也有两处遗址相同或接近的器物。如一种泥质灰陶盆，敞口，腹壁内收，平底，腹部饰横篮纹，两遗址所见基本相同。又如一种尖顶圆形帽式器盖，也为两者所共有。

陶罐是老牛坡遗址出土最多的陶器，形制多样，有无耳罐、单耳罐、双耳罐等，罐的形制与客省庄遗址差异较大。老牛坡的Ⅱ、Ⅲ式陶罐，侈口短颈鼓腹平底，腹部饰绳纹，为客省庄遗址所少见。

姜寨第五期也属客省庄二期类型，所出陶器有介于老牛坡遗址与客省庄二期的某些特点。如姜寨第五期的鬲形制与老牛坡相似，一种小口鼓腹平底罐，腹饰绳纹与老牛坡遗址所见的Ⅱ、Ⅲ式罐颇相似，姜寨也未见罐加三袋足的鬲，但其陶斝的制法，则与客省庄二期罐加三足的鬲制法基本相同，也有鬶、盉。尖顶圆形帽式盖是三处遗址所共有的。

上述三处客省庄类型的遗址有共同的时代特点，分别有一些形制相同或比较接近的器物，但也都有一些差异。值得注意的是老牛坡和姜寨遗址所出的陶鬲，都是尖裆式的，鬲的整体形制与河南陕县三里桥龙山文化遗址所出陶鬲接近。客省庄和姜寨两处遗址都有复原的陶鬶，是受山东或河南龙山文化的影响，但为数很少。根据对这三处客省庄类型遗址的观察，关中地区与豫西的龙山文化有相似的特点，地域较接近，互有影响。

三　老牛坡类型远古文化辨识

《老牛坡》报告中将介于陕西龙山文化和商文化之间的3座灰坑和7座墓葬，称之为老牛坡类型文化，并说所发现的墓葬均保存完好，对探讨陕西龙山文化与商代文化之间的历史发展阶段——夏代极为重要。从发表的资料观察，遗址和墓葬不属同一种文化。3座灰坑所出陶器与二里头文化接近，应属于二里头文化。据报道，3座灰坑有一座压在商文化第四期灰坑之下，另外两座无叠压打破关系。灰坑内所出陶片质地坚硬，胎薄者多，以泥质红陶为主，夹砂灰陶和红陶次之，褐陶又次之。纹饰以细绳纹为主，绳纹亦多，篮纹次之。器类有碗、盆、罐、瓮和器盖等，其中以花边罐最为突出。在报告《结论》部分提到，据H24出土陶片统计，花边口沿罐约占60%，无陶鬲残片。

不见陶鬲是区别于客省庄类型文化的重要特点，陶器纹饰以绳纹为主，篮纹次之，也是较晚的迹象。带耳和无耳的花边口沿罐大量存在（图一），而不见陶鬲的特点与偃师二里头第二期的文化面貌相合。二里头文化第二期长颈鼓腹的花边口沿罐很盛行[6]。制法也多与老牛坡遗址所见近似。这种花边口沿罐，二里头遗址第三、四期已少见。二里头第一、二期不见鬲，到第三期开始出现陶鬲，这些都是很重要的现象。另外，老牛坡遗址所见的圆弧顶器盖或称覆钵式盖和小口短颈宽肩瓮也见于二里头遗址。报告在《结论》中列举出若干陕西龙山文化遗存中少见或不见花边口沿罐的例子，但指出在甘肃省齐家文化遗址中曾有发现，也提到"花边口沿圆腹罐在偃师二里头遗址中曾有发现，可知二者之间当有一定的因果关系"，不难看出报告编写者注意到了两者之间的共同点，但采取了慎重态度。我认为，这三个灰坑所出陶器所显示的文化面貌与二里头文化第二期最接近。老牛坡三座灰坑的发现很重要，为探索夏文化向西的活动范围提供了重要线索。说明商人灭夏之前，夏王朝曾在这一带活动，也可以说，商文化的聚落是在夏文化的基础上逐步发展起来的。

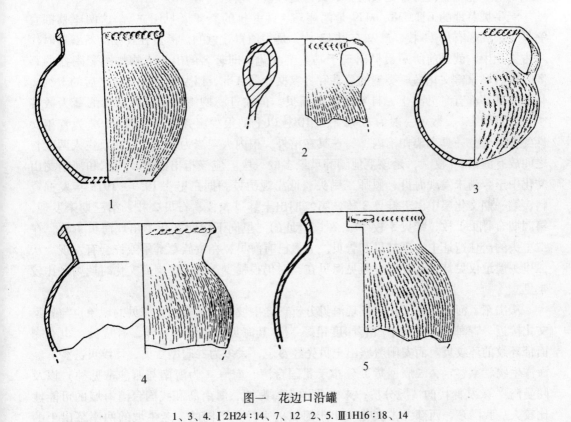

图一 花边口沿罐

1、3、4. Ⅰ2H24：14、7、12 2、5. Ⅲ1H16：18、14

老牛坡类型远古文化的7座墓葬，都是长方形竖穴墓，其中3座有木棺痕迹（图二），都有陶器随葬，多寡不等，少的仅有罐1件，多的有罐4～5件。陶罐有无耳罐、单耳罐、双耳罐、三耳罐等（图三），墓内共出土罐 20 件，有采集品 5 件，另有陶杯 1 件。墓内所出陶罐以素面和饰弦纹的占绝大多数，绳纹陶罐 1 件。另有泥质灰陶双耳罐 1 件，表面饰朱红彩绘。随葬石璧比较普遍，有 5 座墓有石璧随葬，共 21 件。

从墓葬内随葬陶器的形制观察，墓葬与遗址时代可能比较接近，但不属于同一种文化。M1 所出的 IV 式罐，也被称为双大耳罐，为齐家文化所常见，这是我们辨识这几座墓葬性质的重要线索，对比《青海柳湾》报告所刊布的齐家文化墓葬资料，不难看出两者之间的诸多共同点。齐家文化墓葬以随葬陶壶和各式罐类为主，罐为平底，素面陶器为数最多。据统计，5 座墓出土的完整陶器共 69 件[7]，其中素面的 41 件，占 59%，绳纹的 12 件，占 17%，篮纹的 6 件，占 9%，彩绘的 4 件，占 6%。另有方格纹、锥刺纹等，为数都很少，均不超过 3%。弦纹极少。从罐的类别观察，老牛坡墓地出土的双大耳罐、单耳罐、侈口短颈圆腹双耳罐和颈较高圆腹较扁的三耳罐，在齐家文化墓葬中都能找到近似的器形[8]，只是老牛坡墓内所出陶罐的腹部都呈圆形，无折棱，而齐家文化的陶罐腹部多有棱，上下腹分界较明显（图四）。综观陶器的形制、纹饰，共同点是主要的。老牛坡的陶罐比较规整，或许是较晚的迹象。

老牛坡墓地的 LⅢM38、M39 是两座东、西并排的墓葬（见图二）。这两座墓都有海贝壳。M38 有贝 11 枚，M39 有贝 13 枚，是很值得注意的。海贝在我国的新石器时代考古文化中，就目前所知最早出现于马家窑文化，即著名的出土人物舞蹈彩陶盆的墓葬，其后马家窑文化马厂类型的墓葬和齐家文化的墓葬，以及继齐家文化之后的卡约文化等的墓葬都有海贝出土，且有仿制的石贝。但在青海柳湾墓地随葬海贝的墓为数甚少，尚不到 1%，数量一般为 1～2 枚，10 枚以上的很少。齐家文化的 M992 为青年女性的合葬墓，一具人架在棺内，另一具在棺外，棺内人架当为墓主人。在墓主人两股骨之间放有海贝 36 枚[9]，是该墓地随葬贝最多的一座。应该指出的是，山东和河南龙山文化中至今尚未发现海贝，偃师二里头遗址出现仿贝。据二里头 1959～1978 年发掘资料，第一期文化层中出土蚌贝 3 枚，第二期出土蚌贝 3 枚、石贝 2 枚，第三期未发现，第四期有骨贝 1 枚、蚌贝 5 枚[10]。在该遗址的二里岗下层商文化中出现海贝 1 枚，在二里头的居住遗址中发现蚌贝和骨贝。大概已有海贝，在贵族墓葬中或许会有发现。从二里头遗址仅见蚌贝、骨贝，可见海贝在当时仍很稀少，到二里岗商文化时期则已比较常见。

从山东、河南龙山文化未发现海贝分析，老牛坡两座墓葬出土海贝的现象也与齐家文化接近。青海考古文化中出有印度铅螺[11]，其海贝系来自印度洋，有货贝，也有壳面带环纹的环纹贝。而安阳殷墟出土贝壳经鉴定，大多为二瘤型货贝，环纹贝甚少。经海洋生物学家鉴定，二瘤型货贝分布于我国台湾、南海（为海南与西沙常见种）以及阿曼湾[12]。从商代的情况分析，来自我国南海海域、海南岛和我国台湾海域的可能性比较大。我国东、西部考古文化中出土海贝的来源是不同的。老牛坡的两座墓出土的 24 枚海贝，当是从甘青地区考古文化传入的。从陶罐的形制、纹饰与海贝分析，这两座墓的文化面貌与齐家文化最接近，但是否就是齐家文化的墓葬还需要作进一步的探索，有可能是齐家文化晚期的文化遗存，也可能是受齐家文化影响的某种文化。

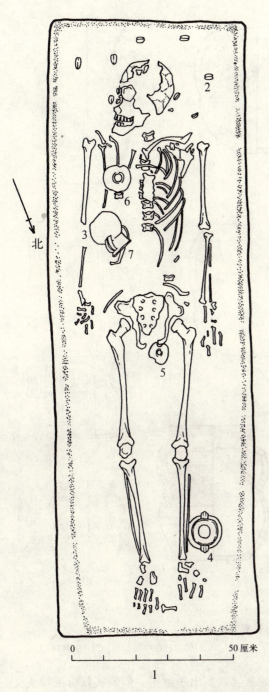

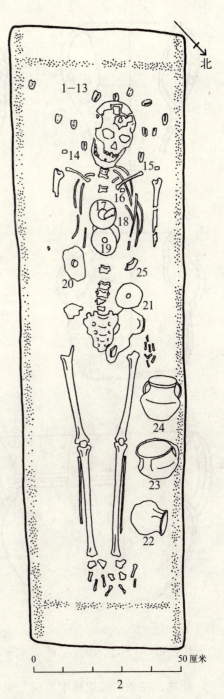

图二　齐家文化类型墓葬

1. M38　2. M39

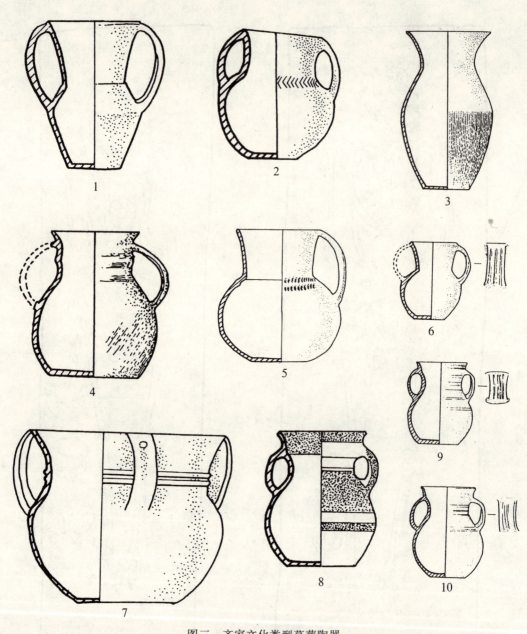

图三 齐家文化类型墓葬陶器

1. Ⅰ2M1∶1 2、3. Ⅰ1M1∶4、1 4、5、6. Ⅰ1M2∶4、5、2 7、8、10. Ⅲ1M39∶23、22、24 9. M38∶3

总之，在老牛坡遗址中发现二里头文化的灰坑，实出乎意料，但确实具有二里头文化的某些特点。二里头文化第二期盛行一时的花边口沿鼓腹罐，不是来自河南龙山文化的影响，而是受西部地区考古文化的影响产生的。夏文化向西发展是必然的，只是过去发现的资料不多，未引起重视。老牛坡遗址发掘后，将会引起学者们对此种文化遗存的

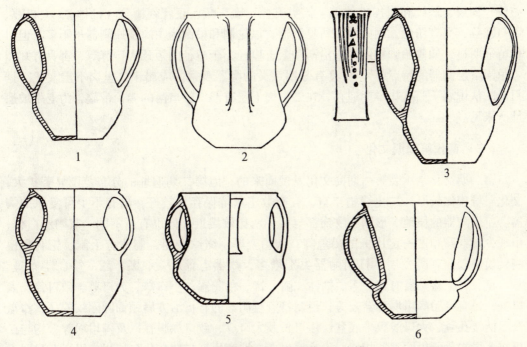

图四　青海柳湾齐家文化墓葬出土陶罐

1. M369：3　2. M972：19　3. M696：3　4. M980：1　5. M359：7　6. M1108：1

重视，也将会对其文化面貌有较全面的认识。所发现的 7 座与齐家文化很接近的墓葬也很有意义。齐家文化学者多认为是羌族文化，羌人在关中一带活动并不是偶然的，晚商时期羌人成为商王朝的劲敌，其向东发展必有很长的过程。老牛坡遗址诸考古文化的面貌，反映渭水流域具有东、西部地区考古文化相互碰撞、互有影响的特点。

四　商代文化遗存

老牛坡遗址是以商代文化为主的一处重要遗址，自郑州二里岗商文化早期，延续到相当于安阳殷墟时期的商代晚期，延续时间之长，分布范围之广，是目前所仅见的，而且该遗址有些特点为中原商文化所少见，特别是老牛坡晚期的墓葬，虽被盗掘和扰乱，遭严重破坏，文化遗物不多，但在墓室结构、葬具葬式、殉人方面却提出一些值得研究的问题。报告将老牛坡遗址的商文化分为五期，第一、二期为商文化早期，第三、四、五期为商文化晚期，即相当于殷墟文化发展阶段，本文拟就老牛坡遗址商文化不同发展阶段的主要特点加以阐述，并与商文化中心区作简要对比。

（一）商代第一期文化

第一期文化分布范围不大，分布零散，内涵不很丰富，可复原陶器很少，陶器残片以夹砂灰陶为主，泥质灰陶次之，有个别黑陶，未见红陶。纹饰以细绳纹居多，有少量弦纹、划纹、篮纹和附加堆纹等，器类有鼎、鬲、甗、豆、刻槽盆（擂钵）、大口尊、敛口瓮等，另有纺轮、网坠等。所见陶器，以轮制和模制为主。复原陶器虽不多，但时代特征明显，如薄胎细绳纹的卷沿鬲和甗，口径小于肩径的短颈大口尊等，都具有郑州二里岗下层陶器的特点[13]。从具有分期意义的陶器观察，应属于二里岗下层文化。据目前的认识属于商文化早期遗存，在二里岗下层有形似侈口鬲的斝，带鋬，为老牛坡遗址所未见。

（二）商代第二期文化

第二期文化是承袭第一期商文化发展而来的，但第二期遗址的分布范围显著扩大，文化层堆积比较厚，文化遗物丰富，且有数座灰坑保存比较好，出有不少可复原的陶器。所出陶器的质地、形制和纹饰都与第一期比较接近，但也有所不同。灰陶泛白色，出现少量红陶和占一定比例的褐色陶；陶胎变厚，绳纹较粗，制法有手制、轮制和模制，模制较前有所发展；日用陶器类别增多，炊器有鼎、鬲、甗、甑，饮食器有簋、豆、盘、杯，盛贮器有盆、盂、擂钵、壶、罐、釉陶罐、小口尊、大口尊、敛口瓮、大口缸，另有厚胎陶坩埚和器盖等；形制特点较明显的有折沿方唇颈饰圆圈纹的鬲、浅盘高粗柄镂孔豆、大口浅腹平底盆、侈口长颈大口尊、敛口深腹瓮以及陶坩埚等，均与二里岗上层文化所出同类器相似。不难看出老牛坡商代第二期文化与郑州二里岗上层属于同一发展阶段。但从陶鬲裆较矮，并有筒腹式大口尊观察，似属于二里岗上层商文化的偏晚阶段。

综观老牛坡第二期商文化，面貌与二里岗上层商文化接近，典型器物时代特征明显，但也存在某些差别。如陶器制法，老牛坡遗址泥条盘筑法应用较多，而用模制的器物为数较少，平底器不多，采用轮制的陶占比例不大，但用陶轮整形已比较普遍，而在郑州二里岗商文化中则以轮制、模制为主，用泥条盘筑法制作的陶器仅限于部分器形较大的陶缸类器物，轮模合制的器物较多，如鬲、鼎、爵、斝的三足均用模制，颈部轮制或经轮修，盆、罐、大口尊和瓮等圜底器，一般用模制后再经陶轮整形，模制法应用较普遍，平底器系用轮制。

就器类而言也有所不同，老牛坡第一、二期商文化遗址出土的炊器以鬲、甗为主，而在郑州二里岗商文化中，除鬲、甗之外，有一种折沿深腹圜底罐也是重要炊器，这种深腹罐形炊器也为二里头文化所常见，而在老牛坡这种罐少见。在二里岗商文化中，腹呈罐形或浅腹盆形的陶鼎均有发现，且有的系仿铜器制作。鼎也是较常见的炊器，而鼎在老牛坡遗址中很少见。再如侈口或敛口带鋬的斝和爵、带耳杯均未见于老牛坡商文化遗址。郑州商文化遗址是商代的早期王都，因而仿铜器制作的陶礼器也较常见。老牛坡是一处比较大的聚落，从出土镞范、戈范分析，这处遗址大概是一处军事要地，陶器为日常生活用器，故酒器和仿铜器制作的陶礼器极少。

老牛坡早商遗址中出土骨器为数比较多。断面呈三棱形或菱形的骨镞，平顶式上粗下细的骨笄与郑州二里岗商文化的同类器形制接近。老牛坡遗址出土的卜骨，有牛、羊、猪肩胛骨，多数是钻而后灼，钻孔呈圆形，在钻孔内施灼。还有在肩胛骨上直接施灼的，多为羊胛骨，为数很少。卜骨特点也与郑州二里岗商文化大致相同。

老牛坡商代遗址第一、二期的文化，时代特征比较明显，与郑州二里岗早商文化面貌极接近，但也存在某些差异，有些是地区特点，有的则反映了发展的不平衡，技术相对滞后。

（三）商代第三期文化

第三期文化是继承第二期文化发展而来的。第三期已进入商王朝晚期，有了显著的发展，出现了东西长约 30 米的大型夯土建筑基址。保存比较好的基址，有排列整齐的柱础石，柱坑底部的础石是由 3 ~ 8 块河卵石砌成的，础石构成其特点。另外还有小型房基、陶窑、窖穴、灰坑等。这处聚落已有相当规模，从大型建筑观察，这里应有地位比较高的贵族居住，并统辖这一地区。

文化遗物也以陶器为主，陶质与陶色各发掘区不尽相同。在第Ⅲ区第一地点以灰陶为主，有少量褐陶，其中夹砂灰陶居多，泥质灰陶次之。第Ⅲ区第二地点以褐陶为主，灰陶次之，有少量红陶。第一地点的陶器与殷墟比较接近。纹饰以绳纹为主，弦纹和附加堆纹也较常见，另有少量云雷纹、方格纹、人字纹等。

陶器制法与老牛坡遗址第二期商文化大致相同。大型器物一般用泥条盘制和轮制，模制仅见于鬲、甗的袋足部分。日用陶器类别：炊器有鬲、甗、鼎；食器有簋、豆、盘、碗、杯；盛贮器有盆、盂、壶、罐、瓮、缸和器盖等。炊器以鬲为主，甗、鼎很少。食器以豆为主。

就器形而言，陶鬲有长方体的，如Ⅲ2H1∶15、Ⅲ2H5∶3（《老牛坡》报告图九五，5、6），也有体略高的，如Ⅲ2H5∶1、Ⅲ1H19∶1（《老牛坡》报告图九六，1、2），时代较早。体近方形、鬲裆较矮的时代偏晚。

陶簋　仅有残器 2 件，1 件口微侈，圆腹外鼓，腹饰弦纹，此式簋系仿铜器制作。

豆　为数较多，其形制多为浅盘平沿，口沿不尽相同，高圈足一般较粗，圈足多饰弦纹。

大口缸　腹部均为深腹平底，一种口沿下与腹下部饰弦纹，近底部饰绳纹；另一种通体饰绳纹。此种器形为殷墟所罕见。

第三期商文化复原陶器类别比较少。这一时期的鬲和豆具有殷墟早期的特点[14]，长方体、腹较深的鬲与殷墟第二期偏早阶段接近，约相当于武丁晚期，浅盘平口沿的豆在这一时期较常见。形近方体的鬲约相当于殷墟第二期偏晚阶段，约为祖庚、祖甲时期。这一时期的灰坑数量多，略有早晚，是必然的。这些灰坑时代接近，大体从武丁时代发展到祖庚、祖甲时期。两地区遗址器物的形制与类别也存在差异，如殷墟除模仿铜器制作的陶簋之外，还有一种侈口敛腹、圜底、矮圈足、腹部饰弦纹的陶簋。此种簋在殷墟存在时间很长，但在老牛坡遗址未见。又如，浅盘平沿豆在殷墟第二期为数不多，常见的是圆唇、内底呈弧形、圈足较矮的一种。另外，有数种豆殷墟也较少见。

老牛坡出土的陶盆形体较小，而殷墟出土的体较大。其共同点是敞口，口沿较平，腹上部较鼓，下腹内收，平底，多数饰绳纹兼饰弦纹，有少数饰弦纹。这种形制的盆在郑州二里岗商文化中已存在。老牛坡的大口缸其他遗址罕见，当是地区特点。

老牛坡商代第三期文化，是该遗址的兴盛时期，既有规模较大的厅堂之类建筑，也有小型房基。在这一地区出现这样高规格的建筑，必有一定的历史背景。老牛坡第三期偏早的文化遗存，大致与武丁时期的"宾组卜辞"年代相合，正是商王朝对外征战最多的时期。甲骨文中有关伐羌、获羌的卜辞很多。学者多认为羌族分布在今甘肃、青海一带，当时羌族大概东进到关中地区，对商王朝构成威胁，从而有大规模伐羌的活动。关中一带地势险要，老牛坡遗址很可能是商王朝驻守西部的军事重地。在该遗址的第二期文化遗物中曾发现镞范、戈范，也是这处遗址与军事活动相关的旁证。遗址虽遭严重破坏，但仍为我们提供了许多重要信息。

（四）商代第四期文化

老牛坡的第四期商文化是继第三期发展而来，仍处于商文化的繁荣时期，其分布范围更广，遗址内涵丰富，有房屋遗存和灰坑，并发现了具有相当规模的铸铜遗址。另外，发现并发掘了同时期墓葬、车马坑等。墓葬类别多样，且有特色，具有研究价值。

房屋遗迹仅存夯土基址和柱础石，均遭破坏，已难辨其形制。

铸铜遗址是新发现，共有两处，均位于遗址第一区。一处是铜渣堆积坑，另一处出土铸铜陶范，两处遗存相距约80米。炼渣堆积在遗址Ⅰ区南部断崖上，所暴露出来的炼渣堆积，断面呈东西向带状分布，长约18米，厚0.5~2米，全部为炼渣，间有红烧土块和商代鬲、罐等残片。

陶范出土于在Ⅰ区第三地点，在86LⅠ3T1、T6、T3、T2等探方第③层均有烧土堆积，有烧土块、炉渣、木炭屑以及灰黑色土渣、大量陶片，并有陶范和陶网坠等。另在T6、T7、T8三个探方西壁内也有烧土渣堆积，炭屑、炉渣、陶坩埚、陶范等与铸铜相关的遗物。

共出土陶范20多块，能辨器形的有戈、镞、圆泡，另有人面范、牛面范、云纹范、弦纹范等陶范残块。陶范不见榫卯结构，合范技术有其特点。

文化遗物以日用陶器最多，陶器质地以夹砂灰陶和泥质灰陶为主，二者合计约占70%，褐陶、红陶次之，黑陶最少，约占1%。也有的灰坑不见红陶和黑陶。陶器制法与该遗址第三期基本相同，以轮制、手制为主，模制仅见于鬲、甗的袋足，鬲的口部多用轮制。簋和豆大都是用轮制方法分别制成器体和圈足后再结合成器。纹饰以绳纹为主，另有弦纹、方格纹、菱形纹、圆圈纹和附加堆纹等。

日用陶器类别与第三期接近，略有增加，但可复原器形较少，其中可与殷墟同类器对比的主要有鬲、甗、豆等。DⅥ式鬲（《老牛坡》报告图一三九，2、3），为殷墟第三期文化所常见[15]。其中有少数鬲（DⅠ式），体瘦高，矮裆，较少见。DⅡ式、DⅣ鬲（《老牛坡》报告图一三八，2~5）都呈长方体，短沿，有较早时期的特点。陶豆13件，式别较多，大致可分两种类型：一种浅盘，平沿，高圈足，豆盘有平底的，有弧形底的；另一类是浅盘假腹豆，此类标本圈足均残。陶豆基本沿袭第二、三期发展而来，形制略有变化，有较明显的地区特点。灰坑内所出甑底 1 件（H25∶3），有圆形甑孔 5 个，似承袭老牛坡第二期甑的形制，但甑孔略大。此种甑器形与郑州商文化的甑较接近，而与殷墟迥然不同。

其他文化遗物中骨器较多，且较有特点。骨镞较大，仍以断面呈菱形、三棱形、四棱形的占多数，此种镞在老牛坡商文化第二期出现，一直延续使用，在制法上有所改进，制作较精，锋端尖锐。而此种镞在殷墟仅见于武丁早期，后来逐步为小三棱式和镞身呈圆棒式的所取代。其骨笄仍为平顶式，显示简朴的特点。

老牛坡遗址第四期卜骨数量显著增多，有一百多片，多残缺，以牛肩胛骨为主，羊、猪肩胛骨次之。除少数未经整治外，一般将胛骨进行切削，加工后再施钻灼，以先钻后灼的为多，直接施灼的已少见，凿而后灼的极少。

在石器中石刀与石镰数量的变化却较明显。在第二期石刀较多，石镰很少，自第三期石镰已较普遍，第四期石镰已占半数，收割工具的变化反映了农业有所发展，农作物种类增加。粟（谷子）是单穗作物，宜于用石刀掐穗；而黍为散穗，麦为多穗，用镰割较省力。大概商晚期黍、麦等农作物的种植较前增多，石镰的应用随之普遍。

老牛坡商代第三、四期文化，是该遗址商文化最繁荣的时期，修建起规模较大的建筑，铸铜业有显著的发展，农作物品种增加，农业生产有所发展，促进了关中地区文明的发展。

（五）商代第四期墓葬

共发掘老牛坡第四期墓葬 38 座，另有车马坑 1 座，马坑 1 座。按墓葬规模可分为两类：一类是小型墓，另一类为中型墓。

小型墓多有腰坑，少见二层台，较大的墓多有二层台和腰坑，与殷墟墓葬结构相似，特殊的是：有些墓除腰坑外，还有头坑和脚坑，个别的在四角挖有角坑。葬式以仰身直肢为主，俯身次之，屈肢葬较少，屈肢葬者多为殉人。

中型墓有棺、椁，有的木椁中间为棺室，两侧置左右边箱，边箱较棺室窄，长度相等。

殉人之风较盛。在 38 座墓中 20 座有殉人，占半数以上。小型墓殉 1～3 人，其中殉 1 人的 4 座，殉 2 人和 3 人的各 3 座，共 10 座。殉 4 人以上的 9 座。殉人位置有在棺内的，有放置在边箱中的，有埋于腰坑或填土中的。另有陪葬坑一座。

在所发掘的 38 座墓中，有 18 座随葬鬲或罐，以鬲为主，未见觚、爵。有部分墓葬有铜镞、铜戈或铜斧。大部分墓葬被盗或经扰乱。下面选择殉人墓中保存较好的举例说明之。

小型殉人墓

M4　位于墓地中部，墓坑长 2.35 米，宽 1.1 米，方向 60 度，木棺已朽。墓主仰身直肢，无前臂骨和手骨，头前端有陶鬲 3 件。在墓主左上方有一屈肢人骨架，面向墓主，双臂骨、尺骨均不见。经鉴定，墓主为男性，年龄在 30 岁以上，殉人为青年女性。墓底有腰坑，内埋一狗（图五，1）。

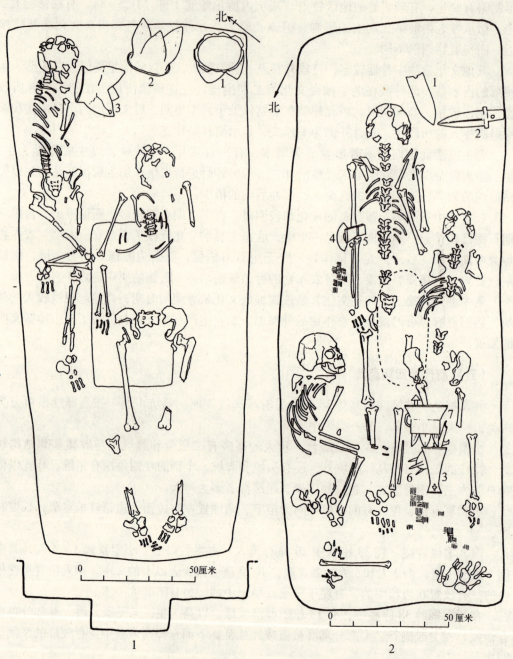

图五　商代晚期墓葬
1. M4 平、剖面图　2. M44 平面图

　　M44　位于墓地西北，墓坑长 2.4 米，方向 60 度，有板灰。墓内葬 3 人，墓主居中，俯身直肢，骨架上有席纹。左侧殉人侧身屈肢，面向墓主，右侧殉人俯身，位于墓主右下方，面向下。在墓主头骨右上方有铜戈、玉戈各 1 件，在墓主右下肢外侧有铜

瓶、爵、斝各 1 件，左臂附近有残戈 1 件、残璜 1 段。右侧殉人下有铜镞 5 件，腰坑内有狗骨和石戈 1 件（图五，2）。

中型殉人墓

均被盗扰，多数人骨零乱，不辨个体。多有棺椁。墓底有二层台、腰坑、角坑，殉 4～12 人。有的边厢内人骨架保存尚好。此处选三例，以见一斑。

M8　位于墓地北部，墓坑长 3.45 米，宽 2.54 米，深 2.85 米，方向 66 度。墓内填五花土，有二层台、腰坑、脚坑。葬具有棺、椁。四壁有椁板痕，长 2.98 米，宽 2.15 米。木椁由两条木板纵向分隔成三部分，中间为棺室，宽约 1 米，两侧边箱各宽 0.44 米。墓内共埋葬 10 人。墓填土内发现人头盖骨两个，棺室内发现头盖骨、下颌骨等，左右边箱内各有人头骨 3 个，骨架零乱。腰坑内有人牙齿，为 12 岁左右儿童。脚坑内有碎骨。以 10 人计算，除 1 人为墓主外，其余均为殉人（图六）。

残存遗物仅有铜镞 36 枚，铜凿、铜铃、玉管各 1 件，贝壳 25 枚。墓内有漆器残片。

M24　位于墓地中部，墓坑长 3.26 米，宽 1.83 米，填五花土，有二层台和四个角坑，无腰坑。有棺椁和左右边箱，共埋葬 6 人。棺室内墓主人仅存肢骨一段。右边箱内有人骨架 2 具：1 号人骨架侧身屈肢，面向墓壁；2 号人骨架压在其下，仰身屈肢。在边箱内有人骨架 3 具：3 号人骨架头向西，仅存盆骨、股骨等，俯身直肢；4 号人骨架头向东，也为俯身直肢；5 号人骨架头向东，骨架凌乱，葬式不明。墓底有四个角坑，坑内有碎骨，但不能分辨是何种动物（图七）。在墓填土内和墓坑底部先后发现陶鬲 3 件，以及多处碎漆片，有的略呈圆形，似漆盘。

M41　位于墓地北部，墓坑长 5.1 米，宽 3.48 米，深 1.5 米，方向 480 度。这是已发掘墓葬中最大的一座，但遭严重盗扰，有两个大盗洞。葬具大概是重椁一棺，无二层台和边箱。此墓破坏严重，人骨散乱，难分个体。有头骨 12 个，腰坑内埋有 1 具人骨架和 1 具狗骨架，墓内至少埋有 13 人，除 1 人为墓主外，余均为殉者。残存遗物有铜人面饰 3 件、铜牛面饰 1 件、虎形铜饰 2 件，还有其他铜饰和铜铃等。铜兵器有钺 2 件、戈 1 件、铜镞 43 枚。另有玉环、金箔等。

五　结　语

老牛坡遗址的发掘与研究取得了丰硕成果，具有重要意义，该遗址从新石器时代的仰韶文化，历经客省庄第二期文化（陕西龙山文化），继而出现二里头类型文化和商代文化，在各不同发展阶段都有其特点。仰韶文化有半坡类型和庙底沟类型，显示出两支不同类型的文化在关中地区的碰撞与共存。客省庄二期文化具有较强的地区特点，也有外来影响的因素。二里头类型的文化遗存虽比较少，但特点较明显。商文化是该遗址内最重要的发展阶段，延续时间最长，从以二里岗上、下层为代表的早商文化，发展到与殷墟大体同时的晚商文化，分布范围不断扩大，文化面貌也在不断发展变化。在遗址第Ⅰ区早商时期的灰坑（H6）内发现铜渣，在同一区的 H18 内出土镞范和戈范。遗址内

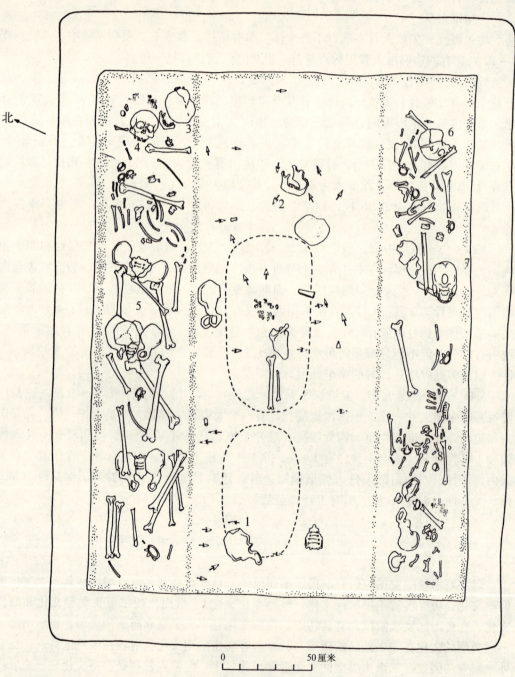

北

0　　　　　　50厘米

图六　商代晚期墓葬（M8）

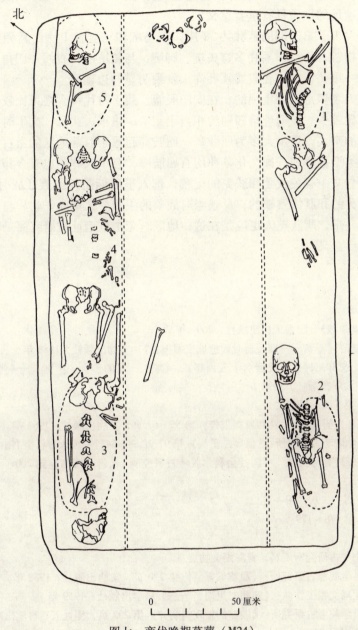

图七　商代晚期墓葬（M24）

还发现深腹厚胎的铸铜坩埚。这处铸铜遗址发展到晚商时期已具有相当规模，发现了东西长约 18 米的炼渣堆积层，最厚处达 2 米。在第 I 区内还出土陶范，数量虽不甚多，但类别多样，有镞范、戈范、钺范，有人面范、牛面范以及带有花纹的容器范。镞范较多，大概以铸造兵器为主。

老牛坡遗址商代晚期出现了大型建筑基址。最大的一座东西长 30 米，宽约 15 米。

这样的商代大型建筑，在陕西境内尚属首次发现。大型夯土建筑基址的发现，对认识老牛坡商代文化遗址的性质具有重要意义。

遗址内还发现了第四期的墓葬共 38 座，车马坑和马坑各 1 座。墓葬分小型墓和中型墓，墓室结构较有特点，墓底多有头坑、脚坑，与腰坑成一直线，四角有角坑。椁室内出现边箱是一重要特点，在殷墟墓葬尚未发现明显的边箱。

该墓地殉人之多是值得重视的。在安阳殷墟，武丁时代殉人之风比较盛，到了晚期有殉人的墓葬比较少。该遗址第四期约相当于廪辛、康丁、武乙、文丁时期，属殷墟晚期，却有较多的殉人，且殉人多为屈肢葬。屈肢葬起源于西部地区的考古文化。青海柳湾墓地的马厂类型墓葬和齐家文化墓葬均有屈肢葬，有单人葬，也有合葬。殉人大概是战俘，结合甲骨文中有关伐姜和获羌的记载，殉人很可能是与羌族征战时抓获的战俘。墓主人也有无头的和肢体残缺的，反映当时战争的激烈。大概商王朝和与羌族的多次战争主要在关中一带，所获羌人也应是在这一地区。老牛坡遗址对研究商王朝在关中地区的活动具有重要意义。

注　释

〔1〕刘士莪：《老牛坡》，陕西人民出版社，2001 年。

〔2〕半坡博物馆等：《姜寨——新石器时代遗址发掘报告》，文物出版社，1988 年。

〔3〕苏秉琦：《纪念仰韶村遗址发掘六十五周年》，《华人、龙的传人、中国人——考古寻根记》第 37 页，辽宁大学出版社，1994 年。

〔4〕同注〔3〕，第 5 页，图版二。

〔5〕中国科学院考古研究所：《沣西发掘报告》第 55～67 页，文物出版社，1962 年。

〔6〕中国社会科学院考古研究所：《偃师二里头》第 97 页，图 54，中国大百科全书出版社，1999 年。

〔7〕青海省文物管理处考古队、中国社会科学院考古研究所：《青海柳湾》第 200 页，文物出版社，1984 年。

〔8〕同注〔7〕，图一二八，图一三二。

〔9〕同注〔7〕，第 178～179 页。

〔10〕同注〔6〕。

〔11〕青海省文物考古研究所资料，青海湖文物展室。

〔12〕中国社会科学院考古研究所：《殷墟妇好墓》第 220 页，文物出版社，1980 年。

〔13〕河南省文化局文物工作队：《郑州二里岗》表三，科学出版社，1959 年。

〔14〕中国社会科学院考古研究所：《殷墟的发现与研究》第 208 页，图九五，科学出版社，1994 年。

〔15〕同注〔14〕，第 295 页，图九九。

燕亳、北戎与东胡

——夏家店下层文化与上层文化的区系类型与族属论析

王绵厚

（辽宁省博物馆）

燕亳、北戎（山戎）与东胡，是最早见于文献的中国东北地区西南部燕山南北、上辽河流域的三支重要的部族集团。有关三者的族系渊源和考古学文化类型，迄今国内外学术界尚众说纷纭。本文结合文献记载和考古发现，对上述问题再抒浅识拙见，在求正于学界的同时，仅以此祝贺敬慕已久的学界前辈、著名的考古学家佟柱臣先生八十五华诞。

一 问题的提出

燕亳、北戎（山戎）与东胡，是分布于燕山南北、辽河中上游和长城地带，最早见于先秦文献的重要部族集团。其中"燕亳"始见于文献较早，如《左传·昭公九年》："及武王克商……肃慎、燕亳，吾北土也。"[1]这是记载周武王克商的公元前11世纪，在"商周北土"之境，当时已经存在有"肃慎"和"燕亳"。其后夏商北土的"燕亳"很少见诸先秦文献，而"北戎"、"山戎"和"东胡"，则因多与晋、燕、齐的关系而屡见史书。如《竹书记年》："周宣王四十年（公元前788年），晋人败北戎于汾、隰"[2]。《逸周书·王会篇》记载，周公旦接待四方来贡之民，其"明堂"之"北方台正东"，有"东胡黄罴·山戎戎菽"[3]，即当时的东胡和山戎部族，分别向周廷进献特产"黄罴（熊）"和"戎菽"。其后《左传·庄公三十年》（公元前664年）记载："齐伐山戎"。杜预注："山戎北戎。"[4]

对于上述明确见于先秦文献中的"燕亳"和"东胡"、"北戎"及"山戎"族团，以往的东北历史与考古论著，多笼统地归属于东北"四大族系"中的西部"东胡"或"山戎"集团。如金毓黻先生的《东北通史》[5]和佟冬先生主编的《中国东北史》，都把'东胡'划为"西部的山戎"系统，而对"燕亳"置之不提[6]。而张博泉、魏成存先生主编的《东北古代民族考古与疆域》，则认为"山戎是古燕亳地区的重要土著民族之一"[7]。这里作者更把"山戎"与"燕亳"等同。直至20世纪90年代以前，对以上三大部族集团的研究，特别对先秦文献记载的"燕亳"的族系渊源、地理分布和考古学文化类型的定位，一直是一个涉论极广、悬而未决的重要问题。1994年，林沄先生在《燕亳与"燕亳邦"小议》一文中，最先提出"燕亳"和"燕亳邦"即"燕貊之国"[8]。这一见解，对于"燕亳（貊）"的族系、地望及其相关的考古学文化的探索，开启了新的视野。笔者把"燕亳"与"貊系"文化联系，除了受林沄先生的启发外。主要是20世纪90年代初开始编撰《高句丽古城研究》时，联想到辽西"夏家店下层文化"的"高山型石城"与高句丽早期山城起源的关系[9]。同时在此基础上，于《高句丽古城研究》出版后，进一步思考并发表了《先秦时期中国东北三大土著族系及考古遗存新论》[10]。在更深层次的理论探讨中，提出辽西之"燕亳"早于燕山以北东胡和山戎，是在与夏商文化交融中形成的中国东北南部最早的"华夏系统"的土著文化，并把这一土著文化的早期代表性考古学文化，推定为"夏家店下层文化"在西拉木伦河和老哈河的"北系"。但是由于上篇文章主要谈到的是东北先秦土著的"三大族系"，限于主题内容和篇幅，不可能专对"燕亳"部族集团及其与"上层文化"的"山戎"、"东胡"等考古学文化的关系，深入展开讨论。今应庆祝佟柱臣先生八十五诞辰学术讨论会之邀，将自己不成熟的看法抛砖引玉，以求师友指教。

二 "夏家店下层文化"的南北不同
区系类型的划分和族系再探

众所周知，发现于上个世纪30年代，从上一个世纪60年代开始被确认的著名的"夏家店下层"文化，主要是分布于燕山南北、上辽河流域（含医巫闾山以西大凌河流域）的一支重要的早期青铜文化。这种文化，自从被发现和确认以来，至20世纪末叶，对其性质的认识在学术界主要有三种意见：

其一，认为是中原"龙山文化"的一种变种。首见于夏鼐先生《我国近五年来的考古新收获》[11]。

其二，认为是"夏文化"的北延一支。首见于郑绍宗先生的《有关河北长城区域原始文化类型的讨论》[12]。

其三，认为是商文化在中国北方发展的前身。首见于辽宁省博物馆文物工作队的《辽宁北票丰下遗址发掘简报》等[13]。

最后一说被通称为"先商说"，是20世纪80年代前后，关于"夏家店下层文化"（简称"下层文化"）的性质流行最广的一种说法。有的甚至直接归于"以黄河流域为中心的中原文化系统"。

应当指出，上述三种意见虽然对于"夏家店下层文化"的性质和类型渊源的认识略有不同，但有两点基本是共同的。一是都承认"夏家店下层文化"是中国北方的从属于夏、商系统的一种青铜文化；二是把燕山南北的"夏家下层文化"都看做仅有地域差别的同一类型青铜文化。尽管有的研究者后来注意到，"下层文化"以燕山为界，"可初步分为燕山以南和燕山以北二个类型区"[14]，但考古学界至今很少从南北不同的族系文化根源中深入探索燕山南北"下层"文化差异的内因；也没有就"下层"文化的南、北不同区系类型与夏商之际的北土"燕亳"和"北戎"等，在文化和族系渊源上进行具体对比研究。而这正是本文拟重点考察的几个方面。

（一）对夏家店下层文化的分布范围和南、北不同区系类型诸说的再解析

关于"下层"文化的总体分布范围，考古学界的看法趋于一致。普遍认为其北起西拉木沦河南北，南至燕山南北；东至医巫闾山以西，西到桑干河流域的张北地区。李伯谦先生从"水系"上加以界定："夏家店下层文化遗存分布于北起西拉木沦河，南至海河，西起桑干河上游，东至辽河左近的广大地区。"其分布范围甚至超过夏、商文化区[15]。

而对该文化的分区类型，总的划分主要有"燕南类型"和"燕北类型"[16]。"燕南类型"又称为"大砣头类型"；"燕北类型"以西拉木伦河、老哈河、大凌河为中心区域的，被称为赤峰"药王庙类型"。20 世纪 80 年代以后，著名考古学家张忠培、李伯谦先生等，又在"药王庙"和"大砣头"两类型基础上，提出张北地区的"壶流河类型"[17]。综观整个燕山南北的"下层"文化的分区类型，所谓桑干河流域的"壶流河类型"，与七老图山以南的"大砣头类型"的共同因素，远远大于差异性。所以原发掘者在报告中提出，"壶流河类型"的"下层"文化，"它的主体成分和海河北系区的夏家店下层文化同属一个系统文化"[18]。而该文化所指的"海河北系区"，主要指燕山东北支余脉七老图山以南和燕山以北地区。本文初步认定：夏家店下层文化的南、北不同区系（简称南系、北系），从文化和民族区系地理上看，应是以七老图山为界形成的不同族系文化区。以往所说的"燕南类型"和"燕北类型"，实际上应以燕山余脉七老图山为界。

（二）"下层"文化南、北不同区系类型的异同及其内涵

如果将"下层"文化的北系"药王庙类型"和南系"大砣头类型"作为主要代表性类型区，两者的异同及其主要考古学文化内涵可归纳为以下两个方面。

其一，两者的共同点：

1. 整个"下层"文化，如果包括其晚期分支"魏营子类型"[19]，在燕山南北的存续和分布时间，均与夏商和西周初年相当，并有从北向南发展、演变的现象，这是该文化的共同趋势。

2. 南北二系都具有以夹砂红褐陶、灰褐陶为主的传统陶艺特征，是该文化区别于典型夏、商、周中原文化的区域特征。从其族系文化的内涵分析，或者反映了北方"北狄"或"燕亳"的青铜文化土著特征。

3. 下层文化南北二系的墓葬都以石棺墓为主。从北向南，类型逐渐变化。除了在"南系"中的"燕蓟地区"后期出现土坑墓以外，"石椁"应是土著特征，亦应看做北方山地草原民族的固有葬俗。

4. 南北二系受夏、商文化的影响都特别明显。这种影响，在燕山以北的"下层文化"的早期更加突出。诸如：陶器造型以三足绳纹鬲、束腰式袋足鬶、绳纹加弦纹鼓腹罐为共同组合。特别是彩绘陶、磨光黑陶和平底盘形器、浅盘高足豆、簋形器等，在

燕山以北的辽河、大凌河的"下层文化"和燕山以南的"大砣头类型"中，均有遗存。

这类陶器类型，在黄河流域的河南"二里头""二里岗"和山西夏县"东下冯"等"夏墟"和"早商"遗址墓葬中均有发现，反映了华夏系统文化，在该文化区特别是"北系"中的传播深度。因此，根据"下层"文化陶器的组合，可以在总体上把"夏家店下层文化"看做华夏系青铜文化在北方的一个类型，在性质上应与后来的"东胡"文化分开[20]。

5. 在青铜器方面，两者都有从小型"北方式青铜器"，向商周式礼器和容器发展的趋势。同整个"下层"文化发展的方向一致，"北系"青铜器起源较早，向燕山以南的类型传布并有与夏商文化趋同发展的倾向。

其二，两者的不同点：

1. 北系（燕山、七老图山以北、上辽河流域）的"下层"文化，文化堆积一般比"南系"文化层丰厚而且延续时间更长。如经笔者亲自参与发掘的北票丰下遗址，文化堆积在 3~6 米[21]；朝阳建平水泉遗址，文化堆积也多在 2~4 米以上[22]，而且遗址分布密集。这反映了北系中"下层"文化的"燕亳"民族以定居农业兼畜牧和渔猎为主，生产力水平和文化形态比七老图山以南燕山山脉的"北戎"即"燕戎"部族较为进步。

2. "北系"下层文化中的典型"尊形鬲"（筒式鬲）、磨光折腹盆和筒式绳纹直腹瓢等，所占比例比南系大，成为"燕亳"的代表性器类。这说明"北系"下层文化受本地新石器时代文化以来的北方式"夹砂褐陶筒形器"的传统影响更直接。

3. "高山型石城"和石构墓葬，应当是北系"燕亳"的主要文化特点之一。特别是前者，在燕山以北的长城地带，发现普遍；而在燕山和七老图山以南则极少发现。这应是东夷"亳（貊）系"北方民族独具特色的早期山城聚落形式。它与燕山以南夏商系统的早期夯筑土城，应是同属华夏文化的南北两种不同类型的"方国"文明的城邑建筑形态。

4. "北方式青铜器"在七老图山以北发源较早。在赤峰四分地和翁牛特旗敖包山等地，出土有以石质合范和内范结合的铸造小型青铜器的遗存，说明起源于北系的"北方式青铜器"，是"下层文化"青铜器的土著类型。而七老图山以南的北方式青铜器，只是它的续生型或"燕亳"形制在"北戎"地区的传播而已，进而出现"匕首式短剑"类型。

5. 在南系中有代表性的"大砣头文化"中，有龙山文化晚期的"敛口鼓腹鬲"、折腹盆，同时又有在时间上可以衔接的"张家园文化"中出现的花边鬲、矮足鬲、联裆鬲等。这些显然具有后来燕山以南的"先燕"文化特征[23]。

除折腹盆外，在"下层"文化的北系基本上不见上述器类，说明"北系"与"南系"在族系渊源上应是有区别的，其中"北系"中的"燕亳"土著特征是该文化的基础，而"南系"（以大砣头文化代表）中的某些"先燕"特征，则是该文化在七老图山以南与夏商文化结合后的一种新的变异类型[24]。

前面以分布的地域为基础，概要地梳理了"夏家店下层文化"。对于以燕山北支七老图山为分界的不同特点的区系类型，本文认为，燕山和七老图山以北的"药王庙"

文化类型，应是继承了当地新石器时代文化（主要是"小河沿文化"）以后，在吸收夏商文化的基础上形成的以定居农业为主、兼营渔猎的华夏系统青铜文化在北方的重要一支，可称华夏系青铜文化的"北系"。从与文献印证的角度看，这一文化应属夏商（西周初）北土的"燕亳"集团[25]。这一早期青铜时代的"燕亳"文化，应是后来西周"北燕"文化的重要来源之一。而七老图山以南的"下层"文化的"大砣头类型"，应是该文化与中原夏商文化直接衔接后，结合燕山山脉固有的土著文化，从而形成的"北戎"文化。尽管存在着某些共同因素，但南北的差异是明显的。正如韩嘉谷等先生指出，遍布在燕山南系的同期，以"大砣头文化"为代表的考古学文化，"不宜归入夏家店下层文化，应属大砣头文化"[26]。分布于七老图山以南的"下层文化"（大砣头类型）与燕山、七老图山以北"下层"文化的差别，除了地理和周边不同文化的影响因素外，分析其深层次的社会原因，应反映了以七老图山为界南、北不同民族文化传统的差别。这正是本文以下诸节将继续讨论的重点问题。

三　"夏家店下层文化"的北系与文献中的　　"燕亳"诸文化因素再举证

以燕山北支七老图山以北、医巫闾山以西为中心的"下层"文化的"北系"（一般称药王庙类型），与夏商北土"燕亳"的关系，笔者在前文中已初步论证。这里从考古学文化的诸因素进一步考察，尚可归纳出如下几个方面。

（一）"下层文化"与文献中商周北土之"燕亳"，在分布地域上具有一致性和可比性

在第一部分"问题的提出"中已指出，将"下层文化"的北系与商周北土的"燕亳"文化相联系，始于笔者20世纪90年代初的相关研究。这项研究始于对"高山型石城"与辽东"石垣聚落"（早期山城）的比较，以及将"下层文化"的北系与"燕亳"所处的地域范围互相印证。前者详见拙著《高句丽古城研究》，本文不拟赘述。至于后者，从"燕亳"的地望考察，联系与"下层"文化的关系，首先应当辨明，作为"商周北土"境内的"燕亳"族团，在先秦时中国东北三大土著族系中的位置及其文化地理。迄今为止，历史与考古学界已经公认，除中原移民外先秦时东北存在着三大土著族系：即辽西的"燕亳"——"东胡"族系；长白山南系的"秽貊"族系和长白山北系的"肃慎"族系。以往通常都把辽西（长城地带）的最早土著民族确定为"东胡——山戎"系统[27]。我在近著《先秦时期中国东北三大土著族系及考古遗存新论》中认为，燕山南北的"东胡"和"山戎"两支，都是商周以后才迁徙至辽西"燕亳"故地的山地草原民族，而夏商时期的本土"燕亳"，才应是辽西最早的土著民族和文化的主体[28]。这种认识在考古学上，已被早于"东胡"和"山戎"族系的"燕亳"文化——"夏家店下层文化"在辽西的广泛分布所证明。如果从上述东北"三大土著民族"的宏观分布看，"秽貊"集团应分布在长白山南系和西南系的辽东地区鸭绿江西岸和松花江中上游，西不过医巫闾山，而东北可及日本海西岸。"肃慎"集团主要分布在长白山北系的第二松花和牡丹江流域，西至松嫩平原，东至俄罗斯滨海区的南部[29]。而最靠近夏商本土北部的另一支辽西"燕亳"集团，从三大族系的分布区系看，应在医巫闾山以西的燕山以北和松嫩平原西南的大兴安岭以南地区的上辽河流域。这正是《左传·昭公九年》所说"肃慎燕亳，吾北土也"的"燕亳"所处的大的地域范围。而这一可以确认的文化地理区系，恰与本文以下要逐一考察的"夏家店下层文化"的中心区"北系"区系类型完全吻合。

（二）夏家店下层文化的北系，与文献中辽西"燕亳"存在的时间断限亦基本吻合

说"下层"文化的北系"药王庙类型"，存在的时间断限与文献中"燕亳"存在的时限基本吻合，应当是相对的。从"下层"文化的考古学编年看，以北票"丰下遗址"、朝阳"水泉遗址"和敖汉旗大甸子墓葬等三处有代表性的考古遗存，对照整合器物编年，其上限距今 4000～4200 年；其下限应距今 3500～3200 年前后[30]。而从前节已引证的《左传·昭公九年》的记载"武王克商……肃慎、燕亳，吾北土也"来看，周初"北土"上的"燕亳"，其民族绝不是西周建立后才出现的，而是早已存在于夏商"北土"的重要部族方国，如商王武丁时期的甲骨卜辞中已有"□□卜贞，……在炎、竹"[31]。

学术界普遍认定，上述卜辞的"炎"即"燕（匽）"，可称"先燕"；而"竹"，应即后来的"竹侯"或"孤竹"。《左传》中记载的武王时的"燕亳"，有的专家指出是先于西周的"燕貊之国"[32]，那么结合武丁卜辞的"炎（燕）"族来看，至少在西周以前的商王武丁时代（公元前 15～16 世纪），"先燕"或"燕亳"应是早已存在于夏商王朝北土的一支重要部族。而这一切与我们以上举证的燕山南北"夏家店下层文化"的地域分布和存在的时空范围恰相吻合。三者的互证说明，在公元前 11 世纪西周武王封召公奭于"燕地"以前的夏商之际，在燕山和七老图山以北的上辽河流域和大凌河流域，即后来的"长城地带"，确实早已活动和分布着一支北方华夏系统的土著青铜文化部族。这支夏商北土的早期青铜文化部族，应是本文考述的"燕亳"系青铜文化——"夏家店下层文化"北系的核心。

（三）"下层"文化的"药王庙类型"，具有辽西"亳"系土著文化与夏商青铜文化的双重内涵

"下层"文化北系具有辽西"燕亳"的土著文化与中原夏商青铜文化的双重考古学文化内容，主要反映在以下几方面：

其一，"下层"文化北系中普遍具有受中原"后冈二期"文化影响的无腰隔鬲、深弧腹盆、深腹罐等，特别是绳纹加弦纹或抹平粗绳纹装饰。这种特征在河南"二里岗"和山西"东下冯"的"夏墟"文化中都有反映，具有夏商时期的典型特征。而这种绳纹加弦纹灰褐陶文化，在北方地区，从当地的"红山文化""小河沿文化"到"夏家店下层"文化的序列中，均缺少渊源关系，应视为受早期夏商文化的影响所致，而其时代上相当于西周建国前的夏商或"先燕"时期。

其二，"下层"文化北系中的泥质磨光灰陶或灰褐陶的"尊形鬲""钵形鼎"及其三扁舌状足等，在总体造型上，都应属夏商时或"先燕"地区的"三足器"传统。但在鬲的上部直筒式和三鼎足造型等方面及其胎质方面，又明显有别于典型商周三足器形。后者的"尊形鬲"的上部造型，是典型的北方民族特色，应理解为辽河中上游北方"燕亳"族团仍保留的土著特征。

其三，有迹象表明，"下层"文化北系的彩绘陶和"尊、甗、簋"等器形，在辽西继承了"红山文化"和"小河沿文化"，同时又具有山东半岛从"大汶口"到"岳石文化"等早期"东夷"文化的某些共同传统，应属辽西"燕亳"部族，是在大的文化谱系中具有东夷"貊"系影响的早期文化的标志。

其四，"下层"文化北系有代表性的横耳直筒鬲，分解来看具有上部的北方"夹砂褐陶筒形罐"与下部商周之三足袋足相结合的特征。在胎质上则属典型北方土著的"夹砂红褐陶"系统。这种典型陶器，整体上与商周中原器与北方的筒形陶器均不完全相同，但却具有胎质为北方陶艺、造型多源自夏商器物的"复合式"特征。这种陶器应当视为辽西"燕亳"集团整合了南北区系文化的标志性器物。

其五，众所周知的"下层"文化北系中的"围壕聚落"、"山上石城"和"土坯墙"等建筑在七老图山以南很少发现。这类建筑显然既有别于中原"龙山文化"和夏商时代的夯筑土城，可视为上辽河流域以农业与渔猎、畜牧经济并存为基础的青铜时代中国北方"燕亳"（貊）族系独特的聚落传统。从带有"石垣"围壕的"聚落"，向山上或高台地上的"石城"的过渡，对其后青铜时代辽东"貊"系的"石垣聚落"和高句丽早期山城均有深远的影响[33]。在中国东北东夷民族构建华夏文化的青铜文明中，也具有特殊的区域文化特征。这种聚落形式，既不同"先商"，也区别于"先周"文化，应属于当地夏家店下层文化北系"燕亳"的土著类型。至于朝阳水泉遗址的土筑城墙，则应看做该文化吸收中原城市建筑技术的多元因素。

（四）夏家店下层文化中的"北方式青铜器"和"高山型石城"，应是早期夏商北土"燕亳"土著文化的独特内涵

将夏家店下层文化推定为夏商之际的"燕亳"文化，还有两项重要的考古文化遗存可引为特征，这就是"下层"文化中特有的"北方式青铜器"和"高山型石城"。

对于前者，以往的研究者如林沄先生将其与内蒙古草原上早期相当于夏代的"朱开沟文化"青铜器和燕山南北的"大砣头类型"的早期青铜器等进行过比较研究，但其重点没有着眼于三者的区别。本文认为，"下层"文化的北方式青铜器，不仅时代发生较早，与"燕亳"存在的夏商时间相合，而且与"朱开沟"和"大砣头"类型相比，有两点突出进步。一是全部为青铜质；二是早在相当于夏代的范畴内，已出现用复合范铸造的"连柄戈"和"青铜杖首"等。而同期甚至稍晚的"朱开沟"和"大砣头"类型，只有小件装饰品和铜刀、镞等。而这种"北方青铜器"上限与北土"燕亳"相当。至于"高山型石城"本身，无法从文献上追寻其族系。但有三点考古学特征值得注意：

其一，"下层"文化的石城和石墙聚落，显然与夏商同时期的夯筑土城是两种文化系统。而在夏商当时中国北方的时空框架内，"北土"的石城只能属于"燕亳"集团。

其二，"下层"文化的石城和石墙聚落，在燕山南北和长城地带，与同时或稍晚的"北戎"（山戎）、"东胡"（猃狁）和"北狄"等聚落和城邑均不相同。至今在燕山南北的同期略晚的"大砣头类型"青铜文化中，不仅没有发现"高山型石城"，甚至连高山上的规范居住址也没有发现。这说明北方"石城"，应是进入"方国"时代"燕亳"的文化遗存。

其三，从中国北方民族的聚落形态看，辽西的石城和石围墙村落，和辽东"貊"系的"石垣聚落"，均具有"貊"系的共同特征。联系到"燕亳"如林沄所说即古"燕貊之国"，将辽西的"下层"文化石城与"燕亳"联系也是合理的。

（五）"夏家店下层"文化北系的"燕亳"文化，是形成华夏系统北方"先燕"文化的重要基础

以往论证"夏家店下层文化"的来源，无论是归于"龙山文化说"、"夏文化的北支说"或者"先商文化说"，其立论基点都是把"下层文化"的源头着眼于来自中原的新石器时代和夏商文化系统。这种观点认为青铜时代早期燕山以北上辽河流域的文化，应当是由中原地区发源或北传而来的，而不是本土产生的，这同以往考古学界新石器时代文明起源的"黄河中心说"一样，显然是一种传统思维的定式。而近几十年的各地考古发现证明，不仅新石器时代文化及其以前的中华文明，在中华大地上是"多元"的，而且到了青铜时代早期的"方国文明"时代，其青铜文明的发生，也具有不同的地域性。四川广汉三星堆青铜器的发现，改变了人们对"巴蜀文明"青铜文化的认识；而燕山以北辽河流域"夏家店下层文化"的发现，从中华青铜文化"多元"向心组合的逆向思维看，长城以北的这支早期青铜文化，在具有夏商文化某些因素外，更有其自身的区域类型特征。正如著名考古学家李伯谦先生所说："（夏家店下层文化）与商文化并无直接承袭演化关系，它不是商文化的自然北延或商文化在北方的来源之一。"[34]林沄先生也认为："该地区（下层文化区）已确认的考古学文化，一直是不同于先商——商文化的它系文化。"[35]

近年考古发现进一步证明，这种有别于"先商文化"系统的燕山和七老图山以北的"夏家店下层文化"的北系，不仅自成体系，而且与七老图山以南燕山山脉地区的"下层文化"（大砣头类型）亦有明显差别。前者（北系）发生较早并且土著特点显明，深深影响着燕山以南的早期青铜文化。从这个意义上说，燕北地区的夏家店下层文化，应是构成七老图山以南和燕山山脉地区"先燕"文化的基础。其最典型的考古学遗存特征是，从燕山南北已知的夏商之际至西周早期的上述青铜文化的分布看，"燕南地区含有夏家店下层文化因素的诸遗存，其时代大都晚于辽西地区（下层文化）晚期遗存，个别的或许与晚期相当"[36]。这证明了后者（燕南地区）主要受前者（北系）的类型影响。

综合分析七老图山以南的"下层"考古文化（近年多被称为"大砣子类型"），显

然具有南、北两种文化的整合影响因素。南部影响主要体观为中原龙山晚期到"二里头"、东下冯等夏商文化因素，表现为绳纹加弦纹灰褐陶高裆鬲、袋足甗、窄平沿鼓腹罐、灰陶绳纹陶罐、陶簋和镂孔器等，并伴随着少量出现的竖穴土坑墓。北部影响，则表现在普遍存在的夹砂素面褐陶系统、磨光褐陶尊形鬲或筒式鬲的造型以及磨光折腹盆、筒腹甗，葬具上石棺墓的盛行和夹砂红褐陶壶的出现等。后者在"先燕"和后来的"山戎"文化，如唐山城山和小官庄青铜文化石棺墓中，仍普遍存在[37]。总体上看，七老图山以北的夏家店下层文化，在燕山南北的早期青铜文化中，一直占有主导地位，可称为该文化的原生类型，并应当是构成西周以后的长城地带"燕文化"的重要基础。

四　夏家店下层文化的南系"大砣头类型"与夏商之际的"北戎"文化

与七老图山和燕山山脉以北地区的"夏家店下层"文化的"北系"相比，被称为"大砣头类型"的南系青铜文化，则具有下层文化南、北两种文化类型交汇混合的特征，而以"南系"为主。如七老图山以南被称为"大砣头文化"代表类型的河北省大砣头、天津蓟县张家园、蓟县围坊、唐山小官庄及昌平雪山等地，都出土了早期青铜时代的铜刀、喇叭口式铜耳环等北方常有的小件青铜器，而后来燕山山脉的"山戎"（北戎）典型特征的喇叭口型耳杯、"匕首式直刃剑"、直刃铜刀和土坑墓等，在七老图山以南的燕山南北"大砣头文化"晚期中也多有发现[38]。这些器型，在"北系"则很少发现。这些发现证明，在七老图山以南的燕山南北，以往认定同属于"夏家店下层文化"的南系"大砣头类型"，与七老图山以北、医巫闾山以西的上辽河流域和大凌河流域的"北系""药王庙类型"的夏家店下层文化，在族系上应有实质区别。联系到"大砣头文化"与"张家园上层"等较晚时商周之际青铜器具有的先后演化关系[39]，是否可以这样初步论断：分布于七老图山以南、燕山南北（含滦河流域）的"夏家店下层文化"的南支"大砣头文化"，在本质上应是受到"北系"夏家店下层文化诸多因素影响的另一他系文化。这一文化的性质，如果考虑到其地域和文化脉络与后来平谷山戎墓地和蓟县张家园上层文化、滦县陈山头、卢龙东各庄、迁安小山东和蓟县邦均等同区域商周青铜文化的关系[40]，可称为七老图山以南燕山山脉地区"山戎"族系的先世"北戎"文化[41]。将上述夏家店下层文化"南系"的"大砣头类型"推定为夏商之际的早期"北戎"文化，以往由于其内涵的多元性和文献记载的缺乏，很少被认可，至今也没有对该文化做族系的认定。但有两点值得注意：其一，"夏家店下层文化"的"南系"与同区"夏家店上层文化"的关系，比"北系"中夏家店下层与上层文化的关系显然连续性强得多。在"南系"的"大砣头类型"中，有相当一部分早期青铜文化因素，被后来属于"上层"文化范畴的"张家园上层"、滦县陈山头、卢龙东各庄和唐山小官庄等典型"山戎"文化所继承（详见下节）。众所周知，夏家店下层文化的北系"药王庙类型"中，与后来同区"上层"文化范畴的"南山根类型"和"龙头山类型"几乎没有任何继承性，而是出现了巨大反差。这证明七老图山以南的早期"下层文化",与同区"山戎"系统的"上层文化"在族属上可能有更多继承关系,而"北系"则应完全相反。

夏家店下层文化的南系"大砣头类型",与后来"山戎"族系青铜文化的连续性,从下述文献中也可以得到验证。

1.《古本竹书纪年》: "周宣王四十年(公元前788年),晋人败北戎于汾、隰。"[42]

2.杜预注《左传》庄公三十年(公元前664年)"山戎"条:"山戎,北戎"[43]。

3.唐杜佑《通典》记载:"古北戎,无终国子也。一名山戎。"[44]

从上述记载看,特别是杜预注《左传》和杜佑著《通典》更明确说明,"古北戎"应早于后来的"山戎",或"北戎"应是"山戎"部族以前的通称。如是,则可以与上述"燕南"地区的考古遗存相印证,将夏家店下层文化的南系"大砣头类型",推定为早于西周以后文献中的"山戎"的"北戎",两者应当在地缘、族源和文化传统上都是有联系的。

五 对"夏家店上层文化"的分区与类型再探讨

同上节论述的"夏家店下层文化"应具有燕山南北不同的区系类型一样,继"下层文化"之后的"夏家店上层文化"(简称"上层"文化),在与"下层"文化大体相同的分布范围内,其族属和区系类型比"下层"文化更趋复杂。迄今为止,人们对"上层"文化,如同对"下层"文化一样,并没有在区系和族属上进行明确的划分,在总体上主要有"东胡说"和"山戎"两说。

持"上层"文化为"东胡"说,以20世纪60年代宁城南山根墓葬的发现和日本学者秋山进午等为代表[45]。而持"上层"文化为"山戎"说,是自上个世纪80年代以来的主流看法,如林沄、郑绍宗、韩嘉谷、靳凤毅等都先后提出这种见解[46]。近年也有的研究者提出以"曲刃青铜短剑"文化为代表的夏家店上层文化,包括辽宁西部的大、小凌河流域类型的族属为同一部族,"即春秋战国时期的山戎、战国时的东胡。……赤峰地区夏家店上层文化的族属亦当属山戎"[47]。这实际上是把整个"上层"文化,看成是"山戎"或"东胡"的同一文化,两者只有时代先后,而无族属区别。

首先应当指出,分析上述"东胡说"或"山戎说",有几点是共同的:

其一,对"上层"文化的宏观研究,基本上是将"上层"文化看做一个统一的文化类型,只不过在比"下层"文化缩小的了地域范围内,各家争论的焦点是"东胡文化"还是"山戎文化"。

其二,无论持"东胡说",还是"山戎说",都承认"上层文化"与"下层文化"存在较大差异,两者在文化类型和文化性质上并没有直接继承关系。

其三,20世纪80年代以后,有关"上层"文化的区系类型,出现了东西或南北不同类型说。如朱永刚先生指出,在已确认的"上层"文化范围内"以努鲁儿虎山为界,商末周初起并存着东西两个发展系统",并认为"以往的研究成果中,多认为夏家店上层文化属于东胡族。我们认为所谓东胡一词，并非某一族的专有名词。把夏家店上层文化与东胡联系起来考虑，显然是不合适的"[48]。该文在否认"上层"文化存在"东胡"族系的同时，赞同"山戎"说。

乌恩先生在总结 20 世纪 90 年代以前对"上层"文化研究的同时，对"上层"文化归纳出三点：第一，"上层"文化的主体，应限定在西拉木伦河和老哈河流域，并划分为"龙头山类型"和"南山根类型"，年代为西周早期至春秋中期。第二，将"上层"文化族属推定为"山戎"，与林沄、朱永刚等一致。第三，从西周中期到春秋早期，即从公元前 9 世纪至公元前 7 世纪，是"上层"文化的繁荣期[49]。从以上分析可知，持"上层"文化为"山戎说"者，显然提出了一些具有启迪性的看法。但同样存在一个问题：如果说"东胡"并非指一个专有名词，那么，"山戎"何以指一专有名词，因为文献中也不止一次地出现"戎"的泛称[50]。

总结上述对"上层"文化研究的历程和基本看法，本节重申的是，"上层"文化中的"南山根类型"或"龙头山类型"，正是乌恩先生划定的西拉木伦河和老哈河为中心的努鲁儿山以西的核心文化区，或"上层"文化的"主体"文化区。本文认为，这一被称为"上层"文化的主流文化区，与朱永刚先生所指的努鲁儿山以东的大、小凌河流域的"上层"文化区，应属两个不同文化区。近年杨建华先生将"燕山南北商周之际青铜器群"中的七老图山以南的"A、B"两群，作为又一个独立文化区，其中包括燕山以北的张家口地区[51]。这实际上构成了"上层文化"的三个区系类型。

如此看来，如果将乌恩先生等确定的努鲁儿虎山以西和七老图山以北的西拉木伦河、老哈河流域的"上层"文化中的"南山根类型"和"龙头山类型"区，作为夏家店上层文化的"主体文化区"（笔者赞同此说），那么与之相邻的七老图山以南的燕、蓟地区和努鲁儿虎山以东的大、小凌河的"凌河类型"区，则应是形成三者鼎足之势的夏家店上层文化的三个类型区。本文在此认识基础上，与以往诸家对"上层"文化在族系渊源和文化谱系上认识的区别是：不仅七老图山和燕山以北的"上层"文化"北系"西拉木伦河、老哈河流域，与"南系"的滦河和海河流域为中心的"上层"文化有族系区别，就是以努鲁儿虎山为界的东、西两区——即"南山根类型"和"凌河类型"，也应有族系差别。这正是本文以下六、七、八三节拟重点讨论的"夏家店上层文化"的南、北、东三个主要类型区及其族系渊源。

六　夏家店上层文化的"北系"南山根、龙头山类型与文献中的"东胡"

西拉木伦河和老哈河流域的"上层"文化中的"南山根"和"龙头山"类型，从文献记载和考古学文化特征的结合看，应属七老图山以北、努鲁儿虎山以西的"东胡"范畴，而不应是近年有的学者提出的统归于"山戎"系统[52]。可举其主要理由如下。

1. "上层"文化分布的西拉木沦河和老哈河流域，与文献中"东胡"的地望相合。迄今为止从文献中考证"东胡"地望的，主要有三条：其一，《山海经·海内西经》："东胡在大泽东，夷人在东胡东。"[53]其二，《史记·匈奴列传》："燕北有东胡、山戎"[54]。其三，《史证·正义》："营州之境，即东胡乌丸之地"[55]。

将以上三条比较看，有三点是明确的。第一，东胡和山戎，都在"燕"之北。这与燕山（或燕国）以北的老哈河和西拉木伦河流域相合。第二，"东胡"之名，如取自"大泽之东"（亦有称"匈奴之东"，)[56]，此"大泽"主要有今克什克腾旗"达来诺尔湖"和黑龙江上游"呼伦池"两说。而从下条《史记·正义》看，应以位于克旗的达来诺尔湖为准。第三，《史记·正义》进一步为上述两条作了注脚。所谓"营州之境"，正是以今辽西朝阳（古营州）为中心的大凌河、老哈河和西拉木伦河流域，这正与古"东胡"所在的地域相合。

2. 从考古学文化看，努鲁儿虎山以西老哈河和西拉木伦河流域的"上层"文化区，具有较明显的"东胡"系草原民族的文化特征，如在南山根和"龙头山"的石椁墓中发现的骑马人像、奔兔纹铜饰件以及生动的射猎图案和草原牧猎活动的狗、鹿等形象[57]。而且在这一文化类型的墓葬中，牛、马、羊等动物骨骼随葬多，并有大量铜车马具、骨制工具、弓箭等草原骑射工具随葬。与以定居农业为主的"下层"文化相比，"上层"文化的草原牧猎文化传统突出，可作为"东胡"族系的间接证明。

3. "南山根"和"龙头山类型"的"上层"文化中，与普遍的"东胡"系石椁墓和连柄"曲刃青铜剑"共存，还发现了典型"东胡"民俗特点的文物。如在敖汉旗周家地墓地 M45 中，发现有"髡发"和着皮服形象的人物图案[58]。而在南山根 M102 的上层文化墓葬中，也发现刻骨片上的人物有持弓辫发者。这些典型民俗特征，应与《后汉书》记载的东胡乌桓有"辫发"和"髡发"的习俗相合[59]，为其文化的族属特征提供了生动证据。

总结上述努鲁山虎山以西、七老图山以北老哈河和西拉木伦河流域的"上层"文化的北系特征，将其推定为"东胡"文化是有根据的。它与努鲁儿虎山以东的"凌河类型"和七老图山以南的"山戎"文化，都应有族系区别。

七　夏家店上层文化"南系"的七老图山以南燕蓟地区——"山戎"文化区

七老图山以南的燕蓟地区的"上层"文化，在文化地理上有两个较突出的特点。

第一，与同区夏家店下层文化相比，这一"夏家店上层文化"的南界大大退缩。如靳凤毅先生指出："夏家店上层文化……南限在北纬40°以北，未过滦河和燕山山脉，比较夏家店下层文化分布范围之南限，明显北缩。"[60]该说指出"上层"文化的北缩是准确的。可能由于作者拟强调"山戎"文化与"东胡"文化的区别，划定"上层"文化的南界"未过滦河"，此点尚值得进一步探讨。因为至少在唐山地区，仍有"上层"文化的遗存。

第二，与靳凤毅先生认识相近，郑绍宗先生在《山戎民族及其考古学文化》一文中，更明确说："这种文化类型（指七老图山以南的山戎文化）的中心区域是燕山到七老图山之间的老哈河、滦河、潮白河的赤峰（南）、承德、张家口、唐山一部分市县。"[61]该文明确地界定了燕蓟地区的"山戎"文化区在七老图山和燕山山脉之间。这正是本文所论述的"上层"文化的"南系"，并以此区别于七老图山以北的"北系""南山根、龙头山类型"和东系"凌河类型"。其中"南山根类型"的连柄式曲刃剑和"凌河类型"的丁字柄曲刃剑也有类型差异。

上述"上层"文化南系的青铜文化属于"山戎"系统，近年来已为学术界基本公认。杨建华先生将其列为"燕山南北商周之际的青铜器遗存分群"中的"B群"和"C群"，即所谓"蓟县张家园、滦县陈山头、卢龙东各庄、迁安小山东，马哨村和蓟县邦均等青铜器墓"[62]。靳凤毅先生则认为："冀北山地和燕山山脉周围地区的山戎文化，其文化内涵别具特征，既与燕和中原文化迥异，又与同时期并存的辽西夏家店上层文化（东胡文化）和略晚的分布于内蒙古和外蒙古的匈奴文化判然有别。"[63]他列举出"山戎"文化的四个主要特征：（1）清一色的直刃匕首式青铜短剑；（2）有演变序列可寻的青铜削刀；（3）写实动物纹青铜带钩、带扣、牌饰，（4）大量的特色鲜明的手制夹砂红褐陶器群[64]。应当说上述对"山戎"文化界定的四条，除了后两条应含有中国北方山地、草原民族青铜文化的共性外，基本抓住了燕北地区山戎文化的真谛。此"山戎"说，因已有诸多学者深入论证，此不赘述。但是按前述作者的区系划分，显然包括辽西大、小凌河流域在内的"上层"文化，亦同属于"东胡文化"类型的系列。而这正是本文有不同看法并将在下节中专门进行探讨的最后一个问题。近年有人把张家口地区的"上层"文化归于"白狄"，实际上它应同属"北戎"系统的山戎系列。

八　对夏家店上层文化的东系"凌河类型" 及其多元文化特征的分析

"上层"文化的"凌河类型"，是从上个世纪80年代被提出的[65]，至今已为多数学者认同。它的主要分布区，大体西起努鲁儿虎山，东至医巫闾山，北起柳河上游的阜新以南，西南可沿燕山余脉到达山海关外滦河以东。而其中心区域，应以辽西大小凌河为中心，故称"凌河类型"。有的研究者已经充分注意到，"大小凌河流域含短茎曲刃短剑遗存与夏家店上层文化有明显区别，所以很难把这一区域纳入上层文化的分布范围。即这种短剑的遗存应为另外系统的青铜文化"[66]。

这种认识是有独到见解的，但是如同"下层"文化中南北区分的"大砬头类型"和"药王庙类型"一样，本文仍把大、小凌河流域的这一文化，称为夏家上层范畴的"凌河类型"，并将其与七老图山以南的"燕蓟类型"（暂名）和努鲁儿虎山以西的"南山根、龙头山类型"，作为"上层"文化三种不同区系的文化类型进行族别比较研究。

从考古学文化上分析东部"凌河类型"的文化特征，它与"南系"和"北系"（南山根）相比，更有自身特点。

第一，由于地接幽燕，所以其文化中西周"燕文化"的影响显著。如这一文化本身就接受了本地早期"魏营子类型"的西周青铜文化的诸多因素。其后"张家园上层文化"等西周燕文化，更持久地影响这一地区，其集中表现为墓葬中西周"燕式"青铜礼器鼎、簋、壶的大量存在，饰有"燕器"粗绳纹特征的泥质灰陶、灰褐陶器，燕国系的瓦当和"尖首刀"的发现等[67]。特别是"凌河类型"发展到战国前后，在建昌大杖子等近年发掘的木椁墓中出土的典型"燕式"青铜盖鼎、泥质灰黑陶大陶壶和盖鼎、青铜戈等[68]，都反映了该地区青铜文化中燕文化的影响。

第二，"凌河类型"受七老图山以南的"山戎"青铜文化的影响也很突出，例如"山戎"特点的"匕首式青铜剑"的发现、土坑竖穴墓的存在和墓葬中的殉牲现象和覆面葬俗，特别是以夹砂红陶板耳鬲等较典型的山戎式陶器随葬的文化习俗。正如韩嘉谷先生指出："在蓟县刘家坟遗址，张家园上层文化的西周早期地层中，即发现有山戎遗址夏家店上层文化的陶片，有红陶素面板耳鬲等。"[69] "凌河类型"墓葬中发现的"山戎"式陶器等，应直接来源于毗邻的"张家园上层"的山戎文化。

第三，"凌河类型"由于靠近辽东"貊"系青铜文化区，所以该文化中辽东典型"貊"系青铜文化的影响比"南山根类型"中更明显。如"凌河类型"中的典型丁字柄把手"曲刃青铜短剑"，其源头应在辽东"貊系"。而"凌河类型"中的夹砂红褐陶高领壶、叠唇双耳深腹罐、红褐陶钵亦应多源自辽东"貊"系夹砂褐陶系统。特别是该文化晚期建昌大杖子墓葬的手制双竖环耳夹砂红褐陶筒式罐，其陶艺与辽东青铜时代的早期"貊"系文化更应有直接关系。

第四，毋庸讳言，在"凌河类型"中，也存在着某些努鲁儿虎山以西的"东胡"文化因素，如以素面夹砂红褐陶、泥条盘筑法为主的北方式陶艺传统，喇叭口式耳环、青铜刀等"北方式青铜器"和"细石器"。特别是绳纹加划弦纹的灰褐陶器等在西拉木伦河和老哈河流域"东胡"文化传统中的器物，都给其东部"凌河类型"的夏家店上层文化居民以多方影响，反映出努鲁儿虎山东、西两个"上层"文化区地缘和文化上的密切关系。

总之，夏家店上层文化的辽西"凌河类型"，的确有别于具有单一草原青铜文化特征的"南山根类型"和"龙头山类型"，也不完全等同于七老图山以南燕蓟地区的"山戎"文化，而有其突出的"多元"地域特征。但是综观"凌河类型"的主体成分，特别是随着燕文化的北渐和"山戎"文化的东延，"山戎"和"燕文化"的内涵一直是其主流。这应当是由该文化所处的民族地理和文化地理决定的。从西周初年"山戎病燕"开始，到公元前662年齐桓公"北伐山戎"，其早期文化应以土著的"山戎"为主；而从齐桓公"北伐山戎"，到战国末的"秦开却胡"之际，其区域内燕文化的北进势头加速，使这一辽西"山戎"故地的青铜文化中，燕文化的因素明显增强。近年在大凌河上游建昌大杖子等地发现的青铜文化晚期墓葬中，以M16和M6等大型墓为代表，在"山戎"贵族墓葬中出土典型的"燕式"青铜戈、青铜盖鼎、青铜簋和泥质灰陶盖鼎和带盖大陶壶等燕国"重器"，正反映了燕文化因素增强的历史时代特征与社会文化背景。

综上所述，本文不是着眼于微观的考古类型学的遗迹和遗物的排比研究，而主要是结合文献记载、地理分布、区域文化类型和典型文化遗存的特征等方面，综合考察了广泛分布于燕山南北、上辽河和大小凌河流域，早已引起考古界关注的夏家店下层文化和夏家店上层文化的区系类型和族属问题。本文在先贤卓见的基础上，初步提出有别于以往各说的基本看法：从文化地理上看，辽西大凌河与滦河（青龙河）的分水岭七老图山和大凌河与老哈河的分水岭努鲁儿虎山，是比燕山更有文化分区意义的区域性文化界线。如果以此为界线，参证考古文化类型，有着广阔覆盖面的夏家店下层文化，应以七老图山为界分为南北二区。在七老图山以北的"北系"，应属夏商之际（含西周早期）的"燕亳"文化区。其文化的主体分布区，是"下层"文化的核心地区，并在夏商文化影响下，形成中国东北和北方华夏系最早的青铜时代的"方国"文明。而七老图山以南和燕山南北的"下层"文化之"大砣头类型"，应是"山戎"以前早期"北戎"文化区，后来则成为燕文化在本土形成的重要基础。

同"下层"文化时间衔接的"夏家店上层文化"，由于北方草原民族的迁徙和燕文化的强劲影响及自然环境的变迁，在分布地域上回缩至燕山以北，但其区系特征更趋复杂。这一"上层"文化，从文化类型和族系上看，大体可分为南、北、东三区：其一为"南系"之七老图山以南、燕山以北的"山戎"文化区；其二为"北系"之七老图山以北、努鲁儿虎山以西的"东胡"文化区；其三为"东系"之努鲁儿虎山以东的"凌河类型区"。其中大小凌河流域的"东系"，又具有山戎、燕文化和东胡与貊（亳）系文化的多元因素，但总体上应以"山戎"文化为主体，战国以后则成为辽西地区与"燕文化"的东传与北渐相始终的晚期青铜文化。

注　释

〔1〕《左传·昭公九年》，《春秋左传正义》，中华书局影印本。

〔2〕《古本竹书纪年辑证》，上海古籍出版社，1981 年。

〔3〕《逸周书·王会篇》，四部备要·史部。

〔4〕《左传·庄公三十年》。

〔5〕参见金毓黻《东北通史》第 25 页，1986 年。

〔6〕佟冬主编：《中国东北史》第 1 卷第 157 页，吉林文史出版社。

〔7〕张博泉、魏存成主编：《东北古代民族考古与疆域》第 136 页，吉林大学出版社，1998 年。

〔8〕林沄：《"燕亳"与"燕亳邦"小议》，《史学集刊》1994 年第 2 期。

〔9〕王绵厚：《高句丽古城研究》第 7 页，文物出版社，2002 年。

〔10〕见《东北史地》2004 年第 4 期。

〔11〕夏鼐：《我国近五年来的考古新收获》，《考古》1964 年第 10 期。

〔12〕郑绍宗：《有关河北长城区域原始文化类型的讨论》，《考古》1962 年第 12 期。

〔13〕a. 辽宁省文物干部训练班：《辽宁北票县丰下遗址 1972 年春发掘简报》，《考古》1976 年第 3 期。

　　　b. 蔺新建：《先商文化探源》，《北方文物》1985 年第 1 期。

〔14〕天津市文物管理处文物工作队：《天津蓟县围坊遗址发掘报告》，《考古》1983 年第 10 期。

〔15〕李伯谦：《论夏家店下层文化》，《纪念北京大学考古专业三十周年论文集》，文物出版社，1990年。

〔16〕李经汉：《试论夏家店下层文化的分期和类型》，《中国考古学会第一次年会论文集》，文物出版社，1979年。

〔17〕a. 张忠培：《夏家店下层文化研究》，《中国北方考古文集》第187页，文物出版社，1990年。

b. 李伯谦：《论夏家店下层文化》，《纪念北京大学考古专业三十周年论文集》，文物出版社，1990年。

〔18〕张家口考古队：《蔚县夏商时期考古的主要收获》，《考古与文物》1984年第1期。

〔19〕郭大顺：《浅论魏营子类型》，《考古学文化论集（一）》，文物出版社，1987年。

〔20〕王绵厚：《先秦时期中国东北三大土著族系及考古遗存新论》，《东北史地》2004年第4期。

〔21〕同注〔13〕a。

〔22〕《建平水泉遗址发掘简报》，《辽海文物学刊》1986年第2期。

〔23〕赵福生、刘绪：《西周燕文化与张家园上层文化类型》，《北京文博》1998年第1期。

〔24〕同注〔23〕。

〔25〕同注〔20〕。

〔26〕韩嘉谷：《长城地带青铜短剑的考古学文化和族属》，《中国考古学会第八次年会论文集》，文物出版社，1996年。

〔27〕佟冬主编：《中国东北史》，吉林文史出版社。

〔28〕同注〔20〕。

〔29〕王绵厚：《关于长白山区系考古文化历史定位的思考》，《高句丽与秽貊研究》，哈尔滨出版社，2005年。

〔30〕董高：《从水泉遗址看夏家店下层文化的分期》，《中国考古集成·东北卷·青铜时代（二）》第1450页，北京出版社，1997年。

〔31〕《簠室殷类纂》第47页。

〔32〕林沄：《"燕亳"与"燕亳邦"小议》，《史学集刊》1994年第2期。

〔33〕同注〔9〕，第32页。

〔34〕同注〔15〕。

〔35〕《林沄学术文集》第84页，中国大百科全书出版社，1998年。

〔36〕同注〔30〕。

〔37〕安志敏：《唐山石棺墓及相关的遗物》，《考古学报》1954年第7期。

〔38〕靳枫毅、王继红《山戎文化所含燕与中原文化因素之分析》，《考古学报》2001年第1期。

〔39〕杨建华：《燕山南北商周之际青铜器遗存的分群研究》，《考古学报》2002年第2期。

〔40〕同注〔39〕。

〔41〕同注〔38〕。

〔42〕《古本竹书纪年辑证》，上海古籍出版社，1991年。

〔43〕《左传·庄公三十年》。

〔44〕《通典》卷200《山戎》。

〔45〕a. 朱贵：《辽宁十二台营子青铜短剑墓》，《考古学报》1960年第1期。

b. ［日］秋山进午：《中国东北地方的初期金属器文化样相》，《考古学杂志》第53、54卷，1968～1969年。

〔46〕a. 林沄：《东胡与山戎的考古学探索》，郑绍宗：《山戎民族及其文化考》，均载《环渤海国际

考古学论文集》，知识出版社，1996 年。

　　b．韩嘉谷：《论山戎病燕》，《首都博物馆丛刊》总第 18 期，2004 年。

　　c．靳枫毅：《夏家店上层文化及其族属问题》，《考古学报》1987 年第 2 期。

〔47〕王成生：《辽河流域及邻近地区短铤曲刃剑研究》，《辽宁考古博物馆学会会刊》，1981 年。

〔48〕朱永刚：《大小凌河流域曲刃青铜短剑遗存的考古学文化及相关问题》，《内蒙古文物考古文集》
　　　第 362 页，1993 年。

〔49〕乌恩：《论夏家店上层文化在欧亚大陆草原古代文化中的重要地位》，《边疆考古研究》2002 年。

〔50〕同注〔42〕。

〔51〕同注〔39〕。

〔52〕同注〔39〕。

〔53〕《山海经·海内西经》。

〔54〕《史记》卷 110《匈奴列传》。

〔55〕《史记·匈奴列传》正义。

〔56〕《史记·匈奴列传》服虔索隐："东胡……在匈奴东，故曰东胡。"

〔57〕中国社会科学院考古研究所东北工作队：《内蒙古宁城县南山根 102 号石椁墓》，《考古》1981
　　　年第 4 期。

〔58〕内蒙古文物工作队：《内蒙古敖汉旗周家地墓地发掘论略》，《文物》1989 年第 8 期。

〔59〕《后汉书·乌桓鲜卑传》

〔60〕同注〔46〕c。

〔61〕郑绍宗：《山戎民族及其文化考》，《环渤海国际考古学论文集》，知识出版社，1996 年。

〔62〕同注〔38〕。

〔63〕同注〔39〕。

〔64〕同注〔60〕。

〔65〕王成生：《辽河流域及邻近地区短铤曲刃剑研究》，《辽宁考古博物馆学会会刊》，1981 年。

〔66〕同注〔48〕。

〔67〕辽宁喀左后坟发掘的"上层"文化墓葬中，以粗绳纹为主的陶器占 67%，见喀左县文化馆：
　　　《论辽宁喀左县后坟村发现的一组陶器》，《考古》1982 年第 1 期。

〔68〕建昌大杖子墓葬出土文物，现藏辽宁省考古研究所。

〔69〕同注〔46〕b。

商代亘方考

罗琨

（中国社会科学院历史研究所）

1985 年，在山西垣曲发现了一座湮灭了三千余年的商代古城，城垣始建于二里岗下层时期，沿用至二里岗上层时期，与郑州商城、偃师商城年代大体相当，是一座具有重要政治和军事意义的古城。《垣曲商城——1985～1986 年度勘查报告》认为其性质或是商王朝建于晋南黄河以北的军事重镇或是方国之都，并且提出甲骨文中存在有关"亘"的资料[1]。将古代遗留的文化遗物和古代的文字、文献记载相印证，即王国维所说的"二重证据法"，是宋代以来金石学的传统，全面梳理相关甲骨资料对认识这座古城以及考察商代历史有重要意义。

卜辞中屡见有作为人名、地名的"亘"，研究者多认为其地在今晋南，如陈梦家说，"卜辞亘即《汉书·地理志》之垣，今垣曲县西廿里"，"春秋时代的赤狄即殷代的鬼方，垣之附近在春秋为赤狄皋落氏之都，可能此本为鬼方盘踞之地"[2]。张亚初认为此"推论可信"，武丁伐亘应该就是"伐鬼方三年克之"的总斗争的一部分，亘也"属于鬼方的方国"，"传世二里岗时期铜鬲内壁有'亘'字，是鬼方中亘方所制作，表明二里岗时期，鬼方就已掌握了比较熟练的青铜冶铸技术，文化发展可以和商文化比美。"[3]钟柏生则认为"由雀、戈、雇、甫诸地在山西省南部看来，陈氏将亘方置于山西省垣曲县附近，不如岛氏将亘方置于山西陕西交界来的妥当些"[4]。而岛邦男胪列有关亘的卜辞，说"从而可知亘有侵殷的亘方，也有臣属于殷的亘"[5]。

垣曲商城的发现，对陈氏亘方地望之说提供了佐证，但垣曲商城的时代早于武丁，文化面貌"与郑州商城、偃师商城的同期遗存更是十分相像"，"应属于商文化范畴"[6]，则与亘"属于鬼方的方国"说发生矛盾。在殷墟甲骨文中，有关"亘"的刻辞，就其内容可分两大部分：第一，亘方及其代表人物；第二，贞人亘。亘与亘方究竟关系如何，亘方的族属及于商王朝的关系如何，需要在对甲骨文资料进行辨析的基础上加以探研。

一　亘方及其代表人物

（一）亘方

殷墟卜辞中有作为地名的亘方或亘，如：

1. 甲申卜，贞甫及亘方。　　　　　　　　　　　　　　　沐园藏骨拓本[7]

2. □□卜，王，贞……亘方……征。　　　　　　　　　　《京津》2981

3. 一月至亘方。　　　　　　　　　　　　　　　　　　　《合集》33180

第1辞的"甫"为人名，武丁卜辞曾见甫报告舌方动态的内容[8]，当在殷之西北境；《说文》又部"及，逮也"，在此辞中作"追及"或"到达"的意思。该辞为亘方在晋南提供线索。第2辞"征"常用为表示"征伐"、"巡守"、"巡行"等义，该辞已残，但很可能反映与亘方发生了战事。第3辞曾著录为《殷契粹编》193，郭沫若释为"月在亘方"，从全部换了新拓本的《粹编》1965年版看，"在"当为"至"，"月"上还有"一"字。

　　卜辞中作为地名的亘还有：

4. 庚寅卜，贞于亘。十月。　　　　　　　　　　　　　　《合集》7887

5. 乙亥[卜]，贞其醤衣于亘冓雨。十一月在甫鲁。　　　《合集》7897

6. 丙戌卜，[在]亘，贞今[日]王步于□亡灾。　　　　《合集》36751

第4辞为卜问是否在亘行某事的省略句。第5辞中的醤或释奠[9]，衣即殷祭，记十一月武丁在甫鲁命人卜问在亘举行祭祀是否会遇雨。

　　以上第1、2、4、5辞为武丁卜辞，第3辞为武乙、文丁卜辞，第6辞为帝乙、帝辛卜辞，可见自武丁至商末亘或亘方不仅一直存在，而且还是商王常常出入往来之地。

（二）伐亘

　　在甲骨文中，亘方的代表人物亦称为亘，武丁卜辞中有相当一部分涉及亘的内容，其中以武丁伐亘的卜辞占较大比例，战事的起因当为亘方的叛乱，卜辞有：

7. 贞亘其黍佳戎。　　　　　　　　　　　　　　　　　　《英藏》424

8. □申卜，殻，贞亘戎不佳我為，其终于之。　　　　　《合集》6944

9. 壬申卜，殻，贞亘戎其戋我。壬申卜，殻，贞亘戎不戋我。七月。

　　癸酉卜，殻，贞，亡在（戋）亘。癸酉卜，殻，贞㕥，由（咎）。

　　　　　　　　　　　　　　　　　　　　　　　　　　《合集》6943

10. 壬午卜，殻，贞亘允其戋鼓，八月。壬午卜，殻，贞亘弗戋鼓。

　　壬午卜，殻，贞亘允其戋鼓。壬午卜，殻，贞亘弗戋鼓。

　　兄丁壱王。兄丁弗壱王。

　　兄丁壱亘。兄丁弗壱亘。

　　　　　　　　　　　　　　　　　　　　　　　　　　《合集》6945

7～9辞都有亘"佳戎"或"亘戎"，戎为动词，表示起兵作乱。第7辞"黍"，含义不明，其他卜辞中还有"不其黍"，多作动词，研究者有作祭名、当"渔"字用、当班赐讲等诸说[10]，但皆难解释此辞。不过，此辞中"佳戎"含义却是明确的。8辞為字不识，从行文看似有灾咎之义[11]，卜问为患是否到此为止，透露出其作戎在七月壬申之前。第9辞的第一组对贞再次卜问亘作戎是否为患；第二组占卜时间在次日，问㕥是否有咎，也与亘有关。同辞还有一组第三日的占卜："甲戌卜，贞我马及戎。贞弗其及戎。"问是否派出军队，辞中的戎为名词，指作乱的敌人，从连续占卜看，可能与"亘戋"有关。第 10 辞为九日以后的八月壬午是否"戋鼓"的卜辞，反映此前亘已入侵鼓，因为在这一前提下，武丁才会卜问鼓是否会遭到戋伤。所以乙亥至壬午大约是亘进一步侵袭鼓地的时间。该辞对兄丁"耆王"，还是"耆亘"的反复卜问，表明在和亘发生冲突后，武丁关心兄丁的英灵究竟站在自己一边，还是亘的一边。

亘方起兵侵犯之地有鼓、亩、我等。鼓，常见于武丁卜辞，如"王步于鼓"、"王勿于鼓次"、"在鼓"[12]，可见鼓是商王往来巡省、师次的驻地。亩，见于骨臼记事刻辞[13]，知该族有人入朝供事，参与卜用甲骨的祭祀与加工整治。卜辞还有："贞令王族比亩🔲协王事"、"贞惠多子族比亩🔲王事"[14]等。"亩🔲"当为该族的代表人物，曾协同王族、多子族一道勤劳王事。同期卜辞还有畐，可能与亩属于同一族属[15]，除了频繁地出现于各种王事活动的卜辞外，还有关于"畐受年"的反复卜问（见后第 88 版卜辞），可知亩（畐）必为商王朝四土之内的一个强宗大族。"我"在卜辞中有两种用法，一为代词，指以商王为代表的商王朝；二为名词，是一个国族名、地名。亘方侵犯的鼓、亩属于商王朝的版图，所以第 8 辞的"我"当为代词，指商王朝廷。由于第 10 辞同版还有"勿乎我人先于穗。乎我人先于穗"的对贞，辞中的"先"指前驱，可见亘方起兵以后，武丁曾有调动"我"族族众为先导的军事部署，因而不能排除第 9 辞"亘戎其戋我"之"我"为国族名的可能。

以上四版皆为宾组卜辞，时间有七月和八月，日干支有壬申、癸酉、壬午，前后相距一旬，很可能是较短期间内的连续占卜。还有一些可能在八九月前后的卜辞，如：

11. ……戋霉亘戋。　　　　　　　　　　　　　　　《合集》6939

12. 丁巳卜，殻（反）贞犬追亘业及。贞犬追亘亡其及。（正）《合集》6946

11 辞同版有"癸巳卜，贞亩戋獋。八月"、12 辞同版有"丁卯卜，争乎雀□戎執。九月"，11、12 辞占卜时间当在此前后，11 辞干支残缺，但卜辞还见有：

13. [戊] 戌卜，宾，贞戋執亘。　　　　　　　　　　《合集》6951 反

干支恰在八月癸巳与九月丁卯之间，又，前第 9 辞同版也有六月丁未关于"隻獋"的占卜，总之，总体考察 9～13 版甲骨卜辞的占卜事类及干支纪日，当为同一年的遗存，可以推断在亘方起兵后不久，商王曾派戋、犬抓捕叛乱者。

伐亘卜辞还有一组是在十二月前后，如：

14. □亥 [卜]，殻，[贞] 我 [其] 隻🔲亘。[贞] 我 [弗] 其隻🔲亘。

[壬寅卜]，殻，贞乎雀衔伐 [亘]。壬寅卜，殻，贞勿乎雀衔伐 [亘]。

[贞雀] 亡祸。贞雀亡祸。

壬寅卜，争，贞翌 [丁] 未 [王] 勿 [步]。

贞王惠翌乙巳步。贞今十二月我步。贞于生一月步。　　　《合集》6949

15. 癸卯卜，殻，贞乎雀衔伐亘戋。十二月。勿乎雀衔伐亘，弗其戋。

辛□ [卜] □贞 [乎雀] 先。勿 [乎] 雀 [先]。

甲辰卜，宾（反）贞翌丁未王步。　　　　　　　　　《合集》6948

16. [己亥卜，争，贞令] 隻執亘。己亥卜，争，贞令弗其隻執亘。

辛丑卜，殻，贞戊不其隻亘。贞戊隻。

　　乙巳卜，争，贞雀隻亘。

　　乙巳卜，争，贞雀弗其隻亘。

　　丙午卜，㱿，贞翌丁未王步。翌丁未王勿步。丁未启。

　　辛亥卜，㱿，贞雀［其］隻亘。（正）

　　翌丁未王步。（反）　　　　　　　　　　　　　　　　　　　　《合集》6952

　　17. 今十二月戎亘。　　　　　　　　　　　　　　　　　　　　《京津》1370

第 14、15 版两皆有"乎雀衔伐亘"，衔伐，或以为指戈伐[16]，占卜时间分别为壬寅、癸卯，干支相差一日，且两版都记有"十二月"，可见是连续占卜。第 16 版虽然没有记"十二月"，但是 14～16 三版都有"丁未王步"的占卜内容，分别为壬寅、甲辰、丙午，即丁未的五天、三天、一天前，说明这三版卜甲是同时的遗存，戊参与了对亘的军事行动，也在十二月或稍早一些时候，相关卜辞还有"戊眔亘"[17]。14～16 版卜辞中的"步"，一般理解为步伐，"丁未启"为验辞，记载王确于这一日出师，而且从第 14 版"贞王惠翌乙巳步。贞今十二月我步。贞于生一月步"连续占卜，可知辞中的"我"指以武丁为代表的商王朝。将"今十二月我步"和第 17 辞"今十二月戎亘"联系起来考察，很可能最后商王亲自出动平定亘方的动乱。

　　以上卜辞中的戈、戊、犬、雀均为族名、人名，作为人名的即该族的代表人物。他们除了受命于王出征外，常见参与其他王事活动，尤其是雀更是武丁时的重臣，在有关伐亘的卜辞中，出现也最为频繁，如：

　　18. 戊午卜，㱿，贞雀追亘屮隻。戊午卜，㱿，贞雀追亘……

　　己未卜（反）贞亘不果佳执。贞亘其果佳执。

　　庚午卜，争，贞亘执。庚午卜，争，贞亘不其执。贞亘不其执。贞亘执。

　　　　　　　　　　　　　　　　　　　　　　　　　　　　　　《合集》6947

　　19. 贞雀弗其执亘。　　　　　　　　　　　　　　　　　　　《合集》6953

　　20. ［辛］亥卜，□，贞自今［至于］乙卯雀［执］亘。　　《合集》6954

　　21. 辛巳卜，㱿，贞雀得亘我。辛巳卜，㱿，贞雀弗其得亘我。《合集》6959

　　22. 令雀敦亘。　　　　　　　　　　　　　　　　　　　　　《合集》6958

18～20 辞均为卜问雀是否追、隻、执亘，与前 12、11 辞及 16 版关于犬、戈、戊能否追及擒获亘的用语是相同的。21 辞"我"当读为"宜"[18]，卜雀是否得到与亘作战的适宜时机。22 辞则使用了征伐用语"敦"，敦训为"迫"，敦伐与 13、14 版的戈伐均为具体手段有所不同的军事征伐。用语的不同，不仅反映了在这场战争中雀起的作用超过了其他将领，而且"衔伐"出现在十二月，意味着后期战争曾有升级，在武丁期非宾组卜辞中，曾见：

　　23. 辛亥贞，雀执亘受又。　　　　　　　　　　　　　　　《合集》20384

　　24. 癸丑卜，［雀］佳（隻）亘受［又］。九月[19]　　　　　《合集》20175

　　25. 癸亥卜，亘弗月征雀。癸亥卜，亘其月征雀。　　　　　《合集》20393

　　26. 癸亥卜，亘弗月雀。

　　丁卯卜雀隻亘。　　　　　　　　　　　　　　　　　　　　《合集》20383

从干支及内容看，应为一组时间相近的连续占卜。23 辞反映至迟在九月，雀已受命抓捕亘方代表人物，24、25 辞中的"月"作动词，郭沫若说可"叚为拐，《说文》拐，折也"[20]，可知雀抓捕行动受到挫折，这可能是后期战争升级的原因。

根据以上有记月的卜辞，可将伐亘日程的框架，简示如下：

甲子旬　七月壬申卜亘戎（见上 9 辞）

　　　　　癸酉卜，亡在亘（9）

甲戌旬　　甲戌卜我马及戎（9 辞同版卜辞）

　　　　　八月壬午卜亘戋鼓（10）

甲申旬

甲午旬　　戊戌卜戋执亘（13）

甲辰旬　　辛亥贞雀执亘（23）

　　　　　九月癸丑卜雀隻亘（24）

甲寅旬　　丁巳卜犬追亘（12）

　　　　　戊午卜雀追亘（18）

　　　　　癸亥卜亘月雀（25、26）

甲子旬　　丁卯卜雀隻亘（26）

甲戌旬

甲申旬

甲午旬

甲辰旬

甲寅旬

甲子旬

甲戌旬

甲申旬

甲午旬　　己亥卜令隻执亘（16）

　　　　　辛丑卜戊隻亘（16）

　　　　　壬寅卜乎雀衔伐亘。（14）

　　　　　贞翌丁未王勿步。翌乙巳步。今十二月我步。于生一月步。（14）

　　　十二月癸卯卜乎雀衔伐亘。（15）

甲辰旬　　甲辰卜翌丁未王步。（15）

　　　　　乙巳卜雀隻亘。（16）

　　　　　丙午卜翌丁未王步。翌丁未王勿步。翌丁未王步。丁未启。（16）

此谱缺少十月、十一月的刻辞，而在甲子旬与甲午旬之间若补上八旬，自七月壬申至十二月癸卯为 152 日，在 148～177 日的范围之内，所以七至九月和十二月对亘的战事可能属于同一年[21]。有关伐亘的卜辞很多，根据同版关系、卜日干支、占卜内容，可以部分填充空白的八旬，但是干支纪日为六十甲子循环，就是整版甲骨上面每一条卜辞的先后次序，以今天的认识还不能准确复原，况且大量的是残片和残辞，将它们排入谱中，必然有很多不确定性，故暂缺。而可以考订月份的卜辞已经可以界定，对亘的平定大约经历半年之久。

（三）有关亘方代表人物的其他刻辞

在武丁期的甲骨文中，关于亘的刻辞并不仅限于军事冲突，还有一些其他的内容，如：

27. 亘入十。 《合集》9289
28. 贞亘执寋。贞亘弗其执寋。 《合集》575
29. 壬辰卜贞亘亡祸。贞亘其有祸。三月。 《合集》10184

27 辞为记事刻辞，同类刻辞还有"亘入一"、"亘入二"[22]，皆为贡龟的记录[23]。有研究者认为此亘即贞人亘，这是误解，因为第一，这类记录涉及很多人名，如雀、画、喜、吴、壴、绎[24]等，大多是强宗大族的代表人物并任商王朝的官吏，常见参与祀与戎等国之大事；第二，在甲骨文中，用同一名号相称者，不一定是同一个人，尤其涉及贞人时，如卜辞有"戊戌卜，㱿，贞旃罘㱿亡祸骨告"、"辛亥卜，宾，贞旃罘㱿以羌"[25]，从两个"㱿"并存一辞，可知所指必为二人，他们出自同一族，皆可以族名相称。武丁所关心是否有祸、是否进献羌人的"㱿"不应是入朝作为贞人的㱿，而是㱿族的代表人物——族长。28 辞的寋，或释仆，指作为非自由人的臣仆，同期有一批同类卜辞，如"乎踵执寋"、"惠吴令执寋"、"雀执寋"、"令邑、竝执寋"[26]，时间皆在五至七月，可能发生一次大的逃亡事件。"执寋"是追捕逃亡奴隶的卜辞，参与这场追捕的踵、吴、雀、邑、竝等皆非贞人，多见有征伐、贡纳等事类，其中不乏当时的重臣，证明"执寋"不是贞人的职责。29 辞是卜问亘是否有祸，这类卜辞的卜问对象也没有贞人，而是王室贵族等统治集团的重要成员。这些都说明 27～29 辞中的亘不是贞人亘，而是亘族或亘方的代表人物。此外还有一些残辞[27]，含义虽不很明确，但可知亘方的代表人物多方面都受到商王的关心。

二　贞人亘

据陈梦家统计，"安阳第十三次发掘在 C 区 YH127 坑出了一万七千多片武丁龟片，除了子组、午组的卜人以外，最多的是宾组卜人，依其出现次数多少排列"，在常见的九位贞人中，亘占第五位。就整个武丁宾组的十六位贞人中，㱿、宾、出、亘属于中心人物，"各出现一百次以上"[28]。据岛邦男的统计，主要收录 127 坑甲骨的《小屯·殷墟文字乙编》著录亘贞卜辞 47 版。据《殷墟甲骨刻辞类纂·贞人统计表》，该书收录的 4 万多版甲骨中，至少有 327 版上刻有亘贞的卜辞，他占卜的主要事类有：

（一）卜祭祀与吉凶祸福

贞人亘卜祭的卜辞数量相当多，卜祭对象相当广泛，如：

30. 丙寅卜，亘，贞王敔多屯若于下上。贞王敔多屯若于下乙。 《合集》808

辞中"下上"一般认为指天神地祇，《论语·述而》所谓"上下神祇"[29]，下乙为祖乙[30]。卜祭的祖神还有：

  31. □□卜，亘，[贞]屮伐于季，卯六牡。   《合集》941

  32. 辛卯卜，亘，贞彡酒于上甲，亡毛。九月。   《合集》1184

  33. 甲申卜，亘，贞屮求于大甲。   《合集》1439

31 辞中的季是王亥、王恒之父，《史记·殷本纪》中的冥。32 辞上甲为先公近祖，商人国家的缔造者。33 辞的大甲为先王。亘卜祭的先王近祖有：

  34. 庚申卜，亘，贞告于祖乙。   《合集》1581

  35. 壬申卜，亘，贞于祖辛告。王占曰：其……   《合集》1723

  36. 丁巳卜，亘，贞屮于羌甲。   《合集》1783（正反相接）

  37. 丁丑卜，亘，贞御于祖丁。   《合集》1853

  38. 丙辰卜，亘，贞御身于南庚。   《合集》6477

  39. 癸卯卜，亘，贞屮于父甲犬。贞屮于父庚犬。 《合集》2133

  40. 乙丑卜，亘，贞隹父辛。   《合集》444

  41. 庚午卜，亘，贞告于父乙。   《合集》2206

34～41 辞中的庙号包括了武丁以前从祖乙到小乙全部的四世九王，其中 40 辞虽不是祭祀卜辞，但从卜辞文例看，当为"隹父辛毛"的省略句，是选择祭祀对象的卜辞。此外，贞人亘卜祭的对象还有武丁同辈兄丁[31]。卜祭的先妣有：

  42. 癸丑卜，亘，贞疾齿御于示□[妻]。   《合集》13653

  43. 丁□卜，亘，贞屮于高妣己、高妣庚。   《合集》2351

  44. □申卜，亘，贞告于妣癸孽王。   《合集》2500

  45. 辛亥卜，亘，贞御妇于屮妻。   《合集》667

42 辞卜祭对象为示壬或示癸的法定配偶妣庚或妣甲。43、44 辞卜祭对象尚不能确指，因为仲丁、祖乙法定配偶皆有妣己，示壬、祖辛、祖丁皆有妣庚，仲丁、祖丁皆有妣癸。45 辞"屮妻"指诸母，因为在表示先妣时，甲骨文妻与母通用，在表示祖先时，屮往往做重累之辞，武丁卜辞中的诸母庙号有甲、丙、丁、戊、己、庚、辛、癸等，其中母庚是小乙的法定配偶，其余可能是非法定配偶或阳甲、盘庚、小辛之配偶[32]。所以 42～45 辞卜祭对象包括了祖辈先公先王法定配偶和父辈先王的一系列配偶。又，卜辞还有：

  46. 甲辰卜，亘，贞屮于河。   《合集》14513

  47. 癸卯卜，亘，贞求年于岳。   《合集》10075

  48. 己巳卜，亘，贞燎于兇。   《合集》8329

河岳皆为山川之神，但在商代河既是自然神——大河之神，又是宗庙之主——代表与商先世有密切关系的河伯[33]。兇，为一象形字，诸家隶定不同，多认为系商人的先公远祖。

  从以上卜辞看，祭祀对象包括天神地祇，但以先公先王先妣等祖神为主。祭典包括屮、彡、酒、御、告、燎祭等，目的主要是为以王为代表的商王朝祈年、祈福、禳灾，其中的御祭，除了为王御除灾祸外，还包括多妇、多子等王室贵族，如：

49. 甲戌卜，亘，贞御妇好于父乙哲艮一。 《英藏》149

50. □丑卜，亘，贞御需［妃］不因。 《英藏》417

51. 乙丑卜，亘，贞御子渔于…… 《合集》2985

52. 乙未卜，亘，贞子安亡壱，勿㞢。贞子安㞢壱。

贞于妣己御子安。贞勿于妣己御子安。 《合集》905

妇好是武丁法定配偶妣辛，殷墟五号墓墓主[34]，50 辞的“因”，甲骨文用人在井字形葬具或墓旷内来表示，释组或释死，为埋葬的意思，卜辞数见“需妃不因”的占卜[35]，需妃可能是武丁诸妻之一。子渔、子安则属于王族或多子族的成员。在安阳小屯村北妇好墓东略偏南 22 米的 18 号墓，随葬了两件有“子渔”铭文的青铜器[36]，说明子渔与武丁、妇好等关系相当密切，也属于商王室重要成员。

献祭的牺牲除了羊、犬等外，还有人牲，如 30 辞的“戠多屯”、31 辞“伐”、49 辞的“艮”均为以人为牲，用人祭的卜辞还有：

53. 丙子卜，亘，贞王㞢报于庚百𢀛。贞王㞢报于庚，百𢀛勿用。

《合集》1115

54. 癸未卜，亘，贞王㞢艮[37]若。王㞢艮不若。甲申卜，亘，贞㞢微。

《合集》766

其中的伐，主要来源是战争俘虏，祭法为砍头而祭；艮可能是一种女性奴隶，也较常见用为人牲[38]。𢀛、微为国族名，卜辞见𢀛有“㞢𢀛伯于父乙”、“雀弗其获征微”[39]，可知用于杀祭的𢀛、微当为俘获的该国族民众。屯、艮的身份皆为非自由人，卜辞有“执多屯”、“用多屯”、“用屯”、“用侯屯”等[40]，可见这种身份的人牲有的是抓捕到的，有的是侯伯进献的。53、54 两版“王㞢”，表明是武丁亲自主祭，在人牲前加“百”和“多”，反映用牲之多，可见亘之卜祭，包括了一些重大的祭典。除人祭外，还有人殉，如：

55. □□［卜］，亘，贞刖其因。 《合集》6005

刖，在这里为名词，遭受过刖刑的奴隶，张政烺考订“因”在这类卜辞以释埋为胜，意思是占问是否以刖为殉人[41]。

从 52 辞连续卜问子安是否有祸祟、是否要祭祀先妣为他除灾，可知商王频繁地祭祀祖先神灵，是因为他们能决定商王朝、商王、商王族成员的命运，因此卜辞中有不少关于吉凶祸福、疾病生育的占卜，往往是在此基础上决定祭祀哪一位神灵，以祈求或感谢他的庇佑。如卜辞有：

56. 癸卯卜，亘，贞旬亡祸。 《合集》16788

57. 己酉卜，亘，贞隹若。 《合集》16383

58. □子卜，亘，贞永。王占曰：吉，永。 《合集》3753 正反

56 辞“旬亡祸”是卜问一旬之内是否有祸，几乎是武丁时的例行占卜，多为㱿、宾、㞢、亘等贞人集团中的“中心人物”贞问，有的还契刻下商王的占辞以及验辞，从内容看，往往是记录下涉及商王朝、商王安危的大事。57 辞“若”，训“顺”，“隹祸”、

"隹若"多是贞问王从事某项事务是否平安顺利，亘贞卜辞也有明确卜问"王若"[42]。
永，《说文》释"长也"，卜辞有"降永"，是天降大命，使商家后嗣逢长的意思，58
辞"贞永"的卜问必为关系商王朝统治的大事，因得吉兆特记下王之占辞"吉，永。"

卜问疾病生育的卜辞，主要涉及商王、诸子、诸妇，如：

59. 庚戌卜，亘，贞王其疾骨。庚戌卜，亘，贞王弗疾骨。王占曰：勿疾。

《合集》709

60. 壬戌卜，亘，贞屮疾齿隹有害。　　　　　　　　　　　　《合集》13644

61. 一月己丑卜，亘，贞妇井娩不蕭……　　　　　　　　　《合集》2737

62. 丙午卜，亘，贞妇果娩妫。四月。　　　　　　　　　　《合集》14018

63. 丁亥卜，亘，贞子商妾娩，不其妫。　　　　　　　　　《合集》14036

59辞的骨或释为祸，卜辞成语有"祸（骨）凡有疾"，当与疾病导致祸患有关，60辞
问患牙病是否为神灵降下的灾咎，当也指王。61～63辞中，一般认为妇井是武丁的另
一个法定配偶妣戊；妇果可能是武丁的众妻之一；子商妾为子商之妻，内容皆与商王或
王族成员配偶分娩是否平安顺利有关。

（二）卜征伐与田狩

贞人亘占卜的事类还有不少与军旅、征伐相关的内容，如武丁时伐舌方、巴方、下
厃是几次重大的战事，在决策过程中亘都参与了占卜，如：

64. 丁未卜，亘，贞舌方出隹我祸。□月。　　　　　　　　《合集》6091

65. 壬午卜，亘，贞告舌方于上甲。　　　　　　　　　　　《合集》6131

66. □□卜，亘，贞舌方……［乎］逆伐受屮又。　　　　　《合集》6205

67. 庚午卜，亘，贞乎伐舌方受屮又。　　　　　　　　　　《合集》6240

这些占卜几乎包括对舌方作战的主要过程，64、65辞是得到舌方出动侵扰情报，卜问
是否将造成严重后果；卜问告祭哪一位祖先，可以得到庇佑。66、67辞是在决定开战
以后，卜问对于舌方的侵袭，用迎击作战的方式是否适宜；是否要调动强宗大族或侯伯
的族军及地方武装投入战事。武丁几乎在同一时间发动了对巴方和下厃的战事，对于王
师投入哪个战场曾颇费斟酌，相关卜辞很多，其中亘贞的有：

68. 癸丑卜，亘，贞王比奚伐巴。

　　癸丑卜，亘，贞王惠望乘比伐下厃。　　　　　　　　　《合集》6477

68辞是在一般大龟腹甲靠上部位中缝两侧的一组对贞，下面刻有兆序"五"，反面靠下
部位还有一组"王勿比奚［伐巴方］"、"勿比望乘伐下厃"的对贞。同套卜辞的一卜
见于《合集》811，可知在同一时间，亘至少用五版大龟的腹甲对此事进行了连续占
卜。关于伐下厃还有：

69. 癸酉卜，亘，贞王比兴方伐下厃。贞［王勿］比兴方伐下厃。

《合集》6530

这一组对贞是在一版大龟的甲桥部分，前辞"癸酉卜亘"刻在命辞部位的反面，属于
正反相接的刻辞，同版还有关于"兴方来"的占卜，反映伐下厃的选将也曾有过反复

考虑。

除了对这三个方国的征伐外，亘贞卜辞还涉及一些小规模的战事，如取彭、取夹等[43]。而与军旅、出征相关的卜辞还有：

　　70. 壬戌卜，亘，贞畣其亦有征。　　　　　　　　　　　　　　　　《合集》7629

　　71. □□卜，亘，贞羍羌。　　　　　　　　　　　　　　　　　　　《合集》224

　　72. 癸巳卜，亘，贞戋。七月。　　　　　　　　　　　　　　　　　《合集》559

这是关于战场动态、进展的占卜。70 辞的畣为人名，武丁时一员重要武官；亦，在卜辞中往往用作重累之辞表示又、也的意思，但此字在甲骨文中还假借为"夜"[44]，所以该辞更可能是问大将畣是否出动了夜袭。71、72 辞则是问武装行动是否掳获到羌人，是否达到预期目的。又如：

　　73. 丁酉卜，亘，贞乎伐其又。　　　　　　　　　　　　　　　　　《合集》7598

　　74. 丁未卜，亘，贞今日乎步。　　　　　　　　　　　　　　　　　《合集》19253

　　75. 丁酉卜，亘，贞乎多犬卫。　　　　　　　　　　　　　　　　　《合集》5665

这是有关部署、调动军队的占卜。乎伐，指调动王师以外的军队；步，指步伐，同类卜辞还有"亘贞翌辛亥勿步"[45]；多犬是武官，陈梦家同意多犬为犬人之官说，认为"犬本为饲猎犬之官，进而为田狩之官，亦参加征伐之事"[46]，在古代社会，田猎也是军事训练，田狩之官转化为武官也是很自然的。此外，还有征集军队的占卜：

　　76. 戊戌卜，亘，贞［勿］蠚登三千人。　　　　　　　　　　　　　《英藏》658

　　77. 甲午卜，亘，贞共马乎戙。　　　　　　　　　　　　　　　　　《合集》7350

76 辞"登人"是征集兵员，77 辞"共马"是征调战车[47]，戙是表示征伐行动的用语。

从以上举例，可见亘贞卜辞几乎涵盖征伐活动的全过程。而军队的职能不仅是对外的，还有对内的镇压职能，如抓捕逃亡者。前述亘方代表人物曾参与对"寏"的抓捕，贞人亘也对同类事件进行过占卜，除残辞外，还存有一版卜辞、占辞、验辞的完整刻辞：

　　78. 癸酉卜，亘，贞臣得。癸酉卜，亘，贞不其得。王占曰：其得，佳甲、乙。甲戌，臣涉舟延，㚔弗告。㞢五日丁亥执。十二月。　　　　《合集》641

在商代，臣属于非自由人，除了得到了统治者信任的上层小臣，大多数处于奴隶地位，"臣得"、"不其得"是卜问抓捕逃亡者能否抓获，由于最终如卜兆所示，抓捕到了逃亡的臣，因而记下占辞和验辞。

商代的渔猎无疑有生产活动的性质，但在卜辞中，王主持的田狩活动则更多与军队的训练、演习有关，亘贞的田猎卜辞往往还有验辞，应是一些重要的大型田狩的遗存。如：

　　79. 辛未卜，亘，贞往逐豕隻。之日王往逐在蹛豕，允隻九。

　　　　　　　　　　　　　　　　　　　　　　　　　　　　《合集》10229（正反）

　　80. 乙丑卜，亘，贞往逐豕隻……往逐菑豕，允隻……　　　　　　《合集》10227

　　81. □□卜，亘，贞逐咒隻。［王］占曰：其隻。己酉允隻二。　《合集》10398

（三）卜年成与贡纳

商代经济以农业为基础，多见与农业生产相关的卜辞，贞人亘也有一批卜问能否丰收、如何能获得丰收的占卜，如：

82. 辛巳卜，亘，贞祝岳求来岁受年。贞来岁不其受年。　　　　《合集》9658
83. 戊申卜，亘，贞受年。王……贞乎妇井黍受年。一月。

　　　　　　　　　　　　　　　　　　　　　　　　　　　《英藏》810（正反）

84. 癸卯卜，亘，贞我受黍年。五月。　　　　　　　　　　　《合集》9951
85. 甲午卜，亘，贞南土受年。　　　　　　　　　　　　　　《合集》9738
86. 乙巳卜，亘，贞羽不其受年。　　　　　　　　　　　　　《合集》9790
87. 丁亥卜，亘，贞羊受年。丁亥卜，亘，贞鈢受年。　　　　《合集》9792
88. 庚辰卜，亘，贞戛受年。贞戛不其受年。二月。王占曰：戛秾佳□鲁。

　　　　　　　　　　　　　　　　　　　　　　　　　　　　　《合集》9810

"受年"，是卜问能否有好年成。82、83 辞卜问祭祀岳或派妇井主持种黍仪式，是否能求的丰收；88 辞"秾"指收割，或认为是"刈"的异体[48]；鲁，应训为嘉[49]，卜辞见有"年鲁"当指年谷丰登。总之 84 ~ 88 辞卜问四土之内一些地域能否获得丰收。不少卜辞多经反复贞问，如 82、85、87、88 辞均卜用较小的龟腹甲，正面只有一组卜辞，但从兆序看均经过反复多次占卜，其中 82 辞正反贞都灼卜六次以上，85 辞残存兆序"三、四、五"，但参照同套卜辞复原，当为正反贞各灼卜七次[50]，87、88 辞则灼卜十次以上。83 辞契刻于骨，正面卜辞大字涂朱。可见这类占卜内容关系国计民生，在当时也属于重大的政事。

与年成好坏密切相关的是天时能否风调雨顺，贞人亘的相关卜辞有：

89. 己酉卜，亘，贞帝不我莫。贞帝其莫我。　　　　　　　《合集》10174
90. 甲午卜，亘，贞翌乙未易日。　　　　　　　　　　　　《合集》1075
91. 癸丑卜，亘，贞亦盅雨。　　　　　　　　　　　　　　《英藏》725
92. 丙申卜，亘，贞今二月多雨。王占曰：其佳丙……　　　《合集》12511
93. 丙午卜，亘，贞今日风祸。　　　　　　　　　　　　　《合集》13369

莫，或释为表示饥馑的堇，但甲骨文水旱之旱作熯，从卜辞文例可知，熯、莫通用，所以陈梦家所谓莫即今"旱"字说是有道理的[51]，89 辞为卜问是否不会遭遇旱灾。90 辞"易日"之易，或认为当读为更、为变，指变天；或认为当读为赐，指阴天[52]，总之反映了对天气阴晴等变化的关注。91 辞"盅雨"唐兰认为叚为"脩雨"，谓雨之绵长者；于省吾说当读为"调雨"，指与灾害之雨区别的调和之雨[53]。92、93 辞也是涉及是否风调雨顺的占卜。

商代的祭祀要用大量的牲畜，当时的畜牧业也相当发达，甲骨卜辞由于其性质的限制，不可能全面地反映商代畜牧业，但可以知道祭牲有相当一部分是向地方征集的，就是畜牧奴隶也有不少是地方进献的，如卜辞有：

94. 戊寅卜，亘，贞取牛不齿。　　　　　　　　　　　　　《合集》8803

95. 戊寅卜，亘，贞勿乎共牛多奠。	《合集》8938
96. 庚子卜，亘，贞勿牛于敦。	《合集》11153
97. 庚辰卜，亘，贞戠牛于子京（合文）。	《前编》6. 2. 1[54]

94、95 辞的"取"、"共"都是表示收取贡纳的用语，94 辞的"齿"指牛的年岁[55]。96、97 辞的"勿"、"戠"或以为指杀牛，但是前者也可以解读为物色之物[56]，对于后者，也有研究者提出卜辞常见的"冒牛"疑即"戠牛"之省[57]，而卜辞还见"冒人三千乎望吾"[58]，说明"冒"指一种征调方式，所以 94～97 辞当反映商代用多种方法收取地方贡纳的牲畜。亘贞卜辞还有：

98. 甲辰卜，亘，贞今三月光乎来。王占曰：其乎来……乙。	
旬业二日乙卯允有来自光，以羌刍五十。	《合集》94
99. 庚子卜，亘，贞乎取工刍以。	《英藏》757
100. 甲申卜，亘，贞臭以夷。	《合集》10093

98 辞的验辞记录光进献了五十名畜牧奴隶。卜辞中的"工"除了表示贡纳的贡或工官、工匠等某种身份的人[59]外，还有作人名、地名者，如"工来羌"、"令在北工登人"[60]，所以 99 辞是关于"工"进献畜牧奴隶、第 100 辞是臭进献夷人的卜辞。

除了牲畜和劳动力以外，征收的还有战略物资，亘贞卜辞见有：

| 101. 丁亥卜，亘，贞乎取吕。贞勿乎取吕。王占曰：吉，其取。 | |

《合集》6567

甲骨文作地名的"吕"，横竖笔画平直，或释"雍"，此"吕"字笔画略作弧形，卜辞有赐吕、铸黄吕[61]，吕字写法均同此字，一般认为这种写法的"吕"字是二铜饼相叠的象形，指铜锭。联系商代前期的黄陂盘龙城遗址，还有与黄陂一江之隔、东南距武汉百余公里范围内的大冶、阳新、瑞昌的青铜时代矿冶遗存，以及商代前期已经在那里进行了开采和冶炼的考古发现和研究成果[62]，可知"乎取吕"指派人收取、聚敛冶炼好的铜锭。

（四）其他王事活动与贞人职守

亘贞卜辞还有很多关于王的出入往来及行政事的占卜，如：

102. 壬辰卜，亘，贞王往出于敦。	《合集》7941
103. 戊寅卜，亘，贞王循方。	《合集》10104
104. □□卜，亘，贞王遣若。	《合集》5315
105. 己未卜，亘，贞王听不隹祸。	《合集》5299
106. 丁亥卜，亘，贞王舌鼓于……	《合集》15153
107. □□卜，亘，贞王宾……	《合集》15161
108. 乙□卜，亘，贞使人于我。	《合集》5526

102～105 辞中，"往出"是出行。"循"是巡视[63]。"遣"是差遣[64]。"听"，于省吾释为听闻或听治之所，引卜辞有王听"不隹孽"、"隹业峉"等，均指王之听治无患害、无不利，提出在"王听不隹祸"中，祸应读咎，言王听政不唯咎[65]。106 辞中的

"舌"，在甲骨文中有两种用法，一为口舌之舌；二为祭名，饶宗颐解释此辞之"舌"是一种报神之祭，有"刮除皵害之意"[66]。107 辞"宾"，也是祭名，王宾当指祭典中的王宾接神灵的仪式[67]。108 辞是卜问王是否要派人到"我"地做某事。

　　除王以外，还有关系到其他为政者的占卜，如：

　　109. 癸酉卜，亘，贞生三月妇好来。贞生三月妇好不其来。　　《合集》2653

　　110. 丁酉卜，亘，贞舌协王事。贞王曰舌来。王占曰……　　《合集》5445 正反

　　111. 癸未卜，亘，贞豈来。豈不其来。

　　　　　癸未卜，亘，贞有来自豈。　　　　　　　　　　　　　《英藏》353

　　112. 甲午卜，亘，贞沚戛来。　　　　　　　　　　　　　　《合集》8810

　　113. 丙辰卜，亘，贞皋亡灾。二月。　　　　　　　　　　　《合集》7946

　　114. 癸未卜，亘，贞征亡祸。贞皋业祸。

　　　　　癸未卜，亘，贞画亡祸。　　　　　　　　　　　　　《合集》13793

　　115. □□卜，亘，贞……东史来。　　　　　　　　　　　　《合集》5635

110～115 辞的舌、豈、沚戛、皋、征、画、东史等，有的是臣服方国、强宗大族代表人物在商王朝参与政事者甚至是重臣，有的是商王指派的官吏，109 辞的妇好，卜辞更常见他外出代王行政事，所以武丁关心他们是否勤劳王事、来朝来献，是否无灾无祸如期回来报告行政事的结果。此外亘贞卜辞还有关于商王是否对臣下进行赏赐，如"赐禾"、"赐牛"[68]的内容。

　　亘，作为贞人除了承担一系列有关国之大事的占卜外，还参加了卜事的管理，如武丁记事刻辞有：

　　116. ……亘示四十。　　　　　　　　　　　　　　　　　《合集补遗》4234

　　117. 戊申妇喜示二屯。亘。　　　　　　　　　　　　　　《合集》6060 臼

"示"指祭祀牛骨龟甲之事，胡厚宣《五种记事刻辞考》认为"殷人既得龟骨之后，必须先经过一种祭典而后用之。《周礼·龟人》所谓'上春衅龟，祭祀先卜'及其典矣"[69]，116 辞为甲桥刻辞，记亘对四十龟甲进行了祭祀；117 辞为骨臼刻辞，记录妇喜祭祀两对卜用牛胛骨，下为亘签名。《记事刻辞考》统计常见签名者十八人，其中亘签名二十二见。

　　贞人亘的卜辞很多，以上仅举其大要，已可见其占卜内容包括国之大事的方方面面，无疑属于武丁宾组贞人集团的核心人物之一。

三　亘方的族属及其与商王朝的关系

　　通过以上对甲骨文相关资料的梳理，可以清楚地看到亘与商王朝、商王族有着极为密切的关系。

　　首先如前列举的 27～29 辞所示，亘方的代表人物不仅有进贡占卜用龟的记录、有参与追捕逃亡奴隶的卜辞，武丁还十分关心他是否有祸。从大量的卜辞可知，有祸、无祸的占卜对象以王为代表的商王朝为主，还有王室贵族及重臣，如子商、我、雀、般、

光、西史旨等，属于商王朝统治集团的成员。

尤其值得注意的是如前列第 10 版所示，当亘入侵鼓地，武丁有"兄丁岜王。兄丁弗岜王"、"兄丁岜亘。兄丁弗岜亘"的反复卜问。岜，常见于卜辞，可读为"害"[70]，主要指帝和包括祖神在内的诸天神地祇降下的伤害，如"隹帝岜我年"、"父乙岜王"，偶见用于人为"惠圃乎令沚岜羌方"[71]。在这类占卜中，可能的施害者和被害者总是密切相关的。如：帝是彼岸世界的最高神灵，又直接掌控风雨，能够决定年成；父乙是武丁的父王，有最为密切的血缘关系；圃与沚是经常参与征战的将领，这是他们是否会"岜我年"、"岜王"、"岜羌方"的前提。从大量卜辞看，可能的施害者与被害者对应关系大体如下[72]（表一）。

表一　　　　　　　　　　可能的施害者与被害者对应关系

1	帝	令岜（14159）	岜我年（10124）		
2	蚰	岜我（14707）			
3	西方	岜我（33094）			
4	河	岜王（776）	岜禾（3337）	岜云（屯 2105）	岜雨（14620）
5	岳	岜我（14488）	岜禾（3338）	岜云（屯 2105）	岜雨（3422）
6	夒	岜王（屯 2369）	岜禾（3337）		岜雨（屯 2538）
7	高祖王亥			岜云（屯 2105）	岜雨（32064）
8	大示		岜王（14833）		
9	多祖	岜我（2095）			
10	上甲	岜（1231）			
11	大丁	岜我（14003）			
12	祖乙		岜王（9741）		
13	祖辛	岜我（95）	岜王（1747）		
14	祖丁		岜王（1901）		
15	南庚		岜王（10299）		
16	父甲	岜（13676）			
17	父庚		岜王（2147）		
18	父辛		岜王（2166）		
19	父乙		岜王（2231）	岜子𡊸（1076）	岜牛（2251）
20	多介父	岜（2345）			
21	兄丁		岜王（6945）	岜亘（6945）	
22	兄戊	岜（2912）			

23	多兄	旹（2924）			
24	旧老臣	旹我（3522）			
25	黄尹	旹我（4368）	旹王（6946）		
26	高妣己		旹王（738）		
27	妣己		旹王（2433）		旹妇（2845）
28	母庚		旹王（14161）	旹子安（454） 旹子渔（英122）	
29	母癸		旹王（2498）		
30	母丙	旹（2530）			旹妇井（2738）
31	母𤰩		旹王（2153）		
32	多母	旹（英113）			
33	𡥀子	旹我（3273）			
34	龚司				旹妇好（795）
35	娥			旹子𠂤（14787）	
36	丁示			旹阜（14906）	

　　由此可知，"旹年"以及云雨者，主要是 1～7 项的帝、自然神、先公远祖；"旹王"者，主要是 4～31 项先公先王先妣、旧臣等；降害于诸子者主要是父辈的先王先妣；降害于多妇者以女性祖先为主。在武丁卜辞中，父乙、母庚作为时王生父及其法定配偶，卜问他们是否为"旹"的卜辞数量多、范围也最广，说明施"旹"与被"旹"还与血缘亲疏有关。而被"旹"者除以王为代表的商王朝外，主要是诸妇、诸子，如妇好、妇井、子安、子渔、子美[73]等。在这类卜辞中，仅有少数不称"子"者，如亘、阜，还有吴[74]，但阜有"子阜"之称[75]，吴有"御吴于妇"[76]的卜辞，祭祀王"妇"为他禳灾，关于亘则有"兄丁旹亘"与"兄丁旹王"并卜，由此可见是否有"旹"的卜问对象不仅属于统治集团的成员，而且是与商王族有亲缘乃至血缘关系者。这就说明，武丁征伐过的亘不属于鬼方的方国。

　　第二，在武丁时，亘方与商王朝发生过战争，然而在古代社会，兵刑不分，典型的事例是《史记·夏本纪》所载，"帝仲康时，羲和湎淫，废时乱日。胤往征之，作《胤征》。"商代也是这样，以兵戎相见者，不一定就是敌国，武丁征伐卜辞涉及百余方国、地名、族氏，其中有一些既被征伐过，又是武丁王朝中的常见或重要人物，说明"九世之乱"以后，成汤建立的商王朝日益衰落，原臣服的小国纷纷叛离，就是派出镇守、开边的官吏，也逐渐成为一方侯伯，不再服从商王的统辖，武丁继位后，四出征讨，其中有一部分属于武力迫使叛离者归附。伐亘的战事持续约半年，这与武丁在位的 59 年相比是相对短暂的，商代战胜异族方国往往将其首领用于献俘，感谢在战争过程中祖先神灵的佑护，如伐亘方前后对基方缶的战争就是以"乎子汰酒缶于冥"、"缶隻用"[77]为结局，而对亘方，虽有不少"隻亘"、"执亘"的卜辞，然而非但不见杀亘以祭的迹象，相反贞人亘却长久受到重用，进一步说明武丁伐亘很可能与内部权力之争有关，不当属于三年伐鬼方总斗争的一部分。

第三，如前所述，贞人亘是一位执事相当长久的贞人，武丁伐亘，多见雀参与其事，一般认为属于武丁前期，而亘贞卜辞中既有可能死于武丁前期的妇好，又有武丁后期的伐舌方等内容。

尤其是从占卜事类看，古代社会"国之大事在祀与戎"[78]，社会生产和赋税是保证社会发展、维系国家机构运转的物质基础，官员是国家政事的推行者，亘贞卜辞既涵盖了祀与戎等国之大事，又包括农牧业生产及赋敛的内容，还有很多对统治集团主要成员的吉凶祸福及能否勤劳王事的占卜，充分说明亘方之乱平定以后，亘族的贞人仍然受到武丁的信任与重用。不仅如此，在亘贞的卜辞中还有"□戌卜，亘，贞余弘祟"[79]，弘，在卜辞中有两种用法：一作人名；一作副词，如"帝其弘令雷"[80]。祟，或释为蔡，是表示祸祟之字。余，在子组卜辞中有作贞人名的，在宾组则大量用作第一人称代词，即王自称，往往见于王亲贞卜辞，如"庚子卜，王，贞余亡告"[81]。所以"余弘祟"一词中的"余"也当为代词——王自称，意味着亘是代王贞问，这在宾组卜辞中是极少见的，反映了贞人亘与王族非同一般的关系。

不仅如此。上文列举的第5辞"䖒衣于亘蔑雨。十一月在甫鲁"，衣，在甲骨文中主要有两种用法，一为地名，一为祭名，该辞即有占卜之地，又有祭祀之地，故辞中的衣不可能再作地名。衣即殷，或训盛，吴其昌说"'衣'者，商代之大祀，胪列诸代先王先妣而合祭之也"[82]，卜辞有"自上甲衣至于多后亡尤"、"乡于祖乙衣亡告"、"出乡岁自母辛衣"、"贞勿衣燎于河"[83]，所以衣祭虽然不一定都是诸代先王先妣的大合祭，也是合祭或比较大型庄重的祭祀。殷墟甲骨文中屡见衣祭，但记祭祀地点不多，帝乙帝辛有在"天邑商公宫"进行衣祭的卜辞[84]，武丁则在亘举行衣祭，无疑反映亘地的重要地位。

第四，亘方存在于整个商代，本文前列1、3、6例卜辞的时代分别为武丁、武乙文丁、帝乙帝辛遗存，虽然第6辞仅称亘而无"方"字，但是该辞的亘仅作地名，作这种用法时，在武丁时也有不加"方"字的，如第4、5例卜辞。亘方应是在商末被武王所灭，《逸周书·世俘》记载，武王甲子灭商之役以后，至回师途中，为巩固胜利成果，七次部署兵力伐商属国，其中的宣方当即亘方。因为从文字看，曾侯乙钟铭的律名"宣钟"也写作"亘钟"，据考，二字皆从"亘"声，故可通用[85]，在卜辞中也有类似的例子，如甲骨文阛、阘，是不加宀的仄、鏊二字之繁体[86]。从内容看，廪辛康丁卜辞中也有宣方，如"弜宣方燎"[87]，拟于宣方举行燎祭与拟在在亘举行衣祭祀正相呼应，表明无论宣还是亘，都为商王祭祀之所。而在牧野之战后，宣方被周武王列为第一批打击对象，与卜辞中亘方在商王朝的特殊地位也一致。从而可以推断卜辞中的亘方也偶作宣方，亦即《世俘》中武王命伯韦所灭之宣方，只是目前垣曲商城一带似尚未发现商代晚期的遗存，还有待进一步研究、探索。

亘方不仅存在于商代后期，如前所述，早有研究者提出亘字铭文见于二里岗期青铜器，该器藏于中国历史博物馆，上世纪 60 年代初，石志廉曾撰文介绍说它的"形状、铜质、花纹和郑州杨庄出土的一个商代早期铜鬲非常相似"，"很有可能是在郑州附近出土"。内壁唇沿处有一字（图一，1），曾释戊，今多释亘，但长期以来一些学者疑为伪铭，所以没有引起充分的注意[88]。然而联系金文亘或从亘的洹、宣、趄等字（图一，2~7），释亘应是可信的。尤其是近些年发掘出的垣曲商城，其时代恰与亘鬲同属于二里岗期，说明"亘"这一国族在商代早期当已经存在。

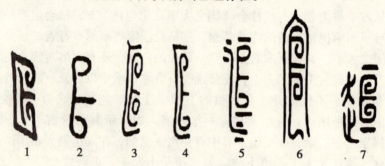

图一　与"亘"有关的古文字
1. 亘鬲　2~6. 曾侯乙钟　7. 秦公簋[89]

考古发现和研究成果告诉我们，夏王朝与晋南关系十分密切，如 1960~1980 年前后晋南考古调查，共发现二里头遗址 42 处，最大的面积 20 万平方米，有的文化堆积厚达 2~4 米[90]。晋南的二里头文化与豫西大同小异，命名为二里头文化东下冯类型，但运城地区东南隅黄河北岸的垣曲发现的二里头文化遗存，时代属于二里头三期至四期，主要因素与豫西相同，发掘、研究者将其划归二里头类型[91]。这充分说明夏代晚期，随着太行山东麓商人的崛起，夏王朝加强了对晋南的经略。也正因为此，商汤灭夏以后，进驻了垣曲和进行过鸣条决战的夏县东下冯，在二里头文化的聚落之上，修建了两座商城[92]。而且随着这两座古城的兴盛，商文化在晋南不断发展自己的势力，据晋南考古调查，已发现商代遗址二十多处，多数属于二里岗时期[93]，也有一些时代稍晚，但文化面貌与郑州地区相同，如平陆坡底乡前庄村发现的早商青铜器，包括方鼎、圆鼎、罍、爵等，其中的鼎、罍等形制、纹饰、尺寸皆可与郑州张寨以及郑州向阳回民食品厂出土的一批青铜器相比[94]。夏县东阴村遗址属于二里岗上层晚段白家庄期的遗存和长治小神遗址相当于殷墟一、二期的遗存，分别与郑州地区、安阳地区相同，说明这些聚落存在的时代，其地是在商王朝的直接统治下[95]。

考古学揭示垣曲商城对商王朝经略晋南、北向发展的重要意义，这与甲骨文反映出亘方的特殊地位是一致的，可以推断商汤灭夏以后，曾将重要的王族成员派驻亘地，作为镇守、开拓北方的据点，随着时间的推移，逐渐发展成为一方诸侯。发展起来的地方势力与中央政权会有矛盾和斗争，尤其是中央政权衰落之时，但共同的血缘又使他们保持着千丝万缕的联系，所以尽管亘商关系错综复杂，商代却只有一个亘方，虽然一度反叛，但最终仍归复为商王朝支柱之一，这或与《史记·殷本纪》所说"武丁修政行德，天下咸欢"的政策有关。

注　释

〔1〕中国历史博物馆考古部等：《垣曲商城——1985～1986 年度勘查报告》第 3 页、第 274～276 页，
　　科学出版社，1996 年。

〔2〕陈梦家：《殷墟卜辞综述》第 276 页，科学出版社，1956 年。

〔3〕张亚初：《殷墟都城与山西方国考略》，《古文字研究》第 10 辑，中华书局，1983 年。

〔4〕钟柏生：《殷商卜辞地理论丛》第 195 页，艺文印书馆，1989 年。

〔5〕岛邦男撰，温天河、李寿林译：《殷墟卜辞研究》第 417 页，鼎文书局印行，1975 年。

〔6〕同注〔1〕，第 276 页。

〔7〕见陈梦家：《殷墟卜辞综述》图版贰贰之 4，科学出版社，1956 年。

〔8〕《甲骨文合集》（本文简称《合集》）6063、6078、6079、6131。

〔9〕字从二手、从酉，金祥恒认为"亦莫也"，移左右二手形于上。见于省吾主编：《甲骨文字诂林》
　　第 2697 页，中华书局，1996 年。

〔10〕于省吾主编：《甲骨文字诂林》第 1749～1752 页，中华书局，1996 年。

〔11〕同注〔10〕，第 1706 页姚孝遂按语。

〔12〕《合集》8291、7355、8289。

〔13〕《合集》5056 臼。

〔14〕《怀特》71、《合集》5450。

〔15〕《甲骨文合集释文》将亩、曽均隶定为亩。

〔16〕刘钊：《卜辞所见商代的军事活动》，《古文字研究》第 16 辑，中华书局，1989 年。

〔17〕《合集》6950。

〔18〕裘锡圭：《释"求"》，《古文字研究》第 15 辑，中华书局，1986 年。

〔19〕根据残辞互补复原，同版对贞残辞为"癸……雀……"。

〔20〕郭沫若《殷契粹编》1553 片考释。

〔21〕一般认为商代大月 30 日，小月 29 日，卜辞中记月之日不一定是该月的第一天或最后一天。

〔22〕《合集》13653 反、13645 反。

〔23〕胡厚宣：《甲骨文商史论丛初集·武丁时五种记事刻辞考》，河北教育出版社，2002 年。

〔24〕《合集》190 反、463 反、900 反、1076 反、9247 反、13648 反。

〔25〕《合集》13505、267。

〔26〕《合集》576、578、574，《英国所藏甲骨》（简称《英藏》）608。

〔27〕如《合集》845。

〔28〕同注〔2〕，第 176 页。

〔29〕同注〔2〕，第 538 页。

〔30〕胡厚宣：《甲骨学商史论丛初集·卜辞下乙说》第 282～301 页，河北教育出版社，2002 年。

〔31〕如《合集》1534："癸酉卜，亘，贞业酒兄丁。"

〔32〕陈梦家：《殷墟卜辞综述》第 449 页，科学出版社，1956 年。

〔33〕罗琨：《卜辞中的"河"及其在祀典中的地位》，《古文字研究》第 22 辑，中华书局，2000 年。

〔34〕中国社会科学院考古所：《殷墟妇好墓》，文物出版社，1980 年。

〔35〕《合集》6197～6200。

〔36〕中国社科院考古所安阳队：《安阳小屯村北的两座殷代墓》，《考古学报》1981 年第 4 期。

〔37〕在此辞中，字为繁体，作为并列的二及之形。

〔38〕罗琨：《商代的人祭及相关问题》，胡厚宣等：《甲骨探史录》，三联书店，1982 年。

〔39〕《合集》1780、6986。

〔40〕《合集》817、812、32189，《英藏》1771。

〔41〕张政烺：《释甲骨文俄、隶、蕴三字》、《释因、蕴》，《张政烺文史论集》第 438～443、664～675 页，中华书局，2004 年。

〔42〕《合集》2373。

〔43〕《合集》7064、7075。

〔44〕罗琨：《甲骨文"亦"叚为"夜"之证》，《中国史研究》2002 年第 3 期。

〔45〕《合集》19263。

〔46〕同注〔2〕，第 514 页。

〔47〕王贵民：《商周制度考信》第 231 页，台湾明文书局，1989 年。

〔48〕裘锡圭：《甲骨文字考释（八篇）》，《古文字研究》第 4 辑，中华书局，1980 年。

〔49〕于省吾：《释鲁》，《甲骨文字释林》第 52～53 页，中华书局，1979 年。

〔50〕《合集》9735。

〔51〕a. 于省吾主编：《甲骨文字诂林》第 292～296 页，中华书局，1996 年。
　　b. 陈梦家：《殷虚卜辞综述》第 564 页，科学出版社，1956 年。

〔52〕同注〔51〕a，第 3382～3390 页。

〔53〕见于省吾：《甲骨文字释林·释蛊雨》，中华书局，1979 年。

〔54〕又见《合集》8041，字不全。

〔55〕于省吾：《甲骨文字释林·释齿》，中华书局，1979 年。

〔56〕裘锡圭释勿牛为"勿牛"，说可能读为物色之物或刿牛马之刿，见《古文字论集·释勿发》，中华书局，1992 年。

〔57〕饶宗颐：《殷商贞卜人物通考》第 466 页，香港大学出版社，1959 年。

〔58〕《合集》6185。

〔59〕a. 于省吾：《甲骨文字释林·释工》，中华书局，1979 年。
　　b. 肖楠：《试论卜辞中的工与百工》，《考古》1981 年第 3 期。

〔60〕《合集》230、7294。

〔61〕《合集》3823、29687，《英藏》2567。

〔62〕a. 湖北文物考古所编著：《盘龙城——1963～1994 年考古发掘报告》，文物出版社，2001 年。
　　b. 黄石博物馆：《铜绿山古矿冶遗址》，文物出版社，1999 年。
　　c. 刘诗中、卢本珊：《江西铜岭铜矿遗址的发掘与研究》，《考古学报》1998 年第 4 期。

〔63〕李孝定：《甲骨文字集释》第 567 页，引屈万里：《甲编考释》第 31 页第 189 片及李孝定按语。

〔64〕同注〔10〕，第 3050 页。

〔65〕于省吾：《甲骨文字释林·释耤、甾》，中华书局，1979 年。

〔66〕同注〔10〕，第 692～693 页。

〔67〕同注〔10〕，第 2027 页引周国正说。

〔68〕《合集》9464、9465。

〔69〕胡厚宣：《甲骨文商史论丛初集·武丁时五种记事刻辞考》，河北教育出版社，2002 年。

〔70〕裘锡圭：《释"蚩"》，见裘锡圭：《古文字论集》第 11～16 页，中华书局，1992 年。

〔71〕见《合集》10124、2231，6623。

〔72〕括弧内为出处，《屯》为《小屯南地甲骨》、《英》为《英国所藏甲骨》、不录署名者为《合集》

〔73〕子美见《合集》12939。

〔74〕《合集》4015。"吴"，甲骨文作𠮷，为表示人名、族名的死文字，为印刷方便，仅代之以吴。

〔75〕《合集》3226。

〔76〕《合集》13740。

〔77〕《合集》3061 正反。

〔78〕《左传·成公十三年》。

〔79〕《合集》4997

〔80〕《合集》14128。

〔81〕《合集》5002。

〔82〕同注〔10〕，第 1903～1908 页，引王国维、饶宗颐、吴其昌说。

〔83〕《合集》22623、22914、23429、14572。

〔84〕《合集》36542。

〔85〕裘锡圭、李家浩：《曾侯乙墓钟、磬铭文释文与考释》，中国社会科学院考古所编《曾侯乙墓》第 558 页，文物出版社，1989 年。

〔86〕同注〔10〕，第 2034、2036 页。

〔87〕《合集》28003。

〔88〕a. 中国美术分类全集《中国青铜器全集》第 1 卷图版五一亘鬲，文物出版社，1996 年。

　　b. 石志廉：《商戈鬲》，《文物》1961 年第 1 期。

〔89〕分别见中国社会科学院考古所编《殷周金文集成》447、321.7～8、328.5～6、325.6～7、321.7～8、293.4～7、4315.1～7，中华书局。

〔90〕中国社科院考古所山西工作队：《晋南考古调查报告》，《考古学集刊》第 6 集，中国社会科学出版社，1989 年。

〔91〕同注〔1〕，第 287～288 页。

〔92〕a. 同注〔1〕。

　　b. 佟伟华：《垣曲商城宫殿区再次发掘明确整体形状和布局》，《中国文物报》2003 年 6 月 27 日。

　　c. 中国社会科学院考古所、中国历史博物馆、山西省考古研究所：《夏县东下冯》，文物出版社，1988 年。

〔93〕同注〔90〕。

〔94〕张崇宁：《山西平陆前庄商代遗址分析》，1998 年河北邢台中国商周文明学术研讨会论文集《三代文明研究（一）》，科学出版社，1999 年。

〔95〕a. 山西考古研究所、夏县博物馆：《夏县东阴村遗址发掘报告》，《考古与文物》2001 年第 6 期。

　　b. 山西省考古所晋东南工作站：《长治小常乡小神遗址》，《考古学报》1996 年第 1 期。

商代军礼初探

张永山

（中国社会科学院历史研究所）

礼产生和形成以后，经过漫长的历史发展过程，进入文明社会才真正成为调节人际关系、维护等级尊严和捍卫疆土完整的一套礼仪制度。军礼是这种制度的重要组成部分，是文献中周代的五种礼制之一[1]，与祭祀同等重要，被列入两项"国之大事"[2]当中，但在先秦文献记载中却残缺不全，只在《左传》、《周礼》、《诗经》和少数子书中有零星片段的叙述。尽管如此，有关周代的军礼，文献与金文相参证，还是可以勾勒出周代的军礼概貌，大体有出征祭祖、迁社主、行军祭祀、凯旋振旅、献俘、安社主等活动。周代这套军事礼仪制度，早在商代已初具规模，有的学者利用殷墟卜辞进行过论证，不仅证实商代确实存在军礼，而且与两周军礼是一脉相承的[3]。其说可信，卜辞中的大量征伐、祭祖、献俘的文例，正是不同阶段军事行动的军礼的表现形式，因此这类刻辞无可争辩地成为论说商代军礼的最有价值的史料。

一　征伐谋于庙堂

在甲骨文中，占卜征伐的卜辞里，往往都有大量求告神祇和祖先神灵佑助的刻辞，其中求助上帝保佑战争取得胜利的卜辞数量不少，下列几条卜辞便显现出这种求告的场面。

1. 辛亥卜，㱿，贞：伐舌方，帝受〔我又〕。
   贞：帝不其〔受又〕。　　　　　　　　　　　　　　　　　　《合集》6270

2. 辛亥卜，㱿，贞：伐舌方，帝受〔又〕。
   贞：帝不其受又。　　　　　　　　　　　　　　　　　　　《合集》6271

3. 贞：王惠沚馘比伐巴方，帝受我又。
   王勿隹沚馘比伐巴方，帝不我其受又。　　　　　　　　　《合集》6473 正

4. 丙辰卜，争，贞：沚馘启，王比，帝若，受我又。
   贞：沚馘启，王勿比，帝弗若，不我其受又。　　　　　　《合集》7440 正

上引卜辞中"舌方"和"巴方"都是征伐对象；"沚馘"是领兵的大将；"受又"相当于授佑[4]，即得到保佑；比，意为联合；启，有先导之意[5]，那么"沚馘比伐巴方"就是商王联合沚馘伐巴方，"沚馘启"便是沚馘作为先导部队的将领。这四版卜辞都是从正反两个方面卜征伐某方会得到帝的佑助，还是帝不给予佑助，或得到帝的允诺和

佑助，还是得不到帝的允诺，也不给予佑助。在卜辞中的帝是指天神而言，后来称为上帝，主宰着自然界上天和地上及人世间的万物万事[6]，尤其是世间的吉凶祸福，都掌握在帝的无形大手中，所以人间之王征伐不顺从的方国，祈求帝的允诺、佑助，自然应是当时宗教思想支配下的必然举动，宣扬人王的征伐是在执行帝的意旨。由此看来征伐求助帝的佑助不仅是必要的，而且已成为必须履行的制度，成为军礼的重要组成部分。卜辞中还有类似帝的神名为"下上"。

  5. 癸丑卜，㱿，贞：王佳征舌方，下上弗若，不我其受又。

   贞：勿佳王征舌方，下上弗若，不其受又。   《合集》6317

  6. 辛巳卜，㱿，今春王惠戔比伐土方，下上若，受〔业又〕。

                   《合集》6418

在有关征伐的卜辞中，刻有"下上若"和"下上弗若"命辞的不下几十条，都是祈求"下上"在征伐敌方时给予佑助，"弗若"就是不给与佑助。那么"下上"是什么神名？早年研究者大多主张是指天神地祇，有的说"下上"必为上帝和地祇百神[7]，或是"上指上帝神明先祖，下或指地祇"，并引《论语·述而》"祷祠于上下神祇"证明是指天神和地祇[8]。后来这种把"下上"看作天神地祇的观点遭遇挑战，有学者提出"下、上和帝是分别被祈求的"，故"下、上"不可能是指天神地祇，而应该是同卜辞中的上示、下示祖先世系一样，也当是指祖先而言的[9]。新观点尽管有一定的合理性，但还缺乏"下、上"和祖先之间转换的内在联系，而且也没有文献作依据，因此新观点尚需多方面论证方可成立，在这里还是将卜辞中名为"下、上"的神，理解为天神地祇较为稳妥，也就是说征伐卜辞中的"下、上"，是出征前的商王向天地神明祈求佑助之神，期盼获得战争胜利。

  在预卜战争取得胜利时，把对"下、上"神明和对祖先的祈求同等重视，在有关"禹册"的卜辞里表现得甚是明显。

  7. □禹册王比，下上若，受我又。   《合集》7428

  8. 贞：沚戛禹册告于大甲。   《合集》6134

"禹册"是"称述册命"，即宣读事先书写在简策上的"册命"文辞，这种做法为两周的策命礼所继承[10]。在商代的军礼中"禹册"往往与命将合二而一，商王武丁时期的卜辞里已见有此种制度，成为出征前举行旳隆重礼仪活动，从下列卜辞略见其端倪。

  9. 乙卯卜，争，贞：沚戛禹册，王比伐土方，受业又。 《合集》6087 正

  10. 丙申卜，㱿，贞：戛禹册，□呼比伐巴。   《合集》6468

  11. 己巳卜，争，贞：侯告禹册，王勿卒。   《合集》7408

  12. □卯卜，宾，贞：舟禹册，商若。十一月。   《合集》7415 正

  13. □□卜，宾，贞：牧禹册，□□登人敦□。   《合集》7343

  14. □沚戛禹册酋舌方，□□王比，下上若，受我〔又〕。

                   《合集》6160 正

  15. □沚戛禹册酋舌方，□□其敦衣，王比，下上若，受〔我又〕。

                   《合集》6161

第9～15条卜辞都是占卜某"禹册"的事，这是武丁时期为战争而任命武将的占卜刻辞。类似的刻辞数量也不少，都反映出那时盛行命将制度，它与文献和金文中记载周代出征选将的礼制一脉相承。周宣王命卿士南仲为大将征徐方[11]，伐淮夷"王命召虎"[12]等，都出自《诗经》的记载。金文里这样的制度更为真切，一般都是文献中缺载的活生生史实。昭王时的伯懋父受命以殷八师征东夷，穆王时的毛伯班领命伐东国瘠戎，录伯受命率虎臣御淮戎等[13]，均为周王命将的铭文，都是当事人铸器表示自己受到荣宠而保留下来的命将史料。卜辞中在神祇面前举行的"禹册"礼，形式上是披着神的外衣，实际上是把商王的任命和鬼神的允诺结合在一起，使出征更显得符合天意和神圣。人王只是在执行天命，当然命将的礼仪活动应该庄严而隆重，"禹册"仪式刻辞正是三千多年前这种场景的再现。第14、15辞的曹字是动词，其意为砍伐或打击[14]，故策命沚戛当然是命他率军攻击舌方。卜辞中的沚戛、侯告、舟、牧等是出现于卜辞中的几位著名将领，他们被商王策命伐土方、巴方、舌方，或守卫商都，或登人（征集兵源）征伐某地，看来"禹册"的历史内涵都是与军事活动有关的占卜事项。由第8条卜辞得知，举行禹册之礼的场所是在大甲宗庙内举行，这种礼仪活动在后世的《左传·隐公十一年》记载郑伯伐许的事得到启发："郑伯将伐许。五月甲辰，授兵于大宫。"郑始封之君出自周厉王，大宫为厉王宗庙。授兵，即颁发作战兵器，同时也在祖庙命公孙阏等为将。《左传·闵公二年》载晋太子申生伐东山皋落氏时，梁余子养说："帅师者，受命于庙，受辰于社。"[15]辰，实指以蚌壳盛祭社神之肉谓之辰。这段记载清楚地说明率军之将受命于庙，而且还要用肉祭社。周代军礼中这种命将制度，在殷墟卜辞里也可见到类似的表述，举几条为证。

16. 〔乙酉卜〕，㱿，贞：舌方𡥈率伐不。王告于祖乙其征，勾又。七月。

《合集》6347

17. 贞：舌方𡥈，勿告于祖乙。

贞：告舌方于祖乙。

《合集》6349

18. 贞：令禽伐东土，告于祖乙，于丁。八月。

《合集》7084

19. 己亥卜，其雟众告于父丁，一牛。

《合集》31995

20. 癸亥贞，王其伐卢𤇖，告自大乙。甲子自上甲告十示又一，牛。兹用。在三果四陲。

《屯南》994

21. 勿告于大甲。

告于大甲。

乎伐舌方。

勿伐。

贞：乎伐舌方。

勿告于唐。

贞：告于唐。

《合集》6250

22. 壬申卜，㱿，贞于唐，告舌方。　《合集》6301

第16、17、18条卜辞是因为要与舌方或东土发生战事而告祭祖乙。𡥈字，有人推测其字义为反叛[16]，那么商王理所当然地要征讨反叛的舌方，在出征时告祭祖乙，为的是求其佑助。第19条的巂字上从二隹下从冉，有征召之义，"巂众"似应与"共众"、"登人"文义相类，所以巂的字义应与征召集结军队有关。举行告祭父丁的祭祀，同样是求其降下福佑。第20条的"盧𢍜"是征伐对象的方国名称，为征讨该方国而求告大乙，甲子那天又改用牛祭祀求告上甲之后的十一位祖先，希求在"伐盧𢍜"战争中给予佑助。第21和22版为征伐舌方求告大甲、唐（即成汤或曰大乙）。显然，以上这些征战的卜辞都应是在宗庙内进行的，其辞记录的均为谋划军事行动的宗教仪式，从天神地祇和祖先那里得到批准允许方可行动。实际上在庙堂里举行的祭祀活动，远远超出宗教意义，它包含着一系列军事行动计划、作战方略的谋划等，犹如后世《孙子兵法》中的"庙算"[17]一样，是在详细地筹划作战方案，预先设想出遇到各种复杂的战场情况下，如何执行作战计划，力争在战场上赢得胜利，达到"庙算"时预计的作战目的。只是因为卜辞是在神秘的宗教气氛下契刻出来的文字，就像古籍中记述的战争事件一样，绝少提到战前的谋划内容，这或许是那个时代记事的特点，只记录事件的要点而忽略具体的细节，仅留下一点战争信息，让三千年后的我们去发掘、归纳，恢复那段真实的历史场景。

二　迁庙主、立军社

商周时代称祖先牌位为主，《史记·殷本纪》中的主壬、主癸在甲骨文里写作示壬、示癸，证明示、主最初本为一字，其义为宗庙之主[18]。甲骨文里的社字作土状，字义之一是指社主而言[19]。故主（示）、社，分别表示祖先神位及社主（或曰社稷）。王征伐时必以车载二主出征，文献记载周代是如此，《周礼·春官·小宗伯》云："若大师，则帅有司立军社，奉主车。"这里说的"若大师"，是说周王率军出征才称"大师"；"立军社"指立社主于军中，故称军社；"奉主车"是说行军载祖先神主和社主于车中[20]。《礼记·曾子问》："曾子问曰：古者师行，必以迁庙主行乎？孔子曰：天子巡守，以迁庙主行，载于齐车，言必有尊也。"巡狩和征伐一样，都是有大军随王行，故必须迁庙主以示尊祖。"立军社"是同样的道理，《诗经·大雅·绵》："乃立冢土，戎丑攸行。"这里的"冢土"是说周王立大社于国中，对"古者用师告社"，孙炎注曰："大事，兵也。有事，祭也。"像王出征则社神在军，与庙主同行[21]。上引《左传·闵公二年》云"受脤于社"就是指"用师告社"之礼。周代这种迁庙主、立军社的军礼内容，可以追溯到商代，卜辞中依稀可见其踪迹。

23. □若。
    六月王勿首出示，弗其若。
    六月王首出示，若。
    〔出〕示，弗其若。　　　　　　　　　　　　　　　　　　　　《英藏》1241
24. 甲申卜，令以示先步。
    弜先，㞢王步。　　　　　　　　　　　　　　　　　　　　　　《屯南》29

第23、24条卜辞中的"示"为祖先神主，前者卜问"出示"能否带来"若"或"弗其若"的效果，先后进行了四次问卜，足见对"出示"特别重视。辞中两次出现"昔"字，据考证该字有轻微、蔑视之义，昔前加否定词"勿"便有了积极的词义[22]。"勿昔出示"就可理解为庄重地把祖先神主请出来，这样的卜辞内容岂不是出征迁庙主吗？第24条卜辞占卜是让神主先行，不可，应是王先行为好。这是把神主请出后，是孰先行的卜问。这样的卜辞当也是与战事活动有关，从下述卜辞可以看出这一点。

25. 庚□涉。

　　示其从涉。　　　　　　　　　　　　　　　　　　《合集》35320

这是一组对贞卜辞，占问庚日渡河，神主跟着一起渡河吗。我们知道问卜者都是商王，那么这样的刻辞很可能是描述商王出征时渡河的情况，强调的是神主要同时渡河，为了确保神主的安全。

　　大军到达预设地点后，除安排军队宿营之外，安放神主位置是非常重要的军礼，有这样一条卜辞可以说明这种现象：

26. 惠入戍辟，立大乙，〔自〕之雷羌方，〔不雉人〕。

　　〔惠〕戍辟，立于寻，自之雷羌方，不雉人。　　　　《合集》26895

第26的两条卜辞中的"戍辟"，说的是戍守者到达某地，由后半句言"雷羌方"得知，戍地邻近羌方。"戍辟"之后为"立大乙"，而大乙为商王朝开国君主成汤的庙号，显然"立大乙"，是指要立大乙的神主于军中。"立于寻"之寻，在卜辞中用作祭祀名称或动词，这里应为祭祀名称[23]。雷是战争动词，那么"雷羌方"当是指自戍地对羌方采取某种军事行动。"不雉人"之雉，可训为陈列之义[24]，也就是说"雷羌方"无须再陈列出一支严整的作战部队，只要由"立大乙"神主或祭祀的地方出击就可以了。由此知晓，商代军队出征或戍守某地都要迁庙主，它是军礼的组成部分。

　　战前准备时，商王也要祈求神主在交战过程中给予佐助，下面几条卜辞透露了这样的信息。

27. 贞：令比沚戛，示左。　　　　　　　　　　　　　　《合集》3952 正
28. 贞：王不福，示左。

　　贞：示弗左王，不福。

　　示左王。

　　示弗左。　　　　　　　　　　　　　　　　　　　　《合集》10613 正

卜辞中单一的"左"字没有"佐助"之义[25]，但它与否定词亡、弗、不字结合之后，词义发生变化，便有了亲善的意义，"示左"之左犹如《左传·昭公四年》的"不亦左乎"之左，注云："不便也。""示弗左王"或"弗左"的否定形式，便成为祖先神灵不会不关照时王的语意。第27条中的沚戛是商王武丁的大将，无疑此条卜辞应是临战前占卜的。第28条包含着两组对贞的卜辞，表面上看与战前准备没有直接关系，但它与第27条文例相仿，而且与其他有关"示"字在战争卜辞中所起的作用相比较，至少可以看出"示左王"和"示弗左王"，在一定程度上反映出了商王对战争的希望。"左"字的这种用法在下列卜辞中看得尤为清楚：

29. 贞：咸允左王。

　　贞：咸弗左王。　　　　　　　　　　　　　　　　《合集》248 正

30. □王为我家祖辛弗左王。

　　贞：屮〔我〕家祖乙弗左王。　　　　　　　　　《合集》13584 正甲

31. 贞：我家祖乙左王。

　　□□我家祖辛左王。　　　　　　　　　　　　　《合集》13584 正乙

32. 王占曰；吉。祖〔戊〕□勿□左王。　　　　　　《合集》13584 反甲

第 29 条的咸，是大乙的另一种称呼[26]，同版同样字形的卜辞，是关于"来羌"和"召伐某"的占卜，说明俘获来的羌人是通过战争手段得到的，那么"允左王"和"弗左王"是否与军事行动有关，就很值得重视。第 30、31 条原为同版关系，很可能本来是有关联的两组对贞卜辞，分别为"我家祖辛左王"，"我家祖辛弗左王"；"我家祖乙左王"，"我家祖乙弗左王"。这样的刻辞，强烈地反映出商王希望祖先对他的某种举措给予关照。第 32 条的占辞结果为"吉"，这正是时王渴望得到的答案，果然是祖戊能给予他帮助。这三组"左王"和"弗左王"卜辞，一条是占辞"勿□左王"，进一步证明此种句式是时王希求先王能给予他佑助。

　　下面举两条有"示"字的卜辞，记录的是战后对"示"的尊崇，同样体现出"示"与军事行动的关系。

33. 戊辰卜，贞：于辛未涉。　　　　　　　　　　　《合集》28099 反

　　己巳贞，示先入于商。　　　　　　　　　　　　《合集》28099 正

34. 癸亥示先羌入。

　　王于南门逆羌。　　　　　　　　　　　　　　　《合集》32036

第 33、34 组卜辞是班师回朝的刻辞，戊辰和己巳是前后相邻的两天，第四日辛未涉河，之所以言涉者，必然是神主牌位不在祖庙内，故戊辰次日才决定神主要先进入商都。第 34 条的"示先羌入"，是说祖先神主定要先于被俘的羌人进入某地，由他辞"逆来羌其用于父丁"（《屯南》725）知，逆是指商王把被俘获的羌人迎入宗庙作献祭，而"王于南门逆羌"表明神主进入的某地必为宗庙，而商王前往的南门，当指宗庙的南门而言。这样的刻辞应是与安庙主有关的卜辞，明显地揭示保护神主极为神圣，要优先进入商都和宗庙，正与前所列举第 26 条"示其从涉"的保护神主原则异曲同工，都是把神主的绝对安全放在首位，也许这是当时宗教观念敬鬼神的真实反映。

　　上面引证的卜辞，直接或间接显示商王征伐时要举行迁庙主和社神仪式，大军抵达目的地后，便要进行安庙主和军中立社神的礼仪活动，迁与立神主已成为出征军事行动的组成部分，是当时必须执行的一种军事制度。

三　振旅、献俘

　　商周时期军礼的另一项重要内容是振旅和献俘。先秦文献中对此有些记载，《左传》里保存的这方面材料尤为珍贵，对我们了解甲骨文中此种军礼活动极有启迪。《左

传》隐公五年、庄公八年、僖公二十八年、成公十六年等处的记载，有详略不同的春秋时期有关振旅方面的论述。这类史料大体分作两种情况，一是指军事训练。僖公五年臧僖伯云："春蒐、夏苗、秋狝、冬狩，以讲武事，三年而治兵，入而振旅。"这是僖伯针对全年的讲武事之后，追述每隔三年还要进行军事大演习的古制而说的。郑玄注解云："虽四时讲武，犹复三年而大习。出曰治兵，始治其事；入曰振旅，治兵礼毕，整众而还。"孔颖达疏则进一步申述郑氏的观点，"正义曰：虽每年常四时讲武，犹复三年而一大习，犹如四时常祀，三年而后为禘祭，意相类也。出曰治兵者，以其初出始治其事也；入曰振旅者，以治兵礼毕，整众而还。"《公羊传》说得更简明："出曰治兵，入曰振旅，其礼一也，皆习战也。"《谷梁传》对治兵和振旅的解释稍有出入，但有关三年大习武的认识是一致的。这类性质的振旅又见于《左传·庄公八年》："甲午治兵。"[27]《谷梁传》将治兵和振旅解释为"习战也。"《周礼·夏官·大司马》中的"中春，教振旅"，显然是指振旅为列队式的军事训练。由此可知，上面征引的这些有关"振旅"的记载，都是说在郊区军事演习之后，列队进入国都为显示军威，成为表现军事训练成绩的一种形式。文献中的"振旅"另一层含义是指作战凯旋的军事大检阅，如《左传·僖公二十八年》记载的城濮之战，晋军战胜楚军，晋文公班师归国举行军事大检阅，名为振旅。《左传》原文云："秋七月丙申，振旅，恺以入于晋。"杨伯峻的注引《公羊》、《谷梁》和《尔雅·释天》云："'入为振旅'，皆以治兵而归曰振旅，此则以作战而归曰振旅，盖凡军旅胜利归来曰振旅。"而恺指奏乐而言[28]。也就是说文公率领凯旋的晋军在军乐声中进入国都。两种具体含义不同的振旅，是继承前代军礼而来的，西周金文《中觯》铭文有"王大省公族，于庚振旅"[29]的记录，说明春秋时期的振旅是西周振旅的延续。西周是在商代文明基础上发展起来的，故从商代卜辞中追寻振旅的来源，不失为一种有效的途径，下列卜辞中便显现其踪迹：

　　35. 丁丑王卜，贞：其振旅，征（延）戋〔于〕盂，往来亡灾。王占曰：吉。才（在）□。

　　　　　　　　　　　　　　　　　　　　　　　　　　　　《合集》36426

　　36. 丙子卜，贞：翌日丁丑，王其振旅，征（延）戋不遘大雨。兹御。

　　　　　　　　　　　　　　　　　　　　　　　　　　　　《合集》38177

35、36辞中的振字本来都是从彳（辶）从止，辰声（或从晨）的字，学者都认为，该字应释作西周和春秋时期金文中从扌辰声的振字，那么"振旅"一词，可以说早在商代甲骨文中已出现，并且与军事活动有密切关系。"征（延）戋于盂"中的"征戋"，前一字为从彳止声，与延字字意相通，有继续、延长之义。后一字从戈从戈，或隶定为从屯或从必得声的字，该字用作动词，有前往之义。"征戋于盂"就是继续前往盂地进行"振旅"演习，故有学者将其与一般田猎卜辞比较后，指出这类卜辞涉及的是"具有很严肃的意义的一种行动"[30]，许多"王戋于某往来亡灾"的卜辞证实了这一看法。由此来看，"振旅"在商代已被视为隆重的军事礼仪活动，所以上两条卜辞占卜时既要问有无灾祸，又要由王来查看卜兆是否吉，才能振旅。第36条卜辞更把"不遘大雨"作为"振旅"的条件，足见在重视"国之大事，在祀与戎"的时代，"振旅"必是国家大事的重要内容之一，以"振旅"形式体现武装人员军事素质的军事训练或扬威行动，都是必不可少的保卫国土和巩固王权的重大措施。以礼的方式把这种行为规定下来，是非常符合当时社会发展的需要的。如果上两条振旅卜辞是与军事训练有关的话，那么另一条卜辞可能是指出征军队凯旋。

> 37.　辛巳王卜，才（在）𣃓贞：今日其比师西，亡灾。
>
> 　　　庚辰王卜，才（在）𣃓贞：今日其逆旅，以执于东单，亡灾。
>
> 《合集》36475

这版卜辞契刻着两条刻辞，分别强调"比师西"和"逆旅"行动，显然都是为军事活动进行的占卜。庚辰条的"逆旅"之逆，同第34条的"逆羌"之逆的含义一样，是迎接的意思，故此条卜辞的前半句说的是商王于庚辰当日迎接凯旋而归的师众，后半句讲在东单举行献俘礼仪，并且没有灾害发生。句中的"执"，本指披枷锁的战俘。这样的卜辞文义，同前引《左传》"秋七月丙申，振旅，恺以入于晋"的记载何其相似，因此我们不妨把"逆旅"看作"振旅"的一种形式，大军接受商王检阅后进行献俘典礼，庆贺征伐战争胜利。这也与古人所云"作战而归曰振旅"一致。

前述有关三条振旅的卜辞，或指操练军队，或指大军战胜而归，它应是文献记载的周代振旅的滥觞。

其实，在商代田猎卜辞中，有相当一部分是组织军队狩猎，达到实现军事训练的目的，已有不少学者论述这一问题，这里不烦引。不过有几条田猎卜辞非常说明问题，引在下面作为这类卜辞的代表。

> 38.　允获麋四百五十。　　　　　　　　　　　　　　　《合集》10444
>
> 39.　允擒麋八十八、兕一、豕三十又三。　　　　　　　《合集》10350
>
> 40.　壬申卜，㱿，贞：惠擒麋。丙子陷，允擒二百业九。　《合集》10349
>
> 41.　贞：乙亥陷擒七百麋，用𠭖☐。　　　　　　　　　《屯南》2626

这四条卜辞都是由商王指挥的大规模围猎活动，擒获的猎物相当可观，其中以麋的数量最多，有的卜辞还记录有猎物"狐三十又七"，"狐八十又六"，"兕四十、鹿二、狐一"[31]，甚至捕到虎、象一类大动物[32]。猎到如此之多的动物，又不乏虎、象、兕等大型猛兽，如果不是指挥统一、训练有素的军事人员参加的话，不可能围猎到那么多的动物，更不可能把凶猛的野兽制服。有一条卜辞可以证明这样的围猎必与军事演练有关。

> 42.　癸未卜，王曰贞：右兕在行，其左射，及。　　　《合集》24391

卜辞中曾有"王作三师：右、中、左"，还有"右旅眔左旅"[33]等军事编制，同样"行"也是一级军事组织，分为大行和行，且有左、中、右之别[34]。这条卜辞中的"行"确是一级军事编制，右方的兕恰与其正面相遇，当然不便立即改变右行行列射杀，否则会失去射杀的机会，于是就指挥"右兕"左侧的左行射杀，正好射中兕体的左方。由此可知，田猎与军事训练密不可分，是平时训练和提高军队作战能力的最好形式，"振旅"则应是这种军事操练中规模较大的一种。可见"振旅"，是商代戎事活动中的重要组成部分。

献俘作为一种礼制，在商代也是相当盛行的。卜辞中这方面的材料很多，下面引证几条最典型的材料加以说明。

43. □小臣稽从伐。擒危美，人二十人四，而千五百七十，聝百□丙，车二丙（两），盾百八十三，函五，矢□又（侑）白麇于大〔乙〕。用魃白印□于祖乙，用美于祖丁。坒甘京。易□。　　　　　　　　　　　　　　　《合集》36481

44.〔贞〕：其多兹□十邑□而又执□鬲千□。

　　　　　　　　　　　　　　　　　　　《合集》28098（《甲编》512）

45. 用危方凶于妣庚，王坴。　　　　　　　　　　　《合集》28092

46. 丁卯卜，贞：昊绊白𨡤用于丁。　　　　　　　　《合集》1118

47. □用羌方□于宗，王受又又。
　　弜用。
　　羌方凶其用，王受又又。
　　弜用。　　　　　　　　　　　　　　　　　　　《合集》28093

48. 其用兹□祖丁卌羌凶其㞷□。
　　弜用。
　　其用凶才（在）妣辛升至母戊。　　　　　　　　《屯南》2538

49. □亥卜：羌二方白用于□□、祖丁、父甲。　　　　《合集》26925

50. 甲申卜：其执二邦白于父丁。　　　　　　　　　　《合集》32287

前面征引的第37条卜辞中的庚辰词条，由"逆旅"至"以羌于东单"的记载，是描述商王迎接伐危方后凯旋大军和进行献俘典礼的全过程。第43条卜辞则是专门记录商王征伐得胜后的一次占卜文字，记有各种战利品名称、俘虏数量和危美等首领，还契刻着用危美等首领祭祀祖先的宗教习俗。这样丰富的内容，为我们再现了商代征伐大军凯旋后要在宗庙举行当时盛行的献捷、献俘典礼的严肃场面。"用魃白印□于祖乙，用美于祖丁"，当是用敌方首领作人牲向祖先献俘的重要组成部分。第44条虽然只是一条残辞，但它透露的信息非常重要，是征伐而方国俘获"执"和"鬲千"[35]的记载，为卜辞中记录战俘最多的刻辞，可能也是献俘场面最大的场景。第45至第50条分别是用危方、羌方和其他邦方首领的人头祭祀妣庚、丁、祖丁、父甲、父丁、妣辛、母戊和某宗庙，尽管这些卜辞未有战争动词，但众方国首领却成为商王祖先宗庙里祭坛上的人牲，显然是在战争中的失败者。沦为俘虏后，已成为胜利者献捷后任意处置的牺牲品。这样血淋淋的历史转化为胜利者军礼中一个环节，类似的场景在西周金文中有清楚的记载，如康王时期的小盂鼎铭文记有：

唯八月既望，辰在甲申昧丧（爽），三左三右、多君入服酉（酒），明，王各（格）周庙，〔赞王邦〕宾，征（延）。邦宾尊其旅服，东乡（向）。盂以多旂佩，鬼方子□□入南门，告曰：王令盂以□□伐鬼方，□□□聝□，执兽（酋）三人，获聝四千八百又二聝，俘人万三千八十一人，俘马□□匹，俘车卅两（辆），俘牛三百五十五牛，羊卅八羊。盂或（又）告曰：□□□□，乎蔑我征，执兽（酋）一人，获聝二百卅七聝，俘人□□人，俘马百四匹，俘车百□两（辆）。王若曰：□，盂拜稽首，以兽（酋）进，即大廷；王令荣䚞兽（酋），荣即兽（酋）䚞厥故，□越□□鬼獶，鬼獶虘以新□从。咸。折兽（酋）于□，王乎㦸伯令盂以人職入门，献酉（酒）旅，□□入燎周庙，盂以□入门，即立中廷，北乡（向），盂告劓伯，即立（位），劓伯□□□□于明白，继伯、□伯，告咸。盂以（与）者（诸）侯罙侯、田、男□□从盂征，既咸，宾即立（位），赞宾。王乎赞盂，以□□□进宾，□□大采，三周入服酉（酒），王各（格）庙，祝祉（延）☑邦宾，不（丕）裸，□□用牲窖（禘）周王、武王、成王，□□卜有咸，王裸，裸述，赞邦宾，王乎□□□令盂以区入，凡区以品，零若翌日乙酉，□三事□□入服酉（酒），王各（格）庙，赞王邦宾，祉（诞）王令盂……《殷周金文集成》5·2839

小盂鼎是康王二十五年器物，距商末不过几十年时间，周礼多承袭殷商制，周初军礼也不例外。铭文第一段叙述周康王与众大臣在周庙就位后，盂戎装进入宗庙南门，向周王禀报命他率军征鬼方得胜的战况，而后举行庄严的献俘典礼，两次战争捉到敌酋长四人，割敌人的耳朵五千零三十九，俘虏一万三千多人，另有战利品车、马、牛、羊等。第二段是说周王为盂和从征诸将的战功举行裸享之礼，接着禘祭文、武、成王，第二天又为赏赐盂的事情大摆酒宴，这种庆功宴就是金文中的"饮至"礼[36]。这篇小盂鼎铭文比较系统地遗留有周初军礼中大部分礼仪，从命将出征、班师献俘，到祭祖、庆功宴饮，反映出对战胜敌方的喜悦和对戎事的重视。《逸周书·世俘解》也有类似记载，主要内容是：告庙、出征（即灭商及其与国）、献俘（俘虏和职）、祭祀（上天和祖先）。其中的献俘礼又和用人牲祭祖与甲骨文的记载基本一致，这种遗留在西周文字资料中的献俘礼，更证明了卜辞中契刻的献俘礼真实可信，而且显得更具有血腥味，而古人却把这样的行为视为神圣的使命，说明军礼中的献俘礼还未完全脱离野蛮的畛域。

四　小　结

通过上面几节对众多卜辞的分析，参照西周有关金文和传世文献的对比，论证了商代盛行的军礼，归纳起来大体包括：如果从出征命将开始，依次是大军出征时要告庙祭祖和天地神祇，而后是举行隆重的迁庙主和社神仪式，到达目的地立即安庙主和立社神，希求得到祖先和社神的佑助。行军途中始终把保护庙主和社神的安全作为一项重要的军事任务，班师凯旋同样要举行安庙主和社神的隆重仪式。商王主持的狩猎活动，是提高军队集体作战能力的一种训练手段，出征时大军在行进过程中的狩猎，起到临战演习的作用，可以提高应变的能力，商周两代王朝都是以这种形式加强军队战斗力的。军事训练终结后的振旅，是检验训练效果、增强战士集体荣誉感和责任心的大场面；胜利还朝的振旅，则是扬国威振奋民心的军事大检阅。献俘礼既是总结战果，又是向先祖报功的严肃礼仪活动，因此内容相当丰富，杀俘祭祖是其中最重要的一项内容。以上每一项军礼活动都是在神秘的宗教外衣的包裹下进行的，这是商代军礼的一大特色。

注　释

〔1〕《周礼·大宗伯》。

〔2〕《左传·成公十三年》。

〔3〕a. 王贵民：《军制中的宗法性质》，《商周制度考信》，台湾明文书局，1989 年。

  b. 钟柏生：《卜辞中所见的殷代军礼》，《中国文字》第 16、17 期。

〔4〕陈梦家：《殷虚卜辞综述》第 568 页，科学出版社，1956 年。

〔5〕林沄：《甲骨文中的商代方国联盟》，《古文字研究》第 6 辑，中华书局，1981 年。

〔6〕胡厚宣：《殷卜辞中的上帝和王帝（上）》，《历史研究》1959 年第 9 期。

〔7〕胡厚宣：《殷代之天神崇拜》，《甲骨学商史论丛》（初集）第 2 册，1944 年。

〔8〕同注〔4〕，第 567～568 页。

〔9〕肖良琼：《"下、上"考辨》，《于省吾教授百年诞辰纪念文集》，吉林大学出版社，1996 年。

〔10〕于省吾：《殷契骈枝·释再册》。

〔11〕《诗经·大雅·常武》。

〔12〕《诗经·小雅·采芑》。

〔13〕《殷周金文集成》8·4239，8·4341，5·2824。

〔14〕于省吾：《甲骨文字释林·释㝬》，中华书局，1979 年。

〔15〕这里的辰本为从月从辰，字库无此字，故以辰代替。

〔16〕《甲骨文字诂林》第三卷，第 2248 页，中华书局，1996 年。

〔17〕杨丙安：《十一家注孙子校理·计篇》。

〔18〕《甲骨文字诂林》第 1118 号示字条。

〔19〕《甲骨文字诂林》第 1211 号土字条。

〔20〕〔清〕孙诒让：《周礼正义·小宗伯》正文和疏，中华书局，1987 年。

〔21〕《礼记·文主世子》和注疏。

〔22〕张政烺：《殷契"甹"字说》，《古文字研究》第 10 辑，中华书局，1983 年；又载《张政烺文史论集》，中华书局，2003 年。

〔23〕《甲骨文字诂林》，第 1036 号寻字条。

〔24〕同注〔4〕，第 608 至 609 页。

〔25〕沈培：《天于殷墟甲骨文中所谓"于字式"被动句》，《北京大学中国古文献研究中心集刊》，北京燕山出版社，2001 年。

〔26〕张秉权：《殷虚文字丙编考释》第 69 页。

〔27〕《十三经注疏·春秋左传正义》卷八。

〔28〕《春秋左传注·僖公二十八年》，中华书局，1981 年。

〔29〕〔宋〕薛尚功：《历代钟鼎彝器款识法帖》卷十一中觯（原名召公尊）。

〔30〕裘锡圭：《释秘》，《古文字研究》第 3 辑。

〔31〕分别参见《甲骨文合集》28314、37471、37375。

〔32〕见《甲骨文合集》37368。

〔33〕参见《甲骨文合集》33006、36425，《屯南》2328、2350。

〔34〕王贵民：《军行与军阵三分制》，《商周制度考信》，台湾明文书局，1989 年。

〔35〕屈万里：《殷虚文字甲编考释》第 512 片，台湾中央研究院历史语言研究所，1961 年。

〔36〕罱方鼎铭文，见《殷周金文集成》5·2739。

都邑变迁与商代考古学的阶段划分

许　宏

（中国社会科学院考古研究所）

　　上世纪初叶甲骨文的发现与释读，证明《史记·殷本纪》所载商王朝的事迹为信史；随后对安阳殷墟的发掘，确认了该地系商王朝后期的都城遗址，从而在考古学上确立了殷商文明。至上世纪 50 年代，又由于早于殷墟而文化特征与之近同的郑州商城和二里岗文化的发现，考古学上的商文化被上推至二里岗期。关于王朝时期商文化的上限，究竟可上溯至二里头文化时期还是始于二里岗文化，尚存争议。目前多数学者倾向于后一种意见，认为二里岗文化和殷墟文化构成商代考古学的主体内容[1]。但就现有材料而言，王朝时期商文化的上限仍无法遽断。近年所揭示的二里头遗址宫殿区布局的演变及其与偃师商城的相对关系[2]，以及测年专家最新的研究成果[3]等等，都使我们不敢轻易否定任何一种假说的合理性。我们仍认为这一问题的最终解决，有待于内证性遗存尤其是当时的文字的发现[4]。对此本文暂且存而不论。

　　与商代都邑相关的遗址，目前已知有 5 处，即郑州商城、偃师商城、小双桥遗址、洹北商城和安阳殷墟遗址。关于这几处都邑的存灭时间及相互关系，学术界还有不同的意见。现结合近年新的考古发现对相关问题再作些分析。我们认为，以郑州到安阳这一大的都邑迁徙活动为契机，有商一代的总体文化态势发生了重大变化，可以作为商代考古学阶段划分的重要依据。

一　郑州、偃师与小双桥

　　归纳起来，围绕郑州商城与偃师商城两座城址的年代、性质及相互关系问题，主要有三种意见：一种意见认为偃师商城是汤都西亳，郑州商城是仲丁所迁隞都[5]；一种意见认为郑州商城是成汤始居之亳都，偃师商城是大体同时或稍晚的太甲"桐宫"、别（陪）都或军事重镇[6]；一种意见倾向于二者同为商代早期的国都，唯重点使用时间有交错，这种两都或多都并存的现象多见于后世，郑州、偃师二城或为其肇始[7]。"夏商周断代工程"则作出了调和折中的表述："郑州商城和偃师商城基本同时或略有先后，是商代最早的两处具有都邑规模的遗址，推断其分别为汤所居之亳和汤灭夏后在下洛之阳所建之'宫邑'亦即'西亳'的意见具有较强的说服力。"[8]

　　近年的发掘与研究，使我们对两座城址的兴废年代和过程有了较清晰的认识。以最早的宫殿和宫城的营建为标志，两城始建年代接近，都大约相当于二里岗下层一期。两者的兴盛期大体并存，或有交错。由小城的修建、宫殿基址群的改扩建、府库的营建和大城的出现等现象看，偃师商城最主要的使用时间是二里岗下层时期，至二里岗上层一期时虽有夯土建筑的兴建，但已开始衰微，不久即告废弃，至二里岗上层二期已沦为一般聚落[9]。郑州商城宫殿区大型夯土基址群和内、外城垣，以及大型铸铜作坊和多处墓地的出现，表明在二里岗下层二期时，该城已进入兴盛阶段；二里岗上层一期时，该城持续繁荣并达于鼎盛[10]，而此时恰值偃师商城开始走向衰落的时期；至二里岗上层二期时，偃师商城已彻底荒废，而郑州商城内一些夯土建筑和两处铸铜作坊在本期的一段时间内继续使用，且发现有青铜器窖藏坑，说明该城至少在此期仍有王室或贵族活动[11]，仍应属都邑遗址。可知郑州商城与偃师商城大体同时兴起，而后者的废弃时间要早于前者。

从考古学层面看，可以肯定郑州商城和偃师商城是大体同时的两座二里岗文化时期的都邑级遗址。就遗存分布范围而言，郑州商城为 25 平方公里；偃师商城则基本上限于大城城垣（约 2 平方公里）以内。城址规模上，郑州商城在建城之初即建有 3 平方公里的内城和规模更大的外城（有学者分析其外城规模达 13 平方公里[12]）；偃师商城早期小城约 0.81 平方公里，后来扩建的大城约 2 平方公里。郑州商城发现了为数众多的出有青铜礼器的墓葬和青铜器窖藏坑，以及铸造青铜礼器的作坊；偃师商城则仅见有个别随葬少量青铜礼器的墓葬。偃师商城几乎平地起建，城垣宽厚且有意设计出多处拐折，城门狭小，以及城内府库类建筑的设置，都显现出较浓厚的战备色彩；这与郑州商城的全面繁盛也形成较鲜明的对比。总体上看，这两座城址在聚落层级上的差异是显而易见的；同时，其城市功能也很可能有较大的不同。鉴于此，郑州商城为主都，偃师商城是军事色彩浓厚且具有仓储转运功能的次级中心[13]或辅都[14]的意见应是较为妥当的。

小双桥遗址位于郑州商城西北 20 公里许的索须河畔，总面积约 1.44 平方公里。该遗址延续时间较短，遗存主要属二里岗文化的最后阶段即二里岗上层二期（也称白家庄期）。关于小双桥遗址的性质问题，有学者鉴于该遗址范围较大，规格较高，内涵丰富，在年代上与郑州商城的衰落年代相当而早于安阳殷墟，认为应是商王仲丁所迁隞都[15]；也有学者认为，小双桥遗址距郑州颇近，存在大量的祭祀坑和祭祀用品，但却缺乏王都所应有的其他生活遗存；且白家庄期郑州商城仍有宫殿建筑等重要遗存，它和小双桥遗址之间并无明显的替代关系，应属郑州商城的离宫别馆、宗庙遗址，或郑州商城使用期后段商王室的祭祀场所[16]。就现有材料而言，小双桥遗址规模尚不及偃师商城，郑州商城在其存在时期也并未废弃，因而难以确认其为商王朝的都邑。小双桥遗址应是二里岗文化晚期郑州商城都邑圈内的一处重要遗存。对小双桥遗址性质的最终确认，尚有待于今后的田野考古和研究工作的进展。

二　洹北商城与殷墟遗址群

殷墟遗址规模巨大，包含了众多的遗址，将其称为殷墟遗址群更为确切[17]。我们认为，其作为都城应始于洹北商城时期，由洹北向洹南的转移是都邑内活动重心的变化。无论从遗物演变还是聚落分布上看，洹北商城期遗存都应属于商代后期殷墟文化的初期阶段。

要说明这一问题，我们可以先对殷墟遗址群的发现与研究史作一简单的回顾。

20 世纪 60 年代初至 80 年代初，我所安阳工作队和安阳市文物部门曾先后在洹河北岸王陵区东北的郭王度、花园庄、韩王度一带发现商代遗迹，在三家庄、董王度等地清理过商代窖藏和墓葬，出土了铜器等遗物[18]。80 年代后期发掘者把小屯与三家庄发现的年代稍早的墓葬定为殷墟文化第一期的偏早阶段[19]，正式将近年被称为"洹北花园庄期"或"洹北商城阶段"的遗存纳入殷墟文化的范畴。80 年代末成书的《殷墟的发现与研究》，更明确指出殷墟遗址群的范围时已囊括三家庄一带（即洹北商城西北部——引者注），而"该遗址的发现为了解殷墟早期的范围提供了新线索"[20]。学者们在讨论三家庄的发现时，也是把这一带看作是殷墟遗址群的一部分。如日本难波纯子女士在其关于殷墟青铜器的研究中曾论及"三家庄遗址，在殷墟中距小屯等中心性遗迹较远"，"陶器分期之第一期（原文为"陶一期"，相当于现在的洹北花园庄期——引者注）时的殷墟，可能还未作为都城繁荣起来"[21]。

90 年代中期，发掘者明确提出原划定的殷墟遗址群的"保护范围划小了"，"从目前的发现情况看，殷墟的范围，东界大致为京广铁路一线，北界在三家庄、小营至秋口一线，西界以安阳钢铁公司西墙的南北延伸线为界，南为戚家庄、刘家庄一线，东西长约 6 公里，南北长约 5 公里，总面积约为 30 平方公里"[22]，显然认为后来发现的洹北商城一带均属殷墟遗址的范围。即使现在看来，上述结论的得出也是有充分的考古学依据，反映了遗存的实际存在状况的。

然而，新近发表的殷墟遗址群平面图仍采用 24 平方公里的原保护区范围，把 20 世纪 80～90 年代即已被划入遗址群范围的三家庄和洹北花园庄一带排除在殷墟遗址群之外，认为洹北商城"西南方紧邻原殷墟保护区，且略有交错"，"与举世闻名的殷墟遗址略有重叠"[23]。但由上述分析可以显见，洹北商城不是位于殷墟遗址群的东北方，而是位于殷墟遗址群内的东北部。

依据现有资料，我们对殷墟遗存群的演变过程可以作如下大致的推断。就遗址群的总体分布看，殷墟从建都伊始就是跨洹河两岸的，其内部格局在殷墟文化的不同阶段有所变化。随着人口的增多和都市的繁荣，聚落经历了规模由小到大、结构逐渐复杂的过程。

建都初期，其城市重心在洹北。以洹北为中心，开始营建规模巨大的城垣；宫殿区位于城址南中部；城址北部则分布有密集的居民点，附近往往发现有墓葬[24]。位于城址以西的西北岗也发现了可能属于此期的墓葬[25]。据研究，位于洹河南岸的小屯一带分布有相当于这一时期的随葬铜器的墓葬、灰坑（窖穴）等遗存；而 20 世纪 30 年代发掘的小屯宫庙区中的甲组基址"是年代早于殷墟都邑时期的普通民居遗存或族邑"，"是洹北商城外围的一个居民点"而非以往认为的那样"属最早期的'都城时代'的遗存"[26]。但依该文的意见，属于此期的遗存包括具有相当规模的夯土建筑基址群（规模最大的甲十一基址甚至安置有罕见的铜柱础）、出有甲骨卜辞的灰坑（窖穴）、随葬成组青铜礼器的墓葬（出土青铜器规格之高，在目前洹北商城内外所出同期同类遗存中令人瞩目），甚至还有铸铜作坊[27]，上述遗存都远非都城外围的普通居民点所能拥有，它们应是洹北花园庄期殷墟都邑的重要组成部分[28]。

但出于我们现在还不知道的原因，城垣尚未建成投入使用[29]，都城的重心即移至了洹南，而王陵仍安排于地势较高的洹北。至此，殷墟都城进入了以洹南小屯宫殿宗庙区和洹北西北岗王陵区为中心的阶段[30]。80 年代初的三家庄发掘中即出土有相当于大司空村一期的遗存[31]，说明这一阶段原洹北商城区域内仍有人居住。

鉴于以小屯为中心的殷墟遗址群的主体遗存应是自商王武丁开始的，有的学者提出殷墟始迁于武丁[32]。较其稍早的洹北商城应处于文献记载"殷"的范围内，因此，"盘庚迁殷的地点，最初可能是在洹河北岸今京广铁路两侧。至武丁即位，国力隆盛，方迁到现在所知的以小屯为中心的殷墟"[33]。也有学者推断洹北商城为河亶甲所迁"相"[34]。还有学者认为"无法排除'河亶甲居相'，也不能否定'盘庚迁殷'。甚至两种说法还有'先后续存'的可能"[35]。综上所述，考古发现所见洹北商城与整个殷墟遗址群的时空关系，不支持都邑重心由洹北至洹南的移动属于大的迁都活动的观点。

三 商代考古学的阶段划分

社会复杂化阶段考古学文化的特点是出现了核心遗址，相关考古学文化以核心遗址为中心分布，其起讫时间也与核心遗址（都邑）的存废大体一致，都邑的迁移是导致考古学文化演变的重要因素。

二里岗文化与殷墟文化，分别以郑州商城和安阳殷墟遗址群为核心遗址（主都），主要分布区则为郑洛地区和豫北冀南地区；时间上二者相互衔接，其间已不存在其他的考古学文化。这已成为学界的共识。

我们认为，由二里岗文化向殷墟文化演进的契机，是终商一代主都由郑州向安阳的迁徙。

随着以郑州商城及其郊外的重要遗存小双桥遗址为典型代表的二里岗文化的衰落，以洹北商城为中心的洹河两岸一带作为商王朝的都邑崛起于豫北，殷墟遗址群开始走向繁荣，"殷墟文化"也自此发端，成为商代后期文化的典型代表。洹北商城时期应属于殷墟文化的初期阶段。洹北商城的出现，表明商王朝的政治中心由郑洛地区北移至豫北冀南地区，洹河流域一跃成为商王朝的核心区域；在考古学文化上，源自郑洛地区的二里岗文化演变为殷墟文化。它的出现可以作为商代前、后期两大发展阶段的分界所在（表一）。

"夏商周断代工程"将洹北花园庄早、晚期分别归为商前期和商后期[36]。在花园庄早期阶段的遗存材料较为缺乏的情况下，将殷墟文化的上限定在相当于花园庄晚期的观点应属卓识。从文化面貌上看，花园庄早期和晚期遗存一脉相承，时间上前后相继；同时，洹北花园庄早期与二里岗上层二期之间"很可能还有一定时期的缺环"[37]。洹北商城的存在时间较短，花园庄早、晚期之间的差别小于殷墟文化其他各期间的差别，且迄今为止也未发现聚落形态上的显著变化[38]。如果后者属于殷墟文化，前者也应属于殷墟文化。

表一　　　　　　　　　　　　　商代考古学的阶段划分

绝对年代（BC）	阶段划分	考古学文化	核心遗址		中心分布区域	三段分期
1500	商前期？	二里岗文化	郑州商城 偃师商城		郑洛地区	早商
1400						
1300	商后期	殷墟文化	安阳殷墟	洹北	豫北冀南地区	中商
1200				洹南		晚商
1100						

近年，有学者提出了作为二里岗文化和殷墟文化过渡期的"中商文化"的概念[39]。所谓"中商文化"，应是分属于不同系统的考古学文化分期与历史学分期的混合概念，而建立在遗存分析基础上的考古学文化分期与主要建立在对社会政治变化分析基础上的历史学分期是应当做严格的区分的。需指出的是，"商代中期"是王朝史分期中的一个阶段，它不必与考古学文化的起讫密切对应，但旨在填补作为考古学文化的二里岗文化和殷墟文化之间"缺环"的"中商文化"[40]究竟性质如何却是值得探究的。以往这一阶段的遗存发现较少，但并不存在较大的缺环和空白，相当于白家庄期的遗存与相当于洹北花园庄期的遗存相互衔接[41]。无论从这一阶段遗存内容的过渡性抑或"中商文化"的名称本身看，"中商文化"都不应是考古学文化层面上的概念。目前尚没有学者能够同意二里岗上层二期（白家庄期）不属于二里岗文化，即便采用"中商文化"这一提法的学者也把这一阶段划为二里岗文化的最后一期[42]，也没有人把洹北花园庄期看作独立于二里岗文化和殷墟文化之外的考古学文化遗存。如是，则出现了两大考古学文化被划分成了三部分的情况。

在这一编年框架中，"中商一期（即二里岗文化白家庄期——引者注），文化中心在郑州一带"，"当时郑洛一带尤其是郑州地区，可能仍是商王朝的都邑所在"；"中商二期（即洹北花园庄早期——引者注）阶段，中心北移至豫北冀南一带"[43]。由是可知，"中商文化"的上、下限都被划定于商王朝在同一都邑及中心区持续发展的时期，而跨地区的远距离都邑迁徙、中心区的变化及随之而来的商文化人们共同体的人口大移动，则未被作为商代考古学大的阶段划分的依据。那么是否是这一阶段遗物的面貌发生了显著的变化呢？从对以陶器为主的遗物的分析中，也难以得出郑州商城的二里岗上层一、二期遗存之间，以及殷墟遗址群的洹北花园庄期与原殷墟文化期遗存之间存在文化面貌上的突变的结论[44]，这一时期遗存的最大特征仍是同一文化共同体前后相继的两个大的发展阶段之间的过渡性。

　　从这一时期商文化向外扩展的态势上看，较大的变化也是发生于二里岗文化（以二里岗上层二期为尾末）和殷墟文化（以洹北花园庄期为初始）之间的。商前期商文化呈现出的向西、向南扩张的势头，一直延续至二里岗上层二期，即所谓的"中商一期"，如晋南地区的垣曲古城商城、夏县东下冯商城、黄陂盘龙城商城所见[45]；除向东方地区的推进始终保持着渐进的势头外，商后期商文化在西北、西、南、东南方向都大范围收缩，退出山西、陕西、湖北、苏北等地，都是迁都至安阳之后、始于洹北花园庄期并一直持续至以洹南为中心的殷墟文化时期的事[46]。其伸缩态势均不以所谓的"中商文化"的始终为界限。因此，"中商文化"概念提倡者所引用的考古材料，并不支持其得出的阶段划分的观点。

　　鉴于此，从考古学的角度看，以郑洛地区为中心的二里岗文化末期和以豫北冀南为中心的殷墟文化初期组合而成的"中商文化"，无法独立成为一个完整的文化发展阶段。它只是大体相当于文献所载"商王朝自中丁以来'比九世乱'的特殊时期"[47]，只应是对王朝史的一个发展阶段的概括。

注　释

〔1〕夏商周断代工程专家组：《夏商周断代工程 1996～2000 年阶段成果报告（简本）》第 73 页，世界图书出版公司，2000 年。

〔2〕a. 中国社会科学院考古研究所二里头工作队：《河南偃师市二里头遗址宫城及宫殿区外围道路的勘查与发掘》，《考古》2004 年第 11 期。

　　b. 许宏、陈国梁、赵海涛：《二里头遗址聚落形态的初步考察》，《考古》2004 年第 11 期。

〔3〕张雪莲、仇士华、蔡莲珍：《郑州商城和偃师商城的碳十四年代分析》，《中原文物》2005 年第 1 期。

〔4〕许宏：《略论二里头时代》，《2004 年安阳殷商文明国际学术研讨会论文集》，社会科学文献出版社，2004 年。

〔5〕a. 赵芝荃、徐殿魁：《河南偃师商城西亳说》，《全国商史学术讨论会论文集》，殷都学刊增刊，1985 年。

　　b. 安金槐、杨育彬：《偃师商城若干问题的再探讨》，《考古》1998 年第 6 期。

〔6〕a. 邹衡：《论汤都郑亳及其前后的迁徙》，《夏商周考古学论文集》，文物出版社，1980 年。

　　b. 邹衡：《偃师商城即太甲桐宫说》，《北京大学学报（哲学社会科学版）》1984 年第 4 期。

　　c. 郑杰祥：《关于偃师商城的年代和性质问题》，《中原文物》1984 年第 4 期。

　　d. 陈旭：《关于偃师商城与郑州商城的年代问题》，《郑州大学学报（哲社版）》1985 年第 4 期。

　　e. 李伯谦：《二里头类型的文化性质与族属问题》，《文物》1986 年第 6 期。

〔7〕a. 张文军、张玉石、方燕明：《关于偃师尸乡沟商城的考古学年代及相关问题》，《青果集》，知识出版社，1993 年。

　　b. 许顺湛：《中国最早的"两京制"——郑亳与西亳》，《中原文物》1996 年第 2 期。

　　c. 张国硕：《郑州商城与偃师商城并为亳都说》，《考古与文物》1996 年第 1 期。

〔8〕夏商周断代工程专家组：《夏商周断代工程 1996～2000 年阶段成果报告（简本）》，世界图书出

都邑变迁与商代考古学的阶段划分 485

版公司，2000 年。

〔9〕 a. 杜金鹏：《偃师商城与"夏商周断代工程"——"夏商周断代工程"〈偃师商城年代与分期研究〉专题结项报告》，《偃师商城初探》，中国社会科学出版社，2003 年。

b. 中国社会科学院考古研究所：《中国考古学·夏商卷》第 205 页，中国社会科学出版社，2003 年。

〔10〕 河南省文物考古研究所：《郑州商城——1953～1985 年考古发掘报告》，文物出版社，2001 年。

〔11〕 河南省文物考古研究所等：《郑州商代铜器窖藏》，科学出版社，1999 年。

〔12〕 袁广阔、曾晓敏：《论郑州商城内城和外郭城的关系》，《考古》2004 年第 3 期。

〔13〕 Li Liu and Xingcan Chen, 2003, *State Formation in Early China*. Gerald Duckworth and Co. Ltd., London, p. 101.

〔14〕 张国硕著：《夏商时代都城制度研究》第 76～78 页，河南人民出版社，2001 年。

〔15〕 陈旭：《商代隞都探寻》，《郑州大学学报》1991 年第 5 期。

〔16〕 a. 张国硕：《小双桥商代遗址的性质》，《殷都学刊》1992 年第 4 期。

b. 裴明相：《论郑州市小双桥商代前期祭祀遗址》，《中原文物》1996 年第 2 期。

c. 杨育彬等：《郑州小双桥商代遗址的发掘及相关问题》，《殷都学刊》1998 年第 2 期。

〔17〕 王立新：《早商文化研究》第 27 页，高等教育出版社，1998 年。

〔18〕 a. 中国社会科学院考古研究所安阳队：《河南安阳洹河流域的考古调查》，《考古学集刊》第 3 集，中国社会科学出版社，1983 年。

b. 孟宪武：《安阳三家庄发现商代窖藏青铜器》，《考古》1985 年第 12 期。

c. 孟宪武：《安阳三家庄、董王度村发现的商代青铜器及其年代推定》，《考古》1991 年第 10 期。

d. 中国社会科学院考古研究所安阳工作队：《安阳殷墟三家庄东的发掘》，《考古》1983 年第 2 期。

〔19〕 a. 郑振香：《论殷墟文化分期及其相关问题》，《中国考古学研究（一）》，文物出版社，1986 年。

b. 中国社会科学院考古研究所：《殷墟的发现与研究》第 32～33 页，科学出版社，1994 年。

〔20〕 同注〔19〕b，第 23、40、41、47 页。

〔21〕 ［日］難波純子：《殷墟前半期の青銅彝器の編年と流派の認識》，《史林》第 73 卷第 6 号，京都，1990 年。

〔22〕 杨锡璋、刘一曼：《1980 年以来殷墟发掘的主要收获》，《中国商文化国际学术讨论会论文集》，中国大百科全书出版社，1998 年。

〔23〕 a. 中国社会科学院考古研究所安阳工作队：《河南安阳市洹北商城的勘察与试掘》，《考古》2003 年第 5 期。

b. 同注〔9〕b，第 276、285、295 页。

〔24〕 a. 同注〔23〕a。

b. 中国社会科学院考古研究所安阳工作队：《河南安阳市洹北商城宫殿区 1 号基址发掘简报》，《考古》2003 年第 5 期。

〔25〕 对于西北岗王陵区中哪些墓葬的年代早于原殷墟期，研究者中尚存不同意见。参见：

a. ［美］张光直：《殷礼中的二分现象》，《中国青铜时代》，生活·读书·新知三联书店，1983 年。

b. 唐际根：《洹北商城的发现及其对商代考古研究的影响》，《中国考古学》第四号，日本中国考古学会（福冈），2004 年。

〔26〕唐际根：《安阳殷墟宫庙区简论》，《桃李成蹊集——庆祝安志敏先生八十寿辰》，香港中文大学中国考古艺术研究中心，2004 年。

〔27〕同注〔26〕。

〔28〕已有学者指出，"由于殷墟的甲组基址是殷墟最早期的遗迹，理应称为'殷墟早期'的遗迹。因此与其同时期的'洹北商城'当然也是'殷墟早期'遗迹"。详见［日］成家彻郎：《商代史における洹北商城の位置付け》，《东方》（东京）第 288 期，2005 年。
另外，甲组基址与原殷墟期的其他夯土基址相互独立，并未发现被原殷墟期的遗存叠压或破坏的现象。因此，即便其始建于洹北商城时期，它也极可能延续使用至以洹南为中心的殷墟文化期；而以往认为其与乙、丙组基址属大体同时而功能不同的宫室建筑的观点也就不能被轻易否定。这种延续性，恰恰昭示了殷墟文化不同发展阶段遗存间密切的承继关系。

〔29〕中国社会科学院考古研究所安阳工作队：《河南安阳市洹北商城的勘察与试掘》，《考古》2003 年第 5 期。

〔30〕中国社会科学院考古研究所编著：《殷墟的发现与研究》，科学出版社，1994 年。

〔31〕中国社会科学院考古研究所安阳工作队：《安阳殷墟三家庄东的发掘》，《考古》1983 年第 2 期。

〔32〕a. 杨锡璋：《安阳殷墟西北冈大墓的分期及有关问题》，《中原文物》1981 年第 3 期。
　　b. 彭金章、晓田：《殷墟为武丁以来殷之旧都说》，《中国考古学会第五次年会论文集》，文物出版社，1988 年。

〔33〕杨锡璋、徐广德、高炜：《盘庚迁殷地点蠡测》，《中原文物》2000 年第 1 期。

〔34〕文雨：《洹北花园庄遗址与河亶甲居相》，《中国文物报》1998 年 11 月 25 日。

〔35〕同注〔25〕b。

〔36〕同注〔8〕，第 50、51、62、70、71 页，世界图书出版公司，2000 年。

〔37〕a. 中国社会科学院考古研究所安阳工作队：《河南安阳市洹北花园庄遗址 1997 年发掘简报》，《考古》1998 年第 10 期。
　　b. 中国社会科学院考古研究所安阳工作队：《1998 年~1999 年安阳洹北商城花园庄东地发掘报告》，《考古学集刊》第 15 集，文物出版社，2004 年。
　　c. 岳洪彬、何毓灵：《洹北商城花园庄东地商代遗存的认识》，《2004 年安阳殷商文明国际学术研讨会论文集》，社会科学文献出版社，2004 年。

〔38〕同注〔24〕。

〔39〕唐际根：《中商文化研究》，《考古学报》1999 年第 4 期。

〔40〕同注〔39〕。

〔41〕邹衡：《试论夏文化》，《夏商周考古学论文集》，文物出版社，1980 年。"中商文化"提出者也认为其对"中商文化"所分三期"与 80 年代初邹衡提出的商文化分期体系中的早商文化第Ⅵ、Ⅶ、Ⅷ三组大体相同，因此邹衡的研究成果是极富预见性的。唯现有分期找到了更为确凿的地层上的证据"（唐际根：《中商文化研究》，《考古学报》1999 年第 4 期）。

〔42〕同注〔9〕b，第 187 页。

〔43〕同注〔39〕。

〔44〕a. 同注〔39〕。
　　b. 同注〔9〕b，第 250~251 页。

〔45〕a. 中国历史博物馆考古部、山西省考古研究所、垣曲县博物馆：《垣曲商城——1985 年~1986 年度勘察报告》，科学出版社，1996 年。

    b. 中国社会科学院考古研究所、中国历史博物馆、山西省考古研究所编著：《夏县东下冯》，
       文物出版社，1988 年。

    c. 湖北省文物考古研究所编著：《盘龙城——1963～1994 年考古发掘报告》，文物出版社，
       2001 年。

〔46〕同注〔39〕。

〔47〕同注〔39〕。

殷墟宫殿区建筑基址的发掘与研究综述

——殷墟宫殿区建筑基址研究之一

杜金鹏

（中国社会科学院考古研究所）

殷墟遗址文化内涵极其丰富而重要，举凡宫殿基址、王陵和其他高级贵族墓葬、铸铜和制骨等手工业作坊、刻辞甲骨以及青铜器、玉器等，无不为学者所关注。其中，宫殿区夯土建筑基址的发掘和研究，在中国考古学和中国早期文明研究方面，意义重大。回顾和总结殷墟宫殿区礼制建筑的发掘与研究，对于进一步推动殷墟乃至整个商代都城考古学的发展，有着积极意义。

一　殷墟宫殿区建筑基址的考古发掘

（一）殷墟遗址的发现

19 世纪末，在中国学术界发生了一件大事，这就是甲骨文的发现。至于甲骨的出土地，则被商贾视为秘密，直到 1908 年，方才大白于天下。原来，这些刻辞甲骨出自安阳小屯村。关于甲骨发现地，罗振玉曾多方查询，先是从中州商人口中探知甲骨"发见之地乃在安阳县西五里小屯"[1]。既而于光绪戊申年（公元 1908 年）自"山左估人范某"处"侦知贞卜文字出土之地为洹滨之小屯"[2]。稍后，罗振玉派人前往安阳小屯收购甲骨，终于查知甲骨出土地点是小屯村北面的农田中[3]。1915 年，罗振玉亲临安阳小屯村踏察，寻访当地人，知"出甲骨之地约四十余亩。因往履其地，则甲骨之无字者，田间累累皆是"[4]。

1928 年，傅斯年就任中央研究院历史语言研究所（以下简称"史语所"）代理所长，提出了"上穷碧落下黄泉，动手动脚找东西"的口号[5]，号召同仁们走出书斋，拓宽视野，开创新领域。傅斯年委派董作宾前往安阳核查刻辞甲骨出土地点。董氏实地考察认为，甲骨尚未挖尽，小屯仍值得发掘。董氏并疾呼安阳"甲骨既尚有留遗，而近年之出土者又源源不绝，长此以往，关系吾国古代文化至巨之瑰宝，将为无知之土人私掘盗卖以尽，迟之一日，即有一日之损失，是则由国家学术机关以科学方法发掘之，实为刻不容缓之图。"[6]接获报告，傅斯年当即决定在安阳小屯进行发掘。1928 年 10 月，中央研究院组建"安阳发掘团"奔赴安阳，小屯村第一次考古发掘正式启动。从此以田野发掘之科学方法，解开了遮蔽殷墟三千余年的黄土厚幕。

（二）殷墟宫殿区的发掘历程

殷墟宫殿区主要是指以发现大规模商代夯土建筑基址的安阳郊区小屯村东北地为核心的区域，其范围大致是现在的小屯村和花园庄村地界。1958～1959年，曾在小屯村西铲探出一条南北向壕沟，北接洹河，南到小屯村南路边，长达800米，宽7～21米，深约3～10米。1986年，继续往南铲探这条壕沟，发现此沟在花园庄西南向东折拐，一直延续到洹河，壕沟与洹河恰好形成长方形包围圈，壕沟与洹河所卫护的区域，南北长约1050米，东西宽不少于650米，以往发现的商代大型夯土建筑基址和大量刻辞甲骨，都在此范围内。因此，学术界认为这里就是殷墟宫殿区[7]。

1.30年代对夯土基址的发掘[8]

由于最初的发掘目标主要是有字甲骨，加上发掘人员对于商代建筑遗迹毫无了解，因而在前三次发掘中，未能发现建筑基址。但事实上，在第二、三次发掘中，他们曾经发现过夯土基址，这就是当时称为"波浪纹"或"聚凹纹"的地层现象，可惜人们并不认识[9]，以至将夯土层解释为洪水沉淀层[10]。其实，第二次发掘所布探方正跨在甲组基址南部和乙组基址北部，在所谓"大连坑"中出土一件石雕人像，背面有凹槽，"极像一块塞在墙内托柱的人像柱础……大连坑的基址界限极为整齐，带很显然的建筑的遗留。这块残石恰在这地方找出，更可证明它与建筑的关系"[11]。只可惜当时不认识夯土，也就没能把这个高级柱础石（半明柱）与附近的宫殿建筑切实联系起来。

在安阳小屯的发掘中揭露出商代夯土建筑基址，首见于1931年春季的第四次发掘。而夯土建筑基址的发现，主要得益于城子崖龙山遗址的发掘。1930年，史语所考古组移师山东城子崖，发掘龙山时代遗址，在那里发现和认识了夯土建筑遗迹现象，为小屯夯土建筑基址的发掘积累了知识和技术[12]。有了城子崖发掘的经验，安阳第四次发掘便确认了殷代夯土建筑基址（当时叫做"版筑"）的存在，这最先发现的夯土建筑基址，就是B区和C区的乙组基址（当时发掘区编号中，B区相当于乙组基址最北部的乙一至乙六基址，C区包括乙组基址中南部的乙七至乙二十一基址）。关于B区夯土遗迹，郭宝钧专门就此作出论述，证明"殷墟文化层内聚凹纹，确为殷人版筑无疑，与波浪遗痕无关"[13]。同时，这次发掘证明C区内"版筑的分配很广，有的地方可以厚到10层以上"[14]。以李济为首的史语所考古组，受城子崖发掘的启示，确立了以揭露商代夯土建筑基址为目标的新的发掘计划。"决定采用'卷地毯'的方法全面发掘小屯遗址"。李济先生"确信已找到了关键所在，通过绘制夯土地区图的方法，可以追溯殷墟中殷商朝的建筑基础"[15]。终于，第四次发掘在B、C、D、E区均发现了夯土遗迹，其中D、E两区是甲组基址分布区，B、C区则是乙组基址分布区。

第四次发掘首先揭露的是乙一基址，本季发现的其他基址有甲四、甲十五、乙二、乙四基址[16]。

这次发掘使李济等人认识到："第四次发掘使用新方法的发现物和通过两个月艰苦工作所取得的累累硕果证明了'卷地毯'的方法不仅是可行的，而且也是成功的。这次发掘结束时，我与同事们下决心，无论经费上遇到什么困难，复原殷商朝建筑基础的新观点一定要坚持下去，直到能为这个几乎被人们遗忘的朝代的建筑复原取得坚实的基础为止。对已发现的大面积夯土区进行全面研究和继续复原其扩展部分，说明了这项基本方针是正确的。"[17]

随后进行的第五至第九次连续发掘，宗旨仍然是以探寻殷商夯土建筑基址为主要目标。

1931 年秋冬第五次发掘，在 B、E 区揭露甲二、甲六、甲十、甲十四等 4 座建筑基址，并发现夯土基址叠压大圆坑的地层关系[18]。

1932 年春第六次发掘，继续发掘甲组基址，发现甲三、甲四、甲五基址[19]，并在甲四基址上发现排列整齐的"石蛋"——柱础石。

1932 年秋冬，第七次发掘共揭露甲一、甲七、甲九、乙三等 4 座建筑基址[20]。

1933 年秋冬，第八次发掘在 D 区发现甲十一、甲十二、甲十三等 3 两处夯土基址，其中甲十一基址上有铜础[21]。

1934 年春，第九次发掘在 D、F 区新发现一座夯土基址，即甲八基址[22]。

第十次发掘原本计划继续寻找殷商时期夯土建筑基址，但是 1933 年发生的侯家庄盗掘事件，把考古工作者吸引到了侯家庄一带，1934～1935 年连续三次发掘揭开了殷商王陵的神秘面纱。小屯发掘虽然中断了，但是侯家庄的发掘在认识夯土建筑方面却大有意义：在殷墟，并非所有夯土都是房屋建筑基址，营建大型墓葬也运用夯筑技术。

1936 年春，恢复小屯发掘，到 1937 年夏，在这里又进行了三次发掘，即安阳第十三、十四、十五次发掘，其目的是"运用一套有系列的'卷地毯'的方法，复原殷商王朝最后一个都城的建筑基础"，"完成与甲骨文同时的建筑基址的考查"[23]。

1936 年春季第十三次发掘，揭露了乙组基址中的乙五、乙六、乙七、乙八、乙十等 5 座建筑基址。

1936 年秋季第十四次发掘，揭露了乙组基址的乙九、乙十一、乙十二、乙十四、乙十七等 5 座建筑基址。

1937 年春季第十五次发掘，揭露了乙组基址中的乙十三、乙十五、乙十六、乙十八、乙十九、乙二十、乙二一基址和全部丙组基址（共 17 座）。

在一年半内，集中揭露乙组、丙组基址 34 处，成果斐然。依此速度和规模，"卷地毯式"全面发掘宫殿区指日可待。然而，"七七事变"的枪声，促使中央研究院把机关从硝烟弥漫的北平城迁往南京，从而终止了中央研究院历史语言研究所在安阳持续 9 年的考古发掘工作，殷墟发掘的第一个历史时期随之结束。

总计，自 1928 年至 1937 年，中央研究院历史语言研究所在安阳小屯进行了 12 次发掘，揭露出 53 座夯土建筑基址[24]。

关于这些建筑基址的发现年份和顺序，石璋如在《殷墟建筑遗存》表二、表三中有系统介绍，在此摘要抄录如下，以供读者全面了解发掘工作进展状况时参考（表一、表二）：

表一　　　　　　　史语所在殷墟宫殿区建筑基址发掘时间和范围统计表

基址编号	发掘时间	基址所在探方编号	基址揭露范围
甲一	1932 年 11 月至 12 月	E161、168、171、173 等	基址西部
甲二	1931 年 11 月至 12 月	E37、42、43、45、46、48、49、50、51、53 等	揭露大部分，东端可能未到头
甲三	1932 年 4 月	E40、103、104、106、107、109、D96、97	全部揭露
甲四	1931 年 4 月至 1932 年 4 月	E6、54、68、69、71、73、74、76、78、79、81、83、85、86、87	全部揭露
甲五	1932 年 4 月	E112、113、163	全部揭露
甲六	1931 年 12 月至 1932 年 4 月	E56、61、62、64、65、66、67、70、75、80、84、89、90、91、119、120	全部揭露
甲七	1932 年 11 月	E139、150	全部揭露
甲八	1934 年 3 月	E186	揭露一部分
甲九	1932 年 11 月	E34、154、155、158、164、180	全部揭露
甲十	1931 年 11 月至 1932 年 12 月	E35、184、185	揭露局部
甲十一	1933 年 12 月	D6、44～49、64～69、83～88、109～114、118、119	基本揭露完整
甲十二	1932 年 10 月	D39～42、59～62、78～81	全部揭露
甲十三	1932 年 10 月	D31～35、51～54、71～74	全部揭露
甲十四	1931 年 12 月	B78	局部揭露
甲十五	1931 年 4 月	A22、23	揭露东北部
乙一	1931 年 3 月至 1932 年 4 月	B10、31、34、47、53、81、82、83、110、111	全部揭露
乙二	1931 年 4 月至 1932 年 5 月	B34、37、40、43、50、58～61	揭露局部
乙三	1932 年 12 月	B45、46、70、99、100、128	全部揭露
乙四	1931 年 4 月	B9、20	全部揭露
乙五	1936 年 3 月	B120～122、124～126、129、130、132～134	揭露西部
乙六	1936 年 3 月	B131	全部揭露
乙七	1936 年 3 月	C75～86	揭露不完整
乙八	1936 年 3 月	C48、51～54、56、58、71、75、78、83、122、135、136，B49、72	揭露南半部
乙九	1936 年 10 月	C34、35、135、136～138	揭露局部
乙十	1936 年 3 月	C72、73、76、77	全部揭露

续表一

基址编号	发 掘 时 间	基 址 所 在 探 方 编 号	基址揭露范围
乙十一	1936 年 10 月	C66~69、120~122、124~134、168~170	揭露西半部
乙十二	1936 年 10 月	C90、114、118、119、123、127、131、154、167	全部揭露
乙十三	1937 年 3 月	C154、167~174	揭露西半部
乙十四	1936 年 10 月	C152	全部揭露
乙十五	1937 年 3 月	C174、178	轮廓不清
乙十六	1937 年 4 月	C158、171、162、175	全部揭露
乙十七	1936 年 11 月	C157、161	全部揭露
乙十八	1936 年 12 月至 1937 年 4 月	C161、162、165、166、175、179	揭露北部
乙十九	1937 年 4 月	C175、179	全部揭露
乙二十	1937 年 5 月	C176－182	揭露西半部
乙二一	1937 年 5 月	C178、182	全部揭露
丙一	1937 年 4 月	C321、322、325、326、329、330	大部揭露
丙二	1937 年 4 月	C325、326	全部揭露
丙三	1937 年 5 月	C321	全部揭露
丙四	1937 年 5 月	C322	全部揭露
丙五	1937 年 6 月	C317	大部揭露
丙六	1937 年 3 月	C164	全部揭露
丙七	1937 年 5 月	C329	全部揭露
丙八	1937 年 5 月	C330	全部揭露
丙九	1937 年 5 月	C329、333	大部揭露
丙十	1937 年 5 月	C329、333	全部揭露
丙十一	1937 年 5 月	C329、330、333、334	全部揭露
丙十二	1937 年 5 月	C330、334	全部揭露
丙十三	1937 年 5 月	C330、334	全部揭露
丙十四	1937 年 5 月	C333	全部揭露
丙十五	1937 年 5 月	C334	全部揭露
丙十六	1937 年 5 月	C329、333	全部揭露
丙十七	1937 年 5 月	C330、334	全部揭露

表二		史语所发掘殷墟宫殿区建筑基址时序表
发掘年份	揭露基址总数	基 址 编 号
1931年春	5	甲四、十五，乙一、二、四
1931年秋	4	甲二、六、十、十四
1932年春	2	甲三、五
1932年秋	4	甲一、七、九，乙三
1933年秋	3	甲十一、十二、十三
1934年春	1	甲八
1936年春	5	乙五、六、七、八、十
1936年秋	5	乙九、十一、十二、十四、十七
1937年秋	24	乙十三、十五、十六、十八、十九、二十、二一，丙一、二、三、四、五、六、七、八、九、十、十一、十二、十三、十四、十五、十六、十七

李济先生在《殷墟建筑遗存·序》中指出："在最初发掘的几次，田野工作人员并没有关于版筑建筑的任何观念；那时探坑式的发掘，使出现的夯土，得不到即时的认识。田野工作人员对于版筑建筑之真实性与重要性，是发掘城子崖黑陶遗址以后逐渐了解的。开始认识这类遗迹的意义时，大家都感觉到无量的兴奋，计划着将殷墟全部遗址全盘翻的步骤；但因为筹措大量经费的困难，故对这一新发现之利用，没有争取到时间，即时地充分发挥。事情的转变，在侯家庄墓葬之发现与发掘。发掘侯家庄墓葬的经验，更加深了田野工作人员对于夯土建筑之了解；故第十三次安阳田野工作就开始了整翻的计划。但这一计划，方进行了三个季度——正在我们有所收获时，——抗战就开始了。抗战后，中央研究院历史语言研究所再也没有机会恢复这一工作。"

2. 1987年对甲十二基址的重新发掘

1987年，因建设"殷墟博物苑"，需要找清过去发掘的53座夯土基址的准确位置，为此，中国社会科学院考古研究所重新揭露了甲十二号基址，发现基址长度较原先的报道多出50厘米，新的考古收获还包括在基址东侧找到一排6个墙柱，在房基西缘新发现4个"擎檐柱"，弄清了以往发现的基址东面的4个柱基，当是基址东面的"擎檐柱"[25]。

3. 1989年对丁组基址的发掘

1981年，中国社会科学院考古研究所在小屯乙二十基址东南约80米的地方钻探发现一处夯土建筑基址，占地面积约5000平方米。1989年进行了发掘，发现三个长方形夯土基址联为一体，平面呈"凹"字型[26]。根据原先对宫殿区建筑基址的分组，我们可将本组基址列为丁组基址。

4. 其他发掘

1973～2000 年，在宫殿区又进行多项对中小型夯土建筑基址的发掘[27]。

1973 年，在小屯村南发现 8 座房基，并出土 5335 片甲骨[28]。

1975 年，在小屯村东北发现 2 座地穴式房基，挖在废弃的夯土基址上，其中 F11 内出土玉石料和磨石，应是制玉作坊[29]。

1976～1977、1984～1985 年，在小屯村西北发现 49 座房基，保存较好的有十多座，都是地面建筑，平面呈长方形或方形（仅有一座是圆形），基址上有数量不等的柱洞，门道朝南或向东，分属殷墟文化第一至四期。其中，"用于祭祀的宗庙类建筑"和"可能是供集体活动的场所"，建筑基址较大，其余属于小型建筑。保存较好的 F7 长 15、宽 9 米，基面上有四排柱洞，东边南段向外凸出，是门道所在。基址有三座祭祀坑。F26，基址东西向长方形，长 15、宽 6.5 米。基址上发现 10 个柱洞（柱基），排列整齐有序。F29 基址呈长方形，东西长 11.4 米、南北宽 8.4 米，基址上有排列整齐的柱洞，房前有祭祀坑。F41 基址大体为方形，南北长约 10、东西宽 9.2～10.5 米[30]。

1976 年在小屯村西北发现"妇好墓"（编号 M5），墓主为商王武丁之妻"妇好"，墓中殉人至少有 16 人，殉狗 6 条，随葬品共计 1928 件，其中青铜器 468 件，玉器 750 多件。在墓口上面叠压着一座夯土建筑基址 F1，平面为南北向长方形，南端被破坏，残长 5.5 米（根据 F1 与 M5 的平面关系推测，F1 南北长度应为 6.5 米左右），宽约 5 米，土呈红褐色，夹杂料姜石碎块，现存厚度为 25～40 厘米。房基东侧有路土，推测该房面朝东。基址面上发现排列较规整的柱洞 6 个，柱径 40～60 厘米，埋深一般为 60 厘米，柱洞底部有础石。在夯土基址周围，发现 7 个夯土礤墩，平面多呈圆形，直径约 35～50 厘米，现存厚度为 15～20 厘米，发掘者认为"可能是擎檐柱的柱基"。一般认为，这座房基是从属于墓葬的建筑物，"可能就是为祭祀墓主而建的"[31]。

1992 年，在丁组基址西南 200 米处（地处小屯村东南）发现几座夯土基址，其中一座保存较好，长条形，有柱础石。

2000 年末至 2001 年初，在殷墟宫殿区南部发掘了一座商代墓葬 M54，它位于丁组基址正南方 390 米，南距宫殿区环壕约 50 米。墓内两椁一棺，棺内死者为 35 岁左右男子，有殉人、殉狗骨骸各 15 具，出土青铜器、玉器、陶器、骨器、蚌器、象牙器、金箔和贝等共计 570 余件，其中青铜器和玉器各有 200 多件，多数铜礼器上有"亚长"铭文。发掘者根据墓葬规模、殉葬人和狗的数量、随葬器物品类数量等，认为墓主是掌握兵权的高级贵族。墓口上面叠压着一座夯土建筑基址，也是从属于墓葬的祭祀类建筑基址[32]。

（三）宫殿区建筑基址发掘评价

1. 关于 30 年代的发掘

中国考古学者在 20 世纪 30 年代对于安阳殷墟宫殿区的发掘，是中国考古学史上最有意义的发掘之一。就商代考古学而言，其价值有如下几条：

第一，首次确认商代宫殿建筑基址。70 多年前，中国考古学刚刚起步不久，学者们就在实践中学会了辨别商代夯土建筑遗迹，并马上认识到夯土建筑基址的非凡价值，为后人研究商代宫殿建筑提供了足弥珍贵的材料和经验。正如李济先生指出的：“殷墟的发掘，就现代考古学的立场说，最基本的贡献实为殷商时代建筑之发现，亦即夯土遗迹之辨别，追寻与复原之工作。”[33] 而“复原夯土的新步骤是耗费时间的，这不仅需要耐心和一定的技术经验，而且也要有极丰富的想象力认识这长期计划的意义，即经长期工作之后证明它的永久价值”[34]。事实上，30 年代对小屯的发掘，其学术价值不仅没有随着时光的流失而淡薄，反而愈发光芒四射，说它具有“永久价值”实不为过。

第二，大规模发掘宫殿建筑群址的开端。虽然安阳发掘的初衷是寻求甲骨文，但是在发掘过程中很快认识到夯土建筑基址的重大学术价值，并为之不懈奋斗，充分体现了当年考古工作者之敏锐的学术嗅觉。自从 1931 年认识了夯土之后，殷墟发掘者兴奋异常，当即修改工作计划和发掘方法，每遇夯土，即时保留，然后扩大发掘面积，找清夯土范围。这是发掘方法的一大进步。1931 年的发掘，采用等距探坑法，主要是寻求夯土的整体范围，当在探坑中发现了夯土时，便向四周扩展发掘，追寻夯土四至。1932 年，人们不但学会找寻夯土范围，而且在夯土中发现了柱础石，终于从认识夯土遗迹升华到认识夯土建筑基址。“从此以后寻找殷代的基址便成为殷墟发掘的主要课题之一”[35]。到 1936 年第十三次发掘的时候，采用了希冀已久的“平翻政策”，也就是“卷地毯”发掘法，为完整揭露大型夯土建筑基址奠定了基础。这种注重宏观把握、讲求遗迹整体性的发掘方法，流传至今，成为中国考古学上颇具特色的发掘规程。

第三，开拓都城考古重要规则。我们知道，中国的夏商周考古学，在很大程度上讲就是三代都城考古学。设若没有都城考古内容，我们的夏商周考古学势必单薄不堪。殷墟的发掘从宫殿区入手，尽管开始时目标不在宫殿建筑，但毕竟人们认识到甲骨文、夯土建筑与王朝文明的密切关系，从而在宫殿区倾注了大量心血。李济就任考古组组长后认定，小屯遗址明显是殷商王朝最后一个都城，遗址的范围虽未确定，但有字甲骨出土的地方一定是都城的中心，因而决心启动发掘工作[36]。当年的考古学家确实是抓住了都城考古的牛鼻子。因此说，殷墟发掘的重要意义之一，就是揭示了中国都城考古统筹学方面的一个基本原理：都城文化体现当时文明的最高水平，都城的核心是宫殿，因而都城考古的重心就是宫殿区发掘。

第四，小屯宫殿基址发掘对于殷墟研究具有重大意义。殷墟作为洹水南一地名，最早见于《史记》，唐宋学者以之与河亶甲相联系。早年甲骨学者则以为是商代晚期都城遗墟。后经大量考古发掘提供的新材料，学术界一般认为殷墟应是盘庚以后都城所在，其中最为重要的证据，就是小屯附近大片夯土建筑基址的发现。近年有“殷墟非殷都”之论，其产生的原因，在很大程度上是论者没有真正认识和理解这片夯土建筑基址的性质与价值。如果肯定这些夯土建筑基址是商王宫殿建筑基址，它们构成了相当完善的礼仪建筑体系，就不会怀疑殷墟的都城地位。至于殷墟是盘庚以后都城，抑或武丁以后都城，甚或武乙之都，作出判断的依据可以是多方面的，但是其中最为重要的，依然是小屯宫殿区夯土建筑基址的年代。宫殿建筑建造、使用年代的认定，对于殷墟作为商代都城之年代的研究，具有根本性意义。

然而，当时由于现代考古学在中国扎根未深，中国考古学家尚在理论学习和实践摸索的过程中，所以对于殷墟的发掘，在获得巨大成功的同时，也留下了某些缺憾。举例如下：

当时尚无全面钻探、整体把握的概念，在实施发掘前，对于地下遗迹的基本布局和规模心中无数，布方的针对性差，因此对于建筑基址的揭露带有一定盲目性。乙组基址发掘之不够完善，发掘报告未能对有关基址尚未发掘部分做出合理推定，便是例证。也正是因为整体把握不够，认识不到各建筑基址之间的内在联系，以至把完整的建筑群体，拆散为一个一个的建筑单体。

对于地层关系的关注不够仔细、全面。虽然对于打破或叠压基址的上层遗迹、被基址打破或者叠压的下层遗迹，都认真辨别，记录在案，但是许多地层关系信息被忽略，以至凡是没有直接打破、叠压关系的地层单位，一律无法判定其相互间的时间关系。这使得我们无法根据建筑基址近旁的灰坑，准确推断建筑基址的年代——如利用著名的水井 E16 推断甲二、甲三、甲四基址的年代。

发掘夯土建筑基址时，采用"掏心战术"，即遇到夯土建筑基址的时候，也要平行下挖，其结果是彻底毁坏了建筑基址，发掘现场出现了"倒栽柱"现象[37]，即一根根土柱（发现柱础石后为保存础石原位而留下的支撑柱）的上面各顶着一块础石，待发掘完毕，建筑基址也随之消失，让后人扼腕痛惜。

虽然认识了夯土，但还不善于区别不同的夯土，也就不能正确分辨早、晚有别的夯土建筑基址，由此造成了地层关系上的不少混乱——譬如乙十一、乙十八、乙二十和乙二一基址，给研究者平添障碍。

对于陶器（陶片）在年代研究方面的作用和价值，认识不足，利用不够。对出土陶片既未全部采集，又未长期保留，致使当今学者利用陶片研究建筑基址年代，困难重重。

总之，在今天看来，当年的发掘确实存在若干缺陷。但是我们必须承认，以当时的学术背景而言，这些欠缺几乎是不可避免的，它们无法遮蔽发掘取得的成功所散发的耀眼光芒。今天我们总结这段历史，不是苛求前贤，而是继承、发扬，促进科学进步的一个组成部分。考古学发展到今天的程度，殷墟发掘无疑起到了垫脚石的作用。

2. 关于七八十年代的发掘

1976～1985 年对小屯西北地的发掘，采用整片揭露方式，发现近 50 座中小型建筑基址，它们与墓葬、窖穴等遗迹混杂一处，为宫殿区非核心地带建筑物的分布和用途，以及宫殿区建筑物的构筑与使用轨迹等研究，提供了很好的材料。

1987 年重新揭露甲十二基址，虽属重揭性质，但由于发掘者注意了建筑基址与附近其他遗迹现象的地层关系，从而为推定甲十二基址的年代提供了新材料。

1989 年在乙二十基址东南约 80 米的地方发掘的宫殿建筑基址，占地面积约 5000 平方米，三个长方形夯土基址联为一体，平面呈"凹"字型。本项发掘在殷墟发掘史上具有重要意义。第一，扩大了宫殿区已知面积——将宫殿区的范围向南推进了 130 米，配合其他考古新成果，使得我们对于宫殿区规模有了较前更正确的认识。第二，为研究已经发掘的宫殿建筑基址提供了可贵资料。它使我们得以从考古发现中证实了学者根据甲骨文研究得出的关于殷代宫殿为"四合院"式结构的论断,从而极有助于我们理解已经发掘的殷墟宫殿建筑布局问题。第三,弥补了殷墟宫殿建筑考古发掘方面的欠缺,使揭露出来的殷墟宫殿建筑布局更加完整,相当完善地表现了商周时代礼制建筑之"前朝后寝"、"左祖右社"的建筑格局。第四,弥补从前宫殿建筑基址考古发掘方法和技术的不足,做到了普遍钻探、整体把握、全面揭露,并很好地保存了夯土基址,即使非常必要的解剖,也是利用破坏沟去切剖。

本次考古发掘有待补充的是对宫殿建筑群的探索。发掘证明,该宫殿的主殿,既有朝南的门道,也有向北的门道,就是说主殿的后面还应该有相关的宫殿建筑,从而形成前后院的宫殿建筑群。后院宫殿基址,尚需继续探索。

二　殷墟宫殿区建筑基址研究综述

(一) 30 年代发掘资料的整理出版[38]

随着考古发掘的进行,资料的初步整理和研究工作也同时进行,前七次发掘的成果和研究论文,发表在 1929 年创刊的《安阳发掘报告》第一至四期上,第八至十五次发掘的一部分报告和论文发表在 1947 年创刊的《中国考古学报》第一至四册。

随着日本侵华战争的隆隆炮声步步逼近,中央研究院历史语言研究所开始了颠沛流离的艰难生活。1938～1940 年,史语所迁居昆明,在龙泉镇揭开了殷墟发掘资料整理和研究的序幕。梁思永整理安阳侯家庄发掘资料,董作宾、胡厚宣整理小屯出土甲骨资料,李济整理安阳出土陶器。石璋如整理小屯发掘记录,完成了殷墟宫殿区考古遗迹平面图——殷墟发掘现象总图,把在小屯 12 次发掘过程中所发现的各种遗迹现象汇总在一张总图上。这张看似平常的平面图,为研究殷墟的人们提供了极大的便利,李济称之为"指示图"。

1940 年底,史语所迁移至四川南溪县李庄,这里是抗战时期中国的一个学术中心,聚集了大批学者。在这里,史语所考古学者埋头于安阳考古资料的整理研究,并于 1945 年出版了《六同别录》,收录石璋如撰写的《小屯后五次发掘的重要发现》、《小屯的文化层》等论著,董作宾完成了甲骨学名著《殷历谱》。

抗战胜利后,史语所迁回南京,李济和石璋如、高去寻、夏鼐等继续殷墟发掘资料的整理研究,陆续编辑出版《中国考古学报》、《中国考古学集刊·安阳》。此间出版《中国考古学报》第二、三、四册,发表了李济《记小屯出土的青铜器》、石璋如《殷墟最近之重要发现附论小屯地层》,董作宾继 1945 年出版《殷历谱》之后,又于 1948 年出版了《殷墟文字甲编》、《殷墟文字乙编》上辑。

1948 年底,史语所迁台,落脚在台北市,董作宾、屈万里等负责甲骨文研究,高去寻负责侯家庄王陵发掘报告的修订,李济从事殷墟出土器物的研究,而任务最为庞杂、艰巨的小屯发掘资料的整理研究工作,则仍由石璋如负责。

安阳小屯考古发掘报告的编撰工作，是一件相当复杂和棘手的事情，其原因，李济先生曾经举出两条：第一，小屯发掘经历九年12次发掘，期间有许多变化，包括组织领导者、实际工作者的人员变更，发掘工作指导思想和方法、技术的变化，导致发掘资料混乱；第二，小屯地下遗迹现象复杂，种类繁多，需要从建筑、社会、政治、宗教和装饰等诸多方面阐述[39]。此外，还有一个重要原因不可忽略：当年的考古发掘尚在成长过程中，指导思想、理论方法和发掘技术均不够成熟，发掘过程中没有弄清楚的东西，靠事后的资料整理去准确推定、复原，是相当困难的，甚至是不可能的。然而，石璋如凭借着强烈的事业心和责任感，十几年如一日，忘我工作，终于完成任务。李济评价《殷墟建筑遗迹》说："这著作澄清了在9年田野工作中积累的关于夯土、建筑物的夯筑方法资料的混乱。"[40]体现的是作者的"一片精神"、"一团心血"[41]。虽皆中肯，却大有余地，其实完全可以给予更高的评价——在此只说一句话：倘无石璋如先生编撰的《殷墟建筑遗存》，研究殷墟的学者们很难正确认识和复原殷代都城及其社会！

经过相关学者的不懈努力，有关殷墟宫殿区的考古发掘成果陆续发表。其中最基本也是最重要的考古发掘报告，就是列为《中国考古报告集》系列《小屯》第一本、由石璋如编撰的《殷墟建筑遗存》[42]。该报告总括第四次发掘以来积累的资料，内容包括：报道小屯53座建筑基址、31条水沟遗迹、264座墓葬、296个灰坑（含水井、窖穴）的资料，全书约28万字，131张表，117幅插图，22版照片；对上述商代遗迹的年代和性质作了认真、深入的探讨。这本考古报告的撰写，始于1945年，初稿完成于1951年，历时7年。而从1931年第一次发现夯土建筑基址，到1959年《殷墟建筑遗存》出版，经过了将近30个年头。

随后，关于小屯考古的发掘报告接连出版，主要包括同为《小屯》第一本的《北组墓葬》（1970年出版）、《中组墓葬》（1972年出版）、《南组墓葬》（1974年出版）、《乙区基址上、下的墓葬》（1976年出版）、《丙区墓葬》（1980年出版）、《甲骨坑层》（1985年出版）。系统报道小屯发掘所发现的殷商墓葬资料以及甲骨出土情况，进一步丰富了殷墟宫殿区考古发掘资料，为全面认识宫殿区建筑基址，提供了必要的科学材料。

李济于1977年出版了《安阳》（英文版），比较系统地介绍了史语所在殷墟的十五次发掘之成果，因此书在大陆不易见到，中国社会科学出版社于1990年在北京出版了其中文版。

胡厚宣于1955年出版了《安阳发掘》，综述史语所早年的殷墟发掘成果。

（二）宫殿区建筑基址研究

关于殷墟宫殿区建筑遗存的研究，事关殷墟遗址的年代、性质和商代社会等重大学术课题，因而颇受大家的关注。然而，真正认真地全面研究殷墟宫殿区建筑遗存的学者并不算多，能够吃透材料的人就更少。

1. 石璋如的研究

在研究殷墟宫殿区建筑遗存的学者当中，首先要提到的是石璋如先生，他，堪称

"殷墟宫殿区建筑遗存研究第一人"。

石璋如对于殷墟宫殿区建筑遗存研究的贡献可分作两个方面：首先是对于原始发掘资料的全面、系统整理，其次则是对于殷墟宫殿区建筑基址的布局、结构、年代、性质等方面的系统研究。实际上，他的资料整理的过程，就是研究的过程，而研究又促进了资料整理，二者互为表里，不可分割。

1931 年，石璋如以河南大学实习生身份来到安阳，参加第四次殷墟发掘，从此与殷墟宫殿区建筑基址结下不解之缘。正如石先生自己所说："那时候正当'寻找夯土的热潮'开始上涌，我一跃进了考古的大门，便被这个热潮卷入了漩涡，于是对于'寻找夯土工作'，也发生了相当的兴趣。到民国二十一年春（1932），殷墟第六次发掘的时候，我自己在 E 区发现了一座完整的基址（甲四），周围并有行列整齐的石础，于是对于寻找基址的工作，兴趣更为浓厚。自此以后，小屯各区的发掘，都把寻找基址，列为首要的业务。"[43]

石先生自始至终是殷墟宫殿区建筑基址考古发掘的见证人、若干基址的亲手发掘者，又是"卷地毯"发掘法的积极执行者，对于这份资料既熟悉，更最具感情[44]，"以至疾病时，流亡播迁时，困穷到难以生活时，他仍念念不忘这一工作"[45]。他的勤奋努力，使他成为殷墟考古的名家、奠定中国考古学基础的先驱、中国考古事业的功臣。

自史语所迁徙昆明，石璋如先生便开始了对殷墟宫殿区考古发掘资料的整理和研究，在昆明龙泉镇响应寺花费 8 个月时间完成的《殷墟发掘现象总图》，为殷墟宫殿区发掘资料的整理研究奠定了良好基础。在这里，石璋如先生又写出了《殷墟最近发掘之重要发现附论小屯地层》[46]。史语所迁居四川李庄，石璋如先生将在昆明所撰《殷墟最近发掘之重要发现附论小屯地层》改写为《殷墟后五次发掘及其重要发现》，发表在《六同别录》第一册。此后，一直是边整理边研究，直到《殷墟建筑遗存》完稿，又写了《小屯殷代建筑遗迹》，算是一个总结性文字。

完成《殷墟建筑遗存》，石璋如先生转入小屯墓葬资料的整理研究。

在编撰《殷墟建筑遗存》的同时及其以后，石璋如就殷墟宫殿区殷代遗迹反复思索，先后写下了《殷代地上建筑复原之一例》[47]、《殷墟发掘对于中国古代文化的贡献》[48]、《小屯殷代的建筑遗迹》[49]、《河南安阳小屯的三组基址》[50]、《小屯殷代丙组基址及其有关现象》[51]、《殷代的建筑》[52]、《殷代的夯土、版筑与一般建筑》[53]、《殷代地上建筑复原之二例》[54]、《殷代地上建筑复原的第三例》[55]、《殷代的坛祀遗迹》[56]、《殷墟遗址的两处重要遗迹——大连坑与黄土台》[57]、《殷墟建筑遗存的新认识——论殷代早期宗庙》[58]、《乙组两处基址与其甲骨窖穴释疑》[59]、《殷墟地上建筑复原第四例——甲六基址与三报二示》[60]、《乙五基址与宾吊层位》[61]、《殷墟地上建筑复原第五例——兼论甲十二基址与大乙九示及中宗》[62]、《记董先生的一段小故事——三报二示与甲六基址》[63]、《殷墟地上建筑复原第六例——兼论甲十三基址与"示"》[64]、《殷墟地上建筑复原第七例——论乙一及乙三两个基址》[65]、《从乙一与乙三基址试说殷代的测影台》[66]、《从殷墟遗迹新释高宗、彤日、亮阴》[67]、《殷墟地上建筑复原第八例——兼论乙十一后期及其有关基址与YH251、330卜辞》[68]等研究夯土建筑基址的论文和《小屯C区的墓葬群》[69]、《小屯殷代的跪葬》[70]、《有关殷代石雕的几个问题》[71]、《小屯的石子窖与石子墓》[72]、《殷墟的窖穴坑层与甲骨断代二例》[73]等殷墟宫殿区其他殷代遗迹研究论著。

石璋如先生对于殷墟宫殿区建筑遗迹的研究，富有开创性，提出了若干重要见解。限于篇幅，不能一一详述，兹举要如下：

1955年发表的《小屯殷代的建筑遗迹》，把殷墟建筑遗迹分为地上建筑和地下建筑两类，地下建筑包括穴、窖、窑、墓、坑、坎、沟7种，地上建筑则包括房基、路基和其他基址。关于地上建筑，石先生就其基址土质、建筑方法、基址形制、建筑仪式进行了分析归纳，并探讨了地上、地下建筑之间的关系。这是对殷墟建筑遗迹的客观分类归纳，有利于人们对殷墟建筑遗迹有个通盘的了解。

在1959年撰就的《殷墟建筑遗存·自序》中，石璋如指出研究殷墟宫殿区建筑基址的三大发现，即以考古资料证经籍史料之可信的三个方面。第一，由乙七基址证实《周礼》关于阍人掌王宫门禁的记载；以丙组基址证实《尚书》中关于立坛墠以便祭祀的记载。第二，从丙组基址的祭祀坑证实《尚书》、《左传》关于杀罪人以祭社神的记载；以乙七基址前墓葬证实《诗经》中关于建筑物落成典礼以人为牲的记载等。第三，联系《周礼·小宗伯》"右社稷，左宗庙"和《周礼·考工记》"左祖右社"的记载，石璋如指出，"乙组基址在东，属左，丙组基址在西属右。乙组基址多数似有房顶，丙组基址大部似为土台。乙组基址的规模大，丙组基址的规模小。两者对比起来，颇有左宗庙右社稷的可能。"

1968年发表的《殷代的夯土、版筑与一般建筑》，在基本沿袭《小屯殷代的建筑遗迹》的基础上，借鉴了大陆地区夏商考古新发现，对殷商建筑基址进行分类介绍。关于夯土基址，他分为地面建筑与地上建筑两大类，并将地面建筑划分成褐土基址、灰土基址、杂土基址、白灰面基址等四种。关于地上建筑，主要探讨了基址种类（平面形状）及其发展演变程序、基址的分布与组合、建筑结构复原等问题。关于小屯甲、乙、丙三组基址，石先生指出：甲组基址可分为南、北两区，面向东、西的基址多，面向南、北的基址少；大型基址多面向东或西，小型基址多面向南或北。乙组基址中多为没有房顶的台基遗迹，房基较少；主要房子面向南，次要房子面向东。丙组基址可用"大五、小五、南五、二路"来归纳，其特征是"组织有系统，方向有规律，排列相对称"。他提出"丙组的若干基址，可能是坛墠之类"。该文最大的学术贡献，应该是依照中轴对称原则复原出了乙组基址整个建筑群的基本格局。

1980年发表《殷代坛祀遗迹》对此前关于丙组基址的三次讨论，作了回顾检讨，并重新检核原始发掘资料，引发了对丙组基址的新认识。受赵林《商代的社祭》一文影响，该文认为判定商代的"社"必须具备两个条件：一，在平台上堆一个圆土堆作标记；二，或是在平台上堆几块大石头作社主。据此，他对自己一直坚持的丙组基址为社坛说给予彻底否定，提出了"一墠五坛"说——丙一为墠，丙二、丙三、丙四、丙七、丙八是坛，从而把丙组基址列为"坛祀遗迹"。这是石璋如先生个人学术观点的一个重要转变。

1980 年在台北第一次国际汉学会议上发表《殷虚建筑遗存的新认识》，提出"甲十二基址应为'大乙九示'的宗庙，并提出关于'上示、下示、大示、小示'等个人的看法"。即把甲四基址定为"上甲元示"、甲六基址为"三报三示"、甲十二基址为"大乙九示"、甲十三基址为"秅示（盘庚）"、乙二基址为"丁示"。这是他首次把甲组基址定性为宗庙。此前他已经把乙组基址定为宗庙了。

1981 年发表《殷虚遗址中的两处重要遗迹——大连坑与黄土台》，讨论的是"大连坑"与"黄土台"——乙一基址，强调乙一基址是用"纯净的黄土所建成"，其东侧有"由褐色土建成为黄土台的一个平坦的东阶"，阶上放置有虎头，阶下分置残全不一的九具猪骨架；黄土台的东北角有东西向黄土斜坡。他推测说："如果豕骨为祭祀黄土台的牺牲，则黄土台可能为一处面向东的祭祀场所。但由其南面的三座门观察，黄土台系面向南并不向东，故虎头与豕骨的祭祀对象也需进一步的追究。"石璋如推测为祭祀场所，与董作宾推测是宗庙有关[74]。

1991 年在《乙五基址与宾、自层位》中，根据已有资料把乙五基址复原为"工"字形夯土基址，谓"就全部夯土面观察，则为工字形的广场，就础石的布局观察，则为 T 字形的建筑，而成为殷代建筑的新形式"。"判定基址建造时期之上限，不能早于第二期"，使用期包含第四期（在肯定部分"早期基旁窖""相当乙五基址使用期间"的前提下，根据自组卜辞最早与宾组卜辞共同出现于这些基旁窖中等等，推定自组为四期，即乙五使用延续至第四期甲骨）。

1993 年发表《殷墟地上建筑复原第五例——兼论甲十二基址与大乙九示及中宗》，认为甲组基址与乙一基址组成"五庙三列"，其中"甲十二基址为五庙之一，而位列中列，故称中宗"，"甲十二基址内部组织，前无设施，后为祭台，祭台分为上下两层，左右十格。左右代表世，上下置示。位置与结构，均合于大乙九示之宗庙"。此文是在《殷虚建筑遗存的新认识》基础上的进一步发挥。

1994 年发表《殷墟地上建筑复原第六例——兼论甲十三基址与秅示》，认为甲十三基址"为殷代的先公先王宗庙遗址之一"，"在基址的夯土层内及周围所出的第一期甲骨计有七片，由此可确定甲十三基址，为武丁时代的建筑"，"甲组五个基址全为甲骨文第一期所建，即武丁时代所建的宗庙"（指甲四、六、十二、十三和乙二）。并把甲十三复原为周围有 24 根檐柱（面阔七间、进深四间）的四面坡建筑物，谓"按甲十三基址的内部由北而南分为九间，即可容纳九世。王数无限。查自盘庚迁殷诸王仅有八世、十二王，故可全部容纳而有余"，"很可能迁殷诸王，均被供奉在这甲十三宗庙之内"。"由已研究的结果所知，甲四基址的宗庙为祭祀上甲，甲六基址的宗庙为祭祀三匚二示，甲十二基址的宗庙为祭祀大乙至祖丁九示，甲十三基址的宗庙当为祭祀迁殷后诸王，很明显的分为四个单位"。

1995 年发表《殷墟地上建筑复原第七例——论乙一及乙三两个基址》，指出"乙一基址，即黄土台，系打破乙二基址而建立，面向南，东部有坡道，是一座高台建筑，应即为传说中的高宗"。"乙三基址，即三座门，在乙一基址之南，在坚硬的夯土上排列三组四行础石，可能为乙一的南门"。"按乙三基址础石的排列多作斜形，似与日影的斜度有关"。"乙一基址系打破乙二基址而建立，乙二基址为早期的右宗，即祭祀先公远祖及自然神所在。祖甲为祀典的改革者，废弃先公远祖及自然神不祭而毁坏右宗，故乙一基址当视为祖甲所建造"。"乙一基址即著名的黄土台子……或即传说中的'高宗'的由来，日后转变为武丁的庙号了"。"乙三基址号称为三座门……乙三基址的时代应属第二期即祖甲的时代"。

1997 年发表《从乙一基址试说殷代的测影台》（1994 年中国考古学与历史学整合研究国际研讨会论文），提出："乙一与乙三两个基址，彼此有连带的关系，乙一在南。最初认为乙一是一座高台建筑，乙三是这座高台建筑的大门，甚至认为乙一为'父丁宗'，乙三为'父丁门'，并拟进一步的解说'高宗肜日'的故事。虽然宗与门的美梦破灭了，可是高宗肜日的'肜'字，却与甲骨文的'彡'字有关，遂惑疑乙三基址可能与肜祭有关，肜祭又可能与测影有关，于是把乙三基址作一模型，试作各种实验"。"经此各种实验的结果，可算无误，因此推测这两个基址很可能为殷代的一套测影、纪时的设施。乙三基址为测影场，在南；乙一基址为测影台，在北面的高台上观测，不但看的清楚，也可以顾到全局，遂作一套推测的实验以图示之。用殷代基址的真实现场，来证实甲骨刻辞的可靠性，这可以算作中国考古学与历史学整合的一个实例罢"。

1999 年发表《殷墟地上建筑复原第八例兼论乙十一后期及其有关基址与 YH251、330 的卜辞》，认为"结合乙十一后期等九个基址而成的一座有祭台有廊庑的五进大建筑，依层位叠压及排列来判断，当为帝乙时代所兴建。据《尔雅·释宫》'有厢曰庙'的标准来判断，当为宗庙"。"乙十九基址可能为占卜及卜辞的储存处。因时代的演变而被清理，把大批卜辞埋于其西南的 YH251 即乙十八基址的门旁窖中，上加黄土，并加夯打。把其余破碎少数卜辞埋于其东南的 YH330，即乙二十基址西端的门旁窖中，上加灰土，并未夯打。两窖的卜辞有统一性"。"乙十六基址分为南北两段，可能为豢养待祭的牲舍，北段养猪，南段养羊、犬，正与卜辞中用牲之种类相当。很可能卜辞所用之牲即取自该处"。他把乙十一、乙十二、乙十三、乙十五、乙十六、乙十八、乙十九、乙二十、乙二十一等原本属于两个建筑单元的基址合并成一个建筑群，复原成以乙十一为主殿、乙十二为西庑、乙十三为南庑（谓属"有顶无墙的卷棚型"，是"主体基的祭台"）、乙十六为牲舍、乙十八为西庑（石璋如说："住在这建筑中的人员可能是为这座大建筑之管理者。"）、乙十五为桥梁、乙二十为露天高台（石璋如谓为"一座周围有栏杆的大平台"）、乙十九和乙二十一为方亭。"就层位及排列来说，乙十一前期基址当为武乙时代的建筑，而属于乙七基址的中组墓葬的东部，建筑在乙十一前期的基址上，则乙七基址当属于文武丁时代的建筑。而乙十一后期基址的西边又建筑在乙七中组墓葬上。则乙十一后期基址当属于帝乙时代的建筑"。

总结起来，石璋如就宫殿区建筑基址的布局、建筑结构、年代、性质等分别作了探讨。其中，最具贡献性、在学术界影响巨大的见解是：科学地将宫殿区夯土建筑基址划分为甲组、乙组、丙组三区，提出了甲组基址为住人的寝宫、乙组基址是祭祀祖先的宗庙、丙组基址是祭祀自然界神灵的社坛之学说，肯定殷墟宫殿区夯土建筑已经具有宫庙分立、左祖右社的礼仪制度。

石璋如先生在殷墟宫殿区建筑基址研究方面，做出了突出贡献，提出了若干富有启发性的见解。然而，由于石先生的研究受到了诸多局限，因而存有缺憾。兹举例说明：

第一，发掘资料的先天不足。发掘方法和技术方面的问题导致了遗迹现象的混乱，面对芜杂、无序的发掘资料，研究者必须发挥丰富的立体想象、复原能力，石先生因此下过苦功夫，譬如关于乙十一基址的资料整理和研究，即是典型例子。据石璋如先生自述："乙组基址分量最重，撰写时也特别吃力，最麻烦的是乙十一基址，费了两个月的时间，础石与层位弄不出一个清楚的关系。后来一方面用一张较大的平面图，钩出础石的位置，再用小铜币糊纸，写上础石的号码及深度，尽先在平面图上摆列未经扰乱的诸础石；一方面把础石与基址的草图贴在墙上，天天在观察和思索，最初将所有的础石完全去掉，先把在平面图上摆好的有把握的若干个画上。有疑问的缺着，经隋唐墓葬扰乱的根本不列进去。等到有眉目有把握时再添上几个，有疑问再去下来，添而后去，去而后添，经过若干次的添去工作，配合着坑层的次第，才知道乙十一基址有先后两期，早期基址废弃时，其础石并未拿走，而后期基址建筑时又行放置础石，但前期的础石并未使用，故先后础石混杂不清。最后虽然没有把所有的础石全部弄清楚，但有一个大概了。"[75]

关于乙一与乙二基址的关系，石先生先后有三种看法：早年（1931～1979年）"把它们看作形式截然不同的两个基址。乙一是正方形，乙二是拐尺形。……这个认识可以说是田野考古工作人员的传统认识，也可以说是考古组同人共同的认识，这个意见表达在《殷虚建筑遗存》中"。后来（1979～1981年）"把两个基址合为一体，即乙二为乙一的附件。认为乙二的北墙，是乙一向东的斜坡，乙二的西墙是乙一的东阶"。最后（1981～1994年）"把它们看作完全不同形式的两个基址了，即拐尺形的北墙，乃是乙一基址的东坡，拐尺形的西墙，才是真正的乙二基址的东边"。发掘者尚且不得要领，其他人更难知真相。

像这样的在田野发掘过程中没有搞清楚的遗迹现象，在室内整理中也很难正确地理清地层关系、遗迹布局等。限于当年的发掘水平，发掘资料的混乱不清是在所难免的，没有其他可靠的旁证材料，单凭原有的发掘资料，不足以得出正确结论。

第二，缺乏必要的对比资料和关于商代礼制建筑一般特点的知识。在发掘殷墟建筑基址的时候，人们对于商代的宫殿建筑全然没有真实的了解，殷墟的资料成为孤例。后来虽然在中原地区陆续发现一些夏商时期的夯土建筑基址，但是由于海峡两岸的政治对立和学术隔绝，身在台湾的学者不能或不便引用大陆学者的考古新发现，这就大大局限了其研究空间。石先生在复原殷墟宫殿建筑时，充分利用他逃难云南时考察民间建筑所得的知识[76]，虽然有用，但毕竟间隔了三千多年，建筑物的性质又并不相同，说服力自然是有限的。

第三，研究方法有局限。关于建筑基址的年代，在运用出土遗物作为断代手段时，石璋如主要是运用刻辞甲骨，而对于其他遗物——陶范、铜器尤其是陶器（陶片），基本上不曾涉及。

第四，对于先秦文献记载的传统宫室制度缺乏正确认识，对于已有的夏商周宫殿考古成果更无充分了解和研究，因而随着时间的推移，石璋如的研究愈发脱离考古实际而陷于想象和附会之中。最典型的例子是他后期的研究推翻了早期研究中关于殷墟甲、乙、丙组建筑基址分别为寝、庙、社的推论，把甲组基址解释为宗庙，乙一和乙三基址是"测影"设施，乙组某些基址是豢养牺畜的地方，丙组基址是坛祀遗址，甚至不顾及一些基址尚未完全发掘的事实，把某些建筑基址的残部作为整个建筑基址来看待，做出了一些离奇的推想[77]。

2. 其他人的研究

李济：李济先生在《安阳》一书中专用一章讨论建筑遗存。他对于石璋如先生的观点（1954~1970 年发表的论文）多半是赞成的，但是也有自己的看法。尤其是关于乙组基址祭祀遗存的性质，与石先生有分歧。石先生认为那是基址建造过程中奠基、安门等仪式之遗存，李济先生则认为是建筑物建成之后不断祭祀祖先和鬼神之遗存。因而他把乙组建筑看成是"一座外观壮丽的祖庙"，谓"乙区的所有建筑物都是为祭祀目的而设计的。向天和神灵举行祭祀，向各个祖先供奉牺牲品，这是君主最神圣的义务"。李济先生善于从宏观、整体的角度看问题，是其长处，但是，他对石璋如先生关于乙组基址祭祀遗存认识的否定，缺乏地层学依据（或说没有从地层学角度解释问题）；对于乙组基址性质的推定，在很大程度上是出于对乙一基址性质（所谓"祭台"、"方形的祭坛"）的认识，而对于乙一基址性质的推定，主要来自它与众不同的土色（用纯黄土夯筑）和与众不同的方向（基本是正南北方向），忽视了乙一基址与其他乙组基址在规模、形制和年代等方面的差别，甚至没有联系到乙一基址旁边的那些虎与猪等牺牲的存在[78]。

邹衡：邹衡先生对于殷墟宫殿区建筑基址的研究，主要是关于这些基址的年代和分期。在 1956 年发表的《试论郑州新发现的殷商文化遗址》中，邹衡先生就"小屯殷商文化分期"进行了初步探讨，把早于水沟的遗存定为"小屯殷商文化早期"，把水沟和与之同时的部分夯土基址定为中期，将部分偏晚的夯土基址和打破水沟与夯土基址的遗存定为晚期。他指出："虽然我们不能说早期没有夯土建筑，但大规模的地面上的建筑似乎是自中期兴起的。"[79]

1964 年邹衡又发表《试论殷墟文化分期》，根据地层关系和陶器、铜器的形制，把殷墟文化划分为四期，并结合甲骨卜辞推定了各期的绝对年代。在此基础上，对乙组基址中的乙五等 13 座基址、丙组基址中的丙五等 3 座基址的年代进行了判定。至于甲组基址，他以"因发掘方法关系，已无法分期"为由，未作讨论。他认为：殷墟"第一期的版筑房基，尚无法确定；可能还保留有比较原始的'白灰面'建筑。第二期已出现大规模的版筑房基，而水沟尤其是本期所独有的建筑遗迹。……在小屯及其外围各地点，大致可以确定时代的版筑房基，绝大部分都属于晚期。看来，殷人在殷墟大兴土木，大概是从第二期开始的，而更广泛地建造，似乎是在第三、四期。"[80]

由于资料等方面的原因，学者对于殷墟宫殿建筑基址的年代较少有仔细的论述，邹衡先生的研究带有开创性，其结论至今仍是最有权威性的见解之一。

杨鸿勋：杨鸿勋先生对殷墟宫殿区建筑基址的建筑结构进行了研究复原，并对其性质作了推测。他认为，从遗址规模、夯土建筑基址的布局、遗址内出土大量动物骨骼等方面看，殷墟不会是都城遗址，结合洹北商城的考古发现，可以证明殷墟只是商代晚期时候王都近畿的苑囿离宫[81]。这是个非常大胆的创见，如果杨先生能够证明：（1）殷墟宫殿区只是限于甲、乙、丙组基址范围，（2）殷墟的宫殿基址都是洹北商城时期的建筑，（3）殷墟宫殿区现有建筑基址与商代离宫的规模、布局相同，（4）殷墟宫殿区出土的动物骨骼与人类饮食、祭祀、占卜、制作骨器等无关，（5）殷墟的规模与洹北商城相比，确与离宫、都城之间的大小比例相符，则上述创见方得成立。

杨鸿勋先生还对殷墟宫殿建筑基址中的甲十二基址、乙二十基址进行了复原。关于甲十二基址，杨先生综合 1932 年和 1987 年两次发掘资料，把甲十二基址夯土台基周缘的柱子作为墙柱，把"擎檐柱"作为檐柱，复原成四周回廊、双檐、四坡屋顶的楼阁（照片）[82]。关于乙二十基址，杨先生根据《殷墟建筑遗存》的发掘资料，将其复原成四周有回廊、房顶为双檐、四坡的殿堂[83]。

陈志达：陈志达先生作为殷墟发掘者，专门对殷墟宫殿区建筑基址做过研究，除在《殷墟的发现与研究》一书中执笔关于小屯建筑基址的章节之外，还发表有《安阳小屯殷代宫殿宗庙遗址探讨》[84]。在该文中，一方面概述了石璋如等人的研究成果，一方面提出了自己的一些见解。他认为，"甲组某些基址可能属殷王和宗室所居之寝室；乙组某些基址似为神主所在之宗庙；丙组中的某些基址像是祭祀一类的建筑，它与宗庙有联系。甲、乙两组基址的排列和周代寝在庙后有相似之处"。又说，在乙组基址东南方新发现的夯土建筑基址大概属于宫殿宗庙的一部分，就已有考古资料而言，殷墟为殷都说是可信的。在《殷墟的发现与研究·殷墟重要遗址概述》中说："从甲四、甲十一、甲十二、甲十三等基址的规模、间数等方面考察，可能是'寝殿'和享宴之所。甲一、甲五、甲十五等基址的形制较小，基面上无础石，有可能是'寝殿'的附属建筑，有些可能是侍者的住处，有些可能是储藏室。……据我们分析，乙五基址大概是一处铸铜的场所；乙七、乙八等大型基址可能是宗庙建筑；乙四、乙六、乙十四、乙十七等小型建筑，可能是住人的。……我们推测，丙三、丙四、丙五、丙六可能为祭坛之类的建筑，其上均无础石，与乙组中的宗庙建筑有密切关系。丙二、丙十二、丙十三等大概是住人的房子。分布在丙二周围的小葬坑，有可能是祭祀宗庙中先公先王的牺牲。"[85]

陈志达先生是第一位系统论述殷墟宫殿建筑基址的大陆学者，他的观点多可借鉴。他在研究中指出了寝、庙、坛等礼制建筑，但却没有考虑"朝"的所在，是个遗憾。

郑振香：郑振香先生是殷墟发掘主持者之一，在殷墟宫殿区建筑基址的发掘研究方面，她的重要贡献是：（1）成片揭露了小屯西北地的建筑基址，根据地层关系和出土遗物，确定了 40 多座建筑基址的具体年代，并从动态观察出发，对这些建筑物的性质以及建造、使用轨迹，进行了研究阐发，提出：小屯西北地在殷墟一期时候，"大概是小贵族和较富有的平民的居住地"；从二期开始，这里"既是王室成员和贵族墓地，又是举行祭祀活动的场所。在祭祀性建筑附近有供居住和从事某些活动的厅堂类建筑"。祭祀类建筑中，有的与墓葬有关，有的则"可能为祭祀祖先而建"。第三期的小型居住房屋，与祭祀类建筑有关，而较多窖穴灰坑的存在，标志着遗址性质在发生变化。第四期基址的主人，"大概是为殷王室和贵族守护墓地，看管窖藏等服役人员"。据此提出"从武丁时代大规模地营建王都"的观点[86]。而其认为妇好墓墓上建筑"可能就是为祭祀墓主而建的"[87]，如今已是学术界主流意见。（2）比较完整地揭露了小屯东北地的丁组基址，对建造年代、建筑结构等，给出了明确答案，提出了从宏观角度重新研究包括丁组基址在内的殷墟宫殿区建筑基址的问题。

朱凤瀚：朱凤瀚先生坚持认为石璋如先生早年关于殷墟甲组基址为宫室寝处，乙组基址是宗庙，丙组基址为社坛的判断是对的，并认为1989年发掘的丁组基址实为乙组基址的延续，同属宗庙建筑[88]。

宋镇豪：宋镇豪先生基本同意石璋如先生早年关于甲、乙、丙三组基址性质的推定，但在乙一基址的性质方面，有独到见解。他认为乙一基址应该是宫殿建筑过程中"定位正方向"作用的建筑物[89]。这是一个极其重要的见解，对于厘清乙组基址性质、探讨晚商王都建筑制度等，意义颇大。

唐际根：唐际根先生在《安阳殷墟宫庙区简论》中说："最新资料表明，甲组基址（至少其中大部分）不是殷墟时期的宫庙建筑，而是年代早于殷墟都邑时期的普通民居遗存或族邑。……殷墟宫庙区内曾经分布有大量中商时期遗存。而以所谓'甲组基址'（至少其中的大部分）为代表的建筑遗存，实际上是洹北商城外围的一个居民点。"他认为1987年发掘的甲四基址东侧大灰坑87AXTH1出土陶器"同类器物在洹北商城内大量出土，器形极为相似"。解放前发掘的YH158、YH358E16、YH027、YH103、YH259、B25出土陶器"均可确认是洹北商城阶段最常见的陶器"。这些单位"可证甲组基址，至少其中大部分是中商时期的建筑，因而与作为都邑的殷墟宫庙建筑无关"[90]。这个见解比较新颖，他为杨鸿勋先生的观点提供了年代学证据。只是，关于上述单位出土陶器是否确系"洹北商城阶段最常见的陶器"，学者尚有异议，谓甲组基址与"殷墟宫庙建筑无关"，有使殷墟宫殿建筑失去完整性和系统性之虞。

还有其他学者对于殷墟宫殿区建筑基址发表过或多或少的见解，在此不逐一列举。

3. 关于"左祖右社"方位理解问题

包括石璋如先生在内，学术界很多学者认为"左祖右社"是指"祖"与"社"的相对位置关系，不确。实际上，左、右的位置关系都是以"朝（天子朝廷）"为总参照物，即祖庙在朝的左侧而社坛在朝的右侧。如此，则朝、庙、社是三路建筑。研究殷墟宫殿区礼制建筑时，不能混淆这方面的概念。

4. 尚待解决的问题

殷墟宫殿区的考古研究，尚有不少待解之谜，其中下面的四个问题属于最基本的课题。

范围和防护：殷墟宫殿区究竟有多大？这并不是一个已经解决了的问题。小屯M5、M17、M18、花园庄M54等高级贵族墓葬是否宫殿区的有机组成部分？宫殿区有没有防卫设施，甚或有无宫城，都需认真探查。

布局和内涵：古代的宫室制度的表述基本上都是以天子朝廷为核心，分别规定其前、后、左、右的建筑分布。因此，"前朝后寝"指朝廷的前面是朝堂（中央衙署），后面是帝后寝宫；"面朝后市"指朝廷的前面是朝堂，后面是市场（含手工业作坊）；"左祖右社"指朝廷的左面是宗庙，右面是社坛。可以肯定，殷墟乙组基址主要是朝廷建筑基址，甲组基址主要属于寝宫建筑基址，丙组基址属于社坛，新近发掘的丁组基址是宗庙建筑基址。需要着力探索的是乙组基址的前方，是否有朝堂（中央衙署）基址（现在已有一些迹象）。而当时的"市"在朝寝之北的可能性不大（甲组基址已临近洹河），但宫殿区西部确有手工业作坊。此外，根据偃师商城等遗址的考古发现，殷墟是否有府库类建筑和池苑设施等等，也都值得探讨。总之，殷墟宫殿区的布局需要重新进行全面而系统的考古工作，这是一个非常重要、同时也非常困难的重大科研任务。

年代与变迁：殷墟宫殿建筑始建于何时，改、扩建于何时，最终废弃于何时，这些问题至今不能形成共识。由于时代的局限，殷墟宫殿区甲、乙、丙组基址的发掘存在一些缺陷，后来发掘报告的编写也不尽如人意，根据现已公开发表的资料很难正确判明各个基址的年代。因此，一方面需要对原始发掘资料进行再分析，一方面需要补充发掘以获取可靠地层证据。

建筑性质讨论：殷墟宫殿区建筑的性质，首先需要全面掌握有关资料，包括建筑的布局、结构、变迁，与建筑基址相关的遗迹（如祭祀坑）遗物（包括陶器、铜器、陶范、甲骨等）。同时，还应全面掌握已有的夏商周宫殿资料，总结商代宫殿建筑的一般规律。

要解决上面的四个问题，一方面应该对旧的发掘资料进行全面系统的再整理分析，另一方面必须进行一些新的勘探、发掘，包括对旧日发掘的复查、补充发掘和根据新的课题要求开展新发掘。否则，研究工作要有大的突破是比较困难的。

2003 年 12 月初稿

2005 年元月再稿

注　释

〔1〕罗振玉：《殷商贞卜文字考·序》，1910 年。

〔2〕罗振玉：《殷虚古器物图录·序》，1916 年。

〔3〕罗振玉：《洹洛访古记》，上海蟫隐庐书店，1930 年。

〔4〕罗振玉：《五十日梦痕录》，《雪堂丛刊》，1915 年。

〔5〕为了摆脱中国历史学的"衰歇"困境，傅斯年认为"我们最要注意的是求新材料"，设想首先在豫北冀南的殷墟、燕赵故城、卫邺故城打开局面，然后挥师洛阳，再西至中亚地区，通过田野发掘寻求新的研究材料。他宣称"我们不是读书的人，我们只是上穷碧落下黄泉，动手动脚找东西！"参见：傅斯年《历史语言研究所工作之旨趣》，《国立中央研究院历史语言研究所集刊》（以下简称《史语所集刊》）第 1 本第 1 分册，1928 年。

〔6〕董作宾：《民国十七年十月试掘安阳小屯报告书》，《安阳发掘报告》第一期，1929 年。

〔7〕a. 中国社会科学院考古研究所：《殷墟的发现与研究》第 77～78 页，科学出版社，1994 年。

b. 杨锡璋、刘一曼：《殷墟考古七十年的主要收获》，中国社会科学院考古研究所编：《殷墟发掘 70 周年学术纪念会论文》，1998 年。

〔8〕本节参考资料主要是：

　　a. 李济：《安阳最近发掘报告及六次工作之总估计》，《安阳发掘报告》第四期，1933 年。

　　b. 郭宝钧《B 区发掘之一》，《安阳发掘报告》第四期，1933 年。

　　c. 李济：《安阳》，中国社会科学出版社，1990 年。

　　d. 石璋如：《殷墟最近之重要发现附论小屯地层》，《中国考古学报》第二册，1947 年。

　　e. 石璋如：《中国考古报告集》之二《小屯（河南安阳殷虚遗址之一）》第一本《遗址的发现
　　　　与发掘：乙编·建筑遗存》（以下称《殷墟建筑遗存》），表二、表三，台湾南港，1959 年。
　　　　关于该书名称，原报告封面题为"建筑遗存"，版权页标为"殷墟建筑遗存"，后来石璋如先
　　　　生自己采用"殷墟建筑遗存"一名。故此，笔者采纳《殷墟建筑遗存》。

〔9〕同注〔8〕e，第 1 页。

〔10〕把夯土遗迹解释为洪水沉淀层，首先是张蔚然的看法，见张蔚然：《殷墟地层研究》，《安阳发
　　　掘报告》第二期，1930 年。
　　　关于前三次发掘中对于夯土遗迹的错误认识，李济多次提到过："本来这种夯迹是我们在第二、
　　　三次工作的时候，已经注意到了的；那时因为所采取的完全是长沟式的发掘，见了这种像聚墨
　　　的砚台似的无数的凹痕，就设想了好些解释。张蔚然君特别研究这个问题的结果，偏重水淹遗
　　　迹说。"（李济：《安阳最近发掘报告及六次工作之总估计》，《安阳发掘报告》第四期，1933
　　　年）；"前三次在安阳小屯发掘中出现的"夯土遗迹，"在当时被董作宾和张蔚然解释为洪水沉
　　　淀层"。（李济：《安阳》第 54 页）"对于版筑的认识，完全是安阳发掘工作进行期间，考古学
　　　家渐渐聚集起来的新知识。在最初的一个阶段，作田野考古的人只把这些遗迹当作洪水泛滥时
　　　沉淀在地下的土层解释"。（李济：《安阳发掘与中国古史问题》，《史语所集刊》第 40 本，1968
　　　年）

〔11〕李济：《1929 年秋季发掘殷墟之经过及其重要发现》，《安阳发掘报告》第二期，1930 年。

〔12〕关于殷墟夯土建筑基址的确认得益于山东城子崖发掘，李济先生曾反复强调："1930 年秋季在
　　　山东城子崖发掘，得了城墙的基址，完全是版筑的。那些凹纹，宛然似我们在殷墟所见的。
　　　1931 年春季继续殷墟工作，就不期而然的特别注意这个问题。见得多了，愈信水淹说站不住，
　　　版筑说最为合理。"（李济：《安阳最近发掘报告及六次工作之总估计》，《安阳发掘报告》第四
　　　期，1933 年）"城子崖遗址有一已坍塌的墙，此墙是用夯土建。仔细审查夯土使我回忆起前
　　　三次在安阳小屯发掘中出现的地层与此惊奇地相似，这在当时被董作宾和张蔚然解释为洪水沉
　　　淀层……城子崖遗址的发掘为重新解释过去我们在安阳遇到的问题，提供了一些新依据，这对
　　　于安阳田野工作的发展作出了非常重要的贡献"（李济：《安阳》第 54 页）。"在最初发掘的几
　　　次，田野工作人员并没有关于版筑建筑的任何观念；那时探坑式的发掘，使出现的夯土，得不
　　　到即时的认识。田野工作人员对于版筑建筑之真实性与重要性，是发掘城子崖黑陶遗址以后逐
　　　渐了解的"（李济：《殷墟建筑遗存·序》）。石璋如先生也说："山东城子崖发掘归来，便确定
　　　了这种波浪纹遗痕或聚凹纹实与建筑有关。"（《殷墟建筑遗存》第 1 页）

〔13〕同注〔8〕b。

〔14〕同注〔8〕a。

〔15〕同注〔8〕c，第 55 页。

〔16〕《殷墟建筑遗存》表二、三将甲四列为 1931 年春季发掘所发现，而自序则说"到民国二十一年
　　　（1932 年），殷墟第六次发掘的时候，我自己在 E 区发现了一座完整的基址（甲四），周围并有
　　　整齐的石础"，可理解为 1931 年春发现、1932 年秋揭露。

〔17〕同注〔8〕c，第 56 页。

〔18〕a. 郭宝钧：《B 区发掘记之二》，《安阳发掘报告》第四期。

　　　b. 同注〔8〕e，表三。

〔19〕同注〔18〕b。

〔20〕a. 同注〔8〕a。

　　　b. 同注〔8〕d。

　　　c. 同注〔18〕b。

〔21〕a. 同注〔8〕d。

　　　b. 同注〔18〕b。

〔22〕同注〔21〕。

〔23〕同注〔8〕c，第 74～75 页。

〔24〕按照发掘者编号计数。其实，发掘者的统计并不确切——包括多计和少计两种错误：有的可能
　　是同一基址被分割为两个基址，如乙二与乙五便可能是同一基址，乙十五可能是一十三的门塾
　　建筑基址和门前道路；有的可能是早晚有别、甚至性质不同的基址被合并成一个基址，如乙十
　　一基址不仅混淆了早、晚期主殿基址，还混淆了主殿和耳庑、庭院。又乙十八基址本应是先后
　　建造的两座基址；有的则是把道路误作房屋基址，如甲十四，等等。后文将作具体分析。

〔25〕a. 中国社会科学院考古研究所安阳工作队：《1987 年安阳小屯村东北地的发掘》，《考古》1989
　　　年 10 期。

　　　b. 同注〔7〕a。

〔26〕a. 郑振香：《安阳殷墟大型宫殿基址的发掘》，《文物天地》1990 年第 2 期。

　　　b. 中国社会科学院考古研究所安阳工作队：《河南安阳殷墟大型建筑基址的发掘》，《考古》
　　　2001 年 5 期。

〔27〕凡未正式发表资料者，参见注〔7〕b。

〔28〕中国社会科学院考古研究所安阳工作队：《1973 年小屯南地发掘报告》，《考古学集刊》第 9 集，
　　中国社会科学出版社，1995 年。

〔29〕中国科学院考古研究所安阳发掘队：《1975 年安阳殷墟的发掘》，《考古》1976 年第 4 期。

〔30〕a. 同注〔7〕a，第 70～75 页，图二八、二九。

　　　b. 中国社会科学院考古研究所编著：《安阳小屯》第 13～58 页，世界图书出版公司，2004 年。

〔31〕中国社会科学院考古研究所：《殷墟妇好墓》，文物出版社，1980 年。

〔32〕a. 中国社会科学院考古研究所安阳工作队：《安阳花园庄东 54 号墓》，《中国社会科学院古代
　　　文明研究中心通讯》第 2 期，2001 年。

　　　b. 中国社会科学院考古研究所安阳工作队：《河南安阳市花园庄东 54 号商代墓葬》，《考古》
　　　2004 年第 1 期。

〔33〕同注〔8〕e，序。

〔34〕同注〔8〕c，第 56 页。

〔35〕同注〔8〕e，第 2 页。

〔36〕同注〔8〕c，第 48 页。

〔37〕同注〔8〕e，图版陆：2，图版玖，图版拾，图版拾伍：1，图版贰贰。

〔38〕本节参考：

　　　a. 同注〔8〕c，胡厚宣序；

　　　b. 同注〔8〕e，自序。

〔39〕同注〔8〕c，第 111 页。

〔40〕同注〔8〕c，第 112 页。

〔41〕同注〔8〕e，序。

〔42〕编写出版《殷墟建筑遗存》等殷墟考古发掘报告，是石璋如先生最大的学术贡献，加上后来发表的一系列研究文章，使他获得"殷墟宫殿建筑考古研究第一人"的美誉。

〔43〕同注〔8〕e，自序。

〔44〕这是李济选择石先生作为报告撰写者的重要理由，正如石先生所说："研究基址固然要靠完备的科学记录，而更重要的须在田野有一个通体的观察。……我自从民国二十年参加安阳第四次发掘之后，到二十六年殷墟第十五次发掘为止，始终没有离开安阳田野的岗位，于是济之先生便命我来作《殷墟考古报告》的《建筑遗存篇》。"（《殷墟建筑遗存·自序》第 1～2 页）

〔45〕同注〔8〕e，序。

〔46〕该文原本发表于《田野考古报告》第二册，因香港沦陷而沉沦，后来在上海商务印书馆仓库中发现原稿，遂改为《中国考古学报》第二册，于 1947 年出版。

〔47〕《"中央研究院"院刊》第 1 辑，台北，1954 年。

〔48〕《学术季刊》第 2 卷第 4 期，1954 年。

〔49〕《史语所集刊》第 26 本，台北，1955 年。

〔50〕《大陆杂志》第 21 卷一、二期合刊，台北，1960 年。

〔51〕《庆祝董作宾先生六十五岁论文集》，《史语所集刊》外编第四种下册，台北，1961 年。

〔52〕《中华艺术史纲》，台北，光复书局，1965 年。

〔53〕《史语所集刊》第 41 本第 1 分册，台北，1969 年。

〔54〕《民族学研究所集刊》第 29 期，台北，1970 年。

〔55〕《台湾大学考古人类学刊》第 39、40 期合刊，台北，1976 年。

〔56〕《史语所集刊》第 51 本第 3 分册，台北，1980 年。

〔57〕《史语所集刊》第 52 本第 4 分册，台北，1981 年。

〔58〕《"中央研究院"国际汉学会议论文集——历史考古组》上，台北，1981 年。

〔59〕《董作宾先生九五诞辰纪念集》，台北，1988 年。

〔60〕《"中央研究院"第二届国际汉学会议论文集——历史与考古组》上，台北，1989 年。

〔61〕《史语所集刊》第 61 本第 1 分册，台北，1990 年。

〔62〕《史语所集刊》第 64 本第 3 分册，台北，1993 年。

〔63〕《中国文字》新 17 期，1993 年。

〔64〕《史语所集刊》第 65 本第 3 分册，台北，1994 年。

〔65〕《史语所集刊》第 66 本第 4 分册，台北，1995 年。

〔66〕《中国考古学与历史学之整合研究》，台北，"中央研究院"历史语言研究所，1997 年。

〔67〕《严耕望先生纪念论文集》，台北，稻香出版社，1998 年。

〔68〕《史语所集刊》第 70 本第 4 分册，台北，1999 年。

〔69〕《史语所集刊》第 23 本下册，台北，1952 年。

〔70〕《史语所集刊》第 36 本上册，台北，1965 年。

〔71〕《故宫季刊》第 1 卷第 1 期，台北，1966 年。

〔72〕《庆祝李济先生七十岁论文集》，台北，清华学报社，1967 年。

〔73〕《史语所集刊》第 59 本第 4 分册，台北，1988 年。

〔74〕董作宾先生云："黄土基址，位居中央，附近又有埋豕的遗迹，似乎是宗庙之一。"（《甲骨学六

十年》第 30 页，1965 年)

〔75〕 同注〔8〕e，自序，第 3 页。

〔76〕 石璋如先生自谓："在西南时虽然环境恶劣，但对于我研究殷代基址却有不少的启发。昆明、宜宾是建筑用版筑之区，对于研究夯土非常方便，昆明建筑是用河卵石作础的地带，而且在建筑上有一套四步仪式（破土，发马，上梁，安龙），对于研究乙组建筑的程序有莫大的帮助。李庄的五架梁，简直是丙十一基址的一个后裔。至于竖柱及作墙等办法，也给我解释各组基址有关现象的重要参考资料。"（《殷墟建筑遗存·自序》第 3 页)

〔77〕 大约以 20 世纪七八十年代之际为界，可将石璋如先生关于殷墟宫殿区建筑基址的研究分为早、晚两个阶段。早期以《殷墟建筑遗存》为代表，其认识基本属于原发掘集体的共识；及至发表《殷虚建筑遗存的新认识》等，逐步抛弃了先前的共识，脱离了从考古实际和整体布局与结构出发研究宫殿建筑基址的正确道路，淡忘了中国古代宫室制度的基本原则，陷入了凭空想象的迷途。

〔78〕 同注〔8〕c，第 139 页。

〔79〕 原载《考古学报》1956 年第 3 期，后收入《夏商周考古学论文集》，文物出版社，1980 年。

〔80〕 原载《北京大学学报》（人文科学版）1964 年第 4 期，后收入《夏商周考古学论文集》，文物出版社，1980 年。

〔81〕 杨鸿勋：《宫殿考古通论·殷晚期的离宫》第 63～66 页，紫禁城出版社，2001 年。

〔82〕 同注〔81〕，第 68 页。

〔83〕 同注〔81〕，第 67 页。

〔84〕 刊载于《文物资料丛刊》第 10 集，文物出版社，1987 年。

〔85〕 同注〔7〕a，第 56、58、59、66 页。

〔86〕 详见中国社会科学院考古研究所编著：《安阳小屯·结语》，世界图书出版公司，2004 年 7 月。

〔87〕 同注〔31〕。

〔88〕 朱凤瀚：《殷墟卜辞所见商王室宗庙制度》，《历史研究》1990 年第 6 期。

〔89〕 a. 宋镇豪：《夏商社会生活史》第 79 页，中国社会科学出版社，1994 年。
　　 b. 宋镇豪：《中国风俗通史·夏商卷》第 99 页，上海文艺出版社，2001 年。

〔90〕 中国社会科学院考古研究所夏商周考古研究室编：《三代考古》第 291～297 页，科学出版社，2004 年。

西周玉器概述

陈志达

（中国社会科学院考古研究所）

玉器是中国古代文明中的一颗明珠。它以质坚色美、小巧典雅而深受历代显贵和富人们的青睐，因此，在长达七八千年的发展历程中，一直绵延不绝，并随着时代的进程，出现了很多具有时代特征的作品，这在中国古代物质文化史中可谓独树一帜。

西周玉工继承了商代琢玉工艺的传统，加以新贵们对玉雕品的爱好和需求，经过二百多年的生产实践，不仅提高了技术水平，还创作了不少新品类，如成串的华丽佩饰、颈饰和腕饰等，以及明器类的葬玉和棺饰等。可以说，这一时期玉器继晚商玉器之后，达到了又一个新高峰，令人瞩目。

据有关文献，自武王克商到幽王被犬戎族杀于骊山之下，共历十一代十二王，史称"西周"。据"夏商周断代工程"多学科诸多学者、教授的切磋与研究，将西周的绝对年代定为公元前 1046～前 771 年。

壹 西周玉器的发现

据我们不完全的统计，全国有 11 个省、市、自治区 40 多个地点发现有西周时代的玉器。玉器绝大多数出土于西周墓中，少者数件，多的达万件以上，如曲沃晋侯墓地。遗址内偶有出土，但数量有限。下面分省、市简述。

一 陕西省

陕西是西周时代的王都和王畿重地，也是周族的重要发祥地，具有重要的历史地位，是出土西周玉器的主要地区之一。

（一）长安沣河两岸的丰、镐两京

丰、镐两京史称"宗周"，是西周王朝的政治、经济和文化中心。有学者研究认为，丰镐中心区域的面积约有 15 平方公里。上世纪三四十年代，老一辈学者曾在沣河两岸作过考古调查，50 年代初中国科学院考古研究所又进行了大规模调查。1951 年在沣河东岸的普渡村发掘了两座西周墓，出土戈、璜、玦、环、笄、刀、柄形饰、鱼、虎等 20 多件玉器[1]。1954 年又在普渡村清理西周墓一座，出土玦、环、笄、刀、柄形饰、鱼、虎等共 23 件[2]，颇受关注。

1955～1957 年考古学者在沣西客省庄和张家坡进行大规模发掘，在西周居址中发现璜、环、琮、玦、戈、圭等玉器6件；在张家坡和客省庄发掘的182座西周墓中，出土有鱼17、鸟4、蝉1、蚕1、兽7、戈6、戚1、斧2、锛2、凿2、柄形饰多件、串饰1组、璜9、环6以及圭2等。多种类别玉器的出土[3]，引起学术界的更多关注。

60年初曾在张家坡发掘西周墓31座，出土有璜、玦、鱼、圭等少量玉石器[4]；1967年又在张家坡发掘西周墓、车马坑、马坑、牛坑等共136座，出土的玉石器有璧2、环1、璜1、玦3、柄形饰4、锛1、管1、坠1以及一些像生的鱼、鸟、蝉、兽和玉料等[5]。70年代后期在沣西发掘夯土基址3座、西周墓11座和1座车马坑，出土鸟、鱼等玉器一组共8件[6]。1979~1981年在张家坡和新旺村发掘西周墓13座和1座车马坑，出土玉璜、玉泡各1件；同时在沣东普渡村发现西周时期居住址2处和灰坑1个，在房址内出土玉璜1件[7]。

1980~1981年在长安县沣河东岸斗门镇附近发掘了西周墓6座，出土有琮1、戚1、钺1、柄形器6、觿1、鸟4、鱼31、佩饰4以及玛瑙珠等玉石器50件[8]。

1983~1986年在张家坡西周墓地发掘了西周墓、车马坑和马坑共390座。墓地分南、北两区：北区以井叔墓为中心，共272座；南区共118座。两区共出土玉器有璧（包括牙璧）24、琮6、璜38、圭32、璋2、钺（或称戚）5、戈68、铲1、锛8、凿1、锥2、刀2、珩20、握8、面幕3组42件、锥饰32、串饰18组、玦33、环4、笄3、管10、珠10、坠14、柄形饰159、人4、龙22、虎1、鹿3、牛1、猪1、兔1、蛇1、兽和兽面8、蚕19、蝉9、龟7、鸟39、鱼303、杂饰35及其他玉器141件。合计总数1246件（组），其中少数为石质和料器[9]。这是一宗数量多、门类齐全、式样繁多的西周玉器，为全面研究西周王都的玉文化提供了珍贵资料。十多年前，在张长寿先生安排和指点下，我有幸观摩了其中数十件有代表性的精品，极大地增强了对西周玉器的感性认识。

1987年、1991年张家坡的发掘，共清理西周墓23座以及灰坑、窑址等遗迹，报道出土的玉器有柄形饰、半月形饰、玉玦等共4件[10]。

1992年的沣西发掘，共发现西周墓30多座和4座西周陶窑，出土玉器有圭5、璧5、贝2以及玉片等物[11]。

此外，1984年曾在沣东普渡村发掘西周墓42座和两座车马坑，出土有玉戈1件和煤精玦2件[12]。

（二）周原西周遗址

周原是周族的发祥地，古公亶父由豳迁都到周原以后，这里成为都邑。文王迁都于丰之后，这里仍是周族的重要据点。

周原位于今扶风、岐山两县境内，据学者研究，其范围东西长5.5公里，南北宽约4公里，总面积约有24平方公里，或认为有30平方公里，大致与商代后期的王都安阳殷墟的范围相当。

周原遗址出土的西周玉器相当丰富，据学者统计，总数大约在千件以上，而比较完整的有270多件。1987年3月，我和方国锦先生因编著《中国玉器全集》第二卷的机缘，有幸在周原考古队观摩该队发掘的一部分西周玉器，承罗西章先生介绍、指点，获益良多。

有关周原玉器的历次出土地点、数量、器类以及分期等诸多问题，刘云辉先生在《周原玉器》一书中有详细论述[13]，为了解、探究周原地区出土的西周玉器及彩色器打开了方便之门。

值得注意的是，考古学家在扶风县黄堆乡齐家沟东岸发现一座面积2万多平方米的制作玉石器的手工业作坊遗址。据说过去曾在此发现有许多石料和玉质半成品，历年出土有琮、圭、戈、匜、鱼、蚕、玦等多种类型的玉器。这一初步发现，启示人们周原地区的一部分玉器应是当地生产的。另有研究者认为，扶风所属的云塘村遗址亦有一座治玉手工业作坊[14]。

（三）宝鸡茹家庄西周强国墓地

宝鸡东距长安沣镐两京150多公里，西周时期属于王畿重地。近百年来，常有重要周代青铜器出土。早在上世纪30年代，前辈考古学家苏秉琦教授曾在宝鸡一带作考古调查和发掘，他撰写的《斗鸡台沟东区墓葬》（1948年）是一部很有影响的著作。新中国成立后，考古工作者又在宝鸡市近郊进行广泛的调查和发掘工作，并有较重要的收获。

1974～1981年，宝鸡市博物馆先后在市郊渭水南北两岸的茹家庄、竹园沟、纸坊头西周时代的强国墓地和遗址进行三次考古发掘，共清理了西周墓27座、车马坑2座和马坑4座，出土玉器据不完全统计有单件玉雕品530多件、串饰20多组以及小石子3组[15]。其中竹园沟13座墓中出有数量不等的玉器，茹家庄1、2号墓也出有较多玉器。现以茹家庄1号墓和竹园沟7号墓为代表，略加记述。

茹家庄1号墓出土玉石器、料器共计337件、7组，计有璜11、玦80、煤晶块50、环2、戈14、斧1、凿3、锛1、串饰4组、腕饰2组、兽头1、圆形饰12、方形饰2、玉饰1、柄形饰21、圆形饰1组、角形饰1、兽面1、锥形饰3、棒形饰1、管2、鹿9、虎3、牛6、兔2、鸟15、鱼55、蚱蜢12、蚕9、蝉1、杂器8、玉石子2组；竹园沟7号墓出土有璜4、煤晶块2、璧2、戈2、戚1、锛1、铲1、串饰1组、圆形饰2、兽面2、鱼3。两者相比，悬殊较大，当是与墓主身份和财富有关。

此外，1994～1995年考古工作者在宝鸡县阳平镇高庙村发掘西周墓20座，出土有玉器7件，计有鱼3、戈1、管饰1、棒2。发掘者认为，此墓群属西周时期的西虢墓地[16]。

（四）泾阳县高家堡西周"戈"国墓地

高家堡西距周原遗址约90公里，南距长安沣镐遗址60多公里，西周时期属王畿要地。

1971～1991年考古工作者在高家堡村北先后发掘西周墓6座，其中3座出有玉器，合计有璜1、柄形饰2、兔1、虎头2、管状珠3和玉泡1个。据铜器铭文，报告作者以为此地原是"戈"家族的墓地[17]。

（五）渭南和米脂的西周墓

1974年在渭南南堡村清理了一座西周墓和一座车马坑，出土有玉璧、璜、坠各1

件[18]；1984 年在米脂张坪发掘 4 座西周和春秋墓，出土有 5 件玉玦[19]。这些玉制品都是西周常见之物。

二　河南省

河南地处黄河下游的中原地区，地理环境优越，夏、商、周三代的重要城址，都在河南境内，其历史地位不言而喻。就西周时期的玉器而言，在洛阳、新郑、三门峡、鹿邑、浚县、平顶山、襄城县、禹县等地的西周墓中都有不同数量的出土。简介如下。

（一）洛阳

周初，新建的洛阳成周城与长安镐京的宗周城并列为王都，故地下有极为丰富的西周时代的文化遗物。考古发掘到的重要遗址有：

1. 北窑西周墓地　北窑村位于洛阳老城北郊。1963～1973 年在此共发掘西周墓 348 座和 7 座车马坑，已探出但未发掘的西周墓 87 座。报告编写者将这批墓群分为早、中、晚三期。早期 116 座，共出土玉器 51 件，器形有柄形饰、戈、钺、刀、鱼、虎、鸮、鸟、蝉、蚕和佩饰等；中期墓 57 座，共出土玉器 66 件，器形有柄形饰、戈、铲、璜、觽、鱼、牛形调色器、鸟、蚕、各种饰片以及玛瑙珠等；晚期墓 34 座，共出土玉器 235 件，器形有柄形饰、戈、铚、璜、璋、玦、鱼、贝以及小饰件、石英珠等；未能分期墓 141 座，其出土玉器 17 件，器形有柄形饰、鱼、饰件等[20]。1974 年又在此清理了西周墓 32 座，出土玉石器 32 件，有玉兔和环等[21]，但玉器数量极少。

2. 中州路遗址　1954 年在市区配合修筑公路工程时，共清理西周墓 10 座，出土玉器有柄形饰 6 组、蝉 1 件和一些破碎的料器等[22]。

3. 东郊遗址　1954 年曾在此清理西周墓 1 座，出土有玉人、玉戈、玉圭各 1 件和 2 件玉鱼[23]。其中戴冠玉人，琢刻精细，系首次发现。

（二）新郑县唐户遗址

1976 年在此发掘西周墓 12 座，出土玉器 269 件，报道的有玦 3、圭 1、戈 4、匕 2、刀 2、笄 1、人形饰 4、兽形饰 2、透雕饰片 6 及玉片、管、珠等共 56 件[24]。其中的 4 件人形饰，皆作侧视蹲踞状，颇受重视。

（三）三门峡虢国墓地

位于市郊上村岭一带，范围广阔，大体可分南北两区。1956～1957 年中国科学院考古研究所发掘的西周晚期至东周早期的 234 座墓葬和 3 座车马坑、1 座马坑均分布在南区。墓中出土有大量玉石器，计有玦 290、璧 14、环 3、笄 1、璜 13、腰带饰 1 组 6 件、石贝 794、鱼 36、龙 2、双头兽 1、蚕 1、珠 7、各种形状的饰片 40 片和一些玉石碎片若干。此外，还有成组串饰 50 多组，从放置位置看，半数应是人体佩戴的饰物，半数（共 24 组）可能是棺饰[25]。时隔 33 年之后，1990～1999 年，河南省文物考古研究所又在此墓地北部（北区）清理了西周墓 18 座、车马坑 4 座和马坑 2 座。目前正式出版的《三门峡虢国墓地》（第一卷）报道了其中 12 座墓、3 座车马坑以及追缴的被盗遗物的全部资料。12 座墓中，共出土玉器 2301 件（颗）和 1 件玉柄铁剑。此外，还有为数较多的用大量玛瑙珠和绿松石珠串缀而成的佩饰[26]。一般说来，墓主地位越高，其随葬的铜、玉数量就越多且精。这里不一一列举。

（四）鹿邑太清宫长子口墓

1997 年由河南省文物考古研究所、周口市文化局等单位进行发掘。这是一座带南北墓道的大型西周墓。出土遗物 1198 件和海贝 995 枚，其中玉器 104 件，器形有琮、圭、璋、璧、环、璜、玦、簋、戈、钺、镞、锛、刀、抄、人、鹿、龙、龙凤佩、兔、鱼、牛面、兽面、鸟、觿、柄形饰等，相当引人注目。报告编著者据铜器铭文认为，墓主叫"长子口"，是一个殷代遗民。墓的年代下限订为西周成王时代[27]。

（五）浚县辛村卫国墓地

西周时期，浚县是卫国康叔的封地，辛村位于淇水之滨。1932～1933 年郭宝钧先生在此清理残墓 80 余座，其中 13 座墓共出土玉器 42 件，主要有鸟、兔、牛头、鹿头、蝉、龙、蚕、璧、牙璧、马蹄形玉、射决、镳、匕、角形玉各 1 件以及 2 件戈和 3 件鱼等[28]。

（六）平顶山北滍村西周墓地

位于平顶山市西 20 公里。1986 年河南省文物研究所等单位在此清理了墓葬 130 多座，其中属于西周应国墓的有 40 多座。已发表考古简报的有 3 座：M1 出有器物 1052 件，其中玉器有圭 1、琮 1、璧 2、璜 1、玦 2、人形佩 1、项链 1、鹰 1、蝉 1、锥形器 1、环 1、夔形饰 1、珩 3 和柄形器 1[29]；M95 出土器物 400 余件，其中玉器有环 1、璜 1、饰片 4 片。据铜器铭文，作者认为墓主为"应伯"[30]；M84 出土器物共 130 余件（组），其中玉器有戚、虎、鱼、刻刀、珩、项链、圭、璧、鸟纹佩和柄形器等[31]，具体数字未作报道。据研究，墓主为"应国的一代国君"。墓的年代推定为"恭王后期"。

（七）襄城县的一座西周墓

位于该县丁营公社霍庄村，出土有玉戚、玉刀各 1 件[32]，均为西周习见之物。

（八）禹县西周墓

1979 年在该县发掘了 3 座西周墓，仅在一座墓中出有 26 片玉片，像是缀缝在织物上的饰片[33]。由铜器铭文，推测墓主可能是一个叫"谏"的小贵族。

三 山东省

山东地处黄海、渤海之滨，向以齐、鲁之邦著称。西周、春秋时期，除鲁、齐两个大国外，还有诸如滕、薛、莒等小国，因而全省范围内地下埋藏有极为丰富的文化遗存，由考古资料得知，曲阜、滕州、济阳、胶县、蓬莱等地都发现有西周时期的遗迹，出土有不同数量的玉器。举例如下。

（一）曲阜鲁城

周初，成王封周公长子伯禽于鲁，建立鲁国，都于曲阜。1977 年山东省文物考古研究所等单位全面勘察、发掘了鲁城，在城址西部发掘了各个时代的墓葬 137 座，其中两周墓 128 座，发掘者将其划分为甲、乙两组：甲组墓 78 座，乙组墓 51 座。甲组墓无玉器出土。乙组墓 51 座中有 39 座是西周墓，余 12 座为东周墓。西周墓中共出土玉器 90 多件，器形有璧、环、玦、夔龙、镳、管、牌形饰、柄形饰、戈、珠等，而以璧、玦的数量最多[34]。

（二）滕州前掌大商周墓地

墓地北距滕州市约 25 公里，可划分为南北两区。北区曾在 1981、1987、1991 年先后进行了三次发掘，共发现商代晚期墓 20 多座，可能是商代某一方国的贵族墓地[35]。南区于 1998～1999 年进行发掘，清理了各类墓葬 30 多座和 2 座车马坑，其中一座 119 号墓和一座 4 号车马坑作了较详细的报道。墓中出土有玉器 24 件，计有璧、璜、玦、戈、鱼、龙、鸭、蝉、兽面、管、柄形饰、耳饰、坠饰等。每种少者 1 件，多的 4 件[36]。琢雕都较精细，大多具有晚商风格。发掘者将 199 号墓的年代定为西周早期。

此外，1982 年该县农民曾在姜屯公社庄里西村取土时发现有铭文的青铜器多件，伴随出土的有玦、璜、佩饰、管珠、鱼、鸟等玉器 14 件[37]。据铭文，有人认为当系"滕侯"所作之器。墓的年代定为西周早期。

（三）济阳刘台子西周墓地

位于刘台子村西约 200 米，南距黄河 10 余公里。1979 年 3 月在此发掘了一座西周墓，出土玉器 18 件和一串佩饰，计有鱼 3、匕 1、柄形饰 1、琮 1、璧 1、棒 1、鹅 1、凤 1、兔 1、蝉 2、鸟 1、雀 1、钺 2（含口中）、戈 1（含口中）。此外，还征集到柄形器（原报告称"刀"）1 件[38]。墓的年代发掘者定为西周早期。

1982 年，又在此清理了两座西周墓，共出土玉器 5 件，计有戚、兽、柄形饰、琀、管状珠各 1 件[39]。

1985 年发掘的一座西周墓，出土玉石器达 916 件，计有琮 1、璧 5、璜 3、戈 8、刻刀 1、鹦鹉 2、鸟 1、龙 3、鱼 19、蝉 4、蚕 22、笋 3、镯 1、坠 1、珠 86、玛瑙珠 574 颗、绿松石珠 143 颗、人形饰 1、龟 1、鹰 1、兽 1、柄形饰 3、器柄 1、泡 2 以及饰片等。尤其是其中的一些像生玉雕品，工艺精细，称得上是上乘之作。墓的年代作者订为昭王时期。由铜器铭文，作者推测墓主是"逢国某一国君的夫人。"[40]

（四）胶县西庵

1976 年清理的两座西周墓和一座车马坑，出土有玉鱼 2 件和圭形玉琀 1 件，均为习见之物[41]。

（五）蓬莱县城郊西周墓

1976 年发掘 11 座，出土玉器 16 件，计有璜 1、佩饰 10、玦 2、环 2、方形勒 1。其中佩饰的一面琢刻图案化的兽面纹，较精致[42]。

四　山西省

翼城县一带是周初成王弟叔虞的封地，叔虞子燮始称晋侯，史称晋国。据邹衡先生考证，"在翼城县的翔山以西，曲沃县的汾水以东，浍河以北翼城、曲沃二县的崇山以南，东西长约 30 公里，南北宽约 15 公里的长形地带"，"就是晋始封地的中心所在"。西周时代的遗址和墓葬主要分布在晋南地区。玉器绝大部分出土于墓葬，最重要的一批当推曲沃晋侯墓地。

（一）天马—曲沃晋都遗址

位于曲沃县曲村镇北赵村西南，范围广阔，总面积约有 10 多平方公里。此遗址以晋文化为主,其年代贯穿晋国始终,而以西周早晚期至春秋早期最为繁盛。自 20 世纪 80 年代以来,北京大学考古学系与山西省考古研究所等单位对此遗址进行了十多次考古发掘。晋侯墓地的发现与发掘,是其中最重要的一项工作。墓地中出土玉器数量之多,品类之全,质地之精,令人叹为观止。

1. 1980~1989 年的六次大规模发掘,共清理西周、春秋时期的墓葬 641 座和 6 座车马坑,出土玉石器(凡未注明质地者均为玉质)有璧 3、瑗 3、环 3、璜 32、鱼璜 23、鸟璜 1、蚕璜 1、琮 1、圭 68、石璋 19、版 9、柄形饰 16、牙饰 75、琀 136、戈 59、石剑 1、石玦 39、玦 30、笄 1、钻状器 1、串饰 121、石佩 2、玉坠 78、石坠 1、横孔牌 10、石横孔牌 41、牌 4、石牌 26、人面鸟形器 1、龙头 1、动物 1、鹿 1、虎 2、兔 1、鸟 7、石鸟 1、鱼 15、石鱼 10、蝉 2、石蝉 1、蚕 10、石蚕 162、石贝 61 以及玉石珠和管珠等,还有锛 4、玉石锉刀 9、环首刀 1、雕刀 4、不知明器物 1,总数约万件以上[43]。大部分玉石器出土于西周墓,春秋墓占比例很少。

2. 1992 年发掘的两座西周墓,M1 出土鱼 48、石泡 1、玉饰仅 1 件;M2 出土璧 1、鸟 1、饰品 1、佩 1、蚕形饰 2、圭 1、石鱼 14、石珠 2[44]。这些多为西周常见之物。

3. 1992~1993 年共清理西周墓 5 座和 8 座祭祀坑。出土玉器相当可观,但未报道准确数字。重要的有双层缀玉覆面、三璜双环双玦玉佩、多璜连环胸腹玉佩、大玉戈、玉环、玉琮、玉虎、玉人等[45],琢雕技术都很出色。

4. 1994 年共清理大型墓 5 座和 20 多座祭祀坑,出土玉石器如下:M91 出土缀玉覆面 1 组、五璜联珠玉佩 1 组、玉玦 1 对、箸状器 2 件;M92 出土玉石器总数达 4000 余件,计有缀玉覆面 2 套、四璜四珩联珠玉佩 1 组、玉牌玉戈联珠佩饰 1 组、玉牌联珠串饰 1 组、玉璧坠饰 2 套、玉石玦 22、玉鱼 4、玉龙 2、玉鸟 5、玉鹿 2、玉牛 1、玉人 1、玉戈多件、石戈 4;M93 出土缀玉覆面 1 套、玉束发器 1、玉璧 2、玉环 1、玉戈 1、石戈 5、柄形器 1;M102 出土项饰 1 组、玉牌 1、猴形玉饰 2[46]。多数单件或成组的玉佩都属上乘之作。

(二)侯马上马墓地

侯马在曲沃之南,与曲沃紧邻。上马村位于侯马市南 1 公里。1963~1987 年山西省考古研究所在此共发掘西周晚期至春秋战国之交的墓葬 1373 座及 3 座车马坑、3 座马坑和 1 座牛坑。据统计,其中有西周晚期墓 34 座,出土玉器有玦 19、琀 7、圭 1、管 1[47]。均系常见之物,大概墓主的身份都较低。

(三)洪洞永凝堡西周墓

洪洞县南距上述的曲沃晋侯墓地约 70 公里,可能属晋国的统治范围。1980 年有关单位在县境内永凝堡发掘了一处西周遗址,在已报道的 12 座西周墓中,共出土玉器 21 件,计有鸮 1、管珠 1、琮 1、铲形器 1、柄形饰 2、扁圆形饰 1、璜 2、条形玉 1、玦 11 和玛瑙珠等物[48]。其中的一件玉鸮,造型与琢雕均佳。

五 北京市

北京在西周时期称蓟,是周初召公奭长子的封地燕国国都所在地。燕国统治范围广大，对我国北方文化的发展作出了巨大贡献。

（一）北京琉璃河西周燕国墓地

位于北京市西南 43 公里。1962 年发现并试掘，1972～1977 年共发掘西周墓 61 座和 5 座车马坑，共出土玉器 35 件，计有璧 1、璜 1、玦 1、戈 2、琮 1、圭 1、斧 1、柄形饰 2、长条形饰 4、虎 1、凤形饰 1、鱼 8、龟 1、蚕 3、蝉 1、鸟形饰 1、环 1、管珠 1、长方及扁圆佩 3。此外，还有玛瑙制品和串饰等[49]。其中像生玉佩琢雕较精，代表北方地区玉雕工艺的水平。

1981～1983 年考古工作者又在此进行发掘，共清理西周墓 121 座和车马坑 21 座，出土有鸟、鱼、虎、兽、环、玦、璜、柄形饰、玉片等玉器[50]，但未报道数量。

（二）昌平白浮西周墓

1995 年在昌平县东南 4 公里白浮村发掘的 3 座西周早期墓，出土玉器有戈 1、鱼 3、觿 1、蝉 1、柄形饰 1、器柄 1、系璧 1 和 2 件玛瑙环[51]，形、质都一般。

另外，河北省元氏县西张村于 1978 年发现了一座西周墓，出土玉器有戈、环、璧各 1 件以及 2 件玉鱼[52]，但未见图像，附录于此。

六 甘肃省

甘肃地处我国西北边陲，是周人早期活动地区。境内发现西周墓地仅两处。

（一）灵台白草坡西周墓地

位于灵台县城西北 15 公里。1971～1972 年共清理西周墓 9 座和车马坑 1 座，出土玉器有人 2、璧 2、璜 2、琮 1、柄形饰 7、版 3、戚 2、戈 4、笄 2、鱼 5、蝉 1、兽 2 以及石瑗等[53]。据报告作者研究，M1 的墓主为"潶伯"；M2 的墓主为"𢎥伯"，他们都是握有兵权的人物。

此后，又于 1975～1976 年清理了两座西周墓，出土玉斧 1 件和 13 颗玛瑙珠[54]。

（二）宁县西周墓

1983 当地村民发现的一座西周墓，出土有玉笄和柄形饰各 1 件[55]，都是西周习见之物。

七 其他地区

1. 浙江衢州西山的一座西周土墩墓中，曾出有玉玦 20 件和 2 件玉璜[56]，均素面，系习见之物。

2. 安徽屯溪西部 1959 年清理的两座西周墓，仅有扁平长条形玉饰 1 件[57]。1965～1966 年第二次发掘时清理的两座西周墓，出土有玉环、玉玦、玉珠和管珠等[58]，因无图像，细节不明。

3. 江西九江沙河街磨盘墩发掘的西周居址，出土有玉环、玉玦等[59]，但数量不清楚。

4. 湖北黄陂鲁山 1977～1978 年清理的 5 座西周墓，出土有瑗、牙璧、戈、鸟、鱼、戚、蚕、人头像、管珠、佩饰等玉饰 10 件和串珠 1 挂（12 颗）[60]，牙璧内缘仅有两个齿牙，较少见。

5. 宁夏固原县中河公社 1981 年清理的一座西周墓，出有管状玉珠 4 枚[61]，像是佩饰。

贰　西周玉器的分类与分期

一　西周玉器的分类问题

夏鼐先生晚年对中国古玉作过广泛而深入的研究，得到学术界的推崇。张长寿先生在《张家坡西周墓地》这部考古报告中，参照夏先生对商代和汉代玉器的分类意见，结合该墓地出土的千余件（组）玉器实物，将其分为礼玉、兵器与工具、葬玉、装饰品及其他五大类。这是很恰当的。如果把西周玉器与商代玉器相比较，不难看出，除明器性质的"葬玉"、"棺饰"和成串的华丽佩戴饰物外，其他器类，在商代墓中也屡见不鲜。同时，考虑到在其他地区的西周墓中，发现有匜、调色器、匕之类的生活用具，因此，我们将西周玉器分为礼玉、仪仗性兵器、工具与用具、装饰品、葬玉以及其他六大类。

二　西周玉器的分期问题

有关西周玉器分期断代的研究文章，我接触到的不多。杨建芳教授撰写的《西周玉器分期初探》一文，应该说是比较全面系统的。他将西周玉器划分为早、中、晚三期，各期的年代分别是：武王至昭王，穆王至夷王，厉王至幽王（下限包括春秋初期）[62]。20 世纪 90 年代以来，随着多部西周时代考古报告的出版，极大地丰富了西周玉器的科学资料，开阔了我们的眼界和见识。通过对有代表性的西周墓地出土玉器的比较研究，我们认为将西周玉器划分为两个大期为宜，即西周早期和西周中晚期。早期相当于武王至穆王，中晚期相当于共王至幽王。

（一）西周早期玉器（武王至穆王）

《逸周书·世俘解》说："商王纣取天智玉琰五，环身以自焚……凡厥有庶告，焚玉四千……凡武王俘商旧玉亿有百万。"清代学者王念孙《读书杂志》校为"凡武王俘商，得旧宝玉万四千"。这些从殷王室和贵族手中缴获的大量玉器，一夜之间而为周朝新贵族所占有，他们死后，可能用于随葬，因此西周早期或稍晚的墓内，出土某些与殷墟玉器形制相近和有铭刻的玉器，极有可能就是殷代遗物，应予明辨注意。

1. 礼玉（附磬）

有琮、圭、璋、璧、环、璜六种。

琮的数量较少，形式不一。张家坡 M131：03 仅一端有射，形制稍异（图一，2）；北京琉璃河Ⅱ M205：64 为矮体短射（图一，1），有人称为"组琮"；曲沃晋墓 M6121：12 方体短射，四角有棱，饰兽面纹（图一，3），是琮中的上品。

圭、璋类数量较少，且大多残损。琉璃河Ⅱ M203：4 上端呈三角形，下端有一孔，

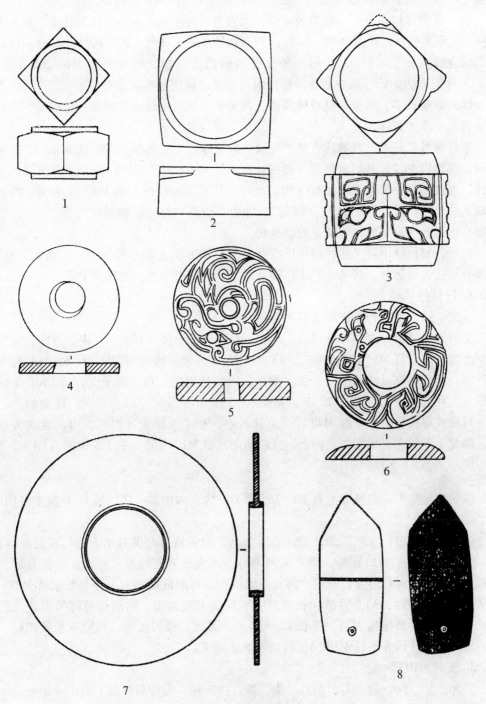

图一　西周早期礼玉

1. 琮（琉璃河ⅡM205：64）　2. 琮（张家坡 M131：03）　3. 琮（曲沃 M6121：12）　4. 璧（张家坡 M44：30）　5、6. 璧（济阳 M6：41、M6：81）　7. 璧（鹿邑 M1：280）　8. 圭（琉璃河ⅡM203：4）

形体小巧（图一，8），似非实用之器。鹿邑太清宫 M1：317 已残缺，像是璋。

璧、环类比较多见，一般多为素面，大致有两种形式：一种璧面与孔平，如张家坡 M44：30 琢磨平稳，素面（图一，4）；济阳六号墓的 5 件璧，内有两件两面分别琢雕精细的蟠龙纹（图一，5、6）。另一种孔璧两面凸起，如鹿邑太清宫 M1：280（图一，7），其琢制方法如妇好墓中的 II 式璧，西周罕见，可能是晚商遗物。

璜的数量较多，这里专就单件璜而言，至于与其他玉珠类串缀在一起的璜，我们将在装饰品一节中叙述。

单件璜数量较多，多数琢有精美花纹，也有琢成鸟、鱼形状的。张家坡 M273 的两件璜，都饰以龙纹，富想象色彩（图二，1、2）；鹿邑太清宫 M1：111 两面饰以鸟纹为主体，而在鸟的头部雕一伏龙纹（图二，5）；济阳刘台子编号为 M6：78 的璜，两面饰以双龙纹，尾相对（图二，3）；同墓 79 号璜，两面均雕高冠鹦鹉纹（图二，4）形似妇好墓出土的高冠鹦鹉，可能是晚商遗物。

此外，周原岐山县凤雏村西周甲组宫室基址 T78 出土的一件玉磬，三角形，素面，上端有一孔，可悬挂，底长 9 厘米。磬是乐器，西周极少见，故附录于此。

2. 仪仗性兵器

有戈、钺、戚三种，而以戈最为普遍。

戈的形式较多，主要可分三式：I 式，长条三角形援，有上、下阑，直内，一穿或两穿。鹿邑太清宫 M1：288（图三，4），长 46.2 厘米。琉璃河 IIM205：61 内上有 7 条平行线，援后部饰目纹和斜角云纹（图三，5）。传世的一件太保玉戈，传 1902 年岐山县出土，在近阑处刻有铭文 27 字。戈长 66.5 厘米（图三，3）。II 式，援宽如圭，短内，后缘成扉棱状。张家坡 M42：2，形体较小，长 7.4 厘米（图三，1）。III 式为双联式，两戈上下相连，援弯曲，内上一穿。洛阳北窑 M174：55，长 5.5 厘米（图三，2），显非实用之器。

钺的数量很少。鹿邑太清宫 M1：286 弧刃短内，内中部一穿，长 11.8 厘米（图四，2）。

戚的数量较多，一般说来，钺、戚不共出，但各自可与戈共出，这与晚商墓葬钺、戚、戈共出有异（如妇好墓、郭家庄 M160）。戚大致有三种形式：I 式，长方形，平顶弧刃，两侧有对称齿牙，有的中部有一大圆孔，有的近顶端有一穿。张家坡 M273：3 长 9.6 厘米（图四，3）。II 式，长条形，平顶弧刃或斜刃，两侧有对称的齿牙，近顶端处一穿。宝鸡竹园沟 M13：97 长 12.4 厘米。III 式，弧刃弧顶，两侧有齿牙四对，中有一大圆孔。扶风齐家村 M19 出土的戚长 5.3 厘米。

3. 工具与用具

有斧、铲、锛、凿、刀、刻刀、觿、篦、抄九种，每种数量都不多，一部分适于实用。举例如下。

鹿邑太清宫 M1：330 刀，翘尖短柄，弧背凹刃，刀背两侧饰几何形纹，身中部有一孔，通长 23 厘米（图四，6），形状与妇好墓 M5：479、476 相同。出土时位于墓主腰

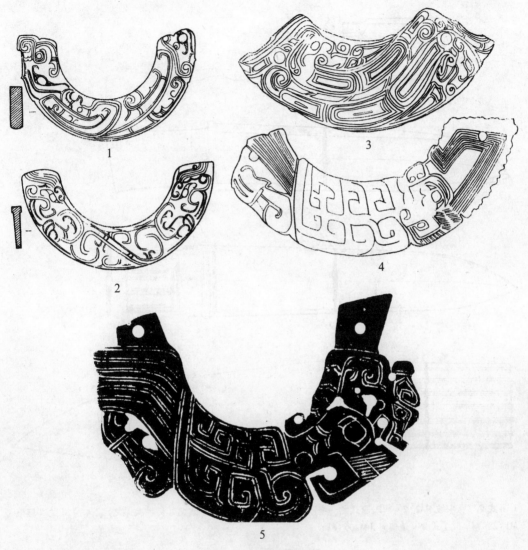

图二　西周早期玉璜

1、2. 张家坡 M273：3、M273：6　3、4. 济阳 M6：78、M6：79　5. 鹿邑 M1：111

间，当系随身携带之物。

曲沃晋侯墓编号为 M6081：59 的环首刀，刃近平，刀身与柄相连，形近环首铜刀（图四，5）。

洛阳北窑 M215：52 刀，刀身狭长，柄端雕成龙形，长 10.7 厘米（图四，4）。

鹿邑太清宫 M1：74 簋，敞口方唇，圜底，短圈足，腹外壁有 8 个圆涡纹，上下饰以弦纹，通高 10.2 厘米（图五，1）。

鹿邑太清宫 M1：209 "抄"，扁平长条形，前部成凹槽形，两侧有框，柄部稍窄，柄面雕牛首纹和蝉纹，头均向柄端，通长 25.7 厘米（图五，2）。此系首次发现，从结

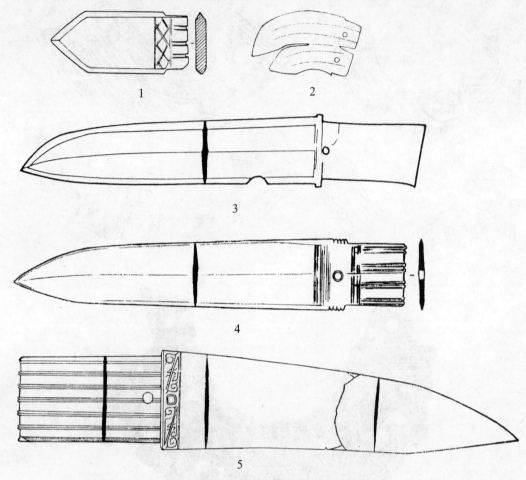

图三　西周早期玉戈

1. II 式戈（张家坡 M42：2）　 2. III 式戈（洛阳北窑 M174：55）　 3. I 式戈（传世太保戈）　 4. I 式戈（鹿邑 M1：288）　 5. I 式戈（琉璃河 II M206：61）

构看，可能作调色之用。

　　鹿邑太清宫 M1：344 觿，牛角形，角根部一孔，长 4 厘米。

　　4. 装饰品

　　种类和数量都比晚商增多。大部为人体饰物，工艺都较精细，是西周玉器中的佼佼者。按用途，大体可分佩饰、项饰、腕饰及杂饰四大类。另有作头饰的笄，作耳饰的玦，外形都较简朴，此处从略。

　　（1）佩饰　主要指系在人身上的饰物，大多是单件，往往被雕成人、人兽合体、兽、畜、禽、鱼、昆虫和龙、凤等形象。其次，还有数量相当可观的柄形饰。举例如下。

　　扶风庄白村西周遗址出土的一件蹲坐浮雕人像，头部长发飘逸，"目"字形眼，尖

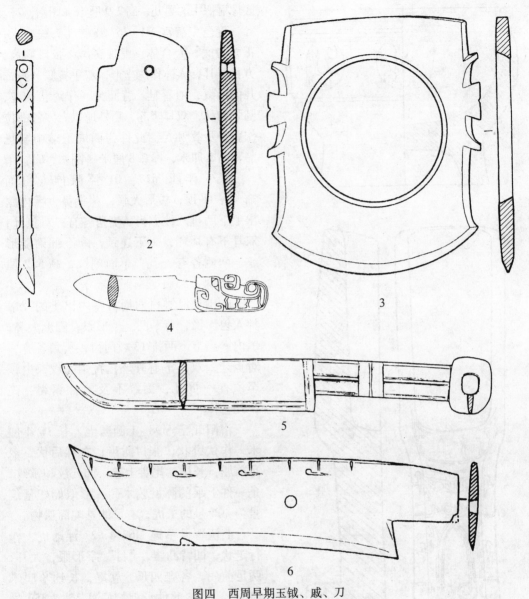

图四 西周早期玉钺、戚、刀

1. 刻刀（鹿邑 M1：347）　2. 钺（鹿邑 M1：286）　3. Ⅰ式戚（张家坡 M273：3）　4. 刀（洛阳北窑
M215：25）　5. 环首刀（曲沃 M6081：59）　6. 翘尖短柄刀（鹿邑 M1：330）

嘴大耳，臂蜷曲于胸前，下肢作蹲坐状，高7.5厘米（图六，1）。

洛阳东郊西周墓出土的一件圆雕玉人，作站立状，戴冠，"目"字形眼，大鼻小口，双手置腹部，未雕双足。下腹有舌形"蔽膝"，高7厘米（图六，4）。

甘肃灵台白草坡 M1：99玉人，作裸体站立状，发髻如盘蛇，宽额尖颌，梭形眼，宽眉，大鼻小口，双手捧腹，两耳穿孔，足下有短榫，可插嵌，高17.6厘米（图六，3）。同一墓地 M2：59玉人，形体较小，高冠，面目图案化，胸部有孔，下端呈锥状，

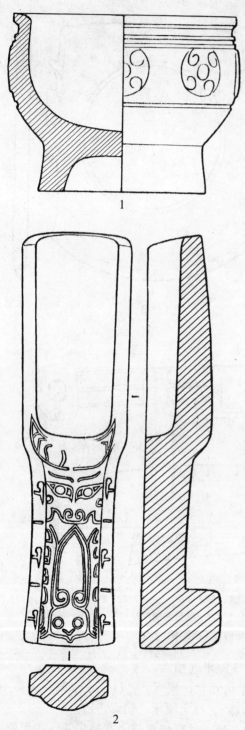

图五　西周早期玉簋和"抄"

1. 簋（鹿邑 M1：74）　2. "抄"（鹿邑 M1：209）

颇像襁褓中的婴儿，高7.9厘米（图六，2）。

鹿邑太清宫 M1：367 圆雕虎头踞坐人，正面为虎、人合体，虎首高昂，张口露齿，方目竖耳，人体作踞坐形，双手抚膝，身饰几何形纹，似着鞋。背面为一作蹲状的鸮，圆眼钩鼻，双耳竖起，巧妙地以人体各部位作鸮身及翼和足。此件为商周玉雕中罕见品，高5厘米，厚2.8厘米（图六，6）。

长安沣西 M17：01 浮雕神人兽面饰[63]，平顶，梭形大眼，蒜头鼻，嘴内露出上下两排八枚方齿，嘴角各有一对獠牙，双耳下有耳环，头下连颈，颈下部饰菱形纹，两侧各有一孔，单面刻纹，高5.2厘米（图六，5）。

岐山县凤雏村西周宫室内出土的浮雕神人兽面像，背平凸，梭形眼，圆形大鼻，嘴内露出上下两排 13 枚门齿，嘴角各有一对獠牙，双耳下有耳环，直颈无纹，由顶至颈有一贯孔，刻纹不及上件繁缛，高2.5厘米。

洛阳北窑 M98：1 圆雕虎，长16.4厘米，作伏卧状，张口露齿，右耳后伏，双足前屈，长尾，尾尖上卷，饰云纹和雷纹，是一件上乘的陈设艺术品，形似妇好墓编号为406号的玉虎，有可能是晚商遗物。

曲沃晋侯墓地 M6214：27 浮雕虎，作行走状，凹背凸腹，"目"字形眼，大耳，两足前屈，各雕四爪，卷尾，长约8厘米（图七，8）。此件形似妇好墓358、359号玉虎，疑为晚商遗物。

张家坡 M44：22 浮雕鹿，作回首伫立状，头长四叉鹿角，高4.1厘米（图七，4）。

鹿邑太清宫 M1：346 浮雕兔，作奔跑状，尖嘴，大耳短尾，两足前屈，分雕三爪，前足有孔，长4厘米（图七，6）。

张家坡 M200：022 兽，形似刺猬，作

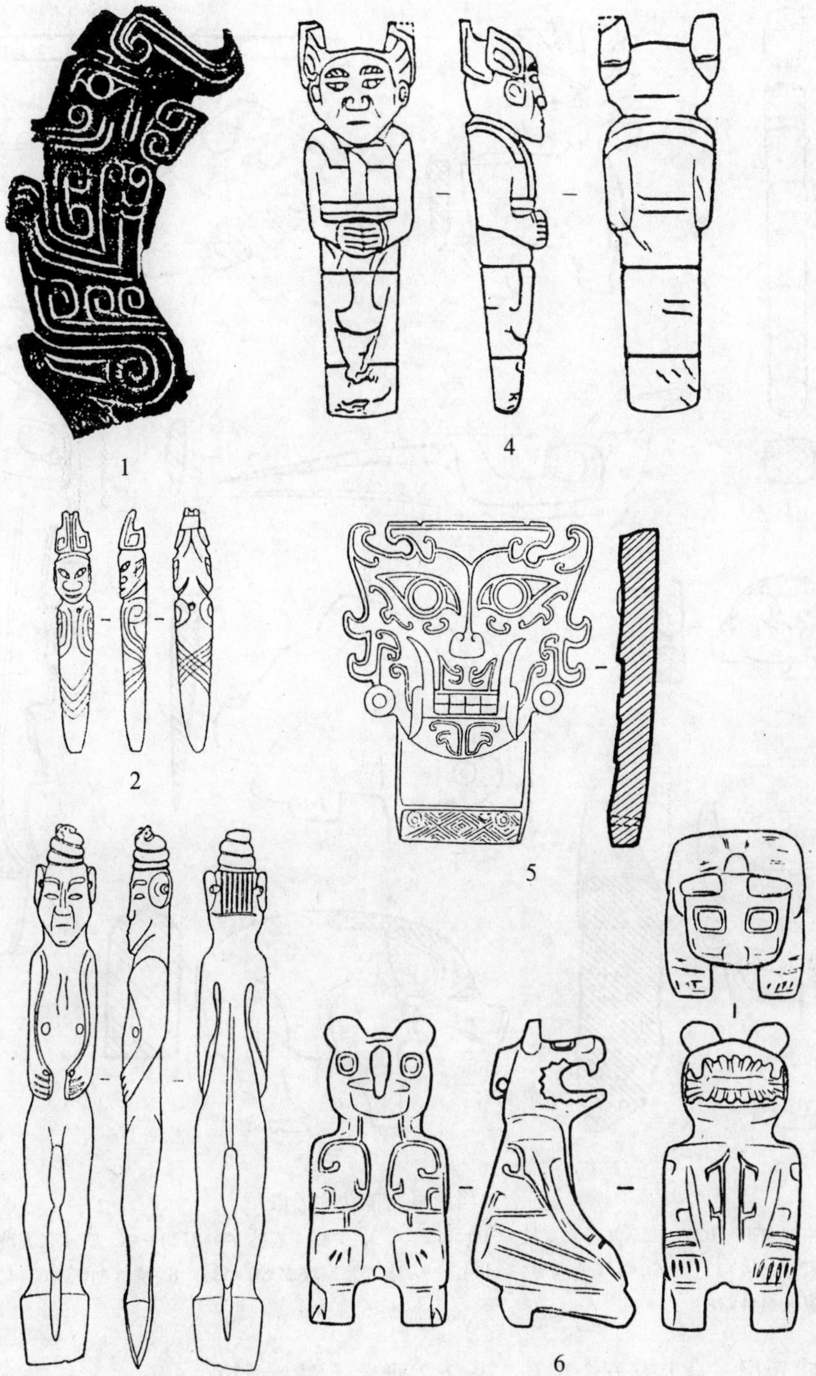

图六　西周早期玉人和虎头人像等

1. 玉人（扶风庄白村西周墓）　2. 玉人（灵台 M2：59）　3. 玉人（灵台 M1：99）　4. 玉
人（洛阳东郊西周墓）　5. 神人兽面像（沣西 M17：01）　6. 虎头人像（鹿邑 M1：367）

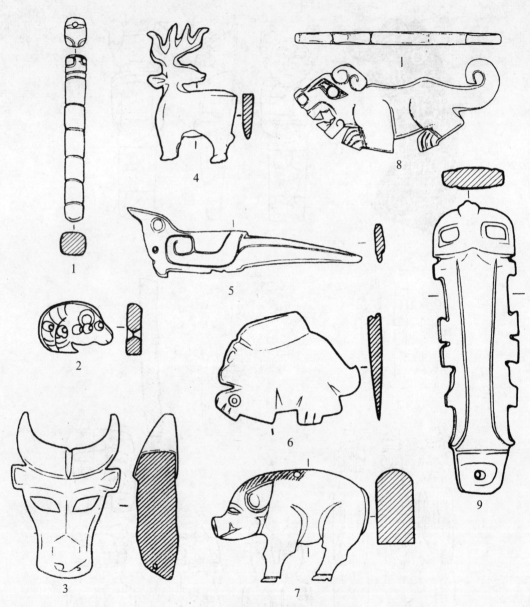

图七　西周早期玉动物形象

1. 蚕（张家坡 M200：07）　2. 兽（张家坡 M200：022）　3. 牛面（鹿邑 M1：312）　4. 鹿（张家坡 M44：22）
5. 鸟（张家坡 M44：23）　6. 兔（鹿邑 M1：346）　7. 猪（张家坡 M390：5）　8. 虎（曲沃 M6214：27）
9. 蝉（张家坡 M44：18）

拱状，尖嘴短尾，身上有五个小孔，长 2.2 厘米（图七，2）。

鹿邑太清宫 M1：312 浮雕牛面形佩，双角上竖，梭形眼，小耳宽嘴，唇上有孔，高 4.4 厘米（图七，3）。

鹿邑太清宫 M1：69 浮雕兽面，圆眼，大角小耳，下唇有孔，高 2.6 厘米。

张家坡 M390：5 圆雕猪，阔鼻双孔，小眼大耳，四足偶蹄，长尾，背上有对穿小孔，长4.5 厘米（图七，7）。

张家坡 M44：23 浮雕鸟，作匍匐状，尖喙圆眼，扬翅，胸部有小孔，长 7.9 厘米（图七，5）。同墓地编号为 M58：37、M58：39 的两件浮雕鸟，均作匍匐状，宽喙圆眼，扬翅，宽尾四分，腹下有鳍，形状较奇特，长各 6.9 厘米。

洛阳北窑 M210：28 圆雕怪鸮，作伏状，方形目，头上有一对大卷角，双翼捺合，翅上翘，长尾后垂，双足前屈，身饰翎纹，长 8.6 厘米。此件形似妇好墓 403 号之怪鸮，可能是晚商遗物。

济阳刘家台子西周墓出土的鱼鹰，作回首状，屈足垂尾，两面刻羽毛纹，口衔一鱼，鱼尾上翘，鹰呈青黄色，鱼呈赭色，有人认为是一件俏色作品，长 5.1 厘米。

济阳刘家台子 M6：50 浮雕鹦鹉，钩喙圆眼，矮冠屈肢，饰鳞纹和羽毛纹，具晚商同类器风格。

张家坡 M158：22 浮雕鱼，体细长，张嘴圆眼，雕出背鳍和腹鳍，尾分两歧，长 11 厘米。此式鱼在同一墓地出土的多达 174 件。又同一墓地 M58：5 浮雕鱼，呈弧形，头部较大，圆眼，有背鳍和腹鳍，长9.6 厘米。

张家坡 M42：8 蛇，长条形，身刻两排并列的鳞，一端有小孔，长 7.6 厘米（图八，5）。

张家坡 M200：07 蚕，圆眼尖尾，身饰六周节状纹，吻

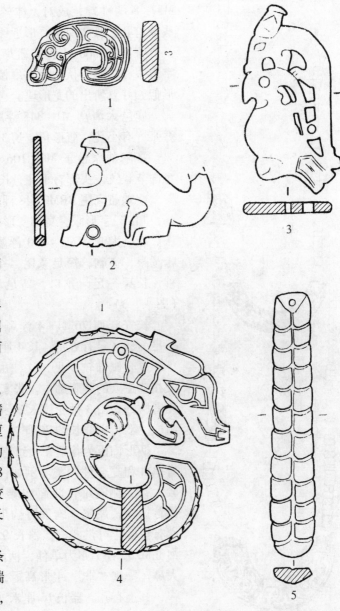

图八　西周早期玉龙和蛇
1. 龙（济阳 M6：106）　2. 龙（鹿邑 M1：345）　3. 龙鸟合体（鹿邑 M1：340）　4. 蟠龙（张家坡 M60：1）　5. 蛇（张家坡 M42：8）

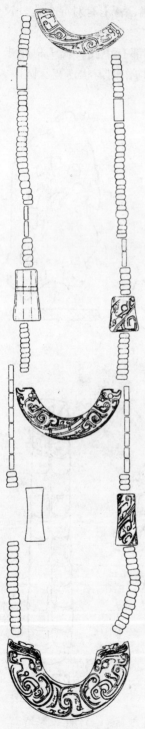

图九 西周早期胸饰
（张家坡 M58∶1）

部有孔，长 4.4 厘米（图七，1）。

岐山王家嘴 M2 出土的两件蚕，成对，大头，曲体垂尾，以孔代眼，长 3 厘米。

张家坡 M44∶18 蝉，尖吻，方形眼，长翼展开，头端有短榫，上有一孔，长 7.7 厘米（图七，9）。又同墓地 M37∶8 两件蝉，成对，体较宽，圆眼，双翼展开，尖尾，头端有孔，长 2 厘米，形近殷墟出土的玉蝉。

张家坡 M60∶1 浮雕蟠龙，首尾相接，张口翘鼻，"目"字形眼，独角后伏，背有扉棱，直径 6.5 厘米（图八，4），形似妇好墓所出的龙形玦。

鹿邑太清宫 M1∶345 浮雕龙，拱身翘尾，菱形眼，口微张，有小孔，瓶形角，长 3.8 厘米（图八，2）。

济阳刘家台子 M6∶106 浮雕蟠龙，张口圆眼，卷尾，身饰节状纹，头部有小孔，长 9.5 厘米（图八，1）。

宝鸡茹家庄 BRM2∶48 浮雕蟠龙，直径 4.2 厘米，口微张，"目"字形眼，身饰变形云纹，颈下有小孔。

鹿邑太清宫 M1∶340 浮雕龙鸟合体雕刻，鸟在下，尖喙圆眼，突胸，短足宽尾，鸟背上驮有一条伏龙，口向鸟首，长身一足，龙口、鸟足和尾各有一孔，器高 5 厘米（图八，3）

长安沣西 76M4∶4 浮雕石凤，昂首圆眼，长尾上翘，一足前屈，足有五爪，长 4 厘米。

复合佩饰较少见，往往由多件璜和珠等串缀而成，佩戴在墓主人的胸腹部位。张家坡编号为 M58∶1 的一串位于死者胸部，由 3 件龙纹玉璜、4 件玉管和 148 颗玛瑙及料珠组成。双行中线长约 70 厘米（图九）。

柄形饰极为普遍，大致有两种形式：一种是长方牌状，有单件和复合件两类。例如：张家坡 M273∶4 为单件，体较大，三侧有扉，两面均雕一鸟两龙精细花纹，鸟在上，昂首扬翅，翘尾，胸下有钩爪，爪下有两条相叠的龙，下端有短榫，可供插嵌。器长 9.9 厘米（图一〇，3）。琉璃河Ⅱ M253∶43 亦为单件，柄面主纹为一图案化人面，巨眼大鼻，头戴"非"字形高冠，冠顶有扉牙。柄的下端有短榫，其上有孔。器长 16 厘米（图一〇，4）。张家坡 M285∶6 是复合件，主体三侧有扉牙，下端有短榫，上有一孔。体两面均雕一鸟一龙，鸟在上，作回首状。龙在下，回首卷身。柄末端有小玉片组成的附饰。此件出于墓主人胸部，

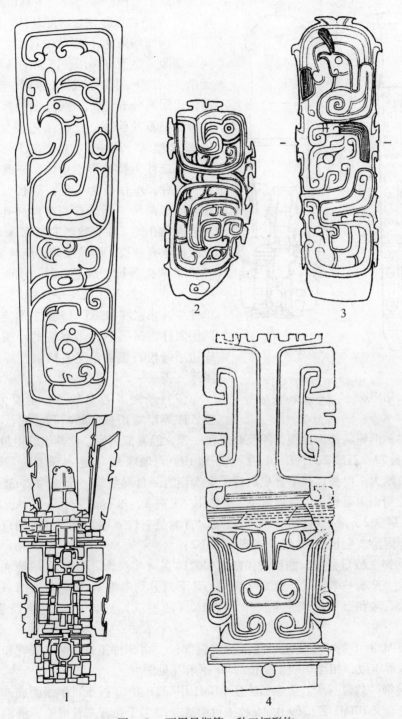

图一〇　西周早期第一种玉柄形饰

1. 茹家庄 BRM1 甲：235　2. 张家坡 M285：6　3. 张家坡 M273：4　4. 琉璃河 II M253：43

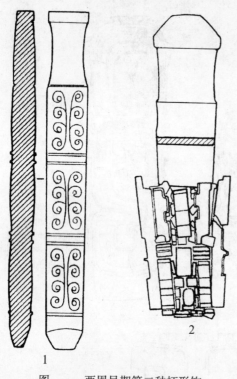

图一一　西周早期第二种柄形饰
1. 鹿邑 M1：365　2. 张家坡 M302：15

长 6.9 厘米（图一〇，2）。宝鸡茹家庄 BRM1 甲：235 是一件保存较好的复合件，形体较大，平顶，两面均雕上下相对的鸟纹。上面的鸟尖喙圆眼，足下有利爪。下面的鸟形体较小，无爪。柄的下端收缩成榫，榫下连接镶嵌的附饰。附饰分五组，分别由多种形状的小玉片和绿松石片组成。此件工艺相当讲究，通长 22.2 厘米（图一〇，1）。

第二种为长条形柄形饰，亦有单件和复合件两种。单件极为多见，形状大致有平顶和方塔形两种，下端有些有榫和孔，但也有平直而无孔的。在少数器的柄面琢刻有花纹，花纹形状有弦纹、叶状纹等。鹿邑太清宫 M1：365 的两面各饰三纵卷云纹，中间以弦纹间隔，长 13.5 厘米（图一一，1）复合式的比单件少。张家坡 M305：15 的末端连接有上下两层附件，每层三件带扉棱的小玉条。下层周边用绿松石镶嵌，工艺精细。器通长 11.3 厘米（图一一，2）。

（2）颈饰　数量较少，主要由小兽头、蚕、珠等串缀而成，颇精巧。曲沃晋侯墓地 M6214 墓主颈部佩戴颈饰两组，相互叠压在一起，经复原为甲、乙两组。甲组由石兽头 1、大小玉蚕 22、石璜 2、石珠 10、绿松石珠 19、玛瑙珠 3、各色料珠 287、石管珠 3 串缀而成。首端为一兽头，往下分成两行，末端则为一件鸟纹璜。全长约 26 厘米（图一二，1）。乙组由玉系璧 1、石鱼璜 1、玉鸟 1、玉蝉 1、玉石蚕 22、石珠 8、料珠 581、石管珠 1、料珠 2、绿松石珠 3 颗串缀而成。首端是一件系璧，结下分成两行，末行以一鱼形璜作附坠。全长约 38 厘米（图一二，2）。

（3）胸饰　数量甚少。曲沃晋侯墓地 M6214 的一串胸饰，由 11 条串饰和 1 件牌状鸟纹佩组成。首端一串，其下为一牌状饰，其下则分列串饰 10 串。各串饰基本上由玛瑙珠、绿松石珠和石贝组成。全长约 50 厘米（图一三）。此件于西周早期墓中罕见，堪称一绝。

张家坡 M58：1 的一串出土于墓主的胸腹部位，由 3 件玉璜、4 件玉管和 148 颗玛瑙珠、料珠等组成，相当华丽。全长约 70 厘米（见图九）。

（4）腕饰　数量甚少。宝鸡茹家庄 BRM1 甲：231 由 13 枚玉贝串缀而成，出土于死者右手部位。又 BRM1 乙：269 由 16 枚玉贝组成，出土于死者左臂肩处。济阳刘家台子 6 号墓出土一件镯，外缘有三个等距离凸饰，位于墓主腕部。

（5）杂饰　数量较少，器形单调，计有玉泡、梯形片、三角形片等。

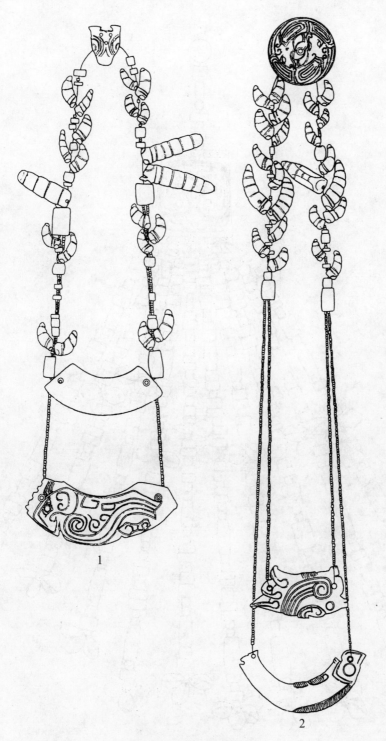

图一二　西周早期颈饰

1. 曲沃 M6214 甲组　2. 曲沃 M6214 乙组

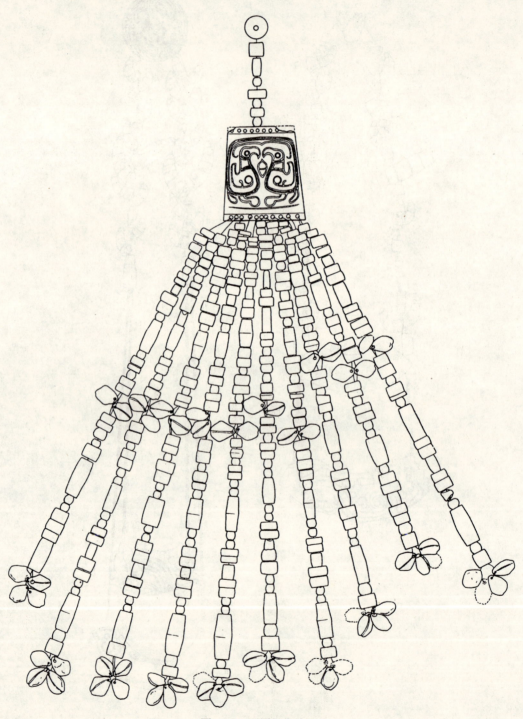

图一三　西周早期胸饰

（出土于曲沃 M6214）

5. 葬玉

数量较少。张家坡 M113 有玉璧、玉璜之类残片含于墓主口中，少数墓主也有含珠和贝的。济阳刘家台子的一座墓中，墓主口中含小玉戈 1 件和小玉戚 1 件。两者都非实用之器，应是后人为死者专制的明器，极少见。

6. 其他

有扳指、器柄等。济阳刘家台子的一座墓中，出土有一件"玉琮"，方形圆孔，左侧下部有一条凹槽。此件位于墓主左手拇指处，疑是钩弦的扳指。宝鸡竹园沟 18 号墓出土的一组圆形石子，共 82 粒，其中灰黑色的 40 粒，灰白色的 42 粒，发掘者推测可能是对弈的棋子。岐山贺家村 M112 出土的一件玉柄，圆柱体，头端呈蘑菇状，下端有小孔，长 11.7 厘米，用途不详。

（二）西周中晚期玉器（共王至幽王）

西周中期玉器（约当共王至孝王）的数量远远少于晚期（约当夷王至幽王），而某些玉器的形制、纹样与晚期的同类器不易区分，故合并在一起叙述。

此期玉器亦可分为礼玉、仪仗性兵器、工具与用具、装饰品、葬玉以及其他六类，但葬玉的种类、式别与数量都多于早期。

1. 礼玉

礼玉有琮、圭、璋、璧、环、璜六种。

琮的数量多于早期，大多无刻纹，少数有精细纹样。张家坡 M170：197 琮，方体短射，体四壁饰相同的鸟纹，钩喙圆眼，垂冠扬翅，卷尾一足，作伏状，具有早期玉柄形器上鸟纹的风格，高 5.5 厘米（图一四，1）。曲沃晋侯墓Ⅲ M8：235 琮，以四棱角为中线，琢刻抽象的兽面纹，高 5.9 厘米。

圭的数量较多，大小不一，多为素面。张家坡 M216：04 圭，长条形，上端呈三角形，下端中央有一穿孔，大理石质，长 12.1 厘米（图一四，4）。三门峡 M2001：595 下端有两个并列小孔（图一四，2）

璋的数量很少。三门峡 M2001：585 璋，扁平长条形，上端被切去一角，下端平，长 15.8 厘米（图一四，5）.

璧的数量较多，大多无刻纹，极少数有简单花纹。张家坡 M157：107 璧，扁平圆形，中心有大孔，正面有一圈重环纹，背面平，直径 4.1 厘米（图一四，3）。三门峡 M2001：676 璧，素面抛光，位于墓主人右肩下，直径 12.3 厘米（图一四，6）。曲沃晋侯墓 M92 出土两件璧。M92：131 正面饰蟠屈鸟纹，直径 4.6 厘米。M92：132 正面饰蟠龙纹，直径 4.9 厘米。它们分别出自墓主颈部左侧和右侧。

环甚少。三门峡 M2001 出土 6 件，形制较小，皆素面，直径 1.5～3 厘米，似是成套。

璜的数量较多，就单件而言，有的两件或三件可对合成一环，有无纹和刻纹两种。扶风黄堆村 M3 出土的璜，两端雕成兽形，下侧有 5 个齿牙，长 8.3 厘米。三门峡 M2001：611：7 正面两端雕龙形纹，龙股相对，长 9.5 厘米（图一四，7）。

2. 仪仗性兵器

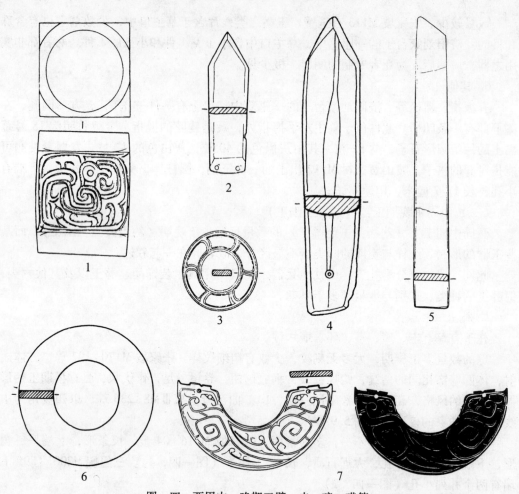

图一四　西周中、晚期玉璧、圭、璋、璜等

1. 琮（张家坡 M170：197）　　2. 圭（三门峡 M2001：595）　　3. 璧（张家坡 M157：107）　　4. 圭（张家坡 M216：04）　　5. 璋（三门峡 M2001：585）　　6. 璧（三门峡 M2001：676）　　7. 璜（三门峡 M2001：611：7）

有戈、钺、戚三种。另有玉柄铁剑一件，附于此叙述。

戈的数量较多，其中有些形制较小，长仅 4～6 厘米，显非实用之器，可能作佩戴之用。戈的形制大致可分三式。Ⅰ式，长条三角形援，前锋锐尖，有上下阑和中脊，方形内，一穿。张家坡 M254：3 长 20.2 厘米（图一五，1）。三门峡 M2001：21 长 40.5 厘米（图一五，2）。Ⅱ式，援宽短，弧形锋，长方形内，一穿，后缘呈三角形。援前端下侧一穿，后部有三穿。内后部饰夔纹。张家坡 M170：196 长 22.9 厘米（图一五，5）。Ⅲ式，长条三角形援，援内相连，后部有穿。三门峡 M2001：643 长 31.9 厘米（图一五，3）。三门峡 M2012：86 长 28.4 厘米，援较窄长，中部一穿，穿右刻"小臣戢"三字（图一五，4）。由铭刻推知，此件当系晚商遗物。

钺的数量较少。扶风南坡村西周墓出土的钺，弧顶弧刃，刃中部有一大圆孔，长

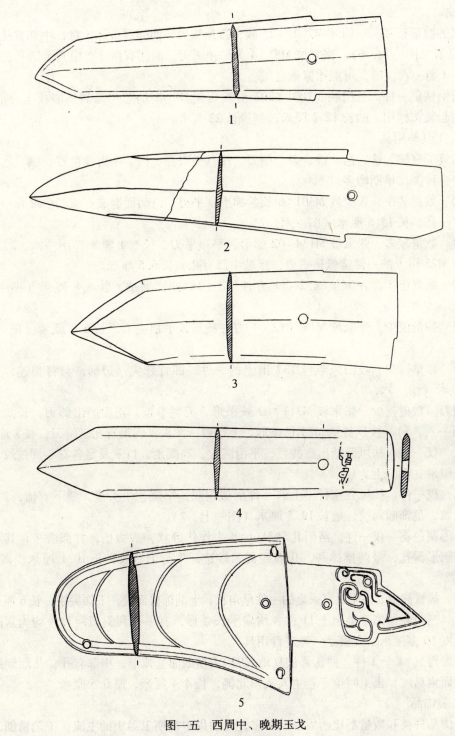

图一五　西周中、晚期玉戈

1. Ⅰ式戈（张家坡 M254：3）　　2. Ⅰ式（三门峡 M2001：21）　　3. Ⅲ式（三门峡 M2001：643）

4. Ⅲ式（三门峡 M2012：86）　　5. Ⅱ式（张家坡 M170：196）

8.9 厘米。

戚的数量较多。三门峡 M2001：22 戚，弧顶弧刃，两侧有齿牙 5 对，中部有孔，长 14.4 厘米（图一六，6）。张家坡 M51：4 为平顶弧刃，两侧有齿牙，中有大圆孔，长仅 3 厘米（图一六，1），可能作佩戴之用。

玉柄铁剑一件。三门峡 M2001：393 由铁质剑身、铜柄芯与玉剑柄嵌接组合而成。玉剑柄起装饰作用。柄长 12.2 厘米，剑身长 22 厘米。

3. 工具与用具

工具类有铲、锛、凿、锥、刀、刻刀，用具类有豆、匜、牛形调色器、觿、匕、束发器等。种类比早期增多。

铲 数量甚少。张家坡 M301：6 长条梯形，平刃，由两面磨成，顶端中部和一侧中部各有一孔，长 15.6 厘米（图一六，7）。

锛 数量较多。张家坡 M134：02 梯形，平顶平刃，长 6.1 厘米（图一六，2）。扶风黄堆 M25 出土的一件锛弧顶平刃，顶端中部有孔，长 6.5 厘米。

凿 数量极少。张家坡 M52：11 方柱形，刃由两面磨成，长 8.8 厘米（图一六，3）。

锥 数量极少。张家坡 M14：012－1 方柱条形，平顶尖刃，长 6.8 厘米（图一六，4）。

刀 数量很少。岐山凤雏村 T37 出土的一件，凹背翘尖，短柄，与背相连，通长 10.8 厘米（图一六，8）。

刻刀 数量甚少。张家坡 M311：02 长条形，刃宽平顶，正面磨出斜刃，长 2.6 厘米（图一六，5）。扶风黄堆 M25 长条形，上端雕一龙头，头顶有孔，斜刃，长 8 厘米。

豆 仅一件。扶风云塘出土的豆，平沿圆腹，高圈足，口下及足各有一周弦纹，通高 7.5 厘米（图一七，1）。

匜 仅一件。扶风齐家村出土的一件形似铜匜，窄流，牛头鋬，鋬下有流，四足，腹饰瓦纹，足饰圆涡纹，通长 12.5 厘米（图一七，2）。

牛形调色器 仅一件。洛阳北窑 M14：8 牛作伏卧状，头微抬，背部磨平，其上琢出 4 个圆形深孔，呈两排排列，孔内残留朱砂迹，牛身饰云纹，长 10.1 厘米，高 3.4 厘米。

觿 数量甚少。洛阳北窑采集的一件呈角状，上端饰兽面纹，下端尖锐，长 6 厘米。

匕 三门峡虢国墓地出土 11 件，均扁平长条形，有平刃和斜刃两种，均为素面磨光，长度 10 多厘米，大概是一种进食用具。

束发器（?） 1 件。曲沃晋侯墓地 M93：4 横截面呈弧形，中部有孔，凸面刻蟠龙纹，凹面刻鸟纹，出土时位于墓主人头顶北侧，长 4.4 厘米，厚 0.5 厘米。

4. 装饰品

装饰品种类和数量都比西周早期增多，是西周中晚期玉器中的主流。工艺精细，绚丽多彩。按用途大致可分为佩饰、颈饰、腕饰、头饰及杂饰五大类。至于作耳饰的玦，数量多于早期，但以素面为主，此处不再介绍。

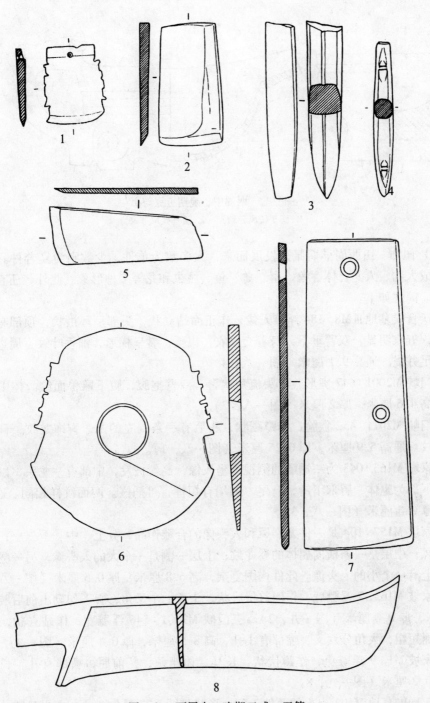

图一六　西周中、晚期玉戚、刀等

1. 戚（张家坡 M51：4）　　2. 锛（张家坡 M134：02）　　3. 凿（张家坡 M52：11）　　4. 锥（张家坡
M14：012）　　5. 刻刀（张家坡 M311：02）　　6. 戚（三门峡 M2001：22）　　7. 铲（张家坡
M301：6）　　8. 刀（岐山 T37）

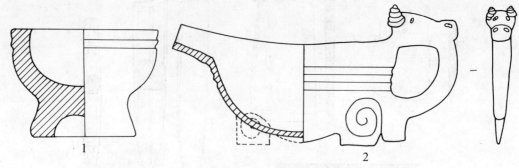

图一七 西周中、晚期玉豆与匜

1. 豆（扶风云塘） 2. 匜（扶风齐家）

（1）佩饰 由西周早期佩饰发展而来，大多数为单件，少数则为复合件。单件的往往雕成人物、人龙合体、兽、畜、禽、鱼、昆虫和龙等多种形象。此外，还有较多的柄形饰。简述如下。

曲沃晋侯墓地ⅢM8：184 浮雕人像，作正面站立状，头部呈环拱状，顶部有纽，其上有孔，五官明显，双臂垂下，身着交领衣，束腰，裳呈梯形，饰垂叶纹，周边饰斜格纹，双足并拢。通高9.1厘米（图一八，4）。

三门峡 M2001：647 虎形脸，头梳角状髻，双臂抱腹，腹下雕兽面纹。体中心有贯孔。通高4.6厘米，厚2厘米（图一八，2）。

三门峡 M2011：452 猴脸，作蹲踞状，头后有一条倒立的龙，胸饰龙纹，臀部亦有简化龙纹。通高5.9厘米，厚0.25厘米（图一八，1）。

张家坡 M163：043 为一透雕的侧视蹲坐人像，高髻披发，中部有一龙头，以此作为胸部。下部为躯体，臀部下蹲，有尾，末端有短榫，可插嵌。两面纹样相同。通高6.3厘米，厚0.3厘米（图一八，3）。

张家坡 M157：104 是一件龙、凤和人头像的合雕作品，分上、中、下三层：下层是一龙一凤；中层是一条横向屈体的卷龙纹；上层一侧是一个大的人头像，另一侧为一龙头，其上有一个小的人头像。此件构图复杂，高6.8厘米，厚0.5厘米（图一八，5）。

张家坡 M163：7 浮雕鹿，作回首伏卧状，头长七个叉角，腹下勾勒出前后肢，通长4.4厘米，厚0.4厘米（图一九，2）。三门峡 M2001：546 浮雕鹿，作站立状，张口睁眼，双腿短粗，大角分六叉，嘴部有小孔，高8.5厘米，厚0.4厘米（图一九，1）。

张家坡 M1：9 浮雕兔，作蹲伏状，长耳，体肥硕，腿前屈，嘴部有孔，长4.9厘米，厚0.2厘米（图一九，8）。

曲沃晋侯墓地 M102 出土的两件玉猴，形状相同。27 号作蹲状，上半身雕一条回首龙纹，长尾上卷，头顶为一歧尾龙纹，高9.4厘米。

兽面出土较多，形象不一，但头上多有一对大角。张家坡 M176：4：1 正面雕兽面，阔嘴，菱形眼，头长一对大角，背面平，高2.7厘米，厚0.4厘米（图一九，3）。

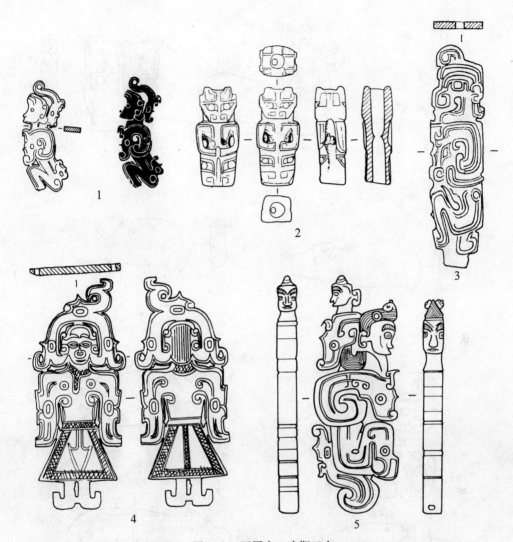

图一八　西周中、晚期玉人

1. 猴脸人（三门峡 M2011：452）　　2. 抱腹人（三门峡 M2001：647）　　3. 蹲踞人（张家坡 M163：043）
4. 正立人（曲沃Ⅲ M8：184）　　5. 人、龙、凤合体像（张家坡 M157：104）

　　玉牛数量较少。张家坡 M136：12 浮雕牛，作耸肩站立状，张口大耳，双角，矮腿，身中部有一孔，长 4 厘米，厚 0.5 厘米（图一九，7）。三门峡 M2012：138 圆雕牛，作跪伏状，细眉，"目"字形眼，背雕脊状纹，下部有一斜穿，长 4.75 厘米（图一九，6）。三门峡 M2012：125 圆雕牛，作站立状，抬头张嘴，"目"字形眼，细眉，双角后伏，背雕脊状纹，长 4.75 厘米（图一九，4）。

　　三门峡 M2012：137 浮雕猪，作站立状，长嘴大耳，张口，梭形眼，矮腿，下唇有孔，长 5.5 厘米，厚 0.6 厘米（图一九，5）。

　　鸟较常见，形状纷呈，多有夸张成分。张家坡 M273：13：1 浮雕鸟，作侧视俯伏

图一九　西周中、晚期玉兽畜

1. 鹿（三门峡 M2001：546）　2. 鹿（张家坡 M163：7）　3. 兽面（张家坡 M176：4：1）　4. 牛
（三门峡 M2012：125）　5. 猪（三门峡 M2012：137）　6. 朱（三门峡 M2012：138）　7. 牛（张
家坡 M163：12）　8. 兔（张家坡 M1：9）

状，体肥硕，扁喙圆眼，扬翅，长尾，口下有孔，长 9.1 厘米（图二〇，10）。扶风云塘出土的浮雕鸟，作俯伏状，尖喙圆眼，扬翅，双歧尾，长 3.5 厘米（图二〇，8）。张家坡 M129：01 圆雕鸟，作俯伏状，尖喙圆眼，双翅后伏，短尾，两爪之间有一穿孔，

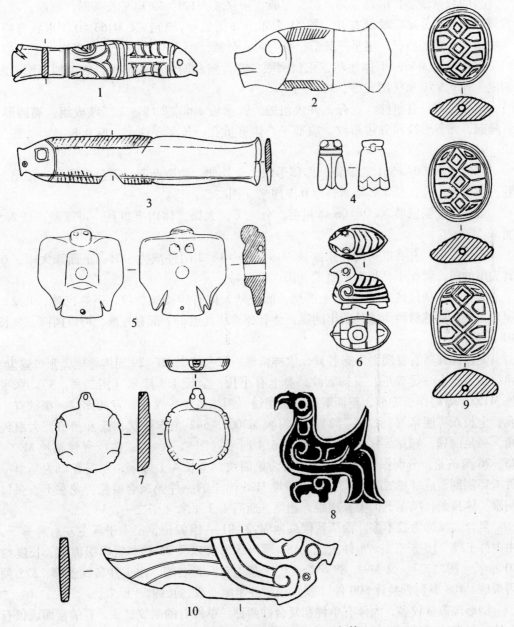

图二〇　西周中、晚期玉鸟、鱼、龟等

1. 鱼（张家坡 M163：022）　2. 鱼（洛阳北窑 M669：1）　3. 鱼（张家坡 M121：39）　4. 蝉（张家坡 M193：13）　5. 鹰（三门峡 M2001：669：1）　6. 鸟（张家坡 M129：01）　7. 鳖（三门峡 M2001：561）　8. 鸟（扶风云塘）　9. 龟壳（张家坡 M60：2：1～3）　10. 鸟（张家坡 M273：13：1）

底部有圆形榫，通高1.2厘米，长2.3厘米（图二〇，6）。此外，三门峡 M2001：669：1 发饰中的一件鹰，作伏状，圆眼尖喙，双翼展开，宽尾，中部有小孔，高5.3厘米（图二〇，5）。

鱼的数量最多，形态各异，都是浮雕。张家坡 M121∶39 扁平长条形，圆眼，雕出背鳍和胸鳍，分尾，嘴部有孔，长 11.2 厘米（图二〇，3）；又 M163∶022 形状奇特，尖嘴张口，背部凸起，尾呈三叉形，身有两排鱼鳞，嘴上有孔，长 8.6 厘米（图二〇，1）。洛阳北窑 M669∶1 体短粗，张口圆眼，有背鳍和胸鳍，弧形尾，似由柄形饰改制而成，长 6.9 厘米（图二〇，2）。

龟壳较多，有单件，也有 3 件成组的。张家坡 M66∶2∶1～3 三件成组，椭圆形，背隆起，饰菱形纹和五边形纹，腹部平，体有贯孔，长 2.3 厘米，厚 0.8 厘米（图二〇，9）。

三门峡 M2001∶561 圆雕鳖，作爬形状，头外伸，两眼凸起，壳呈椭圆形，短尾下垂，下颚有小孔，长 4.2 厘米，厚 0.5 厘米（图二〇，7）。

蚕较多。张家坡 M219∶06 体粗肥，分三节，大眼，体内有贯孔，可佩戴，长 2.5 厘米。

蝉也较多，并有成对的。张家坡 M193∶13∶1、2 两件成为一对，正面雕大眼、双翼尖尾的蝉，背面平，长 1.5 厘米（图二〇，4）。

螺较少。扶风黄堆 M25 出土的螺，圆锥状，体有四周螺旋纹，下端已残，长 2.6 厘米。扶风召陈村西周遗址所出的螺，体有螺旋纹九道，下部有短榫，可以插嵌，全长 10.8 厘米。

龙纹佩饰屡有发现，形态各异，纹样精细。张家坡 M121∶29 屈体卷尾，张口露齿，角后伏，腹下一足双爪，身饰云纹，鼻上有小孔，全长 4.4 厘米（图二一，3）。张家坡 M157∶98 略作长方形，正面雕双龙尖尾纹，两端各刻一龙头，背面无纹，窄端有小孔，全长 6.7 厘米（图二一，2）。三门峡 M2001∶542 龙作伏状，低首张口，大眼钝角，一足前屈，翘尾，尾端有孔，全长 6.4 厘米（图二一，1）。曲沃晋侯墓地 M92∶75、76 两条龙，分别作回首蟠卷状，均为单面纹，全长 4.1 厘米，发掘者以为是由一件玉环割剖而成（图二一，4）。扶风黄堆 M25 出土的一件龙凤合璧像，龙在上，张口圆眼，体蜷曲，凤在下，尖喙圆眼，翘尾，通高 4.3 厘米（图二一，5）。

复合式佩饰为数不多。曲沃晋侯墓地 M92∶91 一组佩饰，出土于墓主左肩胛骨下，由 1 件玉牌、16 条玉蚕、8 件玉戈、181 颗玛瑙珠管以及 22 颗料管串缀而成，长度约 30 厘米（图二二）。又 M92∶88 串饰，位于墓主右股骨右侧，由 1 件鸟纹玉牌、375 颗玛瑙珠、108 颗料管共计 500 件（颗）小饰件串缀而成，长约 59 厘米。

柄形饰数量较多，大体有单件和复合件两种。单件有的刻纹精致，有的素面或仅有弦纹。张家坡 M170∶044 作方柱形，盝顶，器分四节，每节饰对称的卷云纹，柄末收缩成短榫，长 14.5 厘米（图二三，3）。张家坡 M121∶30 长方形牌状，顶端和两侧都有扉牙，末端有短榫，器身两面刻相同的一鸟和一龙，纹样精细，全长 9.7 厘米（图二三，2）。张家坡 M152∶107 长条扁平形，盝顶，上下各有一道刻纹，长 11.2 厘米（图二三，1）。复合件的数量较单件为少。张家坡 M305∶12 由一件柄形饰和一组小玉片附饰联结而成。小玉片分上下两层，两侧用扉棱形长条玉片作边饰，工艺较复杂，通长 11.3 厘米。

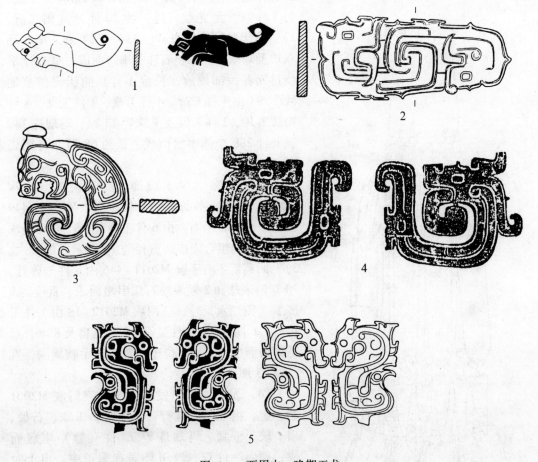

图二一　西周中、晚期玉龙

1. 龙（三门峡 M2001：542）　2. 双龙交尾（张家坡 M157：98）　3. 蟠龙（张家坡 M121：29）　4. 回首龙
（曲沃 M92：75、76）　5. 龙凤合体（扶风黄堆 M25）

（2）颈饰　较普遍，串缀形式颇多。张家坡 M216：12 由 1 件椭圆形玉、16 件玉蚕
玉饰、58 颗玛瑙珠管和 30 颗料管串缀而成，出土时位于墓主人颈部，围成两圈，长约
40 厘米（图二四，1）。扶风强家 M1 的颈饰，出土于墓主人头部东侧，由玉人、蚕、
管各 1 件和 4 颗玛瑙珠、4 个料管分两行串缀而成，人和蚕分列两行之末，十分精巧，
长约 10 多厘米。三门峡 M2001：659 由 6 件马蹄形玉佩以及分作两行六组的 112 颗玛瑙
珠相间串缀而成，总长度约为 50 厘米（图二四，3）。三门峡 M2001：660 的颈饰，出
于墓主人颈部而达于盆骨以下，由 7 件龙纹玉璜和 360 多颗玛瑙珠、玉管及料珠串缀而
成，长约 1 米，是目前所知最长的一串颈饰。三门峡 M2011：442 由 1 件玉兽首、6 件
马蹄形饰、1 件束绢形佩和 165 颗玛瑙珠分双行相间穿缀而成，长约 26 厘米（图二四，
2）。三门峡 2012：150 由 1 件玉兽首、1 件玉蝉、6 件束绢形佩和 108 颗玛瑙珠相间串
缀而成，分成两行。兽首坠于下端，出土于人的颈部，由 6 块玉牌、56 颗玛瑙珠及绿

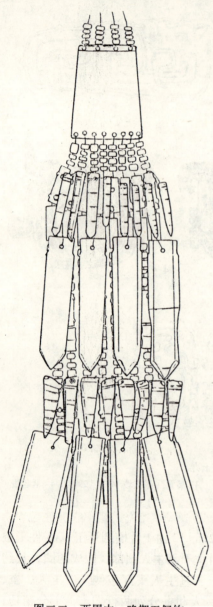

图二二 西周中、晚期玉佩饰
（曲沃 M92：91）

松石珠组成。3 件玉牌单面阴刻 S 形和双首龙纹，另 3 件刻 S 形龙纹。通长约 20 厘米（图二五，1）。曲沃晋侯墓地 Ⅲ M8：114～124 由二璜双环双玦及玛瑙珠、绿松石珠等串缀而成，呈 U 字形绕过死者颈部摆放，长度不详。曲沃晋侯墓地 M92：83 由 4 件玉珩、4 件玉璜、4 件玉戈、4 件束腰玉片、2 件玉贝及玉珠管 22 颗、玛瑙珠 149 颗共计 288 个体串缀而成，长约 68 厘米（图二五，2）

（3）腕饰　少于颈饰。三门峡 M2011 和 M2012，颈饰、腕饰并出，极少见。M2011：449 出土于墓主右手腕，由 6 件玉兽首、81 颗玛瑙珠成双行相间组合而成，直径约 10 厘米（图二六，2）。同墓墓主右手腕 M2011：446 由 8 件玉兽首、70 颗玛瑙珠和 2 颗绿松石珠串缀而成，直径约 8 厘米（图二六，3）。三门峡 M2012：18 由 1 件玉兽首、1 件玉鸟、9 件玉蚕、2 件玉兽及 8 颗管形珠串缀而成，出土时位于人骨架右手腕周围，直径约 13 厘米（图二六，1）

（4）发饰　成组发饰甚少。三门峡 M2001 的一组，由玉环、玉管、玉牛首、玉珠、石贝、璜、玦、玉鹰、玛瑙珠等 73 件（颗）串缀而成，而由一件双龙纹玉环居首端正中，出土时位于墓主人头端右上方，中线长约 36 厘米（图二七）。

（5）杂饰　大多因墓葬被盗，小饰件与原器脱离，关系不明，包括零星出土的玉珠、管、坠和鳞形、牌形、圆形等多种形状的玉片、镶嵌片。

5. 葬玉

数量和种类都比早期增多。一部分是专为殓尸而制作的明器，另有少数似为日常使用的饰物。按用途，可分面幕、握玉、踏玉、趾夹玉、玉琀和棺饰六类。

（1）面幕　或称幎目。张家坡西周墓地共出土了 3 组 42 块，但多被扰乱。其中，M303 所出的 15 块经复原后为一形象恐怖的兽面，由面额、眉、眼、鼻、牙五官构成，其高度约为 12 厘米。三门峡 M2001：656 面幕，与张家坡的一件有异，由 14 块仿自人面五官和 44 块三角形、三叉形和梯形玉片及 68 颗玛瑙珠组成，复原后高约 50 厘米

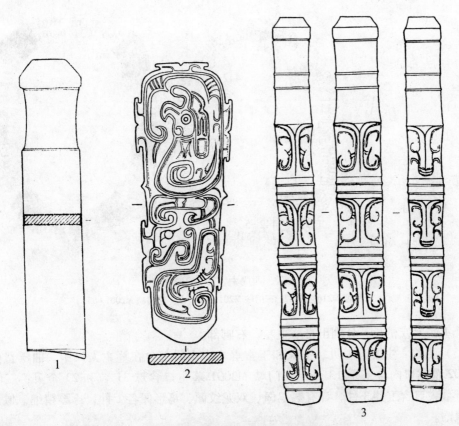

图二三　西周中、晚期玉柄形饰

1. 张家坡 M152∶107　2. 张家坡 M121∶30　3. 张家坡 M170∶044

（图二八）。曲沃晋侯墓地Ⅲ M8∶62～113 面幕，由 52 块玉片分上下两层缝缀在织品上而成。上层 27 块，由耳、眼、眉、嘴、颊等形状的玉片组成，下层由人、虎、眼、鼻、嘴等形状的玉片组成，形象较奇。通高约 26 厘米。该墓地 M92∶57 面幕，紧贴在墓主面部，用眉、眼、鼻、嘴、颐、髭等七种形状共 14 块玉片构成，并以 9 块带扉牙的玉片绕外围一圈，象征面部轮廓，缝缀在布帛之类的织物上，通高约 15.2 厘米（图二九）。

（2）握玉　数量甚少。三门峡 M2001 的两件握玉，分别出于墓主人左、右手。M2001∶646、645 呈管状，中心有贯孔，表面雕细密花纹，但两件花纹并不相同，长 8.9 厘米（图三〇，1、2）。三门峡 M2011∶447 出于墓主左手，圆管形，两端平，中心有孔，长 4.8 厘米；而墓主右手握玉，由 7 件方形及圆形的玉管串系而成。曲沃晋侯墓地 M102 墓主双手各握玉柄形饰一件，像是实用的佩饰。

（3）踏玉　极少见。三门峡 M2001 出土两件，均作扁平长方形，素面，长 19 厘米左右，分别出自墓主左、右脚下。

（4）趾夹玉　很少见。三门峡 M2001 出土 2 组 8 件，每组 4 件，形制相同，呈弧

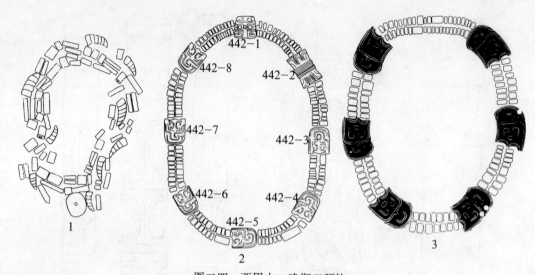

图二四　西周中、晚期玉颈饰
1. 张家坡 M216：12　2. 三门峡 M2011：442　3. 三门峡 M2001：659

形，长 4 厘米或稍长，分别出自墓主左、右脚部。

（5）玉琀　主要有玉贝、玉珠和玉蚕等，出土时都含在墓主人口中。曲沃晋侯墓地 M102 墓主口内含玉蚕 13 条；三门峡 M2001 墓主口含珠 31 粒和 23 个贝；三门峡 M2119 墓主口含玉器 3 件，计有鹦鹉佩、双龙纹佩、鸟形佩各 1 件，琢雕精细，像是实用的佩饰。

（6）棺饰　数量甚少。张家坡 M170 的外棺南端两角分别出土玉鱼 16 条，发掘报告的作者认为都是棺上的饰物。三门峡 M2001 的棺饰则是 15 枚玉贝，都放在棺罩上。贝长 2 厘米多，形似实用的玉贝。

6. 其他

有扳指和镞等，但数量都很少。三门峡 M2001：652 扳指，呈斜筒状，中部有孔，形制不规范，高 3.5 厘米。三门峡 M2001：567 镞，形似铜镞，尖锋，双翼短铤，长 7.65 厘米。

叁　西周玉器的玉料及其产地

西周玉器的玉料，经过鉴定和论证的主要有三大宗。

一　张家坡西周墓地玉器的玉料及产地

闻广、荆志淳两位教授在对该墓地出土的玉器进行全面考察的基础上，选择其中 48 件有代表性的玉器作取样测定和成分研究，认为"沣西样品中软玉全是透闪石软玉"，而对于其主要成分特征，"明确判断其主体系取自镁质大理岩中软玉"。据该文表

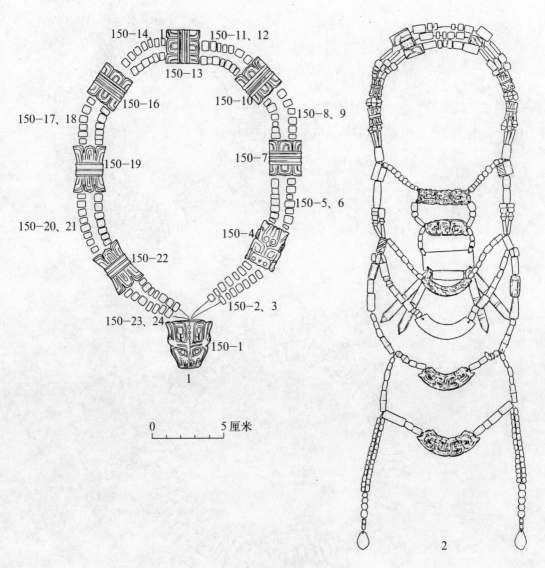

图二五　西周中、晚期玉颈饰
1. 三门峡 M2012：150　2. 曲沃 M92：83

5 得知，样品中 34 件为透闪石软玉，6 件为蛇纹石假玉；另有利蛇纹石＋方解石半玉，方解石＋透闪石假玉、天河石＋透闪石半玉、透闪石＋葡萄石半玉各 1 件。此外，还有一种绿松石。他们认为："泮西玉器原料是多源的，即来自中国大陆多个软玉产地，而不含韩国软玉的信息，同时也说明了新疆昆仑软玉早已传入内地。"在他们撰写的论文中，还对中国古代分等级的用玉制度进行了深入探讨[64]。

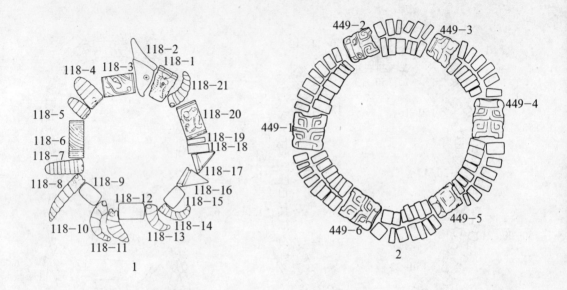

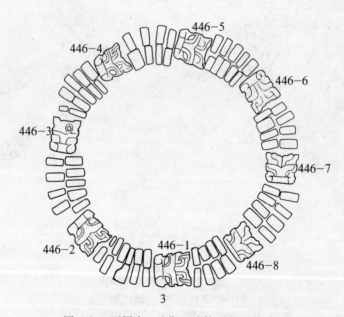

图二六　西周中、晚期玉腕饰（细目从略）

1. 三门峡 M2012:118 右手腕　2. 三门峡 M2011:449 右手腕　3. 三门峡 M2011:446 左手腕

二　周原玉器的玉料及其产地

刘云辉先生经过多年观察与研究，认为"周原玉器的材料有白玉、青玉、黄玉、墨玉、碧玉、汉白玉……"1983年他曾邀请地质学家奕秉璈先生前往陕西宝鸡周原博物馆鉴定一批西周玉器，奕先生断定有许多玉器玉质完全是新疆软玉。1993年，北京玉器厂有关技术专家曾对1992年发掘的黄堆25号西周墓中的玉器作了鉴定，认为绝大多数是新疆的上乘软玉[65]。

三　三门峡虢国墓地玉器的　玉料及其产地

这批玉器由奕秉璈先生作初步鉴定，李秀萍、姜涛两位先生提供资料并参与撰文。

鉴定对象主要有该墓地中的M2001、M2009、M2011与M2012四座大墓出土的玉器及绿松石、玛瑙等彩石制品。他们指出："虢国墓地出土的玉器，其质地有绿松石、玛瑙、水晶、白玉、青白玉、青玉、碧玉、墨玉、斑杂状青玉、角砾状青玉，青玉的玉根、青玉的玉皮、岫玉（蛇纹石玉）……其中以软玉为主，特别是璧、璜、玦、环、柄形饰、佩饰、刀、戈之类皆以软玉制作，岫玉亦然。"他们又说："虢国墓地出土的玉器鉴定，90%以上的制品均属软玉类，尤其是礼玉与装饰品、佩饰及用具类。"关于软玉的产地问题，他们认为，"软玉制品大多数为新疆玉，但非全部和田所产"。他们认为有一定数量的软玉制品明显不具备新疆软玉的特点[66]。

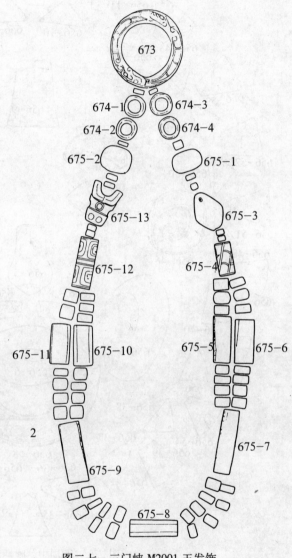

图二七　三门峡 M2001 玉发饰

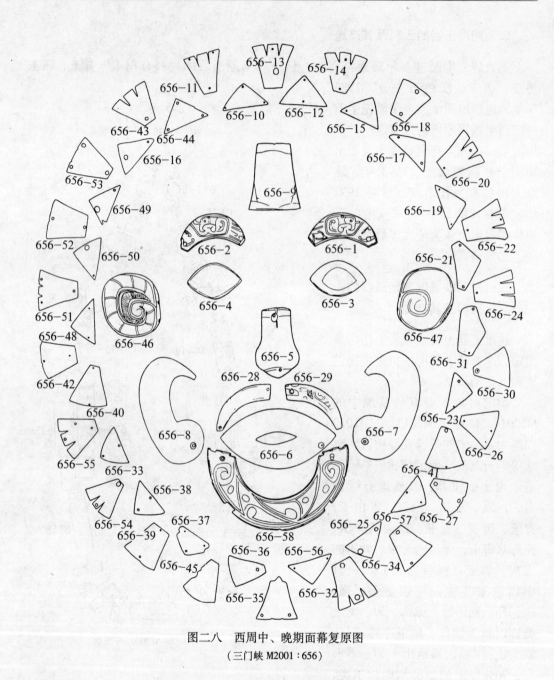

图二八   西周中、晚期面幕复原图

（三门峡 M2001：656）

肆   结   语

截止到 20 世纪末，考古学家在全国 11 个省、市、自治区几十个地点发掘出土西周玉器估计在 2.3 万件（组）以上（内有少量石质的，成组佩饰按 1 件计算）。其数量超过殷墟玉器 10 倍左右，使我们有条件对西周玉器进行较全面的考察和研究。本文在前人研究的基础上，特别注意到 20 世纪 90 年代新发表的有关西周墓葬的发掘报告，草撰成篇，不妥之处，请予斧正。

一 西周玉器继承了商代玉文化的传统

据文献记载，周灭殷后，俘获了数以万计的殷王都藏玉。这批玉器中的一部分，大概转为周族新贵所有，他们死后，可能用于随葬。其次，武王克殷后，曾分给鲁公以殷民六族：条氏、徐氏、萧氏、索氏、长勺氏，尾勺氏、使帅其宗氏，以法则周公；分给康叔以殷民七族：陶氏、施氏、繁氏、锜氏、樊氏、饥氏、终葵氏，命以康诰，而封于殷墟[67]。学者们多以为这十三个氏族中至少有九族是手工业氏族，如索氏应是绳工；长勺氏、尾勺氏是酒器工；陶氏当是制陶工；施氏是旌旗工；繁氏是马缨工；锜氏是锉刀工；樊氏是篱笆工；饥氏、终葵氏是锥工。然而，却没有显赫于有商一代的铸铜和琢玉这两个氏族。由此推测，他们很可能被周王朝统治者俘虏到了周王都重地（今陕西长安），直接为王室和贵族服务。

上述两个原因，造成西周墓中出有晚商玉器和具有晚商风格的周代玉器。关于后者，在礼玉、仪仗性兵器和某些佩戴的单件饰物上表现得尤为明显。例如，西周某些礼仪性玉器中的琮、璧、璋、环、璜以及戈、戚等与晚商同类器很难截然区别开来。当然，两者亦有差异处。如殷墟妇好墓出土的蝉纹琮、璧孔凸起两面饰同心圆纹的璧、环以及商代流行于广汉三星堆的牙璋，在西周玉器中少见或未见；相反，出现于西周时期的鸟纹琮、鸟纹璜、双联式小玉戈等亦未见于商代。又如商代玉器中多种动物形象的单件佩饰大多见于西周玉器（尽管细部纹样有所变化，但多数大同小异），但西周玉器中的猪、蛇形象似未见于商代。同时，普遍流行于西周的头长叉角的玉鹿，在晚商仅一见（滕州前掌大商墓出土）；西周玉柄形器中带有小玉片附饰的饰品亦未见于商代。此外，西周玉器中较常见的豪华佩戴串饰、颈饰、腕饰均未见于商代。西周时期的葬玉，如成组面幕、玉握、踏玉、趾夹玉以及成组的棺饰，商代罕见。这些反映出周人在继承商文化的过程中，逐步创造并发展了本民族的玉文化。

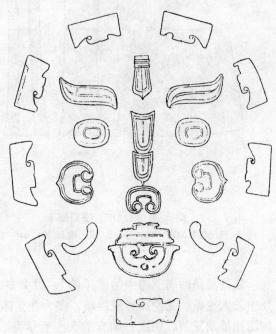

图二九 西周中、晚期玉面幕
（曲沃 M92：57）

二　西周早期和中晚期玉器的主要差异

上面，我们列举了一部分西周早期和中晚期有代表性的各类玉器，如果进一步加以比较，可大致看出这两期玉器的主要差异。列举如下。

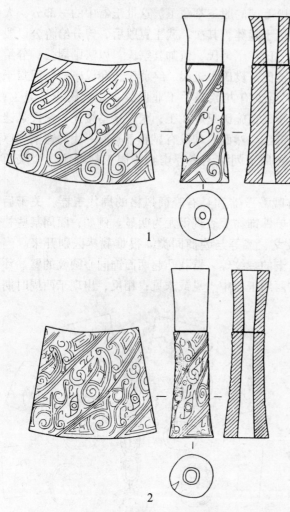

图三〇　西周中、晚期握玉
1. 三门峡 M2001：645 左手　2. 三门峡 M2001：646 右手

西周早期礼玉中的琮，数量较少，内有饰兽面纹的（见图一，3）；中晚期的琮，数量增多，有的饰鸟纹（见图一四，1），而兽面纹趋向简化。早期的璧，多数呈扁平状，极个别的璧孔凸起，有的璧两面均饰蟠龙纹；而中晚期的璧，未见璧孔凸起的，有的璧则饰以蟠屈鸟纹。早期的璜，除素面外，多有精美花纹，如凤鸟纹和龙首纹，鸟纹和伏龙纹以及双龙纹等；而中晚期的璜，以素面居多，少数琢双龙纹等纹样，并有两件璜或三件璜对合成一环的。

兵器中的戈，早期有双联式微型戈（见图三，2）和圭状援短内式戈（见图三，1），这两种形式的戈，均未见于中晚期；而晚期出现了一种舌形援、内上饰夔纹的戈（见图一五，5）。

工具和用具类中的小型工具，早期和中晚期都有所见，唯形制并不相同。另外，早期的一件环首刀（见图四，5）和一件龙柄小刻刀（见图四，5），均未见于晚期。篦和"抄"仅见于早期。而晚期的豆、匜、牛形调色器，亦未见于早期，应是晚期新出现的器皿。

装饰品是西周玉器中的"王牌"，种类多，琢雕精。大体有单件和复合件两类。早期中的人物像，无论圆雕或浮雕，多为独立体，只少数作人兽合体；中晚期的人像，其构图比早期复杂、别致，如有的头上有伏龙、腹附卷尾龙，有的腹饰龙纹，有的则为人、龙和凤的合成体（见图一八，5），这是早期阙如的。早期和中晚期的动物形佩饰，以鱼、鸟、鹿、牛、兔、兽面为多见，猪、蛇、蝉等亦有发现。一般说来，造型都较真实、生动，以单线阴刻为主。据观察，怪鸟、鱼鹰仅见于早期。早期的鹿，有角分多叉的，多数作回首站立状；而中晚期的鹿有独角分叉、头向前方的（见图一九，1），亦有作回首伏卧状的（见图一九，2）。早期的牛，多作侧视站立状，单线阴刻；而中晚期的牛，有的圆雕跪伏、双线勾勒（见图一九，6）。早期的鱼，纹样都较简单，一般不施鳞纹；中晚期的鱼，少数体雕双线鳞纹（见图二〇，1）。早期的鸟，多作侧视匍匐状；中晚期的鸟，除沿袭这种形状外，还有侧视翘尾独足站立的，形象更为完美（见图二〇，8）。以龙为题材在西周相当普遍，不过形象有所变化。早期有首尾相接、背起棱脊的蟠龙（见图八，4），有独角翘尾的龙，亦有龙、鸟合体的（见图八，3）；中晚期的龙，有回首卷尾的（见图二一，4），也有龙、凤合体的（见图二一，5）。

复合饰品指由珠、璜和其他小玉件串缀而成的佩戴饰物，主要有颈饰、腕饰和发饰三大类。西周早期的颈饰，在曲沃晋侯墓地 M6214 发现两组，上下叠压，相当华丽（见图一二，1、2）。腕饰在宝鸡茹家庄 BRM1 出土两组，主要由贝串缀而成，极简朴。到了中晚期，颈饰数量增多，形状亦较规范，多呈圆圈形。张家坡 M216（见图二四，1）和三门峡 M2001、M2011、M2012（见图二四，3、2）及曲沃 IIIM8、M92（见图二五，2）等墓均有发现。腕饰也较多见，主要发现于三门峡，尤其是在一个墓主的左、右手各戴腕饰一个（见图二六，2、3）。发饰在三门峡 M2001 发现一串（见图二七），瑰丽多彩，似为晚期新兴的饰物。

葬玉在早期西周墓中发现较少，主要为玉琀，器类有珠、贝等，有的则是利用实用的残玉器充数，塞于口中。个别的含小玉戈和小玉戚各一件于口中。到了中晚期，葬玉的门类和数量都比早期增多，殓尸明器盛极一时，除玉琀外，尚有面幕、握玉、踏玉、趾夹玉和棺饰五类。面幕亦称幎目，由仿人五官的玉片构成，象征人的面部。此种面幕在张家坡、三门峡、曲沃等地都有发现，但其组合形式不尽相同（见图二八、二九）。握玉不甚多见，有管状和柄状两种，出土时握于墓主左手或右手。三门峡、曲沃等地均有发现。踏玉和趾夹玉在三门峡有所发现（见图三〇，1、2），其他地点罕见。棺饰在张家坡 M170 发现一组，由 16 条玉鱼组成。三门峡 M2001 的一组，则是 15 枚玉贝。

西周玉器是继商代玉器之后在中国古玉发展史上的又一个新高峰。例如装饰品中由珠、璜等小型玉雕品串缀而成的佩戴饰物，种类全，数量多；同时，葬玉中的面幕、握玉、趾夹玉和棺饰，都未见或少见于商代，据推测可能都是周人的创造。根据发掘资料，迄今为止，考古学家尚未发现西周时代的王陵和保存完好的王室墓，因此说，高品位的玉石器，有可能仍湮没于地下，有待人们去勘查和发掘。

附记：本文写作得到中国社会科学院老年科研基金的资助。本文初稿由张长寿、梁星彭两位先生审阅，根据他们提出的意见，本稿作了较多的删改和补充。在此谨致谢忱。

注　释

〔1〕石兴邦：《长安普渡村西周墓葬发掘记》，《考古学报》第八册，1954 年。

〔2〕陕西省文管会：《长安普渡村西周墓的发掘》，《考古学报》1957年第1期。

〔3〕中国科学院考古研究所：《沣西发掘报告》，文物出版社，1962年。

〔4〕赵永福：《1961～1962年沣西发掘简报》，《考古》1984年第9期。

〔5〕中国社会科学院考古研究所沣西发掘队：《1967年长安张家坡西周墓地的发掘》，《考古学报》1980年第4期。

〔6〕中国社会科学院考古研究所沣西发掘队：《1976～1978年长安沣西发掘简报》，《考古》1981年第1期。

〔7〕中国社会科学院考古研究所沣西发掘队：《1979～1981年长安沣西、沣东发掘简报》，《考古》1986年第3期。

〔8〕陕西省文物管理委员会：《西周镐京附近部分墓葬发掘简报》，《文物》1986年第1期。

〔9〕中国社会科学院考古研究所：《张家坡西周墓地》，中国大百科全书出版社，1999年。

〔10〕中国社会科学院考古研究所沣西队：《1987、1991年陕西长安张家坡的发掘》，《考古》1994年第10期。

〔11〕中国社会科学院考古研究所丰镐队：《1992年沣西发掘简报》，《考古》1994年第11期。

〔12〕中国社会科学院考古研究所沣西发掘队：《1984年长安普渡村西周墓葬发掘简报》，《考古》1988年第9期。

〔13〕刘云辉：《周原玉器》，台湾中华文物学会出版，1996年。

〔14〕同注〔13〕，第16页。

〔15〕卢连成、胡智生：《宝鸡强国墓地》，文物出版社，1988年。

〔16〕宝鸡市考古工作队等：《宝鸡县阳平镇高庙村西周墓群》，《考古与文物》1996年第3期。

〔17〕戴应新：《高家堡戈国墓》，三秦出版社，1994年。

〔18〕陕西省渭南县文化馆左忠诚：《陕西渭南县南堡西周初期墓葬》，《文物资料丛刊》第3集，文物出版社，1980年。

〔19〕北京大学考古系商周实习组等：《陕西米脂张坪墓地发掘简报》，《考古与文物》1989年第1期。

〔20〕洛阳市文物工作队：《洛阳北窑西周墓》，文物出版社，1999年。

〔21〕洛阳博物馆：《洛阳北窑村西周遗址1974年度发掘简报》，《文物》1981年第7期。

〔22〕中国科学院考古研究所：《洛阳中州路》第59～60页，科学出版社，1959年。

〔23〕傅永魁：《洛阳东郊西周墓发掘简报》，《考古》1959年第4期。

〔24〕开封地区文管会等：《河南省新郑县唐户两周墓葬发掘简报》，《文物资料丛刊》第2集，文物出版社，1978年。

〔25〕中国科学院考古研究所：《上村岭虢国墓地》，科学出版社，1959年。

〔26〕河南省文物考古研究所、三门峡市文物工作队：《三门峡虢国墓地》第1卷，文物出版社，1999年。

〔27〕河南省文物考古研究所、周口市文化局：《鹿邑太清宫长口子墓》，中州古籍出版社，2000年。

〔28〕郭宝钧：《浚县辛村》，科学出版社，1964年。

〔29〕河南省考古研究所、平顶山文管会：《平顶山市北滍村西周墓地一号墓发掘简报》，《华夏考古》1988年第1期。

〔30〕河南省文物研究所，平顶山市文管会：《平顶山应国墓地九十五号墓的发掘》，《华夏考古》1992年第3期。

〔31〕河南省文物考古研究所、平顶山文管会：《平顶山应国墓地八十四号墓发掘简报》，《文物》1998年第9期。

〔32〕河南省博物馆：《河南省襄县西周墓发掘简报》，《文物》1977 年第 8 期。

〔33〕河南省文物研究所等：《禹县吴湾西周晚期墓葬清理简报》，《中原文物》1988 年第 3 期。

〔34〕山东省文物考古研究所等：《曲阜鲁国故城》，齐鲁书社，1982 年。

〔35〕中国社会科学院考古研究所山东工作队：《滕州前掌大商代墓葬》，《考古学报》1992 年第 3 期。

〔36〕中国社会科学院考古研究所山东工作队：《山东滕州市前掌大商周墓地 1998 年发掘简报》，《考古》2000 年第 7 期。

〔37〕滕县博物馆：《山东滕县发现滕侯铜器墓》，《考古》1984 年第 4 期。

〔38〕德州行署文物局文物组等：《山东济阳县西周早期墓发掘简报》，《文物》1981 年第 9 期。

〔39〕德州行署文物局文物组等：《山东济阳刘台子西周墓地第二次发掘》，《文物》1985 年第 12 期。

〔40〕山东省文物考古研究所：《山东济阳刘台子六号墓清理报告》，《文物》1996 年第 12 期。

〔41〕山东省昌潍地区文物管理组：《胶县西庵遗址调查试掘简报》，《文物》1997 年第 4 期。

〔42〕山东省烟台地区文管组：《山东蓬莱县西周墓发掘简报》，《文物资料丛刊》3，文物出版社。

〔43〕邹衡主编：《天马—曲村（1980～1989）》第 1 册，科学出版社，2000 年。

〔44〕北京大学考古系、山西省考古研究所：《1992 年春天马—曲村遗址墓葬发掘报告》，《文物》1993 年第 3 期。

〔45〕北京大学考古学系、山西省考古研究所：《天马—曲村遗址北赵晋侯墓地第二次发掘》，《文物》1994 年第 1 期。

〔46〕北京大学考古学系、山西省考古研究所：《天马—曲村遗址北赵晋侯墓地第五次发掘》，《文物》1995 年第 7 期。

〔47〕山西省考古研究所：《上马墓地》，文物出版社，1994 年。

〔48〕山西省文物工作委员会：《山西洪洞县永凝堡西周墓葬》，《文物》1987 年第 2 期。

〔49〕北京市文物研究所：《琉璃河西周燕国墓地（1973～1977）》，文物出版社，1995 年。

〔50〕中国社会科学院考古研究所、北京市文物工作队琉璃河考古队：《1981～1983 年琉璃河西周燕国墓地发掘简报》，《考古》1984 年第 5 期。

〔51〕北京市文物管理处：《北京地区又一重要考古收获》，《考古》1976 年第 4 期。

〔52〕河北省文物管理处：《河北元氏县西张村的西周遗址和墓葬》，《考古》1979 年第 1 期。

〔53〕甘肃省博物馆文物队：《甘肃灵台白草坡西周墓》，《考古学报》1977 年第 2 期。

〔54〕刘得祯：《甘肃灵台两座西周墓》，《考古》1981 年第 6 期。

〔55〕庆阳地区博物馆：《甘肃宁县焦村西沟出土的一座西周墓》，《考古与文物》1989 年第 6 期。

〔56〕金华地区文管会：《浙江衢州西山西周土墩墓》，《考古》1984 年第 7 期。

〔57〕安徽文物队：《安徽屯溪西周墓葬发掘报告》，《考古学报》1959 年第 4 期。

〔58〕殷涤非：《安徽屯溪周墓第二次发掘》，《考古》1990 年第 3 期。

〔59〕江西省博物馆：《江西考古三十年》，《文物考古三十年》，文物出版社，1979 年。

〔60〕黄陂县文物馆：《湖北黄陂鲁台山西周遗址与墓葬》，《江汉考古》1982 年第 2 期。

〔61〕固原县文物工作站：《宁夏固原县西周墓清理简报》，《考古》1983 年第 11 期。

〔62〕杨建芳：《中国古玉研究论文集》上册第 145～158 页，众志美术出版社，2001 年。

〔63〕张长寿：《记沣西新发现的兽面玉饰》，《考古》1987 年第 5 期。

〔64〕《张家坡西周墓地》附录三《沣西西周玉器地质考古学研究》，文物出版社，1999 年。

〔65〕《周原玉器》第 23 页，台湾中华文物学会出版，1996 年。

〔66〕《三门峡虢国墓》附录四《虢国墓出土玉器玉质的初步鉴定》，文物出版社，1999 年。

〔67〕杨伯峻：《春秋左传注》第四册第 1536～1538 页，中华书局，1981 年。

论青铜时代长城地带与欧亚草原
相邻地区的文化联系

乌恩岳斯图

（中国社会科学院考古研究所）

公元前第二千年至第一千年前半叶，在欧亚大陆草原地带，青铜冶铸业得到长足的发展，形成了若干青铜冶铸中心和重要的考古学文化，这一时期正值早期游牧文化形成的前夜。通常所指欧亚大陆草原包括多瑙河至长城地带的广阔地域。根据目前的考古发现，欧亚大陆草原诸多考古学文化之间在物质文化方面存在颇多相似的因素。这些相似的文化因素，长期以来引起国内外学者的广泛关注，特别是关于这些相似因素的来源及各地区不同考古学文化之间的关系问题，讨论得尤为热烈，存在着各种不同的认识。本文拟就青铜时代长城地带主要的考古学文化与欧亚草原东部地区相关文化之间的关系问题谈点个人看法，不妥之处尚望指正。

如果将长城地带的青铜时代划分为早、中、晚三个发展阶段的话，早段以夏家店下层文化、大坨头文化和朱开沟文化为代表，年代相当于夏代至商代后期初（公元前21～前13世纪）。中段以魏营子文化、围坊三期文化、西岔文化和李家崖文化为代表，年代相当于商代晚期至西周早期（公元前13～前10世纪）。晚段以夏家店上层文化、十二台营子文化和张家园上层文化为代表，年代相当于西周中晚期至春秋中期（公元前10～前7世纪）。根据目前的考古发现，长城地带青铜文化自始至终同欧亚草原，特别是同亚洲中部地区存在着紧密的联系，在文化内涵方面显现出颇多相似的因素。我们选择其中具有代表性的共同性因素，按早、中、晚三个阶段同境外相关文化的同类器物进行比较。

一 青铜短剑

早段早期的夏家店下层文化和大坨头文化中尚未发现短剑。早段晚期的朱开沟文化晚期遗存中开始出现短剑，可以朱开沟遗址 M1040 出土短剑为代表。其特点是直刃匕首式，环首，柄身衔接处有凸齿[1]（图一，1）。这把短剑是迄今为止在长城地带发现的年代最早的青铜短剑，可作为直刃匕首式短剑的祖型，年代相当于商代前期末至后期初（公元前14～前13世纪）。

中段早期的短剑发现较多，其中属中段早期的短剑在山西省石楼县曹家垣[2]、柳

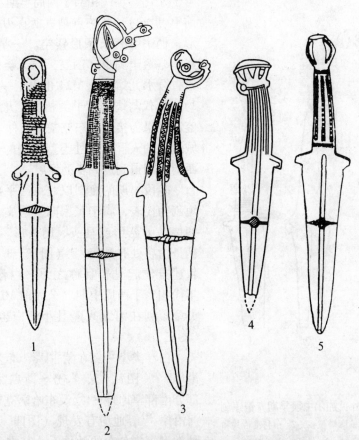

图一　长城地带早段晚期和中段早期青铜短剑

1. 朱开沟 M1040：2　2. 张家口采集　3. 青龙抄道沟　4. 延长县去头村　5. 敖
汉旗水泉村

林县高红[3]、吉县上东村[4]、陕西省延川县去头村[5]、河北省青龙县抄道沟[6]、张家
口市[7]，以及内蒙古敖汉旗水泉村[8]等地均有出土（图一，2~5），年代相当于商代晚
期（公元前13~前11世纪）。其特点是柄首作镂空铃形或动物头像，柄首下有半圆形
环扣，柄身衔接处有凸齿。因柄首作铃形或动物头像，故剑柄作微曲状，通常称之为
"曲柄匕首式短剑"。

　　值得注意的是，这种曲柄匕首式短剑除在长城地带有较多发现之外，在蒙古和俄罗
斯外贝加尔地区也有少量发现。譬如，蒙古南戈壁省伯彦塔拉[9]、俄罗斯赤塔州库兹
米纳村[10]、鄂嫩河流域乌斯特—图鲁泰附近[11]、布利亚特自治共和国科托—克利湖
畔[12]等地各出土1件（图二，1~3）。蒙古和外贝加尔出土的短剑柄首均系动物头像，
没有发现铃首者。尽管如此，蒙古和外贝加尔出土的曲柄匕首式短剑同长城地带的同类
短剑相同，充分反映出它们之间的紧密关系。

　　中段晚期的短剑以辽宁省建平县烧锅营子大荒一号墓出土短剑为代表[13]，属于魏

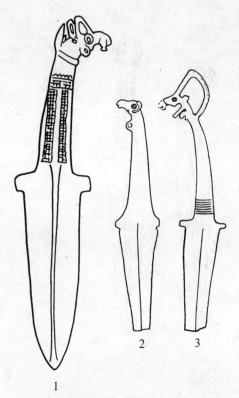

图二　蒙古和外贝加尔中段早期青铜短剑
1. 蒙古南戈壁省伯彦塔拉乡　2. 布利雅特共和国乌斯特—图鲁泰村　3. 科托—克利湖畔

营子文化，年代相当于西周早期（公元前 11～前 10 世纪）。其特点是直柄直刃，柄首作蘑菇形，柄中空有长条形镂空。一字形格，柱脊。剑柄略短于剑身（图三，1）。类似的短剑在甘肃省合水九站遗址 M24 也出土一件[14]（图三，2），年代与烧锅营子剑相当。九站墓地人骨的鉴定结果为接近于东亚蒙古人种[15]。可见，长城地带的人群是这种类型短剑的创造者，并在西周中期得到进一步的发展。

晚段早期的短剑以北京昌平白浮墓地出土短剑为代表，属于张家园上层文化。其特点是柄首呈蘑菇形或马头、鹰头形。柄部有凹槽。柄身衔接处有凸齿[16]（图三，3～5）。我们为叙述方便起见暂且称之为"白浮类型短剑"，年代相当于西周中期（公元前 10 世纪）。这种类型短剑在河北兴隆县小河南也出土 1 件[17]（图三，6）。

白浮类型短剑在蒙古[18]、俄罗斯贝加尔湖沿岸[19]、图瓦[20]、米努辛斯克盆地[21]、欧洲部分南部草原地区[22]及东哈萨克斯坦额尔齐斯河沿岸[23]等地均有发现（图四，1～6）。从这种类型短剑分布的地域看，基本涵盖了欧亚草原东部（乌拉尔山以东）的大部分地区，即从长城地带经蒙古、外贝加尔、贝加尔湖沿岸、图瓦、哈萨克斯坦至俄罗斯欧洲南部草原地带。俄罗斯考古文献中将这类短剑称之为"卡拉苏克短剑"，这是因为在米努辛斯克盆地出土数量最多。Н. Л. 奇列诺娃在《卡拉苏克短剑》一书中发表了 25 件短剑，但均系采集品，没有一件出自墓葬或有共存物[24]。Э. Б. 瓦杰茨卡娅在《叶尼塞河中游草原的考古遗存》一书中所列 40 处经科学发掘的 240 座卡拉苏克墓葬中未发现一件短剑[25]。Г. А. 马克希缅科夫将卡拉苏克文化划分为卡拉苏克期和石峡期，并指出："把短剑、战斧、锛的模型、折背刀、三角形牌饰和花瓣形牌饰都称为卡拉苏克的，然而这些器物都不见于卡拉苏克遗存本身之中。"他将石峡期的年代断为公元前 10～前 8 世纪[26]。另外，石峡期有两个碳十四年代数据，分别为公元前 980 和公元前 760 年，故石峡期的年代断为公元前 10～前 8 世纪，这与长城地带晚段早期短剑的年代相符合。也有的学者将石峡期的年代断为公元前 9～前 8 世纪[27]。因此，卡拉苏克短剑的年代不会早于公元前 10 世纪。

这种类型短剑除米努辛斯克盆地有较多发现之外，在亚洲中部的其他地区也时有发现，譬如东哈萨克斯坦[28]、图瓦[29]、蒙古[30]等地均有出土。这些短剑的年代一般都断

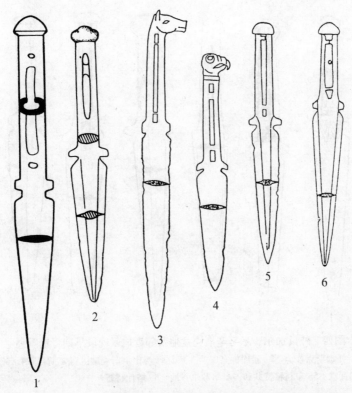

图三　长城地带中段晚期和晚段早期青铜短剑
1. 建平县烧锅营子大荒 M1　2. 甘肃合水县九站 M24　3～5. 昌平白浮
M3∶22　6. 兴隆小河南

为青铜时代晚期即前斯基泰时期，也就是说不早于公元前 9 世纪。这种类型短剑最晚的
标本出自蒙古西部的乌兰固木文化，年代为公元前 5～前 3 世纪[31]。有的学者已指出，
这种类型短剑出现于俄罗斯欧洲部分南部草原地区，是来自东邻亚洲纵深卡拉苏克类型
短剑的影响所致[32]。从这种类型短剑流行的年代及其形制特点来看，它们之间存在着
亲缘关系是毋庸置疑的。白浮墓地的年代早年根据碳十四年代数据断为西周早期，即距
今 3070±90 年（公元前 1120±90 年）[33]。后来有些学者研究认为白浮墓地的年代断在
西周中期为宜（公元前 10 世纪左右）[34]。需要强调指出的是，这种类型短剑在长城地
带有它的祖型，白浮类型短剑是继承朱开沟文化、李家崖文化和围坊三期文化的短剑发
展起来的。而卡拉苏克短剑在米努辛斯克盆地及其周边地区找不到它的祖型，早于卡拉
苏克文化的安德罗诺沃文化中流行无柄短剑，显然与卡拉苏克短剑并无渊源关系。由此
可见，被认定为卡拉苏克的短剑不是本地原生的，而是由长城地带经过蒙古、外贝加尔
和图瓦地区传播过去的。

　　晚段晚期的短剑以夏家店上层文化的短剑为代表。众所周知，该文化的短剑非常发
达，包括銎柄式直刃剑、銎柄式曲刃剑、短茎式曲刃剑、T 形柄曲刃剑、匕首式曲刃剑

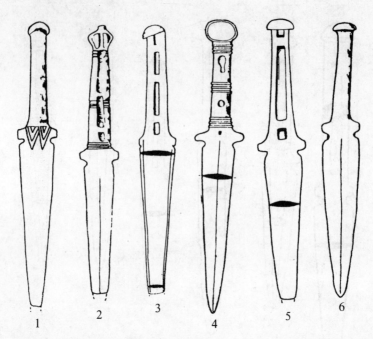

图四　外贝加尔、米努辛斯克盆地及邻近地区晚段早期青铜短剑

1. 托姆斯克墓地　2. 雅库梯乌库兰　3. 诺沃西比尔斯克地区青吉斯村　4. 克
利瓦雅　5. 布利雅特共和国奥格苏尔谷地　6. 塔什特普

和匕首式直刃剑等多种型式。其中最后一种短剑是长城地带广为流行的器类，特点是柄首装饰完整的动物或动物头像，有的柄首作"一"字形，柄身衔接处有凸齿。有些短剑的柄部或剑身处装饰群兽纹、群鸟纹或菱形几何纹[35]。为叙述方便起见暂且称之为"南山根类型短剑"。在内蒙古宁城南山根 M101[36]、小黑石沟 M8501[37] 等大型石椁墓中，这类青铜短剑同中原青铜礼器鼎、簋、壶、尊、瓿、罍、盉、盂、匜等伴出，年代比较明确，相当于西周晚期至春秋早中期（公元前 9～前 7 世纪）。

"南山根类型短剑"形式多样，其中柄首作"一"字形或装饰动物形象，柄与剑身衔接处有凸齿的短剑，显然是"白浮类型短剑"的发展型式，年代与"白浮类型短剑"紧相连（图五，3、4）。另外，有些短剑的柄部装饰群兽、群鸟纹（图五，1、2、5、6）。个别短剑除柄首、柄部及剑格部位装饰动物纹外，在剑身正中也装饰群兽纹（图五，7）。这种类型短剑的特征非常鲜明，具有浓厚的草原文化的气息。从目前所掌握的资料看，这种类型短剑除分布于长城地带外，在欧亚大陆草原的其他地区比较罕见。图瓦[38] 等地出土的少量短剑，其柄首装饰动物纹样（图六，2～4）与此类短剑相似。除此之外，在欧亚大陆草原的其他地区没有发现装饰各种动物纹样的短剑。特别应当指出的是，米努辛斯克盆地卡拉苏克文化直到其结束时期都没有发现这种类型短剑。塔加尔文化早期即巴依诺夫期（公元前 7～前 6 世纪）的短剑，其形制接近于卡拉苏克短剑。尽管塔加尔短剑的形制特别是剑格凸出的特点与"南山根类型"短剑存在明显区

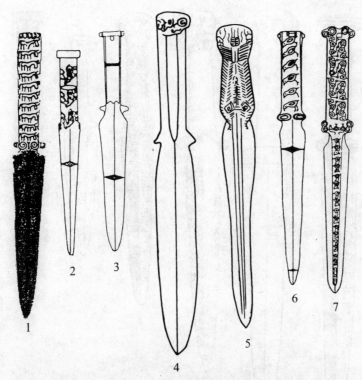

图五　长城地带晚段晚期青铜短剑
1. 平泉东南沟 M6：5　2. 宁城小黑石沟 M8501　3. 瓦房中 M791　4. 南山根东
区石椁墓　5. 南山根 M101：36　6. 天巨泉 M7301　7. 宁城小黑石沟（1975）

别，但某些短剑柄首装饰伫立状动物形象的特点[39]，以及柄首作"一"字形的短剑（图六，1、5、6），同夏家店上层文化短剑有类似之处，表明它们之间似乎存在某种联系。

二　青铜刀

青铜刀是欧亚大陆草原地带广为流行的器类。长城地带早段早期铜刀以夏家店下层文化和大坨头文化铜刀为代表。这一时期铜刀基本属于无柄首铜刀，构成长城地带早期铜刀的基本特征。其中有些铜刀的刀尖上翘，有些可能安装木柄，处于复合工具阶段。早段晚期以朱开沟文化铜刀为代表，如朱开沟遗址 M1040 出土 1 件完整铜刀[40]，其特点是环首、弧背，刀尖微翘。柄与刀身之间有凸齿。这是一件非常典型的北方系铜刀，特别是弧背、环首及凸齿等都是商代北方青铜器最具代表性的因素。年代相当于商代前期之末至后期初（公元前 14～前 13 世纪）（图七，1）。

中段的铜刀形制多样，并装饰复杂的几何纹和动物纹样，具有浓郁的草原文化气息。归纳起来可划分为如下几类：（1）环首刀或双环首刀。特点是柄首作环形、双环

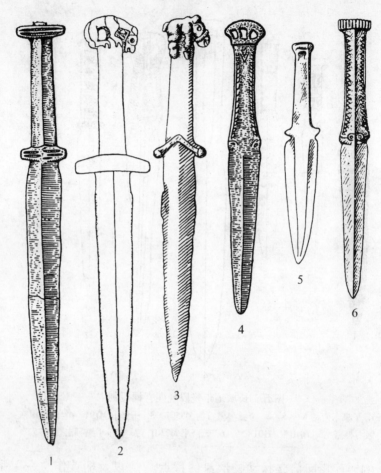

图六　外贝加尔、图瓦及邻近地区晚段晚期青铜短剑
1. 外贝加尔乌斯特—图鲁泰　2. 阿尔泰帕克特内　3. 图瓦阿尔然墓地　4. 外
贝加尔萨彦图依　5. 斯维谢沃村墓葬　6. 杰欣斯科耶

形或坏外铸出3个凸钮，弧背，柄与刀身衔接出有凸刺。有些铜刀柄首下有环钮，柄部
装饰复杂的几何图案。这种刀在长城地带大量流行，在陕西省子长县李家塌[41]、延长
县张兰沟村[42]、淳化县西梁家村[43]、山西省石楼县褚家峪[44]、后兰家沟[45]和二郎
坡[46]、柳林县高红[47]、河北省青龙抄道沟[48]、辽宁省兴城杨河[49]、绥中冯家[50]等地
均有出土（图七，6）。（2）铃首刀。形制与环首刀基本相同，只是柄首作铃形。青龙
抄道沟[51]、辽宁省法库县湾柳街[52]及赤峰地区[53]均有出土（图七，3、5）。（3）兽首
刀。形制与环首刀类似，只是柄首作鹿头或山羊头形。青龙抄道沟[54]、怀安县狮子
口[55]、绥德墕头村[56]及建平二十家子朝阳山[57]各出土1件。另外，北京市征集1
件[58]，辽宁省法库县湾柳街出土1件[59]（图七，2、4、7）。

　　上述类型铜刀在蒙古、外贝加尔、图瓦、阿尔泰及米努辛斯克盆地均有出土。
Н. Л. 奇列诺娃在《卡拉苏克遗迹的年代学》一书中，曾发表300多件铜刀[60]，除少

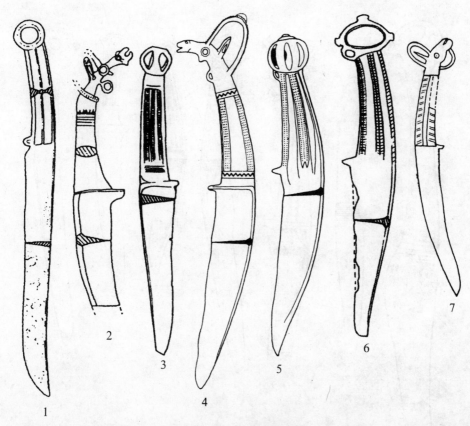

图七　长城地带中段青铜刀

1. 朱开沟 M1040：3　2、3. 法库县湾柳街　4、5. 青龙抄道沟　6. 抚顺望花　7. 绥德墕头村

数出自墓葬外，大部分系采集品。其中的折背刀是该文化最具代表性的器类，而环首、三凸钮环首、双环首及兽首刀等，其柄部装饰复杂图案及柄身衔接处有凸齿等特征，与长城地带流行的铜刀完全相同。环首刀柄上普遍装饰三角纹的特点与长城地带也非常类似。兽首刀发现较少，其中别依村出土的羊首刀，马里雅索瓦村出土的麋鹿首刀，阿巴干 1 号墓出土的绵羊首刀，别依斯卡雅出土的马首刀及克拉斯诺亚尔出土的鹿首弯刀[61]（图八，1~7），完全具有长城地带兽首刀的特征。值得提出的是，这种类型铜刀在安阳殷墟也多有发现[62]。最早的环首刀见于偃师二里头Ⅲ区 2 号墓，这件铜刀背部有凸棱，柄部装饰凸斜线纹和凹槽，具有典型北方系铜刀的特点，年代约为公元前17~前16 世纪[63]。因此，长城地带这类铜刀源自本土是毋庸置疑的，并对相邻地区的青铜文化产生了影响。

　　晚段的铜刀发生了很大变化。以夏家店上层文化铜刀为例，其种类相当繁杂，其中有两类铜刀最具代表性：一类为齿柄刀，是该文化所特有的铜刀，在境外的相关文化中尚未发现。另一类为装饰各种动物纹样的铜刀。动物纹样包括卷曲成环的猛兽、伏卧状兔、伫立状虎、伫立状马或群马及马头、牛头、两兽头相向成环形等形象（图九，1~

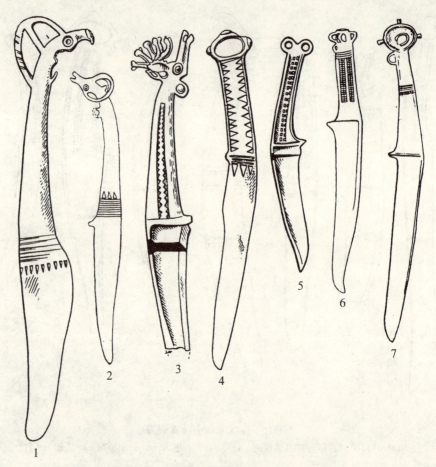

图八　蒙古、外贝加尔及邻近地区中段青铜刀

1. 克拉斯诺亚尔　2. 蒙古采集　3. 马里雅索沃村　4. 兹纳缅卡村　5. 维巴特河　6. 蒙古中戈壁省博物馆藏品　7. 外贝加尔奇特姆

9)。其中，宁城县小黑石沟墓地出土的 4 件铜刀尤为精致：第一件刀的柄端铸一立虎，柄部装饰 3 个伫立状虎形象[64]；第二件刀的柄端连接金饰，金饰呈卷曲成环形的猛兽形象[65]；第三件刀的柄端铸一伫立马，柄部一面装饰 3 个伫立状虎，另一面装饰连续山字纹[66]；第四件刀的柄部装饰 9 匹伫立状马形象[67]。另外，建平县采集的 1 件铜刀，其柄端铸一立马，柄部装饰 3 只展翅飞翔的鸟形象[68]。敖汉旗大哈巴齐拉墓地出土的铜刀，其柄端铸一圆雕羊头形象[69]。

　　上述第二类铜刀在欧亚草原其他地区也有所分布（图一〇，1～10）。譬如，图瓦图朗村出土的 1 件铜刀，其柄部为伫立状动物，柄部装饰 4 个伫立状鹿形象[70]（图一〇，10）。外贝加尔涅尔琴斯克市附近石板墓出土的铜刀，其柄首为盘角羊头，柄部装饰群兽纹[71]（图一〇，9）。蒙古境内也发现类似的铜刀，如一件刀的柄端为伫立状动物，柄部装饰 6 个圆圈纹[72]（图一〇，4）。另一件刀柄的一侧装饰群鸟纹，另一侧为

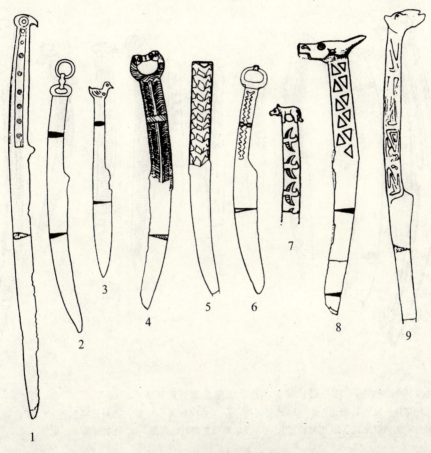

图九 长城地带晚段青铜刀

1. 昌平白浮 M2∶40 2. 宁城天巨泉 M7301 3. 怀来甘子堡 M12∶3 4、5. 宁城小黑石沟
M8501 6. 玉泉庙 M86∶8 7. 建平采集 8. 建平老南船石砬山 M741 9. 敖汉旗热水汤

两个伫立状马形象[73]（图一○，5）。米努辛斯克盆地塔加尔文化的早期铜刀中，发现
有柄首装饰伫立状虎、野猪等动物形象的铜刀[74]（图一○，7），但未见柄部装饰群兽
或群鸟纹的现象，这与长城地带及蒙古、外贝加尔的铜刀有所区别。上述发现说明，青
铜时代晚期的长城地带与欧亚草原其他地区的联系十分密切。

三 青铜盔

长城地带发现的铜盔要多于欧亚草原的其他地区，但早段的青铜文化中尚未发现铜
盔。铜盔自青铜文化中段开始出现，可以李家崖文化铜盔为代表，如山西柳林高红出土
1 件[75]，其特点是圆弧顶，顶部正中有方形钮，中间穿孔。左右两侧下垂成护耳。前
后有半圆形开口，边缘有窄凸带，凸带上有圆饼装饰（图一一，1），年代相当于商代
晚期（公元前 13～前 11 世纪）。

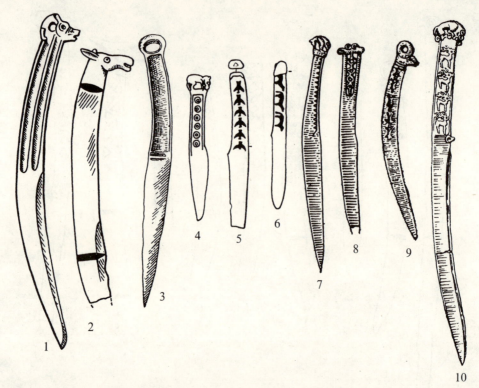

图一〇　蒙古、外贝加尔及邻近地区晚段青铜刀

1. 托帕诺沃　2. 克拉斯诺亚尔　3. 莱科夫村　4. 蒙古戈壁省　5. 蒙古苏赫巴特尔省　6. 蒙古曼莱苏木　7. 胡德诺格瓦　8. 切列姆什卡　9. 涅尔琴斯克市附近墓葬　10. 图瓦采集

　　晚段早期以北京白浮墓地[76]出土铜盔为代表，属于张家园上层文化。铜盔的特点是开口和护耳都短小，顶部有半圆形穿孔钮或网状长脊（图一一，2），年代相当于西周中期（公元前 10 世纪）。琉璃河 1193 号大墓出土 1 件铜盔，圆弧顶，前后开口，顶部有半圆形钮，年代为西周早期（公元前 11 世纪）[77]。琉璃河盔的形制与殷墟铜盔有明显区别，当属北方铜盔的系统。

　　晚段晚期以夏家店上层文化和十二台营子文化铜盔为代表，这一时期铜盔的发现数量较多，年代相当于西周晚期至春秋中期（公元前 9～前 7 世纪）。铜盔的形制与前段铜盔基本一致，只是个别铜盔的顶部钮铸成伫立状动物。可划分为 3 种类型：第一种为前开口，中部有尖节。建平县老南船石碴山 M741[78]、汐子北山嘴 M7501[79] 各出土 1 件（图一一，4、5）。第二种没有尖节，南山根 M101[80]、南山根东区石椁墓[81]、赤峰市美丽河[82]、瓦房中 M791[83]、小黑石沟 M8061[84]（图一一，3）、乌金塘 M3[85] 各出土 1 件。第三种顶部钮铸成伫立状动物形象，小黑石沟（1975）出土 1 件[86]。

　　根据目前的考古发现，在境外没有发现年代属于早、中段的铜盔。即使年代相当于晚段的某些文化中，如黑海北岸的前斯基泰文化（公元前 9～前 7 世纪）、咸海沿岸的前塞种人文化（公元前 10～前 8 世纪）、米努辛斯克盆地的卡拉苏克文化石峡期（公元

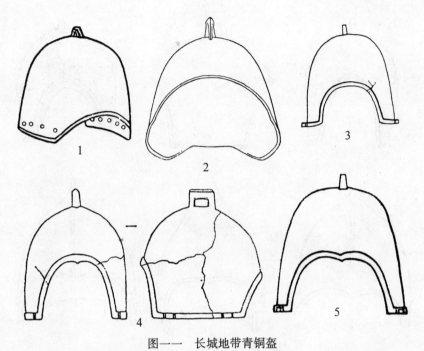

图一一　长城地带青铜盔

1. 柳林县高红　2. 昌平白浮 M2∶10　3. 宁城小黑石沟 M8061　4. 建平县老南船石砬
山 M741　5. 宁城县汐子北山嘴 M7501

前 10 ~ 前 8 世纪）、阿尔泰地区巴泽雷克文化早期即库尔图—麦耶米尔期（公元前8 ~
前 6 世纪）、图瓦地区乌尤克文化初期（公元前 9 ~ 前 8 世纪）均未发现铜盔。迄今为
止，唯有蒙古石板墓出土 2 件铜盔（图一二，1、2）。这两件铜盔分别出自布尔干省额
姆根特 3 号石板墓和霍勒托斯特 1 号石板墓，原报告根据中国北方铜盔的编年，将蒙古
铜盔的年代断为公元前 11 ~ 前 7 世纪[87]。这两件铜盔的发现，充分证明夏家店上层文
化时期，长城地带与蒙古东部地区石板墓文化之间关系非常密切。

　　铜盔的起源问题近来引起国外学者的关注，因为除了长城地带发现较多铜盔外，在
欧亚草原的西部地区还发现所谓"库班类型"铜盔。A. B. 瓦列诺夫指出，"库班类型"
铜盔共发现 16 件，其中 9 件出自器物群，7 件为偶然发现品。他认为"库班类型"铜
盔属于早期斯基泰时期，年代为公元前 7 ~ 前 6 世纪，但不会早于公元前 7 世纪中叶。
所以他指出"库班类型"铜盔无论是类型，还是年代都不早于白浮和高红盔[88]。最近，
蒙古学者 Д. 额尔德涅巴特尔和俄罗斯学者 Ю. C. 胡加科夫在论述蒙古石板墓出土 2 件
铜盔时指出，在黑海沿岸和北高加索发现铜盔 18 件，在中亚发现属于塞种人的铜盔 2
件。在额尔齐斯河上游（哈萨克斯坦）偶然发现 1 件铜盔，年代断为公元前 8 ~ 前 6 世
纪（图一二，3 ~ 5）。他们认为蒙古出土的 2 件铜盔与中国北方的铜盔类似[89]。Д. 额
尔德涅巴特尔在另一论著中，根据中国北方铜盔的年代，将蒙古铜盔的年代断为公元前
9 ~ 前 7 世纪[90]。H. Л. 奇列诺娃指出库班类型铜盔主要集中在前苏联的欧洲部分（主
要是高加索），这里出土 17 件铜盔，年代断为公元前 7 ~ 前 6 世纪。再往东发现 3 件，

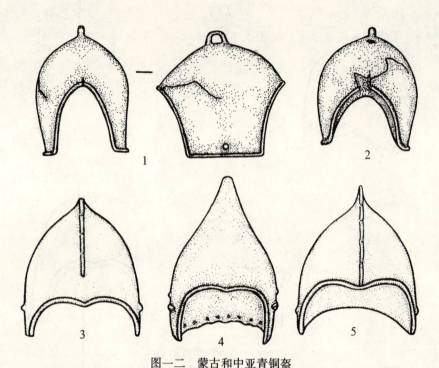

图一二　蒙古和中亚青铜盔

1. 蒙古额姆根特乡 3 号石板墓　2. 蒙古霍罗托斯奴格 1 号石板墓　3. 中亚科斯梅奇　4. 吉尔吉斯托古兹—托罗斯克　5. 中亚撒马尔罕

分别出自撒马尔罕、克斯梅奇和额尔齐斯河上游，年代分别断为公元前 6 ~ 前 5 世纪、前 6 ~ 前 4 世纪和前 7 ~ 前 6 世纪。关于铜盔的起源，她虽然不赞成库班和北中国铜盔均源于金麦里—卡拉苏克文化共同体的观点，但她认为中国北方含铜盔器物群的年代，不会早于库班文化（公元前 7 ~ 前 6 世纪）而可能更晚[91]。

　　我们认为，A. B. 瓦列诺夫、Д. 额尔德涅巴特尔和 Ю. C. 胡加科夫等学者将中国北方铜盔的年代断为青铜时代晚期即早于库班文化是正确的。实际上，高红、琉璃河 M1193 及白浮铜盔的年代相当于商代晚期至西周早、中期（公元前 12 ~ 前 10 世纪）。由此可见，北方系铜盔较早生成于长城地带并传播到亚洲中部地区，在蒙古石板墓中发现类似于夏家店上层文化的铜盔为此提供了有力的证据。

四　青铜镞

　　双耳圈足铜镞在欧亚大陆草原有广泛分布。长城地带早、中段青铜文化遗存中尚未发现铜镞。中国北方最早的双耳圈足铜镞见于北京延庆县西拨子窖藏[92]（图一三 A，1）。关于该窖藏的文化归属和年代问题存在不同的说法。原报告曾认为该窖藏属于夏家店上层文化，后来也得到有些学者的认同[93]。有的学者认为属于围坊上层类型或张家园上层类型[94]。夏家店上层文化分布于燕山以北地区，西拨子窖藏不在夏家店上层文化的分布范围之内。从年代上说，与玉皇庙文化又连接不上，难以作为玉皇庙文化的早期遗存。该窖藏的年代与白浮墓地的年代相当，应当属于张家园上层文化，年代相当于西周中期或中晚期（公元前 10 ~ 前 8 世纪）。陕西省岐山县王家村出土的铜镞[95]，其年代与西拨子镞的年代相当（图一三 A，2）。春秋早期（公元前 8 ~ 前 7 世纪）的铜镞，在玉皇庙 M18 和 M250 各出土 1 件[96]（图一三 A，3），在陕西省凤翔县东社采集 1 件[97]（图一三 A，4）。春秋早、中期的铜镞，在陕西省宝鸡甘峪春秋秦墓[98]（图一三 A，5）和山西省闻喜县上郭村 76M1[99] 各出土 1 件。春秋晚期（公元前 6 ~ 前 5 世纪）的铜镞，在怀来甘子堡 M8 出土 1 件[100]，山西临猗程村墓地出土 2 件[101]，侯马上马墓地出土 2 件[102]，沁水县东关出土 1 件[103]（图一三 A，6、7）。进入战国以后，在长城沿线有更多铜镞出土。由此可见，中国北方的早期铜镞自西周中晚期至春秋时期，沿中原地区的北方和西北方弧线分布，这里正是戎狄族活动的地域。

双耳圈足铜镞在蒙古乌兰固木墓地 M33[104]、外贝加尔阿金斯克草原[105] 和塔普哈尔山[106] 各出土 1 件（图一三 B，6）。在米努辛斯克盆地出土数量可观的属于塔加尔文化的铜镞，仅 H. Л. 奇列诺娃在《塔加尔文化部落的起源和早期史》一书中就发表百余件，遗憾的是这些铜镞几乎都是偶然发现品[107]（图一三 B，1 ~ 5）。蒙古境内还收集到若干件[108]。尽管蒙古、外贝加尔及米努辛斯克盆地出土的铜镞绝大部分系采集品，地层和共存关系不清，但其形制与长城地带的铜镞非常类似，它们之间存在亲缘关系是毋庸置疑的。

五　装饰品

装饰品的种类很多，而且早晚有很大差别。早段的装饰品主要是耳环、指环、臂钏等小件装饰品，既有金质的，也有铜质的。（1）喇叭形耳环。呈椭圆形，一端作喇叭口状。辽宁省阜新县平顶山石城子[109]、北京琉璃河刘李店 M2[110]、河北唐山石棺墓[111]、天津市蓟县围坊遗址[112]、张家园 65F4[113]、北京市昌平雪山遗址[114] 各出土 1 件（图一四，1、3 ~ 5、7、8）。（2）环形耳环。呈椭圆形，一端作扁平状。大甸子 M516 出土 1 件金耳环[115]。北京市房山塔照 FT029[116]、河北易县下岳各庄 H5[117]、蔚县三关 M2010[118]、朱开沟 M2012[119] 出土铜耳环。（3）指环。均为铜质，多呈圆形，两端对接成环形，可分为单环和双环两种。大甸子墓地出土 25 件[120]，刘李店 M2[121]、唐山市古冶 H9[122]、张家口市李大人庄遗址[123] 各出土 1 件，朱开沟遗址出土 5 件[124]。（4）臂钏。最为典型的是两端呈扇形的环状金臂钏，河北省廊坊庆功台墓葬出土 1 件[125]。朱开沟墓地出土的铜臂钏有圆筒状、环状和两端对接状等不同形式[126]。

安德罗诺沃文化是一支分布地域相当广泛的青铜时代文化，西起南乌拉尔，东到叶尼塞河沿岸，北起西伯利亚森林地带南界，南至中亚草原地带均有该文化的遗存。该文化的青铜器中含有喇叭口形和管状耳环，与长城地带出土的耳环非常相似[127]（图一五）。西西伯利亚巴拉巴森林草原地带分布有青铜时代晚期的伊尔缅文化，该文化的墓葬中也发现喇叭形铜耳环[128]。在这样一个大的范围内分布如此类似的铜耳环绝不是个

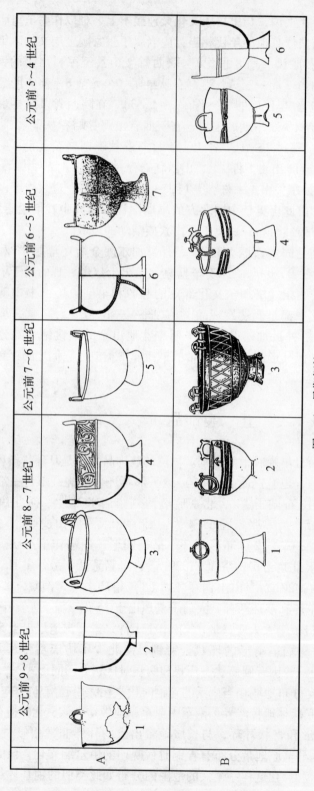

图一三　早期铜镜

A: 1. 延庆西拨子窖藏　2. 岐山王家村窖藏　3. 延庆玉皇庙墓地　4. 凤翔东社采集　5. 宝鸡甘峪春秋墓
6. 杯来甘子堡 M8　7. 行唐李家庄墓葬

B: 1. 北高加索别什塔乌采集　2. 克拉斯诺雅尔斯克边区沙拉林波林窖藏　3. 克拉斯诺达尔边区克列尔梅斯
斯基茶古冢　4. 米奴辛斯克博物馆藏品　5. 塔格谢特采集　6. 乌兰固木 M33
(1、2、4、5. Н. Л. Членова, 1967. 3. А. И. Мелюкова, 1989. 6. З. А. Новгородова, 1989)

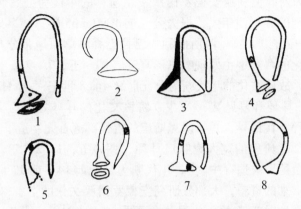

图一四 长城地带喇叭形耳环

1. 蓟县围坊 T1③：7　2. 平谷刘家河 M1　3. 唐山小官庄 M1
4. 阜新县平顶山 G104④　5. 房山塔照 029　6. 火烧沟墓地
7. 蓟县张家园 F4　8. 房山琉璃河刘李店 M2：2

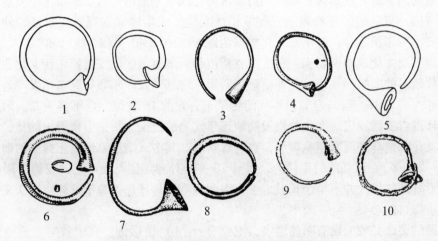

图一五 安德罗诺沃文化喇叭形耳环

1. 切尔诺湖Ⅰ墓地 76 号墓　2. 小科依塔斯 4 号墓　3、4. 叶罗夫Ⅱ墓地　5. 桑古尔Ⅱ墓
地围墙　6. 克拉斯诺亚尔斯克边区阿什佩勒墓地　7. 波列奥伯拉间卡 3 墓地 47 号冢 1 号
墓　8、9. 阿波拉莫沃 4 墓地 11 号冢 1 号墓　10. 寇泽尔布拉克Ⅰ墓地

偶然现象，说明长城地带早期青铜文化与欧亚草原地带的相关文化之间存在着某种联
系。

　　喇叭口形耳环的起源问题曾引起国内外学者的关注，多数学者主张源自安德罗诺沃
文化。但是，关于该文化的许多问题特别是年代问题至今存在着不确定的因素。Ю. Г.
别罗科贝里斯基断为公元前 17 ～ 前 14 世纪[129]。但近年来的研究结果表明，叶尼塞河
中游的安德罗诺沃文化遗存不会早于公元前 13 世纪。Э. Б. 瓦杰茨卡娅认为安德罗诺沃
文化经由西西伯利亚和阿尔泰出现于叶尼塞河流域的年代不会早于公元前 13 世纪[130]。

М. Ф. 科萨列夫认为西西伯利亚安德罗诺沃文化遗存的年代为公元前 13～前 11 世纪。因为叶罗夫卡Ⅱ墓地的碳十四年代数据为公元前 1090±65 年，该墓地出土典型的喇叭形铜耳环[131]（图一五，3、4）。西西伯利亚巴拉巴森林草原地带分布青铜时代晚期的伊尔缅文化，该文化的墓葬中也发现喇叭形耳环（图一五，7～9），碳十四年代数据为公元前 880±25 年，故该文化的年代断为公元前 9～前 8 世纪[132]。Н. А. 阿瓦涅索娃在《安德罗诺沃文化的耳环和耳坠》一文中，将该文化的耳环划分为喇叭口形和管状两种。她认为管状耳环年代最早，是哈萨克斯坦的古代部落首先制造了这种耳环，最后发展成为安德罗诺沃文化典型的宽大喇叭口耳环（图一五，1、2、5）。她指出喇叭形耳环主要见于晚期的费德罗夫遗存中[133]，年代断为公元前 14～前 12 世纪[134]。В. И. 莫洛金指出，根据近年来的资料，大部分研究安德罗诺沃文化的学者得出了如下的结论，即没有根据断定费德罗夫遗存的年代早于公元前 13 世纪[135]。因此，叶尼塞河中游米奴辛斯克盆地及西西伯利亚安德罗诺沃文化的年代不会早于公元前 14 世纪，这些遗存中发现的喇叭形耳环的年代无疑晚于夏家店下层文化和大坨头文化，而与围坊三期文化的年代相当。

叶尼塞河下游克拉斯诺亚尔斯克边疆区阿什佩勒墓地塔加尔冢的填土中发现喇叭形铜耳环（图一五，6），显然属于安德罗诺沃文化。该墓地除发现塔加尔墓葬外，还有十余座安德罗诺沃墓葬，碳十四年代数据为距今 3580±40 年和 3490±40 年[136]，大体与夏家店下层文化的中期相当。在哈萨克斯坦和阿尔泰地区的安德罗诺沃文化遗存中也发现年代较早的喇叭形耳环。例如哈萨克斯坦东南部的寇泽尔布拉克墓地发现若干件喇叭形耳环[137]（图一五，10），但年代能否早于公元前 16 世纪，尚不得而知。因此，喇叭形耳环源自安德罗诺沃文化的假设尚缺乏年代上的证据。特别应当指出的是，河西走廊四坝文化的铜耳环既有喇叭口形，也有管状的。其中火烧沟墓地出土典型的喇叭形耳环（图一四，6），该墓地的年代为公元前 20～前 18 世纪[138]。可见，安德罗诺沃文化喇叭口形耳环的年代并不早于长城地带，因此喇叭形耳环是否源于安德罗诺沃文化的确有进一步探讨的必要。

中段的装饰品较前期有明显增多，主要有：（1）镜形饰。辽宁省喀左县道虎沟墓葬出土 1 件[139]。（2）耳环。扇面形耳环在房山镇江营遗址 FZT1905 出土 1 件[140]，蓟县张家园 87M1、M3 和 M4 各出土 2 件[141]。喇叭形耳环在北京市平谷刘家河 M1 出土 1 件[142]（图一四，2）。（3）金臂钏。同前期两端呈扇形的臂钏类似。在北京市平谷刘家河[143]、河北省卢龙县东闫各庄 M1[144] 和迁安县小山东庄 M1[145]、辽宁省喀左县和尚沟 M1[146] 各出土 2 件。（4）金耳饰。用金片制成螺旋状，尾部金丝上穿有绿松石珠。在山西省石楼县后兰家沟[147]、桃花庄[148]、永和县下辛角[149]、清涧县寺墕[150]、淳化县黑豆嘴[151] 等地共发现 25 件。（5）金弓形饰。呈弓形，两端上卷，两端有穿孔。山西省保德林遮峪[152]、石楼县褚家峪[153]、后兰家沟[154] 等地均有出土。（6）璜形金项饰。保德林遮峪出土 2 件，弓形，两端微向上卷并有穿孔[155]（图一六，1）。

璜形金项饰在长城地带从东到西都有分布。最早的璜形金项饰出现于商代晚期，此后一直沿用至战国时期。青海省化隆县下班主哇 42 号墓出土的金项饰属于卡约文

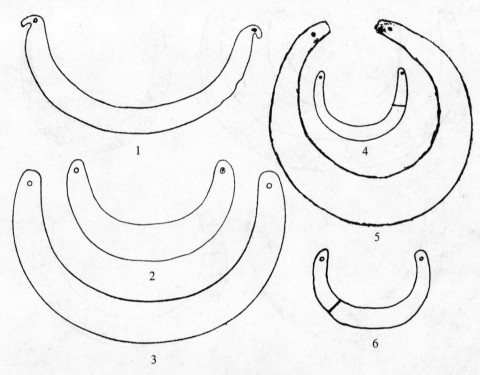

图一六　长城地带璜形金项饰

1. 保德县林遮峪　2. 滦平县梨树沟门墓地　3. 延庆县玉皇庙墓地　4. 怀来甘子堡 M1　5. 化隆县下班主哇 M42　6. 涿鹿县倒拉嘴

化[156]（图一六，5），而内蒙古和林格尔县店子乡墓地[157]、北京延庆县玉皇庙250号墓、174号墓和西梁光1号墓[158]、河北省怀来县甘子堡1、2号墓[159]、滦平县梨树沟门墓地[160]、涿鹿县倒拉嘴墓葬[161]等地出土的金项饰则属于东周时期（图一六，2~4、6），有些可以早到春秋早期。这种璜形金项饰在境外也有一个分布面，如外贝加尔石板墓[162]、鄂毕河上游[163]、伊尔库茨克州[164]等地均有出土（图一七，1~5）。关于境外出土这些金项饰的年代，俄罗斯学者断为斯基泰时期，即不早于公元前7世纪。因此，长城地带出土璜形金项饰的数量最多，出现的年代也最早。

晚段装饰品不仅出土数量较多，而且种类繁多。主要有：（1）联珠形饰。包括2~8或10个圆泡联铸在一起，背面有钮（图一八，11）。出土数量相当可观，如南山根M4出土联珠形饰160件[165]，夏家店M11出土10联珠形饰80件[166]。小黑石沟8061号石椁墓出土8件[167]。周家地墓地出土双联珠形饰[168]。（2）双尾垂饰。上部为两个圆泡联铸，下部为分开的弧形或半圆形双尾（图一八，13）。南山根墓地出土40件[169]，夏家店墓地出土20件[170]。（3）螺旋形耳环。小黑石沟M8501出土2件金质者[171]，其形制同早、中期的这类耳环相同（图一八，7、8）。

上述几种装饰品在蒙古和外贝加尔石板墓中均有出土（图一九，7、8、10、12）。

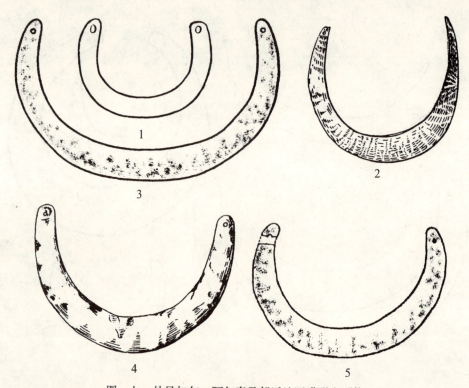

图一七　外贝加尔、阿尔泰及邻近地区璜形金项饰

1. 外贝加尔奥罗维雅内石板墓　2. 阿尔泰贝斯特良斯科耶村　3. 伊尔库茨克州　4. 萨雷格—布东
5. 贝斯特良斯科耶

例如，蒙古肯特省阿斯戈特恩 1 号石板墓出土 14 件联珠形饰[172]，布尔干省呼塔格—温都尔苏木比图金查干 1 号冢墓出土螺旋形铜耳环[173]。外贝加尔石板墓也出土多件双联珠形饰和螺旋形铜耳环[174]。另外，蒙古境内还出土两种双尾垂饰，其形制与夏家店上层文化和十二台营子文化的同类器物完全相同[175]。可见，青铜时代晚期长城地带与蒙古、外贝加尔的关系非常密切。

六　动物纹装饰艺术

如果说青铜时代早、中段，长城地带动物纹装饰艺术只限于刀剑柄端的动物头像，那么到了晚段动物纹装饰艺术得到了迅猛的发展，晚段晚期以夏家店上层文化动物纹样为例，不仅种类繁多，而且具有较高的加工工艺水平。其中有些动物纹样与境外的动物纹样非常类似。例如：（1）群兽或群鸟纹。南山根 M101 出土铜刀的柄部装饰 11 匹伫立状马[176]，南山根（1958 年）出土铜刀柄部装饰 4 个回首伫立状动物[177]及铜戈内上装饰 4 个伫立状动物[178]。小黑石沟 M8501 出土铜刀柄部装饰 9 匹伫立状马形象（见图九，5）[179]。建平采集的铜刀柄部装饰 4 只展翅的鸟形象（见图九，7.)[180]。小黑石沟

图一八　长城地带装饰品

1～3、5、9、14. 宁城县小黑石沟 M8501　4. 隆化县骆驼梁 M8　6. 宁城县南山根 M4　7. 四坝文化铜指环　8. 内蒙古清水县西岔墓地　10. 滦平县梨树沟门　11. 敖 汉旗周家地 M1:1　12. 滦平县苘子沟 76M16　13. 周家地 M2:3

石椁墓出土的两件青铜短剑柄部分别装饰群马纹和群鹿纹[181]。小黑石沟出土另一件短剑的柄部和剑身处均装饰群兽纹（见图五，7）。平泉东南沟 M6 出土短剑柄部装饰 10 匹伫立状马形象（见图五，1）[182]。天巨泉 M7301 出土短剑柄部装饰 6 个鸟形象（见图五，6）[183]。小黑石沟出土的圜底深腹罐表面装饰复杂的群兽和群鸟纹[184]。（2）卷曲成环的猛兽形象。南山根 M101 出土铜刀柄首装饰卷曲成环的虎形象[185]。小黑石沟出土铜刀柄首装饰金质卷曲成环的虎形象[186]。小黑石沟出土卷曲虎形和动物形铜牌饰（图一八，1、3）[187]及铜马衔的一端接铸卷曲成环的豹形象[188]（图一八，2）。隆化县骆驼梁 M4 也出土卷曲成环的虎形象[189]（图一八，4）。怀来甘子堡墓地出土 28 件铜泡饰，其上均装饰卷曲成环的虎或豹形象[190]。此外，在长城地带还零星发现若干件这类器物，如内蒙古自治区博物馆收藏 3 件卷曲虎形或豹形铜扣饰[191]，陕西秦安县征集 1 件卷曲狼形铜牌饰[192]，河北保康出土 1 件卷曲虎形铜牌饰[193]。（3）伏卧状虎或马形象。卧虎形铜牌饰最早见于小黑石沟 M8501[194]（图一八，14）。后期卧虎纹铜牌饰多见于玉皇庙文化的墓地，譬如玉皇庙 M129[195]，滦平县苘子沟 78M18 和 76M16[196]（图一八，12）、甘子堡 M3 和 M8[197]，宣化县小白阳 M20 和 M41[198]等均有出土。此外，玉皇庙 M18 还出土金虎形牌饰[199]。卧马形铜牌饰在玉皇庙文化各墓地中均有出土（图一八，10）。此外，夏家店上层文化的飞鸟纹形象也很有特点（图一八，6）。

　　卷曲成环形猛兽形象是欧亚大陆分布最为广泛的一种艺术题材，在相邻的蒙古、外贝加尔、图瓦及米奴辛斯克盆地均有出土（图一九，1～5、11）。卧虎、卧马及飞鸟纹

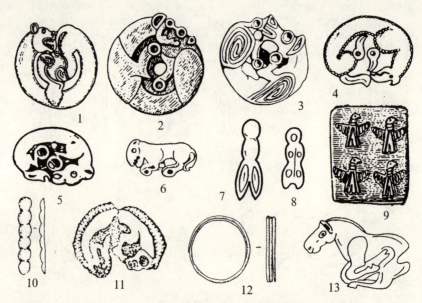

图一九 蒙古、外贝加尔及图瓦装饰品

1. 图瓦阿尔然巨冢 2. 别依斯科耶 3. H. A. Лолтина 收藏品 4～8. 蒙古采集 9. 外贝加尔德沃尔茨 10、13. 蒙古肯特省阿斯戈特恩 1 号石板墓 11. 外贝加尔石板墓 12. 外贝加尔奥罗维扬纳雅 3 号石板墓

牌饰在蒙古和外贝加尔的石板墓中也有出土（图一九，6、9、13）。

欧亚草原早期游牧人艺术的起源问题，长期以来引起国内外学者的广泛讨论。值得注意的是，亚洲中部地区的一些重要发现，为探讨"野兽纹"的起源问题提供了新的资料。属于青铜时代晚期的夏家店上层文化含有丰富的动物纹样，包括斯基泰艺术中最具代表性的卷曲猛兽形象。A. A. 科瓦列夫认为南山根类型器物群是年代最早的斯基泰—西伯利亚野兽纹[200]，年代为公元前 9～前 7 世纪。因为斯基泰—西伯利亚野兽纹的形成期，通常认为在公元前 7 世纪，目前尚无新的证据能够改变这一年代框架。另外，图瓦阿尔然巨冢出土的野兽纹器物的年代也早于公元前 7 世纪。正如 M. П. 格里雅兹诺夫所指出的，关于斯基泰—西伯利亚文化的起源和形成问题需要重新考虑。黑海北岸公元前 8～前 7 世纪的遗存被认为是前斯基泰遗存，而不是斯基泰文化。之所以如此，显然是因为其中没有用斯基泰—西伯利亚野兽纹完成的艺术品。因此，关于斯基泰文化和艺术源于前亚地区的理论未必可靠。这一理论的根据之一是著名的伊朗"齐维耶窖藏"的发现物，年代断为公元前 7～前 6 世纪，显然晚于阿尔然器物群。自然，有利于斯基泰—西伯利亚类型文化源于伊朗的主要论据已失去意义[201]。

从以上的比较中，我们不难看出长城地带的青铜文化与欧亚草原，特别是亚洲中部地区同时期文化之间存在着紧密的联系。对于这种联系，长期以来存在着各种不同的见解。随着亚洲中部特别是长城地带考古资料的不断积累以及研究工作的不断深入，旧有的认识不断受到冲击和质疑。文化的中心或发源地并非一成不变，任何文化的盛衰都是带有阶段性的，而且，文化因素的传播和借鉴也不可能是单向的。从人类历史的发展进程中我们可以清楚地感悟到这一点。难以想象，偌大的向欧亚草原地带的各种文化因素统统来源于一个共同中心，或者认为总的发展趋势是由西向东传播。图瓦阿尔然器物群的发现，给予这种单向传播的观点很大的冲击。阿尔然巨冢的碳十四年代数据为公元前800±50 年、820±50 年和850±50 年，可以早到公元前 9 世纪末至 8 世纪初[202]。阿尔然器物群包括兽首青铜短剑、管銎斧、啄锤、衔、镳及卷曲成环的虎纹牌饰、圆雕山地绵羊顶饰、鹿角雕刻的马头等，已完全具备了"斯基泰三要素"的典型特征。夏家店上层文化的许多新发现，再次给予这种单一中心说以更大的冲击。正如 М. П. 格里雅兹诺夫指出的，至今某些研究者还在坚持斯基泰—西伯利亚野兽纹源于前亚，并从前亚传播到遥远的东方，大概到达中国北方的观点。但是，在哈萨克斯坦、阿尔泰、图瓦和蒙古，目前考察的大量早期游牧人冢墓，其历史价值并不比黑海北岸的斯基泰逊色，有些采用斯基泰—西伯利亚野兽纹完成的艺术品按数量和各种形式的发现物非常丰富。因此，关于斯基泰—西伯利亚文化的起源和形成问题需要重新考虑[203]。这种认识无疑是很客观的，也符合考古发现的实际。

长城地带靠近黄河流域古老文明，这一优越的地理位置，决定了长城地带青铜文化在亚洲中部地区青铜文化的形成和发展中起到了重要的作用。也就是说，实际情况并非像某些西方学者所言，中国长城地带具有代表性的青铜文化因素均来源于欧亚草原的西部地区。有些相似的文化因素如青铜管銎斧、矛、马具等，无疑源于西方。但有些文化因素并非源自西方，而是生成于长城地带，并对相邻地区产生了影响。

注　释

〔1〕内蒙古自治区文物考古研究所、鄂尔多斯博物馆：《朱开沟——青铜时代早期遗址发掘报告》图一九二，2，文物出版社，2000 年。

〔2〕山西吕梁地区文物工作室杨绍舜：《山西石楼褚家峪、曹家垣发现商代铜器》图一三，《文物》1981 年第 8 期。

〔3〕杨绍舜：《山西柳林县高红发现商代铜器》图版伍，1，《考古》1981 年第 3 期。

〔4〕吉县文物工作站：《山西吉县出土商代青铜器》图二，1，《考古》1985 年第 9 期。

〔5〕阎晨飞、吕智荣：《陕西延川县文化馆收藏的几件商代青铜器》图 2，《考古与文物》1988 年第 4 期。

〔6〕河北省文化局文物工作队：《河北青龙抄道沟发现一批青铜器》图版伍，4，《考古》1962 年第 12 期。

〔7〕河北省博物馆、文物管理处：《河北省出土文物选集》图版 87，文物出版社，1980 年。

〔8〕邵国田：《内蒙古敖汉旗发现的青铜器及有关遗物》图八，5，《北方文物》1993 年第 1 期。

〔9〕В. В. Волков. Бронзовый кинжал из Гоби // Советская археология, 1961, №3, рис. 1.

〔10〕Н. Л. Членова. Карасукские кинжалы. Москва, 1976, табл. 7, 15.

〔11〕同注〔10〕，табл. 7, 11.

〔12〕同注〔10〕，табл. 7, 14.

〔13〕建平县文化馆、朝阳地区博物馆：《辽宁建平县的青铜时代墓葬及相关遗物》图二，1，《考古》1983 年第 8 期。

〔14〕北京大学考古系王占奎、甘肃省文物考古研究所水涛：《甘肃合水九站遗址发掘报告》图九三，1；图版四七，2，《考古学研究（三）》，科学出版社，1997 年。

〔15〕宋景民、张桂芝：《合水九站青铜时代人骨的鉴定与研究》，《考古学研究（三）》，科学出版社，1997 年。

〔16〕北京市文物管理处：《北京地区的又一重要考古收获》，《考古》1976 年第 4 期。

〔17〕兴隆县文物管理所王峰：《河北兴隆县发现商周青铜器窖藏》，《文物》1990 年 11 期。

〔18〕В. В. Волков. Бронзовый и ранний железный век север ной Монголии. Улан – Батор. 1967, рис. 5, 2.

〔19〕同注〔10〕，табл. 7, 8.

〔20〕同注〔10〕，табл. 2, 19、20.

〔21〕同注〔10〕，табл. 1.

〔22〕А. И. Тереножкин. Киммерийские мечи и кинжалы // Ски фский Мир. Киев, 1975, рис. 1, 5、6.

〔23〕Н. Л. Членова. Связи культур западной Сибири с культурами приуралья и среднего поволжья в конце эпохи бронзы и в начале железного века // Проблемы западносибирской археологии. Новосибирск, 1981, рис. 7, 3、4.

〔24〕同注〔10〕，табл. Ⅰ.

〔25〕Э. Б. Вадецкая. Археологические памятники в степях Среднего Енисея. Ленинград, 1986, стр. 51 ~ 76.

〔26〕Г. А. Максименков. Современное состояние вопроса о периодизации эпохи бронзы минусинской котловины // Первобытная архео – логия Сибири. Ленинград, 1975, стр. 54.

〔27〕同注〔25〕，стр. 65.

〔28〕С. С. Черников. Восточный Казахстан в эпоху бронзы // Материалы по археологии СССР, 1960, № 88.

〔29〕М. П. Грязнов. Аржан——Царский курган раннескифского времени. Ленинград, 1980, рис. 11, 3.

〔30〕В. В. Волков. Бронзовый и ранний железный вексеверной Монголии. Улан – Батор, 1967, рис. 5, 2.

〔31〕Э. А. Новгородова. Древняя Монголия. Москва. 1989, стр. 294, рис. 7.

〔32〕同注〔22〕，стр. 31.

〔33〕同注〔16〕，第 248 页。

〔34〕林沄：《早期北方系青铜器的几个年代问题》，《内蒙古文物考古文集》第 1 辑，中国大百科全书出版社，1994 年。

〔35〕a. 辽宁省昭乌达盟文物工作站、中国科学院考古研究所东北工作队：《宁城县南山根的石椁墓》，《考古学报》1973 年第 2 期。

b. 宁城县文化馆、中国社会科学院研究生院考古系东北考古专业：《宁城县新发现的夏家店上层文化墓葬及其相关遗物的研究》，《文物资料丛刊》第 9 辑，1985 年。

c. 赤峰市博物馆、宁城县文物管理所：《宁城小黑石沟石椁墓调查清理报告》，《文物》1995 年第 5 期。

〔36〕同注〔35〕a。

〔37〕同注〔35〕c。

〔38〕А. М. Мандельштам. Ранние кочевники скифского периода на территории Тувы // Степная полоса Азиатской части СССР в скифо－сарматское время. Москва, 1992, табл. 72, 63.

〔39〕Н. Л. Членова. Происхождение и ранняя история племен тагарской культуры. Москва, 1967, табл. 3, 23~26.

〔40〕同注〔1〕，图一九二，4。

〔41〕齐天谷：《陕西子长县出土的商代青铜器》图一，3，《考古与文物》1989 年第 5 期。

〔42〕姬乃军：《陕西延长出土一批晚商青铜器》图一，4，《考古与文物》1994 年第 2 期。

〔43〕姚生民：《陕西淳化县新发现的商周青铜器》图三，8，《考古与文物》1990 年第 1 期。

〔44〕同注〔2〕，图五。

〔45〕郭勇：《石楼后兰家沟发现商代青铜器简报》图 4，《文物》1962 年第 4、5 期。

〔46〕山西省文物管理委员会保管组：《山西石楼县二郎坡出土商周铜器》图五，《文物参考资料》1958 年第 1 期。

〔47〕同注〔3〕，图版伍，2~4。

〔48〕同注〔6〕，图版伍，1。

〔49〕锦州市博物馆：《辽宁兴城杨河发现青铜器》图版玖，1，《考古》1978 年第 6 期。

〔50〕王云刚、王国荣、李飞龙：《绥中冯家发现商代窖藏铜器》图三，2~9，《辽海文物学刊》1996 年第 1 期。

〔51〕同注〔6〕，图版伍，1。

〔52〕曹桂林、许志国：《辽宁法库县弯柳街遗址调查报告》图二，7，《北方文物》1988 年第 2 期。

〔53〕郭大顺：《辽河流域"北方式青铜器"的发现与研究》图三，2，《内蒙古文物考古》1993 年第 1、2 期。

〔54〕同注〔6〕，图版伍，3。

〔55〕刘建忠：《河北怀安狮子口发现商代鹿首刀》图一，《考古》1988 年第 10 期。

〔56〕陕西省博物馆 黑光、朱捷元：《陕西绥德墕头村发现一批窖藏商代铜器》图三，《文物》1975 年第 2 期。

〔57〕同注〔13〕，图一三，1。

〔58〕北京市文物管理处：《北京市新征集的商周青铜器》图一五，《文物资料丛刊》第 2 辑，文物出版社，1978 年。

〔59〕铁岭市博物馆：《法库县弯柳街遗址试掘报告》图七，1，《辽海文物学刊》1990 年第 1 期。

〔60〕Н. Л. Членова. Хронология памятников карасукской эпохи. Москва, 1972, табл. 1~10、19.

〔61〕同注〔60〕，табл. 9，3、4、7~9。

〔62〕刘一曼：《殷墟青铜刀》图三、四，《考古》1993 年第 2 期。

〔63〕中国社会科学院考古研究所二里头队：《1980 年秋河南偃师二里头遗址发掘报告》图一〇，9，《考古》1983 年第 3 期。

〔64〕上海博物馆：《草原瑰宝——内蒙古文物考古精品》第 104 页，上海书画出版社，2000 年。

〔65〕同注〔64〕，第 102 页。

〔66〕中国青铜器全集编辑委员会：《中国青铜器全集·北方民族》（15）图版四五，文物出版社，1995 年。

〔67〕同注〔35〕c，图二二，6。

〔68〕同注〔13〕，图一三，8。

〔69〕邱国彬：《内蒙古敖汉旗大哈巴齐拉墓地调查》图二，6，《北方文物》1996 年第 3 期。

〔70〕Л. Р. Кызласов. Древняя Тува. Москва, 1979, рис. 30, 1.

〔71〕Ю. С. Гришин. Бронзовый и ранний железный века Восточного Забайкалья. Москва, 1975, рис. 13.

〔72〕同注〔31〕，стр. 241, рис. 1.

〔73〕同注〔31〕，стр. 242, рис. 2.

〔74〕同注〔39〕，табл. 37, 22～24.

〔75〕同注〔3〕，图版肆，5。

〔76〕同注〔16〕，图一0，1、2。

〔77〕中国社会科学院考古研究所、北京市文物研究所琉璃河考古队：《北京琉璃河 1193 大墓发掘简报》图版叁，7，《考古》1990 年第 1 期。

〔78〕同注〔13〕图五，9。

〔79〕同注〔35〕b，图三，2。

〔80〕同注〔35〕a，图版伍，1。

〔81〕李逸友：《内蒙昭乌达盟出土的铜器调查》图版壹，6，《考古》1959 年第 6 期。

〔82〕内蒙古自治区文物工作队：《内蒙古出土文物选集》图版 31，文物出版社，1963 年。

〔83〕同注〔35〕b，图七，3。

〔84〕同注〔35〕a，图一0，1。

〔85〕锦州市博物馆：《辽宁锦西县乌金塘东周墓调查记》，《考古》1960 年第 5 期。

〔86〕项春松：《小黑石沟发现的青铜器》图五，2，《内蒙古文物考古》第 3 期，1963 年。

〔87〕Д. Эрдэнэбаатар. Монгол нутгийн дорволжин булш хиригсуурийн соёл. Улаанбаатар, 2002, 第 72、245 页。

〔88〕А. В. Варенов. Бронзовые шлемы на граница чжуского Китая и их 《Кубанские》 аналоги // Древние культуры Южной Сибири и Северо - Восточного Китая. Новосибирск, 1994.

〔89〕Д. Эрдэнэбаатар, Ю. С. Худяков. Находки бронзовых шлемов в плиточных могилах северной Монголии. Российская археология, 2000, №2.

〔90〕同注〔87〕。

〔91〕Н. Л. Членова. Значение находох бронзовых шлемом и медалевидного зсркала из Монголии. Российская археология, 2000, №2.

〔92〕北京市文物管理处：《北京市延庆县西拨子村窖藏铜器》图二，1，《考古》1979 年第 3 期。

〔93〕纪烈敏：《燕山南麓青铜文化的类型谱系及其演变》，《边疆考古研究》第 1 辑，科学出版社，2002 年。

〔94〕韩嘉谷：《京津地区商周时期古文化发展的一点线索》，《中国考古学会第三次年会论文集》，文物出版社，1981 年。

〔95〕庞文龙、崔玖英：《岐山王家村出土青铜器》图版贰，2，《文博》1989 年第 1 期。

〔96〕靳枫毅：《军都山山戎文化墓地葬制与主要器物特征》图一三，1，《辽海文物学刊》1991 年 1 期。

〔97〕刘莉：《铜镞考》图一，1，《考古与文物》1987 年第 3 期。

〔98〕高次若、王桂芝：《宝鸡县甘峪发现一座春秋早期墓葬》图版贰，2，《文博》1988 年第 4 期。

〔99〕 山西省考古研究所：《1976 年闻喜上郭村周代墓葬清理记》，《三晋考古》（第 1 辑），山西人民
　　　出版社，1994 年。

〔100〕 贺勇、刘建忠：《河北怀来甘子堡发现的春秋墓葬》图四，3，《文物春秋》1993 年第 2 期。

〔101〕 赵慧民、李百勤、李春喜：《山西临猗县程村两座东周墓》图三，3、4，《考古》1991 年第 11
　　　期。

〔102〕 a. 山西省文物管理委员会侯马工作站：《山西侯马上马村东周墓》图一四，17，《考古》1963
　　　　年第 5 期。

　　　b. 山西省考古研究所：《山西侯马上马墓地发掘简报》图一五，7，《文物》1989 年第 6 期。

〔103〕 李继红：《沁水县出土的春秋战国铜器》图七，《山西省考古学会论文集》（三），山西古籍出
　　　版社，2000 年。

〔104〕 同注〔31〕，стр. 290，рис. 1.

〔105〕 Ю. С. Гришин. Памятники неолита, бронзовогои раннего железного Забакалья. Москва,
　　　1981, рис. 35.

〔106〕 Н. Л. Членова. Культура плиточных могил // Степная полоса Азиатской части СССР в Скифо -
　　　сарматское время. Москва, 1992, стр. 249.

〔107〕 同注〔39〕，табл. 18.

〔108〕 同注〔31〕，стр. 259，рис. 2、3.

〔109〕 辽宁省文物考古研究所、吉林大学考古系：《辽宁阜新平顶山石城址发掘报告》图八，5，《考
　　　古》1992 年第 5 期。

〔110〕 北京市文物管理处、中国社会科学院考古研究所、房山县教育局琉璃河考古工作队：《北京琉
　　　璃河夏家店下层文化墓葬》图四，2，《考古》1976 年第 1 期。

〔111〕 安志敏：《唐山石棺墓及其相关的遗物》图版叁，1，《考古学报》第七册，1954 年。

〔112〕 天津市文物管理处考古队：《天津蓟县围坊遗址发掘报告》图八，14，《考古》1983 年第 10
　　　期。

〔113〕 天津市文物管理处：《天津蓟县张家园遗址试掘简报》图一九，14，《文物资料丛刊》（1）
　　　1977 年。

〔114〕 鲁琪、葛英会：《北京市出土文物展览巡礼》，《文物》1978 年第 4 期。

〔115〕 中国社会科学院考古研究所：《大甸子——夏家店下层文化遗址与墓地的发掘报告》图八六，
　　　7，科学出版社，1996 年。

〔116〕 北京市文物研究所：《镇江营与塔照——拒马河流域先秦考古文化的类型与谱系》图 106，6，
　　　中国大百科全书出版社，1999 年。

〔117〕 拒马河考古队：《河北易县涞水古遗址试掘报告》图一七，8，《考古学报》1988 年第 4 期。

〔118〕 张家口考古队：《蔚县夏商时期考古的主要收获》图三，3，《考古与文物》1984 年第 1 期。

〔119〕 同注〔1〕，图二一五，14。

〔120〕 同注〔115〕，图八六，6。

〔121〕 同注〔110〕，图四，1。

〔122〕 河北省文物研究所：《唐山市古冶商代遗址》图九，12，《考古》1984 年第 9 期。

〔123〕 张家口市文物事业管理所、宣化县文化馆：《河北宣化李大人庄遗址试掘报告》，《考古》1990
　　　年 5 期。

〔124〕 同注〔1〕，图二一五，7、13、15。

〔125〕 廊坊市文物管理所、香河县文物保管所：《河北香河县庆功台村夏家店下层文化墓葬》图六，

1,《文物春秋》1999 年第 6 期。

〔126〕同注〔1〕，图二一七，1～5。

〔127〕Н. А. Аванесова. Серьи и височные подвеск андро новской культуры. Первобытная археология Сибири. Ленинград, 1975。

〔128〕В. И. Молодин. Бараба в эпоху бронзы. Новосибирск, 1985.

〔129〕Ю. Г. Белокобыльский. Бронзовый и ранний железный век Южной Сибири. Новосибирск, 1986.

〔130〕同注〔25〕，стр. 46.

〔131〕М. Ф. Косарев. Второй период развитого бронзового века Западной Сибири（андроновская эпоха）//Эпоха бронзы лесной полосы СССР. Москва, 1987стр. 281.

〔132〕同注〔128〕，стр. 116.

〔133〕同注〔127〕，стр. 70.

〔134〕Н. А. Аванесова. Проблемы истории андроновского культурного единства（по металлическим изделиям）. Автореф. канд. дис. Ленинград, 1979, стр. 18、19.

〔135〕同注〔128〕。

〔136〕С. Б. Гультов. Некоторые вопросы внутренней хронологии могилника ашпыл // Древниекультуры евроазийских степей. Ленинград, 1983, стр. 61.

〔137〕А. Н. Марьяшев, А. А. Горячев. Памятники кульсайского типа эпохи поздней и финальной бронзы Семиречья//История и археология Семиречья. Алматы, 1999.

〔138〕李水城：《四坝文化研究》，《考古学文化论集》第 3 辑，文物出版社，1993 年。

〔139〕郭大顺：《试论魏营子类型》图七，1，《考古学文化论集》第 1 辑，文物出版社，1987 年。

〔140〕同注〔116〕，图 182，4。

〔141〕同注〔113〕，图一三，3；图一四，3。

〔142〕北京市文物管理处：《北京市平谷县发现商代墓葬》图一八，《文物》1977 年第 11 期。

〔143〕同注〔142〕，图一三。

〔144〕唐云明：《河北境内几处商代文化遗存记略》图版拾壹，3，《考古学集刊》第 2 辑，中国社会科学出版社，1982 年。

〔145〕唐山市文物管理处、迁安县文物管理所：《河北迁安县小山东庄西周时期墓葬》图六下，《考古》1997 年第 4 期。

〔146〕辽宁省文物考古研究所、喀左县博物馆：《喀左和尚沟墓地》图版贰，5，《辽海文物学刊》1989 年 2 期。

〔147〕同注〔45〕，图 10。

〔148〕谢青山、杨绍舜：《山西吕梁县石楼镇又发现铜器》图5，《文物》1960 年第 7 期。

〔149〕石楼县文化馆杨绍舜：《山西永和发现殷代铜器》图五，《考古》1977 年第 5 期。

〔150〕高雪：《陕西清涧县又发现商代青铜器》图三，《考古》1984 年第 8 期。

〔151〕淳化县文化馆姚生民：《陕西淳化县出土的商周青铜器》图三，8，《考古与文物》1986 年第 5 期。

〔152〕吴振录：《保德县新发现的殷代青铜器》图一六，《文物》1972 年第 4 期。

〔153〕同注〔2〕，图九。

〔154〕同注〔45〕，图 2。

〔155〕同注〔152〕，图一六。

〔156〕 王国道、崔兆年：《青海卡约文化出土的金器》图五、六，《故宫博物院院刊》2003 年第 5 期。

〔157〕 内蒙古文物考古研究所：《和林格尔县春秋战国时期狄人氏族墓地》，《中国考古学年鉴 (2000)》，文物出版社，2002 年。

〔158〕 同注〔96〕，图一三，2。

〔159〕 同注〔100〕，图九，13。

〔160〕 承德地区文物保护管理所、滦平县文物保护管理所：《河北省滦平县梨树沟门墓群清理发掘报 告》图一三，9，《文物春秋》1994 年第 2 期。

〔161〕 陈信：《河北涿鹿县发现春秋晚期墓葬》图一，2，《文物春秋》1999 年 6 期。

〔162〕 同注〔71〕，рис. 14.

〔163〕 М. П. Грязнов. Алтай и приалтайская степь // Степная полоса Азиатской части СССР в скифо – сарматское время. Москва，1992，табл. 70，24.

〔164〕 Н. А. Боковенко. Символика элитных воинских захоронений номадов Центральной Азии в I тыс. до н. э. //Евразия сквозь века, Санкт – Петербург，2001，рис. 4，1～5.

〔165〕 中国科学院考古研究所内蒙古工作队：《宁城南山根遗址发掘报告》图一九，12，《考古学报》 1975 年第 1 期。

〔166〕 中国科学院考古研究所内蒙古工作队：《赤峰药王庙、夏家店遗址试掘报告》图三〇，17，《考 古学报》1974 年第 1 期。

〔167〕 建平县文化馆、朝阳地区博物馆：《辽宁建平县的青铜时代墓葬及相关遗物》图一〇，3、4，《考古》1983 年第 8 期。

〔168〕 中国科学院考古研究所内蒙古工作队：《内蒙古敖汉旗周家地墓地发掘简报》图九，2，《考 古》1984 年第 5 期。

〔169〕 同注〔165〕，图一九，11。

〔170〕 同注〔166〕，图三〇，16。

〔171〕 同注〔35〕c，图二四，2、3。

〔172〕 同注〔87〕，第 200 页图 1。

〔173〕 同注〔87〕，第 251 页图 3。

〔174〕 А. Д. Цыбиктаров. Культура плиточных могил Монголии и Забайкалья. Улан – Удэ，1998，рис. 48，2～5；51，13、14、17.

〔175〕 同注〔18〕，рис. 4，17～21。

〔176〕 同注〔165〕，图版柒，1、2。

〔177〕 李逸友：《内蒙昭乌达盟出土的铜器调查》图一，《考古》1959 年第 6 期。

〔178〕 同注〔165〕，图二〇，3。

〔179〕 同注〔35〕c，图二二，6。

〔180〕 同注〔13〕，图一三，8。

〔181〕 同注〔66〕，图版四、五、六。

〔182〕 河北省博物馆、文物管理处：《河北平泉东南沟夏家店上层文化墓葬》图六，1，《考古》1977 年第 1 期。

〔183〕 同注〔35〕b，图一二，1。

〔184〕 同注〔35〕c，图二五，1。

〔185〕 同注〔35〕a，图版玖，7。

〔186〕 上海博物馆：《草原瑰宝——内蒙古文物考古精品》第 102 页，上海书画出版社，2000 年。

〔187〕同注〔35〕c，图二三，1、6。

〔188〕同注〔35〕c，图一九，11。

〔189〕郑绍宗：《中国北方青铜短剑的分期及形制研究》图八，5，《文物》1984 年第 2 期。

〔190〕同注〔100〕，图十五，9、11、14。

〔191〕田广金、郭素新：《鄂尔多斯式青铜器研究》，图一二二，1～3，《鄂尔多斯式青铜器》，文物出版社，1986 年。

〔192〕秦安县文化馆：《秦安县历年出土的北方系青铜器》图二，1，《文物》1986 年第 2 期。

〔193〕河北省文化局文物工作队：《河北省几年来在废铜中发现的文物》图 2，《文物》1960 年第 2 期。

〔194〕同注〔35〕c，图二三，2。

〔195〕北京市文物研究所山戎文化考古队：《北京延庆军都山东周山戎部落墓地发掘纪略》图二四，1，《文物》1989 年第 8 期。

〔196〕同注〔189〕，图七，2；图九，4。

〔197〕同注〔100〕，图九，6、10。

〔198〕张家口市文物事业管理所、宣化县文化馆：《河北宣化县小白阳墓地发掘报告》图一五，3、6。

〔199〕同注〔96〕，图一三，3。

〔200〕А. А. Ковалев. Древнейшие датированные памятники скифо – сибирского звериного стиля（тип Наньшаньгэнь）// Древние культуры центральной Азии и Санкт – Петербург，Санкт – Петербург，1998，стр. 127.

〔201〕同注〔29〕，стр. 58～59.

〔202〕同注〔29〕，стр. 54.

〔203〕同注〔29〕c，стр. 59.

再论有关短茎曲刃青铜短剑的几个问题

朱凤瀚

（北京大学历史系）

对于主要流行于我国东北地区及朝鲜半岛的短茎曲刃青铜短剑，近年来已有不少学者先后作过研究，笔者亦曾在 1999 年发表论文（《论中国东北地区与朝鲜半岛出土的短茎曲刃青铜短剑》，收入《中国历史博物馆考古部纪念文集》，科学出版社，1999 年。下面简称"拙文〈1999〉"）讨论过其型式分类、分布区域及流行年代等问题。近日阅读在拙文〈1999〉发表后的新资料，并研读新刊诸家文章，感到有必要对与此类短剑有关的几个问题再作进一步探讨，作为对拙文〈1999〉的订补。

一 关于短茎曲刃青铜短剑的型式分类

拙文〈1999〉曾将短茎曲刃剑分作 A、B、C 三型。其中 A 型是指"剑叶双边刃之间有明显凸起的节尖，形成束腰状"的形制，A 型之下按"以节尖为分界，以剑柄一端为后，以剑锋一端为前"之前后段比例数值不同，并参考其他形制（叶尾、脊突、锋部）变化情况，又分为六式（图一）。现将各"式"比值转述如下（关于叶尾、脊突及锋部相应的变化，此从略，不赘引）：

I 式：0.30～0.59。

II 式：0.60～0.69。

III 式：0.70～0.79。

IV 式：0.80～0.99。

V 式：1.00～1.20。

VI 式：1.80 以上。

此外，B 型是指"节尖消失，剑叶靠茎部有一段宽阔，两边刃作缓弧状，其前靠锋部的较长部分两刃较细，向前斜收成锋，叶尾斜折"的形制。此型下按剑叶有无束腰形制分成两式（图二，1、2）。

C 型是指"剑叶近茎部较宽阔部分两边刃作直线，略向茎部收缩，与窄叶间平折，形成钝角"的形制，并按剑叶近茎部的宽阔部分的长、短及窄叶部分刃呈平直或斜直状之不同分为 Ca、Cb 二亚型（图二，3、4）。

此种型式分类，大致囊括了迄今所见短茎曲刃剑的形制，在研究中有较好的操作性。拙文〈1999〉还在具体分析各考古单位与短剑并出的文化遗存之年代后，对以上

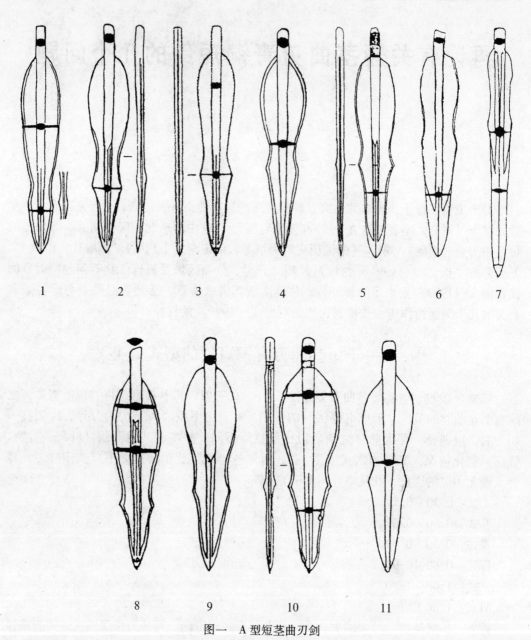

图一　A型短茎曲刃剑

1～7. Aa 型　8～11. Ab 型　1～2. Aa 型I式　3. Aa 型II式　4. Aa 型III式　5. Aa 型IV式　6. Aa 型V式　7. Aa 型VI式
8. Ab 型I式　9. Ab 型II式　10. Ab 型III式　11. Ab 型IV式（1. 新金双房 M6　2. 大连金州亮甲店赵王村　3. 朝阳
羊山北广富营子　4. 旅顺楼上 M3　5. 朝阳十二台营子 M1　6. 长海上马石 M3　7. 长海大长山乡哈仙岛徐家沟
8. 吉林永吉星星哨　9. 大连金州亮甲店赵王村　10. 清原土口子乡门脸村　11. 旅顺岗上 M3）

三型诸式短剑的流行年代作了推测。

　　现在需要对此型式分类作补订的，是 A 型剑的分类。如果仅按上述分型标准，以
有节尖的剑为 A 型，再主要按前后段比值数据由小到大分式，迄今看来仍是无碍于对

短茎曲刃剑作年代序列研究
的。但 A 型剑中从外观上看，
确实存在剑叶较窄长与较扁
宽的两种不同形制，反映了
在同一种考古学文化或同一
区域中并存的两种工艺设计
（如图一 2：Aa I 式与图二 9：
Ab II 式同出于大连金州亮甲
店赵王村一座石板底墓中），
而且剑叶较宽阔的形制还有
一个特定的主要分布区域
（详下文）。从这点上看，将
A 型再细分为二亚型还是有
必要的。在此问题上，已有
学者做过区别二者的型式分
类工作[1]，但对此两亚型剑
各自的发展系统、空间分布
等问题以往研究似仍有未尽
之处，有必要再作进一步讨
论。

　　A 型短茎曲刃剑基于剑

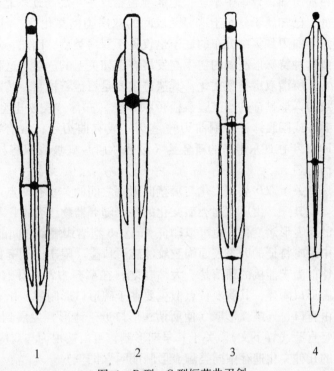

图二　B 型、C 型短茎曲刃剑

1～2. B 型　3～4. C 型　1. B 型 I 式　2. B 型 II 式　3. Ca 型
4. Cb 型（1. 锦西寺儿堡　2. 旅顺铁山镇尹家村　3. 新宾大
四平马架子　4. 昌图长发乡霍家村后托拉山）

叶呈现窄长与扁宽（实际上
主要是靠近茎部的剑叶作扁宽状，使剑叶依节尖为界的前后段显得宽窄差别明显）的
两种形制差异，而可分别划分为 Aa 亚型与 Ab 亚型。用数字关系来表示此二亚型的区
别，则可以对二亚型大致的划分标准表述如下：

　　Aa 型：剑叶近茎部部分最宽处之宽度与剑叶总长之比值在 0.24 以下（不含 0.24）。

　　Ab 型：同上比值在 0.24 以上（含 0.24）。

　　Aa、Ab 型之下式别的划分仍可采用拙文〈1999〉所采用的上述 A 型不分亚型时前
后段比例数值为标准。

　　Aa、Ab 二亚型可以认为是在大的工艺特征相同的情况下作局部变化的两种设计形
式，但剑叶前、后段比值的变化，应是作为短茎曲刃剑共有的发展趋势，是此种形制特
殊的短兵器，在使用中不断总结经验，而逐步进行改进以提高其性能的表现，故可将
Aa、Ab 二亚型的式别变化视为近于同步。

二　双房类型文化中的短茎曲刃剑

　　A 型剑的两个亚型，其中年代较早的 Aa I 式剑（前后段比值在 0.30～0.59 间）的，

目前所知，皆集中于辽东地区（包括辽东半岛与辽东北地区），而其所属文化类型清楚的，已知属于分布于这一区域间的双房类型文化[2]。且 Ab 型中较早的形制 Ab II 式在短茎曲刃剑集中分布的辽宁也仅见于双房类型。因此，双房类型文化应该是与短茎曲刃剑这种特殊形制剑的初生与发展有密切关系的。对于这种关系还值得进一步推敲。

所谓双房类型文化，其遗迹主要是石盖石棺墓。其器物群特征是：作碗形口的饰弦纹与∧形贴饰的圆鼓腹、横桥状耳壶（亦称"美松里型壶"），伴出叠沿筒状罐、圆腹罐，或圆腹钵；青铜曲刃短茎剑，或有曲刃矛；常有铜斧及镞的石范。此类型，因 1980 年在辽东半岛的新金县（今普兰店）安坡乡双房村发掘的石盖石棺墓 M6 之遗存而得名。

关于双房类型文化与短茎曲刃剑之间的关系有两点可以展开讨论。

其一，由属双房类型文化的墓葬随葬器物组合中，与 Aa、Ab 型诸式青铜短剑伴出的陶壶形制变化，也可以印证 Aa、Ab 型诸式短剑之间的时间序列关系。双房类型陶器中最有特征的即是表面饰弦纹的碗形口壶。限于已刊资料，双房类型陶壶的器形演变规律似尚未能搞的很清楚。大体言之，在墓葬中常随葬有体态"一肥一瘦"两种形式的碗形口陶壶，其演变特点似主要在于碗形口形制的变化上。其变化趋势大致是：碗形口由直口、外鼓弧形壁（使所谓碗形口近于钵形）发展到敞口、斜直壁，再发展到直口、竖直壁（详下文）。关于其早期形制，可由被视为与双房类型文化有关且应当是其来源的几种文化遗存中同类陶壶形制证明（图三）。

本溪山城子乡庙后山墓地出土的庙后山文化（即"马城子文化"）中期同类壶（无弦纹）碗形口作鼓腹状（图三，1），晚期壶碗形口弧形腹壁已较直，略作敞口（图三，3）[3]。仅由此例亦可知，此类壶碗形口的变化趋势是由鼓腹钵形向斜直壁发展。

属双砣子三期文化遗存的于家砣头积石墓出土的碗形口壶，其碗形口弧形壁略作敞口形（图三，2）[4]。

按照上述碗形口壶的形制演化特征，已发现的双房类型短茎曲刃青铜短剑与伴出的横桥状耳碗形口壶二者之组合即可以排出如图四中 1～4 所示序列。

图四中辽阳二道河子的横桥状耳碗形口壶（图四，4）已残，所以此晚期形制似还应由新资料进一步验证。但发掘简报将碗形口复原为如图所示竖直壁的形制，此暂从之。

以上由新金双房 M6 至辽阳二道河子石棺墓 M1 两组罐、剑组合的序列，是一种有一定考古依据的逻辑的推拟，此组合序列的建立，有助于印证短茎曲刃剑型式划分的可信。

其二，双房类型文化始形成的年代，因其遗存中缺少有助于断代的直接可参照的器形年代较清楚的器物，所以目前还只能依靠根据可能与其有联系的其他文化遗存来推测。与其有联系的文化，是根据器型学原理判断可能年代比其早，或即是其形成的渊源之一的文化，利用此种文化碳十四测年数据可估测较晚的双房类型文化早期的上限。

上举与双房类型有联系的，而且可能是其形成渊源的文化之碳十四测年数据为：

庙后山文化中期碳十四年代（以张家堡 A 洞③层 M14 为代表），树轮校正年代为

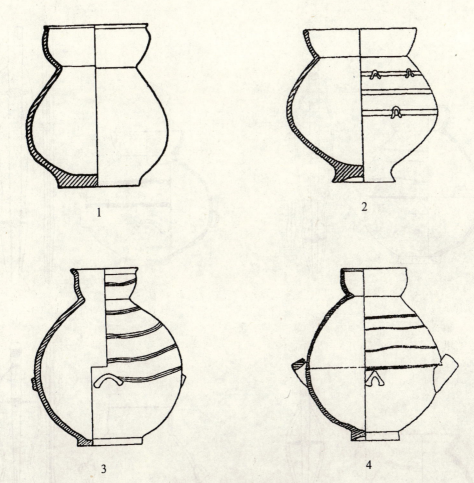

图三　碗形口陶壶形制的变化

1. 本溪庙后山文化 ZAM34：12　2. 大连于家村砣头积石墓 M40：1　3. 本溪庙后山文化 SCM2：2　4. 新金双房 M6 出土陶壶

距今 3305±140 年。晚期碳十四年代（以张家堡 A 洞②层为代表），树轮校正年代为距今 3135±95 年[5]，即约在距今 3000 至 3200 年间。

双砣子三期文化，即于家村上层文化（于家砣头积石墓遗存）碳十四年代，距今大约在 3000 至 3400 年间[6]。

属双砣子三期的于家砣头积石墓中出土的碗形口壶（如 M40：1），腹部极鼓张，弦纹间有附加的∧形小泥耳（或称"假耳"），尚未有横桥耳。双房类型碗形口壶壶体基本形制与于家砣头壶基本相同，两者自然是有密切联系的，但双房类型壶已有横桥耳，一般视作此形制的沿袭与发展，也是年代较晚的表征，如是，则双房类型年代上限当晚于于家砣头积石墓的年代的下限（即距今 3000 年时），约前 11 世纪中叶，即晚于西周初年。

上举属庙后山晚期的山城子 C 洞 M2：2 与新金双房 M6 碗形口壶的形制，特别是碗

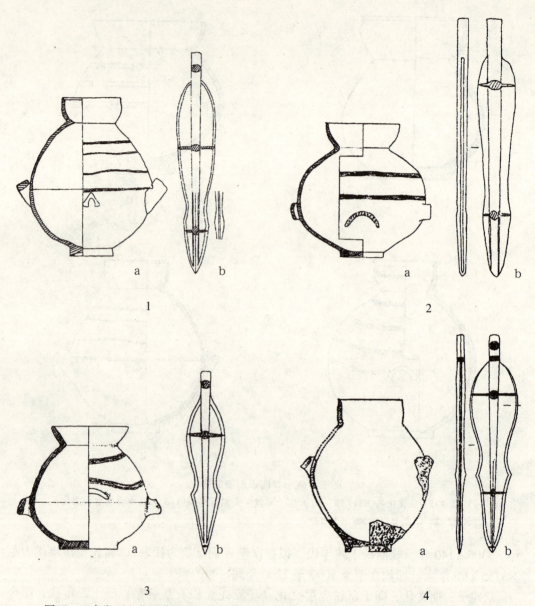

图四　双房类型文化随葬器物——双横桥状耳碗形口罐（a）与伴出的短茎曲刃剑（b）

1. 新金双房 M6　2. 西丰诚信村石棺墓　3. 抚顺大甲邦后山一号岗石棺墓　4. 辽阳二道河子石棺墓 M1
（1b. Aa I 式　2b. Aa I 式　3b. Ab II 式　4b. Ab III 式）

形口形制更相近，昭示两者年代比较接近。但山城子 C 洞 M2∶2 仍未见实耳，只有四个 ∧ 形小泥附耳，按上述分析，庙后山晚期的年代仍早于新金双房 M6 壶所代表的双房类型早期。如此，亦可更进一步推测双房类型早期晚于距今 3000 年（上举庙后山晚期碳十四年代下限），亦即晚于西周初年。

上述分析，为双房类型早期年代之上限，其下限似缺乏与之更接近的遗存对比资料。在上举拙文〈1999〉中曾指出，双房类型二道河子石棺墓出土的剑（即本文 AbⅢ式剑）与宁城南山根 M101AⅢ 式短茎曲刃剑的形制在剑叶前、后段的比例数上相近，两者年代当近同。南山根 M101 的年代在春秋早期，则二道河子石棺墓的年代可以此作参考。本文又将 A 型剑细分为 Aa 与 Ab 二型，新金双房 M6 所出为 Aa 型Ⅰ式剑，宁城南山根 M101 属 Aa 型Ⅲ式剑。如果综合考虑属双房类型的新金双房 M6 遗存与二道河子石棺墓遗存的承续关系及相对的时间差异，并考虑及 Aa 型由Ⅰ式向Ⅲ式过渡所需的一个时段，这样两个因素，则新金双房 M6 以 AaⅠ式剑为代表的遗存，应当与宁城南山根 M101 的 AaⅢ式剑为代表的遗存的年代，即春秋早期相距有一个不会太短的时段。根据这种分析，如果将新金双房 M6 遗存的年代，即双房类型早期的年代（上已推测出上限晚于西周初年）推定在约西周中期，应当说是不会有太大误差的[7]。

　　现在可以将已发现的双房类型诸型式短茎曲刃剑的行用年代范畴估测如下：AaⅠ式剑约西周中期，AbⅡ式剑约西周晚期，AbⅢ式剑约春秋早期。此三种型式剑的年代范畴，也可以视为双房类型文化早、中、晚三个时段。

三　辽东、辽西出土之短茎曲刃剑诸型式之地域分布与相关问题

　　在拙文〈1999〉中，曾讨论过诸型式短茎曲刃剑之区域分布状态与其产生分布差异之原因。现根据本文对型式分类所作修正与进一步收集的资料，对这两个问题再作探讨。

　　短茎曲刃剑主要分布在东北的辽宁，可分为辽东、辽西两大区域。

（一）辽东

　　辽东地区所出短茎曲刃剑已知所属文化类型的，有双房类型、岗上类型与郑家洼子类型。双房类型上文已作过讨论。出短茎曲刃剑的双房类型墓葬，其分布区域从辽东半岛向北经过辽阳、抚顺一带，又向东北经清源，直抵东北接近吉林的西丰。岗上类型因1964 年在旅顺后牧城驿发掘的墓地得名。在随葬陶器形制、墓葬形制与葬式诸方面，与双房类型有别。可以推定属岗上类型的出短茎曲刃剑的墓葬主要分布在辽东半岛南部旅顺、金县（今金州）一带[8]。郑家洼子类型因 1958 年在沈阳郑家洼子的发掘而得名。1965 年发掘的 M6512 为竖穴木椁墓，有独具特色的随葬品与葬俗，不仅不同于以上辽东诸文化类型，也有异于辽西诸类型[9]。

　　由于资料报道的原因或出短茎曲刃剑的墓保存状况的原因，不能收入上述三种文化类型的出短茎曲刃剑的遗存尚有不少，集中于两个区域，一是辽东半岛的大连地区与大连附近海域内长海县诸岛屿[10]。二是辽阳、本溪、抚顺地区[11]。由于上述原因，其所属文化类型并不明朗。

　　辽东之东北部、东部除上述属双房类型文化的遗存分布地点外，出短茎曲刃剑的地点尚有昌图、新宾、桓仁及宽甸[12]，其存在已属短茎曲刃剑流行之尾声。

（二）辽西

辽西出土短茎曲刃剑的墓葬集中分布于三块区域：

其一，辽西东部沿海地区，锦西、绥中一带[13]。

其二，以朝阳为中心，东及义县。其中可知所属文化类型的，重要者为十二台营子类型，以 1968 年在朝阳十二台营子发掘的出短茎曲刃剑的 M1、M2 而得名[14]。属此种类型或与之有关的含短茎曲刃剑的遗存，不仅在朝阳地区有广泛分布[15]，在此区域之西附近地区，如下面要介绍的建平一带，以及沿海的锦西（如锦西乌金塘遗存，甚至辽东中部的本溪一带）都有所发现。

其三，是辽西西端的宁城、建平、凌源、喀左一带，属于夏家店上层文化分布区域。代表性的文化类型，有南山根类型，以 1963 年发掘的宁城南山根 M101 为代表[16]。1980 年发掘的宁城甸子乡小黑石沟遗存亦大致可归为南山根类型范畴[17]。1966 年发掘的喀左南洞沟石椁墓遗存则代表了战国早期以后与燕文化密切接触后的青铜短剑遗存之面貌[18]。此一区域内有不少短茎曲刃剑遗存属零散发现，所属文化类型不可确知，但与上述南山根类型等可能有密切关系[19]。

为了说明以上辽东、辽西区域内诸文化类型、诸区域所含短茎曲刃剑之型式及其发展脉络，下面以列表（表一）形式将诸型式短茎曲刃剑的文化类型与区域分布作一概括的登记。

由此表可以将辽东、辽西短茎曲刃剑诸型式之分布的特点作如下归纳：

（一）短茎曲刃剑 AaⅠ式仅发现于辽东双房类型文化及辽东半岛上，说明双房类型文化可能是短茎曲刃剑最早出现的文化载体，辽东半岛也是短茎曲刃剑最早出现的区域。如上文所论，双房类型 AaⅠ式剑约出现于西周中期，此可视为辽东始出现短茎曲刃剑的时间。

（二）辽东半岛发现的短茎曲刃剑目前仅 AaⅡ、AbⅠ暂缺（待发现）外，其余诸型式俱备，可以认为是短茎曲刃剑得到独立、系统发展的区域。

（三）辽西的短茎曲刃剑尚未见 AaⅠ式，AaⅡ式出于朝阳地区，而以 AaⅢ～Ⅳ式为主体，不排斥是受到辽东半岛影响而产生并得到较系统发展的。AaⅡ式约在西周晚期至春秋早期（详拙文〈1999〉），此也应是辽西始出现短茎曲刃剑的时期。

（四）Ab 型短剑主要存在于双房类型中。双房类型遗存虽暂未发现 AbⅠ式（见于吉林西团山文化一例），但在可确定属双房类型的青铜短剑墓中多数出有此型Ⅱ、Ⅲ式短剑，说明双房类型文化极可能是 Ab 型短茎曲刃剑萌生的母体。双房类型剑止于 AbⅢ式，其下限（约在春秋中期，详拙文〈1999〉）也是此文化类型存在之下限。

（五）Ab 型短剑除存在于双房类型文化中外，仅存在于辽东半岛诸类型文化中。辽东半岛非双房类型诸文化中出现的 Ab 型短剑极可能是受双房类型 Ab 型剑的影响所致，取自双房类型，或为仿制。迄今在辽西地区未见 Ab 型短剑，是辽西地区短茎曲刃剑仅接受了辽东 Aa 型剑的工艺传统。

表一　　　　　　　　　　辽东、辽西出土短茎曲刃剑诸型式的分布

区域	所属文化类型或地区	短茎曲刃剑型式的分布													
		Aa 型						Ab 型				B 型		C 型	
		AaⅠ	AaⅡ	AaⅢ	AaⅣ	AaⅤ	AaⅥ	AbⅠ	AbⅡ	AbⅢ	AbⅣ	BⅠ	BⅡ	Ca	Cb
辽东	双房类型	√							√	√					
	岗上类型			√	√	√			√	√			√		
	辽东半岛其他地点（大连、旅顺）	√			√	√	√		√				√		
	郑家洼子类型				√							√			
	辽阳、本溪、抚顺			√	√								√	√	
	昌图、新宾、桓仁、宽甸、岫岩													√	√
辽西	东南沿海（绥中、锦西）				√							√			
	十二台营子类型		√	√											
	朝阳地区其他地点（朝阳、北票、义县）		√	√	√	√									
	南山根类型		√												
	辽西西部（凌源、喀左、建平）			√	√	√						√			

（六）辽西地区短茎曲刃剑的发展止于 B I 式，B I 式存在于春秋晚期至战国早期（详拙文〈1999〉），这表明辽西地区约自战国中期始不再流行短茎曲刃剑，这无疑与燕的势力在战国中期后东据辽西有关。

（七）B II 型剑仅存在于辽东半岛与辽东中部、东部地区，此是短茎曲刃剑在辽东半岛存在的最晚形式。B II 式剑下限约在西汉初（详拙文〈1999〉），此可视为辽东短茎曲刃剑发展之下限。

（八）C 型剑包括 Ca、Cb 二亚型，是由短茎曲刃剑演变而来，已非严格意义上的短茎曲刃剑，只是此类剑的孑遗。目前所知，此型剑流行于战国晚期至西汉早期（详拙文〈1999〉），仅存在于辽东中部与东部，是短茎曲刃剑在离燕势力稍远地区而得以延续发展的例证。

属西团山文化的永吉星星哨墓地，1979 年在 AM19 中发现 AbI 式剑，参考 AaI 式剑年代，AbI 式剑亦当流行于西周中期至春秋早期。因为短茎曲刃剑非西团山文化之特征性器物，所以不排除是由双房类型遗存与西团山文化遗存交往所致。

注　释

〔1〕如王建新：《东北亚系青铜短剑分类研究》，《考古学报》2002 年第 2 期。

〔2〕出短茎曲刃剑的双房类型文化墓葬有：1980 年新金县安坡乡双房村 M6（《考古》1983 年第 4 期）；1992 年西丰县诚信村石棺墓（《考古》1995 年第 9 期）；1975 年辽阳二道河子石棺墓 M1（《考古》1977 年第 5 期）；1979 年抚顺前甸乡大甲邦村后山 M1（《文物》1983 年第 9 期）；1982 年抚顺大伙房水库祝家沟 M4（《考古》1989 年第 2 期）；1976 年清原县土口子乡门脸村西堡团山沟石棺墓（《考古》1981 年第 2 期）；1972 年清原县李家卜大葫芦沟石棺墓 M4（《考古》1982 年第 2 期）。下文所引双房类型文化有关情况均出自以上所注墓葬资料。

〔3〕a.《马城子》，文物出版社，1994 年。

　　b.《中国考古学·夏商卷》第八章"夏、商王朝周边地区的考古学文化"，中国社会科学出版社，2003 年。

〔4〕《大连于家村砣头积石墓地》，《文物》1983 年第 9 期。

〔5〕中国社会科学院考古研究所：《中国考古学中碳十四年代数据集（1965～1991）》第 76～78 页，文物出版社，1992 年。

〔6〕a. 同注〔5〕，第 68、71、72 页。

　　b. 同注〔3〕b。

〔7〕王巍《双房遗存研究》（收入《庆祝张忠培先生七十岁论文集》，科学出版社，2004 年）亦曾指出："双房遗存的年代上限应与双砣子文化下限相去不远，在西周早、中期前后。"

〔8〕岗上类型资料主要见《岗上·楼上》（1963 年～1965 年中国东北地方遗迹发掘报告），中朝合作考古学发掘队著，东北亚考古学研究会译，六兴出版，1986 年。又见许明纲：《大连市近年来发现青铜短剑及相关的新资料》，《辽海文物学刊》，1993 年第 1 期。

〔9〕沈阳故宫博物馆、沈阳市文物管理办公室：《沈阳郑家洼子的两座青铜时代墓葬》，《考古学报》1975 年第 1 期。郑家洼子 M6512 所出几何粗纹镜与朝阳十二台营子 M3 所出铜镜形同，但其他遗存差距较大，当非同一类型。

〔10〕a. 许明纲：《大连市近年来发现青铜短剑及相关的新资料》，《辽海文物学刊》1993 年第 1 期。

　　b. 刘俊勇：《大连地区曲刃青铜短剑遗存研究》，《辽海文物学刊》1993 年第 2 期。

　　c. 辽宁省博物馆、旅顺博物馆：《辽宁长海县上马石青铜时代墓葬》，《考古》1982 年第 6 期。

〔11〕a. 孙守道、徐秉琨：《辽宁寺儿堡等地青铜剑与大伙房石棺墓》，《考古》1964 年第 6 期。

　　b.《辽宁省丹东、本溪地区考古学术讨论会文集》，1985 年。

　　c. 抚顺市博物馆考古队：《抚顺地区早晚两类青铜文化遗存》，《文物》1983 年第 9 期。

　　d. 齐俊：《本溪地区发现青铜短剑墓》，《辽海文物学刊》，1994 年第 2 期。

　　e. 魏海波、梁志龙：《辽宁本溪县上堡青铜铁剑墓》，《文物》1998 年第 6 期。

　　f. 梁志龙：《辽宁本溪刘家哨发现青铜短剑墓》，《考古》1992 年第 4 期。

　　g. 梁志龙：《辽宁本溪多年发现的石棺墓及其遗物》，《北方文物》2003 年第 1 期。

〔12〕a. 李矛利：《昌图发现青铜短剑墓》，《辽海文物学刊》1993 年第 1 期。

　　b. 同注〔11〕c。

　　c.《辽宁省丹东、本溪地区考古学术讨论会论文集》，1985 年。

　　d.《桓仁大甸子青铜短剑墓》,《辽宁文物》1981 年第 1 期。

〔13〕a. 同注〔11〕a。

　　b. 王云刚:《辽宁绥中县近年发现的青铜剑》,《北方文物》2002 年第 4 期。

〔14〕朱贵:《辽宁朝阳十二台营子青铜短剑墓》,《考古学报》1960 年第 1 期。

〔15〕如朝阳小坡赤青铜短剑墓遗存，发掘报告见《辽海文物学刊》1993 年第 2 期。

〔16〕中国科学院考古研究所内蒙古工作队:《宁城南山根遗址发掘报告》,《考古学报》1975 年第 1 期。

〔17〕赤峰市博物馆项春松、宁城县文物管理所李义:《宁城小黑石沟石椁墓调查清理报告》,《文物》1995 年第 5 期。

〔18〕辽宁省博物馆、朝阳地区博物馆:《辽宁喀左南洞沟石椁墓》,《考古》1977 年第 6 期。

〔19〕a. 靳枫毅:《大凌河流域出土的青铜时代遗物》,《文物》1988 年第 11 期。

　　b. 辽宁省文物考古研究所、喀左县博物馆:《喀左和尚沟墓地》,《辽海文物学刊》1989 年第 2 期。

　　c. 李殿福:《建平孤山子、榆树林子青铜时代墓葬》,《辽海文物学刊》1991 年第 2 期。

　　d. 义县文管所:《义县出土青铜短剑》,《辽海文物学刊》1993 年第 1 期。

　　e. 辽宁省文物考古研究所:《辽宁北票喇嘛洞青铜时代墓葬》,《文物》2004 年第 5 期。

　　f. 刘大志、柴贵民:《喀左老爷庙乡青铜短剑墓》,《辽海文物学刊》1993 年第 2 期。

略论东周齐长城

瓯　燕

（中国社会科学院考古研究所）

东周齐国有长城，在史书中有明确的记载：

《竹书纪年》：晋烈公"十二年，王命韩景子、赵烈子、翟员伐齐，入长城"。

《史记·赵世家》：赵成侯"七年，侵齐，至长城"。

《史记·田敬仲完世家》：齐威王"遂起兵西击赵、卫，败魏于浊泽而围惠王。惠王请献观以和解，赵人归我长城"。

《竹书纪年》：魏惠王"二十年，齐筑防以为长城"。

《韩非子·初见秦》："齐之清济浊河，足以为限。长城巨防，足以为塞。"

《史记·楚世家》：顷襄王十八年，"还盖长城以为防"。《史记正义》引《齐记》云："齐宣王乘山岭之上筑长城，东至海，西至济州千余里，以备楚。"

《水经注·汶水》："汶水出朱虚泰山。山上有长城，西接岱山，东连琅琊巨海，千有余里，盖田氏之所造也。"

齐国是东周时期最早建造长城的国家。齐的领域在东、北两面临海，西有清河和黄河天险，唯独南境，虽有泰山、沂山，然不足为凭借，在兼并战争环境下，为保卫国土和国都临淄，因此在它的南境修筑了长城。在 20 世纪 50 年代曾调查该长城遗址的西段，近年亦进行过初步的踏察，1996～1997 年山东省 5 位退休老人用了一年时间走遍了它的全线。现在对齐长城的具体位置、走向、起止所经、构筑情况已有了大概的了解。

一　齐长城遗址

齐长城位于今山东省中部，东西横亘[1]。它西起于济南市长清县孝里镇广里村北原的岭头，东经 116 度 34.5 分，北纬 36 度 21.6 分，也就是古济水（后黄河改道夺济）东岸的巨防之地。长城东走出岭头，经长山岭、陡岭子、岚峪北山、梯子山转向东北行，过陈沟湾东山、杜庄西山至漩庄转向东南延伸，穿越帽山，过地楼，至三岔沟。长城再东南，行走于长清与肥城的交界线上，历夹子山，抵莲花盆山，续东走，沿长清与泰安郊区的交界线，跨过五花岩山，再转向东北入长清，经桃尖山抵长城铺，越 104 国道东行，过曹庄、京沪铁路，抵大寨山、北顶山，转向东，至钉头崖。长城又东，沿长清县与泰山区的交界线走向东北。历老挂尖山、摩天岭，至牛山口出长清县境。长城所经村庄、山岭往往以长城铺、长城岭命名。

长城继续向东入泰山区、泰安郊区与历城县的交界线后改趋东北行，蜿蜒于泰山北麓，经青阳台、罗圈、花果峪、天马顶、簸箕掌、梯子山，抵大高尖山后东折，至历城、泰安、章丘交界的四界首。自四界首长城出历城境。长城又越长城岭，沿泰安郊区与章丘界东南行至蒿滩东山。长城出泰安郊区。

长城复东，行进于章丘市、莱芜市交界线上。经三平山、鸡爪顶，略折向东北，经天门关、安子山、铜顶山、北门关、黄栌垛山、曹曹峪顶、锦阳关、秋水峪顶、九顶山，折向东南，过北寨山、黄石关，又东抵章丘、莱芜与博山交界的霹雳尖山。霹雳尖山，当地称长岭。长春岭应该是长城岭之讹传。长城自章丘霹雳尖山东南走，出章丘市界，复沿莱芜、博山界续行，越摩云山、双堆山，出莱芜市界。长城在莱芜北界上自西往东坐落有五座关城，即天门关、北门关、锦阳关、黄石关和青石关，除青石关地属莱芜市外，余均在章丘市与莱芜市的交界线上。五关中以青石关保存为好。青石关位于莱芜和庄乡青石关村，北邻博山区，关位于两峰对峙、中有一线天的谷口之南的制高点上，地势险要。清代咸丰年间为抗捻军也曾在此设重兵把守，原遗有曾国藩的"曾王所栖处"碑一通。现存关北门由青石和石灰岩石砌筑的券门犹高 4 米，宽 2.56 米，进深 8.7 米，门上嵌有清人阴刻的楷书"青石关"门额。关侧有咸丰十一年（1861 年）重修碑一通。

长城自夹山进入博山境内。长城东走穿北大岭、老虎头山、太平山、晟家庄、凤凰山、峨岭、秋谷、荆山、长城岭、博山城区、两坪村、福山、黑山，抵围屏山。长城进入博山与淄川交界线上，越大崖顶、崮山、岳阳山、四座山，至拐峪入淄川境，逾淄水，至樵峪南山再次行进于博山与淄川交界处。折东南走，经三台山（又名三泰山）、蟠龙山、雁门寨，抵博山、淄川、沂源交界处的太平山上。长城走出淄川区，沿博山、沂源交界线西南行，经云蒙山至大峪顶出博山区。

长城自沂源大峪顶，再东走经大崮、无路岭、红崮堆，行至沂源、临朐交界的龙王崮入长城岭，沿两县界延伸，过芦家泉、小辛庄、高嘴子山，至驴皮崮出沂源县境。

长城自驴皮崮入临朐县境后，东南走穿双雀山（大崮）、皇粮崮，逾弥河，经响水崖、高山、北蜂子窝，抵临朐、沂水交界的泰薄顶，东行于临朐与沂水的交界线上，抵脖根腿山顶长城分为南北两线。

北线走向东北入临朐境内马鞍山，沿山脊行至大关南的草山亭折向东，渡汶河，过大官庄，越太平山出临朐县境。再沿安丘与沂水交界线前行，经石门顶、二郎峪北山，出沂水县界入安丘县境。长城在安丘县经徐家沟转向东北，经大磨山、小磨山、柘山、大车山、紫草山、石山子、马时沟、悬崮山、峰山，折向南，越城顶山、邰家崖、摘药山，逾汶河，长城出安丘县进入沂水境。继续南行经卧牛城、双山，至沂水、莒县界的光光山，沿两县界南行，经杨廷官庄，达三楞山上。

南线从脖根腿南山沿临朐、沂水界东南行，经围屏山、大岘山，抵穆陵关。穆陵关位在大岘山主峰南侧，依山建立，四向险要，今仅存遗址。《史记·齐太公世家》："周成王乃使召康公命太公曰：'东至海，西至河，南至穆陵，北至无棣，五侯九伯，实得征之'。""南至穆陵"的穆陵即在此。它是长城上的重要关隘，也是齐国南境的重要门户，而且是过此北走直达齐都临淄的咽喉，历代亦在这里设关，足见穆陵关在军事防御上的重要地位。今在关址侧立有明嘉靖、清道光年间重修关楼的石碑。

长城过穆陵关，奔邵家峪出临朐县界而入沂水县境。长城继续往东南走，越黄墩山、大旗山、龙山、簸箕山、凤鸣峪、鸡叫山、大山、黑墩山、牛山、团山、丁丁山，达杨廷山、三楞山上。杨廷山、三楞山今在沂水与莒县的交界处，长城至三楞山与北线汇合。南、北两线长城相距最宽处约 20 余公里。南线长城长近 30 公里。

长城继续东南行，离沂水县走向莒县的长城岭，越发牛山、达后峪河入五莲县黑涧沟。长城又东，至墙夼折向东南，过长城岭、东云门、高泽、滕家庄，从山王庄转向东北，经大瓮山、长城岭、马耳山，长城行于五莲与诸城县界上，至石人山入诸城县，续走在玉带村北再次走于五莲与诸城交界线上，过苗山，直至三界石出五莲县境。

长城自三界石入诸城县境内，继续奔向东北，穿越黑龙湾、黑溜顶、响水崖南山、黄牛山、马山、长城岭、磊石山、石沟头、大洼西岭、竹园东岭、长城岭、郜家沟，至史家夼出诸城境入胶南县。

长城自李家前夼入胶南县，续向东北，经长城岭、丰台山、山周北岭、月季山、铁山、葫芦山、后石沟、背儿山、张仓北山、逾风河、越曹城山、苗家南山、黄山、报屋顶、石寨山、陡楼、长城村、扎营山，进入胶南县与黄岛区的交界线东行，过大黑涧山、小珠山、鹞鹰窝、鹁鸪山，至瞅侯山出胶南境，抵青岛市黄岛区内，又越大顶山、徐山，在徐山之北的东于家河庄东北入海，入海地东经 120 度 11 分，北纬 35 度 59.5 分。

除上述以外，齐长城尚有两道复线，其一在长清县与肥城市的边界上、主线之南。它西起马山之南，往东南越老牛沟北山、双山、五道岭、杨家山、张家峪山，至三岔沟与长城主线相接，长约 9.9 公里。其二在莱芜与博山边界及莱芜境内、主线之南。它西起望鲁山北峰，向南偏东行，经梯子山、青石关，转而南走至炮台顶止，长约 6.7 公里。

齐长城历经长清县、肥城市、泰安郊区、泰山区、历城区、章丘市、莱芜市、博山区、淄川区、沂源县、临朐县、沂水县、安丘市、莒县、五莲县、诸城市、胶南市、黄岛区，共 15 市、县、区，全长 618.9 公里。长城飞越于泰山、鲁山、沂山等山之巅的千余座大小峻岭和丘峦上，逶迤起伏，气势磅礴（图一）。

长城经历了两千余年的风雨侵蚀和人为破坏，墙体有的已倾圮甚至湮没无存，但所幸齐长城多修筑在崇山峻岭之中，人迹罕至，故此能赖以较好地保存，所存遗迹约能占长城全线的一半强。墙体或以黄土、砂土夯筑，或以大块天然石、片石垒砌，或土石混筑，因地制宜，就地取材，也有以山险代墙的。平原、矮丘地带多以土夯筑，高山峻岭之中则以石为材料。用土夯筑的长城墙体现存高 1.5～5 米，基宽 4～15 米，顶宽 3～6 米。长清县广里和沂水县穆陵关侧的长城即以黄土夯筑，夯层清晰。广里长城现存长约 1200 米，基宽 13 米，顶宽 3.7 米，残高约 2.5 米。穆陵关西侧大岘山上长城基宽 15 米，残高 5 米。石筑城墙现存高 1～5 米，基宽 1.2～20 米，顶宽 1.2～10.2 米。保存较好者现高 6~7.5 米，宽 5~6 米。石筑城墙许多地段是筑于山脊外侧，而不建在山脊，所以往往只有外侧墙而无内侧墙，即便有内侧墙也极低矮。外侧墙和山脊间多以石或土、石充填，并和山脊取平，便于往来戍守。山险墙出现于峻岭地段，如泰山北岗，西来的长城止于其西北的钉头崖，其东 10 余公里未见长城修筑，东去的长城再见于牛山口上。其间的泰山北岗是峰叠峦转，平均海拔高度在 800 米左右，泰山主峰海拔1545 米，是很理想的天然屏障。从三泰山以东约 14 公里也未发现长城遗迹，该地有海拔 800 米以上的山峰 52 座，可以居高凭天险。在长城沿线还发现多处烽燧和郭城遗址。

由于齐长城所处地势险要，历史上为兵家防守之地，因此在齐长城的一些地段曾经后世重修，甚至在长城之上增修了垛堞、券门、马道等设施。锦阳关两侧山上有一段长700 余米的长城即为清代所修，锦阳关原有碑刻载云："章丘城南三队重修向西三百余丈，甘泉庄向东六十尺余，咸丰辛酉年（公元 1861 年）五月二十九日申刻兴工，六月初九告竣"。锦阳关、青石关关城也有明显的后修遗迹。穆陵关址侧立有明嘉靖、清道光年间重修关楼石碑。明《增穆陵关》碑乃嘉靖四十四年（公元 1565 年）所立，碑文备述增设关城之必要与增设后该关城之规模[2]。有的关隘甚至可能是修建于后世。博山、莱芜青石关等处发现有清咸丰年间的重修石碑和石碣。学者们认为咸丰年间的碑和碣说明清王朝为御捻军曾在齐长城上大举修缮，有的地段甚至改变了原有的面貌。王献唐先生在其遗作《山东周代的齐国长城》中说：20 世纪 50 年代，他往淄博市作重点调查，"知市南郭旧基，即县志所说'自峨岭之脊，东逾秋谷，接荆山'的长城一部分。清咸丰间，依址筑郭以御捻军，垤堞犹存，旧基亦可辨认"。他再次去博山调查时，来到双嘴山，"翻越许多山岭，见乱山中南北两峰矗立，与原山遥峙。本地人说：这个双嘴山，亦名长城岭，又叫风门口。长城依山建筑，仅留一门。……旁有小石碣，刻清'咸丰十年重修长收岭'等字样，又把长城讹作长收了。此地为莱芜博山交界地区，门南侧以碎石砌筑，蜿蜒山巅，即县志说的长城旧址。清咸丰间重修，系就旧址筑墙一段，大约也是抵御捻军，否则不需重修。"[3] 在莱芜市境内长城附近有一山寨，山顶犹存一通清同治年间《流芳万世》碑，碑文云："咸丰十年二月中旬，南匪（指捻军——引者注）西来，北窜为害甚急，身无所避，遂约不动、峨峪、平州三村筑寨于斯焉"。证明其时确在这一带活动，而这里约有 1 公里的长城从构筑形式观察，考察者也认为是清代防捻军时所为[4]。

捻军是太平天国时期活动于北方的农民起义军，以皖北为中心驰骋于皖、鲁、豫、苏、鄂一带。咸丰三年（公元 1853 年）响应太平军北伐，从此展开大规模活动，至同治七年（公元 1868 年）失败。捻军斗争达 16 年，严重威胁着清廷的安全，因此清政府在山东利用齐长城增修防御工事是完全可能的。在齐长城遗址上发现的数通重修长城碑、碣的落款年代亦都在咸丰年间。

二　经调查的齐长城遗址与文献记载基本吻合

齐长城的行经路线在过去的地理志书上较同时期其他诸侯国的长城有较多的记述，

而且已大致勾划出它的走向、位置，与今的初步调查结果基本吻合。

《后汉书·郡国志三》济北国卢县下："有平阴城。有防门。有光里。……有长城至东海。"

《括地志辑校》（卷三）济州平阴县："长城西北起济州平阴县，缘河历太山北岗上，经济州、淄（川）州，即西南兖州博城县北，东至密州琅邪台入海。"

《史记·楚世家》："还盖长城以为防。"《史记正义》引《太山郡记》云："太山西北有长城，缘河径太山千余里，至琅琊台入海。"又引《齐记》云："齐宣王乘山岭之上筑长城，东至海，西至济州千余里，以备楚。"

《元和郡县志》（卷十一）郓州平阴县条："故长城首起县北二十九里，齐滑王所筑。苏代谓燕王曰：齐有长城巨防足以为塞。是也。"

《通典·州郡十》（卷一百八十）济阳郡济州下："卢，汉旧县，有长城，东至海。""长清，汉卢县也。""平阴，汉肥城县故城在今县东南。……故长城首起县北。"

《太平寰宇记》（卷十九）齐州长清县："本汉卢县地。……济水北去县八十里，其山顶上有长城，北属长清县，南接鲁郡。"

《读史方舆纪要》（卷三十三）东平州平阴县："平阴故城，志云：在县北三十五里，齐平阴邑也。……京相璠曰：平阴在卢县故城西南十里。盖即今县地。""长城，在县东。《左传·襄公十八年》（公元前555年）诸侯同伐齐，齐侯御诸平阴，堑防门而守之广里。京相璠曰：平阴城南有防，防有门，于门外作堑，横行广一里，是也。京相璠曰：防即长城。平阴南有故长城，东至海，西至济河。防门去平阴三里，其水引济，故渎尚存。防门之北有光里，今其地亦名广里云。"

雍正《山东通志》（卷九）长清县："长城钜防，在县东南九十里长城铺。"

嘉庆《平阴县志·古迹》"古长城在县东北，……东距大海，西接平阴。"

道光《长清县志》（卷二）："长清邑东南九十里有长城，且有孟姜女庙。其城西自广里，东至于海。然在长清境内，业已倾颓，仅存遗址。至泰山之阴历城境内，则崇高连亘，言言屹屹，依然坚城。至梯子山历城与莱芜接界处，为长城岭。亦有孟姜女庙。"

雍正《山东通志》（卷九）肥城县："长城钜防在县北十五里，自平阴故城南起，首经县北，达长清县境。……按长城自防门起，东经五道岭，又东经长清县南之长城岭，循泰山之阴，又东经历城县南之长城岭，又东经莱芜县北之长城岭，与章丘县接界，又东经博山县南之峨岭、凤凰岭，度岳阳山，又东经临朐县南之大岘山，又东经安邱县南之太平山，又东经莒州北之高柘山，转而南绝浯水，循卧牛城，度高华岭，又南经诸城县南之长城岭，度雷石山，又东经胶州南之大珠山，讫于海。大珠山在琅琊台北六十里。"

光绪《肥城县志》（卷一）："五道岭在城北十二里，南北径八里，南隶肥城，北隶长清。"

平阴故城，汉属卢县，元后属肥城县。五道岭原为长清、肥城的边界。现平阴故城、五道岭均划归长清县。齐长城与孟姜女本无关，然老百姓不知就里，认为凡是长城都是秦始皇所建，因此在有长城的地方就往往立有姜女庙、孟姜女庙、孟姜庙、姜女祠、烈女祠、乃至范郎庙。

《读史方舆纪要》（卷三十一）济南府泰安州："长城岭，州西北六十里。志称齐威王筑城以备楚。自平阴缘河历泰山北冈上，东至海千余里。……长城岭盖即泰山岗阜，以古长城所经而名也。"

雍正《山东通志》（卷九）：泰安县：长城"在县北泰山之阴，与历城接界。"

道光《泰安县志》（卷三）："长城岭俗呼大横岭，县西北六十里，即泰山岗阜，古长城所经。"

《读史方舆纪要》（卷三十一）济南府章丘县："长城岭，县南九十里，与莱芜县接界。志云：岭间有古长城，昔齐宣王所筑，以御楚寇，西接平阴，东距大海。"

道光《章邱县志》（卷三）："长城岭在县治南百余里，南连泰安莱芜界，东至劈林尖山接淄川界，西至天罗顶连历城界，……俗云长林岭，上有古长城遗迹。相传齐所筑以御楚。……莱芜土人又谓长春岭，旧有孟姜庙。"

《读史方舆纪要》（卷三十一）济南府莱芜县："长城岭，在县北九十里，地势高爽，林木郁茂，盖战国时长城经其上，今讹为长春岭。"

康熙《莱芜县志》（卷二）引旧《通志》云：莱芜"西瞻岱岳，北枕长城。""长春岭在县北九十里……，一名长城岭，岭上有古长城遗址。"

雍正《山东通志》（卷九）莱芜县：长城"在县北九十里长城岭，与章邱接界。"

乾隆《博山县志》（卷一）："长城岭，自峨岭之脊，东逾秋谷，接荆山迤逦岳阳山以东，逾淄水，接临朐沂水界之东泰山。""自脊西行，跨凤凰山，连原山、王大岭，出青石关之西，接莱芜境，山皆长城岭也。"（经调查，原山和王大岭无长城遗迹）

民国《博山县志》（卷二）双嘴山，"县西南二十里，与原山遥相对峙，上有长城遗址"。（岳阳山支脉）围屏山，"县东二十五里，岳家庄北山顶有长城石迹"。

《通典·州郡》（卷一百八十）：淄川县，有"古齐长城"。

《读史方舆纪要》（卷三十五）青州府益都县："孝妇河，……志云，孝妇河本名龙水，……《水经注》：龙水南出长城中。今颜神镇有孝妇祠，祠下即古齐长城处也，西经莱芜县山阴，北入济南府淄川县界。"

孙廷铨《颜山杂记·长城考》（卷三）："古长城在峨岭之巅，西绝孝水，跨凤凰山、团山迤南，入泰安莱芜界，东逾秋谷东阜而东，皆长城旧迹也。"

青石关现属莱芜县。

淄川县清代后归博山县。现博山、淄博、沂源同属淄博市，沂源县是1944年析沂水、临朐、蒙阴三县的部分乡镇而置的。

《读史方舆纪要》（卷三十）："其重险则有穆陵。穆陵关在青州府临朐县东南百有五里大岘山上，山高七十丈，周回二十里，道径危恶，一名破车岘，其左右有长城。书案，二岭，峻狭仅容一轨，故为齐南天险。"

雍正《山东通志》（卷九）临朐县："长城在县东南一百里大岘山。穆陵关在大岘山上。"

光绪《临朐县志》（卷三）大岘山："在县治东南百五里，《齐乘》：即穆陵关也。其山峻狭，仅容一轨，故为齐南天险。……山岭长脊一线，宛宛不绝，登沂山南眺，东西横带，如防如垣。……岭上有长城，故关侧一名长城岭。"卷四："长城在大岘山上，……今犹宛宛山际，沿沟壑伏，沿崖阜起，西接博山之岳阳山、凤凰岭，东随大弁山入安丘界。"

《太平寰宇记》（卷二十三）沂州沂水县："古长城在县北九十五里，东南起自密州莒县界，西北二百五十五里临淄州淄川县界。"

雍正《山东通志》（卷九）沂水县："长城在县北九十五里太平社。"

道光《沂水县志》（卷一）："沂水东南麓为大岘山。县北偏东百五里，上有穆陵关，关之南北为沂、朐交界处。齐宣王筑长城于此，西起齐州，东抵海，犹有遗址。"卷二："长城在邑北一百里太平社，东西横亘数百里。"

穆陵关现属沂水县。

《读史方舆纪要》（卷三十五）青州府安邱县："志云，县西南八十里有长城岭，以长城故址而名。"

万历《安丘县志》（卷三）：县治西南"八十里曰太平山，上有长城岭"。卷四："古长城，一名长城岭，在太平山上。"

雍正《山东通志》（卷九）安丘县："长城在县南八十里大平山。"

雍正《山东通志》（卷九）莒州："长城在州东北一百二十里高柘山之巅，自此南绝浯水，过卧牛城，又南傍南华岭，入诸城境。"

嘉庆《莒州志》（卷五）："长城在州东北一百二十里，俗名长城岭。……长城之入莒者，自穆陵东历太平山，四十里接高柘之岭，转而南绝浯水，过卧牛城，又南傍高华岭入诸城界。"

光绪《日照县志》（卷一）："长城……在今县境者二十里，洪陵河西入莒州，昆山以东入诸城。"

日照的长城现属五莲县。五莲县是1947年从日照、莒县、诸城三县各划拨一部分而成立的。

《太平寰宇记》（卷二十四）密州诸城县："古齐长城在今县南四十里，东南自海迤逦上大珠山起，尽州南界二百五十里，今古迹依约尚存。"《通典·州郡》（卷一百八十）记载同。

《读史方舆纪要》（卷三十五）青州府诸城县："县南七十里有长城，即战国时齐所筑。……志云，古长城起自平阴，连亘泰蒙莱芜，跨安邱至县境，又迤逦至胶州大珠山东入海，南去琅邪台六十里。初为齐越分界，后齐楚分界处也，今故迹依约犹存。"

雍正《山东通志》（卷九）诸城县："长城在县南五十里长城岭度雷石山而东入胶州界。"

乾隆《诸城县志》（卷六）："分流山，县西南六十里，南接日照龙爪山，东距马耳山十余里，两山之交，古长城联之。""白练水……经铁鼓山东又北穿石梁空入县境，山势险恶，对峙如门，水贯之，石碕岈相蔽亏，故名石梁空。……又北十里穿古长城，村名长城岭。"卷八："长城俗名长城岭。《战国策》苏代所谓齐有长城巨防者也。……城因山为之，起平阴之防门，缘太山北冈而东，蜿蜒千里，至日照滕家庄后入县境。又东南二里，则分流山也，历马耳山、寿芝山、茁山、拔地盘、黑溜顶，为南北大路，大路西计六十余里。由此而东，更历摘星楼山、马山、雷石山、台家沟，至亭子澜后，计七十里。入胶州界，共百三十七里。"

《读史方舆纪要》（卷三十六）莱州府胶州："大珠山，州南百二十里滨海。……珠亦作朱。《通典》高密诸城县有古长城，自齐西防门，东逾泰山、穆陵，至大朱山海滨而绝，是也。"

雍正《山东通志》（卷九）胶州："长城在州南一百二十里大珠山巅。"

道光《胶州志》（卷三十八）："长城在县治南八十里齐城等山，……城因山为之，培高堑下，各有门阙邸阁，今不可见。……西起平阴之防门，径泰山北麓而东至诸城亭子夼后入州境，十五里至六汪庄南铁镢山阴，东历杨家山、白猊山、齐城山，至黄山顶十余里。又东历小珠山阴、鹁鸽山，至徐山之北于家河庄东入海三十里。城之历州境者百五十余里。"

原胶州（县）的最大部分和诸城的一部分合并，成立胶南县，故胶州（县）的长城现辖胶南县。长城的入海处现已归属青岛市黄岛区。

以上记述虽因历史上辖域的变迁、地名的更改而颇费考证和实地的对照，但所述的长城行经路线是清楚的，与遗址的初步考察也无大的出入。然而有关长城东端在何地入海的记载却大有分歧。从北魏郦道元《水经注》到历代地志所记大致有小珠山、大珠山、琅邪台、琅邪诸说。小珠山、大珠山、琅邪台三地从北往南依次傍海而立，小珠山南距大珠山 15 公里，距琅邪台 45 公里，大珠山去琅邪台 30 公里，显然所指不是一地。一些有影响的地理书籍如《括地志》、《泰山郡记》皆云在琅邪台入海。《水经注》谓"东连琅邪巨海"。杜佑《通典》、《太平寰宇记》、《齐乘》和《读史方舆纪要》、《山东通志》、《泰山道里志》都认为在大朱山入海。而道光《胶州志》则记载长城"又东历小珠山阴、鹁鸽山，至徐山之北于家河庄东入海三十里"。并批评"诸书皆臆说也"。近人也多以为《胶州志》书出本地人之手，应是亲历目睹，较为可信。但究竟不是出于科学考察报告，未获一致的认可，学者仍视为悬案。近年来的长城考察，使该问题得以冰释。

从近年的考察结果来看，地理书籍所载齐长城东端入海处大多失实。《水经注·汶水》云："汶水出朱虚县泰山。山上有长城，西接岱山，东连琅邪巨海，千有余里。"此处琅邪是否指琅邪台尚有待研究。清《泰山道里志》称"《太山郡志》及《水经注》、《括地志》皆谓至琅邪台入海"，对《水经注》的原意恐失之臆断。据史籍记载，今山东半岛东南部沿海地区自秦汉以来多属琅邪郡或琅邪国的范围之内。《汉书·地理志上》载："琅邪郡，秦置。"领县五十一，其中齐长城经过的县及其附近有东武、诸县、被、柜、郑、黔陬、计斤、东莞、折泉等。东武为琅邪郡郡治所在地，即今之诸城市。《元和郡县图志》（卷十一）记载：密州"诸城县，本汉东武县也，属琅邪郡，……后汉属琅邪国，……隋开皇十八年，改东武为诸城县，取县西三十里汉故诸县城为名"。

东莞为今之沂水县。《元和郡县图志》（卷十一）记载：沂州"沂水县，本汉东莞县"，隋开皇十六年"改名沂水县"。据道光《胶州志》（卷二）黔陬、祓、柜、邞、计斤均在胶州。据《中国历史地图集》（第二册），今青岛市黄岛区约当汉之柜县，五莲县为汉之折泉县。《后汉书·郡国三》记载："琅邪国，秦置。"领县十三，其中齐长城经过的今胶南、诸城、五莲、沂水仍在其范围内。莒县在西汉时属城阳国，建武中省城阳国，以其县属琅邪国。《通典·州郡十》（卷一百八十）高密郡"密州，今理诸城县。战国属齐，秦属琅邪郡，汉属琅邪郡、高密国、城阳国地。后汉属琅邪郡、北海国。"又：琅邪郡"沂州，春秋时，齐、鲁二国之地。战国属齐、鲁两国之境。秦属琅邪郡。汉为东海、琅邪二郡地，后置琅邪国。魏晋亦置琅邪国。宋为琅邪郡。齐不得其地。后魏置北徐州。后周改为沂州。隋复为琅邪郡。大唐为沂州或为琅邪郡。"1999年版《辞海》云：琅邪，"郡名，秦置。治琅邪（今胶南市琅邪台西北）。西汉移治东武（今诸城市）。……辖境相当今山东半岛东南部。东汉改为国，移治开阳（今临沂市北）。北魏移治即丘（今临沂市西），隋废。"魏嵩山《中国历史地名大辞典》："琅邪郡，秦置，治所在琅邪县（今山东胶南市西南夏河城）。西汉移治东武县（今山东诸城市）。高后六年改为国，文帝前元年复为郡。王莽改郡名曰填夷。东汉建武初复为琅邪国，移治开阳县（今山东临沂市北），东晋后复为郡。北魏移治即丘县（今山东临沂市西）。隋开皇中废，大业初复改沂州为琅邪郡，治所在临沂县（今山东临沂市）。唐初复为沂州，天宝初改为琅邪郡，乾元初废。"

从历史上郡县的设置沿革可见，山东半岛东南部沿海地区自秦汉以来是被视作琅邪之地的。北魏郦道元《水经注》所谓齐长城"东连琅邪巨海"，也可理解为齐长城在琅邪郡地与大海相连接。其后的一些志书可能由于琅邪台是一著名之地，由此产生了误解，认为是指齐长城从琅邪台入海。

三 齐长城的建置年代

《管子·轻重丁篇》云："管子曰：阴雍长城之地……。管子曰：长城之阳，鲁也；长城之阴，齐也。"管子是齐桓公（公元前685～前642年）相。据此，齐在桓公时已有长城。然学者咸以为《管子》一书驳杂不纯，虽托名管子，但"非一人之笔，亦非一时之书"，"半是后之好事者所加，《轻重篇》尤鄙俗"。《轻重篇》"未必皆管子之真"[5]。书中记载是否真实，有待甄别。桓公时齐国最为强盛，是列强的霸主。桓公在位43年，征伐鲁、郯、蔡、楚、郑、宋、陈、晋、山戎、北狄诸国，《荀子》、《韩非子》都说齐桓公并国三十余，启地三千里。桓公挟天子以令诸侯，诸侯不敢与他分庭抗礼。其时边境虽会置防设险，但筑长城御鲁等弱国，似无必要和可能。但这既是史料记载，在考察齐长城时也不能不予考虑。

1928年，洛阳金村战国大墓被盗掘，被盗文物中有骉氏钟14件，钟上都有铭文。其中5件骉羌钟各有铭文61字，记载了"唯廿又再祀"三晋伐齐"入郩城先会于平阴"的历史事件。中外学者对铭文考释颇多，释文不一，但一致认为"入郩城"是指齐国的长城。至于铭文所记年代"唯廿又再祀"也均肯定是周的纪年，但具体所指则考定有周灵王二十二年（公元前 550 年）、周威烈王二十二年（公元前 404 年）、周安王二十二年（公元前 380 年）诸说。周威烈王二十二年的说法为多数学者所支持，因为有《竹书纪年》可印证。《竹书纪年》云：晋烈公"十二年，王命韩景子、赵烈子、翟员伐齐，入长城"。晋烈公十二年，即周威烈王十八年，齐宣公四十八年，公元前 408 年。两者的记录比较符合。故不论那一家的考订，齐长城的存在都应该在三晋入侵事件发生之前，也就是说，在姜齐之时。《吕氏春秋·下贤篇》亦云：魏"文侯可谓好礼士矣，好礼士，故南胜荆于连隄，东胜齐于长城。"魏文侯在位时间为公元前 424～前 387 年，"东胜齐于长城"所指应即上述三晋入侵长城之事。文侯在位期间也当姜氏执政齐国之时。概言之，在姜齐之时，齐国已经建有长城了。

然而，文献记载对齐长城的建造年代仍颇有歧异。

《竹书纪年》：梁惠成王"二十年，齐筑防以为长城。"梁惠成王二十年，即公元前 351 年，齐威王二十八年。

《史记·楚世家》："还盖长城以为防。"《史记正义》引《齐记》云："齐宣王乘山岭之上筑长城，东至海，西至济州千余里，以备楚。"齐宣王在位时间为公元前 342～前 324 年。

《史记·苏秦列传》：苏代说燕王，"燕王曰，'吾闻齐有……长城、钜防足以为塞'"。《史记正义》引《竹书纪年》云："梁惠王二十年，齐闵王筑防以为长城。"齐闵（湣）王在位时间为公元前 323～前 284 年。此《竹书纪年》文与前引同，梁惠王即梁惠成王，其二十年不当闵王时，应误。

《水经注·汶水》（卷二十六）："汶水出朱虚县泰山。山上有长城，西接岱山，东连琅邪巨海，千有余里，盖田氏之所造也。"

姜齐时已建造长城有屬羌钟铭、《竹书纪年》、《吕氏春秋》等记载为据，当是史实，为什么以上诸书还提出长城是田齐各王所造？齐威王时已有长城，在《史记》中也有明确记载，《赵世家》云：赵成侯"七年，侵齐，至长城"。《六国年表》将此事件系于赵成侯七年和齐威王十一年，即公元前 368 年。《田敬仲完世家》云：齐威王"遂起兵西击赵、卫，败魏于浊泽而围惠王。惠王请献观以和解，赵人归我长城。"为什么晋人伏琛的《齐记》说是宣王所筑？

学者们经研究探讨，提出了种种解释和看法。王献唐先生认为："齐长城从春秋期开始修筑西段，在鲁襄公十八年早已完成……。战国期齐威王又向东展修一段……。又后齐宣王时复向东修至海滨，全部完工，使一千多里的长城，衔接起来，作为齐国南境的国防线。……但在这里，无法指定某一段从何处起，到何处止，也不能肯定各段中间，绝无其他齐君曾继续展修。"[6]。张维华先生认为："齐之长城，既非一时代所完成，若以全部论之，则当以其西部之建筑为最先。……至于建置年代，则无定准，大体言之，其前则因济水之防，其后则迭有增置；及至战国初年，已确然成为一条长城，西依济水，东达泰山，而为一方之锁钥重镇矣。""其南界之长城，当建筑于齐威王之时，有《竹书》为证。至于其东南境长城之建筑，似在楚人灭莒之后，然竟在此后若干年，是否与南界长城同建于威王之时，则尚未敢定。"〔7〕罗勋章先生认为："齐长城始建当在公元前555年至公元前641年之间。……齐长城大规模之修筑当在楚灭莒（公元前431年）之后。时间当在威、宣之世。其时，齐西南境长城业已建成。莒之灭国在鲁之前，且齐与鲁之间又有泰山为屏，故东南境形势尤为急迫，齐城之建，继西南境后当以东南境为先，此长城当建于威王之世。宣王所筑则齐南境之长城。"〔8〕

上述意见的共同看法是，齐长城"非一时代所完成，若以全部论之，则当以其西部之建筑为最先"。王、罗先生将始建年代定在鲁襄公十八年（公元前555年）之前，是依据《左传》的一则记载。《左传·襄公十八年》（公元前555年）"经"记载："冬，十月，（鲁）公会晋侯、宋公、卫侯、郑伯、曹伯、莒子、邾子、滕子、薛伯、杞伯、小邾子，同围齐。""传"记载："冬，十月，会于鲁济，寻溴梁子言，同伐齐。齐侯御诸平阴，堑防门而守之广里。"杜注："平阴城在济北卢县东北，其城南有防，防有门，于门外作堑，横行广一里。"孔疏："正义曰，平阴城南有防者，形犹在，杜观其迹而知之也。言堑防门而守之，明是齐人目于门外作堑，以固守也。"

平阴、广里今属长清县，位于济水之东。此地在鲁会诸侯伐齐之前已设有防。防是一种水利工程。《周礼·稻人》："稻人掌稼下地，以潴蓄水，以防止水，以沟荡水……"《周礼·考工记·匠人营国》："凡沟必因水势，防必因地势，善沟者水漱之，善防者水淫之。"注："郑司农云，淫谓水淤泥土，留著助之为厚。"《说文》："防，堤也。"堤与防往往连称。《汉书·沟洫志》："恐水盛，是防不能禁。""独一川兼受数河之任，虽高增隄防，终不能泄。""盖堤防之作，近起战国，壅防百川，各以其利。"平阴城南的防亦和水有密切的关系。《水经注·济水》："济水又北径平阴城西。……平阴城南，有长城，东至海，西至济。河道所由名防门，去平阴三里。齐侯堑防门，即此也。其水引济，故渎尚存，今防门北，有光里。齐人言广音与光同，即春秋所谓守之广里者也。"故依《左传》而推测其前齐已建长城，似证据嫌有不足。

但毋庸置疑，齐长城之建当起于防，与防有密切的关系。齐长城西首起于平阴，与防在地理位置上一致。古人也常将齐长城和防连在一起，如：《竹书纪年》："齐筑防以为长城。"《战国策·秦策一》：张仪说秦王曰："昔者齐南破荆，中破宋，西服秦，北破燕，中使韩、魏之君，地广而兵强，战胜攻取，诏令天下，济清河浊，足以为限，长城、巨防，足以为塞。"（《韩非子·初见秦》载此为韩非子见秦王所语）。《战国策·燕策一》：苏代乃北见燕王哙，"王曰：'吾闻齐有清济、浊河，可以为固；有长城、巨防，足以为塞。诚有之乎？'对曰：'天时不与，虽有清济、浊河，何足以为固？民力穷弊，虽有长城、钜防，何足以为塞？"（《史记·苏秦列传》载同）。《博物志》（卷一）："齐南有长城、巨防、阳关之险，北有河、济，足以为固"。然而，防与长城并非一物异名。文中的清济、浊河与长城、巨防均指两事，后人的标点也将长城和巨防分开，因此若视长城即巨防，巨防即长城是值得再斟酌的。

学者们认为齐长城最先完成于西部应是十分正确的，这不仅因为齐长城起于防，而且也是当时的战争形势使然。齐国东南地滨大海，南有泰山之险。莒、杞、鲁诸国分布其间，然均为弱国，不足为齐患。齐与鲁虽互相时有攻伐，但鲁也不能对齐国构成威胁。唯西南之地面向中原，其南有曹、宋、滕、邾、鲁、楚，西有卫、晋、郑、周，逐鹿兵争多出其地。诸国攻打齐国，该地往往首当其冲。因此齐国在这里首先建长城是必然的。

历史步入了战国，齐国的东南方也逐渐吃紧。《史记·越王勾践世家》云：勾践已平吴，"北渡兵于淮以临齐、晋，号令中国，以尊周室，勾践以霸"。勾践灭吴为公元前473年。翌年越竟徙都琅邪，威逼齐境。《史记·秦始皇本纪》：二十八年，始皇"南登琅邪"。《史记正义》引《括地志》云："密州诸城县东南百七十里有琅邪台，越王勾践观台也。台西北十里有琅邪故城。《吴越春秋》云：'越王勾践二十五年，徙都琅邪，立观台以望东海，遂号令秦、晋、齐、楚，以尊辅周室，歃血盟。'即勾践起台处。"《水经注·潍水》（卷二十六）亦云："潍水出琅邪箕县。琅邪，山名也，越王勾践之故国也。勾践并吴，欲霸中国，徙都琅邪。"楚国亦雄心勃勃，向东、向北扩张。《史记·楚世家》：惠王"四十四年（公元前445年），楚灭杞。……楚东侵，广地至泗上。简王元年（公元前431年），北伐灭莒。"而越、楚所侵之地正迫近田氏封地。《史记·田敬仲完世家》载：平公即位（公元前480年），田常为相，"齐国之政皆归田常"。田常"割齐自安平以东至琅邪，自为封邑。封邑大于平公之所食"。执齐政的田氏为保卫自己的利益，考虑筑长城防御也是情理中事。故推测齐长城的东部可能筑于战国初年的姜齐时或齐威王时代。它既是抵越亦是抗楚。至于南部中段长城之筑是否晚于东部，目前难以推定，也可能与东部长城的修筑时间相同或相差无几。《齐记》载宣王时筑长城，可能是进行了较大规模的修缮。

齐长城修筑在齐南境的泰山、鲁山、沂山等高山之巅的千余座大小峻岭上，形势险要。它进可以攻，退可以守，保卫着广袤的齐国土地和首都临淄，是一条很理想的军事防御线。但这条军事防御线是不是齐国的国界线，应该作具体的历史分析。在建长城之初选址的时候，除了这里高山险要，利于防守外，与其时的齐国南界还是有密切的关系的，齐国是不会筑一条防御线而将自己大片土地置于其外的。《左传·僖公四年》（公元前656年）："管仲对曰：昔召康公……赐我先君履，东至于海，西至于河，南至于穆陵，北至于无棣。"《史记·齐太公世家》亦云："周成王乃使召康公命太公曰：'东至海，西至河，南至穆陵，北至无棣，五侯九伯，实得征之。'"穆陵在大岘山，乃齐国南境之重险，《读史方舆纪要》（卷三十）形容它："山高七十丈，周回二十里，道径危恶，一名破车岘。……书案，二岭，峻狭仅容一轨，故为齐南天险。"西周乃至春秋，这里应是齐国的南方边陲，其南有鲁、莒、邾、成、滕等国，当然亦有零星属于齐国的城和地。《管子·轻重丁篇》即云："管子曰：长城之阳，鲁也；长城之阴，齐也。"至战国，《战国策·齐策一》犹云："苏秦为赵合从，说齐宣王曰：'齐南有太山，东有琅邪，西有清河，北有渤海，此所谓四塞之国也。'"

长城是在惨烈的兼并战争环境下为求自卫而产生的，但各诸侯国也决不以长城来自限。他们都不断地用武力扩地，以强凌弱，以大欺小，灭他国壮大自己，齐国亦毫不示弱和手软。因此，齐国在长城之南逐步地拥有大片的土地，虽然有的土地是时得时失的。如威、湣王时，封孟尝君父子于薛，薛即在鲁国之南。薛地不仅是孟尝君的封地，还立有威王之庙和清庙。《战国策》之《齐策一·靖郭君善齐貌辨》：靖郭君田婴曰："受薛于先王（威王），……且先王之庙在薛。"《齐策三·孟尝君在薛》：孟尝君"为先王（威王）立清庙"。《齐策四·齐人有冯谖者》："冯谖诫孟尝君曰：'愿请先王之祭器，立宗庙于薛。'庙成。"故薛对于齐国来说是十分重要的。莒曾为楚所灭，后又复地，与齐关系密切，成为了齐的与国乃至属地。齐湣王时，燕攻齐，取七十余城，唯莒、即墨不下。齐襄王亦莒人所立。宣公四十八年（公元前408年），齐取鲁之郎，后以郎封邹忌。《史记·六国年表》记载：康公十五年（公元前390年）"鲁败我平陆"，宣王十年（公元前333年）"楚围我徐州"，湣王四十年（公元前284年）楚"取齐淮北"等等都在长城南。这时的齐长城更具有了军事防御线的意义。

注　释

〔1〕a. 罗勋章：《齐长城考略》，《古代学研究》（日本）第130号第31～40页，1994年。

b. 路宗元主编：《齐长城》第3～85页，山东友谊出版社，1999年。

〔2〕a. 同注〔1〕b，第26页。

b. 同注〔1〕b，第224～228页。

〔3〕王献唐遗作：《山东周代的齐长城》，《社会科学战线》1979年第4期。

〔4〕同注〔1〕b，第32页。

〔5〕戴望：《管子校正·管子文评》，《诸子集成》（五），中华书局，1986年。

〔6〕同注〔5〕。

〔7〕张维华：《中国长城建置考》（上编），《齐长城》第21～29页，中华书局，1979年。

〔8〕同注〔1〕a。

北京军都山玉皇庙墓地殉牲制度研究

靳枫毅

（北京市文物研究所）

1985～1991年，北京市文物研究所山戎文化考古队在北京市延庆县军都山玉皇庙、葫芦沟和西梁垙三处地点，科学发掘了春秋时期一支古老的游牧与畜牧部族——山戎部族的3处氏族部落墓地[1]，发掘墓葬近600座，出土各类富有特色的文物6万余件。所获考古资料的内容十分丰富。这是北京地区先秦考古和中国北方地区青铜文化考古的一项重大发现和一批前所未有的重要成果。它从物质文化上填补了山戎研究、北京先秦史和中国古代北方民族史研究的一项空白。对于考察山戎部族的文化内涵、埋葬制度、生产方式和生产力发展水平，及其社会性质、山戎文化与燕文化和中原文化的关系，以及与同时期的中国北方相邻地区的东胡、楼烦与林胡等少数部族的文化关系等方面问题，都具有非常重要的历史价值和学术意义。

玉皇庙墓地，是经过科学发掘的军都山3处墓地和冀北山地近些年来零散发现和清理的十余处同类文化墓地中规模最大（面积2.5万平方米）、墓葬数量最多（400座）、出土文物最丰富（各类文物共计5万余件）、文化面貌独特而清晰、具有典型的代表性意义的一处墓地，因此，我们将其作为东周时期冀北山地含直刃匕首式青铜短剑的文化遗存的典型代表提出，命名为"玉皇庙文化"[2]，以此与已知的中原文化和燕文化，及辽西地区的东胡文化和蒙古草原地区的鄂尔多斯式青铜文化相区别。

殉牲是玉皇庙墓地的主要葬俗和葬制内容之一，同时也是构成玉皇庙文化的主要内涵特征之一。全面、系统地整理和研究这处墓地的殉牲制度，不但有助于对玉皇庙文化整个埋葬制度的研究，而且将有助于深化对玉皇庙文化经济基础和上层建筑、生产方式与财富观念、等级差别（或阶级差别）与宗教思想、玉皇庙文化的属性，以及该文化的社会性质等诸多问题的理论认识。因此，关于军都山玉皇庙墓地殉牲制度的研究，是一个具有重要学术意义的研究课题。本文不揣谫陋，拟从玉皇庙墓地殉牲位置、殉牲种类及配伍组合、殉牲数量、殉牲形式及牲吻朝向、殉牲墓的规格级别与殉牲组合的关系、殉牲与死者性别和年龄的关系、殉牲墓的分布与分期等七项内容入手，对玉皇庙墓地殉牲制度略作初步探讨，以求方家指正。

玉皇庙墓地有殉牲的墓共254座，占该墓地墓葬总数的63.5%，接近2/3。

一 殉牲位置

玉皇庙墓地的殉牲位置，皆在墓圹内，未有置于墓圹外者。圹内殉牲的摆放位置，主要可分6种情况：1. 在圹内东端者；2. 在圹内西端者；3. 在圹内东、西两端者；4. 在圹内南侧者；5. 在圹内北端者；6. 在圹内其他位置者。

1. 在圹内东端者，共232座，占该墓地有殉牲墓葬总数的91.3%，属于绝大多数。具体分为4种情形：

（1）在圹内东端上层填土中者，共有192例，占该墓地有殉牲墓葬总数的75.6%，占殉牲位于圹内东端者墓葬总数的82.7%，是殉牲在墓中最常见、最普遍，也是出现次数最多的一种位置。这192例中，包括死者头朝东者177例，占殉牲在此种位置墓葬总数的92.2%，属于绝大多数情况（墓葬编号参见表一，下同）（图一）；死者头朝东南者10例，占殉牲在这种位置墓葬总数的5.2%，属于很少数情况；死者头朝西者2例；死者头朝北者2例；因被破坏尸骨无存，头向不明，但殉牲尚存者1例。这后3种情况，均属极个别情况。

（2）在圹内东端中上层填土中者，共有12例，占该墓地有殉牲墓葬总数的4.7%，占殉牲位于圹内东端者墓葬总数的5.2%。这12例中，包括死者头朝东者10例，占殉牲在此种位置墓葬总数的83.3%，属于绝大多数情况；死者头朝东南者1例；死者头朝西者1例。这后2种情况，从数量上看，只各占殉牲在此种位置墓葬总数的7.7%，属于极少数情况。

（3）在圹内东端中层填土中者，共有21例，占该墓地有殉牲墓葬总数的8.3%，占殉牲位于圹内东端者墓葬总数的9%。这21例，死者头朝东者共20例，·占殉牲在此种位置墓葬总数的95.2%，属于绝大多数情况；因被破坏，尸骨无存，头向不详，但殉牲尚存者1例。

（4）在圹内东端祭牲台上者（包括置于活土二层台和生土二层台上者），共有7例，占该墓地有殉牲墓葬总数的2.8%，占殉牲位于圹内东端者墓葬总数的3%，属于极少数情况。其中殉牲置于活土二层台有3例，均属甲（A）级大型墓（图二、图三）；置于生土二层台者有4例。

2. 在圹内西端者共10座，占该墓地有殉牲墓葬总数的4%，属于极少数。具体分为2种情形：

（1）在圹内西端上层填土中者，共有7例，占该墓地有殉牲墓葬总数的2.8%，占殉牲位于圹内西端者墓葬总数的70%。这7例，死者头向皆朝西。

（2）在圹内西端中层填土中者，共有3例，占该墓地有殉牲墓葬总数的1.2%，占殉牲位于圹内西端者墓葬总数的30%。这3例，死者头向亦皆朝西。

3. 在圹内东、西两端者，共2座，占该墓地有殉牲墓葬总数的0.8%，属个别情况。这2座墓，死者头向皆朝西。在殉牲摆放层位上，分为2种情形：

（1）在圹内东、西两端中上层填土中者，1例。

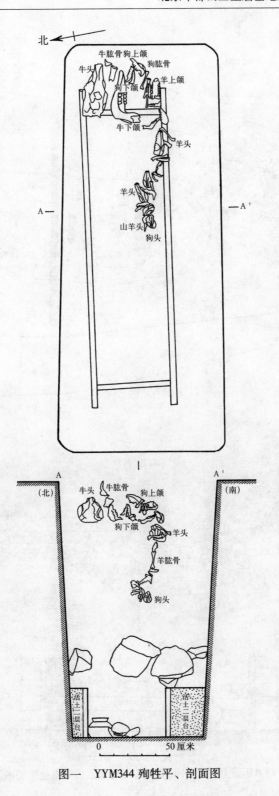

图一　YYM344 殉牲平、剖面图

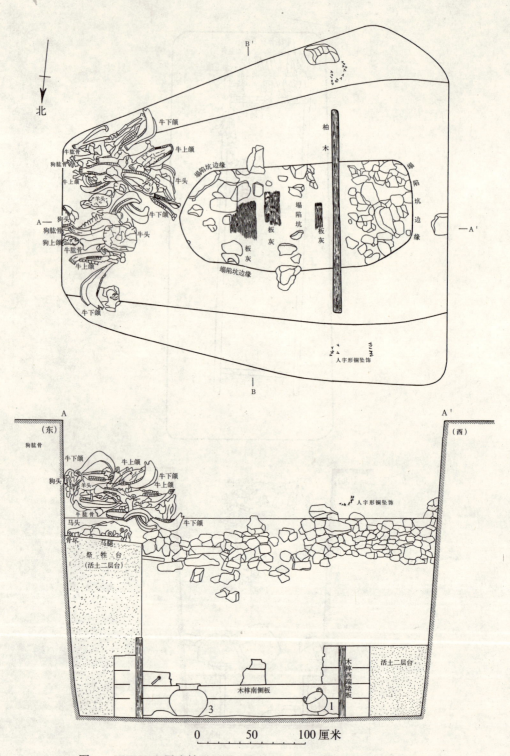

图二　YYM18 上层殉牲平面图及殉牲与墓室、椁室位置关系剖面图

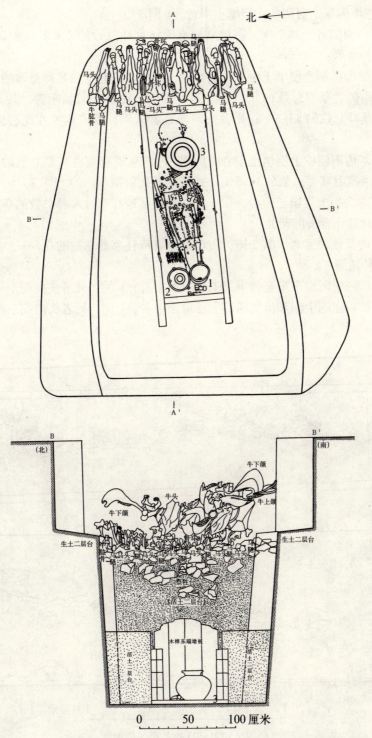

图三　YYM18下层殉牲平面图及殉牲与墓室、椁室位置关系横剖面图

（2）在圹内东、西两端中层填土中者，1例。

4. 在圹内南侧者，共7座，占该墓地有殉牲墓葬总数的2.8%，属于极少数情况。具体分为2种情形：

（1）在圹内南侧上层填土中者，共6例，占该墓地有殉牲墓葬总数的2.4%，占殉牲位于圹内南侧者墓葬总数的85.7%。这6例中，死者头向朝东者，共5例，占殉牲在此种位置墓葬总数的83.3%；死者头向朝北者1例，仅占殉牲在此种位置墓葬总数的16.7%。

（2）在圹内南侧中上层填土中者，1例，占该墓地有殉牲墓葬总数的0.4%，占殉牲位于圹内南侧者墓葬总数的14.3%。此墓死者头向朝东。

5. 在圹内北端上层填土中者，仅1座，占该墓地有殉牲墓葬总数的0.4%，属于极个别情况。此墓死者头向朝北。

6. 在圹内其他位置者，共2座，占该墓地有殉牲墓葬总数的0.8%，亦属个别特殊情况。分2种情形：

（1）在圹内中间自东端至西半部上层填土中者，1例，死者头向朝东（图四）。

（2）在圹内东端中间和南侧西部上层填土中者，1例，死者头向朝东南。

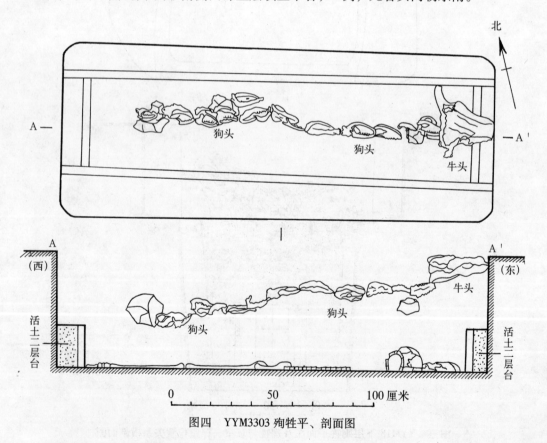

图四　YYM3303殉牲平、剖面图

以上所述玉皇庙墓地殉牲墓的殉牲位置，虽呈现多种情况，但从殉牲位置与死者头向关系的角度考察，最具代表意义的是其中两种情况：一是殉牲被置于圹内东端者与死者头向的关系情况；二是殉牲被置于圹内西端者与死者头向的关系情况。对这两种情况作进一步的归纳与分析，将有助揭示玉皇庙墓地殉牲制度中一个颇具规律特点的问题。

其一，在玉皇庙墓地 254 座殉牲墓中，有 232 座墓的殉牲，被摆放在圹内东端，其中死者头朝东者，共有 215 座（墓葬编号见表一），占该墓地殉牲墓葬总数的 84.65%，占该墓地殉牲被置于圹内东端墓葬总数的 92.7%。若将死者头朝东南的 10 座墓和死者头朝东北的 2 座墓，都作为死者东向墓来考虑的话，那殉牲被摆放在圹内东端墓的数量，将增至 227 座，这个数字将占该墓地殉牲墓葬总数的 89.4%，将占该墓地殉牲被置于圹内东端墓葬总数的 97.8%。这就是说，殉牲被置于圹内东端者，其墓内死者的头向绝大多数均朝东，殉牲的位置与死者头向基本上是一致的。

其二，在玉皇庙墓地 254 座殉牲墓中，有 10 座墓的殉牲全部摆放在圹内西端，有 1 座墓的殉牲一部分摆放在圹内西端，另一部分摆放在圹内东端，还有 1 座墓的殉牲一部分摆放在圹内西端，一部分摆放在圹内中间，另一部分摆放在圹内东端（墓葬编号见表一），以上这 12 座把全部或部分殉牲置于圹内西端的墓，其死者头向经查实皆为西向，占该墓地死者头朝西的殉牲墓葬总数（15 座）的 80%。这一情况，绝非偶然。

由于在殉牲墓中殉牲被置于圹内东端、死者头向朝东的墓，数量最多，所占比例最大，因此此类殉牲墓在玉皇庙墓地最具普遍意义和代表意义，它代表了玉皇庙墓地殉牲墓殉牲位置及其与死者头向关系的主流和主导方面，并从正面揭示了玉皇庙墓地殉牲制度的一条重要规律。这就是：在绝大多数情况下，殉牲位置取决于死者头向，二者基本上是统一的。

殉牲被置于圹内西端、死者头向皆朝西的殉牲墓，虽然数量较少，仅有 12 例，占整个玉皇庙墓地的殉牲墓葬的比例也较小，不可能成为该墓地殉牲墓的主流趋势，但这份资料殊为重要并颇具意义，它从反面再次证明了玉皇庙墓地这一殉牲规律的存在。

当然，除上述两种情况以外，在玉皇庙墓地还有其他几种殉牲位置和死者头向关系的墓例，但为数均很少，甚至有不少属于孤例，均当视为个别特殊情况，不具典型性和代表性意义（见表一）。

二 殉牲种类与配伍组合

玉皇庙墓地的殉牲种类，主要为马、牛、羊、狗 4 种，猪牲仅见猪头骨 1 例，出于春秋晚期后段一座小型墓（YYM173）中。玉皇庙墓地的殉牲配伍组合，可分为 5 类 13 种形式（见表二）。

1. 第一类，以大牲畜马为核心的配伍组合，共 17 座墓，占该墓地有殉牲墓葬总数的 6.7%。分 5 种形式：

Ⅰ 马、牛、羊、狗四畜俱全的配伍组合，共 7 座，占该墓地有殉牲墓葬总数的

表一　玉皇庙墓地殉牲位置与死者头向关系统计表

殉牲位置	死者头向	墓葬数量（座）	墓葬编号（YYM）	占玉皇庙墓地殉牲墓葬总数的百分比
圹内东端（232座）	东	215	22, 20, 29, 2, 18, 13, 11, 10, 300, 384, 278, 245, 250, 277, 280, 279, 282, 251, 230, 229, 233, 231, 228, 232, 227, 241, 264, 226, 240, 252, 265, 275, 96, 47, 263, 43, 41, 225, 254, 266, 273, 46, 44, 236, 238, 237, 256, 261, 267, 272, 94, 49, 89, 257, 259, 247, 268, 270, 271, 48, 95, 258, 260, 51, 50, 191, 188, 52, 54, 26, 294, 23, 212, 208, 192, 189, 55, 58, 196, 186, 87, 185, 86, 59, 60, 184, 149, 61, 69, 84, 83, 81, 62, 63, 148, 141, 217, 207, 224, 194, 182, 139, 203, 223, 222, 221, 220, 219, 218, 216, 215, 213, 211, 210, 209, 195, 206, 205, 204, 197, 198, 170, 199, 200, 183, 181, 180, 179, 178, 177, 151, 142, 143, 138, 137, 136, 135, 117, 116, 118, 119, 74, 75, 156, 167, 134, 133, 132, 122, 123, 124, 126, 120, 121, 115, 114, 113, 111, 166, 171, 108, 314, 306, 303, 304, 305, 301, 302, 164, 127, 110, 163, 130, 175, 173, 161, 129, 128, 109, 174, 340, 337, 334, 328, 346, 344, 343, 339, 341, 338, 348, 335, 336, 349, 342, 373, 366, 379, 382, 376, 378, 372, 371, 368, 369, 370, 364, 361, 392, 399, 393, 394, 400	84.65%
	东南	10	234, 262, 150, 153, 176, 154, 168, 320, 318, 345	3.94%
	东北	2	316, 162	0.78%
	西	3	25, 17, 68（YYM17 为无人墓，以随葬品象征死者头朝西）	1.18%
	不详	2	27, 28	0.78%
圹内西端		10	65, 190, 66, 297, 144, 158, 131, 160, 375, 395	3.94%
圹内西、东两端	西	1	295	0.39%
圹内西、东两端及中间		1	57	0.39%
圹内南侧	东	6	333, 331, 319, 329, 312, 315	2.36%
	北	1	325	0.39%
圹内中间南侧		1	332	0.39%
框内东端及南侧	东南	1	321	0.39%
圹内北端	北	1	365	0.39%
合计		254		

2.76%，占第一类殉牲组合墓葬总数的41.2%。这7座墓，皆为男性墓（见表三）。

Ⅱ　马、牛、狗三畜配伍组合，共3座，占该墓地有殉牲墓葬总数的1.18%，占第一类殉牲组合墓葬总数的17.6%。这3座墓中，属男性者2座，属女性者1座（见表四）。

Ⅲ　马、羊、狗三畜配伍组合，共3座，所占比例同Ⅱ。这3座墓，皆为男性墓（见表五）。

Ⅳ　马、狗二畜配伍组合，共2座，占该墓地有殉牲墓葬总数的0.8%，占第一类殉牲组合墓葬总数的11.8%。这2座墓，皆为男性墓（见表六）。

Ⅴ　单纯殉马者共2座，所占比例同Ⅳ。这2座墓，男性墓1座，无人墓1座（见表七）。

2. 第二类，以大牲畜牛为核心的配伍组合，共82座墓，占该墓地有殉牲墓葬总数的32.3%。分4种形式：

Ⅵ　牛、羊、狗三畜组合，共53座，占该墓地有殉牲墓葬总数的20.87%，占第二类殉牲组合墓葬总数的64.6%。这53座墓中，属男性者36座，占第二类此种殉牲组合墓葬总数的67.9%；属女性者16座，占第二类此种殉牲组合墓葬总数的30.2%；性别不详者1座，占第二类此种殉牲组合墓葬总数的1.9%（见表八）。

Ⅶ　牛、狗二畜组合，共27座，占该墓地有殉牲墓葬总数的10.63%，占第二类殉牲组合墓葬总数32.9%。这27座墓中，属男性者18座，占第二类此种殉牲组合墓葬总数的66.7%；属女性者7座，占第二类此种殉牲组合墓葬总数的25.9%；性别不详者2座，占第二类此种殉牲组合墓葬总数的7.4%（见表九）。

Ⅷ　牛、羊二畜组合，1座，属女性墓，占该墓地有殉牲墓葬总数的0.4%，占第二类殉牲组合墓葬总数的1.2%（见表一〇）。

Ⅸ　单纯殉牛者，1座，属女性墓，所占比例同Ⅷ（见表一一）。

3. 第三类，以小牲畜羊为核心的配伍组合，共32座墓，占该墓地有殉牲墓葬总数的12.6%。分2种形式：

Ⅹ　羊、狗二畜配伍组合，共30座，占该墓地有殉牲墓葬总数的11.81%，占第三类殉牲组合墓葬总数的93.75%。这30座墓中，属男性者14座，占第三类此种殉牲组合墓葬总数的46.7%；属女性者13座，占第三类此种殉牲组合墓葬总数的43.3%；属少儿者3座，占第三类此种殉牲组合墓葬总数的10%（见表一二）。

Ⅺ　单纯殉羊者，2座，占该墓地有殉牲墓葬总数的0.8%，占第三类殉牲组合墓葬总数的6.25%。这2座墓中，属男性者1座；属女性者1座（见表一三）。

4. 第四类——Ⅻ，单纯殉狗者，共122座，占该墓地有殉牲墓葬总数的48%。其中男性墓有42座，占第四类殉牲墓葬总数的34.4%；女性墓有61座，占第四类殉牲墓葬总数的50%；少儿墓有11座，占第四类殉牲墓葬总数的9%；婴儿墓有8座，占第四类殉牲墓葬总数的6.6%（见表一四）。

5. 第五类——ⅩⅢ，猪、狗二畜配伍组合，仅1座，为男性墓，占玉皇庙墓地有殉牲墓葬总数的0.4%，属极个别特殊情况（见表一五）。

表二　玉皇庙墓地殉牲数量统计总表

数量\组合种类	马			牛				羊			狗				猪	合计
种类	头骨	下颌骨	腿骨(连蹄)	头骨	下颌骨	肱骨	胫骨	头骨	下颌骨	肱骨	肩胛骨	头骨	下颌骨	肱骨	头骨	
Ⅰ	35		38	10	8	37		35	3	36		31	5	34		272
Ⅱ	3	1	12	1	1	5	1					5	1	4		34
Ⅲ	5		5					4		3		16		16		49
Ⅳ	5		8									11		11		35
Ⅴ	2		6													8
Ⅵ				54		52		130		120		231		220		807
Ⅶ				27		21						107	1	85		241
Ⅷ				1		1		1		1						4
Ⅸ				1		1										2
Ⅹ								41	1	39		72	3	67		223
Ⅺ								1		3	1					5
Ⅻ												290	12	224	1	526
ⅩⅢ												1	1	1	1	3
合计	50(个)	1(副)	69(只)	94(个)	9(副)	117(只)	1(只)	212(个)	4(副)	202(只)	1(个)	764(个)	22(副)	662(只)	1(个)	
总计	120(个、副、只)			221(个、副、只)				419(个、副、只)			1448(个、副、只)				1(个)	

表三　玉皇庙墓地第一类第Ⅰ种殉牲组合（马、牛、羊、狗四畜组合）及殉牲数量统计表

种类 数量 墓号(YYM)	马		牛			羊			狗			性别	墓葬规格级别	分布墓区	分期
	头骨	腿骨(连蹄)	头骨	下颌骨	肱骨	头骨	下颌骨	肱骨	头骨	下颌骨	肱骨				
18	16	16	3		16	7		5	4		6	男	甲(A)	北Ⅰ中	春秋早期
250	7	10	2(上颌)	8副	9	4(上颌)	3副	4	4(上颌)	5副	5	男	甲(A)	北Ⅱ北	春秋早中期
230	2	8	1		2	3		3	4		4	男	甲(A)	南区北	春秋晚期前段
151	2	2	1		1	3		3	6		6	男	甲(B)		
74	2	2	1		1	4		4	4		4	男	乙(A)	南区中	
156	4		1		5	6		9	4		4	男	乙(A)	南区南	春秋晚期后段
174	2		1		3	8		8	5		5	男	乙(B)		
合计 7(座)	35	38	10	8副	36	35	3副	36	31	5副	34	男7	甲(A)3 甲(B)1 乙(A)2 乙(B)1		

表四　玉皇庙墓地第一类第Ⅱ种殉牲组合（马、牛、狗三畜组合）及殉牲数量统计表

种类 数量 墓号(YYM)	马			牛				狗			性别	墓葬规格级别	分布墓区	分期
	头骨	下颌骨	腿骨(连蹄)	头骨	下颌骨	胫骨	肱骨	头骨	下颌骨	肱骨				
2	2		2		1副		2	1		1	女	甲(B)	北Ⅰ中	春秋早期
13	1	1副	6				2	1			男	乙(A)	北Ⅱ南	春秋中晚期
57			4	1		1	1	3	1副	3	男	乙(B)		
合计 3(座)	3	1副	12	1	1副	1	5	5	1副	4	女1 男2	甲(B)1 乙(A)1 乙(B)1		

表五　玉皇庙墓地第一类第Ⅲ种殉牲组合（马、羊、狗三畜组合）及殉牲数量统计表

种类 数量 墓号(YYM)	马 头骨	马 腿骨(连蹄)	羊 头骨	羊 肱骨	狗 头骨	狗 肱骨	性别	墓葬规格级别	分布墓区	分期
257	1	1	1	1	6	6	男	乙（B）	北Ⅱ中	春秋早期
52	3	3	1	1	4	4	男	甲（B）		
212	1	1	2	1	6	6	男	乙（B）	北Ⅱ南	春秋中晚期
合计 3（座）	5	5	4	3	16	16	男 3	甲(B)1, 乙(B)2		

表六　玉皇庙墓地第一类第Ⅳ种殉牲组合（马、狗二畜组合）及殉牲数量统计表

种类 数量 墓号(YYM)	马 头骨	马 腿骨(连蹄)	狗 头骨	狗 肱骨	性别	墓葬规格级别	分布墓区	分期
11	3	6	3	3	男	乙（A）	北Ⅰ中	春秋早期
217	2	2	8	8	男	甲（B）	南区北	春秋晚期前段
合计 2（座）	5	8	11	11	男 2	甲(B)1, 乙(A)1		

表七　玉皇庙墓地第一类第Ⅴ种殉牲组合（单纯殉马者）及殉牲数量统计表

种类 数量 墓号(YYM)	马 头骨	马 腿骨(连蹄)	性别	墓葬规格级别	分布墓区	分期
17	2	2	无人	乙（B）	北Ⅰ中	春秋早期
300		4	男	乙（A）	北Ⅰ西	
合计 2（座）	2	6	无人1, 男1	乙(A)1, 乙(B)1		

表八　玉皇庙墓地第二类第Ⅵ种殉牲组合（牛、羊、狗三畜组合）及殉牲数量统计表

墓号（YYM）	牛		羊		狗		性别			墓葬规格级别	分布墓区	分期	合计
种类数量	头骨	肱骨	头骨	肱骨	头骨	肱骨	男	女	不详				
22	1		1	1	3	3	√			甲（B）	北I中	春秋早期	5
20	1	2	2		3	3		√		乙（A）			
25	1		1	1	4	4		√		丙（A）			
27	1	3	3	3	3	3			√	丙（B）			
384	1	1	2	2	3	3	√			乙（B）	北I西		
278	1	1	2	2	2	2	√			丙（A）	北II北	春秋早中期	7
279	1	1	2	1	5	2		√		乙（B）			
280	1	1	3	3	8	8		√		乙（A）			
282	1	1	1	1	4	1	√			丙（A）			
229	1	1	1	1	3	2				乙（B）			
241	1	1	2	2	5	5		√		乙（B）			
275	1	1	2	2	2	2	√			乙（A）			
41	1	1	2	2	2	2	√			乙（B）	北II中	春秋中期	10
236	1	1	1	1	4	4	√			乙（A）			
256	1	1	3	3	5	5		√		乙（A）			
261	1	1	5	5	6	6	√			乙（A）			
49	1		2		4	4				丙（A）			
48	1	1	2	2	3	3	√			丙（A）			
95	1	1	3	3	7	7	√			乙（A）			
51	1	1	3	3	5	5	√			乙（B）			
190	1	1	1	1	2	2	√			乙（B）			
188	1	1	2	2	8	8	√			乙（B）			
148	1	1	2	2	2	2	√			丙（A）	北II南	春秋中晚期	1
203	1	1	1	1	4	4	√			乙（B）	南区北	春秋晚期前段	13
220	1	1	4	4	4	4		√		乙（B）			
210	2	2	1	1	6	6	√			乙（A）			
209	1	1	4	4	9	9	√			乙（A）			
199	1	1	1	1	2	2	√			丙（A）			
178	1	1	1	1	5	5		√		乙（B）			
153	1		3		4	4		√		丙（A）			
142	1	1	4	4	3	3	√			丙（A）			
143	1	1	4	1	6	6	√			丙（A）			
138	1	1	4	5	10	12		√		丙（A）			
137	1	1	3	3	3	3		√		丙（A）			
117	1	1	3	3	3	3	√			丙（A）			
75	1		3	3	2	2		√		丙（B）			

续表八

墓号(YYM)	牛		羊		狗		性别			墓葬规格级别	分布墓区	分期	合计
	头骨	肱骨	头骨	肱骨	头骨	肱骨	男	女	不详				
176	1	1	2	2	1	1		√		丙（B）			
158	1	1	1	1	5	5	√			乙（B）			
167	1	1	3	3	5	5		√		乙（B）			
134	1	1	1	1	4	4	√			乙（B）			
133	1	1	5	5	4	4		√		乙（B）	南区中		9
131	1	1	1	1	1	2	√			丙（A）			
122	1	1	3	3	4	4	√			丙（A）			
124	1	1	6	6	3	3	√			乙（B）			
171	1	1	5	5	12	12	√			丙（A）			
320	1		1		1		√			丙（B）	西区		1
160	1	1	1	1	2	3	√			乙（B）			
175	1	1	1	1	6	6	√			丙（A）			
129	1	1	4	4	6	6	√			乙（A）			
128	1	1	4	4	6	6		√		乙（B）	南区南	春秋晚期后段	7
334	1	1	3	1	4	1	√			乙（A）			
344	1	1	3	3	7	4	√			乙（A）			
349	1	1	3	3	6	6	√			乙（B）			
合计	54(个)	52(只)	130(个)	120(只)	231(个)	220(只)	36(座)	16(座)	1(座)	甲(B)1,乙(A)14,乙(B)17,丙(A)17,丙(B)4			53(座)

表九　玉皇庙墓地第二类第Ⅶ种殉牲组合（牛、狗二畜组合）及殉牲数量统计表

墓号(YYM)	牛		狗			性别			墓葬规格级别	分布墓区	分期	合计
	头骨	肱骨	头骨	下颌骨（副）	肱骨	男	女	不详				
28	1	1	3		3			√	丙（A）	北Ⅰ中	春秋早期	1
251	1	1	5		5	√			乙（B）			
233	1	1	9		5	√			乙（B）			
227	1	1	2		2	√			乙（A）	北Ⅱ北	春秋早中期	5
264	1	1	5		5	√			丙（A）			
226	1	1	10		10	√			乙（B）			

续表九

墓号(YYM)	牛 头骨	牛 肱骨	狗 头骨	狗 下颌骨(副)	狗 肱骨	性别 男	性别 女	性别 不详	墓葬规格级别	分布墓区	分期	合计
234	1	1	5		5	√			乙（B）			
263	1	1	3		3	√			乙（B）			
266	1	1	3		3		√		乙（A）	北Ⅱ中	春秋中期	6
89	1	1	3		3			√	丙（A）			
258	1	1	5		5		√		乙（A）			
54	1	1	3		3	√			乙（A）			
23	1	1	2		2	√			丙（A）	北Ⅰ中		1
208	1	1	2		2		√		丙（A）			
58	1	1	2		4	√			乙（B）			
196	1	1	3		3		√		乙（B）	北Ⅱ南	春秋中晚期	5
186	1	1	4		4				乙（B）			
86	1	1	4		4				乙（A）			
213	1	1	3		3				乙（B）	南区北		1
168	1	1	7		7				丙（B）	南区中		1
332	1		3			√			丙（C）			
333	1		11			√			丙（B）			
321	1			1副		√			丁	西区	春秋晚期前段	6
314	1		2			√			丙（C）			
303	1		1			√			丁			
301	1		3				√		丙（B）			
394	1	1	4		4		√		乙（B）	南区南	春秋晚期后段	1
合计	27（个）	21（只）	107（个）	1（副）	85（只）	18（座）	7（座）	2（座）	乙（A）5，乙（B）10，丙（A）5，丙（B）3，丙（C）2，丁2			27（座）

表一〇　玉皇庙墓地第二类第Ⅷ种殉牲组合（牛、羊二畜组合）及殉牲数量统计表

墓号(YYM)	牛 头骨	牛 肱骨	羊 头骨	羊 肱骨	性别	墓葬规格级别	分布墓区	分期
10	1	1	1	1	女	乙（B）	北Ⅰ中	春秋早期

表一一　　玉皇庙墓地第二类第Ⅸ种殉牲组合（单纯殉牛者）及殉牲数量统计表

墓号(YYM)　种类数量	牛		性别	墓葬规格级别	分布墓区	分期
	头骨	肱骨				
26	1	1	女	乙（B）	北Ⅰ中	春秋中期

表一二　玉皇庙墓地第三类第Ⅹ种殉牲组合（羊、狗二畜组合）及殉牲数量统计表

墓号(YYM)　种类数量	羊			狗			性别			墓葬规格级别	分布墓区	分期	合计
	头骨	下颌骨（副）	肱骨	头骨	下颌骨（副）	肱骨	男	女	少儿				
277	1		1	1			√			丙（A）	北Ⅱ北	春秋早中期	3
228	1		1	2		2	√			乙（B）			
252	1		1	2		2	√			丙（A）			
270	1		1	1		1	√			乙（B）	北Ⅱ中	春秋中期	2
271	2		2	1		1	√			乙（B）			
296	1			5				√		丙（B）	北Ⅰ北		3
295	1		1	1		1	√			乙（A）			
294	1		1	2		2		√		丙（A）			
87	1		1	3		3		√		乙（B）	北Ⅱ南	春秋中晚期	1
224	3		3	3		3	√			丙（A）	南区北	春秋晚期前段	8
223	1		1	2		2		√		乙（B）			
222	1		1	3		3		√		丙（B）			
221	1		1	4		4		√		丙（A）			
204	1		1	2		2		√		乙（B）			
179	1		2	3		3	√			乙（B）			
144	2		2	4		4		√		丙（A）			
136	1		1	1		1			√	丙（C）			
132	2		2	1		2			√	丙（C）	南区中		5
126	1		1	5		5		√		丙（A）			
114	1		1	4		4		√		丙（B）			
111	2		2	2		2	√			丙（A）			
166	1		1	1		1			√	丙（C）			

墓号(YYM) \ 种类数量	羊			狗			性别			墓葬规格级别	分布墓区	分期	合计
	头骨	下颌骨（副）	肱骨	头骨	下颌骨（副）	肱骨	男	女	少儿				
164	1		1	2		2	√			丙（B）	南区南	春秋晚期后段	8
127	1		1	3		3	√			丙（C）			
110	2		2	2		2	√			丙（B）			
338	2		2	7		7		√		乙（A）			
373	2		2	3		3	√			乙（B）			
366	2			1		1		√		乙（B）			
372		1			3				√	丙（A）			
370	3		3	1		1	√			丙（B）			
合计	41（个）	1（副）	39（只）	72（个）	3（副）	67（只）	14（座）	13（座）	3（座）	乙（A）2，乙（B）9，丙（A）9，丙（B）6，丙（C）4			30（座）

表一三　玉皇庙墓地第三类第XI种殉牲组合（单纯殉羊者）及殉牲数量统计表

墓号(YYM) \ 种类数量	羊			性别	墓葬规格级别	分布墓区	分期
	头骨	肩胛骨	肱骨				
50	1		2	女	丙（C）	北Ⅱ中	春秋中期
365		1	1	男	丁	南区南	春秋晚期后段
合计	2（座）	1	1	3	女1男1	丙（C）1丁1	

表一四　玉皇庙墓地第四类第XII种殉牲组合（单纯殉狗者）及殉牲数量统计表

墓号(YYM) \ 种类数量	狗			性别				墓葬规格级别	分布墓区	分期	合计
	头骨	下颌骨（副）	肱骨	男	女	少儿	婴儿				
29	3				√			丙（A）	北Ⅰ中	春秋早期	1
245	3		2		√			丙（A）	北Ⅱ北	春秋早中期	7
231	2		2		√			乙（B）			
232	5		5		√			丙（A）			
240	1		1		√			乙（B）			
265	2		2		√			丙（A）			
96	1		1		√			丙（A）			
47	1		1		√			丙（C）			

墓号(YYM) \ 种类数量	狗			性别				墓葬规格级别	分布墓区	分期	合计
	头骨	下颌骨（副）	肱骨	男	女	少儿	婴儿				
43	2			√				丙（A）	北Ⅱ中	春秋中期	21
225	3		3		√			乙（B）			
254	2		2		√			乙（B）			
262	1		1				√	丙（C）			
273	2		2		√			丙（A）			
46	2		1	√				乙（B）			
44	2		2	√				乙（B）			
238	1		1			√		丙（C）			
237	3		1		√			乙（B）			
267	2		2				√	丙（B）			
272	2		2		√			丙（A）			
94	1		1			√		丙（C）			
259	1		2			√		丙（C）			
247	3		3	√				乙（B）			
268	2		2		√			丙（A）			
260	1		1	√				丙（A）			
65	1			√				乙（B）			
191	3		3		√			丙（A）			
66	4		4		√			乙（B）			
68	1				√			丙（C）			
297	1		1	√				丙（B）	北Ⅰ北		
192	3		3	√				丙（B）	北Ⅱ南	春秋中晚期	16
189	2		2		√			丙（A）			
55	1		2			√		丙（C）			
185	4		4		√			丙（A）			
59	1		1			√		丁			
60	2		2	√				乙（B）			
184	3		3			√		丙（B）			
149	4		4		√			丙（B）			
61	5		5	√				乙（B）			
69	1		1	√				丙（A）			
84	5		5		√			丙（A）			
83	5		5	√				丙（A）			
81	5		5		√			乙（B）			
62	1		1	√				丙（C）			
63	2		2	√				乙（B）			
141	1		1				√	丁			

续表一四

墓号（YYM）	狗 头骨	狗 下颌骨（副）	狗 肱骨	性别 男	性别 女	性别 少儿	性别 婴儿	墓葬规格级别	分布墓区	分期	合计
207	3		3	√				乙（B）			
194	1		1				√	丙（C）			
182	4		4	√				乙（B）			
139	2		2		√			丙（A）			
219	2		2		√			丙（A）			
218	2		2		√			丙（A）			
216	6		6		√			乙（B）			
215	1		1		√			丙（B）			
211	3		3		√			乙（B）			
195	1		1				√	丙（C）			
206	1		1		√			丙（A）	南区北	春秋晚期前段	43
205	4		4	√				乙（B）			
197	4		4	√				乙（B）			
198	4		4		√			乙（B）			
170	2		2	√				乙（B）			
200	1		1		√			丙（A）			
183	5		5		√			丙（B）			
181	1		1	√				丙（A）			
180	2		2		√			丙（A）			
177	1		1				√	丁			
150	5		5		√			乙（B）			
135	2		2		√			丙（C）			
116	2		2		√			丁			
118	2		2		√			丙（B）			
119	3		3		√			丙（A）			
154	3		3	√				丙（C）			
123	1		1				√	丙（C）			
120	1		1			√		丙（B）	南区中		
121	1		1	√				丙（C）			
115	1		1		√			丁			
113	2		2		√			丙（A）			
108	4		4	√				丙（C）			
331	2				√			丁			
319	14			√				丙（B）			
329		1块		√				丁			
318	2			√				丙（C）			
316	1				√			丁			

续表一四

墓号(YYM)	头骨	下颌骨(副)	肱骨	男	女	少儿	婴儿	墓葬规格级别	分布墓区	分期	合计
312	3			√				丙（C）			
315	3			√				丙（B）			
306	1				√			丁			
304	6				√			丙（C）	西区	春秋晚期前段	
305	1				√			丙（C）			
302	5				√			丙（C）			
325	1	1		√				丁			
163	3		3		√			乙（B）			
130	3		3		√			乙（B）			
161	5		5	√				乙（A）			
109	2		2		√			丙（C）			
162		1			√			丁			
340	2				√			丙（A）			
337	1		1			√		丙（C）			
328	1		1	√				丙（A）			
345	3		3	√				丙（A）			
346	2		1		√			乙（B）			
343	3		2	√				丙（A）			
339	3		1		√			乙（A）			
341	2		1		√			丙（A）			
348	3		2	√				乙（B）			
335	1		1				√	丁			
336	2		1	√				丙（A）			
342	2		1	√				丙（A）	南区南	春秋晚期后段	34
379		1块		√				丙（A）			
382	1				√			丙（B）			
378	2		1		√			丙（A）			
376	上颌6	4	4	√				丙（A）			
374	下颌2	3	2		√			乙（B）			
375		1	1		√			丙（C）			
371	2		1		√			丙（C）			
368	5				√			丙（C）			
369	5		5		√			乙（B）			
364	1	1	2		√			丙（B）			
361			1	√				丁			
392	2		2	√				丁			
399	2		2	√				丙（B）			
393	1		1	√				丙（C）			
395	2		2	√				丙（A）			
400	2		1	√				丙（A）			
合计	290（个）	12（副）	224（只）	42（座）	61（座）	11（座）	8（座）	乙（A）2,乙（B）29,丙（A）37,丙（B）14,丙（C）26,丁14			122（座）

表一五　玉皇庙墓地第五类第ⅩⅢ种殉牲组合（猪、狗二畜组合）及殉牲数量统计表

墓号 （YYM）　　种类 数量	猪	狗		性别	墓葬规 格级别	分布墓区	分期
	头骨	头骨	肱骨				
173	1	1	1	男	丙（C）	南区南	春秋晚期 后段

在上述 5 类 13 种殉牲配伍组合形式中，按参与形式频次的多少看，狗牲所参与的形式频次是最多的，当居第一位，达到了 9 种形式，占殉牲配伍组合形式总数的 69.2%，狗牲所在的 9 种配伍组合形式是：（1）马、牛、羊、狗，（2）马、牛、狗，（3）马、羊、狗，（4）马、狗，（5）牛、羊、狗，（6）牛、狗，（7）羊、狗，（8）猪、狗，（9）单纯殉狗。其次为牛、羊牲，它们所参与的配伍组合形式，各为 6 种，分别占殉牲配伍组合形式总数的 46.2%，如牛牲所在的 6 种形式是：（1）马、牛、羊、狗，（2）马、牛、狗，（3）牛、羊、狗，（4）牛、狗，（5）牛、羊，（6）单纯殉牛；羊牲所在的 6 种形式是：（1）马、牛、羊、狗，（2）马、羊、狗，（3）牛、羊、狗，（4）牛、羊，（5）羊、狗，（6）单纯殉羊。居第三位者，为马牲，马牲所参与的配伍组合形式共 5 种，占殉牲配伍组合形式总数的 38.5%，马牲所在的 5 种配伍组合形式是：（1）马、牛、羊、狗，（2）马、牛、狗，（3）马、羊、狗，（4）马、狗，（5）单纯殉马。居第四位，即末位者，为猪牲，因整个墓地仅出现 1 例，故仅具 1 种配伍组合形式，即第ⅩⅢ种——猪、狗组合形式，其所占殉牲配伍组合形式总数的比例为 7.7%，是 5 类殉牲中所占比例最低的。

三　殉牲数量

玉皇庙墓地 5 类殉牲总计为 2209（头、副、根），其中马牲总数为 120（个、副、根），占殉牲总数的 5.43%；牛牲总数为 221（个、副、根），占殉牲总数的 10%；羊牲总数为 419（个、副、根），占殉牲总数的 18.97%；狗牲总数为 1448（个、副、根）占殉牲总数的 65.55%；猪牲总数为 1（个），占殉牲总数的 0.045%。这一统计结果显示，狗牲数量在 5 类殉牲中最多，所占比例超过一半；其次是羊牲，所占比例接近 1/5；第三位是牛牲，所占比例为 1/10，第四位为马牲，所占比例为 1/20 强一点；数量最少、排在末尾的是猪牲，只有 1 例，仅占殉牲总数的 1/2209。

马牲中，包括马头 50 个，马下颌骨 1 副，马腿骨 69 根；牛牲中，包括牛头 94 个，牛下颌骨 9 副，牛肱骨 117 根，牛胫骨 1 根；羊牲中，包括羊头 212 个，羊下颌骨 4 副，羊肱骨 202 根，羊肩胛骨 1 个；狗牲中，包括狗头 764 个，狗下颌骨 22 副，狗肱骨 662 根；猪牲，仅有猪头 1 个（参见表二）。

四　殉牲形式及牲吻朝向

玉皇庙墓地殉牲形式较繁复，表现为多样性。在各种殉牲组合中，每种殉牲的摆放层位，彼此之间的位置关系，以及牲头是否被完整保留，还是被拆解开，还有牲吻朝向等，大多都有一定的规律性特点，而绝非毫无秩序的随意乱摆乱放，这其中无疑包含有特定的宗教、文化与社会意义。所以，整理和考察殉牲形式，是综合研究玉皇庙墓地殉牲制度的一项重要内容。

1. 马牲

马牲在玉皇庙墓地为 5 类殉牲之首。在殉牲中，其身价和地位明显高于另一种大牲畜牛和 3 种小家畜羊、狗、猪。其殉牲形式具有以下 5 个特点。

（1）马牲头骨绝大多数被完整保留，而罕有被拆解者。该墓地殉马头的墓共 15 座50 个（墓葬编号为：YYM17、18、2、13、11、250、230、257、52、212、217、151、74、156、174），除 YYM74 一座墓 2 个马头的上、下颌被拆解开以外，其余 14 座 48 个马头均被完整保留，完整者占该墓地殉马头墓葬总数的 93.3%，占该墓地殉马头总数的 96%。这与其他 4 类殉牲是明显不同的。

（2）马牲中的肱骨，绝大多数都是连蹄殉祭的。这也与其他 4 类殉牲完全不同。

（3）马牲在殉牲组合中的位置与摆放形式，马牲中凡一墓殉有 2 个和 2 个以上马头者，马头必在圹内东端祭牲台和填土中作南、北并列摆放。这一点，在牛、羊、猪三牲中均未见，在狗牲中也甚为少见。

（4）马牲在殉牲组合中，如属分层殉祭的，则绝大多数必居于下层，而绝少位居上层。如 YYM18、2、250、230、52、217、174 等均是。

（5）马牲吻部朝向，在玉皇庙墓地 15 座殉马头墓葬中，除 YYM17 为无人墓以外，其余 14 座皆属死者头朝东的墓。在这 14 座死者头朝东的墓中，除 1 座墓（YYM257）马牲吻部朝北以外，其他 13 座墓马牲吻部一律朝东，马牲吻部朝东的墓，占该墓地死者头朝东的殉马头墓葬总数的 92.86%，而个别马牲吻部朝北的墓，只占该墓地死者头朝东、殉马头墓葬总数的 7.14%。YYM17 无人墓，按随葬品陈放位置，虽将死者头向假定朝西，但所殉马牲却顺置于圹内东端，马牲吻部皆朝东，这是一个特殊葬例。从马牲吻部朝向与死者头向关系考察，显然马牲吻部朝东与死者头向朝东二者在方向上保持一致者，为马牲吻部朝向的主流趋向，也是玉皇庙墓地马牲吻部朝向所具有的规律性特点。

2. 牛牲

牛牲在玉皇庙墓地殉牲中的身价和地位，逊于马牲一等，其殉牲形式，也有一定的规律性特点。

（1）玉皇庙墓地所殉牛牲中的牛头，其上、下颌大多数是被拆解开以后殉祭的，被完整保留者不足 1/3。该墓地殉牛的墓共有 92 座，其中殉有牛头的墓为 90 座，只有牛下颌骨 1 副而无牛头的墓 1 座（YYM2），只殉牛肱骨 2 只而无牛头的墓 1 座（YYM13）。在 90 座殉牛头的墓中共殉牛头 94 个，其中上、下颌骨被拆解开的有 63 座 65 个（墓葬编号为：YYM22、27、28、25、2、18、10、384、280、250、282、251、230、229、227、241、226、263、41、256、49、89、48、51、190、188、54、23、208、58、196、186、57、86、148、203、220、213、199、178、153、142、143、137、117、74、75、176、156、167、133、122、171、320、303、301、160、175、128、334、344、349、394），占该墓地殉牛头墓葬总数的 70%，占该墓地所殉牛头总数的 69.1%；牛头完整者为 28 座 29 个（墓葬编号为：YYM20、278、279、233、264、275、234、266、236、261、95、258、26、210、209、151、138、158、168、134、131、124、332、333、321、314、129、174），占该墓地殉牛头墓葬总数的 30%，占该墓地所殉牛头总数的 30.9%。

（2）牛牲中的牛腿骨仅见单节肱骨，无 1 例连蹄殉祭者，这与马牲形成鲜明对照。

（3）牛牲在殉牲组合中的位置与摆放形式，在死者头朝东的墓葬中，牛牲均随该墓其他殉牲一起，置于圹内东端填土中，其具体位置多被摆放于墓内殉牲组合之南侧，属此种情况者共有 44 座墓（墓葬编号为：YYM20、25、18、13、280、250、282、251、230、229、233、226、275、234、256、261、49、89、48、95、258、54、23、196、186、148、203、220、210、151、142、143、137、117、74、75、176、134、133、131、122、171、175、128），占该墓地殉牛墓葬总数的 47.8%，接近一半；其次则被摆放于墓内殉牲组合之北侧，属此种情况者共有 26 座墓（墓葬编号为：YYM22、27、28、10、384、241、264、263、41、236、51、190、188、213、209、199、178、153、138、167、168、124、129、334、344、394），占该墓地殉牛墓葬总数的 28.3%，不足 1/3；再次则被摆放于墓内殉牲组合之东侧，属此种情况者共有 8 座墓（墓葬编号为：YYM227、332、333、321、320、314、303、301），占该墓地殉牛墓葬总数的 8.6%，不足 1/10；还有极少数被置于墓内殉牲组合之中间者，或西侧者等，当属个别情况。单独殉牛者，只有 1 座墓（YYM26），此墓死者头朝东，所殉牛牲被顺置于圹内东端中间中层填土中。

（4）牛牲在殉牲组合中，如属分层殉祭或聚堆摆放的，则牛牲绝大多数必居于上层，而绝少位居下层，这与马牲恰好相反。如玉皇庙墓地有分层殉牲墓和有殉牛的聚堆殉牲墓共 13 座，其中牛牲居于上层者计有 12 座墓（墓葬编号为：YYM2、18、250、230、226、48、208、58、86、209、159、174），占此类墓葬总数的 92.3%，只有 1 座墓（YYM282）所殉牛牲居于下层，属于个别例外情况。

（5）牛牲吻部朝向，基本上可分为两种情况：

死者头朝东的墓，牛牲（主要指牛头）绝大多数按东西方向顺置，牛牲吻部朝向绝大多数向东，极少有例外者，如该墓地殉牛头的墓（90 座）加殉牛下颌骨的墓（1 座），其中死者头朝东的有 85 座，在这 85 座墓中，牛牲作东西向顺置、牛牲吻部朝东者为 83 座墓（墓葬编号为：YYM22、20、27、28、2、18、10、384、278、279、280、

282、251、230、229、233、227、241、264、226、275、234、263、41、266、236、256、261、48、89、48、95、258、51、188、54、26、23、208、196、186、86、148、203、220、213、210、209、199、178、151、153、142、143、138、137、117、74、75、176、156、167、168、134、133、122、124、171、332、333、321、320、314、303、301、175、129、128、174、334、344、349、394），占死者头朝东殉牛墓葬总数的97.6%，占殉牛头和殉牛下颌骨墓葬总数的91.2%（图五，另可参见图一、图二、图四、图六），唯有1座墓（YYM58），牛牲吻部朝向东北，属于个别情况。

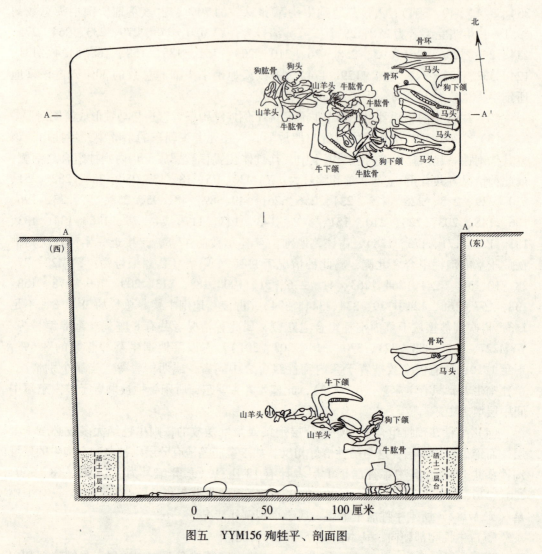

图五　YYM156殉牲平、剖面图

　　在上述91座殉牛头和牛下颌骨的墓葬中，有6座死者头朝西的墓葬，在这6座死者头朝西的墓葬中，有4座墓（墓葬编号为：YYM158、131、160、190）所殉牛头作西东向摆放，牛牲吻部皆朝西，占该墓地殉牛头和牛下颌骨墓葬总数的4.4%，占死者头朝西殉牛墓葬总数的 2/3；另有 2 座墓（YYM25、57），则仍将牛头顺置于墓圹内东端填土中，牛牲吻部仍朝东，此种情况的墓占死者头朝西殉牛墓葬总数的 1/3。

从以上统计不难看出，牛牲吻部朝向与死者头向是密切相关的。在死者头朝东的殉牛墓中，牛牲吻部绝大多数均朝东，极少有例外者；在死者头朝西的殉牛墓中，牛牲吻部有 2/3 多数朝西，只有 1/3 例外。这就从正、反两个方面传达出一个信息：牛牲吻部朝向，无论是朝东，还是朝西，在大多数情况下，都将按死者头向而定，或与死者头向保持一致。这是牛牲吻部朝向所表现出来的规律性特点。

3. 羊牲

羊牲在玉皇庙墓地殉牲中的身价和地位，较牛牲又低一等。该墓地殉有羊牲的墓（包括各种殉羊组合形式）共有 96 座，其中殉有羊头的墓（含 YYM372 只殉羊下颌骨 1 副，而无整羊头者）计 95 座，共殉羊头 212 个，只有 1 座墓（YYM365）既未殉羊头，也未殉羊下颌骨，而只殉羊肩胛骨 1 块，羊肱骨 1 节。羊牲在墓中各种殉牲组合形式中，也具有一定的规律性特点。

（1）玉皇庙墓地所殉羊牲中的羊头，其上、下颌绝大多数都是被拆解开以后殉祭的，被完整保留者为极少数。经统计，该墓地羊头被拆解者（含 YYM372）共计 91 座墓 202 个（墓葬编号为：马、牛、羊、狗四畜组合——YYM18、250、230、151、74、156、174；马、羊、狗三畜组合——YYM257、52、212；牛、羊、狗三畜组合——YYM22、25、27、384、278、279、280、282、229、241、275、41、236、256、261、49、48、95、51、190、188、148、203、220、210、209、199、178、153、142、143、138、137、117、75、176、158、167、134、133、131、124、171、320、160、175、128、334、344、349；牛、羊二畜组合——YYM10；羊、狗二畜组合——YYM277、228、252、270、271、296、295、294、87、224、223、222、221、204、179、144、136、132、114、111、166、164、127、110、338、373、366、372、370；单纯殉羊者——YYM50），占该墓地殉羊头墓葬总数（含 YYM372）的 95.8%，占该墓地所殉羊头总数的 95.3%；羊头被完整保留者只有 4 座墓 10 个（墓葬编号为：牛、羊、狗组合——YYM20、122、129；羊、狗组合——YYM126），占该墓地殉羊头墓葬总数的 4.2%，占该墓地所殉羊头总数的 4.7%。

（2）羊牲中所殉羊腿，只有羊肱骨一节，无连蹄者。

（3）羊牲在殉牲组合中的位置与摆放形式，不含分层祭牲情况在内，可分为 16 种形式：

Ⅰ　在牛、羊、狗和马、羊、狗三畜组合及羊、狗二畜组合中，有 36 座墓为狗东、羊西的殉牲布局，占玉皇庙墓地殉羊墓葬总数的 37.5%，超过 1/3。这 36 座墓中，除 1 座墓（YYM25）为死者头朝西，1 座墓（YYM176）死者头朝东南以外，其余 34 座墓死者头向一律朝东（墓葬编号为：牛、羊、狗三畜组合——YYM22、27、384、280、229、241、275、236、261、48、95、220、210、199、143、137、167、134、133、122、124、175、334；马、羊、狗三畜组合——YYM212；羊、狗二畜组合——

YYM228、222、204、136、132、166、164、110、366、370）。

Ⅱ　在马、羊、狗和牛、羊、狗三畜组合及羊、狗二畜组合中，有26座墓的羊牲居于其殉牲组合的中间，占玉皇庙墓地殉羊墓葬总数的27.1%，超过1/4。这26座墓中，除1座墓（YYM153）为死者头朝东南以外，其余25座墓死者头向一律朝东（墓葬编号为：马、牛、羊、狗四畜组合——YYM230；马、羊、狗三畜组合——YYM257；牛、羊、狗三畜组合——YYM279、41、256、49、51、148、203、209、178、142、138、75、128、344、349；羊、狗二畜组合——YYM87、224、179、126、111、338、373、372）。

Ⅲ　在牛、羊、狗三畜组合中，有2座死者头朝东的墓的羊牲，不但其东端前沿位置有狗牲作"警戒"，而且在中间和西侧也有狗牲作"陪护"，这种殉牲形式，占玉皇庙墓地殉羊墓葬总数的2.08%。如YYM117，牛、羊、狗牲在墓圹东端填土中，是按东西方向，自东而西分前、中、后三组作同层摆放，前组为牛、狗牲各1套，中组为羊牲2套、狗牲1套，后组为羊牲1套、狗牲1套；YYM171，牛、羊、狗牲也被摆放在墓圹东端填土中，牛牲居南侧，狗、羊牲居北侧，其中居最东端者为狗牲1套，另有11套狗牲与5套羊牲，则在紧邻此狗牲的西侧，依次交错摆放。此种形式，实际上是兼容了前述第Ⅱ和第Ⅲ两种殉牲形式的一种综合形式。

Ⅳ　在牛、羊、狗三畜组合与羊、狗二畜组合中，有6座墓的羊牲处于牛、狗牲在前沿和左、右两侧翼的拱卫下，即居于牛、狗牲的后侧，亦即西侧或西北、西南侧，而牛、狗牲则居于羊牲的东侧，或东北侧，或南、北侧，此种形式占玉皇庙墓地殉羊墓葬总数的6.25%。这6座墓死者头向一律朝东（墓葬编号为：牛、羊、狗三畜组合——YYM20、278；羊、狗二畜组合——YYM296、221、114、127）。

Ⅴ　在死者头朝西的殉羊墓中，有3座墓的羊牲，在其殉牲组合中，居于狗牲的东侧，即居于后方位置，而狗牲则一律居于圹内西端，即居前沿警戒位置。如在牛、羊、狗三畜组合中YYM190和YYM158，以及在羊、狗二畜组合中YYM295，即均属此种形式。占玉皇庙墓地殉羊墓葬总数的3.125%。此种形式，实际上是前述第Ⅱ种殉牲形式的反向例证。

Ⅵ　在死者头朝西的殉羊墓中，在牛、羊、狗三畜组合中，有1座墓（YYM131）的3种殉牲均摆放在圹内西端上层填土中，牛牲居西端南侧，羊、狗牲居牛牲的北侧，其中狗牲居西、东两端，而羊牲居狗牲中间。占玉皇庙墓地殉羊墓葬总数的1.04%。此种形式，实际上是前述第Ⅲ种殉牲形式的反向例证。

Ⅶ　在死者头朝西的殉羊墓中，在羊、狗二畜组合中，有1座墓（YYM144）的2种殉牲均摆放在圹内西端上层填土中，羊牲居西端北侧，狗牲居羊牲之南侧和东侧。所占百分比同上。此种形式，实际上是前述第Ⅴ种殉牲形式的反向例证。

Ⅷ　在死者头朝东的殉羊墓中，有3座墓是羊牲在其殉牲组合中居于圹内东端南侧，而牛牲居其北侧的殉牲形式，占玉皇庙墓地殉羊墓葬总数的3.125%。如在YYM10牛、羊二畜组合中和YYM188、YYM129牛、羊、狗三畜组合中即属此种形式。

Ⅸ　在死者头朝东的殉羊墓中，有2座墓是羊牲在羊、狗二畜组合中，居于圹内东端上层填土中偏北侧位置，而狗牲居其南侧的殉牲形式，此种形式占玉皇庙墓地殉羊墓葬总数的 2.08%。YYM277 和 YYM270 即属此种殉牲形式。

　　X　在死者头朝东的殉羊墓中，有 2 座羊牲在羊、狗二畜组合中，居于圹内东端填土中偏南侧位置，而狗牲居其北侧的殉牲形式，此种殉牲形式与第Ⅸ种殉牲形式正相反，所占百分比相同。YYM271 和 YYM223 即属此种殉牲形式。

　　Ⅺ　在死者头朝东的殉羊墓中，有 1 座牛、羊、狗三畜组合的墓（YYM320），将拆解开的 3 种殉牲按东西方向，置于圹内东南角上层填土中，作自东而西同层纵向一字排列：牛头 1 个居东端，狗头 1 个居中间，羊头 1 个居其西侧。

　　Ⅻ　在死者头朝西的殉羊墓中，有 1 座牛、羊、狗三畜组合的墓（YYM160），将拆解开的 3 种殉牲，按西东方向，置于圹内西端上层填土中，作自西而东同层摆放：狗牲 2 套居西端中间，牛牲 1 套居狗牲的东侧，羊牲 1 套居狗牲的西南侧。

　　ⅩⅢ　在死者头朝东的殉羊墓中，有 1 座羊、狗二畜组合的墓（YYM294），将拆解开的 2 种殉牲，置于圹内东端上层填土中，作上、下聚堆摆放，其中狗牲居下层及西侧，羊牲置于狗牲之上。

　　ⅩⅣ　在死者头朝东的殉羊墓中，有 1 座羊、狗二畜组合的墓（YYM252），将拆解开的山羊牲 1 套、狗牲 2 套，按东西方向，作山羊牲居东、狗牲居其西侧摆放。

　　ⅩⅤ　在死者头朝东的殉羊墓中，有 1 座单纯殉羊的墓（YYM50），将拆解开的羊牲 1 套及羊肱骨 1 只，置于圹内东端上层填土中，作分开、错向摆放，羊头上、下颌朝向不一。

　　ⅩⅥ　在死者头朝北的殉羊墓中有 1 座单纯殉羊的墓（YYM365，仅有羊肩胛骨 1 块、羊肱骨 1 只），将羊牲置于圹内北端上层填土中，羊肱骨作东西向横置，羊肩胛骨叠置其上。

　　以上第Ⅺ——ⅩⅥ6 种殉牲形式，均只有墓例 1 座，均各占玉皇庙墓地殉羊墓葬总数的 1.04%。

　　（4）在分层祭牲中，羊牲在不同殉牲组合中所居层位，各有不同。

　　如在马、牛、羊、狗四畜组合中，羊牲绝大多数是居于上层的。在该殉牲组合中，殉牲是分层殉祭的（一般分为上、下二层，唯 YYM18 是分上、中、下三层），共有 5 座墓，其中 4 座（墓葬编号为：YYM18、250、230、174）的羊牲，都居于上层，占玉皇庙墓地殉羊墓葬总数的 4.16%；只有 1 座墓（YYM74）西组祭牲中的羊牲居于下层，占玉皇庙墓地殉羊墓葬总数的 1.04%。该组中的牛牲均居于上层。于是羊牲在马、牛、羊、狗四畜组合分层殉牲中位居上层的比例，占该殉牲组合分层殉祭墓总数的 80%。

　　在马、羊、狗三畜组合中，殉牲分层殉祭的墓共 2 座，羊牲居上层的有 1 座（YYM52，居东组西端），居下层的也有 1 座（YYM212），各占玉皇庙墓地殉羊墓葬总数的 1.04%，各占该殉牲组合分层殉祭墓总数的 50%。

　　在牛、羊、狗三畜组合中，殉牲分层殉祭的墓共 2 座（YYM209、YYM158），羊牲均居下层，而牛牲均居上层，占玉皇庙墓地殉羊墓葬总数的 2.08%，羊牲在该殉牲组合中居下层的比例，占该殉牲组合分层殉祭墓总数的 100%。

　　总地看，前述 16 种形式以及分层祭牲中羊牲的情况，以其中第Ⅱ和第Ⅲ种形式为数较多，所占比例较大，具有典型的代表性意义，基本上可视为羊牲在玉皇庙墓地殉牲组合中摆放形式及其所处位置关系的主体趋势与规律性特点，而其他形式，为数均较少，所占比例较小，或仅有三、二例，甚至是孤例，皆可视为非主流情况，或个别情况。

　　（5）羊牲吻部朝向，基本上可分为 4 种情况：

　　Ⅰ　在玉皇庙墓地 95 座殉羊头和羊下颌骨的墓葬中，有 84 座死者头朝东的墓，其中羊牲吻部朝东者 56 座（墓葬编号为：YYM18、174、258、52、212、22、20、278、279、229、241、41、256、261、49、51、188、220、210、209、143、138、117、167、134、122、171、175、129、128、334、344、349、10、277、228、252、270、271、296、87、224、223、222、221、136、132、126、111、166、164、127、338、373、366、370），占该墓地殉羊头和羊下颌骨墓葬总数的 58.9%，占该墓地死者头朝东的殉羊墓葬总数的 66.6%；羊牲吻部朝东南的墓 2 座（YYM203、YYM137），占该墓地殉羊头和羊下颌骨墓葬总数的 2.1%，占该墓地死者头朝东的殉羊墓葬总数的 2.4%；羊牲吻部朝向不一者 24 座（墓葬编号为：YYM250、230、151、74、156、384、280、282、275、236、48、95、148、178、142、75、133、124、294、204、179、114、110、50），占该墓地殉羊头和羊下颌骨墓葬总数的 25.3%，占该墓地死者头朝东的殉羊墓葬总数的 28.6%；羊牲吻部朝北者 1 座（YYM199），还有因羊牲骨骼残碎严重而难以确定吻部朝向者 1 座（YYM372），二者各占该墓地殉羊头和羊下颌骨墓葬总数的 1.05%，各占该墓地死者头朝东的殉羊墓葬总数的 1.2%。

　　Ⅱ　在玉皇庙墓地 95 座殉羊头和羊下颌骨的墓葬中，有 3 座死者头朝东南的墓，其中羊牲吻部朝东者 2 座（YYM153、YYM320），占该墓地殉羊头和羊下颌骨墓葬总数的 2.1%，占该墓地死者头朝东南的殉羊墓葬总数的 66.7%；另 1 座羊牲吻部朝向不一（YYM176），占该墓地殉羊头和羊下颌骨墓葬总数的 1.05%，占该墓地死者头朝东南的殉羊墓葬总数的 33.3%。

　　Ⅲ　在玉皇庙墓地 95 座殉羊头和羊下颌骨的墓葬中，有 7 座头朝西的墓，其中羊牲吻部朝西者 4 座（墓葬编号为：YYM158、131、160、144），占该墓地殉羊头和羊下颌骨墓葬总数的 4.2%，占该墓地死者头朝西的殉羊墓葬总数的 57.1%；羊牲吻部朝东者 1 座（YYM295），占该墓地殉羊头和羊下颌骨墓葬总数的 1.05%，占该墓地死者头朝西的殉羊墓葬总数的 14.3%；羊牲吻部朝向不一者 2 座（YYM25、YYM190），占该墓地殉羊头和羊下颌骨墓葬总数的 2.1%，占该墓地死者头朝西的殉羊墓葬总数的 28.6%。

　　Ⅳ　在玉皇庙墓地 95 座羊头和羊下颌骨的墓葬中，有 1 座因被破坏死者头向不详的墓（YYM27），羊牲吻部朝东，此例占该墓地殉羊头和下颌骨墓葬总数的 1.05%。

　　从以上统计结果看，羊牲吻部朝向与死者头向的关系，也是密切相关的。在第一种情况死者头朝东的殉羊墓中，羊牲吻部朝东者占 2/3，只有 1/3 例外；在第三种情况死者头朝西的殉羊墓，羊牲吻部朝西者同样占大多数（57%）。这与前述牛牲在牲吻朝向与死者头向关系上，所传达的信息和表现出来的规律性特点，意义是一致的。

4. 狗牲

狗牲在玉皇庙墓地殉牲中的身价和地位，是最低的一种。该墓地殉有狗牲的墓（包括各种殉狗组合形式）共计248座，其中殉有狗头的墓（含狗下颌骨）为247座，共殉狗头764个，狗下颌骨22副，仅有1座墓（YYM361）无狗头，只殉狗肱骨1根。狗牲在墓中各种殉牲组合形式中，同样表现出一定的规律性特点。

（1）玉皇庙墓地所殉狗牲中的狗头，其上、下颌绝大多数也皆被拆解开以后殉祭的，被完整保留的数量很少。据统计，该墓的狗头被拆解者共有226座墓692个（墓葬编号为：马、牛、羊、狗四畜组合——YYM18、250、230、151、74、156、174；马、牛、狗三畜组合——YYM2、13、57；马、羊、狗三畜组合——YYM257、52、212；马、狗二畜组合——YYM217；牛、羊、狗三畜组合——YYM22、20、25、27、384、278、279、280、282、229、241、275、41、236、256、261、49、48、95、51、190、188、148、203、220、210、209、199、178、153、142、143、138、137、117、75、176、158、167、134、133、131、124、171、320、160、175、128、334、344、349（图六）；羊、狗二畜组合——YYM277、228、252、270、271、296、295、294、87、224、223、222、221、204、179、144、136、132、126、

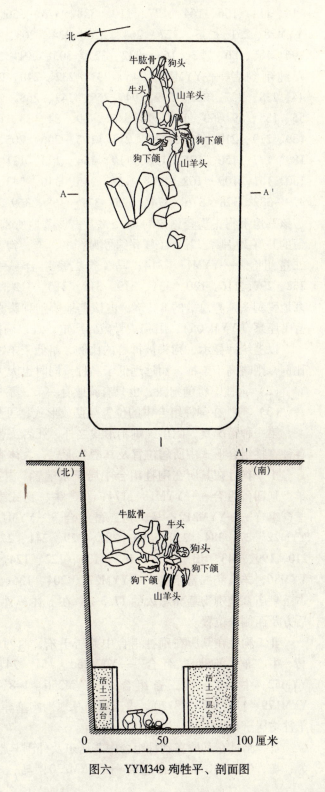

图六　YYM349 殉牲平、剖面图

114、111、166、164、127、110、338、373、366、372、370；牛、狗二畜组合——YYM28、251、233、227、264、226、234、263、266、89、258、54、23、208、58、196、186、86、213、168、332、321、303、301、394；猪、狗二畜组合——YYM173；单纯殉狗者——YYM29、245、231、232、240、265、96、47、225、254、273、46、44、238、237、267、272、94、259、247、268、260、65、191、66、68、192、189、55、185、59、60、184、149、61、69、84、83、81、62、63、141、207、194、182、139、219、218、216、215、211、195、206、205、197、198、170、200、183、181、180、177、150、135、118、119、154、123、121、115、113、108、329、306、163、130、161、109、162、337、328、345、346、343、339、341、348、335、336、342、379、382、378、376、374、375、371、368、369、364、392、399、393、395、400），占该墓地殉狗头墓葬总数的91.5%，占该墓地所殉狗头总数的90.6%；狗头被完整保留的共有20座墓72个（墓葬编号为：牛、羊、狗三畜组合——YYM122、129；牛、狗二畜组合——YYM11、314；马、狗二畜组合——YYM11；单纯殉狗者——YYM43、262、297、116、120、331、319、318、316、312、315、304、302、325、340），占该墓地殉狗头墓葬总数的8.1%，占该墓地所殉狗头总数的9.4%。在殉狗头的墓中，只有1座墓（YYM305），因狗头骨破碎严重，难以确指原来是否完整或被拆解过。

以上统计显示，狗头被拆解的比例，略低于羊牲，而高于牛牲；狗头被完整保留的比例，则略高于羊牲，而远远低于马牲，同时也大大低于牛牲。

（2）狗牲中所殉狗腿，也只有狗肱骨一节，不连带其他部分。

（3）狗牲在殉牲组合中的位置与摆放形式，可分四种情况，共包括36种形式。

第一种情况是，除单纯殉狗形式之外，死者头朝东、殉牲置于圹内东端，狗牲在其各种殉牲组合形式中所居位置及其摆放形式，大体有以下5种形式。

Ⅰ　狗牲在其所在殉牲组合中居于东端者。共有43座墓（墓葬编号为：马、牛、羊、狗四畜组合——YYM18、174；马、牛、狗三畜组合——YYM2、13；马、羊、狗三畜组合——YYM212；马、狗二畜组合——YYM11、217；牛、羊、狗三畜组合——YYM22、27、384、279、280、282、229、241、275、236、256、261、48、95、220、210、199、143、137、176、167、134、122、124、175、334；牛、狗二畜组合——YYM86；羊、狗二畜组合——YYM228、204、136、132、166、164、110、366、370），占玉皇庙墓地殉狗墓葬总数的17.3%。在上述羊牲的殉牲组合中，羊牲多居于狗牲的后方及西侧等位置。

Ⅱ　狗牲在其所在殉牲组合中兼居于东、西两端者。共有13座墓（墓葬编号为：马、牛、羊、狗四畜组合——YYM250、151、74、156；马、羊、狗三畜组合——YYM52；牛、羊、狗三畜组合——YYM256、148、344、142；羊、狗二畜组合——YYM179、111、373、372），占玉皇庙墓地殉狗墓葬总数的5.2%。在以上殉牲组合中，羊牲均居于狗牲中间。

Ⅲ　狗牲在其所在殉牲组合中兼居东及外围其他方位者。共有23座墓（墓葬编号为：马、牛、羊、狗四畜组合——YYM230；马、羊、狗三畜组合——YYM257；牛、羊、狗三畜组合——YYM51、203、209、178、153、138、75、128、349；羊、狗二畜组合——YYM296、87、221、126、114、127、338；牛、狗二畜组合——YYM251、89、258、168、394），占玉皇庙墓地殉狗墓葬总数的 9.3%。在上述殉牲组合中，含有羊牲者，狗牲在平面布局上，绝大多数均呈三角形分布，东端为前锋，后方附带两翼，将羊牲置于狗牲的三角形布局中间，少数未作三角形布局者，也是狗牲居于东端前锋位置和某一侧翼位置，而将羊牲置于狗牲后方，即西侧或另一侧翼位置。在牛、狗二畜组合中，狗牲同样居于东端前锋位置和某一侧翼位置，而将牛牲置于狗牲后方某一侧翼位置，以示保护。

Ⅳ　狗牲在其所在殉牲组合中，与其他殉牲按东西方向呈纵向或纵向一字排列者，共有 10 座墓（墓葬编号为：牛、羊、狗三畜组合——YYM117、171、320；羊、狗二畜组合——YYM222；牛、狗二畜组合——YYM332、333、314、303、301；猪、狗二畜组合——YYM173），占玉皇庙墓地殉狗墓葬总数的 4.03%。

YYM117 牛、羊、狗牲的殉牲形式是，自东而西作纵向前、中、后三组，前组为牛、狗牲各 1 套，中组为狗 1 套、羊 2 套，后组为狗 1 套、羊 1 套。前组体现了狗对牛的保护，中、后两组则体现了狗对羊的保护。

YYM171 的殉牲形式是，牛牲居南侧，狗、羊牲居其北侧，其中 1 套狗牲居最东端，其后还有 11 套狗牲和 6 套羊牲在紧挨西侧的位置作纵向交错摆放。此墓的这种殉牲形式，体现的仍是狗对牛和羊两种牲畜所需同时承担的保护职责。

YYM320 的殉牲形式是，牛头 1 个居东，狗头 1 个居中，羊头 1 个居西侧，作纵向一字排列。这里狗牲居中，表现的是狗必须兼顾首、尾，即必须同时守护好牛和羊。

YYM222 的殉牲形式是，狗牲 3 套居东，呈纵向一字排列，羊牲 1 套居其西侧。表现的是狗对羊的保护。

YYM332、333、314、303、301，殉牲形式相同，即都是牛牲居东，狗牲在其西侧作纵向一字排列。这是狗牲对牛牲实施保护的另一种队列形式。

同样道理，YYM173 将猪头 1 个居东，狗牲 1 套居其西侧，作同层纵向摆放，这也应是狗对猪行使保护职责时，所需要的队列形式之一。

Ⅴ　狗牲在其所在殉牲组合中居于其他方位或作其他摆放形式者，共有 25 座墓，占玉皇庙墓地殉狗墓葬总数的 10.08%。

狗牲在殉牲组合中居于南侧者，7 座（墓葬编号为：牛、羊、狗三畜组合——YYM41；牛、狗二畜组合——YYM28、264、263、266、213；羊、狗二畜组合——YYM277），占该墓地殉狗墓葬总数的 2.82%。

狗牲在殉牲组合中居于北侧者，8 座（墓葬编号为：牛、羊、狗三畜组合——YYM47；牛、狗二畜组合——YYM233、234、23、196、186；羊、狗二畜组合——YYM271、223），占该墓地殉狗墓葬总数的 3.22%。

狗牲在殉牲组合中居于东北侧者，3 座（墓葬编号为：牛、羊、狗三畜组合——YYM20、133；牛、狗二畜组合——YYM54），占该墓地殉狗墓葬总数的 1.21%。

狗牲在殉牲组合中居于西侧者，2 座（牛、狗二畜组合——YYM227，羊、狗二畜组合——YYM252），占该墓地殉狗墓葬总数的0.81%。

狗牲在殉牲组合中居于南、北两侧者，1座（牛、羊、狗三畜组合——YYM278）；居于南、西两侧者，1座（牛、羊、狗三畜组合——YYM188）；居于北侧和东南侧者，1座（羊、狗二畜组合——YYM224），居于圹内东端正中者，1座（羊、狗二畜组合——YYM270）；居于圹内南侧西部者，1座（牛、狗二畜组合——YYM321）。这5例个别情况，各占该墓地殉狗墓葬总数的0.4%。

第二种情况是，除单纯殉狗形式之外，死者头朝西，殉牲在圹内位置和狗牲在其各种殉牲组合形式中所居位置及其摆放形式，大体也有5种形式（形式序号续前，第Ⅵ——Ⅹ）。

Ⅵ　狗牲不但随其殉牲组合居于圹内西端，而且位居该殉牲组合西端之首。属此种形式者共有4座墓（墓葬编号为：牛、羊、狗三畜组合——YYM190、158、160；羊、狗二畜组合——YYM144），占玉皇庙墓地殉狗墓葬总数的1.61%。

Ⅶ　殉牲置于圹内西端，狗牲在其殉牲组合中居于牛牲北侧之西、东两端，而将羊牲置其中间，属此种形式者1座（牛、羊、狗三畜组合——YYM131）。

Ⅷ　殉牲置于圹内东、西两端，狗牲在其殉牲组合中居于西端、且狗吻朝西，属此种形式者1座（羊、狗二畜组合——YYM295，羊牲在该殉牲组合中居于圹内东端，羊吻朝东）。

Ⅸ　殉牲分置于圹内西端、中间和东端3处，狗牲在其殉牲组合中分居于圹内西、东两端，属此种形式者1座（马、牛、狗三畜组合——YYM57，此组殉牲中的马牲——马肱骨4只，置于圹内中间）。

Ⅹ　殉牲置于圹内东端，狗牲在其殉牲组合中居于北侧东端，属此种形式者1座（牛、羊、狗三畜组合——YYM25，此组殉牲中的牛牲，居圹内东端偏南侧，狗、羊牲居其北侧，其中狗牲居东端，羊牲居狗牲之西侧）。

以上Ⅶ～Ⅹ四种殉牲形式，各占玉皇庙墓地殉狗墓葬总数的0.4%。

第三种情况是，除单纯殉狗形式之外，狗牲在其他殉牲组合中分层殉祭时所处层位的情况，有以下3种形式（形式序号续前，第Ⅺ——ⅩⅢ）。

Ⅺ　狗牲在其所在殉牲组合中居于下层者，有8例（墓葬编号为：牛、羊、狗三畜组合——YYM48、208、209、158、129；牛、狗二畜组合——YYM58、86；羊、狗二组组合——YYM294），占玉皇庙墓地殉狗墓葬总数的3.23%。

Ⅻ　狗牲在其所在殉牲组合中居于上层者，也有8例（墓葬编号为：马、牛、羊、狗四畜组合——YYM18、250、230、174；马、牛、狗三畜组合——YYM2；马、狗二畜组合——YYM11、217；牛、羊二畜组合——YYM282），所占比例与第Ⅺ种形式相同。

ⅩⅢ　狗牲在其所在殉牲组合中上、下层兼居者，有3例（墓葬编号为：马、牛、羊、狗四畜组合——YYM74；马、羊、狗三畜组合——YYM212；牛、狗二畜组合——YYM226），占玉皇庙墓地殉狗墓葬总数的1.21%。

从上述三种形式看，狗牲在以马牲为核心的殉牲组合中，绝大多数居于上层；在以牛为核心的殉牲组合中，则绝大多数居于下层。

第四种情况是，单纯殉狗的墓中狗牲的位置及其摆放形式。

玉皇庙墓地殉牲墓中，共发现单纯殉狗的墓 122 座，占该墓地殉牲墓葬总数的（254 座）的 48.03%，占该墓地含各种殉狗组合墓葬总数（248 座）的 49.2%，两种比例都接近 50%，可见单纯殉狗的墓，在玉皇庙墓地数量是较多的，它是诸种殉牲组合中数量最多的一种殉牲类型，故其殉牲形式也最复杂。经整理分析，单纯殉狗墓中狗牲的位置及摆放形式，大体可分为三类 23 种形式。

第一类，死者头朝东、狗牲置于圹内东端、非孤例单纯殉狗墓中狗牲的摆放形式，共有 10 种形式（形式序号续前，第ⅪⅤ～ⅩⅩⅢ）。

ⅩⅣ 按东西方向，狗牲顺置于圹内东端填土中者，有 12 例（墓葬编号为：YYM262、59、60、141、194、215、177、120、316、306、382、393），占该墓地殉狗墓葬总数的 4.84%，占该墓地单纯殉狗墓葬总数的 9.84%。

ⅩⅤ 按东西方向，狗牲在圹内东端填土中作同层相邻依次摆放者，有 10 例（墓葬编号为：YYM231、232、191、118、108、340、342、378、376、371），占该墓地殉狗墓葬总数的 4.03%，占该墓地单纯殉狗墓葬总数的 8.93%。

ⅩⅥ 狗牲在圹内东端填土中作聚堆摆放者，有 29 例（墓葬编号为：YYM240、265、96、273、237、267、94、247、192、189、185、184、149、81、139、205、183、180、119、113、163、130、328、341、348、374、368、369、364），占该墓地殉狗墓葬总数的 11.69%，占该墓地单纯殉狗墓葬总数的 23.77%。

ⅩⅦ 狗牲在圹内东端填土中作同层、分开摆放者，有 17 例（墓葬编号为：YYM259、260、55、62、219、195、206、200、181、123、121、115、337、335、392、399、400），占该墓地殉狗墓葬总数的 6.85%，占该墓地单纯殉狗墓葬总数的 13.93%。

ⅩⅧ 按东西方向，狗牲在圹内东端填土中作同层并列摆放者，有 8 例（墓葬编号为：YYM43、44、272、69、182、197、198、336），占该墓地殉狗墓葬总数的 3.23%，占该墓地单纯殉狗墓葬总数的 6.56%。

ⅩⅨ 狗牲在圹内东端填土中作同层相邻南、北并列摆放者，有 6 例（墓葬编号为：YYM29、254、207、216、211、346），占该墓地殉狗墓葬总数的 2.42%，占该墓地单纯殉狗墓葬总数的 4.92%。

ⅩⅩ 按东西方向，狗牲在圹内东端填土中作自东而西纵向或纵向一字排列者，共有 16 例（其中作东西纵向排列者 10 例，墓葬编号为：YYM83、63、218、150、135、116、318、161、109、339；作东西纵向一字排列者 6 例，墓葬编号为：YYM84、319、312、315、304、302），占该墓地殉狗墓葬总数的 6.45%，占该墓地单纯殉狗墓葬总数的 13.1%。

ⅩⅪ 狗牲在圹内东端填土中作平面呈三角形布局者，有 2 例（YYM154、YYM343），占该墓地殉狗墓葬总数的 0.81%，占该墓地单纯殉狗墓葬总数的 1.64%。

ⅩⅫ 狗牲在圹内东端填土中作错位摆放者，有 3 例（墓葬编号为：YYM47——将 1 狗头上、下颌拆解开以后，作上、下错位摆放；YYM170——将 2 套狗牲作上、下错位摆放；YYM331——将2完整狗头作一东一西同层纵向错位摆放），占该墓地殉狗墓葬总数的1.2%，占该墓地单纯殉狗墓葬总数的2.46%。

ⅩⅩⅢ　狗牲在圹内东端填土中分上下二层摆放者，有3例（墓葬编号为：YYM245、225、61），所占比例与上述第ⅩⅩⅡ种形式相同。

第二类，死者头向不一，狗牲本身情况及其在墓中的摆放位置与形式较特殊，且均属孤例者，共有10例，各占该墓地殉狗墓葬总数的0.4%，各占该墓地单纯殉狗墓葬总数的0.82%。这10例中，共包括7种不同殉牲形式。其中狗牲被置于圹内东端填土中者，有8例，具体摆放形式有差异，大致可分为5种形式（形式序号续前，第ⅩⅩⅣ～ⅩⅩⅧ）。

ⅩⅩⅣ　1例，YYM46，将拆解开的狗牲2套，在圹内东端中上层填土中，作零散摆放。

ⅩⅩⅤ　1例，YYM238，将拆解开的狗牲上下颌颌骨1套作斜向交叉覆扣，上颌吻部朝东南，下颌吻部朝北。

ⅩⅩⅥ　1例，YYM268，将拆解开的狗牲2套，作南北相邻、同层反向摆放，其中1个上颌吻部朝东，另1个上颌吻部朝西北。

ⅩⅩⅦ　1例，YYM345，将拆解开的狗牲3套，顺墓圹方向，分东南、西北两组同层相邻摆放，东南组摆狗下颌骨3副、狗肱骨3根；西北组摆狗上颌骨3个，呈三角形布局，一东二西。两组中的狗上下颌骨的吻部皆朝东南。

ⅩⅩⅧ　4例，墓葬编号为：YYM305，只有残碎严重的狗头骨1个；YYM162，只有狗下颌骨1副；YYM379，只有狗下颌骨1块；YYM361，只有狗肱骨1根。这4例狗牲标本，均平置于圹内东端上层填土中。

以上8例，死者头向分3种情形：YYM162朝东北，YYM345朝东南，其余6例均朝东。

另有2例，狗牲均被置于圹内南侧，但这2例在死者的头向、牲品部位、摆放形式、牲吻朝向等方面，也各不相同，故也分为2种形式（形式序号续前，第ⅩⅩⅨ、ⅩⅩⅩ）。

ⅩⅩⅨ　1例，YYM329，死者头朝东，仅殉有狗下颌骨1块，平置于圹内南侧偏西上层填土中，此狗下颌骨吻部朝西。

ⅩⅩⅩ　1例，YYM325，死者头朝北，殉有狗头1个，狗下颌骨1副，顺墓圹方向，顺置于圹内南侧中部上层填土中，狗牲吻部皆朝东北。

第三类，死者头朝西的单纯殉狗墓葬中，狗牲在墓中的位置及其具体摆放形式。此类墓，共有6座，占该墓地殉狗墓葬总数的2.42%，占该墓地单纯殉狗墓葬总数的4.9%。这6座墓的殉牲情况各不相同，分为6种形式（形式序号续前，第ⅩⅩⅩⅠ～ⅩⅩⅩⅥ）。

ⅩⅩⅩⅠ　1例，YYM65，将拆解开的小狗头1个，吻部朝西置于圹内西端上层填土中。

ⅩⅩⅩⅡ　1例，YYM297，将完整狗头1个，吻部朝西，顺置于圹内西端中层填土中，狗肱骨1只，横置于狗头之下。

ⅩⅩⅩⅢ　1例，YYM375，只有狗下颌骨1副、狗肱骨1根，置于圹内西端南侧上层填土中，狗下颌骨叠置于狗肱骨之上，下颌骨吻部朝东北。

XXXIV　1 例，YYM395，将拆解开的狗牲 2 套，按西东方向，一西一东同层纵向摆放在圹内西端中层填土中，其中 2 狗上颌和 1 副狗下颌骨吻部朝西，另 1 副狗下颌骨吻部朝东南。

XXXV　1 例，YYM66，将拆解开的狗牲 4 套，分西、东二组，同层相邻摆放于圹内西端中间上层填土中，狗牲吻部皆朝东。

XXXVI　1 例，YYM68，将拆解开的狗牲 1 套，按东西方向错位叠置于圹内东端上层填土中，狗牲吻部朝东。

这 6 例死者头朝西的单纯殉狗墓葬中，有 5 例殉牲被摆放在圹内西端，其形式与内容表现得比较集中，其与死者头向保持一致的比率，达 83.3%。这一情况，可作为探讨该墓地殉牲位置与死者头向关系问题的来自反向方面的一个例证。

（4）狗牲吻部朝向，在玉皇庙墓地 248 座殉牲的墓葬中，有 245 座是可以辨认狗牲吻部朝向的（唯有 YYM361 因只殉狗肱骨 1 根，而无狗头骨，故无牲吻朝向问题；另有 YYM305 和 372 两座墓，均因狗头骨或狗下颌骨残碎严重，而无法判别其吻部朝向）。按死者头向分，基本上可将这 245 座墓分为 5 种情况。

Ⅰ　在可辨狗牲吻部朝向的、死者头向朝东的殉狗墓葬中，狗牲吻部朝向情况。

在 245 座可辨狗牲吻部朝向的殉狗墓葬中，死者头朝东的墓共有 219 座。在 219 座死者头朝东的墓葬中，狗牲吻部朝东者，有 98 座，占该墓地死者头朝东殉狗墓葬总数的 44.75%，占该墓地可辨狗牲吻部朝向的殉狗墓葬总数的 40%（墓葬编号为：YYM22、20、27、29、2、13、11、18、28、245、233、227、89、47、43、44、52、55、59、60、69、212、83、141、194、182、139、218、215、211、195、170、181、180、135、116、120、121、115、113、108、331、319、312、315、306、304、302、161、109、333、314、303、301、173、174、279、241、41、49、203、220、199、143、75、122、124、171、175、129、334、344、277、271、87、223、222、136、132、111、164、127、110、340、337、328、343、339、348、335、382、378、371、373、366、370、368、393）。

在 219 座死者头朝东的墓葬中，狗牲吻部朝向不一者，有 97 座，占该墓地死者头朝东殉狗墓葬总数的 44.3%，占该墓地可辨狗牲吻部朝向的殉狗墓葬总数的 39.6%（墓葬编号为：YYM231、204、265、96、225、254、273、46、238、237、267、272、259、268、260、191、192、189、185、184、149、61、84、81、62、63、207、219、216、205、197、198、183、130、257、217、186、86、213、250、230、151、74、156、384、278、280、282、229、275、236、256、261、48、95、51、188、148、210、209、178、142、178、117、167、134、133、128、349、228、252、270、294、224、221、204、179、126、114、251、264、226、263、266、258、58、196、338、336、342、376、374、369、364、392、394、399）。

在 219 座死者头朝东的墓葬中，狗牲吻部朝东或东北者，有 12 座，占该墓地死者头朝东殉狗墓葬总数的 5.48%，占该墓地可辨狗牲吻部朝向的殉狗墓葬总数的 4.9%

（墓葬编号为：YYM232、94、296、54、23、208、119、123、163、341、379、400）。

在219座死者头朝东的墓葬中，狗牲吻部朝东和东南者，有6座，占该墓地死者头朝东殉狗墓葬总数的2.74%，占该墓地可辨狗牲吻部朝向的殉狗墓葬总数的2.45%（墓葬编号为：YYM247、206、177、118、137、166）。

在219座死者头朝东的殉狗墓葬中，狗牲吻部朝南者1座（YYM200），朝西者1座（YYM329），朝北者1座（YYM346），因狗牲头骨和下颌骨残碎过甚而吻向难以确定者2座（YYM305和YYM372）。前3例，各占该墓地死者头朝东殉狗墓葬总数的0.45%，各占该墓地可辨狗牲吻部朝向的殉狗墓葬总数的0.4%；后2例，占该墓地死者头朝东殉狗墓葬总数的0.91%，占该墓地可辨狗牲吻部朝向的殉狗墓葬总数的0.81%。

Ⅱ　在可辨狗牲吻部朝向的死者头朝东南的殉狗墓葬中狗牲吻部朝向情况。在玉皇庙墓地死者头朝东南的殉狗墓，共有12座，其中狗牲吻部朝东者6座（墓葬编号为：YYM262、318、168、332、321、320），占该墓地死者头朝东南殉狗墓葬总数的50%，占该墓地可辨狗牲吻部朝向的殉狗墓葬总数的2.45%。

在12座死者头朝东南的殉狗墓葬中，狗牲吻部朝东南者，有2座（YYM154和YYM345），占该墓地死者头朝东南殉狗墓葬总数的16.67%，占该墓地可辨狗牲吻部朝向的殉狗墓葬总数的0.81%。

在12座死者头朝东南的殉狗墓葬中，狗牲吻部朝向不一者，有4座（墓葬编号为：YYM150、153、176、234），占该墓地死者头朝东南殉狗墓葬总数的33.3%，占该墓地可辨狗牲吻部朝向的殉狗墓葬总数的1.63%。

Ⅲ　在可辨狗牲吻部朝向的、死者头朝东北的殉狗墓葬中，狗牲吻部朝向情况。在玉皇庙墓地，死者头朝东北的殉狗墓，有2座，其中狗牲吻部朝东者1座（YYM316），朝东北者1座（YYM162），各占该墓地死者头朝东北殉狗墓葬总数的50%，各占该墓地可辨狗牲吻部朝向的殉狗墓葬总数的0.4%。

Ⅳ　在可辨狗牲吻部朝向的、死者头朝西的殉狗墓葬中，狗牲吻部朝向情况。在玉皇庙墓地，死者头朝西的殉狗墓，共有14座，其中狗牲吻部朝西者7座（墓葬编号为：YYM65、297、158、131、160、295、144），占该墓地死者头朝西殉狗墓葬总数的50%，占该墓地可辨狗牲吻部朝向的殉狗墓葬总数的2.86%。

在14座死者头朝西的殉狗墓中，狗牲吻部朝向不一者4座（墓葬编号为：YYM57、25、190、395），占该墓地死者头朝西殉狗墓葬总数的28.57%，占该墓地可辨狗牲吻部朝向的殉狗墓葬总数的1.63%。

在14座死者头朝西的殉狗墓中，狗牲吻部朝东者2座（YYM66和YYM68），朝东北者1座（YYM375），分别占该墓地死者头朝西殉狗墓葬总数的14%、28%和7.14%，分别占该墓地可辨狗牲吻部朝向的殉狗墓葬总数的0.81%和0.4%。

Ⅴ　在可辨狗牲吻部朝向的殉狗墓葬中，还有唯一1座死者头朝北的墓，其狗牲吻部朝东北（YYM325），占该墓地可辨狗牲吻部朝向的殉狗墓葬总数的0.4%。

从考察牲吻朝向与死者头向关系的角度看，上述5种情况中，当以第一种情况和第四种情况较为重要。在第一种情况死者头朝东的殉狗墓葬中，以狗牲吻部朝东者数量最多，所占比例较高，超过或大大超过狗牲吻部其他朝向者，应为第一种情况的主导趋势，具有典型代表意义。第四种情况死者头朝西的殉狗墓葬中，狗牲吻部朝西者占50%，在数量和比例上，等于其他3种狗吻朝向者的总和，故狗吻朝西者应为第四种情况的主导趋势，在狗牲吻部朝向与死者头向关系问题上，具有反向典型代表意义。

五　殉牲墓的规格级别及其与殉牲组合的关系

玉皇庙墓地254座殉牲墓，包括了该墓地四等八级墓葬，即一等甲级大型墓，分甲（A）、甲（B）两级；二等乙级中型墓，分乙（A）、乙（B）两级；三等丙级小型墓，分丙（A）、丙（B）、丙（C）三级；四等丁级，即最低一级，属第八级小型浅穴土坑墓。

属甲（A）级的殉牲墓有3座，属甲（B）级的殉牲墓有5座；属乙（A）级的殉牲墓有28座。以上这3组级别最高和较高的殉牲墓，均占该墓地该级别墓葬总数的100%。属乙（B）级的殉牲墓有73座，占该墓地该级别墓葬总数（83座）的88%。属丙（A）级的殉牲墓有67座，占该墓地该级别墓葬总数（81座）的82.7%。属丙（B）级的殉牲墓有27座，占该墓地该级别墓葬总数的（41座）的65.8%。属丙（C）级的殉牲墓有34座，占该墓地该级别墓葬总数（66座）的51.5%。属丁级的殉牲墓有17座，占该墓地该级别墓葬总数（92座）的18.5%。

从以上统计结果可清楚看出，在玉皇庙墓的规格级别越高的墓葬，有殉牲的比例就越高；反之，规格级别越低的墓葬，有殉牲的比例就越低，而无殉牲的比例就越高。

下面再将玉皇庙墓地五类13种殉牲组合与四等八级墓葬规格级别相联系，以进一步考察该墓地殉牲制度中的等级制度特征。

第一类第Ⅰ种殉牲组合——马、牛、羊、狗四畜组合，共有7座墓，所包括的墓葬规格级别只有一等甲级大型墓和二等乙级中型墓，不含三、四等墓。占该墓地殉牲墓葬总数的2.76%。

第一类第Ⅱ种殉牲组合——马、牛、狗三畜组合，共有3座墓，所包括的墓葬规格级别，只有一等甲级大型墓和二等乙级中型墓，不含一等甲（A）级大型墓，也不含三、四等墓。占该墓地殉牲墓葬总数的1.18%。

第一类第Ⅲ种殉牲组合——马、羊、狗三畜组合，共有3座墓，所包括的墓葬规格级别，只有一等甲级大型墓和二等乙级中型墓，不含一等甲（A）级大型墓和二等乙（A）级中型墓，也不含三、四等墓。所占殉牲墓的比例同上。

第一类第Ⅳ种殉牲组合——马、狗二畜组合，共有2座墓，所包括的墓葬规格级别，同样只有一等甲级大型墓和二等乙级中型墓，不含一等甲（A）级大型墓，也不含二等乙（B）级以下的墓葬。占该墓地殉牲墓葬总数的0.79%。

第一类第Ⅴ种殉牲组合，为单纯殉马者共有2座墓，所包括的墓葬规格级别，只有二等乙级中型墓，不含一等甲级大型墓，也不含三、四等墓。所占殉牲墓的比例同上。

　　第二类第Ⅵ种殉牲组合——牛、羊、狗三畜组合，共有53座墓，所包括的墓葬规格级别，有一等甲（B）级大型墓1座；二等乙（A）级中型墓14座，丙（B）级小型墓4座，不含一等甲（A）级大型墓，也不含三等丙（C）级小型墓和四等墓。占该墓地殉牲墓葬总数的20.87%。

　　第二类第Ⅶ种殉牲组合——牛、狗二畜组合，共有27座墓，所包括的墓葬规格级别，有二等乙（A）级中型墓5座，乙（B）级中型墓11座，三等丙（A）级小型墓4座，丙（B）级小型墓3座，丙（C）级小型墓2座，四等丁级墓2座，唯不含一等甲级大型墓，占该墓地殉牲墓葬总数的10.63%。

　　第二类第Ⅷ种殉牲组合——牛、羊二畜组合，只有1座墓（YYM10），墓葬规格级别属二等乙（B）级中型墓，占该墓地殉牲墓葬总数的0.4%。

　　第二类第Ⅸ种殉牲组合，单纯殉牛者，只有1座墓（YYM26），墓葬规格级别属二等乙（B）级中型墓，所占殉牲墓的比例同上。

　　第三类第Ⅹ种殉牲组合——羊、狗二畜组合，共有30座墓，所包括的墓葬规格级别，有二等乙级中型墓和三等丙级小型墓，乙（A）2座，乙（B）9座，丙（A）9座，丙（B）6座，丙（C）4座，不含一等甲级大型墓和四等墓。占该墓地殉牲墓葬总数的11.81%。

　　第三类第Ⅺ种殉牲组合，为单纯殉羊者，共有2座，所包括的墓葬规格级别，有三等丙（C）级小型墓1座（YYM50）和四等丁级墓1座（YYM365）。不含一、二等墓和三等丙（A）、丙（B）级墓。占该墓地殉牲墓葬总数的0.79%。

　　第四类第Ⅻ种殉牲组合，为单纯殉狗者，共有122座，所包括的墓葬规格级别，有二、三、四等墓的全部6个级别。乙（A）2座，乙（B）29座，丙（A）37座，丙（B）14座，丙（C）26座，丁级14座。唯不含一等甲级大型墓，占该墓地殉牲墓葬总数的48%。

　　第五类第ⅩⅢ种殉牲组合——猪、狗二畜组合，只有1座墓（YYM173），墓葬规格级别属三等丙（C）级小型墓，仅占该墓地殉牲墓总数的0.4%（见表一六）。

　　从上述五类13种殉牲组合与墓葬规格级别关系的统计结果中不难看出，二者之间明显的存在着规律性的搭配关系特点和等级差别特点，即规格级别越高的墓，其殉牲配伍组合的级别就越高，相反，规格级别越低的墓，其殉牲配伍组合的级别就越低。就是说，在享用殉牲组合及殉牲数量方面，是有鲜明的等级差别的。

　　如最高级的第一类第一种殉牲组合——马、牛、羊、狗四畜俱全的组合，一共配给了7座墓其中3座属于甲（A）级大型墓（占了这个级别墓葬总数的100%），另外配给了甲（B）级1座，乙（A）级2座。这种殉牲配伍组合，只配给了极少数高级权贵墓，三等以下的墓根本没有。不但这第一种组合不配给三等以下的墓，就连第二、第三、第四、第五种殉牲组合，也不配给三等以下的墓，即凡是含马牲、以马为核心的殉牲组合，只限定在甲级大型墓中，或极少数乙（A）和乙（B）中型墓级别之内享用，决不再扩大或降低级别。

　　较低级和最低级的殉牲组合，是第Ⅺ种和第Ⅻ种殉牲组合，即单纯殉羊者和单纯殉

表一六　玉皇庙墓地殉牲墓的规格级别及其与殉牲组合种类的关系统计表

殉牲组合种类＼规格级别　墓号（YYM）	甲（A）	甲（B）	乙（A）	乙（B）	丙（A）	丙（B）	丙（C）	丁	合计（座）	占殉牲墓总数的百分比
Ⅰ	18,230,250	151	74,156	174					7	2.76%
Ⅱ		2▲	13	57					3	1.18%
Ⅲ		52	11	212,257					3	1.18%
Ⅳ		217							2	0.79%
Ⅴ			300	17					2	0.79%
Ⅵ		22	51, 95, 129, 209,210,229,236, 261, 275, 334, 344;20▲,280▲ 256▲	41,124,134,158, 160,188,190,203,131, 349,384,241▲, 279▲,178▲,220▲, 167▲ 133▲, 128▲	48, 49, 117, 122, 142, 143, 148, 171, 175, 199,278,282;25▲, 137▲ 138▲ 153▲	320;75▲, 176▲;27▲■			53	20.87%
Ⅶ			54,86,227,258▲, 266▲	58, 186, 213, 226, 233,234,263;251▲, 196▲, 394▲, 89■ 10▲ 26▲	23, 264;208▲, 28■ 394▲	168,333;301▲	314,332	303,321	27	10.63%
Ⅷ				10▲					1	0.4%
Ⅸ				26▲					1	0.4%
Ⅹ			295,338▲	179,228,270,271, 373;87▲,204▲, 223▲,366▲	111,224,252,277; 294▲, 144▲ 221▲, 126▲ 372▲	110, 164, 370; 296▲, 222▲, 114▲	127;132●, 136●, 166●		30	11.81%
Ⅺ							50▲	365	2	0.79%

续表一六

殉性组合种类 \ 墓号(YYM) \ 规格级别	甲(A)	甲(B)	乙(A)	乙(B)	丙(A)	丙(B)	丙(C)	丁	合计(座)	占殉性墓总数的百分比
XII			161,339▲	44,46,60,61,63,65,170,182,205,207,247,348;231▲,240▲,66▲,225▲,237▲,254▲,81▲,150▲,197▲,198▲,211▲,216▲,130▲,163▲,346▲,369▲,374▲	43,69,83,181,336,345,343,379,395,400;29▲,96▲,232▲,245▲,191▲,265▲,272▲,268▲,273▲,84▲,185▲,189▲,119▲,139▲,180▲,200▲,206▲,218▲,219▲,113▲,340▲,341▲,378▲	192,297,315,319,399;149▲,118▲,183▲,215▲,364▲,382▲;184●,120●;267★	62,108,121,154,312,318,393;47▲,68▲,302▲,304▲,305▲,109▲,368▲,371▲,375▲;94▲,238●,259●,55●,135●,337●,262★,194★,195★,123★	325,329,361,306▲,316;331▲,162▲,392▲;59●,116●,115●,141★,177★,335★	122	48%
XIII							173		1	0.4%
合计	3	5	28	73	67	27	34	17	254	
占该级别墓葬总数的百分比	100%	100%	100%	88%	82.7%	65.8%	51.5%	18.5%		

注:墓号右侧无符号者为男性墓,带▲符号者为女性墓,带●符号者为少儿墓,带★符号者为婴儿墓,带■符号者为性别不详者墓。

狗者。单纯殉羊者共2座，一座墓的规格级别属丙（C）级（YYM50），另1座属丁级（YYM365），前者仅有羊头1个，羊肱骨2根；后者只殉羊肩胛骨1块，羊肱骨1根。单纯殉狗者，共122座，其中属乙级中型墓者为31例，其余91例皆属三、四等丙、丁级小型墓，这样，三、四等小型墓的单纯殉狗者，即占单纯殉狗墓总数的74.6%，将近3/4，而且其中不少墓所殉狗牲数量极少，有的只有1个狗头加1根狗肱骨，或只有1副或1块狗下颌骨，或1根狗肱骨而已。

与此相反的是，在拥有第一类第一种殉牲组合的4座甲级大型墓和3座乙级中型墓中，所殉马头即有35个，马腿38只，牛头10个，牛下颌骨8副，牛肱骨37根；羊头35个，羊下颌骨3副，羊肱骨36根；狗头31个，狗下颌骨5副，狗肱骨34根。这种情况，与三、四等小型墓单纯殉羊和单纯殉狗的低级殉牲组合关系，以及殉牲种类与数量相比，其差别简直是天壤之别。

六　殉牲与死者性别和年龄的关系

经考察，玉皇庙墓地的殉牲墓和无殉牲墓，都与死者的性别和年龄（指成年人和少儿及婴儿不同年龄段）有密切关系，不同性别和年龄段的死者，是否享用殉牲，或所属殉牲墓以及殉牲组合种类级别的高低与数量的多寡，都各有差别。这就是说，殉牲在死者性别与年龄方面，也同样存在着等级差别。

1. 从殉牲的有无看，男性死者有殉牲的墓为127座，占男性墓总数（177座）的71.8%，占该墓地有殉牲墓葬（254座）总数的50%；女性死者有殉牲的墓为101座，占女性墓总数（156座）的64.7%，占该墓地有殉牲墓葬总数的39.8%；少儿有殉牲的墓为14座，占少儿墓总数（37座）的37.8%，占该墓地有殉牲墓葬总数的5.5%；婴儿有殉牲的墓为8座，占婴儿墓总数（20座）的40%，占该墓地有殉牲墓葬总数的3.2%（见表一七）。

表一七　　　　玉皇庙墓地殉牲墓的规格级别与性别和年龄关系统计表

规格级别＼墓号（YYM）＼性别	男	女	少儿	婴儿	性别不详	无人	总计
甲（A）	18，230，250						3
合计	3						
甲（B）	22，52，151，217	2▲					5
合计	4	1					

续表一七

规格级别＼墓号(YYM)＼性别	男	女	少儿	婴儿	性别不详	无人	总计
乙（A）	11▲, 13▲, 51, 54▲, 74, 86, 95▲, 129, 156, 161, 209, 210, 227, 229, 236, 261, 275, 295, 300, 334, 344	20, 280, 256, 258, 266, 338, 339					28
合计	21	7					
乙（B）	41▲, 44, 46, 57, 58, 60, 61, 63, 65, 124, 134, 158, 160, 170, 174, 179, 182, 186, 188, 190, 203, 205, 207, 212, 213, 226, 228, 233, 234, 247, 257, 263, 270, 271, 348, 349, 373, 384▲	10, 231, 240, 241, 251, 279, 66, 225, 237, 254, 26, 81, 87, 196, 150, 178, 197, 198, 204, 211, 216, 220, 223, 133, 167, 128, 130, 163, 346, 366, 369, 374, 394			89▲	17	73
合计	38	33			1	1	
丙（A）	23, 43, 48, 49, 69, 83, 111, 117, 122, 131, 142, 143, 148, 171, 175, 181, 199, 224, 252, 260, 264, 277▲, 278, 282, 328, 336, 342, 343, 345, 376, 379395, 400	25▲, 29▲, 96, 232, 245, 265, 191, 268, 272, 273, 294, 84, 185, 189, 208, 119, 137, 138, 139, 144, 153, 180, 200, 206, 218, 219, 221, 113, 126, 340, 341, 372, 378			28▲		67
合计	33	33			1		
丙（B）	110, 164, 168, 192, 297, 315, 319, 320, 333, 370, 399	296, 149, 75, 118, 183, 215, 222, 114, 176, 301, 364, 382	184, 120	267	27▲		27
合计	11	12	2	1	1		

续表一七

规格级别＼墓号(YYM)＼性别	男	女	少儿	婴儿	性别不详	无人	总计
丙（C）	62，108，121，127，154，173，312，314，318，332，393	47，50，68，302，304，305，109，368，371，375	94，238，259，55，135，136，132，166，337	262，194，195，123			34
合计	11	10	9	4			
丁	303，321，325，329，361，365	306，316，331，162，392	59，116，115	141，177，335			17
合计	6	5	3	3			
总计	127	101	14	8	3	1	254
占殉牲墓总数的百分比	50%	39.8%	5.5%	3.2%	1.2%	0.3%	100%
占该性别死者总数的百分比	71.8%	64.7%	37.8%	40%	42.9%	33.3%	

注：带▲符号者，墓圹已遭不同程度的破坏。

在这两项指标中，男性比女性分别高出 7.1 和 10.2 个百分点，比少儿分别高出 34 和 44.5 个百分点，比婴儿分别高出 31.8 和 46.8 个百分点；而女性虽比男性低了若干百分点，但却因其有成人年龄组的身份而能与男性相近似，与少儿和婴儿年龄组明显区别开来，女性比少儿分别高出 26.9 和 34.3 个百分点，比婴儿分别高出 24.7 和 36.6 个百分点。以上统计结果表明，在拥有殉牲方面，男、女之间，成年男、女与孩童之间，存在着明显的或较大的差别，在有殉牲墓的数量和比例上，男性明显地超过女性，而成年男、女又大大地超过孩童。

玉皇庙墓地无殉牲墓共 146 座，占该墓地墓葬总数的 36.5%。其中女性墓为 55 座，占该墓地无殉牲墓葬总数的 37.7%，占该墓地女性死者总数的 35.3%；男性墓为 50 座，占该墓地无殉牲墓葬总数的 34.2%，占该墓地男性死者总数的 28.2%；少儿墓为 23 座，占该墓地无殉牲墓葬总数的 15.8%，占该墓地少儿死者总数的 62.2%；婴儿墓为 12 座，占该墓地无殉牲墓葬总数的 8.2%，占该墓地婴儿死者总数的 60%；还有因墓葬被破坏，死者性别不详者 4 座，以及无人墓 2 座，两者分别占该墓地无殉牲墓葬总数的 2.7% 和 1.4%，分别占该墓地性别不详者和无人墓总数的 57.1% 和 66.7%。

在这两项指标中，女性比男性分别高出 3.5 和 7.1 个百分点，与在有殉牲墓中所占比例的形式正相反，女性无殉牲者明显多于男性。而少儿与婴儿无殉牲的比例，也与前述有殉牲墓的形式相反，大大超过成年男、女死者。如果说在玉皇庙墓地成年男、女死者绝大多数或大多数是可以享用殉牲的，只有少数是不配享用殉牲的话，那么少儿和婴儿非成年死者，则是只有少数幸运儿才可以享用殉牲，而大多数孩童是完全没有殉牲的（见表一八）。

表一八　　　　　　　玉皇庙墓地无殉牲墓的规格级别与性别和年龄关系统计表

规格级别 \ 性别墓号（YYM）	男	女	少儿	婴儿	性别不详	无人	总计
乙（B）	19▲，36▲，70▲，214，350	3▲，35▲，64，169，347					10
合计	5	5					
丙（A）	38▲，45，82▲，93，145	4▲，6▲，40▲，98，187，202，377			33	32	14
合计	5	7			1	1	
丙（B）	31，77，102▲，244，269	8▲，21，88，97，101▲，104	274，299			34▲	14
合计	5	6	2			1	
丙（C）	5▲,7▲,16▲,30,71▲,72▲105,290,311,323,326,385▲386▲,389,390	9▲,37▲,39▲,73,76,248,249,288,352,391,396,397,398	42，67，90▲157，239				33
合计	15	13	5				
丁	79▲，107，172，243，246，276，281，284▲，307,308,309,313,322,330,351,356,358,362▲380,381	12▲,14,78▲,80,99,100▲,112▲,125▲,283,285,287,292,298,317,324,327,353,354,355,357,360,367,387,388	15,24,56,91▲92▲，106，140，155，165，201，242，255，289，291，359，363	53，85，146，147,152,159,193,235,253,286,293,310	103，383		74
合计	20	24	16	12	2		
级别不详					1		1
总计	50	55	23	12	4	2	146
占无殉牲墓总数的百分比	34.2%	37.7%	15.8%	8.2%	2.7%	1.4%	100%
占该性别死者总数的百分比	28.2%	35.3%	62.2%	60%	57.1%	66.7%	

注：带▲符号者，墓圹已遭不同程度的破坏

2. 从殉牲数量看，玉皇庙墓地共殉祭5类13种殉牲2209个、副、根，其中男性死者（127例）共殉有1366个、副、根，占该墓地各种殉牲总数的61.8%；女性死者

（101 例）共殉有 742 个、副、根，占该墓地各种殉牲总数的 33.6%；少儿死者（14例）共殉有 47 个、副、根，占该墓地各种殉牲总数的 2.1%；婴儿死者（8 例）共殉有 18 个、副、根，占该墓地各种殉牲总数的 0.8%；此外，还有因墓葬被破坏，死者性别不详者（3 例）共殉有 32 个、副、根，占该墓地各种殉牲总数的 1.5%；另有无人墓（1 例），殉有 4 个、根，占该墓地各种殉牲总数的 0.2%。这项殉牲总数统计显示，男性在殉牲总量上最多，所占比例最高，超过和高出女性将近 1 倍，等于少儿和婴儿殉牲总合的 21.3 倍；女性虽比男性少近 1 倍，但还是比孩童要多得多，其总量等于少儿和婴儿殉牲总和的 11.6 倍。

从 5 类殉牲的单项统计看，其结果和结论也是如此。

如马牲，整个墓地共殉马头 50 个，马下颌骨 1 副，马肱骨 69 根，合计为 120 个、副、根，其中女性仅占有马头 2 个，马肱骨 2 根，合计为 4 个、根，其他 46 个马头、1 副马下颌骨、65 根马肱骨，合计为 112 个、副、根，皆为男性占有，男性占了马牲总数的 93.4%，而女性只占 3.3%（不含无人墓 1 例，马头 2 个，马肱骨 2 根），男性享用马牲的数量是女性的 28.3 倍。

再如牛牲，该墓地共殉牛头 94 个，牛下颌骨 9 副，牛肱骨 117 根，牛胫骨 1 根，合计为 221 个、副、根，其中女性仅占有牛头 25 个，牛下颌骨 1 副，牛肱骨 25 根，合计为 51 个、副、根，其他 66 个牛头、8 副牛下颌骨、87 根牛肱骨，还有 1 根牛胫骨，合计为 162 个、副、根，皆为男性占有，男性占了牛牲总数的 73.3%，而女性只占 23.1%（不含性别不详者 3 例，牛头 3 个，牛肱骨 5 根），男性享用牛牲的数量是女性的 3.2 倍。少儿与婴儿死者，未见有殉马、牛大牲畜者。

再如羊牲，该墓地共殉羊头 212 个，羊下颌骨 4 副，羊肱骨 20 根，羊肩胛骨 1 根，合计为 419 个、副、根，其中女性仅占有羊头 62 个，羊下颌骨 1 副，羊肱骨 58 根，合计为 121 个、副、根，仅占羊牲总数的 28.9%；少儿殉羊牲者，只有 3 例（YYM136、132、166），共殉羊头 4 个，羊肱骨 4 根，合计为 8 个、根，仅占羊牲总数的 1.9%；而男性却占有羊头 143 个，羊下颌骨 3 副，羊肱骨 137 根，羊肩胛骨 1 根，合计为 284 个、副、根，占了羊牲总数的 67.8%（不含性别不详者 1 例，羊头 3 个，羊肱骨 3 根），是女性占有羊牲总量的 2.35 倍，是少儿占有羊牲总量的 35.7 倍。婴儿则连羊牲也未有享用者。

再如狗牲，该墓地共殉狗头 764 个，狗下颌骨 22 副，狗肱骨 662 根，合计为 1448 个、副、根，其中女性占有狗头 300 个，狗下颌骨 10 副，狗肱骨 256 根，合计为 566 个、副、根，占狗牲总数的 39.1%；少儿殉狗者，共有 14 例（YYM136、132、166、238、94、259、55、59、184、135、116、120、115、337，前 3 例为羊、狗组合者，后 11 例为单纯殉狗者），共殉狗头 18 个，狗肱骨 21 根，合计为 39 个、根，仅占狗牲总数的 2.7%；婴儿殉狗者，共有 8 例（YYM262、267、141、194、195、177、123、335）皆为单纯殉狗者，这是玉皇庙墓地婴儿死者所享用殉牲的唯一组合形式，共殉狗头 9 个，狗肱骨 9 根，合计为 18 个、根，仅占狗牲总数的 1.25%；而男性却占有狗头 428 个，狗下颌骨 12 副，狗肱骨 367 根，合计为 807 个、副、根，占狗牲总数的

55.7%（不含性别不详者 3 例，狗头 9 个，狗肱骨 9 根），是女性占有狗牲总量的 1.43
倍，是少儿占有狗牲总量的 20.63 倍，是婴儿占有狗牲总量的 44.56 倍。女性狗牲占有
量虽然比男性低 16.6 个百分点，但却比少儿和婴儿分别高出 36.4 和 54.45 个百分点。

　　而最后一类第 5 类殉牲组合——猪、狗牲组合，唯一 1 例（YYM173）也被男性所
占有，与女性和孩童无涉。

　　通过以上殉牲数量的统计与比较，可清楚地看出，在玉皇庙墓地，在殉牲数量上，
不论在殉牲总数上，还是在 5 类殉牲的单项指标上，男性死者的占有量，都居于绝对的
统治地位而女性死者仅居于相当次要的附属地位，少儿与婴儿死者则只有少数幸运儿才
享有数量很少的殉牲级别较低的小家畜殉牲，其中少儿或有极少数幸运者可殉有羊、狗
牲头和肱骨各 1 套，但有殉牲资格的绝大多数少儿和全部婴儿，都只能象征性的殉有单
纯狗牲中的狗头和肱骨 1、2 个、根，如此而已。这表明，在殉牲数量上，不但男、女
之间存在着等级差别，而且在成人和孩、童之间，也存在着一层显著的等级差别，甚至
于在少儿与婴儿之间，也存在着一定的等级差别（见表一九）。

　　3. 从殉牲墓的规格级别看，玉皇庙墓地 254 座殉牲墓中，属于一等甲（A）级者，
共 3 座，均属男性，男性占了甲（A）级殉牲墓总数的 100%；属甲（B）级者，共 5
座，其中除 1 座属女性外（YYM2），其余 4 座均属男性，女性仅占甲（B）级殉牲墓总
数的 20%，而男性占了甲（B）级殉牲总数的 80%；属于二等乙（A）级者，共 28 座，
其中除 7 座属女性外，其余 21 座均属男性，女性仅占乙（A）级殉牲墓总数的 25%，而
男性占了乙（A）级殉牲墓总数的 75%；属乙（B）级者，共 73 座，其中女性有 33
座，占乙（B）级殉牲墓总数的 45.2%，男性有 38 座，占乙（B）级殉牲墓总数的
52.1%，另有性别不详者和无人墓各 1 座，也属此种规格级别；属三等丙（A）级者，
共 67 座，其中男、女各站 33 座，所占比例相等，均占丙（A）级殉牲墓总数的
49.25%，另有性别不详者 1 例，也属此种规格级别；属丙（B）级者，共 27 座，其中
女性为 12 座，占丙（B）级殉牲墓总数的 44.4%，男性为 11 座，占丙（B）级殉牲墓
总数的 40.7%，少儿 2 座，占丙（B）级殉牲墓总数的 7.4%，婴儿和性别不详者各 1
座，各占该规格级别殉牲墓总数的 3.7%；属丙（C）级者，共 34 座，其中男性为 11
座，占丙（C）级殉牲墓总数的 32.3%，女性为 10 座，占丙（C）级殉牲墓总数的
29.4%，少儿为 9 座，占丙（C）级殉牲墓总数的 32.3%，女性为 10 座，占丙（C）
级殉牲墓总数的 26.5%，婴儿为 4 座，占丙（C）级殉牲墓总数的 11.8%。属四等丁
级者，共 17 座，其中男性为 6 座，占丁级殉牲墓总数的 35.3%，女性为 5 座，占丁级
殉牲墓总数的 29.4%，少儿和婴儿各为 3 座，各占丁级殉牲墓总数的 17.65%。

　　以上统计（见表一七）结果显示，男性殉牲墓不但在四等八级规格级别的墓葬中，
呈全额分布，而且在最重要、最具价值和意义的前二等四个高规格级别中，都始终独占
鳌头，遥遥领先，占据绝对统治地位。如在甲（A）中占 100%，在甲（B）中占 80%，
在乙（A）中占 75%，在乙（B）中占 52.1%。而女性殉牲墓的规格级别，较男性至
少要低一等以上，其未能全额分布，所缺者恰恰是最重要、规格级别最高的一等甲
（A）级墓，而其在甲（B）、乙（A）和乙（B）三个较高级别的比例中，也较男性差

玉皇庙墓地不同性别不同年龄段死者殉牲种类与数量统计表

表一九

殉牲种类数量　性别	马 头(个)	马 下颌骨(个)	马 肱骨(根)	马牲合计(个/副/根)	占马牲总数百分比	牛 头(个)	牛 下颌骨(副)	牛 肱骨(根)	牛 胫骨(根)	牛牲合计(个/副/根)	占牛牲总数百分比
男	46	1	65	112	93.4%	66	8	87	1	162	73.3%
女	2		2	4	3.3%	25	1	25		51	23.1%
少儿											
婴儿											
性别不详者						3		5		8	3.6%
无人墓	2		2	4	3.3%						
合计	50	1	69			94	9	117	1		
总计				120 (个/副/根)						221 (个/副/根)	

续表一九

殉牲种类数量　性别	羊 头(个)	羊 下颌骨(副)	羊 肱骨(根)	羊 肩胛骨(个)	羊牲合计(个/副/根)	占羊牲总数百分比	狗 头(个)	狗 下颌骨(副)	狗 肱骨(根)	狗牲合计(个/副/根)	占狗牲总数百分比	猪头(个)	占猪牲总数百分比	殉牲总数合计(个/副/根)	占各种殉牲总数百分比
男	143	3	137	1	284	67.8%	428	12	367	807	55.7%	1	100%	1366	61.8%
女	62	1	58		121	28.9%	300	10	256	566	39.1%			742	33.6%
少儿	4		4		8	1.9%	18		21	39	2.7%			47	2.1%
婴儿							9	9	9	18	1.25%			18	0.8%
性别不详者	3		3		6	1.4%	9		9	18	1.25%			32	1.5%
无人墓															
合计	212	4	202	1			764	22	662			1			
总计					419 (个/副/根)					1448 (个/副/根)		1(个)		2209	100%

距甚大。这已足以表明，在殉牲墓的规格级别上，男性显著地高于女性，男、女两性之间，从这一侧面再次显示出明显的等级差别。

少儿和婴儿殉牲墓，未有高出三等丙（B）级者，而且少儿属丙（B）级的殉牲墓只有2座，婴儿属丙（B）级的殉牲墓只有1座，分别占各自殉牲墓总数的14.3%和12.5%，他们大多数都集中分布在三等丙（C）级小型墓和四等丁级最低级的小型浅穴土坑墓上，少儿属丙（C）级者9例，属丁级者3例，分别占少儿殉牲墓总数的64.3%和21.4%，婴儿属丙（C）级者4例，属丁级者3例，分别占婴儿殉牲墓总数的50%和37.5%。这清楚表明，少儿和婴儿殉牲墓的规格级别，均属低级或最低级的小型墓。

4. 从殉牲墓的殉牲种类组合看，在玉皇庙墓地5类13种殉牲种类组合中，最重要的组合，应首推以马为核心的第一类5种组合（Ⅰ～Ⅴ），其次比较重要的组合，应为以牛为核心的第二类4种组合（Ⅵ～Ⅸ），这是两类以大牲畜为核心的殉牲组合，其价值和意义绝非羊、狗类小家畜所能企及。而其中较低级和最低级的殉牲组合，应属第三类第Ⅺ种的单纯殉羊和第四类第Ⅻ种的单纯殉狗组合。男性死者占了5类11种（第一类Ⅰ～Ⅴ，第二类Ⅵ、Ⅶ，第三类Ⅹ、Ⅺ，第四类Ⅻ，第五类ⅩⅢ），缺第二类中的2种（第Ⅷ、Ⅸ），其中第一类第Ⅰ种马、牛、羊、狗四畜俱全组合，系第一类殉牲组合中最重要的组合，共7座，全部为男性占有，于女性和孩童无缘。第Ⅱ种马、牛、狗三畜组合共有3座，男性占有2座，女性占有1座，男性比女性多1倍。第Ⅲ种马、羊、狗三畜组合，共3座，全部为男性占有（见表二〇）。

通过以上统计可清楚地看出，在玉皇庙墓地，在享用殉牲种类组合等级礼遇方面，少数身份特殊的男性死者居于无可争议的最高级地位，即居于绝对优越的统治地位，而女性在这方面要比男性至少低一等，甚至更甚。如男性独霸了最重要、最能显示身份地位、最具价值意义的第一类5种殉牲种类组合中的4项——Ⅰ、Ⅲ、Ⅳ、Ⅴ，第Ⅱ项虽未能独霸，但所占比例仍比女性高出1倍；在第二类前两项——Ⅵ、Ⅶ种组合中，又以绝对高比例优势超过女性。而女性在第一类5种组合中，仅在第Ⅱ种中占有一席之地，其他4项全部空白，尤其在第Ⅰ项中完全空白，这即决定了其与男性在享用殉牲种类组合等级礼遇方面，存在着必然而显著的等级差别。男、女两性在第三类以羊为核心的两种殉牲组合中——Ⅹ、Ⅺ，呈现基本均衡状况，而到第四类第Ⅻ中最低级的单纯殉狗组合中，女性占有率竟超过了男性15.6个百分点，这就又从反面证明一般女性死者的殉牲待遇，就人均来说，也普遍低于男性。而第二类第Ⅷ种牛、羊二畜组合和第Ⅸ种单纯殉牛组合，各1例，均为女性占有，或可能是对特殊身份女性死者殉牲配伍的特别规定，或可能是属于偶然的个别情况。因限于二者均属孤例，目前尚难以遽断。少儿和婴儿在殉牲种类组合方面与成年人之间，也存在着显著的等级差别。少儿所能享受的殉牲种类组合仅限两种，即第三类第Ⅹ种羊、狗组合和第四类第Ⅻ种单纯殉狗组合，而婴儿则比少儿又低一等，仅限于享受第四类第Ⅻ种单纯殉狗者，少儿所能享受的第三类第Ⅹ中殉牲组合，也跟婴儿无缘。第三类第Ⅹ种，已属殉牲组合中的较低级组合，而第四类第Ⅻ中则属最低级的殉牲组合，这足以表明少儿与婴儿的身份地位，普遍较低，即使少

表二〇　玉皇庙墓地各种殉牲种类组合与不同性别年龄段死者关系比较统计表

殉牲种类组合	墓号组合	男	小计	女	小计	少儿	小计	婴儿	小计	性别不详者	小计	无人墓	小计	合计	该墓占该墓地殉牲总数的百分比
第一类	I	18、250、230、151、74、156、174	7											7	2.76%
	II	13、57	2	2	1									3	1.18%
	III	257、52、212	3											3	1.18%
	IV	11、217	2											2	0.79%
	V	300	1									17	1	2	0.79%
第二类	VI	22、384、278、282、229、275、41、236、261、49、48、95、51、190、188、148、203、210、209、199、142、143、117、158、134、131、122、124、171、320、160、175、129、334、344、349	36	20、25、279、280、241、256、220、178、153、138、137、75、176、167、133、128	16					28			27	53	20.87%
	VII	233、227、264、226、234、263、54、23、58、186、86、213、168、332、333、321、314、303	18	251、266、258、208、196、301、394	7					89			2	27	10.63%
	VIII			10	1									1	0.39%
	IX			26	1									1	0.39%

续表二〇

殉种类组合	墓号\性别	男	小计	女	小计	少儿	小计	婴儿	小计	性别不详者 小计	无人墓 小计	合计	占该地殉数总百分比
第三类	Ⅹ	277、228、252、270、271、295、224、179、111、164、127、110、373、370	14	296、294、87、223、222、221、204、144、126、114、338、366、372	13	136、132、166	3					30	11.81%
第三类	Ⅺ	365	1	50	1							2	0.79%
第四类	Ⅻ	43、46、44、247、260、65、297、192、60、61、69、83、62、63、207、182、205、170、181、154、121、108、319、329、318、312、315、325、161、328、345、343、348、336、342、379、376、361、399、393、395、400	42	29、245、231、232、240、265、96、47、225、254、273、237、272、268、191、66、68、189、185、149、84、81、139、219、218、216、215、211、206、197、198、200、183、180、150、118、119、113、331、316、306、304、305、302、163、130、109、162、340、346、339、341、382、378、374、375、371、368、369、364、392	61	238、94、259、55、59、184、135、116、120、115、337	11	262、267、141、194、195、177、123、335	8			122	48.03%
第五类	ⅩⅢ	173	1									1	0.39%
合计			127		101		14		8	3	1	254	

数幸运儿也不能与大多数成年人等同相待，他们当中的少数人所享受的殉牲待遇（大多数墓内所殉的狗牲，都是1个幼小狗头，或再加1根细小的狗肱骨），带有明显的象征意义色彩。

七 殉牲墓的分布与分期

1. 殉牲墓的分布

玉皇庙墓地是一处规模宏大的古代氏族部落墓地，总面积将近2.5万平方米。以现存自然条件，结合考古发掘获得的地层根据，大致可分为三片，即三个墓区——北区、南区和西区。其中北区还可以分为北Ⅰ区和北Ⅱ区，而在北Ⅰ区中，又可具体分为北Ⅰ区中部、西部、北部和南部；在北Ⅱ区中，也可具体分为北Ⅱ区北部、中部和南部；在南区中，也可以具体分为南区北部、中部和南部。

玉皇庙墓地的殉牲墓共有254座，在上述诸墓区中，除北Ⅰ区南部的7座墓因上层遭取土破坏，而均无殉牲保存以外，其余各墓区内均有数量不等的分布。具体分布情况如下。

北区共有殉牲墓110座，占该墓地殉牲墓葬总数的43.3%，占该墓地墓葬总数的27.5%。北Ⅰ区有20座，占北区殉牲墓总数的18.2%，占北Ⅰ区墓葬总数（58座）的34.5%。其中北Ⅰ区中部13座，占北Ⅰ区殉牲墓总数的65%，占北Ⅰ区墓葬总数的22.4%；北Ⅰ区西部2座，占北Ⅰ区殉牲墓总数的10%，占北Ⅰ区墓葬总数的3.5%；北Ⅰ区北部5座，占北Ⅰ区殉牲墓总数的25%，占北Ⅰ区墓葬总数的8.6%。需要指出的是，由于北Ⅰ区中部、西部和北部的一部分墓葬，也曾与北Ⅰ区南部墓葬一样遭过取土破坏，故殉牲墓减掉了不少，这不但会给考察殉牲墓在此墓区内的分布带来一定困难，而且也会直接影响到殉牲墓数量及所占比例统计的准确率。

北Ⅱ区有殉牲墓90座，占北区殉牲墓总数的81.8%，占北Ⅱ区墓葬总数（136座）的66.1%。其中北Ⅱ区北部24座，占北Ⅱ区殉牲墓总数的26.7%，占北Ⅱ区墓葬总数的17.6%；北Ⅱ区中部41座，占北Ⅱ区殉牲墓总数的45.5%，占北Ⅱ区墓葬总数的30.1%；北Ⅱ区南部25座，占北Ⅱ区殉牲墓总数的27.8%，占北Ⅱ区墓葬总数的18.4%。

南区共有殉牲墓125座，占该墓地殉牲墓葬总数的49.2%，占该墓地墓葬总数的31.25%。其中南区北部50座，占南区殉牲墓总数的40%，占南区墓葬总数（174座）的28.7%；南区中部23座，占南区殉牲墓总数的18.4%，占南区墓葬总数的13.2%；南区南部52座，占南区殉牲墓总数的41.6%，占南区墓葬总数的29.9%。

西区共有殉牲墓19座，占该墓地殉牲墓葬总数的7.5%，占西区墓葬总数（32座）的59.4%，占该墓地墓葬总数的4.75%（见表二一）。

2. 殉牲墓的分期

根据在玉皇庙墓地北、南墓区交界地带所获得的地层资料，地质专家对该墓地曾发生过的两次泥石流相对年代的推断，结合整个墓地三片墓区墓葬布局特点，还有数例典

表二一 玉皇庙墓地殉牲墓在各墓区的分布及数量统计总表

分布		墓葬数量(座) 各茔区数量	墓葬数量(座) 3大墓区合计	殉牲墓数量(座) 各茔区数量	殉牲墓数量(座) 3大墓区合计	占所属墓区墓葬总数的百分比	占玉皇庙墓地墓葬总数的百分比	占北Ⅰ区殉牲墓总数百分比	占北Ⅱ区殉牲墓总数百分比	占南区殉牲墓总数百分比	占玉皇庙墓地殉牲墓总数百分比
北Ⅰ区	中部	30		13		22.4%	3.25%	65%			
	西部	6		2		3.5%	0.5%	10%			
	北部	15		5		8.6%	1.25%	25%			
	南部	7		0							
	合计		58		20	34.5%	5%				7.9%
北Ⅱ区	北部	43		24		17.6%	6%		26.7%		
	中部	54		41		30.1%	10.25%		45.5%		
	南部	39		25		18.4%	6.25%		27.8%		
	合计		136		90	66.1%	22.5%				35.4%
南区	北部	62		50		28.7%	12.5%			40%	
	中部	34		23		13.2%	5.75%			18.4%	
	南部	78		52		29.9%	13%			41.6%	
	合计		174		125	71.8%	31.25%				49.2%
西区		32		19		59.4%	4.75%				7.5%
总计		400		254			63.5%				100%

型墓葬随葬的具有断代意义的中原式青铜礼器和三穿铜戈的特点，以及大批墓葬中出土的数十套属于玉皇庙文化性质的具有典型早、晚变化特征的陶器、青铜短剑、青铜马具和青铜削刀等器物群的演变规律，可将玉皇庙墓地北、南、西3片墓区的相对年代分期，推定如下（见表二二）。

表二二　　　　　　　　　　　玉皇庙墓地北、南、西墓区相对年代分期

墓　　区		相 对 年 代 分 期
北　区	北Ⅰ区	春秋早期—春秋中期
	北Ⅱ区	春秋早中期—春秋中晚期
南　　区		春秋晚期
西　　区		

这就是说，玉皇庙墓地的相对年代，约上起春秋早期，下迄春秋晚期，包括了整个春秋时代，前后延续了约300年时间。本文限于篇幅，对玉皇庙墓地年代分期问题，不能作系统论述，相关内容，可参见作者另一篇拙文[3]。

如果上述有关玉皇庙墓地年代分期的推测意见没有太大失误的话，那么再综合考察一下玉皇庙墓地殉牲墓在各墓区不同历史时期，不同规格级别和各种殉牲组合的分布与变化情况，即不难归纳出以下特点。

（1）从殉牲墓的规格级别看，在玉皇庙墓地不同历史阶段，高、低级不同规格级别的殉牲墓，在北、南、西三墓区内的分布，呈现出不同兴衰趋势的规律性特点。殉牲墓中，凡属一等高级大型墓——甲（A）、甲（B）者和二等较高级中型墓——乙（A）、乙（B）者，分布于北区的数量和所占比例，均明显超过南区与西区；而凡属三等较低级小型墓——丙（A）、丙（B）、丙（C）者和四等最低级——丁级小型浅穴土坑墓者，在分布上恰与上述高级大型墓与较高级中型墓呈相反趋势，即南区与西区普遍超过北区。也就是说，在玉皇庙墓地早、中期阶段，即在春秋早期至春秋中期和中晚期阶段，曾有过数量相对集中、所占比例相对较高的一批规格级别最高和较高的大、中型殉牲墓在北区埋葬，规格级别较低和最低级的小型墓，在此期间和此墓区内分布的数量和所占比例，较晚期阶段相对较少和较低；而到春秋晚期，在该墓地的南区与西区，属一等甲（A）级的殉牲墓已不见，甲（B）级以下的大、中型墓的数量也骤减，所占比例显著降低，但规格级别较低的三等丙级和规格级别最低的四等丁级小型殉牲墓的数量，在南、西两区内却显著增多，所占比例较早、中期阶段的北区显著升高。具体数据见表二三和表二四。

（2）从殉牲墓的殉牲种类组合看，在玉皇庙墓地早晚不同时期，高低不同等级的殉牲种类组合，在北、南、西三墓区内的分布，也同样呈现出早盛晚衰的变化趋势特点。殉牲墓中，凡属一、二等高级和较高级的殉牲种类组合，均全部密集地分布于北区，北区所占高级和较高级殉牲种类组合墓总数的百分比平均指数显著高于南区和西

表二三　玉皇庙墓地殉性墓各规格级别数量与分布分期关系比较表

殉性墓规格级别	数量(座) 分期	春秋早期—春秋中晚期					春秋晚期				总计	三墓区各占八级殉性墓总数的百分比		
		早期	早中期	中期	中晚期	北区合计	前段	后段	南区合计	西区合计		北区	南区	西区
一等	甲(A)	1				3					3	100%		
	甲(B)	2	1			3			2		5	60%	40%	
二等	乙(A)	3	8	1	1	18	1	6	10		28	64.3%	35.7%	
	乙(B)	2	17	1	10	39	5	13	34		73	53.4%	46.6%	
三等	丙(A)	3	8	1	7	29	6	14	38		67	43.3%	56.7%	
	丙(B)	1	1	2	3	7	4	6	15	5	27	25.9%	55.6%	18.5%
	丙(C)		6		2	9	6	8	18	7	34	26.5%	52.9%	20.6%
四等	丁				2	2	1	5	8	7	17	11.8%	47%	41.2%
合计		12	41	5	25	110	23	52	125	19	254			
分布		北Ⅲ中	北Ⅲ北	北Ⅲ北、北Ⅲ中	北Ⅲ中、北Ⅲ南	北区	南Ⅲ北	南Ⅲ中	南区	西区			南区、西区	

表二四　玉皇庙墓地殉牲墓的规格级别与分布及分期关系统计表

规格级别	春秋早中期		春秋中期	春秋中晚期			春秋晚期前段		春秋晚期后段				合计
墓号（YYM）	北I中	北I西	北II北	北II中	北I北	北I中	北II南	南区北	南区中	西区	西区	南区南	
甲（A）	18		230,250										3
甲（B）	22;2			52				217,151					5
乙（A）	11,13;20	300	227,229,275;280	51,54,95,236,261,256,258,266	295		86	74,209,210	156			129,161,334,344,338,339	28
乙（B）	10,17	384	226,228,233;240,241,251,279	41,44,46,65,188,190,234,231,247,257,263,66,270,271,225,237,254;89	26	23	57,58,60,61	63,186,212;81,87,196,170,179,182,203,205,207,213;150,178,197,198,204,211,216,220,223	133,167;124,134,158			170,174,348,349,373,128,130,163,346,366,369,374,394	73
丙（A）	25,29;28		264,277,278,282,252;96,232,245,265	43,48,49,260;191,268,272,273	294		69,83,148;84,185,189,208	117,142,143;181,199,224;119,137,138,139,144,153,180,200,206,218,219,221	111;122;131,171;113,126	315,319,320,333;301		175,328,336,342,343,345,376,379,395,400,340,341,372,378	67
丙（B）	27			267	297;296		192,149;184	222,215,183,75,118	176,114,168;120			110,164,370,399,364,382	27

续表二四

分布分期 规格级别 墓号(YYM)	春秋早中期		春秋中期	春秋中晚期			春秋晚期前段	春秋晚期后段					合计
	北I中	北I西	北II北	北II中	北I北	北I中	北II南	南区北	南区中	西区	西区	南区南	
丙(C)			47	262; 238, 94, 259,50,68			55;62	194, 195, 135, 136	154, 121, 108, 132, 166;123	312, 314, 318, 332, 302, 304,305		127, 173, 393, 109, 371, 368, 375;337	34
丁							59;141	116;177	115	303, 321, 329, 306, 316,331	325	335; 361, 365; 162, 392	17
合计	12	2	24	41	5	1	25	50	23	18	1	52	254
	14		24	47			25	91	53				
II占殉牲墓总数百分比	5.5%		9.4%	18.5%			9.8%	35.8%	21%				
占此期墓葬总数百分比	41.2%		55.8%	60.3%			64.1%	72.2%	66.3%				

区，而凡属较低级的种类组合（第三等第三类中的第Ⅹ种）和最低级的种类组合（如第四等第四类的第Ⅻ种），北区所占比例均明显偏低，而南区所占比例却明显偏高。这一高一低、一正一反的变化趋势，又从另一个侧面清楚地表明，春秋早期至春秋中晚期之前这段时期，应是玉皇庙墓地殉牲的繁盛期，而到春秋晚期，则是该墓地殉牲的衰落期（见表二五）。

玉皇庙墓地5类13种殉牲组合，可分为四等：第一等为高级种类殉牲组合，当属以第一类Ⅰ—Ⅴ以马为核心的殉牲组合；第二等为较高级种类殉牲组合，当属以第二类Ⅵ—Ⅸ以牛为核心的殉牲组合；第三等为较低级种类殉牲组合，当属第三类中第Ⅹ种羊、狗二畜组合与第五类第ⅩⅢ种猪、狗二畜组合；第四等为最低级种类殉牲组合，当属第三类中第Ⅺ种单纯殉羊和第四类第Ⅻ种单纯殉狗殉牲组合。

北区在5类13种殉牲种类组合中，除了第5类第ⅩⅢ种猪、狗二畜组合之外，占有前4类中的12种，占殉牲种类组合总数的92.3%，包含了四个等级的全部种类，尤其是囊括了第一等和第二等的全部9种殉牲组合，且在第一类5种组合中独占了3项100%；在第二类4种组合中又独占了两项100%的比例，这使北区在殉牲种类组合等级比较中，遥遥领先于南区和西区。其中虽然在第一类第Ⅰ种殉牲组合项目上，北区为3座，南区为4座，北区所占比例略低于南区，但北区这3座墓（YYYM18、250、230），均属甲（A）级大型墓，所殉马、牛、羊、狗四种殉牲的总量，却远远超过南区那4座墓（YYM151、74、156、174）的总量。

南区在5类13种殉牲种类组合中，共占有5类8种，缺5种。缺这5种中，包括有第一等第一类殉牲组合中的3种——马、牛、狗组合3座，马、羊、狗组合3座，单纯殉马组合2座；还包括有第二等第二类殉牲组合中的2种——牛、羊组合和单纯殉牛组合各1座。南区所缺的这5种殉牲组合，在5类13种四个等级的殉牲组合中，都属高级和较高级的殉牲组合，都是属于具有衡量殉牲价值的、重要的殉牲组合种类，而南区比北区多出的一种殉牲组合——猪、狗二畜殉牲组合1例，是属于较低级殉牲种类组合，丝毫不能在与北区的比较中，起到提高南区殉牲种类身价的作用。

西区在5类13种殉牲种类组合中，共占有2类3种，缺3类10种。即仅占有第二等第二类第Ⅵ种中的1例和第Ⅶ种中的6例，以及第四等第四类第Ⅻ种中的12例，所占各项比例，都相对较低和很低。缺一等一类的5种，二等二类的4种，三等三类中的第Ⅹ种和第五类中的第ⅩⅢ种，以及四等三类中的第Ⅺ种。西区占有殉牲组合的情况，不但远不及北区，而且也大不如南区。

八　结　语

军都山玉皇庙墓地是迄今中国北方地区青铜时代草原文化诸遗存中，唯一通过考古工作者主动调查，并被主动选点进行科学发掘数年的一处规模最大的氏族部落墓地，在2.5万平方米的范围内，发掘出春秋早期至春秋晚期各种规格级别、排列有序的山戎古墓400座，出土各类富于玉皇庙文化特征的文物5万余件。发现殉牲墓254座，所获考

表二五　玉皇庙墓地殉牲种类组合与殉牲墓分布及分期关系统计表

殉牲种类组合	墓号(YYMI) 分期	春秋早期	春秋早中期	春秋中期	春秋中晚期	北区合计(座)	春秋晚期·前段	春秋晚期·后段	南区合计(座)	西区合计(座)	总计(座)	北区	南区	西区
第一类	I	18	250, 230			3	151, 74　156	174	4		7	42.9%	57.1%	
	II	2, 13			57	3					3	100%		
	III			257, 52	212	3					3	100%		
	IV			11		1	217		1		2	50%	50%	
	V	17	300			2					2	100%		
第二类	VI	22, 20, 27, 25	278, 279, 280, 282, 229, 241, 275	41, 236, 256, 261, 49, 48, 51, 95, 190, 188		23	220, 203, 210, 209, 176, 158, 199, 153, 167, 134, 178, 142, 133, 131, 143, 138, 122, 124, 137, 117, 171, 75	320　160, 175, 129, 128, 334, 344, 349	29	1	53	43.4%	54.7%	1.9%
	VII	28	251, 233, 227, 264, 226	234, 263, 266, 89, 258, 54	208, 58, 196, 186, 86	18	168	332, 333, 321, 314, 303, 301　394	3	6	27	66.7%	11.1%	22.2%
	VIII	10				1					1	100%		
	IX			26	1	1					1	100%		

续表二五

殉牲种类	墓号(YYM)组合 分期	春秋早期	春秋早中期	春秋中期	春秋中晚期	春秋晚期 前段	春秋晚期 后段	北区合计(座)	南区合计(座)	西区合计(座)	总计(座)	北区	南区	西区
第三类	X		277,228,252	296,295,270,271,294	87 224,223,222,221,204,179,144,136	132,126,114,111,166	164,110,127,338,373,366,372,370	9	21		30	30%	70%	
	XI			50			365	1	1		2	50%	50%	
第四类	XII	29	245,231,232,240,265,96,47	192,189,55,185,43,225,254,262,273,46,44,238,59,60,237,267,184,272,94,149,259,247,61,69,268,260,84,83,65,191,81,62,66,68,63,141	297	207,194,182,139,219,218,216,215,211,195,206,205,197,198,170,200,183,181,180,177,150,135,116,118,119	163,130,161,109,162,340,337,328,345,346,343,339,341,348,335,336,342,374,379,382,378,376,375,371,368,369,364,361,392,399,393,400,395,331,319,329,318,316,312,315,306,304,305,302,325	45	65	12	122	36.9%	53.3%	9.8%

续表二五

分期 殉牲种类 墓号(YYM) 组合	春秋早期	春秋早中期	春秋中期			春秋中晚期	北区合计(座)	春秋晚期		南区合计(座)	西区合计(座)	总计(座)	三墓区各占13种殉牲组合墓数总数的百分比		
								前段	后段				北区	南区	西区
第五类 XIII														100%	
11	2	24 2	5	41 25		110	50 23	18	1	1 19	254	1			
合计(座)	北I中	北I西	北I中	北I北 北II中		北II南		南区中	西区						
		北II北			北区			南区北 173	南区南 125	52					
								南区、西区							

古资料全面、系统，内容十分丰富、详实，特点清楚、明确，是玉皇庙文化的典型代表，是从考古学上考察和探讨冀北山地玉皇庙文化面貌和内涵特征，从历史学上探考和研究古代山戎部族的历史、社会性质及其与燕和中原以及与周邻其他部族文化关系等问题的一批非常难得的宝贵实物资料。军都山玉皇庙墓地及葫芦沟、西梁垙墓地的发掘，的确是中国北方地区民族考古的一项重要成果，它对于拓宽中国北方青铜文化区系类型问题的研究具有重要的突破意义。本文从玉皇庙墓地殉牲习俗的一个侧面，考察和分析了玉皇庙墓地殉牲的有关问题，意在以玉皇庙墓地这批典型资料为基础，归纳和总结出冀北山地玉皇庙文化在殉牲制度上的一些规律性特点，以进一步深化对这支文化整个埋葬制度、经济基础、意识形态以及社会性质等问题的认识。

1. 玉皇庙墓地的殉牲资料，对于玉皇庙文化性质的确认及其族属问题的探讨，具有十分重要的学术价值和意义。

玉皇庙墓地 400 座墓葬中，除了一部分因取土被破坏了的墓葬外，保留下来的殉牲墓尚有 254 座，占该墓地墓葬总数的 63.5%，现存殉牲遗骨为 2209 个、副、根，其中马牲 120 个、副、根，牛牲 221 个、副、根，羊牲 419 个、副、根，狗牲 1448 个、副、根，猪牲只有猪头 1 个。殉牲种类主要为马、牛、羊、狗四种家畜。如没有破坏因素，该墓地原殉牲墓总数至少可达到 280 座左右，将占整个墓地总数的 70% 左右，殉牲总量至少可达到 2400 只 2500 个、副、根。这一事实与特点，不但对于确认玉皇庙墓地和玉皇庙文化是属于中国北方先秦时期一支草原骑马部族青铜文化的性质，提供了直接依据，而且对于考察玉皇庙墓地和玉皇庙文化的族属问题，也具有相当重要的意义。它清楚、鲜明地反映出玉皇庙文化是以畜牧和狩猎为其主要生产方式的畜牧和游牧经济的特点。《史记·匈奴列传》云："唐虞以上有山戎、猃狁、荤粥，居于北蛮，随畜牧而转移。其畜之所多则马、牛、羊，其奇畜则橐驼、驴、骡、𫘨𫘨、𫘧騠、騊駼、驒騱。逐水草迁徙，毋城郭常处耕田之业，然亦各有分地。毋文书，以言语为约束。儿能骑羊，引弓射鸟鼠；少长则射狐兔，用为食。士力能贯弓，尽为甲骑。其俗，宽则随畜，以射猎禽兽为生业，急则人习战攻以侵伐，其天性也。""自君王以下，咸食畜肉，衣其皮革，被旃裘。壮者食肥美，老者食其余，贵壮健，贱老弱。"这段记载，清楚地记述了古代北方山戎部族从来就是一支以畜牧和狩猎为业的畜牧和游牧部族，其生产方式和生活方式，与玉皇庙墓地的殉牲种类及其所出土的殉牲数量与规模，是完全相符的。所以，我们根据玉皇庙墓地及玉皇庙文化殉牲所反映的这一经济类型特点和这支文化的分布地域、遗存年代及其文化内涵特征，并结合有关历史文献记载，推定玉皇庙墓地及玉皇庙文化的族属，应即是《史记》等历史文献所曾提及的山戎[4]。

2. 玉皇庙墓地殉牲的内容与形式，是山戎部族日常畜养家畜和游牧生活的缩影与写照，墓中所殉马、牛、羊、狗四种家畜，是该部族生产方式与生活方式的真实而生动地展示与反映。墓内殉牲的摆放位置、组合形式与具体布局及队形，往往是象征性的仿照平时放牧生活的实际场景和阵式，略作加工后而为之的。这是玉皇庙墓地和玉皇庙文化在殉牲制度上明显区别于其他文化的突出特点之一。

如狗在实际放牧生活中的职能，是替主人和畜群作警戒和护卫工作的，在玉皇庙墓地殉牲墓中，狗在有二畜以上殉牲组合的配伍中，总是首当其冲位居圹内最东端，即位居整个畜群最前沿的位置，负责警戒任务；或是扼守东西两端，以前后兼顾，或是扼守东端和畜群外围方位，或是平面呈三角形布局，布置于最东端、西南角和西北角，而让牛、羊牲置于狗牲中间，其中尤以羊牲置于狗牲中间的情况最为普遍，以实施狗对弱势和最弱势畜群的警戒与安全护卫职责，等等。这样的一些珍贵的殉牲形式考古资料，为我们真实地勾勒和再现了山戎部族以畜牧和游牧为生的生产方式和生活方式的特点，使我们认识到，玉皇庙墓地的殉牲形式和殉牲制度，是来源于山戎部族的畜牧和游牧生活的实践的，是这个部族畜牧和游牧生产方式和生活方式的高度概括和提炼。关于玉皇庙墓地殉牲形式规律特点的揭示与认识，无疑将会对今后冀北山地玉皇庙文化其他类型遗存和中国北方地区其他青铜文化中殉牲问题的考察与研究，具有重要的启示和推动意义。

3. 关于"灵魂不死"的原始宗教观念

从一定意义上说，墓中的殉牲实际上也是一种随葬品。殉牲中所蕴涵的宗教观、财富价值观和身份等级观等，与随葬品所包含的意义基本上是相近的，或一致的。因此殉牲不但能从一个侧面反映玉皇庙文化在生产方式、生活方式、生产力发展水平等经济基础方面的一些特点，而且还能从一个侧面反映和揭示出玉皇庙文化在意识形态和宗教信仰方面的一些特点。马、牛、羊、狗四种家畜，是山戎部族日常赖以生存的最主要的生产资料和生活资料，他们的衣、食、住、行，每时每刻都离不开这些家畜。因此，马、牛、羊、狗四种家畜是山戎部族财产和财富的主要来源和标志之一。山戎人死后，将这些家畜和其他随葬品，即将生产资料和生活资料，亦即财产和财富一起，随死者埋入墓中，祈望"来世复生"，永久享用，这是山戎部族信仰"灵魂不死"原始宗教观念的反映。如果说墓中殉牲是山戎人信仰"灵魂不死"原始宗教观的反映尚嫌笼统的话，那么在玉皇庙墓地大量的殉牲墓的殉牲，它们在墓中的摆放位置及其牲吻朝向，显然是按照既定的制度和规定，在墓中实施的，这就是大多数或绝大多数的殉牲位置和牲吻朝向都取决于死者的头向（不论绝大多数死者头朝东，还是少数死者头朝西，其墓内殉牲基本上都要以死者头向朝东，或是头向朝西，来决定殉牲是摆放在圹内东端，或是摆放在圹内西端，而且牲吻朝向绝大多数也与死者头向保持一致）。这一点，应该是山戎人信仰"灵魂不死"原始宗教观念的进一步具体的证明。即主人活着时身边曾有这些家畜伴随着，而今主人去世了，由主人生前畜养或归主人所有的这些家畜也必须由主人带走，以继续陪伴主人，供主人随时支配和享用。主人走到哪里，这些家畜也必须跟着走到哪里，所以这些家畜在墓中的摆放位置和牲吻朝向，绝大多数都与死者头向保持一致。其原因和道理在于此。这是极为原始而质朴的"灵魂不死"原始宗教观念在殉牲制度上的反映和体现。

4. 关于对太阳和太阳神崇拜的原始宗教观念。

在玉皇庙墓地400座墓葬中，墓圹呈东西向、死者头朝东的墓葬即有366座，占玉皇庙墓地墓葬总数的91.5%。几乎所有的大、中型墓葬和早、中期阶段的墓葬，墓圹都是呈东西向，死者的头向均一律朝东。在该墓地保存下来的254座殉牲墓中，有232座墓的殉牲，被摆放在圹内东端，占该墓地殉牲墓总数的91.3%，其中死者头朝东和东南者共有227座，占该墓地殉牲墓总数的89.4%。这表明墓圹呈东西向和死者头向朝东或东南，是玉皇庙墓地占绝对主导地位和统治地位的墓向和头向。这与燕文化和中原地区其他诸侯大国墓圹均呈南北向，死者作头北足南葬式的埋葬制度及相关的殉牲制度特点是迥然不同的。这种规律性如此清楚、鲜明和统一的埋葬制度与殉牲制度的特点，其中必受一种统一而强大的宗教思想的约束与支配，这就是山戎部族对太阳和太阳神崇拜的原始宗教思想和观念。

在世界各地，有不少古代部族和民族，都曾对太阳和太阳神发生过崇拜。这是"万物有灵"自然崇拜的一种，是人类在没有科学知识的原始时代的一种淳朴的原始宗教信仰。中国东周时期北方的山戎部族也是太阳神的崇拜者和信仰者之一。山戎以畜牧和游猎为生，人、畜和牧草，每日都需要太阳的恩赐，他们每天都盼望光明，漫长的冬季，他们祈盼太阳能尽量多的光顾他们的驻地和牧场，多给他们和他们的畜群以温暖，所以他们把太阳奉为伟大的太阳神。生时祈祷太阳神庇佑他们的部族人畜兴旺，终年温饱，死后希冀威力无比的太阳神能继续保佑他们，冲出黑暗，重见光明，来世复生。因此，至今我们所发现的军都山玉皇庙等几处山戎部落墓地都无一不是选择在南临河滩，北靠青山的向阳坡地上，墓坑多作东西向，头向大多数或绝大多数为头东足西埋葬。如有殉牲，其摆放位置和牲吻朝向，大多数或绝大多数都必依照死者头向的方位来决定，即大多数或绝大多数的殉牲都被摆放在圹内东端。其牲吻朝向大多数或绝大多数都朝向东方，因为东方是太阳升起的地方，是伟大的太阳神所在的"天国"。只有朝着东方，朝着太阳神所在的"天国"祈祷，才能获得庇护和保佑，才能获得复生和光明。

军都山玉皇庙墓地的发掘，为人们了解春秋时期山戎部族在意识形态领域曾有过非常浓重而虔诚的太阳神崇拜原始宗教观念，提供了十分丰富、翔实、清楚而明确的实证资料，从而可以对于山戎墓地的选址、墓圹的方向与布局、死者头向与葬式、殉牲的位置及牲吻朝向和死者头向的位置关系等涉及玉皇庙文化埋葬制度和殉牲制度等一系列令人困惑的疑难问题，从理论上作出合乎逻辑的解释。

在这里应该指出的是，与玉皇庙文化时代相当的辽西夏家店上层文化（东胡文化），还有东胡的后裔——汉魏时期的乌桓和鲜卑文化，以及辽代的契丹文化，也都有对太阳神崇拜的习俗。但迄今未见到这几支文化中有像玉皇庙墓地所代表的玉皇庙文化——山戎文化，这样系统、集中、翔实的一批考古资料，来证明它们的这一原始宗教信仰的存在。因此，玉皇庙墓地所获得的关于山戎部族对太阳和太阳神崇拜的原始宗教观念的考古资料，殊为珍贵。它不但对研究冀北山地玉皇庙文化具有重要学术价值，而且对于比较和考察周边相邻地区其他文化的相关问题，也具有重要的借鉴与参考意义。

5. 殉牲不用全牲，或多将牲头予以拆解，或故作丰盛而分开摆放等形式，反映出玉皇庙文化生产发展水平尚较低，经济基础较薄弱，物质生活资料尚较匮乏。

殉牲不用全牲，均以肢解后的马、牛、羊、狗四种家畜的头和腿（牲腿也仅限于马腿是连蹄保留殉祭，其他种类的牲腿，一律只取肱骨部分）作代表，拿来作象征性祭祀。这是玉皇庙墓地和玉皇庙文化殉牲制度的突出特点之一。一般情况是，1个畜头加1根该殉牲的肱骨为1套，即代表1头（或1只）殉牲。也有例外不足额的情况，如有的墓中只殉1个畜头，或只殉1个上颌骨，或只殉1副或1块下颌骨，而无肱骨配套的，或只殉1根肱骨，而无头骨或上下颌骨配套者，则都意味着此墓殉祭了1头（或1只）此种牲畜。

此外，很多殉牲墓中的牲头，其上下颌骨均被拆解开以后，再作交错摆放，或分开摆放，或将拆解后本来不多的殉牲部件，在不同墓中，摆出各种形式，如作分开、聚堆摆放，或作并列聚堆摆放，或作上下叠压摆放，或作零散摆放，或作纵向一字摆放等等，无非是要作出殉牲资本不多，但通过化整为零的拆解和变换堆放形式等人为手段，造成殉牲丰厚的表象，以表示死者也享有不少牲畜财富。这是对身份地位不高，或身份地位较低的死者，在殉牲上的一种安慰方式。这是玉皇庙墓地和玉皇庙文化殉牲制度的另一突出特点。

以上这两个特点，虽然不能排除其中或包含有某种宗教意义，但我们认为，这里主要反映出该文化的生产力发展水平尚较低，经济基础尚较薄弱，物质生活资料尚较匮乏，多数部族成员的温饱问题仍是这个部族生存和发展的首要问题。由于这种经济条件的限制，所以在玉皇庙墓地和玉皇庙文化中的殉牲，皆采取了节约而又实用方式和体制，即不用全牲，而均以肢解后的牲畜的头和肱骨为代表，作象征性的祭祀（剩余的牲体，其肉和皮毛仍可供活着的人食用和制作衣物等），并在实施过程中，多将牲头上、下颌予以拆解，作出各种扩大殉牲体积和增大殉牲所占空间容积的人为摆放形式，以显示殉牲较多，财富较多。这实际上是制造虚假繁荣的一种自欺欺人的手段，但在物质生活资料贫乏的古代部族中，还必须采用这样的手段和"礼仪"，来稳定军心和人心，以增强部族成员之间的信心和凝聚力，以维系部族的生存和发展。

6. 关于殉牲反映的等级差别问题

在有无殉牲、殉牲数量和殉牲墓的规格级别及其殉牲种类配伍组合方面，玉皇庙墓地不同死者之间，存在着明显的等级差别。这种等级差别，既存在于男女之间，也存在于成年男女与孩童（少儿与婴儿）之间，既存在于少数男性首领人物和权贵与大多数一般男性部族成员之间，也存在于少数身份地位较高的女性和大多数普通女性部族成员之间。

对墓中有无殉牲的统计结果显示，玉皇庙墓地的成年男女死者，大多数都享有种类不一、数量不等的殉牲，只有少数成年男女死者墓中无殉牲；孩童则只有少数幸运儿才可享有殉牲，而大多数是无殉牲的。男性在占有殉牲墓中数量和比例上，明显地超过女性，而成年男女，又大大地超过孩童；女性无殉牲者明显多于男性，而孩童无殉牲者又大大超过成年男女。

在殉牲数量上，不论在殉牲总数，还是在5类殉牲单项指标上，男性死者的占有量，都占据绝对统治地位，而女性仅居于相当次要的附属地位，少儿和婴儿死者只有少数幸运儿才享有数量很少的、殉牲种类级别较低的小家畜殉牲，其中少儿或有极少数幸运者可殉有羊、狗牲头和肱骨各1套，但有殉牲资格的绝大多数少儿和全部婴儿，都只能象征性的殉有单纯狗牲中的狗头和肱骨1、2个、根。

在殉牲墓的规格级别方面，男性不但在四等八级规格级别的墓葬中，占据全额，而且在最重要、最具价值意义的前二等四个高规格级别中，都项项呈独霸局面，不留任何空间，故处于绝对高级的统治地位；而女性较男性至少要低一等以上，其所缺的规格级别，恰恰是最重要、规格级别最高的一等甲（A）级墓，而其在甲（B）、乙（A）和乙（B）三个较高级别的比例中，也较男性差距甚大。少儿和婴儿殉牲墓的规格级别，均属低级或最低级的小型墓。在殉牲墓的规格级别方面，男性显著地高于女性，女性明显地低于男性，而成年男女又显著地高于孩童。这样的带有规律性的等级差别特征，在此项的比较中再次体现出来。

在殉牲墓的殉牲种类组合等级礼遇方面，男性也普遍高于和优于女性，女性则多明显地低于男性，而成男女则又显著地高于和优于孩童。少数身份、地位特殊的男性死者，独霸了最重要、最能显示身份地位、最具价值意义的第一类5种殉牲种类组合中的4种（Ⅰ、Ⅲ、Ⅳ、Ⅴ），第二种虽未能独占，但所占比例却仍比女性高出1倍；在第二类前两种（Ⅵ、Ⅶ）组合中，又以绝对高比例优势超过女性。女性在第一类5种组合中，有4种属于空白，其中尤为关键的是缺少第一种马、牛、羊、狗四畜俱全的殉牲种类组合，这就从根本上决定了女性不及男性、并明显地低于男性的历史命运。少儿所能享受的殉牲种类组合仅限两种，即第三类第Ⅹ种羊、狗组合和第四类第Ⅻ种单纯殉狗组合，而婴儿则比少儿又要低一等，仅限于第四类第Ⅻ种单纯殉狗者。其他各类各级组合，均与少儿和婴儿无关。这说明，少儿与婴儿的身份地位普遍较低，即使少数幸运儿也不能与大多数成年人一样等同相待。大多数孩童墓所殉狗牲，都只有1个幼小的狗头，或再加1只细小的狗肱骨，带有明显的象征性色彩。

在男女两性殉牲墓中，无论在墓葬规格级别，还是在殉牲种类组合等级和殉牲数量上，还普遍存在着同性之间的等级差别。这样的实例，在男女两性中比比皆是。

7. 从殉牲考察玉皇庙墓地的社会性质问题

家畜对于以畜牧和游牧为生的山戎人来说应是其主要的生产资料和生活资料的一部分，也是其主要的财产和财富的一部分。家畜被当作殉牲，与其他随葬品一起埋入墓中，为主人殉葬，无疑具有代表和显示墓主人生前拥有财产和财富的意义，即成为死者贫富贵贱和身份地位高低的重要标志之一。从这个意义出发，我们可借助玉皇庙墓地的殉牲资料，考察一下该墓地的社会性质问题。

从前面殉牲反映的等级差别问题的讨论中，已经明确：玉皇庙墓地殉牲中存在着显著的男、女两性等级差别和同性之间的等级差别，以及成年男女与孩童之间的等级差别。这些有差别的男男女女和大人、孩子，都作为同一部族成员，埋在同一处氏族部落公共墓地中，这些成员之间，都存在着亲疏不等的血缘关系。那么，他们之间的等级差别到底达到了何种程度？这是回答这一问题的关键所在。

在玉皇庙墓地，以马为核心的殉牲组合，属高级一等第一类殉牲组合。这类殉牲组合，只限定在甲级大型墓或极少数乙（A）和乙（B）中型墓级别内享用，决不配给三等以下的墓。第一类第一种组合为马、牛、羊、狗四畜俱全组合，属最高级组合。这种组合在该墓地一共有7座墓，其中属于甲（A）级3座，甲（B）级1座，乙（A）级2座，乙（B）级1座。这表明，玉皇庙墓地的殉牲等级的区分是相当森严的。高级殉牲组合，只配给极少数部落首领和高级权贵，与一般部族成员无缘。从少数高级殉牲墓殉牲数量看，上述 7 座一等第一类殉牲墓，共殉马、牛、羊、狗四畜头、腿 272 个、副、根，平均每座墓殉 38.9 个、副、根，其中尤以 YYM18 殉牲量最大，包括：马头 16 个，马腿 16 根，牛头 3 个，牛肱骨 16 根，羊头 7 个，羊肱骨 5 根，狗头 4 个，狗肱骨 6 根，合计 73 个、根。与上述情况形成鲜明对比的是，该墓地还有 91 座属于三、四等丙、丁级小型单纯殉狗的最低级殉牲墓，这部分墓葬占该墓地殉牲墓总数的 35.8%，超过 1/3，其中不少的墓只殉有 1 个狗头加 1 根狗肱骨，或只有 1 副或 1 块狗下颌骨，或 1 根狗肱骨。更有甚者，在该墓地还有 146 座无殉牲墓，除去一少部分因取土遭破坏有无殉牲情况难以确定外，至少还要有 100 座左右真正无殉牲墓，占该墓地墓葬总数的 1/4 左右，这些墓都是属于较低级或最低级的小型墓，其中有不少是既无殉牲，又无任何随葬品着，仅可容身，窄小的浅穴土坑墓中唯有一具死者骨架。这类墓既有男性，也有女性，还有孩童。其中较前述最低级的单纯殉狗墓的死者更加凄惨。何况在玉皇庙墓地还有个一规律性特点，就是殉牲种类组合的等级与数量，与墓葬规格级别及随葬品的组合类型和随葬品的数量，基本上是配套关系，绝大多数是一致的，如 YYM18、YYM250 等少数高等殉牲墓，本身都是属于甲（A）级或甲（B）级大型墓，绝大多数为男性墓，墓中不仅有种类齐全、数量众多的殉牲，而且更有成组、成套的金器、青铜容器、兵器、马具、生产工具和各种装饰品，以及陶器等，一墓至少随葬数十件和上百件，甚至多达数百件之巨。这哪里是那些最低级的小型殉牲墓和既无殉牲、又无任何随葬品的小型浅穴土坑墓所能相比的？两相对照，高低贵贱，尊卑贫富，何其悬殊，何其鲜明！这充分说明，玉皇庙墓地已经明显地存在生产资料私有制，存在占有这个部族大量生产资料的少数奴隶主首领和贵族阶级，同时也存在着多数仅能占有很少一部分生产资料和生活资料，但却终年为这个部族流血流汗、辛苦劳作，甚至用生命去生产和创造全部生产资料和生活资料的平民与奴隶阶级。这种少数奴隶主首领和贵族与大多数平民和奴隶之间的关系，只能是阶级关系，他们之间的等级差别，实质上是阶级的对立与阶级差别。在这里，阶级关系已实实在在地取代了传统的亲疏不等的血缘关系，长期以来以血缘为纽带的部族成员之间的血缘关系，已只剩下了一具腐朽、疏松的躯壳。

总之，透过玉皇庙墓地的殉牲制度，使我们清楚地看到玉皇庙墓地及其所代表的玉皇庙文化的社会性质，是一个私有制特征非常明显，贫富两极分化非常悬殊，阶级对立非常突出，并有一整套森严的殉牲制度、埋葬制度和财产分配制度的、以军事奴隶主阶级掌握统治权力的野蛮的奴隶制社会。

8. 从殉牲墓看玉皇庙墓地的兴衰

综合殉牲墓的规格级别和殉牲墓的殉牲种类组合在玉皇庙墓地北、南、西三区内的分布，可以看到这样的规律性情况：二者在三墓区内的分布，具有明显的和谐一致的配套特点。凡属一等高级大型墓和二等较高级的中型墓，分布在北区的数量和比例，明显多于和高于南区和西区；与此配套的是，凡属一、二等高级和较高级的殉牲种类组合，均全部密集地分布于北区，北区所占高级和较高级殉牲种类组合总数的百分比平均指数显著地高于南区和西区。而凡属三等较低级和四等最低级的小型浅穴土坑墓，则多数分布于南区和西区，北区所占比例甚少；与此相应的是，凡属较低级和最低级的殉牲种类组合，南区和西区的数量和比例，明显多于和高于北区。这反映出，在玉皇庙墓地的早、中期阶段，即春秋早期至春秋中晚期之前这段时期，应是玉皇庙墓地殉牲的繁盛期，而到春秋晚期，则是该墓地殉牲的衰落期。联系玉皇庙墓地的墓葬形制与规格，及随葬品的分布情况，与殉牲所反映的发展与变化趋势特点，大体上是吻合的和一致的。因此可以说，从殉牲种类组合的分布与发展变化的角度，所揭示的玉皇庙墓地的殉牲是早盛晚衰这一规律性特点，是确切的，它也是玉皇庙墓地及其所代表的玉皇庙文化整体兴衰和变迁过程的规律性特点的概括与总结。

9. 关于第五类第XIII种猪、狗二畜组合问题

这是在玉皇庙墓的南区南部属于春秋晚期的一座丙（C）级小型墓中发现的唯一1例猪、狗二畜组合，殉有狗头1个，狗肱骨1根，及较小的猪头1个，上下颌骨被拆解开。其中狗牲为玉皇庙墓地和玉皇庙文化固有的传统文化因素，而猪牲则应是来自燕和中原地区的外来文化因素。除此例之外，在玉皇庙文化其他晚期遗存地点，如延庆县的葫芦沟、龙庆峡别墅区墓葬中，也发现有用家猪下颌骨作殉牲的例子。这虽是为数很少的外来文化因素，但它却透露出，玉皇庙文化到了春秋晚期阶段，与燕和中原文化的接触与融合愈益广泛和深入。山戎部族不但从燕和中原地区引进、学会了饲养家猪，而且开始主动或不主动，自觉或不自觉地逐步放弃或违背本部族固有的、沿袭已久的传统规制，而盲目或违心地顺随燕和中原文化的某些制度[5]。如在殉牲中开始用家猪代替本族既定的畜类，这一现象，是山戎部族在同燕与中原文化的交往过程中，既偶然又必然的文化融合现象。可以说，这是这支部族在其发展过程中具有历史意义的一个进步。

注　释

〔1〕北京市文物研究所山戎文化考古队：《北京延庆军都山东周山戎部落墓地发掘纪略》，《文物》1989年第8期。

〔2〕靳枫毅：《军都山玉皇庙墓地的特征及其族属问题》，《苏秉琦与当代中国考古学》第209～211页第五部分"关于玉皇庙文化的提出"，科学出版社，2001年。

〔3〕同注〔2〕。

〔4〕同注〔2〕。

〔5〕靳枫毅、王继红：《山戎文化所含燕与中原文化因素之分析》，《考古学报》2001年第1期。

河南新郑市郑韩故城战国晚期
空心砖工艺研究

李文杰

（中国国家博物馆考古部）

空心砖出现于战国中晚期，首先出现于秦国，流行于西汉。主要分布在陕西关中地区[1]，河南郑州地区[2]和洛阳地区[3]。

空心砖是中国古代的一种大型建筑用陶，呈长方形，内部空，故名"空心砖"。作为宫殿建筑物的台阶或用它建造墓葬的椁室，以代替木质椁室。

空心砖的制作和烧成工艺是战国中晚期陶工在制陶技术上的一项重要创新，在客观上符合空心物体所承受的压力与实心物体相同的科学原理，因而引起国内外学者的关注。

数十年来，关于空心砖的成型方法问题是一个谜，中外学者只是笼统地说模制成型。然而，究竟如何模制成型？如何才能够使砖坯内部形成空心？都没有说清楚。其原因是没有从出土实物上寻找成型时遗留的痕迹，作为研究成型方法的直接证据。

郑州地区出土大量战国晚期至西汉的空心砖。2003年2月17~22日，笔者在新郑市郑韩故城考察制陶工艺时，从中挑选出两块残破的战国晚期的空心砖进行了研究，因为只有残破的空心砖才便于观察内部的结构和成型时所遗留的痕迹。空心砖：01（图一），泥质灰陶，外表、胎心和内壁均为灰色，经放大观察，陶质细腻，不含杂质，显然泥料经过淘洗，质地非常坚硬，但是没有烧流变形现象，据此推测烧成温度约1050℃。残长33.5、宽35.3、高12.6、底板厚2.3、前帮厚2.8、后帮厚3、左挡头厚2.5、顶板厚2.3~2.5厘米。空心砖：02（图二），残存底板、前帮、后帮，泥质灰陶，外表、胎心和内壁均为灰色，陶质细腻，不含杂质，质地坚硬，据此推测烧成温度约1000℃。残长41.1、宽35、残高10、底板中部厚2~2.7、底板左端厚3.6~3.8、前帮厚2.5厘米。

空心砖的制作和烧成应当是在大型的制陶作坊和窑场中以流水作业的方式进行的，因此，应将这两块空心砖标本置于大型制陶作坊和窑场的大环境中进行研究，而不能孤立地研究，现在按照工艺流程加以说明。

一　原料的制备工艺

与原料制备工艺有关的设施应当有水井和汲水用的辘轳、水罐，大型淘洗池，排水

图一　河南新郑市郑韩故城出土战国晚期空心砖：01

1. 空心砖俯视图　2. 前帮侧视图　3. 后帮侧视图　4. 左挡头侧视图　5. 右残端侧视图　6. 纵剖面图

7. 横剖面图　8. 底板俯视图　9. 顶板仰视图　10. 底板仰视图

管道，陈腐泥库，练泥和储泥库。与原料制备工艺有关的工具应当有挖土、运土的工具，搅拌泥料和练泥的工具。

郑韩故城当地的土质有两种：一种是黄色的粉沙土，缺乏黏性和可塑性，不宜作为制作空心砖的原料；另一种是红色的黏土，经笔者试验，淘洗后具有良好的可塑性，适宜作为制作空心砖的原料。这种红黏土为普通易熔黏土，属于碱性土，黏土中含有沙粒、钙质结核、铁锰结核等杂质。其中钙质结核对于制陶来说是有害物质，因为钙质结核的主要成分是碳酸钙。碳酸钙"加热到825°左右分解为氧化钙和二氧化碳"[4]，反应式如下：

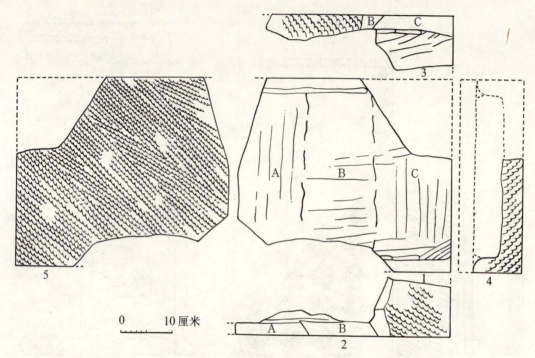

图二 河南新郑市郑韩故城出土战国晚期空心砖：02
1. 底板俯视图 2. 前帮侧视图 3. 后帮侧视图 4. 右端侧视图 5. 底板仰视图

$$CaCO_3 \rightarrow CaO + CO_2 \uparrow$$

如果空心砖内含有钙质结核，经烧制出窑后，氧化钙逐渐吸收空气中的水蒸气，生成氢氧化钙，反应式如下：

$$CaO + H_2O \rightarrow Ca(OH)_2$$

这时体积逐渐膨胀，并且变成粉末，这种膨胀现象会产生很大的作用力，将空心砖的胎壁崩落或崩裂。因此，这种红黏土只有经过淘洗才能够作为制作空心砖的原料。

由于制作空心砖用土量很大，应当将红黏土倒入大型淘洗池中进行淘洗，向淘洗池中倒入大量水，将黏土泡散，成为泥浆后，用木棍进行搅拌。淘洗是利用在悬浮液中，大小不同的粒子，在重力作用下具有不同沉降速度的原理进行的。经过一段时间，将漂浮在水面上的草根、树叶等杂质连同多余的水排除；然后将沉淀在淘洗池上层的细腻、不含杂质的泥料取出，运到陈腐泥库。陈腐期间泥料的含水量逐渐降低，而且水分分布均匀。还由于细菌的作用，使泥料中的有机物腐烂，产生有机酸，从而提高泥料的可塑性；沉淀在池底部的粗颗粒杂质，包括沙粒、钙质结核、铁锰结核，作为废料被清除掉。经过陈腐的泥料被运到练泥和储泥库，采用脚踩、棍打、手揉等方法进行练泥，进一步提高泥料的可塑性。然后将泥料堆成一个大泥坨，大致呈现为立方体，等到泥料的含水量下降到约18% ~17%时，适宜用于空心砖坯体的成型。这个含水量明显地低于手制和模制日常生活用具坯体时所用泥料的含水量（为22% ~20%），以免制作空心砖顶板时产生顶板塌落的现象。暂时不用泥料时，应当用湿布将大泥坨遮盖起来，防止水分蒸发过多而错过空心砖坯体成型的时机。

如上所述，具有完善的原料制备工艺，取得质地细腻、可塑性良好、含水量适宜的泥料，是空心砖坯体成型工艺的先决条件。

二　坯体的成型工艺

与坯体成型工艺有关的设备应当有木质或石质的工作台，便于制陶者站着操作。与成型工艺有关的工具应当有木质的井字形箱状外模、木质的双工字形托板、木质的拍子、木质的圆棍、弓形割泥器，还要有一盆水和补水时用的毛刷或排笔，有一个小布袋，内装干燥的粉砂土面。

空心砖的形制非常规整，表明利用木质的外模成型，推测外模的构造（图三，2）如下：由底板（图三，2A）、前帮（图三，2B）、后帮（图三，2C）、左挡头（图三，2D）、右挡头（图三，2E）五块木板构成，底板呈长方形，两帮、两挡头都呈长条状，两帮较长，两挡头较短。在底板每个角的内侧适当位置凿一个小洞，垂直插入一个小木柱，作为两帮与两挡头相交处的定位点。在两帮左右两端的内侧适当位置锯一条垂直的沟槽，槽口朝上。在两挡头前后两端的内侧适当位置也锯一条垂直的沟槽，槽口朝下。沟槽的宽度与木板的厚度相当。将两帮和两挡头置于底板上，沟槽处上下相扣，构成一个井字形的箱状外模。由于底板上四个小木柱的阻挡，长方形不会变成菱形，因此形状稳定。这种箱状外模的优点是安装和拆卸都很方便。根据宫殿建筑台阶和墓葬椁室的需要，可以制作成数套不同长度、不同宽度和不同高度的箱状外模，以便制作出一批批不同规格的空心砖。

空心砖顶板的内壁比较平整，缺少手抹痕迹（见图一，6、9），表明成型过程中，顶板的内壁曾经有托板支撑，托板应当具有适当的高度，可以放置在空心砖的空腔之内，还可以在空腔内拆卸、移动和从空腔内撤出，因此，推测托板呈双工字形（图三，3），由上下两块长方形木板（顶板和底板）、中间两块方木（支柱）构成，从侧面看，好像两个"工"字拼在一起，托板的长度略小于砖坯空腔的宽度，高度相当于砖坯空腔的高度。双工字形托板实际上是一个可以拆卸、移动和安装的内模。

形状相对固定的井字形箱状外模和可以拆卸、移动的双工字形托板，这就是空心砖成型工艺中最重要的两种工具。如果说空心砖的制作是战国中晚期在制陶技术上的一项重要创新，那么首先要归功于模制工具上的创新，尤其是双工字形内模的出现解决了砖坯内部形成空心这个关键问题。

空心砖坯体的成型有两个步骤。

第一步，模制左挡头、前帮、底板、后帮。工艺流程如下：

用装有干土面的小布袋在外模的内壁扑撒一层干土面，作为隔离层，防止泥板与外模粘连。

利用木条制作一个弓形割泥器，木条具有弹性，弯曲成弧形，两端之间系着一根铜丝或铁丝，作为切割泥料用的割丝。

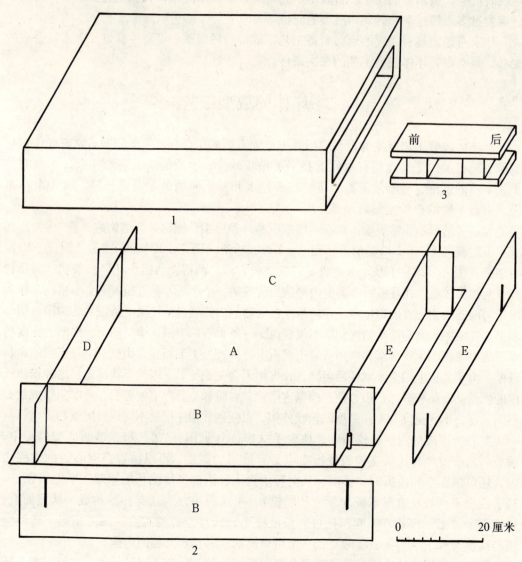

图三 空心砖坯体、外模及托板复原示意图
1. 刚成型的空心砖坯体 2. 井字形箱状外模 3. 双工字形托板

首先分析空心砖:01（见图一）的工艺流程。

用弓形割泥器从大泥坨上切割一块长方形的泥板，用木棍将泥板卷起来移到外模左挡头（见图三，2D）内侧，将泥板展开贴附在左挡头内壁，用手将泥板压实，形成砖坯的左挡头（见图一，6A），其上端与外模左挡头的上端平齐。

然后切割一块长方形的泥板，贴附在外模前帮（见图三，2B）、底板（见图三，2A）和后帮（见图三，2C）的内壁，这块泥板（见图一，6B、8B）的左端与砖坯的左挡头（见图一，6A）相接，前端与外模前帮的上端平齐，后端与外模后帮的上端平齐，先用手指在左挡头与底板交接处进行横向压抹，以便二者接合牢固，留下一道横向的抹痕，后用手指在底板上进行纵向压抹，以便泥板与外模的底板紧贴，留下 13 道纵向的抹痕（见图一，8B）。

再切割一块长方形的泥板，贴附在外模前帮、底板和后帮的内壁，这块泥板（见图一，6C、8C）的左端叠压在前一块泥板（见图一，6B、8B）的右端之上。俯视泥板 C 与泥板 B 之间有一道明显的接缝（图上用粗线条表示），泥板 C 上留有三道横向的手指抹痕，四道纵向的手指抹痕。

照此类推，从左到右将泥板逐块拼接在一起，直到右端，但右边半块砖已经残缺。

其次分析空心砖：02（见图二）的工艺流程。

成型方法与空心砖：01 完全相同，泥板从左到右逐块拼接在一起，左边半块砖已经残缺。泥板 A 被泥板 B 叠压，泥板 B 又被泥板 C 叠压（见图二，1~3），泥板之间有明显的、断续的接缝（俯视图上用粗线条表示）。三块泥板上都有手指抹痕：泥板 A 有四道横向的抹痕；泥板 B 有七道纵向的抹痕；泥板 C 有四道纵向的抹痕，五道横向的抹痕，拐角处还有斜向的抹痕，是先从前帮往下抹再延续到底板的。此外，泥板 A 和泥板 B 的底板与后帮交界处有一道纵向的圆棍刮痕，凹槽断面呈半圆形；泥板 C 的底板与前帮交界处也有一道纵向的圆棍刮痕，分为两段，这是刮两下所致。凹槽断面也呈半圆形，值得注意的是圆棍刮痕打破了斜向的手指抹痕，这表明先用手抹，后用圆棍刮。底板与帮的交界处（拐弯处）用圆棍刮，目的是借助圆棍可以用力更大一些，将拐弯处压得更瓷实，使砖坯在干燥和烧制的过程中不易从拐弯处开裂。

上述两块空心砖都是前帮、底板、后帮三者连为一体的，从侧视图（见图一，5；图二，4）上看都呈现为矮而宽的"U"字形。从空心砖：01 右残端（见图一，5）看得最清楚，前帮、底板、后帮之间没有相接的痕迹，更没有缝隙，然而前帮与顶板之间有接缝，并且已经顺着接缝开裂，后帮与顶板之间也有接缝，已经开裂了一段。这一事实表明：前帮、底板、后帮是同时成型的，顶板是后加的，如同先做箱子，后加箱盖。

第二步，模制顶板，工艺流程如下。

这是一种特殊的模制法，特殊之处在于：利用可以拆卸和移动的双工字形托板作为内模，这是前所未见的一种内模。

将双工字形托板置于砖坯的空腔之内，托板的前端靠近砖坯的前帮，左侧靠近砖坯的左挡头，后端靠近砖坯的后帮，但是都没有相依，留有适当的空隙。在模制顶板之前必须做两件事情：一是每加上一块泥板之前，都要用小布袋在双工字形托板的顶面扑撒一层干燥的粉沙土面，作为泥板与托板之间的隔离层，防止它们粘连；二是每加上一块泥板之前都要用排笔（或毛刷）在已经成型的部分胎壁上端有关部位刷水，工艺上称为补水，使已经形成的硬皮软化，以便增强黏结力，使泥板之间黏结牢固。上述两件事情的作用恰好相反。

用弓形割泥器从大泥坨上切割一块长方形泥板（见图一，6D、7D、9D），置于双工字形托板之上，并且左侧叠压在左挡头（见图一，6A）之上，前后两端分别叠压在前后两帮（见图一，7B）之上，用素面木拍子轻轻地拍打泥板，使泥板瓷实，表面平整，并且与左挡头、前后两帮接合牢固。

　　然后撤掉双工字形托板的两个方木支柱，其顶板从泥板上自然脱落，再撤掉顶板和底板，向左移动到适当位置，又安装成双工字形托板。由此可见，双工字形托板就是便于拆卸、移动和安装的内模。

　　再切割一块长方形泥板（见图一，6E、9E），置于双工字形托板之上，其左侧叠压在泥板 D 之上，前后两端分别叠压在前后两帮之上。经过拍打，使泥板瓷实、表面平整，并且使叠压之处接合牢固。

　　泥板 F（见图一，6F、9F）又叠压在泥板 E 之上。

　　仰视顶板内壁（见图一，9），有两道断续的泥板之间的接缝；顶板与前帮交界处（即拐弯处）有一道纵向的圆木棍刮痕，其横断面呈半圆形，它是从泥板 F 下面撤出双工字形托板之后，用圆木棍伸进空腔内刮抹而成的，刮抹的目的是为了使顶板与前帮之间接合牢固。

　　照此类推，从左到右将泥板逐块拼接在一起，直到右端，形成空心砖坯体的顶板。

　　这里需要说明两点：一是顶板上的最后一块泥板加上之后，只有将外模上的右挡头（见图三，2E）撤掉，才能够将双工字形托板从空腔内撤出；二是刚刚模制成型的空心砖坯体右端本来是没有挡头的，空腔暴露在外（见图三，1）。经观察，有一部分空心砖右端没有挡头，如空心砖:02（见图二，4），但是有一部分空心砖右端却有挡头。后者的做法是：空心砖坯体的顶板已经模制完毕，双工字形托板刚刚撤出，及时在砖坯的右端补水软化之后，切割一块长方形的泥板贴附在砖坯右端，用木拍子轻轻地进行拍打，使泥板与右端接合牢固。等待砖坯略经干燥收缩，砖坯与外模之间出现缝隙，而且砖坯已经不会再变形时，撤掉剩余的左挡头、前帮和后帮这三块木板，再拔出四个小木柱。

　　在砖坯干燥到适当程度时，将砖坯翻转一面，使底板朝上，以便加快底板的干燥速度，使砖坯各面大致同步干燥收缩，防止各面收缩不匀产生破坏应力而开裂。

三　坯体的修整工艺

　　与修整工艺有关的工具有木质的拍子，绕粗绳的圆棍，木质的刮板。

　　修整的方法有拍打、滚压和刮削三种。

　　1. 拍打

　　拍打是一项不可缺少的重要的修整工序。砖坯外表都用素面拍子进行过拍打，空心砖:02（见图二）的右端胎壁突然变厚是拍打时胎壁收缩所致。拍打有三个作用：一是使各块泥板之间接合牢固，防止从接缝处开裂；二是整形，使砖坯形状规整，拐角处棱角鲜明，而且表面平整；三是有效地提高胎壁的致密度，这是主要作用。经过拍打，明显地提高了砖坯的质量。

　　2. 滚压

　　滚压是在外表经过拍打之后，再用绕绳圆棍进行的。

　　空心砖:01 的前帮（见图一，2）、后帮（见图一，3）和左挡头（见图一，4）都用绕绳圆棍进行过滚压，留有很粗的斜绳纹，经测量，绳粗 0.3 厘米，绳股印痕向右斜，反映出绕绳圆棍上的绳股向左斜。

空心砖:02 的前帮（见图二，2）、后帮（见图二，3）、右端（见图二，4）和底板（见图二，5）都用绕绳圆棍进行过滚压，留有很粗的斜绳纹，绳粗 0.3 厘米，绳股印痕向左斜，反映出绕绳圆棍上的绳股向右斜。

两块空心砖上的绳纹、绳股印痕倾斜方向的不同，是所用的工具（绕绳圆棍）上的绳子拈向不同所致，表明这两块空心砖不是同一个制陶者制作的。然而有一个共同点：两块空心砖上的绳纹印痕都很浅，甚至有的地方看不清楚，反映出滚压绳纹时砖坯的含水量都相当低，约 14% ~15%。

3. 刮削

空心砖:01 的底板外表为素面，经过纵向刮削，留有一组组细密的刮痕，从刮痕上看应是用木质刮板进行刮削的。刮痕很浅，反映出刮削时砖坯的含水量相当低，约 14% ~15%。

四　坯体的装饰工艺

与装饰工艺有关的工具有绕绳圆棍和木质的米格纹印模。

用绕绳圆棍在砖坯上进行滚压修整时，遗留的斜向粗绳纹兼有装饰作用。在这种情况下，同一道工序有两种作用：从修整角度称为滚压，从装饰角度称为滚印。

空心砖:01 的顶板外表经过拍打之后模印米格纹（也称"米"字纹），纯属装饰范畴，纵向、横向都排列有序，从纵向看有五行，从横向看，现存四行，每行五个，呈现一个个边框为正方形的米格纹（见图一，1）。模印纹边框的延长线不是平行线，表明模印之前没有在顶板上画格子来确定每个模印纹的具体位置，而是凭借制陶者的经验来大致定位的。

模印纹为阳纹（线条呈凸起状），边框长 4.9 厘米。目前尚未发现陶质的米格纹印模，因此推测米格纹印模是木质的，正视为立方体（图四，1），仰视印模面呈正方形，阴刻米格纹（图四，2）。推测米格纹是这样刻成的：用锋利的刻刀（铁刀或铜刀）在印模面上先刻划五条横向的平行线，再刻划五条纵向的平行线，形成 16 个正方形小格子，然后在小方格的对角线位置刻划七条向左斜的平行线，七条向右斜的平行线。结果在印模面上呈现出规整而美观的米格纹。

空心砖顶板上的米格纹图案清晰而美观，顶板上的泥料与印模之间没有粘连现象，而且顶板上没有因为模印米格纹而产生变形（顶板下沉）的现象，表明模印时胎壁已经较硬，据此推测模印时砖坯的含水量约 14% ~15%。

上述滚印粗而浅的绳纹、模印米格纹是战国晚期空心砖纹饰的特点之一。

五　切割孔洞

切割孔洞所用的工具应是铁刀或铜刀。

空心砖:01 的左挡头中央用弧刃的刀具切割成一个圆形孔洞，外径 6、内径 5 厘米

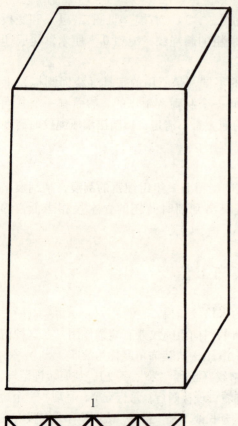

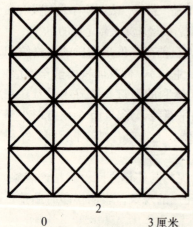

图四　米格纹印模复原示意图
1. 正视图　2. 仰视图

（见图一，4），成年人的手伸不进去。从剖面上看，孔洞呈喇叭形，洞壁呈现为S形曲线（见图一，6），这是用弧刃刀具进行切割，并且外口经过修刮的缘故。从内壁看，圆洞周边有泥凸，这是由于砖坯内部空气不流通，内壁干燥速度较慢，泥较软所致，从外向内用力切割时内壁就会出现一周泥凸。

这块空心砖的后帮存有一个椭圆形孔洞，长径9.5、短径6.5厘米（见图一，3），成年人的手可以伸进去。从剖面上看，孔洞呈直筒形（见图一，7），洞壁为直线，这是用直刃刀具进行切割所致。从内壁看，椭圆洞周边也有泥凸。如果将这块空心砖复原成完整的，那么，后帮至少有三个孔洞。如果右端有挡头，那么，右挡头中央也必然有一个孔洞。

这些孔洞在砖坯干燥过程中的作用是：通过孔洞，砖坯空腔内的空气与外界的空气形成对流，从而提高砖坯内壁的干燥速度，使内壁、胎心和外表基本上同步干燥收缩，可以避免由于内外收缩不均匀而产生破坏应力导致砖坯变形和开裂。

砖坯应当放在坯棚内逐渐阴干，不宜放在阳光下晒干。砖坯干燥透彻之后才可以入窑烧制，干燥透彻系指制备泥料过程中加入的水（混合水）完全蒸发，只剩下来自大气的水分（吸附水）和黏土分子内的水分（化学结合水）。

六　空心砖的烧制工艺

与空心砖烧制工艺有关的设施是规模较大的半倒焰式馒头窑。烧窑所用的燃料是木柴，最好是松柴，因为松柴含油脂较多，燃烧时火力较大，燃烧时间较长。

空心砖坯体庞大而笨重，硬度低，在运输过程中容易破损，因此不宜作远距离运输。烧制空心砖的陶窑应当设在制坯作坊所在地。

战国晚期已经有大型的半倒焰式馒头窑，是由投柴坑、火膛、窑室和竖烟道四部分组成，投柴坑与火膛之间有窑门相连，火膛相当深，窑床平整，吸烟孔位于窑室后壁竖烟道的下端，排烟孔在竖烟道的上端。

空心砖坯体装窑的方法：从敞开的窑顶将砖坯运入窑内，第一层应当侧放在窑室内的窑床上，没有孔洞的前帮朝下，有孔洞的后帮朝上，纵向排列，即一个挡头朝向火膛；另一个挡头朝向窑室后壁，多块空心砖坯平行排列，但是相隔适当距离。第二层砖坯应为横向排列，叠压在第一层砖坯之上。采用纵模交错的方式，一直装到窑顶部。然后用经过烧制的砖和草拌泥封闭窑顶，并且在窑顶上修筑一周土埂，围成一个窨水池。

火焰的流向：空心砖本身的结构为中空而且有孔洞，形成火路（有利于砖坯内部烧透），装窑时砖坯之间留有空隙，也形成火路。木柴在火膛内燃烧后产生火焰，使冷空气变成热流，一部分沿着火路上升，遭到封闭的窑顶便倒流下来，一部分通过火路向窑室后壁方向运动。上述热流运动的过程也是不断向空心砖坯体传热的过程，先将窑室上部的生坯烧熟变成砖，后将下部的生坯烧熟变成砖，剩余的热烟气集中在一起进入吸烟孔，经过竖烟道从排烟孔排出窑外，窑外的冷空气又从窑门进入窑内，二者形成对流。

烧成技术：参考传统的烧砖技术[5]，可以设想古人烧制空心砖的过程可分为六个阶段。

第一，干燥阶段（入窑温度 ~120℃）。升温速度 25~35℃/时，用小火烧窑，除去砖坯内的吸附水。

第二，预热阶段（120~600℃）。升温速度 50~80℃/时，用中火烧窑。窑门和排烟孔都敞开，加强窑内通风。温度升到300℃左右进入氧化期。

第三，焙烧阶段（600~1000℃）。升温速度 40~70℃/时，用大火烧窑。在氧气供应充足，木柴中所含的碳完全燃烧的条件下产生氧化焰。氧化焰的主要成分是二氧化碳（CO_2），氧化焰将砖坯从外表、内壁到胎心都烧制透彻，陶化成为砖。

第四，保温阶段。烧成温度（1000℃）维持一段时间基本不变。经过氧化保温阶段，砖内所含铁质得到充分氧化，成为红色的氧化铁（Fe_2O_3），从而使空心砖获得红颜色。

第五，"撺烟"阶段（1000~1050℃）。其实质是还原烧成，要求使窑内达到供氧不充足与保持高温二者矛盾对立的统一。排烟孔只保留很小的空隙，使竖烟道的抽力明显变小，因而从窑门进入窑内的冷空气也明显减少。在单位时间内添柴的次数明显增多，但是每次添柴的数量明显减少，采用这种方法来弥补窑内热量的不足，添柴后迅速将窑门关小，以减少冷空气进入窑内，使窑内保持有烟而浑浊的状态。在氧气供应不充足、木柴中所含的碳不完全燃烧的条件下产生还原焰。还原焰的主要成分是一氧化碳（CO），一氧化碳是一种还原剂，在高温下它能将砖内红色的氧化铁还原成灰色的氧化亚铁，即由高价铁（Fe_2O_3）变为低价铁（FeO）。反应式如下：

$$Fe_2O_3 + CO \rightarrow 2FeO + CO_2 \uparrow$$

经过充分的还原烧成之后，用砖块和草拌泥将窑门和排烟孔都完全封闭堵死。

第六，窨水阶段（高温 ~出窑温度）。闭窑保温约两小时后开始窨水，将水慢慢地倒入窑顶上的窨水池内。水透过窑顶上的覆盖层逐渐渗入窑室内，遭到高温立即变成水蒸气，呈现雾状。将经过充分还原烧成的空心砖包围起来，与外界隔绝，防止新鲜空气侵入窑内再次出现氧化气氛，而使灰色的氧化亚铁重新变为红色的氧化铁。另外，窨水还可以加快空心砖的冷却速度，结果使空心砖获得稳定的灰颜色。等到窑内的火熄灭之后即可停止窨水。空心砖冷却后即可打开窑顶出窑。

七　结　语

郑韩故城战国晚期空心砖的成型方法是泥板逐块拼接法，属于模制法范畴，它是在模制过程中利用泥料的一种新的形式和方法，以"泥板"作为从泥料到坯体的中间环节，"泥板"起中介作用，以"逐块拼接"作为处理"泥板"的方法。

空心砖属于灰陶，其烧制技术的关键在于以下两点：第一，在进入还原烧成之前，先经过充分的氧化烧成；第二，开始还原烧成之后，必须经过撺烟（加快添柴速度，使窑室内保持有烟而浑浊的状态，其实质是还原烧成）和窨水（将水从窑顶部渗透到窑室内）两个阶段。没有经过还原烧成阶段就直接进入窨水阶段是不可能烧制成灰陶的。

附记：承蒙河南省文物考古研究所蔡全法、马俊才两位先生提供郑韩故城战国晚期空心砖资料，谨致谢忱。

注　释

〔1〕秦都咸阳考古工作站：《秦都咸阳第 1 号宫殿建筑遗址简报》，《文物》1976 年第 11 期。

〔2〕安金槐：《郑州二里岗空心砖墓介绍》，《文物参考资料》1954 年第 6 期。

〔3〕黄明兰：《洛阳西汉画像空心砖》，人民美术出版社，1982 年。

〔4〕王箴主编：《化工辞典》第 2 版第 691 页"碳酸钙"条，化学工业出版社，1979 年。

〔5〕李文杰：《河南渑池县班村传统烧砖技术调查》，《中国科技史料》第 18 卷第 2 期，1997 年。

略论晚期巴文化的几个问题

杨 勇

（中国社会科学院考古研究所）

巴是中国古代西南地区的一个族名和国名。巴人在历史上创造过具有自身民族特色的文化，并留下了丰富的考古遗存，由这些遗存构成了考古学上的巴文化。战国至汉初是巴文化发展的晚期阶段，考古遗存基本都为墓葬，学术界一般称之为晚期巴文化[1]。但由于种种原因，目前人们对这一考古学文化的认识还存有分歧，许多问题尚待澄清。本文拟综合有关考古材料和文献记载，专门就晚期巴文化的特征内涵、类型以及与周边主要考古学文化的关系等几个问题略作讨论，提出个人的一些粗浅看法。不妥之处，请予指正。

一

目前已发现晚期巴文化遗存多处，主要分布在重庆和四川等地，重要的有巴县冬笋坝和昭化宝轮院船棺墓地[2]、涪陵小田溪巴人墓地[3]、荥经同心村[4]和南罗坝巴人墓地[5]、云阳李家坝巴人墓地[6]、开县余家坝巴人墓地[7]和万县中坝子巴人墓地[8]。冬笋坝和宝轮院船棺墓地发现于上个世纪50年代，冯汉骥先生等人通过分析考古材料并结合有关文献，推定它们是战国晚期至汉初的巴人遗存[9]。其后徐中舒先生也对此作过精当的论证，同样认为这两处船棺葬的族属为巴人[10]。这种观点后来成为了学术界的共识。可以说，冬笋坝和宝轮院船棺墓地的发现不仅是人们认识晚期巴文化的正式开端，也为其后巴文化墓葬遗存的发掘和研究奠定了基础。小田溪墓地最早发现于70年代，其中部分墓葬的规格较高，通过对随葬品文化特征的分析，再结合有关文献记载，学术界普遍认为它们是巴上层人物甚或王族的墓葬。目前尽管对小田溪有关墓葬的年代等问题还存有争议，但小田溪墓地的族属及性质已基本不成问题。同心村和南罗坝墓地发现于80年代以后，均位于蜀地西南边陲。关于这两处墓地的族属，宋治民先生从墓葬形制、随葬品特征以及外来文化因素的比例三个方面，充分论证了其为巴人墓地[11]。李家坝、余家坝和中坝子墓地是近年来三峡库区考古发掘的重要收获，它们虽都受到楚、秦等外来文化的强烈影响，但主体文化因素及特征与前述各巴人墓地具有本质上的一致性，故无疑也属巴人遗存。而由于这几个墓地均位于巴的腹地，且有的墓葬年代较早，又恰好反证了以往对巴文化墓葬族属的认定。除此之外，各地还有零星发现的一些巴人墓葬和巴文化器物，本文不予详举。综合大量考古材料可以发现，晚期巴文化特征鲜明，内涵丰富，具体可归纳为以下几个方面：

实行族葬制度。除小田溪墓地外，各墓地都属巴人基层社会组织的公共墓地，墓葬排列大体有序，有点类似于先秦中原地区的"邦墓"。人们生前聚族而居，死后聚族而葬，血缘关系是将他们维持固定在同一墓地上的纽带。同一墓地内墓葬的规格等级差别不甚明显（有的墓地会有少数几座墓葬规格相对较高），由此可以看出当时巴人的社会发展程度相对落后，社会结构较为简单，基层单位可能还是一种氏族部落性质的社会组织。小田溪墓地虽属上层巴人，但从规模和排列看，实行的可能也是族葬制。

墓葬均为竖穴土坑，形状根据葬具情况而有所不同，主要有狭长形和长方形两种。狭长形墓坑与船棺有关，墓口一般长 4.5~6 米，宽 1~1.5 米左右。长方形墓坑则与框匣式棺椁葬具有关，大小不一，小的墓口一般长 2 米、宽 1 米左右，大的一般长 3~4 米、宽 2 米左右，也有少数长超过 4 米、宽超过 3 米的，最大的甚至长宽分别达 8 米和 6 米。两种墓坑均未见有墓道，墓壁较为平整，墓底与墓口大小相当或略小于墓口，墓坑的深度一般与墓口大小成正比，少数长方形墓坑内设生土二层台或壁龛。由于墓葬排列较有序，推测地面以上原来有封土或其他标识。

葬具主要有独木船棺和木质框匣式棺椁葬具两类。船棺一般用长 5 米左右、直径 1 米以上的整段楠木制成，上下取平，两端翘起，中间剜为船舱，有的船舱中还再置木棺。从船棺的形制看，它很可能原为实用的船（图一）。木质框匣式棺椁葬具应该是受楚文化和中原文化的影响而产生的，规格高者用髹漆木棺。此外也有不少不使用葬具的土坑墓。在木质葬具周围填塞青（白）膏泥的做法，在中国古代南方较为普遍，巴人也有此习俗，但非全部，是否使用可能要受到当地有无这一资源的制约。巴人使用船棺作为葬具且墓地多都位于江边河畔台地，暗示巴人与水的密切关系。《后汉书·南蛮西南夷列传》记巴氏子务相与其他四姓争立君长："又令各乘土船，约能浮者，当以为君。余姓悉沉，唯务相独浮。因共立之，是为廪君。乃乘土船，从夷水至盐阳。"可见巴人是善于舟楫并习惯于循水而徙居的民族。

葬式以单人仰身直肢为主。也有极少的屈肢葬和俯身葬等特殊葬式，但其原因和意义尚不清楚。二次葬或迁葬时有发现，可能说明巴人的流动性较大。

有人殉和人牲习俗。殉人有与墓主并列而葬的，也有葬于墓坑填土的。而牲人很多是被肢解后放入墓中的，一般置于墓主头前或脚下，有的仅见头骨，有学者认为这可能与"猎头"习俗有关[12]。《后汉书·南蛮西南夷列传》载："廪君死，魂魄世为白虎。巴氏以虎饮人血，遂以人祠焉。"可见，人殉和人牲是巴人的传统习俗，与其宗教信仰有内在关系。

随葬品以陶器和青铜器为主，另有少量漆器、木器和玉石器等，有时还见一些骨骼和果核之类的动植物遗存。陶器中常见器形有罐、圜底罐、鍪、釜、豆等，基本组合为圜底器类、罐和豆。铜器中备受人们关注的莫过于各种兵器，基本组合为剑、矛、钺、戈，有的还有镞。这些铜兵器的形制特殊，剑多为柳叶形，扁茎，无格。矛也多为柳叶形，弧刃，骹部带对称双耳。钺多为束腰弧刃，有的带肩，人称"烟荷包形钺"。戈多为直援，中胡，方内，器身较宽肥。铜兵器上的纹饰多种多样，且特色鲜明，常见纹饰

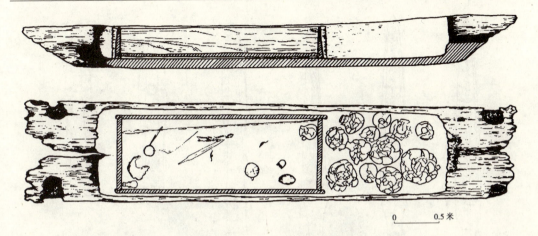

0　　　　0.5 米

图一　宝轮院 14 号墓船棺平剖面

的有虎纹、手心纹、水波纹、人形纹、水鸟纹、蝉纹和云雷纹等，此外还有其他很多所谓的"巴蜀图语符号"。这些纹饰和符号一般位于剑身后部、矛的骹部、钺的銎部、戈的援本部及胡部和内部，多为阴线刻画和浅浮雕状，其中不乏精美且富含艺术性的作品。在各类纹饰中最为突出显眼的当属虎纹，尤其是一些铜戈上的虎纹，制作精致，造型生动，既威风又具神秘感。在铜器上铸虎纹说明了巴人是崇虎的民族，这与有关文献记载不谋而合[13]。其他各类纹饰和符号也多反映和蕴涵着巴人在文化习俗和精神信仰等方面的内容，但很多尚需进一步研究和破译。铜兵器是巴文化中最富代表性的质素之一，出土较多，印证了巴人崇武好战之风，也反映了其成熟的青铜制造技术。铜工具也有较多出土，主要有斧、斤、削、凿、锯和刮刀等器类，可见巴人较为注重木工。圜底的鍪、釜、甑等是巴文化主要的铜容器（炊器），其中铜鍪出土最多，胎较薄，多带辫索状耳，与之配套的有铜勺和铜匕。圜底铜器与巴人广泛使用的圜底陶器应该有着内在的同源关系，有人认为三峡地区的圜底炊器是古人类峡区生活的产物，与地理环境有密切关系[14]，这是很有道理的。漆器一般仅存破碎漆皮，多为朱、黑二色。玉石器多是一些环、玦之类的装饰品，器形较小。此外，巴人墓的随葬品中还有很多外来文化因素或器物，且因时因地而有所不同，其中以楚文化、秦文化的为多。随葬品的摆放一般较有规律。各种陶器、漆器和铜容器多置于墓主腿脚下部或侧面，有少数置于头前的，有棺椁的则一般都置于椁室内。铜兵器紧靠墓主身体摆放，剑佩于腰间，矛、钺、戈和镞一般置于墓主头部一侧，估计原来有木质的柄或柲。铜勺等多放在铜鍪内，一并置于墓主腿脚附近。铜工具多发现于墓主身体侧面，有时与兵器混杂于一起。玉石器、印章、带钩、木梳等小件器物也多发现于墓主尸骨附近，应为随身携带之物。

　　综观上述晚期巴文化诸要素，其中有些属晚期巴文化特征和内涵的核心部分。首先是部分随葬品，如釜、鍪、圜底罐等圜底陶器和剑、矛、钺、戈等铜兵器及其组合，以及斧、凿、斤、削等铜工具和铜鍪、铜勺等炊器及其组合（图二、图三）。之所以如此，一是因为这些器物的出现最为普遍，各墓地都极为常见，且形制和组合都显现出相当的一致性，而除此之外的其他文化要素分布却不均匀，不同地区或有或无，或此或

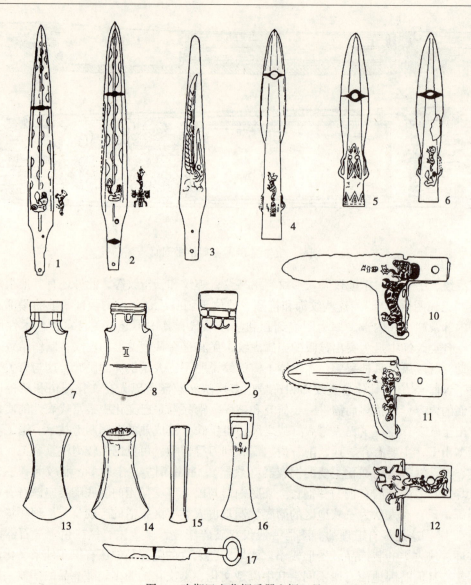

图二　晚期巴文化铜兵器和铜工具

1~3. 剑（南罗坝 M1:43、李家坝98M23:7、李家坝97M53:6）　4~6. 矛（李家坝98M23:1、中坝子M17:2、南罗坝M9:7）　7~9. 钺（南罗坝 M1:47、李家坝98M23:2、李家坝98M25:4）　10~12. 戈（同心村 M1:8、李家坝98M21:6、李家坝97M23:1）　13~14. 斧（同心村 M2:7、李家坝98M10:4）　15. 凿（李家坝98M45:23）　16. 斤（冬笋坝 M11:10）　17. 削（余家坝 M8:7）

彼；二是因为这些器物是区别和判断晚期巴文化遗存的最可靠依据。大量的考古资料显示，圜底陶器是巴文化长期发展过程中始终都能见到的器类，极富代表性，它们与巴人的生活习俗及地理自然环境有着一定的联系。而青铜器无疑是青铜时代区别不同文化系统的最典型器物。张光直先生曾经指出："古代中国的青铜器制造十分困难，且耗费昂

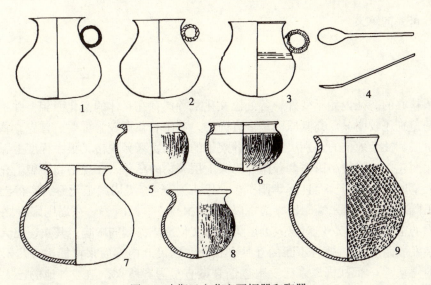

图三　晚期巴文化主要铜器和陶器

1～3. 铜鍪（冬笋坝出土、南罗坝 M10：34、李家坝 98M23：10）　4. 铜勺（李家坝 98M40：3）　5～6. 陶釜（宝轮院 M10：4、中坝子 M29：1）　7～9. 圜底陶罐（冬笋坝 M57：3、李家坝 98M31：4、李家坝 98M10：5）

贵……制造过程的漫长和最终产品的繁缛多样，都需要一个手工业网的保障；而这只有那些具有强大政治权力的人才能办到。"[15]可见青铜器的制造在当时是一个国家和民族的命脉之一，受到较为严密的控制[16]。也正因如此，青铜器往往容易体现出一个国家和民族的政治、经济、技术以及文化习俗和宗教信仰等方面的特质，它们从功用、类别、形制到纹饰无不打上民族风格的烙印。如上文所述，巴人制造的铜器以兵器、木工工具和炊器为主，且器类和组合较为稳定。另外，它们在形制和纹饰方面风格独特，特别是兵器上的纹饰和符号尤其令人瞩目。虽然很多还不能为人们所理解，但其背后隐藏的是巴人历史和民族文化等方面的重要信息。所以说，巴人的这批铜器是自成一套风格体系的，它们与各类圜底陶器一样，是晚期巴文化名副其实的核心要素。除以上随葬品外，巴人的葬式和葬俗也有一些值得注意的地方，特别是二次葬以及人牲和人殉现象相对于当时的周边文化来说是比较多的，且有的形式还很特殊。因此，它们也可以看作是晚期巴文化的核心特征和内涵之一。

以上对晚期巴文化的特征内涵进行了概括，并且指出了其中最为核心的部分。核心的文化要素是一个考古学文化最本质和最显著的东西，具有较强的稳定性，也具有一定的排他性，一般不太容易与其他文化融合或被其他文化所汲取。相反，非核心的文化要素往往不具备这些条件，如船棺葬虽然是巴文化的重要特征之一，但巴人在葬具的使用上又很容易接受外来文化的影响，很多巴人墓都不使用船棺，甚至有的整个墓地都基本不见船棺葬。更重要的是，船棺葬在其他文化中也能见到，如川西蜀墓中也有较多发现，虽然这与巴文化的传播和影响有关，但毕竟说明它不是晚期巴文化所特有的。有了这些基本的认识，对于我们正确判断和识别晚期巴文化遗存，进而探讨各种相关问题都具有十分重要的意义。

二

除了核心的特征内涵不变外，各处巴文化墓葬遗存在具体的文化面貌上并不完全一致，有的差别还较明显。究其原因是多方面的，其中有几点较为重要。首先，墓主人所属社会阶层和社会地位的差别决定了墓葬规格的不同，墓葬规格又很大程度上影响了墓葬的文化面貌。如涪陵小田溪墓葬作为巴人上层人物的墓葬，在规格和面貌上显然不是普通巴人墓所能比拟的。而且《华阳国志·巴志》记载："周武王伐纣，实得巴蜀之师……武王既克殷，以其宗姬于巴，爵之以子。"又说："巴国……在周则宗姬之戚亲。"这种与周的密切关系也必然对巴人上层集团的文化造成深刻的影响；其次，巴人最初由廪君五姓发展而来[17]，随着不断的迁徙和扩充，巴民族内部后来可能进一步形成了若干不同的支系[18]。而战国以来巴王室逐渐衰微直至为秦所灭，散居各地的巴人支系及基层组织的独立性趋强，加上地域生存环境的不尽相同，各支系的巴人在文化上难免会形成很多差异；最后，周边文化的冲击和影响也是非常重要的一个原因。战国时期楚人西进、巴蜀相争以及秦举巴蜀等历史事件，造成了巴蜀地区社会的急剧变动。在此背景下，巴文化不可避免地与蜀、楚、秦诸文化在不同的方向发生碰撞，或被动或主动地进行文化交流与融合。但不同地域、不同支系以及不同阶层的巴人，他们所接触到的外部文化不可能一样，接触方式和程度也有差别，因此外部文化对他们影响的结果也就不同，而这些很明显地反映到了他们具体的文化面貌上来。

面对各处巴文化遗存的差异性，已有学者注意到了巴文化的类型问题[19]，并有人专门对晚期巴文化的类型问题进行了研究[20]。在此基础上，本文作进一步研究，依据目前材料将晚期巴文化遗存划分为四个类型，主要依据是核心文化要素之外的其他各种特征。

李家坝类型　包括云阳李家坝和开县余家坝墓地。仅分布于渝东峡江地区，其中李家坝墓地是迄今发现的最靠东的大型巴人墓地。该类墓葬形制主要为长方形竖穴土坑，有葬具墓多为木质框匣式棺椁葬具（图四），船棺极少，有一椁一棺、单椁、单棺等几种，有的椁两端挡板外伸，也有的椁底部垫有枕木，这些特点显然都与楚文化的影响有关。棺椁周围多涂抹或填塞青膏泥。葬式主要为仰身直肢，偶见俯身葬，有一些二次葬。人殉和人牲相对较为普遍。随葬品中除了大量巴文化器物外，有很多楚文化的因素，如高领罐、盂形罐、浅腹高柄豆等陶器具有非常显著的楚式风格，而鼎、敦、壶等铜礼器和仿铜陶礼器应该说就是纯粹的楚文化器物（图五）。显而易见，该类墓葬受到了楚文化的强烈影响，这是它们在文化面貌上最为重要也是最值得注意的地方。不过也必须明确指出，李家坝类型墓在不断接受外来文化因素的同时，自身始终保持着发展的态势，在本质和内核上，这类文化遗存始终没有脱离晚期巴文化的范畴。以李家坝为例，该墓地墓葬的年代上起战国早期（极少数至春秋战国之交），下至秦和汉初。战国早期巴文化的一些核心要素如圜底陶器和部分巴式青铜兵器即已存在，楚文化因素同时出现。此后楚文化因素和巴文化因素并行发展，直至战国晚期都呈不断增长之势。战国晚期秦文化因素虽开始进入，但影响不及楚文化。秦统一以后该墓地迅速衰落，墓葬数量及随葬品都急剧减少。

小田溪类型　指涪陵小田溪的部分墓葬如1、2、3和9号墓等。该类墓的主要特点是规格较高。都为长方形竖穴土坑墓，使用漆木棺椁葬具。随葬品丰富，大部分为铜器，包括错金编钟、带"王"字的钲、虎钮錞于、罍（缶）、错银铜壶等能体现墓主身份的器物（图六）。除了巴文化自身特征外，受外来文化影响较大，如与楚文化有关的铜罍、铜盒、错银铜壶、镂空双龙纹方形铜镜和漆奁，再如与秦文化有关的弩机和"廿六年"铭文铜戈，编钟等乐器也都与外来文化有很大关系。《华阳国志·巴志》载："其先王陵墓多在枳。"枳即涪陵。从该类墓的规格看，其墓主很可能就属巴的王族，地位较高是显而易见的。也可以看出，巴人上层统治者在对外文化交流方面占有一定的优先地位。该类墓时代为战国晚期[21]。

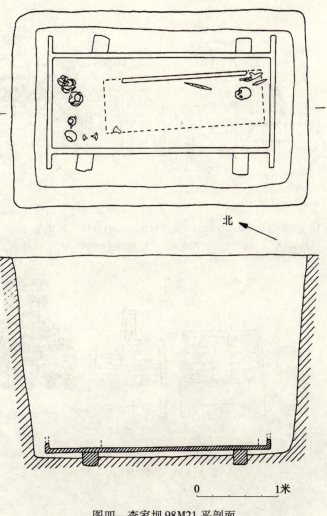

图四　李家坝98M21平剖面

冬笋坝类型　包括巴县冬笋坝、昭化宝轮院以及荥经同心村和南罗坝等处的巴人墓地。分布较广，东起嘉陵江流域，西至四川盆地的西部边沿地带。该类墓葬主要以船棺作为葬具，相应地墓坑较为狭长。葬式主要是仰身直肢。除了前述各类巴文化典型器物外，随葬品中常见有深腹矮柄或无柄陶豆、小口深腹陶罐、陶瓮和折腹陶盆等（图七），其中有一些属秦文化的因素。该类墓可分为战国晚期和秦至汉初两个阶段，后段除了船棺葬外，出现较多框匣式棺椁葬具，还出现船棺中再置木棺的形式，船棺演变为船椁。

中坝子类型　据目前公布的资料，该类墓发现很少，仅见万州中坝子墓地。但其文

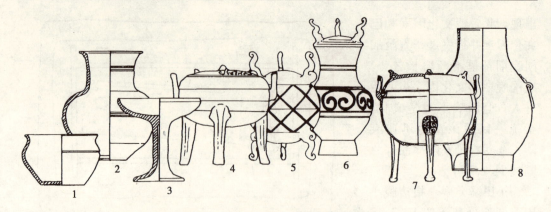

图五　李家坝巴人墓楚式随葬品

1. 盂形陶罐（98M13：5）　2. 高领陶罐（98M3：1）　3. 陶豆（98M7：2）　4. 陶鼎（97M33：2）　5. 陶敦
（97M33：4）　6. 陶壶（97M33：6）　7. 铜鼎（98M45：3）　8. 铜壶（98M45：1）

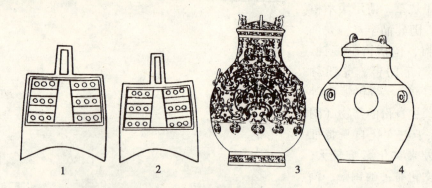

图六　小田溪巴人墓部分随葬品

1~2. 铜编钟（出自 M1）　3. 错银铜壶（M3：23）　4. 铜罍（M1：25）

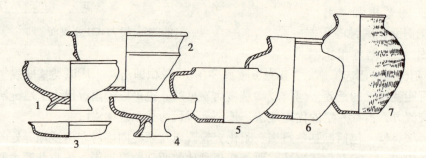

图七　冬笋坝类型巴人墓部分随葬品

1. 陶豆（南罗坝 M9：13）　2. 陶盆（宝轮院 M14：2）　3. 陶盘（宝轮院 M3：8）
4. 陶豆（冬笋坝 M63：23）　5~7. 陶罐（冬笋坝 M60：2、冬笋坝 M72：7、宝轮院
M10：16）

化面貌作还是有自己的一些特点，故可划一类型。该类墓均为长方形竖穴土坑，不见船棺，二次葬较多。与李家坝类型墓一样受到了楚文化的影响，如部分墓葬使用的木质棺

椁葬具，再如随葬陶器中的浅腹高柄豆和高领罐等。但其与冬笋坝类型墓也有很多相近之处，如出土数量非常多的深腹无柄陶豆等（图八）。从地理位置看，中坝子墓地正好位于李家坝和冬笋坝两类墓分布区的中间地带，其反映出来的文化面貌和特征也许与此有一定关系。中坝子类型墓的年代为战国晚期至秦和汉初[22]。

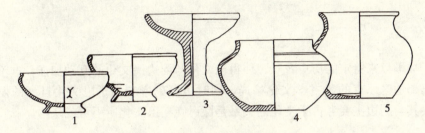

图八　中坝子巴人墓部分随葬品

1~3. 陶豆（M29：10、M29：11、M19：2）　4~5. 陶罐（M19：3、M19：1）

综合起来看，上述晚期巴文化遗存的年代主要在战国时期以及秦和西汉初年。但战国早、中期时仅见李家坝类型墓，其他三类墓都是战国晚期开始出现的，到了秦统一以后至汉初，各类巴人墓又都迅速衰落和消亡，因此，战国晚期是晚期巴文化发展的一个鼎盛时期。在地域分布上，李家坝、中坝子和小田溪三类墓分布于渝东峡江一带，且自东向西依次分布，冬笋坝类型墓则主要分布于嘉陵江流域及其以西。可以看出，战国早、中期巴人墓主要见于渝东峡江的部分区域。到了战国晚期，其分布范围迅速扩大，有自东向西扩展的趋势，并大大超出了文献中记载的巴的地望[23]，如昭化宝轮院位于蜀的北境，荥经同心村和南罗坝位于蜀西南边陲，属四川盆地与川西高原边缘地带。

　　为什么有巴人墓地出现于蜀地呢？这与战国晚期四川地区的历史背景有关。周慎王五年（公元前 316 年）秦举巴蜀后，置蜀郡和巴郡，将其纳入秦的版图，巴和蜀原有的国界随之不存。考虑到战略地位、社会发展状况以及历史传统等方面的差异，秦对于巴和蜀的遗民采取了不同的统治策略。对巴的基层社会实行一种"羁縻"政策，《后汉书·南蛮西南夷列传》载："及秦惠王并巴中，以巴氏为蛮夷君长，世尚秦女，其民爵比不更，有罪得以爵除。"可知巴人的大姓部族首领地位得以保留，并与秦通婚，其属民也享受较为特殊的待遇。对蜀则采取较为直接的统治，且大量移民于蜀，《华阳国志·蜀志》载："戎伯尚强，乃移秦民万家实之。"移民是统治者巩固和加强对新征服土地和居民统治的惯用手段，通过移民使不同民族和集团的人们共处杂居，短期内可以起到相互钳制的作用，长期则可达到融合和同化的目的。而移民除了迁移本族人民至征服地外，也有对被征服民族进行迁徙的。秦对巴人推行的"羁縻"政策除了有安抚的目的，也有利用巴人崇武善战的特点和"巴蜀世战争"的历史恩怨来制造"以夷制夷"的效果，将部分巴人举族迁至蜀地无疑是一举两得之策，这样既借巴人的力量加强了对蜀人的抑制，也使这些巴人离开故土，便于掌控。上述巴人墓地可能正是这些进入蜀地的巴人移民所留下的实物遗存。昭化宝轮院船棺葬发现后，发掘者推断其与秦灭巴蜀后"巴人戍蜀"有关，这是较为合理和中肯的，得到了学术界的广泛赞同。我们认为后来发现的荥经等处的巴人墓地既是类似情况新的发现，也是"巴人戍蜀"说的新证据。我们也注意到，发现于蜀地的巴人墓都属冬笋坝类型，文化面貌相似，因而这几支巴人很可能属于巴族中某一相同或相近的支系，进入蜀地以前他们就应活动于嘉陵江流域一带。

三

由于战国以来特定的历史背景，使得巴文化与周边诸文化的互动加强，这不仅快速改变着巴蜀地区原有的考古学文化格局，同时也深刻影响到了巴文化自身的发展。因此，考察其与周边主要考古学文化的关系是探讨晚期巴文化所不可或缺的。

（一）与蜀文化的关系

《华阳国志·蜀志》说："蜀之为国，肇于人皇，与巴同囿。"地缘关系注定了巴文化和蜀文化之间的特殊关系，以至在学术界常将二者合称"巴蜀文化"[24]。不过，巴文化与蜀文化始终没有融合到不分彼此的程度，直至晚期阶段它们仍有所区别[25]。晚期巴文化与蜀文化关系的发展大致可分为两个阶段，即战国早、中期阶段和战国晚期至汉初阶段。

战国早、中期巴文化对蜀文化产生了巨大影响。这与《蜀王本纪》等记载的"鳖灵入蜀"事件有重要关系[26]。据考证，"鳖灵入蜀"实际是川东的一支巴人开明氏进入蜀地后征服和取代杜宇氏统治的历史事件[27]。开明王朝的统治大约开始于春秋中晚期，既然统治族群为巴人，自然给蜀地带来了大量的巴文化因素。不过，这些文化因素与当地蜀文化因素经常混杂在一起，有时很难识别，很多人简单地依据出土地域而将它们误认为蜀文化因素，或以为是巴和蜀原本就共有的文化因素。如蜀地出土的很多铜兵器，有的不仅形制与同类巴式兵器相同或相近，甚至器身上的纹饰与符号也如出一辙，显然属巴文化器物，或至少是与巴文化有关的器物（图九）。但它们却经常被当成是蜀文化的因素，这是不妥的。前文说过，青铜器是青铜时代最能区别不同文化系统的文化因素，巴文化铜兵器不仅形制独特，而且器身上的纹饰和符号反映了巴人特有的习俗与信仰，这些与蜀文化是无关的，也更不可能为两种文化所共有。我们曾对巴蜀地区虎纹戈的族属问题做过专门研究，得出与此相同的结论，虎纹戈虽然在战国时期巴蜀各地均有分布，但通过对这些虎纹戈形制及纹饰的类型学研究，再结合大量考古和文献材料，我们发现它们基本都为巴戈，少数蜀戈上出现虎纹则是受巴文化影响的结果[28]。再如常见于战国早、中期蜀墓的船棺葬具也与巴文化有关，但很多人都认为蜀墓使用船棺葬具是蜀人的固有习俗，我们不敢苟同。首先，任何意识与习俗都与现实生活有着一定的内在联系，使用船形葬具说明该族群的生产生活与水行舟楫有着密切的关系。蜀地虽多水，但自然条件更适于农业生产，从考古材料和文献记载看蜀人很早即以农业为主要经济方式。难以想象也很少听说有农业民族会与水运舟楫有如此紧密关系，以至死后以船为归宿；其次，已发现战国以前的蜀墓均为土坑墓，并不见有使用船棺为葬具的，这说

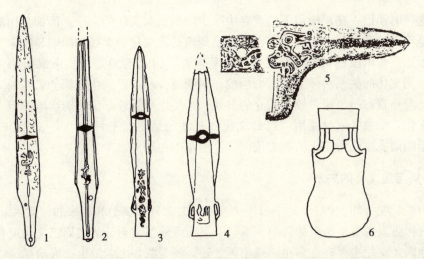

图九　战国早、中期蜀墓所出巴式铜兵器

1. 剑（大邑五龙 M1∶1，《文物》1985.5）　2. 剑（成都西郊战国墓∶33，《考古》
1983.7）　3. 矛（大邑五龙 M3∶4，《文物》1985.5）　4. 矛（成都西郊战国墓∶28，
《考古》1983.7）　5. 戈（成都百花潭十号墓，《文物》1976.3）　6. 钺（成都西郊
战国墓∶27，《考古》1983.7）

明船棺葬在蜀地并无渊源。因此，蜀墓使用船棺的习俗只能与外来文化有关。我们认为船棺葬最初是巴人的习俗，蜀地的船棺葬与巴文化有关，也可以说是在巴文化的影响下产生的。由于该问题较为复杂，历来争议也颇多，我们拟另文探讨。有关战国早、中期巴文化对蜀文化影响的考古材料还有很多，包括釜、鍪、斧、凿等各种生活用具和工具，甚至还有"文字"方面[29]，可作进一步专门疏理。总之，巴文化的进入极大地影响了蜀文化的发展，尽管蜀文化的很多传统得以保留和延续，如尖底陶器和无胡戈等典型的蜀式器物仍经常见到。但随着文化的交流和融合，战国时期蜀地的考古学文化与之前相比已大不相同。另一方面也不可否认，随鳖灵入蜀的巴人也受到了蜀文化的很大影响，所以我们很难看到战国早、中期时蜀地有较为纯粹的巴文化墓葬。据《华阳国志·蜀志》记载，开明氏入蜀取代杜宇后，"巴亦化其教而力农务"，这应该就是指进入蜀地和巴的西境靠近蜀地的这部分巴人受到了蜀地农业文化的影响。但我们也注意到，巴的腹地实际上长期并未受到蜀文化的直接影响，在同时期乃至以后的巴地出土物中只能偶尔见到一些诸如三角援无胡戈的蜀式器物，可见其影响是微乎其微的。综合言之，在战国早、中期巴文化和蜀文化的互动中，因巴文化直接进入蜀地且占据主动地位，故其对蜀文化的影响更为全面而深远，而蜀文化对巴文化的影响相对要小得多。

战国晚期"巴人戍蜀"再次使大量的巴文化因素直接进入蜀地，但这时巴文化与蜀文化的互动远不如战国早、中期。由于秦对蜀的统治和社会改造直接而快速，从根本上动摇了蜀文化的传统，使其迅速走向衰落和消亡。巴文化虽因秦的"羁縻"政策得以暂时延续和发展，但毕竟无法与秦文化和其他中原文化相抗衡，自身也逐步走向边缘化。在这种情况下，巴文化与蜀文化之间已很难再发生太多的关系。从冬笋坝类型巴人墓看，这一时期巴人在蜀地留下的遗存中很少能见到蜀文化的影子。而蜀墓中渐趋增多的主要是秦文化和中原文化因素，也没有受到新的巴文化因素影响的明显迹象。

从上述两个阶段巴文化与蜀文化的关系来看，用"巴蜀文化"来概括和说明晚期巴文化与蜀文化的关系实际上是不恰当的。很明显，晚期巴文化在深刻影响蜀文化的同时，其自身一直有一个相对较为独立的发展，即使也受到外部文化的影响，但主要不是来自蜀文化。如果必须要使用"巴蜀文化"提法的话，似乎只能用来指战国时期受到巴文化影响而发生巨大变化的蜀文化，其范围基本在蜀地。

（二）与楚文化的关系

巴与楚长期为邻，《左传》中有不少春秋时二者频繁接触和往来的记载[30]。从近年三峡库区考古发现看，渝东的云阳、奉节、巫山等地很多遗址的两周巴文化遗存与同时期鄂西地区楚文化遗存有许多相同或相近之处，典型的如二者都出土大量的鬲、甗类三足陶器，且器形极为相近。云阳李家坝战国早期巴人墓中也出现了楚式风格的高领罐、小罐、盂形罐和浅腹高柄豆等陶器。由此可见，巴文化和楚文化的关系由来已久，而且巴文化受到了楚文化的很大影响。

战国时七国争雄，巴蜀地区的资源优势和战略地位凸显，所谓"得其地足以广国，取其财足以富民缮兵。"[31]于是楚加快了西进的步伐，通过不断的进逼和蚕食，致使巴的势力逐渐衰微，统治中心被迫退踞川东北阆中一隅[32]。伴随着楚的西进，楚文化对巴地造成了巨大的冲击，即使是战国晚期楚的势力因秦灭巴蜀而后退，楚文化的影响力也未见减少。楚文化对巴文化的直接影响主要集中在渝东峡江一带，嘉陵江流域以及战国晚期进入蜀地的巴人所受楚文化的影响相对较小。这应该与战国时期楚人西进过程中其势力所能直接到达的范围有关。文献记载和考古发现表明，战国中期楚人在峡江地区的扩张达到顶峰，但大概最远也就到达过涪陵一带[33]。在渝东地区不同类型的巴人墓中，受楚文化影响最大的当数李家坝类型，该类型墓除了显著的巴文化特征外，从葬具到随葬品又无不透出浓浓的楚文化气息。

从李家坝巴人墓地看，楚文化因素几乎一直存在并呈现不断增长之势。除了战国早期即已出现的高领罐、小罐、盂形罐和浅腹高柄豆等日用陶器外，战国中期又渗透到葬具方面，出现了框匣式的木质棺椁，楚文化的仿铜陶礼器也开始进入。到了战国晚期，楚文化因素进一步扩展，出现鼎、敦、壶等楚文化铜礼器。可以看出，楚文化对李家坝巴人的影响是从普通日用陶器开始，然后逐步上升到礼制观念等意识领域，涉及到社会生活和精神意识等不同层面。不过，楚文化的进入和影响并没有打断李家坝巴文化自身的发展，整个战国时期巴文化的核心要素如圜底陶器、巴式铜兵器、铜銎和铜工具等器类有增无减，而且形制、组合和纹饰也愈加丰富。这说明楚文化的渗入和巴文化的发展是并行不悖的。

李家坝类型墓是巴的基层群落的族葬墓地，其分布的地区战国时曾为楚所控制，因此这部分巴人受到了楚文化的直接影响。但楚人对他们可能采取了较为温和的政策，据称在李家坝巴人墓地的附近已发现了战国时期的楚文化墓地，二者保持一定距离，互不干扰[34]，可见战国时入巴的楚人与当地巴人曾经"和平共处"。正因如此，才能形成楚文化色彩鲜明但又不失巴文化本质和内核的墓葬遗存。

中坝子类型巴人墓年代较晚，虽也受到楚文化的影响，但不及李家坝类型，推测这支巴人不一定受到楚文化过多的直接影响。小田溪类型巴人墓中的楚文化因素集中体现在铜器方面，它们可能主要通过上层统治者的各种交往以及贸易等途径进入的，这些与李家坝类型巴人墓的情况也是不同的。

（三）与秦文化的关系

秦文化主要是伴随着秦灭巴蜀的军事行动及其后政治、经济和文化等方面的社会改造而进入巴蜀地区的。从考古材料看，除了秦移民墓葬的发现[35]，很多战国晚期至秦和汉初的巴蜀墓葬中都能见到各种秦文化因素。但若严格区分来看，巴墓和蜀墓所受秦文化影响的方式和程度都是不同的。秦文化对蜀地的冲击和影响带有明显的直接性和普遍性，表现为蜀文化自身的很多文化因素迅速减弱，直至消失，而各种秦文化因素却日益增多，常见的有瓮、罐、盆和茧形壶等陶器，秦式铜鼎、蒜头壶、戈、弩机以及半两钱也时有发现。相对于蜀墓而言，战国晚期的巴人墓所受秦文化的冲击和影响是较为有限的。各类巴人墓中虽都能见到一些秦文化因素，但比重不大，主要体现为少量的日用陶器、铜兵器及钱币等。相反，在这些墓葬中巴文化因素一般都能牢固占据主导地位，甚至于李家坝类型巴人墓中的楚文化因素也远远多于秦文化因素。这一局面维持了相当长的时间，直到秦统一后才略有变化。

产生这一现象的直接原因是上文提到的战国晚期秦对巴采取的"羁縻"政策。在这一政策下，巴人的生产和生活方式以及基本的社会组织长期得以保留，即使是尚武习俗也没有受到压制。进一步而言，巴文化为非农业文化，是巴地特殊的自然地理环境所孕育的，巴人敦厚好义，剽悍骁勇，要改变这些在客观和主观上都必然存在很多制约。与巴文化自然气候条件更为相近，在历史传统等方面也素有渊源的楚文化虽对巴文化产生过巨大影响，但亦终究不能取代巴文化，那么源自北方的秦文化当然更不可能迅速做到，"羁縻"政策实际是不得已而为之，为了首先巩固政治上的统治，秦统治者宁愿很长时期内不去触动巴人的文化习俗和传统。

相反，秦人在很多方面受到了巴文化的很大影响。例如铜鍪作为一种炊具，是典型的巴文化器物，由于其易于携带，方便行军作战。秦人后来开始大量使用，并在战争过程中将这一巴文化器物带到了很多地方。

四

本文所探讨的内容及结论可简单概括为以下几点。

1. 晚期巴文化的特征内涵丰富，表现在墓地选址、墓葬排列、墓葬形制、葬具、葬式、葬俗和随葬品等多个方面。而墓葬随葬品中的圜底陶器、铜工具、铜鍪以及形制和纹饰都很独特的铜兵器及其组合是最为核心的部分。这些核心的文化因素较为稳定和普遍，对它们的认识是判别晚期巴文化遗存及探讨相关问题的基础。

2. 依据核心文化要素之外其他文化特征和面貌的差异，可将晚期巴文化墓葬遗存分为李家坝、小田溪、冬笋坝和中坝子四个类型。不同文化类型的产生是由人们的社会地位差别、族群支系不同以及外部文化的影响等多方面因素综合造成的。晚期巴文化遗存的年代主要在战国至西汉初年之间。战国早、中期时，其主要分布于渝东峡江一带，即李家坝类型巴人墓。到了战国晚期，出现小田溪、冬笋坝和中坝子三类巴人墓，其中冬笋坝类型墓有很多分布于川西蜀地，这与秦灭巴蜀后"巴人成蜀"之类的活动有关。

3. 晚期巴文化对蜀文化的影响较大，但主要集中在战国早、中期阶段。与此同时，晚期巴文化在渝东峡江地区又受到了西进楚文化的强势影响。战国晚期秦文化进入后对巴文化也产生了影响，但在"羁縻"政策下这一进程较为缓慢。晚期巴文化与周边文化的互动反映了当时复杂的历史背景。

最后要指出，本文对晚期巴文化的探讨只局限于其中的几个方面，其他尚有很多值得我们重视的问题。如晚期巴文化的源流问题，因晚期巴文化多为墓葬遗存，而早期巴文化遗存都是遗址，所以如何对两种形式不同的考古遗存进行类比研究，从而找出它们之间的内在联系并确定其衔接和演变关系将是一个重要的课题。再如晚期巴文化的衰落和消失问题，巴文化是先秦少数民族创造的一支地域性考古学文化，与此相关的地理自然环境、人们的生产和生活方式以及精神习俗等都极富地方特色，在秦汉大一统的潮流中，这一考古学文化最终是如何走向融合和消亡的，其过程及各种动因无疑都值得我们去探索和思考，由此得出的一些规律对于我们认识历史乃至如何看待当今的社会发展和文化变革都将具有重要的借鉴意义。类似问题不再一一列举，相信随着田野考古资料的不断丰富以及人们重视程度的日渐提高，晚期巴文化的研究必将深入下去。

注　释

〔1〕巴文化最初依附于上世纪 40 年代提出的"巴蜀文化"，上世纪 50 年代四川昭化宝轮院和巴县冬笋坝船棺葬的发掘正式揭示了巴文化的面貌。此后，有关巴文化的考古材料不断增多，人们对巴文化的研究和认识也逐步深入。关于巴文化的年代和分期，就目前所掌握的材料，学术界一般认为巴文化的年代范围大致在夏商至汉初，参照蜀文化的分期，春秋以前至夏商时期是巴文化发展的早期阶段，称为早期巴文化。早期巴文化遗存主要分布于湖北西部的一些地区以及峡江一带，如湖北长阳香炉石遗址（湖北清江隔河岩考古队：《湖北清江香炉石遗址的发掘》，《文物》1995年第 9 期；湖北省清江隔河岩考古队等编：《清江考古》，科学出版社，2004 年），其延续时间长，历夏、商、周三代，在一定程度上反映了早期巴文化的发展脉络，是学术界普遍承认的早期巴文化遗存。近年来三峡库区抢救性考古也发现和发掘了大批被认为是早期巴文化或与其有关的考古遗存，重要的如云阳李家坝、巫山双堰塘、奉节新浦等遗址中的巴文化遗存，但这批考古资料还有待于进一步的疏理和研究（参见重庆市文物局等编：《重庆库区考古报告集·1997 卷》，科学出版社，2001 年；重庆市文物局等编：《重庆库区考古报告集·1998 卷》，科学出版社，2003 年）。战国以来至汉初是巴文化融入汉文化之前的阶段，该阶段巴蜀地区的历史背景发生剧烈变动，且考古材料基本都为墓葬，与此前以遗址为主的巴文化遗存有所不同，因而该阶段被普

遍看作是巴文化发展的晚期阶段，或称晚期巴文化，这也是本文所要研究的对象。有关巴文化的分期问题可参见宋治民：《蜀文化和巴文化》，第193～209页，四川大学出版社，1998年。

〔2〕 a. 冯汉骥、杨有润、王家佑：《四川古代的船棺葬》，《考古学报》1958年第2期。

　　　 b. 四川省考古研究所：《四川船棺葬发掘报告》，文物出版社，1960年。

　　　 c. 四川省文物考古研究所等：《广元市昭化宝轮院船棺葬发掘简报》，四川省文物考古研究所编：《四川考古报告集》，文物出版社，1998年。

〔3〕 a. 四川省博物馆等：《四川涪陵地区小田溪战国土坑墓清理简报》，《文物》1974年第5期。

　　　 b. 四川省文物考古研究所等：《涪陵市小田溪9号墓发掘简报》，四川省文物考古研究所编：《四川考古报告集》，文物出版社，1998年。

〔4〕 a. 四川省文物管理委员会等：《四川荥经同心村巴蜀墓发掘简报》，《考古》1988年第1期。

　　　 b. 荥经严道古城遗址博物馆：《四川荥经县同心村巴蜀墓的清理》，《考古》1996年第7期。

　　　 c. 四川省文物考古研究所等：《荥经县同心村巴蜀船棺葬发掘报告》，四川省文物考古研究所编：《四川考古报告集》，文物出版社，1998年。

〔5〕 荥经严道古城遗址博物馆：《四川荥经南罗坝村战国墓》，《考古学报》1994年第3期。

〔6〕 a. 四川联合大学历史系考古专业：《1994～1995年四川云阳李家坝遗址的发掘》，《四川大学考古专业创建三十五周年纪念文集》，四川大学出版社，1998年。

　　　 b. 四川大学历史文化学院考古系等：《云阳李家坝东周墓地发掘报告》，重庆市文物局等编：《重庆库区考古报告集·1997卷》，科学出版社，2001年。

　　　 c. 四川大学历史文化学院考古系等：《云阳李家坝巴人墓地发掘报告》，重庆市文物局等编：《重庆库区考古报告集·1998卷》，科学出版社，2003年。

〔7〕 a. 山东大学考古系：《四川开县余家坝战国墓葬发掘简报》，《考古》1999年第1期。

　　　 b. 山东大学考古学系等：《重庆开县余家坝墓地2000年发掘简报》，《华夏考古》2003年第4期。

〔8〕 a. 西北大学考古队等：《万州中坝子遗址发掘报告》，重庆市文物局等编：《重庆库区考古报告集·1997卷》，科学出版社，2001年。

　　　 b. 西北大学考古队等：《万州中坝子遗址东周时期墓葬发掘报告》，重庆市文物局等编：《重庆库区考古报告集·1998卷》，科学出版社，2003年。

〔9〕 冯汉骥、杨有润、王家佑：《四川古代的船棺葬》，《考古学报》1958年第2期。

〔10〕 徐中舒：《巴蜀文化初论》，《四川大学学报》（社会科学）1959年第2期。

〔11〕 宋治民：《蜀文化和巴文化》，第180～183页，四川大学出版社，1998年。

〔12〕 黄伟：《近年来三峡云阳李家坝遗址巴人墓葬发掘与初步研究》，霍巍等主编：《长江上游早期文明的探索》，巴蜀书社，2002年。

〔13〕 除《后汉书·南蛮西南夷列传》记"廪君死，魂魄世为白虎"外，樊绰《蛮书校注》卷十亦载："巴氏祭其祖，击鼓而祭，白虎之后也。"

〔14〕 尹宏兵：《从三峡地区与东部平原的对比看考古学文化中的环境因素》，《江汉考古》2005年第2期。

〔15〕 ［美］张光直：《美术、神话与祭祀》，第79页，辽宁教育出版社，2002年。

〔16〕《华阳国志·巴志》载："土植五谷。牲具六畜。桑、蚕、麻、苎，鱼、盐、铜、铁、丹、漆、茶、蜜，灵龟、巨犀、山鸡、白雉，黄润、鲜粉，皆纳贡之。"据此可知，古代巴的境内不仅有铜矿，而且是作为纳贡的重要资源（参见任乃强：《华阳国志校补图注》，第6页注释，上海古籍出版社，1987年），同样应是受到了垄断和控制。

〔17〕《后汉书·南蛮西南夷列传》载："巴郡南郡蛮，本有五姓：巴氏、樊氏、瞫氏、相氏、郑氏。皆出于武落钟离山。其山有赤黑二穴，巴氏之子生于赤穴，四姓之子皆生黑穴。未有君长，俱事鬼神，乃共掷剑于石穴，约能中者，奉以为君。巴氏子务相乃独中之，众皆叹。又令各乘土船，约能浮者，当以为君。余姓悉沉，唯务相独浮。因共立之，是为廪君。"

〔18〕关于巴民族的构成及其分支等具体情况，文献记载均语焉不详，或讹误明显，因而对此暂时无法深入探讨。需要指出，有人将巴境内的一些少数族（如《华阳国志·巴志》所记载的"其属有濮、賨、苴、共、奴、獽、夷、蜑之蛮"等）与巴族的支系混为一谈，或将这些少数族另具特色的文化遗存纳入巴文化的范畴，这些都是值得商讨的。

〔19〕a. 黄伟：《重庆市云阳李家坝遗址商周时期遗存的初步分析（提要)》，"三峡历史文化遗产学术讨论会"论文打印稿（2001 年·重庆）。

　　b. 四川大学历史文化学院考古系等：《云阳李家坝遗址发掘报告》，重庆市文物局等编：《重庆库区考古报告集·1998 卷》，科学出版社，2003 年。

〔20〕罗二虎：《初论晚期巴文化的类型》，重庆市文物局等编：《重庆·2001 三峡文物保护学术研讨会论文集》，科学出版社，2003 年。

〔21〕小田溪 M1、M2 和 M3 的年代争议较大，主要有战国初期说（王家佑等：《涪陵考古新发现与川东"巴国"历史的一些问题》，《文物资料丛刊》第 7 辑，1983 年）、战国晚期说（a. 原报告推断墓葬年代为战国时期，同时又认为 M3 所出的"廿六年"铜戈为秦昭王时物，等于是指出墓葬年代已到战国晚期；b. 段渝：《涪陵小田溪巴王墓新证》，李绍明等主编：《巴蜀历史·民族·考古·文化》，巴蜀书社，1991 年）和秦至汉初说（于豪亮：《四川涪陵的秦始皇二十六年铜戈》，《考古》1976 年第 1 期），笔者认为战国晚期说较为可信，对此将另文探讨。M9 所出巴文化器物与前几座墓相似，时代应相当。

〔22〕中坝子巴人墓原报告分为三段，分别为战国早期、战国中晚期和战国末至汉初。但经对比有关材料，我们认为中坝子巴人墓葬的随葬品基本都属战国晚期或更晚的风格，其年代定在战国晚期至秦和汉初较为妥当。

〔23〕《华阳国志·巴志》说："其地，东至鱼复，西至僰道，北接汉中，南极黔涪。"鱼复即今奉节，僰道位于今宜宾东境，汉中为今汉水流域，黔涪为今渝、鄂、湘、黔儿省市邻近地区的乌江、彭水流域。这一地域范围大致相当于今天四川盆地的东部及峡江地区。

〔24〕"巴蜀文化"这一概念是上世纪 40 年代由卫聚贤先生所提出，当时指的是在成都白马寺坛君庙发现的一批具地方特色的罍、壶等铜容器和剑、戈、钺等铜兵器。"巴蜀文化"的提法在学术界和其他领域长期沿用，影响很大。

〔25〕随着考古材料的增多以及研究的不断深入，很早即有人提出巴文化和蜀文化的区别，如冯汉骥先生认为"巴、蜀文化在大体上虽相同，但有些器物还是可以区分的"（冯汉骥：《西南古奴隶王国》，徐中舒主编：《巴蜀考古论文集》，文物出版社，1987 年）。佟柱臣先生主张应将巴文化和蜀文化作为两个不同的考古学文化对象来考察（佟柱臣：《巴与蜀考古文化对象的考察》，四川大学博物馆等编：《南方民族考古》第 2 辑，四川科学技术出版社，1990 年）。宋治民先生则指出晚期巴、蜀文化的面貌尽管有许多相同之处，但它们还是保留了若干固有的传统和特点（宋治民：《蜀文化与巴文化》，第 210～215 页，四川大学出版社，1998 年）。

〔26〕《蜀王本纪》的记载是："望帝积百余岁。荆有一人名鳖灵，其尸亡去，荆人求之不得。鳖灵尸随江水上至郫，遂活，与望帝相见。望帝以鳖灵为相。时玉山出水，若尧之洪水，望帝不能治，使鳖灵决玉山，民得安处。鳖灵治水去后，望帝与其妻通，惭愧，自以为德薄不如鳖灵，乃委国受之而去，如尧之禅让。鳖灵即位，号曰开明帝。"

〔27〕童恩正：《古代的巴蜀》，第78～79页，重庆出版社，1998年。

〔28〕杨勇：《论巴蜀文化虎纹戈的类型和族属》，《四川文物》2003年第2期。

〔29〕童恩正、龚廷万：《从四川两件铜戈上的铭文看秦灭巴蜀后统一文字的进步措施》，《文物》1976年第7期。

〔30〕如桓九年"巴子使韩服告于楚，请与邓为好。"后又与楚共同伐申，"楚惊巴师"。庄十八年"巴人叛楚而伐那处，取之。……楚子御之，大败于津。"文十六年"楚人、秦人、巴人灭庸。"哀十八年"巴人伐楚，败于鄾。"昭十三年"初，公王无冢适，……既乃与巴姬密埋璧于大室之庭。"巴姬可能为巴人，说明巴、楚之间曾经通婚。

〔31〕《史记·张仪列传》。

〔32〕《华阳国志·巴志》载："（鲁）哀公十八年，巴人伐楚，败于鄾。是后，楚主夏盟，秦擅西土，巴国分远，故于会盟希。"又载："巴子时虽都江州，或治垫江，或治平都，后治阆中。其先王陵墓多在枳。"巴国分远，希于会盟以及都城不断向后迁徙正是楚不断进迫的结果。

〔33〕《史记·秦本纪》载："孝公元年，河山以东强国六……楚自汉中，南有巴黔中。"蒙文通先生认为巴黔中即原来巴的黔中之地，在涪陵（蒙文通：《巴蜀古史论述》，第12～13页，四川人民出版社，1981年）。《战国策·燕策》和《史记·苏秦列传》都载苏代说燕王曰："楚得枳（涪陵）而国亡。"这些均说明了楚人曾占领过涪陵。而《华阳国志·巴志》载张仪"因取巴，执王以归……仪城江州"，可见巴到灭亡时仍有江州，楚的势力未能到此。考古也未发现涪陵以上的巴地有楚文化遗存或依附于巴文化遗存的大量楚文化因素的存在。峡江地区目前发现的楚人墓最靠西的见于忠县崖脚墓地（北京大学考古文博学院三峡考古队等：《忠县崖脚墓地发掘报告》，重庆市文物局等编：《重庆库区考古报告集·1998卷》，科学出版社，2003年）。因此，说战国时期楚人在峡江地区向西最远扩张至涪陵基本上是没有问题的。

〔34〕四川大学田野资料，尚未刊布。

〔35〕如荥经曾家沟（四川省文管会等：《四川荥经曾家沟战国墓群第一、二次发掘》，《考古》1984年第12期）和青川郝家坪（四川省博物馆等：《青川县出土秦更修田律木牍——四川青川县战国墓发掘简报》，《文物》1982年第1期）战国墓。据宋治民先生的意见，它们均属秦移民墓地（宋治民：《略论四川的秦人墓》，《考古与文物》1982年第2期）。

秦汉时期的铁钱币和度量衡器概论

白云翔

（中国社会科学院考古研究所）

秦汉时期，随着多民族统一的中央集权帝国的形成和发展，我国古代的货币和度量衡走上了全国统一的历史道路。同时，秦汉时期又是我国古代铁器工业全面发展、铁器进一步普及而获得广泛应用的时期，社会生产和社会生活各个领域的铁器化进程逐步实现。在这样的历史背景之下，铁器的使用扩展到商品流通领域，铁钱币和度量衡器随之出现。这既是秦汉时期铁器广泛应用的一个重要标志，又是当时社会经济生活中值得注意的一个重要现象。

秦汉时期的铁钱币，早在 20 世纪 50 年代就有所发现并引起学者注意，有学者撰文加以介绍[1]，有学者就两汉铁钱币进行讨论[2]，也有学者在有关中国古代铁钱币的论著中加以论述[3]，但都有待于深入。秦汉时期的铁度量衡器，见于记载的考古发现始于 20 世纪 60 年代，以往在有关古代度量衡的研究和著录中也有所涉及[4]，但迄今未见专门的研究。鉴于钱币和度量衡器均与经济生活，尤其是商品流通有关，这里将考古发现的秦汉时期的铁钱币和度量衡器加以收集和梳理，并就相关问题进行探讨，以期有助于加深对秦汉时期铁器在社会生活中的地位和作用以及当时商品流通的认识。

一　秦汉时期的铁钱币

中国古代的铁钱币出现于秦汉时期。但是，秦汉时期的铁钱币，无论其出土数量和发现地点都为数甚少，目前所见的种类有半两、五铢、货泉、大布黄千、大泉五十以及无文钱等。

半两钱　湖南衡阳凤凰山出土铁半两钱计 600 余枚[5]，是迄今铁半两钱最集中的一次发现。该墓地出土铁半两钱，直径 2.4～2.5 厘米，重 2～2.7 克，可分为三型。

A 型：无周郭，直径 2.4、厚 0.1 厘米，重 2.4 克。篆文"半两"，笔画较粗，字体较大（图一，5）。这种无周郭的铁半两钱，1960 年在长沙砂子塘 5 号墓出土 33 枚[6]（图一，1、3）；1971 年在湖北宜昌前坪 21 号墓出土 2 枚，35 号墓出土 12 枚[7]；1978 年湖南资兴旧市 70 号墓出土 8 枚[8]。

B 型：有周郭，直径 2.4、郭厚 0.15、肉厚 0.1 厘米，重 2.7 克。篆文"半两"清晰、工整，笔画较细，"半"字头两笔较为靠近。钱面平滑，铸工精良（图一，4、6）。

C 型：有周郭，直径 2.4～2.5、郭厚 0.15、肉厚 0.1 厘米，重 2 克。钱文清晰，

"半两"二字较小，"半"字头两笔间隔较宽（图一，2、7、10）。

衡阳凤凰山出土的铁半两钱，其大小和重量与秦铜半两钱和吕后铜半两钱差别较大，而与文帝时期的铜四铢半两钱大致相同。但是，"两"字的写法具有文帝后期的特点，而 B、C 两型均有周郭。因此，凤凰山出土的有周郭的铁四铢半两钱可能是汉武帝建元五年至元狩五年（公元前 136 年～前 118 年）间铸造的[9]。长沙砂子塘 5 号墓、宜昌前坪 21 号墓和 35 号墓，以及资兴旧市 70 号墓等出土无周郭的铁四铢半两钱的年代，均为汉文帝至汉武帝铸行五铢钱以前所铸。由此可知，铁半两钱铸行于汉文帝五年始铸四铢半两之后至汉武帝元狩五年始铸五铢钱之前，即公元前 175 年～前 118 年之间，其中无周郭者较早，有周郭者稍晚。

五铢钱　陕西乾县发现 3 枚，直径 2.5、穿径 1.0×1.0、厚 0.25 厘米，重分别为 3.4、3.5、3.6 克。据与之同出的铜五铢钱判断，其年代为汉宣帝时期。井陉南良都钱币窖藏出土铁钱币中可辨钱文的 1 枚（JXJ2：B1），有周郭和穿郭，钱文为"五铢"，直径 2.7 厘米，重 4.4 克，型式与同出的东汉五铢相同，可知为东汉五铢[10]。铁五铢钱还在湖南零陵柳子庙 6 号东汉墓出土 2 枚，年代为东汉中期。

货泉钱　曾发现于陕西西安、宝鸡、咸阳等地。

大泉五十钱　河南洛阳西郊 7030 号墓出土 1 件，直径 2.9、厚 0.3 厘米，穿径因锈蚀较小，为 0.6×0.7 厘米（图一，8），墓葬年代为新莽时期[11]。铁大泉五十钱 1988 年河南禹州新莽时期的墓葬中出土 14 枚，在湖南长沙新莽墓中也有出土[12]。

大布黄千钱　湖南资兴 264 号墓出土 2 枚，出土时粘连在一起，表面遗留有细绢和绳索痕迹，可知埋葬时是有穿绳并用绢包裹的。表面呈褐色，倒梯形首，首上有一直径 0.4 厘米的圆形穿。钱的周边及圆穿周边有周郭。通高 5.9、足枝高 1.6、首高 1.5、首宽 1.9、肩宽 2.4 厘米，郭厚 0.43、宽 0.2、肉厚 0.35 厘米，重 22.5 克（图一，11）。其形制与同墓地出土的铜大布黄千钱相同，但铁质钱肉厚、重量大，年代为新莽时期[13]。

无文钱　甘肃武威雷台汉墓出土 3 枚。圆郭，方穿，无钱文，直径 2.1 厘米。该墓的年代为汉灵帝中平三年至汉献帝年间（公元 186～219 年）的东汉末期[14]。洛阳烧沟 1035 号墓出土 1 枚，方穿，无周郭和穿郭，两面均无钱文，直径 2.4、穿径 0.6、厚 0.3 厘米，重 2.5 克，墓葬年代为烧沟汉墓第六期，即东汉晚期[15]。河南禹县东十里村画像石墓出土 3 枚，圆郭，方穿，无内、外郭，直径 1.9、穿径 0.7 厘米，形制与剪轮五铢相同，但无钱文（图一，9）。该墓年代为东汉晚期，同出有铜货泉 1 枚和五铢钱 49 枚[16]。重庆万州区大周溪 9 号墓出土 5 枚，直径 3、穿径 0.7×0.7 厘米。该墓为小型单室砖墓，伴出铜钱 50 余枚，年代为东汉末年或蜀汉初年[17]。

除上述铁钱币之外，其他还有些墓葬也有出土，但因锈蚀严重而钱文不辨。如洛阳西郊 5 座新莽墓、4 座东汉早期墓和 7209、7034、7043 等东汉中期墓出土有铁钱计 45 枚，其中 3152 号墓出土 23 枚、7052 号墓出土 5 枚、3168 号墓出土 4 枚，其他墓葬分别为 1 枚或 2 枚，可辨钱文者只有 1 枚[18]；长沙砂子塘 1 号墓出土 1 件，为东汉中期[19]；西安汉杜陵寝园遗址出土 1 枚（S5T16：4），直径 2.9、穿径 0.6×0.6 厘米，

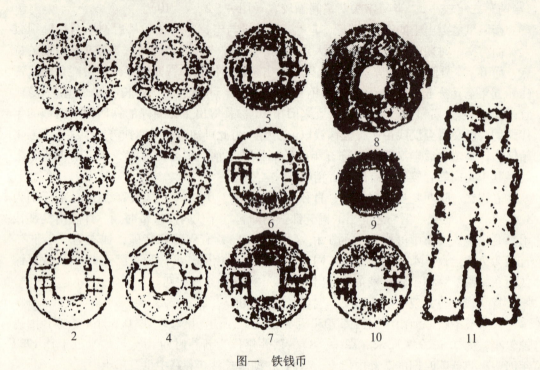

图一　铁钱币

1、3、5. A 型半两钱（长沙砂子塘 M5：T4、砂子塘 M5：T5、衡阳凤凰山 FHSM：T2）　2、7、10. C 型半两钱
（凤凰山 FHSM：T6S、凤凰山 FHSM：T3、凤凰山 FHSM：T4）　4、6. B 型半两钱（凤凰山 FHSM：T6X、凤凰
山 FHSM：T2）　8. 大泉五十钱（洛阳西郊 M7030：Q1）　9. 无文钱（禹县东十里村 DSLM：T6）　11. 大布
黄千钱（资兴汉墓 M264：Q1）（比例不等）

年代为西汉晚期[20]。1992 年井陉南良都 2 号钱币窖藏出土铁钱币 40 余枚，其中除 1 枚
为五铢钱外，其余均无周郭和穿郭，钱文因锈蚀已不可辨识，直径 1.8～2.2 厘米，窖
藏的年代为东汉。这些铁钱币中，有些应当属于"无文钱"，但有些本来有钱文而只是
因锈蚀不可辨认而已。

二　秦汉时期的铁度量衡器

中国古代的铁度量衡器，也是出现于秦汉时期。迄今所见多为用作衡器的权[21]，
个别发现有铁尺，而铁量器尚未发现。

权　均为铸铁件，可分为二型。

A 型：半球形。权体作半球形，平底，顶部有钮。分二式。

I 式：桥形或半圆钮，钮较大，多为"石权"（标称值为"石"，即一百二十斤）。
围场小锥子山出土 2 件，形制及铭文相同，重量稍异。其中 WC77：01，底部中央有一
直径 12 厘米的圆形铸铁锭，高出底面 2.2 厘米，镶嵌牢固。通高 20.2、腹围 74 厘米，
重 32.85 公斤（图二，8）。权体表面錾刻秦始皇二十六年颁发的统一度量衡的诏书：

"二十六年，皇帝尽并天下诸侯，黔首大安，立号为皇帝。乃诏丞相状、绾，法度量，则不壹，歉疑者，皆明壹之"[22]。1976 年赤峰三眼井发现的秦铁权，其形制和铭文内容均与围场秦铁权相同，重 31.431 公斤[23]。1973 年山东文登县简山发现 1 件秦代铁权（WD73：01），平底，通高 19.4、底径 25、腹围 80 厘米，重 32.257 公斤，合秦制约一百二十斤。权体一侧镶嵌一长 11.1、高 8.5 厘米的长方形铜诏版，诏版上阴刻秦始皇二十六年诏书，计九行四十字："二十〔六年〕，皇〔帝尽〕并天下诸侯，黔首大〔安〕，立号为皇帝。乃诏丞相状、绾，法度量，则不壹，歉疑者皆明壹之"[24]。陕西礼泉县石坡扶村发现 7 件，形制大同小异，有的铸有"上右禾石"、"正里禾石"等铭文，重 30.9～32 公斤不等，应为石权，但都超过西汉制一百二十斤，年代为西汉时期[25]。

II 式：鼻钮或半圆钮，钮较小。多为"斤权"（标称值为"斤"）。1962 年陕西咸阳长陵火车站附近出土 1 件，底径 4.7、通高 3.6 厘米，重 273.2 克，年代为秦代[26]。河北易县燕下都东沈村西汉早期墓出土 1 件（D6M15：8），钮扁平稍大，直径 5.6、通高 3.5 厘米[27]（图二，3）。辽宁锦西小荒地 T5⑤：8，底径 4.7、通高 2.9 厘米，重 225 克（图二，4），年代为西汉[28]。陕西长武丁家出土 6 件，形制相同，大小、轻重有别，如丁家 DJ：3，圆肩，圆柱形体，顶部有半圆形鼻钮，通高 4.6、直径 5.6 厘米，重 500 克，（图二，5），年代为新莽时期[29]，合汉制约二斤，和新莽制约二斤一两[30]。洛阳西郊 M9007：16，通高 3、底径 5 厘米（图二，6），年代为东汉中期[31]。资兴东汉墓出土 8 件，其中 M274：24，高 5.2、直径 6.7 厘米（图二，2），年代为东汉中期[32]。镇平尧庄出土 1 件（H1：38），半球形，底面平整，顶面中央有一半圆钮。通高 5.7、底径 6 厘米，重 650 克，合东汉制约三斤，年代为东汉中晚期[33]。此式铁权还发现于章丘东平陵故城等地，是秦汉时期铁权的常见形态。

B 型：圆台形。权体作上小下大的截锥圆台形，平底，顶部有桥形钮，多为石权。敖汉旗老虎山发现秦代铁权 1 件（AH75：01），权体作截锥圆台形，顶端为平整的台面，束腰桥形钮，钮两端直达权体两侧作弧形连接，权体周身铸痕明显。权体正面有一长 10.8、高 8.6、深 2 厘米的长方形凹槽，用以镶嵌铜诏版，诏版已佚。顶端直径 17.5、底径 25、通高 18.5 厘米，钮宽 4～5.5、厚 2.4 厘米，重 30.7 公斤，合秦制一百二十斤[34]（图二，1）。广西兴安七里圩王城城址出土 1 件（QLW91T3：5），高 20、底径 25 厘米，重 32.75 公斤[35]。与此形制和重量大致相同的秦代铁权还发现于山西左云东辛村等地。

C 型：瓜棱形。咸阳博物馆收藏 1 件（XBC：01），顶部有鼻钮，权体作半球形，平底内凹。外表分布着 14 道竖向凸棱，棱间阴刻有篆书铭文，但其中 5 个相连的棱间表面因锈蚀而剥落较甚，铭文无法辨识。其余 9 个相连的棱间均錾刻铭文，字数不等，为篆书，计十二字，自右至左按顺序依次为"二十六年/皇帝/天/下/大/立……/曰〔皆〕/明/之"。该铭刻与常见秦始皇二十六年诏版相比，其文字顺序基本相同，只是文字多有省略，或许是受其大小和造型的限制，在錾刻诏书时对行文进行了省略，只錾刻了重要文字。通高 3.4、底径 4.8 厘米，重 215 克（图二，7），比一般认为的秦一斤

图二　铁权与铁尺

1. B 型权（敖汉旗老虎山 AH75：01）　　2~6. A 型 II 式权（资兴汉墓 M274：24、易县燕下都东沈村 D6M15：8、锦西小荒地 T5⑤：8、长武丁家 DJ：3、洛阳西郊 M9007：16）　7. C 型权（咸阳博物馆藏品 XBC：01）　8. A 型 I 式权（围场小锥子山 WC77：01）　9. 尺（满城汉墓 M2：3065）（比例不等）

250 克左右略轻，可能是因锈蚀剥落而重量有所减轻所致。当初，应当是秦一斤的标准器[36]。传世的秦始皇诏铜权中，也有这种瓜棱形，但其尺寸较大，重 4995 克，合秦制约二十斤[37]。

　　除上述铁权外，《中国历代度量衡考》还收录传世或近世出土并收藏于各地博物馆的秦汉铁权 40 余件，包括了多种不同的标称值，但其形制都分属于上述三型[38]。

　　尺　发现较少。满城 2 号墓出土 1 件（M2：3065），通体饰错金流云纹，两端各有一小孔，刻度刻于两边，用错金小点表示，全尺分为十寸，经实测，长 23.2、宽 1.2、厚 0.25 厘米（图二，9），年代为西汉中期[39]。益阳赫山庙汉墓出土 1 件（M28：14），扁平条状，通体锈蚀，残长 15、宽 2.4 厘米，年代为东汉中期[40]。

三　秦汉时期铁钱币和度量衡器的出现与使用

考古发现表明，随着铁器在社会生活各个领域的广泛应用，秦汉时期出现了铁钱币和度量衡器，铁金属的使用扩展到了商品流通领域。但同时我们也知道，秦汉时期的法定本位货币是铜钱币，而度量衡器则是铜质、铁质乃至木质、骨质和陶质并存。那么，应当如何理解秦汉时期铁质钱币和度量衡器的出现和使用？如何认识它们在当时的社会生活中的地位和作用？这里就此作初步探讨。

（一）关于铁钱币的出现和使用问题

关于我国金属货币的起源，如果以商代铜贝货的出现算起，金属铸币的出现可以上溯到公元前 1200 年前后的商代晚期[41]。但是，先秦时期是否出现铁钱币尚无可靠的证据[42]。关于我国铁钱币的出现时间，据文献记载是在东汉初年，即：汉建武六年（公元30 年）公孙述据蜀"废铜钱，置铁官钱"[43]；或者是"以铁为钱，始于公孙述之据蜀也"[44]。但是，据考古发现，铁钱币的出现远远早于东汉初年。如前所述，湖南衡阳凤凰山、长沙砂子塘、资兴旧市、湖北宜昌前坪等地汉文帝至汉武帝元狩五年的西汉前期墓中都发现一定数量的铁四铢半两钱，因此，我国铁钱币的出现时间至少是在西汉初年的汉文帝时期。关于西汉时期铁钱币出现的社会动因，一方面是因为铁钱币的铸造可以获得丰厚的利润，如汉文帝时期曾出现了铸币者有意在铜币中掺杂铁以获得高额利润的现象[45]，成为铁钱币产生的前奏；另一方面则与当时的诸侯国拥有钱币铸造权直接有关。虽然当时汉廷有不准铸铁钱币的法令，但这些法令对于那些势力强大、割据一方的诸侯国来说犹如一纸空文，使得铁钱币的铸造成为可能。正因为如此，汉文帝时期出现了铁半两钱。

值得注意的是，尽管铁钱的出现可以上溯到西汉前期，并且铁半两钱有一定数量的发现，文献中也有关于西汉前期某些地方铸行铁钱币的线索[46]；但西汉前期铁钱币的发现地点和数量都非常有限。就西汉前期的半两钱来说，铜半两钱在全国各地都有发现，但铁半两钱仅发现于湖南和湖北的少数地点；铜半两钱的发现数以万计，而铁半两钱的发现不足千枚[47]。即使两种钱币同时共存的情况下，两者的数量也是犹如天壤之悬殊，如湖北宜昌前坪 30 座西汉墓出土铜半两钱 1072 枚、铜五铢钱 23 枚，而铁钱币仅有 2 座墓出土铁半两钱 14 枚[48]；湖南资兴的旧市、木银桥两地发掘的 256 座西汉墓中，出土西汉时期的各种铜钱币计 2469 枚，但铁钱币仅在 70 号墓中出土 8 枚铁半两钱[49]。由此可见，西汉前期铁钱币的使用十分有限。

就整个两汉时期来说，虽然考古发现中有铁半两钱、五铢钱、货泉、大泉五十钱、大布黄千钱、无文钱等铁钱币出土，但无论其出土地点还是其数量，与铜钱币相比可以说微乎其微。根据考古发现并结合有关的文献记载，关于两汉时期铁钱币的铸造和使用，可以初步得出如下认识。

其一，从汉文帝时期铁钱币出现到东汉末年，铁钱币的铸造和使用是一直存在的，但铁钱币始终没有成为汉王朝法定的流通货币，而只是在个别地区和某些特定的情况下有铁钱币的铸造和使用。汉朝的法令，历来是严禁在铸造铜钱时掺杂铁铅的[50]，当然也禁铸铁钱币。因此，汉代的铁钱币，除公孙述据蜀时曾一度官铸外，一般都属于私铸钱[51]。铁钱币之所以未能成为法定货币，与铁金属易于锈蚀而不能很好地担当流通职能、当时铜贵铁贱而难以承担储藏职能有关。

其二，汉代铁钱币的出现和铸造，与当时国家的铸币政策、铸币管理以及政治和经济形势密切相关。汉初诸侯国强大，拥有铸币权，加之汉文帝时期又施行铸币改革，文帝五年（公元前175年）"更铸四铢钱，其文'半两'，令民纵得自铸钱"[52]，为铁钱币的产生提供了可能[53]。汉武帝以后，两汉中央政府一直严禁民间私铸钱币，而对地方政府铸钱则是有禁有驰，汉代中央铸钱工场址和郡国铸钱工场址都有发现。汉武帝时期施行铸币政策改革，于元鼎二年（公元前115年）"悉禁郡国毋铸钱，专令上林三官铸"[54]，把铸币权收归中央，此后一段时间铁钱币几乎绝迹。西汉末年，王莽篡汉建立"新"朝，于居摄二年至天凤元年（公元7～14年）间先后施行了四次货币改制，并重开郡国铸钱[55]，导致了复杂的币值及种类名目的混乱，私铸、盗铸钱币之风盛行[56]，于是铁钱币的铸造和使用再度出现，今陕西、河南、湖南等地铁货泉、大泉五十、大布黄千等新莽时期铁钱币以及东汉早期铁钱币发现的历史背景也正在于此。两汉之际公孙述割据蜀地，曾一度铸行铁钱币。东汉晚期，社会政治腐败，经济衰落，局势动荡，货币铸造趋于混乱，"剪轮五铢"等劣质钱币横生，再度导致了铁钱币的增多，于是东汉晚期铁钱的发现有所增加。

其三，两汉时期铁钱币的使用有多种不同的情形。一是在某些地方的某一时期，作为辅助货币与铜钱币一样流通使用，如衡阳凤凰山71号墓出土铁半两钱多达320枚、资兴旧市70号墓8枚铁半两钱与4枚铜半两钱夹杂于一起出土、长沙砂子塘5号墓死者头端出土铁半两钱33枚、宜昌前坪35号墓12枚铁钱币与10枚铜钱币共出等，或许反映的就是这种情况。二是在某一特定地域的特定时期，作为法定货币流通使用，如公孙述据蜀期间铁钱币的铸行[57]。三是作为假币混杂到铜钱币中使用，如资兴264号墓2枚铁大布黄千与15枚铜大泉五十和20枚铜五铢钱同出、陕西乾县发现的3枚铁五铢钱与20多枚铜五铢钱用麻绳穿系在一起、井陉南良都2号钱币窖藏罐中40余枚铁钱币掺杂在70公斤铜钱币中并且有些铁钱币同相邻的铜钱粘连在一起等现象，应当是当时将铁钱币混作铜钱币使用的一种反映[58]。四是作为冥币代替铜钱币用于随葬。

总之，在两汉时期，铁金属曾用于钱币的铸造，但铁钱币的出现对社会经济的发展并没有产生积极的作用，而只是当时铜币铸行制度实施过程中的一种"怪胎"；铁钱币不仅数量少，而且其性质与后来南朝梁武帝时期作为法定本位货币铸行铁钱币，以及北宋王朝设铁钱监铸行铁钱币等有着本质的区别。

（二）关于铁度量衡器的出现和使用问题

我国古代的度量衡器，如果据传安阳殷墟出土商代牙尺的年代可靠[59]，其出现至少可以上溯到公元前12世纪的商代晚期。金属度量衡器直到战国时期才出现，如洛阳金村东周墓出土的铜尺[60]、山东临淄齐国故城及其附近出土的战国齐量器[61]、长沙左家公山 15 号东周楚墓出土的铜砝码等[62]，为目前所知其年代最早者。但是，先秦时期的铁度量衡器尚未见到，目前所知其年代最早者是秦统一时期的铁权。铁权出现于秦统一时期，尤其是大多是标称值一百二十斤的石权，一方面与当时铁器工业的发达、铁器的进一步普及使用有关，但更重要的是秦统一后在全国范围内大量征收粮草直接相关。迄今所见秦代铁石权上，往往錾刻或镶嵌有秦始皇二十六年颁发的统一度量衡的诏书，从一个侧面反映出当时铁权出现的历史背景和使用状况。同时我们注意到，迄今所见秦代铁石权，其自身重量均超出其标准重量。如本文论及的 5 件秦代铁石权，其重量为 30.7～32.85 公斤不等，按秦代一斤合 252 克、一石合 30.24 公斤计算，超出标准重量 0.46～2.61 公斤不等。这种现象绝非偶然，也不可能是制作过程中产生的误差——因为误差应在标准重量上下浮动而不会完全是有加无减，应当是有意而为之。蕴藏在其背后的根本原因可能在于，这种铁石权一般不是用于通常的商品交换，而主要是用于官府征收粮草，以此达到暴敛民财之目的。

从考古发现看，秦代是铁权和铜权同时流行，并且还有少量陶权和石质权。两汉时期，铁权继续流行，但有所发展变化，主要表现在石权数量的减少和斤权数量的增多。这应当是铁权在实际的商品交换活动中进一步应用的直接反映。但我们也注意到，西汉时期铁权增多的同时，铜权依然流行；东汉亦然，尤其是小称量衡器更是几乎为铜质[63]。如汉阳陵南区丛葬坑第 17 号坑出土铜量器 5 套 22 件，第 21～23 号坑出土铜量器 3 套计 25 件、圆形铜权 6 件和方形铜权 20 件[64]；《中国历代度量衡考》收录的 45 件两汉权中，有铁权 28 件、铜权 26 件和石质权 1 件[65]。可以认为，整个两汉时期的衡器，始终是铜权和铁权同时并存，大称量衡器多用铁权而小称量衡器多用铜权，另有少量石质权。汉代以后历代的衡器，依然如此。两汉时期及其以后历代，古代铁器全面普及，但铁质衡器始终未能完全取代铜质衡器，盖为铁金属和铜金属各自所具有的特性所致。正如《汉书·律历志》所记："凡律度量衡者……铜为物之至精，不为燥湿寒暑变其节，不为风雨暴露改其形"。作为度量器具的铁尺，直到西汉中期才出现并且两汉时期始终少见，其原因或许也在于此。

综上所述可知，铁钱币和度量衡器虽然先后出现于秦和汉初，但两者在社会生活中的作用并不相同。铁钱币虽然出现于汉初，并且在两汉时期都可见到，但始终未能成为当时的法定本位货币，而是铜币铸行制度实施过程中的一种"怪胎"。在中国古代历史上，铁钱币只是在南朝梁武帝时期和宋代等时期曾一度作为法定本位货币。即使如此，铁钱币只是中国古代传统青铜货币发展体系中的一个"插曲"，但不是我国古代货币发展的"主旋律"。铁度量衡器则不然。铁度量衡器从其发生之初就是作为实用器而出现的，并且在实际生活中扮演着重要的角色，尤其是在大称量衡器中铁权更是其主要形态，并对秦汉以后的历代衡器产生了直接而深远的影响。

注　释

〔1〕［汉］高至喜：《长沙、衡阳西汉墓中发现的铁半两钱》，《文物》1963 年第 11 期。

〔2〕傅举有：《两汉铁钱考》，《湖南考古辑刊》第 2 集，第 183 页，岳麓书社，1984 年。

〔3〕刘森：《中国铁钱》第 10～26 页，中华书局，1996 年。

〔4〕a. 国家计量总局等主编：《中国古代度量衡图集》，文物出版社，1981 年。

　　b. 丘光明：《中国历代度量衡考》，科学出版社，1992 年。

〔5〕关于 1956 年湖南衡阳凤凰山西汉墓出土铁半两钱的情况说法不一：一说是 7 座墓（见注〔1〕）；
　　一说是 9 座墓（见注〔2〕）；还有一说是 11 座墓。按照傅举有所说，共有 9 座墓出土铁半两钱
　　计 600 余枚。

〔6〕同注〔1〕。

〔7〕湖北省博物馆：《宜昌前坪战国两汉墓》，《考古学报》1976 年第 2 期。按：该墓地 35 号墓出土
　　铁钱币 12 枚，字迹锈蚀不清，发掘者认为可能是铁半两钱。

〔8〕湖南省博物馆等：《湖南资兴西汉墓》，《考古学报》1995 年第 4 期。按：该墓地西汉墓葬 256
　　座，出土各种西汉铜钱币计 2469 枚。

〔9〕《汉书·武帝纪》：建元“五年春，罢三铢钱，行半两钱”。又，元狩五年“罢半两钱，行五铢
　　钱”。

〔10〕河北省文物研究所石太考古队：《井陉南良都战国、汉代遗址及元明墓葬发掘报告》，《河北省
　　考古文集》第 212 页，东方出版社，1998 年。

〔11〕中国科学院考古研究所洛阳发掘队：《洛阳西郊汉墓发掘报告》，《考古学报》1963 年第 2 期。

〔12〕同注〔1〕。

〔13〕傅举有：《湖南资兴新莽墓中发现大布黄千铁钱》，《文物》1981 年第 10 期。

〔14〕甘肃省博物馆：《武威雷台汉墓》，《考古学报》1974 年第 2 期。

〔15〕洛阳区考古发掘队：《洛阳烧沟汉墓》第 226 页，科学出版社，1959 年。1035 号墓为一大型多
　　室墓，曾被盗扰，出土铜半两钱 699 枚、五铢钱 430 枚、新莽钱 7 枚，计铜钱币 1146 枚。

〔16〕河南省文物研究所：《禹县东十里村汉画像石墓》，《中原文物》1985 年第 3 期。

〔17〕山东大学考古系等：《重庆万州区大周溪东汉六朝墓发掘简报》，《考古与文物》2002 年增刊。

〔18〕中国科学院考古研究所洛阳发掘队：《洛阳西郊汉墓发掘报告》，《考古学报》1963 年第 2 期。

〔19〕湖南省博物馆：《长沙南郊砂子塘汉墓》，《考古》1965 年第 3 期。

〔20〕中国社会科学院考古研究所：《汉杜陵陵园遗址》第 53 页，科学出版社，1993 年。

〔21〕这里所说的权，既包括用于杆秤的秤砣，也包括用于天平的砝码。

〔22〕石枢砚：《河北省围场县又发现两件秦代铁权》，《文物》1979 年第 12 期。

〔23〕项春松：《赤峰县三眼井出土秦铁权》，《考古》1983 年第 1 期。

〔24〕蒋英炬等：《山东文登发现秦代铁权》，《文物》1974 年第 7 期。

〔25〕李浪涛等：《陕西省礼泉县出土汉代铁权》，《文物》1998 年第 6 期。

〔26〕巫鸿：《秦权研究》，《故宫博物院院刊》1979 年第 4 期。

〔27〕河北省文物考古研究所：《燕下都遗址内的两汉墓葬》，《河北省考古文集》（二）第 85 页，北
　　京燕山出版社，2001 年。

〔28〕吉林大学考古学系：《辽宁锦西市邰集屯小荒地秦汉古城址试掘简报》，《考古学集刊》第 11 集
　　第 145 页，中国大百科全书出版社，1997 年。

〔29〕刘庆柱：《陕西长武出土汉代铁器》，《考古与文物》1982 年第 1 期。

〔30〕按西汉衡制一斤 248 克、新莽衡制一斤 238 克计。

〔31〕中国科学院考古研究所洛阳发掘队：《洛阳西郊汉墓发掘报告》，《考古学报》1963 年第 2 期。

〔32〕湖南省博物馆：《湖南资兴东汉墓》，《考古学报》1984 年第 1 期。

〔33〕河南省文物研究所等：《河南镇平出土的汉代窖藏铁范和铁器》，《考古》1982 年第 3 期。

〔34〕敖汉旗文化馆：《敖汉旗老虎山遗址出土秦代铁权和战国铁器》，《考古》1976 年第 5 期。

〔35〕广西壮族自治区文物工作队等：《广西兴安县秦城遗址七里圩王城城址的勘探与发掘》，《考古》1998 年第 11 期。

〔36〕张延峰：《咸阳博物馆收藏的一件秦铁权》，《文物》2002 年第 1 期。

〔37〕同注〔4〕a，第 176 图。

〔38〕同注〔4〕b，第 354～430 页。

〔39〕中国社会科学院考古研究所等：《满城汉墓发掘报告》第 277 页，文物出版社，1980 年。

〔40〕湖南省博物馆等：《湖南益阳战国两汉墓》，《考古学报》1981 年第 4 期。

〔41〕千家驹等：《中国货币发展简史和表解》第 10 页，人民出版社，1982 年。按：安阳殷墟曾出土有商代晚期的铜贝（中国社会科学院考古研究所：《殷墟的发现与研究》第 322 页，科学出版社，1994 年）。

〔42〕同注〔3〕，第 6 页。

〔43〕《后汉书·公孙述传》。

〔44〕［宋〕高承：《事物纪原》（卷十）布帛杂事部铁钱条："公孙述废铜钱，置铁官铸铁钱。则以铁为钱，始于公孙述之据蜀也"。

〔45〕《汉书·文帝纪》（卷四）汉文帝五年（公元前 175 年），"夏四月，除盗铸钱令，更造四铢钱"。《汉书·平准书》载"更铸四铢钱，其文'半两'，令民纵得自铸钱"。对此，贾谊等反对，"法使天下公得顾租铸铜锡为钱，敢杂以铅铁为它巧者，其罪黥。然铸钱之情，非殽杂为巧，则不可得赢；而殽之甚微，为利甚厚"（《汉书·食货志》）。按：当时社会上存在着在铜材中掺杂铁等金属铸铜钱币以获利的现象，但还不是铸造铁钱币。另外，在湖南衡阳凤凰山西汉前期墓中曾出土铜铁合金半两钱。

〔46〕［晋〕常璩：《华阳国志·蜀志》蜀郡临邛县条："汉文帝时，以铁铜赐侍郎邓通，通假民卓王孙，岁取千匹；故王孙货累巨万，邓通钱亦尽天下"。按：由此可知，邓通曾铸造钱币，但邓通是否铸造铁钱币，尚可作不同的解释，有待证实。

〔47〕同注〔2〕。

〔48〕湖北省博物馆：《宜昌前坪战国两汉墓》，《考古学报》1976 年第 2 期。按：该报告墓葬登记表中 21 号墓随葬铁钱币 87 枚，有误；35 号墓出土铁钱币 12 枚，字迹锈蚀不清，发掘者认为可能是铁半两钱。

〔49〕湖南省博物馆等：《湖南资兴西汉墓》，《考古学报》1995 年第 4 期。

〔50〕《汉书·食货志》：孝文五年"法使天下公得顾租铸铜锡为钱，敢杂以铅铁为它巧者，其罪黥"。

〔51〕《汉书·食货志》："郡国铸钱，民多奸铸"。按：据统计，汉武帝前期全国因盗铸金钱而犯死罪者多达数十万人。当时盗铸钱者不仅铸铜钱，也可能包括铁钱币。《汉书·食货志》：始建国元年（公元 9 年）王莽下诏"铁布铜冶，通行有无，备民用也"。按：有学者根据此记载认为王莽时期曾经铸行铁钱币，但未能得到考古学上的证明。考古发现的新莽时期的铁钱币，也应当是私铸钱币。

〔52〕《史记·平准书》。又，《汉书·文帝纪》：文帝五年"夏四月，除盗钱令，更造四铢钱"。

〔53〕《汉书·食货志》："郡国铸钱，民多奸铸"。

〔54〕《汉书·食货志》，又见《史记·平准书》。

〔55〕《汉书·王莽传（中）》：始建国元年（公元 9 年），"又遣谏大夫五十人分铸钱于郡国"。

〔56〕《汉书·王莽传（中）》：始建国元年（公元 9 年），"五月，更造货：……与五铢钱并行。民多

盗铸者"。

〔57〕《后汉书·公孙述传》建武六年"述废铜钱，置铁官钱，百姓钱货不行。蜀中童谣曰：'黄牛白腹，五铢当复'"。按：相同的记载还见于《华阳国志·蜀志》。关于公孙述所铸铁钱币的品种，有人认为是五铢钱，有人认为是新莽货币。孰是孰非，尚未得到考古学的证明。

〔58〕考古发现的新莽时期的铁芯铜钱币（参见刘森：《中国铁钱》第23页，中华书局，1996年），显然是假币，说明当时货币流通中是存在不同形式的假币的。

〔59〕同注〔4〕a，第1图、第2图。

〔60〕同注〔4〕a，第3图。

〔61〕魏成敏、朱毓德：《山东临淄新发现的战国齐量》，《考古》1996年第4期。

〔62〕高至喜：《湖南楚墓中出土的天平与砝码》，《考古》1972年第4期。

〔63〕丘光明：《我国古代权衡器简论》，《文物》1984年第10期。

〔64〕陕西省考古研究所汉陵考古队：《汉景帝阳陵南区丛葬坑发掘第一号简报》，《文物》1992年第4期。

〔65〕同注〔4〕b，第398～431页。

西汉诸侯王陵墓的内藏、外藏及百官藏

刘 瑞

（中国社会科学院考古研究所）

西汉实行分封制度，《史记·汉兴以来诸侯王年表》："汉兴，序二等"。《汉书·百官公卿表》（741 页[1]）："诸侯王，高帝初置，金玺盭绶，掌治其国。有太傅辅王，内史治国民，中尉掌武职，丞相统众官，群卿大夫都官如汉朝。"因其在汉代具有非常高的政治地位，所以长期以来西汉诸侯王陵墓制度的研究一直是历史和考古学界都非常重视的学术课题。

据初步统计，现在我们已发现西汉时期诸侯王陵墓 16 国 66 座，分布于今河北、河南、江苏、湖南、山东、北京等全国广大的地域范围内。由于考古资料不断公布的推动，学者们对西汉诸侯王陵墓开展的研究也愈来愈深入。目前为止，在对西汉诸侯王陵墓的研究中，关于诸侯王陵墓埋藏制度的问题，如梓宫、便房、黄肠题凑等方面的研究一直受到学者的高度关注，俞伟超[2]、鲁琪[3]、高炜[4]、单先进[5]、刘德增[6]、黄展岳[7]、田立振[8]、李如森[9]、刘振东[10]、陈平[11]、吴小平[12]、秦建明、赵琴华[13]等等先生都参照文献记载对诸侯王墓葬中的相关问题做了深入研究。在研读文献记载后，我想在前辈学者已有成果基础上，重新探讨一下诸侯王陵墓内外藏系统问题，并对相关的名称做一些新研究，不对之处恳请方家指正。

一 诸侯王陵墓的内、外藏概念

据史籍记载，汉代陵墓的埋藏系统分内藏和外藏。《汉书·霍光传》（第 2948 页）："赐金钱、缯絮，绣被百领。衣五十箧。璧珠玑玉衣，梓宫、便房、黄肠题凑各一具，枞木外藏椁十五具。"

服虔注曰："在正藏外，婢妾藏也。或曰厨厩之属也。"

那何为内藏、何为外藏呢？刘德增先生指出："关于'黄肠题凑'中的'外藏椁'，论者的观点基本一致，认为墓坑墓葬内外放置用来存放车马、禽畜、金帛、食品、用具等的库房即是。这是笔者所赞同的。"[14]

田立振先生在研究时提出"回廊葬制"概念，指出："回廊放置大量随葬品、主要有明器、礼器、乐器、兵器等，搭盖适用于'便坐'，'延宾'的需要。……由此看来，它的位置相当于主室外的'外藏椁'。"[15]

刘振东先生指出："所谓墓葬的正藏，我认为其中心是盛放墓主尸体的棺或套棺，棺外置椁，有棺椁构成的多重封闭的空间即为正藏。它一般位于墓葬的中央，是墓葬的主体部分（这是就竖穴木椁墓系统而言，至于崖洞墓和砖石墓系统而言，另当别论）。外藏椁是相对于正藏的一个概念，它位于墓葬正藏之外，应是正藏的附属部分。它或位于墓圹内正藏之外，或位于墓道中，或被安置在墓外。不管位置何处，一般来说，每具外藏椁自成一个单元，实际上就是一个一个的陪葬坑（室）。"[16]

段清波先生认为："以黄肠题凑为界（含黄肠题凑之外的回廊），其内为正藏，包括'梓宫'、'便房'、'题凑'等一应设施，用来埋藏尸体及各类与墓主人生活有关的器具；而居于正藏之外，为墓主随葬的各类设施皆可统称为'外藏'，包括'厨、厩之属'等不同类别。"[17]

目前多数学者均以墓中墓主尸体盛放位置为参照，认为放置墓主的墓室或椁室为内藏，其外侧的其他墓室或椁室为外藏。对此吴小平先生提出不同意见："外藏椁就是墓外的丛葬坑。"[18]

在外藏椁的使用范围上，吴小平先生认为："使用外藏椁的墓葬，均可使用黄肠题凑，而使用黄藏题凑的墓葬，只有极少数的发现使用了外藏椁。这充分说明外藏椁为皇帝所专用，除极少数皇亲贵臣经皇帝恩许可使用外，其他人一律不得使用。"[19]

在考察文献和诸侯王陵墓实际埋藏状态后，我认为刘振东先生关于内外藏区别界定的认识可从，即"（正藏）一般位于墓葬的中央，是墓葬的主体部分。……外藏应该位于墓葬正藏之外，应是正藏的附属部分。"不过在外藏具体位置上我同意吴小平先生的意见（在外藏椁的使用范围上，我认为在西汉的一段时间内诸侯王同样可以使用，与吴小平先生认识不同，见下文）。基于此，我以为在外藏概念、位置和使用范围上还有一些工作可继续开展。

首先，虽然传世文献对内藏进行概念性界定的文字不多，但在何为外藏椁上却多有记载和认识。如上引服虔注就将"外藏椁"界定为："在正藏外，婢妾藏也。或曰厨厩之属也。"

此文献含三点内容，而内外藏的界定为第一点，即，外藏椁"在正藏外"，此当是据内外藏字面含义而来，是从字面就可知晓的主要区别。在《霍光传》中梓宫、便房、黄肠题凑和外藏椁均以"具"计量，那么它们应为互不统属的墓葬设施。也就是说，霍光墓实际包括了十八具性质不同的葬具组合。从"梓宫、便房、黄肠题凑"与"外藏椁"分开记载看，"外藏椁"应不会出现在"梓宫、便房、黄肠题凑"的范围之内，当是墓葬中除上述这些之外的其他部分。因此虽文献未讲何为内藏，但既然"外藏椁"与"梓宫、便房、黄肠题凑"对应，那么"梓宫、便房、黄肠题凑"就应包含在内藏之中，而"外藏椁"则肯定为外藏无疑。也就是说"梓宫、便房、黄肠题凑"中无外藏，外藏中也不会含有"梓宫、便房、黄肠题凑"内。

其次，从文献看，帝陵亦分内外藏。《后汉书·礼仪志·大丧》注（第3144页）："《汉旧仪》略载前汉诸帝寿陵曰：'天子即位明年，将作大匠营陵地，用地七顷，方中用地一顷。深十三丈，堂坛高三丈，坟高十二丈。武帝坟高二十丈，明中高一丈七尺，四周二丈，内梓棺柏黄肠题凑，以次百官藏毕。其设四通羡门，容大车六马，皆藏之内方，外陟车石。外方立，先闭剑户，户设夜龙、莫邪剑、伏弩，设伏火′，……《皇览》曰：'汉家之葬，方中百步，已穿筑为方城。其中开四门，四通，足放六马，然后错浑杂物，扞漆缯绮金宝米谷，及埋车马虎豹禽兽。发近郡卒徒，置将军尉侯，以后宫贵幸者皆守园陵。元帝葬，乃不用车马禽兽等物。"

表明帝陵的陪葬系统分为"内方"和"外方"两个系统。从字面看，"内方"即"方内"[20]，"外方"即"方外"。从这节文献看帝陵的"内方"既包括"内梓棺柏黄肠题凑"、"百官藏"，还包括"四通羡门"（即墓道和墓门），即是说含墓道和墓道之内的所有墓室均包括在帝陵"内方"之中，这与其命名"内方"——"方内"的概念正相吻合。因此墓葬"外方"自不会出现在上述范围之中，"外方"的位置应在陵墓墓道之外的空间寻找与确认。在上引文献征引的《皇览》中"然后"之词记述于"四门"之后，也表明"然后"后面记述的各种陪葬器物不应出现在墓葬墓道之内的陵墓内空间，墓葬的内外均以墓道为界的区别同《汉旧仪》一致，与《汉旧仪》的记载可互印证补充。这些记载表明，当时社会确以墓道为界将陵墓区分内、外藏，墓道之内为墓内，墓道之外为墓外。也就是说，方中即为内藏，墓道之外"错浑杂物，扞漆缯绮金宝米谷，及埋车马虎豹禽兽"的各种放置陪葬器物的设施为外藏。

第三，从上述文献看，西汉帝陵和诸侯王级别大型墓葬均将墓葬区分内藏和外藏。那么《汉书·霍光传》中内藏"梓宫、便房、黄肠题凑"就相当于的是帝陵中"内梓棺柏黄肠题凑"，属帝陵"内方"部分；其"枞木外藏椁十五具"明显对应帝陵的"外方"。由于这两节文献记载的侧重点各有不同，单独对其进行分析就无法反映西汉陵墓的内、外藏含义。而据此二节文献对读则可知汉代墓葬中的"内藏"或"内方"则应是指墓道之内含墓道、墓室的部分，包括"内梓棺柏黄肠题凑"、包括"百官藏"，还包括"四通羡门"；而"外藏"或"外方"应是内藏之外的属于墓葬的其他陪葬设施，外藏不会进入墓葬之中。

第四，从文献看，外藏既被称为是"椁"，那它就应是木质建筑结构，而既称"藏"，则应埋在地下。那么"外藏椁"应是指在墓葬墓道之外埋在地下的木质的附属于墓葬本体的陪葬系统，其用途是放置各种陪葬器物（从实际的考古发现看，并非所有外藏都是木质建筑结构）。以此概念对内外藏进行区分，那么在诸侯王陵墓墓道之外所发现的埋于地下的放置陪葬物的空间自然才是文献中的"外藏"而其不会出现在墓葬之中。

二 内藏中的玉衣、梓宫、便房、黄肠题凑

《汉书·霍光传》记载："璧珠玑玉衣。梓宫、便房、黄肠题凑各一具，枞木外藏椁十五具。东园温明，皆如乘舆制度。载光尸柩以辒辌车，黄屋左纛。"蔡邕《独断》："汉天子正号曰皇帝，自称曰朕，臣民称之曰陛下。其言曰制诏。史官记事曰上。车马、衣服、器械、百物曰乘舆。

乘舆出于律。律曰：'敢盗乘舆服御物'。天子至尊，不敢亵渎言之，故托之于乘

舆［也］。

黄屋者，盖以黄为里也。

左纛者，以牦牛尾为之，大如斗。在最后［右］（左）騑马［头］（骖）上。”

从《独断》看，《霍光传》既提到“乘舆”，也提到“黄屋左纛”，则其所用的墓葬制度应是天子所用的制度。按照前文的认识，既然《汉书·霍光列传》中所记载的霍光享受的玉衣、梓宫、便房、黄肠题凑等内容均位于墓葬之内，它们就均属陵墓内藏，即，据文献，霍光墓葬内藏中包括玉衣、梓宫、便房和黄肠题凑等内容。当然，虽目前从《独断》等文献看在霍光去世后享受的是天子葬制，应与诸侯王无涉。那诸侯王葬制是否同样存在这些组成？据实际发掘的诸侯王陵墓及过去学者的研究，西汉诸侯王陵墓内藏中得确也含有这些部分。

玉衣：

《汉旧仪》（第105页）：“帝崩，唅以珠，缠以缇缯十二重。以玉为襦，如铠状，连缝之，以黄金为缕。腰以下以玉为札，长一尺，广二寸半为柙，下至足，亦缝以黄金缕。请诸衣衿敛之。凡乘舆衣服，已御，辄藏之，崩皆以敛。王侯葬，腰以下玉为札，长尺，广二寸半，为匣，下至足，缀以黄金缕为之[21]。”

《西京杂记》：“汉帝送死皆珠襦玉匣。匣形如铠甲。连以金镂。武帝匣上皆镂为蛟龙鸾凤龟龙之象。世谓为蛟龙玉匣。”

《汉书·佞幸列传·董贤》（第3734页）注：师古曰：“东园，署名也。汉旧仪云东园秘器作棺梓，素木长二丈，崇广四尺。珠襦，以珠为襦，如铠状，连缝之。以黄金为镂，要以下，玉为柙，至足，亦缝以黄金为缕。”

在目前经考古发掘的诸侯王陵墓中，在未被盗的情况下，如满城中山靖王墓出土金缕玉衣[22]，而即使是在被盗的诸侯王陵墓中也会发现被盗时遗漏下的玉衣片，看来当时穿戴玉衣应为天子和诸侯王所通用。从玉衣之间的编连物看，在已经报道的玉衣中已发现多具是金缕玉衣。从已发现的西汉早期刘疵墓[23]，西汉晚期刘迁墓均出金缕玉衣看[24]，虽他们身份都是比诸侯王要低的列侯，但依然使用着金缕玉衣，因此卢兆荫先生对此已指出：“从开始使用玉衣，发展到明确分为金缕、银缕、铜缕三个等级，经历了一段较长的时间，在西汉时期这种等级制度可能尚未确立，所以除皇帝以外，诸侯王以至于某些列侯也可以使用金缕玉衣。”[25]即，虽西汉时诸侯王有使用玉衣制度，但在玉衣编连物上尚未出现如东汉一样具体的等级化要求。

梓宫：

按照文献记载，墓中依照墓主位置由内向外先为“梓宫”，服虔注：“棺也。”颜师古注：“以梓木为之，亲身之棺也。为天子制，故亦称梓宫。”

前引《后汉书·礼仪志》引《汉旧仪》载西汉诸帝寿陵曰：“天子即位明年，将作大匠营陵地，……内梓棺柏黄肠题凑。”

从文献看“梓宫”就是“梓棺”。不过如从名称分析，“梓宫”的本意当是梓木建造的建筑空间，而“梓棺”则是梓木建造的葬具，两者存在一定区别，而古人不将它们更进一步区分的原因，可能是因葬具也是墓中一个单独建筑空间。对照文献，在西汉诸侯王墓葬中放置墓主尸体的多重棺椁葬具就应是文献中提到的"梓宫"。

在一些没有被盗或保存较好的诸侯王陵墓，如满城 M2[26]、狮子山楚王陵[27]中，还出土了镶玉漆棺，这恰好和文献的记载相符。《汉书·佞幸传·董贤》（第3733页）："乃复以沙画棺四时之色，左苍龙，右白虎，上着金银日月，玉衣珠璧以棺，至尊无以加。"

"至尊"为天子。此则文献表明天子用棺上除了有各种纹饰外，还会用玉来对其进行装饰，镶玉绘棺是天子的用棺制度。现在在诸侯王陵墓中发现的镶玉漆棺表明诸侯王也采用了这样的制度，即，镶玉漆棺也是一些诸侯王的用棺制度。

从目前资料看来，镶玉漆棺和梓宫有一定的关系，第一，文献中的"梓宫"是从葬具用材方面进行记述，反映的是葬具用梓木修建，不涉及其上装饰，如在象鼻山发现的三重套棺的木材均为梓木，正合乎文献中梓棺的记载。诸侯王陵墓中发现的镶玉漆棺则是对其装饰后进行的称谓，二者可能是一个事物不同侧重的两个名称，当然也可能代表一定的级别差异。第二，在目前发掘的诸侯王陵墓中，棺上纹饰精美程度不一。象鼻山一号墓发现的三重棺均外髹黑漆、内髹红漆，其中"外棺盖档和侧板均有朱色彩绘，花纹已模糊不清。中棺盖上面有朱色漆彩绘方连形纹，两档有重三角纹组成的花纹。内棺外表无纹饰"，无太多复杂纹饰和装饰。而山东长清双乳山一号墓发掘中"棺箱内放置有 3 重漆棺，由内向外依次相套。外棺长 3.3、宽 2.35 米，中棺长 2.85、宽 1.65 米，内棺长 2.45、宽 0.96～1.05 米。所有棺椁均经髹漆，尤其以棺为显著。棺为木质板材，表面贴苎麻，其上再经漆饰彩绘。棺外表漆成深棕色，内涂朱色。图案多为卷云纹，少量为动物纹。中棺、内棺还装饰有鎏金钉形饰"[28]，纹饰就复杂了许多。从象鼻山一号墓的三重套棺看，外棺、中棺纹饰均不同，而内棺更无纹饰，表明各棺纹饰完全可以不尽相同。因此考古发掘的镶玉漆棺就可能是在天子和诸侯王的几重葬具中有一具采用了《董贤传》中所描述的装饰后所形成，不一定每具棺都如此。

便房：

其位置应该位于梓宫之外。服虔注："便房，藏中便坐也"。

师古曰："便房，小曲室也。如氏以为楩木名，非也。"

《汉书·佞幸列传·董贤》："将作为贤起茔义陵旁，内为便房，刚柏题凑，外为徼道，周垣数里，门阙罘罳甚盛"。

《后汉书·礼仪志》（第3144页）注："《汉书音义》曰：'题，头也。凑，以头向内，所以为固也。便房，藏中便坐也。'"

便房的位置在墓葬之中甚明。在诸侯王陵墓中哪一部分是"便房"的问题上，我认为单先进先生提出的，在黄肠题凑的诸侯王墓中，放置墓主葬具的空间为便房的认识[29]，以及黄展岳先生提出便房"位于墓中明中后部，棺椁外围的平面呈方形或长方形的房子"[30]是"便房"的认识可从。同理，在采用崖洞墓形制的诸侯王墓中，放置墓主棺具的墓室也当就是便房。

黄肠题凑：

位于便房之外，苏林曰："以柏木黄心致累棺外，故曰黄肠。木头皆内向，故曰题凑。"

如淳曰："《汉仪注》天子陵中明中高丈二尺四寸，周二丈，内梓宫，次楩椁，柏黄肠题凑。"

在诸侯王陵墓发掘中，采用竖穴式形制的墓葬的周边一般会用黄心柏木或其他杂木垒砌出木头内向的木墙一道或两道，这样就形成了文献记载中的"黄肠题凑"。如在象鼻山一号墓中"在此墓外椁四周，用了制作规整的九百零八根柏木，每根长 1.5～1.8 米，断面边长 0.25～0.3 米，共四至六层，垒叠于棺墙外。"[31] 从发掘出的诸侯王陵墓看，采用竖穴式墓葬的诸侯王陵一般均用黄肠题凑，而崖洞墓的诸侯王陵则不用黄肠题凑。

综上所述，第一，通过发掘的诸侯王陵墓考古学资料，结合文献可知在西汉诸侯王墓葬中，以竖穴土坑墓为例，以诸侯王尸体为中心，由内向外的顺序依次为玉衣、梓棺（镶玉漆棺）、便房，最外为黄肠题凑。第二，参照诸侯王制同中央的记载及经过发掘的诸侯王陵墓的资料可知，《霍光传》提到的大部分内藏组成部分也应是当时诸侯王采用的葬制。

三　百官藏

以墓葬形制区分，在采用竖穴封土墓形制的诸侯王陵墓中，一般均采用柏木垒砌一周或两周，形成文献记载中的"黄肠题凑"。然后在其内用板壁等构筑出一定的建筑空间最内部的空间放置墓主棺具，其外侧用板壁区分出的多少不等的小室放置各种陪葬器物。而采用崖洞墓形制的诸侯王陵墓，则一般直接在山体内开凿大小、功能不同的石室，其中最主要的一个墓室放置墓主棺具，其他的各个墓室放置各种陪葬器物。这两种形制的墓葬中放置陪葬器物的小墓室，过去多数学者认为它们在空间上处于墓葬的回廊部分，应属外藏。依前文认识，它们既然出现在墓葬中，那就当属内藏，于外藏无涉。但它们又属内藏中的哪一部分呢？根据文献，我认为它们应即是文献提到的"百官藏"。

在前引文献中，在记述汉代帝陵的陵墓内容时出现了"百官藏"名词。而按诸侯国制同中央的情况分析，诸侯王陵墓内也肯定会设置"百官藏"。那何为"百官藏"？帝陵或诸侯王陵墓中的"百官藏"到底又在什么位置？过去研究者对此鲜有讨论。我认为，从字面看，"百官藏"就是"藏百官"，它是通过各种不同的表现形式将帝王生前享有的百官拥藏的情景再现于地下而形成的特定的陪葬内涵，它是汉代帝陵和诸侯王陵墓制度中一个非常重要的组成部分。在分析文献记载和对照诸侯王陵墓内不同墓室出现的零星文字资料后，我认为那些围绕在墓葬主棺室周围或附近放置各种陪葬器物的墓室或被分割出其他墓内空间就应为文献中的"百官藏"。

除了依据文献中记载表明诸侯王墓葬中肯定会存在"百官藏"外，通过实际发掘的诸侯王陵墓也可以确定当时确实存在"百官藏"。

第一，现有诸侯王陵墓考古资料中，在某些陵墓的墓室上发现了一些文字资料，显示当时墓葬中曾模拟过诸侯王生前享受的百官系统。如江苏高邮天山一号汉墓："'题凑'（外椁）是主体建筑，151 平方米，东西两侧各附回廊式外藏椁，……外椁之内，有作为'内藏'的中椁、内椁结构"。"'题凑'内，东西两侧，有'中府'、'内户'各五间，均设单扇门，向着正藏开放。……在木构件上，有'船官'、'食官'；在文物上，有'大官'、'尚浴'一类的题记，如……'食官第一内户南辟'、'食官第二内户北植，北行第五'、……'中府第五内户'等"[32]。在永城保安山二号墓的墓葬塞石上发现有"东宫东北旁第三一"、"西宫东北旁第一三"等文字，发掘报告已指出"东宫"和"西宫"应为墓葬的两个主要墓室，这就表明当时陵墓中的主室是称为的"宫"，是生前生活起居的反映。在该墓的第 29 号墓室门阑上发现"西车"题记，第 30号室门阑上发现"东车"题记，而这两个墓室均在被盗之余出土不少车马器残件、马骨和铁剑残段[33]，表明它们原应是作为"车府"性质，这同门阑上文字反映的情况相符。从前述"中府"、"船官"、"尚浴"、"东车"、"西车"等题记内容看[34]，这些职官都是当时诸侯国内实际设置过的官署机构，而其位置看又恰位于墓主棺室之外，符合文献提到"百官藏"时将其记述在棺室之外的位置——先记述"内梓棺柏黄肠题凑"，后记述"以次百官藏毕"。它不仅符合名为"百官藏"成立的内在本质——"百官"（当然只是概称），也有文献记载的支持，那么墓葬中这一部分空间就应是文献中的"百官藏"。

第二，从目前诸侯王陵墓中发掘出土陪葬器物的分布情况看，虽然很多墓葬的出土物都经过多次盗扰，但从残存的陪葬品性质看，一般均是以类相从，表明原来它们曾经是按一定功能集中放置。而当时不同职官、不同机构各拥有不同职能，不同器物集中放置的情况也就反映当时这里由不同职能的职官进行负责。因此虽然不一定有文字内容，但从器物分类放置的情况同样表明它们代表不同职官。此外，在一些崖洞墓内发现了凿刻出的厕、澡室等等特征明显的功能墓室，显示出当初设计时就具有的使用功能，表明在墓葬设计时已区分不同的功能空间，这也同当时不同官吏拥有不同职能的情况一致。因此从墓葬陪葬品和墓室构造的实际区别看，陵墓中主室之外放置陪葬器物的其他墓室应属文献中提到的"百官藏"。

第三，在唐河新店发掘出土的石、砖材结合的黄肠题凑画像石墓中，其南耳室东柱题刻"郁平大尹冯君孺人车库"，中室南门门楣题刻"郁平大尹冯君孺人藏阁"，发掘者据此提出："我们过去习惯称为'耳室'的，此墓的题榜明确称为'车库'，它与耳室内出土的车軎、衔镳相互印证，表明这种所谓的'耳室'，实际是作为库房使用的。还有回廊式的侧室，榜题明确为'藏阁'。这种命名是否适用于其他地区的同类墓葬，有待于更多的材料来证明，但至少可以说，在本地区同类墓中，采用这种命名是比较合适的"[35]。

其意见大体可从。即，从该墓回廊当时被称为"藏阁"看，黄肠题凑墓中的"回廊"空间的称谓和性质也当是"藏"。而按前文，在这些"藏"中放置的陪葬品表现的是"百官"系统，那么这些空间就自然可以称为"百官藏"。

综上，从诸侯王墓葬中发现的文字题刻、诸侯王陵墓中陪葬品放置特征、墓室特点及自铭为"藏"等因素加以分析,在采用黄肠题凑形制的诸侯王陵墓中围绕放置墓主葬具的主墓室周围的放置各种陪葬器物的墓室或空间就应为文献中的"百官藏"。同理,采用崖洞墓形制的诸侯王墓葬中,位于主墓室之外放置各种陪葬器物的墓室或空间也为"百官藏"。

在徐州狮子山、北洞山等楚王陵内均出土过大量不同内容的诸侯国内中央官吏或地方官吏的印章[36]。印章作为百官的化身在墓葬中的出现,所代表的应是墓主去世后依然对这些官吏和地方进行统治,它们不仅是另外形式的百官藏,且也是陵墓中存在百官藏的又一证据。

《汉书·霍光传》中没有提到"百官藏",原因应同霍光生前并非诸侯王,没有在生前设置过天子或诸侯王可以设置的"百官"有关。

此外,据《史记·秦始皇本纪》的记载,秦始皇陵墓中"穿三泉,下铜而致椁,宫观百官,奇器珍怪,徙藏满之",也表明在秦始皇陵墓中有着代表百官的埋藏系统。段清波、张颖岚先生在研究秦始皇陵墓内外丰富的陪葬坑时曾经指出"秦陵的外藏系统应当包括了棺椁之外的所有陪葬坑,无论在地宫及陵园内外,也不限大小。这一外藏系统的设置,因种种原因显现出空间分布的不对称性,但就其象征意义而言,可以认为以陪葬坑为主要内容的外藏系统多数应当是秦代'百官'等官署机构在地下的反映。"[37]虽然其关于内外藏概念的界定与本文不同,但在陵墓的一些陪葬坑中具有"百官藏"的性质认定上则与本文基本一致。

四 诸侯王陵墓的外藏

依前文,墓葬外埋于地下陪葬物品的空间属"外藏"。在西汉帝陵阳陵、杜陵、茂陵、安陵等陵墓附近钻探或发掘发现的丛葬坑就属于"外藏"。如汉阳陵:"帝陵陵园四门以内,封土以外钻探发现丛葬坑86座。其中东侧21座,南侧19座,西侧20座,北侧21座,东北角5座。""南区丛葬坑位于帝陵东南、后陵正南。……共有丛葬坑24条,长25~291米,宽多为4米[38]。"

西汉"帝陵、后陵陵园的封土与垣墙之间有大量的丛葬坑,帝、后陵园的外围也分布有数量不等的丛葬坑"[39]。现在发现的这些丛葬坑不仅位于墓葬之外,且是下挖用于埋葬陪葬器物的木椁式建筑遗迹,符合文献中"外藏"的特点,当为陵墓的外藏。类似设施在西汉早中期一些诸侯王陵墓附近也有发现,其名称过去一般称之为陪葬坑。据前文认识,它们应是诸侯王陵墓的"外藏"。以单个考古学遗迹言,它们自然可称为陪葬坑,但如以陵墓附近陪葬坑组成的整个陪葬遗迹系统言,则当应称为"外藏"。

经考古调查和发掘的西汉诸侯王陵墓中有外藏的主要有下列十一座:章丘吕国吕台陵墓(前186年)[40]、章丘危山一号汉墓(景帝三年,前154年)[41]、长沙象鼻山一号墓[42]、长沙望城坡"渔阳"墓[43]、永城保安山一号、二号墓、永城柿园汉墓、永城夫子山一号墓、永城南山一号墓[44]、徐州狮子山楚王刘郢客墓[45]、临淄齐王墓(文帝元年,前179年)[46]、等。最多的为章丘吕国吕台墓,为36条[47],其他最少为1~2条。

从这些发现拥有外藏的西汉诸侯王墓葬的时代范围看，它们的时代大部分集中在西汉早期，少量时代在西汉中期的墓葬中时间又属于西汉中期的偏早阶段。在目前发掘的66座诸侯王陵墓中，大部分西汉中期诸侯王陵墓和所有西汉晚期诸侯王陵墓均未发现外藏。从发现外藏的诸侯王墓看，西汉中期的外藏不仅数量少，陪葬器物也远不及西汉早期。对这些情况我认为都不会是考古工作者漏查所致，其应表明西汉诸侯王陵墓的外藏制度在西汉中期发生了变化，外藏的有无是西汉诸侯王陵墓制度在西汉中期发生变化的一个直接体现。

从诸侯王陵墓外藏发现看，西汉中期以后诸侯王陵墓旁已不设置外藏，而仅设内藏。这种现象同西汉帝陵的调查情况所揭示的西汉帝陵的外藏系统的变化趋势并不一致。目前所知在西汉帝陵中，不仅西汉早期的帝陵如太上皇陵、惠帝安陵、景帝阳陵等帝陵和后陵附近均发现大量丛葬坑，且在西汉中期帝陵如武帝茂陵、宣帝杜陵等帝陵和后陵附近也发现丛葬坑设置[48]。目前虽暂无西汉晚期帝陵附近丛葬坑有无的资料，但现有的资料已经表明，在时间范围上，西汉帝陵设置丛葬坑的时间要比诸侯王陵墓设置丛葬坑的时间长。当帝陵依然设置丛葬坑时，诸侯王陵墓已不再设置了。西汉中期诸侯王陵墓制度上的这个变化非常巨大，表明这时的诸侯王陵墓制度不再依照"制同汉朝"与帝陵一致，不再是"具体而微"的帝陵。究其原因我认为与汉中央从西汉早期晚段开始持续到西汉中期的对诸侯王势力的压制政策相关（见后文）。

据文献，从元帝开始不再使用车马禽兽进行帝陵陪葬，因此应从这时始帝陵不再设置外藏。也就是说即使并非前述原因，西汉后期诸侯王陵墓也会比照帝陵不在设置外藏。

在山东章丘洛庄汉墓发掘中，考古工作者发现该墓周围的外藏——36条丛葬坑具有不同的考古学开口层位，分为三层，其中第一、二层打破封土，第三层则开口在当时汉代的地面被封土所覆盖。这种情况表明陪葬坑的修建时间并不相同，这恰恰印证了文献中的一个记载，是一个非常重要的发现。

过去我们从文献和一些考古发现看，帝陵陪葬器物应是帝王生前随着帝陵修建而逐渐放置，不过一直没有非常直接的考古学证据。《晋书·索綝列传》（第1651页）："汉天子即位一年而为陵，天下贡赋，三分之一供宗庙，一供宾客，一充山陵。汉武帝享年久长，比崩而茂陵不复容物，其木皆已可拱。赤眉取陵中物不能减半，于今犹有朽帛委积，珠玉未尽。"

可见据汉代制度，每年国家贡赋的三分之一用来"充山陵"——当然包括准备陪葬品，所以由于汉武帝在位时间很长，所以才会到他去世时出现原设计放置陪葬器物的空间早已放满而"不复容物"的情况。可以设想，如等到天子去世后方开始盛放陪葬器物，自不会出现"不复容物"的情况。这就暗示帝陵是随着修建而逐步埋藏陪葬品的。过去我们在景帝阳陵的考古工作中，不仅在帝陵封土下面有81条丛葬坑，且在陵墓的南区、北区也发现大量丛葬坑。对这么多的丛葬坑而言，挖掘坑道、准备器物、放置器物、填埋坑道均非短时间内可以完成，也间接反映出当时肯定有不少丛葬坑是在帝王去世前已提前挖掘、放置器物并埋置。此外，从文献中记载的周亚夫事件看（见下文），当时社会上的其他阶层也有着在去世前事先购置陪葬器物并埋置在预修寿陵中的情况。预修寿陵并提前埋置陪葬物是当时社会习俗。因此参照与帝陵有关的文献，那么诸侯王陵墓的陪葬坑也应是随着墓葬的修建而逐渐开挖和放置并逐渐回填，并不用等到诸侯王去世后一次性挖掘和埋藏。对于此，我们过去一直没有非常直接的考古学证据来证明这个推测，而现章丘吕国吕台陵墓的考古发掘工作解决了这个问题。

从吕国陵墓发现的陪葬坑看，按照考古学地层学上开口位置的情况可分两种，反映出当时在坑体挖掘和放置陪葬器物后回填时间上存在早晚现象。这些坑一是开口在汉代的地表，共十余条，应是在墓葬挖掘、修建的过程中逐渐挖掘并埋藏；一种则是在墓葬封土（复土）过程中和之后挖掘、埋藏，打破了墓道壁和墓道填土，这是主墓室回填后在封土过程中和回填完成后开挖并放置器物后回填才能出现的情况。即，从开口位置看，这些陪葬坑有着开挖和埋葬时间上的间隔，那些开口在当时地面的陪葬坑是在陵墓修建过程中开挖并放置器物后回填，开口在封土中或打破封土的陪葬坑则是在复土过程中或之后开挖并回填。那些开口在当时地表的陪葬坑表明，当时确实是随着墓葬的修建而逐步挖掘外藏并埋置陪葬品的。这也就验证了前述文献中的相关记载和之前我们做出的推测。

参照章丘洛庄吕国吕台陵墓外藏的发掘资料，我们还可对一些文献记载和考古发现的内容有一些新认识。如《汉书·霍光列传》中记载霍光去世后享受陪葬外藏椁的待遇，但由于霍光生前不可预知去世后的遭遇，因此也就可以肯定它不会提前埋藏陪葬器物，文献中提到的外藏椁应是在其去世后在埋葬的过程中开挖、放置器物并回填。又如，因同一座墓葬的不同陪葬坑间存在修建和埋藏时间的不一致、墓葬埋葬时间和陪葬坑封存时间不一致的情况，因此会出现在一些造反的诸侯王墓葬周围存在含有大量军事性或仪仗性质的兵马俑坑[49]。而如果这些陪葬坑要等到诸侯王去世后才开始挖掘并放置器物的话，那么这些叛王定是不会再享有兵马俑坑陪葬待遇的——因为在当时来说兵马俑等器物所代表的是一定的军事力量，私在墓中放置要受到非常严厉的追究，更不用说生前已经反叛中央的诸侯王了。《汉书·周亚夫传》（第2062页）记载："居无何，亚夫子为父买工官尚方甲楯五百被可以葬者。取庸苦之不与钱。庸知其盗买县官器，怨而上变告子，事连污亚夫。书既闻，上下吏。吏簿责亚夫，亚夫不对。上骂之曰：'吾不用也。'召诣廷尉。廷尉责问曰：'君侯欲反何?'亚夫曰：'臣所买器，乃葬器也，何谓反乎?'吏曰：'君纵不欲反地上，即欲反地下耳。'"

文献中提到的"工官尚方甲楯"应为今天帝陵和诸侯王墓葬或墓葬附近出土的兵马俑等物，其既明确为"县官器"，那就是说其为天子之器。既然连战功赫赫做过太尉的周亚夫尚且不得私自将其买卖并放置墓中，那些反叛中央的诸侯王自也就更不可能享有如此的待遇了——天子肯定依然会害怕他们"欲反地下"——虽然他们如不反叛的话是可以陪葬这些器物。即，现我们在一些生前反叛中央的诸侯王墓葬周围发现兵马俑坑的现象表明，它们原是在这些诸侯王反叛之前就已经建造、封存，所以墓主去世后才可以继续享用。

据吕国吕台陵墓的发现，我们还可以知道汉景帝阳陵封土下发现的大量陪葬坑因开口在夯土层中（据报道，它是在原始地表取平后夯垫0.6～0.7米夯土后开挖、构筑，然后在上面覆盖3.5～6米的夯土。当然这个垫平的地层的上面也可能是当时修陵时所形成，即它这个平面上开始修陵，如果这样的话，这些陪葬坑也是在修陵的同时修就），则其应为复土过程中修建[50]，而阳陵陵区南区、北区丛葬坑则很可能都是在营建墓葬时同时修建并埋藏。汉杜陵4号陪葬坑直接开口在表土层下，其修建的时间应与修陵同时。同理，秦始皇陵附近发现的大量陪葬坑中也应有许多坑（如兵马俑坑）的营建时间或许就与修陵同时。在齐王刘襄墓南北墓道旁边发现的随葬坑因位于封土之下，有可能是在修陵同时修就。从保安山二号墓一号陪葬坑的位置看，它应是墓葬埋葬后放置器物后所埋藏。二号陪葬坑是"在西墓道封堵之后才挖的，然后陪葬器物，封土夯实"[51]。此外从柿园汉墓的陶俑出土状态看，柿园汉墓也应有不少陪葬坑[52]。

从吕国诸侯王陵墓发现的在复土过程中和之后形成的陪葬坑分析，在墓主去世后覆土过程中进行的埋藏可能应是当时埋葬礼仪的一部分。

从目前发现的诸侯王陵墓外藏所包含的内容看，主要是钱币、动物、俑类、车马或车马器、兵器、各种器物等等。

钱币：

墓葬中埋藏钱币是当时社会的风俗。从发现的诸侯王陵墓看，墓葬内藏和外藏中均埋藏大量钱币，如在齐王陵等诸侯王陵墓的外藏中就均发现了大量的钱币，它们应瘗钱。虽然文献中没有在诸侯王陵墓外藏中瘗钱的记载，但在帝陵外藏中埋葬钱币的情况却早有记录，《史记·酷吏列传》（第3142页）："会人有盗发孝文园瘗钱，丞相青翟朝，与汤约俱谢，至前，汤念独丞相以四时行园，当谢，汤无与也，不谢。"

《史记集解》如淳曰："瘗埋钱于园陵以送死。"

此处记载的"人有盗发孝文园瘗钱"中的钱币，我认为就应埋藏在外藏之中，而不会是在内藏之中。试想，如有人进入帝陵内藏偷窃钱币，那实是盗陵，性质非常严重，那"汤"定不会"不谢"。而正因为这里仅仅是盗劫了埋藏在帝陵外藏中的钱币，所以他才考虑由负责"以四时行园"的丞相单独"谢"。

动物：

诸侯王陵墓外藏内一般均大量埋葬各种动物，如章丘吕国吕台陵墓的陪葬坑中就发现大量的动物和肉类，齐王墓的二号陪葬坑内殉狗，在象鼻山一号墓周围的陪葬坑内有土牛羊内容的陪葬。大量埋置各种动物的情况在文献中已有记载，《汉书·贡禹传》（第3070页）："及弃天下，昭帝幼弱，霍光专事，不知礼正，妄多臧金钱财物，鸟兽鱼鳖牛马虎豹生禽，凡百九十物，尽瘗臧之，……昭帝晏驾，光复行之。至孝宣皇帝时，陛下（乌）〔恶〕有所言，群臣亦随故事，甚可痛也！"

考古工作者在茂陵、杜陵、安陵等帝陵考古调查和发掘中均发现数量不等的各种动物陪葬坑，可见此记载无误。从诸侯王陵墓发掘情况看，与帝陵相比，其陪葬动物数量和种类要少的多。

俑类：

俑陪葬是经过考古发掘所证实的汉代诸侯王陵墓的一个重要特点。一般除了在墓葬的内藏中陪葬俑外，在陵墓周围组成外藏系统的陪葬坑中也设置有专门的俑类陪葬坑。在望城坡墓 3 号陪葬坑埋置陶俑、山东危山、徐州狮子山等诸侯王陵墓周围也有不少俑类陪葬。陪葬俑类包括军事和仪仗的兵、马俑、各种动物俑等。考古发掘的诸侯王陵墓中，徐州附近发掘的楚王陵中俑类发现较多。从时代看，俑类陪葬的墓葬的要早于不用俑类陪葬的诸侯王陵墓。

大量俑类陪葬是当时社会上殉人习俗逐渐消亡的反映。从汉代文献看，在墓葬中殉人已为法律所不允。《汉书·景十三王传·赵敬肃王刘彭祖》（第 2421 页）载赵缪王刘元患病去世后殉人，受到严厉的处罚。"大鸿胪禹奏：'……病先令，令能为乐奴婢从死，迫胁自杀者凡十六人。暴虐不道。故《春秋》之义'诛君之子不宜立'，元虽未伏诛，不宜立嗣。'奏可，国除。"

正因其殉人，所以被指责为"暴虐不道"，直接后果是"国除"。目前经过考古发掘的西汉诸侯王陵墓中，殉人数量确实有限，正可印证上述文献记载，表明当时已不流行殉人葬俗。在徐州狮子山楚王陵发掘中，曾经发现殉葬情况，然从其佩戴食官印的情况分析，不排除其是从死的可能（是否胁迫，现在已无法知晓了）。

车马或车马器：

在齐王墓的 4 号器物坑、望城坡 2 号器物坑中均有车马陪葬。车马器的陪葬所代表的应该也是陪葬的车马。保安山 2 号墓 1 号陪葬坑中有大量的车马器，2 号陪葬坑内则完全都是车马器陪葬。

兵器、仪仗器：

在齐王墓的 3 号、5 号器物坑、洛庄汉墓的陪葬坑、保安山 2 号墓 1 号陪葬坑中都有一定量的兵器陪葬。在齐王墓的 3 号和洛庄汉墓的一些陪葬坑内都陪葬仪仗器。兵器和仪仗器具和俑类中的兵马俑一样代表的也应是墓主人生前的实力和威仪。

各种器物：

在齐王墓的 1 号、5 号陪葬坑内、望城坡一号陪葬坑、保安山 2 号墓 1 号陪葬坑、洛庄汉墓陪葬坑中都有不少的器物陪葬。陪葬坑内的器物种类繁多，其中生活器类很多，如齐王墓的 1 号陪葬坑。

五　从外藏消失谈西汉诸侯王陵墓制度的变化与原因

通过前述西汉诸侯王陵墓内、外藏的分析，在西汉中期以后帝陵中依然设置的、原诸侯王陵墓中亦有的外藏消失，这就表明诸侯王陵墓制度在此时发生了巨大变化。其原因应与西汉诸侯王力量的消长演变直接相关，其应是西汉中期后诸侯王在政治、经济领域发生巨大变化的直接产物。

从西汉历史的发展看，伴随着西汉政权建立后郡国并行制下诸侯王国纷纷的建立和发展，在西汉早期休养生息政策的推动下，汉中央政权和各诸侯国政权的力量均得到持续增长[53]，在这个过程中，因各种原因，西汉政权和各诸侯王之间的矛盾日益扩大。汉高祖刘邦在政权渐稳的情况下就已逐步将异姓诸侯王铲灭，代之策立大量的同姓诸侯王。刘邦策立同姓诸侯王的本意是借助同姓诸侯王来巩固统治（这种屏卫王室的功能在吕后去世后确曾发挥过作用[54]），但诸侯王力量的持续扩大直接带来的后果就是对汉中央政权的威胁。对于汉朝天子而言，要长久巩固自己帝位和保持汉朝统治稳定就必须解决诸侯王势力扩张和皇权之间的矛盾。因此汉朝廷逐步实施了一系列压制诸侯王势力的措施。其一开始实施的措施虽较为缓和，但仍然遭遇到诸侯王强烈反对，直接导致汉景帝时期爆发"七国之乱"。后来在汉朝巨大的军事镇压下，叛乱被平息，叛乱的诸王也被惩处。《汉书·五行志》（第 1331 页）："汉兴，大封诸侯王，连城数十。文帝即位，贾谊等以为违古制度，必将叛逆。先是，济北、淮南王皆谋反，其后吴楚七国举兵而诛。"

在这个背景下汉整顿、削弱诸侯国实力的决心更加坚定，步骤也越来越严厉。汉景帝之后采取的措施主要有：第一，削减诸侯国官职，对原来庞大的诸侯国原有官职进行大幅度削减和弱化，不仅更改诸侯国官职名称、减少官僚设置，还缩减各官职的定额。第二，诸侯王开始不能再直接治理自己的国家，"不得复治国"，而是由汉廷天子直接任命诸侯国官吏进行管理。这同西汉初期各诸侯国只有少数官员由汉王朝任命，大部分官吏为诸侯王自置迥然不同。《汉书·百官公卿表》（第 741 页）："诸侯王，高帝初置，……有太傅辅王，内史治国民，中尉掌武职，丞相统众官，群卿大夫都官如汉朝。景帝中五年令诸侯王不得复治国，天子为置吏，改丞相曰相，省御史大夫、廷尉、少府、宗正、博士官，大夫、谒者、郎诸官长丞皆损其员。武帝改汉内史为京兆尹，中尉为执金吾，郎中令为光禄勋，故王国如故。损其郎中令，秩千石；改太仆曰仆，秩亦千石。"

《后汉书·百官志》（第 3627 页）："汉初立诸王，因项羽所立诸王之制……。又其官职傅为太傅，相为丞相，又有御史大夫及诸卿，皆秩二千石，百官皆如朝廷。国家唯为置丞相，其御史大夫以下皆自置之。至景帝时，吴、楚七国恃其国大，遂以作乱，几危汉室。及其诛灭，景帝惩之，遂令诸王不得治民，令内史主治民，改丞相曰相，省御史大夫、廷尉、少府、宗正、博士官。武帝改汉内史、中尉、郎中令之名，而王国如故，员职皆朝廷为署，不得自置。"

《通典·职官典》："凡诸侯王官，其傅为太傅，相为丞相，又有御史大夫、诸卿，皆秩二千石，百官皆如汉朝。汉朝惟为置丞相，其御史大夫以下皆自置之。及七国作乱之后，景帝惩之，遂令诸侯王不得治民，令内史治之，改丞相曰相，省御史大夫、廷尉、少府、宗正、博士官。武帝改汉内史、中尉、郎中令之名，内史为京兆尹，中尉为执金吾，郎中令为光禄勋。而王国如故，员职皆不得自置。又令诸王得推恩封子弟为列侯，于是齐分为七，赵分为六，梁分为五，淮南分为三。又令诸侯十月献酎金，不如法者，国除。其县邑皆别属他郡。千户置家丞，不欲者听之。作左官之律，附益之法。自后诸侯王唯得衣食租税。至成帝绥和元年，省内史，更令相治民，大司空何武奏罢内史；相如太守，中尉如都尉，参职。是后中尉争权，与王相奏，常不和。太傅但曰傅。"

《汉书·高五王传》（第 2002 页）："悼惠之王齐，最为大国。以海内初定，子弟少，激秦孤立亡藩辅，故大封同姓，以填天下。时诸侯得自除御史大夫群卿以下众官如汉朝，汉独为置丞相。自吴楚诛后，稍夺诸侯权，左官附益阿党之法设。其后诸侯唯得衣食租税，贫者或乘牛车。"

此外，据《汉书·景帝本纪》记载，在中元三年（公元前147年）"罢诸侯御史大夫官"，也是一个压制诸侯国力量的重要措施。在汉初，诸侯王本可自由聘任官吏，如《汉书·邹阳传》记载（第2338页）："汉兴，诸侯王皆自治民聘贤"。

但此后这种情况逐渐减少。经过七国之乱后十多年的逐步削弱，诸侯国官制与汉廷官制之间的距离越来越大。汉武帝时期，汉中央继续采取削弱诸侯王势力的政策。汉武帝采取的措施主要有：第一，颁布推恩令，将各诸侯国进行和平的分化，使得各诸侯国实际可控制的围和势力影响都越来越小。《史记·建元以来王子侯者年表》（第1071页）："制诏御史：诸侯王或欲推私恩分子弟邑者，令各条上，朕且临定其号名。"

《汉书·武帝本纪》（第170页）："春正月，诏曰：'梁王、城阳王亲慈同生，愿以邑分弟，其许之。诸侯王请与子弟邑者，朕将亲览，使有列位焉。'于是藩国始分，而子弟毕侯矣。"

《史记·平津侯主父列传·集解》（第2961页）徐广曰："元朔二年，始令诸侯王分封子弟也。"

《汉书·王子侯表》（第427页）："至于孝武，以诸侯王疆土过制，或替差失轨，而子弟为匹夫，轻重不相准，于是制诏御史：'诸侯王或欲推私恩分子弟邑者，令各条上，朕且临定其号名。'自是支庶毕侯矣。诗云'文王孙子，本支百世'，信矣哉！"

随着各诸侯王领地逐步变小，其实力自然也随着降低，不能再与中央抗衡。第二，制定左官律，将原与汉朝廷一致的诸侯国官制与汉廷官制分开形成级差，从制度上对服务于诸侯王的官员进行打击并吸引其到中央当官，进行人力资源的吸引。《汉书·诸侯王表》注（第396页）："服虔曰：仕于诸侯为左官，绝不得使仕于王侯也。应劭曰：人道上右，今舍天子而仕诸侯，故谓之左官也。师古曰：左官犹言左道也。皆僻左不正，应说是也。汉时依上古法，朝廷之列以右为尊，故谓降秩为左迁，仕诸侯为左官也。"

《史记·张丞相列传·索隐》（第2679页）："诸侯王表有左官之律。韦昭以为'左犹下也，禁不得下仕于诸侯王也'。然地道尊右，右贵左贱，故谓贬秩为'左迁'。他皆类此。"

第三，颁布附益法。《汉书·诸侯王表》注（第396页），张晏曰："律郑氏说，封诸侯过限曰附益。或曰阿媚王侯，有重法也。"

师古曰："附益者，盖取孔子云'求也为之聚敛而附益之'之义也，皆背正法而厚于私家也。"

《汉书·高五王传》注师古曰（第2002页）："附益，言欲增益诸侯王也。"

《汉书·高五王传》注，张晏曰（第2002页）："诸侯有罪，傅相不举奏，为阿党。"

汉武帝时期采取的左官、附益、阿党等政策均从制度的各个层面对服务于诸侯王的官员和人士进行限制和压抑，展开了与诸侯国进行争夺人力资源的斗争，从此大量的人员不再乐于服务于诸侯王而为汉廷所用。经过汉景帝和汉武帝时期持续限制、压抑诸侯国势力发展的努力，从汉武帝统治中期开始，诸侯王国力量大为减弱，对汉中央威胁也逐步减小，在这种情况下各诸侯国国力持续减弱。汉代人对此已有足够的认识，《史记·五宗世家》（第2104页）："太史公曰：高祖时诸侯皆赋，得自除内史以下，汉独为置丞相，黄金印。诸侯自除御史、廷尉正、博士，拟于天子。自吴楚反后，五宗王世，汉为置二千石，去'丞相'曰'相'，银印。诸侯独得食租税，夺之权。其后诸侯贫者或乘牛车也。"

《汉书·诸侯王表》（第395页）也记载："然诸侯原本以大，末流滥以致溢，小者淫荒越法，大者睽孤横逆，以害身丧国。故错之计削吴、楚。武帝施主父之册，下推恩之令，使诸侯王得分户邑以封子弟，不行黜陟，而藩国自析。自此以来，齐分为七，赵分为六，梁分为五，淮南分为三。皇子始立者，大国不过十余城。长城、燕、代虽有旧名，皆亡南北边矣。景遭七国之难，抑损诸侯，减黜其官。武有衡山、淮南之谋，作左官之律，设附益之法，诸侯惟得衣食税租，不与政事。

至于哀、平之际，皆继体苗裔，亲属疏远，生于帷墙之中，不为士民所尊，势与富室亡异。"

因此，从西汉时期诸侯王势力消长的情况可知，西汉中期是诸侯国力量发生巨变的关键时期。从这时开始，各诸侯王势力已与过去不可同日而语。那么它们在力量上发生的如此变化必在墓葬制度上会表现出直接的反映。此外，我认为，诸侯王陵墓陪葬系统中的外藏的消失除了上述当时诸侯王实力减弱等经济方面因素的影响外，一个很可能的更直接的原因是汉中央从诸侯王陵墓制度上采取过明确的限制措施，即，西汉中期之后政府限制或取消了诸侯王在陵墓附近采用外藏椁等设施的丧葬制度。其原因是因为汉中央政权在采取上述压制诸侯王政治、经济力量的措施后，不可能不去限制诸侯王陵墓规模和内容，修改原有的和以前诸侯王地位相符的陵墓制度，将其调整和控制到与现状相适应的程度，使其与帝陵之间的差距一步步的加大。也就说，可能在西汉中期时汉中央同其在官制等方面实施了压制诸侯国官制的措施一样，在诸侯王的陵墓制度方面也采取了压制举措，限制并取消了诸侯王陵墓周围的外藏，使得其与汉帝陵形成直接的区别。现我们通过考古发掘所知的诸侯王墓葬制度上的变化与当时诸侯王国各项制度在西汉中期以后与汉中央区别渐深的情况正相符合。

注 释

〔1〕[汉]班固：《汉书》，中华书局，下同。

〔2〕俞伟超：《汉代诸侯王与列侯墓葬的形制分析——兼论"周制"、"汉制"与"晋制"的三阶段性》，《中国考古学会第一次年会论文集》第332～337页，文物出版社，1980年。又收入《先秦两汉考古学论文集》第117～124页，文物出版社，1985年。

〔3〕鲁琪：《试谈大葆台西汉墓的"梓宫"、"便房"、"黄肠题凑"》第30～33页，《文物》，1977年6期。

〔4〕高炜：《汉代"黄肠题凑"墓》，《新中国的考古发现和研究》第443～447页，文物出版社，

1984 年。

〔5〕单先进：《西汉"黄肠题凑"葬制初探》，《中国考古学会第三次年会论文集》第 238～249 页，
文物出版社，1984 年。

〔6〕刘德增：《也谈汉代"黄肠题凑"葬制》，《考古》1987 年第 4 期。

〔7〕黄展岳：《释"便房"》，《中国文物报》1993 年 6 月 20 日 3 版。

〔8〕田立振：《试论汉代的回廊葬制》，《考古与文物》1995 年第 1 期。

〔9〕李如森：《汉代"外藏椁"的起源与演变》，《考古》1997 年第 12 期。

〔10〕刘振东：《中国古代陵墓中的外藏椁——汉代王、侯墓制研究之二》，《考古与文物》1999 年第
4 期。

〔11〕陈平：《"黄肠题凑"与"题凑"略论》，《中国文物报》2000 年 6 月 21 日 3 版。

〔12〕吴小平：《"外藏椁"考》，《中国文物报》2002 年 6 月 14 日 3 版。

〔13〕秦建明、赵琴华：《便房初探》，《陕西历史博物馆馆刊》第 7 辑。

〔14〕同注〔6〕，353 页，其注提出俞伟超、鲁琪、单先进等先生亦采此观点。

〔15〕同注〔8〕。

〔16〕同注〔10〕

〔17〕段清波、张颖岚：《秦始皇帝陵的外藏系统》，《考古》2003 年第 11 期。

〔18〕同注〔12〕。

〔19〕同注〔12〕。

〔20〕河南省文物考古研究所：《永城西汉梁国王陵与陵园》第 184 页，中州古籍出版社，1996 年。
报道保安山二号墓有朱书文字"内方丈五尺高九尺"、"内方丈五尺高九尺"。根据实际测量，
这些内容反映的均是其所在的墓室规格，与文献中帝陵的"内方"无关。

〔21〕[清] 孙星衍等辑，周天游点校：《汉官六种》，中华书局，1990 年。本文所引《汉旧仪》、《汉
官仪》等均为该版。

〔22〕中国社会科学院考古研究所等：《满城汉墓发掘报告》，文物出版社，1980 年。

〔23〕临沂地区文物组：《山东临沂西汉刘疵墓》，《考古》1980 年第 6 期。

〔24〕河北省文物管理处：《河北邢台南郊西汉墓》，《考古》1980 年第 5 期。

〔25〕卢兆荫：《试论两汉的玉衣》，《考古》1981 年第 1 期。

〔26〕同注〔22〕。

〔27〕a. 狮子山楚王陵考古发掘队：《徐州狮子山西汉楚王陵发掘简报》，《文物》1998 年第 8 期。
b. 韦正、李虎仁、邹厚本：《江苏徐州市狮子山西汉墓的发掘与收获》，《考古》1998 年第 8 期。

〔28〕山东大学考古系、山东省文物局、长清县文化局：《山东长清县双乳山一号汉墓发掘简报》，
《考古》1997 第 3 期。

〔29〕同注〔6〕。

〔30〕同注〔7〕。

〔31〕湖南博物馆：《长沙象鼻山一号西汉墓》，《考古学报》1981 年 1 期。

〔32〕梁白泉：《高邮天山一号汉墓发掘侧记》，《文博通讯》32，1980 年。

〔33〕a. 同注〔20〕。
b. 河南省商丘市文物管理委员会、河南省文物考古研究所、河南省永城市文物管理委员会：
《芒砀山西汉梁王墓地》，文物出版社，2001 年。

〔34〕这里的东车和西车为简称，是将位置和机构名称合称。

〔35〕南阳地区文物队、南阳博物馆：《唐河汉郁平大尹冯君孺人画像石墓》，《考古学报》1980 年第

2 期。

〔36〕a. 同注〔27〕。

b. 徐州博物馆、南京大学历史系考古专业：《徐州北洞山西汉墓发掘简报》，《文物》1988 年第 2 期。

〔37〕同注〔17〕。

〔38〕陕西省考古研究所：《汉阳陵》，重庆出版社，2001 年。

〔39〕同注〔38〕。

〔40〕崔大庸、王金贵、房道国：《章丘洛庄汉墓发现 32 座陪葬坑和祭祀坑》，《中国文物报》2001 年 3 月 14 日 1 版。

〔41〕鲁波：《济南章丘发现汉代兵马俑坑》，《中国文物报》2003 年 1 月 10 日 1 版。

〔42〕同注〔31〕。

〔43〕曹砚农、宋少华：《长沙发掘西汉长沙王室墓》，《中国文物报》1993 年 8 月 22 日 1 版。

〔44〕河南省商丘市文物管理委员会、河南省文物考古研究所、河南省永城市文物管理委员会：《芒砀山西汉梁王墓地》，文物出版社，2001 年。

〔45〕同注〔27〕。

〔46〕山东省淄博市博物馆：《西汉齐王墓随葬器物坑》，《考古学报》1985 年。

〔47〕济南市考古研究所、山东大学考古系、山东省文物考古研究所、章丘市博物馆：《山东章丘市洛庄汉墓陪葬坑的清理》，《考古》2004 年第 8 期。

〔48〕刘庆柱、李毓芳：《西汉十一陵》，陕西人民出版社，1987 年。

〔49〕从文献看，反叛汉中央的诸侯王在去世后虽能得到一些待遇，但在墓葬中会存在一些特殊的地方。如文献记载的"楚元王子艺等与濞为逆，朕不忍加法，除其籍，毋令汙宗室"，在其墓葬中虽陪葬了反映生前身份的"宛朐侯艺"金印，但却没有玉衣出土。见徐州博物馆：《徐州西汉宛朐侯刘艺墓》，《文物》1997 年第 2 期。

〔50〕目前帝陵封土下的各个陪葬坑并未完全清理出来。从现在清理的一些陪葬坑内动物的朝向看，它们均面对帝陵，现陪葬坑清理的位置是其末端，因其朝向帝陵开口的位置未进行清理，所以它们和帝陵墓室的关系现尚难确定。即，究竟它们是帝陵的陪葬坑，还是帝陵墓室的一个个组成部分（如果它们和帝陵墓室连接的话，那么它们就有可能是内藏中的"百官藏"）现在尚需等待进一步的考古资料作出确认。

〔51〕同注〔20〕，第 188 页。

〔52〕同注〔33〕b。"柿园汉墓的墓顶封土内、墓道的南北两侧的封土、墓道的底部、墓门前的封石内多处出土陶俑。""守卫俑共 5 件。皆出土在墓顶的封土内。……据当地群众回忆，这些俑皆放置于石龛内，每龛一俑。……俑的放置方法石先在墓顶的封土内开挖成平面呈正方形的坑，坑底已石山顶的自然岩层。坑四周用长条形薄石板垒砌。……大约围绕墓顶的周围每隔 20 米置一俑龛。"这些俑龛打破封土，则其应为墓葬封土完成后的陪葬坑。

〔53〕《汉书·贾邹枚路传》（第 2363 页）："夫汉并二十四郡，十七诸侯，方输错出，运行数千里不绝于道，其珍怪不如东山之府。"张晏曰："汉时有二十四郡，十七诸侯王也。四方更输，错互（更）出攻也。"如淳曰："东方诸郡以封王侯，不以封者二十四耳。时七国谋反，其余不反者，十七也。东山，吴王之府藏也。"师古曰："二说皆非也。言汉此时有二十四郡，十七诸侯，方轨而输，杂出贡赋，入于天子，犹不如吴之富也。"

〔54〕《史记·吕后本纪》记载齐王等诸侯王起兵反对诸吕。

论新疆天山以南地区出土的
汉晋时期的漆器

龚国强

（中国社会科学院考古研究所）

　　新疆天山以南地区，在汉晋时期是丝绸之路的交通孔道，这里出土的许多东西交通贸易、文化交流的遗迹和遗物，如丝绸、钱币、文书、佛塔和壁画等，曾引起了中外专家学者的广泛研究和讨论。

　　漆器是中外交流的重要对象，在新疆地区早有出土，但因为材料比较零星，所以还没有得到学者们的重视和充分的研究。鉴于新疆天山以南地区汉晋时期的漆器出土日多，故笔者对有关材料进行了系统的收集和整理，撰成此文，目的是为了理清新疆汉晋时期漆器使用的有关情况，并就相关问题提出一些初步的想法，抛砖引玉，以引起大家对新疆出土漆器的重视和深入研究。下面按这些出土漆器的用途及器型、胎质及制法、色彩及纹饰等几个部分进行叙述，并就漆器的来源、内地漆器对西域产生的影响和丝绸之路东西物质交流中漆器的流通等问题作一简要论述。

一　出土概况

　　新疆天山以南地区位处中亚腹地，曾是古代东西方交通最重要的孔道，汇聚有来自古代中国内地、印度、伊朗和希腊、罗马等地的奇珍异宝。十九世纪末、二十世纪初，正是在这里，兴起了一股"考古探险"热，英国、德国、俄罗斯、瑞典、日本等国的探险家纷至沓来，掠走了大量珍贵的文物。新中国成立后，中国考古学家在新疆各地开展了广泛的调查和发掘，出土了各种反映中西物质文化交流的重要物证。

　　新疆汉晋漆器的出土地点集中在天山以南地区，现知的出土地点有西域东大门的楼兰地区；丝路南道上的米兰、且末、尼雅、于阗山普拉等遗址、墓葬；丝路北道的营盘（有的论著根据发音称之为"燕平"、"安平"、"因半"）遗址、察吾乎沟墓地等地；新北道上吐鲁番盆地的交河故城、苏巴什墓地等。

　　在上述出土古代漆器的地区中，以楼兰、营盘和尼雅三个遗址出土的漆器数量最多，这与它们受到的汉文化影响最深有关。楼兰是内地入西域的头一站，在汉晋时期曾是汉政权在西域的桥头堡和统治中心，先后是戊己校尉和西域长史的所在地。西汉元凤4年（公元前77年）前为楼兰国，以后更名为鄯善，势力南撤，西汉占据其地，至西汉末年，"楼兰"一称消失。东汉在此屯田，魏晋前凉时统治范围同西汉。前凉末，楼兰荒弃[1]；营盘应为墨山国的都城所在，地当楼兰和丝路北道西域都护之间以及汉"墨山国"之路（罗布泊与吐鲁番盆地的道路）之中段，为交通咽喉之处，受汉文化影响较深[2]；尼雅在西汉时曾是精绝国国都，后来被鄯善兼并，变成了鄯善国凯度多州的州府所在地[3]。这里出土的许多汉文简牍文书等，说明汉政权对尼雅进行了有效的统治[4]。

除了上述的漆器出土地点以外，象焉者、龟兹、疏勒等其他丝绸之路沿线各国的遗址或墓地，由于考古工作做得比较有限，所以目前还缺乏有关的漆器材料。至于天山以北的北疆地区，长期被北方游牧民族占据，目前暂未见有漆器出土。这些地方，根据当时的历史背景以及丝路交通等情况，相信在以后的考古工作中会有漆器出土。

二　器　形

出土漆器资料表明，汉晋时期新疆天山以南地区使用的漆器种类、数量，尽管远不如内地，但还是较丰富多样的。现把这些出土漆器先划分出盛食器、妆具、武器、家具、建材、文具等几大类，然后再细述具体器形。

（一）盛食器类

有耳杯、圆杯、碗、盆、盘、案、筷、匕、罐、筒、篓等。

1. 耳杯

见于尉犁县营盘墓地和且末县扎滚鲁克一号墓地。

营盘99M7:3漆耳杯，木胎，形状与内地耳杯无异。椭圆形，敞口，斜腹，平底。左右平沿上有对称的月牙形耳。表髹黑漆，沿内髹一道黑漆。口径8.9～17.8、高7.9厘米[5]（图一，1）。另外，该墓地还出土有M14:1漆耳杯（图一，4）等[6]。

扎滚鲁克M49:6漆耳杯，木胎，呈长椭圆形，双耳略向上翘，内髹红漆，外为黑漆，口长径10.7、底长径为2.5、高3厘米[7]（图一，5）。

2. 圆杯

楼兰城址内外出土数件。如88MB1:4漆杯，木胎，直口，腹侧有一桥形小耳，平底。外表髹棕色，内面为红色。口径11.5、高10.6厘米；88MB1:5漆杯，质地和器形同前，棕地彩绘，直径11.6、高11.2厘米（图二，1）[8]；1980年，在西厢房之西台地的探沟里也出土了残漆杯[9]。

和静县察吾呼三号墓地88HJCⅢM20也曾出土1件筒形漆杯[10]。

3. 碗

斯坦因在营盘遗址挖到的Ying. III. 2.010漆碗残件［下文凡冠以Ying.及下文L.M.、M.、N.、L.C.、L.H.、L.A.、L.B.地址简称的器物号，均为斯坦因（A. Stein）所编；库姆河三角洲丛葬墓M34的器物号为贝格曼所编；其余器物号均为中国学者所编，恕不另再说明］，边上断开的地方用窄铁条和青铜钉钉补[11]；营盘99M7:5碗，敞

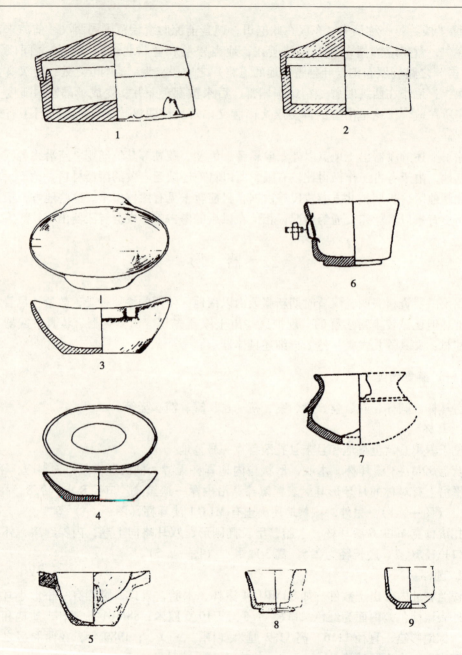

图一　新疆天山以南地区出土汉晋时期漆器部分类型

1. 营盘 99M59:4 漆奁　2. 营盘 M13:8 漆奁　3. 营盘 99M7:3 漆耳杯　4. 营盘 M14:1 漆耳杯　5. 且末扎滚鲁克一号墓地 M49:6 漆耳杯（第二期）　6. 营盘 M23:1 铜系漆杯　7. 营盘 C:9 圈底漆罐　8. 营盘基地出土漆碗（未编号）　9. 营盘基地 M10:13 漆碗

口，斜腹，圈足，器壁较薄。外髹黑地红彩，内髹红地黄绘、黑绘。圈足内书写 4 个红字，前 3 字辨为"王女红"。口径 12.1、高 4.9 厘米（图二，4）[12]。

楼兰城郊 88MB2：6 碗，已残。系整木挖成，敞口，尖唇，圈足底。外髹绛色，内漆红色。口径 19、高 5 厘米[13]。

4. 盆

楼兰 L. M. I. 01～4 的漆器中有盆的残件[14]。

5. 盘

和静县拜勒其尔大型石墩墓中出漆盘 1 件，夹纻胎，朱地褐彩，形制非常精美[15]。鄯善达浪坎儿古墓出的 87CDT：2 漆盘，木胎，髹黑漆，口径、高和底径分别为 18.2、2.9、13.2 厘米[16]。

6. 案

且末县扎滚鲁克一号墓地出土漆案 2 件，形制相似，均呈弧角长方形，窄沿，长方形耳。M73：2 稍残，全长 47.6、宽 29.3 厘米（图二，7）；另 1 件残甚[17]。

7. 筷

楼兰遗址出土漆筷 2 根（L. F. i. 01）[18]；营盘遗址出土了 2 根带黑漆的小木筷残件（Ying. a. 08：⑨[19]；尼雅遗址出土的 N. XIV. iii. 0021 筷子，两头上漆，黑地红彩，但红绘磨损殆尽，长 33.96、粗 0.79 厘米[20]。

8. 匕

且末县扎滚鲁克一号墓地出土的 M49：5 漆匕，匕体平，也呈梨形。长柄截面呈椭圆形。髹黑漆地，上绘红彩。全长 22.3、残宽 2.8 厘米[21]。

9. 罐

山普拉墓地出土的 84LSIM01：C32 单耳漆罐，木胎，单环耳，口微敞，短颈，鼓腹，假圈足。器内外皆上黑漆。高 12.6、口径 12.9、腹径 16、底径 8.2 厘米[22]；营盘遗址采集的 C：9 圜底漆罐，胎体用内外旋切法加工而成，敞口、束颈、鼓腹。罐内和外表肩部以上髹红漆，其余则髹黑漆。口径 10、残高 7.4 厘米[23]（图一，7）。

10. 筒

且末扎滚鲁克一号墓地 M24：12 木筒，底和盖缺失，略变形。筒外壁刻有羊和鹿的纹饰，并涂黑漆。通高 11.1、口径 8.1 厘米[24]。

11. 篓

楼兰 L. C. 遗址出土的 L. C. 05 瓜形草编篓，表面涂的可能是漆[25]。

（二）妆具类

1. 奁盒

用来存放妇女梳妆用品或贵重物品。可分 A、B 两型。

A 型：圆筒形。

营盘墓地出土 6 件以上。其中，4 件形制相似，均木胎，直壁，平底，子母口，尖顶盖。器表髹黑地，上有彩绘。99M6：1 奁盒内盛一项链、粉扑和少许白色粉粒，直径 8、通高 5.4 厘米；99M59：4 器表（除底外）髹黑漆，但大部分已脱落，内盛红绢鼻塞 2 件和小片墨书佉卢文残字卷，直径 8.7、通高 4.8 厘米（图一，1）；M42：3 内盛木梳

1 件、红绢鼻塞 2 块及少许绢片、线等，直径 6.3、通高 3.9 厘米（图二，3）。此外，还有形制小巧的 99M1：3 奁（带盖通高 4.8、口径 8、底径 8 厘米）（图二，5）和 M7：1 黑漆奁等[26]。

楼兰城郊墓葬出土的 88MB1：3 奁盖，木胎，圆形，顶呈弧状。外髹红地，黑绘，内髹红色。直径 13、高 2 厘米（图二，2）[27]。

尼雅 95MN1M3：12：①漆妆奁，置于墓中女主人头前。奁体竹胎，圆筒状，底微内鼓，圈足，通高 13.50 厘米。奁盖为夹纻胎，盖部用木，边缘贴麻布，铜纽。奁内髹朱红，外髹黑。奁内盛锦质镜袋和铜镜 1 套、毛毡袋和梳篦 1 套、小香囊 4 个、绕丝线轴 1 件、各色绢织物 1 小卷、带字碎绢片、丝线 1 团、丝绵团 2 团及黄色毛发 1 团[28]。

B 型：椭圆形。

库姆河三角洲丛葬墓出土 2 件。34：4 小盒，残，木胎，椭圆形，双层底，其中一底分成三格。外髹深棕色，上绘红条纹，内漆红色。盖顶凸起，上面镶嵌有铜饰 3 片。上盒底 9.9×4.3 厘米，下盒底 10.2×4.7 厘米，盖 10.0×4.6 厘米[29]。

斯坦因在楼兰 L.C. 及 L.H. 遗址中发现过类似的椭圆形盒 2 件，但形制要大些，且均为单层底[30]。

2. 粉盒

营盘墓地共出 3 件漆粉盒。如 99M6：2，木胎，鼓腹，平底。子母口，带圆弧盖，上有蘑菇状钮。盒表（除底外）髹红地彩绘，盖钮顶施黑漆。盒内盛红绢带 1、红色棉粉扑 2 及少许白色粉块。口径 6、底径 3.2、高 7.4 厘米（图二，6）[31]。此盒型式与河西地区西晋墓葬中的釉陶小壶十分接近[32]。

3. 梳篦

山普拉墓地出土漆篦 3 件，均木胎。其中两件形制相同，均高 9 厘米，半圆形柄，表髹黑地，上面并用红、黄和绿色彩绘。84LSIM01：C32 纹饰为半月形和圆点纹，而 84LSIM49：23 纹饰为方格纹、点纹、连珠线纹和弯月纹，有排列整齐的 64 齿[33]。另有 84HLSSM02：35 髹黑漆地，上再朱绘圆点和横线[34]。

4. 发夹

库姆河三角洲丛葬墓出土长发夹 2 根（34：30～31），均竹胎，髹黑漆，分别长 16、15.3 厘米[35]。

（三）武器类

1. 箭

楼兰 L.M.I.07 出土有髹漆的木箭杆[36]。

2. 刀鞘

尼雅遗址的墓地中出土髹漆的刀鞘 4 件。95MN1M1：17 刀鞘，由三层皮革粘合而成，平面呈圭形，两侧较平，中间隆起呈双圆弧状。圆弧头，双圆形刀孔，口部有方盖，盖角、鞘口各钻有一孔，内穿皮条系连。鞘尾端与一皮带相连。鞘面髹黑漆，背面两侧缘各贴一条髹红漆的皮条。鞘长 25.00、宽 7.20 厘米。其他还有 95MN1M3：19：③

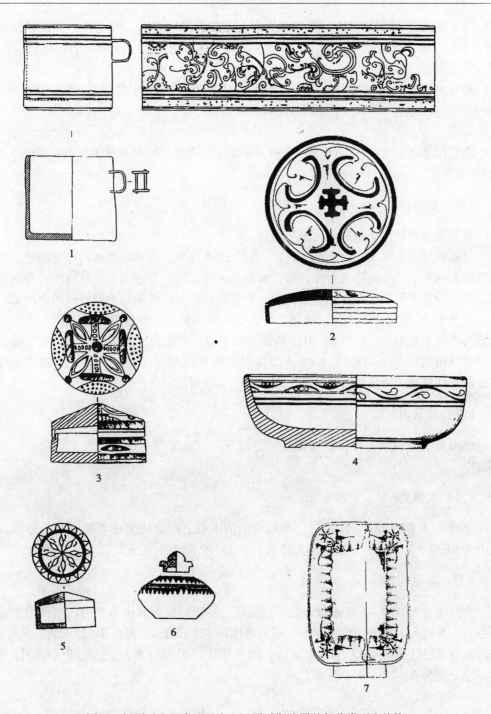

图二　新疆天山以南地区出土汉晋时期漆器的部分类型和纹饰

1. 楼兰城郊 88MB1：5 漆杯　2. 楼兰 88MB1：3 漆奁　3. 营盘 M42：3 漆奁　4. 营盘 99M7：5
漆碗　5. 营盘 99M1：3 漆奁（原报告称"粉盒"）　6. 营盘 99M6：2 漆粉盒　7. 且末扎滚鲁克
一号墓地 M73：2 漆案（第三期）

縩红漆皮胎刀鞘、95MN1M1：17 縩黑漆和红漆皮刀鞘、95MN1M3：19：②縩朱红漆剑鞘（木胎包皮）[37]。

3. 皮甲

尼雅遗址曾出有上漆的皮鳞片铠甲（N.XXIII.001、N.XIX.III.007、N.V.XV.004～006）[38]。

4. 箭套

山普拉墓地出土的 92LSⅡM3：280 皮箭套，长方形，口部皮带上縩有红漆。长 63、宽 10 厘米[39]。

（四）家具类

在尼雅和楼兰两个遗址都出土了漆椅。

尼雅遗址出土 N. xii. 3 漆椅腿 2 件，高约 34.5 厘米，通体绘红彩，略带黑色。椅腿雕刻成人物形象。一椅腿为女性，另一椅腿为男性，均头带冠帽，五官清晰，身侧有双翼，下身为马蹄形，上下身交接处为半开的莲花。此两件椅腿应为同一椅的前两足[40]。

楼兰 L. B. 遗址也出土过漆椅腿 2 件，红、黑、黄等漆色保存较好，色彩光亮，艺术效果极佳。其中，L. B. IV. v. 0013 椅腿被雕刻成一种组合型怪兽，明显具有帕提亚人的雕塑风格；另一件 L. B. IV. v. 0023 漆椅腿形制和雕刻与前一件相似，但面部和胸部呈波斯女性特征，身后并有小双翼。这两件椅腿很可能属于同一件家具[41]。

（五）建筑用材类

1980 年，新疆楼兰考古队在楼兰"三间房"遗址东厢房的大木方上发现有红色的漆皮[42]。

（六）文具类

楼兰 L. A. III. I. 002. 漆木笔。为渐尖细的木棍，截面加工成不规则的八边形，离端头 4.92 厘米起黑漆，上覆一层红漆衣，长 19.69 厘米，直径 1.48～0.74 厘米[43]。

（七）其他

交河故城 M01ml：3 漆木牌，扁平四边形，一边圆弧，其余为直边。两直边和弧边中心有 5 个钉孔。两面均縩黑漆地，其上再刷红漆。长 6.2、宽 4.0、厚 4.5 厘米[44]。

鄯善苏巴什 80SASM3：10 漆木牌，两面刷漆，黑地红彩，上有三个小圆孔。长、宽、厚分别为 4、2.5、0.4 厘米[45]。

三　胎　质

上述天山以南地区出土的汉晋时期的漆器，其质地可分为木胎、夹纻胎、皮胎、竹胎、草编胎等。

（一）木胎

绝大部分漆器为木胎，如山普拉 84LSIM01：C32 的单耳漆罐。主要用旋制、剜制法制作而成，胎壁或薄或厚。

（二）夹纻胎

黄文弼《罗布淖尔考古记》云："漆耳杯为麻布胎，夹纻布漆之者，如漆扁形匣及诸残块是也。按以纻布为胎漆之者，古名脱空，亦称脱沙。"[46]夹纻胎漆器一般胎体较轻，因可以卷制，故多作成圆形器物。如尼雅 95MN1M3：12：①漆妆奁奁盖，壁为夹纻胎，厚仅 0.50 厘米。尼雅 95MN1M3：12：①漆妆奁，圆筒状，夹纻胎，厚仅 0.35 厘米。

（三）皮胎

主要用于刀鞘、剑鞘、铠甲类器物。

尼雅 95MN1M1：17 刀鞘由三层皮革黏合而成，鞘面髹漆。其他还有尼雅 95MN1M3：19：②髹漆剑鞘（木胎包皮）、尼雅 95MN1M3：19：③髹漆皮胎刀鞘以及山普拉墓地的涂漆皮鞘。另外，斯坦因还在该遗址上发现一上漆的皮革鳞片铠甲。

（四）竹胎

如尼雅 N.XV001 漆竹碗残片、尼雅 95MN1M3：12：①竹胎漆妆奁等。

（五）其他类胎质

例有楼兰 L.C.05 涂油漆的瓜形草篮。

（六）复合附件

有些漆器中带有金属附件，是漆工与金工工艺相结合的产物。例有尼雅 95MN1M3：12：①系纽铜环的漆妆奁、库姆河三角洲丛葬墓顶部镶嵌青铜饰的漆奁盖等。还应注意的是，据贝格曼（Folke Bergman）记录，库姆河三角洲墓 M34：5 浅圆形漆木碗，口沿可能覆盖其他材料，也许是银[47]。果如此，那么这一件应为银扣器，即是所谓的"银口黄牙"器，应属高档用具。

四　纹　饰

新疆出土的汉晋漆器的髹漆主要以黑色、红色、棕色和绛色为底色，有的漆器只髹一层黑漆或红漆，而有的则还要在漆地上再用漆加施纹饰。纹饰的颜色是根据漆地的颜色，分别用红彩、黑彩、黄彩、绿彩等多彩，目的是要形成地纹和纹饰的明显对比差，从而使纹饰的效果更加突出。

漆器的装饰部位主要在器身侧壁和顶盖上。下面主要讨论纹饰。

1. 简单的弦纹和条纹装饰

这里所说的弦纹是一般指在圆形器物上的单条线纹饰，条纹则是指较宽而整齐的带状纹饰。弦纹和条带纹或单独出现，或相互组合，交替出现。作为附属纹饰，它们往往对主要纹饰起衬托和间隔作用。在内地出土的汉晋漆器上，这两种纹饰是屡见不鲜的，如长沙马王堆一号汉墓出土的漆鼎和漆壶等器物上面多有此类纹饰[48]。

与内地相同，新疆出土的漆器上也常见弦纹和条带纹。如营盘34：4椭圆形小木盒外壁漆成深棕色，并有一些红色窄条弦纹（有的简报往往称条带纹）；又如营盘99M6：2漆粉盒，器身外表髹红漆地，盖口沿外绘一圈黄漆弦纹。另，有趣的是，从这件器物的装饰上我们可以明显地感觉出制作者的设计思想，即盖钮部黄漆作地（与器身的红漆地形成一定的反差），盖钮根部饰绿漆弦纹一圈、顶面在黄漆地上加施黑漆，从而使观者的视觉重点首先被盖钮所吸引。

2. 波浪纹

营盘99M7：5碗，外表通体髹黑漆，口沿下绘有纹饰带一圈，由主纹即连续的红色波浪纹和水滴以及主纹上下的三道红色弦纹组成。内壁髹红漆，口沿下也有与外口沿相似的黑色波浪纹带，但波浪纹是断开的，波线上下为三个小圆圈表示泡末，纹饰带的上下为两道黄色弦纹。该碗内外的纹饰在内地非常少见。如果不是该器制作规整，碗底带有汉字题铭的话，仅从纹饰上来判断的话，很容易把它判定为非内地器物。

3. 流云纹

营盘99M6：1漆奁的外壁中部绘有流云纹，大小间隔配置，均为黄线勾边，其上下各绘两道红、黄色搭配的弦纹。这种纹饰非常富有动感和诗意，其风格与湖北、湖南和四川一带汉代漆器上的纹饰如出一辙[49]。

4. 云气纹

楼兰城郊88MB1：5漆杯器表棕色作地，中间部位绘红色云气纹（原简报称为草叶纹），极似缠枝的须蔓。云气间饰有如意纹（原简报称为云纹）。纹饰带的上下两边为黄色弦纹。

该器的云气纹与长沙马王堆一号汉墓出土的漆鼎和漆壶上的主题纹饰非常相似[50]。云气纹是两汉时期的流行纹饰，是当时追求成仙的思想意识形态的具体表现。

5. 四蒂如意纹

楼兰城郊88MB1：3彩绘漆盖，外髹红漆地，顶面外区绘四组如意纹（简报称变体流云纹），中央饰四蒂形纹。外圈饰黑色弦纹。

四蒂如意纹在河北满城汉墓一号墓Ⅰ、Ⅱ型彩绘陶盘上已经出现[51]。

6. 四蒂四叶纹

营盘M42：3漆奁器表髹黑漆地，盖顶中心绘黄色十字四蒂形纹，十字中心为圆点纹。四蒂形纹的四角分别向外放射出四瓣黄色叶子和叶尖顶的红色圆点纹。四蒂形纹的外面各顶有一道红色圆弧线，弧线与顶盖边缘间填有三排弧形排列的圆点。

7. 果叶纹

营盘 99M6：1 漆奁，器表（除底板外）黑地彩绘。盖顶饰华丽，是漆奁装饰的重点所在。其花纹可分为内外两区，中间用 1 道粗红线和 2 道黄线隔开。内区中心绘叶纹，黄线勾边，叶面交替涂红色或灰色漆。叶尖之间空隙处填绘黄柄红果实。外区绘三角形纹，内填黄线勾边的云形纹。盖边壁绘三道花纹，中间为绿色，上下两条为黄色。盒外壁中部绘大小间隔配置的云形纹，均为黄线勾边，其上下各绘两道红黄色彩条。盖顶的纹饰体现出浓郁的西域艺术风格。

营盘 99M1：3 小漆奁，通体黑漆地，上用红漆彩绘，口沿处有一周红色彩带。器盖顶部绘一组由叶瓣组成的团花纹样，其外为一圈宽彩纹，再外面为一周单线三角纹。

8. 菱形纹饰

尼雅 N. XⅣ. iii. 0025 漆木条。髹红、褐漆。一面有图案，为 2 条细平行红线，相隔 0.98 厘米，每隔 5.91 厘米，横以 4 条细红线。两者间的空间有四个椭圆形装饰，布置成菱形。这些纹饰以红和黄绿色交替。菱形纹也是同时期内地漆器上较常见的纹饰。

9. 云雷纹

据黄文弼《罗布淖尔考古记》遗物表所记录，有漆耳杯通体髹漆，外黑内朱，底面黑地上画有云雷纹。一般而言，漆器上的云雷纹借鉴于青铜器纹饰，是典型的内地装饰纹样。

10. 其他纹样

有花环、方格纹、点纹、月形纹、圆点纹、三角纹、鸟纹等纹饰。

尼雅 N.XIX. iii. 4 漆木碗，表面髹黑漆，上绘红带彩饰；内面黑地红彩，纹饰为小花环图案。

山普拉 84LSIM49：23 漆蓖，黑地，上用红、黄、绿等色漆绘方格纹、点纹、连珠线纹和弯月纹、点纹等。

山普拉 84LSIM01：C32 漆篦，黑地，上用红色、黄色和绿色绘出半月形和圆点纹。

且末扎滚鲁克一号墓地 M73：2，稍残，朱地，上用深红、黑和黄色绘有三角、枝花和鸟纹等纹饰。

尼雅 95MN1M3：19：②髹漆剑鞘（木胎包皮），表髹朱红漆，压绘卷云和如意纹。其他一些较零碎的装饰，恕不一一列举。

11. 器铭

天山以南地区目前发现的汉晋有铭漆器仅有一例，即营盘 99M7：5 碗的圈足内书写的 4 个红色汉字，前 3 字可辨为"王女红"。

五　相关问题的讨论

（一）新疆天山以南地区漆器的出现时间及盛行时期

狭义的古代西域，一般就是指今新疆地区。这里由于气候和植物资源的限制，不具备漆树生长的先天条件，故新疆最早出现的漆器必然来自新疆以外地区。

　　众所周知，漆器如同丝绸、瓷器、纸张等一样，最早发明和使用于中国内地。约自7000年前的新石器时代早期，中国便有了漆器的制作。后经夏商周时代直至春秋战国时期的发展，漆器的制作和使用便达到了第一个高峰[52]，不仅广泛流行于内地，而且还传播到周边地区。

　　根据现在掌握的考古发掘资料，西汉之前已开始有零星的内地漆器传入新疆，如哈密庙尔沟青铜和早期铁器时代（公元前1000年至公元前后）的墓葬就出土过漆器残片，另在且末扎滚鲁克一号墓地（春秋至西汉末）出土过漆木盒和漆木棒的残件（M44：T7、M14F：36），在乌鲁木齐南山矿区阿拉沟战国至西汉墓葬（M18、M30）出土过漆盘等[53]。

　　漆器较多地输入西域的时间当在西汉武帝以后，也即张骞通西域及西汉打败匈奴、开始统治西域以后。自西域"凿通"以后，中国内地的丝绸、漆器、铜镜等物产便不断地输往西域及其以西地区。

　　这时期（两汉时期），中国内地的漆器生产、制作技术和装饰艺术达到了前所未有的第二个高峰。无论是官营和民营手工业作坊，都大量制作漆器。其中，官营作坊规模较大，据《汉书·地理志》记载，汉代中央政府在各主要漆器产地都设有工官和其经营的官营漆器作坊，以满足朝廷及上层社会的需要。私营漆器作坊也相当盛行，其生产的漆器往往作为商品出售。

　　汉代漆器种类繁多，其中以生活用具为多，主要有奁、盒、盘、杯、几案、钟、盂、匕、匜、屏风等，还出现了鼎、钫、壶等大型漆礼器，其他还有漆兵器、漆乐器等。此外，还出现了铜扣、金银平脱及堆漆等高级工艺技法[54]。这时候，可以说，漆器代替了以前青铜器的地位和作用。

　　大量漆器的生产，除了主要供应内地官府士民使用外，无疑还通过贸易、赏赐、赠予、入侵和掠夺等各种途径，传送到边远少数民族地区及周边邻国。所以，内地漆器的盛行带动了边地漆器的流行，两者的连动效应十分明显，这一点已被天山以南地区出土的许多漆器所证实。

　　东汉后期和魏晋时期，由于青瓷器的兴起和盛行，漆器的制作数量相对减少，从而输往像天山以南地区这样的边远地带的漆器数量也大减。

（二）新疆天山以南地区漆器来源的初步分析

1. 内地来源以及漆器供应的不同方式

　　天山以南地区汉晋时期的多数漆器当是通过不同途径从内地传入的，这可以由漆器的器形、胎骨制法和纹饰等几个方面来证明，器形如奁、耳杯、粉盒、碗、盘、几案、筷子、刀鞘等，胎骨如夹纻胎、木胎、皮甲等，纹饰如弦纹、流云纹、云气纹、云雷纹、四（柿）蒂纹、菱形纹等，都是内地器物所习见的。

　　那么，内地传入新疆的漆器来自哪个地区呢？我们推测，除了有一部分直接来自首都长安、洛阳手工业作坊外，其余多数漆器的原产地以巴蜀地区（广汉郡和蜀郡）可能性最大，推测的根据有三。

　　一是当时的广汉郡和蜀郡是汉代官营漆器最主要的生产中心，当时的蜀郡、成都、广汉、梓潼、武都等地均设有工官。同时，巴蜀地区一些地方政府也经营一定规模的漆器生产，产品大部分供皇室使用，剩余部分作为商品出售至全国各地，甚至还外销或外传到周边地区。东汉殇帝时，蜀郡工官、广汉郡工官改为地方经营，官营漆器开始衰落，但直到三国时期，巴蜀地区仍还是重要的漆器生产地[55]。

　　二是考古发掘材料也有力地表明，巴蜀地区的产品远销或远传到了国内外许多地区。如马王堆一号墓和凤凰山八号墓出土的漆器，根据其烙印戳记考证，为西汉文帝时期蜀郡官府亦即成都市府所制造[56]；尤其是出土的西汉后期的许多漆器，往往是广汉郡（王莽时改名为子同郡）工官、蜀郡西工制造的，如江苏邗江宝女墩新莽墓等都同时出有这两地的漆器（有铭文）[57]；贵州清镇和朝鲜平壤汉墓等地出土的漆器（铜扣漆耳杯、漆盘、耳杯等），根据铭识，为西汉昭帝元始二年（公元前85年）至东汉和帝永元14年（公元102年）蜀郡和广汉郡工官制作的[58]；1924年科兹洛夫在乌兰巴托以北110公里诺因（或"彦"）乌拉匈奴古墓中发掘出土的带"建平五年"（公元前2年）铭文的漆器，也是蜀地所产[59]。

　　三是巴蜀地区与天山以南地区相距不太远，运输较其他产地要便利得多，有交通线路通过现在的青海地区，直接向西到敦煌、楼兰，也可以先向北到达河西走廊，然后向西直抵天山以南地区。

　　下面，具体分析内地漆器到西域的不同方式。

　　赂遗和赏赐：西汉武帝以后，采取恩威并施政策，在适当使用武力的同时，还根据西域诸国"贵汉财物"的特点，采用"赂遗设利"、"赂赐以镇抚"的手段方法，以使诸国朝附。又，每当诸国使者、贵人、质子来朝，均"散财帛以赏赐，厚具以饶给之"。东汉时，西汉的这些政策又得以继续沿用[60]。在上述这些赂遗和赏赐的财物中，可能许多是内地特产的漆器。

　　内地人士携带过去：据《汉书·西域传》有关记载，为了保证丝绸之路的畅通和对西域的有效统治，两汉时期即不断地派士卒赴西域屯田，较著名的地点有轮台、渠犁、伊循、车师前部（交河城、柳中城和高昌壁）、车师后部（金满城和且固城）、乌孙赤谷城（今伊塞克湖南岸）、姑墨、伊吾卢等地[61]；使者出使，也往往携带大量内地珍宝异物，如《汉书·傅介子传》记"汉使者持黄金、锦绣行赐诸国"；用联姻方式来巩固中原王朝和西域各国的友好关系是两汉时期的重要外交政策，故内地公主或宫女外嫁时，往往"赠送甚盛"。上述众多的内地人士前赴西域，携带内地特产的漆器是符合常理的。

　　贸易：《汉书·张骞传》记载，"使者相望于道，一辈大者数百，少者百余人"，一年之中，"使者多者十余，少者五六辈"，"所赍操，大放博望候时"。据研究，这些使者，大多是冒充使者而拿着官府财物到西域贸易求利的商人。同时，《后汉书·西域传》记载西域商人"弛命走驿，不绝于时月；商胡贩客，日款于塞下"。这些记载都是汉晋时代中西贸易的缩影或写照，而漆器很可能就是中国商人商品单上的重要一项。

　　通过北方草原游牧部族带来：两汉时期，匈奴势力曾一度控制西域各国，这在考古资料上也有反映，如新疆和静县察吾乎沟口三号墓地，发掘者推测为匈奴墓地。该墓地中出土了一把带有漆木鞘的铁剑[62]。匈奴所居之地非产漆之地，故其漆器不管是掠夺还是经过贸易途径，应来源于内地。

值得指出的是，天山以南地区出土的漆器中，有些兼具有内地和西域的纹饰特点，这有可能是为赂遗和赏赐西域首领而专门制作的，或是西域富商提供纹样订购、内地制作的外销产品（类似明清时期外销瓷的订购、烧造）。如营盘99M6：1漆奁，盖上装饰有内地不见的西域纹样，而器身则绘以内地常见的流云纹。

2. 部分为本地制作

以前，人们总以为新疆出土的古代漆器纯为内地传入，但在收集资料进行研究的过程中，我们又有了新的认识：即在输入内地漆器的同时，新疆天山以南地区也制作了本地漆器，尽管其制作方法、工艺以及质量远不及内地制品。下面从两个方面来分析。

首先，丝绸之路开通以后，漆料运输比较方便，加上包括各种手工艺人在内的内地人员居西域屯田等途径，漆器制作技术开始传到西域地区，这是本地制作漆器的先决条件。

其次，从器型、胎壁、装饰纹样等方面来分析，有些漆器的特征全然不同于内地漆器，故应是当地所制。如天山以南出土的汉晋时期的漆器中，有些漆器的胎壁较厚，系掏挖而成，与内地薄胎漆器不同；梁枋、栏杆这样的房屋建筑构件等大型器具显在当地所制；营盘99M7：5碗的波浪纹明显具有西域作风；一些髹漆家具具有纯粹的西域风格，特别是楼兰 L. B. 遗址和尼雅遗址 N. xii 遗址出土的4件漆椅腿，无论从椅子本身还是从雕饰艺术来看，都明显是当地制品；另外，山普拉墓地的皮鞘和木器上有涂漆的现象，也应是在当地装饰的。

（三）内地漆器对天山以南地区器物用具的影响

内地漆器对当时天山以南地区使用的器物用具产生了较大的影响。

首先，除了上述本地制作的漆器外，仿漆器的木器类型开始出现。在楼兰、营盘、库姆河三角洲、且末扎滚鲁克、尼雅等遗址和墓葬中，都曾发现过与漆器器型相同、但未髹漆的奁、耳杯、几案、匜、匕、粉盒、碗、杯等木器，这说明内地汉族的生活风尚深刻地影响到了天山以南地区，这无疑从考古实物资料上证明了古代文献关于当时西域诸国以穿汉家衣、行汉家礼为时尚的记载[63]。

其次，内地盛行的漆棺影响了汉晋时期天山以南地区贵族的埋葬习俗，使模仿漆棺的彩绘棺具流行起来。理由有几个：一是汉以前天山以南地区的葬具从来不见箱式棺材的形式，而汉通西域以后，彩绘棺材开始出现于当时西域地区的贵族墓葬之中，在其出现时间和使用等级上与内地富贵者盛行用纹样华丽的漆棺殓葬死者的风尚相吻合，显然是前者受到了后者的影响；二是彩绘棺材的形制与内地漆棺相同，呈一头高大、另一头窄矮的箱式；三是彩绘棺材的有些纹样装饰与内地漆棺的纹饰极似，如营盘墓地彩绘木棺上的菱形加圆圈的纹样与1961年在长沙南郊雨花亭沙子堂发掘的西汉大墓漆棺的纹饰极为相似，故很可能都是受了内地漆棺的影响[64]。由此可见，彩棺可能是模仿内地漆棺而制，只是因不便从内地输入漆棺、当地又缺少大量漆料来制作漆棺而不得不以彩绘木棺来代替，是一种变通的做法。

总之，我们可以清楚地看出，内地漆器与丝绸、铜镜、铁器等一样，对丰富和提高当时天山以南地区的物质生活水平以及促进地区间的物质文化交流起到了重大的作用。

（四）丝绸之路东西方物质交流中漆器的流通

1. 同丝绸一样，漆器是中国内地向外输送的高档物品。

毋庸讳言，古代丝绸之路首先是条政治之路、外交之路，它在很大程度上是为满足社会上层阶级的物质需求而兴起的。而汉晋时期内地的漆器，也同丝绸一样，正是中国西域地区以及西方诸国贵族阶层所寻求的重要物资之一。这是因为丝绸之路东西方物质的交流主要是通过政府间互赠互换的官方途径和商人长途贩运的民间贸易途径来进行的，官方间交流的物品无疑多是对方所缺乏的己方优质特产，而民间商人们经过长途跋涉、艰辛贩运的物品也必是能带来赢利的货物，但消费得起这些物品的也只能是那些富贵权势阶层。天山以南地区出土漆器的汉晋时代的墓葬等级恰可以说明这一点，也即出土这些漆器的墓葬，与同一族葬地中的其他墓葬相比，其随葬品不但种类丰富，而且质量和品级明显要高得多，其墓主显然是富贵之人。与漆器共存的随葬品，除了一些当地生产的陶器、木器、毛织物等外，往往还有内地输入的珍贵的丝绸衣物、铜镜等。值得注意的是，这些漆器以奢侈品为主，以盛放各种化妆用品的漆奁和饮食用的罐、耳杯等数量为多，这说明这些高档漆器首先使用于上流社会的生活享受上。

2. 天山以南地区汉晋时期漆器的出土地点，会同青海、甘肃以及中亚地区等漆器的出土地点，可大致勾勒出漆器的西传之路，其路线与丝绸之路相同。

如上所述，天山以南的塔里木盆地周缘、吐鲁番盆地各遗址陆续发现了一些汉晋时代的漆器；而随着近年考古工作的大力开展，在天山以南地区东边近邻的甘肃悬泉置遗址[65]、武威雷台汉墓[66]、敦煌祁家湾墓地[67]等地，也相继出土了汉晋时期的漆耳杯、漆盘、漆筷、漆勺、鎏金错银铜扣漆尊、带柿蒂饰铜扣的漆奁等漆器，故由这些漆器的出土地点，我们可以大致勾勒出漆器由内地经河西走廊向西域传输的路线。

在今天新疆地区西面和北面的境外地区，漆器也有出土，如南西伯利亚早期铁器时代的塔施提克文化（Tashtyk Culture）墓葬中出土的漆杯（同出有丝绸、铜镜等汉文化器物）[68]、阿尔泰地区希柏发现的公元前86～48年间的一件中国漆器[69]、阿富汗喀布尔帕格曼（Begram）遗址出土的汉代漆碗[70]等。这些漆器的出土材料虽然还有些单薄，但已足以说明，漆器已经由中国内地经北方草原地区传到了西域以外的许多地方。

同时，我们又查阅了有关葱岭以西地区物产的中国汉晋时期的古代文献，提到"漆"字的仅有两处：一处是《史记·大宛传》所载的"自大宛以西至安息，……，其地皆无丝、漆"；另一处是《汉书·西域传》所记："罽宾（即今阿富汗东北及克什米尔一带）地平，温和，有目宿、杂草、奇木、檀、槐、梓、竹、漆，种五谷、蒲陶诸果，粪治园田"，文中提及的"漆"字，根据上下文罗列的各种植物树种所推，其意显指漆树。上述两处文献说明，当时西域以西地区并不知道制作漆器的技法，故该地区出土的漆器当是汉晋时期从中国内地输入的。

　　附记：此文曾在 2003 年日本早稻田大学"东亚的文化交流"国际研讨会上宣读过，此次发表作了部分修改。

注　释

〔1〕孟凡人：《楼兰新史》，光明日报出版社，1990 年。

〔2〕a. 羊毅勇：《论汉晋时期罗布尔地区与外界的交通》，载穆舜英等编《楼兰文化研究论集》，新疆人民出版社，1998 年。

　　b. 罗新：《墨山国之路》，《国学研究》第五卷，北京大学出版社，1998 年。

〔3〕孟凡人：《尼雅 59MNM001 号墓的时代与新疆佉卢文资料年代的上限》，《新疆考古与史地论集》，科学出版社，2000 年。

〔4〕孟凡人：《楼兰鄯善简牍年代学研究》，新疆人民出版社，1995 年。

〔5〕新疆文物考古研究所：《新疆尉犁县营盘墓地 1999 年发掘简报》，《考古》2002 年第 6 期。

〔6〕新疆文物考古研究所：《新疆尉犁县营盘墓地 1995 年发掘报告》，《新疆文物》2001 年第 1 期。

〔7〕新疆博物馆、巴州文管所等：《新疆且末扎滚鲁克一号墓地》，《新疆文物》1998 年第 4 期。

〔8〕新疆考古研究所楼兰考古队：《楼兰城郊（孤台）古墓葬发掘简报》，《文物》1988 年第 7 期。

〔9〕新疆考古研究所楼兰考古队：《楼兰古城址调查与试掘简报》，《文物》1988 年第 7 期。

〔10〕中国社会科学院考古研究所等：《和静县察吾呼沟口三号墓地发掘简报》，《考古》1990 年第 10 期。

〔11〕A. Stein, *Innermost Asia*, Vol. Ⅱ, pp. 749～760, *Oxford*, 1928.

〔12〕同注〔5〕。

〔13〕同注〔8〕。

〔14〕A. Stein, *Innermost Asia*, New Delhi, p. 201, Cosmo Pub. , 1981.

〔15〕新疆文物考古研究所：《1993 年和静拜勒其尔墓地发掘收获》，《新疆文物》1994 年第 3 期。

〔16〕联合国教科文组织驻中国代表处、新疆文物事业管理局、新疆文物考古研究所：《交河故城——1993、1994 年度考古发掘报告》第 66 页，东方出版社，1998 年。

〔17〕同注〔7〕。

〔18〕同注〔14〕，第 269 页。

〔19〕同注〔11〕。

〔20〕同注〔18〕，第 251 页。

〔21〕同注〔7〕。

〔22〕a. 新疆维吾尔自治区博物馆、新疆文物考古研究所：《中国新疆山普拉——古代于阗文明的揭示与研究》，新疆人民出版社，2001 年。

　　b. 新疆文物考古研究所：《洛浦山普拉Ⅱ号墓地发掘报告》，《新疆文物》2000 年 2 期。

〔23〕新疆文物考古研究所：《新疆尉犁县营盘墓地 1995 年发掘报告》，《新疆文物》2001 年第 1 期。

〔24〕同注〔7〕。

〔25〕同注〔14〕，第 247 页。

〔26〕同注〔5〕。

〔27〕同注〔8〕。

〔28〕 王炳华、吕恩国、于志勇等：《95MN1 号墓地的调查》，《中日共同尼雅遗迹学术调查报告书》第二卷，日本京都中村印刷株式会社，1999 年。

〔29〕 Folke Bergman, *Archaeological Researches in Sinkiang*, p. 128, Pl. 20:6, Stockholm, 1939.

〔30〕 新疆文物考古研究所：《新疆尉犁县营盘墓地 1999 年发掘简报》，《考古》2002 年第 6 期。

〔31〕 同注〔5〕。

〔32〕 甘肃省博物馆：《酒泉、嘉峪关晋墓的发掘》图七，《文物》1979 年第 6 期。

〔33〕 同注〔22〕a。

〔34〕 同注〔22〕b。

〔35〕 同注〔29〕，第 129 页，Pl. 20：1～2。

〔36〕 同注〔14〕，第 202 页。

〔37〕 同注〔28〕。

〔38〕 同注〔11〕。

〔39〕 同注〔22〕a。

〔40〕 A. Stein, *Ancient Khotan*, vol. 2, Pl. LXX, New Delhi, Cosmo Pub. 1981.

〔41〕 A. Stein, Serindia, pp. 447～448, New Delhi, Motilal Banarsidass.

〔42〕 同注〔9〕。

〔43〕 同注〔41〕，第 434 页。

〔44〕 同注〔16〕。

〔45〕 吐鲁番地区文管所：《新疆鄯善苏巴什古墓葬》，《考古》1984 年第 1 期。

〔46〕 黄文弼：《罗布淖尔考古记》，国立北京大学出版部，1948 年。

〔47〕 同注〔29〕，第 128 页，图版 l. 19：8。

〔48〕 湖南省博物馆、中国科学院考古研究所：《长沙马王堆一号汉墓》，文物出版社，1973 年。

〔49〕 陈振裕主编：《中国古代漆器造型纹饰》，湖北美术出版社，1999 年。

〔50〕 同注〔48〕。

〔51〕 中国社会科学院考古研究所等：《满城汉墓发掘报告》，文物出版社，1980 年。

〔52〕 孙福文编著：《中国漆艺美术史》，人民美术出版社，1997 年。

〔53〕 新疆社会科学院考古所：《阿拉沟竖穴木椁墓发掘简报》，《文物》1981 年第 1 期。

〔54〕 a. 王仲殊：《汉代考古学概论》第四章《汉代的漆器》，中华书局，1984 年。

　　 b. 彭浩：《秦汉时期漆器的发现与研究》，收入赵化成、高崇文等：《秦汉考古》，文物出版社，2002 年。

〔55〕 俞伟超、李家浩：《马王堆一号汉墓出土漆器制地诸问题——从成都市府作坊到蜀郡工官作坊的历史变化》，《考古》1975 年第 6 期。

〔56〕 陈振裕：《湖北出土战国秦汉漆器综论》，北京大学考古学系编：《"迎接二十一世纪的中国考古学"国际学术讨论会论文集》，科学出版社，1998 年。

〔57〕 扬州博物馆、邗江县图书馆：《江苏邗江县杨寿乡宝女墩新莽墓》，《文物》1991 年第 10 期。

〔58〕 a. ［日］梅原末治：《支那汉代纪年铭漆器图说》第 1～14 页，第四图，京都桑名文星堂，1943 年。

　　 b. 贵州省博物馆：《贵州清镇平坝汉墓发掘报告》，《考古学报》1959 年第 1 期。

〔59〕 ［日］梅原末治：《古代北方系文物研究》，京都星野书店，昭和十三年。

〔60〕 余太山：《两汉魏晋南北朝与西域关系史研究》第 55、56、98 页，中国社会科学出版社，1995 年。

〔61〕余太山主编:《西域通史》,中州古籍出版社,1996 年。

〔62〕同注〔10〕。

〔63〕如《汉书·西域传》记:"龟兹王……数来朝贺,乐汉衣服制度,归其国,治宫室,作徼道周卫,出入传呼,撞钟鼓,如汉家仪"。

〔64〕同注〔56〕。

〔65〕甘肃省文物考古研究所:《甘肃敦煌汉代悬泉置遗址发掘报告》,《文物》2000 年第 5 期。

〔66〕甘肃省博物馆:《武威雷台汉墓》第 101 页漆器部分,图一二,图版拾壹,2,《考古学报》1974 年第 2 期。

〔67〕甘肃省文物考古研究所:《敦煌祁家湾——西晋十六国墓葬发掘报告》第 138～139 页漆器部分,文物出版社,1994 年。

〔68〕《中国大百科全书·考古》第 511 页"塔施提克文化"条,中国大百科全书出版社,1986 年。

〔69〕[法] 勒内·格鲁塞著,蓝琪译,项英杰校:《草原帝国》第一编第 1 章,北京,商务印书馆,1999 年。

〔70〕Frances Mortimer Rice and Benjamin Rowland, *Art in Afghanistan*: *Objects from the KabulMuseum*, p. 11, University of Miami Press, Florida, 1971.

五世纪并州地区外来文化的交融

陶正刚

（山西省考古研究所）

太原古称晋阳，北朝时期称并州，位于今山西省的中部，居太行山和黄河之间，历来是兵家必争之地，地理位置十分重要。并州作为北方重镇，与北方少数民族地区犬牙交错。魏晋南北朝时期战争十分频繁，北方少数民族不断向大同、并州地区入侵，各种政治力量角逐、争夺，封建王朝不断更迭。这一时期同时也是中华民族融合、发展的重要时期。南北朝时期北方鲜卑民族入主中原，把北方游牧民族的生活习俗带到内地，改变了汉族的衣食住行等等生活的各方面。公元5世纪的并州地区处于特别重要的位置，是华夏民族融合、发展的重要地区之一。

一

东汉末年，汉王朝政治腐败，经济凋零，农民起义风起云涌。同时中国北部，黄河流域地区气候由暖转冷[1]。干燥寒冷的气候使草原牧草大面积枯死，牲畜成批死亡[2]。北方穷困的少数民族大举南迁，与汉族人民争夺土地，争抢生存空间。广大游牧民族匈奴、乌桓、鲜卑、羯、氐、羌等各族相继内迁，据《晋书·文帝纪》记载：当时匈奴、鲜卑、羯、氐、羌等各少数民族内迁人口大致为八百七十余万人之多[3]。少数民族入居中原以后，又分散北方各地，与汉族百姓杂居在一起，形成犬牙交错的局面。一个地区常常居住着好几个不同的民族，例如在晋阳有匈奴、乌桓、鲜卑等民族；而同一个民族常常分散居住在几个不同的地区，如五部匈奴，分布在以晋阳为中心的晋中五县。

此时，各种政治势力纷至沓来，都想利用由北方南迁来的各族少数人民作为他们争夺政权、土地的筹码，这更加剧了山西北部地区的政治动荡。魏晋南北朝以来，晋阳先后被后赵、前燕、前秦、西燕、后燕占领。前秦王苻坚之子还在这里称帝。北魏统一北方后，晋阳城是北魏并州地区的州府所在地，晋阳还是高欢的龙兴发达之地，他在晋阳建造"大丞相府"，遥控全国各地和都城邺城。在晋阳、大同地区新建的胡族政权为了巩固政权，加强统治，必须仰仗当地士族及豪族的支持，采用不同于本民族性质的社会制度和政策，参照魏晋汉族统治手段，促进汉胡两民族的融合。另一方面，汉族民众在辗转流离迁徙的岁月里，逐渐消除了对胡族的隔阂、歧视和偏见，并开始联姻。这是各民族友好融合的开端。由于上层胡族统治者汉化步伐的加快，民族融合变得更加顺利。北朝胡汉通婚的高潮是在拓跋焘统一北方后出现的，正好与拓跋鲜卑的封建化进程相吻合。到北魏孝文帝时，拓跋鲜卑的封建化出现第二次飞跃，也是主要反映在婚姻关系上，表现为胡汉通婚的频繁。

公元 5 世纪时期的北齐别都并州地区已经云集世界各地各种人群，客商往来，人声鼎沸，外来人员多长久居住在晋阳地区，也就是内迁的胡人。另外还有中西丝绸之路上的商旅，可以在娄睿墓墓道上层壁画中商旅驼运队中众多人物的画幅上面得到印证。从人物面貌衣着都可以清楚地看到有大批来自漠北草原的胡人、鲜卑人、蒙古人、匈奴人、羯人、氐人、羌人。还有与中国西部相邻的大食人、伊朗人，和来自非洲大陆的昆仑奴（皮肤粗糙颜色发黑的黑人）。据考证当时并州晋阳和大同平城地区居住的外族人员和北边少数民族总数在 4 万人左右。为加强管理，已经专门设置了官员。北魏时期有专门授予少数民族的官员"领民酋长"，虞弘的祖父曾担任此职。北周时曾经任命虞弘为"萨保府"。这些都可以从虞弘墓志得到证实。

上世纪 90 年代末，在王郭村北齐东安王娄睿墓东南方，相距百余米处，山西省考古研究所和太原市文物考古研究所等单位共同发掘了西域人虞弘墓[4]。其石椁上面 54 幅高浮雕画幅所反映的全是中亚物景，一点也没有中国文化气氛。据 DNA 测定虞弘属欧罗巴（白色）人种，虞弘夫人是欧罗巴和亚洲血统的混血儿（据吉林大学考古系 DNA 实验室检测）。据墓志记载，虞弘父曾任茹茹国（柔然）的高官，虞弘从小跟随父亲居住在柔然，从 13 岁起在柔然国任莫贺弗、莫缘等职，柔然国派虞弘出使波斯、吐谷浑（今日青海）、月氏（今日阿富汗）、北齐等国。虞弘在北齐被扣留，又在北齐与北周交战中被北周俘虏，被北周任命为检校萨宝府。虞弘最后在北周时期定居中国，历经北齐、北周和隋朝。虞弘曾任北齐直突都督等职，封爵广兴县开国伯，食邑六百户；在北周任"检校萨宝府"；隋朝任仪同三司。虞弘死于隋开皇十二年（公元 592 年），葬太原南郊王郭村。"检校萨宝府"的萨宝是官职名，源于印度，随佛教传入中亚地区，后来成为锡尔河与阿姆河之间的安国粟特胡人地区的一种官职。粟特人进入中国后，萨宝可能是指伊朗文化体系胡人聚居地的一种政教兼理的蕃客大首领。虞弘本人的出身和经历都非常特殊，正是中国古代中外文化交流的缩影。

虞弘墓的石椁上面有高浮雕的石雕画面共 54 幅，内容有宴饮、歌舞、骑射和狩猎，全部是西亚文化内容的图案，现择其精华略作介绍：1. 雕刻在椁室前壁下排正中的拜火教火坛，其两边有两个人头鸟身者合力抬火坛。这类图案形式在世界各地的拜火教图像和波斯银币图案中常见（图一）。2. 虞弘夫妻二人宴飨图和胡腾舞（图二）。胡腾舞起源于粟特，为粟特人民所喜欢。胡腾舞的舞者都是男子，他们只能在小圆台上面舞蹈旋转，还得借助一点酒力。两旁各有一组三人的乐队。右侧前面有人在弹拨竖琴（西域人称之为箜篌），后排二人左者击腰鼓，右者吹觱篥。左侧前面有人在弹拨曲相琵琶（西域人称之为乌特），后排二人吹奏横笛和羌笛。无论舞蹈者、乐器演奏者和观看者大家都全神贯注，那激昂欢腾的音乐旋律，似乎穿透了一千多年的岁月，依然撩拨着我

图一　虞弘墓拜火教图

们的心弦。3. 骑骆驼猎狮图，位于宴饮图的左侧（图三）。骑在骆驼背上的武士毫无惧色，侧身向后方弯腰拉弓射狮，与之搏杀。武士长发飘逸，是中亚突厥人的典型发式。4. 武士骑象捕狮图，位于宴饮图右侧（图四）。斗争场面则显得勇敢优雅。乘象者身穿长袍，下着花边缝裤腿。这种花边缝裤腿同波斯萨珊王沙普尔一世所穿裤腿相似。脑后有两条长长的彩色丝带，这种丝带仅仅见于波斯领导者的装饰。5. 牵马图（图五）。图的正中有一匹枣红马，长鬃披在左侧，络头齐全，鞍鞯俱备，马背上面佩有障泥。马脖颈下系一枚大红缨，后臀部系有鞦，鞦上面悬挂有三枚大型杏叶和三枚金花饰，马尻后马尾上加缚结。这种马匹与娄睿墓中出土的陶大花马几乎完全相同（图六），也证明这类马都是西域马匹。牵马人和马匹旁边三人中，有两人头戴幞头，两人蓄黑色短发，均为深目高鼻的男性。他们双手放在胸前，身穿圆领窄袖长袍，腰间系蹀躞绶带，穿高腰皮靴，属西亚胡人装饰。此图用树木、金翅鸟、狗作衬托，周围饰忍冬草花边，具有鲜明的中亚文化特色。

虞弘墓在并州出土，是非常重要的，说明中亚人在并州晋阳地区居官停留非常活跃。北齐东安王娄睿墓的壁画中大量出现鲜卑人、蒙古人、大食人、伊朗人和昆仑奴等。将军徐显秀墓的壁画中除有鲜卑人、蒙古人、大食人外，在墓室东壁牛车出行图中还有一个头发漆黑卷曲、双眼浑圆、身穿胡服的西亚人。这位胡人同其他民族人员一起也在为将军徐显秀的出行服务，说明当时朝廷官员家庭中豢养有西域胡人作为家奴使用。

近二十余年来在山西北部太原榆次相邻的地区发掘的北齐大小官吏墓葬，有明确纪年的计有寺底村天保三年（公元552年）优婆塞夏侯念墓，义井村天保四年（公元553年）安定王世子、骠骑大将军贺拔昌墓，郑村天保七年（公元556年）直荡大都督柳子辉墓，寺底村天保十年（公元559年）骠骑大将军、直斋都督窦兴洛墓，圹坡天保

0   10   20厘米

图二 虞弘墓宴飨胡腾舞乐队图

十年（公元559年）张肃俗墓，神堂沟村皇建元年（公元561年）太仆少卿贺娄悦墓，
岗兴村河清二年（公元563年）东夏州刺史刘贵墓，王家峰河清三年（公元564年）
泾州刺史狄湛墓，寺底村天统元年（公元565年）冠军将军、员外常侍张海翼墓，南
坪兴村天统三年（公元567年）仪同三司、北尉少卿库狄业墓，小井峪村天统四年
（公元568年）大将军、武功韩念祖墓，王郭村武平元年（公元570年）太尉、东安王
娄睿墓，王家坟武平二年（公元571年）太尉、武安王徐显秀墓，龙堡村武平三年
（公元572年）北肆州六州都督、仪同三司□憘墓，金胜村壁画墓，榆次天保七年（公
元556年）韩买奴墓，寿阳河清元年（公元562年）太尉顺阳王厍狄回洛墓，祁县天
统三年（公元567年）骠骑大将军、青州刺史韩裔墓等20余座墓，以及隋朝初年太原

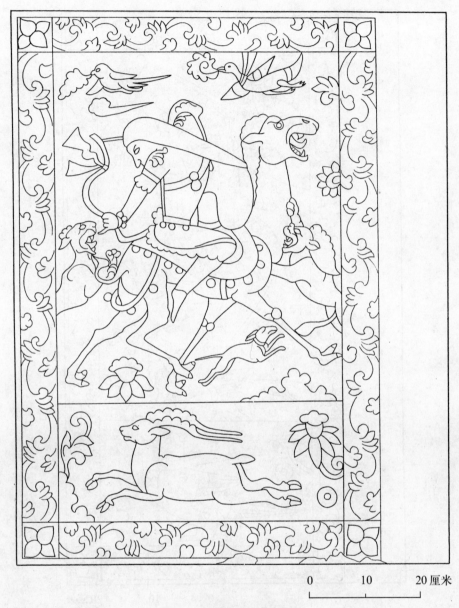

0　　　　10　　　　20厘米

图三　虞弘墓骑骆驼猎狮图

沙沟斛律彻墓和王郭村的虞弘墓。在历代方志还记载有许多东魏、北齐高官的墓葬，在太原有并州刺史库狄引墓和彭城太妃（高欢庶妻）墓，忻州有东魏太尉、录尚书事刘懿墓和太宰、章武王库狄干墓，在太谷有雍州刺史左深墓，祁县有北齐尚书令、晋昌王唐邕墓，榆次有太师扶风王可朱浑元墓等。这许多古墓几乎包括北齐整个历史时期，此外还有几十座无明确年代墓主不清楚的北齐墓[5]。从考古研究情况看，有一部分属于家族墓地。如娄氏旧茔，很可能是娄昭及其侄娄定远的家族墓地。据沙沟斛律彻墓的发

0   10   20厘米

图四　虞弘墓骑象捕狮图

掘可以推断其曾祖父左丞相、咸阳王斛律金及其家族墓地也在太原。贺拔昌墓的发掘也可认定右丞相、安定王贺拔仁之墓及贺拔仁家族墓地也在太原。并且这二十余座纪年墓的墓主人很大一部分是属于北齐王朝的王公贵族和政权中的核心人物，例如娄睿、徐显秀、韩念祖、库狄回洛、韩裔、斛律金、彭城太妃（高欢庶妻）、唐邕等。这些来自漠北草原地区和六镇地区的鲜卑或敕勒草原的游牧民族，长期居住在晋阳地区，基本上都

图五　虞弘墓牵马图

已经汉化，并且视晋阳为家乡，其子孙都以晋阳为籍。根据对在太原郊区发掘的唐代龙润墓的研究，龙润是从中亚焉耆来的粟特人，祖孙五代居住在太原。这一系列情况可以证明北魏、北齐到隋唐时期并州晋阳到大同地区外族人口与当地汉族居住在一起，民族融合不断深化。

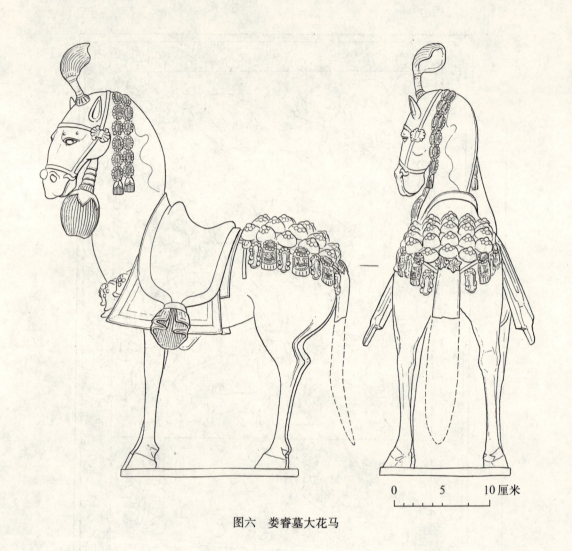

0　　　5　　　10厘米

图六　娄睿墓大花马

二

北齐时期并州晋阳与都城邺城及全国各地主要城市间的交通往来和贸易十分繁忙。当时的主要交通线有：1. 从晋阳出发东南行，经过榆社、襄垣，出壶口关[6]，越太行山，入滏口[7]，东南到达邺城。这是十分畅通的交通要道。《北齐书·神武帝纪上》记载神武帝高欢率领六镇流民东迁时曾经行走此路。"神武乃自晋阳出滏口。……至襄垣，会漳水暴长，桥坏"[8]。2. 从晋阳向北到平城，直达大漠草原地带。这是一条当时最活跃、频繁的通道。平城是北魏的旧都，是鲜卑人和漠北草原游牧民族入境后的重要聚居地。孝文帝迁都洛阳以后，继续向平城传达命令和文本诏书。3. 并州到长安（今西安）。长安是北周首府。北齐与北周两国之间战争频繁。起初北齐比较强大，集结军队驻守在并州晋阳，再伺机进攻长安。后来北周强盛了，北周由长安东进攻克晋阳，最后攻入邺城，灭了北齐。长安和晋阳之间可由水路和陆路行进。水路比较便捷，由晋阳出发，沿汾河南下，经梗阳（今榆次界）、介休、灵石、霍县至平阳，过新绛，到龙门入黄河，再沿黄河东岸南下到蒲州，过蒲津渡，再入渭河同州（陕西大荔）到长安；或由新绛到闻喜入涑水到蒲州入黄河，再入渭河，经同州到达长安。通过陆路交通到长安基本上仍然沿汾河南下到蒲州，过蒲津渡经大荔到长安。在介休以南灵石过霍山，到平阳（今临汾）比较困难。在此路段必须经过霍山，要走险道雀鼠谷，雀鼠谷是冠爵津之俗称。《水经注·汾水》："（汾水）又南过冠爵津，汾，津名也。在介休县之西南，俗谓之雀鼠谷。数十里间道隘，水左右悉结偏梁阁道，累石就路，萦带岩侧，或去水一丈，或高六丈，上戴山阜，下临绝涧，俗谓之为鲁般桥，盖通古之津隘矣，亦在今之地险也。"[9]介于冷泉关和汾水之间。从并州晋阳到洛阳，由晋阳向东南行，经梗阳（今榆次界）、榆社、武乡、沁县、长子、沁水、晋城到洛阳。由此可见，北齐时期晋阳已经成为联系平城、北部大漠草原地区和阴山乃至西域中亚地区的交通要冲。晋阳又是并州到洛阳、西安和邺城等地的交通枢纽。晋阳城成为北部丝绸之路上中西贸易的集散地，商业和贸易十分繁荣[10]。

河西地区物产和日常用品源源不断地进入晋阳，主要有以下几种。

1. 马匹。从河西地区大批来到内地的马匹都要先在晋阳地区驯养，以适应中原的地理气候条件，然后再转运各地。据《魏书·食货志》记载，"世祖……以河西水草善，乃以为牧地小。畜产滋息，马至二百余万匹，橐驼将半之，牛羊则无数。……每岁自河西徙牧于并州，以渐南转，欲其习水土而无死伤也，……"[11]晋阳地区马等畜牧产品数量是非常庞大的，马在北齐时期乃至北朝时期是重要的财富，标志社会地位。《北齐书·娄昭传》记载：娄昭及其侄娄睿家族"祖父提……家僮千数，牛马以谷量"[12]。说明娄氏家庭富有，权势强大。晋阳城内达官显要都拥有马匹，数量巨大。《北齐书·神武上》记载："神武曰：闻公（尔朱荣）有马十二谷，色别为群。"[13]权臣孙搴有"精骑三千"[14]。并州晋阳又是马匹牛羊畜产品转运中心地。马逐步发展成为人们日常生活中出门代步的主要工具。娄睿墓、徐显秀墓和隋朝虞弘墓等壁画、石雕中马与骆驼很多，就是当时现实生活的真实写照。

2. 西域珍奇工艺品、日常用品荟萃并州、大同。外商携带珍奇百宝或西域物品来到北都平城，又转运到全国各地。在徐显秀墓中出土一枚金戒指，指环上有龙的图案，是中国传统文化的痕迹，而戒面上的图案是一个西域胡人。戒面上雕刻人物式样是伊朗波斯传统文化的特点[15]。

娄睿墓中出土釉陶贴宝装花壶（图七），颈肩两道粗棱，造型显得线条挺拔；壶盖用刻画和堆贴的两层莲花衬托着一个宝珠；壶的颈上端粘贴印制的团龙；颈下端四个巨大的兽头各衔莲柄，莲柄向下延伸和肩部莲花相接，莲花之间是铺首。宝装贴花灯（图八）由盏、长柄、底座构成，采用堆贴、刻画等技艺做出装饰。灯盏周壁成组、对称地粘贴模印的图案。丰满而肥厚的仰莲捧着联珠，上面是一个巨大的宝珠，宝珠周边围绕一周较小的联珠，外围是缠枝花纹，宝珠上面是尖端朝上的新月，新月捧着象征太

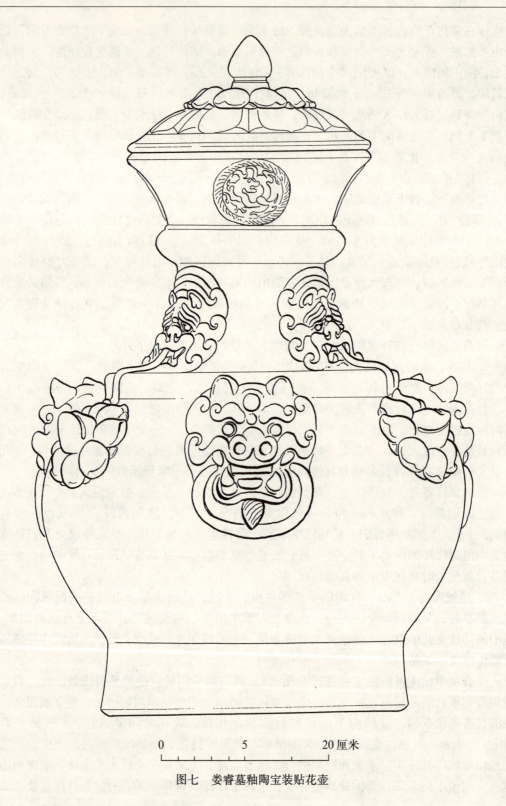

0　　　　　5　　　　　20厘米

图七　娄睿墓釉陶宝装贴花壶

阳的一个圆形突起，周边也是联珠环绕。
这组图案的两侧是肥厚的忍冬。灯盏的
口沿也是一周联珠纹。柄部刻画出莲瓣，
靠下做出两个圆孔，下端是双层覆莲宝
装的底座。低温釉陶贴花长颈壶（图
九）、贴花宝装灯和螭纹鸡首壶（图一
〇），上面的贴花有新月、缠枝莲花、飞
鸟和联珠等，都是波斯萨珊王朝工艺品
上常见的花纹图案。这些艺术内容，反
映出北朝工艺接受西域文化的影响。

太原、大同出土波斯萨珊王朝的金
银币、皇帝图像盘、葡萄纹杯、鎏金高
足铜杯、鎏金波斯人物盘和司马金龙墓
出土伎乐石柱础和石雕砚台等，含有大
量古印度和波斯萨桑王朝的文化内容，
饱含中亚波斯文化的韵味，充分反映了
中亚文化与中原文化的交流、融合和发
展，相得益彰，结出丰硕的果实。

同时国内的丝绸茶叶和瓷器也都是
通过这条畅通的运输渠道，送往漠北、
中亚，远销欧洲、非洲及世界各地。

在晋阳城内已有记载胡商开办收益
颇丰的租赁店铺。

丝绸之路上的马和骆驼带来了西域文
明，深深地影响山西地区的政治、经济、
文化和人们的日常生活，深入到各个角
落。中西经济、文化往来的繁荣情况比比
皆是，丝绸之路上的晋阳城繁忙景象，促
进晋阳地区中西文化的融合发展。

三

北魏政权进入山西、占据大同、建

0　　　　　　　　　　10厘米

图八　娄睿墓釉陶宝装贴花灯

立平城都以后，孝文帝实行汉化政策，进行服饰制度改革，全面推行汉族服饰。但是汉
化政策遭到旧贵族的坚决反对，到北齐时期斗争更趋剧烈。北齐北周的当政者都是鲜卑
人或者是鲜卑化的汉族武人，反对汉化。北齐高祖高欢"申令三军，常鲜卑语"[16]。会
说鲜卑语能翻译传达号令的人"大见赏重"[17]。文宣帝时盛行鲜卑服饰。《旧唐书·舆

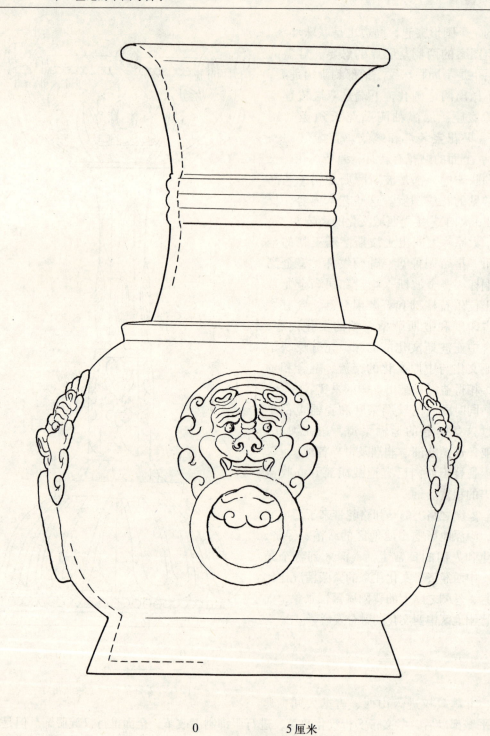

0　　　　　　　5厘米

图九　娄睿墓釉陶宝装贴花长颈壶

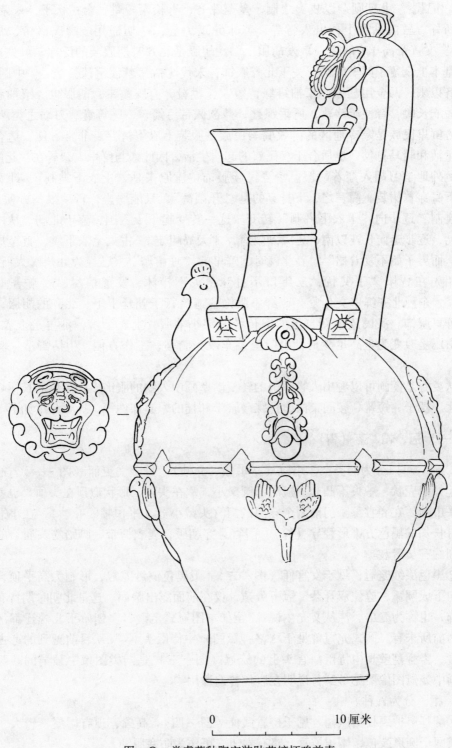

0　　　　　　　　　10厘米

图一〇　娄睿墓釉陶宝装贴花螭柄鸡首壶

服志》记载："北朝则杂以戎夷之制，爰至北齐，有长帽短靴，合袴袄子，朱紫玄黄，各任所好。虽谒见君上，出入省寺，若非元正大会，一切通用。高氏诸帝，常服绯袍。"[18]文宣帝高洋有时还"散发胡服"[19]。胡服是北齐时期服装的泛称。可见在北齐时期基本上恢复了鲜卑服饰。关于北齐服饰，宋代沈括《梦溪笔谈》云："中国衣着，自北齐以来，乃全用胡服。窄袖绯绿，短衣长勒靴，有蹀躞带，胡服也。窄袖利于驰射；短衣长勒，皆便于涉草，所垂蹀躞，盖欲佩带弓箭、……算囊、刀砺之类。"[20]由于北方鲜卑民族是寒冷地区的游牧骑马民族，服装上衣下裤穿着非常方便，适合于生产、生活和骑马打仗，也适合于汉民族的起居生活，因此，与鲜卑人杂居在一起的汉人也不例外地学习胡人穿着胡服。华夏民族服饰主流原来是"上衣下裳制"，即宽袖长袍，下身穿着裙装。简言之，下身穿的是"开裆裤"，只能踞坐，行动很不方便。"上衣下裳制"逐步向"上衣下裤制"转变。这一转变起于十六国，盛于北朝，从中国北方开始，逐步走向长江以南，延续到隋唐，才大局粗定。"古人上衣下裳，直至周隋用胡服，而男子始不复着裙"[21]。北魏时，鲜卑的"垂裙帽"[22]已经为并州汉人所仿效。如辛绍先在晋阳"丁父忧，三年口不甘味，头不栉沐，发遂落尽，故常著垂裙皂帽"[23]。东魏北齐鲜卑文化复兴，鲜卑服饰普遍流行于朝廷上下。北齐的胡服，大部分是鲜卑服饰。汉民族革新自己的旧传统，穿小袖服，上衣下裤，不再是上衣下裙，人们由踞坐改变为坐高足凳椅，出门坐牛车改为骑马，工作方便，生活舒适，骑射灵活。

从娄睿墓壁画可以看出人物服饰的转变。壁画中人物的服饰多是黑色的长裙帽，细袖袴褶、袄子、短靴、腰间束的黑色蹀躞腰带和挂的鞶囊饰件等。择要介绍如下。

（一）冠、帽、盔（胄）

1. 冠。可以分为两类：①小冠（平巾帻、介帻），见于文吏俑（图一一）。冠后部较高起如甲壳状，中央不凸起。冠底部圆又小，戴在头顶，形状似顶在头顶，也就是汉制的平巾帻。在娄睿墓墓门前两个守门的门官头戴小冠（平巾帻、介帻），在小冠的后背插有长长的黑色方锥形簪导（笄）。门官身穿朝服，褒衣博带，脚踏笏头履，应是地位较高的官员着装。

②黑色漆纱笼冠，见于女官俑（图一二）。戴黑色漆纱笼冠，形制为高平顶，左右两侧向下成圆弧，遮住双耳朵。冠下戴帻，仅在前面露出脸面。这是北朝时期特有的高官冠饰，也称为笼巾。沈从文先生说："至如本图冠式定型，实创始于北魏迁都洛阳以后，为前所未有。同式笼冠曾见于《洛神赋图》中侍臣头上。"从目前见到的考古出土资料看，娄睿墓壁画中侍臣门官头上的笼冠（图一三）是同类图像中最早的。西安唐代壁画中笼冠图像屡见不鲜，说明在唐代普遍通用[24]。

2. 帽。分为五种。

①翻耳扇护颈长裙风帽。见于持盾武俑（图一四）。高耸，顶有帽屋，较大，两侧紧扎成两个圆形鼓包，帽裙披垂，略有卷边，可作为防寒服饰。

②无沿翻耳扇帽（图一五）。顶有帽屋，帽裙向上翻卷，适合于山西及山西以北寒

冷风地区。

　　③三棱形长裙帽，又称鲜卑帽（图一六）。帽屋圆形，三棱峰状，后背有披肩的长裙，是鲜卑族武士在大漠风天雪地里常备的风帽。

　　④厚卷边风帽。帽屋圆形，长裙，卷起厚厚的边。这种式样的风帽，大概是遇到恶劣气候时，周围卷边可以展开，躲避风沙，遮阳。正常气候天气暖和将帽边卷起，十分雅致。

　　⑤毡帽，又称胡帽（图一七），是西域人或蒙古族劳动者常戴的便帽。帽屋圆，直口，无边沿，民间俗称"汤罐头"。

　　3. 盔。①长裙金盔，见于镇墓武俑冠（图一八），金黄色，黑色护耳。头戴长裙金盔，卷边长裙圆顶，正中又有圆形突起，加固护头顶部。盔额前有尖锐冲角。头盔连续延伸到肩部，似长裙，达到护颈护耳的目的。耳朵附近，在长裙外又加椭圆形耳护。似在头盔上面留有圆孔。圆形护耳既不妨碍听到周围的声音，又能保护战士头部的安全。

　　②圆顶护颈头盔。器形基本上与长裙金盔相近似，其不同处有

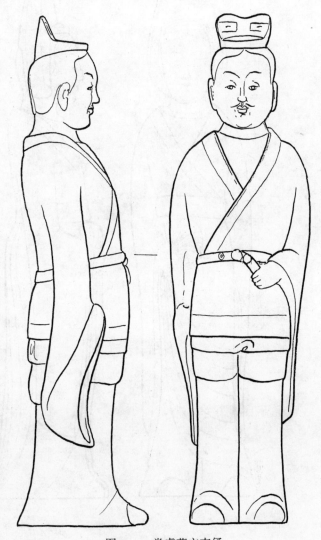

图一一　娄睿墓文吏俑

二：其一，头盔基本上是黑色；其二，头盔后裙部是上为条块状，下为方块状，直接披挂到肩膀上。这可能是为低级士兵打仗时便于活动而特别改善的。

　　③骑马武士俑头戴圆形护颈金盔（图一九）。头盔有黑色、红色和土黄色等，器形与长裙金盔相似，不同处是后裙改成条块状，垂直悬挂至颈部。

（二）服装：上衣、下裳、袍

　　1. 上衣。上衣又可分为命服、常服和军服三大类。命服为墓主人的服饰，常服为仪卫侍从所穿，军服是军卒的服装。

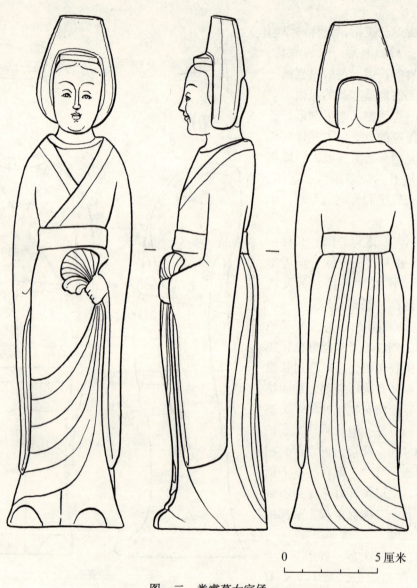

0　　　　　　5厘米

图一二　娄睿墓女官俑

　　①命服。是古代帝王按等级赐给公侯、卿、大夫、士的制服。《诗·小雅·采芑》：
"服其命服。"笺："命服者，命为将，受王命之服也。"[25]在墓葬壁画中，主要是墓主
人及其周围的贴身内侍穿着的衣服。男主人娄睿服饰：朝服，圆交领，宽带，略畅胸，
大袖，长袍，腰束革带。墓主人似为秃顶，没有戴帽，帽也可能已脱落。主人穿的大袖
衣（袍）在北朝时期蔚然成风。在娄睿墓中除墓主人夫妻二人外，其身旁的侍女、男
女乐人也多穿褒衣博带的大袖衫（袍）。《晋书·五行志》称："晋末皆冠小而衣裳博
大，风流相放，舆台成俗。"[26]北齐颜之推《颜氏家训》称："梁世士大夫皆尚褒衣博
带，大冠高履。"[27]可见衣袖宽大宏博，上下成俗。这种风气始于东晋末年宋齐之际，

图一三　娄睿墓戴笼冠门官局部

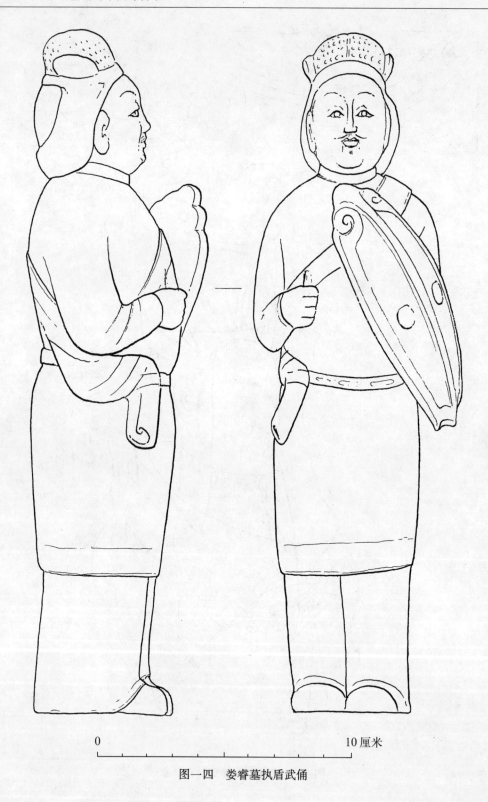

0 10厘米

图一四　娄睿墓执盾武俑

流行于梁陈。

女主人杨氏服饰：袿襦，圆交领宽带，略畅胸，著大袖，长襦。周锡保《中国古代服饰史》说："魏晋及南北朝命妇服饰。……自皇后至二千石命妇皆以蚕衣为朝服。齐因之，袿襦（注：妇女长襦，穿着在内衣之外的衣服）用绣为衣裳。按袿衣为妇女的嫁时服，其服有下垂如刀圭外形者，即如此刀圭形之旁袿于袿衣裾旁。颜师古谓：袿衣如大掖衣之类。"[28]就是大袖左衽的又较长的衣服。

②常服。一般分为内外两层衣服，内衣（又称内单），通常是圆领、窄袖，颜色以白色居多。黄色、土黄色和红色较少，也比较简单。外衣为褶服，内容丰富，又可以分为三大类。

甲、左衽褶服：仪卫俑、文吏俑，内衣圆领黑色窄（细口）袖。具体形制不清楚。外着朱红左衽交领宽袖短褶服。

乙、左衽大翻领褶服：仪卫俑、文吏俑，标本112，白色圆领内衣，外套左衽大翻领短袖短褶，腰束红色腰带，白色大袴管袴，白色靴。

丙、细长袖交领上衣：侍仆俑、女侍俑，标本508，身穿淡红色圆领内衣，外罩淡红色，细长袖交领上衣，腰间双背带下系粉红色百褶裙。足穿红色鞋。

裤褶服：上身为褶，下身为裤，称之为裤褶服。《急就篇》："褶为重衣之

0　　　　　　　　5厘米

图一五　娄睿墓戴无檐帽武士俑

最在上者也。其形若袍，短身而广袖，一曰左衽之袍也。"[29]下身只穿裤。北方少数民族从事畜牧生活，习于骑马，涉水草，喜欢上穿衣服下着裤的常服。有绯衲小口裤褶，紫衲大口裤（意思是紫褶而下着大口裤）、小口裤[30]。沈从文先生在《中国古代服饰研究》增订本中指出："一、袴褶基本式样，必包括大、小袖子长齐膝的衫或袄，膝部加缚的大、小口袴。而于上身衫子内（或外）加罩两当。晋式小冠子或北朝笛子帽，漆纱笼巾，在某种情形下，则在巾帽络带间另有不同彩色标记。二、袴褶作为赐物，常成分配套，其中也可能包括两当铠在内，但不一定在内。因除颜色材料分别等级，加工

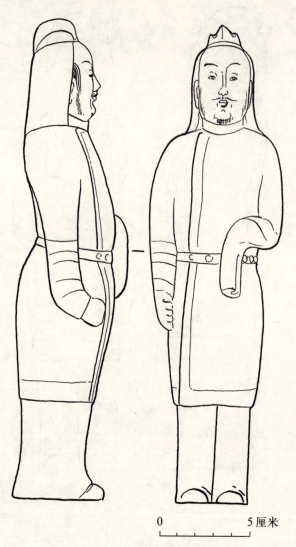

0 ⊢——⊢——⊢——⊢——⊢ 5厘米

图一六　娄睿墓戴鲜卑帽武士俑

方法有'纳'的，有'绣'的，还有狮子（或符拔）皮做成的，既相当结实，也相当美观，具有一定防御刀箭和畋猎时抵抗猛兽伤害的功能。所以临戎戒严，畋猎出巡，为文武通服。"[31]

③军服。

甲、甲衣：甲衣武士俑，标本309。穿圆领细袖内衣，外加齐膝盖中袍。上身在中袍外，前胸后背穿着环形铁甲衣，两肩披护肩革甲。腰束黑皮带。

乙、两当甲（两挡铠）：

A. 鱼鳞甲：镇墓武俑，上身穿镶红边的两挡鱼鳞甲，两肩披镶红边的护肩，黑色革甲，腰间束红色革带，白色长裤褶，膝部有紧扣，乌靴。左手扶持镶黑边红色虎头长盾。

B. 两当甲：骑马文吏俑，戴方形插笄小冠，身穿白色细袖圆领内衣，外罩红色宽袖长袍，腰间束红色革带，再在长袍外加双肩带的朱红色两裆革甲，白色裤褶，黑红色靴，坐枣红色坐骑。

2. 下裳。从陶俑衣着看，下身主要是裤，另外少数俑穿裙。

大口裤：上身穿褶衣看清楚者均为大口裤，在膝盖下系缚带，而着长袍和裙子者，都已经将膝盖部分遮住，看不见在膝盖下是否缚带，其大裤口下垂直都盖住脚。鲜卑人都在膝盖下缚带。这就是北齐"裤褶"服的裤。

（三）鞋类

1. 黑靴：见壁画16。为首的是一位年长的西域胡人，身穿灰白色圆领窄袖长袍，过膝盖，长袍上面绣有中亚人衣服上常见的卷草花纹。腰间束有革带，革带上面挂有黑色囊和布巾。下身穿窄口裤，穿黑靴。

2. 长统软靴：见壁画16。又一名西域胡人，脚穿长统软靴，脚脖处捆有土黄色丝带。

0　　　　　　　　　5厘米

图一七　娄睿墓役夫俑

3. 软靴：见壁画 15。为首的头戴圆形毡帽，脚蹬黑色软靴。

4. 笏头履：见壁画 50，墓门东侧门官，下露笏头。鞋头前面高高耸起称之为履笏头。男女有别，男鞋头方些，女鞋头圆。到后期两者混同了。由晋代高齿履鞋演变而来。到唐代上耸一片的称"高墙履"，上部再加重叠山状，则称"重台履"。在陕西永泰公主壁画中有一组宫女穿"重台履"。

四

西汉末年哀帝元寿元年（公元前 2 年）佛教开始传入中国内地，东汉初明帝曾派人到印度求法。西晋末年，特别是进入东晋十六国时期后，战争连年不断，广大百姓生活极端困难，很容易接受佛教关于彼岸世界思想的宣传。北方少数民族统治者都极力宣传佛教思想，所以佛教在魏晋南北朝时期发展很快。北魏皇帝崇尚佛教，大力扶植佛教，在各地建立佛寺，开凿石窟。北魏建都平城，后来迁都洛阳，从平城出发，经山西北中部到洛阳，沿途大量营建石窟寺，现存大同云冈石窟和太原天龙山、榆社以及沁县南涅水、长子羊头山、沁水县东峪等大小石窟和大型石佛数十处之多。大同云冈石窟是我国四大石窟群之一，石雕像气势恢宏。

公元 386 年，鲜卑族拓跋部崛起，在盛乐（今内蒙古和林格尔）建立北魏王朝。公元 398 年迁都平城（今山西大同），公元 494 年再次迁都洛阳。平城作为北魏都城以及北中国的政治、文化中心达 96 年之久。云冈石窟开凿于文成帝和平初年（公元 460～465 年），终于孝明帝正光年间（公元 520～524 年），开凿石窟历时 64 年，现存主要洞窟 45 个，大小窟龛 252 个，可分为东、中、西三部分。按石窟的形态和造像风格，可分作早晚三期。

第一期开凿于文成帝时期，约公元 460～465 年，建窟五所，现编号第 16 至 20 窟，称之为昙曜五窟。这五窟中佛像形体高大，雕饰奇伟，象征着北魏开国的五位皇帝，这种礼佛即拜皇帝的构想，体现了北魏初期佛教依靠世俗王权的特点。昙曜五窟雕刻具有凉州造像的基本特征，又融以新意，创造山西云冈自己的特点，代表着我国早期佛教造像的高超水平。

第二期开凿于文成帝以后至孝文帝迁都洛阳前，约公元 470～494 年，主要洞窟有第 1、2、5、6 窟，第 7、8、9、10 四组双窟，以及第 11、12、13 窟一组单元窟，另有未完工的第 3 窟。

第三期开凿于孝文帝迁都洛阳以后，一直延续到孝明帝正光年间，约公元 494～524 年，主要洞窟有第 4、14、15 窟和第 21～45 窟。

佛教艺术自印度产生以来，始终以石质浮雕形式表现佛教故事为主要内容，反映佛祖释迦牟尼的佛传、本生、因缘故事。大同云冈石窟题材佛经故事都是根据不同的佛教经文记述，例如佛传故事多采用《过去现在因果经》的记述，本生和因缘故事多采用《杂宝藏经》中的记述。无论是佛传故事，还是本生、因缘故事，在云冈石窟都相对集中于某几个洞窟中。如佛传故事以第 6 窟最为集中，同时颇具阶段性特点的故事片断集

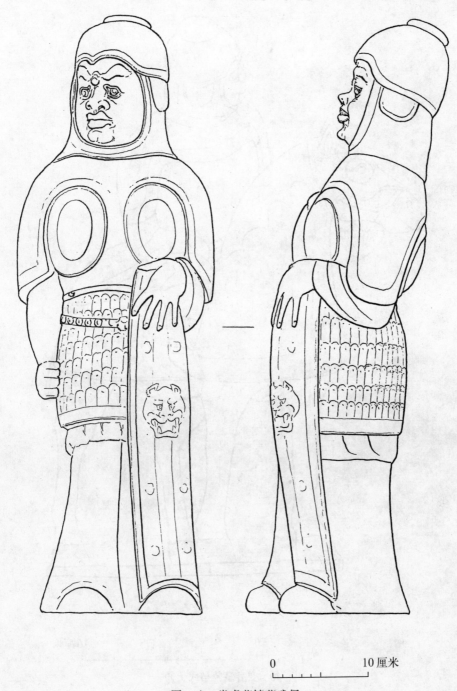

0   10厘米

图一八　娄睿墓镇墓武俑

中于特定洞窟中，如37窟多反映佛祖释迦牟尼未成道时的神奇故事，12、38窟则集中地反映佛祖释迦牟尼成道后各类生活活动。本生、因缘故事根据《杂宝藏经》雕塑的

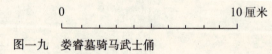

0   10厘米

图一九　娄睿墓骑马武士俑

故事几乎都安排在第9、10两个双窟中。在保存和继承早期佛教故事画特点的基础上，不断地添加中国汉化的内容，内容越来越丰富。第10窟前室东壁雕刻"儒童本生"之"布发掩泥"故事画面，其画面布局和人物"性质"（画中人物名称）都是印度、犍陀罗艺术的翻版,但在人物形象和建筑式样方面则都表现了中国风格,特别是在画面中加竖条状留出的短册榜题位置,突出了中国特色。又如,"太子灌顶"的画面,在印度、犍陀罗艺术早期图像中,塑造两大龙王手握圆形钵为太子灌顶沐浴,而在大同云冈第6窟中心塔柱西面佛龛北侧内面的"太子灌顶"画面,将"太子灌顶"画面中的两个龙王塑造为九个龙王,成为著名"九龙灌顶"的图景。由印度传入中国的佛教艺术,注入了中国化的思想意识[32]。

五

西域和北方地区大批少数民族和外来民族进入中原,将他们日常生活中喜闻乐见的音乐、舞蹈和乐器等等也都带到了中原地区。佛教文化对佛教乐舞艺术有着深厚影响。这个时期的墓葬壁画、石窟寺都反映了世俗社会的情况,保存有许多中亚地区音乐舞蹈和乐器的资料。

云冈石窟包含着丰富的佛教艺术内容,涵盖了各种中西乐器。云冈石窟建设的初期,由于北魏人们重视修禅持戒的宗教修行理念,受凉州佛事戒律影响的释玄高和昙耀两位大师先后来到平城授法,昙耀大师主持早期五窟的开凿,全部反映了凉州禅行追求"澄心静虑"的特征,充满沉寂、冷瑟的宗教色彩,崇尚苦行修炼,不求奢华,在这早期五窟中基本上没有反映音乐的情况。到二期随着社会稳定、经济发达,新建的12个洞窟中除3、5两窟外,全部都有伎乐雕刻,总计达450余件乐器,这时期云冈石窟都已经囊括了24种中西乐器。天宫伎乐形式乐器得到了最大的展示,这一阶段伎乐雕刻迅速发展,达到高潮。由于是国家建造,显得特别规范,题材与表现形式也比较单一。如天宫伎乐,因循旧习,流于格式化。到晚期由下层官吏及百姓营凿的窟龛伎乐,其做法自由不羁,富于创新、变化。创新变化带来了伎乐雕刻形式的重大演变。早中期伎乐习惯于主要在壁面上进行雕作,窟龛顶坎绝无伎乐雕塑,进入晚期受到盛行往生兜率净土信仰的影响,铭记中已出现乞求西方净土、来生转世好运的要求,雕刻技艺急剧向顶部发展。此期石窟多属禅窟,窟中雕刻内容大部分符合禅观发展的需求。因此,匠师依据经典将伎乐刻在窟龛顶部,形象生动地展示兜率天宫的欢悦场景,为信徒提供想象的依据。当然,晚期窟龛也因龛区占地面积小空间普遍狭窄,窟龛顶部伎乐与飞天合二为一,形态缥缈悠逸,具有流动回旋之美。利用龛顶,拓宽人们的视线,最大限度地利用壁面和龛顶,将全龛的主题性和装饰性和谐地统一,达到较为完美的效果。

(一) 鲜卑乐舞文化对云冈的影响

鲜卑拓跋族是一个能歌善舞的游牧民族,民族音乐发展进步最快。鲜卑人崇尚武力,其歌舞内容亦多言武事,如流传甚广的鲜卑音乐《真人代歌》,"上叙祖宗开基所由,下及君臣兴废之迹,一百五十章",多是歌颂草原健儿的尚武精神和英雄主义。北魏建都平城时,"命宫女晨夕歌之",即便在郊庙宴飨这种庄严的场合也要奏此歌曲。至北周、隋时,此歌"与西凉乐杂奏",影响甚远。鲜卑拓跋这种尚武精神,在云冈石窟最早反映在第七窟中，该窟拱门两侧重层塔柱，各雕一对舞伎，发式为逆发形和剃发形两种，属少数民族，犹似草原上摔跤姿势，斜拧身，叉腰，出胯相对立。第一窟北壁三层塔柱上各雕一对乐舞伎者，体格健硕，有持琵琶、螺、横笛、吹指、舞蹈。这种强烈的表现意识，发展到第九窟时，得到充分的宣泄。该窟前室北壁明窗两侧雕五层直檐方塔，每层各有一对鲜卑舞者对攻、托掌、吸腿、回手反击，姿态劲健古拙，透示出强烈的生命意蕴，体现了鲜卑拓跋的勇敢、崇武精神。

（二）中原乐舞与中亚、鲜卑乐舞的融合

北魏迁都平城，孝文帝积极改革鲜卑文化，倡导汉化，对音乐也进行改革。太和十一年（公元 487 年）"春，文明太后令曰：先王作乐，所以和风改俗，非雅曲正声不宜庭奏，可集新旧乐章，参探音律，除去新声不典之曲，神增钟悬铿锵之韵"[33]，长江流域的音乐文化逐步向平城流动，石窟中新见了吹叶、笙、琴、筝等乐器，大大丰富了云冈乐舞雕刻内容。云冈中期音乐内涵越来越丰富，乐器雕刻无论在种类上还是规模上都达到极盛阶段。第十二窟是为"极盛"时期的典范，也是著名的音乐窟，共雕刻乐器14 种达 146 件，窟顶壁衔接处高浮雕六个伎乐，高 1.4 米，雕凿之巨，空前绝后。窟内佛教内容集中西合乐对释迦成道的庆贺盛典，隐喻北魏建造盛世王朝犹如佛之成道的景况。

第十二窟前室北壁门楣雕刻舞伎群，其中一组舞蹈，伎者举止轻飘，气韵雄放，动作十分连贯，给人以强烈的节奏感。北壁上层天宫伎乐列龛结构宏大，"诸栏楯间，诸女自然执众乐器竞起歌舞"[34]，所雕乐器自西向东为吹指、齐鼓、排箫、琵琶、横笛、筝、琵琶、筚篥、竖箜篌、卧箜篌、腰鼓、义觜笛、螺、鼓。伎者多梳高发髻，是汉族形象。汉人乐伎在演奏运用中亚乐器。又窟顶处六个高浮雕伎乐中有五人为少数民族乐伎，他们身体健硕，半裸上身，手持埙、腰鼓、筚篥等乐器，吸腿迅起。中央另一伎者扭腰耸胯，双脚交叉而立，两手合掌，以两食指拨击发声，此即"弹指"，它是龟兹舞蹈动作中的一个典型特征。在同一个石窟中中外两族人们应用中西乐器合奏。类似这种情况在云冈中期以后较为普遍。同时在石窟乐器组合中屡见吹指形象。吹指，即手指含入口内吹声，鲜卑人以此放牧，"以惊中国马"，其声辽远。古印度亦以此礼赞圣人圣物，其与乐队组合，易于渲染气氛，传递情感，富于浓郁的民族特色。

（三）云冈晚期音乐舞蹈风格更趋于汉族化

晚期窟因系中下层官吏及百姓营建，伎乐表现更具随意性，更具实用性，这便导致了伎乐雕刻的世俗性。以音乐内容较多的第三十八窟为例，正壁龛基现存两幅幢倒伎乐图，一幅是其人在竿顶作俯卧状，竿旁叠罗汉式雕刻三层伴奏乐队，持横笛、排箫和琵琶；一是伎人仰于竿顶作旋转之姿，竿旁有筚篥、腰鼓、排箫诸乐伴奏。幢倒是百戏中杂技项目的一种，幢意即竿，树之攀缘以为戏，伎者动作迅敏惊险。汉代称"寻幢"，南北朝称"缘幢"，唐代称"缘竿"，佛经中称"幢倒伎"。北魏时期百戏活动深得统治者的倡导，天兴六年（公元 403 年），拓跋珪增修百戏，"太宗初，又增修之，撰合

大曲，更为钟鼓六节"[35]。不但充实项目，还选配了音乐。三十八窟幢倒伎乐雕刻以写实的手法，再现了北魏百戏活动的场面，散发出浓郁的现实主义气息。该窟顶部作方格平棋式藻井，中心饰一圆莲，周围十方格内各有一对伎乐飞天，其中一组一持排箫，另一左手吹指，右手托一圆镜供养。这类配置，是晚期伎乐世俗化的显著反映。

（四）西凉乐对云冈乐舞雕刻的影响

云冈乐舞艺术，是多元文化结合的产物。各民族优秀的民间乐舞艺术在此积淀，西凉乐是云冈乐舞艺术雕刻的主流。西凉乐，是魏晋以来兴盛于凉州地区的地域性乐舞流派。范文澜先生《中国通史简编》中说："凉州在当时是北中国保存汉文化传统最多又是接触西方文化最先的地区。西方文化在凉州经过初步汉化以后，再向东流，音乐也是这样。"[36]公元439年，北魏平河西得西凉乐，"择而存之"，筛除不适合鲜卑人的笨重乐器，如钟磬之类，带回平城后，对云冈发生影响，表现如下：

1. 《隋书·音乐志》中记载西凉乐十九种乐器，云冈具有筝、竖箜篌、琵琶、五弦、笙、箫、筚篥、长笛、横笛、腰鼓、齐鼓、檐鼓、铜钹、贝等十四种[37]。其中既有汉魏旧乐筝、排箫、笙之类，亦有龟兹五弦、西亚系波斯竖箜篌、天竺梵贝之类，与《旧唐书·音乐志》所言西凉乐"盖凉人所传中国旧乐，而杂以羌胡之声"[38]一语暗合。

2. 石窟中使用了许多西凉乐特性乐器，如齐鼓、檐鼓及义觜笛，其数量总和达43件。又《隋书·音乐志》记载，西凉乐乐器中有大筚篥、小筚篥之称谓，如前所述，云冈筚篥雕刻已有大小之分，它是西凉乐特有的乐器组合形式。

3. 清人徐养沅《律吕臆说》云："清歌妙舞，多出西凉"[39]。《旧唐书·音乐志》载："自周隋已来，管弦杂曲将数百曲，多用西凉乐，鼓舞曲多用龟兹乐。"[40]说明西凉乐是一种以管弦乐器为主，以抒情见长的音乐。云冈乐器组合中多数是以管弦为主的编制。

西凉乐得以传留云冈，有以下因素：凉州地接西域，为西域音乐文化东渐的必经之地，深厚悠久的华夏音乐文化传统也在此地流通。自前凉以来，凉州一直是北中国佛教发达的地区。北魏佛教主要取材于北凉，北魏平定凉州，河西文化受到重视，太武帝强徙其十万户充实平城，在东迁的汉族和少数民族中，有许多优秀工匠，直接参与了云冈石窟的开凿。雕刻过程中势必不自觉地将自己平素耳濡目染、感受甚深的凉州乐舞内容付诸凿下。

北魏犷野难驯，穷兵黩武，屡掠乐伎。据《隋书·音乐志》西凉乐"起符氏之末，吕光、沮渠蒙逊等据有凉州，变龟兹声为之，号为秦汉伎。魏太武既平河西得之，谓之西凉乐"[41]。西凉乐来到平城后，其高度的艺术价值、丰富的内涵和独特的民族风格，极为世人所重，太武帝"宾嘉大礼，皆杂用焉"，"至魏、周之际，遂谓之国伎"。由于北魏最高统治者的大力推崇，使西凉乐盛极一时，成为平城地区音乐的主流，崇尚西凉乐是为平城地区的社会音乐风尚。毋庸置疑，云冈乐舞雕刻之构思创作断然不可回避这一现实，不能脱离这一生活基础[42]。

我们在并州等地娄睿墓、虞弘墓、斛律彻墓以及魏晋南北朝隋唐墓中还发现有许许多多中亚音乐文化的内容与云冈石窟音乐文物相类似，在此不再赘述。

公元 5 世纪以来随着中西文化交流的日益频繁，北方鲜卑族等少数民族迁徙来到并州太原地区和大同地区，使得许多印度、阿富汗、伊朗和漠北草原粗犷的少数民族的优良传统流入中原，深深地影响中华民族的传统文化，在这片土地上交融，相互影响，结出丰硕成果，直接地影响中华民族千余年来生活的方方面面，是我中华民族发展的重要里程碑，具有伟大的意义。

2005 年 7 月初稿

11 月定稿

注　释

〔1〕竺可桢：《中国近五千年来气候变迁的初步研究》，《考古学报》1972 年第 1 期。

〔2〕《后汉书·五行三》。

〔3〕《晋书·文帝纪》。

〔4〕《太原隋墓展示中西亚风情》，《中国国家地理》2002 年第 5 期。

〔5〕渠传福：《徐显秀墓与北齐晋阳》，《文物》2003 年第 10 期。

〔6〕清雍正年间《山西通志》卷 10："壶口故关，（黎城县）东北二十八里，路东河南涉县，即今吾儿峪也。"

〔7〕臧励龢《地名大字典·滏山》："在河北武安县南三十里。接直隶磁县界。……亦名滏口，即太行第四陉也"。商务印书馆香港分馆，1982。

〔8〕《北齐书·神武帝纪上》。

〔9〕王国维：《水经注校》第 206 页，上海人民出版社，1984 年。

〔10〕[北魏] 贾思勰：《齐民要术》。

〔11〕《魏书·食货志》。

〔12〕《北齐书·娄昭》。

〔13〕《北齐书·神武帝纪上》。

〔14〕《北齐书·孙搴传》。

〔15〕山西省考古研究所太原市文物考古研究所：《太原北齐徐显秀墓发掘简报》，《文物》2003 年第 10 期。

〔16〕《北齐书·高昂传》。

〔17〕《北齐书·孙搴传》。

〔18〕《旧唐书·舆服志》。

〔19〕《北齐书·文宣帝纪》。

〔20〕[宋] 沈括：《梦溪笔谈》卷 1，引自王国维：《观堂集林·胡服考》，中华书局，1984 年。

〔21〕瞿宣颖：《中国社会史料丛钞》上册第 101 页，上海书店，1985 年。

〔22〕吕一飞：《胡族习俗与隋唐风韵》第 6 页，书目文献出版社。

〔23〕《魏书·辛绍先传》。

〔24〕沈从文：《中国古代服饰研究》第 167～168 页，商务印书馆香港分馆，1981 年。

〔25〕《十三经注疏·诗·小雅·采芑》，中华书局，1980 年。

〔26〕《晋书·五行志上》。

〔27〕［北齐］颜之推：《颜氏家训》，转引自周锡保：《中国古代服饰史》第 135 页，中国戏剧出版社，1986 年。

〔28〕周锡保：《中国古代服饰史》第 154 页，中国戏剧出版社，1986 年。

〔29〕《急就篇》，引自王国维：《观堂集林·胡服考》，中华书局，1984 年。

〔30〕《北史·蠕蠕传》。

〔31〕沈从文：《中国古代服饰研究》增订本第 186～187 页，上海书店出版社，1999 年。

〔32〕项阳、陶正刚：《中国音乐文物大系·山西卷·云冈石窟音乐图像综述》，大象出版社，2000 年。

〔33〕《魏书·乐志》。

〔34〕《弥勒上生经》，转引自项阳、陶正刚：《中国音乐文物大系·山西卷·云冈石窟音乐图像综述》，大象出版社，2000 年。

〔35〕《魏书·乐志》。

〔36〕范文澜：《中国通史简编》。

〔37〕《隋书·音乐志》。

〔38〕《旧唐书·音乐志》。

〔39〕［清］徐养沅：《律吕臆说》，转引自项阳、陶正刚：《中国音乐文物大系·山西卷·云冈石窟音乐图像综述》，大象出版社，2000 年。

〔40〕《旧唐书·音乐志》。

〔41〕《隋书·音乐志》。

〔42〕同注〔32〕。

莲花纹瓦当研究的回顾与思考

韩建华

（中国社会科学院考古研究所）

序　言

　　瓦当作为中国古代建筑所特有的构件，其纹饰和制作技法在某种程度上体现了时代精神、审美情趣和一定的文化特征。佛教在东汉时期传入中国，魏晋时期得到迅速发展，促使莲花纹瓦当在建筑装饰中的出现和普遍使用。

　　瓦当类型的变化，是建筑技术和思想观念发展的具体表现。莲花瓦当大量出现，也使得莲花瓦当的研究有了长足深入的进步。最早发表的莲花瓦当材料是 1955 年第 1 期《洛阳古城勘察简报》[1]。随着考古工作的进一步发展，莲花瓦当的发现数量骤增。北魏盛乐城、平城遗址、洛阳城，邺城等遗址是北朝莲花瓦当发现最多的地区[2]。南朝以南京、镇江等地发现为最多[3]。唐代时期以东西两京地区发现为最多[4]。莲花瓦当的发现数量不断增多，莲花瓦当的研究也有长足的发展。

一　莲花纹瓦当的研究成果

　　由于瓦当是具有强烈的时代和区域特征的文化遗存，作为不同时期政治中心的都城遗址所发现的瓦当就代表了特定时期瓦当的主流面貌。通过对瓦当诸多方面的研究进而研究特定时代、特定区域内不同地方的瓦当类型和风格、艺术特征及与中心区域在瓦当乃至文化等方面之间的关系是瓦当研究所要解决的主要问题。目前我国学者对莲花纹瓦当的研究，主要是对其进行类型学的分析，然后依据类型进行分期断代，这种方法是研究莲花瓦当出土的遗址年代的主要途径之一，当然也有学者从莲花所代表的佛教方面的意义进行分析，探讨莲花纹瓦当与早期佛教的关系[5]。

　　莲花瓦当的类型与分期研究，首推钱国祥先生的《汉魏洛阳城出土瓦当的分期与研究》[6]，该文对汉魏洛阳城出土的瓦当进行了整理研究，以洛阳地区莲花纹瓦当的瓣数为标准进行类型划分，结合出土遗址的年代及莲花当心变化进行分期。洛阳在北朝、隋唐及北宋时期的特殊地位，决定了该地区莲花纹瓦当在中原地区瓦当研究中的重要地位。隋唐洛阳城遗址四十余年的考古调查发掘中，发现瓦当 3477 件，其中莲花瓦当 2458 件，陈良伟先生在《洛阳出土隋唐至北宋瓦当的类型学研究》[7]一文中，对洛阳隋唐城遗址出土的瓦当进行整理研究，该文依据莲花瓦当当心和莲瓣的组合不同，及莲瓣是否有宝相装饰，将莲花瓦当分为宝相莲花瓦当、普通莲花瓦当和异型莲花瓦当三类。每类又分为不同的型式，共分为十型，并对莲花瓦当的演变趋势及分期进行初步探讨（图一）。李梅的《中原地区莲花纹瓦当的类型与分期》[8]一文中，对包括河南、陕西、河北、山东等地在内的中原地区及北魏早期活动的河套地区从北朝到隋唐宋期间莲花纹瓦当的类型和演变进行探讨。

以南京为中心的六朝地区，在近年的考古发掘中，发现大量深埋地下的六朝瓦当，这些科学考古发掘所获得的瓦当，为六朝时期瓦当的系统研究提供了机遇和条件。六朝时期的莲花瓦当和兽面瓦当经过东传，对朝鲜和日本的同类瓦当产生很大影响，所以六朝的莲花瓦当和兽面瓦当的研究成为中、日、韩国学者共同关注的研究热点。六朝的瓦当研究首推贺云翱先生的《南京出土六朝瓦当初探》[9]。贺云翱先生对六朝瓦当的搜集、整理和研究有开创之功，文中根据特征将莲花纹瓦当分为八型（图二），并对各型进行时代的判定，同时就六朝瓦当造型的来源及与北方的比较、六朝瓦当的学术价值等问题进行探讨。

王志高、贾维勇的《六朝瓦当的发现及初步研究》[10]中对南京六朝出土的瓦当进行整理并作了初步研究，认为六朝时期的莲花纹瓦当当心均为莲蓬，莲瓣以单瓣为主，也有少量复瓣。莲瓣间的附加装饰也是多种多样。根据南京城内莲花纹瓦当发现数量最多，分布地域扩大的特点推测南朝中后期建康城发展的规模，在前代的基础上有了较大的拓展。同时对南朝单瓣莲花纹对北朝及朝鲜的影响进行研究。刘建国等在《江苏镇江市出土的古代瓦当》[11]文中，以镇江铁瓮城遗址中六朝至唐宋时期的瓦当材料为根据，对六朝至唐宋镇江铁瓮城遗址的瓦当进行类型学的分析（图三），并在《论六朝瓦当》[12]中重点对分布在广大江南地区六朝时期的瓦当的分期、特色及在我国瓦当演变史中的地位等问题作初步的探讨和研究。文中将莲花瓦当依据纹饰特征分为三型（图四），并将莲花瓦当从东晋南朝早期到南朝末期分为三期，认为六朝莲花纹瓦当两大特点：一是纹饰发展演变完整；二是纹饰演变过程与中原不同，产生有先后之分其后又并列发展，后期的趋同表现为当面外围均有联珠纹带，为隋唐时期莲花瓦当的风格奠定了格局。

二 莲花纹瓦当的研究现状

莲花瓦当当面构图复杂，进行类型学分析时，也是仁者见仁，智者见智。钱国祥先生以莲瓣的数量为分型之依据，将汉魏洛阳城的莲花纹瓦当分为五型。最后得出北魏莲花纹瓦当图案早期为复瓣，晚期出现窄尖单瓣。从早到晚变化是：当心由凸起的圆乳钉状花蕊演变为当心较平的莲蓬状；莲花花瓣由肥硕的复瓣变为窄尖的单瓣；晚期莲花纹外围饰联珠纹带；莲瓣间的树形图案由"十"字形向"T"形发展（图五）。魏晋南北朝时期是佛教的一个发展时期，北魏王朝对佛教尤其崇尚，早在其建都平城之时，即已开始了修建佛寺、建造佛塔、开凿石窟、铸造佛像等尚佛崇佛活动。孝文帝迁洛以后，尚佛之风达到高潮，成为中国佛教的一个兴盛时期，作为佛国净土象征物的莲花纹瓦当

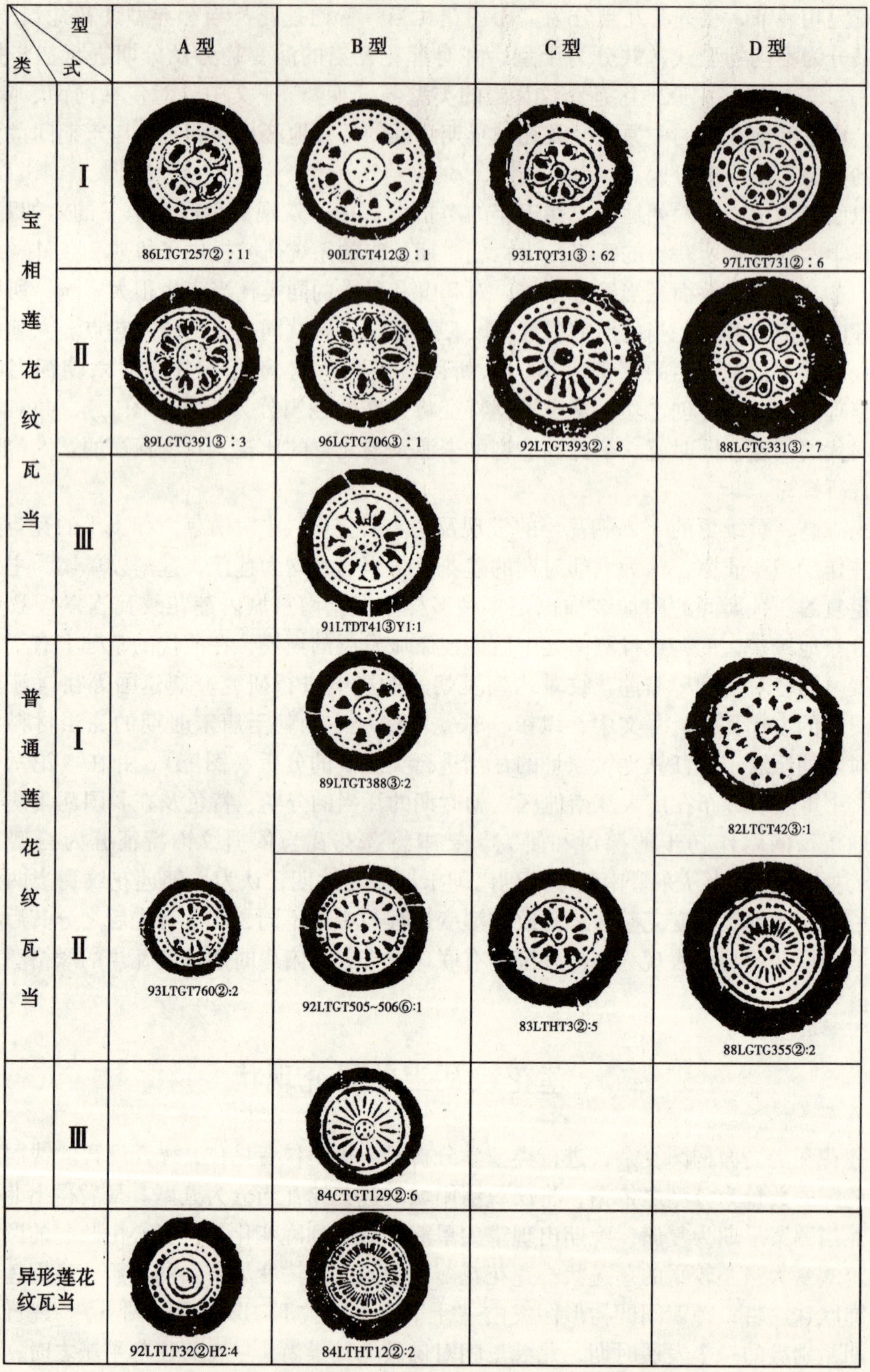

类\式\型	A 型	B 型	C 型	D 型
宝相莲花纹瓦当 — I	86LTGT257②：11	90LTGT412③：1	93LTQT31③：62	97LTGT731②：6
宝相莲花纹瓦当 — II	89LGTG391③：3	96LGTG706③：1	92LTGT393②：8	88LGTG331③：7
宝相莲花纹瓦当 — III		91LTDT41③Y1:1		
普通莲花纹瓦当 — I		89LTGT388③:2		82LTGT42③:1
普通莲花纹瓦当 — II	93LTGT760②:2	92LTGT505~506⑥:1	83LTHT3②:5	88LGTG355②:2
普通莲花纹瓦当 — III		84CTGT129②:6		
异形莲花纹瓦当	92LTLT32②H2:4	84LTHT12②:2		

图一　陈良伟先生关于隋唐洛阳城莲花纹瓦当类型式

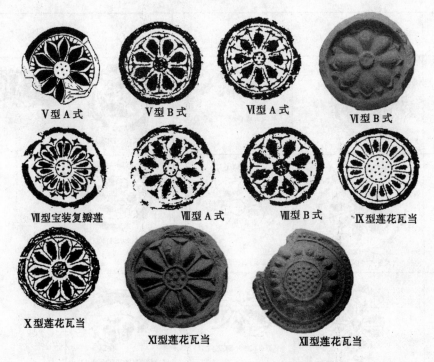

图二　贺云翱先生关于南京六朝莲花纹瓦当的型式

广泛施用到宫殿、官署、寺庙、礼制建筑和陵墓。北魏洛阳城大量莲花瓦当的发现，也正说明了这一点。莲花纹瓦当的发展变化趋势，在某种程度上代表佛教的兴盛。到东魏北齐时的邺城，莲花纹瓦当是延续北魏王朝的变化趋势，瓦当当心为较平的莲蓬状，莲瓣为窄尖的单瓣，外围的联珠纹并不普遍（图六）。对于某些重要遗址的年代判断存在分歧，南朝时期莲花纹瓦当的类型学分析，目前仅贺云翱、刘建国等先生对其进行分型研究。南朝莲花纹瓦当的地层依据相对薄弱，型式的标准各持己见。

　　隋唐时期，莲花纹瓦当的发现数量更多，此时期莲花纹瓦当的研究，还是以类型学的分析为主流。大量隋唐时期遗址的科学发掘，对于该时期莲花纹瓦当，学界已趋于认同：隋唐时期，莲花纹瓦当同时流行单瓣和复瓣，当心有宝珠和莲蓬两种，莲蓬、莲瓣变化多样。大部分的研究仅局限于对某一单体遗址所发现的瓦当进行类型分析，仅陈良伟先生对隋唐洛阳城遗址所出土的莲花纹瓦当进行系统的整理，并对其作类型学的分析，以莲花纹瓦当是否有宝相装饰分类，以当心和单复莲瓣分型，以莲瓣的样式分式，使学界对唐代莲花纹瓦当的类型有新的认识。

　　李梅以单瓣和复瓣分类，以莲瓣的形状分型，以莲瓣不同时期的变化样式分式，对中原地区北魏至隋唐宋的莲花纹瓦当进行研究（图七）。型式标准在笔者看来是科学的，也有一定的操作可能。

　　莲花纹瓦当的构图是由当心、主题花纹和附加装饰（外区的联珠纹及莲瓣间的装饰）组成（图八）。所谓当心，就是瓦当当面的中心部位，对莲花瓦当而言就是莲花的花蕊部分；主题花纹即莲花纹瓦当的莲瓣部分，为当面纹饰的主体；附加装饰有两类，

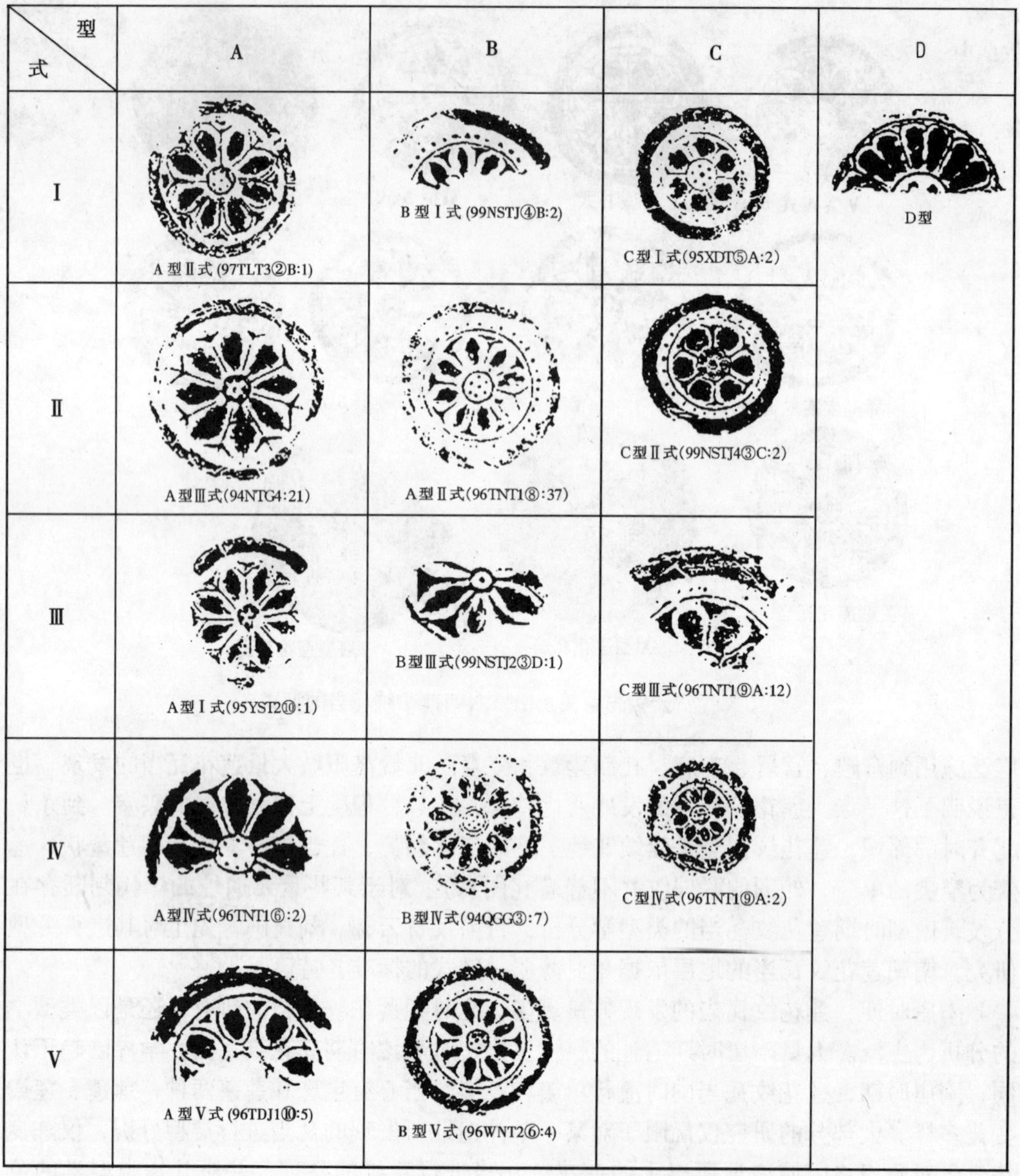

型\式	A	B	C	D
I	A型Ⅱ式 (97TLT3②B:1)	B型Ⅰ式 (99NSTJ④B:2)	C型Ⅰ式 (95XDT⑤A:2)	D型
Ⅱ	A型Ⅲ式 (94NTG4:21)	A型Ⅱ式 (96TNT1⑧:37)	C型Ⅱ式 (99NSTJ4③C:2)	
Ⅲ	A型Ⅰ式 (95YST2⑩:1)	B型Ⅲ式 (99NSTJ2③D:1)	C型Ⅲ式 (96TNT1⑨A:12)	
Ⅳ	A型Ⅳ式 (96TNT1⑥:2)	B型Ⅳ式 (94QGG③:7)	C型Ⅳ式 (96TNT1⑨A:2)	
Ⅴ	A型Ⅴ式 (96TDJ1⑩:5)	B型Ⅴ式 (96WNT2⑥:4)		

图三　刘建国、霍强关于镇江市六朝至唐宋莲花纹瓦当型式

一类是莲瓣间的装饰，另一类就是莲瓣外侧、瓦当边缘部分的装饰纹饰。其中当心图案有宝珠和莲蓬两大类，宝珠状当心一般有：宝珠、宝珠外有小乳钉和宝珠外有突棱三种不同式样；莲蓬状当心也有莲子等大的莲蓬状当心、中间莲子较大的莲蓬状当心和花瓣形莲蓬当心三种。北方地区从北魏开始，当心从早到晚的变化趋势是：宝珠外有小乳钉的当心，随后是莲子等大的莲蓬状当心，其次是中间较大的莲蓬状当心和花瓣形莲蓬当心，稍晚的纯宝珠状当心和宝珠外有突棱当心，唐代中晚期，当心的时代差别已很难判

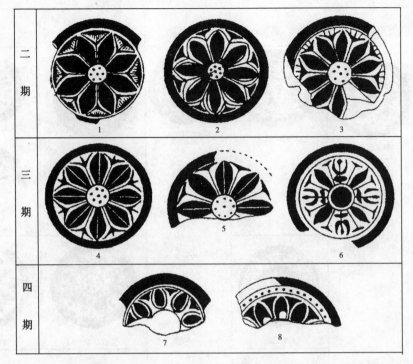

图四　刘建国、潘美云关于六朝时期江南莲花纹瓦当类型与分期

1. A 型 I 式　2. A 型 II 式　3. A 型 III 式　4. A 型 IV 式　5. A 型 V 式　6. C 型　7. A 型 VI 式　8. B 型

（1、2、6、7. 镇江铁瓮遗址出土　3. 南京市富贵山六朝墓出土　4、8. 镇江市区南门大街工地出土

6. 成都市西安路南朝造像坑内出土）

断。南方六朝时期，从莲花纹瓦当一出现便以莲蓬状当心为主流，当心稍突起。到目前为止，在南方还没发现宝珠状当心的莲花纹瓦当。莲瓣间的附加装饰称间纹，有 T 形、Y 形、树形、三角形等，间纹的形成与变化，与时代关系不大，似乎与莲瓣的大小、形状有直接联系。"莲瓣的饱满程度、宽度决定间纹的形状、大小，因此，间纹的存大可以看作是一种无意识的行为，而恰是这种无意识的行为，反映了作者对主题的意识行为，这在间纹比较简单时反映得更明显"[13]。莲瓣外侧、瓦当边缘的装饰分联珠纹、突棱联珠纹两种。南北朝时期，联珠纹已经出现，但并不普遍；到隋唐时期，联珠纹逐渐流行，有些开始在联珠纹内侧加饰一周突棱，有些甚至在联珠纹两侧饰二重突棱。作为考古类型学的研究，其基本手段就是分类排序，最终目标是要解决年代学的问题，所以在型式的标准上，必须遵循莲花纹瓦当发展演变规律，特别是在式的划分上一定要注重时代的早晚变化。南北朝时期的莲花纹瓦当的演变规律目前比较清楚；隋唐宋时期的演变规律还待进一步研究。隋唐时期是莲花纹瓦当发展的极盛时期，莲花纹瓦当种类最齐全、纹饰变化也最复杂，此时的莲花纹瓦当的研究存在很大的难度。另外隋唐时期长安城和洛阳城延续时间都比较长，在同一建筑遗址的废弃堆积层中，该遗址不同时期的建筑材料处于同一地层中，这给都城遗址中所出土的建筑材料的断代研究带来很大难度，虽经过 40 余年的考古勘探与发掘，但是对于砖瓦等遗物的断代认识仍只是初步。

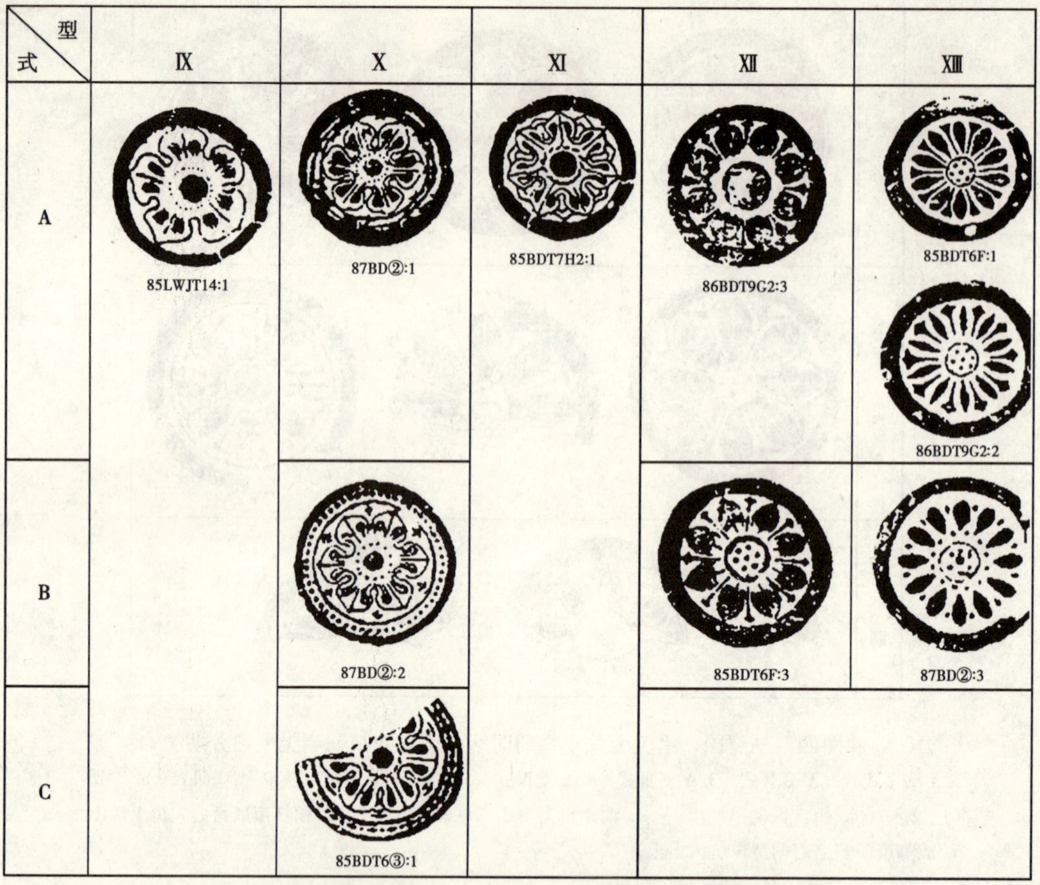

型式	IX	X	XI	XII	XIII
A	85LWJT14:1	87BD②:1	85BDT7H2:1	86BDT9G2:3	85BDT6F:1 86BDT9G2:2
B		87BD②:2		85BDT6F:3	87BD②:3
C		85BDT6③:1			

图五　钱国祥先生关于汉魏洛阳城莲花纹瓦当的型式

　　近年来莲花纹瓦当的研究虽备受学界重视，但目前仍以考古类型学的研究为主，很少涉及莲花纹瓦当的其他方面。莲花纹瓦当构成因素并不复杂，如何将这些因素合理地组合，是目前所要解决的关键问题。也就是说如何处理主题花纹、当心和附加装饰之间的对应关系。就主题花纹来说，存在复瓣和单瓣，以单复瓣分大类，同时以是否存在宝相装饰分小类，这样莲花纹瓦当的两大系统就基本清楚。其次再依据当心不同分型，最后以莲瓣形状的不同分亚型，这样莲花纹瓦当自身的系统基本清楚。

三　莲花纹瓦当研究存在的问题

　　莲花纹瓦当的研究备受学界关注，近年来有关的论文、书籍大量发表，但是仍然存在许多亟待解决的问题。

　　莲花纹瓦当最早在秦代就已产生[14]，秦代瓦当种类繁多，动物纹、植物纹均有，莲花纹瓦当只是作为一种很普通的植物纹图案瓦当出现（图九）。莲花纹瓦当在北魏时期大量流行，很明显是受佛教东传的影响（图一○）[15]。在佛教领域，有释迦牟尼诞生

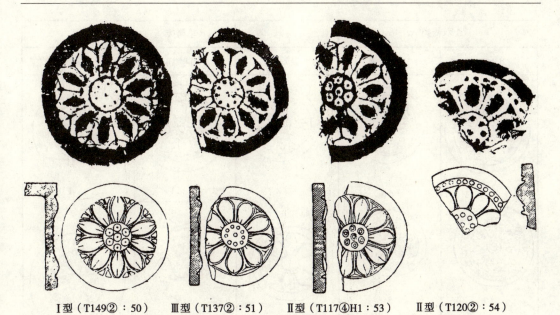

Ⅰ型（T149②：50）　　Ⅲ型（T137②：51）　　Ⅱ型（T117④H1：53）　　Ⅱ型（T120②：54）

图六　东魏、北齐邺南城遗址出土的莲花纹瓦当

时步步生莲的传说，同时莲花又是佛国净土的象征。在南北朝时，"莲花就随着佛教思想的传播和佛教中国化的过程而逐渐与人们的日常生活相结合"[16]。莲花纹图案作为佛教象征，最早是在四川发现的建筑用砖上[17]，东晋、南朝时的各种器皿和建筑物上也大量用莲花装饰。这种用于建筑装饰的佛教莲花图案到莲花纹瓦当的制作，以及莲花纹瓦当成为瓦当主流的变化动力问题，是今后应该重视的课题之一。这个课题的研究涉及到早期佛教南传的系列问题，最终目的还是瓦当造型来源问题[18]。瓦当纹样反映当时人们的思想观念、审美情趣。云纹瓦当，无论是在东周、秦代、汉代一直都是比较盛行。特别是东汉洛阳地区，从一开始就以云纹瓦当为主流，这种状况，当然与云纹瓦当所反映当时人们的思想观念以及云纹瓦当的象征意义所决定的。中国古代的建筑以木结构的建筑为主，所以防火、避火是云纹瓦当用于建筑的最主要的原因，当然云纹瓦当的图案像"一个个汹涌腾起的水浪"，是当时人们镇火祛灾、祈求太平、永受嘉福的享乐意识所代表的反映[19]。莲花生长在水中，是水的象征，具有防火、避火的能力。莲花纹瓦当广泛施用到宫殿、官署、寺庙。和云纹瓦当一样，莲花瓦当有防火、镇火，祛灾求福的作用。莲花瓦当装饰殿宇，反映了人的审美观念、意识形态及崇尚对象，同时反映了人们希冀改造自然、征服神鬼的强烈愿望。

南北朝时期，在北朝的都城洛阳、邺城发现大量的莲花纹瓦当，这些瓦当出土方位明确、地层清楚，促进了北朝瓦当的深入研究。北魏从平城到洛阳，莲花纹瓦当都是以复瓣宝装为主，都洛的中后期，才逐渐被单瓣莲蓬式莲花瓦当代替。到东魏北齐邺城时仍流行单瓣莲花瓦当。南朝以南京为中心的广大地区也发现大量莲花纹瓦当，从一开始南朝莲花纹瓦当与北方地区有着明显的区域差别，是以单瓣莲蓬式莲花瓦当为主，当然

A 双瓣类			B 单瓣类	
a 尖瓣形	b 圆瓣形	a 尖瓣形	b 圆瓣形	c 水滴型

I式　　1
4
I式　　6
I式　　11
13

2
5
7
II式　　12
14

3
II式
II式　　8

9

III式　　10

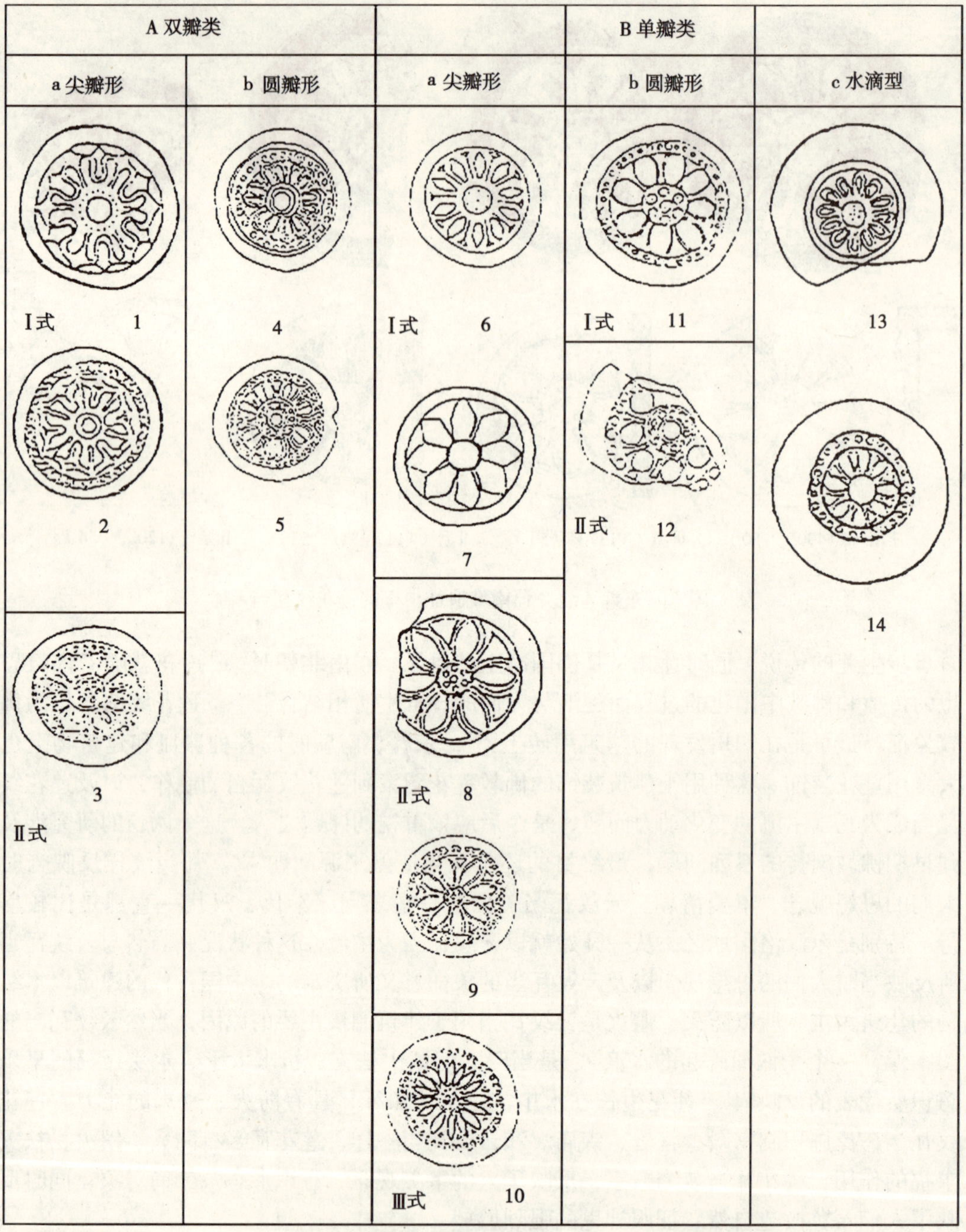

图七　李梅关于中原地区莲花纹瓦当的类型式

出土地点：1. 石湾古城　2. 内蒙古白灵淖城（莲花纹瓦当纹样来自三角形砖）　3. 永宁寺遗址
4、14. 含元殿遗址　5. 隋仁寿宫、唐九成宫　6. 临漳邺南城朱明门遗址　7. 洛阳王湾遗址
8. 河北曲修德寺遗址　9、13. 隋唐东都洛阳城遗址　10. 唐崇岳寺遗址　11. 临漳邺北城遗址
12. 洛阳东城砖瓦窑址

也有少量复瓣宝装，但时代稍晚于北方。后来，南北方均流行单瓣莲蓬式莲花瓦当。这其中的"异"和"同"是由于南朝与北朝文化方面的差异造成的，还是另有原因，以及产生的背景等问题也值得探讨。

　　隋唐时期是莲花纹瓦当发展的全盛期，莲花瓦当种类齐全，纹式变化多样是此时期的特点。在西京长安（图一一）、东都洛阳和南方扬州、东北的渤海国都有大量莲花纹瓦当的发现。隋唐长安和洛阳城遗址大型建筑遗址的大量发掘，为

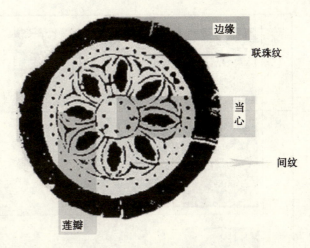

图八　莲花纹瓦当各部位名称

莲花纹瓦当的式样、种类的整理研究提供了可能，各自的研究都有很大的进展。可是作为帝王东西二宅，莲花纹瓦当的对比研究，目前还是空白。瓦当作为文化个性的体现物之一，它还是研究不同地区甚至国家之间文化交流与传播的重要证物[20]。对南北朝时期南北方地区莲花纹进行比较、隋唐时期东西两京之间以及地方城市之间进行比较，对于同时期不同地区莲花纹瓦当之间的相互影响及文化、思想的传播的探讨也是很好的途径。另外以寺院所出土的莲花纹瓦当与同时期石窟寺莲花装饰图案的对比研究，是研究佛教思想的重要手段[21]。对于历史时期考古学文化的分区的探索[22]，莲花纹瓦当不能不说是一个很好的载体。

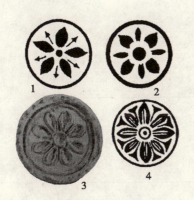

图九　秦代莲花纹瓦当

图一〇　永宁寺遗址出土的莲花化生瓦当

　　众所周知，东晋、南北朝与海东的百济、新罗及日本诸国有着很密切的关系，文化对海东也有很深远的影响[23]。此时期，在江南地区盛行的佛教也传入百济，并由百济传入日本。大量的史籍、佛教经义和工匠、画师也被引进海东诸国。在朝鲜忠清南道公州郡宋山里古坟出土有"梁官瓦为师矣"铭文的莲花纹砖，也正说明了当时百济引进南朝工匠及其工艺技术的事实[24]。朝鲜发现百济时期的莲花纹瓦当与中国南朝时期建

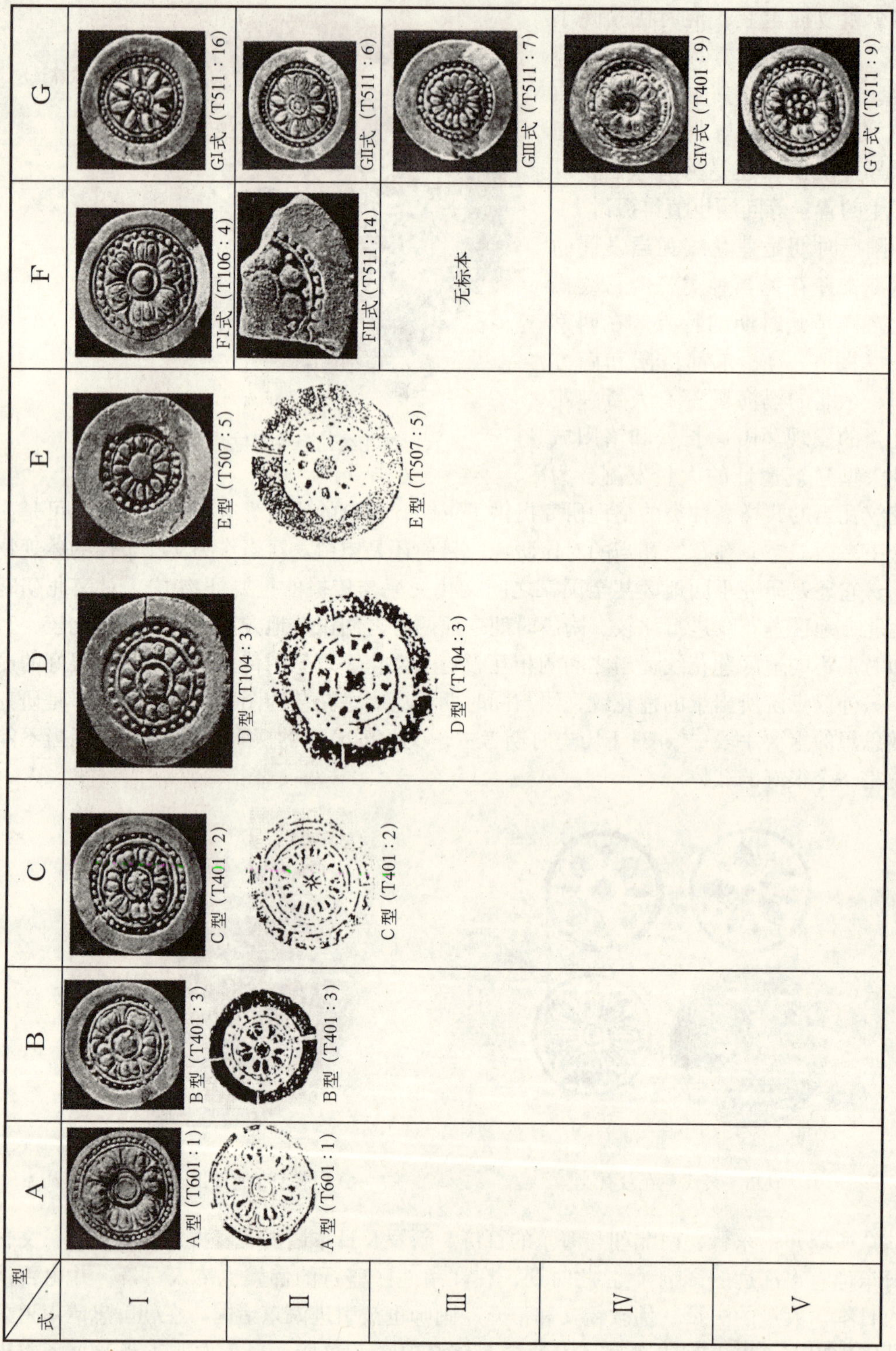

型\式	A	B	C	D	E	F	G
I	A型（T601：1） A型（T601：1）	B型（T401：3） B型（T401：2）	C型（T401：2） C型（T401：2）	D型（T104：3） D型（T104：3）	E型（T507：5） E型（T507：5）	FI式（T106：4） FII式（T511：14）	GI式（T511：16）
II							GII式（T511：6）
III						无标本	GIII式（T511：7）
IV							GIV式（T401：9）
V							GV式（T511：9）

图一一　安家瑶、李春林先生关于唐长安城含元殿遗址莲花纹瓦当型式

康城的莲花瓦当有惊人的相似，这种文化间的交流，都是值得深入研究的问题。

莲花纹瓦当的研究，目前只注重研究当面纹饰的发展变化，而忽视了瓦当的制作工艺。莲花纹瓦当虽均属模制，莲花纹瓦当的制作工艺是有差异的，特别是瓦当当面与筒瓦的粘接的时代差异是明显的，技术的进步可能导致时代的差异的主要因素。从制作工艺的变化来研究瓦当的时空分布，也是解决不同时期瓦当变化、同一时期不同地区瓦当分布的有效途径。日本学者在瓦当制作工艺方面的研究值得我们借鉴。

关于莲花纹瓦当的生产与流通问题，也是值得探索的重要问题。南北朝时期关于莲花瓦当的窑址报道很少，瓦当是就地生产，还是有专门烧造的地方，学界对此问题未有足够的重视，也没有学者对此问题作专门的探索。隋唐时期的砖瓦窑址在西京长安和东都洛阳城内有大量的发现[25]，这为此问题的研究提供可能。从目前的考古资料来看，隋唐时期，可能是就地取土烧制砖瓦等建筑材料。唐长安城大明宫含元殿遗址、慈恩寺、青龙寺等遗址都发现了同时期的砖瓦窑址，安家瑶先生在《唐大明宫含元殿遗址1995~1996年发掘报告》中，对于窑址的产品与唐代砖瓦的断代标准作了初步分析，这是难能可贵的探索。东都洛阳城清理了5处唐代窑址，包括宫城内1处、皇城内1处、东城内1处、廓城里坊区内3处、城外2处。东都城砖瓦窑址的发现，已有学者根据考古发现的窑址的形制、分布、产品种类等对窑址的经营性质、分期和烧造特点进行探讨，得出"隋唐时期早期营建洛阳城主要的官营砖瓦窑场的范围大致位于原隋唐城外廓城内北部，含嘉城外东部里坊区沿瀍河两岸一带"的结论[26]。但是仍未把砖瓦窑的分期与莲花纹瓦当的分期联系起来。在日本莲花纹瓦当的研究中，有"同范"的概念，也是涉及瓦当的流通问题，可能对我们的研究有很好的启发。

目前考古发掘现场瓦当在所在遗址中的相对位置没有详细记录，对于不同型式莲花瓦当在建筑中的使用部位及具体数量不得而知，这对于研究瓦当与建筑的关系造成一定影响。

田野考古报告，是作为一种考古发掘材料全面、客观、真实、准确报道的媒介，学者通过考古发掘报告进行学术研究。但对于莲花纹瓦当的报告中，还有许多问题期待解决。首先，报告中文字描述、照片、拓本、线图四者缺一不可。其次，文字描述，从当心、莲瓣、附加装饰和边缘几个方面进行描述，各部分的数据是必不可缺。在绝大部分报告中，常常忽略了瓦当边缘的描述，瓦当边缘的高度、宽度在某种程度上是随时代而变化的，所以应给予重视。对于照片，不仅要有瓦当当面的照片，还要有瓦当背面照片，特别是瓦当与筒瓦粘接处的细部；对于线图，瓦当当面线图和断面图都必须齐备；在某种程度上，拓本并不能真实反映瓦当本身，所以拓本只是起参考作用。这样，对于研究才不至于有捉襟见肘的尴尬。

莲花纹瓦当研究，是备受学界关注的课题之一，对于都城和佛教研究都是至关重要的。目前大量的莲花纹瓦当出现以从魏晋南北朝至隋唐宋的都城遗址中，首先应用考古地层学和类型学的方法，对莲花纹瓦当建立跨越时代的纵向标尺，然后对于同时代不同地区的差异再进行横向的比较，建立中国莲花瓦当的时空坐标。其次，确定了瓦当在遗址中某建筑遗迹的出土的相对位置，对建筑装饰的复原、瓦当在建筑中不同位置的作用、瓦当与建筑的布局以及与都城总体的布局等诸问题有很好的解决。"瓦当作为考古学的重要课题，我们不但要加强用考古学方法使这一研究逐步深化，还要贯彻始终的'史学'意识，即由'物'及'人'，从而使古代瓦当研究学术成果更加丰硕"[27]！

注　释

〔1〕中国科学院考古研究所洛阳发掘队：《洛阳古城勘察简报》，《考古通讯》1955 年第 1 期。

〔2〕a. 俞伟超：《邺城调查记》，《考古》1963 年第 1 期。

　　b. 中国社会科学院考古研究所、河北省文物研究所邺城考古工作队：《河北临漳邺南城朱明门遗址发掘简报》，《考古》1996 年第 1 期。

　　c. 中国社会科学院考古研究所、河北省文物研究所邺城考古工作队：《河北临漳县邺南城遗址勘探与发掘》，《考古》1997 年第 3 期。

　　d. 中国科学院考古研究所洛阳工作队：《汉魏洛阳城出土的有文字的瓦》，《考古》1962 年第 9 期。

　　e. 中国科学院考古研究所洛阳工作队：《汉魏洛阳城一号房址和出土的瓦文》，《考古》1973 年第 4 期。

　　f. 中国社会科学院考古研究所汉魏故城工作队：《汉魏洛阳城北魏建春门遗址的发掘》，《考古》1988 年第 9 期。

　　g. 中国社会科学院考古研究所：《北魏洛阳永宁寺》，科学出版社，1996 年。

　　h. 钱国祥：《汉魏洛阳城出土瓦当的分期与研究》，《考古》1996 年第 10 期。

　　i. 钱国祥：《中国魏晋南北朝时代瓦当》，《国立庆州博物馆瓦当国际学术讨论会论文集》，庆州国立文化财出版，2000 年。

　　j. 中国社会科学院考古研究所洛阳汉魏故城队：《河南洛阳汉魏故城北魏宫城阊阖门遗址》，《考古》2003 年第 7 期。

〔3〕a. 贺云翱：《南京出土六朝瓦当初探》，《东南文化》2003 年第 1 期。

　　b. 贺云翱、邵磊：《南京毗卢寺东出土的六朝时代瓷器和瓦当》，《东南文化》2004 年第 4 期。

　　c. 王志高、贾维勇：《六朝瓦当的发现及初步研究》，《东南文化》2004 年第 4 期。

　　d. 南京博物馆等：《江苏南京市富贵山六朝墓地发掘简报》，《考古》1998 年第 8 期。

　　e. 贺云翱、邵磊、王前华：《南京首次发现六朝大型坛类建筑遗存》，《中国文物报》1999 年 9 月 8 日。

　　f. 《南京钟山六朝祭坛又获重大发现》，《中国文物报》2001 年 5 月 30 日。

　　g. 南京市文物研究所等：《南京钟山南朝坛类建筑遗存一号坛发掘简报》，《文物》2003 年第 7 期。

　　h. 南京市文物研究所等：《南京梁南平王萧伟墓阙发掘简报》，《文物》2002 年第 7 期。

　　i. 镇江古城考古所：《江苏镇江市出土的古代瓦当》，《考古》2005 年第 3 期。

　　j. 刘建国、潘美云：《论六朝瓦当》，《考古》2005 年第 3 期。

〔4〕西京长安地区的资料有：

　　a. 马德志：《唐长安兴庆宫发掘记》，《考古》1959 年第 10 期。

　　b. 唐金裕：《西安市西郊唐代砖瓦窑址》，《考古》1961 年第 9 期。

　　c. 中国社会科学院考古研究所西安作队：《唐代长安城明德门遗址发掘简报》，《考古》1974 年第 1 期。

d. 中国社会科学院考古研究所西安作队：《唐青龙寺遗址发掘简报》，《考古》1974 年第 5 期。

e. 卢建国：《陕西铜川唐玉宫遗址调查》，《考古》1978 年第 6 期。

f. 赵康民：《唐华清宫调查记》，《考古与文物》1983 年第 1 期。

g. 韩宝全：《西安慈恩寺内的唐代砖瓦窑址》，《考古与文物》1986 年第 1 期。

h. 贾文熙：《大雁塔下窑址群》，《中国文物报》1987 年 1 月 30 日。

i. 李健超：《隋唐长安城实际寺出土文物》，《考古》1988 年第 4 期。

j. 中国社会科学院考古研究所西安唐城工作队：《陕西唐大明宫含耀门遗址发掘记》，《考古》1988 年第 11 期。

k. 中国社会科学院考古研究所西安唐城工作队：《唐长安青寺遗址》，《考古学报》1989 年第 2 期。

l. 中国社会科学院考古研究所西安唐城工作队：《唐长安安定坊发掘记》，《考古》1989 年 4 期。

m. 中国社会科学院考古研究所西安唐城工作队：《唐长安西明寺遗址发掘简报》，《考古》1990 年第 1 期。

n. 中国社会科学院考古研究所西安唐城工作队：《隋仁寿宫唐九成宫 37 号殿址的发掘》，《考古》1995 年第 12 期。

o. 中国社会科学院考古研究所西安唐城工作队：《唐大明宫含元殿遗址 1995～1996 年发掘报告》，《考古学报》1997 年第 3 期。

p. 穆晓军等：《唐长安城太平坊东南隅出土遗物》，《文博》1998 年第 6 期。

q. 唐华清宫考古队：《唐华清宫梨园、小汤遗址发掘简报》，《文物》1999 年 3 期。

r. 陕西省文物管理局、骆希哲编著：《唐华清宫》，文物出版社，1998 年。

s. 中国社会科学院考古研究所西安唐城工作队：《陕西西安唐长安城圜丘遗址的发掘》，《考古》2000 年 7 月。

t. 中国社会科学院考古研究所、日本独立行政法人文化财研究所奈良文化财研究所联合考古队：《西安唐大明宫太液池南岸遗址发现大型廊院建筑遗存》，《考古》2004 年 9 期。

东都洛阳的资料有：

a. 中国科学院考古研究所洛阳发掘队：《隋唐东都城址的勘察与发掘》，《考古》1961 年第 3 期。

b. 北京大学考古实习队：《洛阳王湾遗址发掘简报》，《考古》1961 年第 4 期。

c. 洛阳博物馆：《洛阳隋唐宫城内的烧瓦窑》，《考古》1974 年第 4 期。

d. 中国社会科学院考古研究所洛阳工作队：《"隋唐东都城址的勘察与发掘"续记》，《考古》1978 年第 6 期。

e. 洛阳博物馆：《隋唐洛阳含嘉仓城德猷门遗址的发掘》，《中原文物》1981 年第 2 期。

f. 洛阳博物馆：《洛阳唐东都皇城内的仓窖遗址》，《考古》1981 年第 4 期。

g. 洛阳市文物工作队：《1981 年河南洛阳隋唐东都夹城发掘简报》，《中原文物》1983 年第 2 期。

h. 洛阳市文物工作队：《隋唐东都应天门遗址发掘简报》，《中原文物》1988 年第 3 期。

i. 洛阳博物馆：《隋唐东都洛阳城发现的几处砖瓦窑》，《文物资料丛刊》第 2 辑，文物出版社，1978 年。

j. 中国社会科学院考古研究所洛阳唐城队：《唐东都武则天明堂遗址发掘简报》，《考古》1988 年第 3 期。

k. 中国社会科学院考古研究所洛阳唐城队：《洛阳隋唐东都城 1982～1986 年考古工作纪要》，《考古》1989 年第 3 期。

l. 中国社会科学院考古研究所洛阳唐城队：《隋唐洛阳城东城内唐代砖瓦窑址的发掘简报》，《考古》1992 年第 12 期。

m. 中国社会科学院考古研究所洛阳唐城队：《唐东都乾元门遗址发掘简报》，《考古》1994 年第 1 期。

n. 中国社会科学院考古研究所洛阳唐城队：《洛阳唐东都履道坊白居易故居发掘简报》，《考古》1994 年第 8 期。

o. 中国社会科学院考古研究所洛阳唐城队：《洛阳宋代衙署庭园遗址发掘简报》，《考古》1996 年第 6 期。

p. 中国社会科学院考古研究所洛阳唐城队：《洛阳唐东都上阳宫园林遗址发掘简报》，《考古》1998 年第 2 期。

q. 洛阳市文物工作队：《河南洛阳市瀍河东岸唐代窑址发掘简报》，《考古》1998 年第 3 期。

r. 中国社会科学院考古研究所洛阳唐城队、洛阳市文物工作队：《隋唐东都洛阳城外郭城砖瓦窑址 1992 年清理简报》，《考古》1999 年第 3 期。

s. 中国社会科学院考古研究所洛阳唐城队：《河南洛阳唐宫路北唐宋遗迹发掘简报》，《考古》1999 年第 12 期。

t. 温玉成：《龙门奉先寺遗址调查记》，《考古与文物》1986 年 2 期。

u. 《河南龙门奉先寺遗址发掘简报》，《中原文物》2003 年第 1 期。

〔5〕a. 钟晓青：《魏晋南北朝建筑装饰研究》，《文物》1999 年第 12 期。

b. 贺云翱：《中国南方早期佛教艺术初探》，《东南文化》1991 年第 6 期。

〔6〕同注〔2〕h。

〔7〕陈良伟：《洛阳出土隋唐至北宋瓦当的类型学研究》，《考古学报》2003 年第 3 期。

〔8〕李梅：《中原地区莲花纹瓦当的类型与分期》，《文物春秋》2002 年第 2 期。

〔9〕同注〔3〕a。

〔10〕王志高、贾维勇：《六朝瓦当的发现与初步研究》，《东南文化》2004 年第 4 期。

〔11〕同注〔3〕i。

〔12〕同注〔3〕j。

〔13〕李梅：《中原地区莲花纹瓦当的类型与分期》，《文物春秋》2002 年第 2 期。

〔14〕a. 马建熙：《秦都咸阳瓦当》，《文物》1976 年第 11 期。

b. 陕西省考古研究所秦汉研究室：《新编秦汉瓦当图录》，三秦出版社，1986 年。

c. 西安市文物管理委员会：《秦汉瓦当》，陕西人民美术出版社，1985 年。

〔15〕北魏永宁寺遗址出土的莲花化生瓦当，是佛教与莲花关系的有力佐证。

〔16〕贺云翱：《南京出土六朝瓦当初探》，《东南文化》2003 年第 1 期。

〔17〕《中国文物报》1990 年 11 月 9 日。

〔18〕贺云翱：《南京出土六朝瓦当初探》，《东南文化》2003 年第 1 期。

〔19〕钱国祥：《汉魏洛阳城出土瓦当的分期与研究》，《考古》1996 年第 10 期。

〔20〕贺云翱：《南京出土六朝瓦当初探》，《东南文化》2003 年第 1 期。

〔21〕日本佐川正敏先生在《永寧寺木塔の屋根瓦を復原する－九重塔の屋根瓦にみる天人誕生の理念—》一文中对北魏永宁寺遗址所出土的莲花化生瓦当与巩县石窟寺天井纹样对比，对佛教思想中的天人诞生理念以及中国南北融合产生的天人诞生理念进行探讨。《北魏洛阳永宁寺》日文版，奈良文化财研究编。

〔22〕徐苹芳：《中国历史考古学分区问题的思考》，《考古》2000 年第 7 期。

〔23〕a. 杨泓：《吴、东晋、南朝的文化及其对海东的影响》，《考古》1984 年第 6 期。

　　　b. 王仲殊：《东晋南北朝时代中国与海东诸国的关系》，《考古》1989 年第 11 期。

〔24〕同注〔22〕。

〔25〕唐长安城发现的砖瓦窑址资料：

　　　a. 唐金裕：《西安市西郊唐代砖瓦窑址》，《考古》1961 年第 9 期。

　　　b. 韩宝全：《西安慈恩寺内的唐代砖瓦窑址》，《考古与文物》1986 年 1 期。

　　　c. 贾文熙：《大雁塔下窑址群》，《中国文物报》1987 年 1 月 30 日。

　　　d. 中国社会科学院考古研究所西安唐城工作队：《唐长安青寺遗址》，《考古学报》1989 年第 2
　　　　期。

　　　e. 中国社会科学院考古研究所西安唐城工作队：《唐长安西明寺遗址发掘简报》，《考古》1990
　　　　年第 1 期。

　　　f. 中国社会科学院考古研究所西安唐城工作队：《唐大明宫含元殿遗址 1995～1996 年发掘报
　　　　告》，《考古学报》1997 年第 3 期。

　　　东都洛阳城发现的砖瓦窑址资料：

　　　a. 洛阳博物馆：《隋唐东都洛阳城发现的几处砖瓦窑群》，《文物资料丛刊》第 2 期，1978 年。

　　　b. 洛阳博物馆：《洛阳隋唐宫城内的烧瓦窑》，《考古》1974 年第 4 期。

　　　c. 中国社会科学院考古研究所洛阳唐城队：《隋唐洛阳城东城内唐代砖瓦窑址发掘简报》，《考
　　　　古》1992 年第 12 期。

　　　d. 洛阳市文物工作队：《河南洛阳市瀍河东岸唐代窑址发掘简报》，《考古》1998 年第 3 期。

　　　e. 洛阳市文物工作队：《隋唐东都洛阳城外廓城砖瓦窑址 1992 年清理简报》，《考古》1999 年 3
　　　　期。

〔26〕王炬：《关于隋唐洛阳城烧窑的几点认识》，《耕耘论丛（二)》，洛阳市文物局编，科学出版社，
　　　2003 年。

〔27〕刘庆柱：《汉长安城遗址及其出土瓦当研究》，《古代都城与帝陵考古学研究》，科学出版社，
　　　2000 年。

隋唐东都砖瓦窑及相关问题的研究

石自社

（中国社会科学院考古研究所）

随着隋唐东都考古发掘与研究工作的一步步展开，有关砖瓦窑址的资料越来越丰富。对隋唐东都唐代砖瓦窑址的发掘与研究，不仅为研究中国古代砖瓦烧造技术的发展演变提供了丰富的实物资料，而且也为隋唐东都出土的大量建筑构件的分期研究提供了可靠依据，同时也为隋唐东都的复原、历史沿革及建筑风貌等问题的研究提供了可供参考的资料。

一　窑址概况

随着考古工作的不断展开，隋唐东都的一些砖瓦窑址陆续被发现。从上世纪 50 年代至今，在隋唐东都宫城、皇城及里坊区内均有砖瓦窑址被发现，为研究隋唐东都建筑风格及文化内涵提供了丰富的资料。隋唐东都从隋大业元年始建至北宋时期，历经多次大规模的修筑，每次修筑都需烧造砖瓦等建筑构件，因而对砖瓦窑址的发掘与研究为揭示隋唐东都的历史文化内涵是非常有益的探索。

史料记载，唐开元十九年（公元 731 年），玄宗下令，两京城内，公私修筑，不得穿掘为窑，烧造砖瓦[1]。由次可推知，在开元十九年之前隋唐东都的历次大规模建设中多为就地取材。即就近穿掘为窑烧造砖瓦，而在开元十九年后才强行禁止在城内开窑。同时考古发掘资料亦证实，在城内多处基址中发现了唐代砖瓦窑遗迹。

砖瓦窑址在隋唐东都内的分布比较广泛，仅从考古发掘已知的材料看，宫城、皇城以及里坊区内均有分布：在宫城应天门北约 150 米，发现一处砖瓦窑群，已发掘部分砖瓦窑分东西两排，南北成行，窑门斜叉相对[2]；在右掖门西北部，已发掘其中 5 座，为两个单体窑和一组由三个窑室组成的单排窑[3]；在宫城西墙外侧西北部，发现一砖瓦窑群，由七座单体窑组成，并且分布无规律[4]；在隋唐东都郭城北墙外东北部，即今洛阳北窑村东，瀍河东岸台地上，共发现了 24 座[5]；在隋唐东都东城中部，即今洛阳市老城区中州路北侧市农副产品公司营业楼下，为由两个窑室组成的排窑[6]；在隋唐东都郭城洛北里坊区履顺坊内，即今洛阳市火车东站南约 200 米、南新安街南段东侧、九龙台北约 80 米处，东距瀍河约 100 米，面积约 1 万平方米的范围内，共发现 39 座砖瓦窑，已发掘 33 座，多为两座窑室由操作坑连为一组，部分为三座窑室由操作坑连为一组，少量为单体窑室[7]；在隋唐东都郭城洛北里坊区瀍河东岸的台地上，即今洛阳一拖集团东关分厂家属院内，共发掘6座，其中三座为单体窑，另有呈品字形分布的三座窑室由操作坑连为一组[8]。此外，在隋唐东都郭城洛北里坊区瀍河两岸的台地上，洛阳市文物工作队还发现了大规模的唐代砖瓦窑基址，考古资料证实在这一范围内是隋唐东都早期建设过程中主要的砖瓦窑场。这些窑址的发掘清理，为进一步了解隋唐东都的建筑风格与规模、建筑布局与沿革提供了珍贵的资料（图一）。

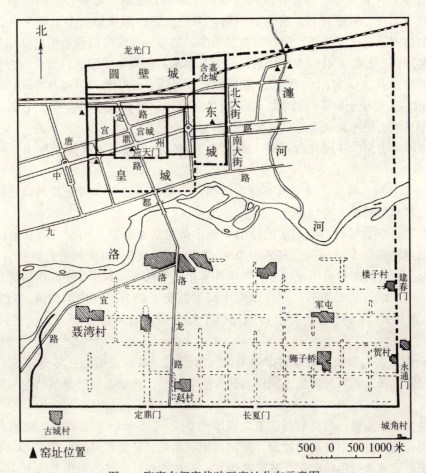

图一　隋唐东都唐代砖瓦窑址分布示意图

二　砖瓦窑的结构与布局

（一）砖瓦窑的结构

隋唐东都的唐代砖瓦窑皆为在地面上挖一深坑，然后在坑壁上向里凿出火膛、窑室等部分，即"穿地为窑"。其中，有的砖瓦窑形制较大，有的砖瓦窑形制较小，但其基本结构大致相同。由操作坑、窑门、火膛、烟孔、烟室及烟囱等几部分组成。

1. 操作坑　系窑门外与窑门相接的一个不规则长方形坑，供烧窑操作用。一般南北长2.4~5.1米，东西宽1.6~2.1米，坑口距地表深多在1.6~2.6米之间。坑底较平，有的与窑门相接处为一小斜坡道。坑内大多残存有木炭灰残迹及砖、瓦等碎片。

2. 窑门　均呈拱形，高1.4~2米，宽0.6~0.9米。门底横铺数块青砖作门槛，砖下一般有一楔形沟槽与窑门内的火膛相通。沟长0.5~0.9米，宽0.16~0.3，高0.08~0.24米。此孔作为火膛的进风口。

3. 窑室　平面略呈马蹄形，由火膛和窑床两部分组成。窑室一般前窄后宽，两侧壁上部稍有弧度，后壁齐直。窑室两侧壁多为生土壁，因烧结而多呈青灰色，非常坚硬。多数窑室顶部已遭破坏，保存完整的极少。窑室顶部自窑门至后壁由低渐高，稍有弧度。窑顶部中心位置有一圆孔，直径约为5厘米，孔外周围较平。此孔应为烧砖工艺中所用的渗水孔。从窑门内侧至窑室后壁，长2.2~4.4米，前宽0.5~1米，后宽1.5~4米。火膛位于窑床的前端，平面略呈马蹄形、口大底小，直壁、平底。火堂底部一般都残留有黑木炭灰痕迹。火膛宽度随窑床，长0.5~1米。

窑床略呈方形，床面光滑平整，有的窑床前低而后略高。窑床长度1.6~3.5米，宽2~3.8米。

4. 排烟系统　排烟系统大致可分为两类：一类是在窑室的后壁开凿烟道而成；另一类是在窑室的后面另凿烟室。

（1）第一类为没有单独烟室的排烟系统。系在窑室后壁上掏挖三至五条沟槽作为烟道。烟道槽宽0.2~0.4米，进深0.2~0.5米，其底部与窑床相连处留一方形烟孔，孔以上部分以青砖砌封后用泥抹平，其中亦有生土壁烟道。其中，中间烟道竖直向上达于地表，两侧烟道呈半圆形，在窑顶与中间烟孔交汇成为一方形烟囱口。口长0.3~0.5米，宽0.2~0.4米。在交汇口地面以上部分应立有烟囱，惜大多已遭破坏（图二）。

（2）第二类为带独立烟室的排烟系统。由烟孔、烟室及烟囱三部分组成。烟室与窑室之间的隔墙大致可分为生土隔墙与砖砌隔墙两种，排烟系统的建筑结构与形制基本相同。

一种为生土隔墙。在窑室与烟室之间厚约0.3~0.5米的生土隔墙正中间开挖一宽槽作为掏挖烟室过程中使用的过洞，宽槽与烟室相通，其宽度一般在0.4~0.6米之间。烟室掏挖好后宽槽被用砖砌封，其底部留有一烟孔，封好后其表面用泥抹平。在生土隔墙两侧的底部各掏挖2个近方形孔洞作为连接烟室与窑室的烟孔。隔墙底部连接烟室与窑室的烟孔一般为5个，烟孔长、宽多在0.3~0.4米之间。

一种为砖砌隔墙。在窑室后部用砖砌隔墙将烟室与窑室隔开，底部留有5个烟道用以连接烟室与窑室。隔墙系先在其底部砌成5股烟道，烟道以上用横砖错缝平砌，隔墙砌砖向上逐层内收，立面呈半圆形。烟孔长、宽多在0.2~0.4米。

烟室位于窑室的末端，平面呈长方形，剖面呈半圆形。底部长2.0~4.0米，宽0.35~0.8米之，高0.6~3米。烟室上部凿透地表以造烟囱，烟囱因遭破坏大多已荡然无存（图三）。

（二）砖瓦窑的布局类型

从已经发掘并发表的资料来看，每个窑区内的砖瓦窑分布没有一定的规律。但零乱分布于窑区内的成组砖瓦窑自身的布局很有规律，并且类型多样。砖瓦窑的布局类型大致有五种：单窑、双窑、品字形窑、排窑和对窑。

1. 单窑 即一座单独的砖瓦窑。它由一个操作坑、一个火膛、一个窑室、一个烟室组成。这种形式的砖瓦窑在各个窑区内分布较为广泛，并且分布没有规律，砖瓦窑的方向也很不一致（图四）。

2. 双窑 双窑即两座操作坑相连的砖瓦窑。两座砖瓦窑有各自完整的结构体系，仅操

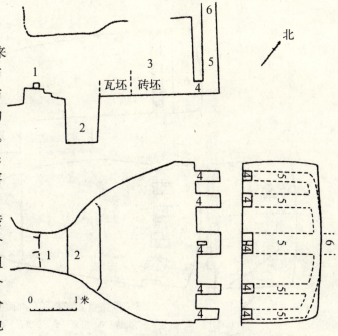

图二　无独立烟室窑平、剖面图
1. 窑门 2. 火膛 3. 窑床 4. 烟洞 5. 烟道 6. 烟囱
（出自《文物资料丛刊》第二辑）

作坑相联通。两座砖瓦窑并列排列，砖瓦窑的方向也基本一致。除操作坑外，砖瓦窑其他部位均不相连。以双窑为布局类型的砖瓦窑发现也较多，而每组砖瓦窑在同一窑区内的分布却没有一定的规律可言。它们间距不等，方向也不一致，分布较为零乱（图五）。

3. 品字形窑 品字形窑即三个操作坑相通的略呈品字形分布的砖瓦窑组成一组，呈品字形分布的砖瓦窑除操作坑外其他部位均不相连。其中一座窑与外两座窑的关系为与一座相对，与另一座并列。在操作坑的一端有一斜坡道，可能作为窑工出入用（图六）。此外，在隋唐长安城慈恩寺和西安西郊的唐代砖瓦窑中，亦发现有呈品字形的砖瓦窑，其中两座正相对，另一座与它们基本垂直，即呈品字形[9]。

4. 排窑 排窑是指三座或三座以上的单体窑并列排成一排，除砖瓦窑的操作坑外，其他部位都是独立的。砖瓦窑的操作坑多为一长条形坑道，与双窑布局相似。目前已发表的资料仅见由三座单窑组成的此类排窑（图七）。

5. 串窑 即三座或三座以上窑室相通的砖瓦窑并列排成一排，砖瓦窑的窑床是相通的，中间无隔梁，其他部位则是各自独立的。串窑的窑床相通，容积较大，但窑体的跨度大，顶部易塌陷。目前已表的资料仅见由三座单窑组成的此类串窑（图八）。

6. 对窑 指以一条长方形坑道为共用操作坑的两排窑门相对或错对的一组砖瓦窑。这一布局类型的砖瓦窑，分成并列两排，它们以一条长条形坑道为共用的操作坑，坑道

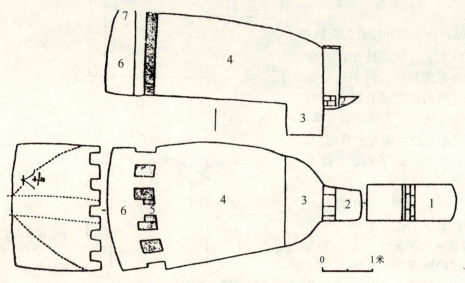

图三　带独立烟室窑平、剖面图
1. 窑门　2. 窑道　3. 火膛　4. 窑室　5. 排烟孔　6. 烟室　7. 烟囱口
（出自《洛阳隋唐宫城内的烧瓦窑》，《考古》1974 年第 4 期）

两侧为两排并列的单体砖瓦窑。除共用操作坑外，砖瓦窑的其他部分均不相连。此类砖瓦窑规模较大，由于操作坑相通，便于操作，效率较高（图九）。

此外，中国社会科学院考古研究所洛阳汉魏故城队在白马寺东北部曾发掘清理了一组由四座单体窑室共用同一个操作坑的唐代环形砖瓦窑，四座单体窑室以一个圆形大坑为共用的操作坑，四座单窑依次分布在操作坑的四周（图一〇）[10]；中国社会科学院考古研究所西安唐城工作队在唐长安大明宫含元殿东部也曾发掘出一组由多个单窑组成的环形砖瓦窑，中间为一大型椭圆形操作坑，十座共用操作坑的单窑依次分布在操作坑的周围[11]。综上所述，这些成组的大型砖瓦窑，可由一人同时操作几座砖窑，大大提高了工作效率。同时也是烧造工艺的一大进步。

三　砖瓦窑址的性质问题

隋唐东都的砖瓦窑遗址，除宫城西墙外和洛北里坊区郭城北墙外瀍河岸边台地上的两处，其余都分布在隋唐东都内的宫城、皇城和里坊区内。这些分布在宫城、皇城内的砖瓦窑不可能为民间所用，当为皇家专用的御用窑场，同时从砖瓦窑的规模及出土遗物上分析，亦应是为营建宫城、皇城和郭城的官营窑场。

文献记载，开元十九年六月敕"京、洛两都，是惟帝宅，街衢坊市，因须修筑，城内不得穿掘为窑，烧造砖瓦。其有公私修造，不得于街巷穿坑取土"。说明在此之前隋唐东都历次大规模的建设修筑，多为就地取材，就近穿掘为窑烧造砖瓦。因此可以说，在皇城右掖门内西北部的砖瓦窑应是为修筑皇城而提供建筑材料的砖瓦窑；应天门

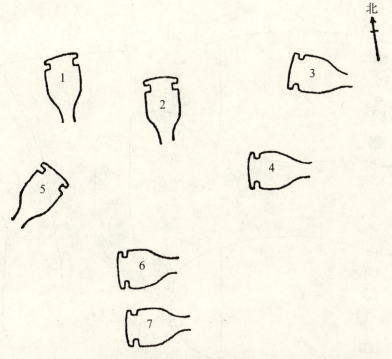

图四　单窑平面分布图

（出自《隋唐东都洛阳城发现的几处砖瓦窑群》，《文物资料丛刊》第2辑）

北面的砖瓦窑应是为修筑宫城而提供砖瓦建筑材料的砖瓦窑。隋唐东都郭城洛北里坊区瀍河两岸台地上的大型砖瓦窑场，依其所处地理位置、优越的自然条件以及烧造建筑材料的规格，亦是为修筑宫城、皇城及郭城而提供砖瓦建筑材料的大型官营砖瓦窑场。这些窑址内出土的建筑材料，其形制之大、装饰之华丽、规格之高非民间建筑所能用，而且与宫城、皇城及郭城的主要建筑基址所出土建筑材料的规格、纹饰均相同。尤其是窑址中出土的一些带戳印文字的砖瓦建筑材料，有的与宫城、皇城建筑基址中出土砖瓦建筑材料上戳印文字所记的制作工匠为同一人，说明二者为同一工匠所制作。证实宫城、皇城建筑基址内出土的建筑材料就是来自这些砖瓦窑址，从而进一步验证这些砖瓦窑正是专门为宫城、皇城的建造而烧造的。因此，这批砖瓦窑场当为修筑隋唐东都的官营窑场。

四　窑址与基址中建筑构件印戳的比较

隋唐东都建筑基址与窑址中出土建筑构件的印戳，有阴文和阳文两种，字体多为楷书，另有少量九分隶书体。印戳形状有长方形和方形两种，另有一些无印框。印戳的位置，长方形砖上的印戳多位于砖的平面；板瓦上的印文多位于板瓦的凸面；筒瓦上的印文多位于瓦舌上，有的位于瓦的凸面。

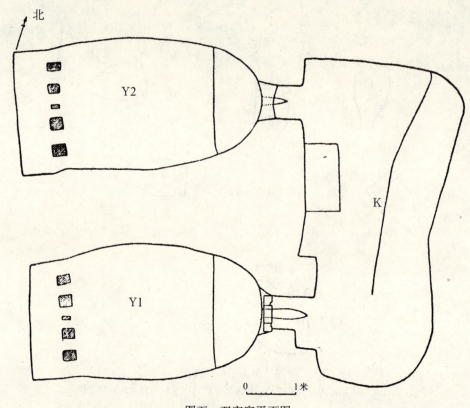

图五 双室窑平面图

（出自《隋唐洛阳城内唐代砖瓦窑址发掘简报》，《考古》1992 年第 12 期）

隋唐东都砖瓦窑址内出土的建筑构件，形制较大，装饰非常华美，规格很高，当为修筑宫城、皇城内雄伟的皇家宫阙建筑而烧造。砖瓦窑址内出土的砖瓦等建筑构件，相当一部分带有印戳，这些建筑构件的戳印文字，有的与宫城、皇城内建筑基址出土建构件的戳印文字相同，即为同一工匠的名字，说明这些砖瓦窑是专门为皇家烧造的官营窑场。同时依据文献记载，这些砖瓦窑的最后使用时间，当为开元十九年以前。窑址内出土的砖瓦等建筑材料，尤其是那些可与建筑基址中直接对比的带印戳的建筑构件，成为宫城、皇城内建筑基址内出土建筑构件的断代标尺，同时也为隋唐东都建筑基址的分期与沿革研究提供了可靠依据。

在隋唐东都砖瓦窑址内出土带印文款识的砖瓦建筑构件中，宫城西墙外侧窑址内出土的印文款识砖瓦中，印文有"内作"、"作官瓦"（残缺）、"新"、"匠牛香"、"匠左吴"、"匠程社"、"宫匠邵"等[12]。宫城内应天门北侧 150 米处的砖瓦窑址内出土的印文款识砖瓦中，印文有："匠张保贵"、"匠周易仁"、"匠杨士相"、"匠张四万"、"匠张海信"、"匠雍兴隆"、"匠李长卞"、"匠唐子嵩"、"匠张世昂"、"匠李善行"、"匠王安仁"、"匠张君信"、"匠李安仁"、"匠刘憘仁"、"匠朱士贵"、"囗囗益富"等[13]。砖瓦窑址内出土的这些带戳印文字建筑构件当是开元十九年以前的产品，那么在隋唐东都内建筑基址中出土的与之相同戳印文字的建筑构件亦应为开元十九年以前的产品。这不但为隋唐东都建筑基址中出土大量建筑构件的断代分期提供了标尺性依据，而且为研究隋唐东都建筑基址的分期与布局演变提供了可供参考的资料。

隋唐东都郭城洛北里坊区履顺坊瀍河西岸台地上的砖瓦窑址内出土带印文款识砖中，有印文以工匠名字"左忠"字样。如：Y14∶3，绳纹方砖，正面素面磨光，背面为多组带状粗绳纹。长37.5厘米，宽37厘米，厚8.3厘米[14]。与此相同，在隋唐东都宫城西隔城九州池基址中亦出土有带印文款识"左忠"字样的方砖。如：LTGT289③∶4，绳文方砖，正面素面磨光，背面为多组带状粗绳纹。长33.3厘米，宽32厘米，厚6.5厘米[15]。以上两种印文相同的绳纹方砖，其造型与装饰纹样也完全相同，

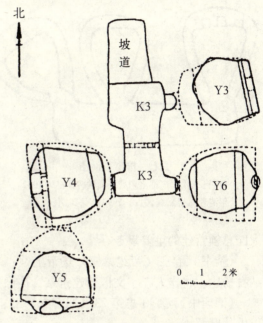

图六　品字形窑平面图

（出自《河南洛阳市瀍河东岸唐代窑址发掘简报》，《考古》1998 年第 3 期）

由此可以断定瀍河两岸台地上的砖瓦窑址曾为修筑宫城九州池附近的大型殿址提供了建筑构件，由此进一步推定此处大型砖瓦窑场为修筑宫皇城而设的大型官营窑场。此外，在宫城应天门北约 150 米处的砖瓦窑址中出土的带戳印文字的板瓦建筑构件中，印文多为工匠名字，其中有"匠张保贵"、"匠张世昂"字样[16]。隋唐东都宫城中部圆形建筑西侧宫殿基址中也出土有带戳印文字"匠张保贵"、"匠张世昂"字样的板瓦建筑构件。如：LTGT57③∶3，外素里布纹板瓦，印文"匠张保贵"，阴文行书，残长 18.8 厘米，残宽 14 厘米，厚 2 厘米。如：LTGT57②H5∶2，外素里布纹板瓦，印文"匠张世昂"，阴文楷书。残长 15.5 厘米，残宽 8.3 厘米，厚 2 厘米[17]。由此证实修筑宫城中部圆形建筑西侧宫殿基址的建筑构件有的来自于应天门北侧 150 米处的砖瓦窑。从而进一步说明宫城内的砖瓦窑是专为修筑宫城内的宫殿建筑而烧造砖瓦的，同时也与开元十九年前隋唐东都的历次大规模建设多为于城内穿掘为窑造砖瓦、就近取材的文献记载相吻合。

根据砖瓦窑址内出土的带戳印文字的砖瓦建筑构件与隋唐东都建筑基址内出土的带戳印文字的建筑材料的对比，对一大批建筑材料的断代分期有了更为清晰的认识，同时也提高了对建筑基址分期的认识，从而推动了对隋唐东都平面布局演进的研究进程。

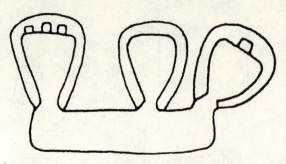

图七　排窑平面图
（出自《隋唐东都洛阳城外廓城砖瓦窑址 1992
年清理简报》，《考古》1999 年第 3 期）

五　关于砖瓦窑的管理制度

隋唐时期的都城宫苑建设，是国家政治的重大事件，其筹备、规划和建设都有严格的程序。文献记载，秦置将作，掌营缮宫室，历代不改。隋初，将作寺掌诸营建，后将作寺改将作监，以大匠为大监。龙朔二年又改为缮工监，光宅改为营缮监，神龙复为将作监[18]。隋唐时期国家的重大建设项目基本上都是由将作监承办，其中将作大匠总领营建的重要事务[19]。

《隋书》卷三《帝纪第三》炀帝上载："（大业元年）三月丁未，诏尚书令杨素、纳言杨达、将作大匠宇文恺营建东京，徙豫州郭下居人以实之。"[20]

《旧唐书》卷 43 志第 23《职官二》载："凡京都、东都有营缮，则下少府、将作，以供其事。"[21]

《新唐书》卷 93 列传第 18《姜謩传附行本传》载："贞观中，为将作少匠，护作九成、洛阳宫及诸苑御，以干力称，多所赉赏，游幸无不从，迁宣威将军。"[22]

《旧唐书》卷 61 列传第 11《窦威传附抗季弟琎传》载："后为将作大匠，修葺洛阳宫。"[23]

《旧唐书》卷 89 列传第 39《狄仁杰传》载："时司农卿韦机兼领将作、少府二司，高宗以恭陵玄宫狭小，不容送终之具，遣机续成其功。"[24]《新唐书》卷 95 列传第 20《窦威传附琎传》载"贞观初，迁将作大匠，诏修洛阳宫，凿池起山，务极侈浮，费不胜算。"[25]

《旧唐书》卷 170 列传第 120《裴度传》载：度从容启曰："陛下营造，有将作监等司局，岂可使功臣破产营缮？"[26]

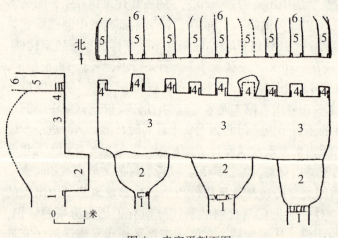

北

图八　串窑平剖面图
（出自《隋唐洛阳城发现的几处砖瓦窑群》，
《文物资料丛刊》第 2 辑）

《新唐书》卷 100 列传第 25《韦弘机传》载："帝大悦，诏兼将作，少府二官，督营缮。"[27]

以上文献资料说明，隋唐时期长安与洛阳的大规模建设不但有严格的管理制度，而且多为将作监所管辖。同时也从侧面反映了隋唐东都发掘清理的砖瓦窑址多为官营窑场。隋唐东都宫城、皇城及砖瓦窑址中出土的大量带戳印文字"将作"、"官匠……"、"宫匠……"的建砖瓦建筑构件，正是这种将作监管理体制的反映。

《新唐书》卷 48 志 38《百官志三》载："有府二十七人，史十七人，计史三人，亭长八人，掌固六人，短蕃匠五千二十九人，绫锦坊巧儿三百六十五人，内作使绫匠八十三人，掖庭绫匠百五十人，内作巧儿四十二人，配京都诸司诸使杂匠百二十五人。……大明、兴庆、上阳宫，中书、门下、六军仗舍、闲厩，谓之内作。"[28]

《新唐书》卷 74 上表 14 上《宰相世系四上》载："文恪字敬之，将作监，充内作使。"[29]

《新唐书》卷 134 列传 59《王鉷传》载"帝以鉷有富国术，宠遇益厚，以户部侍郎仍御史中丞，加检察内作、闲厩使，苑内、营田、五坊、宫苑等使，陇右群牧、支度营田使。"[30]

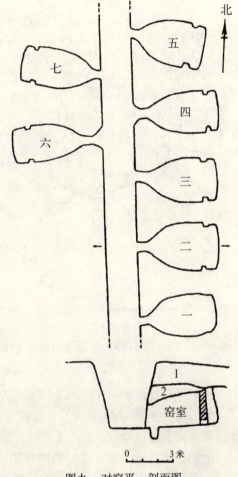

图九　对窑平、剖面图
（出自《洛阳隋唐宫城内的砖瓦窑》，《考古》1974 年第 4 期）

隋唐东都出土建筑构件的戳印文字中有"内作""供内"等等，应与文献记载中的内作使有关，推测其为内作使管理下的官营窑场所制品。

北宋时期，将作监下又设窑务一职，专门管理砖瓦器皿等的烧造[31]。

《宋史》卷 189 志 142《兵志三·厢兵条》载："后苑御弓箭库、作坊物料库、后苑东门药库、内茶纸库、御厨、御膳厨、供庖务、内物库、外物料库、油库、醋库、都监院物料库、西水磨务、东水磨务、大通门水磨、磁器库、都茶库、内衣库、朝服法物库、祗候库、榷货务、内藏库、左藏库、布库、奉宸库、尚衣库、内香药库、退材场、东西窑务、竹木务、左右厢店宅务、……"[32]

《宋史》卷 274 列传 33《张延通传》载："屿、班并内臣王仁吉并杖脊，屿配流沙

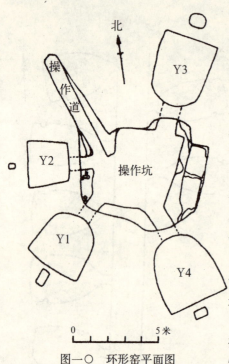

北

Y3

操作道

Y2

操作坑

Y1

Y4

0　　　　5米

图一○　环形窑平面图

（出自《河南洛阳市白马寺唐代窑址发掘
简报》，《考古》2005年第3期）

门岛，班许州，仁吉西窑务，时开宝二年也。"[33]

《宋史》卷309列传68《谢德权传》载："建议废京师铸钱监，徙西窑务于河阴，大省劳费。"[34]

隋唐东都出土的宋西京建筑构件戳印文字中有"北务"、"南务"、"务"等字样。窑务一职最早始于北宋时期，故这些砖瓦应为窑务管理下的官营窑场所烧产品，是窑务管理体制的反映。

此外，隋唐东都城宋西京建筑基址中还出土有带戳印文字"水南囗囗官"等字样的建筑构件。

《旧五代史·周书》卷129周书20《李彦頵传》载："寻为西京水南巡检使，……"[35]

《宋史》卷250列传9《王审琦传附子承衎传》："太平兴国中，出监徐州军，又为西京水南巡检使，改如京使。"[36]

《宋史》卷308列传67《李继宣传》："以疾，授西京水南都巡检使，每夕罕巡警，为留司所举，特诏增巡检一员，专主夜巡。"[37]

《宋史》卷309列传68《常延信传》："淳化中，历襄、邓、宋、曹等州都巡检使，改左监门卫将军，屡部徙修护河防，改左领军、左屯卫二将军，充西京水南都巡检使。"[38]

《宋史》卷463列传222《外戚传上·杜审琦传附彦钧传》："会有言政事不举者，徙西京水南北都巡检使。"[39]

由此推知，出土的北宋时期的带印文"水南"字样的建筑构应与宋代的水南巡检使一职有关，为宋代西京水南巡检使管理下的官营窑场所烧制的产品。

总之，考古发掘资料与文献记载均表明，隋唐东都乃至北宋西京城的建设，均为由国家主导的大型都城宫苑建设。其不但有严格的管理制度，而且多为官营体制。通过对隋唐东都砖瓦窑址、砖瓦窑址出土建筑构件及建筑基址出土建筑构件的对比研究，对隋唐东都出土建筑构件的分期研究提供了标尺性依据，进而为推动隋唐东都城复原、历史沿革等问题的研究都是非常有益的。

注　释

〔1〕《唐会要》卷86《街巷》条载："开元十九年六月敕：京洛两都，是惟帝宅。街衢坊市，固须修筑，城内不得穿掘为窑，烧造砖瓦。其有公私修造，不得于街巷穿坑取土。"

〔2〕洛阳博物馆：《洛阳隋唐宫城内的烧瓦窑》，《考古》1974年第4期。

〔3〕洛阳博物馆：《隋唐东都洛阳城发现的几处砖瓦窑群》，《文物资料丛刊》第2辑。

〔4〕同注〔3〕。

〔5〕同注〔3〕。

〔6〕中国社会科学院考古研究所洛阳唐城队：《隋唐洛阳城东城内唐代砖瓦窑址发掘简报》，1992 年第 12 期。

〔7〕洛阳市文物工作队：《隋唐东都洛阳城外郭城砖瓦窑址 1992 年清理简报》，《考古》1999 年第 3 期。

〔8〕洛阳市文物队：《河南洛阳市瀍河东岸唐代窑址发掘简报》，《考古》1998 年第 3 期

〔9〕a. 韩保全：《西安慈恩寺内的唐代砖瓦窑》，《考古》1986 年第 1 期。

　　b. 唐金裕：《西安市西郊唐代砖瓦窑址》，《考古》1961 年第 9 期。

〔10〕中国社会科学院考古研究所洛阳汉魏故城队：《河南洛阳市白马寺唐代窑址发掘简报》，《考古》2005 年第 3 期。

〔11〕中国社会科学院考古研究所西安唐城工作队：《唐大明宫含元殿基址 1995—1996 年发掘报告》，《考古学报》1997 年第 3 期。

〔12〕同注〔3〕。

〔13〕同注〔3〕。

〔14〕洛阳市文物工作队：《隋唐东都洛阳城外廓城砖瓦窑址 1992 年清理简报》，《考古》1999 年第 3 期。

〔15〕中国社会科学院考古研究所洛阳唐城工作队内存发掘资料。

〔16〕同注〔3〕。

〔17〕同注〔15〕。

〔18〕《旧唐书》卷 44 志第 24《职官三》"将作监"条载："秦置将作，掌营缮宫室，历代不改。隋为将作寺，龙朔改为缮工监，光宅改为营缮监，神龙复为将作监也。"中华书局，1975 年，第 1895 页。

〔19〕《旧唐书》卷 44 志第 24《职官三》"将作监"条载："大匠掌供邦国修建土木工匠之政令，总四署三监百工之官属，以供其职事。凡两京宫殿宗庙城郭诸台省监寺庙宇楼台桥道，谓之内外作，皆委焉。"中华书局，1975 年，第 1896 页。

〔20〕《隋书》卷三《帝纪第三》炀帝上："（大业元年）三月丁未，诏尚书令杨素、纳言杨达、将作大匠宇方恺营建东京，徙豫州郭下居人以实之。……（大业）二年春正月辛酉，东京成，赐监督者各有差。"中华书局，1975 年，第 63 ~ 65 页。

〔21〕《旧唐书》卷 43 志第 23《百官志》载："凡京都、东都有营缮，则下少府、将作，以供其事。"中华书局，1975 年，第 1840 页。

〔22〕《新唐书》卷 91 列传第 16《姜謩传附行本传》载："贞观中，为将作少匠，护作九成、洛阳宫及诸苑御，以干力称，多所赉赏，游幸无不从，迁宣威将军。"中华书局，1975 年，第 3792 页。

〔23〕《旧唐书》卷 61 列传第 11《窦威传附抗季弟琎传》载："贞观初，授太子詹事。后为将作大匠，修葺洛阳宫。于宫中凿池起山，崇饰雕丽，虚费功力，太宗怒，遂令毁之。"中华书局，1975 年，第 2371 页。

〔24〕《旧唐书》卷 89 列传第 39《狄仁杰》载："时司农卿韦机兼领将作、少府二司，高宗以恭陵玄宫狭小，不容送终之具，遣机续成其功。"中华书局，1975 年，第 2886 页。

〔25〕《新唐书》卷 95 列传第 20《窦威传附琎传》载："贞观初，迁将作大匠，诏修洛阳宫，凿池起山，务极侈浮，费不胜算。"中华书局，1975 年，第 3850 页。

〔26〕《旧唐书》卷170列传第120《裴度传》载：度从容启曰："陛下营造，有将作监等司局，岂可使功臣破产营缮？"中华书局，1975年，第4419页。

〔27〕《新唐书》卷100列传第25《韦弘机传》载："帝大悦，诏兼将作，少府二官，督营缮。"中华书局，1975年，第3944页。

〔28〕《新唐书》卷48志第38《百官志三》载："有府二十七人，史十七人，计史三人，亭长八人，掌固六人，短蕃匠五千二十九人，绫锦坊巧儿三百六十五人，内作使绫匠八十三人，掖庭绫匠百五十人，内作巧儿四十二人，配京都诸司诸使杂匠百二十五人。……大明、兴庆、上阳宫，中书、门下、六军仗舍、闲厩，谓之内作。"中华书局，1975年，第1272页。

〔29〕《新唐书》卷74上表14上《宰相世系四上》"文恪字敬之，将作监，充内作使"。中华书局，1975年，第3046～3047页。

〔30〕《新唐书》卷134列传59《王鉷传》载："帝以鉷有富国术，宠遇益厚，以户部侍郎仍御史中丞，加检察内作、闲厩使，苑内、营田、五坊、宫苑等使，陇右群牧、支度营田使。"中华书局。1975年，第4565页。

〔31〕《宋史》卷165志118《职官志五·将作监》载："窑务，掌陶为砖瓦，以给缮营及瓶缶之器。"中华书局，1985年，第3919页。

〔32〕《宋史》卷189志142《兵志三·厢兵条》："窑务注：西京。……后苑御弓箭库、作坊物料库、后苑东门药库、内茶纸库、御厨、御膳厨、供庖务、内物库、外物料库、油库、醋库、都监院物料库、西水磨务、东水磨务、大通门水磨、磁器库、都茶库、内衣库、朝服法物库、祗候库、榷货务、内藏库、左藏库、布库、奉宸库、尚衣库、内香药库、退材场、东西窑务、竹木务、左右厢店宅务、……"中华书局，1985年，第4666～4667页。

〔33〕《宋史》卷274列传33《张延通传》："屿、班并内臣王仁吉并杖脊，屿配流沙门岛，班许州，仁吉西窑务，时开宝二年也。"中华书局，1985年，第9355页。

〔34〕《宋史》卷309列传68《谢德权传》："建议废京师铸钱监，徙西窑务于河阴，大省劳费。"中华书局，1985年，第10166页。

〔35〕《旧五代史·周书》卷129周书20《李彦頵传》："寻为西京水南巡检使，……"中华书局，1985年，第1700页。

〔36〕《宋史》卷250列传9《王审琦传附子承衎传》载："太平兴国中，出监徐州军，又为西京水南巡检使，改如京使。"中华书局，1985年，第8818页。

〔37〕《宋史》卷250列传67《李继宣传》载："以疾，授西京水南都巡检使，每夕罕巡警，为留司所举，特诏增巡检一员，专主夜巡。"中华书局，1985年，第10147页。

〔38〕《宋史》卷309列传68《常延信传》载："淳化中，历襄、邓、宋、曹等州都巡检使，改左监门卫将军，屡部徒修护河防，改左领军、左屯卫二将军，充西京水南都巡检使。"中华书局，1985年，第10155页。

〔39〕《宋史》卷463列传222《外戚传上·杜审琦传附彦钧传》载："会有言政事不举者，徙西京水南北都巡检使。"中华书局，1985年，第13539页。

唐王玄策携来之"摩诃菩提树像"几个问题的考释

霍 巍

（四川大学考古学系）

王玄策是与玄奘齐名的唐代著名旅行家，他一生中曾数度奉敕出使印度，并率使团亲履唐初新辟出的一条通往印度的道路——"吐蕃泥婆罗道"，至今在西藏西南的吉隆县境内还留有他和他的使团撰写、镌刻的不朽碑铭"大唐天竺使出铭"昭示其功[1]。据史料记载，王玄策在出使印度的过程中，曾在摩揭陀国摩诃菩提寺临摹抄录"摩诃菩提树像"图样携回中土，唐之京都"道俗竞摸（摹）"。史料表明，王玄策还亲自指挥了在洛阳一带按照所摹图画的造像活动，为印度佛教艺术在中国的流传起到过重要的推广作用。近年来，随着我国考古工作的不断开展，在四川北部的广元、巴中等地曾发现过一些被称之为"菩提瑞像"的相关遗迹，开始引起学术界的关注，已有不少学者发表过研究意见[2]。本文拟在前人研究的基础之上，再就其中几个问题略抒浅见，以求教于方家识者。

一

我们首先要弄清楚的一个问题，是王玄策从天竺摹写回来的"摩诃菩提树像"究竟是何种造像，它与玄奘法师所同样记载的摩揭陀国造像及其传说之间究竟又是何种关系？

王玄策从摩诃菩提寺摹写造像之事，在文献史料最为详尽的记载为唐人道世所撰《法苑珠林》，在其卷二十九《感通篇·圣迹部》下说：

《王元（玄）策行传》云：西国瑞像无穷，且录摩诃菩提树像。云昔师子国王名尸迷佉拔摩（唐云功德云），梵王遣二比丘来诣此寺，大者名摩诃谛（此云大名），小者优波（此云受记）。其二比丘，礼菩提树金刚座讫，此寺不安置。其二比丘乃还其本国。王问比丘："往彼礼拜圣所来，灵端云何？"比丘报云："阎浮大地，无安身处。"王闻此语，遂多与珠宝，使送与此国王三谟陁多崛多。因此以来，即是师子国比丘又金刚座上尊像元造之时，有一外客，来告大众云："我闻募好工匠造像，我巧能作此像。"大众语云："所须何物？"其人云："唯须香及水、及料灯油、艾料。"即足，语寺僧云："吾须闭门营造，限至六月，慎莫开门，亦不劳饮食。"其人一入，即不重出，惟少四日不满六月，大众评章不和，各云：

"此塔中狭窄，复是漏身，因何累月不开见出？"疑其所为，遂开塔门，乃不见匠人，其像已成，唯右乳上有少许未竟。后有空神惊诫大众云："我是弥勒菩萨"。像身东西坐，身高一丈一尺五寸，肩阔六尺二寸，两膝相去八尺八寸，金刚座高四尺三寸，阔一丈二尺五寸。其塔本阿育王造，石钩栏，塔后有婆罗门兄弟二人，兄名王主，弟名梵主，兄造其塔，高百肘，弟造其寺。其像自弥勒造成以来，一切道俗，规模图写，圣变难定，未有写得。王使至彼，请诸僧众及此诸使人至诚殷请，累日行道忏悔，兼申来意，方得图画，仿佛周尽，直为此像出其经本，向有十卷，将传此地。其匠宋法智等，巧穷圣容，图写圣颜，来到京都，道俗竞摸（摹）。奘师传云：像右乳上图饰未周，更填众宝，遥看其相，终以不满。像坐跏趺，右足跏上，左手敛，右手垂，所以垂手者像，佛初成道时，佛语魔王，指地为证。

与王玄策同时代的唐玄奘法师在其《大唐西域记》卷八中也有一段相关的记载，为便于两相比较，先节录兹文于下：

精舍故地，无尤王先建小精舍，后有婆罗门更广建焉。初，有婆罗门不信佛法，事大自在天，传闻天神在雪山中，遂与其弟往求愿焉。天曰："凡诸愿求，有福方果，非汝所祈，非我能遂。"婆罗门曰："修何福可以遂心？"天曰："欲植善种，求胜福田，菩提树者，证佛果处也，宜时速返，往菩提树，建大精舍，穿大水池，兴诸供养，所愿当遂。"婆罗门受天命，发大信心，相率而返，兄建精舍，弟凿水池，于是广修供养，勤求心愿，后皆果遂，为王大臣，凡得禄赏，皆入檀舍。精舍即成，招募工人，欲图如来初成佛像，旷以岁月，无人应召。久之，有婆罗门来告众曰："我善图写如来妙相。"众曰："今将造像，夫何所须？"曰："香泥耳，宜置精舍之中，并一灯照我，入已，坚闭其户，六月后乃可开门。"时诸僧众皆如其命。尚余四日，未满六月，众咸骇异，开以观之，见精舍内佛像俨然，结跏趺坐，右足居上，左手敛，右手垂，东面而坐，肃然如在。座高四尺二寸，广丈二尺五寸，像高丈一尺五寸，两膝相去八尺八寸，两肩六尺二寸，相好具足，慈颜若真，唯右乳上图莹未周。既不见人，方验神鉴，众咸悲叹，殷情请知。有一沙门宿心淳质，乃感梦见往婆罗门而告曰："我是慈氏菩萨，恐工人之思，不测圣容，故我躬来，图写佛像。垂右手者，昔如来之将证佛果，天魔来挠，地神告至，其一先出，助佛降魔。"如来告曰："汝勿忧怖，吾以忍力，降彼必矣！"魔王曰："谁为明证？"如来乃垂手指地言："此有证。"是时，第二地神踊出作证，故今像手，仿昔下垂。众知圣鉴，莫不悲感，于是乳上未周，填厕众宝，珠缨宝冠，奇珍交饰。

比较两文之异同，有以下诸点可识。

其一，关于弥勒菩萨化身天降造像的传说两者大同小异，只是故事中出现的具体人物及其身份、来源各有不同。

其二，道世所引《王玄策行传》明确称其所录为"摩诃菩提树像"，而玄奘《大唐西域记》未见有明确称呼，但从"菩提树者，证佛果处也……往菩提树，建大精舍"等语可推测，其造像似与"菩提树像"有关。

其三，两文所记佛像的尺寸基本一致。但对其印相、台座等的记载道世所引《王玄策行传》到"道俗竞摸"处为止，不见具体的描述。而道世在其下文中所引则为唐玄奘法师所记，方有"像右乳上图饰未周，更填众宝……左手敛，右手垂，所以垂手者像，佛初成道时，佛语魔王，指地为证"等语。《大唐西域记》对佛像印相、性质的记载与道世所引基本相同："结跏趺坐，右足居上，左手敛，右手垂，东面而坐，肃然如在……垂右手者，昔如来之将证佛果，天魔来绕，地神告至，其一先出，助佛降魔。"

比较两文的记述，笔者认为两者之间最大的不同之处在于王玄策明确记载他所摹写的是"摩诃菩提树像"，但却没有明记其造像的基本特征；而玄奘则恰恰相反，没有明确地为其所记造像定名，但却具体地描述了造像的基本特征和性质。大概后人将两文所记加以综合，留下一个基本的印象，即王玄策所摹写的"摩诃菩提像"，即是佛初成道时垂右手施降魔印的"降魔成道像"。如唐释道宣《释迦方志》卷下所记："（菩提寺）精舍初小，后因广之，内置成道像。有婆罗门应募造之，唯需香泥及一灯，内精舍中，六月闭户，作之乃成。尚余四日，僧咸怪之，因开观觅，见像俨然东面跏坐，右足加上，左手敛，右手垂，不见作者。坐高四尺二寸，像高一丈一尺五寸，两膝相去八尺八寸，两肩六尺二寸，相好具足，唯右乳上图饰未周，更填众宝。遥看其相，终似不满，有僧梦匠者云：我是慈氏，恐工拙想，故自写之。言垂手者像，佛语魔，指地为证"。从行文和内容上看，道宣所记除文字上稍有不同之外，与上述记载基本一致，因而有学者推测，其中虽未出现王玄策之名，但"它的来源应出自王玄策的记录"[3]。

从性质上来看，既然王玄策将他摹写的佛像定名为"摩诃菩提树像"，与释迦成道降魔的故事自然有密切的联系。唐玄奘法师《大唐西域记》卷八记载："金刚座上菩提树者，即毕钵罗之树也。昔佛在世，高数百尺，屡经残伐，犹高四五丈。佛坐其下成等正觉，因而谓之菩提树焉"。唐人段成式在《酉阳杂俎》卷十八中也记载："菩提树，出摩伽陀国，在摩诃菩提寺，盖释迦如来成道时树，一名思维树，茎干黄白，枝叶青翠，经冬不凋。至佛入灭时，变色凋落，过已生还，至此日，国王、人民大作佛事，收叶而归以为瑞也。树高四百尺，下有银塔周回绕之。彼国人四时常焚香散花，绕树作礼。唐贞观中，频遣使往，于寺设供，并施袈裟。至高宗显庆五年（公元660年）于寺立碑，以纪圣德"。说明随着大唐国势强盛，使节频繁往，关于菩提树像为佛"降魔成道"时树的观念已经广为流布，其时已为人所共知。

但从逻辑上讲，这也仅仅只能成为一种推测，因为我们无法用文献比对的方法来完全确证王玄策所记的"摩诃菩提像"与玄奘所记的"佛初成道像"或称"降魔成道像"原本就是一回事，尽管不排除这种可能性的确存在。如同王玄策在其《行传》中开宗明义讲明的那样："西国瑞像无穷，且录摩诃菩提树像"，说明其时他在摩揭陀摩诃菩提寺所见到瑞像并不止"摩诃菩提树像"一种，只不过他只是摹写了其中一种而已。于是，这就给我们留下来一个历史的悬疑：王玄策所摹写归国的"摩诃菩提树像"究竟是一种什么形象的佛像呢？在考古材料中是否可以找到有关的线索与之相互对应呢？

二

上个世纪 70 年代后期，河南龙门文物保管所在宾阳南洞西壁左下角发现了一通"王玄策造像题记"。这是考古发现的第一例有关王玄策造像的实物遗存，其重要学术价值自然引起学术界的关注。但遗憾的是，发现时石龛已残，像已不存，仅存造像题记五行，行七字，共三十二字，全文为："王玄策□□□□□□□下及法界［众生］敬造［弥勒］像一铺麟德二年九月十五日。"[4]发现者注意到，在唐人张彦远《历代名画记》卷三"敬爱寺"条下，提到唐麟德二年王玄策在洛阳老家，指挥塑造敬爱寺弥勒菩萨像事。此事记载如次："王玄策取到西域所图菩萨像为样（原注：巧儿张寿、宋朝塑，王玄策指挥，李安贴金），东间弥勒像，西是弥勒像，殿中西门神，殿中东门神。此一殿功德，并妙选巧工，各聘奇思，庄严华丽，天下共推。"

也就是说，在唐麟德二年（公元 665 年），王玄策曾亲自指挥在洛阳龙门开龛造像，又在敬爱寺指挥贴金塑像，所凿造和塑造的都是弥勒菩萨像。从《历代名画记》所记载的情况来看，他所采用的造像蓝本，正是以他所"取到西域菩萨像为样"。这里就给我们提出一个问题：既然是以他取到的"西域所图菩萨像"为本，那就应当是上述文献中所记载的"摩诃菩提树像"，换句话讲，也就是大家所公认的"释迦降魔成道像"才对，但新发现的洛阳龙门石窟造像题记以及张彦远《历代名画记》中却并没有提到王玄策所塑造的为降魔成道释迦像，而只是明记其所造为弥勒像。那么，又应当如何解释这样一个矛盾呢？

对于这个问题，已经有学者注意到并试图提出一些解释方案。如孙修身先生认为，王玄策除了指挥在唐敬爱寺塑有弥勒像之外，在其正殿可能还有释迦成道像，是传为弥勒菩萨由天降下塑制的。他说："我们推想，他摹制释迦牟尼成道像时，亦曾将弥勒像摹制。只是道世《法苑珠林》的记事省去了许多罢了……王玄策对佛教是十分笃诚的，而于弥勒信仰尤甚，对于弥勒像的摹制是不会放过的。在菩提寺里，也是有弥勒像的。我们判定，（敬爱寺）东西两间的弥勒像的摹本，极有可能也是由菩提寺摹回者，故而敬爱寺塑释迦成道像时亦塑出了弥勒像"[5]。联系到上文王玄策和玄奘在其行记中都记载摩诃菩提寺的佛像是由弥勒化身而作的故事来看，这种可能性不能排除。但是，这也仅仅只能是一种推测，目前还没有确凿的证据可以证明这种假设。

如果我们换一个角度再进一步假设，既然王玄策在洛阳所造弥勒像均本自"西域所图菩萨像"，那么他所携回中土的"摩诃菩提树像"，会不会本来就是一种身作菩萨装、并且具有菩提树、施降魔印这样一些特征的"释迦降魔成道"像呢？

近年来，四川的考古工作者在田野调查中发现了一类风格独特的唐代造像，为最终解开这一历史谜团带来了一线曙光，兹列举其中数例如下：

川北广元千佛崖石窟第 366 号窟：此窟造像组合为一佛二弟子二菩萨二天王，佛像高 134 厘米，头戴高宝冠，胸饰项圈，臂饰臂钏，腕饰手镯，右手施降魔印，项光中出现座佛 11 尊，束腰台座下有二力士承座，背屏上雕刻菩提双树，靠背上施有"六拏具"。在此窟北壁近窟口处刻有造像碑,碑题额书"菩提像颂",碑文题为"大唐利州刺史毕公柏堂寺菩提瑞像颂并序"。此窟年代为唐景云至延和年间(公元 710 ~ 712 年)[6]。

广元千佛崖"莲花洞":此窟造像组合为壁内三壁各设一佛二菩萨,正中一铺造像中的佛像头饰摩尼宝珠,项戴圈,手饰镯,右手施降魔印,下为叠裳束腰方座。此窟年代约为武则天时期,有万岁通天元年(公元 697 年)前后[7],以及先天元年之前或同时两种意见[8]。

巴中北龛毗卢佛窟:佛像头部被盗近年被盗割,像残高 61 厘米,仍可见胸前饰有项圈,臂饰钏,像后为菩提树背屏,靠背上施有"六挐具",年代无考[9]。

巴中南龛第 37 号龛像:第 37 号龛像原定名为"宝冠佛",像高 66 厘米,胸饰项圈,臂饰臂钏,菩提树背屏,靠背上施有"六挐具",时代定在盛唐[10]。

巴中西龛第 44 号龛像:第 44 号龛像原定名为"宝冠佛",像高 66 厘米,顶悬宝盖,戴臂钏,饰手镯,有菩提树背屏,靠背施"六挐具",时代定在盛唐[11]。

巴中西龛第 87 号龛像:龛内造像为一佛二菩萨二力士,主尊结跏趺坐于束腰方座上,龛顶中部悬华盖,头顶上方有二飞天抬佛之宝冠,佛胸饰项圈,着袒右袈裟,右手下垂施降魔印,后壁饰有菩提双树。此龛像时代定为盛唐[12]。

巴中北龛第 12 号龛像:龛内造像组合为一佛二弟子二菩萨二力士,主尊近代被毁,现已不存,但仍可见后龛所雕出的菩提树与"六挐具"。据此像毁损前资料表明,主尊为菩萨装佛像,胸前饰有项圈,臂上饰有臂钏,右手施降魔印。年代定在盛唐[13]

邛崃石笋山第 26 号龛像:龛内造像为一佛二弟子二菩萨二力士,主尊结跏趺坐于束腰长方形台座上,头戴宝冠,颈下饰项圈,臂饰钏,龛壁浮雕菩提树,树侧雕有二飞天,靠背上施有"六挐具"。此龛下方有唐大历三年(公元 768 年)造像碑记,碑记题名为"石笋山菩提、释迦像龛铭"[14]。

蒲江飞仙阁第 60 号龛像:龛内造一佛二弟子二菩萨像,龛口有二胡装人像,主尊头戴高宝冠,冠中饰坐佛,着袒右袈裟,臂饰有钏,右手施降魔印。内龛口左侧刻有唐永昌元年(公元 689 年)造像题记:"永昌元年五月为天皇天后敬/造瑞像一龛王□□合家大小通供养"[15]。

与上述题材近似的造像,在四川石窟龛像中还可举出多例,本文所列仅是其中较为典型者。从中可以看到,这类造像在形态上所具有的特点,恰与文献记载王玄策摹回之"摩诃菩提树像"有若干可比之处。

其一,大多在造像的背屏上直接雕出了最具典型意义的菩提树,与王玄策携回中土之"摩诃菩提树像"在最相吻合。

其二,这类造像的手印都毫无例外地施"降魔触地印",与表现释迦牟尼初成道时在菩提树下指地为证这一历史故事正相吻合。

其三,其中绝大多数造像都头戴宝冠,少数未著宝冠者也都佩有项圈、臂钏、腕镯等装饰,可均视为具有"菩萨装"的佛像,这与张彦远《历代名画记》记载王玄策在东都洛阳敬爱寺依"西域菩萨像为样"塑造佛像的记载亦相吻合。

其四，从造像题记上看，广元千佛崖第 366 号窟的题铭直接称其为"菩提瑞像颂"，并在其"大唐利州刺史毕公柏堂寺菩提瑞像颂并序"的碑文中有"因树以兴号，假树以立名，初者天竺不众生思者……泥不备珍"等语。蒲江飞仙阁第 60 号龛口外侧的造像题刻称其所造为"瑞像一龛"，虽未直接指出其为"菩提树瑞像"，但从全龛的内容上看，当为反映摩诃菩提树像无疑。尤其是此龛龛口出现的两尊胡人像，在其他龛像中不见，笔者揣测这或许便是反映前揭故事中"二比丘"或"二婆罗门"的形象。上述迹象，与前揭王玄策、玄奘、道宣等人所记摩揭陀国摩诃菩提树像的成像故事均有暗合之处。

其五，如同已有学者注意到的那样，这类造像题材通常在其紧邻之龛窟中还出现有相应的弥勒造像，雷玉华列举有广元千佛崖第 366 号窟左侧第 365 窟、巴中西龛第 87 号龛右侧的第 90 号龛、蒲江鸡公树山漏米石第 15 号龛左侧之第 14 号龛等数例；甚至还有此类瑞像与弥勒佛合龛造像的例子，如巴中西龛第 44 号龛、第 73 号龛、石门第 142 号龛等。雷玉华认为，"这种组合应与弥勒化作婆罗门造此像的传说有关"[16]，其言甚是。联系到前揭王玄策在洛阳龙门宾阳洞、敬爱寺等处造像均为弥勒像这一史事来看，两者之间有着密切关联这一点是可以成立的。

综上所述，王玄策从西域摹回的"摩诃菩提树像"，终于在四川找到了它的踪迹，使我们能够亲睹这类"圣像"的真容。但是，据雷玉华对迄今为止调查资料的排比，认为目前在四川发现的最早有明确纪年的"菩提瑞像"为蒲江飞仙阁第 60 号龛的唐永昌元年（公元 689 年）造像。这上距王玄策麟德二年（公元 665 年）在洛阳一带的造像活动要晚了三十多年，所以可以肯定四川发现的这类造像并不是王玄策从西国传来的"摩诃菩提树像"最早的源头。由于唐代四川与关中在政治、经济、文化方面均有着极其密切的联系，笔者认为其来源可以基本认定是传自中原一带。考古资料表明，洛阳龙门在初唐的石窟中已经出现有施降魔印、著菩萨装的佛像，只是对这类佛像过去多被认为系密宗的"大日如来造像"[17]，当中有无这类"摩诃菩提树像"还有待鉴别。联系到王玄策在洛阳曾亲自指挥造像活动的史事来看，笔者认为四川地区这类造像题材的源头极有可能是来自洛阳，只是令人遗憾的是，由于王玄策早年在洛阳的造像今均无存，只有期待将来在考古发现中能够找到这类相同题材的造像才能最终证明这一推测。

三

四川地区考古调查发现的上述题材的佛教造像，在定名问题上一直存在不同的意见。大体说来，一种主要的意见认为，四川地区这类菩萨装佛像的主尊是密教的大日如来佛（也称毗卢遮那佛）[18]。另一种意见以吕建福先生为代表，认为若按《陀罗尼集经》的记载，可以将其定名为"佛顶佛"[19]。第三种意见以罗世平先生为代表，主张应按其题铭称之为"菩提瑞像"[20]，四川学者雷玉华、王剑平等也主此说[21]。

笔者认为，四川地区目前发现的作菩萨装、戴宝冠的佛像数量不少，尊像的手印既有作施降魔印的，也有不作施降魔印的，其延续的时间从唐代初期一直到唐代晚期和宋代，其中的情况比较复杂，并不是用一种名命方式就可以全部加以概括的，应加以区别对待。对于前节所列举出的诸尊造像，因其既有明确的菩提树图案，又有施降魔印的主尊像，主尊均身作菩萨装饰，头戴宝冠，身饰项圈、臂饰、手镯等饰物，完全符合史料中所记载的王玄策从西域摹写回国的"摩诃菩提树像"的基本特征，所以可以明确定名为"菩提树像"或"菩提树降魔成道像"，以便和文献记载两相对应。至于有学者提出的定名为"菩提瑞像"的意见，应当说也是可行的，只是考虑到《王玄策行传》已有"西国瑞像无穷，且录摩诃菩提树像"的特别说明，似乎将其进一步明确定名为"菩提树像"或"菩提树降魔成道像"要更为准确一些。当然笔者的这个意见是否可行，还有待识者指正。

至于这类"菩提树像"与密教主尊大日如来像之间的关系，也是一个较为复杂的问题，本文不拟展开讨论，只是将笔者的几点主要意见略述如下。

首先，要阐明这个问题，有必要对大日如来信仰在中土传播的情况作一次全面的梳理。大日如来在大乘佛教中流行之后，较早便出现在我国中原地区的石窟造像中。有学者认为，早在"开元三大士"来华之前，初唐时期在敦煌与中原地区已经开始出现了较为广泛的密教信仰与密教图像，主要流行于高宗与武则天时期。尤其是武则天执政时期除组织密典翻译、密法传授、密僧修持等密法活动之外，也有为数可观的密教图像出现。如武则天时期开凿的龙门石窟奉先寺毗卢遮那佛，密教的大日如来实际上就是从大乘的毗卢遮那佛演变而来。李文生《龙门唐代密宗造像》一文揭示，龙门石窟有两尊武则天时期的大日如来造像，其一存擂鼓台南洞，像高 2.15 米，系清末由龙门某寺院迁来，从风格上看应为武则天后期作品。其二为擂鼓台北洞，该窟三壁各雕有一坐佛，其中正壁为大日如来，高 2.45 米，有化佛冠[22]。

当然，也有学者对此提出过不同的意见，认为密教的大日如来传入中国，最早应当在唐中宗时期，首次出现在神龙元年至景龙三年（公元 705～709 年）菩提流志译的《不空绢索真言神变经》，但该经属于观世音部密典，主尊还不是大日如来。直到唐开元初年著名的密教"开元三大士"——善无畏、金刚智、不空来华传译真言密教和瑜伽密教之后，密教的大日如来信仰才在中土发生影响[23]。这个时期，大日如来的形象方也才基本定型，其特点是身着菩萨装，头戴宝冠，宝冠上有五方佛，胎藏界大日如来结法界定印，金刚界大日如来结智拳印。至于早期戴有宝冠和冠中有化佛的密教像，不一定是大日如来像[24]。对于上面提到的这部由菩提流志所译出的《不空绢索真言神变经》的性质，日本学者认为这部经典是一部由三十卷经文组成的大著，其前半部分曼荼罗的主尊是释迦牟尼，而其后半部分曼荼罗的主尊已经转换为"毗卢遮那如来"，因此它应当是在《大日经》流行之前的一部密教典籍[25]。换而言之，其曼荼罗主尊可以视为大日如来。所以，从密教典籍的角度来看，在密教曼荼罗中以毗卢遮那佛（亦即大日如来佛）为主尊，应当不晚于唐的景龙三年（公元 709 年）。

就本文所讨论的"菩提树像"而言，笔者认为当年王玄策、玄奘所见到的摩揭陀国摩诃菩提寺的各种瑞像中，显然已经受到在印度初兴的密教造像的影响，所以唐人史料中才有认为王玄策在洛阳的造像系以"西域所图菩萨像"为蓝本的说法。摩揭陀国位于古代印度的东北部，著名的印度后期密教大寺那烂陀寺便位于此国境内，密教造像在这一带最早兴起是可以想象的。从王玄策记载中已言及此像座下为"金刚宝座"、在四川发现的唐代"菩提树像"中多伴出有"六拏具"背屏等现象上看，笔者推测，王玄策当年所摹写的西国瑞像中的"摩诃菩提树像"，很可能便已经是当时印度受到密教影响之后产生的菩萨装"降魔成道佛像"。晁华山先生将这类头戴宝冠的佛像称之为"宝冠佛像"，认为公元7～8世纪时出现的宝冠佛像"常见的手势是降魔，即所谓触地印，佛头戴宝冠，佩戴项链和神线，玄奘在佛陀伽耶大精舍似乎已见到过这种宝冠佛像……它的出现与佛教密化有关。"[26]但当时此种题材的造像是否已经与印度密教的"大日如来"信仰发生联系，目前还不太清楚。

　　至唐永徽年间，天竺高僧阿地瞿多所译《陀罗尼集经》卷一另有"佛顶佛"的说法。经文中记其造像仪轨为："其作像法，于七宝华上结跏趺坐，其华座底载二狮子，其狮子坐莲花上，其佛右手者，伸臂仰掌，当右脚膝上，指头垂下到于花上。其左手者，屈臂仰掌，向脐下横著，其佛左右两手臂上，各著三个七宝璎珞，其佛颈上亦著七宝缨珞，其佛头顶上作七宝天冠，其佛身形作真金色，被赤袈裟"。对此罗世平先生明确考证认为，"这类佛顶像的轨侧是依菩提树下降魔成道像而述作"[27]，两者之间的渊源关系已经清楚。当"开元三大士"来华之后，由善无畏所译《佛顶尊胜心破地狱转业障三界秘密三身佛果三种悉地真言仪轨》中，则进一步明确指出："尊胜佛顶者，即毗卢遮那如来身，即是三部佛顶身"。所以，由菩提树下降魔成道像发展到佛顶佛，再由佛顶佛发展到毗卢遮那佛这条线索应当是可以梳理出来的，简而言之，这三者之间其实是"源"与"流"之间的演进关系。

　　其次，要最终廓清"菩提树像"与"大日如来"像之间的源流演变，还有一条今后需要加以梳理的线索是古代印度上述两类相关题材的考古发现与研究。近年来中国学者陈明光指出，在西安名为"天竺之魂——印度古国青铜雕像展"中，有两例施降魔印、被尊奉为"大日如来"的印度的青铜雕像，一为摩揭陀国那烂陀寺出土的公元9世纪的青铜像；另一为约公元10世纪的印度波罗时期青铜像。所以他认为："仅此二例至少表明：一是古印度在9世纪前作菩萨装的与不作菩萨装的施降魔印像已并行于世了，也许是同时问世。唐朝使臣先后图写传入中土，也未可知。"[28]但这两例青铜像的年代已经较晚，公元9～10世纪时密教已在印度占统治地位，类似这样的造像可能远远不止这两例。有线索表明，上个世纪日本学者在印度东北部地区的考古调查表明，在这一带调查发现的早期大日如来像中，的确已经发现有施降魔印者[29]，这是需要进一步加以关注的。此外，在印度东北一带，上个世纪以来日本学术界曾考古调查发现有一大批具有浓厚密教色彩的后期佛教造像[30]。这都可能是王玄策、玄奘等人前往印度巡礼时所见各种"西国瑞像"的原像，值得我们进一步对其源流演变以及传播中国的情况加以梳理，从中也许可以发现一些重要的线索。

　　总之，唐代著名使节王玄策出使印度，为我们留下来一笔宝贵的历史财富，他历尽艰幸，不远万里为中土所摹写携来"摩诃菩提树像"，文献记载为当时"道俗竞模（摹）"的盛况，不仅在唐之京都留下痕迹，甚至远布西南边陲之地，业已为考古材料所证实。王玄策为中印文化交流和佛教艺术的流传所创立的功绩，如沙海藏金，最终并未被历史的尘埃所湮灭，至今仍然闪砾出光芒。不断地发掘和弘扬一历史财富，具有深远的影响和意义。

　　附记：此文获教育部人文社会科学重点研究基地重大项目研究基金资助。

2005 年 2 月 11 日初稿于日本大阪天王寺
2005 年 5 月 10 日定稿于四川大学竹林村

注　释

〔1〕a. 霍巍：《西藏吉隆县境内发现〈大唐天竺使出铭〉摩崖石碑》，《中国文物报》1994 年 4 月 10 日。

　　b. 西藏文管会文物普查队：《西藏吉隆县境内发现〈大唐天竺使出铭〉》，《考古》1994 年第 7 期。

　　c. 霍巍：《〈大唐天竺使出铭〉及其相关问题的研究》，〔日〕《东方学报》（京都）第 66 册，1994 年。

　　d. 霍巍：《〈大唐天竺使出铭〉相关问题再探》，《中国藏学》2001 年第 1 期。

〔2〕a. 罗世平：《广元千佛崖菩提瑞像考》，《故宫学季刊》第 9 卷第 2 期。

　　b. 罗世平：《巴中石窟三题》，《文物》1996 年第 3 期。

　　c. 邢军：《广元千佛崖初唐密教造像试析》，《文物》1990 年第 6 期。

　　d. 丁明夷：《川北石窟札记——从广元到巴中》，《文物》1990 年第 6 期。

　　e. 雷玉华、王建平：《试论四川的"菩提瑞像"》，《四川文物》2004 年第 1 期。

　　f. 陈明光：《菩萨装施降魔印佛造像的流变——兼谈大日如来尊像的演变》，《敦煌研究》2004 年第 5 期。

〔3〕孙修身：《菩提寺高广大塔及瑞像》，《王玄策事迹钩沉》第 55 页，新疆人民出版社，1998 年。

〔4〕李玉昆：《龙门石窟新发现王玄策造像题记》，《文物》1996 年第 11 期。

〔5〕孙修身：《王玄策指挥敬爱寺塑像》，《王玄策事迹钩沉》第 269 页，新疆人民出版社，1998 年。

〔6〕同注〔2〕e，图一。

〔7〕同注〔2〕f，图版 5。

〔8〕同注〔2〕e，附录一。

〔9〕同注〔2〕f，图版 7。

〔10〕同注〔9〕，图版 8。

〔11〕同注〔9〕，图版 9。

〔12〕同注〔8〕。

〔13〕同注〔8〕。

〔14〕同注〔8〕。

〔15〕同注〔8〕。

〔16〕同注〔2〕e。

〔17〕常青：《试论洛阳龙门初唐密宗造像》，《考古学报》2001 年第 3 期。

〔18〕a. 同注〔2〕c。

b. 同注〔2〕d。

c. 同注〔17〕。

〔19〕吕建福：《中国密教史》第 198 页，中国社会科学出版社，1995 年。

〔20〕同注〔2〕a、b。

〔21〕同注〔2〕e。

〔22〕李文生：《龙门唐代密宗造像》，《文物》1991 年第 1 期。

〔23〕同注〔20〕。

〔24〕如吕建福认为，开元之前的唐代密教石窟造像中的主尊佛像是释迦佛顶佛，特点为戴宝冠、着右袒袈裟，戴项饰、臂钏，右手伸臂覆掌抚膝，施降魔印，左手屈臂仰掌，平置脐下腹前，施定印。而过去文物考古界多将这类佛像定名为"大日如来佛"，系"对密教缺乏研究造成的错误"。参见其所著《中国密教史》第 198 页，中国社会科学出版社，1995 年。

〔25〕［日］赖富本宏：《大日如来と密教の佛たち》第 38 页，大法轮阁，1999 年。

〔26〕晁华山：《佛陀之光——印度与中亚佛教圣迹》第 116 页，文物出版社，2001 年。

〔27〕同注〔2〕a。

〔28〕同注〔2〕f。

〔29〕同注〔25〕，第 63 页。

〔30〕［日］佐和研隆：《密教美術の原像——·インド·オリッサ地方の佛教遺迹》，法藏館，1982 年。

宣化辽墓中的风俗画、壁饰和
绘画技巧的研究

郑绍宗

（河北省文物研究所）

河北宣化下八里辽代壁画墓群，是 1993 年中国十大重要考古发现之一。墓群中 9 座墓的时代为从辽大安九年（公元 1093 年）到天庆七年（公元 1117 年）的 24 年间，年代跨度不长，但墓葬形制、葬式、壁画风格却有早晚不同的特点[1]。特别是其中的壁画，受到了美术界与考古界的极大重视。除发掘报告加以介绍之外，对壁画内容的研究也比较多，如壁画内容论述[2]、天文[3]、茶道[4]、散乐[5]、服饰[6]、出行[7]等。因壁画内容丰富，其中的生活风俗画、壁面装饰和绘画技巧等，目前尚未被研究者涉及。现就这两个方面的内容进行一些分析和研究。

一 辽壁画墓中生活画和风俗画

宣化辽墓壁画的内容十分丰富。除前叙几种以外，还有反映墓主人生前的生活画和反映社会生活的风俗画。有描写墓主人生前生活的备经图、宴饮图、备茶图、妇人启门图、三老对弈图、儿童跳绳图、五鬼图、抱双陆图等。这些绘画的内容与墓主人生前生活和当时的社会生活有着密切的联系。

（一）关于备经图的考证

1 号墓东壁之备经图。壁画中二老年侍者一手持汤瓶，另一手用食指指向桌上放着的黄色盝顶式函盒、盏托、食盒、五足香炉和两部经书。经书一为《金刚般若经》，一为《常清净经》。朱色方桌下面有炭盆，可能内有煮汤之执壶。从这些内容分析，侍者在为墓主人作诵经前的一切准备。所诵的两部经书，为《常清净经》和《金刚般若经》。因诵经时要吃茶，所做茶道准备，炭火煮汤、汤瓶、托盏等，表明了墓主人张世卿斋素、吃茶、诵经的过程。从上述内容可以确定这幅画是描绘墓主人准备诵经的场面（图一）。

在 2 号墓的东南壁壁画中也有类似的场面。在画面中，桌上有插花净瓶、盛经书的函盒和行灯，但经书不外露。在 3 号墓、6 号墓后室皆绘有经书架等，表明了侍者为墓主人准备诵经的情况。此与墓志记载相吻合。

（二）备宴备酒图。见于 1 号墓和 5 号墓（即"契丹小儿舞"壁画，已考证，不

图一　宣化辽墓1号墓后室东壁备经图、黑衣侍者进双凤门

赘)。此种内容壁画见于1号墓壁画后室南壁西侧。古人茶酒不分、茶酒并提的记载不少，这幅壁画正好表现了这一点。两个侍者一托黑漆盘，盘内有盅，另一侍者手持注子带托。桌上有瓜形注壶、漆盘、不同形制的碗盏、盘口瓶。地下矮桌放三个梅瓶，钤印封口，所盛放的显然为酒类。在7号墓出土了一鸡腿瓶，内盛橙色饮料，分析有可能为酒类。壁画内容描绘了墓主人准备饮茶吃酒的情况。从侍者背后有雁足灯燃烛分析，这宴会是在晚间进行（图二）。

（三）备茶图。北宋时期，饮茶习俗由南方传入北方燕云十六州和契丹腹地，通过南北贸易，大量茶叶、茶具也随之传入，这使北方的茶文化迅速得到普及。宣化辽墓中有关茶事的壁画正是这种茶文化在北方流行与传播的反映。过去有关北方茶文化研究的资料寥寥无几，而宣化辽墓茶事壁画则补充了这个不足。有6座墓出土了茶事壁画，其中的6、7、10号墓较为典型[8]。这里把7号墓备茶图[9]作一概括介绍。备茶图画面由8人组成，分为两组，右面一组4人和备茶关系密切。此组由一年轻美貌女子和三个装束不同的幼童组成。一为契丹装束的碾茶男童，但他并未碾茶，而是用前襟兜取右上方

图二　宣化辽墓1号墓后室南壁西侧备宴图

投来的桃子，前放着茶碾、漆盘等物。对面跪着一契丹装男童，作用力状，肩上站一汉
装女童，双手伸向吊篮在取桃子，前面放着茶炉。左侧年轻女子，手部抬起若有所语。
旁一方桌上，放执壶、黑漆盒、文房四宝。桌后还有四个嬉戏的儿童，似在捉迷藏，地
上有小花狗一只。总观画面构图十分合理，人物布局得当，以碾茶、茶炉、烹汤、两个
契丹装束的幼童和桌旁年轻女主人为中心，其余人物放在画面的两边作为陪衬，人物、
道具布置得十分符合构图要求，每一个人都有很强的动感，经营位置得当。幼童显得稚
气可爱，女子则装束华丽，位居中心，举止娴雅。这幅画以备茶以主要内容，其中的幼
童形象又生动风趣（图三），与历史上遗留下来的那幅著名的《村童闹学图》何其相

图三　宣化辽墓 7 号墓前室东壁备茶图

似[10]。画面上有很多关于茶文化研究的直接资料，仅茶具一项就有 32 件之多，有茶碾、茶炉（风炉）、汤瓶、团扇、绿色茶团饼、锯子、刷子、朱漆大盘。桌上有执壶、梅瓶、白瓷碗、椭圆盘、白瓷盘、黑漆食盒、小食碟、盝顶函盆（茶罗子）、多层大食盒和经书、笔砚，地下放着矮脚桌、朱封梅瓶等，表明了茶事程序中各种环节所使用的不同茶具[11]。6、7、10 三墓备茶图以 7、10 号墓为最好，7 号墓中的束腰莲座炉，10 号墓中的幼童碾茶和用口吹炉，在过去所见的煎茶图中从未见过（图四）。6 号墓地面、桌上摆放茶具之多也不曾多见。对照唐陆羽《茶经》以及宋人绘画，有许多值得研究的地方。

对壁画中各种不同形制茶具的用途、使用方法及其所反映的生活习俗进行深入的研究，对于了解当时北方茶文化的特点和中原茶文化的异同有着重要的作用。据我们分析，辽墓壁画备茶图集中地反映了宋辽时期北方茶文化发展的一些特点，有着浓厚的地方特色。如其中反映的是北方流行的用执壶煮汤的点茶法，和中原流行的煮茶法是两种不同的茶艺工序，这和当时南北自然环境、气候、饮食及生活习俗不同有关。点茶法宋以后特别是辽金以来一直在北方流行。到近代除在牧区仍用红茶的茶砖煮茶外，广大汉族地区，多用散茶（散茶叶）点茶这说明茶文化在南方和北方的发展走了不同的道路，形成了不同的风俗和特点。

宋辽时期茶文化普及于北方，为日常生活所不可少。朝廷招待来使用茶，府、州、县到处可见茶肆。饮茶与双陆配伍，辽南京有茶肆双陆局，百姓可到处投钱取饮[12]。

图四　宣化辽墓前室东壁备茶图中用口吹火之幼童

饮茶之风已普及于官宦、贵族和百姓之中。

　　宣化辽墓中张氏一族，是地位较高的汉官贵族，墓主人张世卿、张文藻、张匡正，一生崇信佛教，经日诵经，"不乐歌酒，好读法华"[13]。行佛事坐禅，自然要按照佛教吃茶的习俗而进行。壁画中的经书、墓内出土的茶具，无一不和佛事有关。

　　宣化辽墓壁画中的备茶图案是辽地高雅贵族饮茶生活的真实写照，牵涉到茶文化研究的诸方面。它所描绘的茶事情况为唐、五代以后北方茶文化的研究提供了极为重要的直观资料。

　　（四）妇人启门图。在宣化辽壁画墓中，妇人启门图是比较多见的。在1、2、3、4、5、6、7号墓中均有妇人启门和女侍送衣服的场面。从其衣着动作看，可能有地位身份的不同（表一）。

　　上述七座墓壁画均有妇人启门图，但内涵均不相同。基本可分为两类；一类属于婢妾之属，如第2、5号两墓壁画。2号墓壁画中女侍头戴莲花冠，短襦长裙，双手托盘而入，是在侍奉墓主人晨起饮茶。5号墓壁画中二女子一中年一老年，束高髻，短襦长裙，门内者似在接门外女子送来的衣物。这两墓壁画中的女侍虽然也在假门内外，但显然她们不属于墓主人的婢妾，而是佣人，其地位比较低下。

表一 妇人启门统计表

墓号	位置	内容
1	后室西壁假门	一年轻美貌女子,手托衣物,破双凤门而入于"别室",是为婢妾之属
2	室东南壁假门	一中年衣着华丽女子,双手托盃盘,破门而入,其地位应为女侍
3	室北壁假门	一年轻美貌、衣着华丽女子,开锁启门进入"别室",应为婢妾
4	室北壁假门	一女子破门入后室,上半部毁坏,为婢妾
5	室东南壁假门	二女子位于朱门内外,送接衣物,为女侍
6	后室东西两壁假门 东壁已毁	各为一衣着华丽美貌女子,开锁启门而入"别室"为婢妾
7	后室西壁假门	一年轻美貌华丽女子,开锁启门而入"别室",为婢妾

相反,第1、3、4、6、7号墓壁画中的女子皆年纪较轻,衣着十分华丽,眉清目秀。皆梳高髻,簪花,带耳环,短襦,着带色和花格长裙,裙带随风飘卷,描写的都是一刹那间进入"别室"或后内室的动作。有的手持钥匙开锁启门而入。1号墓壁画年轻女子双手托衣物,根据可以出入内室或别室为墓主人送衣或侍奉墓主人就寝等分析,应为墓主人贴身女婢或小妾。因为在许多宋、金墓中皆有夫妇开芳宴的场面,为墓主人及其夫人。妇人启门图中不见男主人,只描写进入内室或别室的一刹那,可以肯定其为女婢或姬妾之属无疑(图五)。

3号墓壁画中启门开锁的女子,或一足进门,一手托锁一手持钥匙,表示假门后另有别室或后室为墓主人寝室之一,所表现的除了陪伴墓主人就寝或更衣以外,似乎别无解释。宿白先生在《白沙宋墓》中说:"按此种装饰,就其所处位置观察,其取意在于表示假门之后有庭院或房屋、庭堂,亦即表示墓室至此并未到尽头之意。"妇人开锁启门正是说明内另有别室之意。此别室非正妻所居,亦即墓主人的寝居处。宋代制度,姬妾地位低下。所谓"聘则为妻","买则为妾",妾与奴婢同等看待,居"外宅","别室"。所以妇人启门而入或而出,其所代表的形象应是姬妾的形象。

上述两类妇人启门图,显然有着不同的社会涵义。一类是侍奉主人的女仆,侍茶、饮食等。一类是侍奉主人的贴身小妾,更衣、侍寝等。这正是墓主人生前奢侈糜烂生活的真实反映。

从各墓所葬成员看,皆为夫妇合葬。没有发现三人拼骨形象。这说明公元10世纪前后在嫡庶分明的制度下,姬妾不可能与墓主人合葬,作为墓主人的偏房,只能别葬。"别宅"成墓主人与姬妾幽会之所。刘毅先生说:"这种做法也与古代中国灵魂观念有相通之处,即认为即使不合葬,灵魂有知,也可以相通。"[14]

妇人启门图早在唐代就已出现,见于山东长清灵岩寺唐惠崇塔。此后在宋金砖墓中较为多见,如山西汾阳金墓[15],白沙宋墓[16],贵州遵义高坪乡宋墓[17],北京西郊辽

图五　宣化辽墓 1 号墓后室西壁之妇人启门图

墓[18]，大同卧虎湾 5、6 号辽墓等[19]。

　　在宋辽砖塔上的妇人启门图，已经成为一种装饰，如赵县景祐五年幢上的妇人启门图、北京西山辽开泰九年（公无 1020 年）澄赞上人舍利古塔幢上的妇人启门图、山西浑源圆觉寺金塔妇人启门图等。妇人启门在墓中最初可能具有实际的意义，描写墓主人生前奢侈淫逸的生活，并作为一种绘画题材得到提倡。佛教塔幢内容多佛像、佛经或佛传经典故事，妇人启门图与佛教清净无为、修身养性相悖逆，出现在宋辽的佛教塔幢上，除了艺人的"独具匠心"以外，只能说具有装饰的意义而已。

从考古发现看，大约在金代以后，这种题材逐渐减少和衰落。

（五）三老对弈图。在7号墓后室门的上部，表现墓主人张文藻和一僧人及一官服模样的人（可能为张世卿）围着一幅棋盘在对弈的场面。画面右侧还立着一幼僧和两个梳对抓髻的幼童在一旁服侍。这可能再现了张文藻生前无事对弈的休闲生活，他所接触的是本族长者和僧人（图六）。

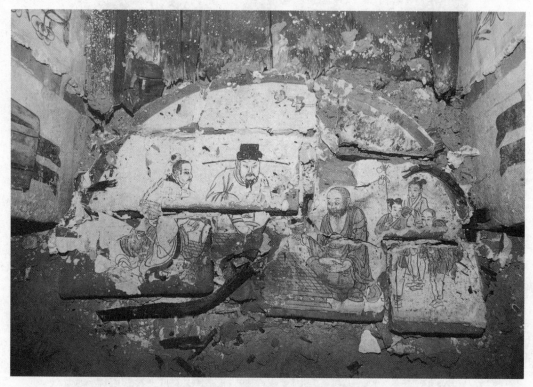

图六　宣化辽墓7号墓后室墓门上三老对弈图

棋弈本出于中原汉族地区，是一种智力游戏，但辽时在燕云地区也非常流行。围棋早在汉代就已盛行。在望都一号汉墓中曾出土过一方石雕围棋盘，说明围棋的历史是非常早的。《孟子·告子上》："今夫弈之为数，小数也。"朱熹注："弈，围棋也。"说明围棋历史非常久远。在考古发掘中，许多辽墓发现围棋子等实物，如辽宁锦西西孤山曾出土过圆饼形的陶制围棋子76枚，分黑白两色，棋子表面有模制的印花纹。朝阳纺织厂辽墓中出土过用玛瑙制的白色围棋子。宁城辽中京大名城也发现过石制围棋子。宋还曾征得名棋手与辽对赛。祝穆《方舆览胜》记载："昌元县南二十里老鸦山有李戢、李戣兄弟，善棋。会房索旗战于国朝，诏求天下善弈者，蜀帅以戢应识。房望风知畏，不敢措手。"可见辽还专门与宋会赛棋事。契丹女子也下得一手好棋。围棋、双陆从燕云十六州到契丹腹地草原都很流行。《契丹国志》："夏月以布易毡（氈）帐，藉草围棋、双陆，或深涧张鹰。"[20] 可见围棋和双陆两个棋种并提，且都流行于草原。

（六）儿童跳绳图。在 10 号墓后室门上部，描绘了三名儿童在跳绳，是一幅非常生动的儿童游戏图。历史上遗留下来的绘画作品很少见到此种艺术风格。三个儿童中跳绳者为一打赤膊的契丹儿童，左右执绳者皆契丹装（图七）。

从考古发现看宋金时代儿童玩耍的场面很多，如著名的宋磁州窑"孩儿钓鱼枕"、"孩儿蹴球枕"、"孩儿放风筝枕"等，都是以儿童嬉戏玩耍为题材。此画面描绘契丹装儿童在一起，可能反映了此地当时的风俗民情。当时辽南京到西京之间的山后一带居住着很多契丹和奚族人，即所谓两奚。奚人的风俗习惯与契丹同。所以这里的儿童非契丹装汉人儿童即为奚人儿童。

图七　宣化辽墓 10 号墓后室墓门上儿童跳绳图

（七）五鬼图。在 7 号墓门内侧顶上，似是描绘一判官三小鬼在勾取一死鬼的命。判官带乌纱帽，两小鬼手持板枷，另一小鬼持套杆，描写的是阴司勾魂取命的场景（图八）。

（八）抱双陆图。在 1 号墓后室南壁东侧，一契丹侍者抱一黑皮箱，另一年长侍者抱一钵，内盛物如骰子状，应为双陆（图九）。双陆也是一种棋类，从中原传入北方。

图八　宣化辽墓 7 号墓前室门内上部 "五鬼图"

在考古发掘中曾见有完整的双陆出土。辽宁法库叶茂台 7 号辽墓曾出土完整的漆木双陆一副。"棋盘为长方形，在两个长边各雕出一个月牙形纹样和左右共十二个圆坑（左右各六，是谓双陆）。雕处涂以白色，盘上堆放着三十粒锥形棋子，黑白各十五粒。旁边还放着两粒角骰，已腐朽"[21]。

　　关于双陆棋，在宋元时期的一些文献中，如《松漠纪闻》，《事林广记》和《文献通考》等均有记载。所谓"博戏"、"博图"即指此而言，和汉以来的"六博"有着承继关系。推测其具体玩法是：二人对坐，中为棋盘，盘上马（棋子）分路布列，凭掷骰子点数行事。白马自右归左。黑马自左归右，马先出尽为胜，以筹码计算胜负。凡赏罚计算之筹，唯所约。博戏带有赌博性质。陆博是辽代各阶层特别是上层统治阶级最为喜欢玩的一种游戏。圣宗统和六年（公元 988 年）九月丁酉，"皇太后幸韩德让帐，厚加赏赉，命从臣分明双陆以尽欢"[22]。兴宗景福元年（公元 1031 年）七月，"上诏晋王萧普古等饮博夜分乃罢"[23]。兴宗尝与皇太宗弟重元博"双陆"。"又因双陆，赌以居民城邑。帝屡不竞，前后已偿数城"[24]。《契丹国志》记载："帝之末年，女真大酋阿骨打来朝，以悟室自随。辽之贵人与为双陆戏。贵人投瑷不胜，妄行马。阿骨打愤甚，拔小佩刀欲刺之，悟室从旁救止。急以手握鞘，阿骨打止其柄，枨其胸不死。"[25]由此可见双陆流行于契丹贵族间。宣化辽一号墓壁画中绘抱漆钵双陆侍者，未见有棋盘，分析旁立抱箱侍者的箱中可能盛有棋盘，以期和双陆相配套。双陆在燕云地区的下层社会也广为流行，如《松漠纪闻》云："燕京茶肆设双陆局，或五或六，多至十博者

图九　宣化辽墓 1 号墓后室南壁东侧之抱双陆侍者

蹴局，如南人茶肆中设棋具也。"这种双陆局形同赌场，另一方面也反映吃茶、玩双陆博戏是配伍进行的一种游艺。

（九）壁画中所反映的墓主人生前生活方面的内容较为广泛。从各墓壁画所绘内容的一致性可以看出，张氏和韩氏一族的生产生活有着一定的模式。因其所处的地位为辽国上层阶级，身为官僚兼封建大地主，画的内容自然所反映的是这一阶层的情形。晨起穿衣（韩师训墓）时有专人侍奉。茶道图表明他们诵经用茶，有专门的茶童伺候。宴饮、备酒，表明他们用餐及接待宾客之豪华。举行大宴时要有"衙前乐"散乐班子吹奏歌舞，以示墓主人地位之不凡。平时还听着"契丹舞"小曲。每日诵经，专门有备经人茶点伺候。公私出行有侍从马匹前呼后拥，表明了墓主人的等级身份。休闲时对弈或博双陆棋，或于院中观赏儿童跳绳。平时生活除正妻外，还有外宅（别室）姬妾陪伴。门吏和各种侍者成群围绕在他们的周围，如各种看护宅院、持杖、持骨朵门吏，持扇、持巾、持拂尘、持盂侍者，持盏、持镜、持盅、燃灯、持衣物侍女。日常生活起居均在壁画中有所反映，甚至连宗教信仰和日月星辰在壁画中也有所见。画中人物的衣着种类和发式、室内建筑装饰彩绘、家具和日用器皿也都得到了反映。可以说，宣化辽墓壁画集辽代晚期南京—西京之间文化之大成，堪称辽代文化研究的综合画卷。

二 辽墓壁画的装饰艺术和绘画技巧

宣化辽墓壁画的彩绘装饰和绘画技巧，在目前已发现的辽代古墓壁画中应属上乘。除了人物故事的描绘以外，墓内彩绘装饰也极为丰富和复杂。彩绘装饰分为两种，一是建筑彩绘，二是壁面的花卉装饰。此外还有过道、穹隆顶的装饰等。

建筑彩绘装饰，包括墓门门楼、墓室内斗拱梁枋彩绘。有一部分非为实枋，而是影作，如假窗假门等。建筑彩绘保存好的是6、7、10号墓，柱、梁、枋涂朱为地，勾勒黑、白边。有的倚柱为影作。券门左右上角绘缠枝莲图案，斗拱皆用墨线勾边，内绘方胜和半方胜，宝相和云纹。有的斗拱不彩绘，但以朱、红、蓝等色涂地，梁、枋上除涂朱地外，多绘朵云、如意云、仙鹤和回纹图案（图一〇）。

在泥道拱之间的拱眼壁上朱地绘单瓣或复瓣的缠枝蕃莲或牡丹（图一一、图一二）。墓室顶部多作朱带垂莲，中嵌一镜（图一三）。所有彩绘作法多见于宋《营造法式》制度之规定。

宣化辽壁画墓中，壁面装饰比较复杂，进入墓室，壁面花卉鲜艳夺目，仿佛进入居室（图一四）。壁面花卉装饰以单枝和复枝的成组的牡丹、芍药、蕃莲、牵牛、月季等为主，而以牡丹为多。各墓中多见如意形流云纹、成组飞鹤、大面积的缠枝莲图案，6、7、10号墓彩绘壁面即以这些图案为主。

（一）流云和仙鹤

流云和仙鹤在辽墓壁画中占了很大的比例。而且这种室内装饰纹样在北方流传极广，且风格颇多相似之处。7、10号墓的流云基本由三个云朵组成。蓝、红、白三色相间成如意云形，在其中两云头中间有一朵红云，云勾侧卷，颜色、线条均很活泼。10号墓后室门上的两朵如意云拱一朵红色云彩花，构思新颖。仙鹤和流云几不可分。墓的券门两侧仙鹤向上展翅飞翔，形成"鹤在云中舞"的场面。古人称死亡为"仙逝"，墓内绘云鹤可谓寓其意于画面之中。特别是在7、10号墓的后室东、北面壁面，以仙鹤、水草为背景的壁画，丹顶鹤的头向内，更能体现这种意境（图一五）。就是说它不仅仅是装饰，而是配合墓主人的"仙逝"有更深一层悼念之意。佛道皆认为"鹤"为神鸟，

图一〇　宣化辽墓 10 号墓墓门上部斗拱彩绘方胜、宝相花和流云

可长生不老。以云、鹤为内容的墓内壁画装饰，在中国北方辽代贵族墓中颇为流行。如内蒙古库仑旗 1 号辽墓，门神头上的如意云和仙鹤，天井之两侧有如意云图案构成的彩云带，上面为荷花、仙鹤和水草[26]。内蒙古奈曼旗辽陈国公主墓前室东西两壁，有对飞之仙鹤和祥云（如意云）[27]。在辽（圣宗）庆东陵主室穹顶上绘有大量的如意云[28]。在内蒙古翁牛特旗解放营子契丹贵族墓木椁西壁云龙装饰画中，也绘有大量的如意云等。可见这种如意形云和丹顶鹤作为装饰是辽贵族墓装饰艺术的一个特点，特别是在辽代中晚期即圣宗以后，更为流行。流云和仙鹤在各地辽墓中发现的绘制风格极为一致，分析当时匠人有蓝本为依据，此种蓝本甚至有可能在各地传播。

（二）关于龙凤装饰

龙凤装饰也是宣化辽墓壁画中的一个特点。在 1 号墓中后室的券门上绘有相对的两条黄龙戏珠，飞舞于如意云中。龙张牙舞爪，只露三足（前二足后一足），余一足隐而不露，充分表露出宋辽时期龙画的特点（图一六）。在 1 号墓后室北壁和东西两壁朱门上皆绘双飞凤、圆形朵云和如意云，皆黄色，形成双凤在云中飞舞的画面。此外，在其他墓中未见有以龙凤为题材者。在辽代，非一定品级的官吏或特赐，一般民众不能以龙凤为墓中装饰，这正说明 1 号墓主人张世卿的社会地位。墓内以龙凤为装饰者，有辽圣宗庆陵主室门上对飞的双凤、穹顶上的双飞龙，特别是庆东陵前室南壁的二龙戏珠和张世卿墓二龙戏珠绘法如出一辙。相比之下，而张世卿墓二龙绘制技法纯熟，线条苍劲有

图一一　宣化辽墓 6 号墓后室东壁拱眼壁之缠枝莲花图案

力，属上乘之作。双凤门也仅见于贵族墓中。由于龙凤均属祥瑞之象征，往往在一个高级贵族墓中同时绘制。库仑旗 2 号墓为双凤在云中对飞，看来十分祥和。在张氏和韩氏墓地中，除张世卿墓有以龙凤为题材者外，其他墓中均不见有龙凤题材，这正是等级身份不同的一种反映。

（三）宝瓶生花、盆栽和壁画的单枝花卉。

用插花和盆栽装饰墓室四壁，这在过去已发现的辽墓壁画中也是不多见的。辽受中原汉文化的影响，在艺术方面的享受与追求，从上层统治阶级到庶民百姓也都是极普遍的。辽国的契丹和汉贵族墓壁画中多见花卉等装饰。宣化 1 号墓后室四壁绘蓝色盘口净瓶内插以莲花、牡丹等（图一七、图一八）。在 7、10 号墓后室北壁左右绘圆形透孔敦，上置花缸，内栽牡丹（图一九）。壁面上也绘单枝牡丹、月季、牵牛花等。在辽代贵族墓葬中，特别是庆东陵四季山水图中的"夏图"，牡丹盛开。在辽陵志盖上多阴刻缠枝牡丹。辽驸马卫国王志盖上刻牡丹[29]。宣化辽墓壁画中的牡丹，都作盛开状。在 7、8、10 号墓中壁画单枝花卉多成组排列，也是以盛开的牡丹为主。牡丹在辽国可称为"国花"。在辽国宫室中专门栽牡丹。据《辽史》圣宗本纪记载，"统和五年三月癸亥朔，幸长春宫，赏花钓鱼，以牡丹遍赐群臣，欢宴累日"。又，"统和十二年三月壬申，如长春宫，观牡丹"。长春宫有牡丹园，每年三月花盛开时，皇帝与群臣到园中观牡丹，并以牡丹花赐群臣，赏观牡丹成为辽国皇帝以下的一种嗜好。宫廷、陵寝、古

图一二　宣化辽墓 10 号墓前室拱眼壁之三叠瓣缠枝莲花图案

墓、建筑多以牡丹为装饰。圣宗哀册篆盖也阴刻出缠枝牡丹唐草纹，作为辽国的标志。在 10 号墓的东北和西北壁绘仙鹤图，在丹顶鹤之后绘有一种生长在水中的带节的高竿水草，应是芦苇，还有一种圆形小红花的植物，也属水藻之类，是北地水塘常见之物。

（四）屏风与假山

仿居室内树立屏风的做法，用绘画的手法绘屏风于墓室之内，这在辽墓壁画中是不多见的。2、5 号墓中都发现了屏风壁画。2 号墓三壁画 6 幅（图二〇），5 号墓三壁画 6 幅，共 12 幅。在壁面作屏风画，过去见于大同卧虎湾 4～6 号辽墓中，其中 5、6 号辽墓中屏风为三扇，每扇一幅，内容由假山、牡丹花卉等组成[30]。其情形和宣化 2、5 号墓屏风画相近，但其技艺要比大同辽墓强得多。此外在其他地方的辽墓中就比较少见了。屏风在绘画中多见，如五代《韩熙载夜宴图》屏风上绘有山水树木等。宣化辽墓壁画屏风皆山石花鸟或水禽。山石是所谓太湖石，罅漏透光，嵯峨嶙峋，作仿狮子头等怪兽状，或伏地欲跃，极富生气。莲花、牡丹、芍药、黄莺、粉蝶相配合，或与丹顶鹤、水藻等北地花草相衬托，极富情趣，是当时辽国贵族庭堂生活和装饰的真实写照，也是难得的写实作品。山石、蜂蝶、水禽、花草作室内装饰。辽圣宗庆陵的代表作品是四季山水图，设计、技法都相当高，出自宫廷画家之手，是壁画装饰的上乘作品。在库仓旗辽 1 号墓天井南北壁绘有假山、牡丹、水草、仙鹤，取材完全相同，反映了当时贵族居室的装饰情况。

图一三　宣化辽墓10号墓前室顶部之朱带垂莲和截枝花卉

（五）宣化辽壁画墓绘画技巧分析

总的来看，宣化辽墓壁画中描写上层贵族生活的画面占主导地位，通过各种人物的不同活动，表现墓主人生前的不同生活场面。已发掘的9座墓，除2、3号墓为单室外，余皆为双室墓，每一室中又包括多个不同壁面组成的单幅壁画。各幅壁画之题材、内容、场景安排、布局都达到了内容与形式的统一。据初步统计，9座墓壁画总面积332.17平方米，单幅画面80幅（星图未计）。1号墓壁画，人物最多，有18组人物；9号墓壁画人物最少，残存3组。9座墓画面上共出现不同人物206个，仅1号张世卿墓就出现人物53人。辽圣宗庆陵壁画人物按《庆陵》一书统计为71人，但壁画上较完整的人物仅为28人。库仑旗1号辽墓壁画人物76人。相比较此处1

号墓是人物出现较多的一处。由于早年的破坏和盗掘，庆陵壁画人物画面多已剥落。庆陵壁画人物编号1~71人，为群臣肖像图，另有鞍马仪仗、四季山水、建筑彩绘、装饰等，其中四季山水图是辽墓壁画中的佳作。库仑旗辽墓壁画主要是出行归来图。其余可资比较的如陈国公主墓、大同辽墓、北京赵德钧墓、翁牛特旗解放营子辽墓等，内容多限于出行、归来，少数有宴饮或备酒食场面。宣化辽墓壁画篇幅之多，题材之广泛，内容之丰富，而且以写实为主，实属罕见。宣化辽墓壁画的内容，除了一般唐宋封建贵族墓中常见的出行图、伎乐宴饮、侍吏、侍女等，还有天文、宗教、风俗习惯等方面的题材。如描写文人雅士生活的"茶道图"、"对弈图"，描写儿童生活的"跳绳图"，描写阴司的"五鬼图"，描写北方生活的花鸟、水禽等，这些都是壁画古墓中很难得见的题材。每组壁画的构图、设计、人物安排、场景家具等都颇具匠心，画面中桌、椅、灯盏、文房四宝、盆景花栽等无不具备。有的壁画似乎继承了唐代宫廷壁画的遗风，如章

图一四　宣化辽墓 6 号墓前室壁画及顶部之截枝花卉装饰

怀太子墓[31]、懿德太子墓[32]和郑仁泰墓壁画的作风，有的壁画和辽庆陵壁画风格接近。宣化辽墓壁画各种侍吏的位置，如张世卿墓侍吏的安排近似庆陵群臣肖像图，而出行图的设计和唐李寿墓西壁壁画的出行图的设计相一致[33]。总的特点是都把鞍辔齐全的大马放在壁画中心的突出位置，旁边为驭者和步行仪仗。墓主人虽然没有出现在画面上，但给人的一个感觉是主人即将出行。各幅壁画都有一个中心点，人物的动作表情也都牵连着这个中心点而活动，即向着和服务于墓后室的中心部位——棺床的部位。在总体设计和布局上是煞费苦心的。具体到每一幅画面，也都围绕着总的主题和布局各自形成一独立的画面，展开对主仆之间关系的细致刻画。各墓的重点画面，如 1、4、5 号墓的出行图，1、4、6、7 号墓的散乐图，6、7、10 号墓的茶道图，7 号墓的三老对弈图，10 号墓的儿童跳绳图，各墓的备经、备宴温酒、妇人启门、神荼郁垒等，根据不同对象，而在位置的经营、敷彩、形似和传神等方面进行了细致的刻画，艺术效果较好。一般文官侍吏和持巾、持扇侍吏则显出公式化，面部表情呆板。各画的风格笔调也随着内容的变化及匠人技术水平不同而有变化。

各墓壁画的整体布局，以墓室南北中心为轴，取东西对称形式，有如官府之厅堂，层层深入。进入大门（墓室门楼）为一层，二门（即过道门）之后为中堂。一般东西北三壁开（绘）假门，象征其外尚有庭院或居室（外宅）。天井（穹顶）中心仰视为宇宙星空，豁然洞开。人物、组画之安排都取对称形式，如门吏对门吏，神荼对郁垒，出行对散乐，茶道对散乐，黑衣侍吏进门对妇人启门，妇人启门对妇人启门，挑灯侍女

图一五　宣化辽墓 10 号墓后室西壁的丹顶鹤和水草

对持盂侍女，龙对龙，凤对凤，双龙对双凤等。四壁的斗拱、梁、枋、壁面装饰也取对称之形式，如宝瓶生花、盆栽花卉、仙鹤图、屏风、假山等，以中轴线为环链，起着连接各幅壁画的作用。辽圣宗庆陵、库仑旗辽墓、辽陈国公主墓壁画，也大体采取对称的布局，可以看出当时墓葬壁画布局的这个特点，和墓室营造本身取对称形式分不开，这可能和地面建筑的四合院形式相比拟，是死人把活人的居住方式移到地下的一种真实写照，事死如生，以慰死者亡灵。

1 号墓的出行图和散乐图相对。但出行图人物面向外，为主人出行做准备；散乐图人物则面向于墓内为主人演奏。两幅画之间人物动作都是以不同方式服务于主人，使人们自然地联想到墓主人的家世、社会地位和等级身份。这一方面反映了墓主人的早起出行活动，而另一方面说明墓主人宅院内经常举行宴饮伎乐演奏以接待宾客，两幅画人物之间具备有机的联系。又如 6、7、10 号墓的茶道图对散乐图，都描写的是府宅内的生活。散乐人身着官服，但都浓妆艳抹，有的为女扮男妆、年纪很轻的青少年男女，显然是张氏家族由皇帝恩赐或张家私蓄的伎乐，深得张氏宠幸。伎乐由地位较高的一群男女青少年组成，与 1 号墓张世卿墓和 5 号墓张氏古墓的散乐多由中年以上带小髭须的男子组成相比，其社会成员是不同的。1 号墓的散乐班子有可能是"衙前乐"，有半官方的性质。两类不同年龄伎乐组成的散乐班子，可能说明其不同的社会情况，即艺匠不是随随便便安排的。6、7、10 号墓对茶道图是一致的，可能三墓在修筑时指导设计思想是一致的。茶道图描写了张氏家族从碾茶到点茶的一系列过程，这些活动也是在宅院内部进行的。壁画中描绘的人物活动栩栩如生：茶童用力推拉碾轴，契丹装幼童用力煽炉或吹火，男女侍者备茶奉饮，特别是 7 号墓的一群儿童的嬉戏之情跃然画面。还有三老对弈图、儿童跳绳图等，都是十分难

图一六　宣化辽墓 1 号墓后室南壁门上双龙戏珠图之左侧龙纹

得的风俗画题材和实物资料。

这些十分引人注目的绘画，在绘画创作上，都注意到了形与神的统一。画面的布局、结构、用笔、敷彩、人物塑造给人感受较深，取得了比较完美的效果。1 号墓几幅画在人物刻画上比较细腻，如两个老年奴仆备茶一场，一人执壶在斟，另一老人手执托似在品尝。老人面部皱纹堆累，神情自若，仆人举止得当，似在为墓主人品尝成色或温凉。7 号墓茶道图画面布局合理，左右对称，突出主题——碾茶和茶炉。画面人物刻画细腻，人物的手势动作和面部表情相融合。1 号墓妇人启门图一幅，在艺术创作和表现手法上比较大胆，受到了一般宋辽塔龛和画院派绘画中"妇人启门"或"妇人倚门"题材的影响。这在当时是一种比较有影响的题材。宋辽封建贵族蓄姬之俗是普遍存在的，以此显示主人的高雅阔绰。许多词曲中多有细致的描写[34]。唯此画面向内，给人以半侧身影，比较少见。画面上女侍（婢妾）装束华丽，体态优美，双手托衣。以迅速轻盈的动作频推朱户，衣襟随风摆动。画面上表现的这一刹那，人物神态自若，笔墨潇洒，比较真实地揭露和反映了封建贵族腐朽糜烂生活的一个侧面。

宣化辽壁画墓的绘画技法基本沿袭唐末五代壁画制作的方法，从发掘的壁画画面上所留下的制作痕迹分析，都经过壁画的制作和修正等一系列的过程。包括画面内容的设计、起草、过稿、敷色、勾勒墨线等几个过程。但是具体到每一幅画就不一定先在纸上打出草稿，再往壁面上过稿了，这要看画的是什么内容。成组的人物画，大型连片的多人物群体，如茶道、出行、散乐图等与细致的花草水禽，都要在纸上打出草稿，设计出小样，然后再过到墙壁上。从壁画的成型分析，大概包括平涂（色），勾勒轮廓，单色平涂和晕染，壁面平整，干燥是作好壁画的一个关键。壁画不平整不利于线条挥洒和表现，不干燥不利于敷彩、形体的衬托和立体感。

壁画的制作，总的来说和一般宋、辽壁画并无两样。在墓室内部的砖壁上，先用黄色胶泥平抹一层泥帐，把凹凸不平的砖壁抹平，然后在泥帐的外面抹一层厚约 1~1.5 厘米的白灰。第一层白灰面半干后，大都又进行第二次加工压平，白灰内掺有很细的麻质纤维（已朽），壁面光滑平整坚固耐久，虽经近千年的雨水侵蚀，很少剥落。在墓门刚

图一七　宣化辽墓 1 号墓后室东壁画上的瓶插莲花

打开时，室内壁面呈绵软的稠粥样，手指触摸壁面可见指纹。这是因为墓室内部长时间处于地下恒湿状态，壁面水分饱和的缘故，所以壁面上的绘画保存得极为鲜艳，少有褪色之处。

复杂的人物，众多的画面，要先用纸，根据设计构思拟出小样，然后据小样在壁面起草。在壁面进行起草的方法有数种。

第一种：平涂勾勒轮廓法。又可分为三类。一类是根据小样，画面先以很细毛笔浅墨勾出轮廓。上色后用深墨定稿。此法用于人物群体和比较复杂的画面，如深色衣服、幞头，斗栱、人物面形、衣纹、道具等。如今有的画面上还留有经过修改的浅墨线底稿痕迹。另一类是以椎形器在壁面上勾出简单的轮廓，形成壁面上很浅的凹槽。面部四肢等不作过细的勾画。以上两种起草的方法可能是不同的画家用的习惯起草方法。第一种较为熟练，但不普遍。二者在壁画上呈现出不同的效果，第二种起草方法往往在壁面上留出沟痕。第三类是直接用墨线在壁面上作画，一次完成，不起草稿。如 1 号墓的顶盘人，大盘经过起草，而盘内的盅、壶、碗类小件物品直接用墨线一次完成。还有大幅的缠枝蕃莲，只是把外轮和弯曲之枝干画出草稿，而花叶则一次完成，全凭画家的记忆和熟练的线条来取得效果。前两法一般是根据对象不同敷色，最后用重墨线采用中锋、铁

线勾勒，人物各部位，如衣纹、面部、手部加工细作。1号墓散乐图一幅线条流畅，衣纹从前胸到足，一气呵成，用笔骨硬，达到相应效果。从笔触分析，各墓所作壁画是由许多不同画家来完成的。每个画家各有自己的蓝本。7、10墓同时，风格接近。而6号墓则不同。1号墓人物比例及做工精细，4号墓人物、山水等用色用笔都有自己的特点。所以就是一座墓内的壁画，由于工作量很大，也非一人完成，而是由许多画家经过许多时日集体完成的，是多位画家的集体智慧的结晶。

第二种：平涂法。有的以朱线用尺笔确定其位置，大部不起草，直接用不同颜色平涂出器物的形状与质感。此法多用于建筑彩绘斗、栱、梁、枋、桌、窗、星宿，以朱、绿、蓝、黄等色直敷，不表现明暗，不勾轮廓。可以看出这种方法所表现的实物都是呆板凝滞或静止而无生气的一些静物，但大方平稳，用此法以区别于人物、花卉。

图一八　宣化辽墓1号墓后室西壁画之瓶插牡丹

第三种：晕染法。以颜色的调子或深浅不同的颜色来表现物的质感，用于壁画装饰，如龛楣、宝瓶生花、穹顶垂莲、栱眼壁的成组缠枝莲以及缠枝牡丹、荷花、单枝花卉等。花草的枝叶不勾轮廓，直接用颜色的深浅衬托出景物的光线的质感，略有透视感，衣着上有团锦花或衣褶多用同样颜色加重浓度绘出。朱衣用赭石表现衣褶，浅绿用墨绿表现衣褶或加花绘，以颜料浓淡来表现，皆不用墨线勾勒。属于衣服布料上的花纹，如小团花、云纹等，也有用墨笔直接绘制的。

壁画用颜料，有朱砂、石绿、绛紫、石青、靛蓝、赭石、石黄、白粉、墨等，虽经千年侵蚀，但仍绚丽夺目。其中使用最多的前四种，人物面部和花卉等似杂有粉胶，看上去光滑整洁，效果较好。人物画一般上一道彩。青年、幼儿，脸部多用肉红色晕染，有浓有淡，显新鲜美貌。老年、青年和幼童在脸部用色方面有明显不同。花卉精工细作，上多道彩，如7、10墓的盆栽牡丹，做工十分精细，枝叶花朵红、绿浓淡有度，层层叠压，有很强的透视感和立体感。又如1号墓后室之宝瓶莲花，瓶体直接用深浅石青，莲花的茎、叶用深浅石绿，浅绿中用铅粉描绘莲叶之脉络，显得很有层次。开放的花朵分瓣错出，花中蕊为莲房，莲苞用深浅粉浆来表现，说明当时复色的运用已有较高

图一九　宣化辽墓 3 号墓东壁之文房四宝和牡丹花缸

的水平。如各墓中所绘成组的单枝花卉，以牡丹为多，茎用赭石，花用橘红，叶用石绿，有的勾勒轮廓，而多数不勾勒，显得更为活泼。这种敷彩的方法，符合我国唐、宋时期绘画的传统技法，花卉景物基本上依照随类敷彩的原则。

　　辽代的美术作品传世较少，除见于画史等有关记载外，见到的实物寥寥。地下出土的壁画资料有的规模虽大，但保存不佳，如庆东陵壁画、库伦旗壁画墓、陈国公主墓、翁牛特解放营子辽墓、克旗二八地辽墓、喀喇沁娄子店辽墓、赤峰北三家辽墓、法库叶茂台辽墓、大同卧虎湾辽墓、北京辽赵德钧墓等。相形之下，宣化辽壁画墓群之壁画，规模大，内容丰富，年代具体明确，且有志石可证。所以宣化辽墓壁画在中国美术发展史上所占的地位十分重要。它基本可以作为辽代晚期中国北方民间绘画艺术的代表，是研究这一阶段绘画发展的唯一可资借鉴与研究的实物资料。现代人要想了解辽代晚期的绘画史，那么宣化辽壁画墓的资料最能反映当时绘画艺术发展的实际情况。

　　宣化辽墓壁画，是当时活跃在辽南京—西京间的画家，其中是否有当时的名家亦未可知。由于《辽史》纂修简略，技艺名流多不在册，难以查出他们的美术创作情况。宣化辽墓壁画正可以提供这些无名画家杰作，理顺各画的风格，可看出具体是由多少无名画家完成的，这无疑是一项很有意义的工作。

　　像这样大规模的保存完好的地下壁画墓群，在我国北方是比较少见的。对于壁画内容虽然在报告中进行了一些专题研究，但还远远不够。有关它的丰富内涵，还需要从历史、艺术和科学价值方面进行深入的探讨。

图二〇　宣化辽墓 2 号墓西北壁之山石花鸟屏风

注　释

〔1〕河北省文物研究所：《宣化辽墓——1974～1993 年考古发掘报告》，文物出版社，2001 年。

〔2〕郑绍宗：《宣化辽墓壁画》，（台湾）《故宫文物月刊》第 15 卷第 9 期，1996 年。

〔3〕夏鼐：《从宣化辽墓星图论二十八宿和黄道十二宫》，《考古学报》1976 年第 2 期。

〔4〕郑绍宗：《宣化辽墓壁画茶道图的研究》，（台湾）《历史文物月刊》第 7 卷第 5 期，1997 年。

〔5〕郑绍宗：《辽壁画墓散乐图之发现与研究》，《河北省考古文集》第 466 页，东方出版社，1999 年。

〔6〕郑绍宗：《宣化辽墓壁画服饰内容之研究》，《文物春秋》1996 年第 4 期。

〔7〕郑滦明：《关于辽墓出行图的考证》，《华夏考古》2004 年第 4 期。

〔8〕同注〔1〕。

〔9〕备茶图也称"茶道图"。茶文化研究中的"茶道"一词，学术界有不同的定位，一般认为唐宋时期茶事尚未形成一种"道"（即规律）。有则普称为"茶道"，认为有科学道理和规律可循，约定

俗成采用"茶道"这个名词。

〔10〕天籁阁藏《宋人画册》。

〔11〕同注〔4〕。

〔12〕［清］于敏中等纂《日下旧闻考》第八册卷一百四十六"风俗"条，北京古籍出版社。

〔13〕同注〔1〕，第一章张匡正墓（M10）墓志，第63页。

〔14〕刘毅：《"妇人启门"墓饰含义管见》，《中国文物报》1993年5月16日3版。

〔15〕山西省考古研究所、汾阳县博物馆：《山西汾阳金墓发掘简报》，《文物》1991年第12期。

〔16〕宿白：《白沙宋墓》，文物出版社，1957年。妇人启门装饰见该书第28、55页，另见同书38页注〔75〕。

〔17〕贵州省博物馆筹备处：《贵州遵义专区两座宋墓简介》，《文物参考资料》1955年第9期。

〔18〕周耿：《介绍北京出土文物展览》，《文物参考资料》1954年第8期。

〔19〕大同市文物陈列馆：《山西大同卧虎湾四座辽代壁画墓》，《考古》1963年第8期。

〔20〕《契丹国志》卷二十三第226页，上海古籍出版社，1985年。

〔21〕辽宁省博物馆、铁岭地区文物组：《法库叶茂台辽墓记略》，《文物》1975年第12期。

〔22〕《辽史》卷十二《圣宗纪》三第129页，中华书局标点本。

〔23〕《辽史》卷十八《兴宗纪》一第237页，中华书局标点本。

〔24〕《辽史》卷一百十二《列传》第四十二《耶律重元传》第1501页，中华书局标点本。

〔25〕《契丹国志》卷九第95页，上海古籍出版社，1985年。

〔26〕王健群、陈相伟：《库伦辽代壁画墓》图一一～一五，文物出版社，1989年。

〔27〕内蒙古自治区文物考古研究所、哲里木盟博物馆：《辽陈国公主墓》图五，文物出版社，1993年。

〔28〕［日］田村实造、小林行雄：《庆陵》第三章《东陵壁画》第三节《建筑装饰纹样》图39，第83页，东京大学文学部，1953年座右宝刊行会。

〔29〕前热河省博物馆：《赤峰辽墓发掘报告》，《考古学报》1956年第3期。

〔30〕同注〔19〕。

〔31〕陕西省博物馆、乾县文教局唐墓发掘组：《唐章怀太子墓发掘简报》，《文物》1972年第7期。

〔32〕陕西省博物馆、乾县文教局唐墓发掘组：《懿德太子墓发掘简报》，《文物》1972年第7期。

〔33〕陕西省博物馆、文管会：《唐李寿墓发掘简报》，《文物》1974年第9期。

〔34〕同注〔16〕。

吉林省金代窖藏铜钱述论

董学增

（吉林市博物馆）

　　1982～1986 年间，吉林省进行了第二次文物普查与编志，据调查，"金代窖藏货币在省内各市县多有发现，这在吉林省金代遗存中颇为突出"[1]。本文仅就 1986 年以前在吉林省境内的金代窖藏铜钱作一综合述论，愿对金史研究提供一点资料并提出一孔之见。不当之处，敬请方家教正。记述顺序按行政区划自西至东、以市县为单元。述论内容分窖藏概况、窖藏缘由和研究价值三个部分。

一　窖藏概况

　　金朝是肃慎族的后裔满族的先人女真族建立的从奴隶制到封建制的王朝。公元1115 年建国，公元 1234 年被蒙古军队所灭，传九世，曾统治大半个中国 118 年之久。金朝承袭了辽朝的版图并有所扩大，在金国设置十九路，其下有众多府、州、县。今吉林省西部大体属北京路的辖地，该路所领泰州，在今洮南市程四家子古城。今吉林省中部包括长春和吉林地区，大体属上京路会宁府的南境。当年的济州，后改隆州，州治即在今农安古城，公元 1150 年在这里置上京路转运司，一度成为上京路的军事和经济中心。金朝与北宋征战、与南宋对峙时期，曾将中原大批汉人迁来东北，安置在这一地区，令其从事农业和手工业生产劳动。今吉林省的南部和东南部，属咸平路咸平府的东境，路府治所在今开原市，当年所领所辖三迁后的韩州，即在今梨树县偏脸城。今通化市属婆速府路。今吉林省东部属海兰路，路治在今和龙县东古城。金末，今延边地区属蒲鲜万奴叛金自立的东夏国。今延吉市东郊的城子山山城即东夏南京路的治所。金朝除路府州县之外，还有许多独立于路府州县之外的猛安、谋克组织，分布在广大农村。上述建置状况，大抵就是吉林省金代窖藏铜钱的历史地理背景。

（一）白城地区：松源市、长岭县

1. 松源市土城子窖藏

1982 年 12 月，原扶余油矿一名工人在扶余县伯都公社联合大队土城子屯自家院内动土，于辽金古城中部偏南部位距地表 30 厘米处，发现一用方形石板封盖的黑褐色素面陶罐，内盛铜钱 90 公斤，2 万余枚。铜钱用麻绳穿缀，盘放于罐内。出土时麻绳已朽，仅见痕迹。事后经整理鉴定，有王莽"货泉"、东汉"五铢"、隋"五铢"、唐高祖"开元通宝"、肃宗"乾元重宝"、武宗会昌"开元通宝"、五代十国后汉"汉元通宝"、后周"周元通宝"、前蜀"天汉元宝"、"乾德元宝"、南唐"开元通宝"、"唐国通宝"、"大唐通宝"、北宋太祖"宋元通宝"、太宗"太平通宝"、"淳化元宝"、"至道元宝"、真宗"咸平元宝"、"景德元宝"、"祥符元宝"、"祥符通宝"、"天禧通宝"、仁宗"天圣元宝"、"明道元宝"、"景祐元宝"、"皇宋元宝"、"至和元宝"、"至和通宝"、嘉祐元宝"、"嘉祐通宝"、英宗"治平元宝"、"治平通宝"、神宗"熙宁元宝"、"熙宁重宝"、"元丰通宝"、哲宗"元祐通宝"、"绍圣元宝"、"元符通宝"、徽宗"圣宋元宝"、"崇宁通宝"、"崇宁重宝"、"大观通宝"、"政和通宝"、"宣和通宝"、西夏文"大安宝钱"、辽道宗"寿昌元宝"、天祚帝"天庆元宝"、南宋高宗"建炎通宝"、"绍兴元宝"、"绍兴通宝"、孝宗"乾道元宝"、金海陵炀王"正隆元宝"。其中85%以上是各种版别的北宋钱。而以西夏文"大安宝钱"、南宋高宗赵构"绍兴元宝"和唐武宗会昌（公元841~846年）年间铸的会昌"开元通宝"属少见珍品。其中会昌"开元通宝"55枚，除钱背有代表会昌年号的"会"字钱而外，还有代表铸地的"京、洛、润、兰、广、潭、兖、宣、越、兴、梓、梁"等字钱，亦属稀有货币[2]。

2. 长岭县辛店屯窖藏

1981年6月，在长岭县广太乡农林村辛店屯发现一件由粗瓷坛盛装的铜钱，计100余公斤，多为北宋钱，还有少量唐、辽、金钱，具体年号不详。现藏白城地区博物馆[3]。

（二）长春地区：农安县、九台县、双阳县、榆树县

1. 农安县欢喜屯窖藏

在新农安乡元成功村欢喜屯内发现用陶瓮盛装的铜钱700余公斤，瓮口距地表约1米，上面以青砖覆盖。1985年由吉林省博物馆征集200公斤。经鉴选，其中有东汉"五铢"、新莽"货泉"、南北朝北魏"永安五铢"、唐"开元通宝"、南唐"唐国通宝"、"开元通宝"、后周"周元通宝"、前蜀"乾德元宝"、辽"大康通宝"、金"正隆元宝"，余皆为北宋、南宋铜钱[4]。

2. 农安县农安古城窖藏

自清代末叶至1985年，在农安县农安古城内先后发现四起金代窖藏铜钱。其一是宣统初年，在一个铜瓮内盛装，多为宋钱，另有金代"正隆元宝"。其二是1966年在古城东街路南出土的唐、宋铜钱40余万枚，约2500公斤。其三是1968年在出土的陶扑满中装有铜钱300枚，其中除宋钱外，还有唐"开元通宝"、五代南唐"唐国通宝"、金"正隆元宝"。其四是1985年10月在古城内发现的金代窖藏铜钱，数量不详。其中有西汉"半两"、北宋"大观通宝"、"天禧通宝"、金"大定通宝"等[5]。

3. 农安县下坎屯窖藏

1985年在万家塔乡五里堡子村下坎屯，于地下1米处发现用陶瓮盛装的唐宋铜钱75公斤，属金代窖藏。同年7月由农安县文物管理所征集50枚[6]。

4. 九台县顺垄地辽金遗址窖藏

1982年6月在卡伦镇十里村八里堡屯顺垄地辽金遗址内发现铁锅一口，内装铜钱

160 余公斤，31180 枚，由吉林省博物馆收藏。经鉴选，其中有西汉"五铢"、新莽"货泉"、东汉"五铢"、隋"五铢"、唐"开元通宝"、"乾元重宝"、五代十国后汉"汉元通宝"、后周"周元通宝"、前蜀"乾德通宝"、南唐"开元通宝"、"唐国通宝"、北宋"宋元通宝"、"太平通宝"、"淳化元宝"、"至道元宝"、"咸平元宝"、"景德元宝"、"祥符通宝"、"天禧通宝"、"庆历重宝"、"天圣元宝"、"明道元宝"、"景祐元宝"、"皇宋通宝"、"至和元宝"、"至和通宝"、"嘉祐元宝"、"治平元宝"、"治平通宝"、"熙宁元宝"、"熙宁重宝"、"元丰通宝"、"元祐通宝"、"绍圣元宝"、"绍圣通宝"、"圣宋元宝"、"崇宁通宝"、"崇宁重宝"、"大观通宝"、"政和通宝"、"宣和通宝"、"靖康元宝"、"建炎通宝"、"绍兴元宝"、"绍兴通宝"、"隆兴元宝"、"乾道元宝"、"淳熙元宝"、辽"乾统元宝"、金"正隆元宝"、"大定通宝"[7]。

5. 九台谢屯窖藏

1984 年 7 月 7 日，在莽卡乡谢屯农田里发现一口六耳锅，上盖一块石板，内盛铜钱 66 公斤，计 13341 枚。另在锅内装有铁刀 3 件、铁锹 1 件、铁条 2 件。这批铜钱有汉"五铢"、隋"五铢"、新莽"大泉五十"、"货泉"、唐"开元通宝"、"乾元重宝"、北宋"宋元通宝"、"太平通宝"、"淳化元宝"、"至道元宝"、"天禧通宝"、"景祐元宝"、"皇宋元宝"、"历庆重宝"、"元丰通宝"、"绍圣元宝"、"圣宋元宝"、"崇宁重宝"、"大观通宝"、"宣和通宝"、南宋"建炎通宝"、"绍兴元宝"、金"正隆元宝"、"大定通宝"等 50 余种。其中北宋钱最多[8]。

6. 九台县北边辽金遗址窖藏

1985 年 7 月 18 日在苇子沟乡西地村北边屯北边辽金遗址发现，未见容器。铜钱总重 16 公斤，计 638 枚。锈蚀严重，可辨钱文有：隋"五铢"、唐"开元通宝"、"乾元重宝"、宋"宋元通宝"、"太平通宝"、金"正隆元宝"、"大定通宝"，计 30 余种[9]。

7. 双阳县二道梁子遗址窖藏

1980 年 4 月砖场工人在太平乡二道梁子辽金遗址距地表 30 厘米深处挖出六耳铁锅、三足铁锅各一口，铁镰 4 件、铁锹、铁凿、铁锛、菜刀各一件。同时出土铜钱若干。铜钱有西汉"半两"、"五铢"、新莽"货泉"、隋"五铢"、唐"开元通宝"、五代后周"周元通宝"、南唐"唐国通宝"、北宋"宋元通宝"、"太平通宝"、"庆历元宝"、"至和元宝"、"至和通宝"、"嘉祐通宝"、"治平元宝"、"熙宁元宝"、"熙宁重宝"、"元丰通宝"、"元祐通宝"、"淳化通宝"、"至道元宝"、"咸平元宝"、"景德元宝"、"祥符元宝"、"天禧元宝"、"天圣元宝"、"明道元宝"、"皇宋通宝"、"绍圣通宝"、"圣宋元宝"、"崇宁通宝"、"崇宁重宝"、"大观通宝"、"政和通宝"、南宋"建炎通宝"、"绍兴元宝"、金"正隆元宝"。上述器物和铜钱藏于双阳县文物管理所[10]。

8. 榆树县丰产村窖藏

1983 年 10 月，在太安乡丰产村出土古钱币 175. 5 公斤，该县锻造铸件厂个体户孙茂英将这批铜钱收购上来送交吉林省博物馆收藏。经鉴选，其中有汉、新莽、隋、唐、五代十国、两宋和辽、金钱约 4 万余枚，其中北宋钱占绝大多数[11]。

（三）辽源地区：东丰县、东辽县

1. 东丰县红旗窖藏

1986年11月在太阳镇红旗村红旗水库北1公里许的后山坡发现用陶、瓷两缸盛装的铜钱500多公斤，经文物部门整理，共30多个年号钱和非年号钱，其中有隋"五铢"、唐"开元通宝"、"乾元重宝"、五代后周"周元通宝"、南唐"唐国通宝"、北宋"宋元通宝"、"太平通宝"、"淳化通宝"、"至道元宝"、"咸平元宝"、"景德元宝"、"祥符元宝"、"天禧元宝"、"天圣元宝"、"明道元宝"、"至和通宝"、"皇宋通宝"、"嘉祐通宝"、"治平元宝"、"治平通宝"、"熙宁元宝"、"熙宁重宝"、"元丰通宝"、"元祐通宝"、"绍圣元宝"、"元符通宝"、"圣宋元宝"、"崇宁通宝"、"崇宁重宝"、"大观通宝"、"政和通宝"、"宣和通宝"、南宋"建炎通宝"、"绍兴元宝"、辽"清宁通宝"、金"正隆元宝"[12]。

2. 东辽县苇塘沟窖藏

1985年春，当地农民在宴平乡安乐村苇塘沟屯挖土时发现陶罐一件，内装50余公斤铜钱。1986年文物普查队征集有代表性的铜钱37枚，其中有北宋"太平通宝"、"至道元宝"、"咸平元宝"、"景德元宝"、"祥符元宝"、"祥符通宝"、"天禧通宝"、"天圣元宝"、"景祐元宝"、"皇宋通宝"、"至和通宝"、"嘉祐元宝"、"嘉祐通宝"、"治平元宝"、"熙宁元宝"、"元丰通宝"、"元祐通宝"、"绍圣元宝"、"圣宋元宝"、"崇宁通宝"、"崇宁重宝"、"大观通宝"、"政和通宝"、"宣和通宝"、南宋"建炎通宝"、金"正隆元宝"[13]。

（四）吉林地区：永吉县、舒兰市、磐石市、蛟河市、桦甸市

1. 永吉县大常古城窖藏

1964年秋，农民在乌拉街镇大常村大常辽金古城东墙北端挖土时发现一件大陶罐，内盛铜钱100余公斤。出土时铜钱穿孔遗留腐朽的绳索痕迹。铜钱多为北宋、南宋钱，约20几种。此外还有少量唐"开元通宝"、"乾元重宝"、金"正隆元宝"[14]。

2. 永吉县汪屯南老城窖藏

1971年秋，农民在乌拉街镇汪屯大队南老城东北侧取土时，于地表以下60厘米处发现一陶瓮，内盛铜钱100余公斤。出土时可见钱孔有腐朽的麻绳痕迹。铜钱以北宋和南宋居多，另有少量的西汉"半两"、唐"开元通宝"、"乾元重宝"和金"正隆元宝"[15]。

3. 永吉县学古窖藏

上世纪70年代，先后在乌拉街镇学古屯发现两处窖藏铜钱：其一是1972年春农民在张老河南耕地里距地表约40厘米处发现零散铜钱数百枚，出土时周围有烧灰痕迹。这批铜钱有唐、宋、金钱，其中多为北宋钱；其二是1974年10月，张老河北农民付国志在自家房后挖菜窖，于距地表70厘米处发现一六耳铜锅，内藏铜钱140公斤，铜钱穿有绳索贯穿痕迹。铜钱的年代，最早为唐"开元通宝"，最晚为金"正隆元宝"[16]。

4. 永吉县缸窑二道窖藏

1978 年 4 月，缸窑镇二道大队农民在大队所在地水田地距地表 70 厘米处发现一用兰花瓷碗封盖的陶瓮，内盛铜钱约 140 公斤。可辨钱文有西汉"半两"、新莽"货泉"、东汉"五铢"、唐"开元通宝"、北宋"至道元宝"、南京"建炎通宝"、金"正隆元宝"、"大定通宝"[17]。

5. 永吉县大口钦前团小郑屯窖藏

1976 年 11 月农民霍云杰在前团大队小郑屯自家屋后挖菜窖，于距地表 1 米许发现金代六耳铁锅 1 件，内藏铜钱 140 公斤，由吉林市博物馆收藏。经鉴定，这批铜钱有东汉"五铢"、唐"开元通宝"、和大量的北宋和南宋钱[18]。

6. 舒兰市曹家窖藏

1984 年 6 月，天德乡曹家村小学校学生，在曹家辽金遗址北端西侧靠乡路旁挖植树坑，在深约 50 厘米处掘出白瓷大碗 7 件。经鉴定，白瓷大碗属于辽阳江官屯窑的产品，据《中国陶瓷史》记述："此窑的始烧年代，当在辽代晚期，而盛行于金代"。同年 8 月份，曹家四队农民韩世国在路边放牛，在距白瓷碗窖藏南侧约 10 米许发现一罐铜钱，约 15 公斤。其中有北宋"咸平元宝"、"祥符元宝"、"景祐元宝"、"庆历重宝"、"皇宋通宝"、"元丰通宝"、"绍圣元宝"、"圣宋元宝"、"大观通宝"、"政和通宝"、"宣和通宝"等。结合地面采集的陶、瓷残片，可以确认这是一批金代窖藏铜钱[19]。

7. 磐石市三个顶子窖藏

1983 年 7 月 25 日，农民在黑石乡三合村三个顶子屯，发现窖藏铜钱 185 公斤，经县文物管理所拣选，征集 37 公斤交给吉林市博物馆收藏。这批窖藏铜钱，除少量东汉"五铢"、新莽"货泉"、唐"开元通宝"外，余皆为两宋钱，可以确定属金代窖藏[20]。

8. 蛟河市保家村三家屯窖藏

1984 年春，农民史长林在池水乡保家村三家屯种地时稠出古代铜钱 60 公斤，卖给乡供销社，后由吉林市博物馆收藏。这批铜钱有新莽"货泉"、唐"开元通宝"、"乾元重宝"、五代十国"周元通宝"、"乾德元宝"、"咸康元宝"、"唐国通宝"、北宋"宋元通宝"、"太平通宝"、"淳化元宝"、"至道元宝"、"景德元宝"、"咸平元宝"、"天禧通宝"、"天圣元宝"、"明道元宝"、"景祐元宝"、"至和通宝"、"嘉祐元宝"、"嘉祐通宝"、"熙宁元宝"、"熙宁重宝"、"元丰通宝"、"元祐通宝"、"绍圣元宝"、"元符通宝"、"圣宋元宝"、"崇宁通宝"、"崇宁重宝"、"大观通宝"、"政和通宝"、"宣和通宝"、南宋"建炎通宝"、"绍兴元宝"、金"正隆元宝"、西夏"天庆元宝"[21]。

9. 蛟河市拉法窖藏

1983 年 7 月，农民在拉法乡粮库西墙外 49 米、距地表 0.5 米深发现一处窖藏铜钱，系用麻绳穿连分层摆放，四周以草围护。铜钱总重 359 公斤，约数万枚。这批窖藏铜钱，绝大多数由吉林省博物馆征集入藏，吉林市博物馆从中拣选少量标本。铜钱有汉"五铢"、唐"开元通宝"、"乾元重宝"、北宋"太平通宝"、"淳化元宝"、"至道元宝"、"景德元宝"、"祥符元宝"、"天禧通宝"、"天圣元宝"、"明道元宝"、"皇宋通宝"、"治平元宝"、"熙宁元宝"、"元丰通宝"、"元祐通宝"、"绍圣元宝"、"圣宋元宝"、"崇宁通宝"、"崇宁重宝"、"大观通宝"、"政和通宝"、金"正隆元宝"等[22]。

10. 蛟河市东南库窖藏

1982 年夏，农民刘启良在青背乡东升村东南库屯耕地里挖鼠洞，于距地表约 30 厘米处发现一约 60 立方厘米直径的坑穴，里边埋藏着用麻绳穿缀的铜钱 200 多公斤，铜钱周围用草铺盖。麻绳和草均已腐朽，但铜钱保存尚好，铜钱被发现者卖掉，只保留一部分标本。经鉴选，这批铜钱有汉"五铢"、唐"开元通宝"、"乾元重宝"、五代后周"周元通宝"、十国南唐"唐国通宝"、北宋"宋元通宝"、"太平通宝"、"淳化元宝"、"至通元宝"、"咸平元宝"、"景德元宝"、"祥符元宝"、"祥符通宝"、"天禧元宝"、"天圣元宝"、"明道元宝"、"景祐元宝"、"皇宋通宝"、"庆历重宝"、"至和元宝"、"嘉祐元宝"、"嘉祐通宝"、"治平元宝"、"治平通宝"、"熙宁元宝"、"熙宁重宝"、"元丰通宝"、"元祐通宝"、"绍圣元宝"、"元符通宝"、"圣宋元宝"、"崇宁通宝"、"大观通宝"、"宣和通宝"、南宋"建炎通宝"、"绍兴元宝"、"绍兴通宝"、金"正隆元宝"、"大定通宝"等[23]。

11. 蛟河市苇塘窖藏

1981 年村农民金光镐在新农乡苇塘村建房挖地基，于距地表约 50 厘米深处，发现用木箱盛装的古铜钱 20 余公斤，木箱已朽烂，铜钱用麻绳穿缀，摆放整齐。事后发现者将铜钱全部卖给供销社了。1985 年文物普查队调查得知，这批窖藏铜钱有唐"开元通宝"、北宋"崇宁重宝"、"熙宁重宝"、"祥符元宝"、金"正隆元宝"、"大定通宝"等[24]。

12. 蛟河市新立屯窖藏

1983 年夏，青背乡农林村新立屯农民董元喜在屯东农田中，发现散埋在土坑里的窖藏铜钱约 0.5 公斤。事后，发现者保留一小部分，其余卖给当地废品收购站了。1985 年文物普查队从发现者手中征集该窖藏铜钱数十枚，其中有唐"开元通宝"、会昌"开元通宝"、北宋"宋元通宝"、"淳化元宝"、"景德元宝"、"祥符元宝"、"天禧通宝"、"天圣元宝"、"明道元宝"、"景祐元宝"、"皇宋通宝"、"嘉祐通宝"、"治平元宝"、"治平通宝"、"熙宁元宝"、"熙宁重宝"、"元丰通宝"、"元祐通宝"、"绍圣元宝"、"崇宁通宝"、"崇宁重宝"、"大观通宝"、"政和通宝"、南宋"绍兴元宝"等[25]。

13. 桦甸市罗圈沟窖藏

1984 年 4 月农民在桦郊乡罗圈沟村村外西南小河弯耕地中发现铁制工具 6 件（其中镰 2 件、锛 1 件、凿 2 件、舌 1 件），各种铜钱 12000 余枚。经现场调查，窖坑为椭圆形，铜钱是用麻绳穿缀，一层层摆放在芦苇编织物中，其上放置铁工具。麻绳和编物已朽烂，但痕迹尚存。出土铜钱有西汉"半两"、"五铢"、新莽"货泉"、东汉"五铢"、隋"五铢"、唐"开元通宝"、"乾元重宝"、五代后汉"汉元通宝"、后周"周元通宝"、十国南唐"唐国通宝"、北宋"太平通宝"、"淳化元宝"、"至道元宝"、"宋元通宝"、"皇宋通宝"、"圣宋元宝"、"圣宋通宝"、南宋"建炎通宝"、"绍兴元宝"、"隆兴元宝"、"乾道元宝"、"淳熙元宝"、金"正隆元宝"、"大定通宝"。这批窖藏铜钱从数量和品种看，北宋年号钱和非年号钱占90%以上[26]。

14. 桦甸县苏密沟窖藏

1985年5月在苏密沟乡苏密沟林场小学北河边耕地中发现铜钱100公斤左右，未见盛装物。事后由吉林市博物馆征集收藏19954枚。其中有西汉"五铢"、剪轮"五铢"、新莽"货泉"、东汉"五铢"、唐"开元通宝"、"乾元重宝"、五代十国后汉"汉元通宝"、后周"周元通宝"、前蜀"光天元宝"、"乾德通宝"、"咸康元宝"、后唐"唐国通宝"，北宋钱数量和品种最多，有19575枚，占95%以上。辽代钱有"清宁通宝"、"咸雍通宝"、"大安元宝"。南宋钱有"建炎通宝"、"绍兴元宝"、"绍兴重宝"、"淳熙元宝"。金代钱有"正隆元宝"和"大定通宝"[27]。

15. 桦甸市四道沟窖藏

1982年春，农民在木其河乡四道沟獾子洞耕地旁发现窖藏铜钱150公斤左右，铜钱用麻绳串联，装在一个长方形木箱里。出土时麻绳与木箱均已朽烂。这批铜钱有西汉"五铢"、新莽"货泉"、隋"五铢"、唐"开元通宝"、"乾元通宝"、五代十国后周"周元通宝"、南唐"开元通宝"、"唐国通宝"、北宋"宋元通宝"、"太平通宝"、"淳化通宝"、"至道元宝"、"咸平元宝"、"景德元宝"、"祥符元宝"、"祥符通宝"、"天禧通宝"、"天圣元宝"、"明道元宝"、"景祐元宝"、"皇宋元宝"、"庆历重宝"、"至和元宝"、"至和通宝"、"嘉祐元宝"、"嘉祐通宝"、"至平通宝"、"至平元宝"、"至平通宝"、"熙宁元宝"、"熙宁重宝"、"元丰通宝"、"元祐通宝"、"绍圣元宝"、"元符通宝"、"圣宋元宝"、"崇宁通宝"、"崇宁重宝"、"大观通宝"、"政和通宝"、"宣和通宝"、南宋"建炎通宝"、"绍兴通宝"、辽"乾统元宝"、金"正隆元宝"、"大定通宝"[28]。

16. 桦甸市橡胶厂窖藏

1971年7月，工人在桦甸镇内吉林市光明橡胶厂基建工地发现铜钱150多公斤。事后，吉林省博物馆从中拣选西汉"半两"钱2枚、"五铢"钱19枚、剪轮"五铢"6枚、新莽"货泉"3枚、唐"开元通宝"5枚、"乾元重宝"8枚、南唐"唐国通宝"6枚、后周"周元通宝"2枚、北宋铜钱151枚、南宋"建炎通宝"5枚、金"正隆元宝"4枚[29]。

17. 桦甸市白山镇窖藏

1976年白山镇兴隆大队学校在磨盘山转山头开农田时，在距地表0.4～0.6米深处挖出一陶罐，内盛铜钱123枚，其余都是铁器，有战刀1件、砍刀1件、镰刀1件、菜刀2件、刮刀1件、锹1件、镐1件、锉1件、带卡1件、铁饰1件、"双勾器"1件。铜钱共25种，其中除少量西汉"五铢"、唐"开元通宝"、"乾元重宝"、金"正隆元宝"外，大多为北宋钱，其中有："宋元通宝"、"至道元宝"、"咸平元宝"、"景德元宝"、"祥符元宝"、"天禧通宝"、"天圣元宝"、"景祐元宝"、"皇宋通宝"、"至和元宝"、"嘉祐元宝"、"至平元宝"、"熙宁元宝"、"元丰通宝"、"绍圣元宝"、"元符通宝"、"圣宋元宝"、"大观通宝"、"政和通宝"[30]。

（五）通化地区：海龙县、辉南县、通化市

1. 海龙县刘堡窖藏

1982 年 4 月，中和乡刘堡村农民在村西旱田改水田时，发现一处瓷器和铜器窖藏。瓷器为白瓷盘、碗，除散失和破碎者外，共征集 11 件，铜钱 48 公斤。铜钱用绳索连缀，裸放于黄土层中，瓷器分两摞放置于铜钱之上。瓷器属江官屯窑烧造。铜钱有 32 个年号、72 种，其中有唐"开元通宝"、"乾元重宝"、五代后周"周元通宝"、北宋"宋元通宝"、"太平通宝"、"咸平通宝"、"景德元宝"、"祥符元宝"、"祥符通宝"、"天禧通宝"、"天圣元宝"、"明道元宝"、"景祐元宝"、"至和元宝"、"至和通宝"、"庆历重宝"、"嘉祐通宝"、"皇宋通宝"、"嘉祐通宝"、"治平通宝"、"治平元宝"、"熙宁元宝"、"熙宁重宝"、"元丰通宝"、"元祐通宝"、"绍圣元宝"、"元符通宝"、"圣宋元宝"、"崇宁通宝"、"崇宁重宝"、"大观通宝"、"正和通宝"、"宣和通宝"、南宋"建炎通宝"、"淳熙元宝"、金"正隆元宝"。1980 年春，在这处窖藏附近亦曾发现过一批金代窖藏铜钱，数量比 1982 年还多，但已散失[31]。

2. 辉南县板庙子窖藏

1984 年春，村民在金川乡板庙子南山脚下 1.5 米深处发现一瓷窖藏铜钱，计 1431 枚，共有 35 种不同钱文。1986 年 5 月，县文物普查队又征集到在窖藏附近出土的铁镐 1 件、残铁刀 1 件、六耳铁锅 1 件。确认这里为辽金村落遗址。铜钱中最早的是汉代"五铢"，最晚的是金代"大定通宝"，其余大多是北宋铜钱[32]。

3. 通化市自安村窖藏

1965 年农民在江东乡自安村发现用一件瓷缸盛装的铜钱，约 150 公斤，大部分为两宋钱。事后由市文化局移交给吉林省博物馆[33]。

4. 通化市江南村遗址窖藏

1985 年 6 月，市郊江南村农民在其房后挖自来水管道时，于距地表约 1 米深处发现数公斤铜钱，其中有：唐"开元通宝"、北宋"太平通宝"、"至道元宝"、"祥符元宝"、"景祐元宝"、"熙宁重宝"、"元丰通宝"、"元祐通宝"、"崇宁重宝"等，结合同时出土的一些陶网坠等遗物，文物普查队确认"江南村遗址出土的铜钱为金代流通的宋钱"[34]。

（六）延边地区：图们市

1. 图们市碧水窖藏

1986 年 5 月，红光乡碧水九屯全享植在村边山下取土发现一处埋有唐、宋铜钱和金代铁器的窖藏。铁器和铜钱没有容器盛装，直接埋在距地表约 70 厘米深的坑穴内。出土铁器有铁斧 1 件、铁镐 1 件、铁凿 1 件、铁渔叉 1 件、铁矛 1 件。铜钱共 140 枚、42 种，其中有唐"开元通宝"、"乾元重宝"、北宋"元丰通宝"、"圣宋元宝"、"熙宁元宝"、"熙宁重宝"、"崇宁重宝"、"政和通宝"、"大观通宝"、"宣和通宝"、"祥符通宝"、"祥符元宝"、"天禧通宝"、"咸平元宝"、"景德元宝"、"治平元宝"、"绍圣

元宝"、"元祐通宝"、"淳化通宝"、"至道元宝"、"宋元通宝"、"庆历重宝"、"天圣元宝"、"景祐元宝"、"嘉祐元宝"、"皇宋通宝",南宋"绍兴元宝"[35]。

此外,1978 年 8 月于榆树县大坡乡古城址中发现窖藏铜钱 80 公斤;1979 年 7 月在柳河县大通沟乡福民村发现用残铁锅盛装的窖藏铜钱 70 余公斤。因二批铜钱未分开记录,本文从略[36]。

截至 1986 年,在吉林省行政区域内,共发现金代窖藏铜钱 36 处,其中白城地区 2 处、长春地区 9 处、辽源地区 2 处、吉林地区 17 处、通化地区 5 处、延边地区 1 处。可见中部吉、长地区窖藏地点最多,约占三分之二,这在一定程度上反映了这里的人口比较密集。

二 窖藏缘由

据粗略统计,截至 1986 年,在吉林省境内总计出土金代窖藏铜钱约 8000 公斤以上。从窖藏环境看,有辽金遗址、辽金城址、农田耕地、山脚河畔和现代村屯,其中以辽金遗址和城址居多。从窖藏方式看,有用陶瓮、陶缸、陶罐或瓷罐作容器的,其上或有封盖或无封盖;有用木箱盛装的;有的直接埋在坑穴中,周围以草维护;有的无任何维护,裸埋于土中;有的与生产工具、武器一起窖藏,有的与生活用品一起窖藏,说明有的窖藏是藏者有计划、有准备的,有的是匆忙掩埋的,有的是举家外出或外逃的;有的是只将钱币埋藏起来,人可能仍在这里生活。大多铜钱以麻绳穿缀,少数散置于容器中或坑穴内。窖藏铜钱的数量多少不等,少的不足 1 公斤,多的达上千公斤。窖藏铜钱的年代,上限为西汉"半两"、"五铢",下限为金代"正隆元宝"、"大定通宝",中间有东汉、新莽、南北朝、隋、唐、五代十国、北宋、辽、西夏、南宋等朝代钱,而以北宋钱占的比重最大,约占 90% 以上,金代的"正隆"、"大定"钱占的比重最少,一般窖藏中只有一两枚,最多也不过几枚。

那么为什么在金国的领域内,尤其是吉林省境内会有如此之多的窖藏铜钱呢?笔者认为其缘由不外以下三个方面。

第一,与金代滥发交钞,收兑铜钱,限钱、禁钱流通有关,

据记载:"金初用辽、宋旧钱。……正隆二年(公元 1157 年),历四十余岁,始议鼓铸……三年(公元 1158 年)二月……三监铸钱,文曰'正隆通宝'(恐系"正隆元宝"之误——笔者注)轻重如宋小平钱,而肉好,字之峻整过之,与旧钱通用。……章宗泰和四年(公元 1204 年),铸大钱,一直(值)十,篆文曰'泰和重宝'。"[37]"大定通宝"世宗大定十八年(公元 1178 年)才开始铸造。但因铜源短缺,上述铸钱数量均十分有限。据南宋范成大记载:"惟炀王亮尝一铸正隆钱,绝不多,余悉用中国(中原)旧钱。"[38]"大定通宝"钱到"大定"十九年(公元 1179 年)才"铸至万六千贯",到大定二十九年(公元 1189 年)虽增至"岁铸钱十四万余贯,而岁所费乃至八十余万贯。"[39]成本高出铸钱将近 6 倍。金廷为了满足、适应战争的庞大支出和金源内地与新占北部中国商品交换的需要,第四帝海陵王不得不在贞元二年(公元 1154

年）开始发行纸币—交钞，这在当时虽是权宜之计，但此后却逐渐占据了流通领域的主导地位，而且面值越来越大，从初发行时的一贯至十贯的五种大钞，一百至七百的五种小钞，到后来的二十贯、百贯、二百贯至千贯的大额交钞。而且金廷与各路、府、州、县还联合发行所谓"合同交钞"，致使发行量越来越多，导致失控。这样就造成了通货膨胀，交钞日趋贬值。自世宗大定之后，人们重钱而轻钞已经成了普遍的心理，"民间谓楮币（指交钞），不若钱可久，于是得钱则珍藏"[40]。金章宗企图改变交钞阻滞的状况，便于明昌五年（公元 1194 年）三月制定了"限钱法"："令官民之家以品（官）从物力限见钱，多不过二万贯，猛安谋克则以牛具为差，不得过万贯，凡有所余，尽令易诸物收贮之。"[41]即规定品官存留铜钱不得超过二万贯，猛安谋克户不得超过一万贯，其余限期换成实物收储。章宗承安三年（公元 1198 年）限令"西京、北京、临潢、辽东等路，一贯以上俱用交钞、宝货，不许用钱，一贯以下听民便。"[42]咸平、东京等路一贯以上也不得用钱。泰和七年（公元 1207 年）更令："民间之交易、典质，一贯以上并用交钞，毋得用钱。"[43]强制百姓以铜钱兑换交钞。到宣宗贞祐三年（公元 1215 年）金廷更采取极端措施，"自是钱货不用"，"以白银取代交钞"[44]。正是由于上述滥发交钞、限钱、禁钱的货币政策，使得百姓、尤其是广大农户，不得不将手中的铜钱窖藏起来，其中贵族官豪们更是如此。恰如金章宗明昌五年（公元 1194 年）宰臣上奏所说："民间钱所以难得，以官豪家多积故也。外路见钱其数甚多，有六千余万贯，皆在僻处积贮"[45]。凡窖藏铜钱数量多达数百公斤乃至上千公斤者，很可能就是金代富商大贾、贵族官豪的遗物。

第二，与金代实行兵民合一的猛安、谋克制有关。猛安、谋克制既是行政组织，又是军事组织，"金之初年，诸部之民无它徭役，壮者皆兵，平民则听以佃渔射猎习为劳事，有警则下令部内，及遣使旨诸勃堇征兵，凡步骑之仗粮皆取备焉。"[46]通常以三百户为一谋克，十谋克为一猛安，也有不足其数的猛安、谋克。大量的居民住在猛安、谋克村寨里。凡在十五岁以上、五十岁以下的男子，皆隶兵籍，而金代政权的建立、巩固直至灭亡，几乎一直处于战争、动乱与迁徙之中。金代自章宗泰和年间（公元 1201 ~ 1208 年）之后，发动对宋和西夏的战争、应对蒙古的入侵和镇压农民起义，军事行动不断，因而从猛安谋克组织中征调兵丁十分频繁，尤其是在金源内地特别是吉林省中部地区更是如此。这样，家中无老幼而又丧妇的鳏夫和青年男子应征之后，他们在离家踏上军旅之路以前，便会将作为私有财产而又不便携带的铜钱埋藏起来，待重返故乡时再取出。然而，往往事与愿违，离去之人或死于战场，或死于疾病，或人虽归来，由于地貌变化，物难寻觅。这样当年的窖藏铜钱就保留了下来。在窖藏铜钱之外，与农具、渔具，特别是武器一起窖藏的，很可能就是谋克户的遗存。另外，金朝建国以后，曾于熙宗天会十一、皇统元年、海陵王迁都燕京（公元 1153 年）以后，曾多次将猛安谋克向中原迁徙，也与东北金代窖藏铜钱不无一定关系。

第三，与金代末年蒙古统治者进入东北和中原，人们逃避战乱有关。据《辽海丛书》记载："城皆渤海、辽、金所建，元废，城址犹存。"[47]吉林省中部地区元初属辽阳行省开元路咸平府，现存辽金古城到元代绝大部分被摧毁而成为废墟，证明了文献记载的属实。此外，蒙古灭金之初，在金源内地东北地区不断地征调壮丁，用于进行侵略战争或为战争充当工役，因而使许多人背井离乡、甚至家破人亡，这也不能不说是金代窖藏铜钱的一个缘由。

三　研究价值

金代窖藏铜钱，是我国考古文化遗存的一个重要内容，也是中国货币史上的一个独特现象。其特点是分布范围广，出土数量大，钱币品种多，应该说它具有多方面的研究价值。笔者仅在这里略陈管见，以期引起有关人士对它的重视。

（一）金代窖藏铜钱具有重要的历史、考古价值。根据窖藏铜钱，我们可以推断窖藏地点的人文历史，甚至可以将它作为研究金代路、府、州、县和猛安谋克村寨所在地的旁证或主证资料。还可以根据窖藏铜钱的数量多寡，研究金代社会或某一地区贫富分化的状况。在田野考古发掘中，根据出土的窖藏铜钱还可以判定该遗址或城址的相对或绝对年代。

（二）金代窖藏铜钱是研究我国诸多朝代钱币的一个宝库。1986 年以前，在吉林省境内发现的窖藏铜钱有：西汉"半两"、"五铢"、剪轮"五铢"、新莽"货泉"、"货布"、东汉"五铢"、南北朝北魏"永安五铢"、隋"五铢"、唐武德"开元通宝"、会昌"开元通宝"、"乾元通宝"、五代十国南唐"开元通宝"、"唐国通宝"、"大唐通宝"、前蜀"天汉元宝"、"天光元宝"、后周"周元通宝"、北宋年号钱和非年号钱 30 多种（此处从略）、辽"清宁通宝"、"咸雍通宝"、"大康通宝"、"大安元宝"、"寿昌元宝"、"乾统元宝"、"天庆元宝"、西夏文"大安宝钱"、西夏汉文"天庆元宝"、南宋"建炎通宝"、"绍兴元宝"、"绍兴通宝"、"乾道元宝"、金"正隆元宝"、"大定通宝"。这些铜钱对于研究我国不同朝代钱币年号、铸造年份、钱币形制、尺寸、重量、书体、记号、铸地版别、流行地域等，都是极可宝贵的标本。可以说，金代窖藏铜钱对研究中国货币和货币史具有重要价值。

（三）金代窖藏铜钱是研究金与北宋、辽、西夏、南宋关系的实物例证。在吉林省境内的金代窖藏中，发现以上几个时代的铜钱，这就证明了金朝与北宋、辽、西夏、南宋有着一定的关系，首先是经济关系。《金史·食货志》说"金初用辽、宋旧钱"，其实不仅是"金初"，也不仅是"辽宋旧钱"，实际上辽宋以前中原的货币也在金的城乡商贸中流通，而且长达数十年之久，只是到金的中后期铜钱才逐渐为钞币和银币所取代。那么为什么在金代窖藏铜钱中北宋钱约占 90% 以上，而辽钱并不多见呢？这，一则反映了契丹·辽（公元 907～1125 年）与北宋（公元 960～1127 年）对峙的一百多年间，"在与辽、宋之间的商业贸易中，辽钱严禁出境，但宋朝的铜钱却大量流入辽朝通用。"[48]另一方面又反映了"辽朝初年，大约钱币还不甚流通。燕云地区仍然沿用五代时的旧钱。景宗时置铸钱院，铸乾亨钱。随着封建经济的发展，圣宗、兴宗、道宗各朝屡铸铜钱行用。"[49]但其数量与北宋钱相比，可谓是小巫见大巫了。因此，金灭辽后，人们手中保有的钱币和在市场上流通的钱币大多为北宋钱，很少有辽代钱。

西夏（大约于公元 1032 年建国，公元 1149 年灭亡），起初没有自己的货币，贸易活动是以物易物或使用宋币，到景宗元昊时才开始铸币，即"天授通宝"，之后才有大安、贞观、大德、乾祐和天庆等钱。吉林省金代窖藏中出土的西夏"大安宝钱"（公元 1075～1085 年）和"天庆元宝"（公元 1194～1205 年），即西夏惠宗大安年间和桓宗天庆年间铸造的。南宋"建炎通宝"、"绍兴元宝"、"绍兴通宝"和"乾道元宝"，皆为南宋初年的货币。这些货币很可能是通过金与西夏和南宋的榷场商贸交换而来，但也不排除是通过战争掠夺而来。可以说，金代窖藏铜钱是研究金朝与周邻各朝以及外国邻邦关系的宝贵资料。

（四）金代窖藏铜钱是充实各地地志博物馆和历史博物馆馆藏的一个重要来源。事实证明，新中国成立以后，东北和华北的许多博物馆都或多或少地收藏有金代窖藏铜钱，并且通过整理研究，用于陈列展览。这些钱币不仅使观众直观地认识到不同时代的货币品种，而且从中了解到不同时代相关的历史知识，受到历史唯物主义和爱国主义教育。

注 释

〔1〕国家文物局主编：《中国文物地图集·吉林分册概述》，中国地图出版社，1993 年。

〔2〕谷潜：《扶余一处窖藏出土的古钱》，《博物馆研究》1984 年第 3 期。

〔3〕a. 吉林省文物志编委会编：《长岭县文物志》，1987 年内部出版。

b. 吴喜才主编；《白城地区文物古迹》，吉林文史出版社，1990 年。

〔4〕吉林省文物志编委会编：《农安县文物志》，1986 年内部出版。

〔5〕同注〔4〕。

〔6〕同注〔4〕。

〔7〕吉林省文物志编委会编：《九台县文物志》，1986 年内部出版。

〔8〕同注〔7〕。

〔9〕同注〔7〕。

〔10〕吉林省文物志编委会编：《双阳县文物志》，1986 年内部出版。

〔11〕谷潜：《个体户孙茂英保护古钱币受到奖励》，《吉林文物》1984 年第 12 期。

〔12〕吉林省文物志编委会编：《东丰县文物志》，1987 年内部出版。

〔13〕吉林省文物志编委会编：《东辽县文物志》，1986 年内部出版。

〔14〕吉林省文物志编委会编：《永吉县文物志》，1985 年内部出版。

〔15〕同注〔14〕。

〔16〕同注〔14〕。

〔17〕同注〔14〕。

〔18〕同注〔14〕。

〔19〕吉林省文物志编委会编：《舒兰县文物志》，1985 年内部出版。

〔20〕吉林省文物志编委会编：《磐石县文物志》，1987 年内部出版。

〔21〕吉林省文物志编委会编：《蛟河县文物志》，1986 年内部出版。

〔22〕同注〔21〕。

〔23〕同注〔21〕。

〔24〕同注〔21〕。

〔25〕同注〔21〕。

〔26〕吉林省文物志编委会编：《桦甸县文物志》，1986 年内部出版。

〔27〕同注〔26〕。

〔28〕同注〔26〕。

〔29〕同注〔26〕。

〔30〕陈家槐：《吉林省桦甸县白山镇出土一批金代遗物》，《博物馆研究》1983 年第 1 期。

〔31〕吉林省文物志编委会编：《海龙县文物志》，1984 年内部出版。

〔32〕吉林省文物志编委会编：《辉南县文物志》，1986 年内部出版。

〔33〕吉林省文物志编委会编：《通化市文物志》，1986 年内部出版。

〔34〕同注〔33〕。

〔35〕吉林省文物志编委会编：《图们市文物志》，1986 年内部出版。

〔36〕王青、张瑞：《吉林省文物考古研究所收藏的二批铜钱》，《博物馆研究》1994 年第 1 期。

〔37〕《金史》卷四十八《食货》。

〔38〕范成大：《揽辔录》。

〔39〕同注〔37〕。

〔40〕同注〔37〕。

〔41〕同注〔37〕。

〔42〕同注〔37〕。

〔43〕同注〔37〕。

〔44〕同注〔37〕。

〔45〕同注〔37〕。

〔46〕《金史》卷四十四《兵制》。

〔47〕《大元大一统志辑本》二，辽阳省开元路古城条。

〔48〕蔡美彪等著：《中国通史》第六册，人民出版社，1979 年。

〔49〕同注〔48〕。

蒙元时期墓葬壁画题材及其相关问题

董新林

（中国社会科学院考古研究所）

蒙元王朝是由蒙古族贵族建立的、以汉族人为主体的多民族国家。从成吉思汗于漠北建国（公元 1206 年）到元顺帝退出中原（公元 1368 年），历时 160 余年。本文研究的墓葬包括成吉思汗建立的蒙古国时期和忽必烈建立的元朝两个时期，统称为蒙元时期墓葬。涉及的地域仅局限在中国现有的版图之内。

蒙元时期的墓葬壁画[1]已经处于中国古代墓葬壁画发展的尾声，但是其时代特征和地方性特点仍十分鲜明，因此蒙元时期墓葬壁画在中国古代美术和文化史上仍具有不可忽视的地位。迄今为止，考古学者已经发现了 40 余座蒙元时期的壁画墓（图一）。近年来，一些学者对这些墓葬壁画从不同的角度进行了研究[2]，但是还缺乏全面系统的认识，一些基本问题有待梳理。鉴于此，本文立足于考古发掘资料，就壁画的题材及其所反映的相关问题做些初步的探讨，请方家指正。

一

我国学者从 20 世纪 40 年代，才开始对蒙元时期墓葬进行考古学的初步考察[3]。50 年代以后，墓葬资料逐渐增多，一些重要发现引起了国内外学术界的关注。但是相对其他朝代而言，蒙元时期的墓葬资料还略显薄弱，壁画墓更为有限。

蒙元时期的壁画墓资料较为零散，依据现有的资料，大体可以分为三期。早期，从成吉思汗立国（公元 1206 年）到元世祖至元十三年（公元 1271 年）定国号为"大元"；中期，为至元十三年（公元 1271 年）到泰定帝致和元年（公元 1328 年）；晚期，文宗天历元年（公元 1328 年）到元代王朝退出中原（公元 1368 年）。

蒙元时期的墓葬形制结构较为多样。我们依据墓葬建筑材料和形制结构的不同，可以把蒙元时期的墓葬形制分为"类屋式墓"、"类椁式墓"、土洞墓和土坑竖穴墓四类（图二），其中前二者均为砖或石筑墓室。类屋式墓有多室墓、双室墓和单室墓之分，依据主墓室的平面形状不同，又可分为方形墓、多角形墓和圆形墓三种；类椁式墓可以分为并列多椁墓、并列双椁墓和单椁墓三种[4]。

忽必烈的元代王朝占据了原金朝、南宋、西夏、大理等国和吐蕃等部，以及大部分西辽的统治地域，建立了统一的国家。

元代统治者存在种族歧视，将国民分为四等。第一等级为元朝的"国族"蒙古人；

图一　蒙元时期壁画墓分布地点示意图

第二等级为色目人，包括西北各民族、西域和部分欧洲人；第三等级为汉人，泛指原金朝境内各族人；第四等级为南人，泛指原南宋境内各族人。"金、元取中原后，具有汉人、南人之别。金则以先取辽地人为汉人，继取宋河南、山东人为南人；元则以先取金地人为汉人，继取南宋人为南人。"[5] 由此可见，不同等级的人群有着相对固定的地域范围。我们以此为参考，结合墓葬形制结构和葬俗等特点，可以将元代壁画墓大体分为三区。

　　第一区，燕山南北区。即长城以北的东北地区、内蒙古东部、河北北部、京津地

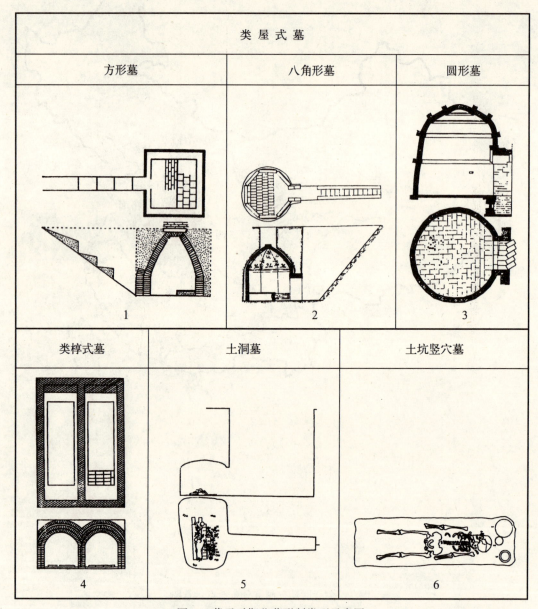

图二　蒙元时期墓葬形制类型示意图

1. 方形类屋式墓　2. 八角形类屋式墓　3. 圆形类屋式墓　4. 类椁式墓　5. 土洞墓　6. 土坑竖穴墓（1. 赤峰宁家营子1982年发掘元墓　2. 登封王上元墓　3. 洛阳郭店元墓　4. 将乐光明元墓　5. 三门峡上村岭土洞墓　6. 扶余岱吉屯 M9）

区、山西北部地区和内蒙古中部部分地区。这里曾是辽代旧地，是女真族的发祥地及其统治中心之一。元代大体隶属于辽阳行省、陕西行省北部、中书省北部[6]。

　　此区的壁画墓形制目前仅见单室"类屋式墓"，有方形或长方形墓、八角形墓。以大同冯道真墓[7]、赤峰宁家营子 1982 年发掘墓[8]、北京斋堂壁画墓[9]、涿州李仪墓[10] 为代表。

第二区，中原和关中区。实际上还包括北方部分地区。即河南大部、山西中南部、河北中南部、山东、安徽和江苏北部地区，以及内蒙古西部、陕西、甘肃、宁夏、青海北部等地区。这里曾是西夏的辖区和金代统治的汉人集聚地区。元代隶属于中书省南部、陕西行省南部、甘肃行省、河南江北行省北半部等。

此区墓葬形制仍为"类屋式墓"，平面形制以方形或长方形为多，还有八角形和圆形墓。如山西长治捉马村杨诚夫妇墓[11]、河南焦作冯三翁墓[12]、山东济南郭店至正十年墓[13]等。

第三区，南方区。即淮河以南的地区，主要是原南宋、大理的辖区。元代隶属河南江北行省南半部、江浙行省、江西行省、湖广行省、四川行省、云南行省等。

此区墓葬形制为"类椁式墓"。仅见并列双椁室墓。以福建将乐光明乡壁画墓[14]为代表。

从上文可知，蒙元时期的壁画墓主要都是类屋式墓，仅南方地区发现二座类椁式墓。目前发现的壁画墓分布十分不均衡，主要集中第一区和第二区。第一区又集中在赤峰、北京和大同一线；第二区集中在晋南、豫西和济南地区。第三区仅在福建发现 2 座墓（表一）。这与各地的文化传统有着密切的关系。

表一   蒙元时期壁画统计表

分区	分期	墓　　名	纪年资料	墓葬形制	出处
一	一	山西大同冯道真墓	至元二年（公元 1265 年）	近方形砖筑"类屋式墓"	文物 62.10
一	二一	山西大同齿轮厂毛公墓（86M1）	大德二年（公元 1298 年）	近方形砖筑"类屋式墓"	文物季刊 93.2
一	三	河北涿州李仪夫妇墓	至元五年（公元 1339 年）	八角形砖筑"类屋式墓"	文物 04.3
一		山西大同齿轮厂墓（92CM2）		长方形砖筑"类屋式墓"	文物季刊 95.2
一		内蒙古赤峰三眼井 M1		长方形砖筑"类屋式墓"	文物 82.1
一		内蒙古赤峰三眼井 M2		方形砖筑"类屋式墓"	文物 82.1
一		内蒙古赤峰宁家营子 82 年墓		方形砖筑"类屋式墓"	文物 83.4
一		内蒙古赤峰宁家营子 89 年墓		方形砖筑"类屋式墓"	文物 92.2
一		内蒙古凉城后德胜 M1		方形砖筑"类屋式墓"	文物 94.10
一		内蒙古翁牛特上洼村元墓		方形砖筑"类屋式墓"	北方文物 92.3

续表一

分区	分期	墓 名	纪年资料	墓葬形制	出处
一		北京门头沟斋堂元墓		方形砖筑"类屋式墓"	文物 80.7
一		北京密云太子务墓		方形砖筑"类屋式墓"	文物 84.6
一		辽宁凌源富家屯 M1		近方形砖石筑"类屋式墓"	文物 85.6
二	一	河南焦作老万庄冯三翁墓（M3）	宪宗八年（公元 1258 年）	八角形砖筑"类屋式墓"	河南文博通讯 80.4
二	一	陕西蒲城洞耳村元墓	至元六年（公元 1269 年）	八角形砖筑"类屋式墓"	考古与文物 00.1
二	一	山西新绛吴岭庄卫忠家族合葬墓	至元十六年（公元 1279 年）	长方形砖筑双室"类屋式墓"	文物 83.1
二	二	陕西西安九街坊韩姓墓	至元二五年（公元 1288 年）	方形砖筑"类屋式墓"	文物报 03.10.3
二	二	山西孝义梁家庄曹姓墓	大德元年（公元 1297 年）	八角形砖筑"类屋式墓"	考古 57.7
二	二	山西长治捉马村杨诚夫妇墓（M2）	大德十一年（公元 1307 年）	近方形砖筑"类屋式墓"	文物 85.6
二	二	山西太原瓦窑村王姓墓	延祐七年（公元 1320 年）	八角形砖筑"类屋式墓"	考古 65.1
二	三	山东济南郭店至正十年墓	至正十年（公元 1350 年）	圆形砖筑"类屋式墓"	文物 92.1
二		山东济南大官庄墓		圆形砖筑"类屋式墓"	文物 92.1
二		山东济南柴油机厂元墓		近方形砖筑"类屋式墓"	文物 92.2
二		山东济南司里街元墓		圆形砖筑"类屋式墓"	文物 04.3
二		山东章丘西酒坞墓（M4）		圆形砖筑"类屋式墓"	文物 92.1
二		山东章丘茄庄墓		方形砖筑"类屋式墓"	文物 92.1
二		山西文水北峪口墓		八角形石筑"类屋式墓"	考古 61.3
二		山西长治司马乡北一砖窑厂墓		近方形砖筑"类屋式墓"	考古 96.6
二		山西长治李村沟墓		正方形砖筑"类屋式墓"	考古 65.7
二		山西长治郝家庄墓		方形砖筑"类屋式墓"	文物 87.7

续表一

分区	分期	墓　　名	纪年资料	墓葬形制	出处
二		山西长治捉马村壁画墓（M1）		方形砖筑"类屋式墓"	文物 85.6
二		山西平定东回村墓		八角形砖筑"类屋式墓"	文参 54.12
二		山西孝义下吐京元墓		六角形砖筑"类屋式墓"	考古 57.7
二		山西运城西里庄元墓		长方形砖筑"类屋式墓"	文物 88.4
二		山西闻喜寺底元墓		长方形砖筑"类屋式墓"	文物 88.7
一		甘肃漳县汪世显墓地 M13		长方形砖筑"类屋式墓"	文物 82.2
一		河南伊川元东村墓（92YM5）		长方形砖筑"类屋式墓"	文物 93.5
一		河南焦作老万庄一号墓		八角形砖筑"类屋式墓"	文物 79.8
一		河南焦作老万庄二号墓		八角形砖筑"类屋式墓"	河南文博通讯 80.4
二		河南登封王上元墓		八角形砖筑"类屋式墓"	文物 94.10
三	一	福建南平三官堂刘千六夫妇墓	皇庆三年（公元 1312 年）	砖筑双室"类椁式墓"	考古 96.6
三		福建将乐光明乡壁画墓		砖筑双室"类椁式墓"	考古 95.1

二

　　蒙元时期壁画墓的装饰位置通常在墓门、墓室的壁面上。有些壁画就绘在斗栱的栱眼间和雕砖版门的障水板上，与雕砖墓混为一体。蒙元时期的壁画题材除了秉承辽金和北宋的传统内容外，还形成了蒙古民族自身的特点和时代风格。以屏风画形式出现（即有明确边框）的隐逸图和孝悌故事图、山水画，以及独特的人物服饰等，构成了蒙元时期墓葬壁画鲜明的时代特征。

　　由于发掘者主观认识的差异等原因，目前关于蒙元时期的壁画题材称谓随心所欲，较为混乱。参考辽金二朝和宋代的壁画题材内容，可以确认蒙元时期的壁画题材主要是表现当时的现实生活场景和宗教信仰、道德观念等内容。具体而言，有仆侍和门神图、墓主人夫妇开芳宴、墓主人夫妇端坐图或端坐宴饮图、散乐图、戏剧图、侍奉宴饮图、庖厨图、出行图、归来图、游乐图、侍寝图、妇人启门图，以及孝悌故事图、隐逸图、水墨山水画、人物情节故事图、梅竹双禽图、祥瑞图（云鹤图、四神图等）、谷仓图等。从现有资料看，各区的壁画题材和内容不尽相同，表现形式也各有特色。

第一区，燕山南北区。

1. 门侍和门神图。多为单人像。内蒙古赤峰三眼井 M2[15] 墓室南壁门内侧各画一门神，头扎缠，穿短衣，腰系飘带，裹腿，高靴，手持长柄大斧，神态威严。内蒙古赤峰宁家营子 1989 年发掘元墓[16] 墓门两侧也有门神图。门神图是历代壁画墓均见的题材，通常是神荼和郁垒的形象。唐代以后出现了秦叔宝和尉迟敬德的形象。

2. 墓主人"开芳宴"。开芳宴是蒙元时期墓葬壁画中较为常见的题材。内蒙古赤峰宁家营子 1982 年发掘墓[17]北壁（图三），在宽阔的帐幕下，男女墓主人左右相对而坐，男主人头戴圆顶帽，帽缨垂肩，耳后宽扁带上有缀饰。身穿右衽窄袖蓝长袍，腰围玉带，脚蹬高靴。左手扶膝，右臂搁在座椅的卷云形扶手上。女主人盘髻插簪，耳垂翠环，身穿左衽紫色长袍，外罩深蓝色开襟短衫，腰系带垂至膝下，脚穿靴，袖手端坐。男女主人身后立男女仆人各一，男仆头戴圆顶帽，腰间右侧挂一扁圆形荷包，双手捧一印盒。女仆梳双丫髻，双手捧印。左右两侧扎有紫色帐幕，正中悬一长方形垂饰，上绘花卉，将画面分隔成左右两半。与此相对的南壁绘有散乐图。"开芳宴"被识别为一类壁画题材始见于《白沙宋墓》[18]。

3. 墓主人夫妇端坐宴饮图。这是蒙元时期常见的壁画题材，其与开芳宴的区别在于对面没有散乐图或杂剧等娱乐表演的题材。内蒙古凉城后德胜 M1[19]北壁，在黑色边框内，画面正中为男主人戴钹笠冠端坐在扶手椅上，左手持一黑色木棍，右手置于胸前，穿黑色靴子。男主人两侧各端坐一位衣着华丽的妻或妾。男主人身后站立二名男侍，均戴钹笠冠，一持仪仗，一捧物状。妇人外侧各有一女侍，均双手捧一盏托类饮具。两女仆后边各有一个方桌，桌上有器皿，桌后各有两名女侍，分别表现侍酒和侍茶的内容。

4. 散乐图。内蒙古赤峰宁家营子 1982 年发掘墓的墓门东西两侧合绘一组散乐。东侧三人，第 1 人穿圆领窄袖红色长袍，腰围玉带，双手执杖；第 2 人浓眉大眼，穿圆领窄袖绿长袍，正吹奏横笛；第 3 人穿紫色长袍，左手执槌击鼓，大鼓置于架上。西侧三人，第 1 人双手执杖；第 2 人腰系横鼓，右手执一细槌做击鼓状，左手五指伸张，作拍击状；第 3 人腰系玉带，双手击拍板。东西两侧壁共同组成一幅散乐图。赤峰宁家营子 89 年墓西壁北段的乐舞图也别有特色。元代的散乐图应该是承继了辽金墓葬的传统。

5. 侍奉宴饮图。主要是描绘侍者准备宴饮的情况。常见有备酒图和备茶图两种形式，对称分布在墓室壁面上。赤峰宁家营子 1989 年发掘墓[20]北壁东段画面中央绘有一长桌，罩绿色桌布，上面摆有碗、茶盏、双耳瓶和小罐。桌后又三人。右侧一女子右手托一茶盏，中间一人双手持执壶，向左侧女子手中的碗内注水，左侧一女子，左手端一大碗，右手持一双红色筷子搅拌。桌前一女子侧跪，左手持棍，拨动炭火，右手扶执壶。表现的是点茶场面。南壁东段，画面中央有一长条形桌，铺桌布，上有黄色注壶、

图三　内蒙古赤峰宁家营子1982年发掘元墓北壁墓主人端坐图（开芳宴）

托盘、四系罐及白色莲花碗和盏。桌后站立三人，左侧一人着男装，双手捧匜，侧身向西，中间一女子抱一个玉壶春瓶，右侧一女子双手端一托盘，盘内有盏。桌前站立一人，着男装，抱一黄色凤首瓶。此为备酒图。河北涿州李仪墓、山西大同齿轮厂大德二年毛氏墓壁画中也都有表现备酒和备茶的内容。这是辽金墓和宋墓中常见的题材，蒙元时期仍在流行。

6. 出行图和归来图。描绘墓主人出行和归来时的情境。在蒙元时期，此类题材不常见，表现形式也有别于辽金和宋代壁画。内蒙古赤峰三眼井 M2 墓室西壁以连环画的形式，实际上是用二幅侍饮图和一幅狩猎图组合而成，刻画了主人进食、出行和游猎的场面，带有浓重的民族特色，较为别致。

赤峰三眼井 M2 东壁也以连环画的形式，刻画了主人归来的场面。整个画面实际上由归来图、散乐图、妇人启门图和备宴图组合而成，形象地表现了墓主人逐猎归来，受到隆重欢迎的动态情节。

在壁画题材中，出行图和归来图通常共在同一墓中，具体表现内容有所不同。出行图在汉墓中就已经出现，但是出行和归来图同时出现的墓葬当属山西太原北齐娄叡墓[21]。辽墓十分盛行这类题材，内蒙古库伦前勿力布格一号墓的出行和归来图最为壮观[22]。而宋金时期墓葬则少见此题材，内容也很简单[23]。

7. 游乐图。辽宁凌源富家屯墓 M1[24] 东壁的壁画分两部分。右侧为 2 人和 4 马，右一人左手曲肘向前，立于马前，另一人手持三弦琴，二人身后四匹马姿态各异，立于原地。左侧为 3 人，墓主人端坐在太师椅上，头戴白沿绿色圆顶红缨帽，左手拄于膝间，右臂曲肘横于坐椅扶手上，目视前方，身后一仆人腰系带，上挂一黑盒，墓主人左侧一琴师，右膝放置三弦琴，双手正在弹拨，前面有一个黑漆高腿长方桌，桌上一圆盘内有 2 玉壶春瓶，一方盘内盛 2 杯子，一高足盘内放有 3 个桃子。桌前站立一人，已残。此幅画有较强的民族特色。

8. 侍寝图。辽宁凌源富家屯墓 M1 墓室北壁（图四），画有一处敞轩，帷幔高悬，帐带低垂，内有精工雕镂的青灰色木床，床上已经铺放好红被和绿枕，床前放有 2 只小口梅瓶，左右两侧各有 3 人。右侧一行 3 侍女，最里者双手端一黑色圆盘，内盛桃子，中间侍女双手拱于胸前，外侧之人袖手垂立。左侧 3 人鱼贯而行，前者为侍女，双手拱于胸前，中间者为女子，面朝外，似盼主人归来，其后者为侍女，执一把红色团扇。原报告称"探病图"，是不对的[25]。从整个画面看，这应是描绘等候主人归来就寝的情形。此图与东壁的游乐出行图合而观之，可以认为是出行图和归来图的特殊表现形式。在宋墓中已经有类似的内容。河南安阳机床厂赵火粲墓[26] 已有侍寝图，画面以床褥、帷帐为主体，床下有花纹床围。两边有雕花隔板，二侍女各隐板后，露半身，似在等候主人归来入寝。

9. 放牧图和行猎图。凌源富家屯 M1 西壁原绘有牛、羊、驼、马等，应是表现放牧的场景。西南壁则绘有射雁等内容。

10. 妇人启门图。凌源富家屯墓 M1 墓门外上部的额墙上，绘有朱红色大门两扇，门上有兽首衔环铺首及排列整齐的门钉，大门左扇开启，其间上部可见左右分开的帷幔和垂带，其下 3 个侍女正在向外张望，右侧一人右手探出门外，中间一人双手端一黑色圆盘，内放 2 只杯子，左侧一人双手捧玉壶春瓶，身旁有银铤。在墓门外东西翼墙上都有仕女图，西侧一人，东侧 2 人。这种题材常见于辽金墓和宋墓中。

11. 孝悌故事图。北京门头沟斋堂墓[27] 墓室西壁彩绘孝悌故事图（图五），用 4 株不同的树木将画面分成左中右三部分，分别为原谷拉笆谏父、赵孝宗舍己救兄和丁兰刻木奉亲。整幅画高 1.8、宽 1.5 米，是元代墓葬壁画的精品。河北涿州至元五年（公元 1339 年）李仪夫妇合葬墓[28]，其墓室东南壁和西南壁绘有"二十四孝"故事图，共有 18 幅。我们根据画像内容推定，东南壁有郭巨、蔡顺、田真、姜诗、王武子妻、杨香、元觉（图六）；西南壁有老莱子、刘明达、曾参、王祥、丁兰、孟宗、曹娥、鲁义姑、陆绩、赵孝宗和董永。这种题材从汉代壁画墓开始，一直是历代壁画题材的重要内容。

12. 隐逸图。这是蒙元时期墓葬壁画的特色内容之一。山西大同齿轮厂大德二年毛公墓[29] 西壁北半部为"泛舟图"，画面右侧为山石，山上有苍劲枯松，天空有一行大雁，画面左侧两山之间绘有一条波浪起伏的大河，一条小船游弋其间，两头上翘，船左坐一儒士，船右立一撑船小童。北部西侧壁画为"闲居图"，画面左侧高山峥嵘，两条湍流从山上盘旋而下，天空一行大雁，画面右侧隐约可见一片山石，两山之间夹一绝壁

图四　内蒙古凌源富家屯 M1 侍寝图

平台，皓月当空，月中有玉兔捣药，平台上斜倚一株皓首苍松，树下立一小童，树左置一方桌，上有樽勺和盘盏，树右有一座四角攒尖顶茅屋，茅屋右侧有一老翁，手挂苍藤长杖，头戴屋形儒巾。老翁右侧立一四角弯曲的高足几，几上放置物品，几下有一花盆。此外还有"出游图"等内容。大同冯道真墓[30]也绘有"论道图"、"观鱼图"等。

13. 水墨山水画。山西大同冯道真墓北壁绘有一幅水墨山水画，东西长 2.7、高 0.91 米，右上题"疏林晚照"，风景优美，在夕阳的映照下，远处丛林叠嶂，郁郁葱葱，近观碧波荡漾，花木繁茂；两叶扁舟荡漾其间（图七）。整个画面布局合理、错落有致，再现了自然山川的美丽风光。北京门头沟斋堂墓的北壁和西壁后部现存 4 幅山水画。这种题材在北宋晚期的山西壶关下好牢墓[31]也曾发现过，应该是承继辽代和宋金时期壁画的传统。

14. 屏风梅竹图。河北涿州李仪墓墓室北壁绘有一幅水墨竹雀图（图八），与东北壁和西北壁的侧屏翠竹图共同构成一个整体。北京密云太子务墓[32]北壁绘有三开屏风，屏风边框呈浅赭色，正中画心墨绘梅花竹石图，较有特色。

15. 云鹤祥瑞图。这种题材通常见于墓顶。河北涿州李仪墓的墓顶，绘有神态各异瑞鹤，其间点缀祥云。内蒙古赤峰宁家营子 89 年墓墓顶绘有以莲花为中心的祥云瑞鹤图，在北部偏东绘有太阳，内有三足乌；南侧偏东绘有月亮，内有桂树和捣药的玉兔。

此外，还见有"招魂图"、"鬼怪图"（凉城后德胜 M1），以及宅第建筑图（赤峰三眼井 M1）、器皿图等。

图五 北京门头沟斋堂元墓壁画

第二区，中原和关中区。

1. 侍者图。不仅有守门仆侍，如山西长治郝家庄墓[33]南壁门两侧的侍者，还有日常生活的仆侍，如河南焦作老万庄冯三翁墓（M3）[34]墓室东北壁的执扇侍者和西北壁的抱印童子等。

2. 墓主人夫妇开芳宴图。河南伊川元东村墓（92YM5）[35]墓室北壁在黑色边框内绘一大厅，帷幔下头戴宽沿圆帽的男主人和戴黑巾的女主人端坐在高背椅上，脚下有榻，二人前有一长方形桌子。男主人身后有3男侍，女主人身后有2女侍。主人夫妇身

图六　河北涿州李仪墓墓室东南壁孝悌故事图

图七　山西大同冯道真墓墓室北壁水墨山水画

后为大幅中堂画，两侧各有一屏风画。元东村墓东壁和西壁的北部都绘有散乐图。此外，山西运城西里庄元墓[36]北壁也绘此题材。

　　3. 墓主人夫妇端坐宴饮图。陕西蒲城洞耳村元墓[37]北壁绘有墓主人夫妇端坐在交

图八　河北涿州李仪墓北壁竹雀图

椅上（图九），女主人头戴顾姑冠，为墓葬壁画所罕见。墓主人身后置一木框座屏，座屏上部绘有山水画。男女主人外侧各有一男侍或女侍，侍者身后各有一方桌，上有饮食器，分别表现备酒和备茶的内容。山西平定东回村墓[38]墓室东北壁也绘有此题材（图一〇），从服饰上可以看出，墓主人的族属显然与蒲城洞耳村元墓有所区别。

4. 散乐图。山西运城西里庄墓东壁为 6 人组成的散乐图，从左到右，第 1 人为男童，身左侧，左手前指，右手持一物扛于右肩；第 2 人身右侧，左手甩袖，右手举一短竿（可能为箫）；第 3 人为女子背面，抱琵琶，左手按弦，右手在弹拨；第 4 人双手握横笛作吹奏状；第 5 人胸前挂一扁鼓，双手持槌作敲击状；第 6 人为女子，双手持拍板于胸前（图一一）。河南伊川元东村墓（92YM5）东壁的北部在黑色边框内绘有男乐伎 4 人，均戴幞头，分别击横鼓、吹横笛、持拍板、击圆鼓；西壁北部绘男乐伎 4 人，均戴幞头，分别弹琵琶、吹笙、吹横笛和击腰鼓。

5. 戏剧图。山西运城西里庄墓西壁绘有此类壁画。自左向右，第 1 人身左侧，双手持戏折展开于胸前，戏折右首楷书"风雪奇"3 字，身后有 1 男童；第 2 人身左侧，右手执小扇于胸，左手置于腹部；第 3 人双手持笏板于胸前；第 4 人头右视，右手指第 3 人，左手背于身后，右脚迈向左方；第 5 人为女性，身左侧，右手持 1 黄色卷形物，左手折其上部（图一二）。在蒙元时期壁画中仅此孤例。

6. 侍奉宴饮图。仍是描绘侍者准备宴饮的情况，以备酒图和备茶图为多。如陕西

图九　陕西蒲城洞耳村元墓墓主人夫妇端坐图

蒲城洞耳村元墓的西北壁和东北壁分别表现备酒图和备茶图。

7. 庖厨图。山西平定东回村元墓[39]西北壁（图一三），在一绣花帷帐下，有三人，左侧1人双手持杖，侧面看厨师；中1人戴围裙，右手托一个盛食品的圆盘，面向左侧；右侧1人两臂间系有"攀膊"，戴围裙，正在一长桌上操刀切食物。形象生动传神。庖厨图在辽墓和宋墓中是常见的题材，在元墓中罕见。这似乎表明元代北方壁画墓已经不再表现这个题材。

8. 出行图和归来图。陕西蒲城洞耳村元墓的出行图和归来图同时出现，具体表现内容较为特殊。出行图中（图一四），右边树下拴两匹马，一红一白。主人身穿红袍准备出行，二位仆人端盘捧酒跪侍主人，好似现在蒙古族人敬上马酒的习俗。归来图中（图一五），绘主人归来，有一男仆搀扶，另一男侍一手持酒杯，一手持玉壶春瓶。主人前面有3人乐队，一人弹"火不思"四弦琴伴奏，一人击拍板，另一人跳舞。两匹马拴于树下。此墓的出行和归来图充分表现了蒙古族的风俗习惯。

9. 内寝陈设图和侍寝图。山西长治郝家庄墓墓室北壁绘有内室陈设，上面悬挂幔帐和垂带，下置一有花牙子床，床上铺毯。毯上有两个椭圆形坐垫。床三面有围屏，左右侧面各一，后面两块，在黑色框架内绘水墨山水画。山东章丘西酒坞墓（M4）西壁似绘一女子在为主人铺设床具，表现侍寝的内容。

10. 妇人启门图。山东章丘西酒坞墓（M4）[40]墓室北壁绘有此题材。山西长治郝家

图一〇　山西平定东回村元墓开芳宴图

图一一　山西运城西里庄元墓东壁散乐图

庄墓墓室东壁还出现侍童启门图。

　　11. 家禽图和马厩图。济南郭店至正十年墓[41]西南隅绘一公鸡站在牡丹花前。山

图一二 山西运城西里庄元墓西壁杂剧图

图一三 山西平定东回村元墓庖厨图

西平定东回村墓东南壁绘有牛、羊、猪、鸡等家禽，西南壁绘有马厩图。

12. 孝悌故事图。山东济南柴油机厂墓[42]四壁及墓顶上绘有孝悌故事图。包括有"郭巨埋儿"、"孟母教子"、"孟宗哭竹"、"鲁义姑舍子救侄"、"舜耕历山"、"王祥卧冰求鲤"、"王武子妻割股奉亲"、"韩伯俞泣杖"（?）、"杨香打虎救父"、"朱寿昌弃官

图一四　陕西蒲城洞耳村元墓出行图

寻母”、“刘明达卖子孝父母”、“原谷谏父”、“董永行孝”等。

13. 隐逸图。此题材在本区不多见。河南登封王上墓[43]东壁绘有“论道图”（图一六），远绘高山飞瀑，近绘树木和山间小径。一白衣人牵一黄牛，左手前指，似向坐在石头上的黄衣人请教。西壁绘“升仙图”（图一七），远绘青山白云，近绘山溪古树。左下方绘黄衣人做拱手相送状，右侧白衣人足踏一道云气，升至半空中，左手置胸前，右手拂袖，回视黄衣人。

14. 屏风式山水画和挂轴山水画。山西长治郝家庄东壁绘有屏风式山水画，其西壁绘有挂轴山水画，较有特色。

15. 人物故事图。河南焦作老万庄 M2 木棺两侧有四幅，较为精彩[44]。木棺左侧壁前部 1 幅“刺马盗血图”，绘一个宅院的马厩，左上画一门庭台阶，中部 2 人在扭打一人，被打之人为 1 老者，作挣扎向后退状。打人者均裹头巾，打粉红色绑腿。前一人背向外，左手执一牛刀，提一小罐，罐内和刀尖鲜血淋淋，右手揪住老者衣领；后者面向外，双手扭着老者右臂，向门拖拉。右边画一淡青色大马，马左肩有一伤口，鲜血淌至地面；马侧有 1 马槽，槽前 1 人正双手握缰绳往柱上拴马。马槽前有 1 货郎担，箩筐内有小瓢和笊篱，筐旁有 1 摇鼓。左侧后部 1 幅“鱼精闹书馆”，绘近水楼台——书房，房内有一拱腿书案，案上摆经卷和笔墨纸砚。在廊下站一少年，梳“三搭头”，右臂前

图一五　陕西蒲城洞耳村元墓归来图

伸，手掌向外五指分张，左臂前曲，以袖掩口，面向左转，目视女"妖"，做惊恐欲逃状。阶前一人古铜面，裹皂色东坡巾，面对女妖，左手执一铁剑，右手扶剑，左腿前跨，右腿后蹬，做抢步追赶状。在其前方有一鱼尾女妖，脂粉涂面，披头散发，惊恐回顾，奔向水潭。画右为山间瀑布倾泻水潭之中。与此相对，木棺右侧壁也有 2 幅，为狩猎图和降妖图。四幅画的内容似乎有所本，有待认识。

16. 梅竹双禽图。河南登封王上墓北壁画面中部绘一褐色山湖石（图一八），石后红梅绿竹交映，两侧各绘一只瑞禽，高冠浅羽，细腿长尾，似为孔雀。此外，王上墓的东北壁和西北壁还各绘一幅三鹤图。

17. 祥瑞图。如山西平定东回村墓的四神图，河南登封王上元墓墓顶的云鹤图等。

第三区，南方区。

1. 仆侍图。福建将乐光明乡元墓[45]右室右壁在彩云下绘白虎，白虎后面绘三侍女，捧物徐行，左侧一人双手捧多层食盒，中间一人抄手而立，右侧一人双手捧一荷叶盖小罐。

2. 庖厨图。福建将乐光明乡元墓右室右壁上，表现的是厨房内生火做饭的日常设备，有案桌和餐具，有锅灶和柴禾，也有水桶、扁担和水缸等（图一九）。是静态的庖厨图，平民生活气息浓厚。

图一六　河南登封王上墓东壁论道图

3. 出行图和归来图。在壁画题材中，出行图和归来图通常一起出现在同一墓中，具体表现内容有所不同。在福建将乐光明乡壁画墓[46]中，是用人物鞍马伞盖图和人物轿舆图等来体现出行和归来的题材。

4. 家禽图。福建将乐光明乡元墓左室左壁在花瓶下绘一雄鸡，右壁绘一家犬；右室右壁也绘有一家犬，左壁画残。

5. 谷仓图。将乐光明乡元墓左室南龛壁中，绘一瓦顶木板仓房，中立二柱，仓门有锁。门上部墨书"五谷仓"三字。右室也有此类壁画。

图一七　河南登封王上墓西壁升仙图

6. 福禄寿三仙图。福建将乐光明乡元墓左室绘有"福禄寿三仙图"，左侧为禄仙，双手持笏，身前有一梅花鹿；中间为福仙，左手持羽扇，戴冠巾；右侧为拱手捧卷的大额头寿仙，卷文墨书"注寿"，旁有口衔灵芝的仙鹤。这是墓葬壁画中最早出现的"福禄寿三仙图"。

7. 祥瑞图。福建将乐光明乡元墓绘有"青龙白虎图"和七星北斗图等。

就目前发表的资料而言，蒙元时期的壁画墓以中原和关中区最多，共 27 座左右，燕山南北区次之，有 13 座，而南方区仅 2 座。大体反映了蒙元时期壁画墓流行的情况。

图一八　河南登封王上墓北壁梅竹双禽图

　　蒙元时期的壁画分布是有深远的历史文化底蕴。以赤峰和大同为中心的北方地区在辽金时期一直是壁画墓较多的重要地区；晋南豫西北地区在宋金时期是社会文化和经济持续繁荣的地区之一，壁画和雕砖墓一直盛行；而福建尤溪和将乐左近地区在宋代就是江南地区一花独秀的壁画墓分布区，有着一脉相承的传统。

　　从墓葬壁画的发展历程看，在燕山南北地区，辽金时期是壁画墓的鼎盛时期，元代开始走向衰落，但是还有一定的自身特色；在中原地区，经过唐和北宋的繁荣后，金代壁画墓逐渐成为雕砖的附属，到了元代更加衰落；而在淮河以南的广大地区，壁画墓一直不太流行，两宋时期壁画墓仅在福建和江西的部分地区有零星的发现，到了元代基本走到了尽头。

图一九　福建将乐光明乡元墓右室右壁庖厨图

三

　　为便于比较，我们将墓葬壁画题材以墓葬为单位进行了分区统计（表二）。

　　从表二中可以看出，蒙元时期的壁画题材主要有墓主人夫妇开芳宴、墓主人夫妇端坐宴饮图、散乐图、侍奉宴饮图（备茶图和备酒图）、出行归来图、侍寝图、孝悌故事图、隐逸图、仆侍图和门神图、祥瑞图等。各区的题材特点各有不同。只有仆侍图、出行图和归来图（形式不同）、祥瑞图三个区域中都使用。其中大多数题材还是沿袭了辽金和两宋时期的风格，而屏风画形式的孝悌故事图、隐逸图、水墨山水画等，构成了元代墓葬壁画的突出特点。内容独特的出行图（如赤峰三眼井墓、蒲城洞耳村墓）等，带有蒙古人浓厚的民族风情。

表二　　　　　　　　　　　蒙元时期壁画题材分区统计表

壁　画　题　材	一区（共13座）	二区（共27座）	三区（共2座）	备　　注
仆侍和门神图	6	9	1	
墓主人夫妇开芳宴	1	3		
墓主人夫妇端坐宴饮图	2	8		
散乐图	2	3		
侍奉宴饮图	7	7		
出行图和归来图	2	3	1	
游乐图	1			
侍寝图和内室陈设图	1	3		
放牧图和行猎图	1			
戏剧图		1		
庖厨图		1	1	
妇人启门图	1	2		含1童子启门图
家禽图		3	1	
谷仓图			1	
孝悌故事图	4	4		
隐逸图	5	1		
水墨山水画	1			
人物故事图		1		
梅竹（双禽）图	2	2		
鬼怪图、招魂图		1		
福禄寿三仙图			1	
祥瑞图	7	10	1	

总的来看，蒙元墓葬壁画具有一些鲜明的特点。现初步归纳如下。

第一，在燕山南北区以隐逸图居多，年代多属蒙古国时期或元代早期。隐逸图和山水画大量集中在此区[47]，一方面可能与现实生活中开始流行山水画有关，另一方面也与道教的兴盛，以及墓主人的身份和情趣有关。第二区以墓主人夫妇开芳宴和夫妇端坐宴饮图为多，都位居正位（正对墓门的位置），表明了在中原和关中区壁画题材突出现实化，直接表现墓主人形象，也反映出与宋金时期较强的文化传承。

第二，出现了时代特征鲜明的题材和表现形式。如屏风画形式（特指有边框的情况）的孝悌故事图、隐逸图、水墨山水画等，这在宋金时期基本不见，是元代墓葬壁画的突出特点。其题材多与道教有关，本文称"隐逸图"和"水墨山水画"等都属此类。宋金墓葬壁画常见的题材"孝悌故事图"，在蒙元时期有的也用水墨山水画的形式表现出来，具有鲜明的时代特征。壁画人物的冠服，如钹笠冠、四方瓦楞帽、顾姑冠等，都是蒙元时期墓葬壁画中的特有表现形式。

第三，有些题材的表现形式更为情节化和民族化。如赤峰三眼井 M2 的出行图和归来图、蒲城洞耳村元墓的出行图和归来图等，都像连环画一样，表现出鲜明的动态情节，并带有浓厚的蒙古民族风格。

第四，以墓室为一个单元，表现墓主人的现实生活情况。南北有别。北方壁画墓多反映墓主人出现游猎和宴乐的场景；南方壁画墓则具体表现了墓主人家居生活的情况。北方壁画的出行归来图都是绘鞍马图，女主人也骑马；而福建壁画墓则用鞍马和轿舆表现出行和归来，似乎反映出不同民族间生活习俗的差异。

第五，目前发现的这些壁画墓均为中下层贵族和地主富商的墓葬，基本不见高级贵族和帝王的墓葬。

四

壁画是当时人们社会生活以及社会观念的真实反映。蒙元时期没有发现大贵族和帝王壁画墓葬，我们无法领略到当时绘画艺术的大家手笔，但是，从这些中下层贵族和地主富商的墓葬壁画中，大体可以感受到当时民间绘画艺术的风格和特点。同时，管中窥豹，通过对这些壁画墓的研究，可以在一定程度上了解当时不同民族人们的社会生活状况和相关的社会习俗。

1. 蒙古族的日常生活习俗

"国朝大事曰征战，曰狩猎，曰宴飨，三者而已"[48]。在无战事的和平时期，狩猎和宴饮自然就成了蒙古人生活的主旋律。《蒙鞑备录》云："生长鞍马间，人自习战，自春徂冬，旦旦逐猎，乃其生涯。"这些内容在壁画题材里表现得淋漓尽致。内蒙古赤峰三眼井 M2 是一座正方形券顶砖墓，墓室边长 2.5 米，为男女合葬墓。墓室规模不大，表明主人的地位并不高。但是墓室壁画却表现出主人骄奢淫乐的日常生活。正北壁绘有墓主人夫妇端坐宴饮图为主体[49]。画面正中绘三间歇山顶建筑，正间室内墓主人夫妇端坐一长方形桌后，桌上摆各种食具食品。男主人居左，头戴钹笠冠，上饰朱红帽缨，脑后垂巾，穿紧袖长衣；女主人居右，头裹皂纱笼髻如巾状，穿宽袖开襟长衫，领沿饰花，袖手侧身面向男主人。男主人身后一男侍，戴钹笠冠，穿窄袖长袍，长靴，手捧一浅盘做进食状；女主人身后 2 侍女，头上笼髻，饰红花，一人持扇，一人托盖碗做侍候状。东次间绘一膳房，一案上有各种食具，案后二侍者做行走侍奉状。房后有 1 人牵 1 马；西次间门窗紧闭，房后有一马拴于树上。

三眼井 M2 西壁刻画的主人出行场面，带有浓重的蒙古民族特色。北侧为一座歇山式三间房屋建筑。东间双门掩闭，正中一间有三个侍者，一侍女袖手站立，一侍女捧长瓶作进饮状，男侍手托一碗，作进食状；西间三人，中坐墓主人，女侍手捧一碗向主人做进饮状，男侍手持一鹰，立于主人身旁。三人身前有一长方形席桌，上放碗、盘、碟、勺、筷等，主人伸手向女侍接物状。房屋垂脊之上幡帘高挑，上有墨书汉字"春风馆"。屋旁配一方几，上置一瓶花卉。有三匹马立于一马槽旁。南侧画墓主人和两个侍从各骑一马，主人在前，扬鞭回首，中一人为"鹰倌"，后一人持长弓，背箭壶，三人驰马逐兔，两只猎犬和列鹰也扑向野兔，围猎场面形象生动。这幅出行图实际上是用二幅侍饮图和一幅狩猎图组合而成，生动地再现了当时蒙古族豪绅的生活场景。

三眼井 M2 东壁刻画的主人归来场面，也与众不同。北侧为墓主人仍扬鞭走在前面，两个侍从分别负箭壶、举鹰，马后拴带着猎获的兔等，三人面带微笑，二只猎犬嬉戏奔跑，远处有一棵大树，小鸟立于树梢，野兽蹲于树下；中部为迎接主人归来的仪仗队，由五人组成，前二人为侍者，一人捧角杯，一人捧长瓶，作进饮状。后三人为乐手，分别击鼓、奏排箫、吹横笛排成一列；南侧为三间歇山式房屋建筑，东间放置一案，上有炊具、食品等，两个侍者正在备餐，正中一间双门掩闭，西间有一侍女作启门状。这组归来图实际上有归来图、散乐图和妇人启门图，以及备宴图等多个题材组合而成，表现了墓主人逐猎归来的动态的情节故事。

这三幅画内容连贯，将墓主人的生活环境和一天的生活经历完整地表现出来，为我们了解元代社会生活提供了鲜活的画卷。北壁三间歇山顶的建筑应该是墓主人的家宅建筑的一部分，似乎表明主人在这里过着定居的生活，但是狩猎和宴饮仍是日常生活的重要内容。狩猎归来需要乐队欢迎，其讲究排场的情形可见一斑。

在陕西蒲城洞耳村至元六年墓[50]的北壁壁画绘有一幅墓主人夫妇端坐图，二人身穿蒙古袍，女主人头戴蒙古妇女习见的"顾姑冠"，端坐于交椅上，后有屏风山水画，两侧有侍者和备酒图、备茶图。此外两侧壁绘有出行图和归来图，很有蒙古民族的特色。如出行图似在表现蒙古传统习俗——敬献上马酒的情形；归来图表现用民族乐舞迎接主人归来的场面。男主人张按答不花为蒙古人，女主人李云线似为汉人。女主人身穿蒙古妇女的冠服，或许反映了蒙汉民族的融合情况。

2. 道教的流行和影响

由于成吉思汗对全真教丘处机的欣赏和信任[51]，致使道教，特别是全真教在蒙元时期早期得到尊崇，达到了全盛阶段。与此相应，在早期的壁画墓中常见一类隐逸图和水墨山水画，通常与道教有关，多以人物故事山水画的形式出现，画面充满着回归自然，山林幽居的悠闲自在之感。

冯道真是蒙古国时期龙翔万寿宫宗主，是全真教的重要人物。山西大同冯道真墓[52]中壁画内容多与其身份有关。冯道真墓为近方形砖筑单室墓，墓顶绘有云鹤图。

墓门内东西两侧绘有仙鹤，代替门侍；墓室东壁南段绘有道童侍茶图，北段绘有"观鱼图"；西壁南段残，北段绘有"论道图"。而正中北壁，则整壁绘有大幅水墨山水画，东西长2.7、高0.91米，右上题"疏林晚照"。整个山水画呈现出一派和谐安详而又生机勃勃的大自然的美丽风光。据发掘者考证，画面所表现的内容是现实中山水的再现。冯道真墓的壁画题材，充分反映了墓主人作为全真教一代宗师的生活理念。

山西大同齿轮厂大德二年毛氏墓有"泛舟图"、"山野闲居图"、"出游图"等内容；登封王上墓[53]也有"论道图"和"升仙图"等题材。这些题材在一定程度上折射出墓主人对现实生活的处世哲学和生活态度。

3. 儒家伦理道德的宣传情况

在元代，汉族人的儒家伦理道德观念依然根深蒂固。统治者为了维护其统治，自然会利用汉人的三纲五常作为工具。元代南方人郭居敬编辑《全相二十四孝诗选》和北方高丽人权准、权溥编辑《孝行录》[54]等书，便是明证。后来元人王克孝又作《二十四孝图》，在元杂剧中也出现了诸如《孝父母明达卖子》、《孟宗哭竹》等剧目，使二十四孝故事在元代社会广为人知。从考古墓葬壁饰发现看，墓葬壁画所见的二十四孝题材，与《孝行录》记载基本吻合，而与《二十四孝诗选》的内容有所不同。这种现象比较耐人寻味，值得深入探讨。墓葬壁画中的孝悌故事图以二十四孝题材为主，以王祥卧冰、郭巨埋儿、孟宗哭竹、杨香打虎、丁兰刻木、董永行孝等最为常见，但也有二十四孝以外的内容。内蒙古凉城后德胜等墓中的孝悌故事图的出现，说明儒家伦理道德观念的影响之广。

4. 汉族地主富贾的社会生活

山西平定东回村元墓在墓室东北壁绘主人夫妇端坐宴饮的场面。正中为一长方形桌，上有茶盏和点心果盘，主人夫妇侧面相对分别坐在桌的左右两侧。男主人身后有三男侍，均叉手而立；女主人身后有三女侍，二人各捧化妆盒或镜子。画面上部悬挂绣花帷帐。西北壁一幅庖厨图，在绣花帷帐下二厨师戴着花围裙，或系有"攀膊儿"[55]操刀切割，或手托盛物圆盘，忙碌的气氛跃然纸上。这两幅画将一个地主豪绅的日常富裕生活表现得较为充分。

山西运城西里庄元墓墓室北壁绘墓主人夫妇开芳宴，东壁绘散乐图，西壁绘戏剧图，这幅戏剧图的戏折上有"风雪奇"的戏名。此墓壁画题材一方面表现了墓主人的贪图享乐的日常生活情况，另一方面也反映了当时晋南地区深厚的文化传统。宋金时期这里的杂剧等十分流行，对于元代艺术的定型起到了重要的作用。

福建将乐光明乡元墓右室右壁在彩云下绘白虎，白虎后面绘三侍女，捧物徐行，左侧一人双手捧多层食盒，中间一人抄手而立，右侧一人双手捧一荷叶盖小罐。三人后绘有一张案桌，桌上有成对叠放的碗、小盅、小碟等餐具。另有两叠高脚小碟，最右侧一餐具，似为筷笼类物具。餐桌右侧有一座双火膛的灶，火膛中有木柴，灶上架有两锅，左侧锅上置一木蒸桶，蒸桶上有竹盖，右边的锅台旁置有小罐和钵。灶前有烧火人坐的小木凳，凳左边置有夹火钳、捅火棍，凳右侧有斧头及一堆木柴。灶右侧有一木架，架一大水缸，挑水的扁担依靠在水缸旁，下面有二木质水桶。此墓的壁画为我们再现了元代"南人"——汉族百姓的日常生活场景，是认识元代社会生活的重要资料。

5. 服饰等社会礼俗

壁画墓中很少有墓志，使我们在认识墓主人的身份方面有了一定困难。但是从壁画服饰上可以找到一些线索。

《元史·舆服一》载："上而天子之冕服，皇太子冠服，天子之质孙，天子之五辂与腰舆、象轿，以及仪卫队仗，下而百官祭服、朝服，与百官之质孙，以及于士庶人之服色粲然其有章，秩然其有序。""质孙"是蒙古人最常见的服饰之一。"质孙，汉言一色服也，内庭大宴则服之。冬夏之服不同，然无定制。凡勋戚大臣近侍，赐则服之。下至于乐工卫士，皆有其服。精粗之制，上下之别，虽不同，总谓之质孙云。"贵族服饰可以有不同颜色和华饰，而庶人有很多限制。"庶人除不得服赭黄，惟许服暗花纻丝绸绫罗毛毳，帽笠不许饰用金玉，靴不得裁制花样。"可见从服饰上可以分出官僚和平民。

内蒙古赤峰三眼井 M2 北壁男女主人和赤峰宁家营子1982 年发掘墓北壁女主人均外套一件"半袖"长袍，这可能就是蒙古族流行的民族服装——"比肩"，是元代宫廷"质孙服"的一种[56]。在元上都附近发现三例石雕人像也都是"半袖"式长袍。依此或可推定三眼井 M2 和宁家营子1982 年发掘墓的主人应为蒙古贵族。

元代蒙古人特有的冠服，成为我们认识元代壁画墓重要的断代标尺。文献记载："官民皆戴帽，其檐或圆，或前圆后方，或楼子，盖兜鍪之遗制也。"[57]从墓葬壁画人物冠服看，比较常见有钹笠冠、四方瓦楞帽、顾姑冠等，都具有鲜明的时代特点。

蒙古赤峰三眼井 M2 墓室壁画中的男主人像，戴的就是钹笠冠；身边的侍者也戴钹笠冠者。内蒙古凉城后德胜 M1[58]北壁，画面正中的男主人也戴钹笠冠；男主人身后站立二名男侍，均戴钹笠冠。在陕西宝鸡大修厂元墓中[59]，还发现了戴钹笠冠的男陶俑，与壁画资料相印证。

四方瓦楞帽在壁画中也较为多见，应是元代男子常用的冠服。辽宁凌源富家屯墓墓室东壁墓主人左侧的琴师戴的就是四方瓦楞帽[60]。陕西蒲城洞耳村元墓墓室东壁和西壁的彩色壁画中都有人物戴这种帽子。福建将乐光明乡墓左室的人物鞍马伞盖图和人物轿舆图中，都有侍者戴四方瓦楞帽[61]。可见，在大江南北地区，四方瓦楞帽都很流行。

孟珙《蒙鞑备录》记载蒙古妇女"所衣如中国道服之类。凡诸酋之妻则有顾姑冠，用铁丝结成，形如竹夫人，长三尺许。用红青锦绣或金珠饰之。其上又有杖一枝，用红青绒饰之。"李志常《长春真人西游记》云："妇人冠以桦皮，高二尺许，往往以皂褐笼之，富者以红绡。其末如鹅鸭，故名故故。"陕西蒲城洞耳村墓男主人张按答不花身穿蓝袍，束红带，红靴；女主人李云线身穿红袍，戴的就是"顾姑冠"。这是墓葬壁饰罕见的顾姑冠图像，较为重要。根据墨书题记，女主人李云线应为汉人。看来，汉族女子嫁给蒙古人后，也戴"顾姑冠"，依从蒙俗。

元代绘画艺术是中国美术发展史的重要时期。以赵孟頫和"元季四大家"为代表的元代绘画在山水画、花鸟画和人物画等方面都有所发展。上述墓葬壁画的艺术造诣虽不及这些名家，但是也不乏民间艺术的珍品，如冯道真墓的"疏林晚照"水墨山水画、长治郝家庄墓东壁的童子启门图、焦作老万庄二号墓木棺上的"刺马盗血图"和"鱼精闹书馆图"、登封王上墓的"梅竹双禽图"等。这些壁画墓所表现出来的题材和内容为我们研究元代的社会历史提供了丰富的信息，为研究蒙元时期社会生活、服饰、家具等提供诸多新资料。

注　释

〔1〕 本文探讨的是狭义上的墓葬壁画，不包括墓葬雕砖和画像石。实际上蒙元时期墓葬"壁饰"有壁画、雕砖和画像石三类，其中以壁画墓为最多。有关雕砖和画像石的题材和内容另文探讨。

〔2〕 主要相关论文有：

    a. 张艳秋、杨淑敏：《浅析赤峰元墓壁画所揭示的蒙古贵族生活习惯》，《中国北方古代文化国际学术研讨会论文集》第 259～264 页，中国文史出版社，1995 年。

    b. 冯恩学：《北京斋堂壁画墓的时代》，《北方文物》1997 年第 4 期。

    c. 叶新民：《从内蒙古地区的石雕像和壁画看元代社会生活》，《元史论丛》第 7 辑第 173～179 页，江西教育出版社，1999 年。

    d. 杨哲峰：《从蒲城元墓壁画看元代匜的用途》，《中原文物》1999 年第 4 期。

    e. 申云艳、齐瑜：《从元墓壁画看元代民间饮茶风俗》，台北《故宫文物月刊》，1998 年。

    f. 申云艳：《元墓壁画的艺术风格》，台北《故宫文物月刊》2000 年第 5 期。

    g. 申云艳：《元墓壁画中的元代服饰》，台北《故宫文物月刊》2001 年第 11 期。

    h. 刘恒武：《蒲城元墓壁画琐议》，《考古与文物》2000 年第 1 期。

    i. 霍宇红、刘凤祥：《赤峰元墓壁画人物服饰研究》，《内蒙古文物考古》2001 年第 2 期。

    j. Jonathan Hay, *He Ch'eng, Liu Kuan‑tao, and North‑Chinese Wall‑painting Traditions at the Yuan Court*，《故宫学术季刊》第 20 卷第 1 期，2002 年秋季号。

〔3〕 万斯年：《云南剑川元代火葬墓之发掘》，《考古通讯》1957 年第 1 期。

〔4〕 董新林：《辽代墓葬形制与分期略论》，《考古》2004 年第 8 期。关于"类屋式墓"和"类椁式墓"的界定，参见该文注〔12〕、〔13〕。

〔5〕 〔清〕赵翼著、王树民校证：《廿二史札记校证》（订补本）第 630 页，中华书局，2001 年。

〔6〕 谭其骧主编：《中国历史地图集》（元·明时期）第 7 册，中国地图出版社，1989 年。以至顺元年（1330 年）的区划为准。

〔7〕 大同市文物陈列馆、山西云冈文物管理所：《山西省大同市元代冯道真、王青墓清理简报》，《文物》1962 年第 10 期。

〔8〕 项春松：《内蒙古赤峰市元宝山元代壁画墓》，《文物》1983 年第 4 期。

〔9〕 北京市文物事业管理局、门头沟区文化办公室发掘小组：《北京市斋堂辽壁画墓发掘简报》，《文物》1980 年第 7 期。此墓为元墓的考证，参阅冯恩学《北京斋堂壁画墓的时代》，《北方文物》1997 年第 4 期。

〔10〕 河北省文物研究所等：《河北涿州元代壁画墓》，《文物》2004 年第 3 期。

〔11〕 长治市博物馆：《山西长治捉马村元代壁画墓》，《文物》1985 年第 6 期。

〔12〕 河南省博物馆、焦作市博物馆：《焦作金代壁画墓发掘简报》，《河南文博通讯》1980 年第 4 期。

〔13〕 济南市文化局、章丘县博物馆：《济南近年发现的元代砖雕壁画墓》，《文物》1992 年第 1 期。

〔14〕 福建省博物馆、将乐县文化局、将乐县博物馆：《福建将乐元代壁画墓》，《考古》1995 年第 1 期。

〔15〕项春松、王建国：《内蒙昭盟赤峰三眼井元代壁画墓》，《文物》1982 年第 1 期。

〔16〕刘冰：《内蒙古赤峰沙子山元代壁画墓》，《文物》1992 年第 2 期。

〔17〕项春松：《内蒙古赤峰市元宝山元代壁画墓》，《文物》1983 年第 4 期。

〔18〕宿白：《白沙宋墓》，文物出版社，1957 年。关于"开芳宴"，参见该书注〔53〕。

〔19〕内蒙古自治区文化厅文物处、乌兰察布盟文物工作站：《内蒙古凉城县后德胜元墓清理简报》，《文物》1994 年第 10 期。

〔20〕刘冰：《内蒙古赤峰沙子山元代壁画墓》，《文物》1992 年第 2 期。

〔21〕a. 山西省考古研究所、太原市文物管理委员会：《太原市北齐娄叡墓发掘简报》，《文物》1983 年第 10 期。

　　　b. 宿白：《太原北齐娄叡墓参观记》，《文物》1983 年第 10 期。

〔22〕王健群、陈相伟：《库伦辽代壁画墓》，文物出版社，1989 年。

〔23〕李明德、郭艺田：《安阳小南海宋代壁画墓》，《中原文物》1993 年第 2 期。

〔24〕辽宁省博物馆、凌源县文化馆：《凌源富家屯元墓》，《文物》1985 年第 6 期。

〔25〕宇峰：《关于凌源富家屯元墓壁画〈探病图〉》，《文物》1986 年第 1 期。

〔26〕魏峻、张道森：《安阳宋代壁画墓考》，《华夏考古》1997 年第 2 期。

〔27〕北京市文物事业管理局、门头沟区文化办公室发掘小组：《北京市斋堂辽壁画墓发掘简报》，《文物》1980 年第 7 期。

〔28〕河北省文物研究所、保定市文物管理处、涿州市文物保管所：《河北涿州元代壁画墓》，《文物》2004 年第 3 期。

〔29〕大同市博物馆：《大同元代壁画墓》，《文物季刊》1993 年第 2 期。

〔30〕大同市文物陈列馆、山西云冈文物管理所：《山西省大同市元代冯道真、王青墓清理简报》，《文物》1962 年第 10 期。

〔31〕王进先：《山西壶关下好牢宋墓》，《文物》2002 年第 5 期。下好牢墓于宣和五年（公元 1123 年）下葬。这是为数不多有山水画题材的宋墓，线条较简单，表明在宋代墓葬壁画中，绘山水画还是偶然现象。在内蒙古巴林右旗庆陵辽圣宗东陵中室绘有四季山水画，表现皇帝四时捺钵的情况（田村实造、小林行雄：《庆陵》，1953 年）；库伦前勿力布格二号墓墓道北壁也发现残存的山水画（王健群、陈相伟：《库伦辽代壁画墓》，文物出版社，1989 年）。五代王处直墓（公元 924 年）前室北壁中央有屏风式山水画（《五代王处直墓》，文物出版社，1998 年）。陕西富平县唐代壁画墓曾发现山水屏风画（井增利、王小蒙：《富平县新发现的唐墓壁画》，《考古与文物》1997 年第 4 期），算是目前此题材墓葬壁画较早的实例。

〔32〕张先得、袁进京：《北京市密云县元代壁画墓》，《文物》1984 年第 6 期。

〔33〕长治市博物馆：《山西省长治县郝家庄元墓》，《文物》1987 年第 7 期。

〔34〕河南省博物馆、焦作市博物馆：《焦作金代壁画墓发掘简报》，《河南文博通讯》1980 年第 4 期。

〔35〕洛阳市第二文物工作队：《洛阳伊川元墓发掘简报》，《文物》1993 年第 5 期。

〔36〕山西省考古研究所：《山西运城西里庄元代壁画墓》，《文物》1988 年第 4 期。

〔37〕a. 呼林贵、刘合心、徐涛：《蒲城发现的元墓壁画及其对文物鉴定的意义》，《文博》1998 年第 5 期。

　　　b. 陕西省考古研究所：《陕西蒲城洞耳村元代壁画墓》，《考古与文物》2000 年第 1 期。

〔38〕山西省文物管理委员会：《山西平定县东回村古墓的彩画》，《文物参考资料》1954 年第 12 期。

〔39〕同注〔38〕。

〔40〕济南市文化局、章丘县博物馆：《济南近年发现的元代砖雕壁画墓》，《文物》1992 年第 2 期。

〔41〕同注〔40〕。

〔42〕济南市文化局文物处：《济南柴油机厂元代雕砖壁画墓》，《文物》1992年第2期。

〔43〕郑州市文物工作队：《登封王上壁画墓发掘简报》，《文物》1994年第10期。

〔44〕河南省博物馆、焦作市博物馆：《焦作金代壁画墓发掘简报》，《河南文博通讯》1980年第4期。

〔45〕福建省博物馆、将乐县文化局、将乐县博物馆：《福建将乐元代壁画墓》，《考古》1995年第1期。

〔46〕同注〔45〕。

〔47〕隐逸图和屏风山水画多分布在棺床的两侧壁和后部。一区墓葬壁画多分前后两部分，前部分为现实生活内容，如备酒图、备茶图等，而后部分则为隐逸图和屏风山水画的题材。

〔48〕［元〕王恽：《秋涧集》卷五十七《吕嗣庆神道碑》。

〔49〕墓主人对面虽没有散乐队或杂剧之类画面，但东壁出现散乐队，表明主人家拥有私人乐队。故我们认为此幅画表现的是简化的墓主人夫妇开芳宴（乐队每出场）。

〔50〕同注〔37〕a。

〔51〕［元〕李志常：《长春真人西游记》。引自李志常、耶律楚材撰文，侯仁之、于希贤审校，纪流注译：《成吉思汗封赏长春真人之谜——〈长春真人西游记〉〈玄风庆会录〉》，中国旅游出版社，1988年。

〔52〕大同市文物陈列馆、山西云冈文物管理所：《山西省大同市元代冯道真、王青墓清理简报》，《文物》1962年第10期。

〔53〕郑州市文物工作队：《登封王上壁画墓发掘简报》，《文物》1994年第10期。

〔54〕［高丽〕权准、权溥编，权近注：《孝行录》（木刻本），明永乐三年刊影印本，韩国汉城国立大学中心图书馆藏。

〔55〕系于两臂，保护衣袖。宋代洪巽的《旸谷漫录》中记载有厨娘使用银襻膊儿的情况。

〔56〕魏坚、陈永志：《正蓝旗羊群庙石雕像研究》，《内蒙古文物考古文集》第1辑，中国大百科全书出版社，1994年。

〔57〕［明〕叶子奇：《草木子·卷之三下·杂制篇》第61页，中华书局，1997年。

〔58〕内蒙古自治区文化厅文物处、乌兰察布盟文物工作站：《内蒙古凉城县后德胜元墓清理简报》，《文物》1994年第10期。

〔59〕刘宝爱、张德文：《陕西宝鸡元墓》，《文物》1992年第2期。

〔60〕辽宁省博物馆、凌源县文化馆：《凌源富家屯元墓》，《文物》1985年第6期。参见彩色插页：上。

〔61〕福建省博物馆、将乐县文化局、将乐县博物馆：《福建将乐元代壁画墓》，《考古》1995年第1期。参见图版叁，5、6。

从《御题棉花图》论棉花的
功益和种植起源

佟健华　薛春雷

（张家口教育学院）

河北省蔚县博物馆收藏着一套完整的《御题棉花图》石刻拓片。这套拓片原系清乾隆三十年（公元1765年）四月，直隶总督方观承将棉花种植、纺织及练染的全过程绘成十六幅图。每幅图后配以说明文字，求得乾隆帝为每幅图分别题写一首七言诗，方观承将自己所作诗附在每幅图的末尾，在册首录清康熙《木棉赋并序》，又加《方观承恭进棉花图册折》、《方观承交御题棉花图折》及《方观承御题棉花图跋》三文，装裱成《御题棉花图》。《御题棉花图》记录并总结了我国18世纪中期以前棉花栽培和加工利用的成果，是研究我国植棉史、棉纺织史及清代前期社会经济形态的重要资料[1]，可以说是我国棉花种植的总结性著作。古人常用衣食泛指生存的基本资料，衣服甚至放在食物前面，可见其重要性。孟子在论述他的仁政理想时说：分配给每个老百姓"五亩之宅，树之以桑，五十者可以衣帛矣"[2]。"帛"即丝织物。确实，我国古代多以丝麻为纺织原料，大约从宋朝开始，棉花后来居上，以保暖好、成本低而风行天下，《御题棉花图》深刻地论述棉花种植的功益。

一

关于棉花的功益，康熙在《木棉赋》中道："功不在五谷下。"乾隆在《御题棉花图·布种》（本文以后提到《御题棉花图》中的图和诗，均只标图名）诗中道："功资耕织燠黎元。"方观承在《练染》图说明中道："惟棉之用，功宏利溥。"这些论述，表明棉花对于社会的生存发展具有至关重要的意义。清朝统治者深刻地意识到这一点，乾隆亲自题诗就足以说明。

衣被御寒，实有仰赖，功同五谷，干系民生。《康熙御制〈木棉赋〉并序》中道："木棉之为利于人溥矿矣，衣被御寒实存赖焉。夫既纺以为布，复擘以为絖，卒岁之谋。"在清代，为什么"惟棉，种别菅麻，功同菽粟"呢？这是因为"夫麻枲之织，不可以御冬寒，"而只有棉花能抵抗严寒，它的功益不亚于粮食。棉花既可以纺织成布，以解人穿衣遮羞之需，满足封建社会对"礼"的要求，又可以将棉花分割成棉絮，制成棉衣或被盖，抵御寒冷之苦，帮助人们度过严冬。可见，棉花也干系民生，人类的生存像绝对离不开粮食那样，同样离不开棉花。

避斥奢靡，免除猎艰，无寒肤裂，乐此太平。康熙在《御制木棉赋》中道："今则远迩贵贱咸资其利"，"谢履丝之靡丽，免于貉之艰辛"，"无沍寒之肤裂，罕疾风之条鸣"，"同彼妇子，乐此太平"，"幸卒发之可娱，乃民力之普存"。方观承在跋中道："频岁告登，畿民席丰履厚，煦于如春之温，使夫林林总总者，不蚕丝而纩，不狐貉而裘，岂非扶舆之瑞产，昌生之灵贶耶?"可见棉花无论是在中原还是边远地区，无论是对达官贵人还是平民百姓都具有普适性。穿棉可避穿丝绸之奢靡，可免狩猎之艰辛，百姓不因严寒而肤裂，使社会稳定，世道太平。可见，棉花的生产对于增强国力是多么重要。

仰资贾贩，远商翕集，压油照明，肥田燃火。方观承在跋中又道"更以其余输溉大河南北凭山负海之区，外至朝鲜，亦仰资贾贩。"《收贩》图说明："每当新棉入市，远商翕集，肩摩踵错。居积者列肆以敛之，懋迁者牵车以赴之。村落趁虚之人，莫不负絜纷如。售钱缗，易盐米，乐利匪独在三农也。"《织布》图说明："棉之核压油，可以照夜，其滓可以肥田，而秸槁而中爨，有火力，无遗利云。"《耘畦》图说明道："或杂植脂麻，云能利棉。"棉花作为经济作物，可作为商品进行流通，不仅有国内贸易，而且有国际贸易。当新棉上市时，商贾云集，交易频繁，得钱换盐换米，从而保持稳定的自给自足小农经济。棉花还可以造纸，榨油食用，点灯照明，间种的芝麻，既可以肥棉，又可以作油料。《耘畦》图说明道："时维夏至，千锄毕兴。"此时，劳力紧张，必然产生雇佣关系，这正是萌芽状态的资本主义生产关系的一种体现。棉花对社会发展的经济促进作用，对社会稳定的基本保证作用尤其在当时经济不发达的时期是何等的重要。

二

棉花可分为草棉和木棉两大类，草棉为一年生草本植物，属锦葵科，又可分为非洲棉和亚洲棉两种。亚洲棉品质优于非洲棉，原产地为印度。木棉是一种多年生落叶乔木，俗称攀枝花、英雄树，其品质明显不如草棉。另我国古代典籍常误把草棉称为木棉，需要学人辨别分析。"非洲棉通过中亚于西汉时已传入新疆地区，罗布淖尔西汉末至东汉时的楼兰遗址中发现过棉布残片"[3]。现在学界一般认为棉花是东汉明帝时从外域通过新疆传入中原的，笔者认为草棉是从外域约于西汉武帝之时传入新疆，然后进入关陕。而木棉乃土生土长，原产于我国，在殷商时期就大量种植。

关于棉花的历史，乾隆写道："本从外域入中原，圣赋金声实穷源。"实际上，到底我国何时何地最早有了棉花的种植和纺织? 棉花是外国传来的，还是土生土长的? 这是中外学者一直争论不已的问题。康熙认为："尝稽之载籍，'岛夷卉服'，注以为吉贝即其种也，然止以充远方之贡，而未尝遍植中土。"方观承在《恭进棉花图册折》中说："至木棉之种，后世由外蕃始入于关陕闽粤。"他在跋中说："《禹贡·扬州》:'厥筐织具'传谓：贝即吉贝，木棉之精好者，盖自草衣乍革，桑土初蚕，其事已与稼穑并兴矣。”以上论断当否？随着有关棉花和棉布考古史料的新发现，再加上文献记载的印证，这个问题会逐步明晰起来。

1978年福建博物馆、崇安县文化馆在白岩崖洞墓发现了商代棉布。该洞墓“位于武夷山西北部莲花峰西侧，属武夷公社黄柏大队太庙村，东北距崇安县城约十五公里许。……纺织品残片，原为死者穿着。出土时，已腐烂炭化，仅剩若干残片。经上海纺织科学院鉴定，有大麻，苎麻、丝、棉布四种质料，详见附表。……根据国家文物局文物保护科学研究所对船棺木质进行碳十四测定的结果，树轮校正年代为距今3445±150年，相当于我国历史上的商代。……特别是那一小块青灰色棉布，尤为珍贵，是我国目前发现最早的棉布之一。这些出土纺织品均为平纹组织，……棉布经纬密为14×14根/厘米，质量较好，系多年生灌木型木棉，棉纤维与浙江兰溪南宋高氏墓出土的棉毯及今海南岛所产木棉接近。”[4]武夷山位于福建，在这里出土我国最早的棉布实物，具有非凡的意义，说明我国福建地区远古就有棉花的种植和利用，而在商代及其以前，是没有对外交往的，棉花只能是我国土生土长。

追寻棉的文献记载，最早的文字见于《尚书·禹贡·扬州》：“岛夷卉服，厥篚织贝，厥包桔、柚、锡贡。”后人多有考证：三国时吴人万震《南州异物》记载：“五色斑布以丝布，古贝木所作。”[5]宋方勺《泊宅篇》：“闽广多木棉树，高七八尺，如柞。”[6]宋周去非《岭外代答》：“吉贝木低小桑，枝萼类芙蓉，…南人取其茸絮，以铁筋碾其子，即以手握茸就纺。”[7]宋苏轼说过：“岛夷织草为布，如今吉贝，木棉之类。”[8]南宋蔡沈《书经集传》：“岛夷，东南海岛之夷。卉，草也，葛越木绵之属。……今南夷木绵之精好者，亦谓之吉贝。海岛之夷，以卉服来贡，而织贝之精者，则入篚也。”[9]从以上所引关于棉花的记载，我们可以看出：一、起码在殷商之际，古闽族人就有了棉花的生产和加工，并上贡于天子；二、从棉花的高矮、形状来看，引文中“木棉”、“吉贝”显然指的是一种灌木型的木棉，而不是乔木型木棉（攀枝花），更不是草棉。这种灌木型的木棉，在我国南方的闽、粤、桂、黔、滇、川等地，自古有之，称谓不一。这点和武夷山船棺内出的青灰色棉布的棉纤维分析鉴定：“其纤维的纵面和横截面的形态结构，和近代一年生的草棉不同，而和多年生灌木型的木棉结构形态非常近似”的论断不谋而合。

除此之外，可以佐证的是河南安阳县小屯村殷墟出土的棉布。“我在殷墟出土的那些无字甲骨中，发现了一些极为细小的纺织品的残片碎屑。当时，即请专家鉴定。旋经司法行政部的刘熙森、丁士平两位先生，使用光学显微镜，以穿透式和扫描式电子显微镜去观察检查，认为：‘检品纤维之侧面形态及横断面特征，均为棉纤维之特征相同。由此故可判断送验之检品为棉纤维之纺织品。’我们发现的标本有六十五片。虽则都很小，但可以看得出来，那些都是素色平纹十字纹的布片。其经纬线大约平均每3mm有8~14支。其中有三片粘有棉布的无字碎甲，可与武丁时一些有字碎甲互相缀合，而成为一版相当完整的大龟腹甲。它上面有武丁时代的贞人：‘𡧊’、‘㱿’、‘亩’之名。可见这些棉布，也可能是殷武丁时代的遗物。那就是公元前十三、四世纪的遗存了。”[10]仔细比较这两篇考古报告，所发现的棉布残片无论在年代上，品质上，技术上都非常相似，进一步证明了我国殷商时期就有棉花的种植和棉布的纺织。

从福建崇安武夷山白岩崖洞墓出土的那一小块青灰色棉布的科学鉴定上看，它属多年生灌木型木棉，这种木棉的生长必然要具备一定的气候条件。福建地处亚热带，背山面海，气候湿润，雨量充足，植物繁茂，四季常青，没有严霜，非常适宜多年生灌木型木棉的培育生长。这种木棉经冬不死，约经十年左右更新之。"武夷山棉纤维与浙江兰溪南宋高氏墓出土的棉毯及今海南岛所产木棉接近"说明，兰溪的棉花的品种和海南岛的棉花品种与武夷山的棉花品种非常接近，都属于多年生灌木型木棉。因为浙江和海南岛的地域气候条件与福建相近，当然也适应多年生灌木型木棉的生长。与福建相近诸省至迟在较晚的汉代也有多年生灌木型木棉的种植。我们认为，这种多年生灌木型木棉，中国应是其原产地之一。

三

日本学者认为："关于棉花传入中国记载，……已经被大家确认的是东汉明帝的时候。"[11]对此，笔者不敢苟同。既然我国是木棉的原产地之一，那棉花传入之说，只能是对草棉而言。笔者认为：草棉传入时间不在东汉明帝之时，而在西汉武帝之前，传播途径有"南道"和"北道"两条路线。

新疆楼兰考古队于1980年对楼兰城郊古墓发掘，发现了棉织品。"棉纺品：5件。均匀素色棉布。标本MB 2：113纱线比较粗密，经、纬线单股，间或以双股交织。残长57厘米，宽29厘米。密度每平方厘米经、纬线各17根。……参照碳十四测定年代的数据，平台墓地的年代以定在西汉晚期至东汉初期为宜。……弧台墓地，……结合在这座墓葬苇床下采取的朽木标本碳十四年代测定的数据分析，此墓相对年代比平台墓地略晚，相当于东汉前期。可见，在新疆的罗布淖尔地区在西汉末至东汉时已经有了棉布，这可能是迄今在新疆发现最早的棉纺品"[12]。楼兰是汉代西域三十六国之一，楼兰古城是楼兰古国的政治、经济、文化中心，也是早期"丝绸之路"上的交通要冲。

有关中国历史上最早关于棉布的文献记载，当属张骞在大夏见到蜀布的事情，此事《蜀都赋注》、《华阳国志》、《南史夷陌传》、《汉书·张骞传》、《汉书·西南夷传》以及《史记·大宛列传》、《史记·西南夷列传》等均有叙述，其中以《史记》资料最早。《西南夷列传》载："及元狩元年，博望侯张骞使大夏来，言居大夏时见蜀布，邛竹杖，使向所从来，曰：'从东南身毒国，可数千里，得蜀贾人市'。或闻邛西可二千里有身毒国。"对于蜀布的解释，《汉书·张骞传》注曰："服虔曰：布，细布也。"从上面的几段记载，我们可以知道，所谓蜀布，是大夏国人从蜀贾人的市场买来的。照张骞报告的年代来着，那是元狩元年，即公元前122年。这大概是中国历史上最早的有关棉布的记载了。大夏能从蜀市购买棉布，说明当时蜀地已有棉花的种植和利用。综上所述，无论从文献记载还是考古发掘实物证实：在西汉时，西南边疆地区已有棉布，而当时中原和这些国家地区的商品、贸易、物种往来极其频繁。棉花传入中国应定在西汉武帝的时候，这是我国历史上棉花传入路线的"南道"，即从南洋、中南半岛传入闽广和云贵高原。

新疆地区还在罗布淖尔地区的孔雀河下游老开屏及楼兰古城东郊发现棉花和棉布。"絮棉白色,棉布为本色平纹。棉织物,过去在民丰县东汉墓中曾经发现过,但未见絮棉。这里出土了絮棉,似乎可以说明新疆地区东汉时期已经植棉。新疆植棉、纺织棉布的历史较中原地区为早,曾经影响了内地"[13]。我们曾将巴楚出土的唐代棉籽送请中国农业科学院棉花研究所代为鉴定。鉴定结果认为是草棉,即非洲小棉的种子。这说明非洲棉引入新疆至少已有一千多年的历史。《梁书·西北诸戎传》所记"南北朝吐鲁番地区种植的棉花,棉铃很小(实如茧),大概也是这个品种。……草棉有一优点,即成熟期短。根据新疆及甘肃省河西走廊地区的气候特点,一般生长期短(130 天),所以适宜种植小棉。"[14]非洲棉(即草棉)无疑是古代非洲人民培育的,这是我国历史上棉花传入路线的"北道",即自波斯、印度的边境进入新疆。《梁书·高昌传》在介绍物产时说:其地生长一种名叫"白叠子"的草木,土人取其茧实"织以为布",由此可知至少在南北朝时期,新疆地区已经广泛种植棉花了。棉花"南道"、"北道"两条路线传入中国时间不同,前者在西汉武帝之时,后者至晚在南北朝时期。笔者深知学力有限,所提观点未必正确,特求教于方家。

注 释

〔1〕 王金科、陈美健:《总结我国古代棉花种植技术经验的艺术珍品——棉花图考》,《农业考古》1982 年第 2 期。

〔2〕 朱东润:《中国古代文学作品选》上编第一册第 151 页,上海古籍出版社,1979 年。

〔3〕 孙机:《我国古代的草棉和木棉》,《中国文物报》1994 年 10 月 9 日 3 版。

〔4〕 福建省博物馆、崇安县文化馆:《福建崇安武夷山白岩崖洞墓清理简报》,《文物》1980 年第 6 期。

〔5〕 [宋] 李昉:《太平御览》卷 820,第 1～2 页。

〔6〕《资治通鉴》卷 159 梁记 15 第 4934 页,中华书局。

〔7〕 [宋] 周去非:《岭外代答》卷 6《吉贝》,载《知不足斋丛书》第 17 集。

〔8〕《文物》1980 年第 6 期。

〔9〕《元至大董鼎》辑录本卷 2 第 2 页,商务印书馆影印。

〔10〕 张秉权:《历史语言研究所集刊·小屯殷墟出土龟甲上所黏附的纺织品》。

〔11〕 [日] 西嶋定生著、冯佐哲等译:《中国经济史研究》。

〔12〕 新疆楼兰考古队:《楼兰城郊古墓群发掘简报》,《文物》1988 年第 7 期。

〔13〕 突尔逊·艾莎:《罗布淖尔地区东汉墓发掘及初步研究》,《新疆社会科学》1983 年第 1 期。

〔14〕 沙比提:《从考古发掘资料看新疆古代棉花和纺织》,《文物》1973 年第 10 期。

清末新政中的八旗生计问题研究

佟　薇

（国家文物局）

　　清末新政时期，中国发生了一次有关八旗生计问题的大变革，清朝政府裁撤驻防，停发粮饷。这次变革在解决八旗生计问题历史上，因其所处时代背景之特殊，以及变革程度之剧烈，对满族历史和社会产生了深远的影响。八旗生计问题几乎困扰着清朝的历代皇帝。甚至在康雍乾盛世，八旗生计也是令皇帝头疼的棘手问题。清朝中后期，国势衰败，八旗生计问题愈加严重。为了保证"国之根本"，各代皇帝均采取了许多措施，但由于清朝统治者始终不肯触及八旗体制，不愿放松对旗人的束缚，八旗生计问题也始终没有得到有效的解决。清末新政废除满汉畛域，提出裁撤驻防，取消粮饷，是清代解决八旗生计问题历史性的变革。它突破八旗制度的局限，原则上取消了对旗人的束缚，为旗人走上自食其力的道路创造了条件。此次变革在八旗制度史和满族发展史上占据重要地位，对当时社会及满族发展都曾产生深远影响，这是我选择它作为我的论文研究内容的原因。

　　史学界对清前期八旗生计问题的研究比较透彻，但对于清朝中后期八旗生计问题，或由于研究重点的转移，或由于史料所限，研究成果不多。尤其是清末八旗生计问题，既超越了清史的研究领域，也不在近代史的重点研究范围，所以研究者更为有限。清末满族史的研究实属这一领域研究的薄弱环节，目前国内史学界尚未有专门的论述问世。但是清末社会巨变对满族发展产生的巨大影响，又是史学研究者不容忽视的历史问题。由于本人史学功底浅薄，学识有限，无力填补此领域研究的空白。只求通过对清季八旗生计问题的初步探讨，抛砖引玉，以期引起更多学者对此问题的关注。

　　以往史学界的研究多偏重于政治制度，或者名人重臣，而对普通人的历史的研究因为缺乏史料的记载则关注较少。近年来，许多学者学习吸收了社会学的研究理论，广泛发掘了诸如地方志、野史笔记、小说、世袭谱牒、婚书地契、户口册、口述资料、法律档案等多领域、多学科的资料，极大地丰富了史学研究资料，为史学研究开辟了新的视角。本文对晚清八旗生计问题的研究，虽然要关注政治措施的制订与实施，但出于对普通民众历史的关注，笔者将八旗生计巨变对普通旗人的影响作为研究关注的重点。为此本文在传统文献资料的基础上，通过发掘新的资料来源，如档案材料，户口册，野史笔记，文史资料，揭示八旗生计问题困扰下的普通满族人民的生活面貌，进而探讨政治制度的变革对满族民族发展的影响。

一　实施新政的背景

（一）内忧外患下的清政府

自戊戌变法之后，清末新政是清政府朝廷内部又一次图存求变的政治变革。戊戌变法以失败告终，而新政及紧随其后的预备立宪却一直延续到清朝灭亡。仔细考察新政实施的背景，对理解满汉畛域中有关旗人生计措施制订的特殊性有重要意义。

光绪朝，列强侵略、瓜分中国的狂潮愈演愈烈，面对软弱无能的清政府，帝国主义列强的侵略野心无限制的膨胀，而清政府也只能竭尽所能的满足帝国主义的贪婪欲望。在向帝国主义侵略者妥协投降的同时，清政府却残酷镇压广大人民的爱国反侵略斗争。兴起于山东、直隶的义和团运动在反抗外国侵略，打击帝国主义，保卫国家过程中表现了英勇无畏的精神，起到了极大的作用。但腐败的清政府最终还是残酷地镇压了义和团运动。至此，人民不再对清政府抱有幻想，彻底认清了其卖国反动的本质，在各地的革命运动中，"反清、反封建"已经成为鲜明的旗帜，广大人民同封建清政府的矛盾已经不可调和，清政府已经走到末路。

义和团运动进行得如火如荼之际，资产阶级革命派也在各地组织反清团体，发动反清起义。兴中会、华兴会、光复会、日知会等资产阶级革命团体，积极的宣传资产阶级革命思想，组织发动了广州起义、萍浏醴起义、黄冈起义等。虽然都以失败告终，但是为武昌起义的胜利奠定了坚实的基础。资产阶级利用革命的机会，宣传资产阶级民主思想，扩大在群众中的影响，起到了资产阶级民主启蒙的作用。资产阶级民主意识的普及，对清政府也造成了一定的心理压力，迫使其在统治大厦将倾之际不得不实行带有资产阶级性质的立宪改革。清末重臣、官至直隶总督的端方曾指出，平满汉畛域是消弭革命的必要措施。正是由于他看到了革命派及民众中日益高涨的对满族特权的不满情绪，他强调："今日欲杜绝乱源，惟有解散乱党；欲解散乱党，则惟有于政治上导以新希望，而于种族上杜其所借口。……夫所谓于政治上导以新希望者，则奴才等前此所谓宣布国是定十五年实行立宪是已。若所谓于种族上杜其所借口者，则奴才私计有二事焉：一曰改定官制，除满汉缺分名目。二曰裁各省驻防。"[1]

内忧外患使清政府陷入了空前的财政危机。为了应付侵略战争和镇压人民的反帝反封建斗争，清政府不仅要筹集大量的军费，而且战争赔款加重了财政的负担。更为严重的是，帝国主义不仅得到财政上的收益，而且通过在华权益的取得，进一步控制了中国的经济命脉，使得自鸦片战争以来就日益恶化的政府财政濒临绝境。军饷一直是清政府的主要财政开支。19世纪80年代中期，八旗和绿营一年的军饷合计超过了4000万两。另外，开办军工厂、购买军事设施、训练海军等费用，每年不下一千数百余万两。新政时期编练新军，更扩大了军费开支。当时新设一镇新军需花费100余万两。常年经费200余万两，至辛亥革命前夕，已练成26镇，总计常年经费5200余万两[2]。宣统三年财政预算，新军、八旗、绿营、海军各饷和其他军事费用共1.37亿两，占全部财政支出的36%。战争赔款和外债本息赔付是清政府的第二大支出项目，除了甲午战争前原有的未偿还外债之外，又新增《马关条约》对日赔款和赎辽款 2.3 亿两，庚子赔款 4.5 亿两。此外还有 1800 万两的教案赔款，三宗赔款合计 6.98 亿两，本息合计 12.5 亿两[3]。数额如此巨大的赔款，清政府根本无力偿还，只能大举借外债，而这恰恰又加重了清政府的财政负担。甲午战争以后，清政府财政支出恶性膨胀，收支难以平衡，从中央到地方都出现了庞大的财政赤字。在如此情况下，取消八旗粮饷，让旗人自谋生计，不失为缓和财政危机的一种权宜之计。

促使晚清政府决意改革八旗制度的另一个原因是，八旗军队在国家军事力量中地位的下降。八旗军队向以骁勇善战著称，在清王朝的建立和巩固过程中立下了汗马功劳，起到了不可替代的作用。但随着定鼎中原，国泰民安，八旗军日益滋生腐败的习气。鸦片战争之前，八旗军队大多装备陈旧，不习操练，腐化堕落之风盛行，军队的战斗力受到极大影响。太平天国革命爆发以后，湘、淮军等勇营部队代替绿营、八旗，成为清军的主力部队。十九世纪六七十年代，练军和防军又出现在晚清历史舞台上。练军是绿营的一种发展形态，防军是湘、淮军等勇营部队的存续和蜕变。同一时期还建立了北洋、南洋、福建和广东等晚清海军。甲午战争后，清政府推行新政军制改革，大力编练新军。清政府在粮饷装备上保证新式军队的供应。新式军队采用先进的训练方案，配备先进的武器装备。参加者多是农民等普通劳动者，没有骄奢习气，成为清政府可以依赖的重要军事力量。而八旗军队则因其腐败落后逐渐不为朝廷所重用，改革取缔也是必然之势。

新政开始后，裁撤驻防，取消满人特权的呼声越来越高。在出国考察宪政归来之后，端方向朝廷上《请平满汉畛域密折》，请求朝廷立即下诏，将各省驻防永远裁撤，旗丁之挂名兵籍者，悉令仍居原驻防地，编入民籍。依前此裁撤绿营成例，特加优待，给予十年口粮，为之安顿生计[4]。其实朝廷内外，有此种呼声的重臣能将并不在少数。正是由于有这些朝廷倚赖的大臣的极力主张，才最终促使清统治者痛下决心，在旗人生计问题上打破几百年的制度传统，实行改革。

（二）新政前影响八旗生计的直接原因

八旗兵丁唯一的生活来源是兵俸粮饷。咸丰年间，兵饷就已经不能足额保证了。到光绪朝新政时期，旗饷问题更加严重。旗饷不能足额发放，是导致旗人生活困难的直接原因之一。从潘效苏在光绪三十年（公元 1904 年）的奏折中可以看出，"新疆每年原分协饷二百四十余万，均系计口授食之需。自二十六年拳匪肇衅，各省关只解到银一百七十八万余。二十八年亦只解到银二百五万余"[5]。"于是每月只发兵勇现饷二十日，扣存通计，每年发饷八个月，欠饷四个月。存饷日积月多，终无了局。而各兵勇原定坐饷，每月三两六钱扣发十日，只得二两四钱"[6]。由于长期得不到足够的粮饷，兵士聚众请愿，要求发还所欠饷银，致使新疆抚臣饶应祺行程受阻多时[7]，险些酿成动乱。新疆一省幅员辽阔，兵员尚少，欠饷问题尚且如此严重，在旗人人口高度密集的京城及其他各省驻防则可想而知。自 1863 年清廷决定八旗骁骑校以下各官兵只发六成饷，养育兵等只发七成饷。1885 年京师八旗恢复全饷，驻防八旗则直到辛亥革命始终领不到七成粮饷。奉天省内外城满蒙汉八旗及三陵内务府官兵岁饷总额为 40 余万两，而 1907 和 1908 两年实只发饷 9 个月 31.8 万余两，仅占应发饷额总数的 37.5%。整个东三省八旗 1875—1906 年共计欠饷达 4035170 两[8]。

影响旗兵经济收入的另一因素是军官对粮饷的克扣。光绪年间，北京八旗的都统、参领、佐领、领催无不贪污，克扣粮饷。他们还勾结米商盘剥旗兵。由于旗兵领的是难食的粗米，必须到碾房重碾。佐领借机和碾房老板勾结，从中捣鬼获利。光绪皇帝曾指出："乃闻支放钱粮参佐等官不肖者，往往通同弊混；掌档领催，尤为奸蠹，逐层剥扣，兵丁所得无几。"[9]八旗士兵"以核扣减平、办公摊派受累颇深，每兵所得乃不及额饷十分之一二。"[10]认识到问题的严重性，光绪皇帝谕令官员："各省防营缺额扣饷，几成积习，叠经谕令该督抚查禁，并将不肖营官随时惩办，不啻三令五申。乃闻近日此等情弊，尚复不免。著各该督抚严行稽核，嗣后如有缺额不足，及克扣军饷，即行严参究办。其情节较重者，查出即行奏请正法。该督抚等务当破除情面，认真整顿，毋得稍存姑息，以正军纪。"[11]虽然政府严行禁止，但实际上，克扣粮饷的现象仍十分严重。光绪末年，京城诸旗营兵丁每月按规定可领饷银二两八钱，觉罗前锋护军每月可领饷银三两五钱。但每次发饷，经过层层克扣，实际领到的只有七八成[12]。八旗官员克扣粮饷无疑加剧了兵丁生活的贫困化。

币制的变化也是影响八旗生计的因素之一。清朝末年，清政府推行了以钱钞、制钱替折饷银的政策。1863 年，清廷在对八旗官兵粮饷减成发放的基础上，又规定官兵月饷俱发二成制钱。以钱钞代替饷银的情况在咸丰朝以后也出现了，因钱钞无用，实际等于少发饷银，降低官兵的法定待遇。此外，由于八旗户籍制度松散，出现了冒领钱粮的现象。清廷命令："现因八旗兵丁户口造册请领钱粮，仍多浮冒，复经谕令各该旗都统等破除情面，剔弊端。惟积习已深，仍恐未能一律核实。著责成原派之善耆等，认真稽核，确查实在人数，由各该旗据实造册请领，不得稍有虚冒。"[13]

（三）新政前旗人的生计状况

迫使清政府力革积弊还有一个重要原因，就是当时日渐窘迫的八旗生计状况。旗人生计问题早已是清政府的棘手问题，时值清末，积弊日深，到新政之前，一般旗人的生活已相当困难。那么究竟到何种程度了呢？透过青州驻防户口册，可以清晰的反映当时驻防的旗人生计问题。

在山东青州驻防城调查期间，我们发现了一份十分珍贵的八旗户口册，对我们研究青州驻防社会，进而从一个侧面了解清末八旗社会状况均有重要的意义。由于此户口册残缺不全，它只记录了驻防城中一旗下十六佐领的情况，我们无法全面的了解整个青州驻防八旗的情况。只权且用作抽样调查，以这一旗为代表，从而进一步反映青州驻防的生计状况，以管中窥豹。

由于户口册的残缺，已无从判断其属于哪一旗，也没有明确的文字表述此乃何年的户口册，但从户口册行文中，可以推断出它的确切年份。户口册第三佐领海明阿佐领下，在记录景谦之再从兄前锋小旗复瑞之婿儿媳时载："其夫于光绪二十二年八月二十九日病故，该氏自二十一岁守节。"[14]那么光绪二十二年时该妇是二十一岁。户口册同时还有记载，时年该妇"年三十岁"[15]。从而可以推测，距光绪二十二年已有九年，则很容易计算出此户口册应该是在光绪三十一年（1905年）。户口册中还有一处可以与此相印证。在第七佐领讷龙阿佐领下，成恩之三从 马甲广安之孀母，"其夫光绪十一年五月二十七日病故，该氏自二十九岁守节，年四十九岁"[16]。据此也可推断户口册为光绪三十一年无误。

光绪三十一年，时值清政府新政改革，朝廷上下废除旧制，平满汉畛域的呼声很高。光绪三十三年（1907年），清政府正式下达消除旗籍，谋划旗人生计的命令。而在光绪三十一年青州的这份户口册中，我们还可以看到青州的旗制仍然规整，粮饷照发。事实上，由于青州驻防在山东地方特殊的军事地位，它一直保留到1929年才最后解散。本文的研究重点在八旗生计问题，所以仅对户口册中能体现出来的生计问题做一粗略探讨。

清末八旗生计问题严峻的一个重要原因是八旗人口的激增。在旗人户口尚少时，充足的粮饷可以保证富裕的生活，而增加的人口必然分食有限的粮饷，在别无它种谋生道路的情况下，必然导致旗人生活水平的下降。在这十六佐领下，每佐领所含户数并不平均，多至12户，少的只有1户，忽略户口册中残缺不全的地方不计，此旗下共有旗人73户。每户所含人口也极不均衡，多至15口，少则孤身一人。笔者统计了各户人口和总计户数，粗略计算后，此旗的家庭规模大致在每户平均4口左右。从此我们尚无法推断青州旗人的生计状况，必须和旗兵的粮饷结合起来分析。

众所周知，旗人是靠"铁杆庄稼"即粮饷为生的。而且越是到清末，旗人对粮饷的依赖性越强。因为到清代末期，原来作为旗人俸饷一部分的土地田产大多已典卖无几。和清末其他几支军事力量，新军、湘军、淮军、海军等相比，这些军队的士兵大多是农民出身，拥有一定量的土地家产，粮饷并不是他们唯一的生活来源。而对八旗兵丁而言，粮饷则直接影响他们的生活水平，粮饷多则衣食足，粮饷亏则衣食忧。所以粮饷的多少是影响旗人生活水平高低的重要原因。而当粮饷固定时，旗人家庭规模的大小，当时社会经济条件、物价水平，也是衡量旗人生计的重要指数。

时至清末，由于物价上涨的因素，一个二三口之家一年的花费需要70多两，平均每人近30两。而1901年至1911年的米价，是2.62两/石[17]。这是当时的基本生活水平。在这个水平以上，应该可以保证正常的生活；在这个水平以下，就可以算为贫困了。如果以这个标准为计，那么每人每月应该有大约2.5两银入账，才可保证基本的生活。而青州户口册所反映出来的情况又如何呢？

在具体分析每户生活状况之前，有必要将户口册中涉及的各级八旗官兵的俸饷条陈清楚。与青州文史资料的记载相对照，户口册中所记最高一级的官员防御年俸银等约115两，家属米40石。云骑尉年俸银等约84两，家属米39石。领催和前锋月饷银3两，岁给家属米30石、马乾（饲养军马草料等）折价银12两。马甲月饷银2两，岁给家属米15石和马乾折价银20两。步甲月饷银2两，岁给家属米10石。养育兵月饷银1两，岁给家属米18石。练军月米4斗（合120斤）小钱粮[18]。由于清末八旗粮饷减成发放，光绪年间，青州旗兵最多只能拿到粮饷的八成[19]。以米价 2.62 两/石核算，防御的年总收入约为 176 两，云骑尉为 149 两，领催和前锋为 101 两，马甲为 67 两，步甲为 40 两，养育兵为 47 两。详见下表（表一）。

表一　　　　　　　　　　　光绪年间青州旗兵粮饷统计表

官兵职位	年饷银（两）	年粮米（石）	减成后 饷银×0.8（两）	粮米 核算×2.1（两）	总计（两）	可供养家 口（人）
防御	115	40	92	84	176	6
云骑尉	84	39	67	82	149	5
领催	48	30	38	63	101	3 ~ 4
前锋	48	30	38	63	101	3 ~ 4
马甲	44	15	35	32	67	2
步甲	24	10	19	21	40	1 ~ 2
养育兵	12	18	9	38	47	1 ~ 2
余兵						

注：表中数据 2.1 = 2.62×0.8

根据此表，笔者对青州户口册十六佐领下的各户做了逐一统计，每户有多少人挑甲当差，可支持几人的生活，每人平均生活如何。并以当时平均社会生活水平为准，划分为三个层次。第一层是在平均社会生活水平以上，第二层是在平均社会生活水平以下，但可以勉强维持生存，第三层同样是在平均社会生活水平以下，但已是生计窘迫，难以为继。经过统计，青州户口册登载的一旗人口中，共有 63 户人口，其中属于第一层次的 15 户，约占总户数的 24%；属于第二层次的 9 户，约占总数的 14%；属于第三层次的 39 户，约占总数的 62%。由此可见，青州驻防一旗下人口生活处于极度贫困的达到五分之三强，总计有超出四分之一的人处在贫困线以下，只有四分之一的人口可以勉强糊口。笔者只将兵饷减成发放和物价因素考虑在内，实际当时还有一个影响旗人生计的重要因素，就是粮饷的克扣。将此计算在内的话，贫困人口还将大大增加。由青州一地推广开来，全国各地旗人的生活均已非常艰难，在有些地区，一个旗兵的粮饷仅够自己生活，如何能够供养家人？

内忧外患，末世清政府的统治已岌岌可危。从封建统治者内部，爆发了一种变革求新的愿望，尽管这种愿望是出于时局所迫，是清政府为维持统治而不得已为之，而且反对的呼声还很响亮，但这毕竟是一次整顿图强的自救运动。此时的清政府已不可能再提出以励精图治为宗旨的改革方案，他们的最高要求也仅是维持摇摇欲坠的统治而已。关于八旗生计问题，清政府下令裁撤驻防，取消旗籍，准旗人自谋生计，与前代相比，实是果断之举。裁撤驻防，停止国家对旗人的供养，等于从根本上触及八旗制度，这是前代统治者难以想象的。因为八旗制度，八旗兵丁是清朝国家统治的根本，供养八旗一方面是为了保证国家军队的战斗力，另一方面也是出于保持民族特性和优越性的考虑。让旗人从职业军人转而从事士、农、工、商等他业，无异于听任满族融入汉族的汪洋大海之中，这是清朝统治集团不愿意看到的，也是旗人生计问题迟迟得不到有效解决的根本原因。而清末在推行新政和预备立宪的过程政府的果断之举，可以说是时局所迫，同时也从另一个角度反映出满族的发展正经受着时代变革的巨大挑战。

二　新政时期"平满汉畛域"政策的出台

自新政实施开始，平满汉畛域措施就已陆续实行，而在宣布预备立宪以后的两年达到高潮。平满汉畛域包括四方面的内容，其中对旗人生计影响较大的是第三项：准备将旗人编入普通民籍和筹旗人的生计。

1907年9月27日，清廷颁布上谕："我朝以武功定天下，从前各省分设驻防，原为绥靖疆域起见。迨承平既久，习为游惰，坐耗口粮，而生齿滋繁，衣食艰窘，徒恃累代豢养之恩，不习四民谋生之业。亟应另筹生计，俾各自食其力。著各省督抚会同各将军都统等查明驻防旗丁数目，先尽该驻防原有马厂、庄田各产业，妥拟章程，分划区域，计口授地，责令耕种。其本无马厂、庄田，暨有厂、田而不敷安插者，饬令各地方官于驻防附近州县，俟农隙时，各以时价分购地亩，每年约按旗丁十分之一，或十数分之一，授给领种，逐渐推广，世世执业，严禁典售。即以所售田亩之数，为裁撤口粮之准。裁停之饷，另款存储，听候拨用。该旗丁归农以后，所有丁粮词讼，统归有司治理，一切与齐民无异。至田亩之腴瘠，价值之低昂，各省互有不同，但以足敷养赡为度。一面将各项实业教育事宜，勒限认真分别筹办，以广旗丁谋生之计。其授田之始，应需庐舍堤堰，及牛具农重等项，并开办实业各经费，准由裁停存饷内核实奏请酌量协济。并著各将军督抚等破除情面，实力奉行，不得任听协参佐领各员，挟持私见，阻挠大计。先由度支部迅筹实在之款，以备拨发。期于化除畛域，共作国民，用副朝廷一视同仁之至意。"[20]

1908年8月，清政府公布《钦定宪法大纲》，同时公布《逐年筹备事宜清单》。清单中规定在筹备的第一年设立变通旗制处，并规定变通旗制处的任务是"筹办八旗生计，融化满汉事宜"；在第八年也就是1915年"变通旗制，一律办定，化除畛域"[21]。

三　"变通旗制"和"筹办八旗生计"的落实及局限性

（一）"变通旗制"和"筹办八旗生计"的落实

这项措施主要表现在对旗人计口授田，取消驻防，筹划旗人生计几个方面。如果此项措施得以推行，则意味着清朝延续二百多年的八旗军队粮饷制度将从此退出历史舞台。国家不再以财政供养八旗军队，八旗兵丁不再是专业的国家军人，他们必须转而从事农业、商业、手工业等，靠劳动养活自己及家人。这是八旗制度史上的一大变革。它对旗人生活的影响必然是多方面的。首先，经济上。旗人世代以粮饷为生，无论丰年还是饥荒，无论战事频仍还是太平盛世，旗人都能有固定的粮饷。不管粮饷多少，它始终是大多数旗人唯一而且相对稳定的生活来源。失去了这一生活来源，旗人又没有其他的生活能力，必然带来严重的经济问题，而且也会给旗人造成心理恐慌。虽然清政府命令各级官员，要积极筹划旗人生计，授予旗人田亩。但旗人不事生产已是不争的事实。究竟让旗人务农能否取得成效，还是值得探讨的问题。其次，生活方式上。旗兵是职业军人，一家之中挑甲当差者专事武功，而余丁、闲散则无所事事。战事不多，再加上后来军队腐化，官兵惰于操练，游手好闲之人更多。从这种优越的生活条件转而从事艰苦的劳动，是旗人必须要跨越的一道鸿沟。再次，社会地位上。裁停粮饷，旗人从事生产，将旗人编入民籍，旗人从此失去统治民族的优越感。他们必须重新为自己定位。最后，民族关系上。满汉界限取消了，满族不得不融入汉族的大环境之中。由于自身生产、生活方式的改变，满人与汉人有了更广泛的接触、交流的机会，汉族在更广阔的领域里影响着满族的发展。清朝八旗制度史上重大的变革，清廷抱定良好的初衷，而且也制订了相应的政策，但正是由于改革的影响之大，之深远，措施实行的阻力是多方面的。阻力不仅来自八旗兵丁内部，而且来自于汉族百姓，对旗人的特殊政策必然影响到汉人的利益。所以平满汉畛域推行十分缓慢，且成效甚微，八旗生计仍然是清政府棘手的社会问题。

上文提到，1907年清政府曾允诺旗兵计口授田，逐步归农，等于齐民。这实际上等于彻底取消驻防。从道光朝以来，清朝统治者就逐步意识到八旗制度对旗人的束缚，认识到让旗人自谋生计是解决八旗生计问题的唯一有效的途径。并不同程度上沿着这一指导思想实施解决八旗生计问题的措施。在清末纷繁混乱的政治经济局势逼迫之下，清政府此举足见其决心之坚决。八旗生计问题百年来积弊之深，给政府造成的负担之重，也是迫使当局锐意改革的重要原因。但事实上，消除旗籍，筹旗人生计的措施的实行并不顺利，也完全没有达到预期的效果。

对于裁撤口粮，将旗兵计口授田，使其自谋生计的政策，清廷内部上下也有争议。当时广州副都统李国杰上奏道："各省驻防旗丁，骤闻裁撤口粮，易至惊惶，请饬妥慎办理。"[22]李国杰的担忧不无道理。八旗兵丁二百多年来习惯了依靠铁杆庄稼为生，他们不仅在思想上仰赖国家的俸饷供养，而且在实际上没有自谋生计的能力。生活来源骤然取消，而旗人还没有足够的时间完成从依赖国家到自食其力的过渡，他们必将陷入不知所为的窘迫境地。一项重大制度的变革，对实施对象的影响必定是深远的。采取何种方式，以何种速率，推进改革的进程，确实是改革者应该慎重考虑的问题。但箭在弦上，不得不发。改革的潮流来势汹涌，不可逆转。光绪皇帝上谕军机大臣："朝廷为旗民广筹生计，授地耕种，并筹办各项实业教育事宜，实属仁至义尽，该将军督抚等果能会同认真经理，先筹地亩，妥为安插，然后按照授地旗丁分数，徐为裁撤口粮之计，并非操切从事。"[23]可见统治最上层的态度已经十分坚决。并且光绪明确指出："至分购民田，谕令按照时价，于驻防附近州县，酌量购买。官民交易，务期平允，不得抑勒强迫。各该将军督抚等仍当懔遵前旨，实心实力，认真妥办。一面剀切晓谕，宣布朝廷德意，务使旗民人等家喻户晓，尽释疑惧，期副朝廷化除畛域之至意。"[24]

　　政令既出，那么执行情况如何呢？计口授田，就是要由国家出资购田分给旗民，以当时八旗兵丁人数之众，清政府财力之贫乏，完成此项改革可谓困难重重。仅以驻防八旗为例，保守的估计，以驻防兵丁 20 万人为基数，如果每人授田十亩，需土地 200 万亩。国家一时难以凑集如此大面积的土地。再以每亩地价值十五两银计算，购置土地共需三千万银两。如果将京师旗人计算在内，所需经费将是一笔不小的开销。这对当时清政府的财政状况而言，实在是无法承担的。

　　更大的阻力还在于八旗兵丁内部。正如前文所言，八旗兵丁对钱粮的依赖已成惯性，有些地方甚至发生了反对朝廷取消钱粮的冲突活动。1908 年初，成都旗民曾到官署请愿，要求照旧发放钱粮，成都将军绰哈布和护理川都赵尔丰将此事奏报，清廷指示他们："查明为首滋事造谣惑众煽动之人，从严惩办。并将约束不严之协、佐各官分别查究，勿稍姑息。"[25]清廷虽然名义上表示严厉镇压，但也不得不承认现实，"裁停口粮，在授田以后陆续施行，并非一经奉旨，即将官缺额饷尽行裁撤"[26]。由于实行的阻力太大，清政府只得下令一些准备计口授田的地方暂缓执行。1908 年，清政府颁行预备立宪，设立变通旗制处："一请旨设立变通旗制处，筹办八旗生计，融化满汉事宜。"[27]随后，清廷发布上谕："该处王大臣等其宗旨在于变通应改之制度，尽力妥筹教养之方，及一切生计总期自强自立之意。所有钱粮兵饷，仍均照常，毋使八旗人等妄生疑虑。"[28]

　　事实上，直至辛亥革命之前，除东北三省以外，没有任何一省的驻防被取消，当然也没有裁停粮饷，将旗民编入民籍。查阅《满族历史调查》可知，由于各地军事形势的发展，诸如青州、绥远、宁夏等驻防在民国初年都接受当地军事力量的改编，存在了几年的时间。事实证明，清廷计口授田，裁撤口粮的措施并未按计划执行。清政府摆脱八旗生计负担，给旗人以新生路的尝试事实上是失败了。虽然有一部分旗人走上了务农经商，自谋生计的道路，但大多数八旗民众仍不愿或无法摆脱长期以来八旗制度的束缚，依赖微薄，甚至是朝不保夕的粮饷，艰难度日。

　　虽然新政过程中裁撤驻防，停发粮饷措施在解决八旗生计问题历史上是一大变革，但这项措施的推行遇到了难以克服的阻力。第一，清政府贫弱的经济状况，空前的财政危机，已不允许政府拿出大量资金购置田产，计丁授田，这一方案实际并不可行。第二，旗人强烈抵制政策的执行。前文已经提到。长期不事生产，缺乏生产经验和技能，旗人从内心深处恐惧粮饷的丧失，他们不惜对抗朝廷，以抗议、暴乱来延缓变革的进程。对此，清政府没有严行镇压，而是采取姑息容忍的态度，此时的朝廷已没有余力对付来自本民族内部的反抗。这场自上而下的改革由于上层的软弱无力和下层的强大阻力而以失败告终，统治者图存求变的呼声在当时纷乱的政局、孱弱的国力和强大的封建体系下显得是那么微弱。

　　对于满族自身来讲，对旧有体系越是依赖，就意味着他们将来遇到的困难越大。清朝中后期几代皇帝都在一定限度内要求旗人自谋生计，并逐步放松对旗人的限制，但效果均不明显。究其原因，就是八旗制度培养了旗人对国家，对粮饷的永久的依赖，只要清王朝存在一天，八旗制度存在一天，旗人就自认为生活有所指望。而且世代以豢养为生，让旗人在短时间内掌握劳动生产技能，提高在社会上的生存能力是不可能的，这必然要经历一个漫长而痛苦的过程。二百年的制度积淀造成的影响是不可能在短期内抹杀的。满族已经养成的不事生产的习惯，他们很难改变，而且发自内心的也不愿意改变。在心理上，满族更愿意将自己置于天朝上族的地位，固守可怜的尊严。正是因为此种原因，取消旗籍，裁撤口粮措施的实施遇到了强大的阻力，清朝统治者并没有达到预期的改革效果。从统治阶级内部自发产生的变革八旗体制的努力失败了。八旗兵丁还试图依赖苟延残喘的清政府，但紧随而来的辛亥革命彻底粉碎了他们的幻想。

（二）新政时期解决旗人生计问题措施的局限性

新政时期对八旗制度的变革是清朝廷内部一场自上而下的救亡图存运动，它的根本目的是对八旗制度的弊端进行修补，以更好的维持自身统治，而不是对清朝封建制度的变革。所以它无法斩断同整个八旗制度，同清统治集团利益的密切联系。在变革进行当中，政策的制订者和实施者都不得不考虑改革给统治民族带来的影响。当裁撤驻防，停发粮饷的政令一出，立即遭到广大旗人的强烈反对，有些地区甚至发生了小规模的暴动。清政府惧怕旗人的不满情绪高涨，引发更大规模的动乱，才暂缓政策的执行，致使清亡前夕，京畿及驻防各地粮饷照旧发放。

虽然裁撤驻防、停发粮饷主要影响的是广大八旗民众，但统治阶级也不可避免的受到牵累。满族始终是清朝的统治民族，虽然清末的满族在国家社会生活中所处的地位远不如前清高，发挥的作用也不如前清大，但广大满族与统治集团在血缘关系、经济生活、政治网络等方面有着千丝万缕的联系，清朝统治者不能将他们完全置之不理。他们在制订政策时能做到坚决果断，但推行政策时就会有所顾及，他们不得不考虑政策的推行给自身统治带来的影响。所以即使是裁撤驻防，停发粮饷，他们制订的补救措施也是相当优惠的。而且考虑到措施难行，清政府又一次停止了改革的脚步。

清末八旗制度的巨变，对当时社会，以至以后社会发生了深远的影响。据笔者考察，新政中裁撤驻防，停发粮饷政策实际并未得到贯彻实施，在清王朝灭亡之前的几年时间里，八旗驻防依然保留，粮饷也没有停发，八旗兵丁依然躲藏在八旗制度的庇护之下。这样虽然八旗兵丁在变革过程中受到较少的影响，但即将到来的变革对他们产生的影响会更大。八旗制度的变革，旗人从八旗制度的束缚下解脱出来是大势所趋，是不可逆转的历史潮流，不应该让旗人再对国家抱有幻想。旗人早一天走上自谋生计的道路，早一天实现生活方式的改变，他们受到的影响就会越小；相反的，多一天对旗人的恩养庇护，旗人在自食其力道路上经受的痛苦就越深。所以清末新政的不彻底性不但没有帮助旗人完成从军人到民人的转变，反而拖延了改革的时间，使得积弊日深。

满族在辛亥革命以后直至解放前的几十年的时间里，都生活在痛苦与挣扎之中。由于不事生产，普通满族只能凭借微薄的资金做些小本生意；或拉人力车，担当体力劳动；或进入工厂，从事最简单的技能操作；一些读书人有机会进入学校、机关，但也只能担任较低职务，而且经常受到歧视。这是谋到职位的。还有大量的旗人在失去粮饷之后无以为继，生活无着，家产变卖光之后，有的靠乞讨为生，有的卖妻鬻子，有的偷盗，年轻女子沦为娼妓的屡见不鲜。满族的如此境地绝不是一两次政治变革单纯作用的结果，是八旗制度长期的束缚，限制了旗人的生产能力，助长了旗人的依赖性。清末新政本质上延续了清朝历代统治者豢养八旗的政治策略，它没有将改革策略付诸实施，但改革的失败并不是导致旗人处境悲惨的直接原因，它只是在原来制度累积的基础上又增加了一块筹码。尽管如此，改革的失败毕竟延迟了旗人新生的进程，逼迫旗人陷入更深的苦难。

新政平满汉畛域措施是第一次官方正式地消除满族、汉族之间的界限，作为统治民族的满族的特权被取消，满族上层无法继续将满族人民禁锢在八旗制度之下，加快了民族融合的趋势。从这个角度来讲，旗人生计的恶化却促进了民族间的接近、融合。裁撤驻防，取消旗籍，是有清一代政府第一次对八旗制度实行根本上的变革，它虽然尽量避免触及统治贵族的利益，但是它以书面的形式宣布八旗人民必须放弃朝廷供养，走上自食其力的道路。从理论上讲，食国家俸禄当差的大门关闭了，而务农，经商，从事手工业，人工厂等几扇大门同时打开了。从这个角度讲，新政中解决旗人生计的措施具有积极的意义。

注　释

〔1〕中国史学会主编《辛亥革命资料丛刊》第 4 册，1957 年 7 月第 1 版，第 39 ~ 47 页。

〔2〕刘克祥、陈争平：《中国近代经济史简编》，浙江人民出版社，1999 年 8 月，第 277 页

〔3〕同注〔2〕。

〔4〕同注〔1〕。

〔5〕《光绪朝东华录》，中华书局，1958 年，总第 5222 页。

〔6〕同注〔5〕，总第 5222 ~ 5223 页。

〔7〕同注〔5〕，总第 5223 页。

〔8〕刘锦棠：《清朝续文献通考》卷七四，1921 年印行本。

〔9〕同注〔5〕，总第 4831 页。

〔10〕同注〔8〕。

〔11〕同注〔5〕，总第 4953 页。

〔12〕《北京市满族调查报告》，《民族问题五种丛书》辽宁省编辑委员会编：《满族社会历史调查》第 89 页，1985 年。

〔13〕同注〔5〕，总第 4962 页。

〔14〕《青州驻防户口册》，定宜庄收藏，海明阿佐领下。

〔15〕同注〔14〕。

〔16〕同注〔14〕。

〔17〕参阅皮明勇：《晚清军人的经济状况初探》，《近代史研究》1995 年第 1 期。

〔18〕唐汝俊：《益都北城满族人民发展史》，青州市政协文史资料委员会编《青州文史资料》第 253 ~ 254 页，山东人民出版社，1991 年。

〔19〕同注〔18〕，第 254 页。

〔20〕同注〔5〕，总第 5740 页。

〔21〕《清末筹备立宪档案史料》上册第61、66页，中华书局，1979年。

〔22〕同注〔5〕，总第5742页。

〔23〕同注〔21〕。

〔24〕同注〔5〕，总第5742页。

〔25〕同注〔5〕，总第5820页。

〔26〕《申报》1907年11月16日，"紧要新闻"。

〔27〕同注〔5〕，总第5980页。

〔28〕《清实录》第60册（附）《宣统政纪》卷4第65页，中华书局影印版，1985年。

论山东滕州前掌大墓地随葬动物的特征

袁　靖　梁中合　杨梦菲

（中国社会科学院考古研究所）

山东滕州前掌大遗址是山东地区商末周初时期的一个重要遗址（图一，2），迄今为止发现的遗迹以墓葬为主。我们通过整理墓葬中出土的动物骨骼，发现在一些墓葬中有随葬动物前肢的现象，这种现象在商周时期具有一定的代表性。这里主要围绕随葬动物前肢的问题进行探讨。

一　前掌大墓地随葬动物前肢的现象

我们在前掌大墓地的墓葬里发现随葬动物的墓葬有 46 座，其中有 11 座墓葬存在随葬动物前肢的现象。比如属于商代晚期的大型墓 M214 发现牛的左侧肱骨、尺骨、桡骨、掌骨、趾骨，羊的左侧桡骨和掌骨。另外还有 4 座小型墓也有同样的现象，如 M36 发现猪的左侧肩胛骨、肱骨、尺骨和桡骨。M44 发现猪的左侧肩胛骨、肱骨、尺骨、桡骨、掌骨。M49 发现羊的左侧肩胛骨、肱骨、尺骨、桡骨、掌骨。M127 发现猪的右侧肩胛骨、肱骨、尺骨、桡骨和掌骨。属于西周早期的 3 座中型墓和 3 座小型墓里也有这样的现象。如中型墓 M21 发现猪的右侧肩胛骨、肱骨、尺骨、桡骨和趾骨，羊的右侧肩胛骨、肱骨、尺骨和桡骨。M38 发现猪的左侧肩胛骨、肱骨、尺骨、桡骨，牛的左侧肩胛骨、肱骨、尺骨、桡骨，羊的左侧肩胛骨、肱骨、尺骨、桡骨、掌骨和趾骨。M109 发现牛的右侧肩胛骨、肱骨、尺骨、桡骨、腕骨、掌骨、趾骨，羊的右侧桡骨、掌骨和趾骨。小型墓如 M4 发现牛的右侧桡骨、腕骨。M106 发现猪的左侧肩胛骨、肱骨、尺骨、桡骨。M130 发现猪的左侧肩胛骨、肱骨、尺骨、桡骨。羊的左侧尺骨、掌骨、趾骨。上述动物的肢骨中有些没有包括趾骨，这可能是因为趾骨体积较小，混在土中不易察觉。加之发掘时又没有对出土过筛子，容易造成采集上的遗漏。对照前掌大遗址的墓葬中有些发现过趾骨及后面提到的其他地区的实例，应该说这种不见趾骨的现象不是当年随葬时有意所为[1]。

概括以上的整理结果，我们认为有五点值得注意。第一是当时是把动物的一条左前肢或右前肢完整地放入墓里的，当时随葬的动物部位仅限于前肢。第二是除西周早期的一座小型墓以外，其他小型墓往往仅随葬一种动物的前肢，且以猪的为主，中型以上的墓可以随葬猪和羊、牛和羊、猪、牛和羊的前肢。第三是如果是在同一座墓里随葬两种以上动物前肢的话，这两种以上动物前肢的左、右侧都必须是相同的。第四是即便随葬

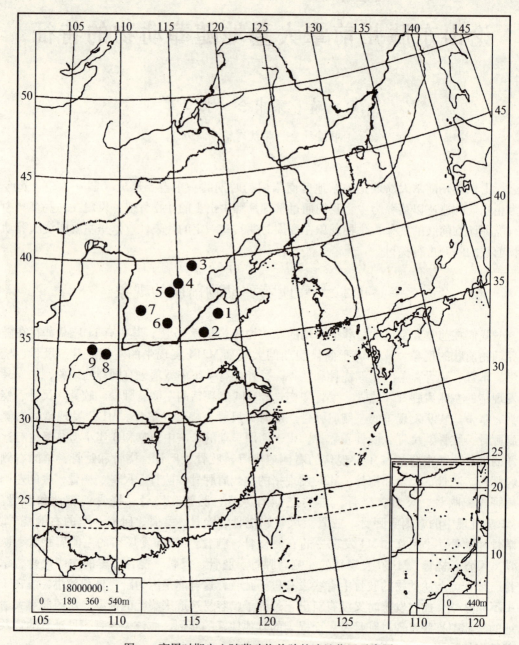

图一 商周时期出土随葬动物前肢的遗址位置示意图

1. 山东青州苏埠屯遗址 2. 山东滕州前掌大遗址 3. 北京琉璃河西周墓地 4. 河北定州北
庄子墓地 5. 河北藁城台西墓地 6. 河南安阳殷墟遗址 7. 山西灵石旌介村墓地 8. 陕西
长安沣西客省庄、张家坡遗址、长安花园村周代墓葬 9. 陕西扶风云塘西周墓葬

多种动物的前肢，但是同一种动物的前肢仅随葬一条。第五是随葬动物前肢的墓葬在全
部墓葬中属于少数。

二　其他墓地随葬动物前肢的现象

多年来，经过发掘的商周时期的墓葬不在少数。对比以往墓葬中随葬动物前肢的研究，对于我们认识商周时期的这个葬俗是十分重要的。

（一）商代

迄今为止，把动物的一条腿或数条腿作为随葬品放置在墓葬中的实例最早出自处于商代早期向晚期过渡阶段的河北藁城台西墓地（图一，5）。如在 M102 东侧的二层台上发现完整的猪腿骨 4 条，水牛角一对和羊肩胛骨一对。在距离此墓东端 15 厘米的地方发现长方形的土坑，里面放置完整的牛的肢骨 120 块，幼年的羊和猪的肢骨 116 块。另外，在有的墓里还发现羊肩胛骨和腿骨[2]。因为肩胛骨和腿骨共出，我们可以判断此墓随葬的是羊的前腿。但是因为报告没有说明其他腿骨是前腿还是后腿，又没有线图或图版可以帮助我们认识骨骼的部位。我们不清楚藁城台西墓地的全部肢骨是否都为前肢。包括以下列举的其他实例，如果没有注明是前肢还是后肢，也是因为类似的原因。

到商代晚期，在河南安阳殷墟（图一，6）的不少墓地里都发现使用牛、羊、猪的前肢随葬的现象。如在武官村北、西北冈王陵区 1002 号墓的北道口之内，有 3 条兽腿摆放成 1 列，似为羊、牛、猪腿各 1[3]。在 1550 号墓的墓坑北部，正对北道口处，在草席上放 1 条牛前腿，1 条羊前腿，牛腿压在羊腿之上[4]。在 M259 在人骨架脚侧的二层台上放 1 条牛腿，摆成蜷曲状[5]。从图上看似有肩胛骨，可能是前腿。其次，在 1953 年发掘安阳大司空村的 166 座殷代墓葬，其中完整的墓葬有 122 座，有 14 座墓在人骨架头前或两侧的二层台上放有牛腿或羊（猪）的腿，放牛腿的多，羊腿的少，也有兼放牛腿和羊腿的。从 M28 的图版看，有肩胛骨，是前腿[6]。1962 年发掘安阳大司空村的 50 余座殷代墓葬，其中 53 号墓人骨架头前的二层台上放牛腿和羊腿，数量不清。从线图看，有肩胛骨，是前腿[7]。其三，1958～1961 年在大司空村、白家坟西、小屯西地发现 14 座墓随葬牛头、羊腿和牛腿等。如大司空村和白家坟西发现用 1 条羊腿，小屯西地发现 GM214 用羊头 1、羊腿 2、牛腿 1，GM233 用羊头 6、牛头 1、羊腿 2、牛腿 3。羊腿骨多数发现于陶器内，少数单独放在二层台上，GM233 的羊头 6 和牛头 1 放在墓主人头侧二层台上，牛腿 3 放在墓主人头端的填土中，羊腿则放在漆盘内[8]。从线图看，羊腿有肩胛骨，是前腿。其四，1969～1977 年在殷墟西区发掘 939 座殷代墓葬，个别墓随葬牛腿、羊腿和猪腿。M429 人骨架头前二层台上放羊腿。在 M220 的照片上看到人骨架头前的二层台上放牛的前腿[9]。在殷墟西区 1713 号墓在椁顶板南端人骨架的头前方放牛腿和羊腿各 1 条。从线图看，有肩胛骨，是前腿[10]。其五，1982～1992 年在郭家庄西南发现商墓 191 座，在二层台上放置牛腿骨的有 18 座，有的仅为腿骨，有的连着肩胛骨，位置大多在头侧二层台上，少数在足端二层台上，也有放在墓葬中部或椁室内的[11]。其六，1987 年在梅园庄南地发现 111 座墓葬，其中有 4 座墓在墓主人头侧二层台上放置牛腿或羊腿，其中牛、羊腿兼有的有 1 座墓[12]。在殷墟随葬动物前肢的墓葬中以单独随葬羊的前肢的墓葬数量最多，其次是单独随葬牛的前肢的墓葬，随葬猪的前肢的墓葬数量最少。

在河北定州北庄子墓地（图一，4）较大型的墓中还同时随葬有牛腿和羊腿，如M5 的北侧二层台上随葬牛腿 1 条。M80 人骨架头侧的二层台（也是北侧）上随葬有一条羊腿，报告上写成羊后腿[13]。但是我们从线图看，明显的有肩胛骨，所以应改为羊前腿。

在山西灵石旌介村墓地（图一，7）的 2 号墓的人骨架头侧的二层台正中上随葬 1 条牛的腿骨[14]。前后腿不详。

山东青州苏埠屯遗址（图一，1）的 M7 的木椁顶上发现 2 条牛腿骨[15]，从图上看，有肩胛骨，判断其为前腿。

（二）西周

到了西周时期，这种现象继续存在。如在陕西长安沣西客省庄、张家坡遗址（图一，8）的不少墓葬的二层台上放置牛、羊、猪的腿骨。1955～1957 年发掘 182 座墓中有 8 座放整只牛、羊和猪的肢腿，除 2 座墓随葬 2 条外，其余都是 1 条。这些腿大都放在墓主人头前的二层台上，有 3 座墓压在墓主人的颈部、上肢或下肢，这大概是原来放在椁盖上的，后来塌陷所致。从线图和照片看，都有肩胛骨，可以判断是前肢。另外，从 162 号墓的照片看，当时随葬的是牛腿和羊腿各 1 条[16]。在 1967 年发掘的 124 座墓葬中，54 号墓在墓主头前东端二层台上有 1 条牛腿骨和 1 条羊腿骨。87 号墓在墓主的头前二层台中部有 1 条牛腿骨。从线图上看都有肩胛骨，故判断为前腿[17]。1984～1985 年发掘的张家坡村东 44 座西周墓葬时发现在 M6 的墓主头侧二层台上放羊腿骨和另外一些碎骨。因为线图上画出肩胛骨，因此可以认定是羊的前腿[18]。1987 和 1991 年在张家坡发掘墓葬 23 座，其中 M1 在墓主左侧的二层台上放多条动物的腿骨。M19 在墓主头侧二层台中部放动物前肢 1 条。从线图看，动物骨骼中均有肩胛骨，故可认定有前肢[19]。1983—1986 年发掘张家坡西周墓地时在 M347 的墓主人肩部有 2 条完整的兽腿骨，应是放在椁盖上的祭品而塌入棺内的[20]。

在陕西长安花园村报道的 6 座周代墓葬（图一，8）中，M15 和 M17 的人骨架头侧的二层台上均发现动物肢骨，其中 M17 的数量还较多，但这是我们仅从线图上看到，报告中没有具体描述[21]。

在陕西扶风云塘的 19 座西周墓葬（图一，9）中发现在左右两侧的二层台上或棺椁之上放置牛、羊、猪肉等，如 M20 的棺椁之上发现 45 块牛、羊、猪的肢骨和肩胛骨。因为有肩胛骨，故判断其为前腿。另外，从 M13 的平面图看，在二层台的北侧和椁板顶上也有 3 条以上带肩胛骨的动物肢骨，这些也是前腿[22]。

在北京琉璃河西周墓地（图一，3）也发现在墓葬中分别随葬牛、羊、猪的腿骨，以牛为最多。如在 M17、M22、M53、M54 墓主人骨架头侧的二层台上放牛的腿骨，在 M19 和 M6 墓主人骨架头侧的二层台上分别放羊腿骨和猪腿骨。从线图看，牛的骨骼中有肩胛骨，应为前腿[23]。

三 比较研究

把前掌大遗址出土动物前肢的状况与上述商代和西周时期的遗址进行比较，可以看到在各个遗址的一些墓葬中随葬动物的腿，不少还可以确认是前腿；随葬动物腿的墓葬在全部墓葬中仅占据少数等是大家的共性。但是，前掌大遗址还有一些自己的特点，如第一，从现有的发现状况看，前掌大遗址的墓葬中随葬的动物前肢以猪为最多，这在其他遗址里恰恰相反，猪的前肢是发现最少的。第二，前掌大遗址里无论是随葬一种动物的前肢还是随葬猪、牛、羊等几种动物的前肢，必定是一种动物只放一条，这也和其他遗址有时把一种动物的几条前肢放在一起不一样。第三，前掌大遗址的动物前肢都有左侧还是右侧的鉴定，在同一座墓里如果随葬两种以上动物前肢的话，其左、右侧都必定是相同的。其他遗址因为没有对动物骨骼的左右侧进行鉴定，所以无法进行比较。

清华大学的曹建敦博士认为商周时期，牲体使用皆有礼制规定，牲体的各个部分之间有尊卑之别。他引《礼记·祭统》："凡为俎者，以骨为主，骨有贵贱。殷人贵髀，周人贵肩，凡前贵于后。"周礼，牲体的左右胖用其一，则以右胖为贵。而髀因为较近于窍，贱，故一般不升于鼎。周人以牲体的骨前贵于后，以四肢为贵[24]。

北京大学韩巍的硕士论文就是专门讨论西周墓葬的殉人与殉牲，他发现殉葬牲腿的习俗在陕西长安沣西遗址的整个西周时期都存在，只是在早中期较为多见，从墓葬等级看，这种习俗主要流行于中小贵族及上层平民中。另外，在北京琉璃河墓地的中型墓多数殉葬牛腿，而小型墓则往往殉葬羊腿或猪腿，说明不同等级的墓葬在殉牲种类上也有差别。他认为在西周时期的诸侯一级的大墓中没有发现随葬牲腿的现象，这种习俗可能不是周人所固有的。周初有大批原先居住在殷商王畿内的"殷遗民"被迁移至洛邑、沣镐、周原等地，以及一些封国都邑中，他们不同程度上保持了自己的传统习俗，这就是西周时期殉人和殉牲的主要来源[25]。

这些认识对我们解释商周时期墓葬中都使用动物前肢的现象是很有启发性的。综上所述，如何做好动物考古学研究，并把文献资料、考古学研究和动物考古学研究有机地结合在一起，是我们把商周时期的殉牲制度研究进一步推向深入的基础。

注　释

〔1〕袁靖、杨梦菲：《前掌大遗址动物骨骼研究报告》，中国社会科学院考古研究所：《滕州前掌大墓地》，文物出版社，2005 年。

〔2〕河北省文物研究所：《藁城台西商代遗址》第 111 页，文物出版社，1985 年。

〔3〕梁思永等：《侯家庄第三本 1002 大墓》第 19 页，"中央研究院"历史语言研究所，1965 年。

〔4〕梁思永：《侯家庄第八本 1550 大墓》第 18 页，"中央研究院"历史语言研究所，1976 年。

〔5〕中国社会科学院考古研究所安阳队：《殷墟 259、260 墓发掘报告》，《考古学报》1987 年第 1 期。

〔6〕马德志等：《一九五三年安阳大司空村发掘报告》，《考古学报》1955 年第 9 册。

〔7〕 中国社会科学院考古研究所安阳发掘队：《1962 年安阳大司空村发掘简报》，《考古》1964 年第 8 期。

〔8〕 中国社会科学院考古研究所编著：《殷墟发掘报告》第 213 页，文物出版社，1987 年。

〔9〕 中国社会科学院考古研究所安阳工作队：《1969－1977 年殷墟西区墓葬发掘报告》，《考古学报》1979 年第 1 期。

〔10〕 中国社会科学院考古研究所安阳工作队：《安阳殷墟西区 1713 号墓的发掘》，《考古》1986 年第 8 期。

〔11〕 中国社会科学院考古研究所编著：《安阳殷墟郭家庄商代墓葬》第 8 页，中国大百科全书出版社，1998 年。

〔12〕 中国社会科学院考古研究所安阳工作队：《1987 年安阳梅园庄南地殷墓的发掘》，《考古》1991 年第 2 期。

〔13〕 河北省文物研究所等：《定州北庄子商墓发掘简报》，《文物春秋》增刊，1992 年。

〔14〕 山西省考古研究所等：《山西灵石旌介村商墓》，《文物》1986 年第 11 期。

〔15〕 山东省文物考古研究所等：《青州市苏埠屯商代墓发掘报告》，《海岱考古》第 1 辑，1989 年。

〔16〕 中国科学院考古研究所：《沣西发掘报告》第 116 页，文物出版社，1962 年。

〔17〕 中国社会科学院考古研究所沣西队：《1967 年长安张家坡西周墓葬的发掘》，《考古学报》1980 年第 4 期。

〔18〕 中国社会科学院考古研究所沣镐工作队：《1984～1985 年沣西西周遗址、墓葬发掘报告》，《考古》1987 年第 1 期。

〔19〕 中国社会科学院考古研究所沣西队：《1987、1991 年沣西长安张家坡的发掘》，《考古》1994 年第 10 期。

〔20〕 中国社会科学院考古研究所编著：《张家坡西周墓地》第 62 页，中国大百科全书出版社，1999 年。

〔21〕 陕西省文物管理委员会：《西周镐京附近部分墓葬发掘简报》，《文物》1986 年第 1 期。

〔22〕 陕西周原考古队：《扶风云塘西周墓》，《文物》1980 年第 4 期。

〔23〕 北京市文物研究所：《琉璃河西周燕国墓地》第 10～72 页，文物出版社，1995 年。

〔24〕 曹建敦：《略谈考古发现与商周时期的牲体礼》，《中国文物报》2005 年 4 月 15 日 7 版。

〔25〕 韩巍：《西周墓葬的殉人与殉牲》，北京大学考古文博学院硕士论文，2004 年。

周人体质特征分析

王明辉

（中国社会科学院考古研究所）

一 前 言

西周是中国古代强盛的奴隶制王朝，它创造了灿烂的物质文明和精神文明，对中国历史和社会的发展起着广泛而深刻的影响。正如许倬云先生所言：西周以蕞尔小国……，开八百年基业，肇华夏意识端倪，创华夏文化本体，成华夏社会基石，是中国古代史上一个重要的历史阶段[1]。但是古史记载的关于姬周族的起源和发展却异常简略，有信史的时间很短，而且这些记载往往或过于简略含混、语焉不详，或记载各异、前后矛盾，因此关于周族的早期历史历来众说纷纭，历史学家和考古学家或从历史文献、或从考古学文化等角度进行研究，但至今没有形成统一的意见。

在上世纪初期，有学者试图通过结合古文献和甲骨文以及金文的研究成果，对西周和先周进行一系列研究，并取得一定的进展和成绩[2]。三十年代，有学者从古文献角度对姬周族的起源地进行了研究[3]；也有学者从田野考古调查和发掘的文化遗存对先周历史进行了有益的探索[4]。新中国成立后，对先周文化的研究就一直是学术界的热点之一，在这方面，田野考古学做出了不可磨灭的贡献。目前为止，关于周文化的起源主要有几种观点[5]。

泾渭流域说，这是传统看法。根据《诗经》、《史记》等文献记载，周人祖先从戎狄之间迁于豳、再迁于岐下而作周邑，周先公先王的迁徙范围始终未超出今天的泾渭流域，今人丁山等也持此观点[6]。有学者通过与碾子坡遗址的比较，认为最早的先周文化分布在泾水上游，它的来源可能是该地域一种更古老的考古学文化，可能与内蒙古伊克昭盟的朱开沟文化时代相当；后来周人迁徙由北面进入渭水流域，与关中地区的羌文化发生联系[7]。

山西说，认为周夏同源。钱穆根据文献推衍首倡其说，认为周族本居住于山西南部的新绛、闻喜一带，后来在古公亶父时期迁移到陕西境内[8]；王玉哲先生也主张此说[9]；邹衡先生认为先周文化是由多种因素融合形成的，主要包括陕晋之间的光社文化中的姬周文化和来自辛店、寺洼文化的姜炎文化等[10]；许倬云先生也认为先周文化源于汾河流域，承袭了当地的光社文化，以及若干草原文化，公刘之子庆节迁泾水流域，太王为避戎狄祸，迁至渭水流域的岐山，与陇右的羌文化、土著的龙山文化以及商文化等融合[11]；江林昌还设计了一个周人从晋南向西北地区迁徙的路线[12]；也有人认为先周文化源于山西汾河流域中、下游的晚期龙山文化或二里头文化的东下冯类型，并认为周人自山西汾水流域向宁夏、甘肃迁徙并有此转折东向陕西关中泾渭流域的过程[13]；有学者通过对鬲的谱系研究认为先周文化源于山西汾河流域[14]。

辛店文化和寺洼文化说。辛店文化说认为辛店文化姬家川类型向东发展，与寺洼文化发生关系，互相融合渗透，最后形成先周文化，先周文化是从西北羌戎文化中分出的一支[15]。寺洼文化说认为姬周族起源于泾河上游流域，属于戎狄族群体的一支，先周文化是在寺洼文化的基础上发展起来并可能是从寺洼文化中分化出来的一种新的文化类型[16]。

客省庄类型说，认为先周文化是在客省庄二期文化的基础上吸收齐家文化的因素发展而来[17]；也有学者认为位于关中西部的郑家坡文化属于先周文化，而先周文化的真正渊源最有可能是客省庄类型[18]；夏鼐先生也提出过类似观点，认为西周文化的祖型大概是客省庄二期文化[19]；也有学者认为先周文化是在客省庄二期文化双庵类型的基础上受到刘家、二里头、殷商等文化不同程度影响发展起来的[20]；而张忠培先生则认为先周文化和客省庄二期文化不属于一个谱系，很难把客省庄二期文化说成是周族的原始文化[21]。

最新研究认为，碾子坡类遗存很可能是姬周文化，可视为先周晚期文化的主要源头，由碾子坡类遗存再进一步向前追寻先周文化的源头，目前条件还不成熟，其他观点均属假说，没有令人信服的考古学证据[22]。最近出版的《中国考古学·两周卷》在先周文化的来源上也没有提出明确的看法，仅把主要观点罗列，但不同意任何一种观点[23]。

以上就是目前学术界对先周文化的几种主流观点，另外还有一些其他看法，但支持者相对较少。可以看出，对先周文化的源头虽然看法不同，但对先周晚期的文化则意见相对一致，即根据文献记载的周先公先王世系看，窜于戎狄间的不窋以后的世系相对较为清楚，不窋之前的世系较为模糊，具有浓厚的神话色彩。文献记载，古公去豳迁于岐下，而多数学者认为豳位于今泾水流域，岐位于今渭水流域的周原一带，迁徙的原因可能由于来自戎狄的压力。迁岐后，姬周文化与羌戎文化结合成姬羌联盟，并与当地的商末文化融合而成先周晚期文化。

大家争论的焦点在于不窋之前的姬周族的文化渊源。目前，在文献材料和考古学材料没有新的发现和突破之前，要彻底解决先周文化的渊源问题比较困难。本文试图从体质人类学角度研究周人的种族类型，在体质特征的层面上比较周人与怀疑为先周文化渊源的文化居民之间差异以及相似关系，从而在人类学角度上为解决先周文化的问题提供有益的线索。但这里有两点值得注意，其一，体质特征上的相似性仅仅说明在两个人群之间在体质类型上存在着某种程度的接近关系，并不代表一定存在文化上的渊源关系。这种例子在中国古代史和人类学研究上屡见不鲜，因此切不可把本文研究的在体质特征上的相似关系等同于文化上的承继关系。其二，由于对先周文化渊源的分歧较大，涉及的文化类型较多，涉及的地域也较广，以及人类学材料的缺乏和研究的不充分，并不是所有涉及与先周文化有关文化的居民都有相应的人类学研究报告，并且在可预见的将来也不可能有相应的研究报告，例如，光社文化、郑家坡类型、刘家类型和客省庄文化等就没有人类学研究报告，本文的研究仅限于目前可获得的材料，并尽可能收集与先周文化有关的人类学信息，因此本文的研究属于阶段性研究，更进一步的研究期待更多考古材料的发现和更多人类学材料的研究。

需要特别说明的是，本文中的先周文化是指周政权建立之前的周文化，先周文化的源头主要是指不窋之前的姬周族的文化渊源；周人是指周政权建立前的姬周族、姬羌联盟和周政权建立后周族本身的人群总和，不包括周政权建立后统治区内的商人以及周边的其他居民。

二　材料和方法

人类学研究的原则同其他学科一样，也是通过已知材料去认识未知。本文先通过研究确凿无疑的周人的材料，再与怀疑为周人渊源的人群材料进行对比，考察他们之间的亲疏关系，进而研究他们之间可能存在的渊源关系。

过去由于材料所限，在人类学方面对周人的研究很不充分，只有朱泓先生通过对陕西凤翔南指挥西村的周人材料考察了周人和商人在体质特征上的差异[24]。随着田野考古学的发展，越来越多周人的人类学材料出土，并得到了及时的研究，综合研究周人体质特征以及在人类学上研究周人的起源的时机已经成熟。目前，周人的人类学材料主要有以下几组。

碾子坡组，出土于陕西长武碾子坡墓葬，时代从先周到西周，还有部分东周遗迹。根据时代和骨骼保存状况，鉴定者将碾子坡组分为三组：先周晚期组、西周组和东周组。先周组和西周组比较接近，都是中长颅型结合高颅和狭颅，中等偏阔的面宽伴以中上面型，中低眶型和中狭鼻型，高宽的颧骨及较大的面部扁平度等。东周组的短颅型出现率增多，鼻型变宽等。碾子坡三个古代居民组的体质特征呈现明显的蒙古人种性状，先周晚期组、西周组接近南亚和东亚蒙古人种，东周组则接近东亚蒙古人种的成分多于接近南亚蒙古人种。在与古代组的比较中，先周晚期组和西周组比较接近，他们同时与曲村组、上马组、火烧沟组、陶寺组及殷墟组等有较密切的关系，东周组与上马组、曲村组、庙底沟组、大甸子组、殷墟组和仰韶合并组等比较接近。总之，碾子坡先周晚期组与西周组关系密切，三个组与晋南和豫西地区的古代组群之间的接近程度大于与其他组群的关系，显示出他们与地理位置相邻的东部地区的古代居民在体质特征上存在较为亲近的基因联系[25]。

西村周组，出土于陕西凤翔南指挥西村周墓，属于先周至西周时期的周人墓地[26]。他们在种族类型上属于蒙古人种，其体质特征中起码包含了蒙古人种的南亚和东亚类型，且以南亚蒙古人种的因素略占优势；他们与新石器时代的宝鸡组和华县组、安阳殷墟中小墓②组以及现代的华南组和华北组最接近[27]。

天马—曲村组，出土于山西侯马的天马—曲村西周墓地，其体质特征显示出具有东亚蒙古人种的性状，并与东亚蒙古人种的华北类型接近；在与古代组对比中，他们与陶寺组关系最密切，与夏家店下层文化居民、甘肃四坝文化居民以及安阳殷墟商代居民可能存在基因交流和承袭关系，与陶寺组和上马组更有直接的基因承袭关系[28]。

瓦窑沟组，出土于陕西铜川瓦窑沟遗址，时代属于先周晚期至西周早期。体质特征上接近东亚蒙古人种，同时也显示某种与南亚蒙古人种接近的倾向，但总体特征更趋近于东亚蒙古人种；与安阳殷墟中小墓②组关系密切，还接近于火烧沟组、上马组和陶寺组等黄河流域青铜时代各组[29]。

北吕组，出土于陕西扶风县北吕村周人墓葬，时代从先周一直延续到西周晚期，属于比较单纯的姬周人墓地[30]。该组在种族类型上基本属于南亚蒙古人种，但在高眶等特征上可能暗示北吕周人中混合有北方蒙古人种的特征；体质特征与华南组相当一致，与西村周组十分接近[31]。

双庵组，出土于陕西岐山县双庵遗址的西周晚期墓葬，只有一具成年男性骨骼，种族类型属于亚洲蒙古人种，且与南亚人种最为接近，与远东人种和西伯利亚人种也比较接近，与西村周组具有大致相同的体征[32]。

后李组，出土于山东临淄后李官村遗址周初墓葬，体质特征属于蒙古人种，且与东亚蒙古人种更接近，与黄河流域青铜时代居民在体质特征上有相当紧密的关系[33]。但这批墓葬出土的材料地方特色非常浓厚，文化内涵以土著文化因素为主[34]，因此它虽然属于周代的墓葬，与周人关系可能并不密切，也无法切实反映周人的体质特征。

以上就是目前反映先周和西周人体质特征的材料，虽然尚有欠缺，但也能从中得到一些初步结论。先周和西周的周人在体质形态上虽然属于单一的蒙古人种，但并不完全相同，以上材料至少可以分为三个类型。一种以单一蒙古人种成分为主，同时兼有南亚和东亚蒙古人种成分，且以南亚蒙古人种成分略占优势，如指挥西村墓地等；另一种类型是东亚蒙古人种成分为主，含有一定的南亚蒙古人种因素，接近于现代华北人，如碾子坡三组和天马—曲村组等；还有一种体质类型是基本以南亚蒙古人种特征为主，同时有少量其他人种的因素，种族类型比较复杂，如北吕组和双庵组等；其他的组别如瓦窑沟组体质特征上接近东亚蒙古人种，同时也显示某种与南亚蒙古人种接近的倾向，但总体特征更趋近于东亚蒙古人种；后李组的体质特征可能无法正确反映周人本身的特征，而可能与当地早期居民关系密切，他们之间在种族上可能具有一定的渊源关系。这些更使周人的体质特征呈现复杂化，造成这种差异的原因一种可能是由于地域的不同，在当时的条件下虽然都属于周文化的范围但居民之间可能缺少大规模的基因交流，各地区居民各自更多的继承了他们祖先在新石器时代和早期青铜时代的基本体质特征，同时在某些细部特征上又有所变化，向现代居民的体质形态转变。另一方面，这也可能意味着周人在族源上不是单一的，在文化上也可能不是一元的，他们其中至少包含两种以上不同体质特征的居民，随着社会的进步，他们之间也产生了一定的基因混杂和血缘交流，这或许与传说中周代的先祖—姬姓和姜姓集团联盟等有关。

为了进一步研究周人的体质特征，特选取在时间、地域或文化传承上相关的古代居民群体进行对比。各组的基本情况见表一，其体质特征各项数据见表二。各遗址的相对位置见图一。

表一　　　　　　　　　　　　　各古代对比组的基本情况

组　别	地　点	文化属性	时　代	注　释
庙子沟组	内蒙古乌兰察布盟察右前旗庙子沟遗址	庙子沟文化	新石器时代	〔35〕
朱开沟组	内蒙古伊克昭盟伊金霍洛旗朱开沟遗址	朱开沟文化	新石器时代晚期至青铜时代	〔36〕
仰韶合并组	陕西宝鸡、半坡、华县、横阵遗址	仰韶文化	新石器时代	〔37〕
庙底沟组	河南省陕县庙底沟遗址	庙底沟二期文化	新石器时代	〔38〕
陶寺组	山西省襄汾县陶寺遗址	陶寺文化	新石器时代	〔39〕
白燕组	山西省太谷县白燕遗址	夏商文化	青铜时代	〔40〕
游邀组	山西省忻州市游邀遗址	夏文化	新石器时代晚期至青铜时代	〔41〕
上马组	山西省侯马市上马墓地	两周文化	青铜时代	〔42〕
瓦店组	河南省禹县瓦店遗址	龙山文化	新石器时代	〔43〕
大甸子组	内蒙古赤峰市敖汉旗大甸子遗址	夏家店下层文化	青铜时代	〔44〕
柳湾合并组	青海省乐都县柳湾墓地	马家窑文化	新石器时代	〔45〕
核桃庄组	青海省民和县核桃庄墓地	辛店文化	青铜时代	〔46〕
火烧沟组	甘肃省玉门市火烧沟遗址	四坝文化	青铜时代	〔47〕
李家山组	青海省湟中县李家山墓地	卡约文化	青铜时代	〔48〕
东灰山组	甘肃民乐东灰山墓地	四坝文化	青铜时代	〔49〕
九站组	甘肃省合水县九站遗址	寺洼文化	青铜时代	〔50〕
徐家碾组	甘肃省庄浪县徐家碾遗址	寺洼文化	青铜时代	〔51〕
殷墟中小墓组	河南省安阳市殷墟中小墓墓地	商文化	青铜时代	〔52〕

这里我们主要采用了体质人类学研究中的常用方法：欧氏距离系数研究方法和多元统计中的聚类分析方法。欧氏距离系数的方法原理是通过研究两组或多组标本之间的距离远近，来确定标本之间的亲缘关系，从而在体质特征上确定他们之间的相似性或非相

似性。它的具体计算公式是 $Dij = \sqrt{\dfrac{\sum_{k=1}^{m}(xik - xjk)^2}{m}}$ 其中，i、j 代表标本组，k 代表比较项目，m 代表项目数，依据此公式计算所得的 Dij 值越小，则说明两组之间的距离越近，存在密切亲缘关系的可能性越大；反之，则说明两组之间存在的亲缘关系越远，或不存在任何亲缘关系。根据表二的数据计算所得的各标本组之间的欧氏距离系数结果见表三。

表二　周人与古代对比组的数据表

	碾子坡先周组	碾子坡西周组	碾子坡东周组	西村周组	曲村组	瓦窑沟组	北吕组	双庵组	后李组	庙子沟组	朱开沟组	仰韶合并组	陶寺组	白燕组
颅长	187.34	183.94	181.54	180.63	183.26	181.33	180.44	175.00	179.10	177.63	179.07	180.70	184.73	179.46
颅宽	138.38	142.85	144.37	136.81	141.56	140.08	135.83	144.60	140.30	137.03	139.89	142.56	141.93	136.54
颅高	141.56	144.12	140.53	139.29	141.30	139.45	135.39	137.30	136.80	140.93	138.10	142.53	144.04	138.82
最小额宽	93.21	90.74	92.97	93.29	94.70	91.50	93.13	88.10	92.10	90.36	90.84	93.64	94.53	91.39
上面高	72.34	71.71	72.76	72.60	73.55	72.50	70.75	69.35	70.90	73.50	71.77	73.38	73.92	72.09
颧宽	137.04	138.93	138.79	131.48	138.28	136.33	135.50	139.80	133.50	136.64	135.20	136.37	140.32	136.15
眶宽	43.70	43.12	43.59	42.48	44.45	41.92	39.78	40.55	42.90	43.93	43.93	43.41	44.80	41.91
眶高	33.45	31.98	33.91	33.62	34.21	33.38	34.17	30.40	34.20	32.93	33.36	33.48	32.79	32.49
鼻宽	26.90	26.92	27.18	27.74	27.16	26.38	28.08	28.50	26.80	26.23	26.97	27.56	27.23	26.07
鼻高	54.08	54.54	52.55	51.61	53.99	55.00	52.42	48.65	54.70	52.63	52.35	53.36	54.45	53.14
面角	81.50	81.50	82.38	81.05	85.58	83.33	82.90	78.50	87.90	82.33	87.33	81.39	84.86	—
鼻颧角	142.67	143.75	144.29	145.80	146.00	145.10	149.80	149.00	145.40	149.81	149.32	146.18	146.53	—
颅指数	76.49	77.23	79.63	75.75	77.30	77.25	75.31	82.63	78.40	77.22	78.22	79.10	76.93	76.09
颅长高指数	78.22	79.01	77.27	77.16	77.18	76.90	75.04	78.46	77.30	79.57	77.58	78.62	77.64	77.35
颅宽高指数	102.98	101.58	97.95	102.04	99.68	99.55	100.74	94.95	99.20	102.95	98.75	99.41	102.06	101.71
上面指数	52.57	52.30	51.94	55.28	53.56	53.24	49.55	48.71	53.10	53.68	52.45	54.58	51.55	52.90
垂直颅面指数	50.59	59.59	51.66	51.49	52.12	52.02	52.26	49.60	51.50	52.05	52.20	51.60	52.32	52.07
鼻指数	49.93	47.69	51.94	53.84	50.52	48.21	53.66	58.58	48.50	49.90	51.74	52.08	49.99	49.05
眶指数	76.83	74.28	77.49	79.25	77.05	79.87	86.16	74.97	82.00	76.76	76.00	77.18	74.42	77.61
鼻根指数	40.31	40.30	37.14	33.71	37.49	25.03	34.27	37.02	24.80	38.69	36.76	—	33.01	—

续表二

	庙底沟组	上马组	游邀组	大甸子一组	大甸子二组	柳湾合并组	核桃庄组	火烧沟组	李家山组	东灰山组	九站组	徐家碾组	中小墓二组	中小墓三组
颅长	179.43	181.62	183.65	182.67	174.23	185.93	179.23	182.20	176.70	177.34	176.05	184.03	187.18	
颅宽	143.75	143.41	140.65	138.13	145.07	136.41	137.97	138.80	140.00	137.63	139.34	135.15	140.13	142.67
颅高	142.17	141.11	142.13	141.06	141.08	139.38	136.35	139.30	136.50	136.05	134.67	129.20	140.32	134.83
最小额宽	93.69	92.41	94.00	90.45	92.86	90.30	90.12	90.06	91.20	88.28	94.00	89.90	90.43	93.86
上面高	73.48	75.02	73.95	73.53	72.65	78.19	75.40	73.82	77.30	73.10	68.67	68.10	73.81	75.08
额宽	140.83	137.36	137.60	135.09	136.86	137.24	134.72	136.85	138.60	133.33	137.34	130.40	133.08	145.40
眶宽	41.75	42.99	44.42	43.08	43.51	43.87	43.46	42.50	43.20	42.40	38.34	40.60	42.43	44.88
眶高	32.42	33.57	34.08	33.59	33.18	34.27	34.13	33.63	35.40	34.33	30.00	32.05	33.55	35.52
鼻宽	27.31	27.27	26.79	27.01	27.14	27.26	26.52	26.73	26.70	26.30	24.67	24.30	26.99	28.96
面角	85.75	82.42	84.44	86.65	86.63	89.21	87.05	86.70	87.00	83.83	79.34	86.25	83.81	84.63
鼻颧角	147.56	143.73	147.50	145.66	146.49	145.10	147.40	149.13	—	147.50	144.38	144.81	—	—
颅指数	80.31	78.55	76.73	75.61	83.44	73.92	77.17	75.90	76.93	78.39	78.63	76.78	76.50	76.27
颅长高指数	77.64	77.09	77.15	77.59	82.04	74.74	75.94	76.12	74.96	77.01	75.87	73.40	76.09	72.08
颅宽高指数	99.47	98.62	101.02	101.93	96.85	100.96	98.28	100.66	97.60	98.08	96.67	95.60	99.35	94.53
垂直颅面指数	51.86	54.59	53.53	55.31	53.31	53.21	57.60	56.00	54.40	55.88	55.66	50.01	52.30	53.98
面指数	54.06	53.09	51.41	52.02	51.21	56.57	55.26	53.10	55.99	53.81	51.09	50.49	53.11	55.30
眶指数	50.15	50.43	50.52	50.51	51.37	49.09	49.21	49.90	47.01	50.63	50.03	50.03	50.02	50.98
鼻指数	77.71	78.08	76.73	78.33	75.99	78.46	78.56	78.47	82.02	81.16	—	78.97	78.59	79.32
鼻根指数	33.60	39.53	36.36	35.88	34.58	36.90	37.95	35.60	39.02	27.71	33.69	27.89	35.35	43.84

表三　古代对比组之间的 D_{ij} 值

	1	2	3	4	5	6	7	8	9	10	11	12	13	14	15	16	17	18	19	20	21	22	23	24	25	26	27	28
1		2.73	2.57	2.98	2.07	4.02	4.10	5.29	4.74	2.91	3.27	2.37	2.58	2.29	3.47	2.30	1.99	2.26	4.42	3.39	3.45	2.42	3.66	4.82	4.32	5.89	2.31	4.02
2			2.83	4.12	2.72	4.39	5.07	5.22	5.20	3.24	3.56	2.79	2.83	3.20	3.05	2.45	2.83	3.16	4.14	3.79	3.63	3.05	3.76	5.04	4.66	6.49	3.04	4.29
3				3.01	1.50	3.28	3.78	3.53	3.84	2.83	2.31	1.29	2.32	2.67	1.83	1.27	1.79	2.54	2.53	3.86	2.94	2.32	3.23	3.83	3.25	5.14	2.16	3.58
4					2.78	2.98	2.75	4.70	3.34	2.55	2.64	2.30	3.40	1.97	3.47	2.94	2.48	2.04	3.93	3.63	2.81	2.38	3.86	2.78	3.48	4.06	1.92	5.28
5						3.22	3.67	4.63	3.72	2.47	2.03	1.50	1.66	2.21	1.90	1.45	0.75	1.74	3.04	2.79	2.44	1.64	2.63	3.86	3.89	5.22	1.87	3.44
6							3.58	5.23	1.62	3.73	3.33	1.82	3.03	1.40	2.86	3.54	3.06	2.88	3.79	3.96	3.49	2.69	3.86	2.38	3.63	4.00	2.69	5.50
7								4.84	3.56	3.52	3.25	3.70	4.36	2.90	3.84	3.97	3.55	3.33	4.81	4.27	3.42	3.15	3.79	3.17	2.66	3.87	3.23	4.96
8									5.55	4.30	3.82	3.96	5.02	4.62	4.06	4.31	4.65	5.04	3.68	6.46	4.97	4.86	5.74	4.78	3.46	5.38	4.72	5.76
9										4.19	3.32	2.75	3.91	1.97	3.38	3.26	3.69	3.26	3.74	4.35	3.52	3.13	4.07	2.22	3.92	3.39	3.21	5.95
10											2.02	2.22	3.04	1.23	2.85	2.62	2.16	2.16	3.34	3.32	2.45	2.35	3.38	3.37	3.64	4.91	2.66	4.93
11												2.26	2.90	1.59	2.37	2.51	2.04	2.01	2.63	3.32	1.87	1.91	3.04	2.88	3.22	3.93	2.20	4.39
12													2.13	2.33	1.89	1.17	1.48	2.19	2.52	3.75	2.84	2.29	3.35	2.98	3.55	4.93	1.95	4.06
13														2.87	2.00	2.58	1.45	2.47	3.55	3.38	3.57	2.43	3.71	4.30	4.33	5.78	2.65	4.35
14															2.70	2.00	2.06	1.42	3.60	2.99	1.95	1.36	3.02	2.23	2.84	3.77	1.97	4.53
15																2.37	2.06	2.72	2.32	3.73	3.02	2.43	3.17	3.54	3.56	5.18	2.75	4.23
16																	1.79	2.19	2.95	3.20	2.43	2.03	2.57	3.94	3.80	5.46	1.86	3.43
17																		1.57	3.27	2.79	2.57	2.57	2.91	3.68	3.85	5.14	1.78	3.90
18																			3.53	2.24	1.98	1.62	2.78	3.14	4.05	4.60	1.28	4.44
19																				4.97	3.51	0.83	4.24	3.77	3.98	5.16	3.57	5.43
20																					2.28	2.01	2.16	4.10	5.50	5.58	2.64	3.96
21																						1.65	1.79	2.79	3.94	4.12	2.10	4.02
22																							2.26	2.99	3.74	4.37	1.25	3.89
23																								3.77	4.63	5.26	2.79	3.10
24																									3.47	2.92	3.08	5.87
25																										3.51	3.66	5.47
26																											4.42	6.73
27																												4.21
28																												

1. 碾子坡先周组　2. 碾子坡西周组　3. 碾子坡东周组　4. 西村周组　5. 曲村周组　6. 瓦窑沟组　7. 北吕组　8. 双庵组　9. 后李组　10. 庙子沟组　11. 柳湾合并组　12. 仰韶合并组　13. 陶寺组　14. 白燕组　15. 西村周组　16. 庙底沟组　17. 上马组　18. 大甸子二组　19. 大甸子一组　20. 柳湾合并组　21. 核桃庄组　22. 游邀组　23. 合水九站组　24. 火烧沟组　25. 东家山组　26. 徐家碾组　27. 殷墟中小墓二组　28. 殷墟中小墓三组

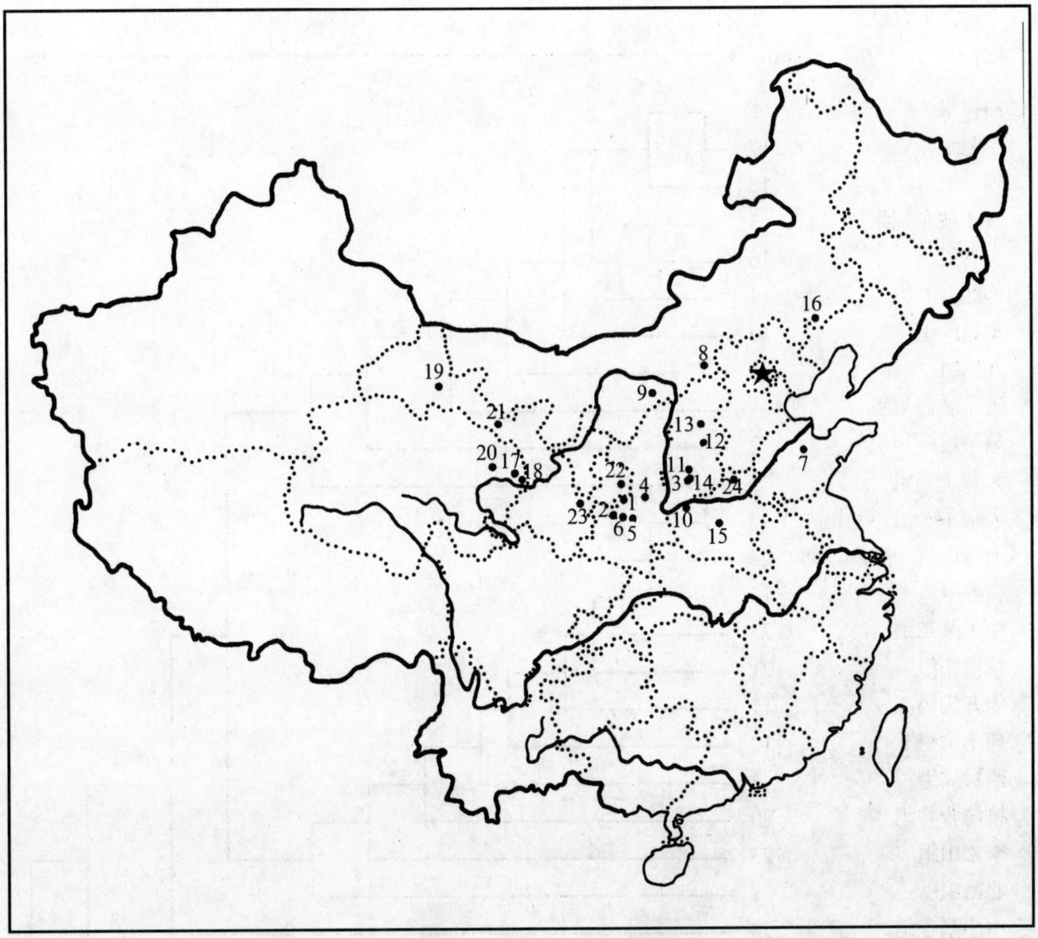

图一　相关古代对比组的位置示意图

1. 碾子坡组　2. 西村周组　3. 天马—曲村组　4. 瓦窑沟组　5. 北吕组　6. 双庵组　7. 后李组

8. 庙子沟组　9. 朱开沟组　10. 庙底沟组　11. 陶寺组　12. 白燕组　13. 游邀组　14. 上马组

15. 瓦店组　16. 大甸子组　17. 柳湾组　18. 核桃庄组　19. 火烧沟组　20. 李家山组　21. 东灰
山组　22. 九站组　23. 徐家碾组　24. 殷墟组

聚类方法选择了最近邻法（Nearest neighbor），对组群距离的测度方法选择了皮尔逊相
关（Pearson correlation）即首先合并相似系数最大的两组，表示这两组最相似。所有用
于统计的数据均经过标准化。根据皮尔逊相关系数产生的组群之间的相互关系表现在聚
类图上（图二）。

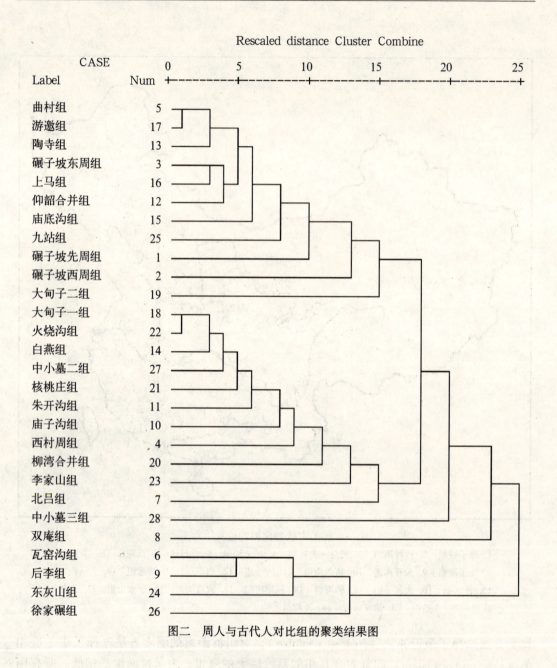

图二 周人与古代人对比组的聚类结果图

三 结论和讨论

（一）欧氏距离系数反映的周人与对比组之间的关系

表三显示，与碾子坡先周组距离最近的是游邀组，其次是曲村组、白燕组、上马组、殷墟中小墓二组、火烧沟组以及碾子坡西周组等；与碾子坡西周组最接近的是上马

组和曲村组，其次是碾子坡东周组、仰韶合并组、陶寺组以及游邀组等；与碾子坡东周组距离最近的是曲村组、仰韶合并组、上马组、游邀组和庙底沟组等，与朱开沟组、陶寺组、白燕组、大甸子组、火烧沟组和殷墟中小墓二组等也有较近的距离；与西村周组关系最密切的是白燕组和殷墟中小墓二组，其次是庙子沟组、朱开沟组、仰韶合并组、大甸子一组和火烧沟组等；与曲村组距离最近的是游邀组，仰韶合并组、陶寺组、庙底沟组、上马组、大甸子一组、火烧沟组和殷墟中小墓二组与曲村组之间也存在很近的距离；与瓦窑沟组关系最密切的是白燕组，其次是仰韶合并组、后李组、庙底沟组、火烧沟组、东灰山组和殷墟中小墓二组等；与北吕组最接近的是白燕组和合水九站组，其次有东灰山组、火烧沟组和殷墟中小墓二组等，但相对距离较大；与双庵组距离都相对较远，其中相对较近的是合水九站组、大甸子二组、朱开沟组和仰韶合并组等；与后李组关系最密切的是白燕组，其次是仰韶合并组和东灰山组等。为了更直观的观察，下面列表表示（表四）。

表四　　　　　　　　　　　　　对比组与周人的亲缘关系对比表

组　　别	距离最近的对比组	距离较近的对比组	距离最远的对比组
碾子坡先周组	游邀组	曲村组、白燕组、上马组、殷墟中小墓二组、火烧沟组、碾子坡西周组	双庵组、徐家碾组
碾子坡西周组	上马组、曲村组	碾子坡东周组、仰韶合并组、陶寺组、游邀组	双庵组、后李组、徐家碾组
碾子坡东周组	曲村组、仰韶合并组、上马组、游邀组、庙底沟组	朱开沟组、陶寺组、白燕组、大甸子组、火烧沟组、殷墟中小墓二组	徐家碾组
西村周组	白燕组、殷墟中小墓二组	庙子沟组、朱开沟组、仰韶合并组、大甸子一组、火烧沟组	双庵组、殷墟中小墓三组
曲村组	游邀组	仰韶合并组、陶寺组、庙底沟组、上马组、大甸子一组、火烧沟组、殷墟中小墓二组、曲村组	徐家碾组、双庵组
瓦窑沟组	白燕组	仰韶合并组、后李组、庙底沟组、火烧沟组、东灰山组、殷墟中小墓二组	双庵组、殷墟中小墓三组
北吕组	白燕组、合水九站组	东灰山组、火烧沟组、殷墟中小墓二组	殷墟中小墓三组、双庵组、大甸子二组
双庵组	——	合水九站组、大甸子二组、朱开沟组、仰韶合并组	柳湾合并组、殷墟中小墓三组
后李组	白燕组	仰韶合并组和东灰山组	殷墟中小墓三组、柳湾合并组

从表四可以看出，与周人关系最密切的古代对比组多出自山西、河南和陕西的新石器时代和青铜时代遗址，尤其以山西的古代对比组最多，如游邀组、上马组、白燕组、曲村组等，其次是河南的对比组，如庙底沟组、殷墟中小墓二组等，再次是陕西的仰韶合并组等。由此看来，周人与山西古代居民，尤其是山西新石器时代晚期和青铜时代的居民在体质特征上有较大的相似性，他们之间存在着明显的基因联系。因此，周文化与山西古文化之间存在密切关系也是符合逻辑的。同时，周人在体质特征上也与陕西和河南西部的新石器时代居民之间也存在一定的相似性，他们之间也应该存在千丝万缕的联系。因此，周人的体质类型的主干渊源应该在山西、陕西和河南西部的新石器时代和青铜时代居民，特别是山西远古居民在基因上对周人的种族特征的形成起到了关键作用。

同时，我们也应该看到，在与周人距离较近的对比组中，山西、陕西和河南西部的对比组仍然处于最近的关系，如陶寺组等。一些周边的对比组，如毗邻的内蒙古中南部的庙子沟组、朱开沟组，河南北部的安阳殷墟中小墓二组，甘青地区的火烧沟组、东灰山组以及合水九站组，甚至内蒙古东部的大甸子部分居民组也与周人的距离较近。这说明周人在发展壮大过程中不断的与周边民族和部落发生关系，在文化交流的同时也带动了广泛的基因交流，因此周人体质特征呈现混杂的现象是可以理解的。尤其是周人与殷墟中小墓二组为代表的商代平民的接近关系，说明商周居民之间很早就存在着血缘上的联系，商周文化的相互渗透就很好的说明了这一点。从对先周文化认识上的众说纷纭可以管窥周人体质特征的复杂性，而这种复杂性也正好印证了对周文化渊源的多种看法。

在距离周人关系最远的对比组中，殷墟中小墓三组和徐家碾组都处于较远的位置。殷墟中小墓三组是 8 例形态特征不同于其他中小墓标本的头骨，呈现某种类似现代北亚蒙古人种和东亚蒙古人种混合的性状；这些头骨出土的墓葬规格较高，多有棺、椁并随葬成组的铜或铅制礼器，甚至又有的殉狗或殉人，与一般平民小墓有别；说明他们生前地位较高，可能是贵族，与王族关系密切，或者他们本身就是王族的成员[53]。如果此论属实，则说明周人与商人的王族在种族类型上是不同的，他们应该属于截然不同的种族群体。周伐商是一种体质特征的人群对另一种体质特征人群的战争。徐家碾组的距离较远，一方面可能暗示了寺洼文化与先周文化的源流是不同的，虽然他们在文化的分布地域上相邻，时间上也有衔接的部分，但他们之间可能一直没有产生大规模的交流和人群间的混血；另一方面，也可能是因为由于徐家碾组个体较少（只有 2 例），且特征不典型，反映的体质特征与真实的徐家碾寺洼文化居民有一定的差异，从而导致的计算偏差。

（二）聚类结果及其讨论

图二显示，曲村组和碾子坡三个组首先聚类在一起；同时，该组中还有游邀组、陶寺组、上马组、仰韶合并组和庙底沟组等，显然他们之间有密切的关系，这与前面分析的和山西、陕西及河南西部的古代居民和文化之间存在着渊源关系是一致的；与寺洼文化的九站组也聚在一起，可能暗示了寺洼文化的一支的确与周文化有较为密切的关系，从而造成在文化上的某些相似性。

其次，西村周组与火烧沟组、白燕组、朱开沟组、中小墓二组、庙子沟组和柳湾合并组等聚在一起，说明西村周组与周边居民和文化有密切关系，涉及范围西到甘青地区、北到内蒙古南部、东到山西和河南北部等地区，说明这时文化交流和人群混杂已经达到相当高的程度。

其他几个周人的组别比较分散，与上述对比组距离较远，如北吕组、双庵组、后李组和瓦窑沟组等在聚类图中比较分散，但他们自身之间的距离相对并不太远，可能说明他们具有比较典型的体质特征，较少与其他古代群体发生基因上的联系，基本保持了自身的种族基因特征。这也与我们前面的分析基本一致。

四　结　语

面对周人和先周文化来源的众说纷纭，本文拟从体质人类学角度考察周人的体质特征以及种族渊源，从而在人类学的视角研究周文化的起源。在所收集到的有关周人的人类学材料中，依据体质特征的不同，可以将之分为至少三种类型，一种以指挥西村墓地为代表的单一蒙古人种成分为主，同时兼有南亚和东亚蒙古人种成分，且以南亚蒙古人种成分略占优势；另一种类型是东亚蒙古人种成分为主，含有一定的南亚蒙古人种因素，接近于现代华北人，主要包括碾子坡三组和天马—曲村组等；还有一种体质类型种族类型比较复杂，是基本以南亚蒙古人种特征为主，同时有少量其他人种的因素，如北吕组和双庵组等。其他的组别如瓦窑沟组和后李组等与其他组也不完全相同，各自代表了不同的周人群体，使周人和周文化的研究更加复杂化。这说明周人在种族来源上可能是多元的，不是单一的，可能与古代传说中周人的姬姜集团联盟等有关。反映到文化上，周文化的来源也应该是多元的，周文化是一个多元文化交汇又有自身文化特色的复合体。

通过与古代对比组的欧氏距离系数比较，周人在体质特征上与山西的古代居民最为相似，关系最密切，这个结果与一些考古学家和历史学家主张的周文化源于山西说不谋而合。同时，周人也与山西、陕西和河南西部的新石器时代和早期青铜时代居民在体质特征上也有较近的渊源关系，甚至与甘青地区和内蒙古南部等一些古代居民的体质特征存在相似性，说明周人的体质特征的来源以陕晋豫的古代居民为主体，特别是山西古代居民在周人的体质特征形成过程中贡献了更多的基因成分，同时周人在不断的发展壮大过程中也吸收了周围居民的体质因素，最后共同发展为体质成分比较复杂的周人群体。

通过聚类分析方法的比较，碾子坡三组和曲村组与山西、陕西及河南西部对比组首先聚类在一起，说明周人种族成分的主体是来源于当地更早的居民。西村周组除了与陕晋豫三省对比组聚类外，还与甘青地区和内蒙古南部部分对比组也聚类在一起，说明他们之间有较为密切的亲缘关系。北吕组、双庵组、瓦窑沟组和后李组等与其他周人组及古代对比组都存在较大的距离，而他们自身却聚类在一起，说明他们之间在体质特征上相似性较大，可能由于较少与其他群体产生基因交流使得自身体质特征变化较小所致。这与前面的数据分析和欧氏距离系数的研究结果也比较一致。

通过比较研究，周人的体质特征更多的与山西的新石器时代和夏商时期居民存在相似性，他们之间应该有较为密切的基因联系。这与过去文献和考古的研究存在共通之处，这是否说明了先周文化的渊源与山西古代文化有关，尚需进一步研究。研究表明，周人与寺洼文化、辛店文化和殷商贵族居民存在相对较远的关系，因此先周文化与这些文化之间可能也不存在渊源关系或文化承袭关系不大。

最后需要说明的是，由于资料所限，并不是所有周人的人骨材料都经过鉴定和研究，这对分析周人的体质特征造成了一定的困难。同时，有些古代文化可能与周文化关系密切，如光社文化、客省庄二期文化等，但由于缺少相应的人类学研究成果，也无法进行比较研究，这对本文的研究结果可能会造成一定的影响。因此，本文的研究只是在现有材料的基础上的阶段性研究结果，但仍然可以对周人和周文化的研究提供有价值的参考资料。相信随着资料的积累和研究方法和理论的不断完善，周人和周文化的研究一定会取得长足的进步。

注　释

〔1〕许倬云：《西周史》（增补本），生活·读书·新知三联书店，2001 年。

〔2〕王国维：《周荬京考》，《观堂集林》，中华书局，1959 年。

〔3〕钱穆：《周初地理考》，《燕京学报》第 10 期，1931 年。

〔4〕a. 苏秉琦：《斗鸡台沟东区墓葬》（1948 年，北平）一书中认为"瓦鬲墓初期墓葬"及遗址中的高领乳状袋足鬲，大致属于周武王灭殷之前的先周文化遗存。

　　b. 石璋如：《传说中周都的实地考察》，《历史语言研究所集刊》第 20 本下册，1949 年。

〔5〕本文所引用的"先周文化"一词的概念是指周政权建立之前的文化，而先周文化的源头主要是指周政权建立之前姬周族的文化渊源，与先周文化晚期姬周文化和羌戎文化结合以后形成的文化略有不同。

〔6〕a. 丁山：《由三代都邑论其民族文化》，《历史语言研究所所集刊》第 5 集，1935 年。

　　b. 饶宗颐：《谈西周文化发源地问题——与许倬云教授书》，《二十一世纪》1992 年 12 月号，总第 14 期。

〔7〕李峰：《先周文化的内涵及其渊源探讨》，《考古学报》1991 年第 3 期。

〔8〕钱穆：《周初地理考》，《燕京学报》第 10 期，1931 年。

〔9〕王玉哲：《先周族最早来源于山西》，《中华文史论丛》1982 年第 3 期。

〔10〕邹衡：《论先周文化》，《夏商周考古学论文集》，文物出版社，1980 年。

〔11〕同注〔1〕。

〔12〕a. 江林昌：《姬周族的起源及其与夏文化的关系》，《华学》第 4 辑，紫禁城出版社，2000 年。

　　b. 江林昌：《夏商周文明新探》，浙江人民出版社，2001 年。

〔13〕王克林：《试论齐家文化与晋南龙山文化的关系——兼论先周文化的渊源》，《史前研究》1983 年第 2 期。

〔14〕许伟、许永杰：《周文化形成与周人兴起的考古学观察》，《辽海文物学刊》1989 年第 2 期。

〔15〕卢连成：《先周文化与周边地区的青铜文化》，《考古学研究》，三秦出版社，1993 年。

〔16〕a. 胡谦盈：《姬周族属及其文化探源》，《亚洲文明》，四川人民出版社，1986 年。

b. 胡谦盈：《试谈先周文化及相关问题》，《中国考古学研究——夏鼐先生考古五十周年纪念论文集》第 2 册，科学出版社，1986 年。

〔17〕徐锡台：《早周文化的特点及其渊源的探索》，《文物》1979 年第 10 期。

〔18〕a. 牛世山：《先周文化探索》，《文物季刊》1998 年第 2 期。

b. 牛世山：《论先周文化的渊源》，《考古与文物》2000 年第 2 期。

〔19〕夏鼐：《在日本京都同志社大学史前殷周考古学座谈会上的发言》。

〔20〕尹盛平、任周芳：《先周文化的初步研究》，《文物》1984 年第 7 期。

〔21〕张忠培：《客省庄文化及其相关诸问题》，《考古与文物》1980 年第 4 期。

〔22〕王巍、徐良高：《先周文化的考古学探索》，《考古学报》2000 年第 3 期。

〔23〕中国社会科学院考古研究所编著：《中国考古学·两周卷》，中国社会科学出版社，2004 年。

〔24〕朱泓：《关于殷人和周人的体质类型比较》，《华夏考古》1989 年第 1 期。

〔25〕潘其风：《碾子坡遗址墓葬出土人骨的研究》，《南邠州碾子坡》，世界图书出版公司，2005 年。

〔26〕陕西省考古研究所雍城工作队：《凤翔南指挥西村周墓的发掘》，《考古与文物》1982 年第 4 期。

〔27〕a. 焦南峰：《凤翔南指挥西村周墓人骨的初步研究》，《考古与文物》1985 年第 3 期。

b. 朱泓：《殷人与周人的体质类型比较》，《华夏考古》1989 年第 1 期。

〔28〕潘其风：《天马—曲村遗址西周墓地出土人骨的研究报告》，《天马—曲村（1980～1989）》附录一，科学出版社，2000 年。

〔29〕陈靓：《瓦窑沟青铜时代墓地颅骨的人类学特征》，《人类学学报》第 19 卷 1 期，2000 年。

〔30〕罗西章：《北吕周人墓地》，西北大学出版社，1995 年。

〔31〕黄象洪：《北吕村周人遗骸研究》，《北吕周人墓地》附录，西北大学出版社，1995 年。

〔32〕高强：《陕西岐山双庵一具西周晚期人头骨》，《文博》1993 年第 2 期。

〔33〕张雅军：《山东临淄后李官周代墓葬人骨研究》，《探索渡来系弥生人大陆区域的源流》，アリフク印刷株式会社，2000 年。

〔34〕济青公路文物考古队：《山东临淄后李遗址第一、二次发掘简报》，《考古》1992 年第 11 期。

〔35〕朱泓：《内蒙古察右前旗庙子沟新石器时代颅骨的人类学特征》，《人类学学报》第 13 卷 2 期，1994 年。

〔36〕潘其风：《朱开沟墓地人骨的研究》，《朱开沟——青铜时代早期遗址发掘报告》附录一，文物出版社，2000 年。

〔37〕a. 颜訚等：《宝鸡新石器时代人骨的研究报告》，《古脊椎动物与古人类》1960 年第 1 期。

b. 颜訚等：《西安半坡人骨的研究》，《考古》1960 年第 9 期。

c. 颜訚等：《华县新石器时代人骨的研究报告》，《考古学报》1962 年第 2 期。

d. 考古所体质人类学组：《陕西华阴横阵的仰韶文化人骨》，《考古》1977 年第 4 期。

〔38〕韩康信、潘其风：《陕县庙底沟二期文化墓葬人骨的研究》，《考古学报》1979 年第 2 期。

〔39〕潘其风：《我国青铜时代居民人种类型分布和演变趋势——兼论夏商周三族的起源》，《纪念苏秉琦考古五十五周年论文集》，文物出版社，1989 年。

〔40〕数据见于朱泓：《忻州遗址夏代居民的人类学特征》，《忻州游邀考古》附录二，科学出版社，2004 年。

〔41〕朱泓：《忻州遗址夏代居民的人类学特征》，《忻州游邀考古》附录二，科学出版社，2004 年。

〔42〕潘其风：《上马墓地出土人骨的初步研究》，《上马墓地》附录一，文物出版社，1994 年。

〔43〕朱泓、王明辉：《禹州瓦店龙山文化人骨的研究报告》，《禹州瓦店》附录，世界图书出版公司，

2004 年。

〔44〕潘其风：《大甸子墓葬出土人骨的研究》，《大甸子——夏家店下层文化遗址与墓地发掘报告》，科学出版社，1998 年。

〔45〕潘其风、韩康信：《柳湾墓地的人骨研究》，《青海柳湾》附录一，文物出版社，1984 年。

〔46〕王明辉、朱泓：《民和核桃庄史前文化墓地人骨研究》，《民和核桃庄》附录，科学出版社，2004 年。

〔47〕韩康信、潘其风：《中国古代人种成分》，《考古学报》1984 年第 2 期。

〔48〕张君：《青海李家山卡约文化墓地人骨种系研究》，《考古学报》1993 年第 2 期。

〔49〕朱泓：《东灰山墓地人骨的研究》，《民乐东灰山考古——四坝文化墓地的揭示与研究》附录二，科学出版社，1998 年。

〔50〕a. 宋景民、张桂芝：《合水九站青铜时代人骨的鉴定与研究》，《考古学研究（三）》《甘肃合水九站遗址发掘报告》附录，北京大学考古系编，科学出版社，1997 年。

　　 b. 朱泓：《合水九站青铜时代颅骨的人种学研究》，《考古与文物》1992 年第 2 期。

〔51〕王明辉：《徐家碾寺洼文化人骨研究》，《徐家碾寺洼墓地》附录，科学出版社，待刊。

〔52〕韩康信、潘其风：《安阳殷墟中小墓人骨的研究》，《安阳殷墟头骨研究》，文物出版社，1985 年。

〔53〕同注〔52〕。

编　后　记

2005 年 3 月 20 日，是我国著名的考古学家佟柱臣先生八十五华诞，同时又是佟柱臣先生专业从事博物馆工作和考古学研究六十周年。为此，考古研究所编辑这本《二十一世纪的中国考古学——庆祝佟柱臣先生八十五华诞学术文集》以庆贺之。

佟柱臣先生自少年时代就喜欢文史，早在吉林高等师范学校攻读历史地理之时就立志专攻考古学，并在吉林市附近多次进行野外调查，逐渐步入考古学的大门。后来佟柱臣先生在内蒙古凌源和赤峰教书期间，教学之余继续进行田野考古调查，先后考察了若干新石器时代、青铜时代、战国秦汉时期和辽代的重要遗址，获得不少重要发现，为以后的研究奠定了基础。1945 年，佟柱臣先生就职于沈阳博物院，开始了他的专业从事博物馆工作和考古学研究的生涯。1949 年，佟柱臣先生进入北京中国历史博物馆，从事文物编目、博物馆陈列和教学，以及考古发掘和研究。1961 年，佟柱臣先生进入中国科学院考古研究所（今中国社会科学院考古研究所），开始专门从事中国边疆民族考古和中国新石器时代的考古学研究及研究生的教学。六十多年来，佟柱臣先生在考古学研究的道路上矢志不渝，潜心治学，先后出版多部学术专著，发表一百多篇论文，在博物馆学研究、中国东北考古学研究、中国原始社会研究、新石器及其文化研究、中国边疆民族历史考古研究等方面都取得了卓越的成就，为我国的博物馆事业、为中国考古学的学科建设和发展做出了突出贡献，是我国学术界负有盛名的考古学家。佟柱臣先生对考古事业的无限热爱，安于俭朴、潜心学术的学者情怀，虚怀若谷、诲人不倦的大家风范，无不集中体现了我国老一辈知识分子的优良传统和精神风貌。

在佟柱臣先生八十五华诞前夕，中国社会科学院考古研究所研究决定，编辑出版一本学术文集，以庆贺佟柱臣先生八十五华诞。同时决定，由白云翔（组长）、姜波、李学来、佟伟华、佟佩华组成编辑出版工作组，具体负责文集的编辑出版。

2005 年 1 月 20 日，编辑出版工作组召开第一次会议，就学术文集编辑出版的有关事宜进行了认真的讨论，并做出了具体安排：立即启动学术文集的征稿，争取年内能够出版。

编辑出版庆祝佟柱臣先生八十五华诞学术文集的消息一经传出，立即得到了所内广大科研人员和所外专家学者的积极响应。从 2 月 6 日收到第一篇论文到 7 月 1 日截稿，共收到论文 56 篇计 140 余万字。其中，所外专家学者的论文 27 篇，所内科研人员的论文 29 篇。论文的作者，既有年逾古稀、德高望重的专家学者，也有不少是活跃在考古研究和教学一线的中青年考古工作者，还有佟先生从事文物考古工作的儿女和孙辈。大家有一个共同的心愿：把自己的治学成果作为佟先生八十五华诞的贺礼，以表达对佟先生学问和人品的敬慕之情。

　　本文集的编辑出版，得到了论文作者的大力支持，是大家共同努力的结果。在文集的编辑出版过程中，佟伟华、佟佩华同志负责所外论文的征稿和联系；李学来同志承担了所内论文的征稿，全部论文的收集、送审和有关的编辑事务工作；姜波同志负责联系出版事宜；李淼同志承担了部分插图的修改任务。编辑出版工作组的全体成员尽心尽责，为本文集的编辑出版付出了辛勤的劳动。文物出版社的领导和编辑，为本文集的出版提供了大力支持。值此本学术文集即将付梓之际，我们谨向论文的全体作者、向为本文集的编辑出版给予关心、支持和帮助的所有领导、专家学者、同志们和朋友们表示诚挚的谢意！

　　最后，让我们衷心地祝福佟柱臣先生健康长寿！学术青春常在！

编　者

2005 年 11 月 25 日

ISBN 7-5010-1828-6

9 787501 018284 >